Vietnam

Cofondateurs : Philippe GLOAGUEN et Michel DUVAL

Directeur de collection et auteur
Philippe GLOAGUEN

Rédacteurs en chef adjoints
Amanda KERAVEL
et Benoît LUCCHINI

Directrice de la coordination
Florence CHARMETANT

Directrice administrative
Bénédicte GLOAGUEN

Directeur du développement
Gavin's CLEMENTE-RUIZ

Conseiller à la rédaction
Pierre JOSSE

Responsable voyages
Carole BORDES

Direction éditoriale
Élise ERNEST

Rédaction
Isabelle AL SUBAIHI
Emmanuelle BAUQUIS
Mathilde de BOISGROLLIER
Thierry BROUARD
Marie BURIN des ROZIERS
Diane CAPRON
Véronique de CHARDON
Laura CHARLIER
Fiona DEBRABANDER
Anne-Caroline DUMAS
Éléonore FRIESS
Géraldine LEMAUF-BEAUVOIS
Olivier PAGE
Alain PALLIER
Anne POINSOT
André PONCELET

2020

hachette

TABLE DES MATIÈRES

PRÉAMBULE

COMMENT Y ALLER ?

VIETNAM UTILE

LE NORD 101

LE GRAND NORD-OUEST 204

LE NORD-EST 246

LE CENTRE 266

LES HAUTS PLATEAUX DU CENTRE 341

LA CÔTE DE ĐÀ NẴNG À HỒ CHÍ MINH-VILLE 365

LE SUD 400

Important : dernière minute

Sauf rares exceptions, le *Routard* bénéficie d'une parution annuelle à date fixe. Entre deux dates, des événements fortuits (formalités, taux de change, catastrophes naturelles, conditions d'accès aux sites, fermetures inopinées, etc.) peuvent modifier vos projets de voyage. Pour éviter les déconvenues, nous vous recommandons de consulter la rubrique « Guide » par pays de notre site • *routard.com* • et plus particulièrement les dernières ***Actus voyageurs.***

Plage de Dốc Lết

© Guiziou Franck/hemis.fr

Hồ Chí Minh-Ville, sortie d'école

LA RÉDACTION DU ROUTARD

(sans oublier nos 50 enquêteurs, aussi sur le terrain)

© R. Delalande et E. Dessons

Jean-Sébastien, Olivier, Mathilde, Alain, Gavin's, Éléonore, Anne-Caroline, André, Laura, Florence, Véronique, Isabelle, Géraldine, Fiona, Amanda, Benoît, Emmanuelle, Bénédicte, Philippe, Carole, Diane, Anne, Marie.

La saga du *Routard* : en 1971, deux étudiants, Philippe et Michel, avaient une furieuse envie de découvrir le monde. De retour du Népal germe l'idée d'un guide différent qui regrouperait tuyaux malins et itinéraires sympas, destiné aux jeunes fauchés en quête de liberté. 1973. Après 19 refus d'éditeurs et la faillite de leur première maison d'édition, l'aventure commence vraiment avec Hachette. Aujourd'hui, le *Routard*, c'est plus d'une cinquantaine d'enquêteurs impliqués et sincères. Ils parcourent le monde toute l'année dans l'anonymat et s'acharnent à restituer leurs coups de cœur avec passion.

Merci à tous les routards qui partagent nos convictions : liberté et indépendance d'esprit ; découverte et partage ; sincérité, tolérance et respect des autres.

NOS SPÉCIALISTES VIETNAM

Olivier Page : malouin d'origine. À 16 ans, il réalise un long tour de France à mobylette. Son aptitude à la vie nomade, son goût des autres ont conduit ce Breton d'âme fugitive à collaborer avec le *Routard*. Depuis 1990, il parcourt la planète pour découvrir d'autres lieux, d'autres gens. Quand il n'est pas à Vanves, il est quelque part dans le monde.

Romain Meynier : il n'était pas si mal, dans son Sud, entre rivières et cigales. Pourtant, à 22 ans, après des études de journalisme, il s'est dit que l'herbe était plus verte ailleurs. Il est allé le vérifier, le long des pistes brûlantes en terre inconnue. L'herbe était jaune. Et c'est bien mieux comme ça, inattendu. Tout à découvrir, et autant à raconter.

Fabrice Doumergue : tous ses chemins mènent… au bout du monde. Passionné d'histoire(s), d'architecture, d'art et de gastronomie, il ouvre à qui veut ses coins secrets, côté nature et côté culture. Et chaque bout du monde en appelant un autre, il a parcouru en 30 ans 70 contrées sur les 5 continents. Son pays préféré ? Heu… tous !

Pierre Mitrano : fils de Marseille, petit-fils des congés payés, Pierre plante sa première tente à 6 mois… et endosse son premier sac à l'âge de la carte Interrail. Puis, de pirogue en cargo, de cheval en van ou en montgolfière, il rejoint l'équipe du *Routard*, conscient de passer de l'autre côté du miroir pour faire partager à d'autres les pays des merveilles.

UN GRAND MERCI À NOS AMI(E)S SUR PLACE ET EN FRANCE

Pour cette nouvelle édition, nous remercions particulièrement :

- **Jacques Bacon,** pour ses tuyaux intarissables et toujours bien renseignés ;
- **Vincent Cao Minh,** le meilleur des motos-taxis de Hanoi ;
- **Ronan Gonot,** fidèle informateur du grand Sud ;
- **Yves Guernalec,** de Phú Quốc, pour ses bons renseignements ;
- **Lê Hoài Anh** et **Nguyễn Thị Nhi,** pour leur aide et leur efficacité ;
- **Nguyễn Thanh Hiền,** qui connaît tous les bus de Hanoi ;
- **Nostalgie Page,** pour son aide sur le terrain ;
- **Marcel Trần,** toujours fidèle au poste ;
- **Alain Tuấn,** notre fidèle contact à Saigon ;
- **Anaïs Viguier** ;
- **Dylan Wilson,** jeune motard.

Pictogrammes du Routard

Établissements

- Hôtel, auberge, chambre d'hôtes
- Camping
- Restaurant
- Terrasse
- Boulangerie, sandwicherie
- Pâtisserie
- Glacier
- Café, salon de thé
- Café, bar
- Bar musical
- Club, boîte de nuit
- Salle de spectacle
- Boutique, magasin, marché

Infos pratiques

- Office de tourisme
- Poste
- Accès Internet
- Hôpital, urgences
- Adapté aux personnes handicapées

Sites

- Présente un intérêt touristique
- Point de vue
- Plage
- Spot de surf
- Site de plongée
- Recommandé pour les enfants
- Inscrit au Patrimoine mondial de l'Unesco

Transports

- Aéroport
- Gare ferroviaire
- Gare routière, arrêt de bus
- Station de métro
- Station de tramway
- Parking
- Taxi
- Taxi collectif
- Bateau
- Bateau fluvial
- Piste cyclable, parcours à vélo

Le *Routard* est imprimé sur un papier issu de forêts gérées.

I.S.B.N. 978-2-01-706808-2

LE VIETNAM NORD

LE VIETNAM SUD

Buffle d'Asie dans les environs de Sapa

« Il suffit d'avoir de l'argent pour qu'on écoute vos sottises. »
Vieil adage vietnamien

Le Vietnam est un pays, une culture, une histoire, et non pas une guerre. Ruiné et dévasté par 30 années de combat pour la réunification (1975), le Vietnam semblait définitivement abandonné aux ténèbres de l'histoire. L'huître fermée des années 1980 s'est ouverte subitement au monde extérieur dès 1994, poussée par la levée de l'embargo. C'est **un pays qui revient de loin.** Il a su renaître de ses cendres, tel le Phénix légendaire.
Voilà aujourd'hui un pays splendide dont la silhouette géographique dessine la forme d'un dragon, symbole de force et de bienfaits en Extrême-Orient. Là, tout n'est que rizières noyées sous le soleil, haies de bambous et chapeaux coniques, images d'une **Asie éternelle,** miraculeusement préservée, vibrante et authentique. De la baie d'Hạ Long au delta du Mékong, de Hanoi, la capitale à l'**architecture coloniale** préservée, à Hồ Chí Minh-Ville, la grande cité du Sud, c'est une découverte enthousiasmante. Si vous cherchez les clichés et la facilité, il n'est pas pour vous plaire. Pourtant, tout y change actuellement très vite, dans une espèce d'**impatience,** d'imprudence même, à vouloir rattraper le temps perdu. En dépit d'une croissance économique fulgurante, le Vietnam n'a pas vendu son âme aux diables du progrès.
Le Vietnam serait-il à l'aube d'un nouveau destin ? Mieux que ça, il y est déjà plongé.

Lycéennes à la sortie des classes

NOS COUPS DE CŒUR

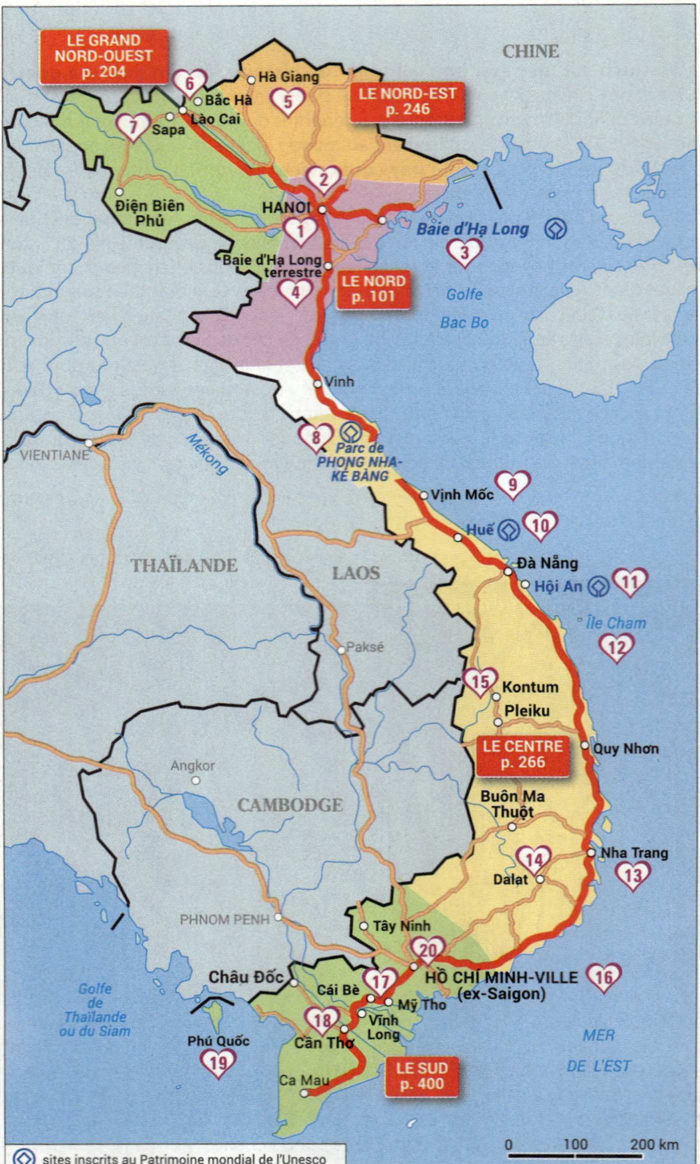

À Hanoi, déambuler à pied dans les ruelles du quartier des 36 corporations, cœur historique parfaitement conservé de la capitale du Vietnam.

Peu endommagé par la guerre du Vietnam, ce quartier formé au XVe s est un ensemble de ruelles, de maisons basses et de petits immeubles très étroits et hauts (les maisons-tube). Autrefois, chaque rue était dédiée à un métier : la rue de la soie, de la chaussure, de la mercerie, des vermicelles, des objets votifs, des herbes et des graines… C'est un quartier toujours aussi vibrant et attachant ! *p. 137*

Bon à savoir : *à découvrir à pied en faisant attention à la circulation des motos et cyclomoteurs qui est très dense.*

Découvrir les innombrables « villages de métier » autour de Hanoi.

La région autour de la capitale a la particularité de compter encore aujourd'hui environ 600 villages dits « villages de métier », sorte d'industrie artisanale à la campagne. Chaque village a sa spécialité professionnelle : à **Vạn Phúc** la soie, à **Bát Tràng** des céramiques, à **Đông Hồ** les objets votifs, à **Dương Ổ** le papier de riz, à **Phụng Công** on élève des bonsaïs, etc. Ces « villages de métier » sont les trésors vivants d'une tradition populaire ancestrale. *p. 150*

Bon à savoir : *cette excursion est proposée par les agences de Hanoi. Compter une bonne journée. On visite les ateliers et on peut acheter sur place.*

3 **Passer une nuit dans la baie d'Hạ Long, à bord d'une jonque-hôtel, parmi les mystérieux îlots rocheux qui surgissent de l'eau.**

La baie d'Hạ Long, l'un des paysages les plus célèbres d'Asie, compte environ 2 000 pains de sucre émergeant de la mer, sur des dizaines de kilomètres. Il faut prévoir une croisière en mer de 2 jours et une nuit pour bien apprécier ce site classé par l'Unesco. L'escale nocturne dans un coin retiré au milieu des îlots reste un moment inoubliable ! *p. 187*

***Bon à savoir :** période idéale d'avril à octobre. Les jonques-hôtels privées, plus petites, sont chères, mais elles peuvent choisir leur point d'ancrage, à l'écart des grosses jonques collectives.*

© Jon Arnold Images/hemis.fr

© Zoonar/Khoroshunova/Zoonar GmbH RF/Age fotostock

4 **À Tam Cốc et Hoa Lư, glisser silencieusement en barque entre les pitons rocheux karstiques, dans cette incroyable baie d'Hạ Long terrestre qui trempe ses pieds dans de jolies rivières et rizières.**

De belles scènes du film *Indochine* y ont été tournées. C'est de Tam Cốc que partent la plupart des balades à bord des barques à rames pour explorer les grottes. Plus loin, les grottes de Tràng An sont encore plus imposantes. De l'embarcadère de Thung Nắng, on accède à une réserve d'oiseaux. On peut aussi pousser jusqu'au village de Kênh Gà, célèbre pour ses maisons flottantes. *p. 191, 200, 202*

Bon à savoir : *Ninh Bình est seulement une ville-étape, c'est à Tam Cốc et aux alentours qu'il faut loger.*

5 Découvrir la province de Hà Giang, l'une des régions montagneuses les plus méconnues et sauvages du nord du Vietnam.

À 350 km au nord de Hanoi, cette région frontalière avec la Chine (Yunnan) présente d'étonnants paysages de montagne au relief tourmenté, avec des pitons calcaires, des vallées profondes, des rivières sinueuses et des villages ethniques loin de l'agitation du monde : *Quản Bá, Đồng Vân* (« le plateau de pierre »), et surtout *Mèo Vạc* et *Bảo Lạc*. Un peintre d'estampes anciennes ne pourrait pas rêver d'un environnement aussi poétique pour réaliser son œuvre. Ici la nature imite l'art. *p. 257*

Bon à savoir : *compter au minimum 5 jours sur place (trajet Hanoi-Hà Giang). Entre novembre et février, il peut faire froid dans cette région.*

6 Apprécier les couleurs et les senteurs du marché dominical de Bắc Hà, dans les montagnes du Nord.

La petite bourgade de Bắc Hà, très paisible en semaine, devient grouillante de vie le dimanche matin, jour de marché. Les ethnies Hmongs Fleuris, Hmongs Noirs, les Dzao Rouges et Verts s'y retrouvent pour vendre leur artisanat et leurs produits fermiers. C'est pour ces montagnards la grande sortie hebdomadaire, l'occasion de manger ensemble, de boire sans modération et d'échanger des nouvelles. Cela donne un marché désordonné, joyeux et ô combien coloré ! *p. 242*

Bon à savoir : *loger sur place la veille pour profiter de l'animation matinale.*

7 À Sapa, partir à la rencontre des minorités ethniques du nord du pays en empruntant les sentiers qui zigzaguent entre les superbes rizières en terrasses.

Les environs de Sapa, ville haut perchée dans les montagnes du Nord, offrent de nombreuses possibilités de randonnées, formidable moyen de partir à la découverte de l'habitat traditionnel et des modes de vie des ethnies montagnardes qui peuplent cette région. Celles-ci ont importé au Vietnam la technique de construction des rizières en terrasses. C'est leur génie et ce qui fait la beauté des paysages. *p. 236*

Bon à savoir : *compte tenu du temps de transport Hanoi-Sapa, nous conseillons 2 jours minimum à Sapa. À éviter le week-end.*

8 Pénétrer dans les entrailles de la Terre en explorant en barque la caverne de Phong Nha, l'une des nombreuses grottes que compte le parc national de Phong Nha-Kẻ Bàng, à la frontière du Vietnam et du Laos.

Étendu sur plus de 116 000 ha de reliefs karstiques et de pitons couverts de jungle, ce parc exceptionnel, classé par l'Unesco, est creusé de plusieurs grottes immenses, dont celle de Hang Sơn Đoòng, considérée comme la plus grande au monde. *p. 270*

***Bon à savoir :** plusieurs grottes se visitent, mais pas celle de Hang Sơn Đoòng.*

9 Cheminer dans les tunnels de Vĩnh Mốc près du 17e parallèle, au centre du Vietnam.

Situé dans la zone démilitarisée (DMZ), ligne tampon qui marquait la frontière entre le Nord-Vietnam communiste et le Sud-Vietnam pro-américain, cet immense réseau de galeries souterraines servit d'abri et de cache d'armes pendant la guerre du Vietnam. Creusés à la main par les villageois sur 3 « niveaux », à 12, 15 et 18 m de profondeur, les tunnels renferment des cavités qui firent office de campement aux familles, de cuisine, d'infirmerie. Des bébés y sont même nés ! *p. 301*

***Bon à savoir :** les galeries ne sont pas oppressantes comme les tunnels de Củ Chi dans le Sud. Visite sécurisée avec un guide et une lampe électrique.*

10 Visiter la cité impériale de Huế, classée au Patrimoine mondial de l'Unesco et unique exemplaire d'une époque révolue.

Impressionnante, avec ses 3 enceintes concentriques et son plan édifié par les géomanciens dans les règles de l'art feng shui ! Remonter ensuite la rivière des Parfums à bord d'une barque à tête de dragon jusqu'aux mausolées des empereurs de la dynastie Nguyễn, monuments majestueux disséminés dans la campagne aux alentours. Les principaux mausolées sont ceux de Minh Mạng, Tự Đức, Khải Định et Gia Long. *p. 287*

***Bon à savoir :** prévoir une journée pour la visite des mausolées. On y va par agence ou bien à moto-taxi depuis la ville de Huế.*

11 **Flâner dans le quartier historique de Hội An en admirant les vieilles maisons de style vietnamo-sino-japonais et le pont couvert, dont l'architecture originelle et le mobilier ont été conservés avec soin.**
Au petit matin, se rendre au marché pour s'immerger pleinement dans la vie quotidienne des habitants. Paresser et faire trempette sur la jolie plage de An Bàng, ou se balader à vélo dans la campagne environnante. Le soir venu, longer la rivière, pour une promenade romantique à la lueur des lampions. Hội An est sans doute la plus charmante des villes historiques du Vietnam ! *p. 327*

© Rhys Stacker/Alamy/Hemis

12 Faire de la plongée sous-marine dans les eaux limpides de l'île Cham, près de Hội An.

Cet archipel de sept îles, déclaré zone protégée, est resté assez sauvage puisqu'une seule de ces îles est habitée (on y trouve 2 villages de pêcheurs). De 3 à 60 m de profondeur, il y a des plongées pour tous les niveaux et tous les goûts : bancs de gros et petits poissons multicolores, récifs de corail, tunnels, murs et pinacles… Débutants et confirmés ont largement de quoi apprécier ! *p. 335*

***Bon à savoir :** les bateaux d'agences de Hội An sont la meilleure solution pour se rendre à l'île Cham. On peut y loger dans de petits hôtels. Période idéale d'avril à août.*

13 Voir les innombrables nids de salanganes (hirondelles vietnamiennes) accrochés à la falaise de l'île de Yến, au large de Nha Trang.

L'île de Yến est réputée pour ses salanganes. Ces passereaux d'Asie ont la particularité de fabriquer leur nid avec leur propre bave. Une fois desséchée et durcie, elle donne une forme semi-ovale dans laquelle les oiseaux nichent. Logeant dans des cabanes agrippées aux falaises, les chasseurs se hissent à l'aide de cordes dans les anfractuosités de la paroi pour y récolter les nids, très recherchés pour la cuisine et surtout dans la médecine traditionnelle chinoise. *p. 388*

***Bon à savoir :** l'île est interdite au public, mais les bateaux acceptent d'y aller sans débarquer. Compter 3h pour l'atteindre au départ de Nha Trang. Période idéale d'avril à septembre.*

© Tibor Bognar/Photononstop

14 **À Dalat, se promener dans cette station d'altitude d'époque coloniale pour découvrir de nombreuses maisons anciennes de style français.**
À 1 500 m d'altitude, dans un paysage de vertes collines, de vergers et de jardins fleuris, de champs de légumes et de bois de sapins, cette « ville-paysage » jouit d'un climat tempéré et d'une douce température. Épargnée par la guerre, la ville a conservé des chalets et des villas de la période française. On y retrouve les styles basque (avec une toiture asymétrique et des pignons à colombages), savoyard (avec des balcons), normand (pans de bois), et breton (grosses pierres et ardoises). *p. 362*

© Frédéric Soreau/Photononstop

15 **Dans les Hauts Plateaux du Centre, admirer l'étonnante architecture des maisons traditionnelles des minorités ethniques.**
La région des Hauts Plateaux abrite une galaxie de minorités ethniques aux cultures très diverses dont plusieurs se distinguent par leur architecture traditionnelle, même si les demeures modernes en brique et tôle prennent de plus en plus le dessus. Au nord, vers Kon Tum, les Bahnar bâtissent de fascinantes maisons communes *(rong)*, dont le toit en forme de sabot grimpe très haut vers le ciel. Au sud, autour de Buôn Ma Thuột, les Édé habitaient traditionnellement d'interminables maisons longues sur pilotis, qu'on agrandissait encore à chaque nouveau mariage. *p. 346*
***Bon à savoir :** les villages de minorités se visitent avec un guide local.*

16 **Plonger dans le bouillonnement d'Hồ Chí Minh-Ville (ex-Saigon), capitale économique du pays, bourdonnante et trépidante, où cohabitent modernité et passé colonial, commerce et cosmopolitisme.**
Quelques monuments sauvegardés d'époque coloniale, comme la superbe poste centrale, la cathédrale et l'hôtel de ville, mais peu de pagodes et beaucoup d'immeubles des années 1970, désormais concurrencés par des tours de verre et d'acier qui lui donnent un style de plus en plus singapourien. Voilà le visage hybride d'une mégalopole à l'énergie débordante, qu'il faut prendre le temps d'apprivoiser. *p. 400*
Bon à savoir : *le « quartier routard » se trouve dans le secteur des rues Phạm Ngũ Lão et Bùi Viện.*

© Jon Arnold Images/hemis.fr

17 **Au cœur du delta du Mékong, naviguer dans le dédale des rivières et cours d'eau sous la végétation tropicale luxuriante.**

Région la plus fertile du Vietnam, le delta du Mékong est un monde mi-terrien mi-aquatique, quadrillé par une multitude de canaux verdoyants, de rizières et de jardins fruitiers, d'îles et de villages qui vivent au rythme des pulsations du puissant fleuve, divisé en 9 énormes bras, et de la mer. C'est un monde envoûtant, à découvrir en glissant au fil de l'eau, en séjournant chez l'habitant, dans une maison d'hôtes parmi les vergers et les jardins tropicaux. *p. 462*

Bon à savoir : *des crues peuvent se produire brutalement dans le delta entre mi-août et mi-septembre.*

(18) Se faufiler en barque parmi les étals innombrables du marché flottant de Cái Răng.

Baignée par l'un des bras du Mékong, la ville de Cần Thơ vit à un rythme moins trépidant que Hồ Chí Minh-Ville. Là est tout son charme. Du quai de la rue Hai Bà Trưng, on embarque pour découvrir le marché flottant de Cái Răng (à 4 km) où les fermiers vendent leurs fruits et légumes à bord de bateaux débordant de pastèques, bananes, mangues, melons, patates douces, etc. Pour s'identifier, les marchands accrochent le fruit ou le légume de leur production sur une longue perche fixée au bateau. *p. 493*

Bon à savoir : *un autre beau marché flottant à Long Xuyên, à 60 km au nord.*

© Mickael David/Author's Image/Photononstop

(19) Passer quelques jours sur l'île de Phú Quốc, au bord d'une plage.

La plus grande île du Vietnam (585 km²) est nichée sur les eaux claires du golfe du Siam. Les collines boisées de l'intérieur forment un poumon de verdure, et le cœur d'un Vietnam rural et sauvage. On y vient surtout pour la beauté des plages bordées de cocotiers et de palmiers. L'île produit un poivre parmi les plus goûteux du pays. On y fabrique aussi le meilleur *nước mắm*, cette saumure de poisson de couleur marron qui accompagne souvent les plats. *p. 500*

Bon à savoir : *période idéale d'octobre à mai (éviter juillet et août, saison de la mousson). L'hôtellerie se concentre sur la côte ouest ; la côte est, rocheuse et inhospitalière, attire peu de monde.*

© Andreas Rose/Picture Press Illustration/Photononstop

20 **Assister à la fête du Têt, le moment fort du calendrier vietnamien.**
Le Nouvel An vietnamien (le Têt) est la fête la plus importante du Vietnam. Elle marque la fin d'une année lunaire et le début d'une nouvelle année, ainsi que l'arrivée du printemps. C'est le seul jour de l'année où l'âme des ancêtres revient sur terre, et on célèbre l'événement dans la joie et l'exubérance. À la fois religieuse et civile, c'est une fête qu'aucun Vietnamien ne manquerait. p. 75
Bon à savoir : elle se déroule chaque année fin janvier-début février. Attention, à cette période, tout fonctionne au ralenti, sauf les hôtels et les transports qui sont pleins à craquer.

© Pascal Deloche/Godong/Photononstop

Village de pêcheurs de Mũi Né

ITINÉRAIRES CONSEILLÉS

À 12h d'avion en moyenne de l'Europe de l'Ouest, le Vietnam n'est pas une destination de week-end ni de très court séjour. Il faut compter un minimum de 15 jours pour découvrir le pays, étalé du nord au sud sur une distance de près de 1 800 km. En 15 jours, on en a déjà une bonne idée. En 3 semaines, un visiteur peut espérer voir les sites et les villes les plus importants du Vietnam. Le territoire se divise en 3 régions distinctes : le Nord, le Centre et le Sud. Il s'agit donc, si vous avez du temps, de programmer un voyage qui passera dans ces 3 secteurs, différents sur les plans géographique, historique, culturel et climatique. Ainsi aura-t-on un aperçu satisfaisant de ce pays. Tenir compte aussi du climat et des saisons !

En 7 jours

En 7 jours, on ne peut découvrir qu'une partie du pays. Choisir le Nord de préférence. Arriver à **Hanoi (1),** la capitale, y passer 2 nuits/2 jours. C'est la plus vieille ville du Vietnam, celle qui a le mieux conservé son caractère traditionnel et historique (époque coloniale française). Se promener à pied autour du lac Hoàn Kiếm et dans le quartier des 36 rues et corporations, cœur battant de Hanoi. Visiter le temple de la Littérature et le musée d'Histoire. Découvrir la **baie d'Hạ Long (2),** classée au Patrimoine mondial par l'Unesco, à bord d'une jonque-hôtel (1 nuit/1 jour) : c'est l'un des plus beaux sites maritimes d'Asie. Prendre ensuite un avion ou un train de nuit jusqu'à **Huế (6),** ancienne capitale impériale pour visiter la ville étendue au bord de la rivière des Parfums, la citadelle impériale et les somptueux tombeaux des empereurs d'Annam dans les environs.

En 12 jours

On peut réaliser d'abord l'itinéraire précédent au Nord, en continuant le périple par **Hội An (8)** dans le centre du pays : vieille ville à taille humaine, très bien conservée, classée au Patrimoine mondial par l'Unesco, avec de grandes et belles plages à côté. De Hội An, rejoindre **Đà Nẵng (7)** en taxi d'où l'on peut prendre un vol pour Hồ Chí Minh-Ville (ex-Saigon), la métropole moderne et bourdonnante du Grand Sud. Prévoir, dans ce cas, 3 nuits à Hội An et 2 nuits à Hồ Chí Minh-Ville.

La vieille ville, Hội An

© Guiziou Franck/hemis.fr

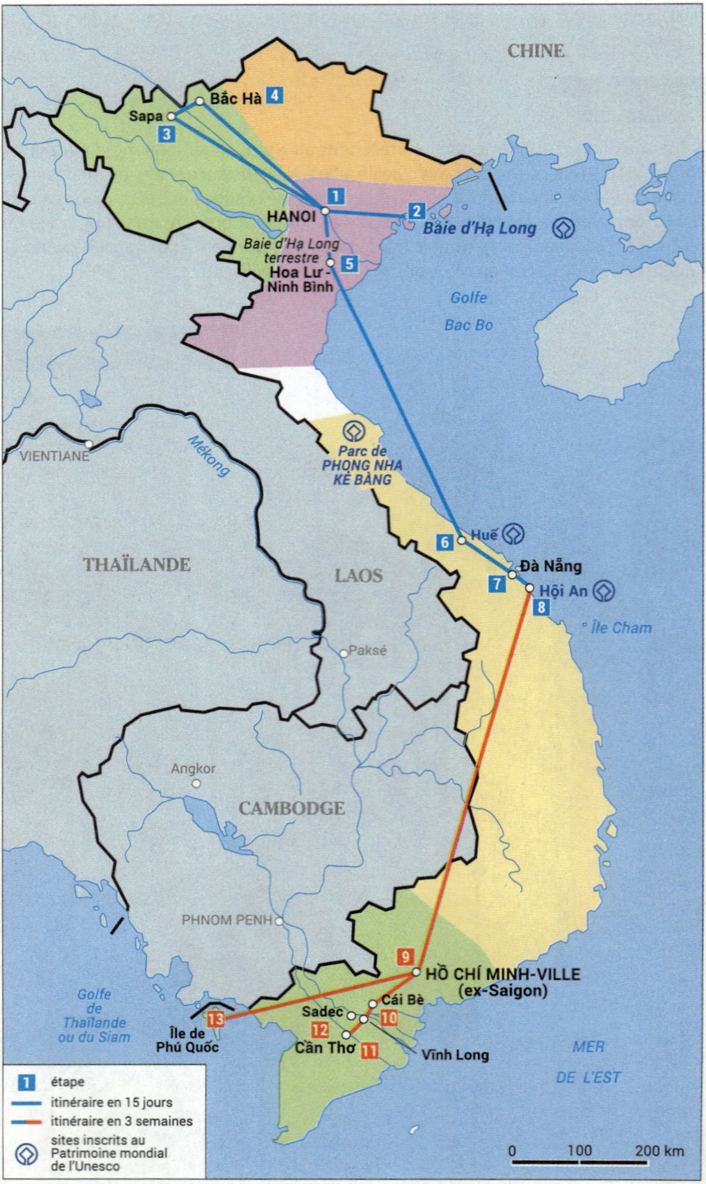

CHINE
Bắc Hà 4
Sapa 3
1
HANOI
2
Baie d'Hạ Long
Baie d'Hạ Long terrestre
5
Hoa Lư - Ninh Bình
Golfe Bac Bo
Parc de PHONG NHA KẺ BÀNG
VIENTIANE
Mékong
6 Huế
Đà Nẵng
7
Hội An
8
Île Cham
THAÏLANDE
LAOS
Paksé
Angkor
CAMBODGE
PHNOM PENH
9
HỒ CHÍ MINH-VILLE (ex-Saigon)
Cái Bè
10
Sadec
12
Cần Thơ
11
Vĩnh Long
Golfe de Thaïlande ou du Siam
13
Île de Phú Quốc
MER DE L'EST
1 étape
itinéraire en 15 jours
itinéraire en 3 semaines
sites inscrits au Patrimoine mondial de l'Unesco
0 100 200 km

En 15 jours

Commencer le voyage par le Nord, continuer par le Centre et finir par le sud du Vietnam. Au nord et au centre du pays, reprendre l'itinéraire précédent mais prévoir au départ de **Hanoi (1)** une excursion supplémentaire à **Sapa (3)** et **Bắc Hà (4),** petites villes d'altitude situées dans la partie la plus montagneuse du Vietnam. Compter au moins 3 nuits et 3 jours en incluant le temps de transport au départ de Hanoi : soit par la route de jour, soit en train de nuit. Somptueux paysages sauvages, nombreuses rizières en escaliers, la région de Sapa et de Bắc Hà est habitée par les minorités ethniques (les Dzai, les Hmong Noirs et les Dzao Rouges) qui ne sont pas d'origine viet mais sino-tibétaine. De Hanoi, on peut gagner facilement (en train ou par la route) Ninh Bình, porte d'entrée pour la région de la **baie d'Hạ Long terrestre (5)** (grottes de Tam Cốc et site de Hoa Lư).

En 3 semaines

On a la durée presque idéale pour découvrir sans fatigue le pays. Pour cela, nous vous conseillons de reprendre les étapes précédentes de l'itinéraire de 15 jours, et de rajouter une semaine dans le Sud à partir de **Hồ Chí Minh-Ville (9).** De cette grande ville, se rendre dans le **delta du Mékong** irrigué par les eaux de ce grand fleuve venu du Tibet. C'est l'un des plus grands deltas fluviaux du monde, qui se divise en 9 branches, chacune étant aussi large que la Loire sinon plus… Les étapes de votre itinéraire pourraient être : la **région de Cái Bè et Vĩnh Long (10),** balades en barque dans les canaux ombragés, découverte des vergers de la région et des anciennes maisons de style colonial. **Cần Thơ (11),** pour son marché flottant, et arrêt à **Sadec (12),** pour rechercher les fantômes de Marguerite Duras. Retour à Hồ Chí Minh-Ville par la route où vous prendrez un vol pour l'**île de Phú Quốc (13).** Cette île tropicale est réputée pour ses plages, mais il faut bien choisir sa saison (la meilleure va d'octobre à mai).

SI VOUS AIMEZ…

Les sites classés au Patrimoine mondial de l'Unesco : la baie d'Hạ Long, la vieille ville de Hội An, la cité impériale et les tombeaux de Huế, le sanctuaire de Mỹ Sơn et le parc national de Phong Nha-Kẻ Bàng.

Les villes : Hanoi, la capitale et la plus vieille ville du Vietnam (plus de 1 000 ans). Hồ Chí Minh-Ville, jeune cité de 8 millions d'habitants, considérée comme le cœur économique du pays. Đà Nẵng, la métropole active du Centre.

Les plages : au sud, la station balnéaire de Mũi Né en n° 1, les plages de l'île de Phú Quốc en n° 2, la plage de Hội An, au centre du pays, en n° 3, et en n° 4 Nha Trang, dans une baie protégée en forme de croissant, bordée par une ville en pleine expansion.

La nature : les montagnes du nord du Vietnam le long de la frontière chinoise entre Sapa et Cao Bằng, en particulier la région de Hà Giang. Au centre du pays, le parc national de Phong Nha-Kẻ Bàng, où se trouve l'une des grottes souterraines les plus vastes d'Asie.

Les grands fleuves : au sud, le Mékong et son immense delta ; au nord, le fleuve Rouge et son delta, tous les deux baignent des régions considérées comme les greniers à riz du pays.

Marchande à Cholon, Hồ Chí Minh-Ville

Interview #experienceroutard

par la rédaction du *Routard*

En quoi cette destination est-elle unique ?

Un pays c'est comme une personne : il y a le physique et le caractère. Au Vietnam nous aimons la géographie à taille humaine. C'est une porte d'entrée idéale pour venir une 1re fois en Asie du Sud-Est. L'histoire de ce peuple fier, sa capacité à vaincre plus fort que lui, la débrouillardise des gens, l'absence d'insécurité, le coût abordable de la vie : voilà autant de raisons pour s'attacher à ce pays et d'y voyager.

Un moment à partager ?

Une soirée dans un village communautaire chez les minorités ethniques de la province de Hà Giang. Monsieur Ly était un pauvre fermier qui eut l'idée de lancer le tourisme durable dans son village. Autour de la table d'hôtes, tout se passe dans une simplicité chaleureuse. Madame Ly a mijoté ses plats avec des produits naturels de son jardin potager. Ce soir-là, la communication ne passa pas par le langage mais par des regards et des attentions.

Un site remarquable et méconnu ?

Le col de Mã Pí Lèng n'est pas très élevé (1 200 m) mais quand on y arrive au terme d'une route étroite et sinueuse, on a la sensation étrange d'être à 4 000 m d'altitude. Le relief est extrêmement accidenté. Une plate-forme d'observation domine un vertigineux canyon, gigantesque cassure dans un paysage rocailleux, hérissé d'aiguilles calcaires ciselées.

Une rencontre inoubliable ?

Quasar Khanh fut une étoile de la galaxie design des années 1960. Ingénieur visionnaire, il a inventé le mobilier gonflable, les poufs « satellites », la voiture transparente Cube Car, et même la « bambouclette », une bicyclette en bambou. Où était donc passé cet excentrique et génial inventeur des sixties ? Nous l'avons retrouvé à Hồ Chí Minh-Ville en décembre 2010. Nguyen Manh Khanh (son vrai nom) adopta le pseudonyme de Quasar le jour où il donna son nom à son épouse Emmanuelle Khanh, la célèbre styliste réputée pour ses lunettes.

La spécialité culinaire à goûter ?

La cuisine vietnamienne n'a que des qualités : fine, légère, diététique et économique. Au Vietnam on sait ce que l'on a dans l'assiette. On doit goûter à la soupe. La plus connue s'appelle le *phở*, c'est une soupe de nouilles servie dans un grand bol en porcelaine, avec du bœuf ou du poulet, agrémentée d'herbes. L'autre spécialité, à ne pas manquer, est le *chả cá* : un filet de poisson frit au safran accompagné de vermicelles et d'aneth.

LES QUESTIONS QU'ON SE POSE AVANT LE DÉPART

➢ Quels sont les documents nécessaires pour aller au Vietnam ?

Le visa vietnamien n'est pas obligatoire pour des séjours de moins de 15 jours (jours d'entrée et de sortie inclus). Pour une durée supérieure à 15 jours, il est obligatoire et coûte 60 € pour une durée de 1 mois (entrée simple) et 80 € pour 3 mois (entrée simple). On peut obtenir le visa en ligne (E-visa électronique, environ 25 US$, valable 30 jours), ou à l'arrivée mais uniquement si vous y accédez par voie aérienne. Le passeport doit être encore valable 6 mois après expiration de votre visa.

➢ Quels sont les vaccins indispensables ?

Aucun vaccin n'est obligatoire. Il est recommandé d'être à jour pour les vaccins universels (tétanos, typhoïde, polio, diphtérie, hépatite A et hépatite B). Les médecins recommandent souvent un traitement antipaludéen, mais celui-ci ne concerne qu'une petite partie du pays : certaines jungles dans les montagnes du Centre ou des zones humides du delta du Mékong. Il y a des moustiques dans certains endroits, mais peu souvent en bord de mer, et très rarement dans les villes. Donc un bon produit antimoustiques est tout ce qu'il vous faut.

➢ Le Vietnam est-il un pays sûr ?

Oui. L'un des plus sûrs du monde. Pas de guerre, pas de guérilla, pas de terrorisme, peu de délinquance. Cela dit, ne pas afficher de signes extérieurs de richesse dans les lieux publics des grandes villes, car il y a parfois des vols à l'arraché de téléphone portable.

➢ Quelle langue parle-t-on au Vietnam ?

Le vietnamien, langue monosyllabique à 6 tons. Cette langue s'écrit en caractères latins et l'on peut donc la lire. Dans les lieux touristiques, on parle suffisamment l'anglais, plus rarement le français. Pour vous aider à communiquer, n'oubliez pas d'emporter un petit lexique franco-vietnamien de poche.

➢ Quelle est la meilleure époque pour y aller ?

Pour le sud du pays, les mois de juillet et août sont ceux de la mousson. La meilleure période, chaude et sèche, s'étale entre novembre et juin. Au nord, les hivers à Hanoi sont frais et humides (de janvier à mi-mars), les étés très chauds. Les meilleurs mois sont novembre, avril, mai et juin. Pour le Centre (Huế, Đà Nẵng, Hội An), éviter la période entre septembre et novembre (typhons) et fin janvier, humide et venteuse.

➢ Quel est le temps de vol depuis la France ?

Environ 12h, selon le vol et la destination (Hanoi ou Hồ Chí Minh-Ville). Ce temps peut être 2 fois plus long si vous voyagez avec certaines compagnies qui font des escales.

➢ Quel est le décalage horaire ?

Il est de 6h en hiver (quand il est 12h à Paris, il est 18h à Hanoi) et 5h en été. Le décalage horaire entre le Canada et le Vietnam est de 11h.

➢ Dans quel sens parcourir ce pays ?

Cela dépend de votre date d'arrivée et de la saison. Le climat est favorable dans le nord d'avril à novembre, moins agréable de décembre à mars. Au sud, juillet et août sont des mois pluvieux (mousson). Donc, par exemple, si vous arrivez vers le 15 juin, il faut commencer par le Sud pour éviter la mousson de juillet et août et terminer votre voyage par le Nord. En revanche, si vous arrivez le 15 mars, il est préférable de commencer par le Nord pour avoir un temps plus chaud dans le Sud.

➢ Quel budget prévoir ? Comment voyager à l'économie ?

Voyager au Vietnam ne coûte pas cher, et cela malgré le développement économique du pays. En voyageant à 2 à l'économie, on peut s'en sortir avec un budget d'environ 25 € par personne et par jour : 12-15 € pour la chambre double (ce qui fait 6-7 € chacun), 2 repas à 3-4 €, le reste étant consacré aux boissons, visites et transports. Un budget moyen tourne autour de 50 € par jour (pour plus de confort).

➢ Quelle est la monnaie locale ? Quel est le taux de change ?

La monnaie vietnamienne est le đồng (Dg). À l'été 2019, 1 € valait environ 26 300 Dg et 1 US$ environ 23 200 Dg. Pour nos amis suisses et canadiens, 1 CHF vaut environ 23 100 Dg et 1 $Ca environ 17 420 Dg. Les euros se changent facilement et partout dans les grandes villes. Les paiements se font en monnaie locale.

➢ Les cartes de paiement sont-elles acceptées ?

Les cartes de paiement ne sont acceptées que dans de grands établissements et la plupart des agences de voyages. Il y a des distributeurs acceptant *Visa* et *MasterCard* partout, y compris dans les petites villes et souvent dans les réceptions des hôtels.

➢ Quels sont les sites à ne pas manquer au Vietnam ?

Au nord : la vieille ville de Hanoi, la baie d'Hạ Long maritime, la baie d'Hạ Long terrestre de Ninh Bình et, à la frontière de la Chine, la superbe région des montagnes des minorités ethniques, de Sapa à Hà Giang. Au centre : la ville de Hội An, les tombeaux impériaux et la cité impériale de Huế. Au sud : la trépidante Hồ Chí Minh-Ville, le delta du Mékong et l'île de Phú Quốc.

➢ Quel est le mode de déplacement le plus pratique ?

Cela dépend de vos goûts, de vos habitudes et du temps que vous avez sur place. À pied dans les centres-villes. À moto-taxi *(xe ôm)* pour les plus longues distances. Les taxis ne sont pas chers et ont tous un compteur. On peut traverser le pays en bus *(Open Tour)*. Il est préférable de faire les longs trajets en bus de nuit (confortables), ou en train de nuit cabines avec des couchettes molles. Le voyage ferroviaire à bord du train de la Réunification est une expérience unique qui permet de rencontrer les gens et de découvrir le pays différemment. Les plus pressés prendront l'avion.

➢ Que mange-t-on ?

Fine et légère, diététique, pas chère et très variée (près de 500 plats), la cuisine vietnamienne est exceptionnelle. On sait ce que l'on a dans l'assiette, car c'est une cuisine fraîche et avec moins de sauces que la cuisine chinoise. On mange du riz partout et quotidiennement, il accompagne tous les plats vietnamiens, le poisson comme la viande. Il faut goûter aux soupes de nouilles *(phở)* servies avec du bœuf *(bò)* ou du poulet *(gà)*. Dans le Nord, rien de meilleur que la soupe *bún thang*. Très courants aussi sont les nems (pâtés impériaux) ainsi que les rouleaux de printemps fourrés de petits vermicelles. Certains plats sont épicés, d'autres très peu.

COMMENT Y ALLER ?

LES LIGNES RÉGULIÈRES

▲ AIR FRANCE

Rens et résas au ☎ 36-54 (coût d'un appel local ; tlj 6h30-22h), sur ● airfrance.fr ●, dans les agences Air France et dans ttes les agences de voyages (fermées dim).

Agences Air France au Vietnam :

– Hồ Chí Minh-Ville (Saigon) : immeuble La Caravelle, 130, Đồng Khởi, district 1. ☎ + 84 (28) 38-29-09-81.

– Hanoi : 1, Bà Triệu. ☎ + 84 (24) 38-25-34-84. ● airfrance.vn ●

➢ Au départ de Paris-Roissy-Charles-de-Gaulle, Air France propose jusqu'à 3 vols directs/sem pour Hồ Chí Minh-Ville et 1 vol/j. pour Hanoi (en collaboration avec Vietnam Airlines).

Air France propose à tous des tarifs attractifs toute l'année. Pour consulter les meilleures offres du moment, allez directement sur la page « Nos meilleurs tarifs » sur ● *airfrance.fr* ● *Flying Blue,* le programme de fidélité gratuit d'Air France-KLM, permet de gagner des *miles* en voyageant sur les vols Air France, KLM, Transavia, et les compagnies membres de *Skyteam,* mais aussi auprès des nombreux partenaires non aériens *Flying Blue...* Les *miles* peuvent ensuite être échangés contre des billets d'avion ou des services (surclassement, bagage supplémentaire, accès salon...) ainsi qu'auprès des partenaires. Pour en savoir plus, rendez-vous sur ● *flyingblue.com* ●

▲ VIETNAM AIRLINES

– Paris : 51-53, av. des Champs-Élysées, 75008. ☎ 01-44-55-39-90. ● vietnamairlines.com ● Ⓜ Franklin-D.-Roosevelt. Lun-ven 9h30-13h et 14h-17h30.

➢ Vietnam Airlines propose, au départ de Roissy-CDG et sans escale, 7 vols/sem vers Hanoi et 7 vols/sem vers Hồ Chí Minh-Ville. Grâce à l'accord TGV Air, liaisons accessibles au départ de 19 villes en France. Tarifs préférentiels pour les vols intérieurs ainsi que sur le Cambodge et le Laos lorsque les vols sont réservés avec le vol international.

▲ QATAR AIRWAYS

– Paris : 24-26, pl. de la Madeleine (entrée 7, rue Vignon), 75008. ☎ 01-55-27-80-80. ● qatarairways.fr ● Lun-ven 9h-17h.

➢ Qatar Airways propose 3 vols/j. vers Hanoi au départ de Paris-CDG, ou 2 vols/j. au départ de Genève via Doha. Pour Hồ Chí Minh-Ville (Saigon), 3 vols/j. Prévoir au moins 1 ou 2 escales. Durée min Paris-Hanoi : 17h45 avec une escale à Doha, 19-36h avec 2 escales. Durée du vol Paris/Hồ Chí Minh-Ville, min 16h45 et Genève-Hanoi min 17h50. La compagnie propose aussi 4 vols directs/sem, de Doha à Đà Nẵng (centre du Vietnam). Durée : 6h50.

▲ SINGAPORE AIRLINES

– Paris : 43, rue Boissière, 75116. Rens et résas : ☎ 0821-230-380. ● singaporeair.com ● Ⓜ Boissière.

➢ Singapore Airlines dessert Hồ Chí Minh-Ville et Hanoi au départ de Paris 1 fois/j. avec escale et changement d'avion à Singapour. Durée totale : 17h40 pour Hanoi, 17-24h pour Hồ Chí Minh-Ville. Également 1 vol/j. pour Đà Nẵng au départ de Paris avec escale à Singapour.

▲ THAI AIRWAYS INTERNATIONAL

– Paris : Tour Opus 12, 77, esplanade du Général-de-Gaulle, 92914 La Défense Cedex. Rens et résas : ☎ 01-55-68-80-70. ● thaiairways.fr ● Ⓜ La Défense.

➢ Thai Airways assure 1 vol/j. sans escale entre Paris et Bangkok. De Bangkok, la compagnie propose 2 vols/j. vers Hồ Chí Minh-Ville et Hanoi.

OSEZ L'INÉDIT !

LES ORGANISMES DE VOYAGES

– Ne pas croire que les vols à tarif réduit sont tous au même prix pour une même destination à une même époque : loin de là. On a déjà vu, dans un même avion partagé par 2 organismes, des passagers qui avaient payé 40 % plus cher que les autres. De plus, une agence bon marché ne l'est pas forcément toute l'année (elle peut n'être compétitive qu'à certaines dates bien précises). Donc, contactez tous les organismes et jugez vous-même.
– Les organismes cités sont classés par ordre alphabétique, pour éviter les jalousies et les grincements de dents.

En France

▲ ALTIPLANO VOYAGE

– Annecy (Metz-Tessy) : Park Nord, Les Pléiades nº 35, 74370. ☎ 04-57-09-80-00. ● vietnam@altiplano-voyage.com ● altiplano-voyage.com ● Lun-ven 9h-13h, 14h-18h.

Osez l'inédit ! Avec Altiplano Voyage, agence spécialiste des voyages sur mesure au Vietnam, découvrez le pays du dragon et de la fée. Inspirez-vous des exemples d'itinéraires 100 % personnalisables proposés sur leur site. Spécialiste des itinéraires combinant plusieurs régions, pays (Cambodge, Laos, Yunnan) ou thématiques, Altiplano Voyage offre des prestations originales. À votre écoute, la spécialiste Vietnam partage avec vous ses conseils et astuces afin de créer le voyage qui vous ressemble avec le degré d'autonomie souhaité (en liberté ou avec guide et visites).

▲ ASIA

– Paris : 1, rue Dante, 75005. ☎ 01-44-41-50-10. ● asia.fr ● Ⓜ Maubert-Mutualité. Lun-ven 9h-18h30 ; sam 10h-13h, 14h-17h.
– Agences également à Lyon, Nice, Marseille et Toulouse.

Asia est leader des voyages sur l'Asie et propose des voyages personnalisés en individuel ou en petits groupes sur l'ensemble de la zone Asie-Pacifique, de la Jordanie à la Nouvelle-Zélande en passant par l'Ouzbékistan, l'Inde, la Mongolie, la Chine, l'Asie du Sud-Est et l'Australie. Dans chaque pays, Asia met son expertise au service de ses clients pour réaliser le voyage de ses envies. Connaissance du terrain et du patrimoine culturel, respect de l'environnement et authenticité, c'est au plus près des populations, et toujours dans l'esprit des lieux, qu'Asia fait partager ses créations « maison ». Sur les rivages idylliques de l'océan Indien à la mer de Chine, Asia a sélectionné des adresses paradisiaques et de luxueux spas pour des séjours bien-être.

▲ ASIE INFINY

– Paris : 5 bis, rue de l'Asile-Popincourt, 75011. ☎ 01-53-70-23-51. ● asieinfiny.com ● Lun-ven 9h30-19h ; sam 10h-13h, 14h-18h.

Créée en 2015, Asie Infiny, spécialiste du voyage à la carte, décline ses formules à l'infini pour répondre à toutes les envies et offrir une « Asie pour chacun ». De l'Inde au Japon en passant par le Sri Lanka, l'Indonésie (Bali) et l'Asie du Sud-Est (Thaïlande, Birmanie, Laos, Cambodge et Vietnam), son équipe vous propose une offre complète et variée. Guidé, en groupe, classique, hors des sentiers battus, à la carte ou cousu main.

▲ CERCLE DES VACANCES / ASIE

– Paris : 4, rue Gomboust (angle 31, av. de l'Opéra), 75001. ☎ 01-40-15-15-18. ● cercledesvacances.com ● Ⓜ Pyramides ou Opéra. Lun-ven 9h-20h, sam 10h-18h30.

Le vrai voyage sur mesure, à destination de l'Asie, dont le Vietnam. Cercle des Vacances propose un large choix de voyages adaptés à chaque client : circuits avec guide et chauffeur, voyages en groupe, croisières, combinés de plusieurs pays, voyages de noces... Les experts Cercle des Vacances partagent leurs conseils et leurs petits secrets pour faire de chaque voyage une expérience inoubliable. Cercle des Vacances offre également un service liste de mariage gratuit. Les petits plus qui font la différence : cours de cuisine, rencontre avec les éléphants, balade en train local, tour en pirogue...

▲ COMPTOIR DES VOYAGES

• comptoir.fr •
– Paris : 2-18, rue Saint-Victor, 75005. ☎ 01-53-10-30-15. Ⓜ Maubert-Mutualité. Lun-ven 9h30-18h30, sam 10h-18h30.
– Bordeaux : 26, cours du Chapeau-Rouge, 33800. ☎ 05-35-54-31-40. Lun-sam 9h30-18h30.
– Lille : 76, rue Nationale, 59160. ☎ 03-28-04-68-20. Ⓜ Rihour. Lun-sam 9h30-18h30.
– Lyon : 10, quai Tilsitt, 69002. ☎ 04-72-44-13-40. Ⓜ Bellecour. Lun-sam 9h30-18h30.
– Marseille : 12, rue Breteuil, 13001. ☎ 04-84-25-21-80. Ⓜ Estrangin. Lun-sam 9h30-18h30.
– Nice : 62, rue Giofreddo, 06000. Ouverture prévu en 2020.
– Toulouse : 43, rue Peyrolières, 31000. ☎ 05-62-30-15-00. Ⓜ Esquirol. Lun-sam 9h30-18h30.

Comptoir des Voyages s'impose comme une référence incontournable dans le voyage sur mesure, avec 80 destinations couvrant les 5 continents. Ses voyages s'adressent à tous ceux qui souhaitent vivre un pays de façon simple en s'y sentant accueillis. Les conseillers privilégient des hébergements typiques, des moyens de transport locaux et des expériences authentiques pour favoriser l'immersion dans la vie locale. Comptoir vous offre aussi la possibilité de rencontrer des francophones habitant dans le monde entier, des *greeters,* qui vous donneront, le temps d'un café, les clés de leur ville ou de leur pays. Comptoir des Voyages propose aussi une large gamme de services : échanges par visioconférence, devis web et carnet de voyage personnalisés, assistance téléphonique tous les jours et 24h/24 pendant votre voyage...

▲ LA ROUTE DES INDES ET DE L'ASIE

– Paris : 7, rue d'Argenteuil, 75001. ☎ 01-42-60-60-90. • laroutedesindes.com • Ⓜ Palais-Royal ou Pyramides. Lun-jeu 10h-19h, ven 10h-18h, sam sur rdv.

La Route des Indes et de l'Asie s'adresse aux voyageurs indépendants et proposent des voyages individuels organisés, sur mesure, à travers l'Asie du Sud-Est et l'Extrême-Orient, adaptés au goût et au budget de chaque voyageur. Les itinéraires sont construits par des spécialistes après un entretien approfondi. La librairie offre un large choix de guides, de cartes et de littérature consacrés à l'Asie du Sud-Est et à l'Extrême-Orient. Des expositions sont régulièrement organisées dans la galerie-photo et des écrivains sont invités à venir signer leurs ouvrages.

▲ MONDE AUTHENTIQUE

– Paris : 5, rue Thorel, 75002. ☎ 01-53-34-92-71. • monde-authentique.com • Ⓜ Bonne-Nouvelle. Lun-ven 9h30-19h, sam sur rdv – ou à domicile sur Paris (moyennant participation).

Envie de sortir des sentiers battus, de découvrir ce qu'un pays peut proposer de meilleur ? Depuis 2003, Monde Authentique propose des itinéraires individuels à l'écart des sentiers battus sur des destinations originales comme le Vietnam. En parfaits artisans et connaisseurs du monde, les 14 créateurs de voyages maîtrisent à la perfection les destinations sur lesquelles ils travaillent. Monde Authentique s'adresse à des clients exigeants et désireux de faire de beaux voyages.

▲ NOSTAL'ASIE

– Paris : 19, rue Damesme, 75013. ☎ 01-43-13-29-29. • ann.fr • Ⓜ Tolbiac. Lun-ven 10h-13h, 15h-18h.

Parce qu'il n'est pas toujours aisé de partir seul, Nostal'Asie propose de véritables voyages sur mesure en Asie, notamment au Vietnam vers les lieux les plus connus jusqu'aux contrées les plus reculées, en individuel ou en groupe déjà constitué. 2 formules au choix : *Les Estampes,* avec billets d'avion, logements, transferts entre les étapes, ou *Les Aquarelles* avec en plus un guide et une voiture privée à chaque étape. Vous trouverez sur le site internet des idées d'itinéraires que vous pourrez ensuite personnaliser et adapter selon vos envies avec Ylinh, la chaleureuse directrice, grande connaisseuse de l'Asie.

Asiatica®
TRAVEL
Premier spécialiste des voyages en Indochine
VIETNAM • CAMBODGE • LAOS • BIRMANIE • THAÏLANDE
VOYAGEZ L'ESPRIT TRANQUILLE !
Pour un voyage sur mesure riche en émotions
Info.fr@asiatica.com
www.asiatica-travel.fr
AGENCE DE VOYAGE LOCALE FRANCOPHONE
Phone: +84 24 6266 2816 .
Adresse : Appt.1203, Bâtiment M3-M4,
91 Nguyen Chi Thanh, Dong Da, Hanoi, Vietnam

▲ LA ROUTE DES VOYAGES

● laroutedesvoyages.com ●
– Paris : 10, rue Choron, 75009. ☎ 01-55-31-98-80. Ⓜ Notre-Dame-de-Lorette.
– Angers : 6, rue Corneille, 49000. ☎ 02-41-43-26-65.
– Annecy : 4 bis, av. d'Aléry, 74000. ☎ 04-50-45-60-20.
– Bordeaux : 10, rue du Parlement-Saint-Pierre, 33000. ☎ 05-56-90-11-20.
– Lyon : 59, rue Franklin, 69002. ☎ 04-78-42-53-58.
– Toulouse : 9, rue Saint-Antoine-du-T, 31000. ☎ 05-62-27-00-68.
Agences ouv lun-jeu 9h-19h, ven 9h-18h. Rdv conseillé.

23 ans d'expérience de voyage sur mesure sur les 5 continents ! 15 pays en Europe complètent à présent leur offre. Cette équipe de voyageurs passionnés a développé un vrai savoir-faire du voyage personnalisé : écoute, conseils, voyages de repérage réguliers et des correspondants sur place soigneusement sélectionnés avec qui elle travaille en direct. Son engagement à promouvoir un tourisme responsable se traduit par des possibilités de séjours solidaires à insérer dans les itinéraires de découverte individuelle. Elle a aussi créé un programme de compensation solidaire qui permet de financer des projets de développement locaux.

▲ ROUTES DU VIETNAM

● routes-du-vietnam.com ●

Contactez Routes du Vietnam, une agence locale de confiance, pour organiser votre voyage sur mesure au Vietnam. Les conseillers, fins connaisseurs du terrain et de la réalité du pays, vous accompagnent dans la préparation de votre voyage, en couple, en famille ou en groupe d'amis. Vous avez ainsi accès à un service personnalisé en bénéficiant d'un prix accessible. Étant membre de *bynativ,* la communauté des agences de voyages locales, Routes du Vietnam vous propose un maximum de garanties et de services : règlement de votre voyage en ligne et ce de façon sécurisée, possibilité de souscrire à une assurance de voyage et de bénéficier de garanties solides en cas d'imprévu. De quoi voyager de façon authentique et en toute tranquillité !

▲ SHANTI TRAVEL

– Paris : 17, rue Galilée, 75116. ☎ 01-82-28-92-28. ● shantitravel.com ● Également des bureaux à New Delhi, Colombo, Bali, Rangoun, Katmandou, Siem Reap et Hanoi.

Une agence de voyages francophone qui façonne des itinéraires et des treks sur mesure à travers l'Asie depuis 2005. Fort de ses 14 années d'expertise, Shanti Travel fait découvrir de l'intérieur 18 destinations en Asie dont le Vietnam.
Selon vos désirs, vos disponibilités et votre budget, vous pouvez choisir de partir sur mesure en créant votre itinéraire, étape par étape, avec un expert voyage personnel. Partez où, quand et avec qui vous voulez. Soit en petit groupe sur un des programmes thématiques, à des dates fixes mais variées, en bénéficiant de prix imbattables. Profitez également d'un accompagnateur francophone gratuit à partir de 6 participants.

▲ TERRE INDOCHINE

– Paris : 28, bd de la Bastille, 75012. ☎ 01-44-32-12-82. ● terre-indochine.com ● Ⓜ Bastille. Lun-ven 9h-18h30, sam 10h-18h.

Combinant le Laos, le Cambodge et le Vietnam, l'équipe de Terre Indochine a la passion du voyage innovant. Ce spécialiste de la destination assure sa logistique avec des partenaires, experts et amis, réunis par les mêmes expériences et dans le respect des traditions locales et du tourisme responsable. Avec souplesse, précision et diversité, ses séjours et circuits, à la carte ou organisés, pour les groupes et les individuels, alternent les modes de transport (4x4, à pied, à vélo, à moto, en bateau) et multiplient les rencontres jusque dans les terres les plus reculées de l'Indochine.

▲ TERRES DE CHARME & ÎLES DU MONDE

– Paris : 5 bis, rue de l'Asile-Popincourt, 75011. Lun, mer, jeu, ven 9h30-18h30, mar 14h-18h30.
– Paris : 68, rue de Miromesnil, 75008.

☎ *01-55-42-74-10.* ● *terresdecharme.com* ● *Lun, mer, jeu, ven 9h30-18h30, mar 14h-18h30, sam 10h30-13h et 14h-17h.*
Artisans du voyage individuel sur mesure depuis plus de 20 ans, leurs scénaristes du voyage ont à cœur de faire partager leurs passions en concevant des séjours authentiques, inoubliables et singuliers aux 4 coins du monde. C'est la rareté et le charme raffiné savamment dosés qui animent l'équipe pour créer des voyages placés sous le signe d'émotions intenses et rares. *Sandals* privés glissant le long du Nil, camp privatif au cœur du Masaï Mara, îles exclusives de l'océan Indien, décors magiques des Caraïbes, sites cachés en Asie, trains de luxe et de légende... Telles sont quelques-unes des créations de Terre de Charme & Îles du Monde pour faire de votre voyage une expérience unique.

▲ **VOYAGEURS DU MONDE / VOYAGEURS EN ASIE DU SUD-EST**
☎ *01-42-86-16-88.* ● *voyageursdumonde.fr* ●
– Paris : La Cité des Voyageurs, 55, rue Sainte-Anne, 75002. ☎ *01-42-86-16-00.* Ⓜ *Opéra ou Pyramides. Lun-sam 9h30-19h.* Avec une librairie spécialisée dans les voyages.
– Également des agences à Bordeaux, Grenoble, Lille, Lyon, Marseille, Montpellier, Nantes, Nice, Rennes, Rouen, Strasbourg et Toulouse. Agences aussi à Bruxelles et Genève.
Le spécialiste du voyage en individuel sur mesure. Parce que chaque voyageur est différent, que chacun a ses rêves et ses idées pour les réaliser, Voyageurs du Monde conçoit, depuis plus de 30 ans, des projets sur mesure. Les séjours proposés sur 120 destinations sont élaborés par leurs 180 conseillers voyageurs. Spécialistes par pays et même par régions, ils vous aideront à personnaliser les voyages présentés à travers une trentaine de brochures d'un nouveau type et sur le site internet où vous pourrez également découvrir les hébergements exclusifs et consulter votre espace personnalisé. Au cours de votre séjour, vous bénéficiez des services personnalisés Voyageurs du Monde, dont la possibilité de modifier à tout moment votre voyage, l'assistance d'un concierge local, la mise en place de rencontres et de visites privées et l'accès à votre carnet de voyage via une application iPhone et Android.
Voyageurs du Monde est membre de l'association ATR (Agir pour un tourisme responsable) et a obtenu la certification Tourisme responsable AFAQ AFNOR.

> Voir aussi au sein de chaque ville du Vietnam (en particulier à Hanoi et Hồ Chí Minh-Ville) les agences locales que nous avons sélectionnées.

Comment aller à Roissy et à Orly ?
Toutes les infos sur notre site ● *routard.com* ● ou sur ● *parisaeroport.fr/passager/acces* ●

> Conservez dans votre bagage cabine vos médicaments, vos divers chargeurs et appareils, ainsi que vos objets de valeur (clés et bijoux). Et l'on ne sait jamais, ajoutez-y de quoi vous changer si vos bagages n'arrivaient pas à bon port avec vous.

En Belgique

▲ **CONTINENTS INSOLITES**
– Bruxelles : rue César-Franck, 44 A, 1050. ☎ *02-218-24-84.* ● *continentsinsolites.com* ● *Lun-ven 10h-18h, sam 10h-16h30 sur rdv.*
Continents Insolites, organisateur de voyages lointains sans intermédiaire, propose une gamme étendue de formules de voyage, détaillée sur leur site internet.
– *Voyages découverte sur mesure :* à partir de 2 personnes. Un grand choix d'hébergements soigneusement sélectionnés, du petit hôtel simple à l'établissement luxueux et de charme.
– *Circuits découverte en minigroupes :* de la grande expédition au circuit accessible à tous. Des circuits à date fixe dans plus de 60 pays en petits

groupes francophones de 7 à 12 personnes. Avant chaque départ, une réunion est organisée. Voyages encadrés par des guides francophones, spécialistes des régions visitées.

▲ TERRES D'AVENTURE
– Bruxelles : 23, chaussée de Charleroi, 1060. ☎ 02-543-95-60. • terdav.com • Lun-sam 10h-19h.
Voir texte dans la partie « En France ».

▲ VOYAGEURS DU MONDE
– Bruxelles : 23, chaussée de Charleroi, 1060. ☎ 02-543-95-50. • voyageurs dumonde.com •
Le spécialiste du voyage en individuel sur mesure.
Voir texte dans la partie « En France ».

En Suisse

▲ ALTIPLANO VOYAGE
– Genève : pl. du Temple, 3, 1227 Carouge. ☎ 022-342-49-49. • agence@altiplano-voyage.ch • altiplano-voyage.ch • Agence ouv lun, mar, jeu et ven (sur rdv uniquement).
Voir texte dans la partie « En France ».

▲ ASIA
– C/o Fert et Cie Voyages, rue Barton, 7, case postale 2364, CH-1211 Genève 2. ☎ 022-839-43-92.
Voir texte dans la partie « En France ».

▲ ÈRE DU VOYAGE (L')
– Nyon : Grand-Rue, 21, CH-1260. ☎ 022-365-15-65. • ereduvoyage.ch • Mar-ven 8h30-12h30, 13h30-18h ; sur rdv en dehors de ces heures.
Agence fondée par 4 professionnelles qui ont la passion du voyage. Elles pourront vous conseiller et vous faire part de leur expérience en Asie, dont au Vietnam. Des itinéraires originaux, testés par l'équipe de l'agence : voyages sur mesure pour découvrir un pays en toute liberté en voiture privée avec ou sans chauffeur, guide local et logements de charme, petites escapades pour un week-end prolongé, et voyages en famille.

▲ HORIZONS NOUVEAUX
– Verbier : 6, rue de Medran, CP 196, 1936. ☎ 027-761-71-71. • horizons nouveaux.com • Lun-ven 9h-17h, sam sur rdv.
Horizons Nouveaux est le tour-opérateur suisse spécialisé dans les régions qui vont de l'Asie centrale à l'Asie du Sud en passant par les pays himalayens. Horizons Nouveaux organisent principalement des voyages à la carte, des voyages culturels à thème, des trekkings souvent inédits et des expéditions.

▲ JERRYCAN VOYAGES
– Genève : 11, rue Sautter, 1205. ☎ 022-346-92-82. • jerrycan-voyages.ch • Lun-ven 9h-12h30, 13h30-18h.
Tour-opérateur de la Suisse francophone spécialisé sur l'Afrique, l'Asie et l'Amérique latine. 3 belles brochures proposent des circuits individuels sur mesure. L'équipe connaît bien son sujet et peut vous construire un voyage à la carte. En Asie, Jerrycan propose de nombreux pays, dont le Vietnam.

▲ LA ROUTE DES VOYAGES
– Genève : ☎ 022-552-34-46. • geneve@route-voyages.com • ch.route-voyages.com •
Voir texte dans la partie « En France ».

▲ VOYAGEURS DU MONDE
– Genève : rue de la Rôtisserie, 19. 1204. ☎ 022-514-12-10. • voyageurs dumonde.ch • Lun-ven 9h30-19h, sam 9h30-18h30.
– Lausanne : rue du Bourg, 6, 1003 (2e étage). Ouverture début 2020 : lun-ven 9h-18h30 ; sam sur rdv uniquement.

Au Québec

▲ EXPLORATEUR VOYAGES
– Montréal : 328 Ontario Est, H2X 1H6. ☎ (514) 847-1177. • explorateurvoyages.com • Lun-mer 9h-18h, jeu-ven 9h-20h, sam 10h-15h.
Cette agence de voyages montréalaise propose une intéressante production maison, axée sur les voyages d'aventures en petits groupes (5 à 13 personnes maxi) ou en individuels. Ses itinéraires originaux en Amérique latine, en Asie, en Afrique et au Moyen-Orient se veulent respectueux des peuples et des écosystèmes, guidés par un accompagnateur de l'agence. Intéressant pour se familiariser avec ces

Chez Madame Quyen à Hanoï

différents circuits : les soirées Explorateur (gratuites), avec présentation audiovisuelle.

▲ **TOURS CHANTECLERC**
● *tourschanteclerc.com* ●
Tours Chanteclerc est un tour-opérateur qui publie différentes brochures de voyages : Europe, Amérique du Nord, Amérique du Sud, Asie et Pacifique sud, Afrique et le Bassin méditerranéen en circuits ou en séjours. Il s'adresse aux voyageurs indépendants qui réservent un billet d'avion, un hébergement (dans toute l'Europe), des excursions ou une location de voiture. Également spécialiste de Paris, le tour-opérateur offre une vaste sélection d'hôtels et d'appartements dans la capitale française.

ENTRER ET SORTIR DU VIETNAM PAR LA ROUTE (LES POSTES-FRONTIÈRES)

Postes-frontières avec le Cambodge

Il existe plusieurs points d'entrée et de sortie pour passer du Vietnam au Cambodge, présentés ci-après du nord au sud.
– ***Le poste-frontière de Mộc Bài (Vietnam) et Bavet (Cambodge) :*** sur la route n° 22 Hồ Chí Minh-Ville/Phnom Penh, à 3h de taxi ou de bus de Phnom Penh. Ouv 9h-17h. Le plus fréquenté de tous.
– ***Le poste-frontière Xa Mát (Vietnam) et Trapeang Phlong (Cambodge) :*** situé sur la route n° 7, à 42 km au nord de Tây Ninh (Vietnam) et Kompong Cham (Cambodge). À 6-8h de taxi ou bus de Phnom Penh. Moins fréquenté.
– ***Le poste-frontière de Vĩnh Xương (Vietnam) Khaorm Samnor (Cambodge) :*** à 3-4h de route de Phnom Penh. Ouv 9h-17h. De la ville vietnamienne de Châu Đốc, prendre une moto-taxi pour atteindre le poste-frontière de Vĩnh Xương et Khaorm Samnor. De là, prendre un ferry jusqu'à Neak Luong. De cette ville, prendre un taxi collectif ou un bus jusqu'à Phnom Penh. Autre option : prendre un bateau rapide Châu Đốc-Phnom Penh.
– ***Le poste-frontière de Tịnh Biên (Vietnam) et Phnom Den (Cambodge) :*** à 22 km au sud de la ville de Châu Đốc (delta du Mékong). Ouv 7h-20h. À 3-4h de Phnom Penh en bus ou taxi.
– ***Le poste-frontière de Hà Tiên (Vietnam) et Prek Chak (Cambodge) :*** ouv 7h-18h. Visa cambodgien délivré à la frontière. De Hà Tiên au poste-frontière, 6 km. De Prek Chak, moto-taxi jusqu'à Kep (47 km, Cambodge).
– À noter aussi, ***3 nouveaux postes-frontières*** situés dans des régions vietnamiennes isolées. Le poste de *Lệ Thanh,* à 75 km au sud-ouest de Pleiku (Hauts Plateaux). Le poste de *Bu Drang,* hameau à 45 km au nord de Kiến Đức sur la route n° 14 (province de Đăk Nông, au sud). Enfin, le poste-frontière de *Hoa Lư,* village perdu à une vingtaine de kilomètres au nord de Lộc Ninh (route n° 13, province de Bình Phước).

Postes-frontières avec la Chine

Du nord au sud

– ***Le poste-frontière de Lào Cai (Vietnam) et Ha Khau (Chine) :*** il communique avec le poste-frontière de la ville de Ha Khau (Hekou, province chinoise du Yunnan), à 468 km au sud de Kunming. Voir détails dans le chapitre concerné.
– ***Le poste-frontière de Hữu Nghị (Vietnam) et Youyi Guan (Chine) :*** à 18 km au nord de Lạng Sơn, ce poste est plus connu sous le nom emblématique de « porte de l'Amitié » (voir le chapitre « Lạng Sơn. Vers la Chine »).
– ***Le poste-frontière de Mống Cái (Vietnam) et Dong Hung (Chine) :*** au nord-est du Vietnam (province de Quảng Ninh). On y accède depuis la baie d'Hạ Long (170 km). De l'autre côté (en Chine), on passe par le poste-frontière de Dong Hung.

Postes-frontières avec le Laos

Du nord au sud

– ***Le poste-frontière de Tây Trang (Vietnam) et Sop Hun (Laos) :*** sur la route n° 42 après Điện Biên Phủ (province de Lai Châu). Voir les détails pratiques dans le chapitre « Điện Biên Phủ ».

– ***Le poste-frontière de Na Mèo (Vietnam) et Nậm Xôi (Laos) :*** dans la province de Thanh Hoá (voisine de la province laotienne de Hua Phan), à 180 km env à l'ouest de la ville de Thanh Hoá, sur la route n° 217. Ouv 9h-17h. Visa laotien délivré à la frontière (35 US$) pour ceux qui viennent du Vietnam.

– ***Le poste-frontière de Nậm Cắn (Vietnam) et Namkan (Laos) :*** sur la route n° 7, à 80 km de la ville laotienne de Phonsavan et 73 km de Hoà Bình (province du Nghệ An, Vietnam). De Vinh (Vietnam), bus local jusqu'à Mường Xén puis moto-taxi *(xe ôm)* jusqu'à la frontière. De Nong Haet à Phonsavan (Laos), 4h de route. Au total, de Vinh à Phonsavan, compter 8h de route.

– ***Le poste-frontière de Cầu Treo (Vietnam) et Nam Phao (Laos) :*** se trouve sur la route n° 8, à 92 km au sud-ouest de la ville de Vinh (province de Hà Tĩnh). Ce poste est situé au col de Kaew Neua, d'où la route continue jusqu'à la ville laotienne de Lak Sao (Xao).

– ***Le poste-frontière de Lao Bảo (Vietnam) et Donsavanh (Laos) :*** situé dans la province de Quảng Trị, non loin du village de Khe Sanh, sur la route n° 9 qui vient de la ville de Đông Hà (bus à la gare routière). En entrant au Laos, on passe par les villages de Ban Dong et Xe Pôn. En venant de Huế, bus quotidien pour Savannakhet. Durée : 13h de route.

– ***Le poste-frontière de Bờ Y (Vietnam) :*** situé à 20 km à l'ouest de Plei Kan (route n° 40) et 83 km de Kon Tum, dans la région des Hauts Plateaux du centre du Vietnam. Ce poste-frontière permet de gagner la route n° 16 qui relie Paksé à Attopeu, au Laos.

VIETNAM UTILE

ABC du Vietnam

- ***Population :*** 95,5 millions d'hab. (2017).
- ***Superficie :*** 331 690 km².
- ***Capitale et villes principales :*** Hanoi, Hồ Chí Minh-Ville, Huế.
- ***Langues :*** vietnamien, langues des ethnies minoritaires (khmer, cham, thaï, sedang, miao-yao, cantonais), anglais, français.
- ***Monnaie :*** đồng (Dg). 1 € = environ 26 250 Dg (mi-2019).
- ***PIB/hab. :*** environ 2 350 US$ (environ 2 070 €).
- ***Nature du régime :*** communiste, parti unique. Le Parti communiste vietnamien compte environ 4,5 millions de membres, soit environ 5 % de la population totale.
- ***Chef de l'État et secrétaire général du Parti :*** Nguyễn Phú Trọng.
- ***1er ministre :*** Nguyễn Xuân Phúc, depuis le 7 avril 2016.
- ***Indice de démocratie :*** 3,38 (note sur 10).
- ***Indice de développement humain :*** 0,694 (116e place).

AVANT LE DÉPART

Adresses et infos utiles

En France

■ ***Ambassade du Vietnam :*** *61, rue de Miromesnil, 75008 Paris. ☎ 01-44-14-64-00 (visa touristique, dépôts directs) et ☎ 01-44-14-64-13 (demande par correspondance). • info@ambassade-vietnam.fr • ambassade-vietnam.com • Ⓜ Miromesnil (lignes 9 et 13). Service consulaire pour les visas : lun-jeu 9h30-12h, 14h-17h ; ven 9h30-12h.* Pour les formalités d'obtention de visa, voir « Formalités » ci-après. L'ambassade signale les faux sites internet, qui proposent des services de visa en ligne.

■ ***Foyer Vietnam :*** *80, rue Monge, 75005 Paris. ☎ 01-45-35-32-54. • foyer-vietnam.org • Ⓜ Place-Monge ou Censier-Daubenton. Lun-sam 12h-14h, 19h-22h.* C'est une cantine traditionnelle vietnamienne (gestion associative) où les plats sont préparés par un chef vietnamien. On y est servi par des étudiants vietnamiens et par des bénévoles. Soutenue par l'ambassade du Vietnam et le Centre culturel du Vietnam (voir ci-après), voici une initiative à encourager. Une partie des bénéfices sert à financer des projets associatifs et humanitaires. Le foyer accueille aussi des expositions, des animations musicales et culturelles, des ateliers, des cours de cuisine. Le site internet est participatif, et effectue la promotion des associations œuvrant vers le Vietnam ou sa communauté en France.

■ ***Centre culturel du Vietnam :*** *12, av. Maurice-Thorez, 94200 Ivry-sur-Seine (adresse temporaire). ☎ 01-53-14-75-90. • ccv-france.org • Ⓜ Porte-d'Ivry. Lun-ven 9h-12h, 14h-18h.* Représentation culturelle du Vietnam à Paris. Abrite une bibliothèque, un centre de documentation, une cinémathèque. L'essentiel des publications en langues vietnamienne, française et anglaise sur

HanoiVoyages
VIETNAM - LAOS - CAMBODGE - BIRMANIE - THAILANDE
Agence de voyage locale
leader du «sur mesure»
Une expérience de terrain
incontestable
Equipe dévouée à la
satisfaction des clients
Des prestations de qualité
Bon rapport «qualité prix»
www.hanoivoyage.com
info@hanoivoyage.com
+84 983 0339 66

le Vietnam contemporain. Cours de vietnamien. Exposition de photos, événements culturels.

■ ***Ariane : pour votre sécurité, restez connecté.*** Avant de partir en voyage, ayons les bons réflexes !
Vous pouvez enregistrer votre voyage sur le service Ariane du ministère de l'Europe et des Affaires étrangères. Ce service gratuit vous permet, lors de vos voyages personnels, touristiques ou professionnels, de recevoir des consignes de sécurité sur le pays dans lequel vous voyagez.
La fiche Conseils aux voyageurs, consacrée à votre pays de destination vous donne des informations utiles liées à la sécurité, aux formalités de séjour, aux démarches de santé et aux lois et coutumes du pays dans lequel vous voyagez. Elle est consultable sur le site • *diplomatie.gouv.fr* •

En Belgique

■ ***Ambassade du Vietnam :*** *bd du Général-Jacques, 1, Bruxelles 1050. ☎ (32-2) 379-27-37 (service des visas). • vnemb.brussels@skynet.be • vnembassy-bruxelles.mofa.gov.vn • Lun-jeu 9h-12h, 14h-17h ; ven 9h-12h.* Compter environ 90 € pour un visa d'entrée valable 1 mois (plus de 100 € pour un visa avec entrées multiples). Prévoir 1 semaine de délai. Possibilité d'obtenir également un visa de 3 ou 6 mois.

En Suisse

■ ***Ambassade du Vietnam :*** *Schlosslistrasse, 26, 3008 Berne. ☎ (41-31) 388-78-78. • vietsuisse@bluewin.ch • vietnam-embassy.ch • Section consulaire (passeports-visas) : lun-jeu 9h-12h, 14h-17h ; ven 9h-12h.* Compter 70 CHF (environ 62 €) pour un visa valable 1 mois (1 entrée). Possibilité d'obtenir également un visa de 3 mois (85 CHF, environ 75 €) pour une entrée, et 120 CHF (105 €) pour un visa à entrées multiples. Formulaires sur leur site web. Délai d'obtention du visa entre 5 et 10 jours. Passeport valable au moins 6 mois à partir de la date de demande de visa.

Au Canada

■ ***Ambassade du Vietnam :*** *55 Mackay St, Ottawa (Ontario) K1M 2B2. ☎ (1-613) 236-0772. • vietnamembassy.ca • Services consulaires : lun-ven 9h30-12h30, 13h30-17h.* Visa 1 entrée : 75 US$ (1 mois), et 100 US$ (3 mois). Visa entrées multiples : 120 US$ (1 mois), 145 US$ (3 mois). Passeport valable au moins 6 mois à partir de la date d'arrivée dans le pays.

Formalités

Une loi entrée en vigueur en janvier 2017 a rétabli l'***autorisation de sortie du territoire pour les mineurs. Ils doivent être munis de leur propre pièce d'identité*** (passeport). Pour l'autorisation de sortie de territoire lorsque les enfants ne sont pas accompagnés par l'un de leurs parents, chaque pays a mis en place sa propre régulation. Pour voyager au Vietnam ils doivent être munis d'une pièce d'identité (passeport), d'un formulaire signé par l'un des parents titulaires de l'autorité parentale et de la photocopie de la pièce d'identité du parent signataire. Renseignements auprès des services de votre commune et sur • *service-public.fr* •

Visas

Depuis le 1er juillet 2018, les ressortissants français sont dispensés de visa pour un séjour n'excédant pas 15 jours (jours d'entrée et de sortie inclus). À vérifier avant votre départ, on ne sait jamais !
Pour un voyage de plus de 15 jours, le visa vietnamien est obligatoire et payant sauf exemption (voir la rubrique « Exemptions de visa » plus loin). Son tarif varie d'une année à l'autre : en 2019, un visa de 1 mois coûte 60 € (entrée simple) et 80 € (entrées multiples). Pour un visa de 3 mois (89 jours) : 80 € (entrée simple) et 130 € (entrées multiples).

Il existe 3 catégories de visas : Tourisme, Affaires (pour une durée de 1 à 3 mois) et pour les Français d'origine vietnamienne. Depuis février 2017, un système d'E-visa électronique a été mis en place (voir plus bas).

Attention, votre passeport doit encore être valable 6 mois après la date d'expiration de votre visa (donc de la date de votre retour).

Si vous avez profité d'une exemption de visa pour un séjour de moins de 15 jours, vous ne pouvez bénéficier d'une nouvelle exemption qu'après un délai d'un mois après la dernière sortie du Vietnam.

Les règlements changeant fréquemment, nous vous conseillons de vérifier les informations données.

– Les visas Tourisme à ***entrées multiples*** sont nécessaires si vous voulez séjourner au Vietnam, en sortir, puis retourner au Vietnam. Ils sont de 4 sortes : 1 mois avec entrée unique, 1 mois avec entrées multiples, 3 mois avec entrée unique ou entrées multiples. Il n'est pas délivré de visa Tourisme d'une durée de 2 mois ni de plus de 3 mois.

– ***À noter :*** les visas sont délivrés avec une date d'arrivée précise. Vous ne pouvez pas arriver au Vietnam avant cette date, mais vous pouvez arriver après celle-ci. Dans ce cas, vous perdez le nombre de jours de retard à l'arrivée. Par exemple, si votre visa est de 30 jours avec une date d'arrivée au 1er janvier, si vous arrivez au Vietnam le 4 janvier, votre visa n'est plus valable que pour 26 jours.

– Les ***dépôts de dossier*** au service consulaire de l'ambassade du Vietnam se font aux horaires indiqués, et les retraits ont lieu à une date fixée à l'avance. Compter 1 à 2 semaines de délai selon la période de l'année pour le « visa pour touriste ». Se munir de 2 photos d'identité récentes et, sur place, il vous faudra remplir un formulaire en 2 exemplaires, que l'on peut obtenir en ligne sur leur site. Le paiement se fait en espèces ou par chèque au moment du dépôt du dossier.

– ***Délai d'obtention :*** on peut ensuite obtenir le visa plus ou moins rapidement ; procédure express (3 jours ouvrables, plus cher), procédure ordinaire (1 semaine en temps normal).

– ***Visa Tourisme :*** il existe plusieurs façons d'obtenir ce visa. Soit le demander directement auprès du consulat de votre pays (prix variable selon pays), soit passer par une agence de visas, soit enfin demander un visa à l'arrivée (voir plus bas). La 4e option pour obtenir le visa Tourisme est le visa électronique (E-visa) qui se demande en ligne (voir plus bas).

– ***Visa Affaires :*** le visa Affaires s'obtient auprès d'un consulat. Il est délivré toutefois à l'arrivée au Vietnam dans le cas où l'intéressé a reçu une lettre d'invitation préalable. Cette lettre doit provenir d'une société vietnamienne vous patronnant.

E-visa Tourisme (visa électronique)

Depuis le 1er février 2017, les voyageurs français, belges, suisses et canadiens peuvent obtenir le visa vietnamien en ligne. La demande doit se faire sur le site du *National Web Portal on Immigration* (il y a une traduction en français) : • *https://evisa.xuatnhapcanh.gov.vn* •

Ce visa électronique est valable 30 jours et coûte 25 US$ (environ 22 €). Lors de la demande en ligne, il faut joindre une copie numérisée (scan) du passeport ainsi qu'une photo d'identité (moins de 1 Mo). Mettre vos prénoms ***dans l'ordre du passeport,*** puis votre nom de famille. Savoir quelle est votre ville d'entrée dans le pays car le visa n'est valable qu'à ce poste-frontière. Le règlement sécurisé se fait en ligne à l'aide d'une carte de paiement. Notez bien le numéro d'enregistrement de votre dossier. Un mail arrivera à partir de 3 jours après la finalisation de la demande en ligne. Il vous redonnera votre numéro d'enregistrement, et il suffira de cliquer sur le lien dans le mail « E-visa search menu », de remplir les champs demandés pour accéder à votre visa et de l'imprimer.

Vous devez vérifier les informations qu'il contient, l'imprimer puis le présenter à la douane vietnamienne à l'arrivée. Le douanier appose un tampon d'entrée sur votre passeport. C'est simple. Aucune autre formalité n'est requise. Les informations

concernant votre voyage ainsi que vos données personnelles (passeport et photo) ayant été insérées en ligne, il n'y a pas de frais supplémentaires à payer à l'arrivée ni de formulaire papier additionnel à remplir sur place.
– ***Bon à savoir :*** le visa électronique vietnamien est valable et présentable à la douane de 8 aéroports internationaux et de 16 postes terrestres frontaliers. Voir la liste des ports d'entrée sur • *https://evisa.xuatnhapcanh.gov.vn* •

Obtention du visa Tourisme à l'arrivée

Ce visa touristique n'est délivré que si vous entrez au Vietnam par un vol international, donc ***aux aéroports de Hanoi, Hồ Chí Minh-Ville ou Đà Nẵng.*** La procédure est plus compliquée, mais ne nécessite pas d'envoyer votre passeport par la poste. Elle est beaucoup moins chère. Il vous faut obtenir à l'avance une ***lettre d'invitation*** des services d'Immigration. Il s'agit d'un document officiel du gouvernement vietnamien garantissant que votre visa vous sera délivré à l'aéroport d'arrivée.
Ce document s'obtient en ligne par l'intermédiaire d'une agence de voyages vietnamienne ou d'un organisme spécialisé dans la délivrance de cette lettre. D'abord, vous contactez cet organisme en lui envoyant par courrier électronique une photocopie (scan) de votre passeport, en précisant la date d'arrivée au Vietnam. Vous devez payer ce service en ligne. L'agence ou l'organisme spécialisé vous envoie alors la lettre (document) par courrier électronique. Compter un minimum de 3 jours de délai.
Muni de ce document et de 2 photos d'identité, vous pouvez en arrivant vous présenter au ***bureau « Visa on arrival »*** dans les 3 aéroports internationaux du Vietnam. Le visa vous est alors délivré contre paiement en dollars ou en euros. Le tarif du visa à l'arrivée est de 25 US$ (1 ou 3 mois, entrée unique) et 50 US$ (1 mois, entrées multiples) ; à ces montants il faut ajouter une petite commission (environ 50 US$) de l'agence ou de l'organisme.
Si vous avez obtenu un visa Tourisme à entrées multiples et qu'au cours de votre voyage vous sortez du Vietnam pour y retourner ensuite, vous n'avez pas besoin d'une 2de lettre d'invitation.
Si vous passez par une agence vietnamienne pour l'organisation de votre voyage, la lettre d'invitation est incluse dans le prix du circuit.
Parmi les agences et organismes spécialisés, citons :
• ***cap-vietnam.com*** • ☎ *01-45-88-56-70.* Le site le plus sérieux et fiable, car dépendant de l'agence Action-Visas.com, basée à Paris et animée par une équipe très professionnelle. La demande de visa vietnamien à l'arrivée se fait en ligne sur ce site en français. 1 ou 2 jours plus tard, le client reçoit l'autorisation de l'Immigration. On imprime le formulaire qui permet d'embarquer. Action-Visas donne un numéro d'urgence si problème avec son client à l'embarquement. À l'aéroport d'arrivée, on est attendu (service gratuit) par une personne qui peut vous conduire aussi à l'hôtel (c'est une option, incluse aussi dans le prix).

Obtention du visa Tourisme par une agence

Si vous passez par une agence de voyages (voyage individuel organisé), sachez que celles qui sont agréées par l'État vietnamien ont la priorité sur les autres. Ce qui explique les retards très fréquents et les innombrables problèmes pour obtenir les visas dans les délais. De nombreux voyageurs se rendant seuls à l'ambassade, munis de leurs billets d'avion, se sont vu refuser à la dernière minute leur visa pour le Vietnam.
– ***Bon à savoir :*** on ne le répétera jamais assez, n'attendez surtout pas le dernier moment pour demander votre visa.
Il est possible de prolonger son visa Tourisme sur place : pour cela, en faire la demande auprès d'une agence locale, ou se rendre directement à l'*Immigration Police Office* à Hồ Chí Minh-Ville ou à Hanoi (voir la rubrique concernée dans ces villes).

VIETNAM ORIGINAL TRAVEL
Votre voyage
sur mesure
hors des sentiers battus
No d'imm. 0102388399 - Licence pro. 01024/TCDL - GPLHOT
www.vietnamoriginal.com
Tel. : +84 913 025 122
Email : info@vietnamoriginal.com

L'agence suivante est spécialisée dans l'obtention de visas :

■ ***Action-Visas.com :*** *10-12, rue du Moulin-des-Prés, 75013 Paris. ☎ 01-45-88-56-70. • action-visas.com • Ⓜ Place-d'Italie (sortie « Bobillot », bd Blanqui). Lun-ven 9h30-12h, 13h30-18h30 ; sam 9h30-13h. Prix du service : 33-50 € selon destination, plus les frais consulaires. Pour nos lecteurs, réduc de 8 € pour chaque destination et par pers lors de votre commande. Prendre alors l'option paiement par chèque et déduire directement sur le total indiqué cet avantage en indiquant « routard » sur votre bon de commande.* Cette agence sérieuse s'occupe d'obtenir votre visa pour toutes destinations. Délais rapides, traitement immédiat du dossier dès réception (aucune attente) et service fiable. Pour la province, demandez le visa par correspondance, quelle que soit la destination. Les commandes de visas peuvent s'effectuer sur le site internet qui est actualisé quotidiennement, et vous recevrez directement les formulaires et la liste des pièces à fournir. Réception d'un courriel sur votre messagerie à chaque étape du processus d'obtention du visa. Par ailleurs, Action-Visas prélève 1 € de sa marge commerciale pour financer un projet humanitaire qui peut être suivi en direct sur leur site internet.

■ Également ***Rapide Visa*** : *7, rue de la Boétie, 75008 Paris. ☎ 01-84-17-88-88. • rapidevisa.fr • Ⓜ Miromesnil. Lun-ven 9h-12h30, 14h-18h.*

Attention aux sites frauduleux ! L'ambassade du Vietnam informe les voyageurs que les sites suivants proposant des visas en ligne ne sont ni officiels ni sérieux : *• myvietnamvisa.com • visa-vietnam.org • vietnam-visa.org •* La liste noire comprend une bonne quinzaine de sites non autorisés. Ils pratiquent des méthodes douteuses et même frauduleuses !

Exemptions de visa

– ***Exemption de visa pour les touristes français :*** depuis le 1er juillet 2018, les ressortissants français sont dispensés de visa pour un séjour n'excédant pas 15 jours (jours d'entrée et de sortie inclus). Cette exemption de visa n'est valable que pour un visa à entrée simple. Le passeport doit être valide 6 mois après la sortie prévue. Il faut également présenter une preuve de sortie du pays (billet retour d'avion). En cas de double entrée sur le territoire vietnamien, les voyageurs ne bénéficient que d'une seule exemption (pas de 2). Il est conseillé d'utiliser cette exemption pour la 1re entrée, puis d'utiliser un visa à entrée simple pour la 2de entrée. En cas d'entrées multiples, il faut un visa à entrées multiples. ***Cette loi ne concerne pas encore les citoyens belges, ni les Canadiens et les Suisses.***

– ***Exemption de visa de longue durée pour des citoyens français d'origine vietnamienne.*** Depuis 2007, une loi vietnamienne accorde une exemption de visa pour les citoyens d'origine vietnamienne et pour les conjoints dont l'époux(se) est d'origine vietnamienne ainsi qu'à leurs enfants. Cette exemption est valable 5 ans. Il faut en faire la demande auprès de l'ambassade du Vietnam à Paris. Coût : environ 50 €. Séjour sur place : 90 jours. La formalité est assez simple. Présentez-vous à l'ambassade ou téléchargez sur le site de l'ambassade un formulaire spécial d'exemption de visa.

Fournissez en même temps que votre passeport une photo d'identité et un justificatif prouvant votre origine vietnamienne (extrait d'acte de naissance ou livret de famille) ou attestant que vous êtes bien marié(e) avec un(e) Vietnamien(ne) ou ayant un père ou mère vietnamien(ne). Comptez 2 semaines d'attente (attention : délai d'un mois si 1re demande) pour récupérer votre passeport (ou tout de suite si vous acceptez de payer un supplément de 20 €). Sur celui-ci un papier spécial est collé qui ressemble au visa classique. Il est écrit : « Giấy Miễn Thị Thực ».

– ***Spécial exemption de visa pour l'île de Phú Quốc :*** pour les touristes étrangers, il y a également exemption de visa pour un séjour de 30 jours maximum, seulement pour l'île de Phú Quốc. Cela est valable si vous arrivez et repartez de l'île par un vol international, sans séjourner à l'intérieur du Vietnam.

Prolongation de visa vietnamien

Il faut s'adresser directement aux bureaux de l'Immigration de Hồ Chí Minh-Ville ou Hanoi (voir leurs adresses dans les chapitres concernés), ou bien passer par une agence. Compter 60-155 $ pour une 1re prolongation de 1 mois (entrée simple), et 180-310 $ (pour 3 mois, entrée simple). Délai d'obtention : en général de 3 à 5 jours ouvrables. Pour le visa d'affaires (« business »), les extensions sont de 1, 3 ou 6 mois. Tarifs aussi élevés !
• ***vietnam-immigration.org.vn*** • Site officiel vietnamien avec traduction en anglais.

Conseils pour aller au Cambodge

Beaucoup de routards profitent de leur séjour à Hồ Chí Minh-Ville pour passer au Cambodge et se rendre à Angkor. Si vous souhaitez revenir ensuite au Vietnam, il faut alors demander un visa vietnamien dit « ***à entrées multiples*** ».
Sur le terrain, ***le visa cambodgien s'obtient très facilement aux différents postes-frontières terrestres*** (voir la liste à la fin du chapitre « Comment y aller ? ») ou à l'aéroport de Phnom Penh. Il coûte 30 US$ (environ 27 €). Prévoir 2 photos d'identité. Valable 1 mois. Sinon, vous pouvez vous adresser aux différentes agences de voyages du « quartier routard » à Hồ Chí Minh-Ville qui peuvent vous le procurer (commission de 1 à 2 US$).
Reste aussi la possibilité, bien sûr, d'aller au consulat du Cambodge à Hồ Chí Minh-Ville (mais c'est un peu plus cher).

Papiers : avant de partir, pensez à scanner passeport, visa, carte de paiement, billets d'avion et coupons *(vouchers)* d'hôtel. Ensuite, adressez-les-vous par e-mail, en pièces jointes. En cas de perte ou vol, rien de plus facile pour les récupérer sur votre téléphone ou ordinateur. Les démarches administratives en seront bien plus rapides.

Douanes

Il est interdit de sortir des antiquités du Vietnam. Le pays, comme beaucoup d'autres du Sud-Est asiatique, subit le pillage des gangs internationaux d'antiquaires et autres trafiquants. Problème : beaucoup de faïences et de porcelaines récentes, mais fabriquées dans le style ancien, sont en vente dans les boutiques de souvenirs et chez les antiquaires. De même, le Musée national vend des fac-similés fort bien réalisés de porcelaines anciennes. D'où le risque d'avoir à justifier leur achat et à expliquer leur provenance à la douane si celle-ci le découvre. Les douaniers que vous rencontrez sont en général suspicieux (à juste titre), mais parfois aussi de mauvaise foi.
– ***N'achetez pas d'antiquités,*** même vendues légalement dans une boutique ayant pignon sur rue. Dans le cas où il s'agirait d'objets ayant simplement l'air d'être anciens, ***demandez absolument une facture.*** Si possible, faites préciser dessus que l'objet n'a aucune valeur culturelle ou historique.
– L'***alcool de serpent*** est interdit, et confisqué par les douanes en sortant du pays.
– Le ***nước mắm*** est également interdit dans les avions, en raison de son odeur offensante.

En cas de perte de passeport

Au Vietnam, rendez-vous au commissariat de police le plus proche pour demander une déclaration de perte, puis au consulat français avec votre carte d'identité, si vous en avez une, la photocopie du passeport et celle de votre visa (qui auront été rangées dans un autre endroit que le passeport). Votre nouveau passeport sera disponible en quelques jours pour l'équivalent de 60 € à payer en đồngs (soit environ 1 580 000 Dg).

Postes-frontières terrestres au Vietnam

Voir la fin du chapitre « Comment y aller ? ».

Assurances voyages

■ ***Routard Assurance par AVI International :*** *40, rue Washington, 75008 Paris.* ☎ *01-44-63-51-00.* ● *avi-international.com* ● Ⓜ *George-V.* Enrichie au fil des années par les retours des lecteurs, *Routard Assurance* est devenue une assurance voyage référence des globe-trotters. Tout est inclus : frais médicaux, assistance rapatriement, bagages, responsabilité civile... Avant votre départ, appelez *AVI* pour un conseil personnalisé. Besoin d'un médecin, d'un avis médical, d'une prise en charge dans un hôpital ? Téléchargez l'appli mobile AVI international pour garder le contact avec *AVI Assistance* et disposez de l'un des meilleurs réseaux médicaux à travers le monde. *AVI Assistance* est disponible 24h/24 pour une réponse en temps réel. De simples frais de santé en voyage ? Envoyez les factures à votre retour, *AVI* vous rembourse sous une semaine.

■ ***AVA :*** *25, rue de Maubeuge, 75009 Paris.* ☎ *01-53-20-44-20.* ● *ava.fr* ● Ⓜ *Cadet.* Un autre courtier fiable pour ceux qui souhaitent s'assurer en cas de décès-invalidité-accident lors d'un voyage à l'étranger, mais surtout pour bénéficier d'une assistance rapatriement, perte de bagages et annulation. Attention, franchises pour leurs contrats d'assurance voyage.

■ ***Pixel Assur :*** *18, rue des Plantes, BP 35, 78601 Maisons-Laffitte.* ☎ *01-39-62-28-63.* ● *pixel-assur.com* ● *RER A : Maisons-Laffitte.* Assurance de matériel photo et vidéo tous risques (casse, vol, immersion) dans le monde entier. Devis en ligne basé sur le prix d'achat de votre matériel. Avantage : garantie à l'année.

Carte internationale d'étudiant (carte ISIC)

Au Vietnam, cette carte est de plus en plus demandée. Elle peut vous être utile dans certains cas. Emportez-la si vous l'avez.
Elle prouve le statut d'étudiant dans le monde entier et permet de bénéficier de tous les avantages, services et réductions dans les domaines du transport, de l'hébergement, de la culture, des loisirs, du shopping... La carte ISIC permet aussi d'accéder à des avantages exclusifs (billets d'avion spécial étudiants, hôtels et auberges de jeunesse, assurances, cartes SIM internationales, locations de voitures...).

Renseignements et inscriptions

- ***En France :*** ● *isic.fr* ● *13 € pour 1 année scolaire.*
- ***En Belgique :*** ● *isic.be* ●
- ***En Suisse :*** ● *isic.ch* ●
- ***Au Canada :*** ● *isiccanada.com* ●

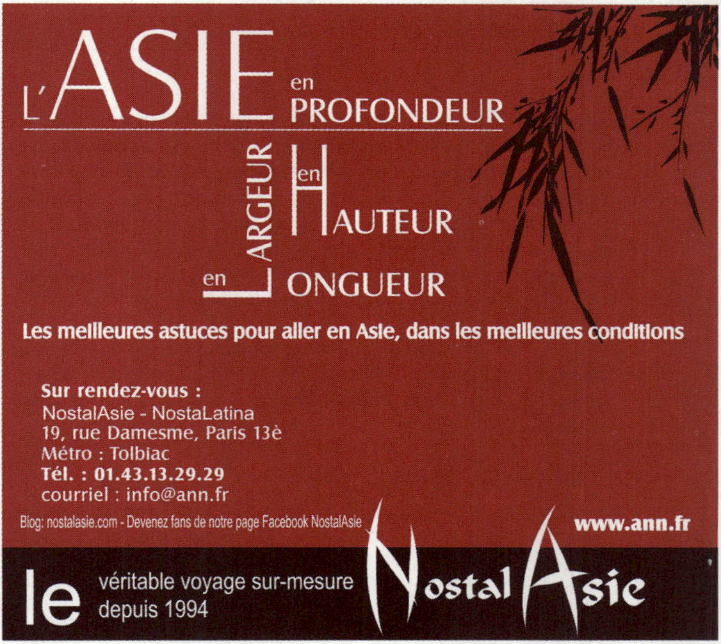

L'ASIE en PROFONDEUR
en LARGEUR en HAUTEUR
en LONGUEUR
Les meilleures astuces pour aller en Asie, dans les meilleures conditions
Sur rendez-vous :
NostalAsie - NostaLatina
19, rue Damesme, Paris 13è
Métro : Tolbiac
Tél. : 01.43.13.29.29
courriel : info@ann.fr
Blog: nostalasie.com - Devenez fans de notre page Facebook NostalAsie
www.ann.fr
le véritable voyage sur-mesure depuis 1994
NostalAsie

Embarquez
POUR DES VOYAGES
De Rêve !
TOUT EN PHOTOS ET EN DESSINS
40 itinéraires sur les plus belles routes du monde
La bible des voyageurs : un véritable tour du monde
Le Routard
ROAD TRIPS
Le Routard
VOYAGES

ARGENT, BANQUES, CHANGE

Avertissements

Si vous comptez effectuer des retraits d'argent aux distributeurs, il est très vivement conseillé d'***avertir votre banque avant votre départ*** (pays visités et dates). En effet, ***votre carte peut être bloquée dès le 1er retrait*** pour suspicion de fraude. C'est de plus en plus fréquent. Bonjour les tracasseries administratives pour faire rentrer les choses dans l'ordre, et on se retrouve vite dans l'embarras ! Vous pouvez aussi ***relever votre plafond de carte*** pendant votre déplacement. Utile surtout pour la caution des locations de voitures et les garanties dans les hôtels.

Pour un retrait, utilisez de préférence les ***distributeurs attenants à une agence bancaire.*** En cas de pépin avec votre carte (carte avalée, erreur de code secret...), vous aurez un interlocuteur dans l'agence, pendant les heures ouvrables.

La monnaie nationale

C'est le « đồng » (Dg). Mi-2019, ***1 € valait environ 26 300 Dg et 1 US$ environ 23 000 Dg.*** Pour nos amis suisses et canadiens, ***1 CHF vaut environ 23 200 Dg et 1 $Ca environ 17 500 Dg.*** Bien sûr, ces taux de change donnés à titre indicatif connaissent sans cesse des variations, et il est sage de les actualiser avant le départ. Il existe 5 pièces de monnaie (mais vous les verrez rarement), de respectivement 200, 500, 1 000, 2 000 et 5 000 Dg. Quant aux billets, la plupart à l'effigie de l'oncle Hồ, on en trouve de 200 (utilisés dans les pagodes, en guise d'offrandes), 500 (idem), 1 000, 2 000, 5 000, 10 000, 20 000, 50 000, 100 000, 200 000 et enfin de 500 000 Dg, le dernier-né de la série. ***Attention :*** le billet de 20 000 Dg et celui de 500 000 Dg ont la même couleur bleu clair. On peut les confondre !

– ***Bon à savoir :*** nous avons choisi l'abréviation Dg pour caractériser le đồng, on voit également sur place les prix exprimés en VND (selon le code international des monnaies). Et lorsque vous voyez un tarif libellé en « K », il s'agit de « kilo-đồng » : 50 K représentent 50 000 Dg. Vous constaterez qu'on est vite millionnaire en đồngs !

Devises étrangères

L'***euro*** et le ***dollar américain*** sont très courtisés, et changés sans problème partout dans le pays. ***Francs suisses*** et ***dollars canadiens*** le sont aussi dans la plupart des bureaux de change.

Une loi stipule que tout doit être payé en đồngs, mais on ne peut pas dire qu'elle soit appliquée à la lettre ! Dans la pratique, on peut en effet parfois payer en dollars ou en euros : hôtels, restos, voitures, achats... Dans l'industrie touristique (hébergements, agences), ***les prix sont d'ailleurs souvent énoncés et/ou affichés en dollars US.*** Toutefois, on vous déconseille de payer (en espèces du moins) en devises étrangères car la conversion s'arrondit toujours en votre défaveur.

Change

Les devises étrangères s'échangent sans commission dans les bureaux de change et les banques, ainsi que dans certains hôtels et agences de voyages, à des taux qui varient assez peu (ce qui n'empêche pas de comparer). Nous vous conseillons de ***changer progressivement*** et non tout en une seule fois, et de garder sur vous des petites coupures (pas toujours facile de payer avec de gros billets).

– ***Bon à savoir :*** pendant la fête du Tết, beaucoup de banques sont fermées. Mieux vaut alors changer vos euros dès l'aéroport. Si vous en êtes en panne, il reste la solution de changer dans les hôtels. Beaucoup le font.

ATTENTION : le đồng n'est pas convertible en euros à l'extérieur du pays. Mais au retour (après le voyage), s'il vous reste des đồngs, vous pouvez les échanger dans l'un des comptoirs de change de l'aéroport (Hanoi ou Hồ Chí Minh-Ville).

Banques

Les banques ouvrent généralement de 7h30 à 11h30 (ou 12h) et de 13h à 16h30 (ou 17h), tous les jours en semaine, et parfois le samedi matin. Elles sont fermées le dimanche.

Distributeurs automatiques *(ATM)*

Il y a des distributeurs acceptant *Visa* et *MasterCard* partout, y compris dans les petites villes. Attention ! On ne peut pas retirer à un distributeur plus de 2 000 000 Dg (environ 80 €) à la fois. Certaines banques qui font exception comme *Sacombank* et *Agribank,* qui acceptent des retraits de 3 000 000 Dg, et *HSBC* à Hanoi (6 000 000 Dg). Ce qui a tendance à multiplier les commissions bancaires car, du coup, il est souvent nécessaire de retirer plusieurs fois au cours du séjour. Une astuce pour contourner ce plafond : se présenter au guichet d'une banque avec son passeport et sa carte de retrait. Cela permet d'obtenir de plus grosses sommes.

Cartes de paiement

Un nombre croissant d'hôtels, de restaurants, de boutiques et d'agences de voyages les acceptent, ce qui est bien pratique pour régler sa note.
Quand vous partez à l'étranger, pensez à téléphoner à votre banque pour relever le plafond de retrait aux distributeurs et pour les paiements par carte, quitte à le faire rebaisser à votre retour.
De même, avant de partir, notez donc bien le numéro d'opposition propre à votre banque (il figure souvent au dos des tickets de retrait, sur votre contrat, ou à côté des distributeurs de billets), ainsi que le numéro à 16 chiffres de votre carte. Bien entendu, conservez ces informations en lieu sûr et séparément de votre carte.
Par ailleurs, rappelez-vous que l'assistance médicale se limite aux 90 premiers jours du voyage et l'assistance véhicule aux cartes haut de gamme (renseignez-vous auprès de votre banque).
Et surtout, n'oubliez pas aussi de VÉRIFIER LA DATE D'EXPIRATION DE VOTRE CARTE DE PAIEMENT avant votre départ !
En cas de perte, de vol, ou de fraude, quelle que soit la carte que vous possédez, chaque banque gère elle-même le processus d'opposition et le numéro de téléphone correspondant.
– ***Bon à savoir :*** en cas de perte ou de vol, il existe un serveur interbancaire d'opposition qui vous met en contact avec le centre d'opposition de votre banque. *En France :* ☎ *0892-705-705 (prix d'un appel + 0,35 €/mn) ; depuis l'étranger :* ☎ *+ 33-442-605-303.*

– ***Carte Visa :*** *numéro d'urgence (Europ Assistance),* ☎ *(00-33) 1-41-85-85-85 (24h/24).* • *visa.fr* •
– ***Carte MasterCard :*** *numéro d'urgence,* ☎ *(00-33) 1-45-16-65-65.* • *mastercardfrance.com* •
– ***Carte American Express :*** *numéro d'urgence,* ☎ *(00-33) 1-47-77-72-00.* • *americanexpress.fr* •

Besoin urgent d'argent liquide

Vous pouvez être dépanné en quelques minutes grâce au système ***Western Union Money Transfer.*** L'argent vous est transféré en moins de 1h. La commission, assez élevée, est payée par l'expéditeur. Possibilité d'effectuer un transfert auprès d'un des bureaux *Western Union* ou, plus rapide, en ligne, 24h/24, par carte de paiement (*Visa* ou *MasterCard*).
Même principe avec d'autres organismes de transfert d'argent liquide comme ***MoneyGram, PayTop*** ou ***Azimo.*** Transfert en ligne sécurisé, en moins de 1h.
Dans tous les cas, se munir d'une pièce d'identité. Toutefois, en cas de perte/vol de papiers, certains organismes permettent de convenir d'une question/réponse type pour pouvoir récupérer votre argent. Chacun de ces organismes possède aussi une application disponible sur téléphone portable.
Consulter les sites internet pour connaître les pays concernés, les conditions tarifaires (frais, commission) et trouver le correspondant local le plus proche : • *westernunion.com* • *moneygram.fr* • *paytop.com* • *azymo.com/fr* •
Autre solution, envoyer de l'argent par ***La Banque postale*** : le bénéficiaire, muni de sa pièce d'identité, peut retirer les fonds dans n'importe quel bureau de poste du réseau local. Le transfert s'effectue avec un mandat ordinaire international (jusqu'à 3 500 €), et la transaction prend 4-5 jours en Europe (8-10 jours vers l'international). Plus cher, mais plus rapide, le mandat express international permet d'envoyer de l'argent (montant variable selon la destination ; 34 au total) sous 2 jours maximum, 24h lorsque la démarche est faite en ligne. Infos sur • *labanquepostale.fr* •

Carte prépayée Travelex

La carte prépayée *Cash PassportTM* (qui remplace les chèques de voyage) fonctionne comme une carte bancaire. Muni d'une pièce d'identité, il suffit de se rendre en agence de change et de charger le budget voyage désiré en dollars sur la carte. Elle peut aussi être commandée en ligne sur • *travelex.fr* • avant d'être collectée en agence sur présentation des documents d'identité. L'utilisateur peut ensuite la recharger à tout moment depuis le site • *travelex.fr* • partout dans le monde.
Une fois à l'étranger, elle est utilisable chez 32 millions de commerçants et distributeurs de billets. Pratique pour régler une note de resto ou d'hôtel, sans frais bancaires ni commission. Sûre, la carte n'est pas liée au compte bancaire de l'utilisateur et elle est protégée par une puce et un code PIN personnel. Assistance internationale d'urgence 24h/24 en cas de perte ou de vol. La carte est alors remplacée gratuitement sous 24h avec des fonds d'urgence.

ACHATS

Objets laqués et incrustés de nacre

Les laques sont omniprésents dans les magasins de souvenirs, du nord au sud du pays. Les objets laqués ont tous les formats, toutes les formes, tous les volumes que l'on puisse imaginer : du galet de plage à l'armoire familiale, du tableau traditionnel incrusté de motifs en nacre jusqu'au cendrier. C'est bien simple : au Vietnam, la laque est une passion nationale et une très vieille activité artisanale remontant aux XIVᵉ et XVᵉ s.
Les ***grands tableaux laqués et incrustés de nacre,*** très répandus, ne sont pas faciles à transporter, mais, une fois accrochés sur un mur blanc, ils sont du meilleur effet. N'oubliez pas les bibelots et objets décoratifs (boîtes à bijoux, à crayons, bols, assiettes, vases...), moins encombrants, peu chers (marchandez !) et qui font toujours de jolis petits cadeaux.

– ***Bon à savoir :*** la laque est une ***substance d'origine végétale,*** sorte de résine extraite par incision d'un arbuste, le *cây sởn* ou laquier, qui pousse en abondance dans le nord du Vietnam. Dans un récipient rempli de liquide crémeux et blanchâtre, on recueille la couche supérieure, pure et légère. Puis on la malaxe pendant une quarantaine d'heures avec un mélange de colophane. La laque noircit et prend son éclat. À ce stade de préparation, on peut la teindre avec des colorants chimiques (autrefois on n'utilisait que des produits naturels comme le cinabre, la graine de Perse, l'or et l'argent en feuilles de nacre).

Nappes et autres broderies

À acheter de préférence à Hanoi où elles sont moins chères. On trouve de très belles nappes brodées, avec des serviettes, des draps et également de jolies barboteuses pour les nouveau-nés.

Boîtes et objets en cannelle

Imaginez des objets utilitaires, des boîtes fourre-tout par exemple, dont la simple présence sur un coin de table ou de bureau suffit à vous dépayser : c'est le cas de ces merveilleuses pièces d'artisanat, toutes simples, faites avec l'écorce du cannelier, autrement dit en cannelle.
Ces « ***objets qui sentent bon*** » sont rarement mis en valeur dans les magasins de souvenirs. Pensez-y, ne serait-ce que pour rapporter une inoubliable boîte à cure-dents ! Et bien sûr, le bric-à-brac de petits riens que vous laisserez traîner dans ces boîtes s'imprégnera de la senteur exotique de la cannelle. Hmm !

Chapeaux coniques

Le Vietnam sans son chapeau conique *(nón lá),* c'est la City londonienne sans son chapeau melon, le Mexique sans son sombrero, le Pays basque sans son béret ! Bref, voilà presque un symbole patriotique : le couvre-chef national d'un pays de riz et d'eau. Un ***chef-d'œuvre de simplicité, d'efficacité, de légèreté et d'élégance*** ! Simple parce qu'il est fabriqué avec quelques feuilles de latanier séchées, ficelées entre elles sur une trame de cerceaux. Efficace parce qu'il protège à la fois du soleil et de la pluie (il est imperméable), d'où son succès dans toutes les rizières du pays ! Élégant, et ajoutons poétique, parce que certains chapeaux portent des poèmes dessinés en filigrane (mais ils sont plus chers à l'achat).
En règle générale, compter 2 à 5 US$ selon la qualité. Sachez que l'on trouve les plus jolis à Huế, au marché de Đông Ba, mais c'est dans le Nord que vous achèterez les plus solides.

Áo dài

C'est la ***tunique traditionnelle*** des Vietnamiennes. Taillée dans une soie légère, elle est fendue sur les côtés jusqu'aux hanches. En dessous, les Vietnamiennes portent un pantalon ample qui cache leurs jambes. À Huế et à Hội An, vous pourrez vous faire confectionner un *áo dài* (prononcez « ao zaï ») sur mesure. Attention, il se porte toujours très cintré, n'inspirez pas au moment de prendre les mesures ou il vous faudra rester comme ça en le portant ! Vaste choix de couleurs, avec certains tissus réversibles très jolis.
La soie vietnamienne présente généralement de petits défauts : insistez auprès de la couturière si vous ne voulez pas qu'ils se retrouvent dans un endroit trop visible. Certains *áo dài* sont brodés. Il existe aussi des *áo dài* luxueux et d'avant-garde comme ceux confectionnés par le styliste-couturier Si Hoang.

Porcelaines

Les plus belles sont les porcelaines de Huế. Elles atteignent maintenant des prix astronomiques. ***Il est interdit de les sortir du pays,*** car elles sont considérées comme partie intégrante du patrimoine national. Un conseil : on trouve un peu partout des reproductions très bien faites, à des prix vraiment attractifs. C'est beau, c'est moins cher et c'est plus éthique que de participer au pillage du patrimoine national.

Peintures et tableaux sur soie

Une bonne idée de cadeau. Des vendeurs ambulants en proposent dans les rues de Hồ Chí Minh-Ville. Ils vendent aussi des dessins au crayon sur une pièce de soie et des cartes de vœux peintes sur soie. Le grand truc de ces gavroches de Saigon est de les chiffonner pour vous montrer que la soie est justement… « inchiffonnable » ! Dans les ateliers, des jeunes filles s'échinent pendant des semaines, parfois des mois (jusqu'à 4 pour les plus grandes pièces) à réaliser à l'aiguille et au fil de soie des tableaux que l'on croirait peints… Impressionnant (mais encombrant).

Pièces de monnaie et billets de banque

Au Vietnam, rien n'est jeté, tout est récupéré, réutilisé, revendu. C'est le cas des anciennes pièces de monnaie, les piastres, qui circulaient au Sud-Vietnam avant 1975. À Huế, on vous proposera aussi des pièces percées qui étaient en circulation dans la citadelle impériale. Vous pouvez également rapporter un album de vieux billets de banque provenant des 3 pays de l'ancienne Indochine (Vietnam, Cambodge et Laos). Certains sont vraiment superbes ! N'oubliez pas de marchander, car ce n'est pas donné.

LE TRAFIC DES PIASTRES

Le taux de change officiel de la piastre indochinoise était bien plus élevé que le taux pratiqué sur les marchés asiatiques. Cette différence favorisa, dès 1945, un énorme scandale qui éclaboussa la IVe République, en pleine guerre d'Indochine. Les soldats français se faisaient tuer tandis que quelques malins s'enrichissaient. Des fortunes considérables se constituèrent à tel point que le gouvernement avait dû dévaluer la piastre. Signe avant-coureur du lâchage de l'Indochine.

Tableaux et affiches

C'est à Hồ Chí Minh-Ville que vous trouverez le plus de ***copistes de toiles de maître*** (Van Gogh, Renoir, Gauguin, Degas, Picasso, Dalí, Botero…). Prix variables selon les sujets et les tailles des peintures, à partir de 15 € environ. À Hanoi, en revanche, c'est la peinture moderne qui domine. Des galeries de copistes sont établies dans les rues autour du lac Hoàn Kiếm (voir « Achats. Tableaux, photographies et affiches d'époque » dans le chapitre « Hanoi »). On trouve également des boutiques spécialisées dans les ***affiches de propagande communiste,*** qui font toujours leur petit effet. Très chères quand ce sont des originales, à prix modérés lorsqu'il s'agit de reproductions.

Artisanat des minorités ethniques

Il est aussi varié, coloré, surprenant que la minorité ethnique elle-même. Dans les villages lat autour de Dalat, on trouve de ***beaux tissus colorés*** et des ***paniers tressés*** que les « montagnards » portent sur le dos. Au nord du pays, dans les villages ethniques, des artisans fabriquent de belles ***pipes en bambou*** gravées (les racines servent de pied à la pipe). À Hanoi, la meilleure adresse est la *54 Traditions Gallery* (voir « Achats » à Hanoi).

Conseils pour les antiquités

Les magasins d'antiquités regorgent d'objets anciens, mais attention à l'arnaque (préférer Hội An ou Hồ Chí Minh-Ville à Huế ou Hanoi). Ils sont en vente libre mais, par un curieux paradoxe administratif, ***il est impossible de les sortir du pays sans une autorisation spéciale.*** Nécessité de l'obtenir à Hồ Chí Minh-Ville au bureau pour le contrôle de l'importation et de l'exportation des objets culturels (178, Nam Kỳ Khởi

Nghĩa). Si vous n'avez pas cette autorisation et qu'au moment de passer les contrôles le douanier découvre vos antiquités, il les confisque purement et simplement.
S'il ne s'agit pas d'une antiquité, mais d'un simple objet de série, il faut alors (sans trop se faire d'illusions) argumenter, le convaincre qu'il ne s'agit que de simples objets artisanaux fabriqués par centaines, et que le magasin en vendait de nombreux, tous semblables. Vous devrez alors présenter la ***facture du commerçant comme preuve*** (ce qui nécessite d'avoir pris soin de la demander au moment de l'achat).
En dernier lieu, seulement si la situation vous semble bloquée et le douanier toujours aussi buté, acceptez de payer la taxe d'exportation (si vraiment vous tenez à vos objets). D'ailleurs, celle-ci est assez arbitraire et s'apparente à du racket (illégal mais toléré...).
Simplifiez : n'achetez pas d'antiquités au Vietnam !

BUDGET

Malgré le décollage économique du pays, ***le Vietnam reste bon marché pour un touriste européen.*** En voyageant à 2, on peut s'en sortir avec un budget d'environ 25 € par personne et par jour : 12-15 € pour la chambre double (ce qui fait 6-7 € chacun), 2 repas à 3-4 €, le reste étant consacré aux boissons, visites et transports. Bien sûr, il s'agira alors de loger dans des hôtels pas trop chers, de se nourrir à la manière locale et de se déplacer à l'économie. En ajoutant 10-15 € par jour, on pourra descendre dans des hôtels plus confortables, s'asseoir à de meilleures tables et faire un voyage un peu moins fatigant en empruntant les minibus ou des taxis locaux.

Hébergement

Nous indiquons ici les fourchettes de prix ***pour 2 personnes en chambre double.*** Notez que pour une personne, le prix est souvent à peine plus bas. Le petit déjeuner est généralement inclus, mais cela dépend des hôtels. Nous le précisons dans le texte. À noter aussi que bon nombre d'hôtels, dans les grandes villes ou les endroits touristiques, affichent leurs tarifs en dollars (ce qui ne vous contraint nullement de payer dans cette devise). Enfin, hors saison, n'hésitez pas à marchander et à faire jouer la concurrence. En revanche, lors de la fête du Têt (fin janvier-début février) et des vacances scolaires vietnamiennes, les prix augmentent sensiblement.
- ***Bon marché :*** jusqu'à 300 000 Dg (environ 11 €).
- ***Prix moyens :*** de 300 000 à 600 000 Dg (environ 11 à 23 €).
- ***Chic :*** de 600 000 à 1 000 000 Dg (environ 23 à 38 €).
- ***Plus chic :*** de 1 000 000 à 2 000 000 Dg (environ 38 à 76 €).
- ***Très chic :*** de 2 000 000 à 3 310 000 Dg (environ 76 à 126 €).

Restaurants

Prix pour un plat copieux ou un repas complet, sans les boissons.
- ***Bon marché :*** jusqu'à 100 000 Dg (environ 4 €).
- ***Prix moyens :*** de 100 000 à 250 000 Dg (4 à 9 €).
- ***Chic :*** de 250 000 à 600 000 Dg (9 à 23 €).
- ***Très chic :*** plus de 600 000 Dg (plus de 23 €).

Quelques prix

- Une bouteille d'eau (1,5 l) : entre 8 000 et 20 000 Dg (dans les lieux touristiques), et 10 000 Dg en moyenne.
- Soupe *(phở)* : de 50 000 à 65 000 Dg. Dans la rue, 25 000 Dg.
- Plat unique dans la rue : 25 000 Dg.

- Plat de riz : 60 000-70 000 Dg.
- Sandwich *(bánh mì)* : 10 000 Dg.
- Bière en bouteille : de 10 000 à 30 000 Dg.
- Course à moto-taxi *(xe ôm)* : 25 000 Dg (1-3 km).
- Lavage du linge dans les hôtels : environ 50 000 Dg/kg.
- Carte postale : 5 000 Dg, timbre 13 500 Dg.
- 1 kg de poivre : environ 150 000-200 000 Dg.

CLIMAT

Situé dans la zone des moussons, le Vietnam bénéficie d'un climat chaud et humide, du nord au sud, avec des différences importantes et des variantes. La « frontière » climatique se situe dans les environs de Đà Nẵng. Ainsi, « l'hiver » n'existe qu'au nord, au-delà du célèbre col des Nuages (đèo Hải Vân), tandis qu'au sud il fait quasiment toujours chaud.

Au nord

- ***De novembre à fin avril-début mai : c'est l'hiver vietnamien.*** L'avantage est qu'il ne fait jamais trop chaud à Hanoi et dans sa région (delta du fleuve Rouge) : 15 à 20 °C en journée, il peut même faire un peu frais (parfois moins de 10 °C la nuit). L'inconvénient est que le temps est souvent gris, brumeux, voire pluvieux. Le ***crachin*** peut tomber plusieurs jours durant, rendant par exemple la baie d'Hạ Long ou celle de Hoa Lư (baie d'Hạ Long terrestre) assez maussades. Raté pour ramener des photos pétantes du bleu azur des brochures d'agence ou des films. En revanche, dans la région montagneuse du Nord-Ouest (Điện Biên Phủ) en hiver, le climat est beaucoup plus favorable, moins humide et plus chaud. De février à mars, en fin de soirée, on peut cependant connaître de belles éclaircies à Hanoi, dans les régions de plaine et sur le littoral. ***L'hiver n'est pas la bonne époque pour visiter la région de Sapa, Bắc Hà et Hà Giang, où il peut faire froid.*** Les rizières en terrasses des montagnes sont belles et colorées en mai et en septembre. Après l'hiver, une sorte de printemps s'établit de mi-mars à début mai.
- ***De mai à octobre : « l'été ».*** Bien qu'il pleuve, cette période est la plus sèche de l'année et celle des températures les plus élevées. En moyenne, il fait de 30 à 40 °C (une chaleur moite assez pénible parfois). En fin de saison, de septembre à novembre, le Nord peut connaître quelques typhons assez puissants, venus de la mer de l'Est (appelée naguère mer de Chine).
- ***Moins bonne période :*** les mois de juillet et août. Pluies fréquentes, parfois fortes et même violentes.

Au centre

- ***Meilleure période :*** de février à mai. Évitez la période entre novembre et fin janvier : il pleut beaucoup. Le temps s'améliore à mesure que la fête du Tết se rapproche (changement de lune). Sachez-le pour bien programmer votre voyage. La mousson d'été se déroule de mai à novembre. De mai à août, ce sont les mois les plus chauds (torrides) de l'année. À Đà Nẵng, la température moyenne maximale oscille alors entre 33 et 34 °C. Le climat du Centre a ses caprices et ses subtiles variantes. Par exemple, quand il fait un temps gris et pluvieux à Huế, il peut faire beau à Đà Nẵng, 100 km au sud. Au-delà du célèbre col des Nuages, le ciel bleu peut tout à coup réapparaître sans transition.
- ***Sur les Hauts Plateaux :*** à Dalat, Ban Mê Thuột, Kon Tum, la température est beaucoup plus fraîche que sur la côte.
- ***Le microclimat de Nha Trang et Mũi Né :*** cette portion de côte est réputée pour son climat sec et ensoleillé quasiment toute l'année.

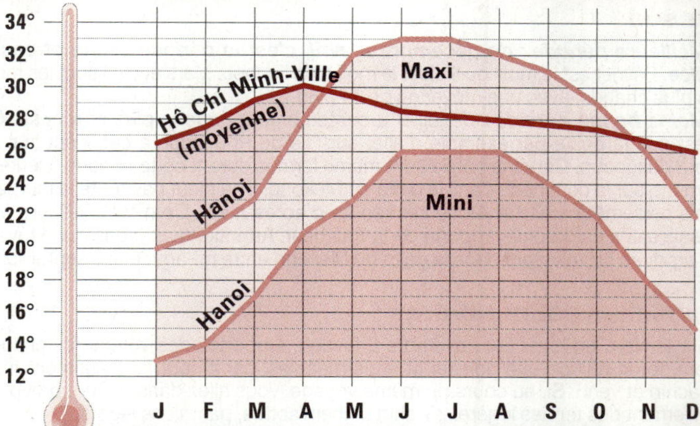

Moyenne des températures atmosphériques (Hanoi)

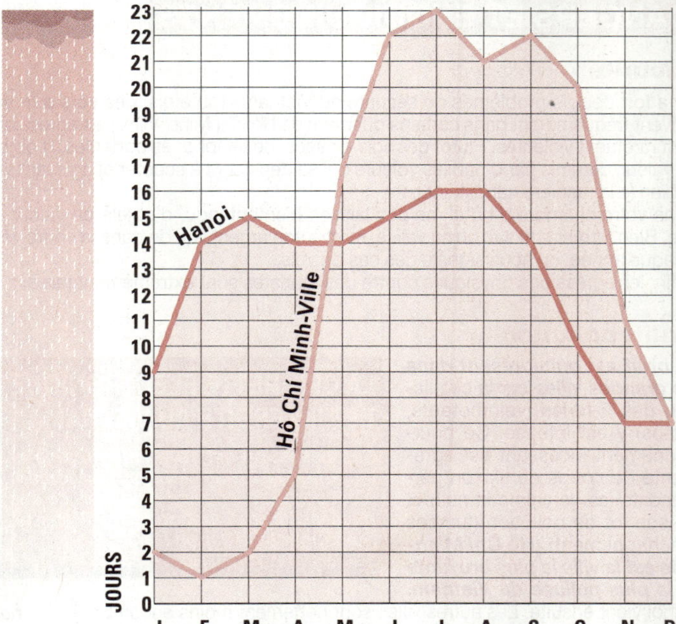

Nombre de jours de pluie

VIETNAM (Hanoi et Hô Chí Minh-Ville)

– ***Moins bonne période :*** septembre et octobre. Époque des changements de mousson ; des typhons peuvent se former et s'abattre sur le littoral. Après les pluies, en novembre, certaines régions sont partiellement inondées, comme vers Hội An et Huế.

Au sud

– ***Meilleure période : de décembre à avril, c'est la période sèche et ensoleillée.*** Février est le mois où il pleut le moins de l'année. Mars et avril sont les mois les plus chauds, avec une moyenne de 34 à 35 °C.
– ***Moins bonne période :*** de juillet à septembre, époque la plus pluvieuse. Ce n'est pas la peine par exemple d'aller sur l'île de Phú Quốc à cette époque : il pleut beaucoup. Certains hôtels sont même fermés durant cette période. Heureusement, sur le continent, dans le delta du Mékong, il ne pleut pas toute la journée, mais seulement à certaines heures (en fin d'après-midi). Ce n'est d'ailleurs pas désagréable car la pluie apporte de la fraîcheur. Attention aux crues qui peuvent se produire brutalement dans le delta du Mékong entre mi-août et mi-septembre.

Conseils vestimentaires

Pour le Nord en hiver (de novembre à février), emportez des vêtements chauds (comme un pull ou une polaire) et imperméables, car il peut faire vraiment froid (crachin et vent). Si, au cours du même voyage, vous allez dans le Sud, prévoyez également des tenues légères : T-shirts, chemisettes, pantalons légers.

DANGERS ET ENQUIQUINEMENTS

Sécurité

Il y a fort peu de problèmes de sécurité au Vietnam. Toutefois, des ***vols à la tire*** arrivent fréquemment dans certains quartiers de Hồ Chí Minh-Ville. Les agressions sont rarement violentes. Plutôt des vols de sacs, de téléphones portables, d'objets de valeur, commis par d'habiles voleurs qui se déplacent à scooter et agissent vite et bien (à la manière napolitaine).
Dans votre chambre d'hôtel, ne pas laisser, bien entendu, d'objets de valeur en vue. Bien fermer son sac ou sa valise, mettre son argent liquide dans le coffre-fort. Chaque année, on nous signale des cas de vols.
Enfin, les agressions physiques contre des touristes sont extrêmement rares.

Bruit, pollution

Le bruit est omniprésent dans les grandes villes car la circulation des 2-roues (vélomoteurs, motos) y est intense. Ce bourdonnement incessant est agrémenté de coups de klaxon permanents (ça se calme la nuit) et de son lot de pollution (fumées d'échappement). ***Hồ Chí Minh-Ville est la ville la plus bruyante et la plus polluée du Vietnam.*** Hanoi vient ensuite. Les autres villes sont nettement moins encombrées. De nuit, les ***karaokés*** prennent le relais. Ils démarrent dans certaines régions à 7h, pour le petit déj... on vous indique lorsqu'un hôtel est trop proche de ces temples de la fausse note. En résumé, n'oubliez pas vos bouchons d'oreilles.

LA CIGARETTE ÉLECTRONIQUE EST INTERDITE AU VIETNAM !

Sa possession est sévèrement punie et les amendes sont élevées. Le Vietnam n'est pas le seul pays d'Asie dans ce cas mais aussi le Cambodge, la Malaisie, Singapour et le Japon !

Sollicitations

Les marchands de nappes brodées à Hoa Lư-Ninh Bình, les vendeurs de souvenirs, des cireurs de chaussures, des motos-taxis : le visiteur est très souvent sollicité au Vietnam, avec insistance mais sans agressivité. Soyez patient, sachez refuser calmement, même si ce n'est pas toujours facile. Et n'oubliez pas que pour beaucoup de gens, il en va de leur survie.

Arnaques

Dire que tous les Vietnamiens sont arnaqueurs serait diffamatoire. Mais certains d'entre eux se jouent avec brio des touristes bien intentionnés, ternissant l'image de leur pays. De nombreux lecteurs se plaignent des ***arnaques quotidiennes et courantes*** dans les secteurs touristiques. Un chauffeur de taxi malveillant qui trafique son compteur, un hôtelier cupide qui ne respecte pas la réservation, gonfle les prix ou annonce un service inexistant, une agence de voyages qui ne tient pas ses engagements : programme non respecté, transports bas de gamme, bateau peu sûr, guide parlant mal l'anglais, etc.
– ***Compagnies de taxis recommandables et honnêtes :*** *Mai Linh Taxi* et *Vina Sun* dans le Sud, et *Hanoi Taxi Group* dans le Nord.

DÉCALAGE HORAIRE

Il y a 6h de décalage – en plus – entre le Vietnam et le méridien de Greenwich. Plus concrètement, s'il est 12h à Paris, à Hồ Chí Minh-Ville et Hanoi il est 18h en hiver et 17h en été. Il y a 11h de décalage horaire avec le Canada. Quand il est 7h à Ottawa, il est 18h à Hanoi.

ÉLECTRICITÉ

Le courant électrique est du 220 volts et les prises sont identiques aux prises françaises d'avant la normalisation européenne, sauf dans le Sud, où l'on trouve dans les chambres à la fois des prises américaines et des prises européennes. Par sécurité, prévoyez un adaptateur.

FÊTES ET JOURS FÉRIÉS

Le calendrier vietnamien est rythmé par une série de fêtes, la plupart d'origine religieuse, réparties sur 2 calendriers (lunaire et solaire). Par exemple, la date de naissance est donnée en calendrier solaire, alors que la date d'anniversaire de mort est en calendrier lunaire. Le Tết suit le calendrier lunaire (janvier ou février selon les années). Attention aux confusions !
L'influence chinoise est prépondérante dans la majorité des fêtes bouddhiques, confucéennes ou taoïstes. L'influence occidentale (par le biais de la France), moins importante, se traduit dans les fêtes chrétiennes (Noël, Pâques, l'Assomption), suivies par les catholiques vietnamiens. Enfin, 3e type de fête, les fêtes civiles qui marquent des événements importants de l'histoire du Vietnam (exemple : l'Indépendance le 2 septembre, ou l'anniversaire de la réunification du pays le 30 avril).
À toutes ces occasions de réjouissances et de prières, il faut ajouter les innombrables fêtes locales dédiées aux génies tutélaires du village. On vous en signale quelques-unes, parmi les plus authentiques, particulièrement dans les provinces du nord du Vietnam.
Chez les Vietnamiens, le culte des ancêtres, l'anniversaire de la mort d'un parent ou d'un grand-parent est souvent prétexte à une réunion autour de l'autel familial et d'une visite à la pagode.

Fêtes traditionnelles

Janvier-février

– ***1er janvier :*** jour férié au Vietnam.

– ***La fête du Tết*** *(Tết Nguyên Đán)* **:** le Nouvel An vietnamien est la fête la plus importante du Vietnam. Elle marque la fin d'une année lunaire et le début d'une nouvelle année (chaque année portant le nom d'un animal de l'astrologie chinoise : le chien, le rat, le singe...). On célèbre le Tết entre le 1er et le 7e jour de l'année lunaire soit, grosso modo, entre la dernière semaine de janvier et la 3e de février (ni avant ni après cette période). Le Tết marque également l'arrivée du printemps, d'où son nom vietnamien qui signifie « fête de la Première Aurore ». Les Vietnamiens en profitent pour prendre leurs vacances : 5 jours fériés, souvent prolongés en une bonne semaine de congé. En revanche, ***pour le voyageur étranger, c'est loin d'être une période idéale*** : les bureaux ferment leurs portes, les hôtels affichent complet depuis belle lurette, beaucoup de restos gardent porte close, les avions sont pleins à craquer, les transports publics fonctionnent au ralenti... Bref, toute l'activité du pays semble suspendue pour célébrer la fête des fêtes dans la joie et l'exubérance ! Une trêve nationale (ce qui ne fut pas toujours le cas : en 1968, le *Vietcong* choisit le jour du Tết pour lancer sa grande offensive).

Pourquoi le Tết est-il si important ? Eh bien, parce que c'est le seul jour de l'année, selon la tradition, où les âmes des morts reviennent sur terre. Il ne faut donc pas rater le rendez-vous avec elles, sinon, gare ! Les vivants doivent impérativement être présents pour les recevoir debout devant l'autel des Ancêtres, l'air grave si possible.

Les pétards sont interdits depuis le 1er janvier 1995 (sous peine d'une amende, équivalant à environ 150 €). Le Tết reste impressionnant pour les touristes en étant moins assourdissant.

Pendant les journées qui précèdent, les marchés débordent de fleurs, les branches d'abricotier aux fleurs jaunes *(hoa mai)* étant les plus recherchées ainsi que les branches de pêcher aux fleurs roses *(hoa đào)* pour décorer les maisons. Les familles se réunissent. Dans les pagodes, on brûle du santal dans des encensoirs. On présente au génie gardien du foyer des plateaux de friandises et des objets en papier. Cette cérémonie de « ***l'adieu aux dieux lares*** » est censée marquer le voyage vers le Ciel de l'Esprit de la Terre *(Táo Quân)* qui s'en va faire un rapport annuel (favorable ou défavorable) sur les vivants auprès du Tout-Puissant Empereur de Jade. Une bureaucratie céleste en somme calquée sur celle des anciens empereurs de Huế.

À QUOI SERT LA FUMÉE D'ENCENS ?

Selon une croyance vietnamienne, la fumée de l'encens relie les vivants aux morts. Alors laisser l'encens partir en fumée améliore à la fois le sort des vivants et la destinée des ancêtres dont les esprits reviennent marauder dans les foyers pendant le Tết.

Avant le jour même du Tết, on confectionne le *bánh chưng,* un délicieux gâteau de riz gluant garni d'une farce composée de poitrine de porc, de haricots écrasés, le tout arrosé d'une sauce de soja ou de *nước mắm,* la sauce nationale faite à partir de saumure de poisson. Dans le nord du pays, ce gâteau salé est carré, symbole de l'univers et des bienfaits des ancêtres. Dans le Sud, il est cylindrique et s'appelle *bánh tét.*

Le 1er jour de la nouvelle année est d'une importance cruciale pour les Vietnamiens. Tout ce qui se dit et se fait ce jour-là influence le reste de l'année. La 1re personne qui franchit le seuil de la maison ne doit pas être n'importe qui, mais une personne vertueuse et fortunée, pour apporter bonheur et prospérité à la famille pendant les 364 jours suivants. Si vous êtes fauché et dans la panade, évitez donc de frapper dès l'aube du 1er jour à la porte de vos amis vietnamiens. Il est interdit de se quereller ce jour-là, de jurer (pas facile à appliquer...), de casser de la vaisselle (!). Mieux encore : les anciens ne font aucun travail manuel le jour du Tết, car ces actes annoncent peine et sueur pour toute l'année ! C'est ça, le Tết ! Une fête vraiment unique en son genre, à la fois religieuse et civile, qu'aucun Vietnamien ne peut manquer de célébrer.

– ***Bon à savoir :*** pendant la fête du Tết, les prix augmentent brutalement, passant du simple au double, voire plus. Les transports et les hôtels se remplissent. Si vous allez au Vietnam pendant cette période festive (2 semaines avant et 1 semaine après le jour du Tết), pensez à réserver vos billets d'avion et vos chambres d'hôtel le plus tôt possible !

Mars-avril

– La **fête de Pâques** (chrétiens).
– ***12 avril :*** anniversaire de Hùng Vương, l'empereur légendaire qui est censé être le fondateur de la 1re dynastie du Vietnam.
– ***La fête des Aliments froids*** *(Tết Hàn Thực)* **:** célébrée le 3e jour du 3e mois lunaire, elle commémore le souvenir d'un philosophe brûlé vif par le roi à la suite d'une erreur de jugement. Sage pays, où les saints sont des philosophes ! Depuis cette date, lors de l'anniversaire de sa mort, on doit s'abstenir de faire du feu pour cuire les aliments. On mange froid !

L'AMOUR ? UN PLAT QUI SE MANGE FROID !

La fête des Aliments froids est aussi l'époque où les garçons emmènent leur amoureuse en barque sur les étangs et les rivières. Ils jettent des fleurs sur l'eau, et si elles se rejoignent, certains sont persuadés que c'est un bon présage pour leur idylle. Les autres s'abonnent à « Meetic »...

Mai-juin

– ***Vers le 15 mai :*** fête de la naissance, de l'Illumination et de la mort du Bouddha. À cette occasion (8e jour du 4e mois lunaire), des lanternes sont accrochées dans les maisons et dans les pagodes où des processions se déroulent dans la soirée.

Juillet-août

– ***La fête des Âmes errantes :*** *Thất Tịch* se déroule entre le 7e et le 15e jour du 7e mois lunaire. Être une âme errante, sans domicile fixe, entre la terre et le ciel, voilà une des pires destinées qu'un Vietnamien puisse envisager dans l'au-delà. D'où cette fête pour réconforter, nourrir, s'occuper, à travers cadeaux et offrandes, de ces pauvres âmes dont personne n'assure le culte. Le SAMU social des âmes, en somme !

Septembre-octobre

– ***La fête de la Mi-automne :*** *Tết Trung Thu,* ou fête de la Lune, est célébrée le 15e jour du 8e mois lunaire. On confectionne des gâteaux en forme de lune avec du riz gluant, une farce de graines de lotus et de pastèque, du jaune d'œuf de cane, des cacahuètes et des raisins de Corinthe. Les enfants défilent à la nuit tombée, portant des lanternes en papier représentant des crapauds, des lapins (habitants légendaires de la lune), des dragons...

Décembre

– ***25 décembre :*** fête de Noël. Une fête très largement célébrée partout dans le pays, par toute la population et pas seulement les chrétiens (ultra-minoritaires).
– ***31 décembre :*** le Nouvel An du calendrier grégorien (international) est fêté aussi au Vietnam, surtout dans les grandes villes, très peu dans les villages de campagne. À Hồ Chí Minh-Ville, l'euphorie n'a rien de comparable avec la fête du Tết, mais les restos des grands hôtels s'animent plus qu'à l'ordinaire, on assiste à un vrai défilé de cyclomoteurs dans les rues et les cargos du port actionnent leurs sirènes, sans oublier le feu d'artifice rituel.

Fêtes locales

– ***La fête des Pétards :*** elle a lieu début janvier (vers les 3-4) à Đồng Kỵ, dans les environs de Hanoi. Un délire pétaradant, assourdissant, exubérant, qui mériterait de figurer dans le *Livre des records.*

– ***La fête et le festival de Hội Lim :*** se tient au village de Lim, dans la province de Bắc Ninh (nord du Vietnam), 2 semaines environ après la fête du Tết (fin février). Radio-crochet romantique et populaire dans une ambiance animée.
– ***La fête de Đa Sỹ :*** célébrée 2 semaines après le Tết à Đa Sỹ, petit village à 10 km de Hanoi. Une des fêtes les moins connues du Nord, mais une des plus spectaculaires. Les réjouissances durent 5 jours, autour du temple du XVIIe s. La fête commence par une procession époustouflante des dieux (du temple) portés à travers le village sous des palanquins dorés, escortés par de jeunes vierges vêtues de blanc. Les gens du pays s'habillent à l'ancienne et un grand dragon de 50 m de long est promené pendant toute la fête.
– Il y a bien d'autres ***petites fêtes locales*** au nord du pays, région où les traditions populaires ont été mieux préservées grâce, d'une certaine manière, à la fermeture du pays pendant plus de 50 ans !

Jours fériés

– ***Bon à savoir :*** au Vietnam, si les jours fériés tombent sur des week-ends, alors ceux-ci sont reportés sur les jours qui suivent le week-end.
– ***1er janvier :*** Nouvel An universel.
– ***Fête du Tết :*** le dernier jour de l'année lunaire est férié et les 4 premiers jours du Nouvel An vietnamien (calendrier lunaire) sont aussi fériés. Cela fait donc 5 jours fériés !
– ***En avril :*** le Jour de la commémoration des rois du Vietnam. Date variable.
– ***30 avril :*** anniversaire de la prise de Saigon, le 30 avril 1975. La période entre le 27 avril et le 10 mai correspond aux vacances scolaires des Vietnamiens. Bon à savoir : il est plus difficile de trouver des places dans les hôtels. Les prix augmentent.
– ***1er et 2 mai :*** fête internationale du Travail.
– ***2 septembre :*** fête nationale commémorant la proclamation de l'indépendance du Vietnam, par l'oncle Hồ, en 1945.

HÉBERGEMENT

Les tarifs hôteliers varient selon la période de l'année. Ils sont plus élevés pendant la fête du Tết et dans certaines villes touristiques (comme Nha Trang, Hội An ou Mũi Né) pendant la haute saison touristique (d'octobre à avril, et en juillet, août et septembre). Dans des lieux comme Sapa (Nord-Ouest) ou Bãi Cháy (baie d'Hạ Long), la basse saison correspond à l'hiver européen, soit de novembre à février (décembre est très frais). En revanche, à Saigon ou Hanoi, les prix sont assez stables tout au long de l'année.

Promotions sur Internet

De plus en plus d'hôtels modulent les tarifs de leurs chambres sur Internet en fonction du taux d'occupation. Il y a donc les prix de base (ceux que nous indiquons) et les promotions proposées sur le Net. À certaines périodes, le prix des chambres évolue en permanence, ce qui permet d'optimiser le chiffre d'affaires (comme le font les compagnies aériennes).

Ces promotions sont extrêmement variables d'une semaine à l'autre, voire d'un jour à l'autre. Elles sont particulièrement intéressantes pour les hôtels de gamme supérieure (3-étoiles et plus). Par exemple, un établissement qui annonce des prix officiels de 90 à 130 € proposera les mêmes chambres entre 60 et 80 € sur son site, à certaines périodes creuses.

Bref, lorsque vous avez choisi votre hôtel dans votre guide préféré, allez donc faire un tour sur son site pour voir ce qu'il propose. De vraies bonnes affaires en perspective !

Les *hostels*

On ne trouve pas (ou peu) au Vietnam d'auberges de jeunesse « officielle » affiliée au réseau international des AJ. En revanche une foule d'*hostels* privés ont ouvert dans les lieux touristiques, proposant dortoirs et chambres doubles aux voyageurs à petit budget. Évidemment, confort, tenue et ambiance varient beaucoup d'un lieu à l'autre, même si l'équipement de base comprend en général, et au minimum wifi et climatisation, mais rarement de cuisine en libre-service. Réception la plupart du temps anglophone, où l'on pourra vous renseigner sur les moyens de transports et excursions dans la zone, quand l'*hostel* n'organise pas directement ses propres tours. Les *hostels* sont aussi des lieux privilégiés pour qui veut rencontrer d'autres voyageurs.

Les hôtels classiques

C'est ***le type d'hébergement le plus répandu.*** Ils vont évidemment du plus simple au plus chic. Bonne nouvelle : les chambres sont bien équipées pour le prix, et il ne faut pas monter bien haut dans les catégories pour bénéficier du confort de base : climatisation (se dit AC au Vietnam), TV et salle de bains privée, connexion wifi. Ensuite, ce qui fait la différence, c'est le standing général de l'établissement, les services qu'il propose et, bien sûr, l'entretien et la déco (plutôt inexistante dans les hôtels bon marché) des chambres, bref la qualité générale de l'endroit. Dans les hôtels plus chers, on trouvera aussi minibar et coffre-fort dans les chambres.
La plupart des hôtels proposent des chambres à différents prix, non pas selon le niveau de confort (qui est le même dans tout l'hôtel) mais selon la taille et l'orientation. Celles côté rue sont presque toujours les plus chères car elles ont une « vue » (même si ce n'est que sur la rue) et ont tendance à être plus grandes (elles ont parfois aussi un balcon). Les autres, intérieures ou donnant sur l'arrière, sont donc souvent plus petites, parfois sans fenêtre, mais aussi souvent... plus calmes (tout en étant meilleur marché). Un calme qui augmente aussi lorsqu'on obtient une chambre dans les étages plus élevés.

Les hôtels de charme

Cette catégorie se développe doucement, les grands blocs hôteliers de l'époque collectiviste n'intéressant plus personne ! D'une manière générale, il y a encore assez peu de petits hôtels de charme bon marché, même si, à Hanoi, les boutique-hôtels *Elegance* ou la *Maison d'Hanoi* (à partir de 50 € la nuit) restent abordables, tandis que l'hôtel *Conifer* appartient à la nouvelle génération des hôtels chics et choc (au-delà de 90 € la chambre).
Des « ***boutique-hôtels*** » (pour reprendre un terme en vogue), au design étudié et à la déco soignée, apparaissent aussi chaque année.
Attention, le terme « boutique-hôtel » n'est pas un label officiel et ne signifie pas que l'hôtel abrite un magasin. Certains hôteliers en abusent.

Les vieux hôtels d'époque coloniale

Les vieux hôtels de l'époque coloniale sont quant à eux marqués par leur architecture française adaptée à la vie sous les tropiques. Quelques spécimens, tous chers mais très beaux, légendaires et mythiques : à Huế, le *Saigon Morin* et la *Résidence* ; à Hanoi, le *Sofitel Metropole* (le plus légendaire) ou l'*Hôtel de l'Opéra* ; à Hồ Chí Minh-Ville, l'hôtel *Continental,* l'hôtel *Majestic* et le *Grand Hôtel.*
Dans le delta du Mékong, autour de Cái Bè, nichées dans la luxuriance des vergers tropicaux, se cachent aussi de charmantes ***vieilles maisons de style colonial*** français. Restaurées parfois avec goût, et encore habitées par les familles, elles accueillent les visiteurs. Leurs tarifs sont beaucoup plus abordables que les grands hôtels de style colonial des grandes villes (certes, ce n'est pas non plus le même type d'établissement).

Les jonques-hôtels

Le mode d'hébergement le plus courant dans la baie d'Hạ Long. Construites en bois et équipées d'un moteur, dans le style des jonques anciennes revues et aménagées pour plaire aux touristes, elles permettent de passer une nuit au cœur de ce magnifique archipel d'îlots rocheux, l'une des merveilles du Vietnam (voir le chapitre « La baie d'Hạ Long »). Certes, une décision (en 2012) de repeindre toute la flotte en blanc enlève un peu au côté poétique et romantique de ces bateaux...
Les agences de voyages, en lien avec les grandes compagnies *(Victory Cruise, Bài Thơ, Indochina Sails...)*, proposent généralement des croisières de 2 jours + 1 nuit à bord de ce genre d'hôtels. On en trouve de tous les styles, de toutes les tailles, de tous les niveaux de confort, et à tous les prix.
– Il y a ***2 types de jonques-hôtels*** : les jonques-hôtels privées (de 1 à 4 cabines) plus petites, plus intimes, mais plus chères, et les jonques-hôtels collectives (de 5 à 30 cabines), plus grandes et moins chères. Se reporter au chapitre « La baie d'Hạ Long » où nous en parlons en détail.

Les hôtels d'État (ou semi-étatiques)

De plus en plus, les hôtels d'État deviennent des établissements semi-étatiques, semi-privés (à capitaux mixtes). Ils se mettent aux normes internationales, comme les nombreux ***hôtels de la chaîne Saigontourist.*** Dans les grandes villes, ils occupent d'anciens immeubles (parfois coloniaux et très beaux) ou parfois des édifices de style soviétique, sans charme. Toutefois, ces derniers ont tendance à disparaître car inadaptés à la demande du marché touristique. Les services offerts y sont de plus en plus satisfaisants, mais les prix gonflent en proportion.

Les grands hôtels de chaînes

Les grandes chaînes internationales comme le groupe hôtelier français *Accor* sont implantées au Vietnam (*Sofitel, Novotel, Mercure* et *Ibis*). Vous y trouverez donc les enseignes les plus connues *(Sheraton, Hilton, Hyatt, Four Seasons...)*. Leurs tarifs sont certes élevés mais souvent plus bas qu'en Europe. De plus, on peut obtenir de bonnes réductions sur ce type d'hébergement en réservant auprès des grossistes sur Internet.

Logement chez l'habitant (maisons d'hôtes, *homestay*)

Les maisons d'hôtes sont désignées sous le terme « ***homestay*** ». Elles se multiplient, aussi bien dans les grandes villes qu'à la campagne et en montagne. C'est aussi une forme d'hébergement répandue dans le nord du pays chez les habitants des minorités ethniques de Mai Châu, Sapa, Bắc Hà, Cao Bằng, Lạng Sơn, où l'on dort dans de jolies maisons traditionnelles de façon très simple (parfois une modeste natte posée à même le sol) mais très conviviale.
À Hồ Chí Minh-Ville, par exemple, de nombreuses maisons particulières du « quartier routard » ont ouvert leurs portes aux voyageurs. Affichant « *rooms for rent* », ces adresses oscillent entre chambres chez l'habitant et mini-hôtels à bas prix.

LANGUE

La langue vietnamienne

Elle fait partie des rares langues d'Asie du Sud-Est, avec le malais et l'indonésien, à s'écrire en caractères latins. À défaut de les prononcer correctement et de les comprendre, un Occidental peut donc sans difficulté lire les mots (même s'ils sont truffés de signes diacritiques !).

C'est une ***langue monosyllabique et tonale.*** Toute la difficulté du vietnamien réside dans la prononciation et l'accentuation. Un vrai casse-tête, presque chinois, d'ailleurs, puisque l'idiome mandarin suit des règles analogues ! Imaginez qu'un même mot peut prendre des sens totalement différents selon que vous le prononcez d'un ton aigu, d'un ton descendant, d'un ton lourd ou d'un ton interrogatif (léger). La moindre erreur dans l'intonation peut donner lieu à des quiproquos, voire à des malentendus grotesques. Ainsi le mot « be » peut signifier, selon son accent : flacon à alcool *(be),* train-radeau *(bè),* petit *(bé),* rompre *(bẻ),* avoir honte *(bẽ),* veau *(bê),* point de vue *(bề),* porter dans ses bras *(bế),* trône *(bệ),* océan *(bể),* gaine de la feuille de bananier *(bẹ)* ! C'est la raison pour laquelle les Vietnamiens francophones écrivent le français avec autant de soin, en accordant une attention particulière aux accents.
Les racines de la langue vietnamienne se perdent dans la nuit des temps. Elle a gardé de ses origines môn-khmères son vocabulaire et sa grammaire de base. Elle a reçu aussi une influence thaïe, en particulier les 1res formes de tonalité et d'autres aspects grammaticaux. Au chinois, elle doit son vocabulaire philosophique, religieux, administratif et technique.
Les 53 minorités ethniques du pays ont chacune leur dialecte, incompréhensible pour un Vietnamien. Certains habitants des régions reculées des Hauts Plateaux ne parlent même pas le vietnamien, langue des basses plaines et des rizières !

Le français

Le français est encore parlé par les lettrés de la génération qui a connu l'époque coloniale, mais cela ne représente plus qu'un tout petit nombre de personnes. Il y a néanmoins un ***renouveau de la francophonie*** assez sensible ces derniers temps auprès des jeunes désireux de trouver du travail dans le tourisme ou dans les sociétés françaises qui s'implantent au Vietnam. Dans les campagnes, il est beaucoup plus difficile de trouver des francophones. Mais on a parfois des surprises étonnantes, même dans des trous perdus, où l'on tombe sur des vieux papis titulaires du BEPC, capables de réciter Lamartine ou Hugo par cœur !
La ***télévision VTV2*** diffuse le journal en français vers 15h et ***VTV1*** vers 23h. Pour ceux qui ont dans leur chambre d'hôtel la TV satellite (seul lieu où elle est autorisée !), vous pouvez capter ***TV5MONDE.***
Dans les musées, les brochures et feuillets d'explication en français sont loin d'être rares, mais il faut les réclamer, car ils restent dans les tiroirs.

Des mots vietnamiens d'origine française

Quelques mots français ont fait souche dans la langue vietnamienne. Ils se sont vietnamisés en se scindant en monosyllabes, comme le veut la règle linguistique : *xúp* (soupe), *cà phê* (café), *mu tát* (moutarde), *sô cô la* (chocolat), *xà bông* (savon), *bi* (bille), *ký lô* (kilo), *ký lô mét* (kilomètre), *ô tô* (automobile), *xích lô* (cyclo-pousse), *ga* (gare), *bia* (bière). Et qu'est donc le « *Ghi đơ ru ta* » ?

L'anglais

L'anglais est ***couramment utilisé*** dans les hôtels et dans le secteur touristique en général. On le parle plus facilement au Sud qu'au Nord, en raison de la présence américaine pendant la guerre du Vietnam. C'est de loin la langue étrangère la plus répandue aujourd'hui.

Alexandre de Rhodes et le *quốc ngữ*

Non, malgré son nom, il n'était pas originaire de l'île de Rhodes, mais d'Avignon. Le père Alexandre de Rhodes (1591-1660) fut l'***un des 1ers missionnaires de la***

Cochinchine. D'une famille juive espagnole convertie au christianisme, ce brillant jésuite, voyageur infatigable, est l'***inventeur du quốc ngữ, l'alphabet phonétique en caractères latins*** qu'utilisent les Vietnamiens aujourd'hui. Il débarqua à 34 ans au Vietnam, alors sous la dynastie des Lê. Dérouté par la langue locale, qui pour lui ressemblait à un « gazouillis d'oiseaux », il l'apprit cependant très vite et, 6 mois plus tard, il prêchait l'Évangile en vietnamien ! Par la suite, il apprit aussi le japonais, le chinois, l'hindoustani et le persan.
Doté d'une érudition exceptionnelle, il composa le 1er dictionnaire annamite-portugais-latin (1651). Le père de Rhodes a transcrit des milliers et des milliers de mots vietnamiens en caractères romains, provoquant une révolution dans la culture traditionnelle. Jusque-là, le vietnamien s'écrivait en *chữ nho* (caractères chinois) et en *chữ nôm* (écriture mêlant les idéogrammes chinois à leur transcription phonétique). Avec la généralisation du *quốc ngữ,* le pouvoir mandarinal fut menacé. Cette « nouvelle langue vietnamienne » se rapprochait des normes européennes tout en se détachant de ses racines chinoises millénaires.
Dès le XVIIe s, le vietnamien devint lisible par n'importe quel Occidental. L'Église et l'administration coloniale française s'en servirent au XIXe s, mais ce n'est qu'à partir de 1906 que l'enseignement du *quốc ngữ* devint obligatoire dans les écoles. ***Elle devint l'écriture nationale du Vietnam en 1919,*** après l'abolition des concours littéraires triennaux. Certains nationalistes vietnamiens admettent aujourd'hui que la romanisation de leur langue fut un bon moyen pour soustraire la nation à l'emprise culturelle chinoise, mais soulignent que ce fut aussi le 1er maillon de l'engrenage colonial...

Prononciation

- *D :* s'il est barré, se prononce comme un *d.* S'il n'est pas barré, se prononce comme un *z* au nord et comme un *y* au sud.
- *NH :* se prononce comme « gne ».
- *R :* se prononce comme un *z* au nord, un *r* roulé au sud.
- *X :* se prononce comme un *s.*
- Le *s* se prononce comme « ch ».
- Le *tr* se prononce comme un « tche » au nord et un « tr » roulé au sud.

Mots usuels et expressions courantes

Bonjour	*Xin chào*
Bonjour monsieur	*Chào ông*
Bonjour madame	*Chào bà*
Bonjour mademoiselle	*Chào cô*
Bonsoir, au revoir	*Chào (comme bonjour)*
Au revoir	*Chào tạm biệt*
À bientôt	*Hẹn gặp lại*
S'il vous plaît	*Làm ơn*
S'il vous plaît, donnez-moi un verre d'eau	*Làm ơn cho tôi một ly nước*
Merci	*Cảm ơn*
Merci beaucoup	*Cảm ơn nhiều lắm*
Pardon	*Xin lỗi*
Oui	*Vâng* (Nord) ; *Có, phải* (Sud)
Non	*Không*
Comment vous appelez-vous ?	*Tên... là gì ?*
Je m'appelle...	*Tôi tên là...*
Je suis français	*Tôi là người Pháp*
Je suis belge	*Tôi là người Bỉ*

Je suis suisse	*Tôi là người Thụy Sĩ*
Je suis canadien	*Tôi là người Canada*

Au café, au restaurant, à l'hôtel

N.B. : une liste des plats typiques se trouve dans la rubrique « Cuisine » dans « Hommes, culture, environnement » en fin de guide.

Combien ça coûte ?	*Bao nhiêu (niou) ?*
Trop cher	*Đắt quá*
Café	*Cà phê*
Restaurant	*Nhà hàng*
Hôtel	*Khách sạn*
Pension	*Nhà nghỉ*
S'il vous plaît, donnez-moi un jus d'orange sans glaçons	*Làm ơn cho tôi một ly cam không đá*
Eau minérale	*Nước suối*
Bière fraîche	*Bia lạnh*
Bière sans glaçons	*Bia không đá*
Bière avec glaçons	*Bia với đá*
Jus de noix de coco	*Nước dừa*
Café noir	*Cà phê đen*
Café au lait	*Cà phê sữa*
Thé	*Nước chè* (Nord) ; *nước trà* (Sud)
Riz	*Cơm*
Soupe tonkinoise	*Phở* (prononcez « feu » et non « fo »)
Nouilles	*Mì*
Bœuf	*Bò*
Porc	*Heo*
Poulet	*Gà*
Poisson	*Cá*
Crabe	*Cua*
Crevettes	*Tôm*
Glace	*Kem*
Le menu, s'il vous plaît	*Đưa dùm thực đơn*
L'addition, s'il vous plaît	*Làm ơn tính tiền*
Baguettes	*Đôi đũa*
Bol	*Bát* (Nord) ; *chén* (Sud)
Fourchette	*Nĩa*
Couteau	*Dao*
Cuillère	*Thìa* (Nord) ; *muỗng* (Sud)
Où sont les toilettes ?	*Nhà vệ sinh ở đâu ?*
C'est bon	*Ngon lắm*
Sel	*Muối*
Poivre	*Tiêu*
Piment	*Ớt*
Sucre	*Đường*
Je veux louer une chambre	*Tôi muốn thuê phòng*
Une chambre pour 1 personne	*Phòng một người*
Une chambre pour 2 personnes	*Phòng hai người*
Une chambre pour 3 personnes	*Phòng ba người*
Donnant sur l'arrière	*Ở phía sau*
Donnant sur la rue	*Nhìn ra đường*
Je veux une chambre moins chère	*Tôi muốn phòng rẻ hơn*
Je reste 1 nuit	*Tôi ở lại một đêm*
Je reste 2 nuits	*Tôi ở lại hai đêm*
S'il vous plaît, réveillez-moi demain à 4h	*Làm ơn đánh thức tôi dậy bốn giờ sáng*

En ville

Bureau du tourisme	*Công ty du lịch*
Maison	*Căn nhà*
Rue	*Đường*
Boulevard	*Đại lộ*
Place	*Công trường*
Poste	*Bưu điện*
Police	*Công an*
Musée	*Viện bảo tàng*
Pagode	*Chùa*
Temple	*Đền*
Église	*Nhà thờ*
Coiffeur	*Hớt tóc*
Tailleur	*Tiệm may*
Marché	*Chợ*

Sur la route

Pourriez-vous m'indiquer la route de Dalat, s'il vous plaît ?	*Làm ơn chỉ cho tôi đường đi Đà Lạt được không ?*
Sommes-nous sur la route de Vũng Tàu ?	*Có phải đường đi Vũng Tàu không ?*
Où est la station-service la plus proche ?	*Trạm bán xăng gần nhất ở đâu ?*
Combien de temps dure le voyage ?	*Chuyến đi sẽ mất bao lâu ?*
Cyclo-pousse	*Xe xích lô*
Bus	*Xe buýt*
Gare routière	*Bến xe*
Train	*Xe lửa*
Gare ferroviaire	*Ga xe lửa*
Lit	*Giường ngủ*

Nombres

1	*một*	14	*mười bốn*
2	*hai*	15	*mười lăm*
3	*ba*	16	*mười sáu*
4	*bốn*	17	*mười bảy*
5	*năm*	18	*mười tám*
6	*sáu*	19	*mười chín*
7	*bảy*	20	*hai mươi*
8	*tám*	40	*bốn mươi*
9	*chín*	100	*một trăm*
10	*mười*	200	*hai trăm*
11	*mười một*	1 000	*một nghìn*
12	*mười hai*	5 000	*năm nghìn*
13	*mười ba*	50 000	*năm mươi nghìn*

Temps, jours de la semaine

Quelle heure est-il ?	*Mấy giờ rồi ?*
Il est 7h	*Bảy giờ*
Lundi	*Thứ hai*
Mardi	*Thứ ba*
Mercredi	*Thứ tư*
Jeudi	*Thứ năm*
Vendredi	*Thứ sáu*
Samedi	*Thứ bảy*
Dimanche	*Chủ nhật*

Santé, urgences, divers

Je veux voir un docteur	*Tôi cần gặp bác sĩ*
Dentiste	*Nha sĩ*
Pharmacie	*Nhà thuốc*
Hôpital	*Bệnh viện*
Stop danger !	*Đứng lại, nguy hiểm !*

LIVRES DE ROUTE

Voilà un pays sur lequel on a beaucoup écrit. Il faudrait citer une bibliothèque entière pour être exhaustif. La plupart des bouquins sur la guerre du Vietnam ont été écrits par des Américains. On vous donne en vrac notre sélection de livres préférés.

Romans

– ***Terre des oublis,*** de Dương Thu Hương (Livre de Poche, 2007). Une femme, dont le mari est porté disparu pendant la guerre du Vietnam, se remarie avec un riche propriétaire terrien. 14 années plus tard, son 1er mari – qui n'était pas mort – revient à la maison : il a gagné la guerre, mais il a perdu sa femme. Déchirée entre le devoir et l'amour, sous la pression sociale et par peur politique, l'épouse retourne à contrecœur vers son 1er époux et devient une victime sacrifiée sur l'autel de la patrie et de la bonne morale politique. Servi par une langue d'une grande richesse, un formidable roman sur le carcan social et le traumatisme de la guerre, doublé d'un hommage aux paysages, à la cuisine, à la culture populaire et aux petits riens du quotidien. Du même auteur, lire aussi ***Au Zénith,*** roman condamné par la censure vietnamienne.

Chroniques historiques, essais

– ***Histoire de Hanoi,*** de Philippe Papin (éd. Fayard, 2001). La meilleure histoire jamais écrite en français sur la capitale du Vietnam. Le grand spécialiste du Vietnam (titulaire de la chaire de vietnamien) a vécu 14 ans dans ce pays, a fouillé les archives autant que les sites et les monuments, et recueilli un nombre incroyable de témoignages. À lire également du même auteur : ***Vivre avec les Vietnamiens*** (éd. du Centurion) et ***Viêt Nam, parcours d'une nation*** (éd. Belin), excellente introduction générale au pays.

La période coloniale

– ***Continental Saigon,*** de Philippe Franchini (éd. des Équateurs, 2015). Né à Saigon d'un père corse et d'une mère vietnamienne, l'auteur a dirigé l'hôtel *Continental,* de 1965 à 1975, ce palace de légende, dont il a hérité de son père. Ce fut le rendez-vous des aventuriers, écrivains, reporters mais aussi des politiques et des militaires. Victor Segalen, Malraux, Lucien Bodard, Graham Greene y séjournèrent. À travers ses souvenirs, ce témoin exceptionnel raconte l'histoire magnifique et douloureuse de cette ville, de l'époque coloniale jusqu'à la chute de Saigon en 1975.

– ***La Nuit indochinoise,*** de Jean Hougron (éd. Laffont, 1984). De 1946 à 1951, Jean Hougron a vécu et parcouru le Sud-Est asiatique, exerçant tous les métiers. Il en a « rapporté un style » (dixit Marguerite Duras, qui s'en serait inspiré !) et des impressions fortes. Ce gros livre rassemble 4 romans parmi lesquels son meilleur : *Les Asiates.* Il met en scène la tragique saga d'une famille française en Indochine de 1905 à 1947.

Les guerres et l'indépendance du Vietnam

– ***Les Carnets retrouvés (1968-1970),*** de Đặng Thùy Trâm (éd. Philippe Picquier, 2012). Jeune médecin dans l'armée du Nord, patriote et révolutionnaire exemplaire, l'auteur s'engage dans la guerre avec passion et un dévouement sans limites. Elle tient un journal pendant plusieurs années, jusqu'à sa mort. Elle fut tuée lors d'un bombardement. Un agent de la CIA trouve son journal et le conserve. Rentré aux États-Unis, il le publie. 30 ans après, de retour à Hanoi, l'Américain rend les carnets à la famille vietnamienne de la jeune femme. Ils sont publiés en vietnamien et c'est un événement éditorial qui émeut le pays. Ce livre est le plus beau témoignage qui soit sur la foi combattante (mais aussi sur l'endoctrinement) des soldats du Nord, la ferveur patriotique et les souffrances engendrées par la guerre.

– ***Võ Nguyên Giáp – Viêt-nam 1940-1975 : La Victoire à tout prix,*** de Cecil B. Currey (éd. Phébus, 2003). Professeur d'histoire militaire aux États-Unis, l'auteur nous livre ici une très belle biographie sur un personnage exceptionnel de l'histoire contemporaine du Vietnam : le général Giáp, qui a vaincu l'armée française à Điện Biên Phủ, et tenu tête à la puissante machine de guerre US.

– ***Hồ Chí Minh, de l'Indochine au Vietnam,*** de Daniel Hémery (éd. Gallimard, 1990). La vie et l'action de l'oncle Hồ racontées par ce sociologue du CNRS avec un certain brio et merveilleusement illustrées dans un petit bouquin au format de poche. Lecture indispensable pour comprendre l'incroyable destinée du père de la révolution vietnamienne, qui donna au pays son indépendance et le réunifia.

– ***La Chute de Saigon (Cruel avril),*** d'Olivier Todd (Poche, Tempus, 2011). Le récit de la chute de Saigon en 1975 narrée par un ancien grand reporter du *Nouvel Observateur* présent au Vietnam pendant les années 1970. Les 3 derniers mois de l'agonie du Sud-Vietnam y sont racontés en détail. Le lecteur se met dans la peau, à la fois, d'un espion de la CIA, d'un *GI* en déroute, d'un Vietcong triomphant ou d'un officier du Pentagone au bord de la crise de nerfs. Un récit historique remarquable.

– ***L'Innocence perdue,*** de Neil Sheehan (éd. du Seuil, coll. « Points Histoire », 1991). Écrit par un ancien correspondant de guerre américain au Vietnam, ce livre a reçu le prix Pulitzer en 1988. Une des meilleures ventes aux États-Unis cette année-là. *L'Innocence perdue* est un énorme pavé (16 ans de travail) qui raconte la guerre du Vietnam à travers l'itinéraire de John Paul Vann, conseiller « spécial » de l'armée américaine de 1962 à 1972.

– ***Putain de mort,*** de Michael Herr (éd. Albin Michel, 2010). Publié pour la 1re fois en Amérique en 1968 sous le titre *Dispatches,* il s'agit là du livre culte du journalisme de guerre au Vietnam. Des images de souffrance et de cauchemar, des visions terrifiantes de champs de bataille (Khe Sanh) sous les bombes, la vie ordinaire des soldats, la peur et la volonté féroce de survivre à tout prix face à l'ennemi, le napalm, la défonce et le rock'n'roll. « Je crois que le Vietnam est ce que nous avons eu à la place d'une enfance heureuse », écrit-il. Un chef-d'œuvre à lire absolument.

– ***Un Américain bien tranquille,*** de Graham Greene (éd. Laffont ou 10/18, 2016). Un bon roman de Graham Greene dont l'action se passe à Saigon dans les années 1950, avant l'engagement américain au Vietnam. L'histoire d'un jeune homme ambitieux et d'un journaliste anglais cynique, tous 2 amoureux de la même femme. Ce roman a été adapté au cinéma par Phillip Noyce avec Michael Caine dans le rôle principal.

Récits de voyage

– ***Sur la route Mandarine,*** de Roland Dorgelès (éd. Kailash, 2004). Dans les années 1920, en pleine période coloniale, un écrivain français (ancien combattant amer de 1914-1918) découvre le Tonkin, l'Annam et la Cochinchine. Dans un style vif à l'humour acerbe, il reconnaît le génie ancestral de certains habitants de ce pays et n'hésite pas à piétiner les clichés de la glorieuse présence française.

– ***La Nuit du dragon,*** de Norman Lewis (éd. Philippe Picquier, 2014). En janvier 1950, cet écrivain anglais à l'œil aiguisé entreprend un long et audacieux voyage dans une Indochine en train de se libérer de la tutelle française. De Saigon à Phnom Penh (Cambodge) en passant par les Hauts Plateaux, Lewis affronte les pires obstacles (accidents, embuscades du Vietminh) pour aller jusqu'au bout de sa route. Un beau récit par l'un des meilleurs écrivains-voyageurs britanniques.

POSTE

Poste se dit « bưu điện » en vietnamien. C'est toujours inscrit sur les plans de ville et sur les façades des immeubles.

On trouve des bureaux de poste dans toutes les villes importantes. Ils sont reconnaissables de loin à leur tour horloge, et souvent une antenne de télétransmission très élevée les côtoie. Nous indiquons les horaires d'ouverture dans la rubrique « Adresses utiles » de chaque ville.

Courrier

Il est préférable d'envoyer les lettres et les cartes postales depuis les postes centrales des grandes villes, où les délais d'acheminement du courrier vers l'étranger sont beaucoup plus courts. Évitez de mettre votre courrier dans une boîte aux lettres ordinaire, car il n'est pas sûr d'arriver à destination. Bien que cela ait tendance à diminuer, il faut quand même compter entre 2 et 3 semaines pour qu'une carte postée au Vietnam arrive en France.

– Timbre pour une carte postale pour la France : 21 000 Dg.

SANTÉ

Vaccinations

Aucune vaccination n'est exigée pour l'entrée en territoire vietnamien des voyageurs en provenance d'Europe. Il est recommandé d'être à jour pour les vaccinations suivantes :

– ***vaccinations « universelles »,*** c'est-à-dire celles que devraient avoir tous les Européens, en dehors de tout voyage : tétanos, polio, diphtérie et les hépatites A (voir plus bas) et B.

– ***Fièvre typhoïde*** *(Typhim Vi) :* la fièvre typhoïde est fréquente au Vietnam et elle est de plus en plus résistante aux antibiotiques, même les plus modernes. Une injection, à faire plus de 15 jours avant le départ. Protection : 3 ans.

– ***Hépatite A :*** également liée au manque d'hygiène, c'est la maladie du voyageur la plus fréquente qui puisse être prévenue par un vaccin (*Havrix 1440,* ou *Avaxim,* plus rapidement efficace : 15 jours). Une injection, à faire suivre 6 à 18 mois plus tard d'un rappel, qui assurera une protection d'au moins 10 ans. N.B. : si vous avez plus de 60 ans, vous avez de fortes chances d'avoir une protection naturelle et donc d'éviter un vaccin, alors inutile et coûteux. N'hésitez pas, dans ce cas, à demander à votre médecin un dosage des anticorps totaux anti-VHA. Le vaccin *Tyavax* conjugue à la fois les vaccins contre l'hépatite A et la fièvre typhoïde.

– ***L'encéphalite japonaise :*** l'encéphalite japonaise sévit en permanence, mais surtout en milieu rural, et par épidémies en période de mousson. C'est une maladie grave (15 à 20% de décès, un tiers de séquelles neurologiques). Il existe depuis avril 2009 un vaccin *(Ixiaro®)* bien toléré, recommandé aux expatriés, voyageurs fréquents et touristes se rendant en période de mousson dans les pays situés au-dessous d'une ligne reliant le Bangladesh et le Sud sibérien, jusqu'au

Queensland au sud (voir ● *astrium.com/encephalite-japonaise.html* ●). 2 injections (J0 et de J7 à + J28) ; disponible en centres de vaccinations internationales et en pharmacie (sur prescription). C'est un vaccin coûteux. Le prix varie d'un centre à l'autre.

Centres de vaccination

Pour les centres de vaccination partout en France, dans les DOM-TOM, en Belgique et en Suisse, consulter le site internet ● *astrium.com/espace-voyageurs/centres-de-vaccinations-internationales.html* ●

Médicaments

Bien que la disponibilité en médicaments s'améliore rapidement, grâce à une libéralisation « sous contrôle politique », les ***contrefaçons pharmaceutiques*** sont monnaie courante au Vietnam, y compris dans les pharmacies dites « officielles ». En pratique, il vaut mieux emporter tout le nécessaire et éviter au maximum les achats locaux de médicaments, sauf cas de force majeure. Renseignez-vous auprès de votre compagnie d'assistance ou d'une autorité consulaire qui vous orientera vers une pharmacie recommandable et agréée à Hanoi et Hồ Chí Minh-Ville. Emportez donc, en quantité suffisante, les médicaments que vous prenez régulièrement chez vous, ajoutez un antalgique (type *Doliprane®*) et un antidiarréique type un inhibiteur de la sécrétion intestinale *(Tiorfan®)*.

– ***Conseil : n'emportez que les médicaments qui vous seront utiles avec leur ordonnance.*** Pas d'autres médicaments, même si vous voulez faire un don à une ONG de bonne réputation. Gros risque qu'ils soient confisqués à la douane. Le gouvernement fait ainsi semblant de lutter contre le trafic illégal de médicaments au Vietnam. Certains touristes ont même été emprisonnés dans le passé parce qu'ils n'avaient pas leur ordonnance avec eux.

Risques et dangers

– ***Le virus Zika :*** le Vietnam est touché par le virus Zika. Il se transmet par piqûre de moustiques diurnes. L'infection est le plus souvent asymptomatique. Dans 70 % des cas l'infection passe inaperçue. S'ils sont là, les symptômes sont modérés : fièvre, maux de tête, douleurs articulaires... Ils sont similaires à ceux de la dengue. Une seule protection pour l'instant : vêtements longs si possible imprégnés d'un répulsif antimoustiques comme *Insect Ecran Vêtements*.

– ***La dengue :*** c'est la maladie planétaire infectieuse qui connaît la plus grande expansion sous l'effet du réchauffement climatique. Le Vietnam connaît des pics épidémiques de dengue (aussi appelée grippe tropicale) dans les zones urbaines et semi-urbaines, surtout dans le Sud et lors de la saison des pluies. En 2017, à Hanoi (Nord), plus de 6 000 cas ont été enregistrés, dont 3 décès. Contrairement au paludisme, la dengue se transmet de jour par les moustiques. Les cas de victimes sont nombreux. Les enfants sont particulièrement vulnérables. Il n'existe aujourd'hui ni traitement ni vaccin commercialisé. La seule protection consiste à porter des vêtements les plus couvrants possibles et à asperger d'antimoustiques les parties les plus exposées de votre corps. Pensez-y avant de sortir !

– ***La rage :*** l'Institut Pasteur conseille de se faire vacciner contre la rage, « en cas de séjour prolongé en situation d'isolement (enfants dès qu'ils marchent) ». Le vaccin antirabique consiste en 3 injections réparties sur 1 mois. Compter 1 semaine entre la 1re et la 2de injection, puis 2 semaines entre celle-ci et la 3e injection. Le prix de ce vaccin est élevé : environ 150 €. Un touriste peut être mordu par un chien n'importe où, en ville comme à la campagne. Dans un pays d'endémie rabique, tout animal mordeur doit être considéré comme potentiellement transmetteur de la rage. Ne l'approchez pas ! Bien que ce genre de morsure reste exceptionnelle, il faut quand même prendre des précautions. En cas de morsure, vous êtes en partie protégé par le vaccin mais ce n'est pas suffisant. Vous devez vous rendre au plus vite à l'hôpital le plus proche, si possible dans un centre urbain important. Là, on vous fera une injection antirabique (en une ou plusieurs fois) et vous serez hors de danger. Rappel : on peut mourir de la rage si l'on n'est pas protégé ! ***Conseils pratiques : ne pas approcher les animaux, ne pas caresser les chiens même domestiques ni les singes (qui mordent aussi), ne pas les nourrir.***

– ***Bon à savoir :*** attention à Monkey Island (Cát Bà) où les singes sont parfois incontrôlables.

Le paludisme

La situation du paludisme au Vietnam est généralement mal connue des médecins et, bien souvent, leurs prescriptions ne sont pas adaptées ou erronées. Il faut savoir que le paludisme au Vietnam, certes redoutable, est ***présent seulement dans des zones restreintes*** : il n'y a pas de paludisme dans le centre des grandes villes, ni dans les villes côtières touristiques, ni dans les plaines de rizières... Ce n'est donc que très exceptionnellement que le voyageur sera confronté au problème du paludisme.

Vérifiez votre itinéraire détaillé avec précision et consultez la carte détaillée qui présente une carte du Vietnam avec les zones touchées par le paludisme sur le site ● *astrium.com* ● Si votre voyage ne vous conduit pas dans ces zones à risques, vous n'avez besoin d'aucune protection anti-paludique. En revanche, si vous sortez de ces sentiers battus (séjours en pays Moï, région de Điện Biên Phủ, plateaux de moyenne altitude, zones forestières et frontalières du pays, zone frontalière avec le Cambodge dans le delta du Mékong), vous devrez observer à la lettre les recommandations suivantes :

– porter, ***dès le coucher du soleil,*** des vêtements couvrant le maximum de surface corporelle, au mieux imprégnés de répulsifs antimoustiques ;

– enduire les parties découvertes d'un ***répulsif antimoustiques*** cutané réellement efficace contre les moustiques tropicaux : beaucoup de répulsifs antimoustiques/arthropodes vendus en grandes surfaces ou en pharmacie sont peu ou insuffisamment efficaces. Il existe toute une gamme conforme (OMS, ministère de la Santé) et fiable : *Insect Ecran* (adulte, enfant, vaporisation sur la peau, imprégnation des tissus). Disponibles en pharmacie ou en parapharmacie et en vente web sécurisée sur ● *boutique-sante-voyages.com* ● ;

– ***ne dormir que sous moustiquaire*** imprégnée d'insecticide (deltaméthrine ou perméthrine), protection considérée comme majeure et primordiale par l'Organisation mondiale de la santé et tous les spécialistes de ce domaine ;

– il existe plusieurs médicaments antipaludiques : *Atovaqone-Proguanil (Malarone®)*. Ils ne sont pas remboursés.

UNE ABSINTHE CHINOISE CONTRE LE PALUDISME

En guerre contre les Américains, dévastée par le paludisme, l'armée du Vietnam se tourna vers la Chine, un ancien allié, pour trouver une solution. Sous couvert d'un projet secret nommé « 523 », la doctoresse Youyou Tu finit par isoler « la » substance miracle au début des années 1970. Son nom ? L'artémisinine, qui est un extrait de l'absinthe ! Aujourd'hui encore, l'artémisinine (variété : artemisia annua *reste le traitement considéré comme le plus efficace pour lutter contre le paludisme. Alors merci Youyou Tu, âgée de 88 ans, trop tardivement récompensée en 2015 du prix Nobel de médecine. Et merci l'absinthe. Santé !*

L'alimentation et l'eau

Après les insectes et leur lot de maladies véhiculées (paludisme, dengue... voir plus haut), le 2e grand péril est lié à l'eau et à l'alimentation. Il faut ***éviter, autant***

que faire se peut, les crudités, les viandes non cuites à cœur (ça tombe bien, la cuisine vietnamienne ne propose que des lamelles de viande toujours bien cuites). Évitez aussi le ***lait et ses dérivés***, encore plus rares, car les Vietnamiens ont horreur des laitages et des fromages, en dehors de *La Vache qui rit* (que l'on trouve partout).

Méfiance surtout avec les coquillages et autres mollusques mais aucun problème avec les produits comme la langouste ou le crabe très frais. Les fruits et légumes peuvent être consommés s'ils ont été pelés, lavés ou cuits, ce qui laisse pas mal de marge. Les fritures (nems, calamars, poulpes...) ne posent pas de problème.

Enfin, n'hésitez pas à consommer, sans modération, la soupe traditionnelle, le *phở*, vendue partout sur les trottoirs. Le mode de préparation comprend plusieurs heures d'ébullition et c'est donc parfaitement stérile et délicieux. On y trouve des morceaux de bœuf ou de poulet.

Pour l'eau, il ne faut pas faire confiance à la notion d'encapsulage (les industrieux vietnamiens montent des petites usines de « recapsulage » partout où les touristes apparaissent). L'idéal est de demander une eau pétillante et si vous n'entendez pas le « pschitt » au décapsulage, vous pouvez avoir des doutes... Dans les grands hôtels et restos, en revanche, on peut avoir confiance.

Pour le reste, hormis les canettes de marque nationale (comme la bière *333* par exemple) trop difficiles à contrefaire, mieux vaut se fier à sa propre désinfection chimique (type *Micropur DCCNa®*) ou par filtration (type *Katadyn®*). Les filtres microbiens ont fait des progrès considérables de miniaturisation autant que d'efficacité.

– ***Bon à savoir :*** il est possible de purifier l'eau suspecte grâce à un procédé individuel et économique, une paille d'ultrafiltration de poche à 0,01 micron, qui, à travers 5 étages de filtration, piège absolument tous les parasites, virus et bactéries avec une capacité de 2 000 l d'eau purifiée. Grande autonomie, donc. Ni pile, ni substance chimique et un embout qui permet de fixer la paille à une bouteille en plastique (type « cola ») transformée alors en gourde, pratique !

Consulter le site internet • *boutique-sante-voyages.com* •

Infos pratiques

■ ***Sante-voyages.com*** *(Astrium)* : ☎ *01-45-86-41-91 (lun-ven 14h-19h).* • *boutique-sante-voyages.com* • Les produits et matériels utiles aux voyageurs, assez difficiles à trouver, peuvent être achetés par correspondance sur le site de *Santé Voyages.* Infos complètes toutes destinations, boutique web, paiement sécurisé, expéditions Colissimo Expert ou Chronopost.

– On en profitera pour se procurer des préservatifs de bonne qualité avant le départ, si l'on souhaite avoir des relations intimes avec l'habitant de ce pays : le Vietnam a connu une explosion en matière de MST et de sida.

– Enfin, gros problème au Vietnam, le bruit. Omniprésent et quasi permanent en ville quelle que soit l'heure. Prévoyez des bouchons d'oreille en PVC type *EAR*.

En cas de grave problème de santé au Vietnam

Notez bien les informations suivantes :

– le système de santé local est encore déficient en dehors des grandes villes, telles que Hanoi et Hồ Chí Minh-Ville. La prise en charge est en principe rapide et le prix de la consultation modeste. Sinon, les très grands hôtels proposent généralement une liste de médecins souvent polyglottes.

– Certaines structures de santé étrangères et privées se sont implantées et offrent des soins de bonne qualité, comme le ***FV Hospital*** (hôpital franco-vietnamien) à Hồ Chí Minh-Ville *(6, Nguyễn Lương Bằng, quartier Phú Mỹ Hưng, 7e arr. ; ☎ (84-8)*

54-11-35-00 ; ● fvhospital.com ●). En cas de problème cardio-vasculaire ou autre souci de santé grave, vous pourrez faire appel au ***Centre médical international*** à Hồ Chí Minh-Ville (ex-Fondation du Cœur), structure mise en place par le professeur Carpentier, où exercent des médecins et chirurgiens français ou vietnamiens formés à l'hôpital Broussais-HEGP à Paris.

– En dehors de ces institutions, mieux vaut chercher hors du pays des recours sanitaires urgents : Bangkok est à 1h d'avion et offre des soins de qualité correcte. Un peu plus loin, Hong Kong et Singapour. Sinon, direction l'Europe.

TÉLÉPHONE, INTERNET

Téléphoner à l'intérieur du Vietnam

– ***Pour les appels locaux,*** si vous appelez d'une autre province, il faut d'abord composer le code de la province (indiqué dans le guide à l'intérieur du bandeau de chacune des villes) précédé du 0, puis le numéro de votre correspondant à 7 ou 8 chiffres. Exemple : pour téléphoner de Hanoi à Hồ Chí Minh-Ville, faites le 0 + le 28 (code de Saigon) + le numéro à 8 chiffres. Il existe une trentaine d'indicatifs régionaux.

– Les appels locaux (en ville seulement) depuis la réception des hôtels sont souvent gratuits.

Téléphone international

– ***Vietnam → France :*** composer le 00, puis le 33 (code du pays), puis le numéro de votre correspondant sans le premier 0. Exemple : pour Paris, le numéro commencera par un 1 + 8 chiffres.

– ***Vietnam → Belgique :*** 00 + 32 + indicatif de la ville (2 pour Bruxelles) puis votre numéro.

– ***Vietnam → Suisse :*** 00 + 41 + indicatif de la ville (Genève : 22, Bâle : 61, Lausanne : 21...) puis le numéro de votre correspondant.

– ***Vietnam → Canada :*** 00 + 1 + indicatif régional + numéro.

– ***Étranger → Vietnam :*** 00 + 84 + le code de la ville sans le 0 initial (24 pour Hanoi, 28 pour Hồ Chí Minh-Ville, etc.), et enfin le numéro de votre correspondant à 7 ou 8 chiffres. Pour appeler vers un portable, 00 + 84 + numéro du correspondant sans le 0 initial.

PRIX D'UN APPEL LOCAL

Le chiffre 8 est un signe de prospérité, et le 9 est un porte-bonheur de longévité. Ceux qui ont un numéro de portable qui se termine par 8888 ou 9999 l'ont donc payé cher.

Le téléphone portable en voyage

On peut utiliser son propre téléphone portable au Vietnam, avec l'option « International ». Renseignez-vous auprès de votre opérateur sur les conditions d'utilisation de votre portable à l'étranger.

– ***Activer l'option « International » :*** elle est, en général, activée par défaut. Pensez sinon à contacter votre opérateur pour souscrire à l'option (gratuite) au moins 48h avant votre départ.

– ***Le « roaming » ou itinérance :*** c'est un système d'accords internationaux entre opérateurs. Concrètement, cela signifie que lorsque vous arrivez dans un pays, le nouveau réseau local s'affiche automatiquement. Vous recevez rapidement un SMS de votre opérateur qui propose un ***pack voyageurs*** plus ou moins avantageux, incluant un forfait limité de consommations téléphoniques et de connexion internet.

– ***Forfaits étranger inclus :*** certains opérateurs proposent des forfaits où ***35 jours de roaming par an sont offerts*** dans le monde entier. On peut donc cumuler plusieurs voyages à l'étranger sans se soucier de la facture au retour. Attention, si SMS, MMS et appels sont souvent illimités, la connexion internet est, elle, limitée. D'autres opérateurs offrent carrément le ***roaming toute l'année vers certaines destinations.*** Renseignez-vous auprès de votre opérateur.
– ***Tarifs :*** ils sont propres à chaque opérateur et varient en fonction des pays (le globe est découpé en plusieurs zones tarifaires). ***N'oubliez pas qu'à l'international vous êtes facturé aussi bien pour les appels sortants que pour les appels entrants,*** idem pour les textos. Donc, quand quelqu'un vous appelle à l'étranger, vous payez aussi. Soyez bref !
– ***À savoir :*** un téléphone tribande ou quadribande est nécessaire pour les États-Unis, le Canada, le Japon et plusieurs pays d'Amérique latine, où seuls les mobiles 3G/4G fonctionnent. Pour s'assurer que votre appareil est compatible avec votre destination, renseignez-vous auprès de votre opérateur.
– ***Acheter une carte SIM sur place :*** une option avantageuse pour certaines destinations. Il suffit d'acheter à l'arrivée une carte SIM locale prépayée chez l'un des opérateurs (*Viettel,* excellent réseau, *Vinaphone, Mobiphone...*), dans les boutiques de téléphonie ou à l'aéroport. ***Compter environ 30 000 Dg (environ 1 €) pour une carte SIM*** (plus cher chez *Viettel*). On vous attribue alors un numéro de téléphone local et un petit crédit de communication. Attention, on ne peut plus vous joindre sur votre numéro habituel mais uniquement sur ce nouveau numéro. Avant de payer, essayez cette carte SIM dans votre téléphone – préalablement débloqué – afin de vérifier si celui-ci est compatible.
– Pour ***recharger du crédit,*** il suffit d'aller dans une boutique et de faire la manip à l'aide d'une carte que l'on vous vend. On peut aussi, notamment à Hồ Chí Minh-Ville, acheter pour moins de 10 US$ une carte SIM avec 4G illimitée valable 15 à 30 jours.

La connexion internet en voyage

– ***Se connecter au wifi*** à l'étranger est le seul moyen d'avoir accès au Web gratuitement. Attention, ne vous connectez pas aux réseaux 3G ou 4G, au risque de faire grimper votre facture !
Le plus sage consiste à ***désactiver la connexion*** « Données à l'étranger » (dans « Réseau cellulaire »). On peut aussi mettre le portable en ***mode « Avion »*** et activer ensuite le wifi. Attention, le mode « Avion » empêche, en revanche, de recevoir appels et messages. De plus en plus d'hôtels, restos, bars et mêmes certains espaces publics disposent d'un réseau, toujours gratuit.
– Une fois connecté au wifi, vous avez accès à tous les services de la ***téléphonie par Internet comme WhatsApp, Messenger*** (la messagerie de *Facebook*), ***Viber*** et ***Skype*** qui permettent d'appeler, d'envoyer des messages, des photos et des vidéos aux 4 coins de la planète, sans frais. Il suffit de télécharger gratuitement l'une de ces applis sur son smartphone. Elle détecte automatiquement dans votre liste de contacts ceux qui utilisent la même appli.

En cas de perte ou de vol de votre téléphone portable

Suspendre aussitôt sa ligne permet d'éviter de douloureuses surprises au retour du voyage ! Voici les numéros des 4 opérateurs français, accessibles depuis la France et l'étranger :

– ***Free :*** ☎ *3244 depuis la France ;* ☎ *+ 33-1-78-56-95-60 depuis l'étranger.*
– ***Orange :*** ☎ *0800-100-740 depuis la France ;* ☎ *+ 33-969-39-39-00 depuis l'étranger.*
– ***SFR :*** ☎ *1023 depuis la France ;* 📱 *+ 33-6-1000-1023 depuis l'étranger.*

– **Bouygues Télécom :** ☎ + 33-800-29-10-00 depuis la France comme depuis l'étranger (service et appel gratuits).

Vous pouvez aussi demander la suspension de votre ligne depuis le site internet de votre opérateur.

Internet

Quasi tous les hôtels (même bon marché) sont désormais équipés du wifi, généralement gratuit pour les clients.

TRANSPORTS

Le cyclo-pousse

Le moyen de transport le plus lent mais aussi le plus écologique : pas de moteur, pas de fumée, pas de bruit, juste le gling-gling des pédales. Cela étant, on en voit de moins en moins, et même plus du tout dans certaines grandes villes comme Saigon.

Et pourtant, le cyclo-pousse a toute une histoire. Son ancêtre était le « pousse-pousse », très répandu à l'époque coloniale. Une vraie galère pour le coolie en chapeau conique attelé comme une bête de somme à ses brancards, qui devait tirer à bout de bras le colon assis dans une nacelle. Le cyclo-pousse a « libéré », si l'on peut dire, le coolie.

Le cyclo-pousse ressemble à une sorte de triporteur à pédales où le pilote pédale, assis à l'arrière du passager. La plupart des coolies se convertirent à ce nouveau véhicule d'avant-garde qui se répandit dans tout le Vietnam à partir de la Seconde Guerre mondiale.

UNE INVENTION CHARENTAISE

Le cyclo-pousse est l'invention d'un astucieux Charentais : Maurice Coupeaud. Il eut l'idée d'accoupler une nacelle à une bicyclette. Pour l'homologuer, les autorités firent tester cette nouveauté dans les allées du bois de Boulogne par 2 champions du Tour de France. Le 1er cyclo-pousse débarqua à Phnom Penh en 1938, que Coupeaud relia à Saigon à l'issue d'une course-marathon mémorable de 17h23 !

La moto-taxi *(xe ôm)*

C'est, en gros, ce qui a remplacé le cyclo-pousse au Vietnam. On en voit à chaque carrefour. La course ne coûte guère plus que ce qu'elle coûtait en cyclo et c'est évidemment bien plus rapide (mais plus bruyant et polluant aussi). En revanche, les peureux éviteront ce moyen de transport, surtout aux heures de pointe où le trafic est impressionnant ! Dans les grandes villes, on commande sa moto-taxi via une appli sur smartphone, comme *Grab* ou *Goviet.*

La plupart du temps, le conducteur vous tend un casque, obligatoire depuis 2007 (en ville aussi).

Le taxi

Il existe de nombreuses compagnies de taxis publiques et privées dans les grandes villes. Prix en đồngs affichés au compteur (12 = 12 000 Dg, par exemple). C'est le moyen de transport le plus fiable et le plus sûr en ville, à défaut d'être le plus rapide (à cause des bouchons). Qui plus est, ***les tarifs sont très abordables.*** La plupart des compteurs indiquent le kilométrage en haut à droite, vous pouvez ainsi suivre votre course. La grille tarifaire est presque toujours inscrite sur les portières du taxi.

DISTANCES EN KM (nord du Vietnam)	HANOI	HỒ CHÍ MINH-VILLE	CAO BẰNG	ĐÀ NẴNG	ĐIỆN BIÊN PHỦ	HẢI PHÒNG	HALONG	HUẾ	NINH BÌNH	SAPA
SAPA	365	2 092	532	1 115	282	470	533	1 018	475	
NINH BÌNH	92	1 635	376	658	481	126	202	561		475
HUẾ	653	1 075	937	98	1 139	687	763		561	1 018
HALONG	168	1 837	374	856	654	76		763	202	533
HẢI PHÒNG	105	1 761	355	780	591		76	687	126	470
ĐIỆN BIÊN PHỦ	486	2 213	757	1 236		591	654	1 139	481	282
ĐÀ NẴNG	750	977	1 075		1 236	780	856	98	658	1 115
CAO BẰNG	284	2 011		1 075	757	355	374	937	376	532
HỒ CHÍ MINH-VILLE	1 727		2 011	977	2213	1 761	1837	1 075	1635	2 092
HANOI		1 727	284	750	486	105	168	653	92	365

DISTANCES EN KM (sud du Vietnam)	VŨNG TÀU	QUY NHƠN	PHAN THIẾT	NHA TRANG	HUẾ	HỘI AN	HÀ TIÊN	ĐÀ LẠT	CẦN THƠ	CÀ MAU	HANOI	HỒ CHÍ MINH-VILLE
HỒ CHÍ MINH-VILLE	120	670	196	446	1 075	961	335	300	169	347	1 727	
HANOI	1 721	1 056	1 531	1 281	653	786	2 100	1 420	1 896	2 074		1 727
CÀ MAU	467	1 017	543	793	1 422	1 308	382	647	178		2 074	347
CẦN THƠ	289	839	365	615	1 244	1 130	204	469		178	1 896	169
ĐÀ LẠT	326	449	269	225	854	740	673		469	647	1 506	300
HÀ TIÊN	493	1 043	569	819	1 448	1 334		673	204	382	2 100	373
HỘI AN	955	290	765	515	130		1 334	740	1 130	1 308	786	961
HUẾ	1 069	403	879	628		130	1 448	854	1 244	1 422	653	1 075
NHA TRANG	408	223	250		628	515	819	225	615	793	1 281	446
PHAN THIẾT	158	474		250	879	765	569	269	365	543	1 531	196
QUY NHƠN	631		474	223	403	290	1 043	449	839	1 017	1 056	670
VŨNG TÀU		631	158	408	1 069	955	493	326	467	467	1 720	120

Les taxis peuvent aussi être affrétés à l'heure, à la demi-journée, à la journée... Convenez alors d'un prix avec le chauffeur après lui avoir expliqué exactement tous les endroits où vous voulez aller – le prix dépend surtout de la distance. C'est souvent bien pratique pour visiter les sites un peu isolés, comme les tombeaux royaux à Huế, par exemple. L'attente à chaque arrêt n'est pas comptabilisée en plus.
Voici quelques compagnies sérieuses et honnêtes :
– ***À Hanoi :*** *Taxi Group.*
– ***À Hồ Chí Minh-Ville :*** *Mai Linh* et *Vina Sun.*

Le bus

C'est ***le moyen de transport le moins cher.*** Comme dans tous les pays du Sud, réseau dense de communications par minibus d'une douzaine de places, bus moyens ou bus plus grands de 45 à 50 places. Les bus vietnamiens se sont modernisés pour répondre aux normes internationales. Les meilleures compagnies sont *Phương Trang* *(● futabus.vn ●)* et *Mai Linh* *(● mailinhexpress.vn ●),* bien représentées dans le sud et le centre du pays, mais très peu dans le Nord.
En revanche, les minibus publics qui circulent d'un village à l'autre sont souvent en mauvais état, sauf exception. Ils sont inconfortables, et nous conseillons de ne les prendre que pour de courtes distances.
En règle générale cependant, hormis la route N1, les autoroutes et quelques tronçons qui s'y rattachent, la qualité des routes et de la conduite du chauffeur varient de l'acceptable au très mauvais, en passant par le médiocre. D'ailleurs, comme en montagne, on parle en heures de route plutôt qu'en kilomètres.
– ***Inconvénients des voyages en bus :*** si vous devez passer 24h (nuit incluse) dans un bus longue distance, sachez que les sièges-couchettes sont des couchettes plus que des sièges. Même de jour, le passager est quasi allongé. Une couverture est fournie. L'espace est réduit. Des passagers dorment parfois par terre dans les couloirs. Il y a la clim, mais aussi la TV allumée en permanence. Évitez les places près des toilettes (bruit, odeurs...). À noter aussi que les gares routières sont souvent situées en périphérie des villes. Il faut donc ajouter le prix du taxi à celui du billet...
– Les ***bus express*** restent lents mais sont plus rapides que les bus locaux, qui s'arrêtent partout à la demande.

Les bus et minibus privés *(Open Tour)*

Il existe un moyen pratique (et guère plus cher que le bus classique) de voyager d'un bout à l'autre du pays : la ***formule Open Tour.*** Il s'agit de bus affrétés par des compagnies privées comme *Thesinhtourist* *(☎ 38-38-95-97 ; ● thesinhtourist.vn ●).* Ils desservent certaines grandes villes et lieux touristiques sur l'itinéraire Hanoi-Huế-Hội An-Nha Trang-Dalat-Hồ Chí Minh-Ville, et inversement. Une variante permet de relier directement Nha Trang à Hồ Chí Minh-Ville par la côte, avec arrêt à Mũi Né.
On peut acheter un billet pour l'itinéraire complet, soit en fixant à l'avance ses dates de voyage, soit en gardant tout ou partie des dates en *open* (vous les fixez ensuite au fur et à mesure de votre avancée). Des agences de *Thesinhtourist* sont présentes dans toutes les villes desservies (Nha Trang, Hội An, Huế, Hanoi...). Pour plus de souplesse, certains préfèrent prendre leurs billets au fur et à mesure, de ville en ville, même si cela revient un peu plus cher. Quoi qu'il en soit, le tarif d'un voyage entre Hồ Chí Minh-Ville et Hanoi reste très abordable (pour 1 730 km).
Bien sûr, on voyage surtout en compagnie d'autres routards et touristes du monde entier, et non avec la population locale. À signaler également que, à l'arrivée, le bus dépose les voyageurs devant le bureau de l'agence ou devant un hôtel partenaire. À charge pour vous de rejoindre ensuite votre hôtel.

– ***Pour acheter un billet Open Tour,*** il suffit de se rendre dans une des nombreuses agences qui les vendent dans les villes précitées. À noter que les bus n'appartiennent qu'à certaines agences (c'est le cas de *Thesinhtourist*) : les autres agences sont de simples revendeurs. Bref, autant s'adresser directement à celles qui affrètent les bus (sachant qu'à Hanoi les fausses agences *Thesinhtourist* pullulent). Pour tout départ (même s'il y en a tous les jours), il faut réserver sa place 24h à l'avance. Le passager doit se rendre avec ses bagages au bureau de l'agence d'où partent les bus. Il est très rare que ceux-ci passent vous prendre à l'hôtel. Pour connaître les coordonnées des agences, voir la rubrique « Adresses utiles » de chaque ville.

Le train

Le réseau ferroviaire s'améliore d'année en année. ***Les trains vietnamiens partent et arrivent à peu près à l'heure.*** Les trains express reliant Hanoi à Hồ Chí Minh-Ville portent le nom d'*express de la Réunification*. Des trains plus lents circulent sur la même ligne. Il existe d'autres petites lignes, comme celle de Hanoi à Haiphong et les lignes du Nord.
Malgré tout, ***les voyages restent assez lents.*** Le trajet le moins long entre Hanoi et Hồ Chí Minh-Ville dure entre 31h et 36h, soit 58 km/h de moyenne... Cela dit, ce n'est pas moins rapide que le bus, c'est plus sûr et plus confortable, avec davantage d'espace pour les jambes. La ligne étant unique, le train doit s'arrêter à certains endroits pour laisser passer le train arrivant en face. Ces arrêts ne sont pas aussi longs que l'on pense sauf si le train a accumulé du retard.

Informations, horaires, tarifs

• ***vr.com.vn*** • Site officiel des Chemins de fer du Vietnam. Horaires et tarifs avec traduction en anglais. Cliquer sur « Online Ticket » et l'on arrive normalement sur • ***dsvn.vn*** • Attention, sur ce site, il n'est pas possible de payer à distance son billet de train avec une CB étrangère. On peut réserver sa place, mais le paiement se fait en espèces au guichet de la gare.
• ***vnrailways.com*** • Site vietnamien en anglais proposant un service de réservation et de paiement en ligne (*Visa* et *MasterCard*).
• ***baolau.com*** • Sur ce site en anglais, on trouve les horaires et les tarifs des trains. On peut réserver sa place et payer en ligne avec une carte de paiement.
• ***seat61.com*** • Site d'information ferroviaire en anglais, créé par un passionné de la vie du rail.
– Réduction de 50 % pour les enfants entre 5 et 9 ans, et ne dépassant pas 1,30 m de taille.

Plusieurs classes

4 classes en général (moins sur les trains locaux). ***La classe la moins chère correspond au siège dur*** *(hard seat),* la bonne vieille banquette en bois ; si vous voyagez en siège dur, vous pouvez prévoir une natte pour dormir. Ensuite, on trouve 2 classes de ***siège mou*** *(soft seat).* Ces sièges ont un dossier inclinable, et sont rembourrés, dans un compartiment climatisé. La *deluxe* a encore plus de confort (avec éclairage et aération individuelle). Puis viennent les ***compartiments-couchettes,*** le *soft berth* qui propose 4 ou 6 couchettes dans le compartiment. Le prix du billet varie donc selon le nombre de couchettes.
– ***Bon à savoir :*** il existe aussi des ***wagons spéciaux*** pour les voyages de nuit, qui sont rattachés à des trains réguliers. Destinés aux étrangers, ils renferment des compartiments plus confortables et luxueux, comprenant 2 ou 4 couchettes. Ces wagons spéciaux s'appellent *Livitrans Express, Violette, Sapaly, Fansipan, Chapa, Victoria.* Ils circulent sur les lignes Hồ Chí Minh-Ville/Nha Trang/Hanoi/Huế, et Hanoi-Lào Cai. Les tarifs des billets sont plus élevés.

– ***Conseil : la couchette du haut est la moins chère.*** Son avantage est d'offrir plus d'intimité, puisque personne ne vous voit. Mais attention : si la ventilation ne fonctionne pas, il peut y faire très chaud. A contrario, si elle est mal réglée, on s'enrhume illico... La couchette du bas, on aime ou pas, mais il faut en tout cas éviter que tout le monde s'asseye dessus pendant le voyage. Dans les compartiments à 6 couchettes *(hard berth),* celle du milieu est un bon compromis.
– On peut manger à bord des trains, mais la nourriture reste simple et sans prétention. Autant emporter des provisions, soupes ou nouilles instantanées par exemple (eau chaude à bord).

Réservations

– On peut réserver et acheter son billet de train en allant directement aux gares ferroviaires. L'autre solution consiste à passer par une agence locale ou à réserver (et payer) en ligne son billet.
– Il est vivement conseillé de réserver ***au moins la veille, voire plusieurs jours avant*** pour les couchettes. Ayez toujours votre passeport sur vous.
– Si votre itinéraire comporte plusieurs escales (Nha Trang, Đà Nẵng ou Huế), vous ne pourrez pas, en principe, acheter un billet global. Nécessité de racheter le billet suivant. Aussi, pensez à le faire dès votre arrivée, pour réserver d'abord, ensuite parce que les gares sont parfois assez éloignées du centre des villes.

Destinations

– Les trains immatriculés *SE* sont les plus rapides, tandis que les trains immatriculés *TN* sont (beaucoup) plus lents.
– Bien étudier les heures de départ et d'arrivée pour éviter les départs ou les arrivées en pleine nuit (pas facile de trouver un hôtel !).
– Voir les rubriques « Arriver – Quitter » de chaque ville desservie et consulter les horaires mis à jour sur les sites indiqués plus haut.

Tarifs

Les tarifs sont les mêmes pour les étrangers et les Vietnamiens. Les trains express *SE* sont plus chers que les *TN,* qui sont eux-mêmes plus chers que les autres. Tout est question de rapidité, mais aussi de la période de l'année (augmentation lors des fêtes) et du confort choisi. Pour avoir une idée des tarifs, voir les rubriques « Arriver – Quitter » des différentes villes. Réduction d'environ 40 % pour les enfants.
À titre d'exemple, en train *SE,* selon le confort :
– un billet (aller) ***Hanoi-Huế*** : compter 510 000 Dg (19 €) en siège dur *(hard seat),* 650 000 Dg (25 €) en siège mou *(soft seat),* 812 000 à 930 000 Dg (31 à 36 €) en *soft berth.* Pour voyager plus confortablement dans les couchettes des wagons *Violette Express* et *Livitrans Express* avec les trains de nuit, compter 1 620 000 Dg (environ 62 €).
– Un billet (aller) ***Hồ Chí Minh-Ville/Nha Trang*** coûte 255 000 Dg (environ 10 €) en *hard seat,* 302 000 à 349 000 Dg (environ 11 à 13 €) en *soft seat,* 417 000 à 580 000 Dg (environ 16 à 22 €) en *soft berth.*

La voiture de location

Seuls les titulaires d'un permis de conduire vietnamien ont le droit de conduire au Vietnam. Certes, le permis international est théoriquement accepté depuis 2015, pourvu qu'il soit accompagné d'une traduction certifiée en vietnamien par la police locale. Par ailleurs, le conducteur étranger doit obligatoirement prendre un guide vietnamien dans la voiture. Conduire soi-même au Vietnam est un réel danger ! ***Le seul conseil que l'on donne : louer une voiture avec chauffeur...***

Possibilité de location de voiture avec chauffeur dans de nombreuses agences, qu'elles soient d'État (*Vietnam, Hanoi* et *Saigon Tourism* par exemple) ou privées. C'est la solution la plus facile, et elle n'est pas si chère que cela. Comparez les prix et, si possible, groupez-vous. Les tarifs oscillent entre 50 et 100 US$ par jour, mais tout dépend de la catégorie de la voiture et du kilométrage.

Le vélo et le scooter

– Dans les villes et les régions plates, notamment les deltas, ***le vélo est un excellent moyen de visiter*** en toute liberté. D'ailleurs, dans les grandes villes et de nombreux sites touristiques tels que Tam Cốc ou Mai Châu dans le Nord, beaucoup d'hôtels en mettent gratuitement à la disposition de leurs clients. Hors de ces régions, le pays n'est que montagnes avec de longs cols souvent à 10 %, donc VTT absolument indispensable, que vous pouvez acheter chez un des nombreux vendeurs de VTT à Hanoi (plus rare à Saigon).
– Le Vietnam reconnaissant le permis international depuis le 1er janvier 2015, la ***location de scooters et motos*** de plus de 50 cc est maintenant légale et possible. En général, les loueurs ne demandent aucun permis. En théorie, ***il faut être muni d'un permis international de conduire.*** Sur le terrain, très rares sont les contrôles de police exigeant ce document. Sur l'île de Phú Quốc il semblerait que la police soit plus sévère qu'ailleurs en raison du nombre d'accidents de motos.
– ***Important :*** vous devez être couvert par votre propre assurance.
– Circuler à scooter ou à moto se fait aux risques et périls du conducteur. Le casque est obligatoire, et il convient de respecter les limitations de vitesse ! ***En montagne, ne pas louer des motos automatiques,*** car elles n'ont pas de frein moteur, donc les freins brûlent dans les interminables descentes de cols. En montagne toujours, ne pas louer une moto de moins de 125 cc. Dans les cols, les 110 cc ont une 2de trop courte, et le moteur n'est pas assez puissant pour grimper en 3e.
– La circulation est anarchique à Saigon et à Hanoi. Attention aux nombreux « brûleurs de feux rouges », notamment quand votre feu passe au vert. En montagne, il est préférable de klaxonner à l'entrée des virages car, ici, tout le monde conduit au milieu de la route. ***Casque obligatoire*** et attention aux limitations de vitesse (30 km/h dans les villes et villages), les radars sont nombreux.

Les routes

Au Vietnam, on roule à droite.
2 routes relient le Nord au Sud : l'ancienne route Mandarine (route nº 1 aujourd'hui), qui longe la côte du Vietnam, et la « piste Hồ Chí Minh », une nouvelle route bitumée qui passe par les Hauts Plateaux. Les routes à 4 voies existent et le réseau s'agrandit chaque année : en sortant de Hồ Chí Minh-Ville en direction de Vũng Tàu (Cap Saint-Jacques) et Nha Trang, de Hồ Chí Minh-Ville au delta du Mékong (Mytho). Au nord, les principales autoroutes (payantes) relient Hanoi à la baie d'Hạ Long (Bãi Cháy), et Hanoi à Sapa. Au péage autoroutier, compter entre 7 000 et 15 000 Dg par voiture ; moins cher pour les motos.
D'une façon générale, ***les routes sont aussi bonnes au Sud qu'au Nord.*** Avec l'évolution économique du pays, de plus en plus de routes sont en effet rénovées. Pour résumer, on ne roule jamais vite au Vietnam : soit parce que la vitesse est limitée par la loi, radars à l'appui, soit à cause de la circulation tumultueuse (dans les villes, faubourgs et sur les grands axes routiers), soit du fait du caractère montagneux des routes où l'on ne dépasse guère le 30 km/h (80 % du pays est couvert de montagnes et collines).
– ***Prudence !*** Il y a foule sur les routes vietnamiennes et les bas-côtés sont souvent investis par les paysans qui ont toujours quelque chose à y étaler pour le faire sécher : riz, manioc, anchois... À cela, il faut ajouter la traversée de chiens,

de chats et de tous les animaux de la basse et haute cours : une véritable fable de La Fontaine ambulante ! Pour prévenir tout ce beau monde, le klaxon est roi.

L'avion

Vietnam Airlines (● vietnamairlines.com ●), la compagnie nationale, est sérieuse et de bonne réputation. Une vingtaine de villes sont desservies dans le pays, à tarifs abordables.
– Il existe aussi 3 compagnies à bas prix *(low-cost)* qui desservent les principales villes du Vietnam : *Jetstar (● jetstar.com.vn ●)*, *VietJet Air (● vietjetair.com ●)* et *Bamboo Airways (● bambooairways.com ●)*.
– ***Conseils :*** en période de vacances, s'y prendre le plus tôt possible pour réserver les vols intérieurs, les avions étant souvent complets (surtout au moment de la fête du Tết). Vérifier aussi les horaires, qui peuvent changer.

Quelques tarifs

Les tarifs des vols *Vietnam Airlines* changent selon la période et la hausse du prix du pétrole. Tenir compte aussi des promotions que l'on obtient auprès des agences ou sur leur site (« *special deal* »). Les tarifs des compagnies à bas prix *(low-cost)* sont parfois 2 fois moins élevés que ceux de la compagnie nationale.
– Un aller simple Hanoi/Hồ Chí Minh-Ville sur *Vietnam Airlines* est possible à partir de 1 415 000 Dg (environ 54 €).
– Un vol Huế/Hồ Chí Minh-Ville coûte de 1 400 000 à 1 800 000 Dg (environ 53 à 69 €).
– Un vol Nha Trang (Cam Ranh)/Hồ Chí Minh-Ville coûte de 892 000 à 1 300 000 Dg (34 à 50 €).
– ***Bon à savoir :*** les ***taxes d'aéroport*** pour les vols sont incluses dans le prix du billet.

LE NORD

• Carte *p. 102-103*

Bien différent du Sud, où l'américanisation a laissé de profondes traces. Ici, dans le Nord, l'ancien Tonkin (aujourd'hui le Bắc Bộ), on est communiste depuis 1954. Hanoi ne connut donc pas « l'opulence » d'une économie de guerre à l'occidentale avec ses redoutables conséquences sur la vie sociale et culturelle, l'architecture et le trafic urbain. On est pourtant surpris que le communisme n'ait pas pour autant liquidé, voire érodé, les traditions. C'est qu'ici, dans le Nord, le conflit dura 30 ans.
Ce chapitre « Le Nord » commence par Hanoi, capitale du pays, une métropole en pleine expansion baignée par le légendaire fleuve Rouge. Par son authenticité, le centre historique (le quartier des 36 corporations) de Hanoi n'a d'équivalent nulle part au Vietnam. Autour de cette grande ville s'étend une vaste plaine plate et fertile aux rizières irriguées par les nombreux bras du fleuve. C'est le grenier à riz du Nord comme le delta du Mékong est celui du Sud. En arrivant vers Ninh Bình, le paysage change soudain, il s'hérisse d'une multitude de pitons calcaires érodés dominant des canaux où l'on circule en barque dans un étonnant paysage d'estampe ancienne : c'est la baie d'Hạ Long terrestre (Tam Cốc). Plus à l'est voici enfin la fameuse baie d'Hạ Long, une merveille de la nature, constellée d'îlots rocheux surgissant de la mer, un site majeur classé par l'Unesco à découvrir à bord d'un bateau.

HANOI

2 600 000 hab. (conurbation 7,5 millions d'hab.) IND. TÉL. : 024

• Plan d'ensemble (plan I) *p. 106-107* • Quartier des 36 corporations (plan II) *p. 109* • Ancien quartier colonial et cathédrale (plan III) *p. 111*
• Les environs de Hanoi *p. 152-153*

La destinée de cette ville est peu commune, fascinante, étrange et troublante, une destinée discrète et tenace, faite de sagesse confucianiste et bouddhiste, de lointaines influences chinoise et française, de combats féroces, de souffrances terribles et de renaissances inattendues.
Hanoi est restée authentiquement vietnamienne bien qu'une partie de son histoire lui ait été imposée de l'extérieur par la force, la ruse et la séduction : soit plus de 1 000 ans de civilisation chinoise et près d'un siècle de présence française. Ces 2 cultures ont apporté leur contribution au physique et au caractère de la ville, façonnant un visage et une personnalité uniques. Le voyageur le sent tout de suite en se promenant dans les rues du vieux Hanoi, investies par une animation intense. Là réside le charme étrange et mystérieux de Hanoi.

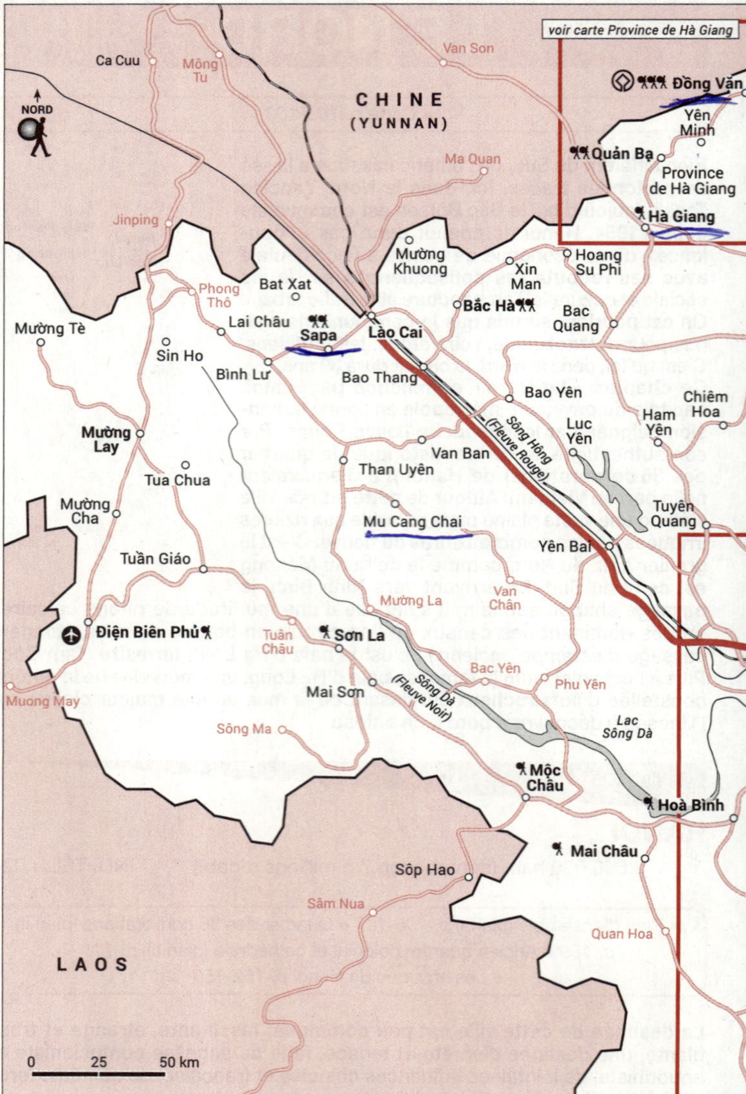
voir carte Province de Hà Giang
CHINE
(YUNNAN)
NORD
Ca Cuu
Mông Tu
Van Son
Đồng Văn
Yên Minh
Quản Bạ
Province de Hà Giang
Ma Quan
Hà Giang
Jinping
Mường Khuong
Hoang Su Phi
Xin Man
Phong Thô
Bat Xat
Bắc Hà
Bac Quang
Mường Tè
Lai Châu
Sapa
Lào Cai
Sin Ho
Bình Lư
Bao Thang
Bao Yên
Chiêm Hoa
Ham Yên
Luc Yên
Sông Hồng (Fleuve Rouge)
Mường Lay
Van Ban
Than Uyên
Tua Chua
Mường Cha
Mu Cang Chai
Tuyên Quang
Yên Bai
Tuần Giáo
Van Chân
Mường La
Điện Biên Phủ
Tuần Châu
Sơn La
Bac Yên
Phu Yên
Mai Sơn
Sông Đà (Fleuve Noir)
Muong May
Lac Sông Dà
Sông Ma
Mộc Châu
Hoà Bình
Mai Châu
Sôp Hao
Sâm Nua
Quan Hoa
LAOS
0 25 50 km

LE NORD DU VIETNAM

Nommée Thăng Long, « la ville du dragon qui s'élève », 800 ans durant, elle devint définitivement Hanoi, « la ville au-dessus du fleuve », en 1831. La capitale du Vietnam s'étend en effet sur la rive occidentale du fleuve Rouge (Sông Hồng), venu des montagnes chinoises du Yunnan. Plutôt horizontale, souvent dominée par une mer de nuages, enveloppée en hiver dans une sorte de vapeur humide (une bruine très fine), c'est sans doute l'une des capitales les plus captivantes d'Asie du Sud-Est.

UN PEU D'HISTOIRE

Plus de 1 000 ans d'influence chinoise (de 111 av. J.-C. à 938 apr. J.-C.)

La ville est d'une implantation très ancienne. On a retrouvé beaucoup de vestiges de la période du bronze. La pointe du delta fut naturellement élue pour abriter les différentes capitales du Nord, en raison de sa position stratégique, carrefour des routes et du fleuve. La 1re capitale s'éleva à Cổ Loa au IIIe s av. J.-C., à une quinzaine de kilomètres au nord de la ville actuelle. Puis, de 111 av. J.-C. à 938 (victoire de Ngô Quyền sur les Chinois à la bataille de Bạch Đằng), la ville est sous protectorat des dynasties chinoises. En 607 de notre ère, le bourg des origines se nomme *Songping,* chef-lieu du protectorat d'Annam. En 767, une enceinte extérieure est bâtie. De 968 à 1010, à la suite de la prise du pouvoir par Đinh Bộ Lĩnh, la capitale est momentanément transférée à Hoa Lư.

« La ville du dragon prenant son essor »

De 1010 à 1225, la dynastie des Lý est au pouvoir. En 1010, l'empereur Lý Thái Tổ, le grand vainqueur des Chinois, déclare : « Nous voulons transférer la capitale à Đại-La, entre le Ciel et la Terre, là où le Dragon s'enroule et le Tigre s'assied, à la croisée du nord, du sud, de l'est et de l'ouest. » Suivant cette mythologie et les règles de la géomancie (voir explications ci-après), il réinstalle sa capitale à Hanoi, qui porte désormais le nom de *Thăng Long,* la « ville du dragon prenant son essor ». Commence une période de croissance et d'expansion. En 1049, on construit la pagode au Pilier unique, en 1070 le temple de la Littérature, en 1076 le collège des Fils de la Nation. En 1086 est inaugurée l'Académie impériale, et en 1230 Thăng Long est partagée en 61 quartiers. Les Mongols pillent la ville à 2 reprises, en 1258 et en 1285.
De 1226 à 1400, la dynastie des Trần règne sur le pays. Les Trần se réclament de la brillante dynastie chinoise des Song du Sud, dont le gouvernement est installé à Hangzhou, en Chine du Sud. En référence au lac de l'Ouest de cette cité, ils renomment le grand lac en lac de l'Ouest (Hồ Tây).

Une ville issue de la géomancie

Dès son origine, la ville fut édifiée suivant les règles de la géomancie établies par Gao Pian (gouverneur qui régna sur le protectorat de 865 à 868 apr. J.-C.). La cité devait être en ***harmonie avec l'ordre cosmologique.*** Dans son *Histoire de Hanoi,* Philippe Papin précise : « La présence de monts était indispensable, car ils permettaient d'établir une parfaite harmonie avec les lacs et les rivières. » La rivière existait : c'était le fleuve Rouge. Les lacs également. Manquaient des monts ! Qu'à cela ne tienne, on érigea des tertres artificiels de plusieurs dizaines de mètres de haut pour abriter les génies de la montagne (sans lesquels les génies des eaux se seraient ennuyés).
Il lui fallait également une ***montagne sacrée et bénéfique*** : on désigna le mont Tản Viên (1 287 m), connu aujourd'hui comme le mont Ba Vì, à 50 km à l'ouest de Hanoi près de Sơn Tây, et considéré comme une montagne « magique ».

Il y a des sites favorables et des sites défavorables, et il s'agit donc de bien les choisir avant de décider de l'emplacement des constructions civiles et militaires. Quoi qu'il en soit, il faut suivre des critères d'orientation astrologique ou ésotérique. Tous les empereurs et rois, des Lý aux Nguyễn, façonnèrent la ville selon ces principes ancestraux. Dans la cité royale s'élevait la Cité interdite (dont il ne reste rien aujourd'hui). Plusieurs milliers de soldats gardaient la citadelle. Au XIIe s, ils portaient, tatoués sur le front, en idéogrammes, « Thiên tử quân » (soldats de Sa Majesté, Fils du Ciel).

XVe siècle : l'âge d'or de Thăng Long

Au XVe s, Thăng Long s'organise comme une ***cité de mandarins et de lettrés.*** En 1471, la moitié des fonctionnaires du pays y réside. La 1re carte de la ville apparaît à cette époque : c'est un plan de la capitale avec 13 planches des provinces. Un mur long de 3 km ceinture la ville où réside l'empereur. Le XVe s est l'âge d'or de Thăng Long... C'est à partir du XVIe s que l'on peut parler de cité interdite, cité impériale et cité civile, ces 3 mondes cloisonnés qui, dans le monde sinisé, définissaient la capitale idéale.
De 1430 à 1788, la ville continua de s'appeler Thăng Long bien qu'officiellement elle portât le nom de *Đông Kinh* (la capitale de l'Est), déformé par les Européens en Tonkin, nom donné à tout le nord du pays plus tard, pendant la période coloniale. On construisit beaucoup jusqu'au XVIIe s : palais, pagodes, citadelles, digues pour contenir le fleuve Rouge.

XVIIe siècle : Hanoi attire des Européens

En 1627, le père Alexandre de Rhodes séjourne à Thăng Long. Ce jésuite romanise la langue vietnamienne en la transcrivant en caractères européens pour enseigner l'évangile aux Vietnamiens. De 1645 à 1700, les Hollandais possèdent à Thăng Long un comptoir, et les Britanniques de 1683 à 1697. Les 1ers récits de voyage écrits par des Européens datent d'alors : celui de Samuel Baron en 1685 et de William Dampier en 1688. Le XVIIIe s marque le déclin de la cité impériale.

1805-1831 : « ville de la prospérité croissante »

Thăng Long a déjà beaucoup perdu de son lustre quand l'empereur Gia Long décide en 1806 de transférer la capitale à Huế. La ville redevient simple ***place forte régionale*** et change de nom : « ***la ville de la prospérité croissante*** ». Gia Long fait construire une citadelle, du type Vauban, sur une hauteur de 5 m et 15 m d'épaisseur. En 1812, il fait édifier la tour du Drapeau (aujourd'hui unique vestige de l'époque). En 1820, l'empereur Minh Mạng, furieux de voir que les Mandchous refusent de reconnaître Huế comme sa capitale, rase tout ce qui reste des palais et des temples de Thăng Long. ***En 1831, la ville prend définitivement le nom de Hanoi.*** En 1848, considérant que l'ancienne capitale brille encore d'un éclat trop insolent, l'empereur Tự Đức fait détruire tous les palais restants et transférer toutes leurs richesses à Huế.

Une ville française en Asie (1884-1954)

En 1873, prise de Hanoi par Francis Garnier, puis reprise en 1882 par Henri Rivière. Après la conquête par l'armée coloniale française de la ville, celle-ci n'a plus rien à voir avec la légendaire capitale d'antan. En 1884, la France établit un ***protectorat sur le Tonkin*** tandis que la Cochinchine (au sud) est une colonie française. Comme il fallait quand même apporter une contribution aux destructions du passé, les Français achèvent la démolition de la citadelle de Gia Long. La plus ancienne pagode de Hanoi est également rasée pour

Adresses utiles

- 1 Gare routière Yen Phu (D1)
- 2 Gare routière Gia Lâm (hors plan par F2)
- 3 Gare routière du Sud-Giap Bat (hors plan par C5)
- 4 Gare routière My Dinh (hors plan par B4)
- 5 Ambassade du Canada (B2)
- 6 Ambassade de Chine (C3)

Où dormir ?

- 70 Tâm Hotel (C1)
- 71 La Maison Hai Lý (hors plan par F2)

Où manger ?

- 120 Cửa Hàng Mậu Dịch Số 37 et petits restos, au bord de l'eau (C1)
- 121 Home Hanoi Restaurant (C1)
- 122 Hanoi Gourmet(C3-4)
- 123 KOTO (C3)
- 124 Café Goethe (C3)
- 125 À La Folie (C1)
- 126 Seasons of Hanoi (C1)
- 127 Chim Sáo - L'Oiseau Siffleur (E5)
- 128 Bún Cha Hương Liên et Au Délice - Le Restaurant d'Arthur (E5)

Où boire un verre ?
Où sortir ?

- 153 Bánh Tôm Hồ Tây (C1)
- 154 Ngõ Quán (C1)
- 155 Bar Tadioto (E4)
- 156 L'Opéra et Binh Minh Jazz Club (E4)

Achats

- 128 Au Délice - Le Restaurant d'Arthur (E5)
- 170 54 Traditions Gallery (D1)
- 171 Craft Link (C3)

HANOI – Plan d'ensemble (plan I)

permettre la construction en 1887 d'une cathédrale (assez laide !). Les Français tracent aussi, au sud et à l'est du lac Hoàn Kiếm, une nouvelle ville avec de larges avenues dessinées au cordeau, bordées de bâtiments administratifs haussmanniens et de villas cossues, alliant les styles Deauville, Arcachon ou Aix-les-Bains.
En 1902, Hanoi devient ***capitale de l'Indochine française.*** Le pont Doumer est lancé sur le fleuve Rouge sous les auspices de l'ingénieur Gustave Eiffel. Les paillotes sont interdites dans la ville (1906). En 1911, le théâtre municipal (actuel Opéra) est inauguré. En 1921, 4 000 Européens et 100 000 Vietnamiens vivent à Hanoi.

Hanoi dans la guerre

De 1947 à 1954, la ***1re guerre d'Indochine*** place Hanoi au cœur des événements sanglants entre l'armée française et les combattants du Vietminh dirigés par le général Giáp. Pourtant, la ville est épargnée, car les affrontements se déroulent loin de là, dans les montagnes et les vallées du Nord-Vietnam. Après la bataille de Điện Biên Phủ (mai 1954) et les accords de Genève, les troupes vietnamiennes du Vietminh entrent dans Hanoi « libérée » qui devient la capitale d'un nouveau pays indépendant : la République démocratique du Vietnam, obéissant à l'idéologie communiste (prosoviétique).
Lors de la ***2de guerre d'Indochine*** opposant le Nord-Vietnam communiste au Sud-Vietnam capitaliste et proaméricain, ***Hanoi est bombardée*** à plusieurs reprises par l'aviation américaine : en 1966, 1968, et surtout en 1972 où elle connaît la plus violente attaque de la guerre. Pendant 12 jours, du 18 au 29 décembre 1972, près de 90 bombardiers de l'*US Air Force* pilonnèrent la ville de Hanoi. Ils firent 739 sorties, dont 729 atteignirent leurs cibles au-delà du 20e parallèle, larguant 15 000 t de bombes, jusqu'à ne laisser indemne, littéralement parlant, aucune cible militaire du Nord-Vietnam. Une partie de la population civile avait été évacuée à la campagne, les autres se réfugièrent dans les nombreux abris souterrains de la ville.
« Hanoi, Haiphong et d'autres villes peuvent être détruites, déclare le général Giáp, mais le peuple vietnamien ne se laissera pas intimider. » Les ***accords de Paris*** entre Kissinger et Lê Đức Thọ, signés en ***janvier 1973,*** mettent un terme aux bombardements américains au Nord-Vietnam. Sur le terrain, peu de monuments civils du centre-ville ont été touchés par les bombes. Les monuments historiques de Hanoi ont été miraculeusement épargnés.

HANOI AUJOURD'HUI

Topographie de la ville

Le Grand Hanoi regroupe non seulement la ville, mais aussi les districts de Hà Tây, Mê Linh, Vĩnh Phúc et 4 communes de la province de Hòa Bình, ce qui donne environ 7,5 millions d'habitants. Comme en Chine voisine, on peut parler maintenant de ville-province, ce qui fausse un peu les chiffres.
Le centre-ville de Hanoi, en tant que tel, n'est pas très grand et se divise en 4 districts : Hoàn Kiếm (l'Épée restituée), Hai Bà Trưng (les 2 sœurs Trưng), Đống Đa (lieu où le roi Quang Trung défit les Mandchous en 1789) et Ba Đình.
Très facile de se repérer dans Hanoi en utilisant les 2 axes principaux : la rue Tràng Tiền (au sud du lac Hoàn Kiếm) et le boulevard Lê Duẩn (celui de la gare centrale). En outre, quand on observe le plan de la ville, en prenant pour centre le lac Hoàn Kiếm, ses différentes parties apparaissent clairement.
– ***Au nord du lac Hoàn Kiếm :*** l'enchevêtrement des rues de l'ancienne ville chinoise, héritière de la cité des 36 rues et guildes du XVe s. C'est un quartier commerçant et routard à la fois.

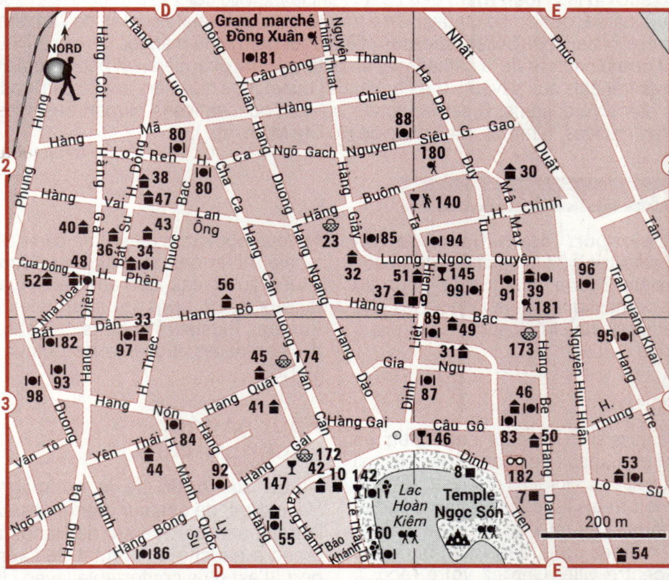

HANOI – Quartier des 36 corporations (plan II)

Adresses utiles

- 7 Tourist Information and Support Centre (E3)
- 8 Départ voiturettes électriques (E3)
- 9 Agence Kim Tours (D-E2)
- 10 Baoviet Bank (D3)

Où dormir ?

- 30 Vietnam Backpacker Hostel (Mã Mây ; E2)
- 31 BC Family Homestay (E3)
- 32 Old Quarter View Hanoi Hostel et Prince II Hotel (D2)
- 33 Flipside Hostel (D3)
- 34 Hanoi Lotus Hostel et Rising Dragon Villa Hotel (D2)
- 36 Hanoi Culture Hostel (D2)
- 37 Green Diamond Hotel (D2)
- 38 La Storia Hotel & Travel (D2)
- 39 Hanoi Guesthouse (E2)
- 40 Hanoi Friends Inn & Travel (D2)
- 41 Nexy Hostel (D3)
- 42 Centre Point Hanoi Hotel (D3)
- 43 Golden Art Hotel (D2)
- 44 La Storia Ruby Hotel (D3)
- 45 Golden Charm Hotel (D3)
- 46 Hanoi Amanda Hotel (E3)
- 47 Hanoi Old Quarter Hostel (D2)
- 48 Serenity Diamond Hotel (D2)
- 49 Hotel Garden Queen (E2-3)
- 50 Hanoi Bella Rosa Hotel (E3)
- 51 Essence Hotel et Old Quarter Family Hotel (D-E2)
- 52 Calypso Premier Hotel (D2)
- 53 La Siesta Diamond Hotel (E3)
- 54 Authentic Hotel (E3)
- 55 Church Boutique Hotel (D3)
- 56 Little Charm Hanoi Hostel (D2)

Où manger ?

- 34 Highway 4 (D2)
- 39 Blue Butterfly et Duong's (E2)
- 46 Green Tangerine (E3)
- 53 Gourmet Corner (E3)
- 80 Bánh Mì 25 (D2)
- 81 Gargotes autour du marché Đồng Xuân (D2)
- 82 Gia Truyền (D3)
- 83 Resto de soupe Bún Thang (E3)
- 84 Bún Chả Đắc Kim (D3)
- 85 Phở Vui Chuyên Bò (D2)
- 86 Mì Phố (D3)
- 87 Quán Bia Minh (E3)
- 88 Cơm Phố Cổ (D2)
- 89 Phở Sướng (E3)
- 91 Newday (E2)
- 92 Gecko (D3)
- 93 Chả Cá Thăng Long (D3)
- 94 Little Hanoi (E2)
- 95 Highway 4 (E3)
- 96 Bún Chả Ta (E2)
- 97 Countryside (D3)
- 98 Grandma's (D3)
- 99 Hanoi Food Culture (E2)

Où déguster une pâtisserie, une crêpe ou une glace ?

- 142 Thủy Tạ (D3)
- 160 Kiosque Kafa (D3)

Où boire un verre ? Où sortir ?

- 140 Bars musicaux de la ruelle Tạ Hiện et 1900 Le Théâtre (D-E2)
- 142 Bar du restaurant-glacier Thủy Tạ (D3)
- 145 Bia Hơi Corner (E2)
- 146 Avalon Café Lounge (E3)
- 147 Tanmy Design Café (D3)
- 182 Marionnettes sur l'eau de Thăng Long (E3)

Achats

- 23 Anan Coffee (D2)
- 172 Ngọc Hiền Silk (D3)
- 173 Mekong Quilts (E3)
- 174 Phúc Lợi (D3)

À voir

- 180 Temple de Quan Đế (E2)
- 181 Vieilles maisons du patrimoine historique (E2)

– ***Au sud du lac Hoàn Kiếm et à l'est :*** l'ancienne ville coloniale française, aujourd'hui quartier des ambassades. On y trouve les plus beaux fleurons de l'architecture coloniale, et de belles adresses chics pour dormir ou manger.
– ***À l'ouest :*** autour de la cathédrale, un petit quartier charnière, un peu comme un village français aux saveurs d'Asie. Plus à l'ouest, des quartiers aérés, des lacs et des parcs verdoyants. C'est le secteur où sont concentrés la plupart des sites à visiter (musées, temples, mausolée de Hồ Chí Minh, etc.).

Arrivée à l'aéroport

✈ L'***aéroport international de Nội Bài*** est situé à 34 km au nord de Hanoi. Il existe 2 terminaux : le *T1* pour les vols domestiques, et le *T2* pour les vols internationaux. Infos sur ● *hanoiairportonline.com* ●

Argent

Plusieurs distributeurs automatiques ATM et bureaux de change dans le hall des arrivées. Horaires d'ouverture et de fermeture en fonction des arrivées et départs. Les taux sont pratiquement les mêmes que dans les banques du centre-ville. Gardez votre reçu, il vous permettra, en fin de séjour, de reconvertir les đồngs qui vous resteront en dollars américains (pas d'euros).

Bagages

– Le contrôle douanier est plutôt souple. Conservez toutes les étiquettes. ***Ne décollez pas l'autocollant numéroté de vos bagages,*** car celui-ci est parfois vérifié par la douane avant de sortir de l'aéroport (pour éviter les vols).
– ***Consigne*** située au niveau des arrivées. Ouvert dès 5h30 et jusqu'au dernier vol. Comptez 15 000 Dg par bagage pour les 3 premières heures, puis tarif dégressif.

Renseignements et services

ℹ ***Comptoir d'informations touristiques :*** *au niveau des arrivées. Tlj 8h-21h.* Le personnel parle l'anglais. Carte de Hanoi gratuite. Pour les autres infos, les 2 comptoirs à côté, à droite, sont plus réactifs, et mieux informés. Normal, ils vendent des prestations !

■ Également une ***poste*** et une ***pharmacie*** sommaire.

■ Vous pouvez acheter une carte SIM locale à l'un des ***stands de télécom*** situés au niveau des arrivées. Avantageux, y compris pour appeler en Europe. Plusieurs forfaits téléphone fixe et mobiles et/ou Internet autour de 10 US$.

Pour gagner le centre-ville

➢ Le ***bus nº 86*** de la compagnie *Hanoi Bus,* de couleur orange, assure le trajet aéroport-centre de Hanoi. Se prend à gauche en sortant de l'aéroport. Il est plus confortable (avec clim et wifi) et met moins de temps que les bus nºs 7 et 17. Départs réguliers, 6h30-23h, depuis un parking à l'extérieur du terminal T2, plate-forme nº 19. Durée du trajet 55 mn, avec seulement 8 arrêts en route, dont Yên Phụ (gare routière près du pont Long Biên), Trần Nhật Duật (près de la vieille ville de Hanoi), Trần Quang Khai, Tràng Tiền (près du lac Hoàn Kiếm), Ngô Quyền, Hai Bà Trưng, Lê Duẩn, et le terminus à la gare ferroviaire centrale de Hanoi (Ga Hanoi). Billet : 35 000 Dg, qui s'achète à l'intérieur du bus.

➢ ***Bus nºs 7 et 17 :*** l'arrêt de ces bus se trouve à droite en sortant du terminal domestique (T1), au bord d'un grand parking. Du terminal international, prendre une navette gratuite qui part de la plate-forme nº 19 et rejoint le terminal domestique (T1). Départ du ***bus nº 7*** ttes les heures après 6h du mat. Billet : 9 000 Dg. Durée : 1h30. Il dessert plusieurs arrêts à Hanoi, passe par le quartier de Cầu Giấy et s'arrête à Kim Mã *(plan I, A3),* à l'intersection du boulevard Kim Mã et Nguyễn Thái Học, à 1,5 km à l'ouest du lac Hoàn Kiếm

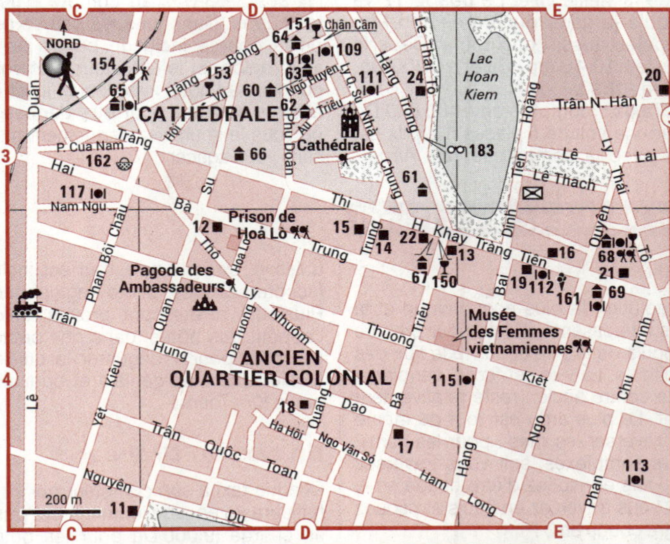

HANOI – Ancien quartier colonial et cathédrale (plan III)

■ Adresses utiles

- **11** Ambassade du Laos (C4)
- **12** Ambassade de Belgique (D4)
- **13** Air France (D4)
- **14** Vietnam Airlines (D4)
- **15** Minibus pour l'aéroport Nội Bài (D4)
- **16** Tràng Tiền Bookstore (E4)
- **17** Ambassade de France (D4)
- **18** Ambassade du Cambodge (D4)
- **19** Librairie Thăng Long et presse internationale (E4)
- **20** Vietcombank (E3)
- **21** L'Espace – Institut français (E4)
- **22** Pharmacie française (D4)
- **24** Shinhan Bank (D3)

Où dormir ?

- **60** Hanoi Backpackers Hostel (D3)
- **61** Little Hanoi Hostel 2 (D3)
- **62** Impressive Hotel (D3)
- **63** Maison d'Orient (D3)
- **64** Golden Legend Diamond Hotel (D3)
- **65** Tomodachi House (C3)
- **66** Momento Homestay Hostel (D3)
- **67** Annie's Little Hanoi (Homestay ; D4)
- **68** Hôtel Metropole Hanoi (E4)
- **69** Hôtel de l'Opéra (E4)

Où manger ?

- **65** Passage de la « Gastronomie vietnamienne » et Ngon Villa Restaurant (C3)
- **68** Le Beaulieu (E4)
- **109** Phở 10 (D3)
- **110** Madame Hiền (D3)
- **111** Porte d'Annam (D3)
- **112** Pizza 4P's (E4)
- **113** Nhà Hàng Ngon (E4)
- **115** Ưu Đàm Chay (E4)
- **117** La Badiane (C3)

Où acheter et déguster des chocolats exquis, une pâtisserie ou une glace ?

- **68** Buffet aux chocolats de l'hôtel Sofitel-Metropole (E4)
- **161** Kem Tràng Tiền (E4)
- **162** Magasin de chocolats Pheva (C3)

Où boire un verre ? Où sortir ? Où écouter de la musique ?

- **68** Le whisky-bar d'Angelina (E4)
- **150** Kalina Café (D4)
- **151** Loading T (D3)
- **153** The Hanoi Social Club (D3)
- **154** Puku (C3)
- **183** Lotus Water Puppet Theater (D3)

À voir

- **68** Hôtel Sofitel-Metropole (E4)

et de la vieille ville. Le ***bus nº 17*** va jusqu'à la gare routière de Yên Phụ (appelée aussi Long Biên). Départs ttes les 10-15 mn. Billet : 9 000 Dg. Durée : 1h30.
➢ ***Taxis :*** compter env 400 000 Dg pour une voiture 5 places. Le prix est fixe avec la compagnie *Taxi Airport* (☎ *38-73-33-33),* au compteur pour les autres. Dans tous les cas, le prix de la course inclut le péage de la voie rapide. Si le chauffeur veut vous conduire à l'hôtel avec lequel il est en affaires, résistez pour être déposé là où vous le souhaitez, fermement mais sans vous agacer.

Se déplacer dans Hanoi

À pied

La solution la plus économique et la plus intéressante, idéale pour prendre le pouls de la ville et suivre le flux des habitants. La ville est facile, car plane, et le centre ancien reste relativement petit. Le plus ardu est tout de même de traverser les rues : pour les carrefours complexes, soit vous traversez en 3 fois et risquez d'être coupé en 2, soit vous traversez en 2 fois et risquez d'être coupé en 3 !

À scooter ou à moto

Le moyen le plus rapide de se déplacer en ville, à défaut d'être le plus sécurisant. Très souvent, aux abords du lac Hoàn Kiếm, on vous proposera de monter à l'arrière d'une moto (c'est la moto-taxi), et le chauffeur vous conduira où vous voulez. Négociez ferme (comptez 10 000-30 000 Dg selon distance). Également des forfaits à l'heure ou à la journée. Ne payez qu'à l'arrivée si vous êtes bien à l'endroit où vous voulez être. Ayez l'appoint, ils n'ont pas toujours la monnaie.
Enfin, ***Grabcar*** (appli à télécharger) assure aussi ce service avec des motos, en donnant le prix avant votre décision.
– ***Hanoi Tour By Scooter*** *(agence Kim Tours ; plan II, D-E2,* ***9*****) :** *74, Hàng Bạc.* 📱 *09-66-96-01-88.* ● *hanoistreetfoodtour.com* ● Cette agence francophone et anglophone organise des tours à scooter dans Hanoi, de 3h, 4h ou 4h30. Tarifs : 45 ou 59 US$. La promenade la plus demandée est sur le thème de la gastronomie vietnamienne (voir plus bas la rubrique « Agences bon marché » dans les « Adresses et infos utiles »). Dans le prix, tout est inclus (scooter, casque, pilote anglophone). Plusieurs arrêts sont prévus, selon l'appétit des hôtes, dans des petites gargotes pour y déguster la cuisine locale. Une idée géniale et originale, bravo *Kim Tours* !

En taxi ou *Grabcar*

Chaque taxi a son compteur qui s'initialisera avec une somme de prise en charge (9 000 Dg pour les petits taxis et 12 000 Dg pour les grands). Ces prix doivent être affichés. Gardez ensuite un œil sur la somme qui défile (14 000 Dg/km), certains compteurs pouvant être trafiqués. Si vous constatez que le compteur défile trop vite, n'hésitez pas à arrêter le chauffeur et à appeler un autre taxi. Pensez à prendre la carte de visite ou à inscrire l'adresse du lieu où vous allez sur un papier et à vous munir de monnaie. Voici une compagnie fiable et sérieuse : ***Taxi Group Hanoi*** *(☎ 38-53-53-53 ; ● taxigroup.net ● ; 12 000 Dg la prise en charge au départ).*
On signale aussi que l'appli taxi ***Grabcar*** fonctionne bien. Le temps d'attente est très bref. Le paiement se fait en espèces directement au chauffeur (et non pas par cartes de paiement). Vérifiez toutefois, surtout pour les petits trajets : les taxis sont parfois moins chers !

En bus

Plus de 40 lignes urbaines. On trouve des plans en kiosque, et même un plan interactif sur le site internet ● *tramoc.com.vn* ● Le bus est conseillé pour les grandes distances en ville (périphérie). Ils circulent 5h-23h. Billet au prix fixe de 7 000-9 000 Dg selon les lignes et les bus. Attention à vos affaires, car il y a foule aux heures de pointe. Les horaires approximatifs sont affichés aux arrêts.

En voiturette électrique

Départ principal au bord du lac Hoàn Kiếm *(plan II, E3, **8**)*. Compter 200 000 Dg/pers pour 30 mn, et 300 000 Dg pour 1h.
On peut se promener dans des voiturettes électriques de 6-7 places qui marquent des arrêts fixes. Confortablement assis, on découvre ainsi le quartier historique de Hanoi. On monte et l'on descend selon son bon plaisir, et c'est presque silencieux (ce qui n'est pas un luxe à Hanoi).

En cyclo-pousse

Le cyclo-pousse se fait de plus en plus rare à Hanoi, et c'est à présent une attraction pour les touristes, plus vraiment un moyen de transport pour les habitants. En moyenne, compter 200 000 Dg la course pour 2 pers (durée 45-50 mn). Une règle d'or : vous mettre d'accord sur le prix de la course avant de partir. Négociez toujours en đồngs, et non pas en dollars ou euros.

Adresses et infos utiles

Informations générales, poste et télécoms

■ ***Tourist Information and Support Centre*** *(kiosque d'informations touristiques de Vietnamtourism ; plan II, E3, **7**)* **:** *28, Hàng Đậu, angle avec Lò Sũ. ☐ 09-11-08-19-68. Lun-ven 8h-17h. Contact directeur : M. Tho Nguyen, francophone.* Ce n'est pas un vrai office de tourisme malgré son nom mais une petite agence *(Lavanda Travel)* qui propose des services payants. Ils maintiennent quand même la formule des tours gratuits en ville sous la conduite d'étudiants en tourisme, mais cela peut changer.

✉ ***Grande poste*** *(plan III, E3)* **:** *75, Đinh Tiên Hoàng. Tlj 7h-20h (17h dim).* Construite à l'emplacement de la pagode Báo Ân, dont il ne reste qu'un petit sanctuaire le long du lac. Dans le bâtiment attenant à droite, la poste internationale avec un distributeur automatique à l'entrée. Rayon philatélie à l'intérieur. Poste restante. Une ***annexe de la poste*** se trouve au 66, Lương Văn Can, à droite de la banque Bảo Việt *(plan II, D3, près de **25** ; tlj 8h-18h)*.

■ ***Cartes SIM :*** de nombreuses échoppes vendent des cartes locales que vous pourrez insérer dans votre portable vietnamien. Repérez les panneaux « Sim Thẻ ».

Argent, change

■ ***Distributeurs de billets ATM :*** on trouve des distributeurs un peu partout en ville. Faites le plein de đồngs ici, car les distributeurs sont un peu plus rares dans les petites villes. Plafond de retrait 3 000 000 Dg à *Agribank*, 2 000 000 Dg dans les autres, mais 6 000 000 Dg chez *HSBC*.

■ ***Baoviet Bank*** *(plan II, D3, **10**)* **:** *8, Lê Thái Tổ. ☎ 39-38-05-15. Lun-ven 8h-16h.* Commission de 20 000 Dg par retrait.

■ ***Vietcombank*** *(plan III, E3, **20**)* **:** *198, Trần Quang Khải. ☎ 38-26-80-45. Dans une grande tour moderne proche de la rue-digue. Lun-ven 8h-11h30, 13h-15h30.* Commission de 5 % pour un retrait par carte (aux distributeurs 24h/24 ou au comptoir). Pas de taxe en revanche pour échanger les espèces.

■ ***Shinhan Bank*** *(plan III, D3, **24**)* **:** *14, Lê Thái Tổ. ☎ 73-09-93-00. Lun-ven 8h30-16h30.* Située sur la rive ouest du lac Hoàn Kiếm, cette belle maison de style colonial abrite une banque coréenne réputée. Distributeurs automatiques de billets et change de devises.

■ ***HSBC*** *(plan III, D3)* **:** *angle des rues Hàng Trống et Nhà Thờ (la rue qui conduit à la cathédrale de Hanoi). ☎ 39-46-02-07.* C'est une grande agence *HSBC* où l'on peut changer des espèces et retirer de l'argent aux distributeurs (jusqu'à 6 000 000 Dg).

Transports

■ ***Bus pour l'aéroport :*** voir plus haut « Arrivée à l'aéroport ».
■ ***Air Asia :*** *☎ 37-47-48-48 ou 38-31-08-88. • airasia.com •*
■ ***Vietnam Airlines*** *(plan III, D4,* ***14****) :* *☎ 38-32-03-20 ou 62-70-02-00. • vietnamairlines.com • Lun-ven 8h-18h30 ; w-e 8h-11h30, 13h30-17h.* Vols internationaux et domestiques.
■ ***VietJet Air :*** *• vietjetair.com •* Une compagnie privée à bas prix qui dessert Đà Nẵng et Hồ Chí Minh-Ville.
■ ***Jetstar :*** *☎ 39-74-31-67 et 1900-1550 (central de résas). • jetstar.com/vn •* Filiale *low-cost* (prestations en conséquence) de la compagnie australienne *Quantas* proposant des vols intérieurs pour Đà Nẵng, Hồ Chí Minh-Ville et l'île de Phú Quốc.
■ ***Air France*** *(plan III, D4,* ***13****) : 1, Bà Triệu. ☎ 38-25-34-84. • airfrance.com.vn • Lun-ven 8h-17h. Également à l'aéroport international : ☎ 38-86-55-01.*
■ ***China Airlines :*** *☎ 39-36-63-64. • china-airlines.com • Lun-ven 8h-17h30, sam 8h-12h.*

Santé

✚ ***Hôpital français de Hanoi*** *(HFH ; hors plan I par C5) : 1, Phủỏng Mai, Đống Đa. Urgences : ☎ 35-77-11-00 (accueil en anglais). • hfh.com.vn •* Établissement hospitalier pluridisciplinaire de standard occidental, regroupant 300 spécialistes français exerçant en temps partagé et un personnel vietnamien qualifié.
✚ ***Family Medical Practice*** *(hors plan I par A3) : 298, Kim Mã, building A-1 Văn Phúc, suite 109-112, Ba Đình. ☎ 38-43-07-48 (urgences). • vietnammedicalpractice.com • Lun-ven 8h30-17h30, sam 8h30-12h30.* Clinique de très bonne qualité, où des médecins parlent notamment le français.
✚ ***Mozart Dental Clinic :*** *TID Building, 4e étage, 4, Liễu Giai, Ba Đình. ☎ 37-71-93-81. • nhakhoamozart.com • Lun-ven 9h-12h, 14h-19h.* Dentiste et orthodontiste francophones (et anglophones), passés par l'hôpital français de Hanoi. Tarifs très raisonnables. Très apprécié des expatriés.
■ ***Pharmacie française*** *(plan III, D4,* ***22****) : 3, Tràng Thi. ☎ 38-26-86-44. Tlj sauf dim 8h-12h, 14h-18h.* Cette pharmacie ne paie pas de mine, mais on y parle le français et elle est recommandée par l'ambassade de France. En attendant une boutique plus moderne !
■ ***Pharmacie Hapharco*** *(Nhà Thuốc Hapharco ; plan II, D3) : 1, Hàng Trống (angle avec Hàng Gai), au cœur du vieux quartier, proche de la cathédrale. Tlj 8h-22h.* Bon choix de médicaments et conseils assez professionnels. On y parle un peu l'anglais.
■ ***Dons de vos médicaments à titre humanitaire :*** en fin de voyage, vous pouvez laisser vos médicaments (non périmés) chez ***Kim Tours,*** au 74, Hàng Bạc *(plan II, D-E2,* ***9*** *; ☎ 39-26-08-04).* Le personnel anglophone de l'agence les remettra ensuite à un hôpital de Hanoi avec lequel il a un accord.

Culture, francophonie

■ ***L'Espace – Institut français*** *(plan III, E4,* ***21****) : 24, Tràng Tiền. ☎ 39-36-21-64. • institutfrancais-vietnam.com • Lun-ven 9h-19h30, sam 9h-16h.* Dans de beaux locaux modernes, toute une gamme d'activités culturelles et linguistiques. Possibilité de restauration.
■ ***Librairie Thăng Long et presse internationale*** *(plan III, E4,* ***19****) : 53-55, Tràng Tiền. ☎ 38-25-70-43. Ouv 8h-21h (20h en hiver).* Guides et cartes routières du Vietnam. On y trouve aussi quelques livres en français.
■ ***Tràng Tiền Bookstore*** *(plan III, E4,* ***16****) : 44, Tràng Tiền. ☎ 38-25-78-57. Lun-sam 8h-21h30.* Magasin d'État sur 3 étages. Au 1er, vaste choix de livres de poche et d'ouvrages en français sur le Vietnam et les pays voisins. Guides de voyage, cartes routières, dictionnaires, romans...

Représentations diplomatiques

■ ***Prolongation de visas :*** *se rendre au bureau de* ***Vietnam Immigration Department,*** *40A, Hàng Bài, Hanoi. ☎ (24) 38-26-40-26.*

● *vietnam-immigration.org.vn* ● *Tlj 8h-11h, 13h30-16h. Compter env 60-155 $ pour une prolongation de 1 mois (entrée simple).* Autre possibilité, passer par une agence de voyages.

■ ***Ambassade de France*** *(plan III, D4,* ***17****) : 57, Trần Hưng Đạo. ☎ 39-44-57-00 (24h/24).* ● *ambafrance-vn.org* ● *Service consulaire lun-ven 8h30-11h30, seulement sur rdv.*

■ ***Ambassade du Canada*** *(plan I, B2,* ***5****) : 31, Hùng Vương. ☎ 37-34-50-00.* ● *canadainternational.gc.ca/vietnam* ● *Lun-jeu 8h-12h, 13h-17h ; ven 8h-13h30.*

■ ***Ambassade de Belgique*** *(plan III, D4,* ***12****) : 49, Hai Bà Trưng (Hanoi Towers, 9e étage). ☎ 39-34-61-79. En cas d'urgence, tlj 24h/24 : 📱 09-13-22-15-00.* ● *diplomatie.belgium.be/vietnam* ● *Lun-ven 8h30-12h, 13h30-16h.*

■ ***Ambassade de Chine*** *(plan I, C3,* ***6****) : 46, Hoàng Diệu. ☎ 38-45-37-36.* ● *vn.china-embassy.org* ● *Lun-ven 8h30-11h, 14h30-16h30.*

■ ***Ambassade du Laos*** *(plan III, C4,* ***11****) : 22, Trần Bình Trọng ; mais la section visas se trouve au 40, Quang Trung (plan III, D4). ☎ 39-42-45-76. Lun-ven 8h30-11h30, 13h-16h.* Visa autour de 35 US$. On n'y parle pas l'anglais.

■ ***Ambassade du Cambodge*** *(plan III, D4,* ***18****) : 71A, Trần Hưng Đạo. ☎ 39-42-47-89. Lun-ven 8h-11h30, 14h-17h.* Visa à 35 US$. Fournir une photo (en prévoir plusieurs par sécurité). Compter 3 jours de délai. Peut s'obtenir à la frontière. Si vous êtes né au Cambodge, le visa K est permanent et gratuit.

■ ***Ambassade de Birmanie*** *(Myanmar ; hors plan I par B3) : 298A, Kim Mã. ☎ 38-45-33-69. Lun-ven 8h-16h.*

Agences (francophones) de voyages

Les guides francophones sont plus chers que les anglophones, car ils sont moins nombreux sur le marché. Dans tous les cas, assurez-vous que le guide parle suffisamment bien la langue demandée avant de conclure votre accord.

■ ***Amica Travel :*** *NIKKO Building (3e étage), 27, Nguyễn Trường Tộ, Ba Đình. 📱 984-56-66-76.* ● *amica-travel.com* ● *Amica Travel* est une agence de voyages sur mesure spécialiste du Vietnam, du Laos et du Cambodge. Voyages à la carte, voyages solidaires, trekking... Formules pour découvrir un Vietnam authentique hors des sentiers battus.

■ ***Asiatica Voyage :*** *appart A1203, bâtiment M3-M4, 91, Nguyễn Chí Thanh, Đống Đa. ☎ 62-66-28-16.* ● *asiatica.com* ● *Asiatica Voyage* est le département francophone d'*Asiatica Travel* – spécialiste des voyages sur mesure et à la carte du Vietnam. *Asiatica* propose aussi des packages « tout organisé ». Site internet bien fait et complet, illustré par des vidéoclips.

■ ***Carnets d'Asie :*** *18A, Ngô Tất Tố, Đống Đa.* ● *carnetsdasie.com* ● *Contact direct par Internet avec un conseiller francophone.* Animée par une jeune équipe franco-vietnamienne, spécialisée dans le voyage sur mesure, elle propose des circuits originaux, à pied, à moto ou en voiture privée, en mettant l'accent sur les rencontres humaines. Très bon choix d'hébergements, de véhicules, et guides anglophones et francophones de haut niveau.

■ ***GP Travel :*** *3, allée 50, rue Đào Duy Từ, Hoàn Kiếm. ☎ 39-26-30-43.* ● *gptravelvietnam.com* ● *GP Travel* est spécialiste des voyages sur mesure en individuel avec des circuits originaux à pied ou en voiture privée. Cette agence propose aussi des voyages en petits groupes avec départs hebdomadaires. Un plus : une démarche éthique et solidaire, le souci du commerce équitable et une politique de prix justes.

■ ***Hanoi Voyages :*** *12e étage, DC Building, 144, Đội Cấn, Ba Đình District. ☎ 37-15-30-12.* ● *hanoivoyage.com* ● Une agence francophone spécialisée dans le voyage « sur mesure », avec une organisation remarquable où la qualité des prestations, le respect du client et la sécurité sont les points forts. Elle a été plébiscitée par nos lecteurs pour ses compétences et son très bon rapport qualité-prix.

■ ***Indochina Land :*** *18, Yên Ninh, Ba Đình. ☎ 37-15-28-52. 📱 09-13-21-41-65.* ● *indochina-land.com* ● Citée dans le *Routard* depuis 1998, cette agence est dirigée par Lê Hoài Anh, un Vietnamien francophone et jovial, entouré de son équipe jeune et expérimentée. Propose des circuits à prix étudiés dans tout le pays ainsi qu'au Cambodge, au Laos et au Yunnan (Chine). Grand sens du service et sérieux dans les prestations.

■ ***Khoaviet Travel :*** *62, Yên Phụ, 8e étage, Ba Đình.* ☎ *39-38-09-68.* 📱 *09-88-55-56-90.* ● *info@khoaviettravel.fr* ● *khoaviettravel.fr* ● *Lun-sam 8h30-17h.* Très bonne agence francophone, réputée depuis 2004, dirigée par le jovial Thảo et son équipe dynamique. Points forts : circuits originaux et variés, prestations assurées avec sérieux, bon sens du service clientèle (24h/24), offres incroyables, prix intéressants. Et aussi : voyage solidaire et équitable.

■ ***Shanti Travel Hanoi :*** ☎ *84-1-644-375-282.* ● *shantitravel.com* ● Cette agence locale francophone s'est spécialisée dans le voyage sur mesure au Vietnam, au Cambodge et au Laos. Suivez les conseils d'experts francophones pour façonner le voyage qui vous ressemble : jonque hors des sentiers battus sur la baie d'Hạ Long, nuit chez l'habitant, itinéraires de trek originaux à Sapa...

■ ***Vietindo Travel :*** *S. Garden, 43, Tư Đình, Long Biên.* ☎ *36-36-53-65.* 📱 *868-00-99-39.* ● *vietindo-travel.com* ● *farnorthvietnam.com* ● *Réduc de 10 % pour nos lecteurs sur les prestations sur présentation de ce guide.* Agence sérieuse dirigée par Lan, une dynamique francophone. Propose des excursions sur mesure pour des individuels, avec guide, au Vietnam (dans l'ensemble du pays), au Laos et au Cambodge. Spécialiste aussi dans les excursions au nord du pays (Hà Giang). Très bon sens du service à la clientèle. Prix justes.

■ ***Vietnam Découverte :*** *salle 402, bâtiment Savina (4e étage), 1, rue Đinh Lễ, Hoàn Kiếm.* 📱 *904-33-37-17.* ● *vietnamdecouverte.com* ● Agence compétente dirigée par un couple francophone, chaudement recommandée par nos nombreux lecteurs. Très bon rapport qualité-prix. Propose des voyages sur mesure. Elle est basée au cœur de Hanoi, à 2 pas du lac Hoàn Kiếm et du vieux quartier. Accueil des voyageurs dans ses locaux.

Agences bon marché

Les petites agences privées, voire des hôtels ou *guesthouses,* organisent des tours par leurs propres moyens. Faites donc jouer la concurrence, mais attention à la qualité très variable : les prestations sont à la mesure des tarifs bon marché.

Le voyage s'effectue généralement dans des minibus en compagnie d'autres routards, on dort et on mange dans des lieux simples et pas chers. N'attendez donc pas le grand luxe.

■ ***Agence Kim Tours*** *(plan II, D-E2, 9) : 74, Hàng Bạc.* ☎ *39-26-46-50 ou 08-04.* ● *kimtoursvietnam.com* ● Outre les tours à scooter dans Hanoi sur le thème de la gastronomie vietnamienne *(● hanoistreetfoodtour.com ●),* l'agence organise des excursions dans tout le Vietnam à prix sages. Le patron, M. Binh, est anglophone, mais plusieurs personnes à la réception parlent le français. Une excellente adresse à taille humaine.

■ ***Thesinhtourist*** *(plan I, D-E) : 64, Trần Nhật Duật.* ☎ *39-29-03-94.* ● *thesinhtourist.vn* ● Branche hanoïenne d'une grande agence de voyages « routards ». L'agence vend le billet *Open Tour* (voir la rubrique « Transports » dans « Vietnam utile » en début de guide) et organise des excursions dans le nord du pays. Résas de billets (avion, train, bus) et infos sur les horaires. Prolongation du visa vietnamien et visas pour certains pays voisins. Minibus quotidien pour Ninh Bình, Huế, Nha Trang et Hồ Chí Minh-Ville. Autre bureau au 52, Lương Ngọc Quyến (plus central).

– ***Bon à savoir :*** attention, un nombre impressionnant d'agences de Hanoi exhibent désormais en façade un panneau *Thesinhtourist, ou Thesinhcafé* (son ancien nom) pour abuser le client. En fait, ils revendent des services qui sont fournis à l'origine par le vrai *Thesinhtourist* (voir plus haut).

Où dormir ?

Conseils

– Veillez à ***bien choisir votre chambre.*** Dans presque tous les hôtels, les plus claires et spacieuses se situent côté rue (elles sont très bruyantes), les plus calmes, mais moins lumineuses (voire aveugles), se situant à l'arrière.
– Attention, ***certains taxis ne vous conduisent pas à l'adresse demandée,*** mais à un autre hôtel qui a « piqué » ou imité le nom d'un établissement cité dans le *Routard.* Bien vérifier le nom et l'adresse de l'hôtel que vous cherchez ! Les falsificateurs font parfois payer plusieurs nuits d'avance, gardent abusivement les passeports, etc. Pas de parano, mais soyez vigilant.

Dans le quartier des 36 corporations

Bon marché (jusqu'à 300 000 Dg / env 11 €)

La tendance actuelle est à la création d'***hostels*** très bon marché abritant des dortoirs pour les voyageurs à petits budgets. Il faut noter que certains hôtels plus chics offrent des dortoirs à prix doux en plus des chambres doubles classiques. Depuis 2016 sont apparus les ***homestays,*** qui sont des maisons d'hôtes (privées et familiales) ou des appartements d'hôtes, distincts des *hostels* et hôtels.

☗ ***Little Charm Hanoi Hostel*** *(plan II, D2,* ***56****)* **:** *44, Hàng Bồ. ☎ 38-23-88-31. • littlecharmhanoihostel.com • Lit en dortoir 9-12 US$.* Quelle surprise ! Tout commence par le hall d'entrée, avec sa déco digne d'un hôtel design chic. Pourtant il s'agit bien d'une auberge de jeunesse à prix économiques. Le patron vietnamien traite les routards comme des VIP ! Dortoirs féminins de 4 à 6 lits ou mixtes (6-8 lits), tous très propres et bien arrangés avec casiers, clim, des toilettes communes sur le palier. On y accède avec une carte magnétique. Chaque lit possède sa lampe de chevet et des prises électriques ainsi qu'un rideau. Personnel vietnamien jeune et très serviable. Il y a même une minuscule piscine intérieure. Savoureux petit déj-buffet.

☗ ***Vietnam Backpacker Hostel*** *(Mã Mây ; plan II, E2,* ***30****)* **:** *9, Mã Mây. ☎ 39-35-18-90. • vietnambackpackerhostels.com • Lit en dortoir 160 000 Dg/pers, double 175 000 Dg, petit déj inclus.* Dans le nombre d'auberges de jeunesse pour routards, celle-ci est établie dans un grand bâtiment rénové du vieux quartier. Emplacement idéal, mais cela ressemble à une usine très bon marché pour sac à dos. On aime ou on n'aime pas. Confort (sanitaires impeccables, clim), dortoirs propres et modernes avec coffres individuels, chambres privatives agréables et colorées, le tout dans une ambiance collective (et, certes, peu intime). Vastes parties communes aux couleurs très contemporaines, avec bar-resto perturbant pour les sommeils légers, et un salon de jeux (billards, canapés et ordi). Propose aussi un bus de nuit (sleeper bus) pour Hà Giang.

☗ ***BC Family Homestay*** *(plan II, E3,* ***31****)* **:** *9A, Ngõ Trung Yên. 📱 09-68-15-76-87 ou 902-21-79-98. • bcfamilytour.com • Lit en dortoir 5-9 US$, doubles 17-35 US$.* Dans une ruelle populeuse et animée (mais pas bruyante la nuit), cette bonne maison abrite 2 dortoirs de 4 lits avec rideaux, prises électriques et lampe de chevet. On est reçu par un jeune Vietnamien anglophone et dynamique, qui gère sa maison d'hôtes comme une entreprise sociale (reversant 15 % des profits à des familles pauvres). Il y a aussi des chambres privatives : les nos 202, 302 avec balcons, et la no 402. Tout est arrangé avec soin (clim) dans un goût plutôt contemporain. Pour un petit déj vietnamien, une de nos meilleures adresses de soupes *(phở),* en face, est ouverte dès 6h30 !

☗ ***Old Quarter View Hanoi Hostel*** *(plan II, D2,* ***32****)* **:** *3, Nội Miếu (entrée au niveau du 42, Hàng Giấy).*

☎ *37-10-05-78.* • *oldquarterviewhanoihostel.com* • *Lit en dortoir 6-8 US$.* Une bonne alternative pour les routards qui cherchent une AJ centrale et pas trop grande. Au fond d'une impasse au calme, peinte en orange et en blanc, couleurs portées aussi par le personnel aimable et anglophone. AJ très bien arrangée, moderne et tenue avec soin. Dortoirs mixtes ou séparés (12-18 lits), tous climatisés et avec fenêtre sur la ruelle. Petite terrasse sur le toit.

Flipside Hostel *(plan II, D3,* ***33****) : 23, Bát Đàn.* ☎ *39-23-10-40.* • *flipsideadventuretravel.com* • *Lit en dortoir 6 US$, double 55 US$.* Petit hôtel économique tenu par des Néo-Zélandais, avec un personnel vietnamien à l'accueil. Dortoirs (8, 12 ou 14 lits) avec clim, une bonne literie, des lampes de chevet et des prises de courant (ordinateurs et portables). Toilettes communes ou privatives. 2 chambres privatives impeccables, propres et coquettes, avec toilettes intérieures. Bar sur le toit (ferme à 23h). Organise aussi des excursions. Une très bonne adresse adaptée aux goûts des routards. Une valeur sûre qui dure !

Hanoi Lotus Hostel *(plan II, D2,* ***34****) : 45, Bát Sứ.* ☎ *66-86-78-32.* 📱 *09-04-73-63-59.* • *hanoilotushostel.com* • *Lit en dortoir 6 US$, double 16 US$.* Dans une rue animée, ce petit hôtel propose 5 chambres privatives, toutes avec clim. Pas d'ascenseur, mais on monte facilement les 5 étages de ce petit immeuble rénové et propre. Un dortoir de 8 lits avec casiers, fenêtre et balcon. Chambres doubles à la déco gaie et soignée, mais celles à l'arrière n'ont pas de vue (sombre), et parfois pas de fenêtre. Un bon point : la qualité des lits.

Nexy Hostel *(plan II, D3,* ***41****) : 12, Tô Tịch.* ☎ *73-00-63-99.* • *nexyhostels.com* • *Lit en dortoir 9 US$, doubles 35-45 US$.* Très central, dans une rue animée, un immeuble blanc, haut et étroit. Dortoirs (8 et 14 lits) impeccables et fonctionnels (avec clim, bonne literie), ainsi que des chambres privatives décorées avec imagination. Les plus belles et les plus claires sont au dernier étage. Toilettes communes. On a aimé la n° 601 avec son beau balcon et sa vue sur le quartier. Terrasse sur le toit au 8e étage (ferme à 23h).

Prix moyens (300 000-600 000 Dg / env 11-23 €)

Old Quarter Family Hotel *(plan II, D-E2,* ***51****) : 11, Hài Tượng Alley, Tạ Hiện St.* ☎ *39-26-15-55.* • *oldquarterfamily-hotel.com* • *Doubles 25-28 US$.* Il est si discret qu'on pourrait passer à côté sans le voir. Situé dans une impasse, sur la gauche de l'*Essence Hotel,* il abrite 7 chambres bien équipées (clim, toilettes privatives) et décorées avec soin, réparties sur 5 étages. Pas d'ascenseur. En demander une, plus claire et plus calme, au dernier étage. Seules les *family rooms* ont de grandes fenêtres, les autres n'ont que de petites ouvertures. Sinon, le *penthouse (50 US$)* au 4e étage, avec cuisine et balcon.

Hanoi Culture Hostel *(plan II, D2,* ***36****) : 28, Bát Sứ.* ☎ *39-23-05-24.* 📱 *09-89-14-19-15.* • *hanoiculturehostel.com* • *Doubles 24-27 US$.* Petit hôtel à prix doux jouissant d'un bel emplacement (rue populaire et animée). Chambres impeccables sur 7 étages (pas d'ascenseur), toutes avec clim. En demander une dans les étages élevés. Notre préférée est la n° 401, calme et nette. Si c'est plein, voir à côté le *Stars Hotel,* qui est plus vieux mais bien quand même.

Green Diamond Hotel *(plan II, D2,* ***37****) : 96, Hàng Bạc.* ☎ *39-26-01-54.* • *greendiamondhotel.com* • *Doubles 28-36 US$.* Joli petit hôtel central, à l'enseigne du diamant vert ! Pas de luxe mais bonne tenue de l'ensemble, avec des chambres très propres et bien équipées (avec clim). Pas de vue à l'arrière, seulement côté rue (balcon). Le prix varie selon l'étage : plus on monte, moins c'est cher (pas d'ascenseur). La n° 301 est très claire et possède un balcon. Accueil anglophone attentionné.

Hanoi Friends Inn & Travel *(plan II, D2,* ***40****) : 46, Hàng Gà.* ☎ *37-10-04-33.* • *hanoifriendsinn.com* • *Doubles 24-28 US$.* Réception avenante, et chambres avec clim, décorées avec soin. Celles côté rue sont avec fenêtre et balcon. Les autres donnant sur l'arrière sont plus sombres et parfois sans fenêtre. Accueil anglophone. Et aussi des triples et des quadruples.

Chic (600 000-1 000 000 Dg / env 23-38 €)

Prince II Hotel *(plan II, D2, **32**)* **:** *42B, Hàng Giầy. ☎ 39-26-12-03. • princehanoihotel.com • Doubles 30-37 US$, petit déj inclus.* Niché dans un renfoncement, bien au calme : ça vaut de l'or dans ce quartier si vibrant ! 6 étages sans ascenseur, avec des chambres donnant sur la rue ou sur l'arrière, toutes avec fenêtre. Déco contemporaine réussie, confort (clim et lampes de chevet orientables), propreté sans faille. En demander une dans les étages élevés. Le propriétaire tient à ce qu'il y ait une réceptionniste francophone toute la journée.

La Storia Hotel & Travel *(plan II, D2, **38**)* **:** *45-47, Hàng Đồng. ☎ 37-19-13-75. • hanoilastoriahotel.com • Doubles 43-45 US$.* La façade moderne et recherchée de ce petit immeuble cache une réception en mezzanine et une salle de petit déjeuner très design dans les tons turquoise. Très confortables, les chambres sont décorées avec recherche et dans un esprit pratique : petit coin bureau, lampes de chevet orientables, bonne literie neuve. Les nos 601 et 602 ont un petit balcon fleuri, et vue sur la ville. Accueil francophone le matin, anglophone l'après-midi. Adresse d'un rapport qualité-prix imbattable !

Hanoi Guesthouse *(plan II, E2, **39**)* **:** *85, Mã Mây. ☎ 39-52-25-72. 📱 946-48-91-79. • hanoiguesthouse.com • Doubles 24-38 US$, petit déj inclus. Promos sur leur site.* S'appelle *guesthouse* mais c'est en réalité un petit hôtel de charme décoré avec raffinement : plancher en bois, mobilier chaleureux, vraies lampes de chevet... Les chambres les moins chères sont petites, mais la suite nuptiale (Honeymoon Suite, n° 705) est vraiment grande, avec une miniterrasse. La superbe chambre n° 701 a 2 fenêtres.

La Storia Ruby Hotel *(plan II, D3, **44**)* **:** *3, Yên Thái. ☎ 39-33-63-33. 📱 945-86-08-63. • lastoriarubyhotel.com • Doubles 35-45 US$. Suites plus chères.* En face du temple des Métiers de la Soie, dans une ruelle calme, un hôtel de 8 étages avec des chambres agréables et bien arrangées (bonne literie, clim, douche/w-c) et grandes, à la déco contemporaine. Dans chacune on trouve un ordinateur et un petit bureau. Les *deluxe rooms* ont toutes un balcon sur rue.

Golden Art Hotel *(plan II, D2, **43**)* **:** *6, Hàng Bút. ☎ 39-23-42-93. • goldenarthotel.com • Doubles 35-65 US$.* À l'ouest de la vieille ville, dans un quartier animé mais la rue est assez calme. Petit hôtel à l'aspect avenant, avec une vingtaine de chambres de bon confort, impeccablement tenues, disposant toutes de fenêtres (pas de balcon). Décoration soignée, mobilier choisi, photos anciennes aux murs. Accueil francophone ou anglophone. Le manager est un très sympathique Indien.

Golden Charm Hotel *(plan II, D3, **45**)* **:** *24, Hàng Quạt. ☎ 32-66-92-72. • hanoigoldencharmhotel.com • Doubles 30-35 US$.* Petit hôtel haut et étroit, abritant des chambres très bien arrangées et confortables. La n° 501 est l'une des plus agréables et lumineuses avec son joli balcon.

Serenity Diamond Hotel *(plan II, D2, **48**)* **:** *1E, Cửa Đông. ☎ 39-68-33-33. • serenitydiamondhotel.com • Doubles 30-40 US$. Plats 55 000-190 000 Dg.* Dans la partie ouest de la vieille ville, un excellent petit hôtel de 7 étages où l'on est reçu par des hôtesses en tunique traditionnelle dans un hall d'accueil blanc et net. Abrite des chambres confortables et bien arrangées (clim). Elles donnent sur la rue pour la plupart. Les plus claires et les plus calmes sont dans les étages élevés. Charmant petit resto sur le toit *(Purple Cherry)*.

Hanoi Amanda Hotel *(plan II, E3, **46**)* **:** *50, Hàng Bè. ☎ 39-26-00-84. • hanoiamandahotel.com • Doubles 33-63 US$, petit déj inclus.* Ce beau bâtiment tout blanc est de ceux où l'on aimerait établir le camp. Il fait partie des hôtels qui se maintiennent bien. L'entretien y est au top. Les chambres sont bien aménagées (clim) et décorées avec soin. Celles à l'arrière sont bien au calme, mais ce sont décidément celles sur rue (plus chères), avec de grands balcons ouvragés, qui nous ont plu. Nos préférées, les nos 401 et 501. Propose aussi des snacks et des boissons au bar-resto *Obama's* (mais la salle est un peu triste).

Rising Dragon Villa Hotel *(plan II, D2,* ***34****) : 43A, Bát Sứ. ☎ 39-23-26-83. Doubles 32-45 US$, petit déj inclus.* Dans un immeuble rénové de 7 étages avec ascenseur, des chambres modernes et colorées au mobilier de bois. Plusieurs niveaux de confort : avec ou sans fenêtre (plus lumineux en étage élevé), avec douche ou baignoire. La n° 903 jouit de clarté et de calme, c'est la plus belle chambre. Accueil anglophone professionnel et attentionné.

Hanoi Old Quarter Hostel *(plan II, D2,* ***47****) : 32, Hàng Vải. ☎ 32-66-86-32. 09-89-14-19-15. Doubles 27-50 US$.* Il ne s'agit pas d'un *hostel* (auberge de jeunesse) mais d'un petit hôtel classique, avec des chambres bien équipées. Fait partie d'un petit groupe hôtelier réputé pour sa qualité et ses prix sages. Chambres confortables (avec clim), de plus en plus claires à mesure que l'on monte dans les étages. Literie neuve, et déco claire et fleurie. Les plus chères et les plus belles jouissent d'un balcon ouvrant sur la rue.

Hotel Garden Queen *(Queen Travel ; plan II, E2-3,* ***49****) : 65, Hàng Bạc. ☎ 38-26-08-60. • azqueentravel.com.vn • Doubles 35-40 US$.* À l'entrée, petit pont au-dessus d'un bassin et collection insolite de mobylettes et de Vélosolex (la passion du propriétaire), y compris dans les étages (desservis par ascenseur). Il propose quelques chambres avec parquet, mobilier soigné, clim et balconnet. Les nos 701 et 702 ont un balcon donnant sur la rue.

Plus chic (1 000 000-2 000 000 Dg / env 38-76 €)

Essence Hotel *(plan II, D-E2,* ***51****) : 22A, Tạ Hiện. ☎ 39-35-24-85. • essencehanoihotel.com • Doubles 65-90 US$. Menus 490 000-550 000 Dg.* C'est l'un des meilleurs hôtels d'Hanoi pour l'accueil et le service. Non ce n'est pas une station d'essence mais un hôtel bien pensé et aménagé dans un esprit de coquetterie pratique. Abrite des chambres parfaitement équipées (avec ordinateur dans chacune d'elles) et chaleureusement décorées. Les moins chères n'ont pas de vue, les *deluxe* et les *junior* en ont. Celles du 4e étage ont un balcon sur la rue. Fait aussi resto : savoureuse cuisine vietnamienne à la carte (pas de buffet) avec aussi quelques plats végétariens et européens. La grande qualité du lieu c'est encore le service attentionné, bien plus prévenant que la moyenne.

Calypso Premier Hotel *(plan II, D2,* ***52****) : 27A, Cửa Đông. ☎ 39-23-40-70. • calypsopremierhotel.com • Doubles 45-80 US$, petit déj inclus.* Que fait la nymphe grecque Calypso dans l'univers bouddhique du Vietnam ? Comme Ulysse autrefois, ici elle accueille les voyageurs en *áo dài* traditionnel. Toutes les chambres, à la déco intérieure rouge et blanc, disposent du même excellent confort et même d'un lecteur de DVD (et DVDthèque). Les *superior rooms* n'ont pas de vue, les *deluxe* en ont.

Hanoi Bella Rosa Hotel *(plan II, E3,* ***50****) : 11, Cầu Gỗ. ☎ 39-87-33-33. • hanoibellarosahotel.com • Doubles 48-65 US$. Suites plus chères.* Façade extérieure haute et étroite mais intérieur bien arrangé. Abrite des chambres coquettes et fonctionnelles, à la déco très soignée et colorée. Elles donnent sur la rue ou sur l'arrière. En demander une dans les étages élevés. La Bella Rosa Suite Lake View *(80 US$)* a une belle vue sur le lac Hoàn Kiếm.

Très chic (2 000 000-3 310 000 Dg / env 76-126 €)

La Siesta Diamond Hotel et restaurant Gourmet Corner *(plan II, E3,* ***53****) : 32, Lò Sũ. ☎ 39-35-16-32. • hanoilasiestadiamondhotel.com •*

Doubles 90-130 US$ selon confort et saison. Lunch menus *310 000-400 000 Dg.* Voilà un charmant hôtel à taille humaine très bien situé et d'un bon rapport qualité-prix. Un bar aux boiseries chaleureuses style pub anglais mène à la réception. Accueil attentif et diligent. Les chambres sont grandes, confortables et impeccables, décorées avec soin. Un point positif : on trouve un lecteur de DVD dans chaque chambre. Le restaurant *Gourmet Corner,* au 12e étage, est l'une des très bonnes tables de Hanoi (cuisine vietnamienne raffinée). Bon endroit pour un dîner au calme, en tête à tête, en profitant d'une très belle vue sur Hanoi *by night.* Pour prendre l'apéro avant dîner, il y a maintenant un bar sur le toit (le *Diamond Sky Bar*).

Authentic Hotel *(plan II, E3,* **54***)* **:** *13, Lý Thái Tổ. ☎ 39-61-59-99. • authentichanoi.com.vn • Doubles 60-115 US$ selon confort.* Il porte plutôt bien son nom. Bien situé, sur une artère un peu à l'écart du vieux centre historique, mais facilement accessible à pied. L'immeuble est moderne, et les chambres bien entretenues (clim, bonne literie). Les *deluxe rooms* ont un balcon. La suite Lake View est plus chère mais jouit d'une belle vue. Fait aussi restaurant. Sur le toit de l'immeuble, le très agréable *Sky Bar* permet d'admirer Hanoi *by night* à l'heure de l'apéro.

Autour de la cathédrale, proche du lac Hoàn Kiếm

De bon marché à prix moyens (jusqu'à 600 000 Dg / env 23 €)

Hanoi Backpackers Hostel *(plan III, D3,* **60***)* **:** *48, Ngõ Huyện. ☎ 38-28-53-71. • vietnambackpackerhostels.com • Lit en dortoir à partir de 8 US$, double 25 US$.* Dans une ruelle proche de la cathédrale, au cœur du quartier historique, voici une auberge pour voyageurs à petits budgets. Dortoirs mixtes, clairs et propres, avec clim (de 18h à 11h du mat), grands casiers, lampes de chevet, prises électriques. Les minuscules chambres privées sont situées dans un bâtiment juste en face ; elles sont d'un rapport discutable. Cuisine à disposition, petit déj (hyper léger) et nombreux services : téléphone, laverie, casiers à bagages, location de vélos. Organise des excursions et des séjours à la ferme (rizière).

Little Hanoi Hostel 2 *(plan III, D3,* **61***)* **:** *32, Lê Thái Tổ. ☎ 39-28-98-97. • littlehanoihostel.com • Doubles à partir de 600 000 Dg, petit déj inclus.* Situé dans une impasse derrière le vaste chantier de l'hôtel *Four Seasons,* voici un hôtel modeste mais correctement tenu. Chambres sur 6 étages, au mobilier de bois sculpté, avec une déco assez soignée, toutes avec salle de bains et fenêtre. La no 501 a une petite vue partielle sur le lac. On ne sait pas encore si la vue des chambres sera bouchée ou non par l'immeuble du *Four Seasons,* il est probable que oui. À suivre !

Chic (600 000-1 000 000 Dg / env 23-38 €)

Centre Point Hanoi Hotel *(plan II, D3,* **42***)* **:** *25, Hàng Hành. ☎ 32-66-86-99. • centrepointhanoihotel.com • Doubles 37-57 US$.* Petit hôtel discret dans un immeuble haut et étroit d'une agréable rue animée (cafés, cantines, boutiques, peu de voitures), à 2 pas du lac Hoàn Kiếm. Accueil attentionné. Chambres bien tenues et de bon confort (avec clim), avec vue sur la rue ou l'arrière sur le lac. En demander une dans les étages élevés (ascenseur), les plus belles étant aux 7e et 8e étages (la no 801). Excellent rapport qualité-prix.

Impressive Hotel *(plan III, D3,* **62***)* **:** *56, Âu Triệu. ☎ 39-38-15-90. 986-56-03-45. • impressivehotel.com • Doubles 50-60 US$.* L'Impressive nous fait bonne impression ! Sur le côté nord de la cathédrale, à un emplacement idéal, dans une rue tranquille et centrale. Ce petit hôtel moderne abrite des chambres impeccables,

LE NORD

à la déco fonctionnelle et soignée. Choisissez-en une au 6e, 7e ou 8e étage, pour la clarté, le balcon et la vue sur la cathédrale. Accueil anglophone et parfois francophone.

Plus chic (1 000 000-2 000 000 Dg / env 38-76 €)

Maison d'Orient *(plan III, D3,* **63***) : 26, Ngõ Huyện, Hàng Trống. ☎ 39-38-25-39. • maison-orient.com • Doubles env 30-65 US$.* Cette vieille maison d'époque coloniale se cache au fond d'une impasse, au cœur de la vieille ville. C'est un architecte-designer vietnamien de talent qui a rénové et aménagé les chambres de taille variable. Elles portent des noms d'épices. Les plus grandes disposent d'une baignoire et d'une kitchenette. Toutes jouissent d'un bon confort et de mobilier en natte, mais préférez les chambres côté ruelle (claires) à celles à l'arrière (plus sombres et sans vue).

Golden Legend Diamond Hotel *(plan III, D3,* **64***) : 18, Chân Cầm. ☎ 38-28-51-68. • goldenlegenddiamondhotel.com • Doubles 50-75 US$.* Idéalement situé, dans une petite rue du centre, face à une superbe maison coloniale abritant l'excellent restaurant Madame Hiền. Hôtel de 9 étages, très bien tenu, avec 3 catégories de chambres, dont les *deluxe* (les plus chères) avec balcon côté rue en plein sud. Décoration soignée, bonne literie, confort partout. Notre chambre préférée est la nº 901, au dernier étage, avec 2 petites fenêtres et accès à un bout de terrasse, d'où l'on a une belle vue sur Hanoi. Accueil cordial et attentionné.

Church Boutique Hotel *(plan II, D3,* **55***) : 35-37, Hàng Trống. ☎ 39-28-99-55. • churchhotel.com.vn • Doubles 75-95 US$.* Derrière l'étroite façade blanche se cache un hôtel appartenant à un groupe hôtelier de petit luxe. Élégant hall design, mobilier de bois sombre raffiné et chambres confortables. De taille différente (certaines pas bien grandes), elles ont toutes des fenêtres (fixes ou ouvrantes) et jouissent d'une vraie vue sur la ville pour les plus haut perchées (les 12e et 13e étages sont nos préférés). Spa et jolie salle de restaurant (*La Petite Église,* c'est son nom... en sous-sol, dommage).

Dans l'ancien quartier colonial français, au sud du lac Hoàn Kiếm

De bon marché à prix moyens (jusqu'à 600 000 Dg / env 23 €)

Tomodachi House *(plan III, C3,* **65***) : 5A, Tống Duy Tân. ☎ 32-66-94-93. • tomodachihouse.com • Lit en dortoir env 6 US$, doubles env 20-37 US$.* Dans une rue animée le jour, calme la nuit, ce *homestay* (maison d'hôtes) porte un nom japonais. Le propriétaire vietnamien a vécu au Japon et a aménagé un petit immeuble dans le style nippon, par passion pour ce pays. Abrite 2 dortoirs de 8 lits (avec clim) et 4 chambres bien tenues. Notre préférée, la Sky Villa, au 6e étage, est la plus grande, prolongée par une terrasse. Fait aussi resto : déco japonaise et cuisine mixte Vietnam-Japon.

Momento Homestay Hostel *(ou Momento Boutique Hotel ; plan III, D3,* **66***) : 48A, Tràng Thi. ☎ 35-66-89-89. 📱 09-02-24-95-55. • momentohomestay@gmail.com • Doubles env 17-25 US$.* Un panneau indique le fond d'une cour où se tient un petit immeuble bleu, en retrait du bruit. C'est plus un *homestay* qu'un boutique-hôtel. On est accueilli par une gentille jeune femme. Cette maison d'hôtes de charme abrite 5 chambres réparties sur 5 étages. Bien équipées, propres, décorées avec goût et originalité, elles donnent sur la cour. Toilettes privatives sauf pour une chambre. On a bien aimé la Sapa Room, spacieuse et agréable. La Garden Room dispose d'un coin cuisine. Cuisine commune au rez-de-chaussée pour les hôtes. Location de motos.

Chic (600 000-1 000 000 Dg / env 23-38 €)

Annie's Little Hanoi (*homestay ; plan III, D4,* **67**) **:** *1, Tràng Thi.* ☎ *977-85-83-08.* ● *annies-little-hanoi.besthanoihotels.com* ● *Doubles 30-40 US$.* Voici la nouvelle génération des *homestays* (maisons d'hôtes) de Hanoi. Annie est une Vietnamienne qui n'habite pas sur place mais des gens parlant un peu anglais assurent l'accueil. Dans cette vieille maison restaurée, en retrait de la rue passante, 3 belles chambres aménagées coquettement et confortables (clim, ventilo, douche/w-c). La moins chère n'a pas de fenêtre. Notre préférée, au 3e étage, possède une terrasse privée. C'est la plus claire et la plus calme. Pas de petit déj mais on peut le prendre à côté, au *Kalina Café.*

Très, très chic (plus de 3 310 000 Dg / env 126 €)

Hôtel Metropole Hanoi (*plan III, E4,* **68**) **:** *15, Ngô Quyền.* ☎ *38-26-69-19.* ● *sofitel-legend.com* ● *Chambres 270-350 €.* Le *Sofitel Legend Metropole Hanoi,* construit en 1911, est un des vieux palaces mythiques d'Asie. Situé près de l'Opéra, chargé d'histoire, il a traversé les guerres et les révolutions, avant d'être restauré dans les années 1990. Somerset Maugham (on peut dormir dans sa suite superbe mais très chère), Charlie Chaplin, Graham Greene, Johnny et Laeticia Hallyday, Angelina Jolie, vedettes de cinéma, stars d'Hollywood, princes, rois, la liste est longue des hôtes célèbres du *Metropole.* Le bâtiment ancien abrite de luxueuses chambres et suites de style colonial. La partie moderne est appréciée par les hommes d'affaires. Plusieurs restaurants : le *Beaulieu* (cuisine classique française), le *Spices Garden* (vietnamien) et *Angelina* (cuisine internationale). On peut aussi boire un verre au *Whiskies Bar* du resto *Angelina* ou au *Bamboo Bar* près de la piscine intérieure.

Hôtel de l'Opéra (*plan III, E4,* **69**) **:** *29, Tràng Tiền.* ☎ *62-82-55-55.* ● *hoteldelopera.com* ● *Doubles à partir de 284 €.* Au cœur du quartier chic de l'Opéra, c'est un hôtel luxueux et glamour, décoré dans le style français. Très belles chambres avec grands lits, confort d'un 5-étoiles, excellent service. Piscine et terrasse très agréable. Pour boire et manger : *Café Lautrec* (snack, sandwichs, pâtisseries) dans l'atrium, bar *La Fée Verte* (surnom de l'absinthe au XIXe s) et restaurant *Satine* au 8e étage (fine cuisine française et internationale).

Au nord de la vieille ville, près du lac Trúc Bạch

Plus chic (1 000 000-2 000 000 Dg / env 38-76 €)

Tâm Hotel (*plan I, C1,* **70**) **:** *3-5, Trần Tế Xương.* ☎ *37-15-40-69.* ● *tamhotel.com.vn* ● *Doubles 30-70 US$.* À environ 1 km au nord de la vieille ville, dans une rue tranquille proche du charmant lac de Trúc Bạch, voici un hôtel récent de taille moyenne. Les chambres sont impeccables, aménagées avec confort (clim) et décorées avec soin. Il y a un bar et un restaurant. Du petit luxe pour un très bon rapport qualité-prix, avec un accueil avenant (francophone normalement).

Dans le quartier de Gia Lâm, à l'est du fleuve

La Maison Hải Lý (*hors plan I par F2,* **71**) **:** *8, ruelle 437, Ngọc Thụy, Long Biên.* ☎ *39-76-62-46.* ● *orientalbridgetravel.com* ● *Double env 90 US$, copieux petit déj compris.* Dans les faubourgs est de Hanoi, de l'autre côté du pont Doumer, à environ 15 mn de moto, dans un quartier encore champêtre et habité par des artistes. Au fond d'un jardinet, une superbe maison ancienne en bois, démontée, remontée et réaménagée, et qui ne comporte qu'une chambre (salle de bains à ciel ouvert). C'est donc de la totalité des 80 m² que profitent les hôtes. Tout confort malgré l'âge vénérable des murs, et une vraie cuisine moderne et bien équipée, ouverte sur la salle principale. Terrasse, prêt de vélos, repas sur demande. Un air de campagne de luxe à Hanoi ! La même famille loue 3 autres maisons d'hôtes dans le même quartier à des prix similaires : la *maison Lê Hồng Thái (100 US$/nuit),* la *maison Đào Anh Khánh* et la *maison Lan* (voir leur site).

Où manger ?

On peut en maints endroits se régaler de bonnes soupes vietnamiennes *(phở)* pour une poignée de đồngs, notamment sur les trottoirs. Et pour quelques đồngs de plus, on profite des bons petits plats de la cuisine vietnamienne. Attention, on mange tôt à Hanoi : beaucoup de restos ferment vers 21h. Certaines adresses d'éventaires de soupe sont souvent fermées dès 11h30 car elles ouvrent très tôt, vers 6h30 du matin. Elles rouvrent dans l'après-midi.

Sandwichs vietnamiens (*bánh mì*)

IOI ***Bánh Mì 25*** *(plan II, D2,* ***80****) : 25, Hàng Cá. ☎ 977-66-88-95. Tlj 7h-19h (17h dim). Sandwichs 15 000-25 000 Dg.* Incroyable destinée que celle de ce boui-boui oublié devenu aujourd'hui la meilleure adresse de *bánh mì* de Hanoi. Des tabourets bas sur le trottoir, un éventaire vitré et une petite salle attenante. C'est ici pourtant que l'on sert ces succulents sandwichs qui font la renommée de la maison : au porc, au poulet grillé, et d'autres végétariens, tous à des prix très doux. Le pain (vestige de l'époque coloniale française) est goûteux, les ingrédients sont frais, l'accueil toujours souriant. L'affaire s'est si bien développée que le patron a ouvert ***2 annexes*** : une en face au nº 30 et l'autre à l'angle des rues Lò Rèn et Thuốc Bắc (plus spacieuse, avec une salle à l'étage).

Dans le quartier des 36 corporations

Bon marché (jusqu'à 100 000 Dg / env 4 €)

IOI ***Gargotes*** *(plan II, D2,* ***81****) : autour du grand marché Đồng Xuân.* Vous aimez les soupes ? Pour les goûter, c'est le matin, jamais le soir ! Voici des adresses où l'on mange, paraît-il, les meilleures de la ville. D'abord ***Gia Truyền*** *(plan II, D3,* ***82*** *; 49, Bát Đàn ; tlj 6h-11h, fermé dans l'ap-m 13h-18h),* au centre de la célèbre « rue aux soupes »... Oubliez le décor minimaliste et pas trop propre car le *phở* au bœuf y est bon. On y fait la queue dès l'aube pour s'en offrir un grand bol *(compter 45 000-55 000 Dg).* La soupe n'est servie que le matin *(6h-11h).* Une excellente adresse ! Enfin, ***Quán Phở Thìn*** *(plan I, E5 ; 13, Lò Đúc)* : un seul plateau-menu, la succulente soupe au bœuf, que l'on paie dès l'entrée, avant de consommer.

IOI ***Phở Sướng*** *(plan II, E3,* ***89****) : 24, Trung Yên (angle avec Đinh Liệt). Tlj 6h30-11h, 16h30-21h.* Puisque l'on parle de gargote, en voici une qui fait l'unanimité par sa simplicité et sa qualité. On mange sur le trottoir (tabourets) ou dans une petite salle climatisée. On y sert la spécialité de Hanoi, la soupe de nouilles au bœuf *(phở bò).*

IOI ***Phở Vui Chuyên Bò*** *(plan II, D2,* ***85****) : 25, Hàng Giầy. ☎ 916-59-61-26. Tlj sauf dim, 6h-10h du mat, et 16h-minuit. Plats 30 000-50 000 Dg.* Un des marchands de soupe vietnamienne les plus humbles et discrets de Hanoi. Ici la recette est secrète, transmise de père en fils. On ne vient pas dans ce boui-boui pour admirer le décor mais pour savourer un excellent *phở* familial.

IOI ***Bún Chả Ta*** *(plan II, E2,* ***96****) : 21, Nguyễn Hữu Huân. ☎ 966-84-83-89. Tlj 8h-22h. Plats à partir de 60 000 Dg.* Le *Bún Chả Ta* est un plat typique de Hanoi, composé de porc grillé et de nouilles, le tout servi dans un petit bouillon. C'est la spécialité de ce petit resto discret, salle aux murs de brique, bancs et tables en bois clair. On peut aussi demander les rouleaux de printemps aux fruits de mer ou opter pour la version végétarienne (ceux qui ne mangent pas de porc).

|●| *Little Hanoi* *(plan II, E2, **94**) : 9, Tạ Hiện. ☎ 39-26-01-68. Tlj 10h-minuit.* Très bon petit resto de cuisine traditionnelle au cœur de l'animation touristique du centre. Le service et la cuisine restent de qualité malgré l'affluence. On y propose un délicieux poulet aux 5 saveurs (spécialité de la maison), le porc ou le bœuf à la citronnelle.

|●| *Resto de soupe Bún Thang* *(plan II, E3, **83**) : 32, Cầu Gỗ. Sur la gauche avt d'arriver à Hàng Bè, en venant du grand carrefour central. Tlj.* Il y a plusieurs gargotes qui se suivent sur le trottoir encombré de vélomoteurs et de tabourets. Celui-ci, on le connaît depuis longtemps, et c'est pour la soupe *bún thang,* un régal, que l'on y vient. La propriétaire a refait la salle, c'est toujours simple, mais plus propre et ventilée.

|●| *Bún Chả Đắc Kim* *(plan II, D3, **84**) : 1, Hàng Mành, angle avec Hàng Nón. ☎ 38-28-50-22. Tlj 10h-20h30. Plat env 60 000 Dg.* Depuis les années 1960, ce petit resto de quartier tenu par la même famille sert le meilleur *bún chả* de Hanoi. Le *bún chả* est un bol de vermicelles de riz mijoté avec du porc grillé, le tout relevé par une sauce au *nước mắm*. C'est simple, frais et délicieux !

|●| ☂ *Quán Bia Minh* *(plan II, E3, **87**) : 7A, Đinh Liệt. ☎ 39-34-53-23. Tlj.* Resto en terrasse surplombant une rue grouillante de vie. Le quartier change vite mais cette adresse ne change pas. Observatoire typique et discret pour profiter de l'animation du quartier. Cuisine vietnamienne classique et sans triche, avec des plats occidentaux. C'est copieux et les prix sont raisonnables. Accueil jovial et service rapide.

|●| *Mì Phố* *(plan II, D3, **86**) : 67A, Hàng Bông, angle avec Phủ Doãn. 📱 09-82-93-23-68. Tlj, jusqu'à 23h30. Plats 10 000-50 000 Dg.* Bonne petite cantine de rue tenue par Mme Quỳnh, dont le fils parle l'anglais. On y sert les plats classiques du Vietnam, mais le meilleur, c'est la savoureuse *wonton soup* (d'origine chinoise) aux nouilles de blé.

Prix moyens (100 000-250 000 Dg / env 4-9 €)

|●| *Newday* *(plan II, E2, **91**) : 72, Mã Mây. ☎ 38-28-03-15.* Le « Nouveau Jour » est un modeste resto populaire dans ce quartier animé, propre et bien tenu. Souvent plein car apprécié des *backpackers* du quartier. On fait souvent la queue. Plats vietnamiens bien mijotés. Tout est frais car ça tourne ! Une très bonne adresse à petits prix.

|●| ☂ *Gecko* *(plan II, D3, **92**) : 2, Hàng Bông (angle avec Hàng Gai). ☎ 39-38-66-50. Tlj, jusqu'à 23h.* Il existe une dizaine de *Gecko* dans Hanoi aujourd'hui. Ce *Gecko*-ci est le meilleur de la famille, tenu par Thomas Việt, un chef talentueux qui a reçu déjà de nombreuses récompenses. Décoration vintage, salle agréable, cuisine vietnamienne bien élaborée : crevettes grillées au sel, *chả cá,* plats classiques, mais aussi européens. On préfère la grande salle au 1er étage avec sa petite terrasse ouverte sur la rue. Spécialité de la maison : le *chả cá Hanoi.*

|●| *Hanoi Food Culture* *(plan II, E2, **99**) : 60, Ngõ Phất Lộc, entrée de la venelle au niveau du 12, Hàng Bạc. ☎ 63-28-96-60. Tlj 9h30-22h30. Plats 65 000-280 000 Dg.* Une vieille maison de style colonial, restaurée avec goût, dans une impasse encombrée. Cuisine classique soignée que l'on déguste dans la salle du rez-de-chaussée mais de préférence à l'étage : mobilier en bois, vieux plancher, piano, et petite courette fleurie.

|●| *Cơm Phố Cổ* *(plan II, D2, **88**) : 16, Nguyễn Siêu. ☎ 22-16-40-28. Tlj 10h-21h30. Buffet 140 000-185 000 Dg.* Au nord du quartier historique, voici une cantine populaire fréquentée le midi par les employés du quartier. La patronne n'aime pas le gaspillage, et refuse de jeter la nourriture. Alors, ce qui n'a pas été mangé le midi est proposé le soir avec 30 % de réduction. Tout est frais et goûteux, provenant du marché local. Excellent bœuf grillé au miel.

|●| *Chả Cá Thăng Long* *(plan II, D3, **93**) : 19-21, Đường Thành. ☎ 38-24-51-15. Tlj, 10h-21h30. Menu env*

160 000 Dg. Si elle est présente, c'est la patronne, Mme Hương, charmante francophone, qui accueille les clients. Ce resto est une excellente option pour déguster le fameux poisson grillé, l'une des spécialités « historiques » de la ville. Délicieux, il est servi de manière traditionnelle dans le petit réchaud directement sur la table. Service efficace et prix raisonnables, dans un brouhaha de brasserie.

Ꙩ ***Highway 4*** *(plan II, E3, **95**) : 5, Hàng Tre. ☎ 39-26-42-00. Tlj 10h30-23h.* Avec un tel nom, on pouvait s'attendre à un resto d'autoroute, non c'est le contraire ! Un resto à la déco ethnique servant une cuisine vietnamienne fraîche et à prix sages. Particularité : on y mange assis en tailleur autour de tables basses (au 1er étage). Au 2e étage, une jolie terrasse où l'on dîne autour d'un minitemple. Cuisine délicieuse, variée et joliment présentée. Autre restaurant *Highway 4* au 25, Bát Sứ *(plan II, D2, **34** ; ☎ 39-26-06-39 ; tlj, jusqu'à 23h30).* On en compte 5 dans la capitale.

Ꙩ ***Countryside*** *(plan II, D3, **97**) : 29, Bát Đàn. ☎ 39-23-42-28. Tlj, jusqu'à 22h30. Plats 60 000-100 000 Dg ; menu 150 000 Dg. Carte en français.* Belle adresse de cuisine traditionnelle vietnamienne à prix sages. Dans de jolies petites salles bien décorées ; l'accueil est aimable. Goûtez à l'excellent canard rôti au tamarin, ou au poulet à la citronnelle. Tout est frais et bien mijoté.

Chic (250 000-600 000 Dg / env 9-23 €)

Ꙩ ***Blue Butterfly*** *(plan II, E2, **39**) : 69, Mã Mây. ☎ 39-26-38-45. Tlj 8h-22h30. Menus 350 000-590 000 Dg.* Au cœur d'une rue très routarde et animée, dans une vieille maison traditionnelle restaurée avec soin. Voici le « Papillon Bleu », l'un des bons restos du centre historique. Tuyên, le jeune patron, n'est pas toujours là mais ses employés se montrent attentionnés et efficaces dans le service. On y sert une cuisine vietnamienne fine et savoureuse, à des prix justifiés.

Ꙩ ***Duong's*** *(plan II, E2, **39**) : 101, Mã Mây. ☎ 22-10-22-99. Tlj 11h-22h. Plats 100 000-300 000 Dg ; menus 380 000-680 000 Dg.* Petite salle joliment arrangée dans l'esprit bistrotier chic, où l'on déguste une cuisine vietnamienne vraiment soignée et même raffinée. Soupes, salades, poulet, bœuf, porc et une spécialité à ne pas rater : le *Chả Cá Lã Vọng.* Une autre adresse du même propriétaire au 27, Ngõ Huyện.

Ꙩ ⛱ ***Grandma's*** *(plan II, D3, **98**) : 6A, Đường Thành. ☎ 35-37-86-66. Tlj 11h-14h, 17h-22h. Plats 250 000-370 000 Dg.* Dans une ancienne maison de style colonial français (murs jaunes, toit de tuiles), ce restaurant propose une cuisine vietnamienne classique élaborée avec soin. Le chef ne pratique pas la cuisine fusion, c'est un conservateur. Ses spécialités : les *nem dế quê ngoại* et le canard. Chaque portion est pour 2 personnes. Outre la qualité gastronomique des plats, la décoration rustique chic (bambou, céramiques, bois) est très réussie. Petite terrasse très agréable. Service assuré par des jeunes gens en costume traditionnel.

Ꙩ ***Green Tangerine*** *(plan II, E3, **46**) : 48, Hàng Bè. ☎ 38-25-12-86. Tlj 11h-23h. Menus 300 000-550 000 Dg.* À 2 pas du lac Hoàn Kiếm, dans une charmante et vieille maison d'époque coloniale (1928) précédée d'une courette intérieure fleurie et calme. C'est un resto chic et de très bon goût. Les années passent et il se maintient bien. La décoration intérieure comme la cuisine fusion franco-asiatique très créative allie les saveurs de l'Orient et de l'Occident.

Dans le quartier autour de la cathédrale

De bon marché à prix moyens (jusqu'à 250 000 Dg / env 9 €)

Ꙩ ***Phở 10*** *(plan III, D3, **109**) : 10, Lý Quốc Sư, angle avec Chân Cầm. ☎ 38-25-73-38. Tlj, jusqu'à 22h. Soupe env 50 000 Dg.* Sa façade orange se remarque dans la rue ! Déco très banale de cantine populaire, mais quelle qualité de soupe ici ! On n'y sert que de la soupe de nouilles au bœuf *(phở bò),* rien d'autre. De loin la meilleure adresse très bon marché dans ce quartier ! Un problème cependant : victime de son succès, on y fait souvent la queue. En face, de l'autre côté de la rue, au nº 19, la boutique ***Nguyên Sinh Hà Nội*** vend de bons sandwichs au jambon ou au pâté (excellente charcuterie) mais l'accueil est désagréable.

I●I *Passage de la « gastronomie vietnamienne »* *(plan III, C3,* ***65****)* **:** *sur Tống Duy Tân et Phùng Hưng, ruelles quasi piétonnes en forme de T, donnant sur l'av. Điện Biên Phủ.* Le seul endroit de Hanoi où les gargotes et les petits restos sont ouverts tard (au moins jusqu'à minuit).

Chic (250 000-600 000 Dg / env 9-23 €)

I●I *Madame Hiền* *(plan III, D3,* ***110****)* **:** *15, Chân Cầm. ☎ 39-38-15-88. • didiercorlou-hanoirestaurants.com • Tlj. Menu déj env 200 000 Dg ; autres menus 460 000-900 000 Dg.* Le restaurant de Mai et de Didier Corlou. Il est le plus grand chef d'origine européenne du Vietnam, propriétaire de *La Verticale.* Dédiée à Mme Hiền, la grand-mère de Corlou, voici une très belle maison coloniale (autrefois consulat d'Espagne), avec des murs jaunes, une cour charmante et fleurie, des pièces anciennes à la décoration soignée, réparties dans les étages. Un endroit de caractère pour une savoureuse cuisine vietnamienne (fusion) soignée et raffinée, où les herbes sont omniprésentes.

I●I *Porte d'Annam* *(plan III, D3,* ***111****)* **:** *22, Nhà Thờ. ☎ 39-38-26-88. Tlj 11h-23h. Menus déj (set lunch) env 170 000-200 000 Dg.* On ne regrette résolument pas d'avoir poussé cette *Porte d'Annam.* Dans une vieille maison de caractère, on élabore une cuisine fusion inventive et créative, avec une prédilection particulière pour les épices. Des nems de canard, du risotto au gingembre, du poisson farci aux crevettes... En bas ou en haut, les salles sont superbement aménagées, et le service brille, de l'entrée au dessert.

Dans l'ancien quartier colonial français, à l'est et au sud du lac Hoàn Kiếm

Bon marché (jusqu'à 100 000 Dg / env 4 €)

I●I *Bún Chả Hương Liên* *(plan I, E5,* ***128****)* **:** *24, Lê Văn Hưu. ☎ 39-43-41-06. Tlj 8h-20h30. Plats 40 000-50 000 Dg. Combo Obama 85 000 Dg.* Ce petit resto populaire est devenu célèbre depuis la visite du président américain **Barack Obama** en mai 2016. Il dégusta la spécialité de la maison, le *bún chả,* un plat de nouilles typiquement vietnamien, avec du porc et des nems. Ce repas lui coûta 6 US$! Depuis cette date, la spécialité de la maison s'appelle le « *bún chả* Obama » et la table où le président mangea a été mise sous verre !

Prix moyens (100 000-250 000 Dg / env 4-9 €)

I●I *Pizza 4P's* *(plan III, E4,* ***112****)* **:** *43, Tràng Tiền. ☎ 12-08-03-44-44. Tlj 10h-23h. Le soir, il est conseillé de réserver.* Son curieux nom signifie « Pizza pour la paix ». Près de l'Opéra, voici une pizzeria gastronomique tenue par un chef japonais qui a commencé à Saigon. Fraîcheur et qualité des ingrédients, cuisson dans des fours à bois, service efficace et prix sages. La pâte à pizza est délicieuse, et le fromage pour faire la mozzarella vient de Dalat. Résultat du mariage entre l'Italie et le Japon, non seulement les pizzas sont remarquables, mais elles sont « créatives » et originales, de même que les desserts.

I●I *Nhà Hàng Ngon* *(plan III, E4,* ***113****)* **:** *26A-B, Trần Hưng Đạo. ☎ 39-33-61-33. Tlj 8h30-22h.* Une grande maison d'époque coloniale aux murs jaunes, en forme de U autour d'une grande cour couverte de tables et de parasols. C'est une valeur sûre qui a conservé toutes ses qualités culinaires. On mange à l'extérieur été comme hiver, mais quelques salles à l'étage aussi. Très agréable et très fréquenté, mais ce n'est pas pour un dîner intime en tête en tête. Cuisine vietnamienne franche, fraîche et goûteuse, à prix raisonnables, et bon accueil : une excellente adresse.

Chim Sáo – L'Oiseau Siffleur *(plan I, E5,* ***127****) : 65, Ngõ Huế. ☎ 39-76-06-33. Ouv 10h-22h30.* Belle demeure de style colonial datant de 1927 abritant un bar-resto-galerie d'art fondé par un couple franco-vietnamien. C'est 3 lieux en 1 seul. Hauts murs, escalier en bois sombre, coussins, et tables basses autour desquelles on mange assis en tailleur sur fond d'expos qui ont lieu régulièrement ici.

Chic (250 000-600 000 Dg / env 9-23 €)

Ưu Đàm Chay *(plan III, E4,* ***115****) : 34, Hàng Bài. ☎ 32-66-92-77. Tlj 7h30-22h (22h30 ven-dim). Compter env 500 000 Dg/pers pour un repas.* Une adresse exceptionnelle, où l'on vient autant pour la cuisine végétarienne que pour le décor remarquable. Depuis la rue, les guirlandes lumineuses enrobent des bambous et des sculptures bouddhiques, annonçant le style « asiatique glamour » du lieu. Son nom n'est pas vietnamien mais thaï. L'intérieur a été aménagé par un décorateur inspiré avec des éléments dignes d'un musée, d'un temple bouddhique et d'un club végétarien haut de gamme et sélect ! On y sert des plats vegan inventifs, présentés d'une manière artistique. Carte épaisse comme un livre avec des photos agrandies des plats.

Ngon Villa Restaurant *(plan III, C3,* ***65****) : 10, Tống Duy Tân. ☎ 32-21-22-22. Tlj 11h-13h30, 17h-21h30. Plats 95 000-300 000 Dg ; menus env 360 000-580 000 Dg.* Cette maison française de style colonial (1889) a appartenu à un capitaine de l'armée, puis à un riche Vietnamien, avant d'être saisie par le gouvernement en 1945. Aujourd'hui, restaurée avec soin, elle a retrouvé son style rétro. Décoration de caractère, et savoureuse cuisine vietnamienne servie au buffet ou à la carte. Petite terrasse en plein air. Soirée piano de 19h à 21h. Une belle adresse pour le soir, un peu à l'écart du tumulte du centre.

Au Délice – Le Restaurant d'Arthur *(plan I, E5,* ***128****) : 2B, Ngô Thị Nhậm. ☎ 39-44-92-88. Tlj, jusqu'à 22h. Menus 450 000-560 000 Dg.* Un restaurant qui abrite aussi une petite épicerie fine dans un quartier commerçant. La patronne vietnamienne a maintenu l'esprit de Daniel, son mari défunt. Avec son équipe, elle propose une savoureuse cuisine française, dans une vieille maison coloniale de caractère. Foie gras, escargots, coq au vin... Pain français fait maison. Les touristes japonais adorent ce restaurant classique et très bien tenu.

Très chic (plus de 600 000 Dg / env 23 €)

La Badiane *(plan III, C3,* ***117****) : 10, Nam Ngư. ☎ 39-42-45-09. Tlj sauf dim 11h30-14h, 18h-22h. Plusieurs menus 350 000-895 000 Dg.* Dans une maison blanche rénovée, avec une charmante courette intérieure au calme. Tenu par 3 Français, on y est accueilli par un personnel vietnamien souriant. Depuis le début des années 2000, ce restaurant chic maintient son rang à Hanoi. Voici une cuisine française délicate et raffinée, aux saveurs métissées (influence discrète de l'Asie), conçue et présentée avec très grand soin. Prix raisonnables pour la qualité proposée. L'une des bonnes adresses de la capitale.

Le Beaulieu *(plan III, E4,* ***68****) : 15, Ngô Quyền. ☎ 38-26-69-19. Tlj 11h30-14h30, et le soir jusqu'à 22h30 (dernière commande). Plat moyen 850 000 Dg. Menu déj env 37 US$ lun-sam, menu (5 plats) env 83 US$.*

Brunch le dim à partir de 185 000 Dg. C'est le restaurant français de l'hôtel *Sofitel-Metropole,* l'hôtel le plus mythique de Hanoi. Si les chambres sont chères, en revanche le restaurant reste abordable pour des budgets européens. Exquise cuisine de haut niveau, service diligent et attentionné. Le chef australien (Paul Smart) dirige une brigade de cuisine de 110 personnes ! Tout est parfait. Une excellente adresse. Dans le même hôtel, le *Spice Garden* propose une savoureuse cuisine vietnamienne tandis qu'*Angelina* sert une cuisine internationale.

À l'ouest et au nord du centre historique (mausolée Hồ Chí Minh, lac Trúc Bạch)

Bon marché (moins de 100 000 Dg / env 4 €)

Ⓘ ***Cửa Hàng Mậu Dịch Số 37*** *(plan I, C1,* ***120****) : 37, Nam Tràng.* ☎ *37-15-43-36. Tlj, jusqu'à 21h. Plats 35 000-80 000 Dg.* Une adresse unique à Hanoi ! Caché dans une ruelle populaire, proche du petit lac Trúc Bạch, ce resto « vintage » reconstitue un magasin de rationnement en temps de guerre (1950-1960). Le peuple venait chercher son ravitaillement muni d'un carnet de rationnement. La vieille bicoque est décorée de photos anciennes, avec du mobilier de récup, des machines à coudre, des objets rétro (ustensiles, transistors, vieux vélo...). On y mange la vraie cuisine du pauvre vietnamien en temps de guerre, sans triche, dans de la vaisselle ébréchée, émaillée ou en fer... Le passé ne meurt pas ! Le service est aussi « vintage » et décalé que le décor.

Ⓘ ***Petits cafés-snacks au bord de l'eau*** *(plan I, C1,* ***120****) :* au bord du lac Trúc Bạch, quelques petits cafés avec terrasse. Juste pour boire un verre en grignotant le soir car le midi ils ne servent pas à manger.

Prix moyens (100 000-250 000 Dg / env 4-9 €)

Ⓘ ***Hanoi Gourmet*** *(plan I, C3-4,* ***122****) : 51, Quốc Tử Giám.* ☎ *37-15-30-04. Tlj 10h30-20h. Plats 80 000-130 000 Dg ; menus 220 000-260 000 Dg.* Proche du temple de la Littérature, voilà une bonne adresse de resto, qui mijote une cuisine vietnamienne saine et diététique. Petite salle au rez-de-chaussée et une autre à l'étage. Peu de graisse, peu d'huile, rien que du vrai et du frais sans superflu dans cette cuisine saine et franche. Spécialités : les rouleaux de printemps, le *bún chả*, les aubergines et la soupe végétarienne. Propose aussi des pizzas et des *pasta.*

Ⓘ ***KOTO*** *(plan I, C3,* ***123****) : 59-61, Văn Miếu.* ☎ *37-47-03-37. Tlj 7h-22h.* Proche du temple de la Littérature, un resto créé par l'association caritative *Know One Teach One.* Cette dernière accueille tous les ans une trentaine de jeunes démunis et les forme au métier de cuisinier ou de serveur. Le service est d'une rare gentillesse et très attentionné. Propose de bons plats vietnamiens ou australiens (hamburgers réputés). Non seulement on s'y régale mais on fait une bonne action !

Ⓘ ***Home Hanoi Restaurant*** *(plan I, C1,* ***121****) : 34, Châu Long.* ☎ *39-39-22-22. Tlj 8h-22h.* Une superbe maison bourgeoise de style colonial français, dans l'un des endroits les plus agréables de cette partie de la ville. Cuisine vietnamienne traditionnelle, fraîche et soignée, dans un décor historique recherché et agréable, le tout à des prix plus élevés que la moyenne mais encore raisonnables. Service attentionné et efficace.

Ⓘ ⛱ ***Café Goethe*** *(plan I, C3,* ***124****) : 56, Nguyễn Thái Học.* ☎ *37-34-73-95. Tlj 8h-22h30. Carte 160 000-200 000 Dg.* Ce n'est pas un café malgré son nom mais un resto. Il s'agit de la cafétéria du *Goethe Institut,* installée dans une belle demeure de charme. Très pratique d'y venir manger après la visite du temple de la Littérature, tout proche. Endroit fréquenté surtout par des étudiants vietnamiens apprenant l'allemand. Agréable terrasse dans une cour intérieure très fleurie. Cuisine européenne à tendance germanique bien concoctée.

Plus chic (plus de 250 000 Dg / env 9 €)

À La Folie (plan I, C1, **125**) : *11B, Trúc Bạch. ☎ 39-76-16-67. Tlj 11h-22h. Plats 80 000-250 000 Dg ; menus 200 000-250 000 Dg. Avec le vin, compter plus.* Situé au bord du lac Trúc Bạch, c'est à la fois un bar-lounge et un restaurant français. Personnel vietnamien aimable et attentionné. Bar au rez-de-chaussée, lounge au 1er étage, et salle de resto prolongée par une petite terrasse au 2e étage. On y mitonne une très savoureuse cuisine française, traditionnelle mais revue avec imagination par le chef. Le soir, depuis la terrasse, vue superbe sur le lac illuminé par une myriade de lumières.

Seasons of Hanoi (plan I, C1, **126**) : *95B, Phố Quan Thánh. ☎ 38-43-54-44. Tlj 11h-14h, 17h-21h30. Menus 270 000-750 000 Dg.* Niché dans une ancienne maison coloniale, ce resto est une institution qui a bien vieilli. On y propose de la cuisine vietnamienne raffinée, avec un beau choix de plats aux subtiles saveurs sucrées-salées. Service en costume traditionnel dans une salle à la déco moderne épurée. Spécialité de la maison : le canard sauté à l'orange et les aubergines sautées à l'ail.

Où acheter et déguster des chocolats exquis ?

Buffet aux chocolats de l'hôtel Sofitel-Metropole (plan III, E4, **68**) : *15, Ngô Quyền. ☎ 38-26-69-19. Horaires restreints : tlj 15h-17h30. Compter env 600 000 Dg (27 US$).* Au rez-de-chaussée, à l'entrée de la belle salle à manger intérieure, près de la piscine. Incroyable buffet de chocolats, à volonté ! Voilà pour les amateurs sans doute l'un des plus succulents goûters d'Asie du Sud-Est. Variété étonnante, présentation très créative, saveurs admirables, le tout à un prix attractif.

Magasin de chocolats Pheva (plan III, C3, **162**) : *8B, Phan Bội Châu. ☎ 32-66-85-79. • phevaworld.com • Tlj 8h-19h. Boîtes 50 000-160 000 Dg.* Fondée par une Vietnamienne de France revenue au pays, *Pheva* est une marque 100 % vietnamienne qui fabrique et vend des chocolats exquis à prix doux. Le cacao est cultivé dans le delta du Mékong et l'atelier de chocolaterie se trouve à Đà Nẵng. Dans ce magasin, on achète de belles boîtes colorées, toutes prêtes ou on les compose soi-même en choisissant parmi la vingtaine de parfums proposés : cannelle, sésame, poivre, pistache, orange...

Où déguster une pâtisserie, une crêpe ou une glace ?

Kem Tràng Tiền (plan III, E4, **161**) : *35, Tràng Tiền. Tlj 8h-23h.* Surréaliste « garage à glaces ». C'est un peu l'impression qui prévaut en entrant dans ce hall où les cyclomoteurs s'alignent non loin du comptoir à glace. Les amateurs y savourent des glaces toutes servies en cornet. C'est classique, collectif et populaire. Très peu de choix de parfum : vanille, fraise, chocolat... et *jaro* (sorte d'igname, c'est-à-dire patate douce).

Thủy Tạ (plan II, D3, **142**) : *1, Lê Thái Tổ. ☎ 38-28-81-48. Tlj 6h-22h.* Bar-restaurant très bien situé, car donnant directement sur le lac Hoàn Kiếm. La terrasse est fort agréable, le matin ou le soir, et toujours rafraîchissante en été. C'est un peu cher, et dommage que le service soit souvent terne et lent (c'est l'esprit d'un commerce étatique), mais les pâtisseries françaises et les glaces italiennes sont excellentes.

Kiosque Kafa (plan II, D3, **160**) : *Lê Thái Tổ, angle avec la rue Bảo*

Khánh. Tlj jusqu'à 23h. Crêpes 25 000-30 000 Dg. Petit kiosque installé sous les arbres au bord du lac. Le crêpier vietnamien fait ses crêpes sur des *billigs* en fonte. On y sert aussi des smoothies, des jus de fruits, du café et du thé, et quelques glaces (peu de choix). On achète, on paie et on emporte : c'est le concept *take away.* Les enfants et les familles en promenade adorent !

Où boire un verre ? Où sortir ?

À Hanoi, quelques rues sont réputées pour leurs nombreux cafés ouverts tard le soir, sortes de « Quartier latin » de la ville.

– En plein cœur du vieux Hanoi, la charmante ***ruelle Tạ Hiền*** *(plan II, D-E2,* ***140****)* regroupe des petits cafés, des snacks et des pubs, ainsi que quelques bars plus branchés, très fréquentés par les noctambules (il y a une discothèque dans la rue, ouverte jusqu'à 2h du mat).

– Proche du lac Hoàn Kiếm (rive ouest), la ***ruelle Ngô Bảo Khánh*** *(plan II, D3)* aligne quelques bars à la mode, fréquentés par la jeunesse locale, les expatriés et les voyageurs.

Cafés-restos

🍸 🍽 ***Bar du restaurant-glacier Thủy Tạ*** *(plan II, D3,* ***142****) :* *1, Lê Thái Tổ. ☎ 38-28-81-48. Tlj 6h-22h.* Même si le service est mécanique et rarement souriant, cette vénérable institution de Hanoi est le seul café donnant directement sur les eaux du lac Hoàn Kiếm (rive nord). Une adresse classique, connue, fort agréable les soirs d'été. Cappuccino, expresso, jus de fruits frais... Également un resto chic à l'étage, avec orchestre et vue plongeante sur le lac.

🍸 ***Bánh Tôm Hồ Tây*** *(plan I, C1,* ***153****) :* *1, Thanh Niên. ☎ 38-29-37-37. Tlj, jusqu'à 21h30.* Juste en face de la pagode Trấn Quốc, voici un café typique vietnamien, idéal pour se poser dans un bel environnement. Si la salle est un peu oppressante, les tables extérieures donnent sur les clapotis du lac Trúc Bạch (ça change des klaxons !).

🍸 ***Ngõ Quán*** *(****Mỳ Vằn Thắn*** *; plan I, C1,* ***154****) :* *51, Châu Long. ☎ 37-15-41-99. Tlj 7h-22h.* Adresse discrète presque secrète. On emprunte un petit passage qui mène à une agréable cour verdoyante et paisible, ornée de cages à oiseaux. Les piou-piou de ces emplumés remplacent avantageusement les tut-tut de la rue. Accueil jovial de Mme Nhung et de sa fille.

Cafés de routards

🍸 ***Kalina Café*** *(plan III, D4,* ***150****) :* *2, Bà Triệu, angle avec Tràng Thi. ☎ 39-34-11-88. Tlj 7h-23h.* Café d'angle idéal pour un petit déjeuner, en particulier le week-end quand les abords du lac Hoàn Kiếm sont fermés à la circulation et retrouvent une ambiance de ville populaire de province. Quelques tables et tabourets dehors sur le trottoir, et petite salle pour déguster un bon café (machine), thé, pain vietnamien *(bánh mì)*, jus de fruits, *waffles* et crêpes.

🍸 ***Bia Hoi Corner*** *(plan II, E2,* ***145****) :* *à l'intersection de Lương Ngọc Quyến et Tạ Hiền.* C'est à ce carrefour animé que se croisent 2 rues du centre historique. C'est un rendez-vous fréquenté par les routards de passage à Hanoi assis sur des minitabourets en plastique à même le trottoir. On y déguste sa mousse en contemplant l'activité trépidante du vieux quartier.

Bars rétro (« vintage »)

🍸 ***Loading T*** *(plan III, D3,* ***151****) :* *8, Chân Cầm. 📱 09-03-34-20-00. Tlj 8h-20h.* Au 1er étage d'une vieille maison bourgeoise d'époque coloniale, à la façade jaune défraîchie. Un escalier à double rampe y monte. C'est vieux, patiné, usé, mais charmant. Café rétro tenu par un jeune Vietnamien qui diffuse de la musique française des années 1970-1980. On sirote un savoureux café à la cannelle dans une salle carrelée à l'ancienne, soutenue par 2 colonnes néo-grecques, où les objets artisanaux sont tous à vendre. Spécialité : le café à l'œuf.

🍸 ***The Hanoi Social Club*** *(plan III, D3,* ***153****) :* *6, Ngõ Hội Vũ. ☎ 39-38-21-17.*

Tlj 8h-23h. Dans une vieille maison d'époque coloniale patinée par le temps, c'est à la fois un bar, un restaurant et un lieu musical (concert live de temps en temps). Intérieur chaleureux dans l'esprit bohème et artiste. Salle à l'étage avec balcon sur la rue. Cuisine goûteuse élaborée par des élèves de l'association humanitaire KOTO. Idéal pour « socialiser » !

Bars design et glamour

Avalon Café Lounge *(plan II, E3,* ***146****) : 73, Cầu Gỗ. ☎ 39-26-08-01. Entrée par le hall du resto* Fu Rong Hoa. *Tlj 8h-minuit.* Dans cet immeuble central, on trouve un bar-lounge au 5e étage, un resto chic (le *Cầu Gỗ*) au 6e, et c'est au 7e étage (terrasse en plein air) que l'on a la plus belle vue. Pour admirer le lac Hoàn Kiếm un soir de fête, c'est ici qu'il faut grimper. Attention, c'est souvent plein de monde à certaines occasions. Gros fauteuils confortables et design pour boire un verre aux heures chaudes ou à la tombée de la nuit.

Tanmy Design Café *(plan II, D3,* ***147****) : 61, Hàng Gai. ☎ 39-38-11-54. Tlj 8h-20h.* Dans la rue de la soie, un bar occupant une boutique de mode très tendance, un peu chic et un peu plus chère que la moyenne. Une idée originale qui mérite une escale pour s'extirper de l'agitation.

Bars ouverts tard

Le whisky-bar d'Angelina *(hôtel Metropole ; plan III, E4,* ***68****) : 15, Ngô Quyền. ☎ 38-26-69-19. Tlj jusqu'à 1h30-2h du mat.* Le resto *Angelina* (cuisine internationale) de l'hôtel *Metropole* abrite aussi ce beau bar. Difficile de trouver un bar à whisky aussi bien fourni que celui-ci. Innombrables variétés de whisky écossais (dont 3 fameux Islay) présentés sur un rayonnage haut de plusieurs mètres. Le bar en zinc est très agréable. C'est aussi un bar musical avec des soirées animées par DJ *(mar-dim jusqu'à 21h30).*

La **rue Tạ Hiện** *(plan II, D-E2,* ***140****)* fait office de « rue de la soif », au nord du quartier des 36 rues. Ça boit et ça festoie jusque tard, en échangeant les bonnes adresses et belles expériences routardes... C'est un rendez-vous de noctambules. La plupart des bars font aussi snack et resto.

Où sortir ? Où écouter de la musique ?

Pour le calendrier des concerts : • *hanoigrapevine.com* •

Bars musicaux

Tadioto *(plan I, E4,* ***155****) : 24B, Tông Đản. ☎ 66-80-91-24. Tlj 9h-minuit.* Un lieu branché et glamour du quartier de l'Opéra. Murs gris, peintures contemporaines, mobilier design choisi et classe, ambiance tamisée chaleureuse. On y vient autant pour boire un verre, siroter un cocktail ou écouter des groupes musicaux (jazz, soul, latino, flamenco). On y sert aussi des plats plutôt bons.

Puku *(plan III, C3,* ***154****) : 16-18, Tống Duy Tân, quartier Ba Đình. ☎ 39-38-17-45. Très rare endroit à être ouv tlj et 24h/24.* Un peu à l'écart de l'agitation urbaine, dans une ancienne maison coloniale, ce bar de noctambules est ouvert jour et nuit ! C'est un autre type d'animation nocturne qui vibre dans ce lieu unique à Hanoi, capitale qui se couche tôt. Propose souvent des soirées musicales ou poétiques.

Binh Minh Jazz Club *(plan I, E4,* ***156****) : 1, Tràng Tiền. ☎ 39-33-65-55.* • *minhjazzvietnam.com* • *Tlj 17h-minuit, concert de jazz tlj 21h-23h30.* Installé dans une rue calme derrière l'Opéra, ce club de jazz de Hanoi est tenu de main de maestro par le saxophoniste Quyền Văn Minh, qui dirige le lieu et y joue assez souvent. On peut aussi y dîner.

Discothèque

Aucune boîte de nuit n'est ouverte jusqu'à l'aube à Hanoi. La vie nocturne à Hanoi est pauvre comparée à Hô Chí Minh-Ville.

***1900 Le Théâtre** (plan II, D-E2, **140**) : 8, Tạ Hiện. 09-11-11-19-00. Lun-jeu 20h30-1h du mat, ven-dim 3h du mat. Entrée : 100 000 Dg.* La discothèque la plus glamour, la plus vibrante du centre de Hanoi. Installée dans un ancien théâtre d'époque coloniale, elle est fréquentée en majorité par les Vietnamiens (mais aussi par des touristes et des expats). Une boîte toujours noire de monde, surtout le week-end. DJ enfiévré sur une estrade centrale, dans une salle balayée par les faisceaux électriques et bariolés des lasers.

Spectacles traditionnels ou classiques

***Les marionnettes sur l'eau de Thăng Long** (plan II, E3, **182**) : 57B, Đinh Tiên Hoàng, au nord du lac Hoàn Kiếm. ☎ 38-25-54-50 ou 38-24-94-94. • thanglongwaterpuppet.org • Guichet tlj 8h30-20h30. Billets : 3 tarifs selon place (devant la scène, au milieu, derrière), 100 000, 150 000 et 200 000 Dg. 5 séances/j. : à 15h, 16h10, 17h20, 18h30 et 20h. Durée : 45 mn.* Cet art vieux de plusieurs siècles est issu du monde paysan. Intimement attaché à l'eau et aux fêtes liées aux activités agricoles (le printemps, les semences, les récoltes, etc.). C'est donc toute l'âme de la rizière vietnamienne qui s'exprime avec ses personnages, traditions, rituels, animaux familiers, dieux et génies divers. L'eau, elle-même, est tout à la fois actrice à part entière et décor, sans compter qu'elle dissimule judicieusement tous les jeux de marionnettes maniées avec une adresse, une virtuosité époustouflante. En préambule au spectacle, un **petit concert** avec présentation des instruments traditionnels. Superbe musique jouée par de remarquables artistes. Le spectacle lui-même est une succession de petits sketchs mettant en scène la vie quotidienne des paysans (chasse aux grenouilles ou au renard, fête de la Récolte, courses de chevaux ou de pirogues, visite du roi, légendes, jeux d'enfants, etc.).

– ***Bon à savoir :*** ce spectacle de marionnettes se déroule aussi au musée d'Ethnologie. Il a lieu en plein air.

***Lotus Water Puppet Theater** (plan III, D3, **183**) : 16, Lê Thái Tổ. ☎ 39-38-11-73. 2 ou 3 séances/j. Billet : 100 000 Dg.* Superbe bâtiment colonial rénové au bord du lac Hoàn Kiếm abritant un autre théâtre de marionnettes (2de salle) ouvert en 2014. L'autre partie du bâtiment est un restaurant vietnamien de luxe avec une immense terrasse, très fréquenté par les locaux aisés et de plus en plus par les touristes.

***L'Opéra** (Nhà Hát Lớn Hà Nội ; plan I, E4, **156**) : au bout de Tràng Tiền. • ticketvn.com • Spectacles (musique classique, traditionnelle ou théâtre) : 200 000-1 200 000 Dg. Passez devant, des affiches annoncent la programmation.* On joint l'agréable à l'agréable, en assistant ici à un spectacle, tout en découvrant l'intérieur de ce superbe bâtiment qui ne se visite par ailleurs pas.

Achats

Nombreux magasins chics et originaux autour de la rue ***Nhà Thờ*** *(plan III, D3),* près de la cathédrale, sur ***Hàng Gai*** *(plan II, D3),* la fameuse rue de la soie, et sur ***Mã Mây*** *(plan II, E2).*

Le soir des vendredi, samedi et dimanche, ***marché de nuit*** à partir de 17-18h sur Lương Văn Can et Hàng Đào, rendues piétonnes pour l'occasion ; surtout des babioles.

Vêtements femmes et hommes (soie, coton et lin)

Un conseil pour les vêtements en soie, très prisés par les Européens (dont les Français) : apportez votre modèle, les Vietnamiens vous en feront d'excellentes copies, mais évitez toute modification et ne donnez pas de modèle extensible, la soie ne l'est pas.

Hoàng Vân Silk *(Haute Couture ; plan III, D3) : 21, Hàng Trống. ☎ 39-26-42-20. 912-29-17-69. Tlj 9h-20h.* Petit magasin tenu par miss Ngọc (Jade), charmante Vietnamienne francophone. Méticuleuse et créative, elle confectionne sur mesure toutes sortes de vêtements en soie, en coton... Travail de qualité et livraison rapide. Pour certains vêtements, il est conseillé d'apporter un modèle.

Ngọc Hiền Silk *(plan II, D3,* ***172****) : 55, Hàng Gai. ☎ 38-24-77-24. Tlj 9h-19h.* Ce magasin de vêtements en soie, un des plus beaux et des plus fournis de la rue, vend aussi des articles en lin de bonne qualité à des prix sages. Vêtements sur mesure en moins de 48h. Très belle chemise en soie sauvage (ça ressemble au lin mais c'est de la soie). On y parle le français.

Curve *(plan II, D3) : 77, Hàng Gai. ☎ 32-00-84-29 Tlj 9h-21h.* Autre boutique de la rue qui confectionne des vêtements sur mesure en 2 ou 3 jours. Comme ils disent : « mesures européennes, mais prix vietnamiens ».

Objets (art et artisanat) des minorités ethniques

54 Traditions Gallery *(plan I, D1,* ***170****) : 30, Hàng Bún. ☎ 37-15-01-94. • 54traditions.com.vn • Tlj 8h30-18h.* Sans doute le magasin d'antiquités le mieux fourni de Hanoi. Fondé par 2 collectionneurs passionnés, Nguyễn Thị Nhung (qui parle le français) et Mark Rapoport, un ancien médecin américain durant la guerre du Vietnam. Dans cette maison de 5 étages, remplie d'objets (sculptures, tableaux, textiles, céramiques, bijoux...) de la cave jusqu'au grenier, on peut trouver son bonheur (et pas des copies).

Tableaux, photographies et affiches d'époque

Les boutiques près du lac Hoàn Kiếm se multiplient. Compter de 40 à 70 US$ pour une bonne copie d'un Botero, Dalí, Van Gogh... Mais attention, les œuvres sont inégales. Certains ateliers vendent par correspondance et ont leur site web. Vous pouvez aussi envoyer la photocopie du tableau que vous désirez.

Nombreuses galeries de peintures de qualité dans la rue Hàng Trống (par exemple, *Viet Fine Arts Gallery*) et la rue Hàng Bông (au n° 49).

Old Propaganda *(plan III, D3) : 17, Nhà Chung. ☎ 39-28-79-43. Lun-sam 9h-11h30, 13h30-18h.* Reproductions de vieilles affiches de propagande politique, sous forme de posters de formats divers. Très beau cadeau à rapporter à des amis amateurs du style révolutionnaire soviétique ou fans des publicités des années 1930.

Objets design, arts de la table et de la maison

Mekong Quilts *(plan II, E3,* ***173****) : 13, Hàng Bạc. ☎ 39-26-48-31. • mekongquilts.com • Tlj 9h-20h (19h30 le w-e).* Magasin d'artisanat vendant du linge de maison (couvertures, quilts...) fabriqué par des femmes dans les villages, selon le principe du commerce équitable. Le plus insolite ici, ce sont les vélos en bambou (avec une partie métallique), en état de marche, fabriqués par les artisans qualifiés de l'association. À encourager. Également 2 autres boutiques en ville (dont une au 58, Hàng Trống).

Nagu *(plan III, D3) : 20, Nhà Thờ. ☎ 39-28-80-20. • zantoc.com • Près de la cathédrale et du resto* Porte d'Annam. *Tlj 8h-21h.* La boutique d'un designer japonais inspiré par le Vietnam. Sacs à main, boîtiers, petits accessoires pour enfants et pour la maison.

Ipa-Nima *(plan III, D3) : 5, Nhà Thờ, près de la cathédrale. ☎ 39-28-76-16. Tlj 9h-20h.* Belle boutique proposant des sacs à main très glamour et design, créations de la styliste chinoise Christina Yu. Beaux, mais prix en conséquence.

Lin brodé, nappes, oreillers, draps tissés

Tân Mỹ *(plan II, D3)* : *66, Hàng Gai. ☎ 39-38-11-54. Ouv 8h30-20h.* Le magasin qui a lancé l'art des tableaux brodés sur soie. La reine Sofia d'Espagne figure parmi ses clientes. Quelques chefs-d'œuvre de la peinture occidentale sont reproduits à diverses dimensions, brodés en fil de soie.

Craft Link *(plan I, C3, **171**)* : *43-51, Văn Miếu. ☎ 37-33-61-01. • craftlink.com.vn • Près du temple de la Littérature. Tlj 9h-18h.* Boutique d'une ONG tenue par des bénévoles, favorisant le commerce équitable avec les minorités ethniques et les personnes handicapées notamment. Plusieurs étages et boutiques proposant tout un choix d'artisanat aux finitions soignées, tendant parfois vers le design raffiné. Laques, sacs à main, écharpes en soie, artisanat, jouets.

Cachets sculptés sur bois

Phúc Lợi *(plan II, D3, **174**)* : *6, Hàng Quạt, angle avec Lương Văn Can. ☎ 39-94-09-70. Tlj 8h-18h.* Petite boutique qui fabrique et vend des tampons sculptés de toutes les formes et de toutes les tailles. Les motifs très variés sont réalisés avec soin et habileté. Vous pouvez même y faire un tampon sculpté à votre image si vous laissez une photo de vous. Insolite ! Comptez environ 10 $ pour un tampon personnalisé.

Produits alimentaires (victuailles, thé, café, charcuterie...)

Anan Coffee *(plan II, D2, **23**)* : *101, Hàng Buồm. ☎ 308-88-83. Tlj jusqu'à 23h.* Une boutique d'une chaîne connue et bien implantée à Hanoi. On y vend un café (arabica ou robusta) qui est cultivé et torréfié sur les Hauts Plateaux du Vietnam. Autres magasins dans le centre : 39, Tràng Tiền ; 10, Nhà Chung, et 22, Lý Quốc Sư.

Oriberry-Indigenous *(plan III, D3)* : *36, Ấu Triệu. ☎ 62-75-86-69. • oriberry.com • Sur le côté de la cathédrale. Tlj 7h-19h30.* Principalement spécialisée dans le café (qu'on peut déguster ici à prix raisonnables), cette petite boutique propose également un joli choix de céramiques fines et objets d'artisanat. Tous les objets en vente sont tirés du commerce équitable de l'ONG vietnamienne ACEP (qui valorise le travail de minorités défavorisées).

Au Délice – Le Restaurant d'Arthur *(traiteur belge ; plan I, E5, **128**)* : *2B, Ngô Thì Nhậm. ☎ 39-44-92-88. • au-delice.com • Tlj 8h-22h.* Plats et denrées alimentaires occidentaux. Grand choix de vins (de France notamment), de fromages, de charcuteries. Resto à l'étage.

Hanoi Gourmet *(plan I, E5)* : *6T, Hàm Long. ☎ 39-43-10-09. Tlj 8h-21h.* Fromages, saucissons, jambon, terrines, pâtés, saumon norvégien et vins de tous les pays. Quelques tables à l'étage pour déguster ces bons produits.

À voir

Le vieux centre historique (ou vieux Hanoi)

Plus on avance vers le cœur urbain de la cité, plus on remonte dans son histoire et vers ses origines. Ne dit-on pas *Hà Nội, ba mươi sáu phố phường,* « Hanoi, avec ses 36 rues et corporations » ? Ce quartier de marchands et d'artisans dessine un triangle au nord du lac Hoàn Kiếm, miroir d'eau douce dans lequel Hanoi contemple son destin. Ce « noyau dur » historique de la capitale conserve son style ancien et sa mesure humaine. On y déambule à pied et, hormis les pétarades du trafic de 2-roues (et de quelques voitures), il n'est pas difficile de s'imaginer à quoi ressemblait la ville autrefois avec ses ribambelles de marchands et de vendeurs, d'artisans et de boutiquiers ambulants.

Le lac Hoàn Kiếm *(Hồ Hoàn Kiếm ; plan II, E3)* **:** c'est le cœur du vieux Hanoi. Hoàn Kiếm veut dire « épée restituée ». Selon une légende du XVe s, un pauvre pêcheur du nom de Lê Lợi s'était vu confier par la tortue sacrée du lac une épée magique pour défendre le royaume contre les envahisseurs Ming. Il souleva alors le peuple vietnamien, remportant de nombreuses victoires et, pendant une dizaine d'années, l'épée fut d'une efficacité exemplaire puisqu'elle sut contenir les Chinois. Cependant, un jour que le souverain se promenait sur les bords du lac, savourant ses succès militaires, la tortue vint récupérer l'épée magique, qu'elle ramena au fond. Une façon, peut-être, de signifier que tout a une fin, qu'il faut savoir rendre les choses et qu'il convenait de revenir, maintenant que tout danger était écarté, à une attitude plus modeste, moins triomphaliste...

Curieusement, on repêcha un jour dans le lac une énorme carapace de tortue blessée. De là à penser qu'elle le fut par l'épée... ? Certains affirment d'ailleurs que l'on peut toujours voir une tortue (vivante) dans le lac, mais il faut savoir être patient pour avoir la chance d'apercevoir cette Nessie hanoïenne...

LA TORTUE, ANIMAL PAS SI SACRÉ

Dans la tradition bouddhique, la tortue est un animal sacré, symbole de longévité, car elle est considérée comme le support du monde et un gage de stabilité. Cela n'empêche pas certains restos peu scrupuleux de la servir comme plat... Refusez !

Au milieu du lac, l'***îlot de la Tortue*** avec un stûpa de forme carrée. En face de la porte, petit pagodon. C'est le dernier vestige d'une des plus anciennes pagodes de Hanoi. On l'a rayée de la carte pour construire à la place un bâtiment administratif au XIXe s (auquel la grande poste succéda). À côté du lac, rue Lê Thái Tổ, intéressant ***spectacle de marionnettes*** (voir plus haut « Où sortir ? Où écouter de la musique ? »).

Les ***rives du lac*** sont ombragées par de beaux arbres : ce sont des flamboyants. C'est l'une des promenades préférées des jeunes amoureux, la nuit, lorsque les éclairages se reflètent dans le lac. Les lève-tôt pourront voir aussi, vers 5h ou 6h, la gymnastique des personnes âgées.

– ***Bon à savoir :*** les routes et les allées bordant le lac Hoàn Kiếm sont fermées à la circulation tous les week-ends. Du vendredi soir au samedi soir, les abords du lac sont réservés aux piétons. L'endroit devient alors une sorte de grand îlot de calme et de détente pour les habitants (promeneurs, patineurs, joggeurs...).

Le temple Montagne de Jade *(Đền Ngọc Sơn ; plan II, E3)* **:** *tlj 7h-18h l'été, 7h30-18h15 l'hiver. Entrée : 30 000 Dg ; réduc.*

Situé sur la rive nord du lac Hoàn Kiếm, c'est un charmant petit temple que l'on atteint par un charmant pont en bois tout rouge, nommé « pont du Soleil-Levant ». L'édifice date du XVe s, mais il a subi des transformations jusqu'au XIXe s. On y célèbre Trần Hưng Đạo, grand vainqueur des Mongols au XIIIe s, le génie des lettres Văn Xương, et le précurseur de la médecine Lã Tổ. À l'entrée, la tour du Pinceau et le portique de l'Écritoire, hommage à la littérature. Dans un pavillon, sur la gauche, on peut voir une grande carapace bien conservée de tortue géante qui daterait du XVe s. Ce serait la tortue de la légende de l'épée restituée (voir le lac Hoàn Kiếm, plus haut). « Reflétant l'âme sacrée de la patrie, l'épée miroite comme les ondes du rivage. Communiant avec ciel et terre, les lettres persistent avec l'âge des montagnes... »

Dans une salle à l'arrière de ce même pavillon, des autels dédiés au taoïsme et au confucianisme (pas au bouddhisme, car pas de bouddhas ici). Dans la salle de devant, statue du maître de littérature avec 2 mandarins lettrés. Cheval de cérémonie sur roues et peint en rouge, qui accorde des bienfaits, selon la superstition, si on caresse tendrement sa crinière.

Le vieux quartier des 36 corporations *(plan II)* **:** au nord du lac, entre le fleuve et la citadelle, s'étend le plus vieux quartier de Hanoi, secteur historique appelé aussi le quartier des 36 rues. Un projet vise à l'inscrire sur la liste du Patrimoine mondial de l'humanité de l'Unesco, mais rien ne s'est concrétisé.

Constitué à partir du XVe s, ce vieux quartier forme un ensemble de rues et ruelles à l'urbanisme touffu, contrastant avec les avenues larges et rectilignes du reste de la ville. Chaque rue accueillait une spécialité professionnelle, représentant un seul métier ou corporation, souvent celle d'un village entier des environs de Hanoi. On a souvent dit que le quartier ressemblait aux nervures d'une feuille dont la tige serait Hàng Đào. Si certaines rues continuent de distribuer spécifiquement tel ou tel produit, d'autres s'ouvrent à divers artisanats. D'abord parce que certains métiers disparaissent, inéluctablement, sous le coup du modernisme mais, surtout, sous l'effet de l'ouverture économique. Celle-ci a provoqué un boom sans précédent de toutes sortes de petits commerces. Le quartier n'en reste pas moins extraordinairement vivant et attachant.

Intéressante également, l'architecture locale : demeures peu élevées (2 à 3 étages minimum, 6 ou 7 étages maximum), façades très étroites (une règle imposait en effet 3 m de large maximum), souvent ornementées ; c'est une architecture « en tube », avec des maisons dites « en compartiment » (voir encadré) faciles à reconnaître. En façade, on trouve souvent une boutique ou un atelier prolongé de petites cours intérieures et de nombreux logements avec d'interminables couloirs (parfois sur plus de 100 m). La densité humaine y est souvent incroyable. La boutique du rez-de-chaussée sert aussi parfois de salon ou de pièce de réception et s'ouvre sans problème aux regards de la rue. Cette plongée dans l'intimité familiale se révèle plutôt amusante. Le soir, on y rentre les vélomoteurs et les motos, et certains privilégiés possédant une façade exceptionnellement plus large y garent leur voiture, entre le meuble télé et le canapé !

MAISONS-TUBE

La plupart des maisons modernes de Hanoi offrent une silhouette étrange et particulière. Elles sont très étroites, hautes et profondes, comme des boîtes à chaussures. Les étages s'empilent comme des conteneurs. Les pièces sont très longues et peu larges. La raison de cette insolite architecture ? Les propriétaires devaient payer des impôts proportionnels à la largeur de la façade côté rue, d'où l'idée d'en réduire l'importance...

Voici quelques rues par corporations parmi les plus populaires.

- ***Hàng Đào*** **:** autrefois rue de la soie, aujourd'hui, c'est la rue où l'on vend des montres. Très vivante et très animée. Au no 38, une vieille maison typique abrite un magasin d'objets en laque. On peut y entrer et jeter un coup d'œil.
- ***Chả Cá*** **:** la rue des poissons grillés, où les boutiques de mode ont dorénavant pris quartier.
- ***Hàng Bạc*** **:** autrefois rue des changeurs, et à présent c'est la rue des autels votifs et des bannières religieuses. Au no 51, une vieille maison rénovée dans le cadre du projet Hanoi 2010 (coopération des mairies de Hanoi et de Toulouse). 3 familles vietnamiennes y vivent dans un décor ancien mais réhabilité, bon exemple de ce qui pourrait se faire à grande échelle dans la vieille ville (sans chasser les gens les plus pauvres de chez eux).
- ***Hàng Giầy*** **:** la rue de la chaussure.
- ***Hàng Bồ*** **:** la rue de la mercerie.
- ***Hàng Cân*** **:** la rue du carton, de la ficelle, des balances.
- ***Hàng Mắm*** **:** autrefois rue des *mắm* (sauces), aujourd'hui c'est la rue des stèles funéraires.
- ***Hàng Đường*** **:** la rue du sucre.
- ***Hàng Mành*** **:** la rue des instruments de musique asiatiques et occidentaux.
- ***Hàng Mã*** **:** la rue des objets votifs en papier. Durant la période de Noël, les magasins exposent beaucoup d'objets décoratifs liés à cette fête.

– ***Thuốc Bắc :*** la rue des médicaments, où s'effectuait aussi le travail de l'argent, puis elle devint la rue des artisans fabriquant les outils et les clous.
– ***Lãn Ông :*** la rue des herbes et des graines.
– ***Hàng Bún :*** la rue des vermicelles.
– ***Hàng Gai :*** la rue du chanvre. Aujourd'hui, la rue des boutiques des tissus en soie et en lin. C'est ici que les routardes coquettes pourront se faire confectionner des vêtements sur mesure.
– ***Hàng Lược :*** au nord de la vieille ville. Une des rues les plus fleuries pendant la fête du Têt. Au n° 12, petite *mosquée Al-Nour.* Fréquentée à certaines occasions par les membres du corps diplomatique de pays de religion musulmane.
– ***Hàng Chiếu :*** la rue des nattes. Au bout de celle-ci, la dernière vieille porte de la ville.
Quelques vénérables *temples* à découvrir au fil des ruelles, comme celui du Cheval Blanc *(Đền Bạch Mã),* à l'angle de Hàng Buồm et Hàng Giầy. Beau toit aux tuiles patinées avec sa frise de dragons.

Les vieilles maisons du patrimoine historique de Hanoi *(plan II, E2, 181)* :
– ***Maison de caractère :*** *87, Mã Mây. Tj 8h-17h. Entrée : 10 000 Dg.* Située dans l'ancienne rue du Rotin, construite au XIXe s, elle fut habitée par plusieurs générations de commerçants. Au changement de régime en 1954, la maison fut partagée entre 4 familles exerçant diverses activités : un tailleur, un professeur d'arts martiaux, un épicier et un fonctionnaire. Devenue propriété de l'État, elle a été restaurée dans le cadre du projet *Asia Urbs* (Union européenne) avec l'aide des mairies de Toulouse et de Bruxelles, puis classée par le comité populaire de Hanoi. À l'intérieur, panneaux explicatifs en français sur le patrimoine de Hanoi. 2 petites cours au rez-de-chaussée (bureau à l'ancienne) et un autel des ancêtres au 1er étage. Artisanat à vendre. Cadre idéal pour se détendre autour d'un thé.
– ***Maison communale des Joailliers :*** *42, Hàng Bạc. Lun-ven 8h-17h. Spectacles de Ca trù, en soirée (20h), mer, ven et dim. Durée : 1h.* Ancienne demeure de la confrérie des joailliers restaurée avec soin.

Le temple Đình Kim Ngân *(plan II, D-E2)* **:** *44, Hàng Bạc. 972-75-15-56. Spectacles de Ca trù, 2-3 fois/sem. Se renseigner sur place.* Art vietnamien ancestral alliant musique traditionnelle, chants et danses.

Le temple de Quan Đế *(plan II, E2,* ***180****)* **:** *28, Hàng Buồm. Non loin de la maison de la rue Mã Mây (plus haut). Lun-ven 8h-17h. GRATUIT.* C'est un temple *(đền),* c'est-à-dire un lieu de culte des héros et des génies, à distinguer des pagodes (culte bouddhique). Il est dédié à Quan Đế (connu aussi sous le nom de Quan Công), général chinois de la période des Trois Royaumes. Après avoir été habité par 5 familles, le temple fut restauré. Belle ossature en bois sculpté (du bois de fer, imputrescible). Panneaux en français. Des ***spectacles de Ca trù*** (chant et musique traditionnels vietnamiens) y sont donnés régulièrement *(à 20h mar, jeu et sam ; billet env 250 000 Dg ; infos et résas : ☎ 012-23-26-68-97).*

Le grand marché Đồng Xuân *(Chợ Đồng Xuân ; plan II, D2)* **:** *tlj, jusque vers 18h, sauf pdt les fêtes du Têt.* Construit par les Français, il a brûlé en juillet 1994. Il a été reconstruit avec la façade d'origine. À l'intérieur même du marché couvert, nombreuses petites boutiques de vêtements (des grossistes) et de chinoiseries sans grand intérêt. Quant aux commerçants des différentes corporations, ils se sont installés dans les rues adjacentes lors de sa reconstruction : Hàng Vải, Phùng Hưng, et les petites rues autour. Vers le fond, quartiers des plantes, épices, poissons.
– ***Bon à savoir :*** sur le seuil et au centre du marché, quelques boutiques de souvenirs affichent des prix plus intéressants que les boutiques du centre ancien.

Le pont Long Biên *(ex-pont Paul-Doumer ; plan I, E1)* **:** à 2 pas, au nord-est du grand marché, l'un des monuments emblématiques du patrimoine hanoïen. Ce pont métallique est accessible aux 2-roues, aux piétons et aux trains mais interdit aux voitures.

Construit par les Français en 1902 et inauguré par Paul Doumer, alors gouverneur général de l'Indochine, il mesure 1 682 m. Voilà l'unique pont qui permettait de traverser le fleuve Rouge jusqu'aux années 1980. Il fut la cible des bombardements américains dès 1967 avec pas moins de 175 attaques en un an, puis à nouveau en 1971. Il y perdit plusieurs de ses piliers et beaucoup de solidité, ce qui nécessita, en 1983, la construction du nouveau pont Chương Dương (en béton), plus au sud. L'un des descendants de Paul Doumer a proposé au gouvernement vietnamien de restaurer le pont Long Biên, à condition qu'il soit rebaptisé du nom de son prestigieux ancêtre, mais le gouvernement vietnamien a refusé son offre.
– ***Bon à savoir :*** depuis la modeste gare de Long Biên, vous pouvez découvrir le pont à pied, cela n'est pas interdit. Comptez une bonne heure (aller-retour). La meilleure heure : 17h (18h l'été). Très belle vue sur le fleuve Rouge et Hanoi.

La « route en céramique » *(plan I, E-F4) : le long de la rue-digue, à l'est du centre (la fresque débute au niveau du musée d'Histoire et court vers le nord).* En plein air, visible gratuitement et librement, cette frise gigantesque, que l'on découvre généralement en arrivant de l'aéroport, s'étend sur près de 4 km (3 950 m) du sud au nord. Parallèle au périphérique et au fleuve Rouge, elle se termine à la fin de la rue Nghi Tàm, au niveau de la pagode Kim Liên et de l'hôtel *Intercontinental West Lake*. Cet ensemble unique a été réalisé par des artisans vietnamiens et des artistes étrangers, à partir de tesselles de céramique. Une journaliste et artiste vietnamienne, admiratrice de Gaudí, en est l'initiatrice. Cette œuvre unique, sorte de long mur interminable dressé sur le côté de la route, représente des motifs liés à la mythologie et à l'histoire du Vietnam. Des tronçons illustrent la vie de pays étrangers comme l'Argentine. Cet incroyable monument a été inscrit dans le *Livre Guinness des records.*
– ***Bon à savoir :*** en réalité, on ne peut l'apercevoir que par tronçons, de plus ou moins loin. C'est dans sa partie à l'extrême nord, près de la gare routière de Long Biên, notamment au niveau du pont Long Biên, que la route en céramique est la plus visible.

LE NORD

À l'est et au sud du lac Hoàn Kiếm, l'ancien quartier colonial français

L'Opéra *(Nhà Hát Lớn Hà Nội ; plan I, E4) : 1, Tràng Tiền. ☎ 39-33-01-31. Hotline : 09-61-66-99-88. • hanoioperahouse.org.vn • Ne se visite pas (on peut toujours y assister à un spectacle : voir plus haut « Où sortir ? Où écouter de la musique ? »).*
Sa construction a commencé en 1901 et s'est terminée en 1911. Les architectes français Harlay et Broyer se sont inspirés du palais Garnier (Opéra de Paris). Intérieur superbe de style néoclassique.
Le 2 mars 1946, l'Opéra de Hanoi a accueilli le Ier congrès du Viet-minh. Avec près de 600 places, c'est aujourd'hui le plus important théâtre de Hanoi. Rénové pour le Sommet de la francophonie d'octobre 1997 (maîtrise d'œuvre vietnamienne, éclairage français ; quant aux 8 millions de carrés des mosaïques, ils sont italiens !). En juin 2006, grande première, le groupe de rock français Indochine y a donné 2 concerts historiques en compagnie de l'orchestre symphonique de Hanoi !

L'OPÉRA N'ÉTAIT PAS SON DESTIN !

En 1896, une certaine Alexandra Myrial, jeune cantatrice, chanta Carmen, Faust, La Traviata... *à l'Opéra de Hanoi. Vers l'âge de 43 ans, elle renonça à l'opéra et au mariage. C'était Alexandra David-Néel ! Féministe, orientaliste, journaliste et grande voyageuse, elle fut la 1re étrangère à entrer dans Lhassa, capitale interdite du Tibet. Elle fut aussi la 1re bouddhiste française !*

– La place de l'Opéra et son environnement immédiat constituent un bon aperçu des mutations en cours à Hanoi. Sur la droite se dresse le nouveau bâtiment du luxueux ***hôtel Hilton*** (5 étoiles), s'intégrant plutôt bien dans le paysage. Sur la place, des magasins de mode et de haute couture ouvrent leurs portes, témoins de l'engouement des Vietnamiens pour ce qui vient de l'extérieur (et de leur pouvoir d'achat qui augmente).

L'hôtel Sofitel-Metropole *(plan III, E4,* ***68****)* **:** *15, Ngô Quyền.*
L'un des fleurons des hôtels de Hanoi, construit par les Français en 1901. Il a vu défiler un nombre important de personnalités de la politique, de la littérature, du journalisme, du cinéma. Somerset Maugham y logea. Charlie Chaplin y résida lors de son voyage de noces. Geneviève de Galard, héroïne de Điện Biên Phủ, l'évoque dans son livre *Une femme à Điện Biên Phủ* (éd. Les Arènes, 2003) : « Hanoi, c'était la détente du guerrier... Nous allions prendre un verre aux bars bien connus du *Métropole* ou du *Splendide*... On y croisait la clientèle animée et cosmopolite des nombreux journalistes et écrivains venus d'Europe ou d'Amérique pour "couvrir" l'Indochine : Lucien Bodard, Jean Lartéguy, Jules Roy, Graham Greene... »
Devant l'hôtel, les futurs mariés viennent se faire photographier en costume crème et robe à fanfreluches de tulle sur fond de vieilles tractions, exposées juste devant l'entrée. L'intérieur abrite 265 chambres réparties autour d'un grand patio avec une belle piscine, bordée par un très agréable bar (pour prendre un verre au calme).
– ***Bon à savoir :*** la visite de l'abri souterrain antibombes (bunker) de l'hôtel est réservée aux clients du *Metropole*. Elle est gratuite mais il faut s'inscrire auparavant. La visite se fait en anglais sous la conduite d'un guide. Elle dure 45 mn. Cela commence par un exposé historique dans un couloir de l'hôtel (panneaux et photos). Les visiteurs portent un casque de soldat vietnamien pour visiter le bunker où l'on reste environ 15 mn. On y apprend que l'aviation américaine organisait 6 bombardements par jour. Chaque raid durait 25 mn !

TOUS AUX ABRIS !

Lors des 12 jours de bombardements incessants de Hanoi au Noël 1972, les clients de l'hôtel Metropole *se réfugièrent d'urgence dans l'abri antibombes souterrain, situé sous la piscine de l'hôtel. Parmi eux se trouvait Joan Baez, la chanteuse américaine engagée contre la guerre. Elle y enregistra une chanson émouvante* (Where are you, my son ?)*. On a sonorisé le bunker avec cette mélodie mythique. On y entend bien les bombardements des B52.*

Le musée national d'Histoire du Vietnam *(Bảo Tàng Lịch Sử ; plan I, E-F4)* **:** *1, Tràng Tiền. ☎ 38-25-28-53. • baotanglichsu.vn • Tlj 8h-12h, 13h30-17h. Fermé les 1er lun de chaque mois. Entrée : 40 000 Dg (billet combiné avec le musée de la Révolution) ; réduc. Droit de photographier : 30 000 Dg.*
Installé dans le superbe et ancien bâtiment colonial de l'École française d'Extrême-Orient.
– *Rez-de-chaussée (rotonde d'entrée) :* collection d'objets votifs précieux. Les matières les plus nobles y sont présentes, de l'or au jade et de l'agate à l'argent. Une salle latérale présente des restes de l'époque préhistorique, beaux mais bien plus rustiques (plus silex que saphir...).
– *Grande salle centrale :* couvre la période entre la haute Antiquité (préhistoire vietnamienne) et la dynastie Trần (XIIIe s). Une dizaine de tambours de Đông Sơn de tailles diverses, le plus gros étant celui de Ngọc Lũ. À côté, une jarre funéraire datant de 2000-2500 av. J.-C. Plus loin, des fers de lance, des poignards, des lances en bronze de la culture Đông Sơn. Ne manquez pas non plus cette petite maquette en terre cuite représentant une ferme fortifiée d'époque Han. Elle a été retrouvée dans une tombe Han (dynastie chinoise) à Nghi Vệ, province de Bắc Ninh, qui contenait moult objets rituels, des ustensiles, des miroirs en bronze. La domination chinoise sur le Vietnam a duré près d'un millénaire (du Ier s av. J.-C. au Xe s).

– *Au 1er étage (rotonde) :* belle collection de sculptures cham des VIIe-Xe s. En pierre, elles représentent un lion, des divinités (Garuda), mais aussi des éléphants et une tête de Shiva très finement ciselée. Dans la galerie latérale, 2 jolies statues de bouddha en bois brut et des bijoux de belle facture.
– *Au 1er étage (galerie centrale) :* les pièces présentées ici concernent les dynasties vietnamiennes (des Hồ aux Nguyễn) qui se sont succédé entre le XVe et le XVIIIe s. Petite salle exposant des candélabres métalliques et des lampes à huile décorées de motifs représentant le dragon et le phénix, 2 animaux légendaires et mythiques sacrés dans le bouddhisme et dans la culture vietnamienne (avec la tortue et la licorne). Justement, face à l'entrée de la grande salle, vous ne pouvez pas rater cette stèle immense portée par une tortue qui ne l'est pas moins. Tous les objets présentés ensuite sont d'une belle diversité et d'un intérêt remarquable : céramiques, objets sculptés, textiles...

Le musée de la Révolution *(annexe du musée d'Histoire ; Bảo Tàng Cách Mạng ; plan I, E4)* **:** *216, Trần Quang Khải et 25, Tông Đản. ☎ 38-24-13-84. Tlj sauf lun 8h-12h, 13h30-17h. Entrée : 40 000 Dg (billet combiné avec le musée d'Histoire). Explications en vietnamien, en anglais et en français.*
Panorama de l'histoire moderne du Vietnam de 1858 à nos jours. Visite indispensable pour comprendre comment ce peuple a pu résister et vaincre 2 puissances occidentales (la France et les États-Unis). La visite commence au 1er étage par la salle « Riche, beau et brave Vietnam ». Courte introduction à l'histoire. Fresque de la célèbre bataille « des pieux dans l'eau ». Impossible de décrire le contenu de plusieurs dizaines de salles, mais celles du 1er étage sont les plus intéressantes, car elles retracent l'histoire du mouvement révolutionnaire communiste depuis les origines jusqu'aux années 1950-1960.
En voici quelques points forts.
– *Au 1er étage :* histoire du ***mouvement anticolonialiste,*** photos saisissantes de bagne, de prisonniers avec leur carcan.
– *Salle 3* ***(fondation du Parti communiste vietnamien)*** *:* précieux documents et journaux sur l'entrée en politique de Hồ Chí Minh, tracts, témoignages sur les luttes, les grèves, la création du PC en 1930 et celle du Vietminh. Photo de la maison du 9, impasse Compoint à Paris, où Hồ Chí Minh habita de 1921 à 1923. Sa carte de visite en français est exposée portant son titre de l'époque (photographe) et sa fine écriture.
– *Salle 4 :* le mouvement révolutionnaire 1930-1931.
– *Salle 5 (mouvement démocratique 1936-1939) :* abrite des entraves en bois utilisées par les Français à l'époque coloniale.
– *Salle 6 :* le ***retour au pays de l'oncle Hồ*** en 1941 (peintures, documents). Sa modeste valise en osier a été conservée.
– *Salle 7 (mouvement Vietminh 1941-1945) :* on y voit le pistolet et la boussole du jeune général Giáp dans le maquis. Photos de la famine de Hanoi en 1945. Mise en place du double pouvoir Vietminh dans les zones libérées, Điện Biên Phủ, solidarité des travailleurs en France...
– *Salle 9 :* intéressante trompette utilisée par un pasteur protestant vietnamien lors de l'insurrection de Sơn Tây, en août 1945.
– Ce musée est aussi l'occasion de voir, de toucher même, *salle 14,* une ***vraie guillotine*** (une autre est conservée à la prison-musée de Hỏa Lò), photos étonnantes des fabriques artisanales de bombes dans la jungle, les 1ers billets de banque émis pendant la guerre contre les Français.
– *Au rez-de-chaussée :* la ***guerre américaine,*** la naissance des 1ers groupes armés, l'offensive du Tết en 1968, la mort de Hồ Chí Minh, les ***bombardements au Nord, la victoire de 1975,*** la réunification, la reconstruction du pays. Photos, objets, armes prises lors de la ***chute de Saigon*** en avril 1975, et notamment la veste militaire du général Cao Kỳ.

Le musée des Femmes vietnamiennes *(Bảo Tàng Phụ Nữ Việt Nam ; plan III, D-E4)* **:** *36, Lý Thường Kiệt. ☎ 38-25-99-36. • baotangphunu.org.vn • Tlj 8h-17h. Entrée : 30 000 Dg ; réduc.*

Un musée remarquable qui vous démontrera, si besoin était, que la guerre n'est pas exclusivement une affaire d'hommes. Les commentaires sont sous-titrés en français, c'est rare. Une partie du musée est consacrée à la vision de la guerre à travers la vie des mères, épouses et filles de soldats, sans oublier les soldates, qui elles-mêmes ont combattu l'ennemi aussi courageusement que les hommes. Une héroïne vietnamienne est célèbre pour avoir fait prisonniers 4 soldats français, sans être munie d'une arme ! Nombreuses photos, objets et témoignages troublants qui mettent en valeur leur travail au service de la Révolution. Transport des armes, des vivres, construction des routes, éducation des enfants dans des souterrains.
Outre les femmes dans la guerre, ce musée présente la vie « en paix » des femmes vietnamiennes : le cycle de la vie de la naissance à la mort, la famille, le mariage, les habits traditionnels, les croyances... Une salle est consacrée aux vendeuses de rue de Hanoi et à leurs conditions de vie.

La pagode des Ambassadeurs *(Chùa Quán Sứ ; plan III, D4)* **:** *73, Quán Sứ. Tlj 7h-21h. GRATUIT.* Érigée au XVIe s ; après plusieurs sinistres, elle fut reconstruite en 1936 puis rénovée en 1942. Elle tient son nom de l'ancienne maison d'accueil des ambassadeurs étrangers venant des pays bouddhiques, qui s'élevait à côté, au XVIIe s. L'édifice ne présente pas d'intérêt architectural en soi. En revanche, grande ferveur et beaucoup de monde à certaines fêtes religieuses (au moment du Tết notamment, et lors du 8e mois lunaire). C'est le siège central de la congrégation bouddhique du Vietnam. On peut y voir, à droite, Quan Âm, la déesse aux bras multiples. Le couloir de gauche mène vers la statue du mandarin Trần Quang Khải (qui lutta contre les Mongols au XIIIe s). Petit escalier menant à la salle dédiée aux bonzes. Au rez-de-chaussée, l'école.

La prison de Hoả Lò *(musée ; plan III, D4)* **:** *à côté des Hanoi Towers ; entrée par la rue Hoả Lò. ☎ 39-34-22-53. • hoalo.vn • Tlj 8h-17h. Entrée : 30 000 Dg. Feuillet en anglais (20 000 Dg). Explications en vietnamien, en anglais et en français.* La prison de Hoả Lò est aujourd'hui un musée, occupant une partie seulement des bâtiments d'origine. L'aile ouest a cédé la place aux *Hanoi Towers,* un ensemble moderne de bureaux, qui domine fièrement la prison-musée, symbole qu'une page de l'histoire a été tournée.
Construite par les Français en 1896, en plein cœur de Hanoi, cette centrale pénitentiaire a servi pendant l'époque coloniale de lieu de réclusion pour les prisonniers et rebelles vietnamiens, puis, après 1954, elle fut la geôle des pilotes américains capturés.
Visite très intéressante. Au ***rez-de-chaussée,*** une longue allée est plantée de panneaux montrant des photos des sites bombardés par l'aviation américaine en décembre 1972. D'autres images des aviateurs américains faits prisonniers, et plusieurs visites de chefs d'État depuis le réchauffement des relations diplomatiques.
Grande salle avec des mannequins représentant les prisonniers vietnamiens de l'époque coloniale, dont les jambes sont entravées. Après la ***visite du cachot,*** une cour intérieure abrite un amandier que les prisonniers affectionnaient particulièrement (ils mangeaient les amandes et taillaient des instruments de musique dans le bois de l'arbre). Dans cette même cour, restes d'un ***souterrain en béton*** par où s'échappèrent des prisonniers, dont Đỗ Mười, qui devint par la suite secrétaire général du Parti communiste vietnamien.
Après la cellule des femmes, une ***salle consacrée aux « crimes des colonialistes »*** abritant une ***guillotine*** et d'affreux instruments de torture. La salle la plus visitée par les touristes étrangers est la salle des pilotes américains capturés et enfermés à Hoả Lò. Cette sinistre prison avait été surnommée ironiquement *Hanoi Hilton.* Parmi les plus célèbres pilotes incarcérés : Everett Alvarez, Douglas Peterson (voir encadré), et John McCain, le sénateur républicain battu aux élections présidentielles américaines de 2008. De McCain, on peut voir dans une vitrine la combinaison de pilote et le parachute.

La présence de prisonniers américains dans le centre de Hanoi évita probablement l'extension des bombardements sur la ville. Selon les photos et les explications de la propagande, ces prisonniers étaient bien traités, soignés, pouvaient recevoir des colis de leurs familles, faire du sport, assister à la messe... La vérité était sans doute bien différente.
Au ***2e étage,*** salles dédiées aux prisonniers vietnamiens et patriotes membres du Parti communiste.

L'ANCIEN PRISONNIER DEVIENT AMBASSADEUR

L'avion du capitaine Douglas « Pete » Peterson fut abattu à Nam Sách le 10 avril 1966. Capturé par les Vietnamiens, il fut incarcéré dans la prison de Hoả Lò jusqu'au 4 mars 1973, soit durant plus de 6 ans. En 1996, le président Bill Clinton le nomma 1er ambassadeur des États-Unis au Vietnam (jusqu'en 2002). Ainsi, 23 ans après sa libération, Douglas Peterson retourna à Hanoi et, ironie de l'histoire, le gouvernement vietnamien le décora !

À l'ouest du lac Hoàn Kiếm

La cathédrale Saint-Joseph *(Nhà thờ Chính tòa Thánh Giuse ; plan III, D3) : accès public par le flanc droit. L'entrée est à l'arrière de l'édifice. Tlj 8h-11h, 14h-17h. Messe en français dim à 10h30. Accès à l'intérieur par les côtés.* Bâtisse de style néogothique, réalisée en 1886 par un architecte français. Elle fut construite à l'emplacement d'une des plus vénérables pagodes (Bảo Thiện) de la ville, démolie pour lui laisser la place... Les autorités coloniales de l'époque voulaient recopier ici l'urbanisme à la Haussmann de Paris. De grandes avenues furent tracées, entraînant la disparition de nombreux bâtiments, dont certains de valeur architecturale reconnue. Difficile d'admirer son architecture en béton et sa façade délavée par l'humidité, mais on oublie ces marques disgracieuses quand les fervents catholiques vietnamiens remplissent la cathédrale pour la messe dominicale.

Plus à l'ouest et au nord-ouest du lac Hoàn Kiếm

Le temple de la Littérature *(Văn Miếu ; plan I, B3) : face au musée des Beaux-Arts, mais l'entrée est à l'opposé. Tlj sauf dim 8h-17h30 (7h30-18h 15 avr-15 oct). Entrée : 30 000 Dg ; réduc. Plaquette descriptive en français (payante). Audioguide, en français notamment : 50 000 Dg.* C'est le seul temple de Hanoi de cette époque à nous parvenir sans trop de modifications. Les Français l'avaient surnommé la « pagode des corbeaux » à cause du grand nombre de volatiles qui y nichaient. C'est aussi l'un des plus grands (70 m x 350 m).

UN TEMPLE N'EST PAS UNE PAGODE

Au Vietnam, le temple (đền) *n'est pas dédié à des divinités ou à des dieux, mais aux génies du village, c'est-à-dire à des personnalités historiques qui se sont illustrées par leur dévouement au service du village ou de la nation... Certains commémorent même Hồ Chí Minh. Les pagodes* (chùa)*, elles, sont vouées à Bouddha et accueillent des pratiquants. Parfois, des moines y vivent. À distinguer aussi des temples consacrés à Confucius (Văn Miếu) et des maisons communales* (đình).

Un peu d'histoire
Bâti en 1070 sous le règne de Lý Thánh Tông, il fut consacré au culte de Confucius (*Khổng Tử* en vietnamien), ce qui explique ses 5 cours et bâtiments (sinon il y en a 3). Le temple accueillit dès le début l'école « des Fils du Ciel », rebaptisée en 1253 Collège national. Cette 1re université du Vietnam recevait les princes et

enfants des mandarins. On y enseignait pensée et morale confucéenne à partir des 4 livres classiques (la Grande Étude, le Juste et Invariable Milieu, etc.) et des 5 livres canoniques (le Livre de Poésie, le Livre d'Histoire, celui des Mutations, des Rituels, etc.). Dès le XVe s, le collège se démocratisa en acceptant les meilleurs élèves des provinces ayant réussi les 4 concours, même s'ils étaient d'origine populaire. Il n'y eut qu'un seul cas particulier : au XVIIIe s, la princesse Ngọc Hân fut admise sans concours d'entrée ! Il y avait jusqu'à 300 élèves en internat. Le collège fut transféré en 1802 à Huế.
Construit quasiment sur le même plan que le temple de Confucius à Kiu-Feou Hien, sa ville natale, il comprend 5 vastes cours, longue succession de portes et de portiques.

Les 2 premières cours
Après avoir franchi les 4 hauts piliers et le monumental portique d'entrée, on traverse 2 premières cours. Dans chacune d'elles, 2 petites portes latérales encadrent la porte centrale plus importante. Elles portent des noms littéraires : la *porte de l'Accomplissement de la Vertu,* la *porte de la Réalisation du Talent,* la *porte de la Magnificence des Lettres,* la *porte de la Cristallisation des Lettres.* On parvient au *pavillon de la Pléiade* (Khuê Văn Các), édifice carré avec emblèmes du soleil sur les 4 côtés (dédié à la constellation Khuê, symbole de la vie littéraire). Les candidats y récitaient des poèmes.

La 3e cour
En son centre, le puits de la Clarté Céleste. Sur les côtés, ***82 stèles reposant sur des tortues en pierre.*** Elles sont gravées de caractères *nôm* (transcription en caractères chinois du vietnamien). Les noms gravés sont ceux des lauréats des concours mandarinaux qui se déroulèrent sous la dynastie Lê. Ces stèles étaient édifiées pour donner l'exemple et encourager les étudiants autant que pour honorer les lettrés. En tout, près de 1 307 docteurs. La plus ancienne date de 1442 et la plus récente de 1779. Dans les colonnes sont inscrits l'année du concours, le nom du roi, commenté par ses vertus, la liste du jury, le nombre de candidats, la liste des lauréats avec bios et âges, et dans la dernière, l'année d'édification de la stèle, les noms du mandarin rédacteur du texte, du correcteur, des graveurs et autres artisans. Ces concours permettaient de recruter les hauts fonctionnaires.

La 4e cour
On traverse ensuite le ***portique des Bons Résultats*** pour accéder à la 4e cour (ornée de superbes bonsaïs) et au temple principal (accès peu visible par les côtés). Ce temple principal (appelé aussi *maison des Cérémonies*) est flanqué sur les côtés de 2 autres pavillons autrefois réservés au culte des 72 disciples de Confucius et de Chu Văn An, « le génie des professeurs vietnamiens » (ce sont aujourd'hui... des boutiques).

La 5e cour
Enfin, la dernière cour correspond à la 5e partie du temple de la Littérature. Incendiée en 1946, elle abritait le collège proprement dit. Elle a été rénovée. Au rez-de-chaussée, maquettes du temple autrefois et de nos jours. À l'étage, statues des 3 rois fondateurs du temple présentées dans des autels bien décorés. Une boutique vend la reproduction du stylo à bille... de Confucius !
– Des musiciens traditionnels proposent un concert sur différents instruments anciens dès qu'un groupe se présente. Moyennant quelques đồngs, ils jouent aussi pour vous tout seul. Ventes après le concert de CD introuvables ailleurs.

Le musée des Beaux-Arts (*Bảo Tàng Mỹ Thuật ; plan I, C3*) **:** *66, Nguyễn Thái Học. ☎ 38-23-30-84. Tlj 8h30-17h. Entrée : 40 000 Dg ; réduc. Plan de visite fourni, en français.* Aménagé dans un bel édifice de style colonial vietnamien, l'ancien internat Jeanne-d'Arc, lycée alors tenu par les sœurs, très prisé par les jeunes filles

européennes d'Indochine. Il présente des collections de peintures, sculptures, art populaire et ethnographie. Les tableaux sont regroupés par techniques : estampes, peinture sur soie, laque, etc. Un véritable condensé de l'histoire du pays au travers de ses artistes et de ses différentes guerres (constante source d'inspiration locale, qui donne une tonalité assez sombre à plusieurs périodes picturales).
– ***Rez-de-chaussée :*** section dédiée à l'art de la préhistoire. Dans la 1re salle, objets vieux de 2 000 à 5 000 ans : on voit le dessus du tambour de bronze de Ngọc Lũ, qui daterait de 600 av. J.-C. Dans les salles suivantes, nombreuses représentations de Bouddha et de moines en bois peint ainsi que des peintures d'influence chinoise. Également des sculptures des XIIe et XIIIe s de la dynastie Lý, et des XIIIe et XIVe s de la dynastie Trần, et de très belles statuettes Champa du VIIIe au XIIe s.
– ***1er étage :*** consacré aux arts du début du XXe s et aux peintures sur laque. 2 périodes s'y confrontent pacifiquement : de 1930 à 1945 (époque coloniale) et de 1946 à 1954 (luttes anticoloniales). Beaux fusains et laques gravés représentant l'oncle Hồ, scènes de la vie paysanne, etc.
– ***2e étage :*** section consacrée à la peinture sur soie, à l'huile ou sur papier, essentiellement contemporaine, ainsi qu'aux nombreuses sculptures d'inspiration socialiste révolutionnaire, pompeuses mais moins grandiloquentes et figées que leurs cousines soviétiques.
– ***Bâtiment annexe :*** le sous-sol abrite des collections de céramiques datant du XIe au XXe s ; le 1er étage est dédié aux arts folkloriques du Vietnam. Ne le ratez pas, il est très intéressant et bien présenté, avec notamment des peintures et des sculptures composées de statues et de marionnettes, de beaux costumes traditionnels et objets de la vie quotidienne.

La tour du Drapeau *(Cột Cờ ; plan I, C3)* ***:*** *30, Điện Biên Phủ ; même entrée que le musée d'Histoire militaire ci-après.* L'un des rares vestiges des fortifications à la Vauban construites à partir de 1805 par l'empereur Gia Long. La tour date de 1812. Les Français, en 1882, rasèrent les fortifications afin de réaliser leur plan d'urbanisme. Reste cette tour de 60 m de haut et de forme hexagonale reposant sur une base carrée à 3 étages, qui leur servait de tour de guet. On accède au sommet par l'un des 2 escaliers étroits qui « colimaçonnent » en diable (80 cm, avec des marches de 30 cm).

Le musée d'Histoire militaire du Vietnam *(Bảo Tàng Quân Đội ; plan I, C3)* ***:*** *28A, Điện Biên Phủ. ☎ 62-53-13-67. • btlsqsvn.org.vn • Tlj sauf lun et ven, 8h-11h30, 13h-16h30. Fermé lun et ven ap-m. Entrée : 40 000 Dg. Droit de photographie : 30 000 Dg. Explications en anglais et en vietnamien.* Ce musée complète celui de la Révolution, du fait de l'imbrication inévitable entre armée et révolution. Dans l'ordre chronologique, le Parti communiste fut créé en premier, puis l'armée (clandestine au départ), et enfin l'État indépendant du Vietnam. À l'entrée, dans la cour intérieure, une ***grosse carcasse de bombardier américain B52*** abattu par les Vietnamiens, des chars vietnamiens, des canons, une collection d'obus de l'armée américaine, un gros hélicoptère américain pour le transport de troupes (possibilité d'entrer dans la carlingue). Voir aussi le chasseur MIG de fabrication soviétique (avion utilisé par l'armée communiste durant la guerre).
Beaucoup de salles à visiter, voici les sections principales.

À MALIN, MALIN ET DEMI

À Điện Biên Phủ, l'armée française était persuadée que l'homme ne pouvait pas transporter plus de 50 kg. Aucun véhicule ni brouette ne pouvait par ailleurs franchir les collines envahies par la jungle. Les Français n'avaient pas imaginé que les vélos supporteraient jusqu'à 270 kg d'artillerie et de munitions. Le génie vietnamien a ainsi fait tourner l'issue de la bataille en sa faveur...

– ***Section S2 :*** l'histoire de la défense du Vietnam à travers les âges, des origines jusqu'à aujourd'hui. Présentation des héros militaires du passé (Trần Hưng Đạo, Phạm Ngũ Lão, Lê Lợi, Quang Trung) qui affrontèrent les Chinois et les Mongols. À l'étage, nombreux documents de la ***guerre contre la France*** pour libérer le pays de la colonisation française. Création de l'armée du Peuple. Grande maquette de la cuvette de Điện Biên Phủ. Ne manquez pas le film d'archives en français de 10 mn. Les erreurs militaires françaises sont évoquées avec un patriotisme échevelé.
– ***Section S3 :*** salles consacrées à la ***guerre contre le Sud-Vietnam et les Américains*** (1955-1968), puis la période de 1969 à 1975. Documents, photos, armes, objets relatifs à la guerre. Séquence sur Nguyễn Văn Trỗi qui tenta d'assassiner Mac Namara, secrétaire d'État américain chargé de la Défense. Documents sur les tactiques de combat, les mouvements et les manifestations de solidarité internationale avec l'armée du Nord-Vietnam et Hồ Chí Minh. On peut aussi voir le char T54 qui défonça les grilles du palais présidentiel du Sud-Vietnam, à Saigon, le 30 avril 1975. Cet engin est présenté par les autorités comme l'un des 12 trésors les plus précieux du Vietnam !
– ***Section S4 :*** on oublie trop souvent la 3e guerre que durent affronter les Vietnamiens, la tentative d'invasion de Khmers rouges cambodgiens en 1979. La contre-offensive et l'***invasion militaire du Cambodge par l'armée*** vietnamienne permit d'abattre le régime sanguinaire de Pol Pot.

La citadelle de Thăng Long *(Hoàng thành Thăng Long ; plan I, C2) : entrée principale au 9, Hoàng Diệu et 12, Nguyễn Tri Phủởng. ☎ 37-34-59-27. Entrée : 30 000 Dg ; réduc.*
Classée depuis 2010 au Patrimoine culturel de l'Unesco, cette citadelle est le berceau de Hanoi. C'est une sorte de très grande esplanade verte et ombragée, avec des bâtiments d'époque coloniale reconvertis en musées aujourd'hui. C'est ici que l'empereur Lý Thái Tổ installa sa cour à l'origine, quand, en l'an 1010, il choisit d'y déplacer sa capitale, désormais nommée Thăng Long. Elle restera l'épicentre de la vie politique jusqu'au déménagement de la capitale impériale à Huế, en 1806 (Thăng Long fut alors rebaptisée Trấn Bắc Thành, avant de devenir définitivement Hanoi en 1831). Pour vous donner une idée de son importance, sachez qu'elle couvrait environ 50 ha.

Site principal (entrée : 9, Hoàng Diệu)
Par-delà une vaste 1re cour où sont exposés de superbes bonsaïs se dresse la porte principale (***Di Tích Đoan Môn*** ou ***porte Sud***) de l'ancienne Cité interdite. C'est l'un des rares vestiges encore debout de cette époque. Une fois passée cette grande porte Đoan Môn, on arrive sur une très vaste esplanade où sont conservés plusieurs bâtiments d'époque coloniale. Les Français ont pratiquement tout rasé des monuments anciens à la fin du XIXe s pour installer leurs casernes qui occupent toujours l'espace entre cette porte Sud et le palais Kính Thiên.
On passe d'abord devant la plus grande caserne, long bâtiment colonial à arcades, aux murs jaunes et au toit de tuiles, avec une très belle véranda. Après le départ des Français, en 1954, l'état-major vietnamien y prit aussi ses quartiers.
– En marchant 5 mn vers le nord (panneaux indicateurs clairs), on arrive au ***Shelter D67,*** un ***bunker souterrain*** installé à 9 m sous terre (accès par un escalier facile). Encore tout équipé, cet abri antibombes servait de poste de commandement à l'armée du nord dirigée par le général Giáp. On y voit une salle de réunion, du matériel, des cartes d'état-major.
– En remontant au-dehors, on accède à la maison D67, qui abrite le ***bureau du général Giáp*** (mort en 2013). Longtemps fermé aux visiteurs, on peut à présent découvrir la pièce d'où Giáp dirigea la guerre contre les Américains de 1968 à 1975 : son bureau avec son agenda annoté, son coin salon, l'armoire-bibliothèque avec les œuvres complètes de Lénine... Le stratège du Nord continua à y travailler jusqu'en 1980.

– Au rez-de-chaussée d'un autre bâtiment colonial (Hoàng Cung), l'exposition permanente ***Royal Equipments*** raconte l'histoire de Thăng Long (Hanoi) sur un millénaire (commentaires en vietnamien, anglais et français). En poussant plus loin vers le nord, un bâtiment de l'époque coloniale a pris la place du ***palais Kính Thiên*** (XVe s), qui occupait le centre de la Cité interdite. On ne voit plus de ce palais que les timides restes d'un escalier.

Le mausolée de Hồ Chí Minh *(Lăng Chủ Tịch Hồ Chí Minh ; plan I, B2) : entrée principale (provisoire) par les portes 19B et 19C, dans la rue Ngọc Hà qui coupe la rue Lê Hồng Phong. Lun 8h-11h, mar-ven 8h-17h, sam 8h-17h15. En principe, fermé oct-nov (traitement du corps par des embaumeurs). GRATUIT (consigne gratuite).*

C'est sur cette grande esplanade que fut proclamée l'indépendance du pays, le 2 septembre 1945. C'est donc là que, selon la logique du Parti, devait reposer le père fondateur du Vietnam indépendant, et ce malgré son vœu (voir l'encadré).

QUAND « CELUI QUI ÉCLAIRE » S'ÉTEIGNIT

Hồ Chí Minh (« celui qui éclaire ») voulait qu'après sa mort ses cendres soient placées dans 3 urnes funéraires et enterrées au sommet de 3 collines : au nord, au centre et au sud du Vietnam, pour symboliser la réunification des 3 grandes régions de son pays. Son souhait n'a pas été exaucé, le Parti ayant préféré embaumer sa dépouille qui repose dans un grand mausolée en marbre et en granit. Pas sûr que ce prétentieux tombeau aurait plu à l'oncle Hồ.

Un certain cérémonial accompagne la visite : on laisse sac, appareil photo et téléphone portable au vestiaire avant d'accéder au mausolée. Dès l'esplanade, on est encadré tout du long par des soldats de la garde d'honneur. Dans le saint des saints, tenue correcte exigée, bras le long du corps (pas de mains dans les poches), couvre-chef ôté, pas de commentaire ni bavardage, etc. Ouf ! ils ne vont pas jusqu'à vous faire marcher au pas cadencé ! La dépouille mortelle de l'oncle Hồ repose, en tenue sombre, les bras le long du corps, dans un cercueil de cristal violemment éclairé.

Le palais présidentiel *(Phủ Chủ Tịch ; plan I, B2) : dans le parc Bách Thảo, attenant au mausolée. Entrée obligatoire par les postes de sécurité, situés à l'angle de la rue Hoàng Văn Thụ et Hùng Vương (pl. Ba Đình). Ouv 7h-16h. Fermé sam et dim. Entrée : 40 000 Dg ; gratuit sur présentation du passeport vietnamien. Le billet donne accès à l'ensemble du site, mais le palais présidentiel ne se visite pas.*

– **Le palais présidentiel** *(ancien palais du gouverneur général de l'Indochine)* **:** grosse bâtisse de style néo-Renaissance française (fin XIXe s), avec une élégante grille de fer forgé. La couleur jaune moutarde d'origine a été conservée. C'est là que l'oncle Hồ réunissait le conseil du gouvernement et recevait les visiteurs. Il refusa toujours d'y habiter.

– ***Les maisons de Hồ Chí Minh :*** *dans le jardin botanique ; accès depuis le palais du gouverneur.* Au bord d'un étang, d'abord la 1re demeure en pierre au mur jaune et au toit de tuiles, où l'oncle Hồ résida de 1954 à 1958. Dans un pavillon donnant sur la cour intérieure, un garage abrite 2 voitures, dont une ***404 Peugeot,*** ayant servi de voitures officielles à l'oncle Hồ, 1er président de la République socialiste du Vietnam. Puis, de 1958 à sa mort (1969), il travailla dans la ***très belle maison en bois de teck*** à côté de sa demeure de l'autre côté de l'étang. Il en avait imaginé l'architecture et l'ordonnancement.

Il préférait habiter dans une demeure moins sophistiquée et plus conforme à ses goûts sobres et ascétiques (« un franciscain ayant lu Marx », disait de lui Jean Lacouture). Il choisit donc une maison bâtie sur pilotis, au milieu des beaux arbres centenaires. Elle allie le fonctionnel et la simplicité, à l'image de l'oncle Hồ, combattant d'une cause nationale qui n'aimait pas le superflu. Sa maison comprend 2 pièces, son bureau et une chambre à coucher, dont les fenêtres ouvrent sur un petit étang. Style sobre et élégant, témoignant du détachement du grand révolutionnaire de tout luxe ostentatoire (on est loin du train de vie d'un Tito en son temps, par exemple !). Des escaliers en fer à l'arrière conduisent aux abris antibombardements.

★ *Le musée Hồ Chí Minh* *(Viện bảo tàng Hồ Chí Minh ; plan I, B2)* **:** *entrée principale (provisoire) par les portes 19B et 19C, dans la rue Ngọc Hà. ☎ 38-46-37-57. Tlj 8h-12h, 14h-16h30. Fermé lun et ven ap-m. Entrée : 40 000 Dg.*
Un édifice à l'architecture bétonnée et au décorum intérieur prétentieux. L'oncle Hồ aurait certainement sourcillé de la barbiche face à une telle pompe à la limite du mauvais goût ! Nos lecteurs admirateurs du grand homme, ceux effectuant une thèse sur sa vie ou la période coloniale, ceux recherchant le témoignage ou le document unique y trouveront nombre d'éléments fort intéressants et souvent originaux.
Au 2ᵉ étage, intéressante section sur la période française de la lutte anticoloniale. Notez cet édifiant document : un rapport de police sur un tract distribué à Marseille en 1920 (intitulé « Le droit des peuples »). Détails inédits sur le congrès de Tours, nombreux extraits du journal *L'Humanité* de l'époque, ainsi que du *Paria* (journal anticolonialiste dans lequel écrivait Hồ Chí Minh). Lettre insolite où il raconte avoir eu les doigts et le nez gelés à l'enterrement de Lénine, etc. En conclusion, intérêt du musée très lié au degré de motivation et de recherche du visiteur !

★ *La pagode du Pilier unique* *(Chùa Một Cột ; plan I, B2)* **:** *entre le musée et le mausolée. GRATUIT.*
Adorable pagodon au milieu d'un bassin où fleurissent les lotus en été. Une légende rapporte qu'il fut édifié, au XIᵉ s, par le roi Lý Thái Tổ pour remercier et célébrer la déesse Quan Âm. N'ayant pas d'héritier mâle, il vit en rêve la déesse assise sur un lotus et lui tendant un petit garçon. Il épousa alors une belle paysanne rencontrée dans son jardin et eut l'héritier désiré.
Le pagodon, construit sur un pilier, devait, dans l'esprit de l'architecte, évoquer un lotus. Le pilier en bois (détruit par les Français en 1954) a été remplacé par un autre en béton. Cependant, avec la petite pagode voisine et le jardin, l'ensemble se révèle bien charmant. C'est d'ailleurs l'emblème de la ville. Au milieu de tous ces symboles du pouvoir communiste, ce temple illustre le fait qu'au Vietnam le lotus fait décidément bon ménage avec la faucille et le marteau...

★★ *Le temple Quan Thánh* *(Đền Quan Thánh ; plan I, C1)* **:** *à l'intersection de Thanh Niên et de Hùng Vương. Tlj 7h30-17h. Entrée : 10 000 Dg.* L'un de nos temples taoïstes préférés. Il date du XIIᵉ s et est dédié à Trấn Võ, le génie gardien du Nord. Remarquable statue du génie en bronze noir de 1677, pesant 4 t. Sur le côté à droite, petit autel honorant l'artiste qui a réalisé la statue. Devant l'autel est exposée la copie des bottes du génie. Atmosphère paisible, murs patinés, odeurs d'encens en font une visite pleine d'enchantement. Grande dévotion les jours de fête. Sur le côté, boutique de souvenirs où l'on trouve de jolies toiles.

★ *Le lac de l'Ouest* *(Hồ Tây ; plan I, A-B1)* **:** au nord-ouest de la ville, l'un des plus grands du Vietnam (500 ha, soit 5 km², avec près de 12 km de circonférence). Ancien lit du fleuve Rouge on l'appelle aussi « lac des amoureux », car, dans sa partie basse, c'est l'un des lieux de promenade romantique favoris des Hanoïens. Les innombrables bancs publics qui le bordent (de quoi donner le tournis à Brassens), sont insuffisants pour accueillir le roucoulement d'une population comptant 50 % de jeunes de moins de 25 ans !
Le lac est particulièrement animé au moment des fêtes religieuses, car on y trouve les 2 plus séduisantes pagodes de Hanoi. En 2017, le gouvernement vietnamien a déposé un dossier auprès de l'Unesco pour inscrire ce lac au Patrimoine mondial.
De l'autre côté, séparé par une digue (Thanh Niên), le petit ***lac de la Soie blanche*** *(Hồ Trúc Bạch ; plan I, C1).* Ce nom provient du palais où étaient recluses les

odalisques en disgrâce. Elles passaient leur temps à tisser de la fort belle soie blanche. C'est dans ce lac qu'on captura en 1967 le 1er pilote américain dont l'avion avait été abattu dans Hanoi (on peut voir sa statue).

La pagode Trấn Quốc (*Chùa Trấn Quốc ; plan I, B-C1*) **:** *tlj 7h-11h, 13h30-18h. GRATUIT. Attention à votre tenue vestimentaire (épaules et genoux couverts).*
Située sur une petite presqu'île, c'est la plus ancienne pagode de la capitale, l'une des plus typiques du Nord-Vietnam. Elle fut bâtie au VIe s sous le règne de Lý Nam Đế, puis reconstruite à l'emplacement actuel au XVIIe s et rénovée en 1815. Appelée pagode « Défense de la Patrie », elle est l'objet d'une grande vénération populaire. Particulièrement belle au soleil couchant. Dans la 1re cour à gauche, des tombes de bonzes en forme de petites tours encerclent une grande tour en brique récente, symbolisant les étapes de la vie de Bouddha (comptant un nombre impair d'étages, comme toujours). Sur le côté, une stèle en chinois de 1639 raconte l'histoire de la pagode. Au milieu de la cour, reconstitution d'une montagne symbolique avec bonsaïs. Galerie consacrée aux grands bonzes et aux 3 mères (mère céleste, mère terrestre, mère des mères).
En ressortant de la cour et en suivant le mur de clôture, on accède à la salle principale, soutenue par des piliers en bois de fer, durs comme du ciment.

LE NORD

Plus loin du centre-ville

Le musée d'Ethnologie du Vietnam (*Bảo Tàng Dân Tộc Học ; hors plan I par A1*) **:** *Nguyễn Văn Huyên, Cầu Giấy. ☎ 38-36-03-52 ou 37-56-21-93. • vme.org.vn • Y aller à moto ou en taxi, car il est éloigné du centre-ville, à 6 km à l'ouest du centre. Sinon, minibus no 14 depuis Đinh Tiên Hoàng sur la rive nord du lac Hoàn Kiếm ; descendre au 60, Hoàng Quốc Việt, puis marcher 10 mn sur Nguyễn Văn Huyên. Ouv 8h30-17h30. Fermé lun. Entrée : 40 000 Dg ; réduc. Droits photos : 50 000 Dg. Guide francophone (sur résa par tél) : 100 000 Dg. Explications en français. Compter min 2-3h pour tt voir attentivement.*

MINORITÉS EN VOIE DE DISPARITION

Les plus petits groupes ethniques du Vietnam ne comptent que quelques centaines de ressortissants. Selon le dernier recensement, les Ro Mam de la province de Kon Tum sont environ 520 habitants, et les Brau de la même région seulement 322 ! Dans la province de Hà Giang, les Pupeo ne sont plus que 687 habitants. Quant aux Odu de la province de Nghệ An, ils sont à peine 380 habitants.

Inauguré en 1997, ce musée est le fruit d'une coopération franco-vietnamienne (technique et financière). Une vraie réussite. Le grand hall circulaire est symbolise l'unité des populations représentées. Une grande ambition quand on sait que ***le Vietnam compte 54 ethnies*** réparties entre plaines, hauts plateaux et montagnes ! L'ethnie majoritaire est l'ethnie kinh, c'est-à-dire les Viets. Les autres 53 ethnies sont des minorités ethniques. Au total, 5 familles linguistiques différentes.
Quelque 2 500 objets usuels de ces peuples, costumes, instruments de musique, peintures rituelles, côtoient des vitrines thématiques sur le tissage, la poterie et autres activités artisanales locales. Des rites et cérémonies ont été filmés avec la collaboration des ethnies concernées. Les visiteurs étrangers se mêlent aux petits citadins vietnamiens qui ouvrent de grands yeux en découvrant le monde rural.
Le ***bâtiment consacré à l'Asie du Sud-Est*** offre une vision plus large, du nord-est de l'Inde au sud de la Chine, de peuples issus d'un socle commun et à partir duquel se sont développées des identités locales propres. Les différentes sections

(textile, vie quotidienne et sociale, religions...) permettent une lecture transversale des apports et influences régionales. Sans oublier l'ouverture vers le monde arabe et l'Occident. Cette richesse d'échanges est ici très bien mise en valeur.
Expositions en plein air et reconstitutions de ***villages typiques*** sur le terrain de 3 ha qui entoure le musée, à partir de maisons originales, très longues ou très hautes pour certaines. Choisissez bien, car il faut se déchausser pour visiter chacune d'entre elles.
On ne peut pas louper l'incroyable maison commune des Bahnar avec son toit pointu qui s'élève à 19 m. Impressionnante, elle devait représenter la puissance de la communauté. En face, la maison Ê Đê qui s'allonge sur 42 m (toutes les générations vivaient ensemble harmonieusement). Plus loin, le tombeau Jörai, orné de statuettes masculines en érection alors que les femmes sont enceintes. Une visite essentielle et passionnante pour mieux appréhender la richesse du Vietnam.
Dans le parc, on peut assister à un traditionnel ***spectacle de marionnettes sur l'eau*** *(compter 90 000 Dg). 2 séances le mat (à 10h et 11h15) et 3 autres l'ap-m (à 14h, 15h15 et 16h15).* Voir aussi le jardin de plantes médicinales.

Petite ***boutique-librairie*** dans le pavillon à droite de l'entrée vendant des livres, des études et des documents sur les minorités et les religions, en anglais et en français.

Restaurant Baguette et Chocolat : *dans le parc du musée. ☎ 66-75-02-16. Env 180 000 Dg le repas.* Sert des sandwichs, des quiches lorraines et des plats traditionnels vietnamiens. Terrasse ombragée.

DANS LES ENVIRONS DE HANOI

Les villages de métier

La région autour de Hanoi (dans un rayon d'une cinquantaine de kilomètres) a la particularité de compter encore aujourd'hui environ quelques centaines de villages dits « villages de métier ». Désormais souvent absorbés par la conurbation hanoïenne, ils formaient originellement une sorte d'industrie artisanale à la campagne. Ils s'éparpillent dans la plaine basse et humide, mais à l'abri des inondations, dans des zones un peu surélevées. Chacun d'entre eux possède sa spécialité professionnelle. Des artisans y vivent en famille, travaillant dans des ateliers attenants à leurs habitations (parfois atelier et maison occupent le même toit voire la même pièce). Ils réalisent et vendent leurs produits sur place comme des grossistes, mais le plus souvent, et ce depuis des siècles, ils les écoulent à Hanoi dans le quartier des 36 corporations.
Traditionnellement, chaque village de métier était en relation avec une rue du vieux quartier de Hanoi, dont les échoppes se faisaient en quelque sorte « vitrine en ville » des corporations villageoises. Une spécificité qui existe encore plus ou moins de nos jours.
Impossible de citer toutes les spécialités artisanales de ces villages de métier. On trouve de l'artisanat d'art destiné aux rites (laque, soieries, broderies, menuiserie d'art, objets incrustés de nacre, bijouterie et produits en cuivre et en bronze martelés) ou bien des produits de consommation courante (textile, alimentaire, papier, vannerie, chapeaux coniques).
On y fabrique des objets en bois, en rotin, en bambou, des éventails, des stores, des cages à oiseaux, des objets ou des outils métalliques... À ***Vạn Phúc,*** faubourg ouest de Hanoi, la soie. À l'est, ***Bát Tràng,*** des céramiques et des objets en porcelaine. À ***Đông Hồ,*** les objets votifs. À ***Đương Ổ,*** le papier de riz. Le village de ***Đồng Ky,*** au nord-est de Hanoi, est spécialisé dans les meubles en bois, où certains ateliers sont spécialisés dans l'incrustation de la nacre dans le mobilier.

À ***Phụng Công,*** on élève des bonsaïs. À ***Phù Lãng,*** beaucoup plus au sud (une centaine de kilomètres de Hanoi), on fabrique des urnes funéraires et des poteries. Il y a aussi des villages connus pour le recyclage (métal, papier). Ces villages de métier, trésors vivants de la tradition populaire et artisanale, sont totalement interdépendants pour des raisons humaines et économiques, selon un système de réseau que les géographes désignent par le terme « cluster ».

DES ARTISANS EN OR

Au village de Kiêu Ky, dans la région de Hanoi, quelques artisans s'adonnent au martelage des pépites d'or. C'est leur spécialité, et celle de ce village du fleuve Rouge. Ils transforment ces pépites brutes en poussière d'or, ou en feuilles très fines, utilisées par des artisans laquiers qui les incrustent ou les collent sur des objets en laque (tableaux, proverbes, autels des ancêtres...).

Au nord et au nord-ouest de Hanoi

Cổ Loa *(plan Les environs de Hanoi,* ***2****)* ***:*** *à env 15 km au nord-est. Bus nº 17 depuis la gare routière de Long Biên (puis 1,5 km à pied entre la grand-route et le village) ou nº 46 depuis la gare routière de Mỹ Đình (le bus arrive en lisière du village) ; trajet : 6 000 Dg.*
Pas proprement dit un « village de métier », Cổ Loa fut dès 258 av. J.-C. la 1re « capitale » du royaume d'Âu Lạc. Une dynastie fondée par An Dương. En 208 av. J.-C., ce petit royaume est annexé par les appétits du grand voisin chinois, avant de reprendre son indépendance en 206 av. J.-C., sous le nom de Nam Việt (royaume des Việt du Sud). Nouvelle période d'indépendance avant que le royaume ne soit annexé de nouveau par l'empire du Milieu en 111 av. J.-C. Bref, pour un Vietnamien, Cổ Loa c'est un peu le Vietnam d'avant le Vietnam sinisé, le berceau originel dont l'histoire est plus importante que les vestiges peu spectaculaires.
– ***Les remparts :*** nos lecteurs au regard acéré d'archéologue distingueront les restes de 3 enceintes en terre battue de forme irrégulière. Ces murailles a priori enroulées en colimaçon, d'une hauteur variant de 4 à 12 m, mesuraient jusqu'à 30 m d'épaisseur. Sur la plus grande, les restes de 3 tours, dont la plus haute fait 6 m. La plus petite enceinte, de forme rectangulaire, pourrait avoir délimité la ville royale (dont il ne subsiste aucun vestige).
Voir aussi le ***temple du roi An Dương*** *(Đền thờ An Dương Vương)* : face à un petit lac et le ***temple du roi Ngô Quyền*** *(Đền Ngô Quyền).* À 300 m au nord d'un bassin où trône la statue d'un arbalétrier, il commémore ce monarque héros à qui les Vietnamiens doivent leur indépendance sur la Chine en 938. C'est ce roi qui choisit de réimplanter la capitale du royaume à Cổ Loa.

À l'ouest et au sud-ouest de Hanoi

Le village de Vạn Phúc *(plan Les environs de Hanoi,* ***8****)* ***:*** *à env 15 km au sud-ouest de Hanoi. Bus nº 1 depuis la gare routière de Long Biên et la gare ferroviaire (arrêt « Bến Xe Yên Nghĩa », puis derniers 300 m à pied, par la rue Chu Văn An). Tlj 8h-18h.* C'est historiquement le village de la soie. En fait, avec l'extension de la ville, il fait partie du Grand Hanoi aujourd'hui. On y trouve donc tout naturellement quelques boutiques proposant cette voluptueuse matière. Il reste seulement 4 ateliers de tissage. Le plus authentique est l'***atelier de Triệu Văn Mão (magasin Mão Silk),*** au nº 10 de l'allée principale, après avoir passé la porte monumentale du quartier. Les étoffes proposées sont faites avec la soie provenant de plantations de mûriers situées aux environs de Hanoi. Elles sont tissées sur place et teintes dans

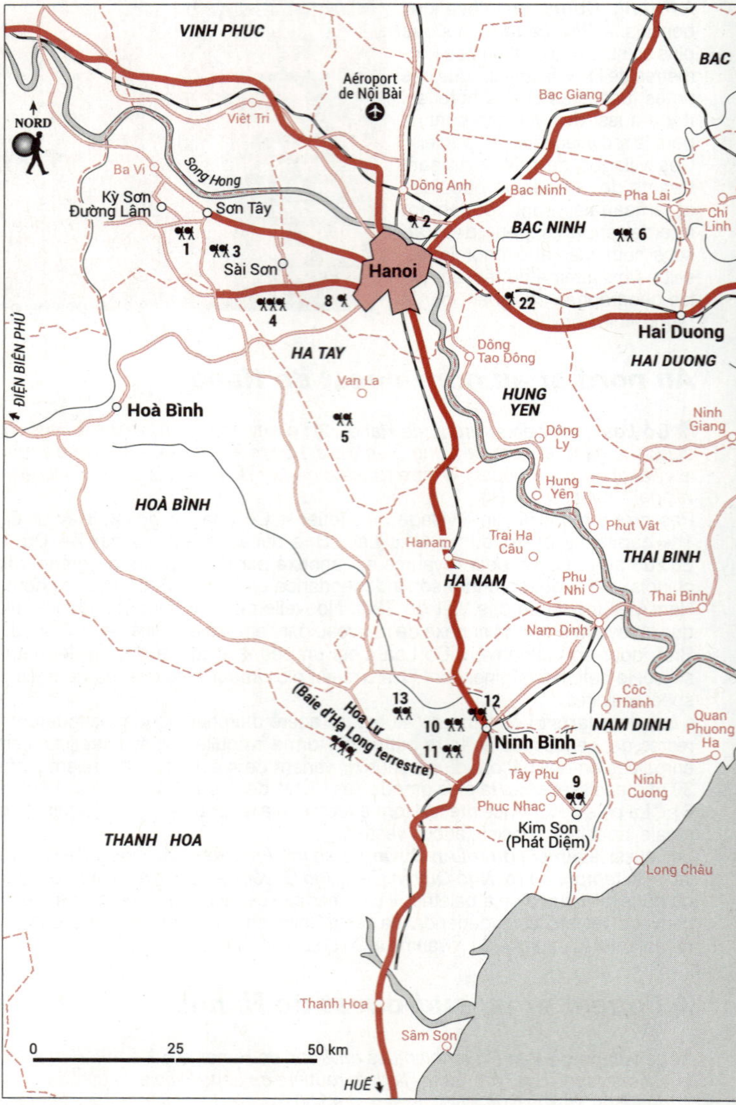
VINH PHUC
BAC
Aéroport
de Nội Bài
Bac Giang
Việt Tri
NORD
Ba Vi
Song Hong
Dông Anh
Bac Ninh
Pha Lai
Kỳ Sơn
Đường Lâm
Sơn Tây
2
Chi
Linh
BAC NINH
6
1
3
Sài Sơn
Hanoi
8
22
4
Hai Duong
ĐIỆN BIÊN PHỦ
HA TAY
Dông
Tao Dông
HAI DUONG
Van La
HUNG
YEN
Ninh
Giang
Hoà Bình
5
Dông
Ly
Hung
Yên
HOÀ BÌNH
Phut Vât
Trai Ha
Câu
Hanam
THAI BINH
HA NAM
Phu
Nhi
Thai Binh
Nam Dinh
Côc
Thanh
13
12
Hoa Lư
(Baie d'Hạ Long terrestre)
10
NAM DINH
Quan
Phuong
Ha
Ninh Bình
11
Tây Phu
9
Ninh
Cuong
Phuc Nhac
THANH HOA
Kim Son
(Phát Diệm)
Long Châu
Thanh Hoa
Sâm Son
0
25
50 km
HUẾ

LES ENVIRONS DE HANOI : sites, pagodes, temples

ce même village de Vạn Phúc. Côté prix, elles sont sensiblement moins chères qu'en centre-ville. Résultat : ceux qui disent que la soie vietnamienne vient de Chine se trompent. Ici c'est 100 % made in Vietnam.

Chùa Thầy *(pagode du Maître ; plan Les environs de Hanoi,* ***4****)* **:** *à* ***Sài Sơn,*** *à env 30 km à l'ouest de Hanoi. Entrée : 10 000 Dg. Pour cette balade, autant passer par une agence locale car peu de transports réguliers s'y rendent. Prévoir une bonne journée, avec la visite du village de Đường Lâm et de la pagode Tây Phương (voir plus bas).* Très joli village au milieu d'une vaste plaine rizicole. Dans cette campagne basse et humide, le site n'a pas été choisi pour rien par les hommes. À l'ombre d'un piton calcaire, Sài Sơn agglutine ses maisons, sagement assises autour d'un charmant petit lac. Les pieds dans l'eau, un antique théâtre de marionnettes et un ravissant pagodon avec son pont couvert ajoutent au charme et confèrent un cachet remarquable à ce paysage préservé, que l'on dirait sorti d'une estampe ancienne. Ce superbe site fut d'ailleurs l'un des lieux de tournage du fameux film *Indochine* de Régis Wargnier.

– ***La pagode du Maître*** occupe le pied de la colline. Fondée au XIIe s, elle est dédiée au moine Từ Đạo Hạnh, créateur de marionnettes sur l'eau, et au Bouddha Sakyamuni. Selon les canons de l'architecture religieuse, elle compte 3 degrés signifiant le passé (niveau bas), le présent (niveau intermédiaire) et le futur (niveau haut). La ***salle haute*** abrite l'autel Tam Bao (les 3 mondes), avec 3 statues représentant le passé, le présent et le futur. La statue du fondateur (en jaune) se dresse au centre de la pièce. Les 2 autres autels sous des dais en tissu sont ornés de vases et de sculptures de phœnix. La ***salle moyenne*** conserve une statue du Bouddha gourmand (gros ventre). Entre les deux, la ***salle basse*** avec des statues de mandarins et de notables sanctifiés. Le corps du fondateur de la pagode est conservé dans un autre pavillon en bois (Dien Tho Mau), de l'autre côté de la cour intérieure. Ses restes sont exposés tous les 5 ans, seulement pendant 2 heures. La légende dit que sa dépouille s'est pétrifiée.

– Un petit chemin en escalier gravit la colline. Presque au sommet, une grotte où le moine faisait ascèse (et où il est mort) cache en son sein une collection de statues en bois de jaquier peintes dans la couleur du cuivre. Du sommet du mont, très belle vue sur la plaine.
– ***Bon à savoir :*** ne pas y monter par temps de pluie car le chemin est humide et glissant.
– Le flanc sud abrite une grotte où Hồ Chí Minh, alors résistant clandestin au colonialisme, se cacha en février-mars 1947.

La pagode Tây Phương *(plan Les environs de Hanoi,* ***3****)* **:** *à env 45 km à l'ouest de Hanoi. Entrée : 10 000 Dg.* Une digue-route desservant des villages surplombant d'immenses rizières mène à cette belle pagode perchée sur une colline. On y accède par un escalier en latérite rouge (292 marches !). Pèlerinage très populaire aux périodes de fêtes, notamment lors du Tết. Construite au VIIIe s, modifiée de nombreuses fois et composée de 3 salles de culte. Toits remarquables.

Đường Lâm *(plan Les environs de Hanoi,* ***1****)* **:** *à 45 km à l'ouest de Hanoi et à 5 km à l'ouest de la ville de Sơn Tây. Entrée : 20 000 Dg.*
La commune de Đường Lâm regroupe plusieurs villages ou hameaux : Mông Phụ (le plus grand et le plus beau), Cấm Thịnh, Đông Sàng, Đoài Giáp, Cam Lâm, Phũ Khang, Hà Tân, Hưng Thịnh et Văn Miếu. Cet ensemble est reconnu par le gouvernement comme « ***vestige culturel national*** ». Les agences en organisent souvent le tour à bicyclette.
– ***Đường Lâm :*** *entrée du village, 20 000 Dg (Mông Phụ inclus).* Voir la *pagode Miá* (pagode des Cannes à sucre). Datant du XVIIe s, elle se compose d'une haute tour ajourée et de 3 longues pagodes adjacentes, très sombres. Sa renommée

tient à ses nombreuses statues polychromes (287, paraît-il), d'énormes statues de mandarins chinois comme de petits bouddhas et des moines célèbres. Notez le contraste entre les vénérables piliers, bruts, et la finesse des chapiteaux sculptés.

– ***Le village de Mông Phụ :*** il se repère de loin à la silhouette de son clocher planté dans un environnement de rizière. L'accès se fait par une grande porte du XVIIe s en latérite, à l'ombre d'un banian. 400 familles vivent ici, certaines depuis 12 générations ! Autrefois, on y pratiquait l'élevage des vers à soie et le tissage des étoffes. Les habitants sont désormais riziculteurs et agriculteurs. Selon un dicton, « le cœur des gens de Mông Phụ est pur comme de la glace ». Rien de froid ni de glacial pourtant dans ce décor rustique et intact, resté authentique dans sa simplicité et sa beauté. Les ruelles couvertes de dalles sont bordées de hauts murs en latérite cachant des maisons parfois vieilles de 400 ans. Les toitures recourbées portent des tuiles disposées en « écailles de poisson ». Chaque maison possède son propre puits. La *maison communale* patinée par les siècles, au bord d'une place, est le centre de la vie sociale. Elle abrite un autel et une sorte de cloche en bois (en forme de poisson) suspendue à la charpente d'un pavillon latéral.

Moongarden Homestay : *dans le village de **Kỳ Sơn,** à 4 km de Đường Lâm et 47 km de Hanoi. 09-13-30-55-20 (Mme Nguyễn Thị Huệ). • moongardenhomestay.com • Pour 1 nuit/2 j., en base chambre double, compter min 165-290 € pour 2 pers en pens complète.* Au milieu des rizières et de la vie campagnarde, une maison d'hôtes étonnante de raffinement. La propriétaire, francophone passionnée par le patrimoine vietnamien, a tout bonnement aménagé une pagode du XIXe s ainsi que 3 maisons traditionnelles, aux jolis noms de Frangipany, Mangue et Pamplemousse, ainsi qu'une très belle maison sur pilotis (on dort dans une salle commune sur des nattes, séparée par des rideaux). Le tout décoré avec un goût exquis, de vraies antiquités, et un confort tout ce qu'il y a de moderne du côté des salles de bains. Nombreuses activités : balade à vélo dans les villages voisins, cours de cuisine, bains d'herbe, etc. Enfin, le joyau de l'endroit : le restaurant installé dans une église de missionnaires français datant de 1849 (avant la colonisation), démontée et réassemblée sur une belle esplanade. On y mange très bien qui plus est, une vraie cuisine vietnamienne traditionnelle à base de légumes principalement venus du jardin. Même le thé vert est maison !

Au village de ***Mông Phụ,*** commune de ***Đường Lâm,*** un bon restaurant, le ***Nhà Cổ Đường Lâm*** *(☎ 016-87-92-73-15). Repas env 180 000 Dg (boissons en plus). Mieux vaut téléphoner avt pour réserver.* Dans le village, cette belle maison de 1746 (classée) est habitée par un ancien journaliste (Hà Nguyên Huyến) et son épouse Mme Vuot. Avec ses petits pavillons bordant un joli jardin intérieur et fleuri, la demeure appartient depuis 14 générations à la même famille de notables. Ce couple charmant propose une cuisine traditionnelle, fine, naturelle et copieuse, que l'on déguste à la table d'hôtes dans un grand salon décoré de vieux objets et d'antiquités (céramiques, horloges françaises, calligraphies). Aucun luxe ici, tout est resté dans le style « vieux riche ruiné », patiné par les ans.

Un manoir mandarinal : *à env 50 km à l'ouest de Hanoi, dans la province de **Sơn Tây.** Visite sur résa seulement, min 3 j. à l'avance, certains jours, et en petits groupes. Conditions de visite, résas, tarifs et horaires auprès de Lê Hoài Anh (francophone), agence* Indochina Land, *09-13-21-41-65. • anhle@indochina-land.com • Compter 50 US$ pour 2 pers (incluant voiture avec guide et chauffeur).* Pour honorer la mémoire de ses ancêtres, M. Nghiêm Xuân Tuệ, descendant d'une famille de grands mandarins de la cour impériale, a reconstitué, poutre par poutre, dalle par dalle, meuble par meuble, le manoir de son grand-père maternel, selon les souvenirs d'enfant qu'il en a gardé. Pour ressusciter les trésors de la mémoire enfantine, pour perpétuer cette chronique familiale, il a acheté 2 vieilles maisons :

l'une du XIXe s provenant de Huế, l'autre de 1695 de la région de Thổ Hà (Bắc Giang), démontées, transportées et remontées dans son domaine champêtre de Tân Xá.

Au sud de Hanoi

Chùa Hương *(pagode des Parfums ; plan Les environs de Hanoi,* ***5****)* ***:*** *à 60 km au sud de Hanoi. • dulichchuahuong.com •*
– S'y rendre : bus n° 3 depuis la gare routière de Mỹ Đình jusqu'au terminus de Chùa Hương. Billet : env 9 000 Dg. Durée : env 2h (bus) et 1h30 en voiture privée. Autre option : de la gare routière de Long Biên, bus n° 1 jusqu'à la gare de Yên Nghĩa, puis bus n° 75 jusqu'à Chùa Hương. Billet : 17 000 Dg.
– Entrée du site : 80 000 Dg/pers. Barque : 50 000 Dg/pers (pour un bateau occupé par 6 pers). À 2 pers, compter 350 000 Dg, entrée de la pagode incluse. Les bateaux sont soit à rames, soit à moteur. Télécabines : env 100 000 Dg l'aller ; réduc. À Hương Sơn, on embarque pour une splendide balade sur la rivière Yến. 1er arrêt à la pagode de la Présentation, ultime étape pour se purifier avant d'entrer dans la terre de Bouddha. Puis encore ***1h de barque,*** on passe sous le pont de la Fête, autrefois en bois. Superbe paysage karstique au milieu des rizières et des gros rochers calcaires. Au bout, la montagne de l'Empreinte parfumée (Hương Tích).
Compter ***2h de montée*** balisée de sanctuaires répondant aux poétiques noms de « Pagode qui mène au ciel » (Thiên Chùa), « pagode des Fées », très jolie, avec la déesse Qan Yin, « pagode du Purgatoire » (Chùa Giải Oan), « pagode de l'Empreinte parfumée » (Chùa Hương Tích), aménagée dans une large grotte creusée dans un pain de sucre avec de grands escaliers pour accès. Le long du chemin de montée, les boutiques d'articles religieux et de souvenirs empêchent de voir la forêt (finalement mieux vaut prendre la télécabine).
Visite surtout intéressante au moment des ***grands pèlerinages*** de février à avril, où la foule fait montre d'une extrême ferveur. Beaucoup de paysans y vont pour garantir le succès des récoltes, et les femmes ne pouvant pas avoir d'enfant viennent frotter la tête d'un bouddha. Présence également d'un grand nombre de marchands du temple.
Au retour, en bas de la dernière pagode, ***petits restos.***
– ***Bon à savoir :*** attention à ne pas rester bloqué là-bas. Les barques repartent vers 15-16h.

À l'est de Hanoi

Le village de Bát Tràng *(plan Les environs de Hanoi,* ***22****)* ***:*** *à 15 km au sud-est de Hanoi. Bus n° 47 depuis la gare routière de Long Biên. Départs ttes les 10 mn 5h-20h ; 40 mn de trajet Billet : 7 000 Dg.* Bourgade de 6 000 habitants, qui vit essentiellement de la poterie et de la faïence ; tradition perpétuée depuis le XIVe s, selon des techniques artisanales très anciennes. ***Petit marché touristique*** *(tlj 7h-19h, mais plus actif le w-e)* à 50 m du terminal des bus. Le seul grand four ancien encore conservé est visible à l'***atelier-boutique-salon de thé Lò Bầu*** *(Xóm 2, pas de numéro, dans la rue*

> **GUIDE DES RECORDS**
>
> *Le céramiste Lê Minh Ngọc est le seul artisan de Bát Tràng (où il vit et travaille) capable de fabriquer de très grands vases en céramique. Il a la folie des grandeurs. En 1996, il a fabriqué un vase de plus de 5 m de haut. Cet exploit lui a valu d'être inscrit au* Livre Guinness des records *du Vietnam.*

principale ; tlj 8h-17h). Ce four est situé dans un hangar au fond de la cour (il ne fonctionne plus). L'argile et le kaolin sont mélangés à de la pierre de Bát Tràng, et on ajoute à cette préparation du verre broyé pour donner plus d'éclat à la céramique. Le travail se fait à la main, et notamment la sculpture du moule, la peinture, le peaufinage... Les fours modernes sont chauffés au gaz. La cuisson à 1 200 °C dure 17h. À noter que 16 artisans de Bát Tràng ont été invités aux États-Unis pour y exposer leurs œuvres ou en réaliser de nouvelles. L'un des céramistes les plus créatifs s'appelle Nguyễn Tiên Đạt, et le plus extravagant est Lê Minh Ngọc (voir encadré).

Autres villages de métier à l'est

Le village de Phụng Công : *à 5 km au sud de Bát Tràng, par une petite route.* Dans ce village, près de 2 000 familles vivent de la culture et de la vente des bonsaïs. On y cultive aussi de nombreuses plantes ornementales.

Le village de Kiêu Kỵ : *à 7 km à l'est de Bát Tràng. Mieux vaut y aller avec un guide vietnamien pour comprendre.* Ici la spécialité c'est la feuille d'or. Autrefois le village comptait une vingtaine d'artisans. Aujourd'hui, suite à une baisse de la demande, il en reste moins de 10. Le plus connu est Lê Văn Vòng, rue Han Hom *(09-45-36-61-91).* On peut visiter *(sur rdv)* sa maison, voir son grand autel des ancêtres qu'il a doré lui-même à la feuille d'or, et son petit atelier où l'aplatissement des feuilles d'or se fait encore à coups de marteau (pas de machines). L'or à l'état de matière première vient d'Italie ou des États-Unis. Cet artisan est si réputé qu'il a même été invité en Inde pour dorer une statue de Bouddha sur le lieu même de sa mort.

La pagode Bút Tháp *(plan Les environs de Hanoi,* ***6****)* ***:*** *à env 40 km de Hanoi, à l'est. Entrée : 20 000 Dg.* On a un faible pour cette « pagode de la Tour du Pinceau ». Ensemble monastique du XVIIe s (1647) d'une grande homogénéité architecturale et proposant de nombreuses richesses. Ses 3 édifices principaux sont entourés d'une enceinte. Le célèbre moine *Chuyết Chuyết* professait dans les galeries latérales au XVIIe s. Le plus fascinant se révèle être la balustrade entourant le 2e édifice, ainsi que le pont de pierre le reliant au 3e bâtiment. Très rare dans l'architecture monastique au Tonkin ! Ce petit pont en dos d'âne est illustré de scènes de chasse.

QUITTER HANOI

- Bon à savoir : réserver son billet de bus ou de train via une agence de voyages permet d'économiser du temps contre une commission généralement modeste...

En train

Horaires des trains et possibilité d'achat en ligne des billets sur le site officiel des chemins de fer du Vietnam en version anglaise ● *vietnam-railway.com* ● Il est impossible de réserver sa place plus de 10-15 j. avt le départ.

- Conseil : pour les voyages de nuit, ne pas hésiter à prendre une couchette molle. Ces places sont plus chères mais plus agréables. Un compartiment comporte 4 couchettes molles contre 6 couchettes dures (dans le même compartiment).

Gare centrale *(plan III, C4)* **:** *à l'extrémité de Trần Hưng Đạo. ☎ 39-42-36-97. Guichets ouv 7h30-12h, 13h30-17h. Dans le hall des départs, on trouve un distributeur ATM et une consigne à bagages.* De Lào Cai (extrême nord) à Hồ Chí Minh-Ville (extrême sud), le « train de la Réunification » parcourt la colonne vertébrale de ce long et étroit pays qu'est le Vietnam, via Hanoi, Nha Trang et Huế. Du nord au sud, les trains

portent des numéros impairs *(SE1, SE3, SE5, SE7)*. Du sud au nord, des numéros pairs *(SE2, SE4, SE6, SE8)*.
Pour choisir votre place parmi les différentes catégories de confort, lisez bien la rubrique « Vietnam utile. Transports », en début de guide.
Attention, pour les trains de nuit à destination de Lào Cai, l'accès à la gare se fait par l'arrière, rue Trần Quý Cáp (surnommée aussi « gare B » par les chauffeurs de taxi).

➢ ***De/vers Hồ Chí Minh-Ville** (Saigon) :* 4 trains/j., 6h-22h. Le plus rapide est celui de 22h, le *SE3* (env 31h de trajet pour 1 726 km). Les autres express *(SE1, SE5, SE7)* mettent 33-35h. Acheter le billet la veille, voire l'avant-veille, au guichet 3. Compter 61-86 € selon train et confort.

➢ ***De/vers Huế :*** aussi intéressant et surtout plus rapide que par la route. 6 trains/j., dont 4 vont à Hồ Chí Minh-Ville. Trajet : 12-14h (le plus rapide, le *SE3,* part à 22h). Compter env 25-35 € selon train et confort.

– ***Bon à savoir :*** à l'arrivée en gare de Huế, selon l'emplacement de votre wagon, vous pouvez être assez loin du quai (jusqu'à 500 m) ; dans ce cas, il vous faudra descendre et marcher sur le côté de la voie pour arriver à la gare.

➢ ***De/vers Đà Nẵng :*** mêmes trains que ceux pour Hồ Chí Minh-Ville. 2 départs dans la journée, et 3 dans la nuit. Durée moyenne : 15-16h (le plus rapide est le *SE19*). Compter 22-42 € selon train et confort.

➢ ***De/vers Ninh Bình :*** 3 trains/j., dont 2 le mat, et 1 le soir. Durée : env 2h20. Billet aller : env 8-11 € selon confort (siège dur ou mou).

➢ ***De/vers Lào Cai et Sapa** (frontière Vietnam-Chine) :* la plupart sont des trains de nuit. Durée : env 8h10. Certains wagons de ces trains de nuit *SP1, SP3* et *SP22* sont spécialement affrétés pour les touristes. Ils portent les noms des compagnies : *Orient Express, Sapaly, Tulico, King Express, Livitrans Express...* Le prix moyen d'une couchette sur ce trajet est de 19-70 € selon confort. Les couchettes les plus chères sont celles du *Victoria Express* (120-244 €). De Lào Cai, liaisons par minibus (au départ de la pl. de la gare) ou taxis vers Sapa.

En bus

Pour rejoindre les différentes gares routières réparties dans la ville, on vous rappelle le site internet (en vietnamien avec version anglaise) des transports urbains de Hanoi (horaires, tarifs...) : • *tramoc.com.vn* •

– ***Bon à savoir :*** le gouvernement envisage de fermer les gares routières de *Giáp Bát* et *Gia Lâm* en 2020. Le projet prévoit de construire de nouvelles gares routières, plus modernes, en remplacement de celles-ci. À suivre !

Gare routière Yên Phụ *(Bến Xe Yên Phụ ; plan I, D1,* ***1****) : certains l'appellent encore la gare routière de Long Biên.* Assez centrale, coincée sur un espace entre 2 avenues très passantes. Elle dessert essentiellement les environs de Hanoi.

➢ ***De/vers Bát Tràng** (village de porcelaine) :* bus n° 47A. Départs ttes les 20 mn 5h-21h. Compter 45 mn de trajet et 7 000 Dg.

➢ ***De/vers Cổ Loa et l'aéroport international de Nội Bài :*** bus n° 17. Départs ttes les 15 mn env, 5h-22h. Compter 45 mn pour Cổ Loa, 1h pour l'aéroport. Billet : 9 000 Dg.

Gare routière du Sud – Giáp Bát *(appelée aussi gare Bến Xe Nam Hà Nội ; hors plan I par C5,* ***3****) : 6, Giải Phóng, à env 7 km au sud de Hanoi. ☎ 38-64-14-67. Pour s'y rendre, bus urbain n° 8 depuis la gare routière de Long Biên (via la rive du lac Hoàn Kiếm). Il y a aussi le bus n° 3A qui passe devant la gare ferroviaire. Sinon, y aller en taxi.* On conseille la compagnie Hoàng Long.

➢ ***De/vers Ninh Bình et Hoa Lư** (Tam Cốc ; baie d'Hạ Long terrestre) :* en minibus, départs ttes les heures 6h-22h. Compter 75 000-90 000 Dg et 2h de route.

– ***Bon à savoir :*** étant donné les embouteillages, le trajet du centre jusqu'à cette gare routière peut être assez long. Dans ce cas, le train Hanoi-Ninh Bình est plus intéressant.

Gare routière Gia Lâm *(Bến Xe Gia Lâm ; hors plan I par F2,* ***2****) : Nguyễn Văn Cừ. ☎ 38-27-15-29. Située à env 5 km à l'est de Hanoi, en* *léger retrait de la route nationale en direction de Haiphong (fléché). Bus urbains depuis la gare routière de Long Biên nos 1 (7 000 Dg), 10 et 15. Bus no 3 depuis la gare ferroviaire (via le musée d'Histoire). Très pauvre en infos, tt est écrit en vietnamien.* C'est de ce terminal que partent les bus vers la baie d'Hạ Long et le nord-est du Vietnam.

➢ ***De/vers Haiphong :*** 1 départ ttes les 10 mn env, 4h30-21h. Compter 70 000-90 000 Dg. Durée : 1h45-2h (par l'autoroute). Plusieurs compagnies, minibus de 35 places ou grands bus avec clim. De Haiphong, on peut rejoindre l'île de Cát Bà en hydroglisseur (voir rubrique « Arriver – Quitter » du chapitre Cát Bà).

➢ ***De/vers la baie d'Hạ Long :*** c'est écrit « Quảng Ninh », le nom de la province où se trouvent les 2 villes principales de la baie d'Hạ Long, Bãi Cháy et Hòn Gai. Plusieurs compagnies. Départs ttes les 15 mn 6h30-18h30. Env 120 000 Dg. Durée : env 4h. Descendre à la gare routière (Bến Xe) de Bãi Cháy ou à l'embarcadère principal de Tuần Châu. Il existe aussi un bus de nuit avec couchettes, à 19h30 (destination Móng Cái – frontière chinoise –, mais s'arrête à la gare routière de Bãi Cháy).

➢ ***De/vers Lạng Sởn :*** 3 bus/j., le mat, à partir de 7h30. Minibus de 16 places. Durée : 4h.

🚌 ***Gare routière de Mỹ Đình*** *(Bến Xe Mỹ Đình ; hors plan I par B4,* ***4****) :* *20, Phạm Hùng, Mỹ Đình. ☎ 37-68-55-49. ● benxemydinh.com ● À une dizaine de km à l'ouest de Hanoi. Pour y aller, bus no 9 puis changement, prendre les bus nos 30, 34 ou 49.* De cette gare routière partent les bus à destination du nord-est et du nord-ouest du Vietnam.

➢ ***Pour la province de Hà Giang :*** env 12 bus/j., 7h-21h30. Durée : 4h-7h30 pour env 305 km. 5 compagnies différentes assurent le trajet : *Thịnh Mỹ, Hải Vân Express, Ngọc Cường, Thêm Hậu.* Minibus de 28 places (compagnie *Thêm Hậu*) ou de 45 places *(Hải Vân Express).* Durée : 6-9h. Les trajets les plus rapides correspondent à des départs très tôt le mat. Billet : 160 000-220 000 Dg.

➢ ***De/vers Bắc Hà*** *(sans escale à Sapa)* ***:*** 1 bus de nuit avec la compagnie *Hải Vân Express.* Départ à 19h30, arrivée à 5h40. Durée : env 10h (pour env 350 km). Billet : 270 000 Dg.

➢ ***De/vers Điện Biên Phủ :*** 3 compagnies assurent la liaison (*Thông Lan, Trung Dũng* et *Cường Tâm*), à raison de 3 bus/j., 16h-20h. Durée : 9-11h pour 475-500 km. Billet : 350 000-400 000 Dg.

➢ ***De/vers le lac Ba Bể*** *(province de Bắc Kạn)* ***:*** 2 bus/j. avec la compagnie *Thưởng Nga.* Billet : 120 000 Dg. Durée : 6-7h pour 211 ou 220 km. Le bus passe par Thái Nguyên et Chợ Đồn, et arrive au village de Bó Lù, sur la rive sud du lac Ba Bể. C'est l'option la plus pratique. Autre option, avec la compagnie *Xuân Hùng,* 1 bus vers 12h30, arrivée à Bắc Kạn à 16h, puis supplément pour aller jusqu'à Chợ Rã, village situé à 17 km à l'est du lac (moins pratique car ce village est assez isolé).

➢ ***De/vers Sơn La :*** env 15 bus/j., 7h-16h. 5 compagnies assurent ce trajet. Durée : 5-8h pour 270 km. Billet : 180 000-235 000 Dg.

En bus d'agence privée

– ***Les minibus Limousine :*** ces minibus confortables assurent un ***service de porte-à-porte.*** Ils peuvent transporter au max 9 pers. Très bien équipés, avec des sièges-couchette confortables, à condition d'avoir réservé par tél ou par Internet. Le service est assuré par plusieurs compagnies. Cette formule peut être intéressante notamment pour aller de Hanoi à la baie d'Hạ Long (province de Quảng Ninh). Durée : 3h (les bus prennent l'autoroute Hanoi-Haiphong-Hạ Long). Billet : env 220 000 Dg. Infos : *📱 09-64-24-02-40 (à Hanoi). ● vandonxanh.com ●*

Autres compagnies du même type : *Phúc Xuyên (☎ 32-36-32-36 et hotline (0)20-33-82-78-27 ; ● phucxuyen.com.vn ●).* Les minibus de cette compagnie partent de la gare routière de Mỹ Đình et marquent l'arrêt à l'Opéra (compter 180 000-240 000 Dg pour un trajet Hanoi-Hạ Long).

– On peut aussi passer par une agence locale. Rens auprès de *Halong Van Song Travel* (francophone ; 📱 *09-12-09-48-50*) à Bãi Cháy (baie d'Hạ Long). Compter 150 000 Dg. Une bonne option, car le minibus vous prend en charge directement à votre hôtel (on tourne certes un peu pour charger les autres clients).

➢ ***De/vers l'île de Cát Bà :*** des agences privées comme *Catba Express (• catbaexpress.com •)* ou *Full Moon Party Tour Vietnam (• fullmoonpartytourvietnam.com •)* assurent des liaisons bus + bateau. Les bus sont confortables. Ils partent de Hanoi (centre), empruntent le grand pont Tân Vũ-Lạch Huyện (Cát Hải), prennent le ferry jusqu'au port de Phú Long, et de ce point rejoignent par la route la ville de Cát Bà. Durée : 3h-3h30. Billet : 10-14 US$. On peut acheter sa place en ligne.

– Voir aussi les bus des agences privées comme *Goodmorning Cat Ba* (billet simple aller 14 US$; *• goodmorningcatba.com •*) et *Daiichi Travel (• daiichitravel.net •)*. Billet simple aller : 12 US$.

– Ces compagnies ne partent pas des gares routières mais ils viennent chercher leurs clients directement à leur hôtel, ou bien les clients se retrouvent au bureau de la compagnie avant le départ. Voir, au chapitre Cát Bà, la rubrique « Arriver – Quitter. En bus + bateau ».

En avion

➢ ***Du centre-ville de Hanoi à l'aéroport international de Nội Bài*** et autres détails pratiques, voir aussi « Arrivée à l'aéroport » en tête du chapitre « Hanoi ».

– Du centre de Hanoi, on peut prendre le ***bus nº 17*** au départ de la gare routière de Yên Phú (appelée aussi Long Biên ; *plan I, D1,* ***1***).

– ***Notre conseil :*** une bonne solution est de prendre le ***bus nº 86*** de la compagnie *Hanoibus (☎ 38-43-63-93 ; • timbus.vn •)* au départ de la gare ferroviaire centrale de Hanoi. Ce sont des bus neufs et confortables (avec AC), de couleur orange. Ils marquent l'arrêt à la gare routière de Yên Phú (Long Biên) et desservent l'aéroport international. La durée du trajet est de 55 mn, ce qui est plus avantageux que les 90 mn du bus nº 17.

– ***Airport Minibus Vietnam Airlines :*** il existe des navettes régulières de minibus avec la compagnie *Vietnam Airlines*. 16 départs/j., 6h-19h30. Ils partent depuis un parking situé en face de l'immeuble de *Vietnam Airlines (plan III, D4,* ***15****)*, au 25, Tràng Thi. Billet individuel : 40 000 Dg. Durée : 40 mn. Attention, ils ne partent pas s'ils sont à moitié vides... Plutôt une formule pour les familles ou groupes constitués.

– On peut y aller ***en taxi*** : compter env 300 000 Dg. *• taxigroup-hanoi.com • hanoiairportonline.com •*

Vols intérieurs (avec Vietnam Airlines)

Le pays étant étiré en longueur du nord au sud, l'avion peut s'avérer un bon moyen pour rejoindre certaines villes (bon réseau intérieur) plutôt qu'en fastidieux (mais plus typiques) train ou bus. Quelques destinations importantes :

➢ ***De/vers Buôn Ma Thuột :*** 1 vol/j. Durée : 1h40 (sans escale).

➢ ***De/vers Dalat :*** 1 vol/j. Durée : 1h55.

➢ ***De/vers Đà Nẵng*** *(aéroport international)* ***:*** env 16-17 vols/j., 6h-21h. Durée : 1h20.

➢ ***De/vers Điện Biên Phủ :*** 2 vols/j., 1 le mat, l'autre en début d'ap-m. Durée : 1h15.

➢ ***De/vers Hồ Chí Minh-Ville :*** 25-28 vols/j., 6h-21h30. Durée : 2h10.

➢ ***De/vers Huế :*** 2-3 vols/j., 8h40-18h10. 1 vol le mat, 2 dans l'ap-m et en soirée. Durée : 1h10.

➢ ***De/vers Nha Trang*** *(Cam Ranh)* ***:*** 5 vols/j., 8h45-18h15. Durée : 1h55.

➢ ***De/vers Cần Thơ*** *(delta du Mékong)* ***:*** 2-3 vols/j., 7h05-18h50. Durée : 2h10.

➢ ***De/vers Phú Quốc*** *(île)* ***:*** 3 vols/j., dont 2 le mat et 1 dans l'ap-m. Durée : 2h05.

➢ ***De/vers Qui Nhơn :*** 2 vols/j. Durée : 1h35.

– Certains vols domestiques sont opérés par ***VietJet Air*** (Dalat, Đà Nẵng, Hồ Chí Minh-Ville, Huế, Nha Trang ;

• *vietjetair.com* •), ou par ***Jetstar,*** filiale *low-cost* de *Qantas* (Hồ Chí Minh-Ville et Đà Nẵng ; • *jetstar.com* •). Bien moins cher qu'avec *Vietnam Airlines.*

Vols internationaux

➢ Avec *Vietnam Airlines,* vols réguliers de Hanoi pour ttes les grandes capitales d'Asie. Également 4 vols/sem directs (mar, mer, jeu et sam) desservant Paris.

➢ Avec *VietJet Air,* 1 vol/j. pour Bangkok. Durée : 1h50.

➢ Avec *Cebu Pacific* (compagnie *low-cost* philippine ; • *cebupacificair.com* •), 5 vols/sem (sauf mar et sam) pour Manille. Durée : 3h10.

HAIPHONG (HẢI PHÒNG)

env 2 000 000 hab. IND. TÉL. : 225

• Plan *p. 162-163*

Le plus grand port du Vietnam du Nord et la 3e ville du pays (environ 2 millions d'habitants en comptant les faubourgs). Haiphong est relié à Hanoi par une autoroute à 4 voies (110 km). Avec Hanoi et la baie d'Hạ Long, Haiphong fait partie du triangle industriel du Nord, et voit se multiplier l'installation de nouvelles usines, tant occidentales que chinoises.

Curieusement, le voyageur se sent à peine dans un port. Ici, ce n'est ni Hong Kong ni San Francisco. Pourquoi ? D'abord, parce qu'on ne voit pas la mer : c'est une ville d'estuaire. En outre, le site ne se présente ni comme une baie protégée ni comme une rade encerclée de collines. Depuis le trottoir, l'œil du voyageur bute toujours sur quelque chose qui lui barre l'horizon. Comme Hồ Chí Minh-Ville, Haiphong est installé à plat (sans relief) le long d'une longue et paresseuse rivière (la rivière Cửa Cấm).

UN PEU D'HISTOIRE

La ville et ses cours d'eau furent le théâtre de retentissantes batailles contre l'envahisseur chinois. Notamment la victoire, en 938, contre les Han, celle contre les Song en 981 et celle contre les Yuan en 1288. C'est dans la rivière Bạch Đằng, à une dizaine de kilomètres de Haiphong, que Trần Hưng Đạo installa à marée basse les fameux pieux qui coulèrent la flotte mongole. La région de Haiphong fut donnée en 1872 en concession aux Français par l'empereur d'Annam. En 1883, Jules Ferry en fit le 1er port d'Indochine.

Pendant la Seconde Guerre mondiale, les Japonais l'utilisèrent pour ravitailler leur pays avec les matières premières pillées en Indochine (riz, caoutchouc, etc.). En 1946, un incident douanier servit de prétexte à la marine française pour tirer sur les bateaux du Vietminh. La rupture entre autorités coloniales françaises et révolutionnaires vietnamiens, inévitable après l'échec de la conférence de Fontainebleau, fut alors consommée. Le 23 novembre 1946, pressé d'en découdre, l'amiral Thierry d'Argenlieu ordonna le ***bombardement de Haiphong.*** Plusieurs milliers de civils furent tués (6 000 est le nombre le plus couramment avancé).

En 1965 et 1972, la ville, port de transit pour le matériel de guerre livré par les Soviétiques, fut encore lourdement bombardée. En 1972, Nixon ordonna le ***minage*** et le ***blocus du port.***

Aujourd'hui, Haiphong, dont le centre colonial a été préservé, présente un visage tranquille et avenant tout en se préparant, avec l'ouverture économique, à remplir un important rôle dans les années à venir.

■ **Adresses utiles**

1 Vietcombank (B1)
3 Agribank et ATM (B1)

Où dormir ?

10 May Hostel (B2)
11 Đông Đô Hotel (C2)
12 Monaco Hotel (B1)
13 Hoàng Hải Hotel (B1-2)

Où manger ?

20 Phương Mai (B3)
21 Quang Minh (B2)
22 Nam Giao (B1-2)

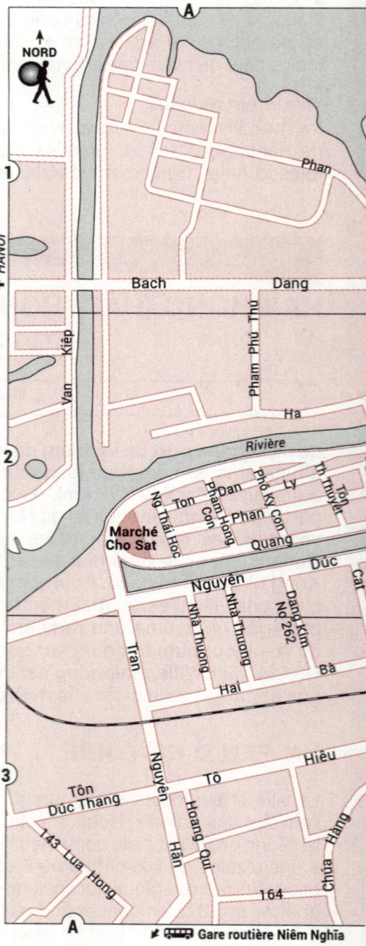

Arriver – Quitter

En train

Gare ferroviaire *(Ga Haiphong ; plan C2)* **:** *située sur Lương Khánh Thiện, dans le centre.* Beaux bâtiments de style colonial français avec une petite salle d'attente. Vérifier les horaires auprès de Vietnam Railways : • *vietnam-railway.com* •

➢ ***De/pour Hanoi :*** 4 trains/j. entre les 2 villes, et dans les 2 sens ; 2 le mat (dont 1 tôt), 2 l'ap-m. Durée moyenne : env 2h30. Compter 75 000-90 000 Dg selon train et clim ou pas.

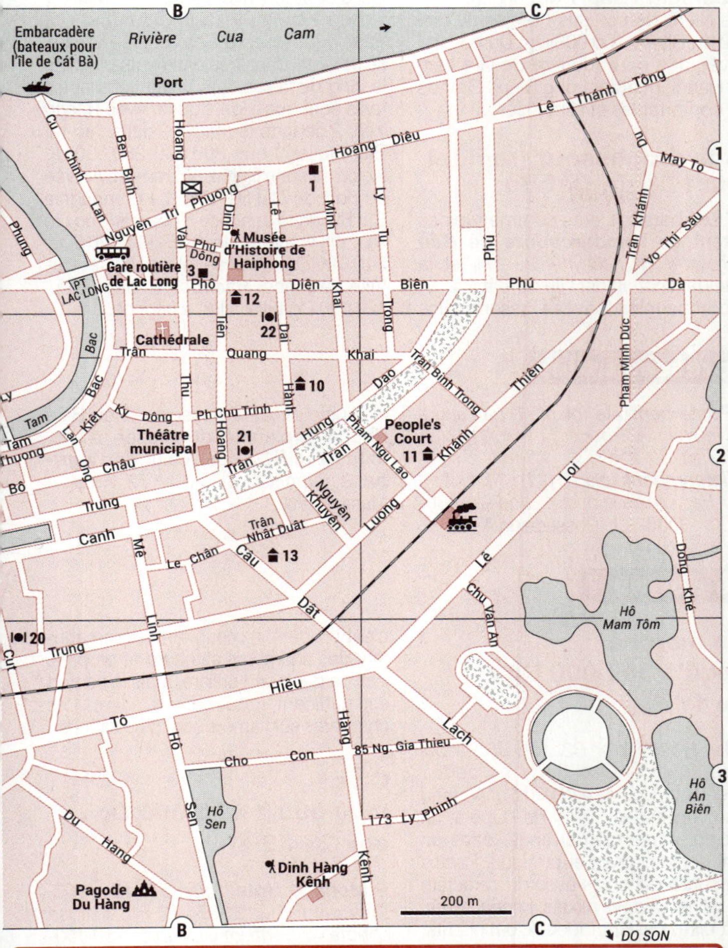

HAIPHONG

En bus

Gares routières *(Bến Xe)* **:** la plus centrale est la gare routière de ***Lạc Long*** *(plan B1),* très pratique en raison de sa proximité (env 800 m) du débarcadère des ferries pour l'île de Cát Bà et la baie d'Hạ Long. Les bus longue distance partent de la gare de ***Niêm Nghĩa,*** située au 273, Trần Nguyên Hãn, à 3 km au sud du centre *(hors plan par A3 ; ☎ 03-13-78-10-77).* C'est une gare routière moderne et bien organisée.

➢ ***De/pour Bãi Cháy*** *(baie d'Hạ Long)* **:** de la gare routière de Lạc Long, minibus ttes les 15 mn 2h-22h. Compter 100 000 Dg et 1h30 de route.

➢ ***De/pour Ninh Bình :*** 2 bus/j. de la gare routière Niêm Nghĩa. Billet : env 140 000 Dg.

➢ ***De/pour Hanoi :*** de la gare routière Niêm Nghĩa. Bus ttes les 30 mn, 5h-21h. Billet : 100 000 Dg. Durée : 2h. Arrivée à la gare routière de Gia Lâm (est Hanoi, quartier Long Biên). Grands bus confortables et climatisés.

En hydroglisseur (rapide), pour l'île de Cát Bà

Les bateaux lents comme rapides partent de l'***embarcadère de Bến Bính*** *(plan B1 ; ☎ 384-29-27),* et la seule destination est l'île de Cát Bà.
– 2 compagnies privées assurent les traversées en hydroglisseur : *Mékong Hoàng Yến (09-35-81-08-88)* et *Cát Bà Island Resort & Spa.* Leurs bureaux se trouvent dans des bâtiments distincts le long de la rue. Les prestations et les tarifs sont quasi identiques. Avec *Hoàng Yến,* 2 départs le mat et 2 dans l'ap-m. Billet (aller) : env 200 000-280 000 Dg (selon saison). Durée : 45 mn-1h. Arrivée au port de Cát Bà-Ville. La compagnie *Cát Bà Island* annonce 6 départs/j. en hte saison (1er avr-fin août). Billet : 220 000-240 000 Dg. Arrivée aussi à Cát Bà-Ville. Agence *Hadeco,* 7 départs/j., 120 000 Dg/billet aller. • *hadeco.vn* •

Adresses utiles

✉ ***Poste centrale*** *(plan B1) : à l'angle de Nguyễn Tri Phương et Hoàng Văn Thụ. Tlj 6h30-21h.*

■ ***Vietcombank*** *(plan B1,* ***1****) : 11, Hoàng Diệu. Pas loin de la poste. Lun-ven 7h30-11h30, 13h30-16h.* Possède un ATM.

■ Plusieurs ***ATM*** aussi sur Điện Biên Phủ, à proximité du musée d'Histoire *(plan B1),* dont celui de l'***Agribank*** *(plan B1,* ***3****),* au n° 72 (*Visa* et *MasterCard*).

Où dormir ?

Bon marché (jusqu'à 300 000 Dg / env 11 €)

May Hostel *(plan B2,* ***10****) : 35, Lê Dai Hành. ☎ 866-777-435. Lit en dortoir 200 000 Dg. Double 470 000 Dg.* Au fond d'une impasse, à 500 m de l'Opéra, un petit hôtel très bien arrangé, dans un esprit contemporain et pratique. Parties communes décorées avec du caractère et du style. Dortoirs mixtes, impeccables, avec clim, casiers, rideaux occultants, lampe de lecture et prises électriques. Salle de bains commune. Agréable terrasse sur le toit. Sert le petit déj. Une excellente adresse pour les petits budgets et les jeunes routards.

Prix moyens (300 000-600 000 Dg / env 11-23 €)

Đông Đô Hotel *(plan C2,* ***11****) : 60, Lương Khánh Thiện. ☎ 221-38-44.* Non loin de la gare, en retrait du boulevard, c'est un petit immeuble moderne abritant des chambres standard et propres. Pas de déco particulière, mais le confort est suffisant (douche/w-c, clim). Les chambres sur l'arrière sont plus calmes.

Chic (600 000-1 000 000 Dg / env 23-38 €)

Monaco Hotel *(plan B1,* ***12****) : 103, Điện Biên Phủ. ☎ 374-64-68. • monacohotel@hn.vnn.vn • Doubles 650 000-950 000 Dg.* Très vaste hall d'accueil et, dans les étages, de vastes chambres au mobilier d'un modernisme classique et un peu rigide, mais d'excellent confort (belles salles de bains). Certaines, en revanche, sont aveugles. Petit déj au 6e étage avec vue sur la ville. Accueil anglophone très professionnel.

Hoàng Hải Hotel *(plan B2,* ***13****) : 109, Cầu Đất. ☎ 384-66-66. • hoanghaihotel.vn • Réception au 1er étage. Doubles 700 000-1 000 000 Dg, petit déj inclus.* Le hall clinquant ne le laisse pas présager, néanmoins les chambres sont coquettes et arrangées dans un style contemporain standard et agréable. Bon confort général (TV, clim, frigo, coin salon dans les plus grandes), salles de bains bien équipées, mais une fois encore, attention aux quelques chambres aveugles ! Accueil fort courtois et prévenant. Resto dans les étages.

Où manger ?

Prix moyens (100 000-250 000 Dg / env 4-9 €)

Pour déguster la spécialité de la ville, à savoir les fruits de mer et crustacés choisis vivants dans les viviers-aquariums et préparés à la commande, direction Trần Hưng Đạo, à l'angle avec Đinh Tiên Hoàng. Tarifs au poids : faites peser vos bestioles avant de confirmer votre choix pour maîtriser la facture ! Parmi la demi-douzaine d'établissements, on signale le ***resto Quang Minh*** *(26, Trần Hưng Đạo ; plan B2,* ***21*** *; ☎ 382-30-64).* La carte est en anglais. On y sert toutes sortes de coquillages et de poissons. Compter 70 000 Dg pour 100 g, car ça marche au poids. Fraîcheur garantie, un peu d'anglais pour passer commande, et des tables en terrasse comme en salle. À côté du *Quang Minh,* le ***Hải Sản Quốc Hà*** *(24B, Trần Hưng Đạo).*

Phương Mai *(plan B3,* ***20****)* **:** *87, Cát Cụt. 📱 913-24-11-55. Tlj, jusqu'à 21h.* Petit resto de quartier avec un extérieur avenant et une salle nette et propre. Déco blanc et mauve, serveuses en mauve aussi, panneaux sur les murs avec photos des plats. Cuisine fraîche et savoureuse avec une spécialité : le *chả nem,* gros nems de crabe et de crevettes. Il y a aussi le *chả mực,* calamars en beignets. Une très bonne adresse !

Nam Giao *(plan B1-2,* ***22****)* **:** *22, Lê Đại Hành. ☎ 381-06-00. Tlj 8h-23h.* La seule adresse de charme de la ville ! Façade discrète en brique rouge et bois de style pagode, ne pas hésiter à pousser la belle porte en bois, pour découvrir un intérieur avec un mobilier ancien (ou bien imité), des dalles de terre cuite et de belles boiseries sombres. Cuisine vietnamienne traditionnelle, au gré des heures de la journée. Excellent bœuf au bambou, et savoureux calamar au gingembre. Salon de thé à l'étage, avec une enfilade de petites salles intimes aux tables au ras du sol.

LE NORD

À voir

Le quartier commerçant *(plan B2)* **:** grosse animation sur Cầu Đất, la principale rue commerçante. Elle mène à la vaste place du théâtre municipal *(plan B2),* autre monument de l'époque coloniale au style « français » très marqué. L'ancien canal (rues Trần Hưng Đạo et Trần Phú ; *plan B-C2*) a été recouvert d'une promenade ombragée et abrite juste à droite, au nº 31 *(plan C2),* l'ancien tribunal – encore un bâtiment colonial –, aujourd'hui « People's Court ». En poursuivant Hoàng Văn Thụ vers le nord, la cathédrale *(plan B2),* construite par les Français, mais sans grand attrait...

L'ÎLE DE CÁT BÀ (PARC NATIONAL)

IND. TÉL. : 225

• Carte L'île de Cát Bà *p. 167* • Plan Cát Bà-Ville *p. 169*

À 48 km à l'est de Haiphong (1h d'hydroglisseur en moyenne) s'étend un archipel de 366 îles et îlots rocheux au relief accidenté. Dans cette étrange constellation

nappée de brume hivernale, la plus grande île s'appelle l'île de Cát Bà. Située à une quinzaine de kilomètres au sud de la baie d'Hạ Long, cette île appréciée des routards du monde entier mérite une escale. On y trouve de nombreux petits hôtels et des complexes hôteliers de luxe ont fait leur apparition (notamment côté plages). L'île reste habitée en grande majorité par des pêcheurs et des paysans, mais elle vit de plus en plus du tourisme.
La raison d'y venir : le parc national de Cát Bà. Inclus dans une réserve naturelle de près de 14 000 ha, il abrite des lambeaux de forêt tropicale couvrant un relief mouvementé, de beaux paysages hérissés de rochers calcaires érodés et couverts d'une végétation luxuriante. On peut traverser le parc à pied, en une journée. Les randonneurs seront enchantés. On peut aussi s'y baigner. Quelques plages de sable fin se cachent dans des criques secrètes mais de moins en moins protégées.

UN PEU D'HISTOIRE

L'occupation de l'île remonte à la nuit des temps. Il y avait autrefois une communauté chinoise. En 1978-1979, au moment de la guerre frontalière entre la Chine et le Vietnam, les Chinois de l'île furent contraints de s'enfuir vers l'île de Hainan et Hong Kong. Cát Bà s'enfonça dans le marasme économique.
Pour la sortir de son isolement, le gouvernement vietnamien décida, en 1986, de créer le parc national de Cát Bà, vaste réserve naturelle destinée à protéger la faune et la flore, et à attirer les visiteurs. Jusqu'en 1994, l'agglomération principale, Cát Bà, au sud, ressemblait à un gros village composé de huttes alignées le long d'un chemin de terre, face à la mer.
Avec l'ouverture au tourisme (vers 1995), la route le long de la mer de Cát Bà a été élargie. La colline rocheuse, contre laquelle s'adossent la plupart des maisons du port, a été rabotée à coups de dynamite pour faciliter la construction des immeubles et des mini-hôtels. Depuis 1998, le réseau électrique de l'île est relié au continent.

UN DRÔLE DE CRABE

À voir : les limules, appelés ici *crabes Sam*. Leur énorme carapace vert clair évoque un casque futuriste. Leurs 2 petits yeux très écartés sont presque invisibles. Une longue et fine queue traîne à l'arrière comme une antenne. Ce sont les limules, ou crabes Sam, parmi les plus grands du monde (jusqu'à 50-60 cm), avec les crabes d'Alaska. C'est un des rares endroits du Vietnam où ils vivent ; on en aperçoit parfois dans les viviers. Mais pour en manger, il faut attendre la bonne saison, c'est-à-dire l'été. C'est cependant une espèce qui se raréfie face à son prédateur le plus coriace : l'homme.

LES CRABES AMOUREUX

Il existe une expression populaire : « S'accrocher et s'aimer comme les crabes Sam. » Pendant la période de fécondation, le mâle se colle à longueur de journée au dos de la femelle (qui est plus imposante en volume que le mâle). Selon l'usage au Vietnam, il faut toujours les vendre par couple, les cuisiner par couple et les manger aussi par couple. C'est ainsi que le crabe Sam est devenu le symbole des amoureux au Vietnam.

Arriver – Quitter

En bus + bateau

➢ ***De/pour Hanoi :*** à Hanoi, on peut acheter un billet forfaitaire qui inclut le voyage en bus (compagnie privée) et le ferry de Hanoi à Cát Bà. Durée totale du trajet : env 3h-3h30. Le bus part du centre de Hanoi, rejoint

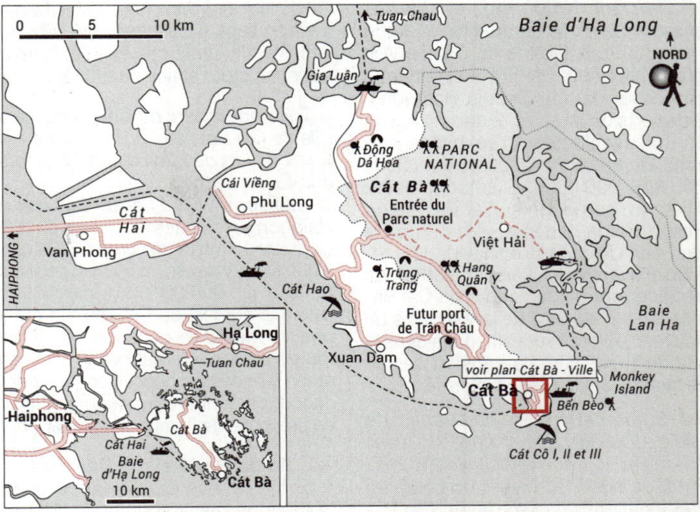

L'ÎLE DE CÁT BÀ

d'abord Haiphong par une autoroute, passe par un grand pont suspendu (route à 6 voies), atteint ensuite l'île de Cát Hải. Après l'avoir traversée, on prend un ferry (15 mn) qui arrive à l'embarcadère de Cái Viềng, à 25 km au nord-ouest de l'île de Cát Bà. Ensuite compter 45 mn de bus jusqu'à Cát Bà-Ville.

– Il y a aussi les ***bus publics*** classiques qui partent de la gare routière de Giáp Bát, située à 6 km du centre de Hanoi.

– ***Bon à savoir :*** l'agence touristique de l'hôtel routard et pas cher *Full Moon Party* (voir plus bas « Où dormir ? ») à Cát Bà-Ville assure des navettes en bus de Hanoi vers Cát Bà et vice versa. Les contacter à leur adresse à Cát Bà-Ville ou à leur bureau au 162B, Trần Quang Khải, à Hanoi. Billet : 290 000 Dg (env 13 US$). 3 bus/j., à 7h30, 10h30 et 14h. Infos et résas en ligne sur *• fullmoonpartytourvietnam.com •* Ces bus confortables et modernes sont ouverts à tous, client ou non de leur hôtel. Mêmes services avec *Cat Ba Express* (*• catbaexpress.com •*). 3 départs/j. Billet : 15 US$. Durée : 4h.

➢ ***De/pour Ninh Bình :*** plusieurs agences proposent la navette en bus. L'agence du *Full Moon Party Hotel* (voir plus haut) organise des liaisons en bateau + bus de Cát Bà à Ninh Bình, en passant par Haiphong. 2 bus/j. Durée : 5h. Billet : 250 000 Dg.

➢ ***De/pour Sapa :*** *sleeping bus* au départ de Cát Bà-Ville. Départ tlj à 16h ; trajet : 10h. Pas très pratique car on arrive à Sapa à 4h du mat ! Billet (aller) : env 28 US$. Le bus embarque sur un bateau pour passer de l'île au continent. Infos et résas à l'office de tourisme. Certains hôtels vendent aussi le billet.

En bateau

3 embarcadères de transport sur l'île de Cát Bà, ainsi qu'un embarcadère de croisière (celui de Bến Bèo). La plupart des hôtels et agences de l'île vendent les tickets.

Embarcadère de Cát Bà-Ville *(plan A2) : en plein centre.* Dessert uniquement Haiphong en hydroglisseurs des compagnies *Cát Bà Island Resort & Spa* (☎ *368-86-86*) et *Mékong Hoàng Yến* (☎ *384-14-31*).

➢ ***De/pour Haiphong, en hydroglisseur :*** avec la compagnie *Mékong Hoàng Yến,* 5 départs de Cát Bà-Ville pour Haiphong, 9h-17h (seulement 2 en basse saison). Depuis Haiphong, 2 départs le mat et 2 dans l'ap-m, 8h-16h (seulement 3 en basse saison). Durée du voyage : 45 mn. Tarif : 200 000-300 000 Dg selon saison. Avec la compagnie *Cát Bà Island Resort & Spa,* 6 départs 7h-16h dans les 2 sens (4 départs en hiver).
– ***Bon à savoir :*** il est question de déplacer cet embarcadère de Cát Bà-Ville à 6 km au nord de la ville dans un nouveau port qui sera aménagé dans le site de Trân Châu. Le transfert devrait se faire en 2020. Restez informé !

Embarcadère de Gia Luân *(carte L'île de Cát Bà)* ***:*** *au nord de l'île, à env 30 km par la route principale. ☎ 247-39-89.* 3 bus/j. en hiver (4-5 bus/j. en été) assurent la liaison avec Cát Bà-Ville. Billet : env 30 000 Dg. Durée : 40 mn. Il y a aussi des motos-taxis qui attendent au débarcadère, pour vous transporter jusqu'à Cát Bà-Ville. Dans le sens Cát Bà-Ville pour Gia Luân, en taxi, compter 300 000 Dg.
➢ ***De/vers la baie d'Hạ Long*** *(port de Tuần Châu)* ***:*** 3 ferries/j. en hiver (1er oct-fin avr) dans les 2 sens. De mi-avr à fin sept, 5 liaisons/j., 9h-16h. Trajet : env 1h. Tarif : env 90 000 Dg (plus pour une moto et son chauffeur).

Embarcadère de Cái Viềng *(carte L'île de Cát Bà)* ***:*** *au nord-ouest de l'île, à env 30 km de Cát Bà-Ville. Compter env 45 mn de route.*
➢ ***Liaisons vers l'île de Cát Hải et Haiphong :*** ferry ttes les heures 6h-17h. Compter 15 mn de traversée. Billet : env 8 000 Dg/passager, 25 000 Dg pour une moto et 95 000 Dg pour une voiture. Une fois sur l'île de Cát Hải, un grand pont moderne (le pont Tân Vũ) et une route à 6 voies relie Cát Hải au continent et à la ville de Haiphong. Construit par le Japon, ce pont a été inauguré en 2017 en présence de l'empereur du Japon.

Embarcadère de Bến Bèo : *à 1,5 km à l'est de Cát Bà-Ville.* À moto-taxi, compter 20 000 Dg ; en taxi, 50 000 Dg. Surtout un port de « plaisance », c'est d'ici que partent les excursions à la journée dans les îles de la baie de Lan Hạ (Monkey Island, entre autres), et c'est là également que sont amarrées la plupart des jonques privées qui proposent des croisières plus longues vers la baie d'Hạ Long.

Se déplacer dans l'île

En bus

Plusieurs bus sillonnent l'île, ralliant Cát Bà-Ville à Gia Luân ou Cái Viềng. Prix public : 25 000-30 000 Dg. Beaucoup plus fréquents l'été que l'hiver.

En minibus privé ou en voiture

La plupart des hôtels proposent ce genre de service. Pour une demi-journée, compter 25-40 € pour la location d'un véhicule selon le nombre de places.

À moto

De nombreux propriétaires vous proposeront leurs services (avec ou sans pilote) dès votre arrivée. On peut aussi s'adresser aux hôtels ou à certains restos. Compter env 80 000 Dg/j. Pour l'essence, il y a 3 stations-service, mais des petits marchands en vendent au port. La moto reste sans doute le moyen de transport le plus pratique (mais le plus dangereux) et permet une relative autonomie (ce qui n'est pas le cas du bus). Le casque, obligatoire, est normalement fourni par le loueur.

Adresses utiles

Tourism Information & Development Centre *(Cát Hải District People's Committee ; plan A1)* ***:*** *sur le quai, près de l'embarcadère. Tlj 7h-21h.* Adresse bien située mais inutile. Accueil peu attentionné. On aura

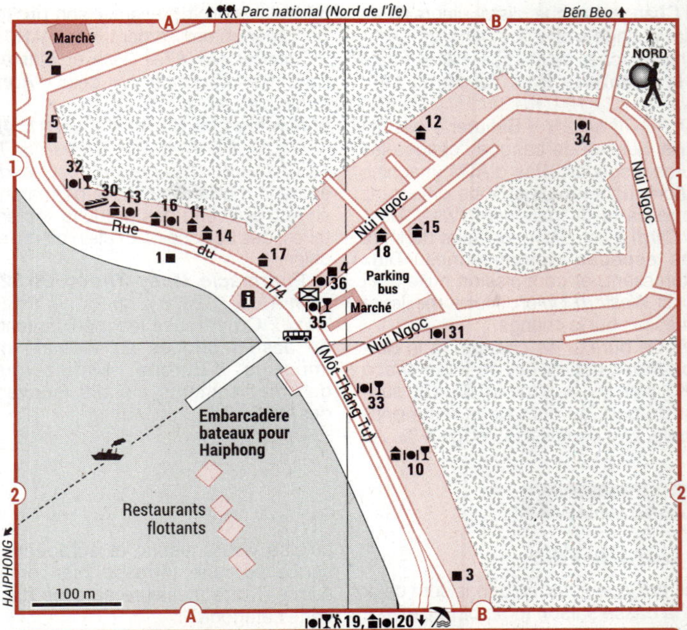

CÁT BÀ-VILLE

Adresses utiles

- Tourism Information & Development Centre (A1)
- **1** ATM Agribank (A1)
- **2** Bijouterie Bảo Tín Ngọc Liên (A1)
- **3** ATM Saigon Bank (B2)
- **4** Minimarché CT Mart (A1)
- **5** Pharmacie Quầy Thuốc Số 327 (A1)

Où dormir ?

- **10** Full Moon Party Hotel (B2)
- **11** Ngọc Hoa Hotel (A1)
- **12** Cat Ba Santorini Homestay (B1)
- **13** Thảo Minh New Star Hotel (A1)
- **14** Hôtel Mỹ Ngọc (A1)
- **15** Rồng Biển Hotel (B1)
- **16** Đức Tuấn Hotel (A1)
- **17** Thắng Lợi Hotel (A1)
- **18** Sun and Sea Hotel (B1)
- **19** Le Pont Bungalows Hostel & Hotel (hors plan par B2)
- **20** Cat Ba Sunrise Resort (hors plan par B2)

Où manger ?

- **10** Resto du Full Moon Party Hotel (B2)
- **16** Restaurant Đức Tuấn (A1)
- **30** Bánh Ngọt Pháp 196 (A1)
- **31** Tuyết Béo (B1)
- **32** Mona Restaurant (A1)
- **33** Oasis Bar & Restaurant (B2)
- **34** Yummy Restaurant (B1)
- **35** Sunset House (A1)
- **36** Viễn Dương (A1)

Où boire un verre ? Où sortir ?

- **10** Bar du Full Moon Party Hotel (B2)
- **19** Le Pont – Cát Bà Club (hors plan par B2)
- **32** Bar sur le toit du Mona Restaurant (A1)
- **35** Good Bar (A1)

de meilleures infos dans les *hostels* et hôtels.

✉ ***Poste centrale*** *(plan A1)* **:** *bureau principal à côté du débarcadère (un bâtiment neuf, avec l'horloge comme d'habitude). ☎ 388-85-66. Tlj 7h-18h.*

LE NORD

■ Change, banque, distributeurs ATM :
– Le change s'effectue dans les bijouteries proches du marché. Par exemple à la ***bijouterie Bảo Tín Ngọc Liên*** *(plan A1,* ***2****; 124, rue du 1/4 ; ☎ 388-89-29 ; tlj 8h-21h).* Bijouterie qui fait aussi guichet de banque : change les euros (espèces). Pas d'ATM (machine automatique) mais si vous présentez votre carte de paiement *(Visa, MasterCard)* à l'employé, on vous donnera des espèces vietnamiennes. Taux intéressant, et commission nulle. Fait aussi *Western Union.* Notre meilleure adresse pour le change.
– Autre bureau de change : à la ***Saigon Bank,*** dans le hall de l'hôtel *Draco QK3 (plan B2,* ***3****),* situé à 400 m au sud-est du port, au bord de la route principale. La commission est de 4 %. Au guichet, on doit présenter son passeport pour obtenir l'argent. Pas d'ATM.
– ***Distributeur ATM*** (*Visa* et *MasterCard*) sur le front de mer, celui d'***Agribank*** *(plan A1,* ***1****).*

■ ***Minimarché CT Mart*** *(plan A1,* ***4****) : 18 et 20, Núi Ngọc. ☎ 88-83-45. Tlj 6h30-12h30, 14h30-22h30.* Grande épicerie moderne (petit supermarché en fait) qui vend des produits alimentaires, des boissons... et plein d'articles utiles.

■ ***Pharmacie Quầy Thuốc Số 327*** *(plan A1,* ***5****) : 191, rue du 1/4. Tlj 6h30-22h30.* On y trouve les médicaments de base fabriqués au Vietnam ou importés d'Europe. Méfiez-vous des médicaments chinois (souvent des faux).

Où dormir ?

À Cát Bà-Ville

Les prix que nous indiquons sont ceux de la ***basse saison*** (d'octobre à mars). Il est bon de savoir que la plupart des hôtels doublent (au minimum !) leurs prix en période estivale (entre avril et septembre).
– ***Bon à savoir :*** tous les hôtels ont le wifi.

Bon marché (jusqu'à 300 000 Dg / env 11 €)

🏠 |●| ***Full Moon Party Hotel*** *(plan B2,* ***10****) : 236, rue du 1/4. 📱 09-67-79-40-88 (anglais parlé). • fullmoonpartyhotel@gmail.com • fullmoonpartytourvietnam.com • Lit en dortoir 100 000 Dg, doubles 200 000-300 000 Dg.* Situé face au port, ce petit hôtel à taille humaine plaira aux routards en raison de ses 4 dortoirs simples (10 lits), propres et équipés de la clim. Les chambres privatives sont impeccables, toutes avec balcon et vue sur la mer ou sur l'arrière du bâtiment. Petit déj-buffet. Excellent accueil et service diligent d'une équipe de jeunes Vietnamiens dynamiques. Fait aussi bar et resto : cuisine vietnamienne et européenne servie sur une terrasse bien aménagée. Notre meilleure adresse dans cette catégorie.

🏠 ***Cat Ba Santorini Homestay*** *(plan B1,* ***12****) : 12, Núi Ngọc. ☎ 016-99-47-81-69. Double env 120 000 Dg.* Dans une impasse (au fond à droite) au calme, cette maison familiale a été transformée en *homestay,* soit une maison d'hôtes plus personnalisée et plus intime qu'un hôtel. La façade claire et avenante est à l'image de l'intérieur. C'est propre et bien tenu (chambres avec clim et sanitaires). Ajoutons que la déco lumineuse et gaie adopte les couleurs des îles grecques : blanc et bleu comme à Santorin ! Demandez une chambre avec balcon sur la ruelle. Accueil par des jeunes Vietnamiens. Propose aussi des excursions en mer à bord d'une jonque privée (prix sages).

🏠 |●| ***Ngọc Hoa Hotel*** *(plan A1,* ***11****) : 211, rue du 1/4. 📱 09-77-86-28-76. Double 8 US$ (soit env 170 000 Dg).* Sur le quai face au port, cet immeuble haut et étroit abrite un des meilleurs hôtels à bas prix de la ville. Les chambres mériteraient d'être plus propres et mieux entretenues. Accueil familial et attentionné. Restaurant *(Aroma Cat Ba)* au rez-de-chaussée.

Prix moyens (300 000-600 000 Dg / env 11-23 €)

Thảo Minh New Star Hotel (plan A1, **13**) : *197, rue du 1/4. ☎ 388-84-08. 09-83-24-40-05 (miss Liên). • khachsancatba.vn • Sur le front de mer, à gauche du débarcadère. Lit en dortoir 150 000 Dg, doubles 100 000-400 000 Dg selon confort.* Les chambres sont réparties dans 2 bâtiments accolés : une partie est ancienne, l'autre plus moderne. Elles sont équipées de téléphone et clim. Les plus avenantes ont vue sur le port. Les nos 509 et 511 (partie ancienne) sont bien avec leur balcon commun fleuri. Au 7e étage, belle chambre no 704. Dans la partie moderne (plus chère), la plus belle est la no 1004 (vue superbe). Aussi un dortoir de 10 lits (avec clim, pas de vue). Fait aussi resto *(Tom's Restaurant).*

Hôtel Mỹ Ngọc (plan A1, **14**) : *212, rue du 1/4. ☎ 388-84-22. 09-78-03-22-03. • khachsanmyngoc.com • Sur le front de mer, à gauche du débarcadère. Doubles avec sdb 250 000-500 000 Dg selon saison.* Hôtel à grande baie vitrée bleutée. Demander Linh, la fille du patron, charmante hôtesse dynamique et anglophone. De bon confort, avec une literie de qualité, toutes les chambres ont clim et ventilo, avec ou sans vue (éviter celles à l'arrière, plus humides et sans vue). À chaque étage (il y en a 11), au moins 3 chambres ont une vue sur le port et la baie. Demander les chambres nos 402 ou 405.

Rồng Biển Hotel (Sea Dragon Hotel ; plan B1, **15**) : *Núi Ngọc (Tổ 18, Thị Trấn Cát Bà). ☎ 388-87-30. Doubles avec sdb max 450 000 Dg, petit déj compris.* L'hôtel du « Dragon de Mer » est situé en retrait du bord de mer, tout en étant proche de tout. 23 chambres (douche/w-c, clim), sur 10 étages. On y parle un peu l'anglais. Demander une chambre dans les étages élevés (claires et calmes), avec vue sur le port. Il y a aussi des triples et des quadruples (famille).

Đức Tuấn Hotel (plan A1, **16**) : *210, rue du 1/4. ☎ 388-87-83. Sur le front de mer, côté gauche. Doubles avec sdb 10-18 US$.* Encore un mini-hôtel de bonne qualité, avec des chambres bien tenues, sans décoration particulière. Celles situées à l'arrière, sans vue, sont plus petites et moins chères. Côté mer, en plus de la vue, plus d'espace et souvent un frigo. Organise des tours, loue des voitures et des motos. Bon resto au rez-de-chaussée (voir « Où manger ? »).

Thắng Lợi Hotel (plan A1, **17**) : *Cảng Ga, sur le front de mer, côté gauche. ☎ 388-85-31. Doubles 6-8 US$.* Mini-hôtel tenu par M. Lô, patron pêcheur, dont les enfants parlent bien l'anglais. Ils sont à la réception. Très bon accueil, mais l'ensemble reste modeste. Chambres sommaires mais propres, avec clim, téléphone et TV, donnant sur la mer pour certaines.

Sun and Sea Hotel (plan B1, **18**) : *26-28, Núi Ngọc, à gauche de l'embarcadère. ☎ 388-83-15 ou 388-77-66. Doubles 300 000-600 000 Dg selon saison.* À 150 m de la mer, un petit hôtel de 6 étages bien rénové installé dans 2 bâtiments. Chambres confortables, à la déco conventionnelle, avec un bon rapport qualité-prix en basse et moyenne saisons. Comme ailleurs, plus on monte, plus les chambres sont calmes et claires.

À l'extérieur de la ville, au sud-est

Prix moyens (300 000-600 000 Dg / env 11-23 €)

Le Pont Bungalows Hostel & Hotel (hors plan par B2, **19**) : *Cát Cò 3, Beach St. ☎ 288-48-88. 09-73-74-80-81 (anglais ou français). • lepont.vn • Lit en dortoir env 7 US$, doubles 25-40 US$.* Étonnant petit hôtel établi à un emplacement « romantique » de la côte. Perchés sur un promontoire rocheux, les bungalows surplombent la baie de Cát Bà. À l'hostel, on peut dormir en dortoir (mixte) tandis que la partie hôtel abrite des chambres confortables, la plupart dans des bungalows (comme des cases couvertes de feuilles de palme) avec vue imprenable sur la mer. Toilettes privatives ou collectives. Fait aussi resto. Petit déj-buffet copieux. Le bar-pub est probablement le plus bel endroit pour venir assister au coucher du soleil en sirotant une bière.

Beaucoup plus chic (plus de 145 €)

🏠 🍽 ***Cat Ba Sunrise Resort*** *(hors plan par B2,* ***20****) : plage de Cát Cò 3. ☎ 388-73-60 ou 66. • catbasunriseresort • Doubles 165-205 US$.* Adossé à une colline verte, dans une adorable petite baie bordée par une jolie plage de sable, cet hôtel des années 1990 a l'avantage d'être au calme. Les chambres sont spacieuses et très confortables. Au resto, cuisine vietnamienne et européenne. Sur la plage, le *Coco Bar* est un lieu très agréable en soirée. Spa, massage, salle de gym, piscine.

Où dormir dans les environs ?

🏠 🍽 ***Woodstock Beach Camp*** *: sur la* ***plage de Xuân Đám,*** *à 6 km au nord de Cát Bà-Ville, par la route menant à l'embarcadère de Cái Viềng. ☎ 388-85-99. • woodstockbeachcamp@gmail.com • Y aller en taxi (150 000 Dg) ou à moto-taxi (env 50 000 Dg). Nuit sous tente env 8 US$/pers, lit en dortoir 12-22 US$, doubles 24-30 US$.* « Woodstock » est le nom d'un célèbre festival pop-rock des années 1970. Ici l'ambiance est jeune, bobo et décontractée. Accueil en anglais. On dort dans des dortoirs (6-8 lits) ou dans des chambres simples et propres (avec moustiquaires, ventilo et sanitaires privatifs) aménagées dans une belle maison en bois construite dans le style traditionnel, avec une véranda au 1er étage. Sinon, campement sous tente établi sur la plage. Petite restauration simple et goûteuse, cuisine, bar. Baignade possible et sorties en kayak. Une excellente adresse hors des sentiers battus !

Où manger ?

Sur le pouce (sandwichs vietnamiens)

🥖 ***Bánh Ngọt Pháp 196*** *(plan A1,* ***30****) : 196, rue du 1/4. 📱 09-75-09-51-44. Tlj 6h-22h. Sandwichs 30 000-50 000 Dg.* Boulangerie-pâtisserie toute simple qui vend des pains et des gâteaux. Le plus intéressant ici ce sont les sandwichs vietnamiens *(bánh mì)* faits avec du pain français, des crudités, du thon, du fromage, du jambon, ou des œufs. Il y a aussi des hamburgers et des hot-dogs préparés avec soin par la patronne. Tout est frais et goûteux. Les randonneurs peuvent éventuellement demander un panier pique-nique (à commander la veille) mais la dame ne le fait qu'au cas par cas.

Bon marché (moins de 100 000 Dg / env 4 €)

🍽 ***Tuyết Béo*** *(plan B1,* ***31****) : 298, Núi Ngọc. 📱 16-96-31-15-68. Tlj, jusqu'à 22h. Plats 30 000-100 000 Dg.* Viviers et grande terrasse extérieure sous les grandes lettres lumineuses de son nom souvent copié, qui signifie la « grosse blanche neige ». Elle a modifié « *Tuyết Béo Xinh* » (la « mignonne blanche neige ») pour se démarquer des copieurs. C'est une femme-chef connue qui tient ce resto, après avoir travaillé des années sur un resto flottant. Elle fait parfois elle-même le service. Crabes des rizières, coquillages, poissons et fruits de mer. Des huîtres aussi.

🍽 ***Mona Restaurant*** *(plan A1,* ***32****) : 180, rue du 1/4. 📱 09-34-67-48-99. Tlj, jusqu'à 23h. Happy hours 16h-18h. Hot pot (2 pers) 250 000-400 000 Dg.* Tenu par des jeunes Vietnamiens, c'est un des rendez-vous des *backpackers* qui y viennent pour la cuisine goûteuse et économique (plats vietnamiens, indiens, thaïs) ou pour le *hot pot* (fondue pour 2 personnes). Spécialités de la mer, dont le crabe et les huîtres. Coin salon au rez-de-chaussée et bar sur le toit au 4e étage très agréable en soirée (voir « Où boire un verre ? Où sortir ? »).

Prix moyens (100 000-250 000 Dg / env 4-9 €)

Resto du Full Moon Party Hostel (plan B2, **10**) **:** *236, rue du 1/4. 09-67-79-40-88 (anglais parlé). Tlj, jusqu'à 23h. Plats 60 000-150 000 Dg. Jeu, ven et sam soir, buffet barbecue 190 000 Dg.* Cuisine vietnamienne et plats européens. Tout est frais et savoureux, à prix sages, sur la terrasse ou à l'intérieur. Il y a toujours une bonne ambiance routarde internationale et de la musique branchée. À signaler aussi : c'est la meilleure carte des vins de Cát Bà !

Oasis Bar & Restaurant (plan B2, **33**) **:** *228, rue du 1/4. 09-12-96-69-25. Tlj, jusqu'à 22h. Plats 60 000-150 000 Dg.* Au cœur de l'animation nocturne, une agréable terrasse extérieure, et une grande salle avec un billard dans le fond. Carte très variée avec des sandwichs, salades, breakfasts, curries, plats végétariens et tous les classiques du Vietnam. Les serveurs parlent un minimum d'anglais. On peut aussi y boire un verre, de jour comme de nuit.

Restaurant Đức Tuấn (plan A1, **16**) **:** *sur le front de mer, à 100 m à gauche du débarcadère. ☎ 388-87-83.* Accueil avenant et anglophone. C'est savoureux et pas cher. Salle ouverte sur la promenade. On y sert des fruits de mer, du poisson, des calamars. Bonne adresse pour les petits déj.

Yummy Restaurant (plan B1, **34**) **:** *12B, Núi Ngọc. 09-77-95-09-06. Tlj 6h-22h30. Plats 50 000-150 000 Dg.* À l'écart de l'agitation, au bord d'une rue calme, un resto sous une sorte de hangar métallique abritant une salle ouverte sur le dehors. Familial et accueillant, on y sert des plats vietnamiens et thaïs, à prix sages. Les végétariens n'ont pas été oubliés.

Sunset House (plan A1, **35**) **:** *222 rue du 1/4. 16-37-07-23-31. Plats 50 000-150 000 Dg. Menus variant selon les jours, pizza le mar, viande le jeu.* L'ex-*Noble House* est devenue la *Sunset House.* Murs en pierre, quelques tables en terrasse, cuisine vietnamienne et occidentale (omelettes, salades, sandwichs), vin de Dalat, bières, cocktails. De quoi manger dans un décor chaleureux, et même prolonger largement la soirée autour d'un verre au *Good Bar* à l'étage.

Viễn Dương (plan A1, **36**) **:** *12, Núi Ngọc. ☎ 388-88-39. Ouv 18h-23h.* Grande salle avec des ventilateurs, proposant aussi bien du poisson que des crustacés, à choisir frétillants dans les viviers et bassines (prix au poids, bien se le faire préciser à la commande !). C'est frais et c'est bon. Également les classiques nems (excellents au crabe !), des soupes ou des nouilles sautées.

Où boire un verre ? Où sortir ?

Bar du Full Moon Party Hotel (plan B2, **10**) **:** *236, rue du 1/4. 09-67-79-40-88 (anglais parlé). Tlj, jusqu'à 23h.* Grande terrasse sur la rue, avec beaucoup de jeunes routards dans une ambiance conviviale et musicale.

Bar sur le toit du Mona Restaurant (plan A1, **32**) **:** *180, rue du 1/4. Tlj, jusqu'à 23h. Happy hours 16h-18h.* On y accède par un escalier, et au sommet du resto, on trouve une jolie terrasse bien aménagée sur tapis vert, pour boire un verre au coucher du soleil. Une des terrasses les plus attractives de la rue.

Good Bar (plan A1, **35**) **:** *sur le front de mer, à l'étage du resto Sunset House. ☎ 388-83-63. Tlj 17h-2h ou 3h.* Une des ambiances les plus décontractées de l'île. Avec en main cocktail, vin, bière ou jus de fruits, les soirées durent tard autour du billard et de la TV diffusant des matchs de foot.

Le Pont – Cát Bà Club (hors plan par B2, **19**) **:** *tt au bout du front de mer, à droite, sur un petit promontoire, tt proche des plages. ☎ 369-66-69. 09-73-74-80-81. Ouv tard (3h du mat).* Une partie de l'hôtel *Le Pont Bungalows* est occupé par ce bar-resto-discothèque avec vue plongeante sur la baie. Grande et belle terrasse où siroter un verre au coucher du soleil et petite salle où se trémousser en saison.

LE NORD

À voir. À faire

Le marché de Cát Bà *(plan A1)* **:** très varié en fruits et légumes, et surtout en poissons. Ne manquez pas l'étal du pharmacien : étoiles de mer, hippocampes séchés, plantes et champignons divers. De quoi réveiller l'alchimiste qui est en vous !

Le port de Bến Bèo *(carte L'île de Cát Bà)* **:** *à 1,5 km à l'est de la ville ; il donne accès à la baie de Lan Hạ.* C'est le port d'attache de nombreuses jonques privées, ainsi que de balades vers les îlots qui entourent l'île. À proximité, des villages flottants, nichés entre les pics karstiques. C'est de Bến Bèo que partent en général les excursions vers *Monkey Island,* ou les bateaux pour rejoindre l'embarcadère qui dessert le village de Việt Hải.

Les plages *(hors plan par B2)* **:** les plages de **Cát Cò 1** et **Cát Cò 2** se suivent et sont les plus proches de la ville de Cát Bà. Elles se trouvent à l'est en sortant du débarcadère. Compter 15 mn à pied pour la 1re plage (avec bar, douche, w-c). La plage de Cát Cò 1 est occupée par un hôtel qui devrait être restauré ou reconstruit en 2020. La plage de **Cát Cò 3** est d'accès gratuit. Elle est également « occupée » par l'hôtel *Cat Ba Sunrise Resort,* un beau 4-étoiles. Elle est accessible par une longue passerelle côté mer, et par une route côté port. La plage de **Cát Hải,** au niveau du village de Hiền Hào, est un peu moins belle.
– **Bon à savoir :** un mégacomplexe hôtelier *(Flamingo Resort)* devrait être inauguré début 2020, à flanc de colline près de la plage de Cát Cò 3. Ce sera un écohôtel luxueux avec une architecture intégrée à la végétation de la forêt.

Hang Quân Y *(grotte ; carte L'île de Cát Bà)* **:** *à 5 km avt l'entrée du parc national en venant de Cát Bà. Petite guitoune au bord de la route, bien fléchée, où demander la clé et payer. Entrée : 40 000 Dg (sans guide). Les guides sont souvent d'anciens militaires qui vécurent dans la grotte, et leur anglais simple rend la visite vivante et émouvante.* De la route, un petit sentier, quelques marches et une échelle mènent en 5 mn à cette grotte. Transformée en véritable bunker, elle servit d'hôpital militaire au Vietcong dès 1963. Hồ Chí Minh (toujours lui !) y aurait même passé 2 nuits en 1965 ! Est aujourd'hui vidée de tout mobilier ou matériel.

Trung Trang *(grotte ; carte L'île de Cát Bà)* **:** *à 1,5 km de l'entrée du parc, en direction de Hang Quân Y. Il faut aller au parc et y revenir avec un guide qui a la clé. Tlj en été ; fermé en hiver. Entrée : 20 000 Dg (inclus dans le billet « petit tour » du parc). Visite guidée : 40 000 Dg.* Cette grotte de plus de 350 m de profondeur renferme de nombreuses stalagmites, stalactites... et des chauves-souris !

Le parc national de Cát Bà *(Vườn Quốc Gia ; carte L'île de Cát Bà)* **:** *l'entrée principale du parc se trouve au lieu-dit Trung Trang, à env 15 km au nord du port de Cát Bà par la route principale. Tlj 7h-17h (16h en hiver). Billet : circuit court (sommet de la colline Ngũ Lâm) 40 000 Dg ; circuit long (lac + village de Việt Hải + accès mer, durée 5h min) 80 000 Dg. Dépliant en anglais. À la réception du parc, sur la droite, une salle où l'on projette un film de très mauvaise qualité, en anglais, sur la faune et la flore. Au pied du Ngũ Lâm, juste avt de grimper les escaliers, buvette-resto.*
– **Bon à savoir :** il est conseillé mais pas obligatoire de prendre un guide anglophone. *Compter dans ce cas 100 000-400 000 Dg selon durée et circuit.*
Créé en 1986 (il fut le 1er parc national du pays), le parc couvre une superficie de près de 14 000 ha (dont 9 800 ha de collines, ainsi que 4 200 ha de surface maritime). Il a pour vocation de protéger la faune et la flore de l'intérieur, mais également le littoral, les massifs coralliens, les plages et les 366 îlots qui parsèment l'archipel autour de Cát Bà. On peut observer (avec beaucoup de chance) des porcs-épics *(nhím),* des loutres *(rái cá),* des chats sauvages *(mèo rừng)* et des écureuils *(sóc).*

UN SINGE EN VOIE DE DISPARITION

Sur le littoral aux rochers grignotés par l'érosion et envahis par les plantes grimpantes vit le semnopithèque de Cát Bà, un nom étrange qui désigne le primate le plus rare de la terre. Rare, c'est-à-dire presque impossible à voir !

Peu d'animaux rares, sauf la chèvre sauvage dite « de Sumatra », et, plus intéressant et en grand danger de disparition, le singe *Trachypithecus poliocephalus* à tête blanche *(vượn đầu trắng).* Celui-ci n'est pas un singe volant doté d'ailerons (contrairement à ce que disent certains guides), mais plutôt un acrobate capable de sauter de manière étonnante d'un arbre à un autre. À noter que la visite du parc vaut pour ses superbes paysages plus que pour sa ***faune, souvent invisible.*** À choisir, le mieux est encore d'y faire des ***randonnées*** (avec ou sans guide selon la durée). Les hôtels de Cát Bà proposent ces excursions (en particulier la balade vers le village de Việt Hải). Pour aller de Cát Bà-Ville à la porte d'entrée du parc, transport à moto (moins de 5 personnes) ou en minibus (plus de 5 personnes) ; retour en bateau (voir ci-après pour le détail). Autre solution : s'adresser directement à la réception du parc, qui peut aussi fournir un guide.

Les 2 balades les plus classiques :

➢ ***La colline de Ngũ Lâm :*** *randonnée (1,8 km) au départ du poste de réception du parc. Compter min 45 mn, mais le plus souvent 1h-1h30.* Pour avoir une vue sur le parc de Cát Bà, grimper au sommet d'un piton rocheux appelé Ngũ Lâm, dans la forêt de Kim Giao. Le sentier, essentiellement constitué d'escaliers, est pentu mais il n'est pas difficile. En revanche, par temps de pluie ou en saison humide, il s'avère ***extrêmement glissant*** : prévoir de vraies chaussures de marche. À déconseiller aux personnes âgées et aux enfants en bas âge. Le point de vue au sommet de la colline mérite la balade. Plantée sur le pic, une tour d'observation. Cela vaut vraiment le coup de gravir l'échelle, mais ça n'ajoute rien à la vue déjà très belle que l'on a de la plate-forme. En hiver, paysage brumeux où ondulent les silhouettes des pitons rocheux, sortes de pains de sucre (en calcaire) couverts de végétation luxuriante.

– ***Bon à savoir : on déconseille de marcher avec des tongs*** car le chemin d'accès est souvent glissant et parsemé de rocs pointus. Portez des chaussures de marche !

➢ ***Randonnée jusqu'au village de Việt Hải :*** *circuit très long (16 km), difficulté moyenne, 80 000 Dg. Nécessite 1 journée (départ vers 8h, retour vers 16h ; guide conseillé, ou passer par les agences).* Cette très belle randonnée conduit au village de Việt Hải mais n'offre aucun point de vue dominant sur l'île. Il faut alors prendre le chemin à gauche à 20 m après l'entrée. Sur le 1er tiers du chemin (1h30 de marche), on traverse un lambeau de forêt primaire. Puis on arrive au ***lac Éch*** (le lac aux Grenouilles). Du lac Éch à Việt Hải (au sud-est), compter encore 7 km (environ 1h30 de marche). Việt Hải n'est qu'un petit village d'une quarantaine de maisons. C'est là le plus souvent que les randonneurs accompagnés font une halte pour manger. Du village de Việt Hải à la mer, il faut encore marcher pendant 1h30 (ou enfourcher une moto ou un vélo !). Ce dernier tronçon du chemin est sans doute le plus beau du trajet.

En général, les guides ou agences prévoient ensuite le retour vers Cát Bà par bateau (10-15 mn de navigation jusqu'au petit port de Bến Bèo, à 1,5 km de Cát Bà-Ville).

– ***Bon à savoir :*** on peut se contenter de monter jusqu'au lac Éch et de revenir à l'entrée du parc.

Possibilité de dormir à Việt Hải aux ***Bungalows Whisper Nature.*** • *whispernature.com • 6 bungalows avec clim et toilettes dans un site vert et calme. Compter 30 US$/nuit avec petit déj. Il y a un dortoir de 20 lits au sol (15 US$/lit). Fait aussi resto.*

LE NORD

À faire en bateau

Excursions : *compter env 300 000-500 000 Dg/pers (soit 18-20 US$) selon nombre de passagers.* Au départ de Bến Bèo, balades de 4 à 8h dans la baie de Lan Hạ, qui fait partie de la réserve protégée par le parc national de Cát Bà, et dans la baie d'Hạ Long. Selon l'excursion choisie, outre la visite de grottes, possibilité de plonger, de faire du kayak, de se baigner, etc. L'île aux Singes *(Monkey Island)* est l'une des destinations les plus populaires. Durée : 4h au total, avec balade sur l'île très verdoyante (où il y a très peu de singes !) et accès à la plage de sable blanc, baignade, *snorkelling...* Éventuellement kayak (avec ou sans supplément, à vérifier avant d'embarquer !) ou visite de villages flottants.

Croisières : comme alternative à la très fréquentée Hạ Long City (Bãi Cháy et Hòn Gai), certaines compagnies de bateau ou agences proposent des croisières (à partir de 2 jours/1 nuit) au départ de Cát Bà (départ en général de Bến Bèo). Les croisières se font surtout ici dans la baie de Lan Hạ (est de l'île et sud de la baie d'Hạ Long), en jonques privées de petite taille (de 1 à 5-6 cabines) et de divers niveaux de confort.

LA BAIE D'HẠ LONG (VỊNH HẠ LONG) IND. TÉL. : 203

• Carte La baie d'Hạ Long *p. 178-179* • Bãi Cháy – Hòn Gai (plan I) *p. 180-181* • Bãi Cháy – centre (plan II) *p. 183* • Hòn Gai – centre (plan III) *p. 184-185*

L'un des paysages les plus célèbres d'Asie, grandement popularisé en France par le film *Indochine.* Environ 2 000 pains de sucre de toutes formes et de toutes tailles émergeant de la mer et s'étendant sur des centaines de kilomètres. Le paysage change sans cesse, l'atmosphère est étrange. Voici ce qu'en disait Pan Ting-Kouei, un voyageur chinois, en 1688 : « Leur apparence déroute notre imagination... Parfois, si vous les contemplez, elles vous offrent l'aspect d'animaux sauvages ou de farouches guerriers assis... Parfois, c'est un chaos de cimes, environnées soudain de ces nuages de feu qui s'accumulent les jours d'été... Chaque fois que nous arrivions dans un lieu où les montagnes envahissaient l'espace et où la mer se rétrécissait, je me demandais presque si la route n'allait pas nous être fermée... aussi étais-je près d'oublier, dans ces allées et venues du navire, que nous naviguions en mer ! »

UNE VIEILLE LÉGENDE

Hạ Long signifie « descente du Dragon ». D'après la légende, celui-ci serait descendu dans la baie pour y domestiquer les courants marins. Avec les violents mouvements de sa queue, il entailla profondément la montagne. Ce faisant, ayant plongé dans la mer, le niveau de l'eau monta brutalement, et celle-ci s'engouffra dans les crevasses, ne laissant apparaître que les sommets les plus élevés. Cependant, il est plus que probable qu'il y a quelques millions d'années, Hạ Long devait être un immense plateau taraudé par l'eau de pluie. D'immenses masses de calcaire durent se désagréger, laissant debout les roches les plus dures, livrées ensuite aux coups de boutoir du vent et de la mer. Ce qui explique les formes déchiquetées, les grottes, cavités et tunnels qui les transpercent. Ces nombreuses caches servirent de refuges aux combattants de la guérilla nord-vietnamienne dans les années 1940-1950.

– ***Site internet*** *(en vietnamien) :* • *halong.org.vn* •

UN TRÉSOR DU PATRIMOINE MONDIAL

Le site a été classé au ***Patrimoine mondial de l'humanité par l'Unesco*** en 1993, sous le critère de « beauté naturelle ». Une 2e inscription a été récemment demandée par les autorités vietnamiennes afin de statuer sur sa valeur écologique. Cela sous la pression de la communauté scientifique internationale et dans le but de le préserver de la pollution qui guette le bas des falaises. Selon les derniers rapports, le ***danger pour l'environnement*** résulte du contact entre la poussière de charbon en provenance des mines toutes proches avec l'oxygène de l'eau. Ce mélange produit un gaz carbonique acidifiant qui ronge fortement le calcaire.
Ajoutons encore l'industrialisation croissante de la région, la disparition des mangroves et le pillage des fonds marins ainsi qu'une gestion des plus hasardeuse du potentiel touristique de la baie. Bon an mal an, certaines traditions perdurent, comme la frénétique chasse à la méduse, durant les mois de mars et avril. Armés de grosses épuisettes, les pêcheurs ramènent un festin de ces urticantes bestioles gélatineuses... Certaines atteignent plusieurs kilos. Elles finissent à la casserole (voir l'encadré) !

UNE PÊCHE MÉDUSANTE

Dans la baie d'Hạ Long, certains pêcheurs sont spécialisés dans la récolte des méduses. Elles sont rincées, découpées puis empaquetées avant d'être vendues sur les marchés et exportées en Chine. Un peu fade en goût !

LE NORD

Topographie de la baie d'Hạ Long

On trouve 2 villes à Hạ Long : ***Bãi Cháy*** et ***Hòn Gai,*** regroupées depuis 1994 sous le même vocable d'Hạ Long-Ville ou Hạ Long-City. C'est souvent ce qu'indiquent les cartes.

Bãi Cháy

Station balnéaire, ancien lieu de villégiature de la nomenklatura et des techniciens soviétiques. De nombreux mini-hôtels, hôtels à plusieurs étages et villas dévalent des collines dans ce qui lui tient plus ou moins lieu de centre-ville. Le général Giáp en possédait une, aujourd'hui reconvertie en résidence de villégiature des officiers de marine. Si Bãi Cháy a pu avoir du charme, elle a aujourd'hui un côté ville-dortoir. Les touristes ne s'y arrêtent plus, préférant embarquer et dormir directement sur un bateau !
– En outre ***Bãi Cháy n'est plus le port d'embarquement*** des croisières (depuis 2016), qui est installé désormais à Tuần Châu, à 20 km à l'ouest. Le front de mer est occupé par l'***immense parc de loisirs Sun World*** (style Disneyland en version vietnamienne). Le public a accès aux attractions ainsi qu'à la plage (entrée payante). Une ***télécabine*** relie ce parc à Hòn Gai, de l'autre côté du bras de mer *(tlj 15h-22h – 9h-22h les j. fériés ; billet : 300 000 Dg).* Le terminus se fait sur une colline où est juchée une grande roue, près du pont routier.

Hòn Gai

Face à Bãi Cháy, au-delà d'un bras de mer que l'on franchit par un grand pont moderne en forme de jonque à voile (stylisée). Avec ses rues animées et son marché, Hòn Gai est une ville ouvrière, un port de pêche et aussi un important port minier. C'est ici qu'on embarque une grande partie du charbon extrait dans les mines à ciel ouvert de la province et à Cẩm Phả (une grande partie de la production nationale).

Quand y aller ?

– ***En été :*** ici, la haute saison s'étend du 1er mai au 30 septembre. Beaucoup de visiteurs. Temps très chaud, tropical et humide, avec du ciel bleu et du

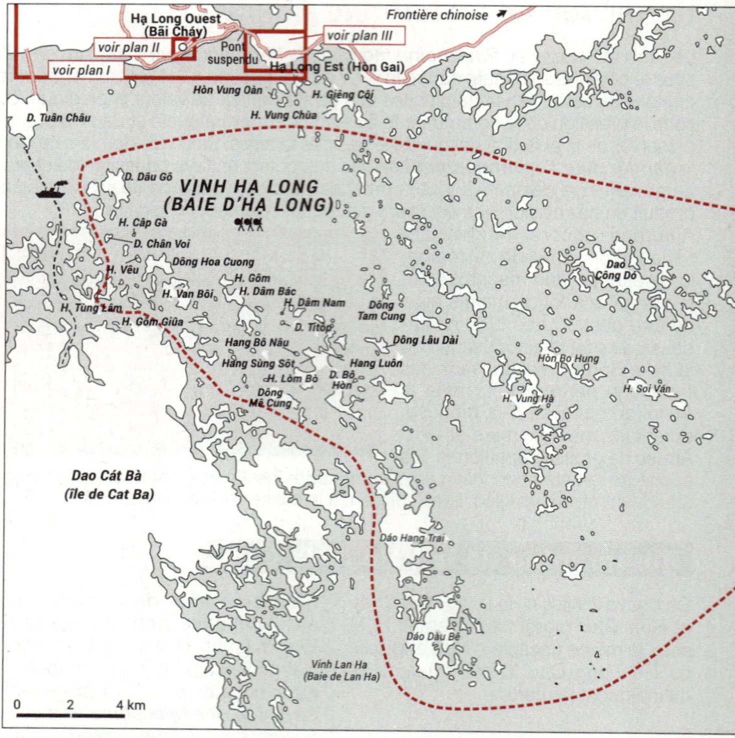

soleil. Avantage : on peut se baigner sur les plages.

– ***En hiver :*** du 1er octobre au 30 avril. Basse saison. Peu de visiteurs. Temps généralement gris avec un plafond nuageux très bas, une petite bruine (style crachin breton), de la brume à certaines heures de la journée, voire parfois un vrai brouillard en février. Peu de vent, mais la température est basse. Il vaut mieux porter un vêtement de laine, de jour (lors des balades en mer) comme de nuit. Imperméable conseillé.

Arriver – Quitter

En bus

Gare routière de Bãi Cháy *(Bến Xe Bãi Cháy ; plan I, B1,* ***6****) :* pour rejoindre le centre de Bãi Cháy (à 5 km à l'ouest), prendre le minibus urbain n° 3 (8 000 Dg) ou un taxi (env 75 000 Dg).

➢ ***De/vers Hanoi :*** de Hanoi, départs de la gare routière de Gia Lâm, ttes les 30 mn, 6h-18h. Bus aussi de la gare routière de Mỹ Đình (peu pratique d'accès, au nord de Hanoi). Billet : 80 000 Dg. Trajet : env 4h30. Autre option, les bus de la (sérieuse) compagnie *Kumho Việt Thanh* (☎ 09-81-68-31-18), à gauche en entrant dans la gare routière. Départs ttes les 15 mn,

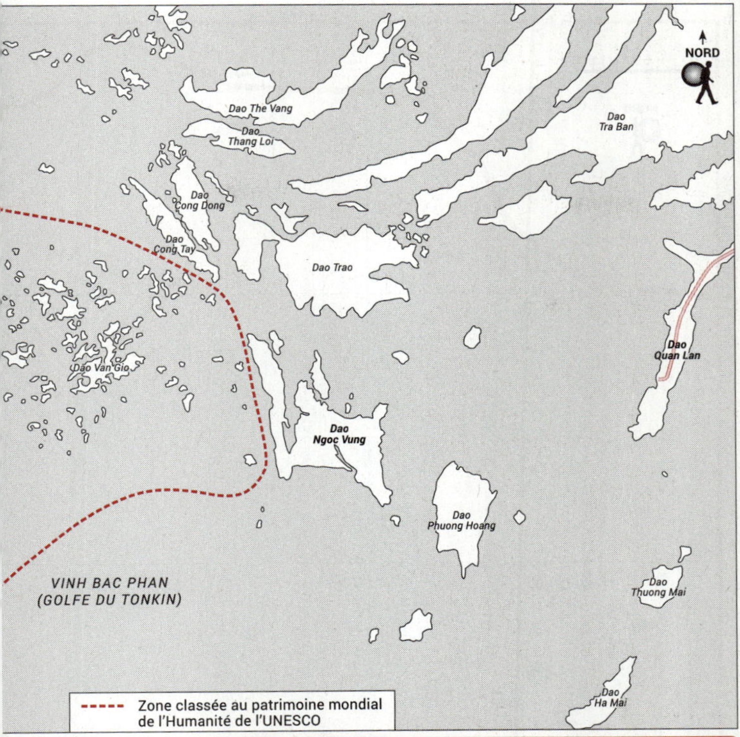

LA BAIE D'HẠ LONG

5h-19h. Durée : 3h30 (les plus rapides), ou 4h30.

➢ ***De/vers Haiphong :*** à 73 km de Bãi Cháy. Départs ttes les heures, 6h30-17h. Billet : 70 000 Dg. Trajet : 2h. Arrivée à Haiphong à la gare routière de Lạc Long, non loin de l'embarcadère pour Cát Bà.

➢ ***De/vers Ninh Bình :*** 2 bus/j., tôt le mat et en fin de mat. Durée : 5h.

➢ ***De/vers Móng Cái*** *(frontière chinoise)* ***:*** bus ttes les 40 mn, 6h20-15h. Billet : 80 000 Dg. Durée : 4h.

➢ ***Autres destinations :*** Hải Dương, Bắc Ninh, Thái Bình, Nam Định, Hà Đông.

Gare routière locale de Hòn Gai *(plan I, D2, **7**)* ***:*** bus locaux pour la province de Quảng Ninh.

En minibus (par une agence)

Un peu plus rapide et confortable, et en fait plus économique. Se renseigner auprès de l'agence francophone *Halong Van Song Travel* basée à l'embarcadère de Tuần Châu *(☎ 09-12-09-48-50)* ou de l'agence *Thesinhtourist* de Hanoi (voir « Adresses et infos utiles » à Hanoi).

En voiture

➢ ***De/vers Hanoi :*** compter env 2h depuis l'achèvement de l'autoroute (2 x 3 voies). Péage : 200 000-250 000 Dg.

➢ ***Pour Haiphong :*** par une autoroute. Durée : à peine 1h.

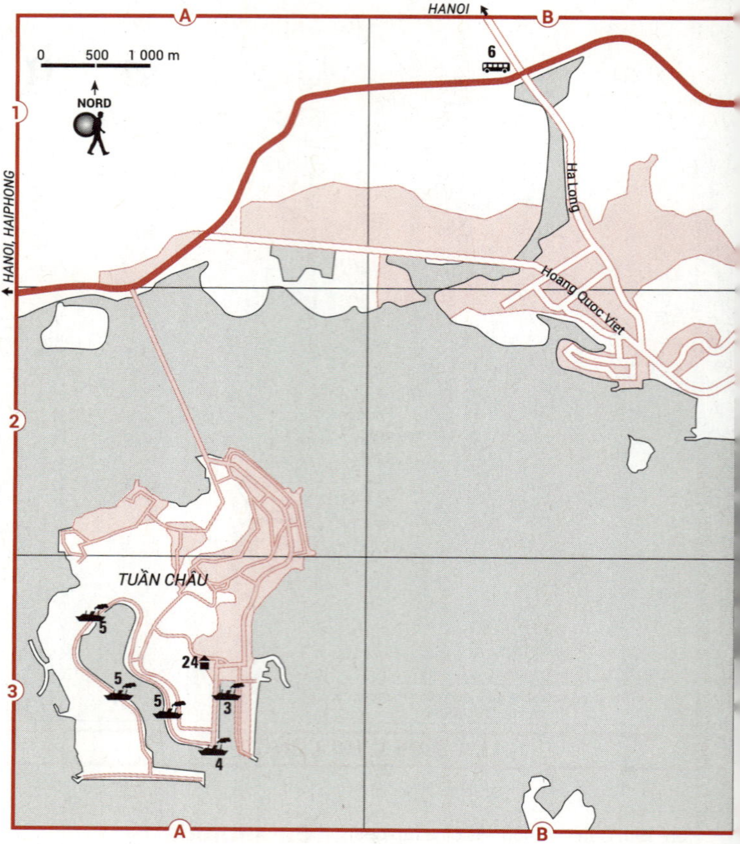

■ **Adresses utiles**

- 2 Embarcadère de croisière de Hòn Gai (D2)
- 3 Embarcadère de Tuần Châu (croisières de jour ; A3)
- 4 Embarcadère pour l'île de Cát Bà (A3)

➢ ***Pour Móng Cái*** *(frontière chinoise)* **:** au départ de Hòn Gai, 180 km d'une route bitumée. Compter 3h. Elle devrait s'améliorer à l'avenir (projet d'autoroute).

En bateau

Embarcadère de Tuần Châu *(plan I, A3,* ***3****)* **:** *à env 20 km à l'ouest de Bãi Cháy.* Pour y aller, prendre un taxi (min 150 000 Dg) ou une moto-taxi (100 000 Dg).

Ce nouveau port est divisé en 2 secteurs. Une partie réservée aux croisières à la journée, une autre, située env 2 km plus loin, aux croisières organisées et plus

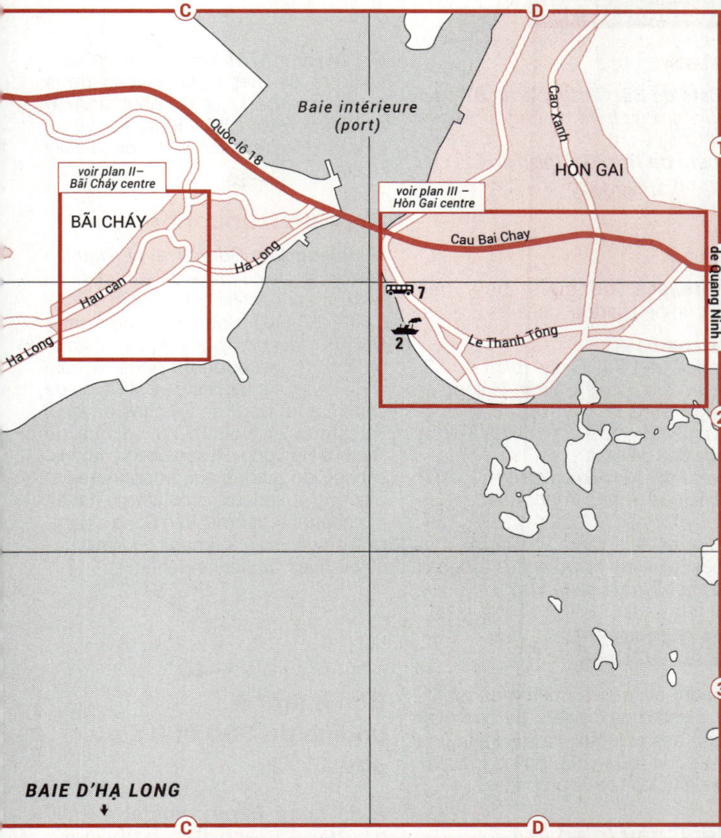

BÃI CHÁY – HÒN GAI (Plan I)

5 Embarcadères pour les croisières de nuit (A3)
6 Gare routière de Bãi Cháy (B1)
7 Gare routière locale de Hòn Gai (D2)

Où dormir ?

24 Hôtel Hiền Giang (A3)

longues (avec nuit sur une jonque-hôtel). Tlj 7h-17h. Embarcadères pour les croisières de nuit *(plan I, A3,* ***5****)*. Sur place, on trouve des immeubles modernes luxueux au bord de l'eau et de la marina, quelques hôtels, des commerces et des bars-restos.

➢ ***Pour Cát Bà*** *(embarcadère de Gia Luân ; plan I, A3,* ***4****)* **:** au départ de l'embarcadère de Tuần Châu, mai-août, 5 ferries/j., 7h30-15h ; en hiver, 3 ferries/j., à 8h, 11h30 et 15h. Dernier retour au départ de Cát Bà à 16h. Trajet : 1h. Billet : 80 000 Dg.

LE NORD

Adresses utiles

Postes

✉ ***Poste de Bãi Chiáy*** *(plan II, B1)* **:** *sur le boulevard du front de mer, au centre de Bãi Cháy.*
✉ **Poste de Hòn Gai** *(plan III, C2)* **:** *au niveau du grand rond-point, à l'est du centre-ville.*

Argent

Nombreuses banques pourvues d'ATM, un peu partout dans les 2 villes.

■ ***Vietcombank :***
– *Agence de Bãi Cháy (plan II, A2,* ***8****)* **:** *entre les hôtels* Saigon Halong *et* Halong Pearl, *le long du boulevard. Lun-ven 7h30-11h, 13h-16h30.* ATM et change des devises.
– *Agence de Hòn Gai (plan III, C2,* ***23****)* **:** *au 156B, Lê Thánh Tông, attenant au* City Bay Hotel. *Ouv 7h30-11h30, 13h-16h. Fermé sam ap-m et dim.* ATM et l'on peut changer et retirer des espèces au guichet avec la carte *Visa.*

■ Plusieurs ***ATM*** à Bãi Cháy, le long du front de mer et au niveau de la poste *(plan II, B1)*. Le distributeur ***ATM Agribank*** *(plan II, B1,* ***9****)* se trouve au 2, Vườn Đào, en face du *Halong Lucky Hostel.*

Agence francophone

■ ***Halong Van Song Travel*** *(Nguyễn Văn Song)* **:** *le contacter directement ou bien passer par l'hôtel* Hồ Tây. 📱 *09-12-09-48-50.* • *halongvansong.com* • *Résa à l'avance par tél.* Excursions pour tous les budgets dans la baie d'Hạ Long, sur les îles de Cát Bà ou de Quan Lạn à bord de jonques privées. Transferts en voiture ou en bus de Hanoi à Hạ Long. Réservation d'hôtels, service de guides accompagnateurs. Efficace et sérieux, prix justes. Parfait francophone, le jovial Văn Song a participé autrefois au tournage du film *Indochine* (avec Catherine Deneuve).

Où dormir ?

Attention, évitez les nombreux rabatteurs à moto aux arrêts de bus et à l'arrivée des bateaux. Ils touchent une commission (que vous payez indirectement) sur les hôtels proposés.

À Bãi Cháy (plan II)

La plupart des hôtels économiques occupent la rue Vườn Đào, qui escalade la colline depuis le front de mer. Les chambres y sont simples, confortables, à des prix négociables en saison creuse, et généralement bien plus lumineuses côté rue. La plupart ne proposent pas de petit déj. L'anglais y est difficilement parlé.
– ***Dernière semaine d'avril-début mai :*** période du carnaval. Les Vietnamiens ont 1 semaine de vacances. Les prix des hôtels montent !
– ***En été :*** les prix des chambres peuvent doubler, en juillet et août surtout.
– ***Un conseil :*** plus on monte dans la rue, plus on s'éloigne du bruit et de l'agitation.

Bon marché (moins de 300 000 Dg / env 11 €)

🏠 ***Ha Long Happy Hostel*** *(plan II, B1,* ***10****)* **:** *25, Anh Đào.* 📱 *09-36-69-36-10.* • *halonghappyhostel@gmail.com* • *Lit en dortoir 4-5 US$, doubles 10-12 US$.* C'est sommaire, mais économique et propre. Sorte de mini-*hostel* tenu par des jeunes anglophones à encourager. Dortoirs avec lits superposés, clim, casiers et sanitaires, mais sans fenêtres. Cuisine à disposition des hôtes. Location de motos.

Prix moyens (300 000-600 000 Dg / env 11-23 €)

🏠 ***Hồ Tây Hotel*** *(plan II, B1,* ***11****)* **:** *2, Anh Đào.* 📱 *03-33-84-66-20.* • *ha-long-ho-tay-hotel.business.*

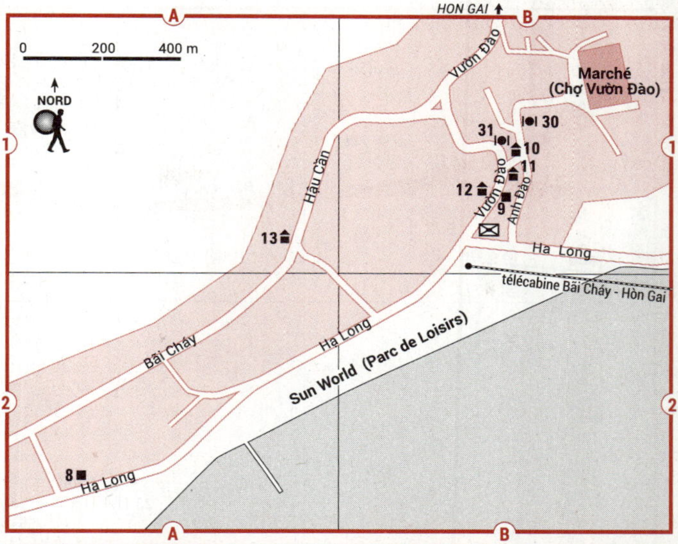

BÃI CHÁY – Centre (plan II)

Adresses utiles

8 Vietcombank (A2)
9 ATM Agribank (B1)

Où dormir ?

10 Ha Long Happy Hostel (B1)
11 Hồ Tây Hotel et Suối Mây Hostel (B1)
12 Halong Lucky Hostel (B1)
13 Đoan Trang Hotel (A1)

Où manger ?

30 Gargotes (B1)
31 Quang Vinh – Restaurant Asia (B1)

site • Doubles 15-30 US$. Au centre du bourg, dans un angle de rues, petit hôtel tenu par un couple vietnamien qui parle un peu l'anglais. Les chambres sont correctes et bien tenues pour le prix, avec déco fonctionnelle. Elles donnent sur la rue pour certaines. Le propriétaire contactera (si vous le désirez) Văn Song de l'agence francophone *Halong Van Song Travel* (voir plus haut « Adresses utiles »).

Suối Mây Hostel (*plan II, B1,* **11**) *: 8, Anh Đào. ☎ 384-64-73. Même gérant que le* Hồ Tây Hotel *voisin. Double 10 US$.* Un hôtel central avec des chambres réparties sur 4 étages. Confortables (clim, douche/w-c), impeccables, elles ont des fenêtres mais pas toutes. Les plus agréables se trouvent aux 3e et 4e étages.

Halong Lucky Hostel (*plan II, B1,* **12**) *: 57, Vườn Đào. ☎ 33-84-22-68. 09-03-26-86-98. Double 12 US$.* Dans la rue des mini-hôtels, celui-ci se nomme *hostel* mais n'a que des chambres privatives, pas de dortoirs. Bien équipées (clim, ventilo), elles ont toutes des fenêtres sauf les triples, qui donnent sur la rue. Accueil dynamique et jeune, en anglais.

Đoan Trang Hotel (*plan II, A1,* **13**) *: 108, Hậu Cần. ☎ 384-69-53. 09-84-82-15-82 (en anglais). Doubles à partir de 300 000 Dg.* Un vrai hôtel familial et accueillant, avec une belle vue sur la baie depuis certaines chambres (demander la no 406) ; 3 d'entre elles se

LE NORD

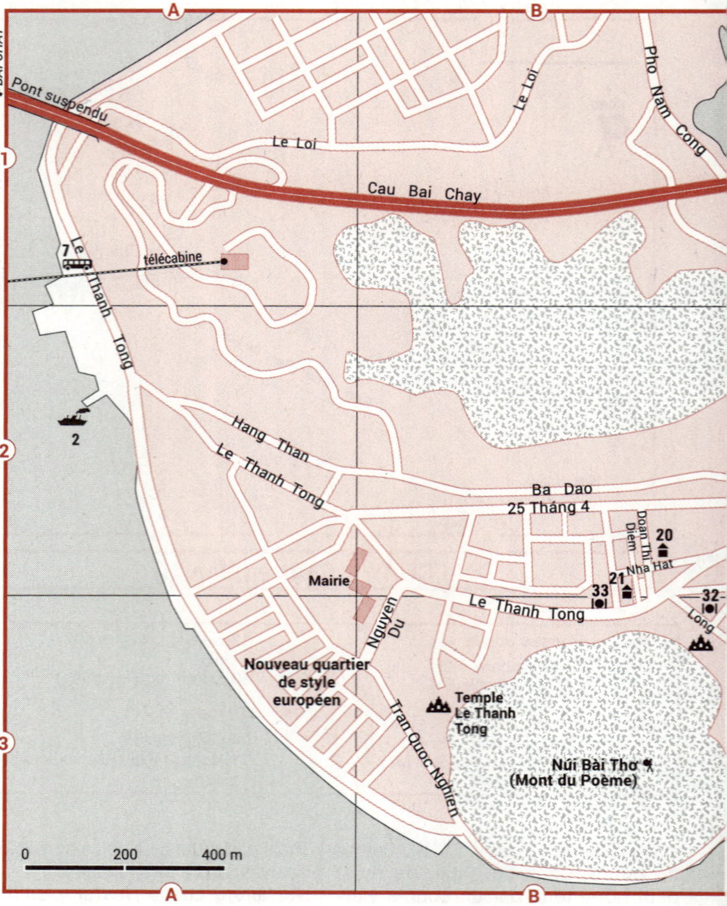

partagent même un grand toit-terrasse. Très calme, propre, clim, TV. Juste en face de l'hôtel, une rue descend (5 mn à pied) jusqu'au bord de mer (Sun World).

À Hòn Gai (plan III)

Pour ceux qui préfèrent une ambiance familiale et l'authenticité de la vie locale aux sollicitations incessantes à Bãi Cháy.

Bon marché (moins de 300 000 Dg / env 11 €)

Anh Quân *(plan III, B2,* ***20****) : 2, Đoàn Thị Điểm (place au niveau du 110, Lê Thánh Tông). ☎ 363-80-88 (en vietnamien). 09-12-09-48-50 (en français). Doubles à partir de 250 000 Dg.* Petit hôtel sommaire mais bien tenu par une gentille dame. Les chambres les plus

HÒN GAI – Centre (plan III)

chères, également plus grandes, sont vraiment agréables et donnent sur la placette.

Prix moyens (300 000-600 000 Dg / env 11-23 €)

Thúy Ngâ Hotel *(plan III, B2-3,* ***21****) : 11, Phố Cây Tháp. ☎ 362-26-75. Doubles à partir de 500 000 Dg.* Petit bâtiment moderne donnant sur une place ombragée. Réception anglophone (un minimum). Chambres propres et nettes, avec clim. En demander une dans les étages les plus élevés (plus de clarté et de calme).

Villa Chez Simone *(Anh Quân Hotel ; plan III, C1,* ***22****) : à la hauteur du 64, Cao Xanh, à 100 m dans une impasse. ☎ 382-51-70. 09-72-62-92-28 (Simone) ou 09-04-56-74-38 (Van*

Soï). • phuctahuu@gmail.com • À env 2 km du port de Hòn Gai. Résa conseillée. Double 500 000 Dg, avec petit déj. Précédée d'une courette-jardin, la maison abrite 3 chambres calmes et propres, avec douche et w-c (clim en été). La propriétaire, Simone, n'est pas là, mais c'est son frère Van Soï, francophone aussi, qui tient la maison.

City Bay Hotel *(plan III, C2,* ***23****) : 156B, Lê Thánh Tông (légèrement en retrait de la rue). ☎ 362-76-27. Doubles 500 000-600 000 Dg selon confort et vue.* La moitié de l'hôtel est occupée par des bureaux, le reste abritant des chambres confortables avec une bonne literie. Rien de spécial dans la déco, soignée tout de même, et pas de mauvaise surprise côté propreté.

À l'embarcadère de Tuần Châu *(plan I)*

Hôtel Hiền Giang *(plan I, A3,* ***24****) : nº 1, port de Tuần Châu, situé face à l'entrée du* Tuần Châu Hotel. *12-13-32-18-52. Doubles 300 000-700 000 Dg.* Petit hôtel familial sans prétention. Si le gendre est là, il parle l'anglais. Chambres simples et propres, bien équipées (avec clim et douche/w-c). Pratique pour ceux qui prennent un bateau pour une croisière à la journée dans la baie d'Hạ Long. Contact possible avec Văn Song de l'agence francophone *Halong Van Song Travel* (voir plus haut « Adresses utiles »).

Où manger ?

À Bãi Cháy *(plan II)*

Quelques gargotes et petits restos sans prétention, mais où la cuisine est locale et fraîche (fruits de mer).

Bon marché (moins de 100 000 Dg / env 4 €)

Gargotes *(plan II, B1,* ***30****) :* sur Anh Đào, plusieurs petites adresses, tout à fait recommandables pour leurs plats simples mais de qualité. Le resto **Quán Boong** bénéficie d'une mignonne petite salle. Enfin, face au marché, plusieurs adresses proposent également des produits bien frais, goûteux et sans artifice.

Quang Vinh – Restaurant Asia *(plan II, B1,* ***31****) : 24, Vườn Đào, à 250 m du front de mer, dans le virage. ☎ 384-69-27. Tlj 6h30-22h.* Lampions vert et rouge, ventilateurs, appliques murales. Très aimable, le patron sert une savoureuse cuisine vietnamienne adaptée aux goûts des Européens. Les prix n'ont pas changé depuis longtemps ! Spécialité : la sauce soja maison mélangée avec une racine du genre ginseng.

À Hòn Gai *(plan III)*

Bon marché (jusqu'à 100 000 Dg / env 4 €)

Petites gargotes *(plan III, B3,* ***32****)* servant le *phở* sur la rue Lê Quý Đôn, en face de la pagode. À 2 pas du port de passagers pour Quan Lạn, de quoi se sustenter avant de prendre le large.

Resto de soupe Ngọc Dương *(plan III, B3,* ***33****) : 331, Lê Thánh Tông. Tlj 6h-13h, 16h-22h.* Près de la petite place ombragée, voici un resto de soupe quasi unique en son genre (il y a 2 restos de ce type en ville). On y sert une savoureuse soupe de nouilles faite avec des vermicelles de blé (vieille recette chinoise).

Dung Anh Bakery *(plan III, C2,* ***34****) : 150, Lê Thánh Tông. ☎ 382-92-56.* « *French bakery* », proclame l'enseigne. Un vrai choix de pains et de gâteaux, des viennoiseries et des sandwichs aussi, bien pour caler un creux en se baladant.

Rooftop *(VNPT Tower ; plan III, C2,* ***35****) : 1, Đường 25/4, en face de la poste. ☎ 362-57-89. Tlj 6h-23h. Buffet déj (tlj sauf sam et dim mat) 60 000 Dg ; plat à la carte 50 000 Dg.* Au 10e étage d'une petite tour moderne (ascenseur), cette belle salle permet de manger en profitant d'une jolie vue panoramique sur la ville et la côte hérissée de pains de sucre calcaire. Cuisine vietnamienne classique et fraîche.

Balades en bateau dans la baie d'Hạ Long

Avec ou sans mâts, plus ou moins confortables, de petite taille ou aménagés en jonque-hôtel, il y en a pour tous les goûts.

Quelle durée de navigation choisir ?

Les excursions de 4h sont quand même très limitées et c'est assez frustrant, puisqu'il faut déjà 1h pour se retrouver au milieu des rochers. Il est impossible de visiter toutes les grottes. ***L'excursion de 6-7h est la plus conseillée,*** mais elle est difficile, voire impossible à réaliser depuis Hanoi en un seul jour. Et si vous êtes prêt à casser votre tirelire, inscrivez-vous pour une croisière avec nuit sur une jonque-hôtel (privée mieux que collective) !

Plusieurs solutions pour les excursions de 1 jour

Les navigations de 1 journée sont les seules que vous pourrez organiser en autonome, sur place. Vous pouvez acheter votre billet directement à l'embarcadère (sans passer par une agence). Oui, mais vous ne serez pas prioritaire par rapport aux groupes déjà constitués. Résultat, vous devrez attendre, sagement et parfois longtemps, qu'un groupe puisse et veuille vous intégrer... À vous de voir.
– ***Informations pratiques :*** départs depuis l'embarcadère de Tuần Châu *(plan I, A3,* ***3****)* pour les croisières de 1 jour (sans nuitée). Jonques de 12 à 48 passagers. 3 classes possibles : *standard, 3rd class* et *2nd class.* Prix variables selon ces critères. Si vous achetez votre billet en individuel (pour un bateau partagé), vous paierez, par personne, entre 150 000 Dg (route 1) et 750 000 Dg (route 2, avec repas et sortie en kayak). Pour l'accès aux grottes, il faut payer en plus du prix du bateau un billet forfaitaire de 290 000 Dg.
– Trajets proposés :
➢ ***route 1*** *(environ 4h)* ***:*** Động Thiên Cung, Hang Đầu Gỗ, Hòn Chó Đá, Làng chài Ba Hang, Hòn Đỉnh Hương, Trống Mái (Gà Chọi) et Làng chài Hoa Cương ;
➢ ***route 2*** *(environ 6h)* ***:*** Hang Sửng Sốt, Bãi Ti Tốp ou Soi Sim, Động Mê Cung et Hồ Động Tiên ou Hang Trống ou Hang Trinh Nữ ou Hang Bồ Nâu ou Hang Luồn.
– Et aussi les ***routes 3, 4 et 5*** pour les excursions de 8h. Se font seulement en bateau privé et sur réservation.
– ***Pour ne pas rentrer à la nage :*** face à l'afflux de visiteurs, sur la plupart des îles, les passagers débarquent d'un côté, et rembarquent sur leur bateau depuis un autre ponton, parfois sur l'autre versant de l'île. D'une part, ça donne parfois la sensation agaçante d'une balade de poulets en batterie. D'autre part, si vous ne souhaitez pas visiter un site, restez bien sur le bateau : si vous débarquez, vous n'aurez peut-être plus la possibilité de remonter !

Les croisières en jonque-hôtel

Il y a une grande différence entre les jonques-hôtels privées (de 1 à 4 cabines) et les jonques-hôtels collectives, plus grandes, moins intimes. Le meilleur moyen d'éviter la foule consiste à réserver une croisière sur une jonque-hôtel privée.
– ***Bon à savoir :*** les jonques-hôtels partant de l'embarcadère de Hòn Gai n'ont pas le droit de visiter les grottes des îlots situés sur les routes 1 et 2. Elles assurent des croisières avec nuit (1, 2 ou 3 nuits au choix) dans la baie d'Hạ Long.

Les jonques-hôtels privées *(1 à 4 cabines)*

Plus chères que les jonques collectives, mais elles présentent de nombreux avantages. Vous êtes les seuls passagers à bord du bateau. Celui-ci est de taille plus modeste. Il peut passer par les chenaux plus étroits, s'arrêter devant de petites plages inaccessibles aux gros bateaux. Ainsi, on évite la foule des jonques collectives. Pour la nuit, la jonque-hôtel privée doit s'amarrer dans un site déterminé par les autorités, en compagnie des autres jonques. Certaines de ces jonques-hôtels privées ont de vraies voiles, qui sont parfois hissées quand le temps le permet. Compter environ 200 € par personne pour 2 jours/1 nuit.

■ ***Maya cruise :*** *(84) 09-23-71-79-07. • mayacruise.com • Compter env 200 € pour 2 j./1 nuit dans une chambre en cabine, confortable et chaleureuse avec balcon privé.* Petite agence qui propose des croisières de qualité sans que cela soit du luxe. Les bateaux ont une quinzaine de cabines, pas plus. Les itinéraires sortent des sentiers battus (baies de Lan Hạ et de Bái Tử Long, île de Cát Bà). Ses prix sont raisonnables.

■ ***Indochina Junk :*** *(84) 09-64-34-33-22. • indochina-junk.com • Pour une croisière de 2 j./1 nuit pour 2 pers, en cabine double, compter 350-750 € selon bateau et confort.* Une flottille de 9 jonques privées de luxe, de taille relativement modeste, gage d'intimité et de service attentif. Croisières de 1, 2 ou 3 nuits. On a un petit faible pour leur jonque *Red Dragon.*

■ ***Oriental Bridge Travel :*** *23, Bà Triệu, suite 112, Hanoi. ☎ (04) 39-76-62-46. • orientalbridgetravel.com •* Basée à Hanoi, une petite agence dynamique dirigée par 2 jeunes Vietnamiennes francophones. Leurs croisières dans la baie de Lan Hạ ou dans celle d'Hạ Long offrent de bonnes prestations en jonque privée ou collective (circuits classiques de 2 ou 3 jours, ou sur mesure jusqu'à 1 semaine !). Notre préférée : leur jonque privée à voile, à l'ancienne, *Oriental Sun* (elle a aussi un moteur !).

Les jonques-hôtels collectives *(10 à 30 cabines)*

Ce sont des hôtels flottants installés dans de grosses jonques construites en bois, portant des voiles factices. Ces bateaux sont propulsés par de puissants moteurs. Avantage : la croisière coûte moins cher que sur les jonques-hôtels privées. Inconvénient : les compagnies suivent toutes le même itinéraire. Il n'est pas question de demander des arrêts impromptus.

– ***Informations pratiques :*** départ des grosses compagnies de l'*embarcadère de Hòn Gai (plan I, D2 et plan III, A2,* ***2****).* Certaines compagnies de luxe partent depuis la presqu'île de Tuần Châu. Accès au parc naturel 590 000 Dg par nuit. Différents niveaux de confort sont proposés, du *standard* au *luxury.* Les tarifs comprennent en général (outre une cabine !) tous les repas, mais pas les boissons – traditionnellement surfacturées... Vérifiez bien lors de la réservation que le trajet emprunté vous convient.

– ***Pour que la jonque ne devienne pas galère :*** les « packages » les moins onéreux peuvent provoquer de grosses déceptions (catégorie standard au lieu de la *deluxe* payée, croisière écourtée, etc.). ***Choisissez bien votre compagnie !***

– ***Compagnies pour les croisières en bateau :*** voici une sélection de bonnes compagnies, à défaut d'être bon marché.

■ ***Compagnie Bài Thơ :*** *5, Lê Quý Đôn, à Hòn Gai. ☎ (203) 382-68-98. • baithojunks.com • À partir de 350 US$ selon bateau et confort pour une croisière de 2 j./1 nuit pour 2 pers, tt compris.* Les *Bài Thơ* sont de superbes et imposantes jonques-hôtels composant une flottille d'une vingtaine de bateaux créée par un ancien capitaine de Hòn Gai. Avec des voiles à l'ancienne, abritant entre 7 et 22 cabines, charmantes, parfois luxueuses, toujours confortables et propres. La plus belle de la flotte s'appelle *Victory Star.* Excellent service à bord. Prix justifiés.

■ ***Indochina Sails :*** *☎ (24) 39-84-23-62. • indochinasails.com • Compter* *env 400-620 US$ pour une croisière de 2 j./1 nuit pour 2 pers, en cabine double, repas inclus (moins cher via une agence, car prix négociés). Forfait incluant le transfert en minibus depuis Hanoi.* De luxueuses jonques-hôtels, toutes construites en bois tropical, avec des voiles à l'ancienne, mais elles fonctionnent au moteur.

■ ***Baie Halong Croisiere (Vietnam Escapade) :*** *(84) 09-36-20-21-58. • baie-halong-croisiere.com • Compter min 135 €/pers, pour 2 j./1 nuit en jonque collective. Plus cher en jonque privée.* Marc et Hai Tiberghien, un couple franco-vietnamien, n'ont pas de bateau, mais ils parlent le français et résident à Hòn Gai. Ils proposent des croisières avec une compagnie aux bateaux fiables et d'excellent confort. Agence sérieuse. Prix raisonnables.

À voir. À faire

On vous décrit les sites dans l'ordre usuel des escales proposées. Pour la visite de certaines grottes, il est demandé un supplément de 15 000 Dg.

Excursions courtes (4h, route 1)

La grotte des Bouts de Bois *(Hang Đầu Gỗ)* **:** une centaine de marches mène à cette immense grotte. On peut voir au fond (avec une certaine imagination) un bouddha, un phénix qui danse et, tout en bas, un lion couché. Le nom de la grotte remonte au XIIIe s. C'est ici qu'auraient été stockés, par les guerriers vietnamiens, les pieux (avec pointes en fer) qui, plantés dans la rivière Bạch Đằng, permirent de couler la flotte mongole en 1288. Le site même de la bataille ne se trouve pas en mer, mais dans l'estuaire de cette fameuse rivière Bạch Đằng. On peut y voir une stèle qui commémore la victoire des Vietnamiens sur les Mongols.

La grotte de la Porte du Ciel *(Hang Thiên Cung)* **:** *même escale que la grotte précédente.* Elle est parfois envahie par les groupes de touristes. Rénovée avec l'aide des capitaux chinois, elle a un peu perdu de sa splendeur sauvage. Attention, les escaliers sont très en pente et cela peut être une gêne pour des personnes d'un certain âge.

Le rocher de la Paire de Poulets *(Hòn Cặp Gà)* **:** au sud de la grotte des Bouts de Bois *(Hang Đầu Gỗ)*, ces 2 petits îlots rocheux (sur lesquels les bateaux ne s'arrêtent pas) se font face. Un petit phare y est installé. Ils constituent le symbole (le logo) de la baie d'Hạ Long, que l'on retrouve partout, et notamment sur les cartes de visite et les brochures. Leurs formes bizarrement découpées évoquent, en effet, la silhouette de 2 gallinacés. Les Vietnamiens les appellent aussi le Coq et la Poule *(Hòn Trống Mái)*, ou bien le rocher des 2 Coqs Combattants *(Hòn Gà Chọi)*.

Excursions longues (6h, route 2, et 8h, routes 3, 4 et 5)

– ***Bon à savoir :*** les routes 3 et 4 sont assurées par les bateaux des grosses compagnies proposant des croisières (2 jours/1 nuit) au départ de l'embarcadère de Hòn Gai. Ceux partant de l'embarcadère de Tuần Châu ne peuvent pas faire ces routes 3 et 4.
– ***Baignade :*** interdiction de se baigner dans la baie d'Hạ Long sauf dans les plages autorisées.

La grotte de la Surprise *(Hang Sửng Sốt)* ***: c'est la plus visitée des grottes,*** la plus aménagée aussi, avec de modernes pontons en bois pour l'accostage des bateaux, des passerelles rassurantes, d'écologiques poubelles, des toilettes peintes en vert et des panneaux avec les horaires. On visite d'abord une grande salle aux parois sculptées de nombreuses concrétions rocheuses. Des lumières

artificielles et multicolores (orange, mauve, rouge, vert) dénaturent un peu la beauté des lieux qui demanderaient plus de simplicité. À certains endroits, la roche ressemble à du ciment, tant elle a été décapée par zèle professionnel et le souci de faire propre. Ça ne fait vraiment pas l'unanimité.
On accède ensuite à une ***2e grande salle,*** du même style, avec des plafonds creusés d'alvéoles étranges. On retrouve les mêmes pâtisseries calcaires dégoulinantes, les choux à la crème, des pics et des aiguilles. Pas de montées ou de descentes abruptes : balade facile.
La promenade se termine sur un petit belvédère en bois qui surplombe en à-pic le cirque rocheux au pied duquel sont amarrés les bateaux. Ça vaut vraiment le coup d'œil.

La grotte du Pélican *(Hang Bồ Nông)* **:** à 5 mn de bateau de la grotte de la Surprise. On l'observe de l'extérieur seulement.

La grotte du Tunnel *(Hang Luồn)* **:** c'est généralement le lieu où une balade en kayak vous sera proposée. Contrairement à son nom, ce n'est pas une grotte mais une ***sorte de petit lac intérieur,*** de forme vaguement circulaire. Une muraille de pitons rocheux érodés, couverts d'un fouillis végétal, entoure cette baie paisible aux eaux bleu émeraude (quand il y a du soleil).
On appelle aussi cet endroit la « baignoire des Fées ». La légende raconte en effet qu'une nuit 4 fées ont voulu se baigner. Le lac s'ouvrit sous leurs pieds. Le visiteur y accède en passant sous une voûte rocheuse, creusée dans la paroi comme un tunnel (3 m de haut sur 50 m de long environ). Les passagers des gros bateaux montent dans de frêles embarcations traditionnelles.
Ce sont des barques rondes, faites de lanières végétales tressées sur des montants de bambou et goudronnées. Il faut environ 10 jours pour les fabriquer et elles connaissent une brève existence (1 à 2 ans maximum). Une fois au centre de ce bassin intérieur, vous pourrez apprécier le calme et la qualité sonore de l'écho des voix. Possibilité aussi de faire trempette (ne pas oublier son maillot de bain). Moment vraiment agréable. Tout autour, oiseaux et quelques singes. Les petites îles aux alentours sont appelées les « Enfants du dragon ».

– Un peu au nord de la grotte du Tunnel se dresse le rocher surnommé ***Đầu Người,*** dont la forme rappelle vaguement le profil de l'ancien président François Mitterrand.

À Hòn Gai

Le musée de la province de Quảng Ninh *(Bảo Tàng Tỉnh Quảng Ninh ; hors plan I par D2)* **:** *situé à 3 km du centre env, à la sortie est de la ville. Ouv 8h30-11h30, 13h30-17h. Fermé lun. Entrée : 30 000 Dg ; réduc.* Bâtiment à l'architecture contemporaine qui abrite un beau musée consacré à Quảng Ninh, la région à laquelle se rattache la baie d'Hạ Long. À l'entrée, le squelette d'une baleine, joliment suspendu au-dessus de l'immense hall, et de belles embarcations anciennes. Au 1er étage, litanie d'objets allant de l'Antiquité aux guerres d'indépendance : très belles maquettes en terre cuite tirées d'une tombe du Ier s, poteries fines, pièces de monnaie, cloches en bronze et puis mitrailleuses lourdes et casques finissent en pétarade ce tour d'horizon. Au 2e étage, intéressante reconstitution d'une galerie de mine de charbon et un espace dédié à Hồ Chí Minh.

Le mont du Poème *(Núi Bài Thơ ; plan III, B3)* **:** mont rocheux dominant la ville et plongeant dans la mer, au sud de Hòn Gai. Tout le centre-ville s'articule autour de cette montagne. On peut grimper au sommet (départ du chemin très discret, au niveau du 102, Lê Thánh Tông), en 1h, à condition que le soleil soit au rendez-vous. Il y a 400 marches. Les cardiaques éviteront cette montée. Vue superbe au couchant.

LA BAIE D'HẠ LONG TERRESTRE – TAM CỐC, HOA LƯ ET NINH BÌNH

IND. TÉL. : 229

• Carte La baie d'Hạ Long terrestre *p. 192-193* • Zoom Tam Cốc *p. 195*

À 100 km au sud de Hanoi (1h30 par l'autoroute) et 125 km à l'ouest de Haiphong, la « baie d'Hạ Long terrestre » présente un merveilleux paysage, où ont été tournées de belles scènes du film *Indochine.* Le site occupe une plaine rizicole plantée d'une forêt de pains rocheux. Il se situe à l'ouest de Ninh Bình, ville moyenne peu attrayante. Les fameuses grottes de Tam Cốc rivalisent de beauté avec celles de Tràng An. Visiter ces 2 pépites constituera à coup sûr l'un des moments les plus marquants de votre séjour au Vietnam. À 10 km au nord de Ninh Bình, la ville de Hoa Lư fut la capitale éphémère du Tonkin, autour de l'an 1000. Aujourd'hui, la ville de Hoa Lư n'a aucun intérêt en soi, mais la campagne aux alentours et le site de l'ancienne capitale valent vraiment le détour. On y découvre de superbes paysages d'estampe chinoise, avec d'étranges pitons calcaires couverts d'un fouillis végétal, des monts rocheux aux formes découpées dominant de paisibles rizières où temples et pagodes, témoins émouva

nts de l'histoire vietnamienne, dorment pour l'éternité. En outre, la région propose bien d'autres sites, temples et pagodes. Notamment la gigantesque pagode Bái Đính, flambant neuve, les pagodes de Keo et Thiên Trường et la cathédrale de Phát Diệm. Prévoyez 2 à 3 jours bien remplis si vous voulez tout voir.

TONKIN, « LE VESTIBULE DU CIEL »

Le Tonkin avait été surnommé « le vestibule du ciel » par un missionnaire qui y voyait une terre à l'évangélisation facile et réussie. La région de Phát Diệm (30 km au sud-est de Ninh Bình) peut être considérée comme le berceau du catholicisme au Vietnam. De nombreux villages possèdent une église, fréquentée par des fidèles très fervents. Même si le christianisme est une religion introduite par les missionnaires et les jésuites venus d'Europe (XVIIe-XIXe s), elle a été acceptée par des millions de Vietnamiens qui l'ont adaptée à leur terre et à leur culture.

Arriver – Quitter

Avec les ***excursions organisées*** par les hôtels de Hanoi ou les petites agences type *Thesinhtourist* ou *Kim Café.* Les excursions (avec guide) proposées partent de Hanoi le matin (aller-retour dans la journée). À partir de 20 US$/pers.

En bus

Gare routière de Ninh Bình *(carte La baie d'Hạ Long terrestre)* **:** *sur Lê Đại Hành, dans une cour. À env 500 m de la gare ferroviaire.*

➢ ***De/vers Hanoi :*** de Hanoi, les bus partent de la gare routière Giáp Bát, à 8 km env au sud de la ville. Nombreux départs quotidiens, ttes les 10 mn, 5h-17h. Compter 70 000 Dg et 2h30 de trajet. Une fois à Ninh Bình, le mieux est de se déplacer en taxi ou à moto-taxi pour effectuer les visites (situées aux alentours de la ville). On peut aussi louer une moto, ce qui est facile près de la gare ferroviaire. De Ninh Bình, départs ttes les 15 mn, 5h-17h30 ; arrivée à Hanoi le plus souvent à la gare routière du Sud (Giáp Bát) mais parfois à celle de Mỹ Đình (au nord).

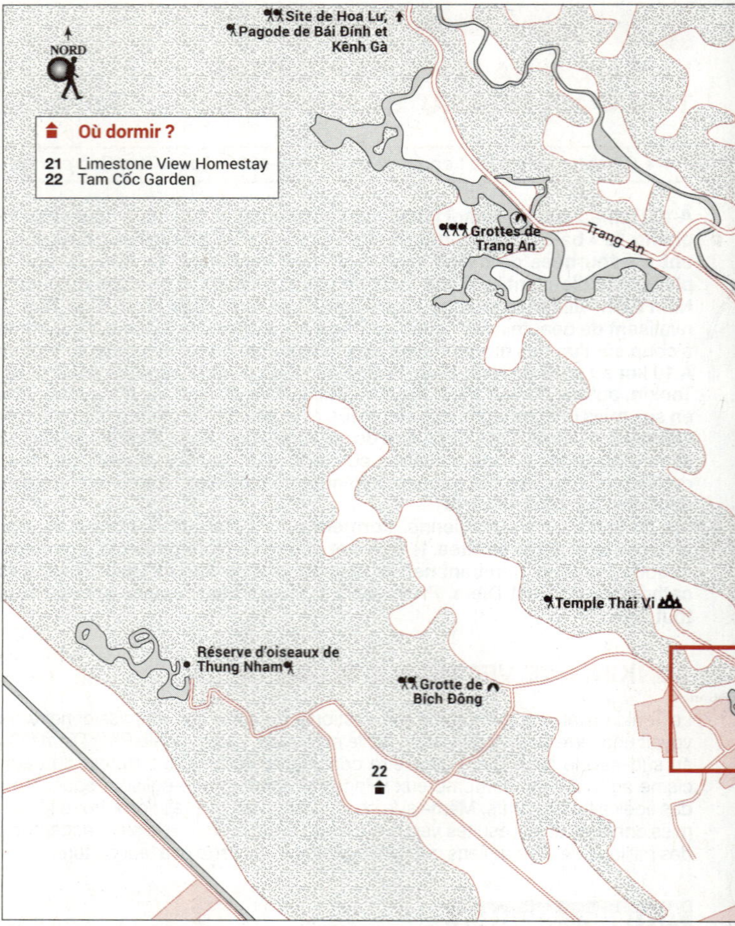

– Il existe aussi des bus ***Open Tour*** qui peuvent vous prendre à votre hôtel à Hanoi et vous déposer à Tam Cốc (15 US$).

➢ ***De/vers Haiphong :*** 4 départs/j., 6h-13h30. Compter 90 000 Dg et 3h de route. Depuis Haiphong, on peut gagner l'île de Cát Bà.

➢ ***De/vers Bãi Cháy*** *(baie d'Hạ Long)* **:** 6 départs/j. Compter 120 000 Dg et 5h30 de route.

➢ ***De/vers Mai Châu :*** des bus-couchettes assurent la liaison Tam Cốc-Mai Châu. Départ vers 19h. Durée : 3h pour 150 km. Billet : 350 000 Dg. Seul problème : en arrivant à 22h à Mai Châu, en rase campagne, 1 ou 2 taxis attendent les passagers. Il n'y a pas d'autre option que de négocier avec eux (env 200 000 Dg une course jusqu'à votre hôtel).

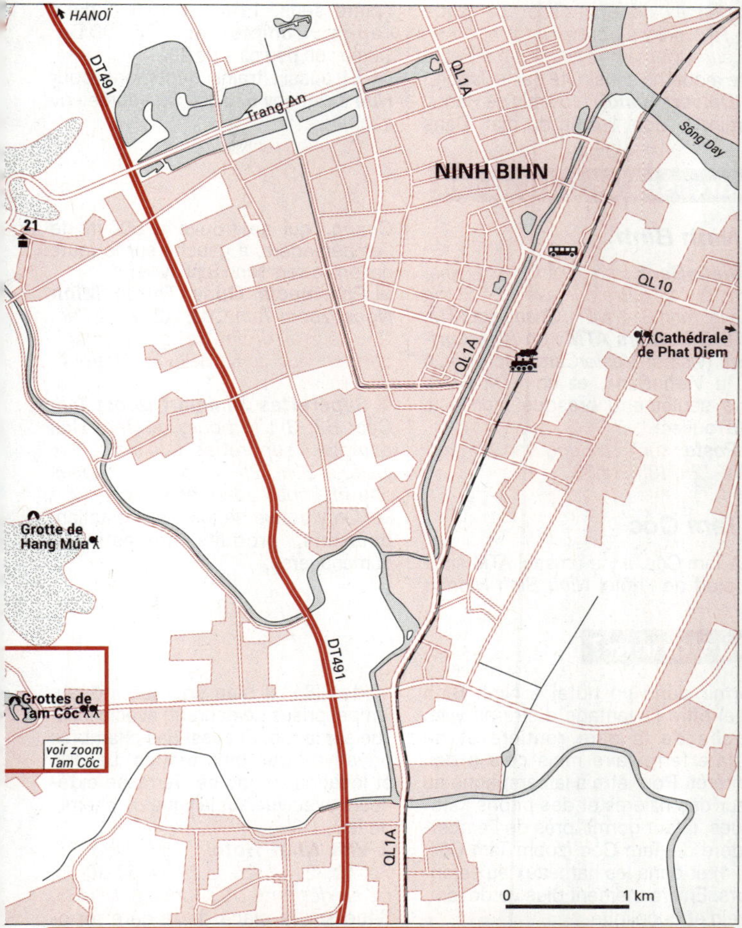

LA BAIE D'HA LONG TERRESTRE

– Les ***bus Open Tour*** passent par Ninh Bình et permettent de rejoindre Huế (bus de nuit), Đà Nẵng, Hội An, Nha Trang et Hồ Chí Minh-Ville. Ils arrivent vers 6h ou 7h du mat dans le centre-ville. Billets : 13, 15 et 17 US$ selon confort.

– ***Bon à savoir :*** plusieurs hôtels de Tam Cốc proposent un retour en bus jusqu'au vieux quartier de Hanoi (120 000-150 000 Dg/pers).

En train

C'est la solution la plus rapide et la plus économique. Face à la gare de Ninh Bình, l'hôtel *Vietnhat* loue des vélos et des motos (voir plus bas « Où dormir ? »).

Gare ferroviaire de Ninh Bình *(carte La baie d'Hạ Long terrestre) : bd du 27/7, au niveau du 203, Nguyễn Huệ. Elle se trouve à 500 m au sud de*

l'ancienne gare. Accès aussi par la rue Gia Từ. Facile à trouver. Infos et horaires sur • vietnam-railway.com • Petite gare moderne construite par le Japon.
➢ ***De/vers Hanoi*** *(115 km)* **:** de Hanoi, 5 trains/j., dont 1 à 9h du mat. Dans l'autre sens, 1 train le mat, 2 dans l'ap-m. Compter env 75 000 Dg. Durée : un peu plus de 2h.
➢ Et aussi : trains quotidiens pour ***Huế*** (billet env 520 000 Dg ; durée env 12h).

Adresses et info utiles

À Ninh Bình

■ ***VietinBank :*** *sur Trần Hưng Đạo, juste avt le carrefour avec Lê Hồng Phong, Ninh Bình (ville).* Change et ATM.
■ ***Distributeurs ATM :*** un ATM ***Agribank*** (*Visa* et *MasterCard*) à proximité de la *VietinBank,* et un ATM ***BIDV*** (*Visa* seulement) presque face à la gare routière.
✉ ***Poste :*** *sur Trần Hưng Đạo. Lun-ven 6h30-12h, 13h-20h30.*

À Tam Cốc

■ À Tam Cốc, il y a un seul ATM situé au pied de l'hôtel *Ninh Binh Hidden Charm,* qui se trouve à 500 m de l'embarcadère, à gauche sur la route nationale vers Ninh Bình (ville).
■ ***Pharmacie Quầy Thuốc Minh Ngọc*** *(zoom Tam Cốc, A2,* ***2****)* **:** *à Tam Cốc, sur la droite de la rue principale, en face de* La Belle Vie Hotel. *Tlj 8h-21h.*
■ ***Supérettes Minimart*** *(zoom Tam Cốc, B2,* ***3****)* **:** *le bourg de Tam Cốc compte 4 supérettes* Minimart, *ouv jusqu'à 21h-22h. Il y en a 3 situées entre l'embarcadère et le resto* Tuấn Tú. On y trouve de tout : alimentation, boissons, produits domestiques et ménagers...

Où dormir ?

Dormir dans un hôtel à Ninh Bình (ville) offre l'avantage d'être en ville, proche de la gare routière et de la gare ferroviaire mais cela a peu d'intérêt. Pour être à la campagne au cœur des rizières et des pitons karstiques, il faut dormir près de l'embarcadère de Tam Cốc (zoom Tam Cốc, B2, **1**) et dans les hameaux aux alentours. Environnement plus verdoyant, serein et bucolique.

À Ninh Bình (ville)

Bon marché (jusqu'à 300 000 Dg / env 11 €)

☗ ***Go Ninh Binh Hostel :*** *1, Hoàng Hoa Thám. ☎ 387-11-86. 📱 08-88-22-15-22. • goninhbinhhostel.com • Lit en dortoir env 5 US$, doubles 20-24 US$.* Auberge de jeunesse installée dans l'ancienne gare ferroviaire de Ninh Bình. Abrite des dortoirs mixtes (8 lits) bien équipés (rideau, lampe, prises de courant) avec clim et vue sur la rue. Et aussi des chambres privatives très bien tenues. Laverie et location de motos. Terrasse extérieure avec vue sur la ligne de chemin de fer.
☗ ***Việt Nhật Hotel :*** *456, Ngô Gia Tự. ☎ 221-05-25. 📱 09-14-58-00-56. Lit en dortoir 6 US$, double 14 US$.* Situé sur la place de la gare ferroviaire, donc emplacement très pratique. Petit hôtel familial avec des chambres modestes mais de confort suffisant. Et aussi 2 dortoirs donnant sur un couloir (casiers, douche/w-c, clim). Un jeune de la famille parle l'anglais. Location de motos *(100 000-150 000 Dg/j.).*

À Tam Cốc, près de l'embarcadère

Pour aller de Ninh Bình (ville) à Tam Cốc, en taxi, compter 6-7 US$ selon la taille de celui-ci ; à moto-taxi, 4 US$.

TAM CỐC

Adresses utiles

1 Embarcadère de Tam Cốc (B2)
2 Pharmacie Quầy Thuốc Minh Ngọc (A2)
3 Supérette Minimart (B2)

Où dormir ?

10 Tam Cốc Backpacker Hostel (B1-2)
11 Tam Cốc Smile Homestay (B2)
12 Tam Cốc Green Homestay (A2)
13 Tam Cốc Eco House (B2)
14 Nam Hoa Hotel (A2)
15 Belle Vie Brother Hotel (B2)
16 Đức Tuấn Hotel (B2)
17 La Belle Vie – Tam Cốc Homestay (A2)
18 Tấm Villa (A2)
19 Tam Cốc Nature Hostel & Bungalows (A1)
20 Chez Loan (A1)
23 Tam Cốc Cozy Homestay (B1)

Où manger ?

19 Resto du Tam Cốc Nature Hostel (A1)
20 Restaurant de l'hôtel Chez Loan (A1)
30 Family Restaurant (B2)
31 Bamboo Bar Restaurant (B2)
32 Tuấn Tú Restaurant (B1-2)
33 Seven Coffee (B2)
34 Khoa Dung Restaurant (A2)

Bon marché (jusqu'à 300 000 Dg / env 11 €)

Tam Cốc Backpacker Hostel *(zoom Tam Cốc, B1-2,* ***10****) : Văn Lâm, Ninh Hải. ☎ 359-55-95. Lit en dortoir 7 US$, double env 17 US$.* Auberge de jeunesse privée à 200 m de l'embarcadère de Tam Cốc. Grande pièce au 1er étage avec dortoir de 10 lits superposés et sanitaires communs. Chambres privatives propres et arrangées comme il faut. Grands lits, dont certains de plus de 2 m ! Il y a aussi un bar-resto avec grande terrasse donnant sur la rue.

Tam Cốc Smile Homestay *(zoom Tam Cốc, B2,* ***11****) : Đội 3, Văn Lâm. 016-69-28-87-90. • tamcocsmile@gmail.com • Du centre de Tam Cốc, 50 m à gauche après* Thế Long Hotel*, un panneau l'indique. Lit en dortoir 6 US$, doubles 15-22 US$ selon confort.* Voici l'une des 1res maisons d'hôtes de Tam Cốc, dans une courette calme ornée de plantes vertes. On est accueilli par une famille vietnamienne, souriante et attentionnée. Le fils de la maîtresse de maison baragouine l'anglais. 2 chambres privatives, très propres, avec clim et douche/w-c (ou toilettes communes) et 2 dortoirs de 4 lits (avec clim aussi). Repas pris en famille dans la cour. Cuisine familiale fraîche et naturelle.

Prix moyens (300 000-600 000 Dg / env 11-23 €)

Tam Cốc Cozy Homestay *(zoom Tam Cốc, B1,* ***23****) : 3, Văn Lâm, Ninh Hải, à env 1 km au nord du bourg de Tam Cốc. 09-14-92-80-06. • tamcoccozyhomestay@gmail.com • Doubles 550 000-600 000 Dg, petit déj inclus.* Ici tout est à taille humaine. Seulement 5 petits bungalows en brique, aux toitures de tuiles, qui bordent une courette ouvrant sur un jardin verdoyant. On est accueilli par une Vietnamienne très attentionnée, qui parle bien le français. Les chambres sont bien arrangées, et confortables (grands lits, clim) avec salle de bains privative. Elles donnent sur la courette. Excellente cuisine locale. Location de vélos et de scooters.

Tam Cốc Green Homestay *(zoom Tam Cốc, A2,* ***12****) : à 300 m de l'embarcadère de Tam Cốc, sur la droite de la rue principale (sans numéro), en face de l'hôtel* La Belle Vie. *09-83-89-71-33. • nghiachunggreenhomestay@gmail.com • Lit en dortoir 5 US$, double 20 US$.* En retrait de la rue principale du village, une belle maison moderne bien tenue, où l'on est accueilli en anglais par un jeune homme affable qui habite sur place. Dortoirs (6 lits) impeccables, avec toilettes et ventilo, chaque lit étant équipé d'un rideau et d'une lampe de chevet. Et aussi 2 chambres privatives, bien arrangées, avec clim et douche/w-c. Elles donnent sur la cour intérieure calme.

Tam Cốc Eco House *(zoom Tam Cốc, B2,* ***13****) : Đội 3, Văn Lâm Hamlet. 09-83-58-35-16. • tamcocecohouse@gmail.com • 50 m après* Thế Long Hotel, *tourner à gauche (après la ruelle du* Tam Cốc Smile Homestay*), suivre les ruelles ; un panneau l'indique. Lit en dortoir env 105 000 Dg, double env 313 000 Dg.* Petite allée, maison modeste aux murs gris béton, avec un potager devant. Une seule chambre ici, arrangée comme dans un hôtel design, avec un grand lit, douche/w-c, clim et une belle fenêtre Petit dortoir mixte, avec clim. Le propriétaire ne parle que le vietnamien, mais son frère anglophone prend les réservations.

Belle Vie Brother Hotel *(zoom Tam Cốc, B2,* ***15****) : à 300 m de l'embarcadère, sur la droite de la route en sortant de la ville vers Ninh Bình (ville). 09-46-11-27-53 (M. Toàn, francophone. Double 600 000 Dg avec petit déj.* Petit hôtel avec des chambres modernes et impeccables (belles douches). Claires et calmes, celles à l'arrière du bâtiment disposent d'un balcon donnant sur les rizières. La familiale (4-5 personnes) est très bien aussi, avec 2 salles de bains.

Đức Tuấn Hotel *(zoom Tam Cốc, B2,* ***16****) : quasi en face de l'embarcadère de Tam Cốc. ☎ 361-80-24. Lit en dortoir 6 US$, double 18 US$. Plats 60 000-150 000 Dg.* Un petit hôtel sans prétention avec des chambres arrangées comme il faut (avec clim), à prix très sages. On est accueilli par les membres de la famille Tùng, francophone. Resto en terrasse, cuisine locale. Location de vélos.

Chic (600 000-1 000 000 Dg / env 23-38 €)

Tấm Villa *(zoom Tam Cốc, A2,* ***18****) : Văn Lâm Village, Tam Cốc. 09-43-39-75-54. • tamvilla.tamcoc@gmail.com • Doubles 35-30 US$, petit déj inclus.* Agréable surprise que cette porte d'entrée contemporaine et cette façade blanche et nette à l'arrière. On est reçu en français ou en anglais par l'aimable propriétaire, dans une villa qui tient à la fois de la maison d'hôtes et du petit hôtel familial. Elle abrite 6 chambres impeccables, décorées avec goût, dans le style « Indochine » et confortables (ventilo, clim). Vue sur le jardin et balcons pour certaines. Divers services : informations, blanchisserie, panier pique-nique, vélos. Fait aussi restaurant *(tlj 7h-22h)* : les repas (plats vietnamiens, certains végétariens) se prennent dans une charmante courette.

🏠 🍽 ***La Belle Vie – Tam Cốc Homestay*** *(zoom Tam Cốc, A2, **17**) : à Ninh Hải, à 200 m des grottes de Tam Cốc et 1,2 km du temple Thái Vi. ☎ 361-82-68. 📱 16-96-79-01-73. Doubles à partir de 800 000 Dg.* Malgré son nom ce n'est pas un *homestay* mais un petit hôtel à taille humaine. On traverse un jardin tropical verdoyant, avec des petits ponts, des buissons et des bassins ornés de rocailles. Ces chambres sont impeccables et logées dans un pavillon de plain-pied, ou dans un autre haut de 2 étages. Accueil très souriant en français (le propriétaire est un guide francophone) et excellent service. Fait aussi restaurant.

🏠 🍽 ***Nam Hoa Hotel*** *(zoom Tam Cốc, A2, **14**) : à env 300 m de l'embarcadère de Tam Cốc. ☎ 361-80-43. 📱 09-17-68-31-38. • namhoahotel.com • Doubles 540 000-840 000 Dg.* On est reçu par une aimable famille. Dans ce petit immeuble bien tenu, les chambres sont impeccables et bien équipées (clim, douche/w-c, frigo). Demandez la n° 603, avec 2 fenêtres. Belle vue sur le quartier et la campagne au loin. Resto au 7e étage : cuisine locale soignée et belle vue.

Dans la campagne de Tam Cốc et de Tràng An

Chic (600 000-1 000 000 Dg / env 23-38 €)

🏠 🍽 ***Tam Cốc Nature Hostel & Bungalows*** *(zoom Tam Cốc, A1, **19**) : à 1 km au nord du village de Tam Cốc. ☎ 354-26-68. 📱 09-74-99-12-98. • tamcocnature.com • Lit en dortoir 6 US$, doubles 35-50 US$ selon saison.* Auberge de charme à prix sages nichée au pied des pitons calcaires entre des rizières miroitantes sous le ciel. Remarquable paysage d'estampe : cigales, oiseaux blancs et fleurs de lotus sur les eaux en mai-juin. Seulement 12 bungalows, c'est à taille humaine et fort bien tenu. Chambres bien équipées (clim, douche/w-c, balcon), donnant sur une rizière paisible. Et aussi des dortoirs très propres (8 ou 12 lits), avec ventilo et fenêtre. Fait aussi bar et restaurant. Bonne cuisine vietnamienne et des plats européens (pizzas, hamburgers). Terrasse agréable le soir au bord d'un étang. Location de motos et de vélos. Accueil jovial, francophone et anglophone.

🏠 🍽 ***Chez Loan*** *(zoom Tam Cốc, A1, **20**) : route de Tam Cốc, à Bích Động. ☎ 361-83-54. 📱 09-48-57-73-22. • chezloantamcoc.com • À 1 km après l'embarcadère de Tam Cốc, sur la route vers la pagode Bích Động, à droite. Doubles avec sdb 18-45 US$ selon confort ; petit déj en plus (3 US$). Bungalows (1-4 pers) 65-80 US$. Repas 150 000-220 000 Dg.* C'est notre grand coup de cœur à Tam Cốc ! En raison de sa propriétaire, l'exceptionnelle Loan, une adorable Vietnamienne francophone qui sourit en permanence. Située au calme au bord des rizières, cette auberge de charme abrite des chambres de confort variable, toutes avec clim. Aussi 6 bungalows sur pilotis avec 2 lits et grande terrasse. Vélos à disposition des clients. Au resto, savoureuses spécialités vietnamiennes, à déguster en salle, ou mieux, en terrasse sous les arbres. Agréable piscine.

🏠 🍽 ***Limestone View Homestay*** *(carte La baie d'Hạ Long terrestre, **21**) : village de **Xuân Áng Nội,** à 4 km à l'ouest de Ninh Bình (ville) et 2 km sur la gauche de la route principale avt l'embarcadère de Tràng An. 📱 09-18-45-37-61. • limestoneview.com • Doubles 52-70 US$ selon confort. Suite et penthouse pour 4 ou 6 pers 117-175 US$.* Une maison d'hôtes tenue par un couple avenant. 4 chambres exceptionnelles par leur style dans le bâtiment principal. Sols et murs couverts de marbre local,

LE NORD

immenses baies vitrées avec vue sur la campagne et le village, très grand lit de 2,20 m sur 2 m ! Bref, un standing digne d'un 4-étoiles ! Un 2d bâtiment attenant avec des chambres plus simples, une piscine sur le toit et un restaurant en dessous. Vélos et scooters à disposition.

Très chic (2 000 000-3 310 000 Dg / env 76-126 €)

☗ I●I **_Tam Cốc Garden_** *(carte La baie d'Hạ Long Terrestre,* ***22****) : à 4 km env de Tam Cốc, sur la route vers la pagode Bích Động. ☎ 24-91-18. ▯ 09-66-03-25-55. ● tamcocgarden.com ● Doubles 145-165 US$ selon confort et vue, petit déj inclus. Repas 300 000 Dg. Vélo gratuit, cours de tai-chi, services divers.* Situé dans un beau paysage d'estampe, au cœur d'un entrelacs de petits chemins qui serpentent entre les rizières. Accueil attentif. Chambres nichées dans de charmantes maisonnettes en pierre et bois et décorées avec goût. Très confortables, avec des salles de bains de style balinais. Une baie vitrée ouvre sur une petite terrasse privée et on admire la superbe campagne... Si l'on ajoute le petit jardin d'Éden qui sert de cœur à ce mini-hameau, la piscine donnant sur les rizières et le restaurant de très belle tenue (le menu change tous les jours) : ce « jardin » est décidément une petite perle qui mérite amplement ses tarifs !

LE NORD

Où manger ?

À Ninh Bình (ville)

I●I **_Chookie's Travel Café :_** *17, Lương Văn Tụy. ▯ 09-48-34-60-26. Tlj 11h30-22h.* Petit café tenu par un gérant assez jeune, rendez-vous des routards de passage. Très bons burgers et quelques spécialités locales. Conseils gratuits et infos sur la région.

I●I **_Trung Tuyết :_** *14, Hoàng Hoa Thám. ▯ 09-49-35-88-85. Tlj 8h-21h30.* Petit resto populaire près de l'ancienne gare ferroviaire, occupée maintenant par l'AJ *Go Ninh Binh Hostel.* Salle toute simple, bonne cuisine à prix doux et accueil souriant.

À Tam Cốc, près de l'embarcadère

Bon marché (jusqu'à 100 000 Dg / env 4 €)

I●I **_Family Restaurant_** *(zoom Tam Cốc, B2,* ***30****) : à gauche de la rue principale, entre l'hôtel* Đức Tuấn *et* La Belle Vie*, en face d'une école. ▯ 09-14-19-66-10. Tlj, jusqu'à 23h. Plats 15 000-90 000 Dg. Carte en français.* À ce niveau, les restos se multiplient. Dans une grande cour bétonnée en plein air renfermant un arbre enguirlandé. La patronne, ancienne rameuse, parle le français. Femme dynamique et souriante, elle s'occupe du service. Son mari tient sa rôtissoire sur le trottoir au-devant. Savoureuse cuisine vietnamienne. La spécialité : le canard rôti et les grillades.

I●I **_Bamboo Bar Restaurant_** *(zoom Tam Cốc, B2,* ***31****) : 200 m avt l'embarcadère, sur la gauche de la route en venant de Ninh Bình. ▯ 09-86-35-04-33. Tlj 8h-22h30. Plats 40 000-150 000 Dg.* Paillote en bambou avec de gais lampions, en bord de route. On est reçu par Thái, un jeune patron dynamique qui parle le français. Son frère est en cuisine, sa femme en salle. Spécialité : la chèvre et les aubergines sautées à l'ail. Et aussi le porc, le poulet, bref, les classiques de la cuisine locale. Très bon service et prix sages. Peut aussi louer des chambres au *Homestay Ricefields (20-25 US$/pers).*

I●I **_Tuấn Tú Restaurant_** *(zoom Tam Cốc, B1-2,* ***32****) : 50 m avt l'embarcadère, sur la gauche en venant de celui-ci ; on ne peut pas le rater ! ▯ 016-38-75-48-52. Tlj 7h-23h. Plats 30 000-140 000 Dg.* Parmi les petits restos proches de l'embarcadère, en voici un qui sert une honnête et authentique cuisine vietnamienne : bonne chèvre grillée, servie avec des feuilles de riz qu'on accommode et qu'on roule soi-même. Accueil jovial en français.

Khoa Dung Restaurant *(zoom Tam Cốc, A2, **34**)* : *route de Bích Động, à 200 m de l'embarcadère de Tam Cốc, au niveau de La Belle Vie. 09-86-50-53-55. Tlj 7h-23h. Plats 20 000-80 000 Dg.* Juste à droite d'une pharmacie, dans une portion de rue animée le soir (plusieurs restos). Terrasse couverte très agréable où l'on déguste une savoureuse cuisine vietnamienne fraîche et variée. Excellent rapport qualité-prix, accueil aimable et service diligent.

Seven Coffee *(zoom Tam Cốc, B2, **33**)* : *presque en face de l'embarcadère de Tam Cốc, à 100 m du Long Hotel, côté gauche de la route. Tlj 7h-21h. Plats 20 000-30 000 Dg.* Dans le bourg de Tam Cốc, café-resto familial dans une petite salle carrelée auprès d'une grande cour en béton. Sert des plats vietnamiens classiques, des soupes, des hamburgers et des sandwichs *(bánh mì)*. Bien aussi pour boire un verre en terrasse.

Prix moyens (100 000-250 000 Dg / env 4-9 €)

Restaurant de l'hôtel Chez Loan *(zoom Tam Cốc, A1, **20**)* : *route de Tam Cốc, à Bích Động. ☎ 361-83-54. 09-48-57-73-22. • chezloantamcoc.com • À 1 km après l'embarcadère de Tam Cốc, sur la route vers la pagode Bích Động, à droite. Mieux vaut réserver. Repas 150 000-220 000 Dg.* Une très bonne table locale. Accueil en français par Loan si elle est là. Le chef est de la famille, et mijote une très bonne cuisine vietnamienne, classique et soignée. On peut aussi demander des plats européens. Repas en terrasse sous les arbres s'il fait beau. Une excellente adresse aussi pour le cadre.

À voir

Vrai plaisir de ce relief si particulier, les balades en barque sur le dédale de rivières et de petits cours d'eau qui serpentent entre les abrupts pains karstiques. Les embarcadères qui proposent ce type d'excursions se sont multipliés, mais tous n'offrent pas le même intérêt (naviguer en bord de route, bof...).

Au sud de Ninh Bình

Les grottes de Tam Cốc *(carte La baie d'Hạ Long terrestre)* : *à 8 km au sud de Ninh Bình. Suivre la QL1 sur 5-6 km, puis embranchement sur la droite ; c'est à 3 km. Départ des barques depuis l'embarcadère de Tam Cốc. Tlj 7h-17h. Compter 400 000 Dg pour 2 pers. Ce tarif inclut le bateau et l'entrée du site. À cela s'ajoute le pourboire à donner à la rameuse. Compter 1h30-2h l'A/R.*

– **Bon à savoir :** on embarque à 2 ou à 4 personnes comme au site de Tràng An. Ceux qui le peuvent commenceront la promenade entre 8h et 11h ou après 16h. La balade solitaire en fin d'après-midi est des plus agréable. Prévoir alors de dormir à Ninh Bình ou Tam Cốc. Autre bon créneau, à condition d'avoir passé la nuit sur place (et que le brouillard matinal ne soit pas de la partie) : vers 7 ou 8h. Il n'y a personne et l'on peut prendre son temps.

– Les visites du site se font dans des barques (sans moteur) de façon traditionnelle, c'est-à-dire que les rameuses actionnent les rames avec leurs pieds (tout en alternant, de temps à autre, avec les mains).

Visite du site de Tam Cốc

C'est un petit village où les habitants organisent (en coopérative) la balade sur la rivière. Le paysage aux alentours est unique, car constitué de grands pains de

sucre calcaires, de pitons karstiques aux formes bizarres, aux parois grignotées et envahies par une tenace végétation. Au pied de ces hautes silhouettes s'étendent de nombreuses rizières, vertes au printemps. L'ensemble est superbe, l'image même du Vietnam éternel et immuable. Parfois, rivière et rizières inondées se confondent et donnent l'impression de naviguer sur une véritable mer intérieure. Les canards batifolent et les cabris gambadent à flanc de rochers. Ici et là, les maisons traditionnelles de pêcheurs sont collées aux falaises.
La rivière se faufile sous 3 grottes très basses. La 1re fait 127 m de long.
Juste avant d'arriver à la 1re grotte, à droite du « lac » (vers les bananiers), une grande cavité abritait un hôpital vietcong pendant la guerre contre les Américains. On dit aussi que d'autres servirent de prison à des aviateurs capturés. Elles servirent bien sûr de caches au Vietminh pendant la guerre contre les Français.

Le temple Thái Vi *(carte La baie d'Hạ Long terrestre)* **:** *au bout de la route goudronnée qui part à droite de l'embarcadère de Tam Cốc (zoom Tam Cốc, B2,* ***1****). Tlj 7h-17h30. GRATUIT.* Charmant édifice situé dans un beau paysage de rizières dominées par des pics calcaires. Construit pour honorer un roi de la dynastie des Trần (1225-1400), ce temple consiste en un élégant petit édifice principal, avec une tour en bois abritant une cloche en bronze de 1689, et des cellules de moines. Un beau festival s'y tient annuellement le 14e jour lunaire de mars. Continuez la petite route à droite du temple et vous arrivez sur la rivière de Tam Cốc, juste avant le 1er tunnel (belle vue).

Bích Động *(grotte de Jade ; carte La baie d'Hạ Long terrestre)* **:** *2-3 km après le village de Tam Cốc, sur la même route. GRATUIT. Il faut avoir les jambes et les épaules couvertes pour y entrer.* 3 étages de petites pagodes, certaines construites dans une grotte, accessibles par un escalier creusé à l'occasion de la visite de l'empereur Minh Mạng (en 1821). Seule la dernière pagode est dans une grotte et tout est bien éclairé. À gauche de cette dernière pagode, un escalier monte à un pagodon sur une plate-forme.

L'embarcadère de Thung Nham *(carte La baie d'Hạ Long terrestre)* **:** *à mi-chemin entre celui de Tam Cốc et la pagode de Bích Động, sur la droite. Tlj 7h-17h30. Bateau 2 pers 90 000 Dg, pour 2h.* Moins spectaculaire et moins fréquentée que l'embarcadère de Tam Cốc. On traverse également une grotte, on longe un temple et on peut s'arrêter pour en visiter un autre, toujours dans ces mêmes magnifiques paysages.

La réserve d'oiseaux de Thung Nham *(Vườn Chim Thung Nham ; carte La baie d'Hạ Long terrestre)* **:** *à env 4 km de Tam Cốc, au-delà de la pagode de Bích Động ; accès en bateau par l'embarcadère de Thung Nham. ☎ 350-68-68. • vuonchimthungnham.com • Accès en taxi env 100 000 Dg. Tlj 7h30-17h (17h30 en été). Entrée : 100 000 Dg/pers, trajet en barque en plus : 60 000 Dg. Durée de la visite : env 2h.* ***En 2019 le site était en travaux de réaménagement.*** On va par la route jusqu'à la billetterie, puis de là on fait environ 2 km en barque avant d'arriver dans la réserve.

Hang Múa *(Mua Caves – grotte ; carte La baie d'Hạ Long terrestre)* **:** *depuis Tam Cốc, reprendre la route en direction de la QL1 vers Ninh Bình ; petite route à gauche à 2 km env (donc avt d'atteindre la QL1), puis encore env 3-4 km sur la gauche. Entrée : 100 000 Dg.* Ce n'est pas la grotte en elle-même qui offre tellement d'intérêt, mais le pain de sucre, que l'on peut gravir (plus de 450 marches bien raides quand même !). Prévoir de l'eau et éviter les heures les plus chaudes. Du sommet du belvédère, on a une vue splendide sur le paysage environnant. Impossible d'y grimper à moto...

À l'ouest et au nord de Ninh Bình

Les grottes de Tràng An *(carte La baie d'Hạ Long terrestre)* **:** *à env 12 km à l'ouest de la ville, par une large route. ☎ 362-03-35. On s'y rend à moto (louée), à* *moto-taxi, en taxi ou par une agence. Pour y aller en taxi depuis Ninh Bình, compter env 80 000 Dg. Ouv 6h-17h. Billet : 200 000 Dg/pers ; durée : 2 ou 3h. Ne pas oublier le pourboire à la rameuse (50 000-100 000 Dg). Évitez les w-e (beaucoup de monde).*

– ***Bon à savoir :*** il y a 2 routes possibles en barque. La *route 1* qui dure 3h et la *route 2* (2h). À noter que chaque barque transporte 4 passagers (rarement 5). Si vous désirez être seulement à 2 personnes sur une barque, c'est possible. Il suffit d'acheter 3 places, c'est-à-dire de payer 200 000 Dg en plus. Depuis 2019, il existe une 3e route, moins fréquentée que les 2 autres. Elle passe par 3 grottes et 3 temples avec un arrêt au temple Trinh et sur le site de tournage de *King Kong.*

Visite

Plus grand, plus beau et mieux préservé que le site de Tam Cốc, mais aussi plus commercial. Des centaines de barques à rames (pas de moteur) attendent les visiteurs à l'entrée du site. On glisse au fil d'une eau cristalline, entre d'abrupts pains de sucre, au milieu d'un paysage vierge d'habitants, aussi propre et silencieux qu'aux origines.

– ***La route 1*** *(3h)* **:** c'est la balade la plus complète. Au lieu de 3 grottes, vous en traverserez 9. Dans la barque, au passage des tunnels rocheux érodés, faites attention, baissez-vous car on peut heurter les stalactites qui pendent de la voûte.

– ***La route 2*** *(2h)* **:** si vous prenez la route 2, vous emprunterez en barque 3 passages souterrains. Les barques s'arrêtent toutes sur l'île Skull. La rameuse vous dépose près d'un temple. Un panneau indique *Skull Island Movie Set* (accès gratuit). Le tournage en février 2016 de certaines scènes du film *Kong : Skull Island* s'y est déroulé. Suivre un sentier (5 mn de marche), passer sur une passerelle qui enjambe une carlingue d'avion américain (vestige du film) pour atteindre un village de huttes (celles du film) gardé par des figurants vietnamiens en costume rouge, tenant des lances, visages maquillés comme des Indiens. Dans le film, il s'agit d'un village indien. La rameuse récupère ses clients à un autre endroit (embarcadère) à la sortie du village de huttes.

KING KONG AU VIETNAM

Le film hollywoodien Kong : Skull Island, *sorti en 2017, a coûté près de 190 millions de dollars américains. Cette superproduction, bourrée d'effets spéciaux, a été tournée dans 3 sites au Vietnam : les grottes de Tràng An (près de Tam Cốc), la baie d'Hạ Long maritime, et le parc de Phong Nha Kẻ Bàng. Pendant le tournage à Tràng An, les rameuses n'avaient pas le droit de passer par* Skull Island, *qui avait été « louée » pendant 1 mois par la production.*

Le site de l'ancienne capitale de Hoa Lư *(hors carte La baie d'Hạ Long terrestre)* **:** *à env 8 km au nord-ouest de Ninh Bình. Trajet en taxi, à moto-taxi ou à vélo. Une route relie ce site à l'embarcadère de Tràng An. Tlj 6h-18h30 (été) ou 6h30-18h (hiver). Entrée : 20 000 Dg ; réduc. Pas de photos.*

Un peu d'histoire

Hoa Lư fut la capitale du Vietnam indépendant sous les dynasties Đinh (de 968 à 980) et Lê antérieurs (de 980 à 1009), puis des Lý (jusqu'en l'an 1010). Une citadelle s'élevait dans ce cadre magnifique, mais il n'en reste plus rien. Hoa Lư fut remplacée par Hanoi. Seuls subsistent 2 temples reconstruits au XVIIe s.

Une estampe vivante !

Une ligne de pitons rocheux édentés et de pains de sucre aux formes déchiquetées, des sommets incertains enveloppés dans la brume humide, des rizières vertes et fertiles arrosées par le crachin du nord (ciel bleu quand il fait beau), des femmes courbées sous leurs chapeaux coniques, pieds nus dans la boue des champs, des haies de bambous séparant les hameaux comme des rideaux, quelques maisonnettes basses et pauvres coiffées de tuiles rouges usées, les toitures incurvées des temples et des pagodes, le silence d'un paysage serein et immuable : Hoa Lư, c'est bel et bien l'Asie éternelle.

Visite des temples

– ***Le temple de Đinh Tiên Hoàng*** *(à gauche de l'allée d'accès)* **:** ce temple fut construit sur les fondations de l'ancien palais royal de Hoa Lư. Les rois avaient bon goût pour choisir le site de leur capitale ! Une longue allée bordée de bassins conduit au temple, lequel est précédé d'un beau portique avec sa clôture décorée de céramique verte ajourée et vernissée. Devant le temple, piédestal du trône royal en pierre. Toits de tuiles traditionnels avec dragon sur le faîte. Le tombeau de ce roi se trouve au sommet du piton rocheux le plus proche. Il est accessible par un escalier de 265 marches. Faire attention par temps humide, ça glisse !

– ***Le temple de Lê Đại Hành :*** le roi Lê Đại Hành fit bâtir ce temple sur le même modèle et à côté de celui dédié à son prédécesseur Đinh Tiên Hoàng (dont il épousa la veuve). À l'entrée, petit pavillon dédié à Confucius (Đức Khổng Tử) et un autre pour les offrandes. On traverse une 1re cour, puis une 2de ; au centre de celle-ci, un grand socle de pierre grise serait un vestige du trône du roi Lê Đại Hành. Derrière se trouve le temple à proprement parler. Proche du temple (à 50 m), salle d'expo des vestiges archéologiques abritant les fondations du palais royal du Xe s.

La pagode de Bái Đính *(hors carte La baie d'Hạ Long terrestre)* **:** *à env 20 km au nord de Ninh Bình. Parking payant (15 000 Dg), puis accès possible en voiturette électrique (10 mn, 60 000 Dg A/R par pers). À pied (facile), compter 20-30 mn. Entrée du site : GRATUIT.*

Un ensemble inauguré en 2010, au terme de 10 ans de labeur. Un chantier tout simplement pharaonique ! Certains visiteurs critiques ont trouvé que c'était un « Disneyland religieux ». Dans tous les cas, c'est imposant ! Des proportions architecturales titanesques, des milliers de statues façonnées pour l'occasion et des coûts de construction démentiels... Franchement, ça vaut le coup d'œil.

Compte tenu de l'affluence, le parking est installé à 2 km de la pagode proprement dite (et ça grimpe). Après le portique d'entrée, admirez le clocher et son énorme cloche de 20 t. En pénétrant plus avant dans l'immense cour rectangulaire, il vous faudra grimper une longue pente pour atteindre les édifices successifs, apportant chacun leur lot de statues.

Dans la pagode intermédiaire, impressionnant bouddha de 150 t flanqué de génies, et entouré d'un millier de niches peuplées d'autres petits bouddhas. Du sommet où est juché le dernier temple, on jouit d'une vue splendide sur la campagne. Un paysage qui invite à la contemplation.

Le village de Kênh Gà *(hors carte La baie d'Hạ Long terrestre)* **:** *à une dizaine de km au nord du site de Hoa Lư et env 25 km au nord de Ninh Bình. Entrée : 100 000 Dg (bateau inclus). Le mieux est d'acheter un tour organisé auprès des mini-hôtels de Ninh Bình (ou agences de Hanoi). En moyenne, une promenade en barque à moteur (pas de rames ici) sur la rivière Hoàng Long dure 3h (dont 1h dans une grotte).* Environ 1 500 habitants vivent dans ce village étendu au bord d'un bras de rivière. Ils pratiquent un peu de pêche et exploitent des gisements de pierres qu'ils vendent ensuite à des fabriques de ciment.

RAMER COMME UN PIED

La particularité des villages de Kênh Gà et de Tam Cốc, ce sont ces rameurs qui utilisent leurs pieds et non leurs mains pour actionner les rames de leurs embarcations. Pas évident !

DANS LES ENVIRONS DE LA BAIE D'HẠ LONG TERRESTRE

Berceau du catholicisme vietnamien, la région au sud-est de Ninh Bình et à l'ouest de Nam Định (diocèse de Bùi Chu), à 30 km au nord de Ninh Bình, est couverte d'églises dont certaines sont gigantesques.

La cathédrale de Phát Diệm *(hors carte La baie d'Hạ Long terrestre)* **:** *à une trentaine de km au sud-est de Ninh Bình.* Pour ceux qui ont du temps, voilà une belle excursion en dehors des sentiers battus. La route pour s'y rendre se révélera aussi intéressante que le monument.
C'est le plus étonnant des édifices catholiques du Vietnam. Cathédrale construite en 1891, elle associe curieusement le style des églises occidentales à celui des pagodes vietnamiennes. La vue de ces tours et clochetons coiffés de toitures en ailes de pigeon est surprenante, voire insolite. Ce fut le siège du 1er évêché du Vietnam. À l'intérieur, on est frappé par les vastes proportions de la nef : 80 m de long, 24 m de large et 16 m de haut. Plafond en forme de carène de navire renversée. Décoration alliant les styles vietnamien et européen. Retable rococo en bois ciselé, doré, mais arches et arcs-boutants sculptés comme dans les temples. Impressionnantes colonnes en bois de fer d'un seul tenant (appelé « *lim* »). Tour de force qui a consisté à les apporter de Thanh Hoá, Nghệ An et Sơn Tây, à plus de 200 km au nord. Au-dessus du retable, 6 statues de martyrs vietnamiens canonisés par Jean-Paul II (en 1988). Beaucoup de monde et grande ferveur aux messes du dimanche (à 5h, 10h et 16h).

LE GRAND NORD-OUEST

Frontalier avec le Laos et le sud de la Chine (Yunnan), le grand Nord-Ouest du Vietnam constitue une des régions les plus montagneuses et reculées du pays. Longtemps inaccessible, elle est ouverte au tourisme depuis les années 1990. Les routes sont souvent sinueuses, pas toujours en très bon état. S'y déplacer n'est pas aussi facile que dans la plaine mais quel voyage inoubliable ! Sapa et Bắc Hà restent les 2 points incontournables de ce périple hors des sentiers battus. Voici un décor naturel majestueux où certaines montagnes s'élèvent jusqu'à plus de 3 000 m (le mont Fansipan, 3 143 m, est le point culminant du Vietnam). Les vallées aux alentours semblent avoir été ouvertes à grands coups de sabre dans un relief accidenté. Les versants pentus et parfois vertigineux ont été sculptés par les nombreuses minorités ethniques.
Ces ingénieux habitants y ont édifié au fil du temps de somptueuses rizières en escaliers (comme à Bali ou aux Philippines). Elles donnent aux paysages grandeur et beauté. C'est en mai que les rizières sont les plus vertes, tandis que de novembre à avril elles prennent des couleurs jaunies, parfois fauves. Plus au sud, très différentes de Sapa et Bắc Hà, les villes de Điện Biên Phủ et Sơn La restent des hauts lieux de l'histoire de la guerre d'Indochine.
– ***Bon à savoir :*** les soirs d'hiver (novembre-avril), il fait bien froid et il bruine souvent. Prévoir un vêtement chaud et imperméable. Il arrive parfois que la neige tombe à Sapa. L'été, la chaleur est très supportable en raison de l'altitude.

LES ETHNIES MINORITAIRES DANS LE NORD-OUEST

Si les Viets ou Kinh représentent 86 % de la population, les quelque 54 ethnies minoritaires que compte le Vietnam, avec leur 14 %, sont quand même représentées par près de 13 millions de personnes (voir la rubrique « Population » dans « Hommes, culture, environnement » en fin de guide). Chacune a son histoire propre.
Il existe 3 familles linguistiques dans l'Asie du Sud-Est : l'austro-asiatique, la sino-tibétaine et l'austronésienne. Mais les critères linguistiques ne suffisent pas à distinguer ces différents peuples. Certains peuvent utiliser la même langue et avoir pourtant des coutumes (et des costumes !) différents.
Pendant les 2 guerres du Vietnam, la République démocratique du Vietnam avait offert une certaine autonomie aux minorités du Nord sous son autorité. Or, après la réunification en 1975, l'autonomie des 2 régions (Nord et Nord-Est) fut abolie. Ces minorités ont cependant gardé une représentation à l'Assemblée nationale. La plupart vivent aux confins du pays, surtout dans les Hauts Plateaux et dans les régions montagneuses (à l'instar de ce que l'on observe au Myanmar et en Thaïlande).

La région du Nord-Ouest regroupe les plus importantes minorités (elle abrite près de 3 millions d'habitants). Vous pouvez donc y rencontrer des Hmong (ou H'mong ou Mèo), des Mường, des Dzao (ou Dao ou Yao ou Mán), des Thaïs, des Tày, des Giáy, des Hoa, des Xá Phó, des Lự, des Khơ Mú et des Hà Nhì, ouf !
On peut cependant distinguer, pour simplifier, 2 grands ensembles : tout d'abord les ***communautés des hautes vallées*** qui disposent de terres fertiles et de l'eau courante, grâce aux rivières. Leurs maisons, souvent sur pilotis à cause des inondations, sont percées de multiples fenêtres agrémentées de balcons à cause de la chaleur ; les femmes portent le plus souvent des jupes. Ensuite, il y a les ***communautés des montagnes,*** qui doivent, pour survivre, pratiquer le déboisement et la culture sèche itinérante sur brûlis. Leurs maisons sont souvent construites à même le sol, sans fenêtre à cause du froid ; les femmes portent généralement des pantalons ou des guêtres recouvrant les mollets pour se protéger des broussailles.
– Toutes ces minorités ont en commun des revenus faibles, l'absence de scolarité (3 % seulement des enfants dans la région de Sapa fréquentent l'école primaire, et pourtant les études sont gratuites jusqu'à l'âge de 16 ans), la rareté des soins médicaux modernes, la méconnaissance des principes sanitaires de base, une forte démographie, une situation matérielle en symbiose avec le cycle végétal et, dans les montagnes, une agriculture de survie nécessitant une certaine transhumance, complétée par la chasse et la pêche. Dans ces communautés, les femmes ont la responsabilité du tissage et de la teinture des vêtements et les hommes celle du travail des champs et de l'artisanat.
Ces minorités ont une ***forte influence sur leur environnement,*** surtout en montagne : déforestation, disparitions d'espèces animales. Aussi, pour protéger la forêt et sa faune, l'État multiplie les actions et mène une politique de sédentarisation, en créant des écoles primaires (une dans chaque canton), en multipliant les cultures de plantes médicinales (afin de suppléer à l'absence de médicaments), en interdisant la chasse de nombreuses espèces. Il autorise et favorise la culture du gingembre, du ginseng (recherchés par les Chinois) et des prunes (recherchées par les Japonais et les Australiens) en remplacement de celle de l'opium (interdite depuis 1986... même si certaines cultures illégales semblent perdurer).
Afin d'en savoir un peu plus, voici une brève présentation des minorités ethniques principales.

Les Hmong ou H'mong

Connus aussi sous le nom de Miao ou Mèo, nom qu'ils détestent car il est la déformation par les Français du mot chinois « Mieo », que les Chinois donnent à toutes leurs minorités, y compris les Hmong. Miao ou Mèo signifient « barbares » ou « sauvages », donc ne les appelez jamais ainsi en leur présence ! Les Hmong forment le 5e groupe le plus important du Vietnam avec environ 1,2 million d'individus. Ils vivent dans les régions montagneuses de Sơn La, Lai Châu, Sapa, Cao Bằng, Lạng Sơn et dans la région frontalière avec la Chine. On en rencontre également en Birmanie, en Chine, au Laos et en Thaïlande.
On les divise en 5 branches : les ***Hmong Blancs, Fleurs*** (ou *Fleuris*), ***Noirs, Rouges*** et ***Verts,*** en fonction de la couleur des costumes des femmes et des dialectes utilisés. Ils parlent le *miao-yao.*
Lorsqu'ils émigrèrent du sud de la Chine à la fin du XVIIIe s pour fuir la politique de l'empereur Ming, ils s'installèrent dans les zones les plus élevées du pays.
Leur ***habitat*** est assez rudimentaire, ils vivent en petites communautés dans des villages, ou *giao,* regroupant généralement une douzaine de familles de la même lignée. Leurs maisons en bois sont construites à même le sol, sans fenêtre à la différence de celles des Thaïs, et leurs greniers sont montés sur pilotis.
Les femmes, chez les Hmong Noirs, portent en général au quotidien le ***costume traditionnel*** : pantalon court foncé sous une tunique serrée par une ceinture noire qui fait plusieurs fois le tour de la taille ; chez les autres Hmong, une jupe plissée à dominante rose et rouge (Hmong Fleuris et Rouges), blanche (Hmong Blancs) ou verte (Hmong Verts).

Les femmes portent de nombreux bijoux en argent ou en métal aplati, sous forme de collier et de bracelet. La matière première vient en général des pièces de monnaie françaises émises par la Banque de l'Indochine. Les hommes ont de larges vestes et d'amples pantalons, également teints avec de l'indigo. Un simple calot leur sert de couvre-chef. Ils portent des bijoux comme les femmes.

Les Hmong se sédentarisent de plus en plus et se nourrissent principalement de maïs, le riz (cultures en terrasses) ne venant qu'en 2e position. Ils cultivent aussi le chanvre, le coton et le ginseng, depuis que la culture du pavot à opium a été interdite (en 1986). Ils jouissent d'une grande réputation pour les cultures fruitières (pêches, prunes, pommes).

La ***société*** des Hmong fut longtemps de type féodal, ce qui permettait aux autorités coloniales de mieux les contrôler. Régime semi-patriarcal où les femmes possèdent très peu de droits, mais deviennent chefs de famille à la mort de l'époux. À la mort de l'épouse, c'est l'aîné des enfants qui hérite. La polygamie était fréquemment d'usage avant 1945. Le mariage par rapt se pratiquait couramment (et existe encore aujourd'hui) et la famille de la jeune fille ne pouvait s'y opposer.

Quelques coutumes typiques des Hmong : les femmes accouchent accroupies et le placenta est enterré sous le lit si l'enfant est une fille, sous l'autel des ancêtres si c'est un garçon.

Les Hmong pratiquent le ***culte des esprits,*** mélangé aux influences du confucianisme, du bouddhisme et du taoïsme. Ils croient en la réincarnation. Les missionnaires catholiques ont peiné à les évangéliser (quelques Hmong catholiques à Sapa). L'homme responsable des affaires religieuses et surtout des ***cérémonies funéraires*** s'appelle le *Nong rua*.

Ces cérémonies font penser à celles des habitants de Sulawesi en Indonésie, les Toraja. Le mort est exposé dans l'attente que toute la parenté lui rende hommage, puis des buffles et des cochons sont abattus pour les repas des funérailles auxquels participe le défunt.

Les Mường

Les Mường, cousins des Viets anciens, sont environ 2 millions au Vietnam et majoritaires dans la ***région de Hoà Bình et de Sơn La*** (90 % de la population). Le reste de la communauté se répartit le long du fleuve Noir. C'est l'une des minorités les plus largement représentées. Ayant toujours demeuré dans les montagnes, les Mường conservèrent une grande partie de leurs traditions. Au contact des Thaïs, ils assimilèrent certaines de leurs coutumes.

Les hameaux sont constitués de 6 à 10 maisons. Plusieurs hameaux forment le village. L'habitat, dont l'architecture est très proche de celle des Thaïs, est sur pilotis.

Si les ***vêtements*** des hommes – larges pantalons noirs – ne se démarquent pas de ceux des Vietnamiens des plaines, ceux des femmes se distinguent par une certaine richesse des parures : turban blanc, jupe noire, large ceinture brodée remontant à mi-poitrine, et vêtements fermés par de petits boutons. Elles ont coutume de se teindre les dents. La beauté de la ceinture brodée mường est très réputée.

Dans cette société très patriarcale, plusieurs villages forment un *murong* à la tête duquel on trouve un *lang cun* (en général, membre d'une famille noble, les Đinh, les Quách, les Bạch, Hà, Hoàng...). Des tambours et vasques de bronze marquent leur pouvoir. Ils ont le droit de percevoir un tribut et de répartir les terres communales.

Sur le plan religieux, les Mường entretiennent le ***culte des génies.*** D'abord, le génie de la Terre, puis celui du *Murong* (en général, un ancêtre à l'origine de la fondation du hameau ou du *murong*). On pratique le culte des ancêtres en famille. Notons enfin que les Mường furent toujours associés aux Vietminh dans leur lutte pour l'indépendance.

Les Dzao (ou Dao ou Yao ou Mán)

Les Dzao appartiennent au groupe Hmong. On en compte environ 900 000 individus. C'est le 8e groupe le plus important. Comme les Hmong, c'est une ethnie de montagne parlant le *miao-yao* (un dialecte chinois). On en rencontre également en Chine et au Laos. Ceux du Vietnam émigrèrent de Chine vers le XIIIe s.
Nombre de villages autour de Lào Cai, Quảng Ninh et du lac de Hoà Bình sont dzao. Autour du lac, ils ont abandonné leurs terres noyées par les eaux du barrage et vivent aujourd'hui dans des conditions difficiles, sur des terres moins fertiles. À Sapa, leur ***habitat*** est généralement situé à plus haute altitude que celui des Hmong, là où règnent les brumes éternelles.
Les hommes portent le même ***costume*** que les Hmong, avec la même couleur indigo que les Hmong Noirs, mais leur veste présente une broderie rectangulaire au dos. La même broderie se trouve sur leur bonnet. Les femmes portent des pantalons indigo finement décorés de batik vers le bas, recouvrant les genoux, et des gilets qui ressemblent à ceux des hommes et, par-dessus, une veste qui arrive jusqu'aux genoux. Elles se rasent la tête qu'elles enduisent de cire ainsi que les sourcils. Leur tête est recouverte de beaux fichus rouges ornés de pièces d'argent.
Hommes et femmes ont souvent sur l'épaule un sac orné d'un pompon rouge. Cette utilisation du rouge dans ces régions les fait communément appeler *Dzao Rouges.* Comme chez les Hmong, les femmes et les hommes dzao sont souvent amplement parés de bijoux (en particulier de bracelets et de colliers massifs).
L'***habitat*** est le plus souvent à même le sol et les greniers sont construits sur pilotis. Les Dzao sédentaires construisent des maisons de grande superficie, contrairement aux Hmong qui ne se sont sédentarisés que récemment. Vie en petits hameaux ou en gros villages sédentarisés (c'est le cas autour de Hoà Bình).
Ils pratiquent une ***culture*** sur brûlis, dont le coton pour leurs broderies, le maïs, le riz et élèvent bovins, chèvres, volailles, porcs et chevaux. La fabrication du papier est une de leurs spécialités. Leur artisanat à base d'argent et de cuir est réputé.
Comme la plupart des Vietnamiens, les Dzao vénèrent les ancêtres ; mais chez eux cette vénération s'ajoute au ***culte de l'ancêtre*** commun, *Bàn Hồ* ou *Bàn Vương.* Ce dernier est un chien de leur mythologie qui tua un général ennemi. Ils honorent également les génies du Vent, du Feu, de la Rivière, du Riz, des Montagnes. Les autels de ces génies sont placés devant les arbres sacrés, un peu comme ceux des génies de Bali ou ceux des *nat* du Myanmar (Birmanie). Certains Dzao de Sapa sont catholiques. Les Dzao ont 3 ***rites funéraires*** dont les cérémonies sont gérées par le chaman : l'inhumation en terre, la crémation et l'inhumation en plein air qui rappellent la coutume des parsis en Inde, à la différence qu'ici, le squelette est ensuite placé dans un cercueil et enterré.

Les Thaïs

Ils représentent la ***2e ethnie majoritaire de cette région.*** On en compte près de 1,6 million. Dispersés dans tout le Nord-Ouest, et surtout dans les hautes vallées traversées par des cours d'eau et le long du fleuve Noir et du fleuve Rouge. Leur implantation est très ancienne (IIe millénaire av. J.-C.). Villages se mélangeant sans problème avec ceux des autres ethnies. Les ***Thaïs Noirs*** sont les plus nombreux. On les trouve aussi au Laos, en Chine méridionale et, bien entendu, en Thaïlande.
Ils habitent de grandes et solides demeures en forme de carapace de tortue sur pilotis. Cependant, les maisons les plus récentes ont un toit rectangulaire à 4 pans, recouvert de tuiles bordelaises ou de palmes, identique à celui des maisons des Thaïs Blancs et des Mường.

Si les hommes ont depuis longtemps adopté la tenue occidentale, les femmes demeurent fidèles au ***costume traditionnel.*** Longue jupe noire, courte veste très serrée sur la poitrine (presque un justaucorps) et fermée par une série de boutons qui, une fois attachés, forment des papillons. Couleurs généralement chatoyantes : vert jade, orange, bleu azur, rose. Les adolescentes sont d'une coquetterie exquise.
Les Thaïs pratiquent la ***culture du riz*** depuis des temps immémoriaux. Ils sont particulièrement ingénieux dans l'élaboration des rizières en terrasses, par la mise en place de canaux d'irrigation, avec des norias (du fait de la proximité des rivières), obtenant ainsi d'excellents rendements en 2 récoltes annuelles. Les Thaïs possèdent une écriture dérivée du sanskrit et un très riche patrimoine culturel.

Les Giáy

C'est le 23e groupe ethnique du Vietnam, ils appartiennent à la famille linguistique austro-asiatique, et sont très proches des Tày, car ils viennent de la même contrée, le sud de la Chine. On en compte environ 30 000, dans les districts de Lai Châu, Hoàng Liên Sơn et Hà Tuyên.
Les femmes Giáy portent des jupes plissées et brodées qui couvrent les genoux et surmontent souvent un pantalon indigo. Leur corsage très coloré se boutonne sous l'aisselle droite. Les hommes portent des pantalons larges et une veste fendue sur les côtés, boutonnée par-devant.
Chaque village possède sa forêt communautaire appelée *doon xia* où est vénéré l'arbre sacré. ***Le système social est très féodal,*** les dirigeants des villages imposant le travail forcé sur leurs terres et le paiement de taxes. La société giáy est elle aussi patriarcale ; les femmes n'ont que des devoirs, dont ceux des 3 règles : obéissance au père avant le mariage, au mari durant le mariage, et au fils après le mariage. Naturellement, avec les brassages actuels, ces principes ont tendance à disparaître.
Question croyances, en plus du ***culte des ancêtres et des génies,*** ils honorent la déesse de la Fécondité et croient en la réincarnation. Si les oreilles des nouveau-nés sont tatouées, c'est pour empêcher leur réincarnation. Beaucoup de rites sont influencés par le taoïsme.

Les Tày

À ne pas confondre avec les Thaïs. Ils appartiennent au groupe linguistique austro-asiatique, mais utilisent la langue thaïe. Originaires de la Chine méridionale, ils se seraient établis au Nord-Vietnam vers le VIe s av. J.-C. On en dénombre aujourd'hui près de 900 000, principalement dans les provinces de Lạng Sơn, Cao Bằng, Bắc Thái. Ils se sont davantage implantés dans des régions de basse altitude, au-dessous de 600 m.
Leurs maisons sur pilotis sont groupées en villages, ou *bản,* protégés par des haies de bambous. Les Tày sont sédentaires et pratiquent la culture du riz, du soja, de l'anis, du coton, du thé et du tabac.

Comment y aller ?

En bus

Compter 2-3 jours de voyage au départ de Hanoi jusqu'à Điện Biên Phủ, soit env 460 km d'une route bitumée à 2 voies. Celle-ci est de plus en plus sinueuse à mesure que l'on s'approche de Điện Biên Phủ. Assez éprouvant, mais c'est une excellente école de contact avec les habitants du secteur. Compter env 260-300 €/pers pour une excursion de 3 jours/2 nuits en minibus de 6-7 passagers.

En véhicule avec chauffeur

Au départ de Hanoi, il est conseillé de prévoir 2 nuits en cours de route avant d'atteindre Điện Biên Phủ. On recommande de dormir à Mai Châu ou à Mộc Châu, puis à Sơn La. La plupart des agences routardes de Hanoi proposent des circuits dans cette partie du nord-ouest du Vietnam.

HOÀ BÌNH

50 000 hab. IND. TÉL. : 218

1re étape sur la route de Điện Biên Phủ, à 75 km à l'ouest de Hanoi, soit 2h de voiture. Pour sortir de Hanoi par l'ouest, il y a désormais une autoroute qui rejoint ensuite la route traditionnelle qui conduit à Hoà Bình. C'est une grosse ville moderne, sans autre caractère particulier que de posséder un grand barrage hydroélectrique. Une haute statue en béton de Hồ Chí Minh (la plus haute du Vietnam) chapeaute une colline au-dessus de la ville. L'intérêt de cette région de piémont réside plutôt dans la présence autour de Hoà Bình de minorités ethniques : les Mường (90 %) et les Dzao.

Infos utiles

Arrêt de bus : bd Trần Hưng Đạo, dans le centre.

➢ ***Mai Châu*** *(100 km)* **:** une trentaine de bus/j., 4h50-18h20. Billet : 50 000 Dg. Durée : 2h.

➢ ***Hanoi :*** au départ de Hanoi les bus partent de la gare routière de Yên Nghĩa (au sud-ouest de la ville) ou de celle de Mỹ Đình. De Hoà Bình à Hanoi (Yên Nghĩa), 14 bus/j. 8h20-11h30, puis 2 bus dans l'ap-m. De Hoà Bình à Hanoi (gare de Mỹ Đình), bus en permanence 4h50-19h.

➢ ***Sơn La et Điện Biên Phủ :*** pas de bus au départ de Hoà Bình. Il faut prendre un bus direct au départ de la gare de Mỹ Đình à Hanoi.

– ***Bon à savoir :*** de Hoà Bình on trouve des bus (couchettes pour certains) pour Ninh Bình et même pour Hà Giang au nord-est du pays.

– Faute d'office de tourisme, vous pouvez obtenir quelques renseignements à l'hôtel *Hoà Bình.*

– ***Site internet :*** *• hoabinhtourism.com •*

Où dormir ?

La ville n'est pas très glamour pour établir le camp. Mais si vous ratez le dernier bus...

Bon marché (jusqu'à 300 000 Dg / env 11 €)

Ánh Dương Hotel : *39, Nguyễn Trung Trực. ☎ 385-32-33-33. Doubles 200 000-300 000 Dg.* Petit hôtel modeste et central, dans une rue animée bordée de gargotes et de petites boutiques. Chambres simples et propres avec clim et vue pour une partie sur la rue.

Chic (600 000-1 000 000 Dg / env 23-38 €)

Hôtels Hoà Bình I et Hoà Bình II : *367, An Dương Vương. ☎ 385-20-01. • hoabinhhotel.net.vn • À 2 km à l'est du terminal des bus (et 2 km à l'ouest du centre-ville), de part et d'autre de la route de Sơn La. Doubles à partir de 600 000-700 000 Dg, petit déj inclus.* Situé sur une butte dominant la vallée, le ***Hoà Bình I*** s'organise autour d'une grande cour bordée de pavillons sur pilotis, dans le style ethnique. Chambres bien équipées avec clim et toilettes. Les plus agréables sont dans le bâtiment B au fond de la cour avec vue sur la campagne. Le resto sert de la cuisine vietnamienne mais il n'y a que des grandes tables rondes pour 12 personnes. C'est bizarre si on est en couple. On déconseille le ***Hoà Bình II,*** annexe située un peu plus loin, nettement moins bien (et moins chère).

À voir

*** Le barrage hydroélectrique :*** *à moins de 1 km au nord de la ville, sur la rivière Sông Đà.* Le 2e plus grand barrage hydroélectrique du Vietnam après celui de Sơn La. D'une hauteur de 128 m et d'une longueur de 970 m, sa construction longue et coûteuse dans les années 1980 nécessita l'aide de l'Union soviétique. 180 ouvriers succombèrent, dont 11 techniciens russes (mémorial sur la berge, rive gauche). Le lac de retenue, long de 220 km, sert aujourd'hui de plan d'eau touristique. Le barrage assure environ 40 % de l'énergie pour tout le Nord !

DANS LES ENVIRONS DE HOÀ BÌNH

*** Giảng Mỗ Bình Thanh :*** *à env 12 km de Hoà Bình en direction de Sơn La, dans la commune de Bình Thanh. Accès en voiture ou à moto-taxi (pas de bus).* L'ancienne route coloniale 6 remonte une riante petite vallée plantée de manioc, forêts de bambous et autres rizières en terrasses jusqu'à un village-musée mường *(entrée : 50 000 Dg).* Attention car le vrai village traditionnel se trouve à quelques kilomètres plus loin à gauche, un vrai hameau typique mường se visite *(accès : 15 000 Dg).* 50 familles y vivent, dans un vallon verdoyant à la terre fertile. Les maisons sont sur pilotis, avec des toits de chaume pour certaines. On y trouve 2 ***homestays*** (logement chez l'habitant). Chez Mme Quynh, ou le *homestay Hau Luu,* 1re maison à droite en entrant dans le village *(☎ 03-69-66-10-11 ; compter env 300 000 Dg/nuit par pers, dîner et petit déj inclus).* On dort dans un dortoir propre mais de confort sommaire (moustiquaire, ventilo et toilettes extérieures).

DE HOÀ BÌNH À ĐIỆN BIÊN PHỦ

Nos lecteurs baroudeurs prendront leur temps sur cette ancienne route coloniale 6. Ils ne le regretteront pas. Larges vallées cultivées en harmonieuses et ingénieuses terrasses, beaux villages thaïs noir et blanc, cols abrupts, livrant de superbes panoramas, ne cessent de se succéder. Vitesse moyenne entre 20 et 30 km/h, avec moult rencontres insolites : ici un buffle qui traverse, là un vélo au chargement improbable, ou encore une Thaïe Noire à mobylette dont le casque est vissé par-dessus sa coiffe traditionnelle. Route particulièrement belle et en bon état, mais sinueuse en diable. Un moment d'anthologie du voyage en routard.

MAI CHÂU (env 2 000 hab. ; IND. TÉL. : 218)

De Hoà Bình à Mai Châu, compter 60 km d'une route étroite et tout en virages. On traverse au bout d'un certain temps une superbe région de collines calcaires en pains de sucre. Les villages se font hameaux, les maisons se perchent sagement sur leurs pilotis, et les creux de vallons se parent de petites rizières en espaliers.

Après un superbe ***point de vue panoramique (col de Thung Khe),*** on dévale dans une vallée sertie d'une barrière montagneuse. Outre le village-rue sans intérêt de Mai Châu, à 2 petits kilomètres (bien signalés depuis la grand-rue), les admirables hameaux de ***Pom Coọng*** (authentique) et ***Bản Lác*** (beaucoup plus touristique) trempent leurs pieds dans les rizières. Ils demeurent authentiques, même si leurs habitants Thaïs Blancs ont bien compris l'intérêt qu'ils peuvent tirer du tourisme : chaque bâtisse de la rue principale vend de l'artisanat au rez-de-chaussée et fait chambre d'hôtes au 1er étage. Superbes balades dans les campagnes alentour.
– À Mai Châu : on trouve un distributeur ATM, au bord de la route, non loin du marché et du stade.

Arriver – Quitter

En bus

➢ ***De/vers Hanoi*** *(gare routière de Mỹ Đình)* **:** 5 bus/j., 5h-15h. Durée : 4h30. De Mai Châu, 5 bus/j., 7h15-13h30. Venant de Hanoi, on peut se faire déposer à Tòng Đậu (intersection entre la QL6 et la route 15) par l'un des nombreux bus reliant Hanoi à Sơn La. Il reste ensuite à parcourir 5 km (taxis possibles), voire 7 km pour les hameaux de Pom Coọng ou Bản Lác.
– ***Bon à savoir :*** ne pas aller à la gare routière (souvent vide et inutile) où peu de bus s'arrêtent. C'est bizarre mais c'est comme ça ! Demander à l'hôtel de téléphoner à la compagnie avant, pour que le bus (minibus) s'arrête en ville, à un arrêt déterminé au bord de la route. Vous embarquez et vous achetez le billet à bord.

Où dormir ? Où manger ?

Les hébergements dans le village même de Mai Châu sont une option. Préférez (et de loin) loger dans l'une des familles des hameaux thaïs dispersés dans la vallée. Caractéristique de ces logements : on y dort au 1er étage de logis traditionnels sur pilotis, toujours impeccables. De simples matelas tapissent le sol en bambou, soit dans une salle commune *(8-10 pers ; env 270 000 Dg/nuit par pers),* soit dans des chambrettes privatives *(double env 700 000 Dg).* Chaque paillasse a sa moustiquaire. Les sanitaires, rustiques mais propres et avec eau chaude, sont partagés. Les repas sont souvent copieux.

Bon marché (jusqu'à 300 000 Dg / env 11 €)

☗ |●| ***À Pom Coọng :*** le *homestay* ***n° 4*** *Hà Hiển (📱 09-15-32-17-76 ; • hahienpc@gmail.com •)* est très central, d'un excellent accueil, et les plats du dîner sont une anthologie (excellentissime poisson cuit dans le bambou). Le *homestay* ***n° 2*** *(📱 09-15-80-44-80 ; miss Lê, anglophone)* donne sur les rizières. Il compte 4 dortoirs dont 2 avec douche/w-c à l'étage (ventilo, pas de clim). Pour boire un verre, se rendre au *Sunset Bar (7h30-22h)* à côté du *homestay* n° 4.

☗ |●| ***À Bản Văn :*** village de 400 habitants, à 1 km de la route principale n° 15, habité par l'ethnie Thai Blanc. Moins touristique que les autres hameaux. Le ***Homestay Luong*** est propre et accueillant. Abrite 2 dortoirs de 20 lits et 2 chambres avec toilettes privatives. Sert aussi les repas. *☎ 386-93-41-59. Lit en dortoir 290 000-320 000 Dg. Double 700 000 Dg.*

☗ |●| ***À Bản Lác :*** village beaucoup plus commercial et moins authentique que les précédents. Maisons sur pilotis habitées par des familles plus aisées, au bord d'une ruelle centrale où passent des voiturettes électriques pour groupes de touristes vietnamiens.

LE GRAND NORD-OUEST

Prix moyens (300 000-600 000 Dg / env 11-23 €)

🏠 🍽 ***Little Mai Châu Homestay :*** *Na Phon Village.* 📱 *09-73-84-90-06.* • *litt lemaichauhomestay@gmail.com* • *À 2 km à l'ouest du centre de la ville. Lit en dortoir 200 000 Dg, double 500 000 Dg, dîner et petit déj inclus.* Au pied d'une colline dans un paysage verdoyant de rizières, ce *homestay* est tenu par un jeune couple aimable et attentionné. La femme parle anglais. Comprend 3 bungalows propres et sans superflu (toilettes privatives) avec une petite terrasse et vue sur la vallée. Il y a aussi 2 dortoirs (pour 10 personnes), simples et suffisants. Seulement un bungalow a la clim, les autres sont avec ventilo.

Plus chic (1 000 000-2 000 000 Dg / env 38-76 €)

🏠 🍽 ***Mai Châu Valley View Hotel :*** *QL15, à 600 m du centre de Mai Châu.* ☎ *386-70-80.* 📱 *09-72-05-86-96.* • *maichauvalleyview.com* • *Double env 1 200 000 Dg. Repas 260 000-350 000 Dg.* Un petit hôtel très propre et bien tenu qui se tient au bord de la route. Accueil jovial. Chambres confortables et claires, avec clim, grande baie vitrée et balcon donnant sur les rizières. Superbe vue ! Fait aussi restaurant. Petit déjeuner international avec des œufs et du bacon. Visite possible des villages ethniques, prêt de bicyclettes. Notre coup de cœur dans le bourg de Mai Châu.

Très chic (2 000 000-3 310 000 Dg / env 76-126 €)

🏠 🍽 ***Mai Châu Ecolodge :*** *Na Thia Village, commune Na Phon, district de Mai Châu.* ☎ *381-98-88.* • *maichau.ecolodge.asia* • *Doubles env 110-130 €. Suites plus chères.* Perché sur une petite colline dominant la vallée et ses rizières, cet hôtel (propriété de l'agence *Asiatica*) est constitué de plusieurs bungalows (en dur avec toit de palmes) nichés dans la végétation tropicale sur la pente de cette butte. 2 chambres dans chaque bungalow, soigneusement décorées, avec carrelage, clim et moustiquaire, superbe baignoire en bois de jacquier. Pas de TV ! On préfère les bungalows du niveau le plus haut pour la vue plus large. Abrite aussi 2 restos de cuisine vietnamienne (quelques plats internationaux) et un bar où se déroulent des spectacles de danse ethnique.

MỘC CHÂU *(20 000 hab. ; IND. TÉL. : 212)*

Gros bourg à 64 km à l'ouest de Mai Châu, sur la route de Sơn La, qui sinue entre de hautes montagnes boisées. Drôle de ville étalée sur près de 15 km, avec 2 parties distinctes, une partie haute proche des plantations de thé, et une autre en bas, sorte de couloir au pied des pitons calcaires, c'est le quartier de la gare routière et de la grotte. Résultat : on ne sait pas où est le centre.

Le plus intéressant à Mộc Châu c'est l'environnement, et ces belles collines couvertes de plantations de thé. Vertes à longueur d'année, elles forment un vaste tapis dans un paysage paisible, agreste et moutonnant. Magnifique ! La terre fertile, l'altitude (800-900 m), le climat tempéré avec ses saisons, les herbages qui nourrissent des vaches (laiterie sur place), la campagne en fleurs au printemps (avril-mai), l'air pur des monts, tout cela contribue à faire de Mộc Châu une nouvelle destination verte, naturelle et écologique.

Arriver – Quitter

En bus

🚌 La ***gare routière*** de Mộc Châu se trouve sur la route de Sơn La, à 1 km à gauche avant la grotte.

➢ ***Hanoi*** *(gare routière de Mỹ Đình)* **:** 8 bus/j. de/pour Hanoi, 6h15-21h. Durée : 6h.

➢ ***Sơn La et Điện Biên Phủ :*** 1 bus/j. tôt le mat. Compagnie *Xuân Long*. Durée : 7h30. Arrêt à la gare routière de Sơn La, si on le demande.

Où dormir ?

Bon marché (jusqu'à 300 000 Dg / env 11 €)

Ben's Hotel : *route QL43, dans la partie est de la ville, à 300 m du grand hôtel Mường Thanh. 09-66-63-02-20. Double 300 000 Dg.* Petit immeuble moderne, à la silhouette haute et étroite, où le propriétaire habite avec sa famille. Chambres impeccables à la déco sobre et fonctionnelle, avec clim et douche/w-c (eau chaude). Bonne literie. Demander une chambre au 5e étage, pour profiter de la vue. Sinon elles donnent sur le côté. La route en bas est calme la nuit. Loue des motos.

Nhà Nghỉ Tuyên Phong : *56, Tô Hiệu. 09-43-29-51-54. À la sortie de la ville, vers Sơn La, face à la gare routière de Mộc Châu. Doubles 250 000-300 000 Dg.* Emplacement pratique pour ce petit hôtel moderne avec des chambres propres et correctes (toilettes privatives). Demandez-en une donnant sur l'arrière car celles côté route sont bruyantes dans la journée.

À voir

Les grottes de Hang Doi : *en contre-haut du km 189 de la QL6. Tlj 7h30-17h. Entrée : 20 000 Dg.* Utilisées depuis l'âge du bronze, notamment par les partisans du Vietminh. On y voit de belles et grandes salles avec stalactites et des rochers auxquels l'imagination de l'homme donne de jolis noms et prête d'incroyables légendes.

Tea Village (Làng Chè) **:** *à 3 km à l'est du Mường Thanh Hotel. GRATUIT.* Un petit chemin conduit à l'une des plantations de thé (vert uniquement). Le lieu s'appelle Tea Village mais c'est juste un site. En marchant le long d'un sentier sur une centaine de mètres, on peut admirer la plantation et le paysage de collines vertes. On apprend que la récolte a lieu tous les 50 jours. Vente de thé sur place.

Dairy farm : *168, Hoàng Quốc Việt. Sur la route de Hanoi, à 1,5 km après l'intersection avec la route principale. ☎ 366-66-99. Entrée : 30 000 Dg.* Une laiterie qui produit et vend du lait 100 % local.

La cascade de Dải Yếm, à 6 km (route en direction du Laos qui prend naissance au km 191 de la QL6). Le domaine de **Happy Land** *(tlj 7h-18h30 ; entrée 30 000 Dg)* se trouve dans une vallée fertile à 7 km de la ville. Accès par la route de la cascade et suivre un panneau sur la droite. C'est un parc horticole de 5 ha, qui cultive et vend de nombreuses espèces de fleurs, de légumes, de plantes médicinales ainsi que du miel, des yaourts et des friandises.

DE MỘC CHÂU À SƠN LA

Superbe route « coloniale » n° 6 (QL6) en lacet, qui traverse des paysages montagneux d'une luxuriante végétation : tecks, manguiers, pruniers, tamariniers, bananiers, bambous, champs de manioc ou de maïs. Les étroites vallées s'élargissent parfois en d'harmonieuses rizières en terrasses, véritables damiers aquatiques. Certaines maisons isolées accrochent leurs pilotis au flanc des abruptes montagnes. La terre s'est faite rouge et nous sommes au pays des Thaïs Noirs. Beaux vêtements traditionnels portés quasiment par toutes les femmes et jeunes filles, même lors des travaux des champs. On dirait des princesses aux pieds nus, leurs lourdes palanches sur l'épaule.

Les hameaux de Thaïs Noirs : à environ 80 km de Sơn La, plusieurs hameaux de Thaïs Noirs éparpillés sur la rive opposée de la rivière, accessibles par de rustiques ponts suspendus en bambous. Les traditionnels toits de chaume « en carapace de tortue » cèdent inexorablement le pas aux tuiles et autres toits en tôle ondulée.

- ***Na Kén*** (km 217), avec juste 5 familles, est le plus rustique, déserté en journée par ses habitants qui travaillent dans les champs alentour.
- ***Suối Bùn*** (km 223), notre favori, compte environ 300 âmes.

Au km 284, à gauche dans le village de ***Mai Sơn,*** on peut observer l'***aéroport abandonné de Nà Sản.*** Il est le vestige de la malheureuse déroute française à Điện Biên Phủ (voir l'encadré). Cette zone, toujours militaire, voit sa piste investie par les paysans du secteur pour y faire pacifiquement sécher du manioc...

LA VICTOIRE GRÂCE À UNE DÉFAITE

En 1952, l'armée française créa à Nà Sản une base forte autour d'une piste d'aviation. Objectif, empêcher la jonction des troupes du Vietminh de Giáp avec les communistes du Nord-Laos. La victoire fut tricolore, entre autres grâce à un incroyable pont aérien alimentant les troupes françaises. Bien que vaincu, Giáp tira les leçons de Nà Sản. Điện Biên Phủ 2 ans plus tard : il n'engagea son attaque qu'après avoir réuni suffisamment d'artillerie pour détruire prioritairement... la piste d'aviation. Une tactique de haut vol !

SƠN LA *(170 000 hab. ; IND. TÉL. : 212)*

À 121 km de Mộc Châu, et 150 km de Điện Biên Phủ. Sơn La est la capitale de la province du même nom. Loin de tout, c'est une ville qui a su tirer parti de son isolement géographique. Elle est aujourd'hui un important centre commercial pour toute la région. La ville s'étale dans une large vallée fertile dominée par une série de pitons rocheux et boisés. Cet environnement forme une sorte d'écrin montagneux naturel. Ambiance provinciale et animée, peu de touristes, c'est une ville-étape où l'on passe une nuit en allant vers Điện Biên Phủ. La campagne environnante se consacre à l'élevage et à la culture du café. Pour découvrir les environs, mieux vaut avoir une moto ou une voiture.

Arriver – Quitter

Gare routière : *à 5 km du centre, sur la route QL6 en direction de Mộc Châu. Bus urbains (sur l'avenue) pour le centre-ville, ttes les 30 mn.*

➢ ***Hanoi*** *(gares routières de Mỹ Đình et Yên Nghĩa) :* env 20 bus/j. pour Mỹ Đình et 15 bus/j. pour la gare routière de Yên Nghĩa. Durée : 8h. Billet : 165 000-350 000 Dg.

➢ ***Điện Biên Phủ :*** 5 compagnies locales assurent le service à raison de 10 bus/j., 5h-16h. Durée : 4h. Billet : 105 000-160 000 Dg.

Où dormir ? Où manger ? Où boire un verre ?

Prix moyens (300 000-600 000 Dg / env 11-23 €)

Phương Nam Hotel : *8, Hai Bà Trưng. ☎ 385-43-69. Doubles 300 000-500 000 Dg.* Au centre-ville, dans une rue qui longe le nouveau quartier chic et de style « néo-français » de Vincom. C'est un petit hôtel dont les chambres très propres (clim et toilettes privatives) donnent sur la rue ou sur l'arrière (plus calme). En demander une au 4e étage (plus clair), comme la no 406.

Chic (600 000-1 000 000 Dg / env 23-38 €)

Hanoi Hotel : *228, Trường Chinh. ☎ 375-32-99. • hanoihotel299@gmail.com • À 1 km de la place centrale, sur la QL6 en direction de Mộc Châu. Double 750 000 Dg, petit déj inclus.* Ce grand bâtiment de 10 étages abrite des chambres seulement sur 5 étages. Elles sont propres et bien aménagées. Celles donnant sur l'arrière, plus calmes, bénéficient même d'une belle vue sur les champs et les montagnes. Accueil souriant et anglophone.

Où boire un bon café ?

Press Coffee : *1, Tô Hiệu. 09-83-92-55-25. Tlj 7h-22h.* Donne sur le rond-point le plus fréquenté de la ville, près de l'hôtel *Mường Thanh.* Bonne cafétéria qui sert du café élaboré avec des grains de la région de Sơn La. À cette qualité naturelle s'ajoute la machine italienne. Résultat : l'expresso est très bon. Il y a aussi des jus de fruits, des smoothies, et des yaourts.

Centro Farms Roastery Boutique Café : *101, Phố Giảng Lắc. ☎ 375-55-89. Tlj 7h-22h30. Face au nouveau quartier Vincom.* Les murs de ce café jeune et branché sont couverts de citations, sentences, aphorismes sur le café et l'art de vivre. Le café est torréfié sur place dans une belle machine, puis il est élaboré dans une autre machine moderne, ce qui donne un excellent breuvage.

À voir à Sơn La et dans les environs

Le pénitencier *(appelé aussi la Prison, Nhà Tù)* ***et le musée de Sơn La :*** *sur la colline Khau Cả dominant la ville, au pied de l'émetteur de télévision. Ouv 7h-11h, 13h30-17h. Entrée (musée et prison) : 30 000 Dg.*
Voici un ancien bagne colonial dans toute son horreur. Bâti par les Français en 1908, de nombreux révolutionnaires vietminh y furent prisonniers (notamment Tô Hiệu et Lê Duẩn). Bombardées lors de la guerre américaine, certaines cellules ont été détruites et sont toujours en ruine, d'autres ont été reconstruites dans les années 2000. On visite les sinistres cachots en sous-sol.
Intéressant ***petit musée*** (explications bien détaillées en français) regroupant des photos, témoignages, souvenirs, comme ce document officiel autorisant la construction de la prison, des notes relatives au transport fluvial des prisonniers, etc. Ce musée ne vous dira pas tout.
En effet, ceux qui avaient collaboré avec les Français, notamment les Hmong, furent l'objet d'une répression féroce. Nombre d'entre eux furent emprisonnés dans le même genre de bagne (peut-être celui-ci), connus pour leurs conditions de détention particulièrement dures. Comme quoi, les révolutionnaires ne retiennent pas toujours les leçons de l'Histoire, infligeant à leur tour les cruautés qu'ils ont subies.

DE SƠN LA À ĐIỆN BIÊN PHỦ

La partie la plus sauvage de l'itinéraire. La route n° 279 est une ancienne piste aujourd'hui asphaltée. Compter environ 4h30 de voyage en voiture (et 5h en bus) de Sơn La à Điện Biên Phủ (pour 160 km). Les derniers 80 km après le col Pha Đin (1 300 m) et Tuần Giáo vers Điện Biên Phủ sont particulièrement beaux. En route on peut voir de nombreuses piscicultures, rizières, minibarrages et des maisons de Thaïs Noirs. Cols livrant de grandioses panoramas avant de redescendre tranquillement vers Điện Biên Phủ.
– ***Marché thaï noir*** animé et coloré le matin à ne pas manquer ***à Tuần Châu.***

ĐIỆN BIÊN PHỦ

125 000 hab. IND. TÉL. : 215

• Plan p. 217

La voilà, la mythique cuvette de 6-8 km par 18 km, entrée si violemment et pathétiquement dans l'histoire. C'est le cœur serré qu'on l'aborde, pour sa charge émotive et historique, par la somme de souffrances pour les 2 camps que cela a impliqué ! Pourtant, la ville en elle-même n'a rien de particulier. Construite après la bataille, c'est en fait une longue succession d'immeubles de béton sans grâce... Il reste quelques vestiges de la bataille. Leur capacité d'évocation sera, bien entendu, au niveau des motivations et de la sensibilité de chaque lecteur.

On vous conseille de commencer par visiter le musée, histoire de bien planter le décor et de comprendre la configuration des lieux à une époque où Điện Biên Phủ n'était qu'un hameau reculé. Les temps ont bien changé, puisque ce nouvel eldorado, décrété « nouvelle zone économique », attire des milliers de laissés-pour-compte des autres régions pauvres. C'est l'une des plus fertiles vallées du Vietnam, énorme grenier à riz, sans oublier le café, le maïs, le thé et le coton.

UN PEU D'HISTOIRE

Bref résumé de la situation avant la bataille de Điện Biên Phủ. Pendant la campagne vietminh de 1951-1952, de vastes zones montagneuses du Bắc Bộ (ex-Tonkin) ont été « libérées » (Cao Bằng, Lạng Sơn, Lào Cai, la province de Hoà Bình) ainsi qu'une grande partie du Việt Bắc (Annam). Le corps expéditionnaire français (CEFEO) ne tient plus que la province de Hải Ninh, le coin de Lai Châu et le camp retranché de Nà Sản ! En été 1953, une grande partie du Laos a également été « libérée ». Le Vietminh a toujours gardé l'offensive. Au contraire, les troupes françaises et leurs alliés sont sur la défensive, leur état-major changeant souvent de commandement dans le même temps : de Lattre, Salan, Navarre...

Elles comptent environ 450 000 hommes (120 000 Français légionnaires et troupes africaines, le reste étant des troupes composées de minorités ethniques, Thaïs, Mèo...). Bien que l'aide militaire américaine passe de 12 % en 1951 à 71 % en 1953 (on prétend qu'une partie de l'argent du plan Marshall a servi à l'effort de guerre en Indochine), la tendance est plutôt au pessimisme, à la lassitude sur fond de dissensions au sein du camp français. L'opinion publique française évolue aussi, traumatisée par les défaites précédentes de la guerre des frontières. En outre, les Américains cherchent en même temps à liquider l'influence française en Indochine.

Le général Navarre en chevalier Ajax !

Navarre est nommé chef des opérations sur le terrain en 1953. Il élabore un plan qui veut redonner le moral au corps expéditionnaire (CEFEO). Il souhaite également développer les armées nationales des États associés au sein de l'Union française. La tâche nº 1, à ses yeux, est de prévenir les risques d'une offensive au Laos et dans le Nord-Ouest où la présence militaire française reste faible. En novembre 1953, Navarre pense que le Vietminh va lancer une attaque sur le haut Laos.

En prévision, il parachute 6 bataillons sur la cuvette de Điện Biên Phủ, puis décide de ***renforcer le site par un système de défense*** moderne, un « ***hérisson fortifié*** ».

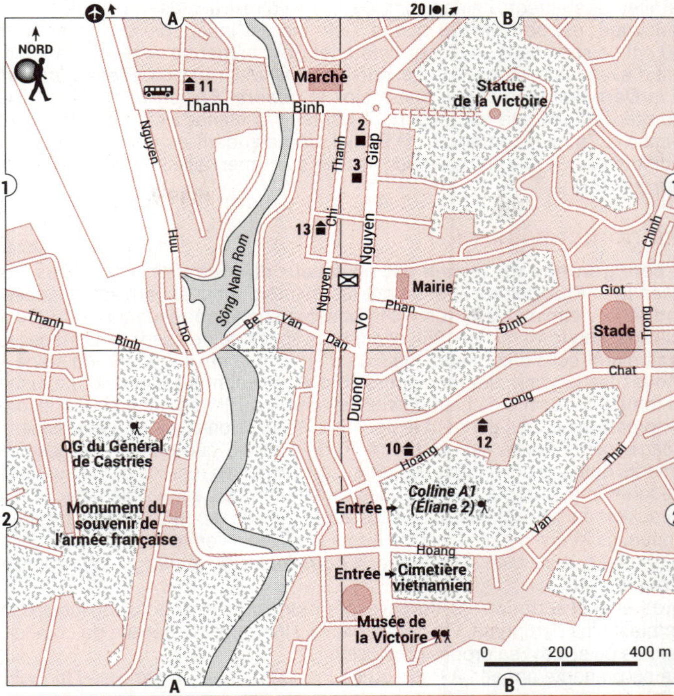

ĐIỆN BIÊN PHỦ

Adresses utiles 2 Agribank (B1) 3 VietinBank (B1)	12 Homestay Muong Thanh (B2) 13 Hôtel Ruby (A1)
Où dormir ? 10 A1 Hotel (B2) 11 Tuấn Minh Guest House (A1)	**Où manger ?** 20 Yến Ninh Vegetarian Restaurant (hors plan par B1)

Dans son esprit, il faut fixer le gros des troupes vietminh et réduire les attaques sur le delta du fleuve Rouge. Ainsi, celles-ci, fatiguées, usées, permettraient à Navarre une offensive stratégique vers le sud... Tout cela sur le papier, bien entendu !

L'édification du camp

Début 1954, les positions se précisent. Navarre renforce chaque jour le camp retranché. ***Giáp commence à amener troupes et matériel.*** Il est d'ailleurs curieux que peu de gens à l'époque relèvent l'incongruité de la situation. Une cuvette de 18 km de long sur 6 à 8 km de large, entourée de collines et montagnes, dont certaines à moins de 1 000 m du centre de la cuvette. Un camp donc, à une simple portée des canons que le Vietminh pourrait y installer. Justement, l'élite politique et militaire française, aveuglée par sa suffisance, est convaincue que le Vietminh est incapable de transporter à 500 km de ses bases un si lourd matériel. Tout le monde se révèle satisfait et jouit d'avance de la bonne leçon que les Viets vont recevoir. ***Pleven, ministre de la Défense,*** et le chef d'état-major, le ***général Ely,*** en visite à Điện Biên, décrètent que le site est idéal pour contenir la menace communiste. Même opinion du général américain O'Daniel, commandant en chef des forces du Pacifique. À Nà Sản, plus à l'ouest, cela avait merveilleusement fonctionné, pourquoi pas là ?

L'ennemi invisible

La configuration du terrain est en faveur du Vietminh. Pour Jules Roy : « Điện Biên Phủ était en effet un pot de chambre, dont la garnison occupait le fond et le Vietminh les bords. » Fin observateur, le correspondant du *Monde* visite le camp le 14 février 1954 et écrit ces lignes de bon sens : « L'image juste serait plutôt celle d'un stade, mais d'un stade immense. Le fond du stade est à nous : les gradins des montagnes tout autour sont au Vietminh. Le visiteur qui tombe là-dedans du haut du ciel est assailli au 1er moment par un désordre d'impressions qui lui coupent le souffle. L'impression d'abord d'être encerclé, encagé, cerné ; celle encore d'être vu de partout, que chacun de ses mouvements doit être aperçu par l'ennemi, qui plonge ses regards d'en haut, tandis que lui-même, derrière le rideau des forêts, ne nous est visible nulle part. Le visiteur est surpris par surcroît de constater que, au rebours de toute forteresse connue, celle-ci n'a pas choisi de laisser la plaine à l'ennemi pour se placer sur les hauteurs, mais bien le contraire. ***À nous le creux, le plat ; à l'ennemi tout ce qui domine...*** »

Après une description du corps expéditionnaire, la conclusion cependant semble moins pertinente. On ne sait plus s'il interprète la pensée du colonel de Castries ou si c'est sa propre conclusion !

« La surprenante armée ! À Paris ou en France, quand on parle de l'Indochine et de notre armée qui la défend, on pense à une armée de Français, une armée d'hommes blancs combattant un adversaire jaune. C'était le cas en 1947 quand je vis cette guerre à ses débuts. On est maintenant devant le plus extraordinaire mélange de couleurs et de races : Marocains, Annamites, Algériens, Sénégalais, légionnaires... Il ne manque plus qu'une chose dans ce champ de bataille, une chose et une seule : la bataille elle-même. La bataille n'est pas venue au rendez-vous. Il y a 2 mois qu'on s'y prépare, qu'on l'attend, qu'on l'espère – mais en vain. "***Faire descendre le Viet dans la cuvette !***" Voilà le projet du colonel de Castries, commandant en chef à Điện Biên Phủ, et de tout l'état-major. S'il descend, il est à nous. Le choc peut être dur, mais nous l'arrêterons. Et enfin, nous aurons ce qui nous a toujours manqué : un objectif ; un objectif concentré que nous pourrons "matraquer". Alors, nous pourrons nous vanter de la réussite de notre manœuvre. »

Rhétorique subtile ou pensée du journaliste ? Bizarre...

Au fait, le Vietminh, pourquoi a-t-il tant attendu ?

Giáp, quant à lui, révèle dans ses mémoires qu'il avait pensé à fondre sur le camp dès décembre 1953 (d'ailleurs, ses conseillers militaires chinois l'y poussaient). Mais, nourri par l'***expérience du siège de la base retranchée de Nà Sản*** qu'il n'avait pas réussi à prendre (elle provoqua de lourdes pertes dans son armée), il renonça à une attaque prématurée. Il raisonna donc à long terme et appliqua sa nouvelle stratégie : « ***N'engager le combat que quand on est sûr de vaincre, n'attaquer que pour anéantir l'ennemi.*** »

Toujours dans ses mémoires, Giáp reconnut que l'opinion de Navarre sur l'excellence de sa position n'était pas dénuée de fondement, mais qu'il eut quand même le tort de n'en avoir reconnu que les points forts et pas... les points faibles. Tirant les leçons de la bataille de Nà Sản (où les avions français avaient pu continuer à atterrir), Giáp et son état-major en conclurent que Điện Biên étant trop éloigné de l'arrière et ***dépendant totalement du ravitaillement aérien,*** il fallait que tout soit mis en œuvre pour empêcher son approvisionnement. Navarre décidant d'engager l'épreuve de force décisive à Điện Biên, il fallait donc relever le défi et choisir d'y obtenir une décision stratégique, une victoire psychologique tout autant que militaire. C'est-à-dire l'anéantissement total du camp !

Et pour cela, s'en donner les moyens. Réouverture de la ***route Tuần Giáo*** (celle-là même que prendront nos lecteurs) et percement de routes alternatives. ***Le génie vietnamien fit des miracles,*** taillant des voies à flanc de montagne et réussissant à les camoufler jusqu'à la fin de l'offensive. Des centaines de camions, mais surtout des dizaines de milliers d'hommes et de femmes (les *dân công*) transportèrent l'artillerie en pièces détachées, les vivres et les munitions, sur leurs vélos (200 kg en moyenne par personne) ou leurs animaux, le long de véritables tunnels de verdure. L'artillerie et le poste de commandement des officiers de Giáp (pas celui de Giáp, situé beaucoup plus loin) furent implantés au plus près du camp français, à 3 km, dans de profondes casemates bien dissimulées. Des ouvrages de diversion furent construits. Enfin, des centaines de kilomètres de boyaux furent creusés comme une toile d'araignée autour de Điện Biên Phủ...

Une des erreurs des commandants français fut non seulement d'avoir sous-estimé les capacités physiques et le courage du Vietminh, mais également, comme le dit Giáp : « L'erreur fondamentale a été de voir les choses dans l'optique de stratèges bourgeois. » Plus grave, c'est d'avoir oublié que patriotisme et nationalisme sont toujours le ciment et la force d'un peuple. Pendant que politiciens français et ganaches paradaient et péroraient, le Vietminh mettait en place la réforme agraire et mobilisait les paysans dans l'effort de guerre. C'est, enfin, d'avoir oublié que le patriotisme avait, pendant la Révolution française en 1792, permis de vaincre des armées étrangères beaucoup plus nombreuses et puissantes...

La bataille

La bataille tant attendue est déclenchée le ***13 mars 1954*** à 17h (pourtant, ce n'était pas l'armée anglaise !). Pour Giáp, elle doit répondre à 3 phases : 1) anéantissement des positions périphériques ; 2) instauration d'une ceinture de feu autour de l'aérodrome et du dispositif de défense central ; 3) assaut général. Le 13 mars à 22h30, déjà, la ***colline Béatrice*** (Him Lam) tombe. Le 14, c'est au tour de ***Gabrielle*** (Độc Lập) et, le 17, c'est ***Anne-Marie*** (Bản Kéo). De nombreux avions sont détruits, l'aérodrome est déjà inutilisable. Pire : les canons français se révèlent incapables de réduire les positions vietminh.

La 2e phase de l'offensive répond toujours aux mêmes préoccupations : « attaque sûre, progression sûre ». La 2de quinzaine de mars est consacrée à creuser un nouveau réseau de boyaux autour du camp français. ***Bigeard*** et ses parachutistes sont envoyés en renfort.

Le 30 mars, nouvelle offensive pour s'emparer des 5 collines qui verrouillent la défense à l'est du camp. C1 tombe en 45 mn, puis les autres. Seule la colline ***Éliane*** (A1) résiste. Elle est prise, reprise. Le 9 avril, C1 est réoccupé par

ERREUR FATALE

Chargé de l'artillerie à Điện Biên Phủ, le colonel Piroth s'effondra devant l'ampleur des 1ers succès vietnamiens, du 13 au 17 mars 1954. Il se suicida en dégoupillant une grenade. Pourquoi ? Il se sentait coupable d'avoir sous-estimé la force de frappe et la puissance des ennemis « viets », cachés sur les collines au-dessus du camp retranché.

les Français. Les lignes adverses ne sont parfois séparées que d'une dizaine de mètres. Tous les points d'appui défendant l'aérodrome tombent à leur tour. Celui-ci est occupé. Le camp français se réduit désormais à une bande étroite de moins de 2 km de long.
Il est, bien sûr, obligé de faire parachuter vivres et munitions, mais, les avions n'osant voler à basse altitude à cause de la DCA, la grande majorité des colis tombent du côté vietminh. Ironie du sort donc : vivres et obus nourrissent l'ennemi et ses canons ! Pourtant, pour réduire les batteries viets, les bombardements des C 119 fournis par les Américains sont intenses. Giáp rapporta que, ***pour la seule journée du 2 avril, il compta 250 sorties de bombardiers et de chasseurs.*** Pressentant d'ailleurs la défaite, dès le début avril, le haut commandement français demande l'intervention directe de l'***aviation américaine.*** C'est le « ***plan Vautour*** », qui ne sera jamais exécuté. L'Amérique hésite, sortant à peine de la guerre de Corée. De plus, certains milieux aux États-Unis voient d'un œil intéressé l'effondrement de l'influence française en Indochine. D'autres ont déjà analysé que cela ne sauverait pas, de toute façon, Điện Biên Phủ.

La fin du camp

Dans la nuit du 1er mai 1954 commence la dernière phase de la bataille. Les collines les plus proches du P.C. de Castries tombent rapidement. Le 3 mai, les lignes avancées vietminh se trouvent à moins de 300 m du P.C. Le 6 mai, elles occupent Éliane (A1), la dernière colline. Le camp français se réduit à un carré de quelques centaines de mètres de côté. Le 7 mai, Giáp note que les Français font sauter leurs stocks de munitions et jettent leurs armes dans la rivière Nậm Rốm. C'est la fin. L'ordre de l'assaut est donné. Partout s'élève le même cri : « *Xung phong ! Xung phong !* » (« À l'assaut ! À l'assaut ! ») À 17h30, le P.C. français est atteint. ***Le général de Castries et son état-major sont faits prisonniers.***
Désormais, le drapeau rouge à étoile jaune armé de l'inscription « Combattre et vaincre » flotte sur le camp. ***Pierre Schoendoerffer*** raconte : « Il y eut soudain un surprenant, un terrible silence. Après 56 jours et 57 nuits de bruit et de fureur, nous eûmes l'impression, tout à coup, que nous étions devenus sourds... » À Paris, Laniel, président du Conseil, s'adresse d'une voix blanche à la Chambre des députés : « Toute résistance a cessé à Điện Biên Phủ. » Seule femme présente dans la cuvette jusqu'à la fin de la bataille, Geneviève de Galard est faite prisonnière, mais le Vietminh la relâche vite (sur ordre de Hồ Chí Minh, qui voulait montrer sa clémence).
Chiffres terribles : ***3 000 morts, 4 000 blessés, 10 000 prisonniers, dont un tiers seulement reviendra des camps vietminh.*** Opinion publique traumatisée en France, armée démoralisée... À la conférence de Genève, Georges Bidault, le « va-t-en-guerre », devait déclarer, à la veille de la négociation : « Je n'ai plus en main que le 2 de trèfle et le 3 de carreau. » Pourtant, opposé jusqu'au bout à toute négociation de paix, il aurait dû y songer avant, s'il avait vraiment voulu arriver à la conférence avec au moins dans les mains... un full aux as par les rois !

À lire

– ***La Bataille de Điện Biên Phủ,*** de Jules Roy (éd. Albin Michel, 2016). Ancien officier de l'armée devenu écrivain pour préserver sa liberté et son jugement, Jules Roy a reconstitué jusque dans le moindre détail la bataille de Điện Biên Phủ. Il connaît la stratégie militaire et fait une analyse critique mais juste des choix de l'état-major français. Humaniste et patriote, il ne cesse de témoigner son admiration et sa compassion pour les soldats français qui se battent jusqu'au bout. Historien lucide, il reconnaît aussi la force de l'ennemi, considérant que le facteur humain (le courage, le sacrifice, la détermination vietnamienne) de l'armée populaire de Giáp a été décisif dans la bataille autant que la stratégie et les armes.

– ***Une femme à Điện Biên Phủ,*** de Geneviève de Galard (éd. J'ai Lu, 2004). À 18 ans, Geneviève de Galard rêve d'aventures et souhaite se mettre au service des autres. Elle embarque donc pour l'Indochine comme convoyeuse de l'air. Sa mission : soigner les blessés lors des évacuations aériennes. Le jour où elle rejoint le camp retranché de Điện Biên Phủ, elle est loin de se douter de ce qui l'attend. Pendant 58 jours, clouée au sol, elle va partager le quotidien des 15 000 soldats du camp. Pour eux, elle sera tour à tour infirmière, confidente, mère...

Quand y aller ?

– ***Entre mars et août :*** saison des pluies, pistes moins praticables qu'en saison sèche.

– ***Entre septembre et février :*** temps clément, sec et doux.

Arriver – Quitter

En bus

🚌 ***Gare routière*** *(Bến Xe Khách Điện Biên ; plan A1)* **:** *Phường Tân Thanh, à la sortie de la ville, à l'angle de la route menant à l'aéroport. ☎ 383-38-99.*

➢ ***Pour Tuần Giáo*** *(80 km)* **:** 1 bus/j. dans l'ap-m. Durée : min 2h.

➢ ***Pour Mường Lay*** *(103 km)* **:** 3 bus/j., dans l'ap-m. Billet : env 70 000 Dg. Durée : 3h30-4h.

➢ ***Pour Sơn La*** *(151 km)* **:** 5 bus/j. 4h30-14h. Billet : 110 000-160 000 Dg. Durée : 4-5h.

➢ ***Pour Lai Châu*** *(205 km)* **:** 14 bus/j., 4h15-14h. Billet : 150 000 Dg. Durée : 5h.

➢ ***Pour Sapa*** *(274 km)* **:** 7 bus/j., 6h30-18h30. Ils vont jusqu'à leur terminus qui est Lào Cai, en s'arrêtant à Sapa. Billet (bus de nuit) : 200 000 Dg. Durée : min 8h. Route bitumée et à 2 voies, en très bon état.

➢ ***Pour Hanoi*** *(420 km)* **:** une dizaine de compagnies assurent la navette au départ de Điện Biên Phủ, pour les gares routières de Mỹ Đình ou Yên Nghĩa. Au total, env 25 bus/j. 4h30-21h30. Compter 255 000-340 000 Dg. Durée : 11h.

➢ ***Pour le Laos :*** 1 bus/j., à 5h30, pour Muang Khua. Durée : 5h-6h. Billet : env 120 000 Dg. Ou 1 bus/j., à 6h, pour Udomxay. Durée : 7h. Billet : 240 000 Dg. Pour Phongsaly, 1 bus/j. passant par Udomxay. Durée : 12-14h. Pour Luang Prabang, 2 bus/j., tôt le mat. Route longue et en très mauvais état. Durée : 12-13h. Billet : env 500 000 Dg. Voir plus loin « Le passage de la frontière avec le Laos ».

En avion

✈ ***Aéroport de Điện Biên Phủ :*** *à 1 km au nord de la ville, en direction de Mường Lay.*

➢ ***De/pour Hanoi :*** 3 vols/j., avec *Vietnam Airlines.* Durée : 1h.

Adresses utiles

■ ***Agribank*** *(plan B1,* ***2****)* **:** *884, Đường Võ Nguyên Giáp. Mar-sam 7h-11h30, 13h30-18h.* Change euros et dollars. Distributeur.

■ ***Distributeurs ATM :*** *le long de la rue principale Võ Nguyên Giáp, à la banque* ***BIDV*** *au n° 888, et à la banque* ***VietinBank*** *au n° 890 (plan B1,* ***3****).*

■ ***Vietnam Airlines :*** *à 500 m de l'aéroport ; l'officine centrale est située sur la route Nguyễn Hữu Thọ. ☎ 382-49-48. • vietnamairlines.com • Tlj 7h30-11h30, 13h30-16h30.*

Où dormir ?

Bon marché (jusqu'à 300 000 Dg / env 11 €)

Tuấn Minh Guest House *(plan A1, **11**) : Lò Văn Hặc, petite rue donnant dans l'av. Thanh Bình. ☎ 383-38-99. Doubles 200 000-250 000 Dg.* Gros avantage de ce petit hôtel économique : il est situé à 50 m de la gare routière. Dans une rue calme, un immeuble moderne, haut et étroit, avec des chambres propres, bien arrangées et équipées : toilettes privatives, clim, ventilo, frigo, bonne literie, carrelage au sol... Bon accueil. On peut y réserver et acheter le billet de bus pour le Laos, le bus vient ensuite chercher le client à l'hôtel. Si c'est plein, il y a 5 autres petits hôtels dans la même rue.

Homestay Muong Thanh *(plan B2, **12**) : 70, Groupe 19, Hoàng Công Chất St, quartier de Mường Thanh. ☎ 383-82-55. 📱 911-35-55-77. • dienbientrip@gmail.com • dienbienfriendlytrip.com • Double 300 000 Dg, petit déj en plus.* Adossée à la colline A1, voici une maison récente tenue par une famille attentionnée. Le propriétaire habite au rez-de-chaussée. Il n'y a que 2 chambres, impeccables et confortables (clim), dont une avec petit balcon. Elles donnent sur la rue (calme) ou sur la colline. Les toilettes (douche/w-c) sont au rez-de-chaussée. Repas à la demande. Location de motos *(150 000 Dg/j.)*.

De prix moyens à chic (300 000-1 000 000 Dg / env 11-38 €)

Hôtel Ruby *(plan A1, **13**) : 43, Mường Thanh. ☎ 383-55-68. Accès par une ruelle au niveau du n° 90 Nguyễn Chí Thanh et du café* Window. *Doubles à partir de 560 000 Dg, petit déj inclus.* Petit hôtel de 8 étages avec des chambres propres et bien équipées (clim). Les plus agréables sont celles qui donnent sur la rivière et la vallée dans les étages élevés.

A1 Hotel *(plan B2, **10**) : 3, Hoàng Công Chất. ☎ 395-29-99. Doubles env 500 000-900 000 Dg, petit déj-buffet inclus.* Bel hôtel moderne de 45 chambres, dans une rue proche de la colline A1 (Éliane). Chambres très spacieuses (TV, clim, téléphone) réparties autour d'une grande cour calme. Bon accueil en anglais. Restaurant (de type buffet) dans un bâtiment séparé. La meilleure adresse de Điện Biên en 3-étoiles.

Où manger ?

Plusieurs restaurants familiaux et simples dans la rue Nguyễn Chí Thanh. Plusieurs gargotes *Cơm Phở* près de la gare routière.

Bon marché (jusqu'à 100 000 Dg / env 4 €)

Yến Ninh Vegetarian Restaurant *(hors plan par B1, **20**) : 257, Groupe 9, quartier de Tân Thanh. 📱 989-88-75-13. Aller jusqu'au niveau du n° 651 de la rue Tân Thanh (panneau « Tổ Dân Phố Văn Hoá 9 ») et prendre une ruelle en la suivant sur 100 m. Tlj 8h-22h. Plats 35 000-60 000 Dg.* On ne sait pas si on pénètre dans une bibliothèque ou dans un resto. Les 2 à la fois ! C'est donc un biblio-resto tenu par une dame philanthrope qui sert aussi de cantine pour les écoliers. Salades de légumes, soupes variées, rouleaux de printemps, nouilles... tout est frais, et cuisiné avec soin par une famille vietnamienne, végétarienne et accueillante. Une bonne adresse en ville !

À voir. À faire

Le marché *(plan A1) : en plein centre.* Un nouveau marché couvert a complété l'ancien marché qui se tient sur le rond-point. Vous pourrez y rencontrer des Dzao Verts, des Dzao Rouges et de nombreux Thaïs Noirs dont les femmes mariées se distinguent par un gros chignon.

La statue de la Victoire *(colline D1 ; plan B1)* **:** *droit pour monter le grand escalier menant à la statue 15 000 Dg. Il y a aussi un chemin comptant 359 marches. Conseil : y aller entre 11h et 13h ou bien attendre 17h, l'entrée est alors gratuite.* Du haut de la colline Dominique 2, face au marché, elle domine la ville. Très puissante et massive (on parle de 360 t !), elle représente 3 soldats marchant sur le Q.G. des forces françaises et regardant dans 3 directions différentes. Cette statue a été érigée en 2004, pour « fêter » les 50 ans de la bataille.

Le site de la bataille : si la cuvette de 6-8 km sur 18 km est riche et verdoyante, les environs mêmes de l'aérodrome semblent encore meurtris. Aujourd'hui encore, la végétation est bien maigrichonne. Vous serez étonné du périmètre étriqué du camp. Les fameuses collines ne sont que de petites buttes qui paraissent encore plus fragiles, plus dérisoires par rapport aux versants de la cuvette où étaient cachés les canons du Vietminh. Et si proches de l'aérodrome ! On mesure aujourd'hui l'aveuglement démesuré du commandement français.
➢ Possibilité de se rendre aux ***collines Béatrice 1, 2 et 3*** (Him Lam) en taxi. Compter 100 000 Dg la course. Entrée gratuite. Ce sont les 1res collines tombées le 14 mars 1954. Réseaux de tranchées et de bunkers très bien reconstitués. Panneaux explicatifs en vietnamien seulement. Les autres collines sont Gabrielle (Độc Lập), Anne-Marie 1 et 2 (Bản Kéo), et Isabelle (entrée gratuite également).

La colline A1 *(ou* ***colline Éliane 2*** *; plan B2)* **:** *entrée du site à droite de la route après le cimetière vietnamien. Tlj 7h-11h, 13h30-17h. Billet : 15 000 Dg.* Cette colline, aujourd'hui plantée d'arbres, était le point fort du dispositif français et son assaut a duré 39 jours. Un sentier conduit à son sommet où on peut voir les vestiges de cette terrible bataille : cratères de bombe, un tank sous un hangar, un bunker enterré et des restes de tranchées où vécurent les derniers soldats français avant l'assaut final des Viets. Au pied de la colline A1 (que le général de Castries avait nommé colline Éliane) se tient l'un des 5 cimetières vietnamiens de Điện Biên Phủ, et c'est le plus petit (600 tombes). Il a été restauré pour le 40e anniversaire. Le plus beau ***cimetière militaire du Vietnam,*** dit-on ici. Les 3 000 morts français n'en ont pas. Ils furent enterrés dans l'urgence, de-ci, de-là, pendant et après la bataille. Un mémorial rappelle néanmoins leur existence (voir plus loin).

Le musée de la Victoire de Điện Biên Phủ *(Bảo tàng Chiến thắng Lịch Sử Điện Biên Phủ ; plan B2)* **:** *Đường Võ Nguyên Giáp, en face du cimetière militaire vietnamien et de la colline A1 (Éliane 2). ☎ 383-13-4. Tlj 7h-11h, 13h-17h (18h en été). Entrée : 15 000 Dg. Explications en anglais et en français.* Ouvert en 2014, de forme circulaire, il est composé d'un rez-de-chaussée (boutiques de souvenirs) et d'un étage. Présentation intéressante et instructive de la bataille avec une collection d'objets retrouvés sur le terrain et des dons effectués par les vétérans. On y voit notamment le fameux vélo Peugeot qui a servi à transporter du matériel de guerre. Panneaux explicatifs en vietnamien, anglais et français, mais les commentaires et les légendes des photos datent.

Le Q.G. du général de Castries *(Hầm Đờ Cát ; plan A2)* **:** *direction sud-ouest. Prendre la route longeant le fleuve venant de l'aéroport jusqu'au vieux pont Mường Thanh, puis à droite la rue Cầm Đồ Đạc Vật Liệu (les sites français sont très mal indiqués, panneaux à l'entrée en vietnamien) ; demandez « Di Ca To Ri ». Tlj 7h-11h, 13h30-17h30. Entrée : 15 000 Dg.*
Le Q.G. était appelé le P.C. Gono. Il a été reconstruit presque à l'identique au même emplacement qu'en 1954 : 20 m de long sur 8 m de large. Enfoui sous terre et divisé en 4 pièces, il était relié à la colline Éliane par une tranchée. Il a été remanié pour les visiteurs car, à l'origine, les 4 chambres n'étaient pas en enfilade comme maintenant et les murs étaient en bois, pas en béton. À l'extérieur n'apparaissent que des muretins constitués de sacs de sable (en béton aujourd'hui)

soutenant de grosses tôles arrondies qui font office de toit. À l'intérieur, rien de spectaculaire, mais remarquer toutefois les panneaux d'information (partiellement écrits en français) indiquant les chiffres des victimes dans les 2 camps. Les autres salles servaient de P.C. au commandant des forces aériennes et au général de Castries. Il n'y a plus rien : tous les objets personnels des officiers ont fini au musée. Reste un grand silence sépulcral, l'impression d'être entré dans un tombeau pour morts-vivants.

À la sortie, un petit bas-relief représente le général de Castries, le 7 mai 1954, sortant de son abri pour se rendre aux soldats du Vietminh.

– Autour du Q.G., plusieurs chars, canons et morceaux d'avion que l'on peut voir de près en marchant. Panneaux explicatifs en vietnamien et en anglais.

– À 300 m du Q.G. à vol d'oiseau, le ***monument du Souvenir des officiers et soldats de l'armée française.*** *Pour y accéder depuis le Q.G., tourner à droite et suivre le chemin sur 300 m. Le monument est sur la gauche. GRATUIT.* Pousser la grille. C'est une enceinte fermée par des murs blancs. Ce n'est pas un cimetière mais un mémorial collectif. Il a été érigé par un ancien légionnaire de l'armée française (Rolf Rodel) le 7 mai 1994, lors du 40e anniversaire de Điện Biên Phủ. C'est le seul monument aux morts français en « Indochine » érigé au Vietnam. Endroit simple et émouvant où des anonymes, des anciens combattants et leur famille viennent régulièrement déposer des fleurs.

DANS LES ENVIRONS DE ĐIÊN BIÊN PHỦ

🚶 ***La colline Gabrielle*** *(Độc Lập)* **:** *à env 5 km au nord de Điện Biên Phủ, sur la route de Lai Châu. Au hameau de Độc Lập, petite route à droite. Entrée libre et gratuite. Petit plan sur une sorte de stèle. Escaliers jusqu'au sommet.* La colline Gabrielle est la seule des fameuses collines du camp retranché qui soit restée pratiquement en l'état après la bataille. Des combats meurtriers s'y déroulèrent les 14 et 15 mars 1954. En marchant quelques minutes autour du sommet, on peut voir les vestiges des fortifications françaises (tranchées, abris, casemates...). Au bas de la colline, grand cimetière vietnamien.

🚶🚶 ***Le Q.G. du général Võ Nguyên Giáp*** *(Hầm Tướng Giáp)* **:** *à 25 km à l'est de la ville de Điện Biên Phủ. A/R en taxi env 700 000 Dg. Entrée du site : 15 000 Dg. Panneaux explicatifs en vietnamien et en anglais.*

➢ *Pour y aller :* compter 1h-1h30 de trajet en taxi. Les taxis ont un compteur, mais mieux vaut négocier le prix pour un A/R. Les plus courageux prendront une moto-taxi, mais attention, ce n'est pas le grand confort. De Điện Biên Phủ, passer le pont Bế Văn Đàn, prendre la direction de Tuần Giáo et de Sơn La (qui est aussi celle de Hanoi). À 16 km, prendre une route à droite en direction de ***Mường Phăng*** que l'on atteint après 15 km. La route se termine en T au milieu du village. À ce T, prendre à gauche et aller jusqu'au bout, l'entrée du site est à droite du seul grand bâtiment.

Au pied d'une colline couverte de jungle, après un monument en souvenir des Thaïs (minorité ethnique de la région) morts au combat, on arrive à l'entrée du site. Il faut marcher pendant une dizaine de minutes. On franchit quelques ruisseaux. On arrive d'abord à un groupe de huttes enfouies dans la végétation luxuriante (hutte des télégraphistes, hutte des réunions...).

GIÁP COMMANDAIT À DISTANCE

Contrairement à ce que l'on pense souvent, l'état-major du Vietminh n'a jamais été implanté sur les collines autour de la cuvette occupée par les Français, mais à Mường Phăng, hameau situé à une vingtaine de kilomètres par voie terrestre (10 km à vol d'oiseau) de la vallée de Điện Biên Phủ ! C'est de cette clairière que le général Võ Nguyên Giáp dirigea la bataille. Les Français ne l'ont jamais localisé pour le bombarder.

La hutte où l'état-major du Vietminh se réunissait tous les jours n'existe plus. Son emplacement rectangulaire reste quand même visible en contrebas de la butte boisée. Une stèle en vietnamien donne des explications. Derrière, quelques mètres plus haut, se trouve l'entrée d'une ***galerie souterraine*** creusée sous la colline. Elle permettait à Giáp de rejoindre en toute sécurité la hutte où il dormait (quand il lui arrivait de dormir !). Un souterrain restauré d'une cinquantaine de mètres (éclairage avec commande à l'entrée) peut être emprunté par le visiteur. On accède à la hutte personnelle du général Giáp. Attention à la tête, car c'est un boyau étroit et bas !
En contournant la petite colline par la gauche, on atteint la ***hutte de Giáp.*** Adossée au flanc nord, cachée comme le reste du camp par de hauts arbres, cette maisonnette (au débouché du souterrain) de bambou se compose de 2 pièces d'une grande simplicité. La 1re lui servait de bureau, la 2de de chambre à coucher. Aucun meuble, aucune décoration, rien : tout est confectionné avec les moyens du bord fournis par la jungle. On dirait la tanière d'un scout intrépide devenu moine-soldat après avoir lu *Robinson Crusoé* ! Difficile de faire plus zen. Comparée à cet ermitage monacal, la hutte de Fidel Castro dans la Sierra Maestra (Cuba) ressemble à un confortable bungalow de campeur !
C'est pourtant d'ici, loin de Điện Biên Phủ, que Giáp dirigea les opérations, communiquant par radio avec Hoàng Văn Thái, chef d'état-major. Pendant la bataille, les habitants de la région étaient chargés du ravitaillement du commandant en chef. Tel un stratège fantôme, cet éternel guerrier de l'invisible vécut ainsi caché, pendant 57 jours, dans une ***authentique « fortification écologique ».*** Il analysait la situation et donnait ses ordres à distance. Longtemps traquée par l'aviation française, sa cachette n'a jamais été découverte. De temps en temps, à l'occasion d'une commémoration, le vieux général est revenu en pèlerinage dans ce lieu où il vécut sa « saison en enfer ». Et sa 1re grande victoire décisive. ***Giáp est mort en 2013, il était âgé de 102 ans !***

Le passage de la frontière avec le Laos

Au total, l'ensemble du trajet Điện Biên Phủ (Vietnam)-Muang Khua (Laos) en bus (passage de la frontière inclus) demande 4 à 5h.
Le poste-frontière de ***Tây Trang,*** ouvert aux étrangers depuis 2007, se trouve à 36 km au sud-ouest de Điện Biên Phủ. On y passe sans problème. C'est un poste ouvert dans les 2 sens. Le visa laotien est délivré à la frontière : prévoir 2 photos ; coût environ 35 US$, et 40 US$ pour les touristes belges. Sinon, le demander à l'ambassade du Laos à Hanoi. Dans le sens Laos-Vietnam, le visa vietnamien n'est pas délivré à la frontière ; il faut donc l'avoir déjà sur son passeport.
Un bus s'y rend depuis la gare routière de Điện Biên Phủ *(départ tlj à 5h30 pour Muang Khua, compter 130 000 Dg ; ou tlj à 6h pour Udomxay, compter 250 000 Dg).* Pour éviter toute surprise, arrivez tôt à la gare routière ou réservez votre billet la veille.
Après les formalités à ce poste-frontière de Tây Trang, le bus vous mène jusqu'à la ville laotienne de Muang Khua. Environ 2h de route pour 50 km à flanc de montagne. On traverse plusieurs villages et des rivières. À Muang Khua, quelques *guesthouses* et la possibilité de rejoindre Luang Prabang en bateau par la rivière Nam Ou.
Dans le sens inverse, un bus quitte Udomxay tous les jours à 5h30 pour rejoindre Điện Biên Phủ *(compter 80 000 kips ; ou de Muang Khua, compter 40 000 kips).*

DE ĐIỆN BIÊN PHỦ À SAPA

Au total, compter environ 8h de route (plus avec les arrêts). 1er tronçon, de Điện Biên Phủ à Mường Lay compter 3h de trajet pour 103 km de route goudronnée (la QL12) dans de superbes paysages de montagne. De Mường Lay à Sapa compter au moins 5h (pour 215 km) sur une bonne route bitumée (QL12 puis la QL4D).

LE GRAND NORD-OUEST

Paysages de vallées et de montagnes, avec un grand lac artificiel étendu sur des kilomètres au niveau de Mường Lay. On y rencontre des minorités ethniques, d'abord des Thaïs Noirs, puis certaines que l'on ne croise pas ailleurs, comme les Hmong Rouges, avec leurs jeunes filles aux joues bien rondes et leur masse de cheveux gonflés, façon casque.

MƯỜNG LAY *(99 000 hab.)*

Comme Điện Biên Phủ, le bourg occupait une cuvette et fut l'objet, pendant la guerre coloniale française, d'âpres combats. À la suite des graves inondations de l'été 1996 qui firent plusieurs dizaines de morts et endommagèrent une partie de la ville, un barrage fut érigé, noyant totalement l'ancien bourg en 2013. Une nouvelle ville sans charme occupe désormais les hauteurs.
Dans les parages vivent plusieurs communautés ethniques, ***Hmong Blancs*** (sur la route de Tuần Giáo), ***Hmong Rouges*** (sur la route de Điện Biên Phủ, à 25 km de Lai Châu), ***Thaïs Blancs*** et ***Noirs*** (Đèo Văn Long), ***Si La*** et ***Cống*** (sur la route de Mường Tè, à environ 20 km).

LA ROUTE ENTRE LAI CHÂU ET SAPA

Ce tronçon ne fait que 77 km mais la route franchit ***le plus haut col du Vietnam*** à 1911 m (le col Ô Quý Hồ, la « Porte du Ciel »). À cette hauteur, en hiver il y a souvent de la brume et des nuages. Relief accidenté, montagnes boisées avec des traces d'érosion et d'effondrements de terrain. Après le col, la route redescend en décrivant de nombreux virages. Enfin à 13 km avant d'arriver à Sapa, on passe par le site des ***Chutes d'Argent*** (Thác Bạc), une belle cascade qui tombe de la montagne, sur la gauche de la route *(tlj de 6h au coucher du soleil ; entrée 20 000 Dg).*

SAPA

48 000 hab. IND. TÉL. : 214

• Plan *p. 229* • Carte La région de Sapa *p. 237*

Depuis l'ouverture en 2014 d'une autoroute à 4 voies (encore en chantier pour un tronçon) entre Hanoi et Lào Cai, la ville de Sapa (province de Lào Cai) semble sortir définitivement de son isolement millénaire... Pour faire les 350 km qui séparent Sapa de la capitale, il ne faut plus aujourd'hui que 5h30 à 6h de route au lieu de 8h auparavant ! Ce changement va accélérer le développement de Sapa, pour le meilleur, plus que pour le pire, espérons-le. Dans tous les cas l'affluence touristique ne diminue pas.
Bien que la ville soit un chantier permanent, avec des immeubles qui sortent de terre chaque année, Sapa n'a pas encore vendu son âme au diable. C'est d'abord un site exceptionnel, une petite cité perchée à 1 650 m au cœur d'un magnifique cirque de montagnes, toutes sculptées par une multitude de rizières en terrasses (le riz a remplacé la culture du pavot depuis 1986). Les environs de cette petite ville d'altitude sont parsemés de villages habités par des minorités ethniques (Hmong, Dzao...) d'origine non vietnamienne. Voilà le « pays bleu », comme on l'appelle, qui devient le « pays vert » en mai et en septembre quand les rizières verdissent. Si vous cherchez plus de dépaysement, on vous recommande Bắc Hà, et surtout la province méconnue de Hà Giang.

– ***Bon à savoir :*** en raison du succès de Sapa et de sa facilité d'accès, évitez les week-ends pendant lesquels la ville est envahie par la foule des touristes vietnamiens.

UN PEU D'HISTOIRE

La ville (Chapa en français) a d'abord été un site militaire en 1915 (sanatorium et station météorologique), puis elle est devenue une station climatique fondée par les coloniaux en 1922. Quelques rares villas coloniales témoignent encore de cette époque. Contrairement à la version officielle, l'intervention militaire chinoise de 1979 eut peu de conséquences, hormis quelques bombardements aériens sur Sapa.
À la différence de Lào Cai, il ne restait déjà presque plus rien à Sapa du patrimoine architectural français au moment de la guerre contre les Chinois. Le développement touristique de Sapa date du milieu des années 1990, période qui correspond à l'ouverture du pays. L'administration vietnamienne s'efforce à présent de redonner un cachet à cette ville et a notamment aménagé un petit lac artificiel bordé de bâtiments administratifs.

CLIMAT

Il y a 4 saisons à Sapa.
– ***Été et automne :*** de mai à novembre, saison chaude et humide. La température n'est jamais torride comme à Lào Cai. En juillet et en août, période d'affluence touristique, il pleut presque tous les jours (par averses). Prévoyez donc un vêtement imperméable et sachez que les sentiers peuvent être glissants.
– ***Meilleure époque pour voir les rizières vertes :*** les mois de mai et de septembre (période des récoltes). Le reste de l'année elles ont une couleur allant du jaune pâle au marron clair.
– ***Hiver et printemps :*** c'est la saison sèche, qui va de fin novembre à avril inclus. Les températures les plus froides sont enregistrées en janvier et février. Il peut faire 0 °C la nuit et il neige de temps en temps. Les journées peuvent s'avérer très douces, mais prévoyez des vêtements bien chauds pour le soir.
Évitez d'y venir pendant la fête du Têt (tout est fermé ou presque).

Conseils

– ***Saison touristique :*** à Sapa, il y a 2 périodes d'affluence. En mars-avril (printemps, rizières en jachères) et en été (de juillet à septembre ; rizières vertes en juillet-août, puis jaunes).
– Prévoyez des ***vêtements chauds*** en hiver, de décembre à février (il fait froid et il peut neiger) et un blouson toute l'année. La plupart des chambres d'hôtel sont chauffées soit par une cheminée à bois, soit par des radiateurs électriques. Il y a aussi parfois des couvertures chauffantes.
– On conseille de ***passer au moins 2 nuits*** à Sapa et de faire des randos de préférence avec des guides locaux, en s'assurant qu'ils seront suffisamment rémunérés si l'on passe par un intermédiaire.
– Les ***randonnées*** partent toutes de Sapa, mais on peut louer des motos, avec ou sans chauffeur, pour la journée ou juste pour une course. N'oubliez pas de marchander, bien sûr.
– ***Location de motos :*** la plupart des hôtels louent des motos à la journée *(compter 5 US$/j.)*.
– Pour les ***souvenirs*** (broderies, tissus, etc.), mieux vaut acheter dans les villages autour de Sapa : les villageois comptent beaucoup sur ces ventes pour vivre, alors que les commerçants de la rue Cầu Mây ne sont jamais à court de clients...

Arriver – Quitter

En bus et en minibus

C'est à Lào Cai, à env 38 km, qu'arrivent les trains depuis Hanoi (trains de nuit pour la plupart) ainsi que les bus partant de la gare routière de Mỹ Đình. À noter qu'il existe aussi des liaisons directes depuis l'aéroport de Hanoi. Voir plus bas, le chapitre « Lào Cai ».

Arrêt des bus publics *(plan B1,* ***4****)* ***:*** *sur la place centrale, au niveau de l'église.* Ce sont des bus jaune et rouge qui partent à heures fixes pour Lào Cai. Billets en vente dans le bus (40 000 Dg).

Nouvelle gare routière de Sapa *(Bến Xe Khách Sapa ; hors plan par B1)* ***:*** *☎ 388-77-33. Située à env 1,5 km à l'est du centre-ville. Accès par la rue Thạch Sơn ou la route QL4D. À pied, compter env 20 mn.*

➢ ***De/pour Hanoi :*** 3 bus/j. pour la gare routière de Mỹ Đình (Hanoi), les autres bus vont à la gare routière de Yên Nghĩa. Au total, 8 bus/j. 8h-22h30. Billet : 240 000 Dg. Durée : 6h30. La compagnie privée la plus moderne est *Hà Sởn-Hải Vân*. Les bus ont 44 sièges-couchettes.

– ***Bon à savoir :*** les bus-couchettes sont très confortables pour les voyages de nuit mais moins pour les trajets de jour car on est comme enfermé dans son box de couchage. Il faut se déchausser donc préférer les tongs aux chaussures de marche.

➢ ***De/pour Hanoi*** avec des ***minibus de compagnies privées :*** ils assurent la liaison directe de nuit ou de jour (sans escale à Lào Cai). Durée : 6h. Citons ***Sapa Express*** *(12, Lý Thái Tổ, à Hanoi ; ☎ 66-82-15-55 ; • sapaexpress.com •)* : bus très confortables, avec des sièges-couchettes. De Hanoi pour Sapa, départ du lac Hoàn Kiếm ou de leur bureau au 12, Lý Thái Tổ. 2 ou 3 bus/j. mat et ap-m. De Sapa (bureau au 8, rue Thủ Dầu Một) à Hanoi, 3 départs/j. Billet : 12-36 US$ selon confort. Autre compagnie assurant le même trajet, ***Hà Lan,*** qui part à 15h30 de la gare de Mỹ Đình à Hanoi. Voir aussi la compagnie ***Inter Bus Lines*** *(• interbuslines.com •)* et ***Eco Sapa-Bus Limousine*** *(• expressbustosapa.com •).* 2 départs/j. de Sapa et de Hanoi, mat et ap-m.

– ***Bus et service de Limousine depuis l'aéroport Nội Bài de Hanoi :*** 3 bus/j. Billet : 16 US$. Durée : 6h. Résa impérative. Service de Limousine : 25 US$. *• noibaiservices.com •*

➢ ***De/pour Lào Cai :*** outre les minibus *Sao Việt* depuis la gare routière, des bus d'État partent du grand parking situé devant la gare ferroviaire de Lào Cai, dans le centre-ville. Reconnaissables à leur couleur jaune, ils n'attendent pas d'être pleins. Départs ttes les heures 6h-18h20. Billet : 40 000 Dg. Durée du trajet : 1h-1h15 selon météo et circulation. À Sapa, arrêt de bus dans le centre-ville *(plan B1,* ***4****)*. Il y a aussi des compagnies privées comme *Hà Sởn-Hải Vân* (billet moins de 50 000 Dg) qui partent de la gare routière de Sapa. Très belle route bitumée mais étroite et sinueuse pour monter de Lào Cai à Sapa.

➢ ***De/pour Bắc Hà :*** à 112 km à l'est de Sapa. Un bus part tlj de la gare routière de Sapa à 13h45. Durée : env 3h. On conseille plutôt d'arriver à Bắc Hà dès le sam soir, de dormir sur place et de visiter le marché du dim avt 10h.

➢ ***De/pour Hà Giang :*** 2 minibus jaunes de la compagnie *Hà Sởn-Hải Vân* partent de la gare routière de Sapa, le mat, à 8h15 et à 9h30. Ils passent par Lào Cai, Lục Yên et Đông Yên. Attention : très long trajet : 662 km. Durée : au moins 16h !

➢ ***De/pour Điện Biên Phủ :*** bonne route goudronnée et paysages magnifiques. Durée : 7-9h (350 km). Billet : 300 000 Dg. Depuis la gare routière de Sapa, 3 bus/j. avec plusieurs compagnies privées dont *Châu Hạnh.* Départs à 8h, 18h et 19h. Celui de 19h n'est pas pratique car il arrive à Điện Biên Phủ à 2h du mat. Les bus de nuit ont des couchettes. Dans la journée pas de grand bus, mais des petits bus qui viennent chercher les clients à leur hôtel, à la demande, au cas par cas.

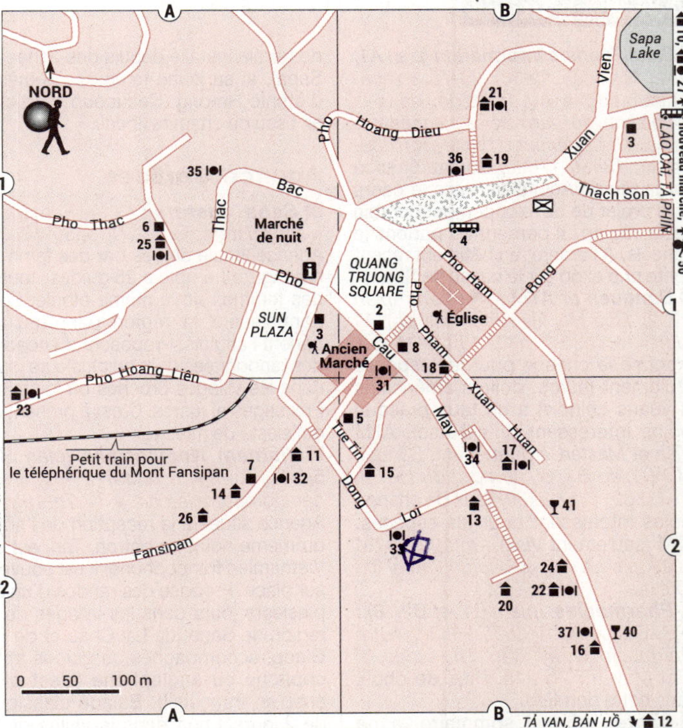

SAPA

Adresses utiles

1 Sapa Tourism Information (A1)
2 Agribank et ATM (B1)
3 BIDV et ATM (B1)
4 Arrêt des bus publics (B1)
5 Vietnam Nomadtrails (B2)
6 Trails of Mountain – TOM Travel (A1)
7 Boutique Indigo Cat (A2)
8 Pharmacies (B1 et B2)

Où dormir ?

10 Happy Family Hotel (hors plan par B1)
11 Phương Nam Hotel et Sapa Mountain Hotel (A2)
12 Sapa Odyssey Hostel (hors plan par B2)
13 Mountain View Sapa Hotel (B2)
14 Cat Cat Hotel (A2)
15 Heart of Sapa Hotel (B2)
16 Holiday Sapa Hotel (B2)
17 Auberge Đặng Trung (B2)
18 Sapa Horizon Hotel (B1)
19 Le Gecko Hotel (B1)
20 Little View Homestay (B2)
21 Victoria Sapa Resort & Spa (B1)
22 Sunny Mountain Hotel (B2)
23 Aira Boutique Hotel (A2)
24 Four Seasons Sapa Hotel (B2)
25 Sapa Dragon Hotel (A1)
26 Cat Cat View Hotel (A2)
27 Chambres d'hôtes Sapa Garden B & B (hors plan par B1)

Où manger ?

17 Restaurant de l'auberge Đặng Trung (B2)
31 Little Sapa (B1-2)
32 Hill Station Signature Restaurant (A2)
33 Indigo Restaurant (B2)
34 Viêt Emôtion (B2)
35 Red Dao House (A1)
36 Viêt Emôtion 2 et Le Petit Gecko (B1)
37 Little Vietnam Restaurant (B2)

Où boire un verre ?

40 The Hmong Sisters (B2)
41 The Hill Station (B2)

À voir

50 Mont Hàm Rồng (hors plan par B1)

Adresses utiles

Sapa Tourism Information *(plan A1,* **1***) : 2, Fansipan. ☎ 387-19-75. • sapa-tourism.com • Au 1er étage, dans la 1re maison du parc boisé ; accès par un escalier extérieur à droite. Tlj 7h30-11h30, 13h30-17h30.* Bureau financé par la région Aquitaine, dans le cadre d'un projet de développement durable de la région. 4 personnes parlent le français. À l'arrière, un bâtiment récent abrite une expo sur le passé de Sapa.

■ **Banques et ATM :** ***Agribank*** *(plan B1,* **2***), Cầu Mây (la rue principale). Tlj sauf w-e 7h30-11h30, 13h30-16h30.* Propose le change pour les espèces seulement (euros, dollars américains et yuans chinois) à un taux presque moins intéressant qu'à Hanoi. ATM (*Visa* et *MasterCard*) attenant. *Banque* ***BIDV*** *(plan B1,* **3***), au bord du lac. Tlj 7h-11h30, 13h-16h30.* Taux de change moins intéressant pour les espèces. ATM (seulement *Visa*). *Un autre* ***ATM BIDV*** *(plan A1,* **3***) au rdc de l'hôtel* BB *côté rue.*

■ **Pharmacies** *(plan B1 et B2,* **8***) : 22B, Cầu Mây. Tlj 6h30-23h30. Autre pharmacie* ***Quầy Bàn Thuốc*** *au 3, Cầu Mây. Tlj 7h-21h.* Plus de choix dans cette dernière.

Santé : hôpital sommaire, à ne fréquenter que si l'on n'a pas le choix. *☎ 387-11-16.* Également un médecin privé, *Dr Phạm Lê Chung (☎ 387-17-28).*

■ **Boutique Indigo Cat** *(plan A2,* **7***) : 34, Fansipan, sous l'hôtel* Cat Cat View. *📱 03-47-68-25-08. Tlj 9h-21h.* Petit magasin d'objets artisanaux fabriqués exclusivement par une cinquantaine de familles de l'ethnie Hmong (et non made in China...). Il est tenu par Cédric, un très sympathique Suisse francophone originaire de Lausanne (ex-guide de terrain installé depuis des années à Sapa), et sa jeune femme, elle-même d'ethnie Hmong. Beaucoup d'articles en tissu de chanvre (local).

Agences, guides

■ ***Sapa Sisters :*** *11, Fansipan. • sapasisters.com • Tlj 6h30-17h30.* Agence locale dirigée par des femmes hmong, qui emploie 25 guides, toutes des femmes de la même ethnie. Elles connaissent la région par cœur et parlent l'anglais. Proposent d'encadrer des randonnées d'un ou plusieurs jours dans les villages proches ou lointains. Prix sages et justes. C'est à présent ce qui existe de mieux.

■ ***Vietnam Nomadtrails*** *(plan B2,* **5***) : 13, Tuệ Tĩnh. ☎ 387-21-92. • vietnamnomadtrails.com • Tlj 7h-19h20.* Agence située à la réception de l'hôtel du même nom. Le patron, Tân, est un Vietnamien francophone. Il est souvent sur place. Propose des randos d'un ou plusieurs jours dans les villages de la région de Sapa, de Lai Châu et de Hà Giang, accompagnés de guides francophone ou anglophone (c'est plus cher en français !). Balade classique de 2 jours/1 nuit dans la vallée de la Mường Hoa *(compter 60 US$/pers, tt inclus sauf boissons).*

■ ***Trails of Mountain – TOM Travel*** *(plan A1,* **6***) : 1A, Thác Bạc. 📱 09-13-38-89-66. • trailsofmountain.com • Bureau dans le hall du Sapa Dragon Hotel.* Une agence sérieuse qui veille au respect des minorités et des cultures locales, en petits groupes seulement. Les circuits proposés par M. Đào Mạnh Hùng vous emmènent loin des sentiers battus, dans des villages reculés.

Où dormir ?

Tourisme oblige, Sapa est assez chère en période de pointe (haute saison). Heureusement, les tarifs baissent beaucoup et sont négociables hors saison et les prestations sont généralement de bonne qualité. Comme les nuits d'hiver peuvent être très froides, préférez les hôtels avec chauffage (au bois – qu'il faut parfois payer en plus –, au gaz, ou équipés de couvertures électriques pour les plus modernes). En semaine, les tarifs sont encore bon marché. Le samedi et le dimanche, ils sont plus élevés, souvent le double.

On déconseille donc d'aller à Sapa le week-end.

Bon marché (jusqu'à 300 000 Dg / env 11 €)

☗ ***Happy Family Hotel*** *(hors plan par B1, **10**)* **:** *43, Lê Văn Tám.* ▯ *03-66-54-59-87.* ● *sapahappyfamilytravel.net* ● *Lit en dortoir 4 US$, double 250 000 Dg (prix variables, sem ou w-e). Repas à la demande.* Dans une rue tranquille au sud du lac (à 5 mn à pied du centre animé), ce petit hôtel économique est tenu par 2 jeunes Vietnamiens, Thiêt et Trang (francophone et anglophone), accueillants et impliqués dans le tourisme responsable. Ils sont aussi guides de terrain et organisent des randonnées. La maison est agréable, propre et de confort suffisant. Dortoir de 4 lits superposés avec lampes, casiers, prises électriques. Chambres privatives avec carrelage, bonne literie, clim, douche/w-c privatifs, et déco gaie. Possibilité de prendre les repas sur place autour d'une grande table commune. De loin notre meilleure adresse dans cette catégorie.

☗ ***Little View Homestay*** *(plan B2, **20**)* **:** *42, Cầu Mây.* ▯ *09-88-89-77-11.* ● *littleviewhomestay.com* ● *Descendre une ruelle sans voitures sur une centaine de mètres, puis suivre le panneau à droite. Doubles 15-20 US$.* Diego Tran, le jeune propriétaire, vietnamien francophone, est un fan de football, d'où son prénom. Sa pension abrite 9 chambres bien décorées et plutôt gaies, dans 2 maisons distinctes. La 1re est plus moderne, chambres avec balcon et vue sur la vallée ou le jardin. La 2de maison en contrebas est plus rustique, avec des chambres propres le long d'un couloir. Petite cour intérieure pour discuter. Cuisine à disposition des clients.

☗ ***Sapa Odyssey Hostel*** *(hors plan par B2, **12**)* **:** *38, Mường Hoa.* ▯ *09-45-18-30-01.* ● *sapaodysseyhostel@gmail.com* ● *Lit en dortoir env 5-7 US$, doubles 400 000-500 000 Dg (catégorie « Prix moyens »). Pas de petit déj.* Un *hostel* économique et privé tenu par de jeunes Vietnamiens. L'immeuble domine la vallée et abrite 2 dortoirs (6 lits) avec ventilo, lampes de chevet et prises électriques. Il y a aussi 3 chambres privatives avec toilettes dont 2 ont accès direct à la terrasse (superbe vue sur la vallée).

Prix moyens (300 000-600 000 Dg / env 11-23 €)

☗ ***Phương Nam Hotel*** *(plan A2, **11**)* **:** *33, Fansipan.* ☎ *387-12-86.* ▯ *09-66-48-55-85.* ● *phuongnamhotelsapa.com* ● *Doubles 22-33 US$.* Excellent petit hôtel avec des chambres très bien arrangées et confortables (clim réversible). Certaines donnent sur la rue, les autres sur la vallée (les plus chères). Nos préférées : les nos 416 (de loin la plus belle avec 2 baies vitrées), 514 et 515, claires, avec balcon et très belle vue. Buffet à volonté au petit déj : pancakes, gâteaux, charcuterie... Pub *Ninety* au rez-de-chaussée *(tlj 10h-2h du mat).*

☗ |●| ***Auberge Đặng Trung*** *(plan B2, **17**)* **:** *31, Cầu Mây.* ☎ *387-18-71.* ▯ *09-19-73-70-27.* ● *aubergedangtrunghotel.com* ● *Doubles 18-30 US$ avec petit déj. Repas 100 000-200 000 Dg.* En plein centre, mais un peu en retrait et au-dessus de la rue principale. C'est l'un des plus vieux hôtels de Sapa. Restauré, il a gardé son style colonial ancien tout en proposant des chambres confortables et de caractère, toutes refaites (literie neuve), avec cheminée rétro, mobilier en bois, vieux plancher. On y accède par des galeries extérieures qui ont une vue sur la vallée (pour les plus belles). On a bien aimé la no 408 avec son balcon. Demander le gérant M. Manh, qui parle un peu le français. Fait aussi resto : cuisine saine et rustique, préparée par une Vietnamienne. Carte en français. La salle à manger est petite, mieux vaut réserver pour dîner.

☗ ***Le Gecko Hotel*** *(plan B1, **19**)* **:** *33, Xuân Viên.* ▯ *09-03-21-04-77.* ● *geckosapa.com* ● *Doubles 300 000-600 000 Dg selon confort.* Hôtel central avec 8 chambres simples mais de confort suffisant (clim) réparties sur 2 étages. Une chambre avec balcon donne sur la rue, les autres sur l'arrière, le long d'un couloir (plus calme). Bon accueil. Fait aussi café-resto (au rez-de-chaussée) : plats locaux et européens, yaourts, pâtisseries...

Chic (600 000-1 000 000 Dg / env 23-38 €)

Sapa Mountain Hotel *(plan A2, **11**) : 35, Fansipan. 09-14-66-16-78. • sapamountainhotel.com • Doubles 600 000-900 000 Dg.* Bon petit hôtel central, de 4 étages avec une quinzaine de chambres. Une partie de celles-ci donnent sur la vallée (belle vue), les autres sur la ville. Le confort est standard, la literie bonne, et l'accueil cordial. Nos chambres préférées : les nos 202, 302 et 402 avec fenêtre d'angle.

Heart of Sapa Hotel *(plan B2, **15**) : 8A, Đông Lợi. 09-68-09-97-01. • info@heartofsapahotel.com • Doubles 500 000-1 000 000 Dg.* Cet hôtel discret est une « maison-tube », haute et étroite, au cœur de Sapa. L'aimable propriétaire est une ancienne guide anglophone. Elle propose 8 chambres réparties sur 4 étages (sans ascenseur). Elles sont propres et bien équipées mais sans vue sur la vallée. En demander une au dernier étage.

Cat Cat Hotel *(plan A2, **14**) : 42, Fansipan. ☎ 350-26-81. 09-12-20-51-54. • catcathotelsapa@gmail.com • Doubles 25-36 US$ selon confort et vue, petit déj inclus.* Le point fort de cet hôtel, outre son bon rapport qualité-prix, c'est l'accueil très chaleureux de M. Hà. Chambres très coquettes et dotées de parquet et cheminée. Les plus chères ont vue sur le Fansipan. Les nos 401, 402 et 403 ont même une terrasse panoramique. Le patron a ouvert un petit café *(Le Fansipan Terrace Café)* au no 67 de la même rue. Vue superbe sur la vallée.

Cat Cat View Hotel *(plan A2, **26**) : 46, Fansipan. ☎ 387-19-46. • catcathotel.com • Doubles 550 000-700 000 Dg.* En bord de rue, un immeuble de 9 étages comptant une quarantaine de chambres, toutes propres et bien tenues. En demander une au 7e ou 8e étage, pour la vue dégagée sur la vallée et au loin le village de Cát Cát. Fait aussi resto.

Four Seasons Sapa Hotel *(plan B2, **24**) : 8, Mường Hoa. ☎ 365-86-68. • fourseasonshotel.vn • Doubles 25-40 US$, avec petit déj.* Attention, il ne s'agit pas de la luxueuse chaîne américaine d'hôtels du même nom, mais d'un modeste hôtel un peu coincé entre ses voisins de la rue principale. Il abrite des chambres colorées et confortables. Balcon avec vue pour certaines, mais même prix partout. En demander une au 5e étage. Agréable salle de resto au rez-de-chaussée.

Mountain View Sapa Hotel *(plan B2, **13**) : 54A, Cầu Mây. ☎ 387-13-34. • mountainviewhotelsapa.com • Doubles 400 000-700 000 Dg.* Hôtel à taille humaine abritant une vingtaine de chambres propres, rénovées et réparties sur 6 étages. Plancher en bois et bonne literie neuve. Certaines offrent une vue sur la vallée. Vastes terrasses, resto. Organise des randonnées, loue des bottes et des chaussures.

Holiday Sapa Hotel *(plan B2, **16**) : 16, Mường Hoa. ☎ 387-38-74. Doubles 35-55 US$. Réception au 5e étage.* Sa situation, l'accueil, la taille et l'aménagement des chambres : autant de facteurs positifs pour cet hôtel construit au-dessus de la vallée. On a bien aimé les lampes de chevet, de vraies lampes de lecture, ce n'est pas le cas partout. Fait aussi resto.

Plus chic (1 000 000-2 000 000 Dg / env 38-76 €)

Sapa Dragon Hotel *(plan A1, **25**) : 1A, Thác Bạc. ☎ 387-13-63. • sapadragonhotel.com • Doubles 55-68 US$. Menus 150 000-200 000 Dg.* Notre adresse préférée dans cette catégorie. À flanc de colline, proche du centre-ville (5 mn à pied) et pourtant à l'écart de l'agitation, un hôtel à taille humaine (20 chambres), avec un intérieur et des chambres très bien arrangés (douche/w-c, climatiseur convertible en chauffage). Elles donnent sur la ville et le quartier, et jouissent d'un petit balcon pour certaines (les plus chères). Décoration soignée dans le style local, et un ordinateur portable à disposition. Fait aussi café-resto *(Cardamom)*. Cuisine vietnamienne et internationale. Le personnel parle un peu le français. Service diligent et attentionné.

🏠 🍽 ***Sunny Mountain Hotel*** *(plan B2,* ***22****)* ***:*** *10, Mường Hoa, Cầu Mây. ☎ 378-79-98. 📱 09-66-59-99-87. • sunnymountainhotel.com • Doubles 45-100 US$ selon confort et saison.* C'est un bel hôtel de taille moyenne au cœur de la ville. Décoration intérieure dans le style rustique chic de montagne (le style Sapa), chambres au mobilier en bois clair, toutes bien équipées (clim, chauffage) et de tailles différentes. La vue varie selon les étages et le prix, les plus intéressantes et les plus calmes ouvrent sur la vallée. On y trouve aussi une salle de remise en forme, un resto (au 9e étage), un salon de massage... Projet de piscine intérieure couverte.

Très chic (2 000 000-3 310 000 Dg / env 76-126 €)

🏠 ***Sapa Horizon Hotel*** *(plan B1,* ***18****)* ***:*** *18, Phạm Xuân Huân. ☎ 387-26-83. 📱 09-12-92-79-66. • sapahorizonhotel.com • Doubles 90-155 US$.* En plein centre, légèrement en hauteur, voilà l'archétype du petit hôtel chic à prix encore raisonnables pour la qualité. Toutes les chambres ont un balcon, et sont très bien arrangées : déco soignée, literie impeccable, toilettes superbes. Les chambres se terminant par le chiffre 6 ont une vue sur la vallée (les plus chères). Notre préférée est la chambre d'angle disposant de 2 balcons. Fait aussi resto (au rez-de-chaussée). Cuisine locale.

🏠 🍽 ***Aira Boutique Hotel*** *(plan A2,* ***23****)* ***:*** *30, Hoàng Liên. ☎ 377-22-68. • airaboutiquehotels.com • Doubles 110-148 US$. Repas env 100 000-300 000 Dg.* Un peu à l'écart du centre mais facilement accessible à pied (10 mn) par un chemin qui se termine en cul-de-sac au-dessus de la vallée. Belle batisse moderne et de taille raisonnable, avec une réception très design et des chambres impeccables, décorées avec soin. Très confortables, la plupart ont un balcon avec vue sur la vallée. Fait aussi resto : savoureuse cuisine vietnamienne. Excellent accueil et service diligent.

Beaucoup plus chic (plus de 120 €)

🏠 🍽 ***Victoria Sapa Resort & Spa*** *(plan B1,* ***21****)* ***:*** *au-dessus de l'école, dominant la ville. ☎ 387-15-22. • victoriahotels.asia • Doubles 97-170 US$, petit déj et spa (tlj 7h-22h) inclus (promos fréquentes en été sur le site web).* Bel ensemble hôtelier alliant authenticité et confort international, employant 200 personnes dans le respect des identités locales et de l'écologie. Les meubles sont fabriqués sur place par les menuisiers de l'hôtel, avec du bois d'origine contrôlée. Vaste terrasse avec vue sur la ville (pas pour toutes les chambres !). Bar et excellent resto. Cuisine vietnamienne sophistiquée ou occidentale (raclette et fondue disponibles). Superbe et luxueux spa tout neuf avec piscine chauffée, sauna, massages : unique en ville !

Où dormir dans les proches environs ?

🏠 🍽 ***Chambres d'hôtes Sapa Garden B & B*** *(hors plan par B1,* ***27****)* ***:*** *102, Điện Biên Phủ. ☎ 387-12-35. 📱 09-77-44-88-66. • sapagarden@gmail.com • sapagarden.com • Réservez longtemps à l'avance, car l'adresse a du succès ! Selon période, doubles 30-50 US$, suites familiales 80-105 US$, petit déj inclus. Repas pour les hôtes (sur résa seulement) env 10 US$.* À 2,5 km de la ville, sur la route de Lào Cai, voici les 1res chambres d'hôtes de Sapa. C'est une grande maison récente mais inspirée du style néocolonial français, et entourée d'un beau jardin vert et ombragé. On est accueilli par le jovial et dynamique M. Hồng, jeune anglophone (qui a étudié en Nouvelle-Zélande) qui vit sur place avec sa famille. S'il n'est pas là, on communique avec ses parents qui ne parlent que le vietnamien, mais on se fait comprendre (ils utilisent le téléphone portable). Chambres confortables et arrangées avec soin, avec des bois tropicaux, et des meubles rustiques. Vue sur le jardin, très agréable aux beaux jours. Le soir, transfert gratuit en voiture pour le centre de Sapa. Téléphone portable local à disposition.

Où manger ?

Bon marché (moins de 100 000 Dg / env 4 €)

🍽 Sous l'ancien marché du centre-ville *(plan A-B1-2)*, de nombreuses ***gargotes*** sans noms. Pour se mêler à la population locale. C'est ici que l'on déguste les meilleures soupes de nouilles.

🍽 ***Little Vietnam Restaurant*** *(plan B2, **37**) : 14, Mường Hoa. 📱 09-74-83-98-73. Tlj 7h30-23h. Plats 50 000-120 000 Dg.* Modeste restaurant tenu par une affable Vietnamienne qui travaille avec sa famille. De la cuisine ouverte sur la petite salle aux lampions colorés sortent de bons plats comme des salades, des rouleaux de printemps, bref les classiques de la cuisine vietnamienne. Il y a aussi du saumon d'élevage plus cher. Bon rapport qualité-prix-accueil.

🍽 ***Indigo Restaurant*** *(plan B2, **33**) : 23, Đồng Lợi. 📱 203-87-30-16. Tlj 8h-21h.* Dans une petite rue, un resto avec une salle de style ethnique avec charpentes, colonnes, plancher et mobilier en bois. Des serveuses en costume Hmong assurent le service. Demander une table près de la baie vitrée pour la vue sur la vallée (s'il fait beau). Cuisine locale fine, saine et sincère avec quelques plats européens.

🍽 ***Little Sapa*** *(plan B1-2, **31**) : 5, Đồng Lợi. ☎ 387-12-22. Tlj 9h-22h.* C'est l'un des plus modestes restos de cette rue animée et centrale. Le temps passe, mais ce petit-là ne change pas. Le chef mijote de bons plats vietnamiens à des prix sages, dans une petite salle. Le service est aimable et rapide, le rapport qualité-prix exceptionnel. On y sert un excellent *bit têt* (bifteck préparé à la vietnamienne), le plus goûteux de Sapa.

🍽 ***Restaurant de l'auberge Đặng Trung*** *(plan B2, **17**) : 31, Cầu Mây. ☎ 387-18-71.* On dîne dans une petite salle à manger près de la cheminée en hiver, ou dans la cour fleurie et fraîche en été. On y mijote une bonne cuisine vietnamienne classique : porc, canard, poulet, bœuf... Spécialité : le sanglier à la citronnelle. Vin au verre (France, Australie, Italie, Chili).

Prix moyens (100 000-250 000 Dg / env 4-9 €)

🍽 ☂ ***Viêt Emôtion 2*** *(plan B1, **36**) : 17, Xuân Viên. 📱 843-87-26-69. Tlj 7h-22h30. Plats 80 000-250 000 Dg.* Un immeuble de 3 étages donnant sur la grande place. On le remarque immédiatement à ses terrasses envahies par un déluge de plantes vertes. Accueil affable et décoration intérieure originale, colorée, imaginative. Peintures, lampions, instruments de musique, divers objets anciens, c'est un bonheur que de s'y installer et de profiter de la terrasse par beau temps. La cuisine soignée et variée fait la part belle aux plats vietnamiens mais aussi à la *western food* (steaks, pâtes).

🍽 ***Viêt Emôtion*** *(plan B2, **34**) : 27, Cầu Mây. ☎ 387-25-59. Tlj.* Ici, déco soignée rime avec assiette de qualité, même si la carte semble bien longue ! La cuisine vietnamienne tient ses promesses, avec quelques spécialités assez raffinées (aubergines au miel), et les pâtes raviront les nostalgiques de retour de trek. Goûter aussi à la fondue *(hot pot)* pour 2 personnes. Carte des vins de bonne tenue, cocktails, et quelques tables en terrasse. Vrai café expresso (arabica). On l'aime aussi mais on préfère son grand frère le *Viêt Emôtion 2.*

🍽 ☂ ***Le Petit Gecko*** *(plan B1, **36**) : 15, Xuân Viên. Tlj 7h-22h ou 23h. Menu complet env 10 US$, plats à la carte 6-7 US$.* Dans une petite maison basse de style néo-Hmong Noir, dotée d'une terrasse donnant sur la place. Vieux poêle, murs ocre, petits lampions : déco ethnique et rustique soignée, cuisine locale avec un plat vedette : les « yeux du gecko » (boulettes de porc aux champignons), et des plats européens comme la tartiflette ou le bœuf bourguignon. Il y a aussi le *Gecko* au nº 33 de la même rue, qui appartient au même propriétaire francophone. Même style de cuisine (avec une dominante de spécialités françaises et quelques plats vietnamiens), mêmes prix.

Chic (250 000-600 000 Dg / env 9-23 €)

Red Dao House *(plan A1, **35**) : 4B, Thác Bạc. ☎ 387-29-27. Tlj 8h-21h. Plats 45 000-235 000 Dg.* Comme son nom l'indique, l'endroit est inspiré de l'architecture en bois des villages dao. Décor chaleureux et rustique, serveuses en tenue ethnique noir et rouge. Cuisine vietnamienne de bonne tenue : beignets de patates douces au four, aubergines sautées à l'ail, truite saumonée, canard grillé au miel...

Hill Station Signature Restaurant *(plan A2, **32**) : 37, Fansipan ☎ 388-71-11. Tlj 7h-22h30. Plats 35 000-135 000 Dg.* Grande salle à la déco ethnique chic : cheminée en pierre, tables basses avec des poufs en ficelle ou bien tables standard si vous ne voulez pas être gêné par la position basse. Cuisine locale soignée, assez raffinée, et toujours fraîche : soupe *canh,* porc fumé, plats végétariens. Le personnel est d'origine hmong. À la carte, 3 plats suffisent pour 2 personnes. Le terme « signature » est prétentieux et n'est pas adapté.

Où boire un verre de vin ?

The Hill Station *(plan B2, **41**) : 7, Mường Hoa. ☎ 388-71-11. Tlj 7h-22h30.* Voilà une maison dont l'architecture, mi-ethnique, mi-scandinave minimaliste, se distingue de ses voisines. 7 sortes de bières à la pression et belle carte des vins, à commander au verre ou à la bouteille ; sert aussi des planches de fromage ou de charcuterie (certaines sont élaborées à Sapa). Intéressant pour le petit déj et le café expresso. Vente d'épices locales à emporter (excellent poivre, entre autres). Service assuré par de jeunes Hmong fort souriants.

Où boire un verre ?

The Hmong Sisters *(plan B2, **40**) : 31, Mường Hoa, en face du Bamboo Hotel. Tlj 16h-1h.* Joli bar à la déco de style rustique et ethnique (d'ailleurs, beaucoup de jeunes guides s'y retrouvent). Banquettes moelleuses, vieux poêle, chichas (pour fumer à l'orientale), atmosphère très relax sur fond de rock et de reggae. Billard.

À voir. À faire

L'église *(plan B1) : accès par le flanc droit.* Vestige de la présence française. Derrière l'édifice, 2 pierres tombales : à gauche, le 1er évêque du diocèse, à droite le dernier prêtre de la ville (mort en 1948).
– Sur le parvis de l'église (grande place), des spectacles traditionnels se déroulent tous les samedis et dimanches à 21h.

L'ancien marché de Sapa *(plan A-B1-2) : en contrebas de la grande place du village et sur les escaliers aux alentours.* La partie alimentaire n'est plus là. Le nouveau marché de Sapa a déménagé au 370, Điện Biên Phủ, dans un nouveau bâtiment moderne, à environ 1 km à l'est du centre-ville *(hors plan par B1),* près de la gare routière. Accès par la rue Thạch Sơn ou la route QL4D. À pied, compter environ 20 mn. À l'emplacement de l'ancien marché du centre, on trouve quelques gargotes et le nouveau poste de police de Sapa.

– Au nord de l'ancien marché, à l'angle de la place et de la rue Hoàng Liên, se dresse le ***Sun Plaza,*** immense centre commercial moderne qui abrite aussi le luxueux *Hôtel de la Coupole* (5 étoiles, 249 chambres, très cher). Son architecture est un mélange insolite d'un palace suisse et d'un casino de Las Vegas. Dans ce même emporium se trouve l'embarcadère du petit train-funiculaire qui mène à la station de téléphérique du Fansipan.

Le mont Hàm Rồng *(ou Dragon's Jaws Mountain ; hors plan par B1,* ***50****)* **:** *tlj 7h30-17h30. Entrée : 70 000 Dg.* Cette grosse colline domine la ville. Sa partie basse a été transformée en parc public. Les temps changent, une partie du mont aurait été vendue à des promoteurs. Début 2019, il était toujours accessible aux visiteurs.

LA RÉGION AUTOUR DE SAPA

➢ Des ***randonnées*** à la journée ou sur plusieurs jours sont organisées au départ de Sapa par les hôtels et agences de tourisme, dans le but de faire découvrir diverses minorités ethniques en passant par différents villages.
Ces villages vivent essentiellement de la culture du riz. De février à août, on prépare les rizières, et en septembre a lieu la récolte. Les populations sont en général très accueillantes, même si cette chaleur est surtout motivée par l'appât (légitime) du gain. Vous serez, de bout en bout, suivi comme votre ombre par une horde de vendeuses d'artisanat qui ne peuvent compter que sur les touristes de passage pour assurer leur subsistance. En effet, l'argent que vous donnez pour effectuer la visite sert à tout, sauf à aider les habitants. Du coup, on se sent obligé d'acheter un petit quelque chose à la fin de la visite et, dans presque chaque village traversé, c'est la même rengaine. Ça peut finir par lasser.

– ***Randonnées avec une femme Hmong :*** en dehors des agences, les touristes peuvent accepter l'offre faite dans la rue par des femmes Hmong. Elles sont honnêtes, connaissent bien le pays et sont de très bonnes marcheuses. Prix à négocier avec elles selon le parcours et le nombre de personnes. Compter environ 1 700 000 Dg pour 2 jours et 4 personnes.

– ***Attention :*** ces pratiques sont illégales et interdites par la police car ces femmes ne sont pas homologuées comme les guides diplômés et autorisés. En revanche, l'hospitalité gratuite dans les villages est légale.

– ***Bon à savoir :*** théoriquement, pour des balades de 1 journée et à condition de bien rester sur les sentiers autorisés (carte à acheter à l'office de tourisme, car c'est très réglementé), il n'est pas nécessaire de prendre un guide (mais ça peut quand même être intéressant pour mieux comprendre ce qui se passe autour de vous !). En revanche, à partir du moment où on loge au moins une nuit dans un village, il est ***impératif de passer par une agence*** et d'être accompagné d'un guide, car ***un permis est obligatoire,*** et seuls les guides et agences sont habilités à le demander. Ce permis vaut 75 000 Dg par personne. On l'achète au bureau de police.

– ***Quelques conseils :*** pour quelque balade que ce soit, privilégiez le recours à un guide local, issu des minorités montagnardes, plutôt que les guides montés de Hanoi pour la saison. Sans surprise, les balades d'une seule journée sont en général des « autoroutes » de randonneurs. On se retrouve souvent à la queue leu leu sur les mêmes chemins et sentiers : si cela enlève un peu le sentiment d'exclusivité, ça ne gâche en rien la beauté des paysages !

– ***Secteurs les plus fréquentés :*** outre le village de Cát Cát accessible très aisément, ce sont les villages de la vallée de la Mường Hoa. On vous recommande

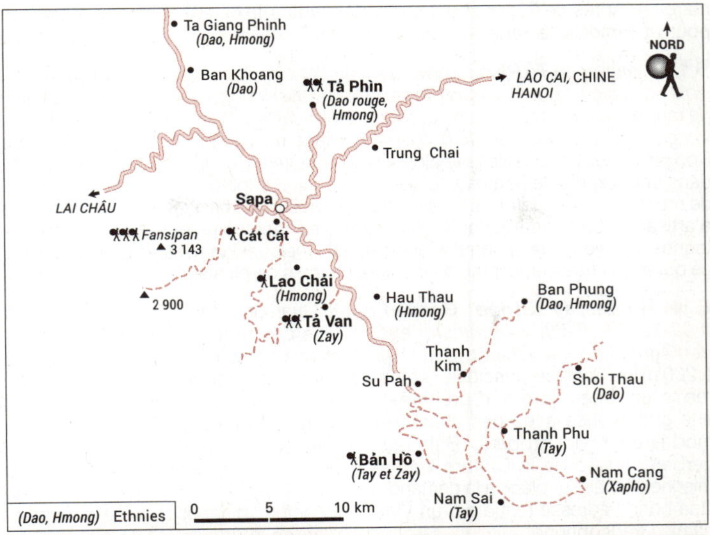

LA RÉGION DE SAPA

donc de choisir plutôt des randonnées de 2 ou 3 jours, hors de ces sentiers trop battus, en logeant chez l'habitant. Certains villages ont développé des *homestays* avec des dortoirs de 20 personnes, d'autres proposent des logements chez l'habitant de taille plus réduite, mais partout cela reste d'un confort sommaire. Enfin, il existe des droits d'entrée pour les villages et pour la vallée de la Mường Hoa, qui doivent être inclus dans les tarifs de l'agence.

– ***Secteurs les moins fréquentés :*** c'est la région au nord de Sapa à savoir le secteur montagneux entre les villages de Tả Phìn et Suối Thầu, jusqu'à Tả Giàng Phình (au total 42 km). Les agences spécialisées proposent des randonnées de 3 jours/2 nuits avec logement chez l'habitant. Attention, cette randonnée est superbe et sauvage, mais plus difficile que celles du sud de Sapa, en raison du relief encaissé et de la dénivelée (700 m).

– La ***taxe modique d'entrée dans les villages*** (des contrôles sont parfois menés) permet officiellement d'assurer des revenus aux communautés visitées. Dans les faits, cet argent va principalement à la rénovation des routes, et les villageois ne profitent guère de cette manne financière.

Cát Cát *(village hmong)* **:** *compter env 2-3h A/R à pied. Guide utile mais pas obligatoire. Descendre la rue Fansipan, puis env 1 km (20 mn) après le marché, on accède à l'entrée « officielle » du village. Droit d'entrée : 70 000 Dg, payable au guichet à l'entrée du village.* Le tourisme est très présent à Cát Cát, et les boutiques, tentations et sollicitations sont nombreuses, mais l'ambiance reste tranquille. Depuis l'entrée officielle, un chemin en pierre aménagé descend jusqu'à la rivière Mường Hoa (chutes d'eau). ***Attention les marches en pierres lisses sont particulièrement glissantes !*** Dans le creux de la vallée se trouve toujours l'usine hydroélectrique construite sous les Français (et reconvertie en salle de spectacle ; danse et musique folkloriques pour environ 1 €). Admirez les bambous gigantesques autour des chutes. Après le pont suspendu sur la rivière, le sentier remonte sur le versant opposé. La boucle conduit à un 2d pont (environ 15 mn de marche). Après ce 2d pont suspendu, des motos-taxis attendent les marcheurs pour les remonter à Sapa *(40 000-60 000 Dg).*

Le village de Tả Phìn : *à env 15 km au nord de Sapa. Guide conseillé. Accessible en véhicule pour les plus pressés, mais aussi intégré dans certains itinéraires de randonnée. En chemin, on passe devant les ruines d'un monastère de l'époque française. Droit d'entrée : 40 000 Dg.* Le village de Tả Phìn, habité par des Dzao Rouges et des Hmong Noirs (majoritaires), compte environ 2 500 habitants répartis dans une dizaine de hameaux dispersés dans un superbe paysage de rizières et de montagnes. Les familles, très modestes, vivent de la riziculture... et de la vente d'artisanat. Certains villageois proposent aussi des bains aux herbes des montagnes, aux vertus relaxantes et apaisantes. Quelques *homestays* dans ce village, ce qui en fait une étape intéressante lors de treks de plusieurs jours.

Homestay Stone Garden : *09-12-92-77-69. • taphinstonegarden@gmail.com • Chambre 6 US$.* À 200 m de la place principale, entourée d'un beau jardin d'orchidées, une *guesthouse* avec des chambres modestes mais propres. Bain aux herbes, musée de la Culture vietnamienne. Repas sur place à la demande. Une bonne adresse tenue par un Vietnamien francophone.

Un Français vit dans ce village, Olivier, originaire des Vosges et marié à Xi Quan de l'ethnie Dao Rouge. Il organise des randonnées (de 2 à 4 jours) avec des guides anglophones. Tarifs variables selon le nombre de personnes et la langue du guide. Il tient aussi un gîte **(Homestay Chez Xi Quan)** au village. 2 chambres rustiques et propres (toilettes), avec jolie vue sur la vallée. *Compter 300 000 Dg pour 1 nuit (chambre, dîner et petit déj) et bain aux plantes médicinales (• chezxiquan.jimdo.com • tsen-ang@hotmail.com •).*

➢ **Randonnée dans la vallée de la Mường Hoa, de Sapa à Tả Van par Ý Linh Hồ et Lao Chải** *(ne pas confondre avec Lào Cai, la capitale régionale)* **:** *env 6h de marche (A/R) depuis Sapa pour un trajet de 30 km. La plupart des agences de Sapa proposent un départ depuis Cát Cát, et d'écourter le retour (on vient vous chercher à Tả Van en voiture). Un droit d'entrée (75 000 Dg) est affiché pour tte la vallée, jusqu'à Bản Hồ.* Cette vallée, habitée par près de 12 000 personnes, déroule son paysage de rizières et de montagnes, encore relativement préservé de l'empreinte industrielle (mais déjà un barrage entre Lao Chải et Tả Van). De Tả Van, on peut revenir à Sapa à moto-taxi, mais on peut aussi poursuivre la balade jusqu'au village de Bản Hồ, plus bas dans la vallée.

MINORITÉS PACIFIQUES

Le Vietnam compte 53 minorités ethniques et une majorité ethnique (les Viets ou Kinh). Celles du Nord sont originaires de Chine, de Birmanie et du Tibet, tandis que celles des Hauts Plateaux viennent du monde austro-mélanésien (Pacifique, Polynésie). Les minorités de la région de Sapa et du nord du Vietnam ont importé au Vietnam les rizières en terrasses. C'est leur génie. Une autre de leurs particularités : elles ne se battent jamais entre elles. Des conflits d'intérêts, oui, mais jamais de conflits meurtriers ni de guerres au fil de leur longue histoire.

Le village de Tả Van : *à 12 km au sud-est de Sapa. Peu de motos-taxis y vont. Aucune navette de minibus.* Gros village peuplé de Dày, de Hmong Noirs et de Dzao Rouges. Vraiment joli et très paisible, on y trouve désormais plusieurs *homestays,* dont la plupart ont de jolies vues (sauf par temps de brouillard). Le confort, bien que modeste, est un peu meilleur : toilettes à l'occidentale et douches carrelées. Les repas sont pris avec les habitants. Tả Van compte environ 4 000 habitants, 400 maisons et 6 hameaux. Les femmes fabriquent des bâtonnets d'encens et pratiquent le tissage. Les Dày sculptent la pierre. L'école du village a été financée par le Japon.

Hmong Family Homestay : à Tả Van. 16-44-41-74-35. • info@realsapa.com • Compter 200 000 Dg/nuit par pers, petit déj et repas inclus. Bungalow 500 000 Dg. À flanc de montagne, dans un paysage de rizières, voici une maison typique de style Zay en bois clair, où habite une famille Hmong et leurs enfants. Une des filles, Lang, est anglophone et elle gère la maison. On dort dans des dortoirs disposés autour d'une salle intérieure. 5 bungalows en ciment et bambou, dans le jardin avec grand lit et vue sur la vallée, toilettes dehors ou dedans. Excellente cuisine hmong avec des produits naturels venant de la ferme. Les hôtes peuvent participer à la récolte du riz à l'époque de la moisson.

Tavan Ecological Homestay : *chez Mme Hoàng Quyên. 09-13-96-68-45. • tavanecologichomestay.com • Lit en dortoir 13 US$, chambre 2 pers 30 US$, bungalows 42 US$, petit déj et dîner inclus. CB acceptées.* Petite pension ethnique tenue par une jeune femme charmante. 2 dortoirs à l'étage (douche chaude, w-c extérieurs) dans la maison principale et une quinzaine de chambres privatives (avec douche/w-c dedans ou dehors selon le prix) dans des pavillons en contrebas. Vue sur la vallée et la rivière. Les repas se prennent sur la terrasse de la maison principale.

***Le mont Fansipan** (3 143 m) :* c'est le point culminant du Vietnam et de l'Indochine. Un grand téléphérique moderne permet d'y grimper (voir plus bas). Cette montagne a été découverte en 1929 par le biologiste français Delacour, et transformée en réserve en 1986. La chasse est réglementée et, sur les pentes, vivent tant bien que mal certaines espèces rares d'animaux et de plantes : le gibbon noir, le léopard blanc, ainsi que 150 espèces d'oiseaux, des bambous nains et de nombreuses variétés de rhododendrons et d'orchidées.

– ***Accès au site de l'embarcadère et montée au sommet du mont Fansipan en télécabine** (plan Sapa, A2) :* une superbe balade à faire par beau temps. Le point de départ de ces télécabines se situe à 4 km au nord de Sapa, sur la route de Lai Châu. On peut y aller en taxi ou en train. Ce petit ***train-funiculaire*** fonctionne tous les jours de 7h30 à 22h30. Billet aller-retour : 100 000 Dg. Le départ se fait depuis le rez-de-chaussée de l'immeuble commercial *Sun Plaza (Hôtel de la Coupole)* dans le centre de Sapa. Le trajet ne dure que 7 mn (2 km). Le train arrive directement à l'embarcadère des télécabines (Sun World Legend).

Sur le site de l'embarcadère des télécabines, on trouve des restaurants et la billetterie. Le billet aller-retour en télécabine coûte 700 000 Dg ; réduc. Il s'agit d'une carte magnétique.

Les ***télécabines*** (de fabrication autrichienne) marchent tous les jours de 6h au coucher du soleil. Ils sont accrochés à 3 câbles. La montée dure environ 15 mn pour 6 292 m parcourus (dénivelée de 1 410 m). On arrive à 2 800 m d'altitude, les derniers 300 m sont à faire en funiculaire (70 000 Dg la montée, 80 000 Dg la descente) ou à pied en empruntant un escalier de 600 marches. Au sommet, on peut boire un verre au *Café du Soleil.*

– ***Bon à savoir :*** le sommet est souvent embrumé en hiver. Prévoir un vêtement chaud, car il peut faire très froid (0 °C) là-haut. Faire attention aussi au mal d'altitude qui peut se déclencher en arrivant au sommet. Les cardiaques seront prudents.

BẮC HÀ

70 000 hab. IND. TÉL. : 214

• Plan *p. 241*

À 65 km à l'est de Lào Cai par une bonne route bitumée à 2 voies (trajet : environ 2h). Si la région est très belle et riche sur le plan ethnographique, la petite bourgade de Bắc Hà, à l'exception de son étonnant marché grouillant de vie

le dimanche matin, se révèle en semaine tout à fait paisible, voire endormie. Résultat, l'infrastructure touristique reste balbutiante et peu attrayante, saturée le samedi soir et vide le reste du temps. Et pourtant, comme autour de Sapa, de nombreuses ethnies peuplent les villages des collines, et le voyageur curieux peut y faire de très belles randonnées, beaucoup moins fréquentées qui plus est ! Tout autour de Bắc Hà, vous remarquerez des milliers de pruniers, en fleur en février. C'est le résultat d'un programme australo-nippon proposé avec succès aux ethnies comme alternative à la culture du pavot.

Arriver – Quitter

Arrêt de bus *(Bắc Hà Bus Station ; plan,* ***3****)* **:** *au sud de la ville, à moins de 1 km du centre, près du marché.* Les horaires détaillés pour ttes les liaisons (y compris Lào Cai) y sont affichés. C'est de là que partent les bus pour les longues distances (notamment pour Hanoi). Les bus pour Lào Cai s'arrêtent à la place triangulaire juste avt le *Ngan Nga Bac Hà Hotel.*

➢ ***De/pour Lào Cai :*** ttes les 30 mn 5h30-9h, pour Lào Cai, puis au moins ttes les heures jusqu'à 14h. Trajet : 2h (70 km). Prix : 60 000-80 000 Dg. Attention : beaucoup de passagers dans les bus, en particulier le week-end. Depuis Lào Cai, la route traverse de charmants villages ruraux et quelques plantations de théiers puis, dans les 20 derniers km, quelques à-pics vertigineux offrant une vue plongeante sur les rizières.

➢ ***De/pour Sapa :*** pas de bus direct sauf le dim, mais dans ce cas, ce sont des minibus privés. Départs de Bắc Hà à 6h30, 8h et 13h. Ils partent devant le temple taoïste de Bắc Hà *(plan,* ***2****).* Avec les bus publics, pas de trajet direct donc, changement à Lào Cai. Compter 3h de trajet en tout. Mieux vaut partir le mat, car moins de bus Lào Cai-Sapa l'ap-m.

➢ ***De/pour Hanoi :*** 3 bus directs, à 6h30, 12h, 20h30 (bus de nuit, compagnie *Hải Vân*). De Bắc Hà à Hanoi, mêmes horaires. Trajet : env 7-8h (on passe par Lào Cai, et tout dépend de la circulation dans Hanoi à l'arrivée). Billet : env 290 000 Dg.

➢ ***De/pour la province de Hà Giang :*** moto-taxi de Bắc Hà à Xín Mần (env 2h, 20 US$), puis bus public de Xín Mần à Hà Giang (5h, 25 US$). Une autre route passe par Pac Ngam : de Bắc Hà à Pac Ngam, 2 bus/j. (trajet 45 mn). De Pac Ngam, prendre un autre bus pour Hà Giang. Au total, compter au moins 6h.

Adresses utiles

■ ***Agribank*** (plan, **1**) **:** *à env 150 m du Cong Fu Hotel, sur la route de Cán Cấu. Lun-ven 7h30-16h.* La seule banque de la ville. Change les espèces (dollars et euros), et ATM devant (*Visa* et *MasterCard*).

■ ***Monsieur Dong :*** *hôtel Ngân Nga Bắc Hà (plan,* ***13****), 115-117, Ngọc Uyển. ☎ 388-02-86. 📱 09-73-55-02-22.* Anglophone et dynamique, il propose des randonnées à pied ou à moto dans la région, qu'il connaît comme sa poche. Donne de nombreuses informations, loue des motos. Bien mieux renseigné que l'office de tourisme officiel qui est une adresse inutile...

Où dormir ? Où manger ?

Il y a une bonne quinzaine d'hôtels et *homestays* anglophones à Bắc Hà. Pour la nuit du samedi au dimanche, il est prudent de réserver. On peut trouver des chambres en dessous de 200 000 Dg. Elles sont exiguës, avec des cloisons de bois et un matelas au sol.

Bon marché (jusqu'à 300 000 Dg / env 11 €)

Hoàng Vũ Hotel (plan, **11**) **:** *près de l'embranchement vers Bản Phố. ☎ 388-02-64. 📱 09-15-49-11-06.*

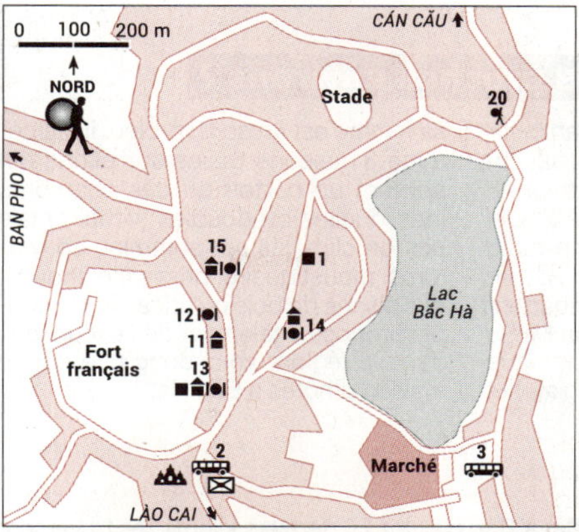

■ **Adresses utiles**

1 Agribank
2 Bus privés pour Sapa
3 Bus publics (gare routière)
13 Monsieur Dong

Où dormir ?
Où manger ?

11 Hoàng Vũ Hotel
12 Hoàng Yến
13 Ngân Nga Bắc Hà Hotel
14 Cong Fu Hotel
15 Sao Mai Hotel

À voir. À faire

20 Palais Hoàng A Tưởng

BẮC HÀ

• *hoangvutours@hotmail.com* • *Double 250 000 Dg.* Une dizaine de chambres sur 3 étages, propres et à 2 grands lits, tenues en famille. Éviter celles du rez-de-chaussée (sans fenêtre). Loue des motos, non automatiques, de plus de 125 cm³ *(150 000 Dg/j.).* D'ailleurs, elles envahissent un peu la réception...

Prix moyens (300 000-600 000 Dg / env 11-23 €)

Ngân Nga Bắc Hà Hotel (plan, **13**) **:** *117, Ngọc Uyển.* ☎ *388-02-86.* 📱 *09-73-55-02-22.* • *nganngabachahotel.com* • *Doubles 20-30 US$.* Petit hôtel de charme récent, dont le directeur (M. Dong) parle un excellent anglais. Accueil variable selon son humeur. Abrite une dizaine de chambres impeccables (clim, douche/w-c). Les plus belles, au 5ᵉ étage, ont vue sur le marché. C'est le meilleur resto de la ville ! Il y a 4 menus à 150 000 Dg, avec un dessert offert (fruits, voire bananes flambées). Propose des randonnées et des treks de 2 à 6 jours (à pied ou à moto), avec nuit chez les Dzao ou les Hmong. Location de motos. De loin notre adresse préférée !

Cong Fu Hotel (plan, **14**) **:** *152, Ngọc Uyển, au début de la route pour Cán Cấu.* ☎ *388-02-54. Double env 30 US$, avec petit déj.* Laid de l'extérieur, c'est néanmoins une bonne construction moderne aux chambres claires et confortables. Certaines ont vue sur le lac. Change, restaurant, massages...

Hoàng Yến 1 et 2 (plan, **12**) **:** *9, Nà Quang, à 400 m de l'hôtel Sao Mai.* ☎ *378-06-61.* Peu de restos à Bắc Hà : le succès du nº 1 a poussé le patron à ouvrir un nº 2. Cuisine fraîche et sans triche, servie dans une petite salle. Mais les prix ont fini par dépasser ceux du *Ngân Nga Bắc Hà Hotel* (ci-contre), ce qui manque de réalisme.

Plus chic (1 000 000-2 000 000 Dg / env 38-76 €)

Sao Mai Hotel (plan, **15**) **:** *route de Bản Phố.* ☎ *388-02-88.* • *saomaibacha.com* • *Doubles 50-60 US$.* Grand établissement divisé en 3 bâtisses attenantes, avec chambres de taille, de tarif et de confort variables. Bizarrement, ce sont les chambres les moins chères qui offrent le meilleur rapport qualité-prix. Grandes, avec un lit double et un simple, et de bon confort (plancher en bois). S'il fait froid, il y a des couettes. Le restaurant propose des plats classiques à des prix attractifs.

Où dormir ?
Où manger dans les proches environs ?

🏠 |●| ***Sa House B & B*** *(hors plan) : sur la route de Bản Phố. 📱 09-84-82-75-37. • hoangsa792@gmail.com • Lit en dortoir 5 US, doubles 16-20 US$. Déj et dîner 5 US$.* Derrière la colline-radio (antenne de télécoms) de Bắc Hà, un *homestay* dans un jardin où s'ébattent poules et canards. Le très jovial M. Sa (un Vietnamien de la majorité ethnique du pays) parle un excellent anglais, et sa femme est un cordon-bleu. Il a aménagé 3 maisons thaïes sur pilotis qui abritent un dortoir ou des chambres individuelles ou doubles (ventilo mais pas de clim, lits sur sommier, couvertures, moustiquaire, prises électriques, et cloisons de bois ou rideaux). Ce couple propose également des excursions dans la région. Voici donc une bonne maison d'hôtes à Bắc Hà.

À voir. À faire

🚶🚶 ***La fin de la route de Lào Cai à Bắc Hà :*** les 20 derniers kilomètres traversent de beaux paysages de vallées encaissées et de pitons, dominés par quelques pics montagneux.

🚶 ***Le marché quotidien :*** tout petit mais intéressant quand même, avec parfois quelques habitants en costume ethnique.

🚶🚶🚶 ***Le marché du dimanche :*** *dans le centre du village. Ouv 5h30 (6h en hiver)-14h. S'y rendre de préférence avt 10h, le marché étant plus authentique bien qu'il soit plus animé en fin de mat. D'où l'intérêt de dormir sur place la veille !*
Si Sapa est le domaine des Hmong Noirs, ici, c'est celui des Hmong Fleurs. Ils viennent de leurs villages jusqu'au marché à pied, ou parfois à scooter (plus rarement montés sur des chevaux). C'est un marché désordonné, joyeux et ô combien coloré ! Présence de quelques Fula, de Tày et de Dzao Noirs avec leurs vêtements noirs, style kimono de judoka serré par une ceinture de couleur. Pour toutes ces ethnies, le marché est la grande sortie hebdomadaire, l'occasion de manger ensemble, de boire sans modération et d'échanger des nouvelles fraîches. Il est parfois difficile de se frayer un passage dans cette foule qui tangue, mais quel plaisir de se noyer dans ce flux plein de vie !
Le marché est divisé en sections : aliments, « souvenirs » (pour les touristes) et vêtements de style ancien, vêtements de style Hmong chinois modernes, marché aux buffles, aux chiens et chats...

🚶 ***Le palais Hoàng A Tưởng*** *(ou palais du roi des Hmong ; plan, **20**) : à env 1 km du marché, sur la route de Cán Cấu, sur la gauche, avt la sortie du village. Tlj 7h30-17h. Entrée : 20 000 Dg.* Cet édifice colonial fut construit par les Français, de 1914 à 1921. Il a appartenu à Hoàng A Tưởng, surnommé à tort – semble-t-il – roi des Hmong, pour sa contribution à la gestion de la région. C'est une sorte de petit château mêlant les styles européen et asiatique : escalier à double volée, véranda à colonnes, murs aux couleurs défraîchies. Il abrite 36 pièces. Voir, en bas, l'exposition des photos anciennes de la demeure et de son ancien propriétaire, qui avait assuré sa fortune grâce au sel et à l'opium. Il n'est plus habité depuis 1953, année qui vit le départ en exil du propriétaire, accusé par les communistes de collusion avec les Français de l'époque coloniale. À l'étage, expos de photos locales intéressantes. Belle variété d'artisanat, mais les prix sont un peu élevés.

DANS LES ENVIRONS DE BẮC HÀ

Les paysages ne sont pas aussi accidentés qu'à Sapa, mais les environs de Bắc Hà offrent des possibilités de très belles balades de colline en colline à travers

les villages de Hmong Fleurs, Dzao Noirs, Fula ou Nung. Certains sont immédiatement accessibles à pied, d'autres nécessitent de recourir aux motos-taxis (prix à négocier). Tout respire le calme et la sérénité. L'accueil des villageois est d'abord curieux, puis chaleureux.
Si l'on vous invite dans une maison, ne donnez surtout pas d'argent ; en revanche, stylos et cahiers pour les enfants seront les bienvenus. Évitez aussi de distribuer des bonbons à tout-va... Pour mettre au point une vraie randonnée de plusieurs jours, adressez-vous à votre hôtel.

Le village de Bản Phố : *à 3-4 km du centre de Bắc Hà, par la route qui passe devant l'hôtel* Sao Mai. *Accessible à pied sans guide si l'on veut.* Une agréable balade à faire. C'est un village de Hmong Fleurs et de Tày, et les habitants sont gentils comme tout. Paysages magnifiques de rizières vallonnées et de pruniers. Évitez si possible le dimanche après-midi : on assiste alors à un véritable défilé de touristes, qui viennent en masse après avoir visité le marché. Le samedi et le dimanche, on peut voir, dans une maison, la fabrication de l'alcool de riz (signalée par une grande affiche sur le côté de la rue).

Le marché de Cán Cấu : *à 18 km au Nord de Bắc Hà, par une belle route goudronnée (env 20 mn à scooter). Se tient ts les sam mat, y venir vers 8h.* Toutes les ethnies locales sont présentes sur ce marché, avec des costumes ethniques très variés, ce qui fait son intérêt, en plus de celui de Bắc Hà. En son centre, quelques tables pour une très bonne soupe aux nouilles de riz rouge un peu poivrée. En contrebas se tient un marché aux buffles.

Le marché de Cốc Ly : *à 22 km au sud de Bắc Hà. Mar mat.* Accessible par une très belle petite route de montagne goudronnée.

Le marché de Sin Cheng : *à 35 km au nord de Bắc Hà, par la route de Mường Khương.* C'est le plus beau, le plus authentique et le plus coloré de tous les marchés ethniques de la région. Se déroule tous les mercredis et rassemble des Hmong Fleurs, des Nung, des Lachi, des Dzao et des Tày.

La route de Bắc Hà à Hà Giang : si vous prévoyez ensuite d'aller dans la région de Hà Giang, l'ex-piste Bắc Hà-Xín Mần est maintenant une route goudronnée à 2 voies. Vous pouvez faire ce superbe trajet Bắc Hà-Xín Mần-Hoàng Su Phì-Hà Giang. La route se prend à droite après le village de Lũng Phìn, à 9 km au nord de Bắc Hà, avant Cán Cấu. Très beaux paysages, en particulier au niveau de Nậm Mả, à une dizaine de kilomètres avant Xín Mần.

La route de Bắc Hà à Lào Cai par Mường Khương : très belle route goudronnée et sinueuse qui traverse de beaux paysages de montagnes et de rizières en escalier, à la frontière de la Chine. Compter environ 4h pour 130 km.

LÀO CAI

70 000 hab. IND. TÉL. : 214

Depuis l'ouverture de l'autoroute en 2014, la durée du voyage Hanoi-Lào Cai n'est plus que d'environ 4h30 (260 km). Ville frontière avec la Chine (province du Yunnan), traversée par le fleuve Rouge, Lào Cai a longtemps été la dernière frontière du Nord-Vietnam. Entre 1979 et 1993, la frontière était fermée (à la suite de la guerre entre le Vietnam et la Chine, les relations entre les 2 pays étaient gelées). Grâce à sa situation géostratégique face à la ville chinoise de Hekou, Lào Cai connaît aujourd'hui une expansion galopante, ce qui ne rend pas pour autant la ville intéressante au sens touristique du terme.

Arriver – Quitter

En bus

Il existe une gare routière neuve *(Bến Xe Trung Tâm Lào Cai)* à 12 km au sud de la ville, dans un grand carrefour. Elle n'est vraiment pas pratique. La solution consiste à s'adresser aux compagnies privées qui ont leurs bureaux sur la place devant la gare ferroviaire. Le lieu se nomme *Phố Mới Station*. On y trouve les compagnies *Sao Viet* et *Hason-Hai Van*.

■ ***Sao Việt :*** *333, Quang Trung Ga, Phố Mới, à gauche en sortant de la gare ferroviaire et à côté de l'hôtel* Thiên Hải. ☎ *363-86-38 ou 1-900-67-46 (hotline).* • *xesaoviet.com.vn* • Réserver sa place par tél mais achat du billet sur place.

■ ***Hason-Haivan :*** *358, Nguyễn Huệ.* 📱 *09-34-62-62-62 ou 19-00-67-76.* • *hasonhaivan.com* • *Tlj 5h-minuit.* Bureau situé sur la droite de la place de la gare ferroviaire, quand on a celle-ci dans le dos. Ce sont des minibus jaunes de 29 places et non des grands bus.

➢ ***Pour Sapa :*** le plus pratique est de prendre un bus public (jaune et rouge) qui part à heures fixes depuis la place de la gare (ferroviaire) de Lào Cai. Une vingtaine de bus/j. 5h20-18h. Billet : 40 000 Dg. Durée : env 1h (plus le w-e). Grand panneau bleu avec les horaires. Terminus près de l'église de Sapa. Sinon avec la compagnie *Hason-Haivan*, 13 bus/j. 5h25-17h15. Billet : 30 000 Dg.

➢ ***Pour Hanoi :*** avec *Sao Việt*, bus à 5h du mat, puis ttes les heures jusqu'à minuit. Billet : 230 000 Dg. Bus de 40 places, confortable et moderne. À Hanoi, arrivée aux gares routières de Mỹ Đình, Giáp Bát ou Gia Lâm (choisir la bonne). Des bus de la compagnie *Hason-Haivan* partent de la gare routière de Sapa. Les autres partent de Lào Cai, ttes les 30 mn, 5h-0h30. Ce sont des bus de 32 ou 44 places-couchettes. Les bus ordinaires sont avec des sièges inclinables (assis-couché). Résa des billets par tél ou par Internet mais paiement sur place à leur bureau.

➢ ***Pour Bắc Hà :*** pas de bus direct de Lào Cai. Il vaut mieux prendre un bus au départ de Sapa qui va directement à Bắc Hà.

➢ ***Pour Ninh Bình*** *(Tam Cốc)* ***:*** avec *Sao Việt*. 4 bus/j. 8h-23h. Durée : 7h30-8h. Billet : 260 000 Dg.

En train

Gare ferroviaire : *à 2 km du centre-ville et de la frontière, de l'autre côté de la rivière. Guichet ouv 8h-10h, 14h-16h.* On y trouve une consigne et un distributeur ATM à l'extérieur du bâtiment côté parking.

➢ ***De/pour Hanoi :*** voir aussi la rubrique « Arriver – Quitter » du chapitre Hanoi. Au total, 2 trains de nuit de Lào Cai à Hanoi. Départs à 20h45 et 21h40. Durée : 7h40-8h. Billet : place assise 155 000 Dg, et env 400 000 Dg en couchette dans un compartiment avec clim. Il y a aussi des cabines VIP plus confortables mais plus chères (on paie pour 4 pers mais on voyage à 2 si l'on veut être seuls).

– ***Bon à savoir :*** certaines agences privées *(Ratraco, Orient Express, Fanxipan, Sapaly)* affrètent des ***wagons spéciaux*** pour touristes, plus confortables, mais plus chers aussi...

De/pour la Chine

La frontière du Vietnam et de la Chine se trouve à env 2,5 km de la gare ferroviaire (par le bd Nguyễn Huệ, à droite en sortant de la gare), accessible à moto-taxi ou en taxi. ***Il est impératif d'avoir obtenu préalablement un visa,*** à l'ambassade de Chine de Hanoi par exemple. Il est impossible pour les étrangers d'obtenir le visa à la frontière, malgré la présence d'un bureau d'immigration *(International Border Gate Centre)*.

➢ ***De Lào Cai :*** si donc vous avez le visa chinois, il suffit de traverser le pont sur le fleuve Rouge, de passer les postes-frontières (vietnamien et chinois) pour atteindre la ville chinoise de *Hekou* (appelée Vân Nam par les Vietnamiens). Celle-ci fait partie de la province du Yunnan (Chine).

– ***Bon à savoir :*** si vous allez en Chine depuis Lào Cai et que vous revenez ensuite (un ou plusieurs jours après) au

Vietnam, il vous faut un visa vietnamien à entrée multiple.
– De Hekou (Chine), pas de train, mais des bus directs pour Kunming (capitale du Yunnan). Très longue route : durée au moins 10h.

Où dormir ? Où manger à Lào Cai ?

☗ ***Kim Cương Hotel :*** *358, Nguyễn Huệ. ☎ 386-09-99. • laocaikimcuonghotel.com • Bien situé, près de la gare ferroviaire. En sortant de celle-ci, traverser la place, et prendre la 1re rue à gauche, c'est 50 m plus loin. Doubles 400 000-600 000 Dg.* Immeuble moderne et bien tenu, de 8 étages. Chambres nettes avec clim et douche/w-c. Vue sur la rue ou sur la ville. Notre préférée est la nº 703.

☗ ***Thiên Hải Hotel :*** *306, Khánh Yên. ☎ 383-36-66. • thienhaihotel.com • Situé à gauche sur l'esplanade en sortant de la gare ferroviaire. Doubles à partir de 600 000 Dg, petit déj inclus.* Le meilleur hôtel du secteur, central, et prix justes pour la qualité des chambres. En prendre une dans les étages élevés (plus claire, plus calme). Bar au 10e étage.

|●| ***Restaurant Hải Nhi*** *(Vietnamese Food) : 337, Quảng Trường Ga. 📱 09-83-19-09-19. À droite de l'hôtel* Thiên Hải. *Tlj 5h-22h.* On y sert de la cuisine vietnamienne mais aussi des plats européens comme les pâtes, les soupes, les salades. Prix sages. Le patron parle l'anglais.

|●| ***Viet Emotion :*** *65, Phan Đình Phùng. ☎ 383-53-54. Sur la gauche de l'avenue qui va de la gare ferroviaire à la gare routière. Tlj 5h30-22h.* Cuisine vietnamienne dans un cadre plutôt agréable. Carte avec photos. Le patron parle l'anglais. À côté, il y a un café *(Viet Café)*. Prix sages aussi.

LE NORD-EST

Toujours pour les adeptes de régions authentiques et très peu touristiques. Compter 4 à 6 jours pour faire la grande boucle Hanoi-Lạng Sơn-Cao Bằng-lac Ba Bể-Hanoi et autant et plus pour la province de Hà Giang, la plus belle région nord-est. Grâce aux routes de construction récente, on peut même inverser l'itinéraire en commençant par l'Ouest (le tronçon Hanoi-Ba Bể-Cao Bằng étant le plus éprouvant de tout le périple) et pousser jusqu'au golfe Bắc Bộ (golfe du Tonkin) pour arriver sur la baie d'Hạ Long.

Ne pas venir ici pour le charme de ces 2 villes-étapes (Cao Bằng, Lạng Sơn), ni pour les musées ni pour les pagodes. Son attrait réside dans la découverte pure et simple d'une région sauvage où vivent des minorités ayant, pour la plupart, gardé leur mode de vie traditionnel et ancestral.

La situation géographique de cette région voisine avec la Chine explique les ressemblances des paysages entre les 2 côtés de la frontière : petites vallées occupées par des rizières bien ordonnées, monts calcaires et pains de sucre envahis par la végétation, collines et montagnes montant à l'assaut du ciel bleu printanier (au printemps).

UN PEU D'HISTOIRE

Berceau de la fondation du Vietnam indépendant (voir la grotte de Pác Bó près de Cao Bằng), de la formation, par Hồ Chí Minh après 30 ans d'exil, du Vietminh et de la brigade de propagande de l'armée de libération du Vietnam, la région de Lạng Sơn et Cao Bằng fut, depuis toujours, le théâtre d'événements militaires. Les Vietnamiens y affrontent l'envahisseur chinois tout au long des siècles. Les Japonais attaquent la région en 1940 et l'occupent jusqu'en 1945.

Le coup de force japonais du 9 mars 1945 à Lạng Sơn

Alors que les forces japonaises sont pourchassées partout par les Alliés dans le Pacifique, à la fin de la Seconde Guerre mondiale, elles se jettent sur l'Indochine et décident d'en finir avec les forces françaises. Ultime rugissement d'un tigre blessé prêt à tout pour sauver sa peau... On utilise ***la ruse, l'autre visage de la cruauté guerrière nipponne.*** À 18h, le 9 mars 1945, les officiers français basés à Lạng Sơn sont invités à dîner par l'état-major japonais du colonel Tuneyoshi Sigheoru. À la fin du repas, les convives sont faits prisonniers ; 2 d'entre eux sont abattus, le lieutenant-colonel Amiguet et le chef de bataillon Leroy. Le général Lemonnier et le résident Auphelle, qui refusent de se rendre, sont décapités au sabre.

TERRIBLE TRADITION

Le 9 mars 1945, les garnisons françaises d'Indochine furent attaquées par surprise par l'armée japonaise. Près de 3 000 soldats et officiers français furent tués en quelques jours. Beaucoup furent exécutés par décapitation au sabre... par les Japonais.

Au même moment, près de 10 000 soldats japonais montent à l'assaut du fort Brière de l'Isle. Le rapport de force est de 10 contre 1. Les soldats français résistent toute la nuit. Les Japonais perdent 800 hommes, mais finissent par submerger la garnison à bout de munitions. Le 13 mars, le colonel Robert, qui refuse de se faire hara-kiri, comme lui suggèrent les Japonais, est décapité par un simple soldat. Les 11, 12 et 13 mars 1945, les prisonniers français au nombre de 460 sont conduits au bord de la rivière Kỳ Cùng à Lạng Sơn, où ils sont sauvagement massacrés.

Le berceau du Vietminh

En octobre 1950, les Français connaissent leur 1re défaite à Đông-Khê à côté de Cao Bằng, sur la fameuse RC 4 qui relie Cao Bằng à Lạng Sơn. La région est occupée ensuite par les Vietminh.

1979 : guerre sino-vietnamienne

En 1979, ***la Chine veut donner une leçon au Vietnam.*** En représailles à l'alliance passée entre le Vietnam et l'Union soviétique, ennemi juré des Chinois, aux mauvais traitements infligés aux Chinois vivant dans le sud du Vietnam, et enfin à l'invasion du Cambodge par le Vietnam fin 1978, les troupes chinoises envahissent (encore une fois) la région. Ils livrent une bataille sanglante et destructrice pendant 17 jours avant de se retirer. C'est un camouflet pour la Chine qui reçoit une belle leçon du « petit » Vietnam.
La frontière était complètement fermée depuis cette date, mais l'écroulement du bloc soviétique en 1989 a contraint le Vietnam à se rapprocher de son voisin du Nord. Le désengagement militaire du Vietnam au Cambodge, la même année, a rassuré la Chine. Depuis 1992, la frontière s'est ouverte et les échanges commerciaux (et la contrebande) entre les 2 pays ont repris dans la région.

ACTION HUMANITAIRE

– ***Association Dam Chu :*** • *damchu.com* • En hommage à son père issu d'un village ethnique, combattant pour la libération de la France en 1944, la Française Lydia Chu Van Loir s'est mise au service des villageois de Lăng Hoài et Lũng Ngưu, bourgades situées à 67 km au nord-est de Cao Bằng, près de la frontière chinoise. Plusieurs projets ont déjà été réalisés ou sont en cours dans divers domaines : équipements, adduction d'eau, sanitaires pour un dispensaire, routes de désenclavement, aide matérielle aux écoles locales.

Conseils avant le départ

– *Attention,* région pauvre et isolée. Partez avec des espèces (đồngs et euros). À Cao Bằng et Lạng Sơn, on trouve des distributeurs ATM.
– Prévoyez de quoi vous couvrir le soir en hiver.
– Pour faire la boucle de Hà Giang, y aller à moto ou en 4x4 par agence. Voir plus bas les infos pratiques de cette très belle province.

DE HANOI À LẠNG SƠN

Il faut du temps pour sortir de l'agglomération de Hanoi mais passé les 70 premiers kilomètres, le paysage devient nettement plus intéressant. Nombreuses rizières entourées de petites collines peuplées d'arbres et

d'arbustes, dont des longaniers, des pommiers... On y cultive aussi la patate douce ou d'eau, du manioc, des haricots verts, et du tabac et du thé vert sur les coteaux. Vers Lạng Sơn, le paysage devient plus montagneux. À 20 km de cette ville, on aperçoit, dans la commune de *Chi Lăng,* un gigantesque monument exaltant la victoire des Vietnamiens sur l'armée chinoise qu'ils écrasèrent par 2 fois, en 981 et 1427, dans le défilé de la commune.

LẠNG SƠN

720 000 hab. (district) IND. TÉL. : 205

• Plan *p. 249*

À 130 km au nord-est de Hanoi (compter 3h de route selon la circulation), Lạng Sơn (« hauteur de la fidélité ») était protégée par une citadelle dont il ne reste plus rien. Entourée de monts rocheux assez beaux à voir, la ville, qui fut en grande partie détruite par l'invasion chinoise en 1979 et reconstruite, présente peu d'intérêt. Sa situation en fait, avec Đồng Đăng, à 14 km (vers la frontière), une plaque tournante du commerce entre la Chine et le Vietnam. La contrebande y va bon train, mais le voyageur de passage ne peut pas s'en douter tellement la ville est provinciale, bien que de plus en plus animée. Une imposante mairie de construction stalinienne n'améliore en rien le charme de la ville. Une particularité : la rivière Kỳ Cùng qui traverse Lạng Sơn court en sens inverse des autres rivières du pays et se jette en mer de l'Est, via la frontière.

Arriver – Quitter

Gare routière – Bến Xe Phía Bắc *(hors plan par B2,* ***1****) : QL1A, Cao Lộc, sur la route nationale nº 1, à env 4 km du centre. Du centre-ville de Lạng Sơn, compter env 40 mn de marche. Prendre une moto-taxi (30 000 Dg).*

➢ ***De/pour Hanoi :*** de Hanoi (gare de Mỹ Đình), bus ttes les 25 mn, 4h35-17h. Compter 95 000 Dg. Durée : 3h10. Autres bus de/pour les gares routières de Gia Lâm et Giáp Bát.

➢ ***De/pour Cao Bằng :*** 6 bus/j., 5h15-13h45. Durée : 3h30.

➢ ***De/pour la baie d'Hạ Long*** *(Bãi Cháy) :* 8 bus/j., 5h35-15h30, via Tiên Yên. Compter 100 000 Dg. Durée : 4h. Les compagnies *Lý Nga* et *Tuấn Tám* assurent la liaison en bus de 16 ou 29 places.

Gare ferroviaire *(plan B1) :* *☎ 387-34-52.*

➢ 2 trains/j. au départ de ***Hanoi,*** de la gare centrale (seulement le w-e) ou de la gare de Long Biên (en semaine). Le train en provenance de Hanoi pour la frontière chinoise (Đồng Đăng) passe vers 11h-11h30.

Info utile

■ ***Distributeurs*** *(ATM) :* plusieurs distributeurs dans les rues principales près des banques. Plus difficile de changer des dollars ou des euros.

Où dormir ?

Peu touristique, Lạng Sơn compte malgré tout quelques *guesthouses.* On y parle surtout le vietnamien et quelques mots d'anglais.

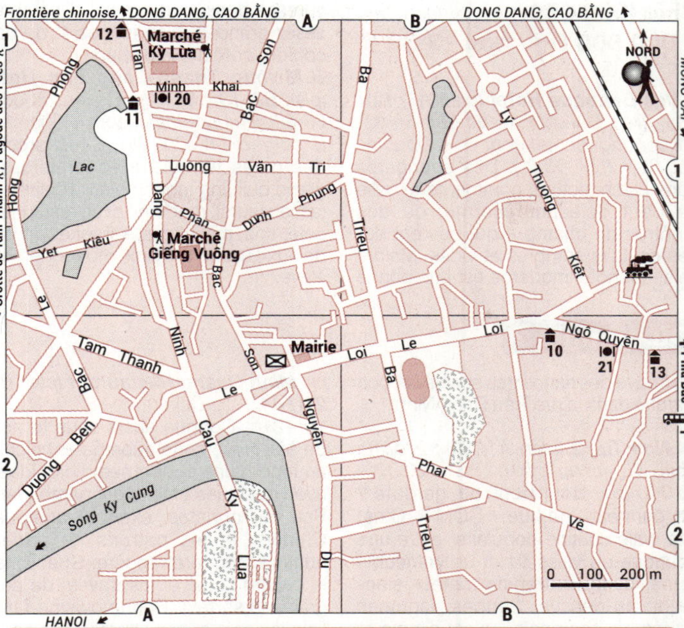

LẠNG SƠN

Adresse utile	12 VI's Boutique Hotel (A1)
1 Gare routière – Bến Xe Phía Bắc (hors plan par B2)	13 Mường Thanh Lạng Sơn Hotel (B2)
Où dormir ?	**Où manger ?**
10 Nhà Nghỉ Bình Minh (B2)	20 Nga Tuệ 2 (A1)
11 Vạn Xuân Hotel (A1)	21 Minh Quang Restaurant (B2)

Bon marché (jusqu'à 300 000 Dg / env 11 €)

Nhà Nghỉ Bình Minh *(plan B2, **10**) : 12A, Ngô Quyền. ☎ 389-88-36. 09-74-70-78-99. Chambres à partir de 250 000 Dg. Nhà nghỉ,* ça signifie « petit hôtel » ou « pension ». Ici c'est classique, avec un hall de réception où des meubles sculptés sont alignés sous quelques trophées de chasse. Les chambres doubles ou triples « grand lit » sont propres, avec TV. Certaines donnent sur un immense potager à l'arrière du bâtiment. Accueil en vietnamien agréable. Bon rapport qualité-prix.

Prix moyens (300 000-600 000 Dg / env 11-23 €)

Vạn Xuân Hotel *(plan A1, **11**) : 147, Trần Đăng Ninh, juste à côté du grand resto* New Century, *au bord du lac. ☎ 371-04-40. • lsvanxuanhotel@yahoo.com.vn • Doubles 360 000-600 000 Dg.* Hôtel moderne au bord du lac Phai Loạn, à 50 m du marché Kỳ Lừa. Grandes chambres confortables et très lumineuses, à raison d'une par étage. Les meilleures ont vue sur le lac et les montagnes.

LE NORD-EST

Chic (600 000-1 000 000 Dg / env 23-38 €)

VI's Boutique Hotel *(plan A1,* ***12****) :* *185, Trần Đăng Ninh. ☎ 388-66-33.* • *visboutiquehotel.com.vn* • *Doubles 650 000-750 000 Dg.* Des étrangetés dans l'architecture, comme cette salle de petit déjeuner énorme, ou des fenêtres de chambre qui ouvrent sur des couloirs sombres et vides. Malgré cela, cet hôtel moderne est une bonne adresse dans sa catégorie. Chambres assez grandes, bien tenues et de bon confort, côté rue la plupart.

Mường Thanh Lạng Sơn Hotel *(plan B2,* ***13****) :* *68, Ngô Quyền. ☎ 386-66-68.* • *muongthanh.com* • *Chambre tt confort 900 000 Dg.* Situé proche des gares ferroviaire et routière, un grand building moderne sur 10 niveaux (ascenseurs), moderne avec restaurant, café, spa, massages, karaoké. Un peu de luxe pour un prix moyennement élevé.

Où manger ?

On trouve des restos très simples et bon marché dans la rue Trần Đăng Ninh.

Nga Tuệ 2 *(plan A1,* ***20****) :* *2, Minh Khai. Tlj, jusqu'à 21h. Plats 20 000-40 000 Dg.* Boui-boui ou gargote ? Un panneau indique « COM ». C'est une vraie cantine populaire, entre une boutique de vaisselle et un immeuble jaune, avec un transformateur électrique au-dessus. Soupes, légumes sautés, riz cantonais... c'est simple et bon marché.

Minh Quang Restaurant *(plan B2,* ***21****) :* *44, Ngô Quyền. ☎ 387-04-17. Tlj 10h-21h.* Connue aussi sous le nom de *Mái Hiên,* cette auberge est nichée au fond d'une cour ornée d'orchidées, avec quelques chiens qui gambadent. Peu de touristes, excepté quelques Chinois, et les patrons ne parlent aucune langue étrangère. Spécialité : le canard laqué et les travers de porc grillés (9 sortes). Bonne cuisine familiale, sincère et pas chère. Carte sous-titrée en anglais.

À voir

Les grottes de Kỳ Lừa *(faubourg de Lạng Sơn),* **_Nhất Thanh, Nhị Thanh et Tam Thanh_** *(hors plan par A1) :* la plus célèbre est Tam Thanh, à l'est de Kỳ Lừa, dans une chaîne de montagnes évoquant un troupeau d'éléphants s'allongeant dans la prairie. Moins célèbre mais plus belle : la grotte de Nhị Thanh, composée de 2 cavités distinctes.

La grotte des Trois Purs *(Tam Thanh Động) :* *à 500 m à l'ouest de la ville. Accès facile : monter un escalier (1 mn). Tlj 7h-17h30. Entrée : 20 000 Dg.*
Occupée 1 semaine lors de la guerre entre le Vietnam et la Chine (1979), elle servit de dépôt de munitions. À la suite d'une explosion, de nombreux blocs rocheux l'encombrent encore aujourd'hui, au fond. Elle est l'objet d'un rituel qui rassemble des Vietnamiens, en majorité des femmes venues demander aux dieux argent, bonheur, santé et fécondité. Elles font des offrandes devant différents autels, en particulier devant le sanctuaire bouddhique dédié à Amitabha, et devant un petit bassin en forme de fleur de lotus.
Là, hommes et femmes se regroupent pour recueillir dans leurs mains l'eau coulant d'une stalactite, dont ils se barbouillent le visage. Une eau bénite qui, comme à Lourdes, guérit de tous les maux. L'idéal est de s'y rendre lors de la grande fête, le 15e jour du 1er mois lunaire. La foule vient de Hanoi, Cao Bằng..., toutes bannières déployées.

La pagode des Fées *(Chùa Tiên ; hors plan par A1) :* *à 2 km env au sud de la ville. Entrée : 20 000 Dg.* 65 marches mènent à la pagode érigée dans une grotte, où règne une atmosphère étrange de bigoterie et de recueillement. À droite de l'entrée, un autel est dédié au général Trần Hưng Đạo (les Vietnamiens en ont fait un génie) qui a remporté la victoire sur les Mongols au XIIIe s. Plus loin, dans le fond, de part et d'autre de l'autel principal, les 2 gardiens des diamants, et la déesse Quan Yin (statue blanche). Ici se mélangent le bouddhisme et le taoïsme. Le Bouddha est dans le pavillon des Neuf Dragons.

Les marchés** (plan A1) :* il y en a 2. Le marché du centre-ville s'appelle ***Chợ Giếng Vuông *(tlj 6h30-19h).* Immense marché couvert, très coloré, abritant des boutiques de vêtements, d'épices, de fruits et de légumes. L'autre marché, ***Chợ Đêm Kỳ Lừa*** *(tlj 7h-23h),* vend surtout des vêtements, de la quincaillerie, des jouets, des tissus et du matériel électronique. On y trouve tous les produits de consommation courante, venus tout droit de Chine... Les minorités ethniques y viennent 6 jours par mois, pour vendre fruits, légumes et produits médicinaux.

VERS LA CHINE

Pour continuer son voyage, il faut un visa de tourisme chinois. Attention, si l'on veut repasser ensuite par le Vietnam, il faut avoir un visa vietnamien à double entrée. Les relations commerciales très suivies entre les 2 pays ont conduit à un assouplissement des formalités de passage des frontières.

- La ***porte de l'Amitié*** (appelée porte de Chine à l'époque coloniale) se trouve après le village de Đồng Đăng, à 18 km au nord de Lạng Sơn. Ensuite il y a des bus pour Pingxiang, où l'on peut prendre un train vers Nanning, capitale du Guangxi.
- On peut aussi prendre le train de Hanoi ou Lạng Sơn jusqu'à Đồng Đăng ; se renseigner sur place pour les formalités.

DE LẠNG SƠN À CAO BẰNG

Paysage traditionnel de rizières, champs de canne à sucre, paysans au chapeau conique labourant avec leur buffle, etc. Parfois on longe la rivière Kỳ Cùng, on monte un col de montagne escarpé avec, en prime, une superbe vue plongeante sur des vallées de rizières et de champs, puis on croise des femmes lourdement chargées portant le costume coloré de leur ethnie, se rendant au marché ou rentrant au village. La route goudronnée est en assez bon état, malgré quelques tronçons qui ralentissent le trajet. Beaucoup de camions l'empruntent.

C'est sur cette route historique, la RC 4, appelée la « route sanglante », que le corps expéditionnaire français (1940-1950) fut durement attaqué par le Vietminh. La France connut là ses 1res défaites. Certains anciens combattants y viennent en pèlerinage. Il reste quelques vestiges, dont le gros fort de Na Sam (occupé par une station de radio), le fort de Đồng Khê, au centre du bourg, et, à quelques kilomètres au nord par une très belle petite route de montagne, le charmant village de Đức Long, où se trouvait le Q.G. de Giáp pendant la bataille d'octobre 1950 (intéressant petit musée) et un pont...

CAO BẰNG

511 000 hab. (district) IND. TÉL. : 206

• Plan *p. 253*

À 280 km au nord-est de Hanoi et 152 km de Lạng Sơn. De Hanoi, compter environ 7h de route en passant par Lạng Sơn. Belle route RC 4 pour y

arriver. Les montagnes environnantes forment un écrin dans lequel la ville de Cao Bằng s'est développée. Cité de province éloignée de tout depuis les années 2010, Cao Bằng a su évoluer avec le progrès tout en gardant une certaine bonhommie : peu de circulation, pas de pollution, des rues secondaires agréables, un commerce renaissant, de nouveaux hôtels et restos.
Le plus intéressant pour le voyageur est aux environs de Cao Bằng où l'Unesco a classé les paysages exceptionnels comme « Géoparc ». Les excursions de 1 journée incluent la visite de la cascade de Bản Giốc, proche de la frontière chinoise, ainsi qu'un arrêt dans les villages des minorités Nùng. La majorité de la population appartient aux minorités des Thổ, Nùng et Dzao. La région, spécialisée dans l'élevage (bœufs, porcs, chèvres et buffles), vit essentiellement de l'agriculture, de la production de zinc et de bois.

Arriver – Quitter

Gare routière *(plan B1) : vers le nord de la ville, après le pont, à gauche, le long du fleuve.*
➢ ***De/pour Hanoi :*** 25 départs/j., dont une bonne dizaine de bus de nuit depuis la gare routière de Mỹ Đình (au nord de Hanoi). Compter 7h de route et 1h d'arrêt. Billet : env 200 000 Dg. Prendre une couchette molle.
➢ ***De/pour Lạng Sơn :*** bus ttes les heures, 5h-14h.
➢ ***De/pour Bản Giốc*** *(chutes d'eau) :* 1 bus/j., à 7h30. Durée : 3h. Le bus va directement aux chutes.
➢ ***De/pour Bảo Lạc :*** 4 bus/j., 5h-13h. Durée : 4h30.
➢ Et aussi des bus pour le ***lac Ba Bể.***

Adresse utile

■ ***Vietcombank :*** *Hoàng Đình Giong.* Grand bâtiment où personne ne parle l'anglais. S'armer de patience pour changer des dollars. ATM (distributeur) plus pratique, acceptant les cartes internationales.

Où dormir ?

Bon marché (jusqu'à 300 000 Dg / env 11 €)

Homestay Primrose *(plan A2,* ***10****) : 18, Hồng Việt. 012-45-68-98-89 ou 09-83-99-48-69. Lit en dortoir 130 000 Dg, double env 290 000 Dg.* Voici le 1er *homestay* (maison d'hôtes) de Cao Bằng. Petit immeuble dans une rue calme, tenu par un couple charmant. Madame parle un peu l'anglais. Tout est propre et bien tenu : clim dans les dortoirs (6 lits superposés) et les chambres privatives, claires et à la déco soignée. Vue sur la rue ou sur l'arrière. Location de motos. Cuisine commune à disposition des hôtes.

Prix moyens (300 000-600 000 Dg / env 11-23 €)

Jeanne Hotel *(plan A2,* ***11****) : 99, Kim Đồng. 09-12-13-01-26. ☎ 385-41-87. • caobanghotel.com • Double 500 000 Dg.* Immeuble haut et étroit, tout neuf, qui a été construit par une Vietnamienne francophone pour son fils (anglophone). Celui-ci est souvent à l'accueil. Pourquoi *Jeanne* ? C'est le prénom de cette vénérable dame. L'hôtel abrite de belles chambres, impeccables, avec un bon confort (clim, double vitrage, literie de qualité) et vue sur la rue. En demander une dans les étages élevés car elles sont plus calmes et lumineuses.

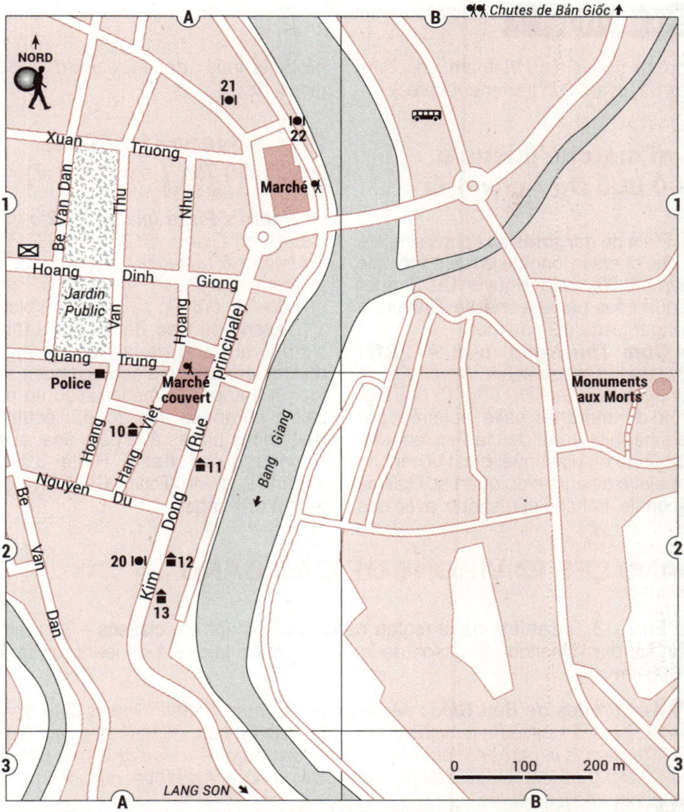

CAO BẰNG

Où dormir ?	Où manger ?
10 Homestay Primrose (A2)	**20** Gargotes de la rue principale (A2)
11 Jeanne Hotel (A2)	**21** Cơm Thu Ngân (A1)
12 Hoàng Anh Hotel (A2)	**22** Pedro's Pizza (A1)
13 Kim Đồng Hotel (A2)	

Hoàng Anh Hotel *(plan A2, **12**) : 131, Kim Đồng. ☎ 385-89-69. • hoanganh11kdcb@yahoo.com • Double 350 000 Dg.* Sur la rue principale, un bon hôtel dans un immeuble de 6 étages (ascenseur). Chambres spacieuses, très propres, avec douche/w-c et clim. Celles qui se terminent par le chiffre 1 (201, 301...) disposent de grandes fenêtres et d'un balcon ouvrant sur la rivière. Ce sont les plus calmes.

Kim Đồng Hotel *(plan A2, **13**) : 155, Kim Đồng. ☎ 385-30-53. 📱 09-13-25-62-10. • khachsancaobang.com.vn • Doubles 350 000-500 000 Dg.* Très central, un immeuble moderne et bien tenu. Abrite des chambres assez grandes, propres et confortables, avec une déco correcte et du mobilier local. Elles donnent sur la rue pour la plupart, mais celles donnant sur la rivière sont mieux (plus calmes).

Où manger ?

Comme souvent au Vietnam, on y dîne très tôt, avant 20h (rarement après).

Bon marché (jusqu'à 100 000 Dg / env 4 €)

🍴 Plein de ***gargotes*** aux plats simples et pas chers le long de la rue principale *(plan A2, **20**)*, avant Nguyễn Du. Surtout fréquentées par la jeunesse. Servent à manger jusqu'à 2h du mat.

🍴 ***Cơm Thu Ngân*** *(plan A1, **21**) : 121, Vườn Cam. 📱 09-45-34-86-86. Tlj 10h30-22h. Plats 10 000-15 000 Dg.* Près du marché, salle éclairée par des néons, ventilos, tables en alu, tabourets en plastique, c'est la cantine populaire des gens du quartier. Cuisine régionale, franche et rustique, avec des produits frais : poulet, canard, aubergines, riz...

Prix moyens (100 000-250 000 Dg / env 4-9 €)

🍴 ***Pedro's Pizza*** *(plan A1, **22**) : 273, Cầu Bằng Giang. ☎ 395-28-98. Près du marché, attenant à un magasin de couvertures. Tlj 7h-22h30. Pizzas 90 000-190 000 Dg selon taille.* Voici la 1re pizzeria de Cao Bằng ! Salle toute simple, au fond de laquelle le jeune cuistot vietnamien s'active devant son four. Il a appris le métier avec un pizzaiolo européen très doué. Résultat : de bonnes pizzas à la pâte fine, aussi bonnes qu'en Italie. Huile d'olive importée, et vin (Dalat, Chili) en bouteille à prix sages.

DANS LES ENVIRONS DE CAO BẰNG

En 2018, 9 districts de la région de Cao Bằng ont été classés « Géoparc » mondial par l'Unesco, en raison de la beauté et de la rareté de leurs paysages (3 000 km²).

👁👁 ***Les chutes de Bản Giốc :*** *par la route de Trùng Khánh. Depuis Cao Bằng, compter env 2h de route (env 96 km au nord-est). En bus, départs ttes les 30 mn, 5h-17h, depuis la gare routière ; ce sont les bus urbains rouge et jaune. Entrée : 45 000 Dg, à payer au poste de police avt de prendre le petit chemin (500 m) qui mène à ces belles chutes.*
La route pour y aller est en bon état et superbe. Elle traverse de beaux paysages de champs agricoles et de rizières. Ces chutes marquent la frontière entre le Vietnam et la Chine. Ce sont les plus grandes et les plus belles du Vietnam. Elles s'étalent sur 3 niveaux, sur 300 m de large. Si les cascades son impressionnantes, le cadre en général a moins d'intérêt.
En chemin, ne pas rater le village de ***Phúc Sen,*** bourgade de forgerons habitée par les Nùng, à 37 km de Cao Bằng sur la route des chutes. On peut aussi visiter les ***grottes de Ngườm Ngao,*** à 4 km avant d'arriver à Bản Giốc *(entrée : 35 000 Dg).* L'intérieur des grottes est bien éclairé, le chemin cimenté.

👁👁 ***Hang Pác Bó*** (grotte de Pác Bó) *: au village de **Pác Bó,** commune de Trung Hoà, à 3 km de la frontière chinoise, à env 50 km au nord de Cao Bằng. Y aller en bus urbain depuis la gare routière de Cao Bằng : départs ttes les 30 mn, 5h-17h. Durée : 1h15. Le bus s'arrête à Hà Quảng et, de là, il y a encore 8 km à faire à moto-taxi (50 000 Dg).*
Dans cette grotte de Cốc Bó (son vrai nom), Hồ Chí Minh trouva refuge à son retour au Vietnam le 28 janvier 1941, après 30 ans d'exil. Il y arriva clandestinement, à pied, venant de Kunming. Il y resta près de 4 ans, jusqu'à la fin de la Seconde Guerre mondiale, toujours aux aguets, craignant d'être découvert par les Français. Dans une cabane à 1 km de la grotte, il créa la Ligue pour l'indépendance du Vietnam, coalition nationaliste dominée par les communistes, dont le

but était de libérer le Vietnam des Français. Il y trouva même le temps d'écrire des poèmes. C'est un haut lieu de l'histoire du Vietnam pour les patriotes, les révolutionnaires et les communistes.
Autour de la grotte s'étend un beau paysage montagneux dominé par la montagne Các Mác (Karl Marx), avec une vallée où coule la rivière Lê Nin (Lénine), 2 lieux baptisés ainsi par l'oncle Hồ.

LE LAC BA BỂ (PARC NATIONAL)

IND. TÉL. : 209

À 125 km à l'ouest de Cao Bằng (environ 2h30 de route), dans la province de Bắc Cạn, voici l'un des plus beaux sites naturels du nord-est du Vietnam, une oasis de paix et de fraîcheur. Des monts calcaires, couverts de forêts luxuriantes, servent d'écrin naturel au lac Ba Bể (« Trois Baies »), large de 1 km et long de 9 km, situé à 145 m au-dessus du niveau de la mer. Une sorte de Jura tropical, ou des basses Alpes, pour estampes chinoises, plongée dans la brume hivernale ou découpée sur le ciel bleu.
Sur leurs flancs accidentés, la végétation envahit tout, les arbres prennent racine jusqu'au bord de l'eau. Des lianes effilées et des racines noueuses dévorent en les enlaçant les ultimes rochers immergés, comme pour les étouffer. 2 îlots s'élèvent au milieu du lac, rétréci dans sa partie centrale. L'un d'eux rappelle la forme d'un cheval harnaché traversant un gué, d'où son nom *An Mã* (îlot du Cheval).
Pas de plage de sable, pas de bungalows ni de villas, le site est resté touristiquement sauvage et vierge (pour l'instant !). Les baignades (uniquement en été) sont tolérées, car l'eau est propre.
Les habitants des rives (notamment ceux du village de Pác Ngòi) vivent de la double activité : riziculture et pêche (carpes et crevettes).
Dans les jungles du parc, vivent (cachés et loin des hommes) des ours, des gibbons noirs, et quelques panthères. Il est pratiquement impossible de les apercevoir.
2 petits villages se trouvent sur la rive sud du lac : celui de *Pác Ngòi,* peuplé par des familles Tày, et celui de *Bó Lù,* plus facile d'accès. Ce dernier, profitant de la proximité du petit embarcadère en face du principal, a fait pousser les mini-hôtels *(nhà nghỉ)* plus ou moins rustiques.

*– **Entrée du parc :** 25 000 Dg.*
*– **Meilleure époque :** octobre-avril (saison sèche). Pour voir les rizières vertes, venir en mars-avril. Le riz est récolté en mai. Il peut y avoir une 2de récolte (plus rare) en octobre selon la météo.*

Arriver – Quitter

➢ ***De/pour Hanoi :*** les bus partent de la gare de Mỹ Đình (nord de Hanoi). 2 départs/j., en début d'ap-m et en soirée, avec la compagnie *Thưởng Nga.* Durée : 7h, pour env 211 km. Le bus passe par Thái Nguyên et Chợ Đồn, et arrive au village de Bó Lù, sur la rive sud du lac Ba Bể. De là, moto-taxi (3 km) jusqu'au village de Pác Ngòi. Du lac Ba Bể à Hanoi, 2 bus/j., très tôt le mat.
– ***En voiture ou à moto :*** compter env 5h de bonne route au départ de Hanoi. Autoroute jusqu'à Thái Nguyên (musée de la Culture et des Minorités), puis route bitumée (2 voies) qui passe par Yên Đổ puis Bản Lũng (plus belle route, moins de circulation que par Bắc Kạn qu'il faut éviter) et Chợ Chu (ex-prison française fermée en 1944). On arrive au lac par la rive sud en passant par le village de Bó Lù, lequel se trouve à 3 km de Pác Ngòi.
– ***Par agence :*** une excursion (3 j.) organisée par une agence coûte env 180 US$/pers avec un min de 5 pers (tout inclus, avec balade sur le lac jusqu'aux chutes de Đầu Đẳng).

➢ ***De Cao Bằng :*** env 125 km de route goudronnée et correcte sur 90 km jusqu'à Nà Phặc, puis 29 km (bonne route encore) pour atteindre Chợ Rã (3 ou 4 hôtels pour touristes et quelques gargotes). Si le bus ne va pas au lac, moto-taxi jusqu'à l'embarcadère Bến Hồ Ba Bể (15 km : 100 000 Dg), côté est du lac.

➢ ***Du lac Ba Bể à Bảo Lạc et la province de Hà Giang, au nord :*** de Chora, village sur la rive nord du lac, compter 4h de route pour atteindre Bảo Lạc. Bonne route bitumée à 2 voies, dans des paysages de montagnes calcaires. On passe par la ville minière (étain) de Tĩnh Túc.

Où dormir ? Où manger ?

À Pác Ngòi

Plusieurs familles Tày du village proposent d'héberger les visiteurs. On compte environ une quinzaine de *homestays* et *guesthouses* dans ce petit village. Les prix et le confort sont presque identiques d'une maison à l'autre. Compter 70 000 Dg pour un lit en dortoir, 120 000-150 000 Dg le repas et 50 000 Dg le petit déj. On peut dormir dans son coin tout seul ou bien dans une sorte de pièce qui fait dortoir. Dans la plupart des cas, les familles vivent et logent au rez-de-chaussée et les touristes à l'étage. La majorité des propriétaires ne parlent que le vietnamien sauf exception. Baragouinez le vietnamien ou parlez par gestes ! Souvent, les enfants qui sont scolarisés parlent un peu l'anglais.

Bon marché (jusqu'à 300 000 Dg / env 11 €)

Nhà Nghỉ Đạt Diễm *(chez M. Manh)* **:** *sur la gauche, en entrant dans le village, quand on vient de Bó Lù.* *16-76-59-18-53.* En contrebas de la route, dominant un paysage de rizières, la maison sur pilotis de M. Manh est l'une des plus agréables du village. 3 générations vivent sous le même toit. On dort sur des matelas posés sur le plancher en bois. Confort sommaire mais suffisant (ventilo, couvertures, moustiquaire en été, prises électriques). Douche et w-c sont dans un cabanon à l'extérieur. Là aussi, sommaire mais propre.

Homestay Duy Thọ : *à l'est du village.* ☎ *389-41-33.* *16-52-02-29-85.* Très bonne maison tenue par la charmante Triệu Duy Thọ, francophile mais pas francophone. Dortoir (4 lits sur sommier) avec 3 petites fenêtres, et 9 chambres avec un grand lit double. Délicieux repas préparés par la maîtresse de maison qui est un cordon-bleu.

Homestay Hồng Vinh : *dans la partie est du village.* *16-46-02-91-75.* La maison donne sur la rue. Accueil charmant et jovial de M. Dương Văn Thu. 7 chambres autour d'une pièce principale, mais moins de vue qu'ailleurs. Bonne cuisine vietnamienne et balades en bateau.

Homestay Hoa Sơn : *dans le dernier tiers du village, sur la droite de la route principale (petit panneau à l'extérieur).* ☎ *389-40-65.* *09-47-15-01-54.* • *hoa-son-homestay-ba-be-lake.business.site* • Une autre bonne maison sur pilotis, tenue par Mme Hua et son fils. Terrasse avec vue sur les rizières. Même niveau de confort et de prix qu'ailleurs.

À Bó Lù

Sur la rive sud du lac Ba Bể, face à l'embarcadère principal, ce hameau abrite aussi quelques mini-hôtels *(nhà nghỉ)* plutôt rustiques, mais on préfère Pác Ngòi.

À voir. À faire

Les excursions sont proposées par les habitants des villages de la rive sud (à Pác Ngòi ou Bó Lù) mais aussi à l'embarcadère de la rive est. On navigue sur de longues barques en bois peintes en vert, rudimentaires mais robustes, pour

8 personnes. Tarifs variables en fonction de la durée des balades : 2h sur le lac *(env 300 000 Dg)*, ou 4h avec visite de la grotte Hang Phượng et des chutes d'eau de Đầu Đẳng *(env 400 000 Dg)*. Excellent déjeuner chez la célèbre *Pirat* (M. et Mme Hiền), au village de Bản Cầm, entre la grotte et Đầu Đẳng.
Possibilité de randonnée au départ du village de Coc Toc, à travers la jungle, jusqu'à des villages dao et hmong, avec vue sur le lac Na Hang (province voisine de Tuyên Quang). En été, il fait très chaud, et la montée peut être pénible.

Les chutes d'eau de Đầu Đẳng : on peut les voir au cours des excursions en barque sur le lac. Situées à l'opposé de la grotte Hang Phượng. On monte au nord sur un bateau puis remonte la rivière Nang pour arriver à la grotte Hang Phượng, demi-tour sur la rivière et on arrive au petit village de Đầu Đẳng (entre les 2 sites : 30 mn de très belle navigation entre des falaises à pic).

Le village de Pác Ngòi : *situé sur la rive sud du lac (on peut y aller à pied depuis Bó Lù). En barque (env 70 000 Dg), compter 15 mn de trajet au départ de l'embarcadère principal de la rive est. Les bateaux s'arrêtent sur une berge proche du village, puis il faut marcher 10 mn à travers les champs de maïs et les rizières. Mieux vaut avoir un guide vietnamien, pour se faire comprendre.*
La modernité s'y implante au fil des ans, mais cela n'enlève rien au charme et à la tranquillité du lieu. Enfoui dans la végétation luxuriante, au pied d'une falaise calcaire, ce gros village abrite une communauté d'ethnie Tày (86 familles, soit environ 500 habitants). Ils vivent d'agriculture (riz, maïs), d'élevage (buffles, cochons, canards) et de pêche. Les maisons en bois et en bambou reposent sur des piliers en bois. L'eau vient de puits creusés dans le sol. Ils possèdent l'électricité et le téléphone (mais de plus en plus les téléphones portables).
Après le travail des champs, pour passer le temps, les hommes fument (parfois le soir) des pipes à eau (faites en bambou). Les métiers à tisser ont disparu.
Pour les Tày, les vêtements sont des signes d'appartenance au groupe ethnique. Ils doivent être confectionnés de façon artisanale avec des tissus choisis. Quant aux enfants, ils suivent une scolarisation obligatoire entre 6 et 12 ans.

LA PROVINCE DE HÀ GIANG

IND. TÉL. : 219

• Carte *p. 260-261*

Le bout du monde vietnamien ! À plus de 350 km au nord de Hanoi (environ 7-8h de route), voici la région la plus belle et la plus sauvage du nord-est du Vietnam, et aussi la plus mal connue ! Frontalière avec la Chine (Yunnan), la province de Hà Giang présente d'étonnants paysages de montagnes au relief tourmenté, des vallées profondes baignées par des rivières sinueuses. De temps en temps, les versants des montagnes sont sculptés par de remarquables rizières ou parcelles de maïs en escalier.
Dans cette province oubliée du reste du monde, loin de l'agitation de la planète, la nature n'a quasiment pas changé depuis des siècles (ou si peu). Hérissées de pitons karstiques, d'aiguilles de calcaire noir (les locaux les appellent les « forêts de pierre »), les montagnes forment une toile de fond majestueuse. On pense parfois aux Dolomites. Des milliers de monts calcaires de forme conique surgissent de partout. Ces pains de sucre impressionnants dessinent un insolite paysage que l'on dirait sorti d'une estampe ancienne. Dans cette lointaine région enclavée, la nature imite bel et bien l'art !
Dans cet environnement exceptionnel, pas de grandes villes tonitruantes, nulle pression touristique ou commerciale, mais une multitude sereine et

calme de villages très éparpillés (plus qu'ailleurs au nord) et habités par des minorités ethniques pacifiques qui ne sont pas de la famille des Viets (majorité ethnique du Vietnam). Elles vivent en autarcie, maintenant leurs traditions avec peu de moyens : les Tay (23 %), les Hmong Noirs (32 %), les Dzao (15 %), les Nung (9 %) et les Lolos Blancs. La population totale de la province est de 625 000 habitants.

– ***Meilleure époque pour y aller :*** la période la plus froide correspond aux mois de décembre, janvier et février. La température nocturne peut descendre très bas, parfois proche de 5 °C ou même moins. Préférez d'autres mois de l'année comme mars-avril ou septembre-octobre.

– ***Attention :*** pour pénétrer à l'intérieur de la province, il faut demander un permis qui coûte env 210 000 Dg (environ 10 US$) par personne. Il s'obtient facilement en passant par la réception des *hostels* et hôtels, sans avoir besoin d'aller au poste de police. Dans ce cas, les hôteliers demandent 280 000 Dg pour ce service. Le permis consiste en un simple document en papier établi sur présentation du passeport et du visa. Ce permis est exigé dans les hôtels, donc l'acheter à Hà Giang si vous prévoyez de dormir entre Hà Giang et Đồng Văn.

– ***Argent, banque, change :*** attention, très peu de banques dans cette province, et il est quasi impossible de changer des dollars ou des euros. Partez avec une réserve d'argent liquide (des đồngs). À Đồng Văn, l'***Agribank*** possède un ATM (distributeur) acceptant les cartes *Visa* et *MasterCard*. Il est situé au 19/5, Lý Thường Kiệt, en face de l'hôtel *Hoa Cương*.

Arriver – Quitter

Pour vraiment profiter de cette province, ne pas compter sur les bus, il n'y en a pratiquement pas, sauf pour rejoindre Hà Giang au départ de Hanoi, puis entre Hà Giang et Đồng Văn (la plus belle partie), routes étroites et vertigineuses. Il y aussi des bus entre Đồng Văn et Mèo Vạc. On peut faire le tour de la province à moto (l'option la moins chère) ou en 4x4, si vous avez les moyens ; il est alors possible d'être accompagné d'un guide vietnamien, car on parle très peu ou pas du tout l'anglais dans les villages.

– ***À moto :*** les motards sont nombreux à prendre le bus de Hanoi à Hà Giang, puis ils louent une moto pour accomplir la grande boucle *(the loop)*. Compter 5 j. pour bien profiter de la région.

– ***En véhicule privé :*** bonne route depuis Hanoi par Vĩnh Yên et Việt Trì (route n° 2), mais sans grand intérêt, traversant la plaine de la rivière Rouge. La route ne devient belle que lorsque les montagnes commencent. Un circuit type au départ de Hanoi avec retour par Cao Bằng demande environ 6 j. sans se presser.

– ***En bus de nuit :*** de Hanoi, au départ de la gare routière de Mỹ Đình. Départ vers 20h, arrivée au petit matin à Hà Giang. Trajet : env 7-8h. À Hà Giang, prendre le bus local (2 compagnies). Durée du trajet Hà Giang-Đồng Văn : env 4h30. Billet : 100 000 Dg.

➢ ***De Cao Bằng à Hà Giang :*** la route n° 34 est très belle, mais en mauvais état (compter 8-9h). À noter, après Tĩnh Túc, une gigantesque excavation : une mine d'étain exploitée depuis des temps immémoriaux.

➢ ***De Lào Cai à Hà Giang :*** bonne route. Bus de jour sur la place de la gare ferroviaire de Lào Cai. Départ à 6h du mat, ce qui nécessite de passer une nuit à Lào Cai. Dans le sens Hà Giang-Lào Cai, bus à 6h et 11h. Trajet : 6h. Billet : 120 000 Dg.

➢ ***De Bắc Hà à Hà Giang :*** une belle route refaite qui longe la frontière chinoise. Elle commence à droite juste après le marché du petit village de ***Lũng Phìn,*** sur la route de Cán Cấu au nord de Bắc Hà. Elle arrive dans la charmante vallée de ***Xín Mần,*** puis continue vers l'est, vers le district de ***Hoàng Su Phì,*** pour redescendre plein sud et rejoindre, à ***Việt Quang,*** la nationale n° 2 Hanoi-Hà Giang, que vous remontez jusqu'à Hà Giang.

Adresses utiles

■ ***Immigration Office*** *(Phường Quản Lý Xuất Nhập Cảnh)* **:** *415A, Trần Phú, à* ***Hà Giang.*** *☎ 387-52-10. Tlj (théoriquement).* On y délivre le permis pour la région (« *Entry permit to the restricted area, border area* »), en moins de 15 mn. Valable 10 jours. Coût : 210 000 Dg (environ 10 US$).

■ ***Location de motos :*** ***QT Motorbikes & Tours,*** *Lâm Đồng, Phương Thiện, dans la ville de* ***Hà Giang.*** *📱 09-75-27-87-11. • qtmotorbikesandtours.com.vn • Compter 9-21 US$/j. (200 000-650 000 Dg) selon cylindrée de l'engin.* La plupart des motards-routards s'adresse à *QT* pour louer un engin motorisé (110, 125 et 150 cc), semi-automatique ou manuel. Véhicules en bon état. En outre, cette agence jeune et sérieuse propose des excursions en groupe et à moto dans la province.

■ ***Agence Vietnam Exploration :*** *12, ruelle 293, rue Khuất Duy Tiến, Cầu Giấy, à Hanoi. ☎ (24) 24-42-12-12. 📱 09-14-44-25-88. • vietnamexploration.com •* Jeune agence dirigée par Nguyen Van Hung, parfait francophone. Cet ancien guide a beaucoup d'expérience sur le terrain. Il connaît la province de Hà Giang et le nord-est du Vietnam comme sa poche. Spécialité : la découverte à moto (en individuel ou en groupe) ou en véhicule adapté.

Où dormir ? Où manger ?

Plusieurs hôtels à prix variés au fil du parcours.

À Hà Giang

🏠 🍸 ***Bông Hostel :*** *63-65, Minh Khai. 📱 888-52-66-06. • hagiangmotorbikeloop.com • Compter 130 000 Dg/pers, petit déj inclus.* Petit *hostel* économique pour routards et motards. Les propriétaires sont 2 jeunes frères vietnamiens qui tiennent aussi un resto en ville. On y parle l'anglais. Café au rez-de-chaussée et dortoirs (8-12 lits) sommaires mais propres avec clim dans les étages. Toilettes communes, eau chaude. Laverie. Location de motos. Réservation des billets de bus.

🏠 ***Hà Giang Backpackers Hostel :*** *1, Nguyễn Thái Học. 📱 16-66-75-91-90. • sale@backpackerhagiang.com • backpackerhagiang.com • Lit en dortoir 100 000 Dg, petit déj inclus.* Petite auberge économique tenue par des Vietnamiens accueillants et serviables. Abrite des dortoirs (8-10 lits) climatisés, simples et propres. Chaque lit a sa petite lampe de lecture. Casiers et toilettes communes. Vue sur la rivière ou la montagne. Pas de chambres doubles privatives. Location de motos. Réservation possible des billets de bus, et organisation des excursions.

🏠 ***QT Hostel :*** *15A1, Nguyễn Trãi, quartier Vị Xuyên. 📱 09-75-27-87-11. • qthostel.com.vn • Lit en dortoir 100 000 Dg (env 4 US$), petit déj inclus. Dîner 100 000 Dg.* Non loin de la gare routière, cette petite auberge pour routards et motards est tenue par un jeune Vietnamien anglophone, qui dirige aussi l'agence *QT.* Dortoirs mixtes (4 ou 8 lits), propres, bien tenus et confortables (clim, casiers, rideaux autour du lit, eau chaude). Repas à la demande, qui se prennent en famille au rez-de-chaussée, sur une grande nappe posée sur le sol.

🏠 🍽 ***Trường Xuân Resort :*** *430, Nguyễn Văn Linh, à 5 km du centre de Hà Giang, sur la route de Đồng Văn. ☎ 386-22-68. Doubles 26-45 US$ selon confort et vue, petit déj inclus.* Le meilleur hôtel de la ville, dans un grand jardin tropical ombragé. Bungalows propres et bien arrangés (carrelage, douche/w-c, clim) avec terrasse donnant sur la rivière et les montagnes. De même confort, les chambres ont une vue sur un torrent. Le jovial directeur parle bien l'anglais, loue des motos et organise des excursions. Piscine dans le jardin.

À Quản Bạ (Tam Sơn)

🏠 🍽 ***Maisons d'hôtes dzao du petit village communautaire de***

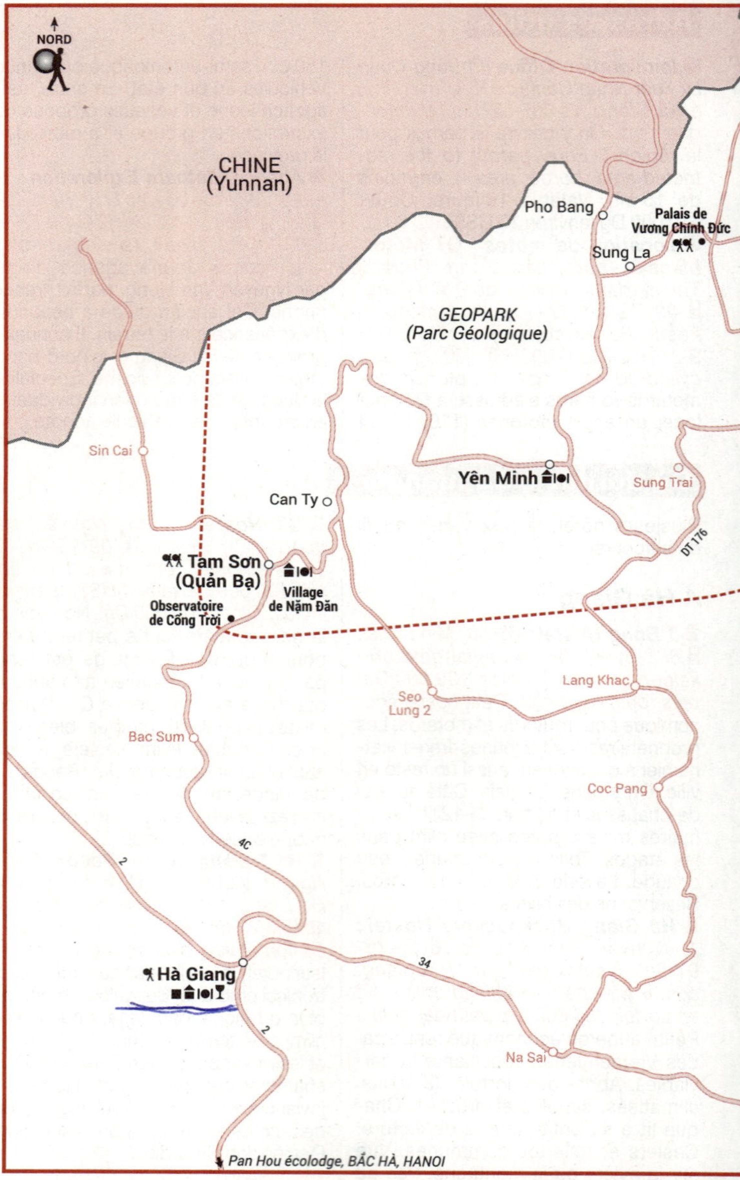
NORD
CHINE (Yunnan)
GEOPARK (Parc Géologique)
Pho Bang
Palais de Vương Chính Đức
Sung La
Sin Cai
Yên Minh
Sung Trai
Can Ty
DT 176
Tam Sơn (Quản Bạ)
Village de Nặm Đăn
Observatoire de Cổng Trời
Seo Lung 2
Lang Khac
Bac Sum
Coc Pang
4C
2
Hà Giang
34
Na Sai
2
Pan Hou écolodge, BẮC HÀ, HANOI

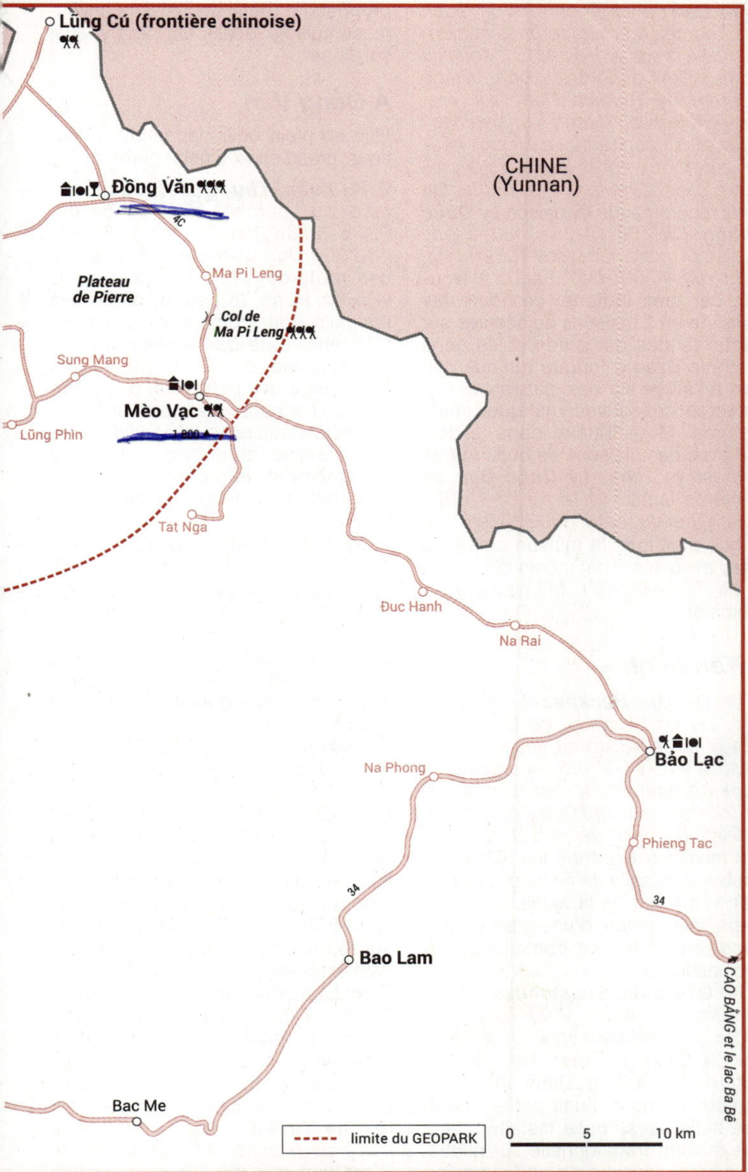

PROVINCE DE HÀ GIANG

Nặm Đăn :** à 2 km au nord de Quản Bạ. Tournez à droite après la station-service à la sortie de Quản Bạ, sous un portique marqué « Nặm Đăn, Village Community Tourism Culture ». Traversez tt le village jusqu'à un petit lac ; tournez à gauche sur la digue, nouveau portique après lequel vous prenez à gauche, puis la 1re à droite.* On vous recommande la maison ***Lý Quốc Thắng** (☎ 460-14-25 ; nuitée env 80 000 Dg/pers, dîner env 100 000 Dg, petit déj 40 000 Dg).* Facile à trouver, car bien indiqué, ce *homestay* consiste en 2 maisons adjacentes sur pilotis tenues par d'adorables gens d'ethnie Dzao à longue tunique. On dort à l'étage sur des matelas au sol. Toilettes collectives rustiques mais propres. Moustiquaire dans le dortoir avec des cloisons de bois. Autres *homestays* : chez ***Lý Quốc Đạt, de la même famille *(📱 16-43-63-18-92 ; nuit, dîner et petit déj 220 000 Dg/pers)* ; plus loin, la maison de ***Lý Tà Hàn,*** avec ses 2 bâtiments sur pilotis *(📱 16-74-93-55-02).* Même confort, même prix.

À Yên Minh

***Du Già Backpacker Hostel :** 176, Du Già, hameau de Làng Cac, Yên Minh, à 43 km au sud de Đồng Văn. 📱 912-84-99-15. • dugiabackpackerhostel.wordpress.com • Lit en dortoir env 80 000 Dg, double 235 000 Dg, petit déj non inclus.* Dortoir mixte de 8 grands lits. Chambre double avec salle de bains privative et balcon ouvrant sur la vallée. Les repas se prennent autour d'une grande table dans une ambiance communautaire et chaleureuse.

***QT Du Già Guesthouse :** 195B, Du Già, Yên Minh. 📱 09-75-27-87-11. • qthostel.com.vn • Lit en dortoir 70 000 Dg. Dîner 100 000 Dg. Petit déj 50 000 Dg.* Dans une vallée agreste, au bord d'une petite rivière, une belle *guesthouse* installée dans une maison traditionnelle sur pilotis. Le dortoir consiste en une vingtaine de matelas posés au sol, chacun avec moustiquaire et draps impeccables. Repas possible autour d'une tablée collective et conviviale animée par le propriétaire, pour déguster la savoureuse cuisine locale. On peut y laver son linge.

À Đồng Văn

Ville en plein développement touristique, grand choix d'hébergements.

***Xuân Thu Guesthouse :** en face du marché. 📱 16-87-54-07-62. • mrhungtourism.com • Double 180 000 Dg.* Adresse appréciée des routards, en plein cœur de la ville. M. Hung, le patron, parle bien l'anglais, tout comme le personnel. Cafétéria, *wine bar* et resto au rez-de-chaussée *(ouv 6h-2h du mat)* où l'on mange des pancakes, des sandwichs, des petits plats peu onéreux. Chambres équipées (avec clim réversible été-hiver) au-dessus. Gros défaut d'entretien et de propreté à signaler (eau, toilettes), ce qui gâche un peu les choses.

***Hoa Cương Hotel :** Tô 5. ☎ 385-68-68. 📱 12-72-94-89-99. • kshoacuongdv@gmail.com • Doubles 500 000-700 000 Dg.* Central, non loin du marché, cet immeuble de 8 étages abrite 81 chambres impeccables, spacieuses et confortables. Vue sur la ville ou sur les monts à l'arrière. Fait aussi restaurant.

***Hoàng Ngọc Hotel :** 47, bd Ba Tháng Hai. ☎ 385-60-20. 📱 09-15-03-51-41. • hoangngochotel.vn • Doubles 340 000-500 000 Dg.* Petit hôtel simple et discret, à côté du resto *Âu Việt.* Il a des chambres à l'arrière avec balcon et vue sur les montagnes et la ville. La mieux est la n° 508, avec 2 fenêtres et vue sur le marché. Bar *Melody* avec du café expresso.

***Lâm Tùng Hotel :** Civil Group 3. ☎ 385-67-89. Double env 500 000 Dg.* Situé à l'entrée du marché central, dans un coin calme. Bel hôtel aux chambres propres et confortables (clim). Vue sur le village à l'arrière.

***The Green Karst :** près de la place du marché. 📱 09-68-09-86-19.* C'est une des bonnes adresses de la ville. On est accueilli en anglais par un patron aimable. Savoureuse cuisine locale, plats végétariens ou non, accueil affable.

Phố Cổ Café : *2, Phố Cổ. ☎ 385-62-68.* Au centre de la ville, près de l'ancien marché, une vieille maison traditionnelle restaurée abritant un café chaleureux. Spectacles musicaux et de danse folklorique le soir.

Pumpkin Restaurant *(appelé aussi Bông Restaurant)* **:** *Phố Cổ. 889-83-13-69.* Petit resto à l'ambiance plutôt européenne. On y propose des plats vietnamiens et notamment certains à base de citrouille *(pumpkin).*

À Mèo Vạc

Nhà Nghỉ Hoàng Anh *(hostel)* **:** *Tô 4, près de la poste (Bưu Điện). ☎ 387-16-66. 09-45-33-31-33.* Petit hôtel simple et sans prétention, avec des chambres réparties sur les 4 étages d'un immeuble étroit et haut. Propre et suffisamment confortable. Petite cour pour ranger les motos.

Hoa Cương Hotel : *☎ 387-18-88. 09-44-57-18-88. Doubles 450 000-600 000 Dg.* Central, propre, bien tenu, dans un immeuble de 3 étages. Demander une chambre au 3e étage, plus calme, plus clair.

Auberge de Mèo Vạc : *à 500 m au nord-est du centre-ville. ☎ 387-16-86. 09-83-03-20-04. • aubergemeovac@gmail.com • Lit en dortoir 12-15 US$, chambre 60 US$. Dîner 7 et 12 US$.* Rustique auberge aménagée dans l'ancienne maison d'un notable hmong. Style ethnique parfaitement adapté au confort. Toits en tuiles rouges, murs en pisé. Abrite 6 chambres doubles et un dortoir de 8 lits. Les sanitaires (douche et w-c) sont à l'extérieur et impeccables. On prend les repas sur place, dans une cour dallée : à la carte ou en demi-pension. Les propriétaires sont des Français de Hanoi, mais ils n'y vivent pas. Sur place, gérant vietnamien qui ne parle pas encore l'anglais. Organise des randonnées et des excursions.

À Bảo Lạc

Đức Tài Hotel : *Khu 2, près du marché. ☎ 60-86-66. 09-85-83-58-88. Doubles env 300 000-400 000 Dg.* Central, moderne, petit immeuble abritant des chambres propres et équipées (douche/w-c, frigo). Elles donnent sur une place (marché, rue principale), et de certaines, à l'arrière du bâtiment, on aperçoit la rivière. La meilleure adresse de Bảo Lạc. Sinon, à côté l'hôtel **Thùy Dương,** simple et familial *(300 000 Dg la double).*

Restaurant Nhà Hàng Anh Tuấn : *à 500 m au nord de l'hôtel Đức Tài, dans la rue principale qui rejoint plus loin la route nationale de Hà Giang. ☎ 394-05-09-53. Tlj 8h-23h.* Petite carte de qualité proposant du très bon poisson. Accueil avenant par un professeur de mathématiques, dont le fils parle anglais (s'il est là).

Entre Hà Giang et Bắc Hà

Ecolodge Pan Hou Village : *commune de* ***Thông Nguyên,*** *district Hoàng Su Phì, province de Hà Giang. ☎ (219) 383-35-35. • info@panhou-village.com • panhou-village.com/fr • À env 50 km au sud de Hà Giang, entre Việt Quang et Quang, à Hoàng Su Phì (Vinh Quang). À 300 km au nord de Hanoi (7h de route). Sur la route 177, tourner à gauche au grand panneau multicolore et au panneau de signalisation « Thông Nguyên 13 km » ; l'ecolodge est à gauche avt d'arriver au petit village de Lang Giang. Doubles 55-60 US$ selon saison. Repas 13 US$.* Au cœur de la dernière province sauvage du Nord-Est, ce *lodge* (géré par un Français) est situé dans un site isolé, au bord d'une rivière sauvage (on traverse une passerelle), sur un flanc de colline couverte d'une végétation luxuriante. Les bungalows en bois sur pilotis sont équipés de douche/w-c (pas de TV) et de moustiquaires. Ils donnent sur d'anciennes rizières transformées en jardin. Fait aussi resto. Organise des randonnées de plusieurs jours, avec nuits chez l'habitant. Une adresse exceptionnelle, hors des sentiers battus, bien appréciée des touristes venus par agence plus qu'individuellement !

À voir. À faire

La boucle Hà Giang-Đồng Văn-Mèo Vạc-Hà Giang (333 km)

Le circuit montagnard le plus époustouflant du Vietnam !

Hà Giang : *à 308 km au nord de Hanoi, par la route nationale n° 2 (env 6-7h de route).* Petite capitale régionale de la province de Hà Giang, étendue au bord de la rivière Lô. À seulement 110 m d'altitude, c'est la porte d'entrée de la province quand on vient de Hanoi, avant de pénétrer dans le pays des Hmong Noirs de Đồng Văn-Mèo Vạc. Néanmoins, la ville n'a pas de cachet particulier, et il ne faut y dormir que si l'on n'a pas d'autre choix. C'est ce qu'on appelle une ville-étape.

➢ ***De Hà Giang à Bảo Lạc :*** très longue route (la R 34), en partie en travaux. On passe par Bắc Mê et Bảo Lâm. Compter au moins 7h pour 130 km. Ce n'est pas la plus belle route de Hà Giang, mais juste une transversale.

***Quản Bạ** (Tam Sơn) :* *à 47 km au nord de Hà Giang (compter env 2h).* À 900 m d'altitude, la petite ville de Quản Bạ occupe le fond d'une vallée verte. L'endroit est célèbre pour ses 2 collines jumelles auprès du village. Les Vietnamiens les comparent à 2 mamelons féminins, en raison de leurs formes.
De Quản Bạ, continuer vers le nord, en suivant la route RC 4 sur une dizaine de kilomètres puis, sur la droite (panneau), prendre la direction du ***village hmong de tisserands de Lùng Tám.*** L'atelier de tisserands se trouve en face de la poste *(Bưu Điện),* au hameau de Hợp Tiến. C'est marqué « *Lungtam Linen Cooperative* » *(☎ 12-55-14-76-65 ; tlj 6h30-18h30 l'été, 7h-17h l'hiver).* On y découvre tout le processus ancestral : filage, tissage et confection du chanvre. Des dames âgées et des adolescentes « en apprentissage » y travaillent sur des instruments centenaires. À noter que les teintures sont toutes d'origine végétale. Une petite boutique à côté de l'atelier vend des sacs et des tissus en chanvre.
Proche de Lùng Tám, dans une vallée voisine, ***village communautaire de Nặm Đăn.*** Après Quản Bạ, prendre la route 4 C vers Yên Minh et le nord. Faire environ 5 km, vous verrez un panneau sur la droite indiquant le village, situé dans une vallée fertile et verte. Il compte 51 familles dzao. Elles cultivent du riz, du maïs, des légumes et élèvent des buffles et des cochons. C'est une bonne escale pour dormir chez l'habitant (voir plus haut « Où dormir ? Où manger ? »). Dans ce village, on peut aussi visiter un petit laboratoire de plantes médicinales.

Le palais de Vương Chính Đức : *dans le village de **Sà Phìn,** à 12 km avt Đồng Văn, sur la droite de la route nationale, en venant de Quản Bạ. Tlj 7h-17h30 l'hiver, 6h30-18h l'été (mai-sept). Entrée : 20 000 Dg. À la billetterie, vous verrez Vương Thị Trở, arrière-petite-fille du dernier « roi », qui est née dans le palais.*
Situé en contrebas de la route principale, ce village abrite un monument étonnant. On ne s'attend pas à voir un manoir vietnamien (petit château en fait) dans une région aussi isolée. Grand ami des Français à l'époque coloniale, Chính Đức (1865-1947), un chef hmong local, s'est fait construire, sur une petite butte, un palais *(nhà họ Vương)* sur le modèle d'un *yamen* chinois.

L'ENFER DE LA DROGUE

Depuis le XVIIe s, les Hmong cultivaient traditionnellement le pavot. Connaissant le danger de l'opium, la consommation personnelle en était interdite. Une seule exception : les personnes âgées et malades pouvaient en fumer mais à condition que les fils (vivant sous le même toit) soient mariés et subviennent aux besoins de la famille.

Le manoir consiste en plusieurs bâtiments en bois de 2 étages entourant 3 cours intérieures. Entre la nombreuse famille du châtelain, les serviteurs et la garnison, plus de 100 personnes vivaient à l'intérieur de cette maison-forteresse de 64 petites pièces. À l'époque, les Français y entreposaient l'opium cultivé dans la région. Cet opium fut la principale source de revenus du « roi ». On peut voir la pièce où cette marchandise était entreposée. Le palais fut habité par le « roi » jusqu'en 1954, puis confisqué par le gouvernement communiste, qui autorisa 6 familles à y vivre jusqu'en 2004. Aujourd'hui, c'est un Monument historique.

Đồng Văn : *à 21 km au nord de Mèo Vạc.* Petite capitale haut perchée (à 1 060 m) de la région de l'extrême nord de la province de Hà Giang, frontalière avec la Chine. C'est par Đồng Văn que les 1ers Hmong ont émigré du sud-ouest de la Chine au Vietnam, il y a environ 300 ans. Souvenir des Français, les hommes âgés portent encore souvent un béret basque. Ce petit village est dominé par 2 pics calcaires. Au sommet du plus haut, le fortin français de ***Pú Lo,*** construit en 1890 et évacué en 1945 (splendide vue sur la région). Le petit marché de Đồng Văn est ouvert tous les jours. En semaine, il est endormi et ne présente pas d'intérêt. C'est le dimanche qu'il est le plus éclatant de vie et de couleurs, car animé par les villageois des minorités ethniques des environs.

À 26 km au nord de Đồng Văn, une route mène au site de ***Lũng Cú,*** à la frontière chinoise. C'est le point le plus septentrional du Vietnam. Il n'y a même pas de village mais une tour en béton, dite la tour du Drapeau. Celle-ci, haute de 30 m, se dresse comme un phare au-dessus d'un vaste paysage. Elle est en effet coiffée du drapeau vietnamien *(entrée payante : 25 000 Dg).* Vue magnifique à 360° y compris sur la Chine. Du belvédère, petit chemin menant à un village de Lolos Noirs.
Su Su Coffee Shop : à l'intersection de la route menant à la tour du Drapeau. Petit café-resto qui sert de la cuisine vietnamienne à prix sages. Superbe vue sur la vallée depuis la terrasse.

La route entre Đồng Văn et Mèo Vạc : la ville de Đồng Văn est le point de départ de l'une des routes les plus extraordinaires et sauvages du Vietnam. Étroite, sinueuse, elle grimpe au ***col de Mã Pí Lèng*** (1 200 m) d'où l'on a l'un des meilleurs aperçus de ce paysage de Hà Giang. Sur les pentes de rocaille, çà et là, une maison hmong en pierre noire, à peine visible au milieu des rocs de granit. En contrebas, un gouffre de 300-400 m de profondeur : les ***gorges de la rivière Nho Quế.***
Aux alentours de Mã Pí Lèng s'étend un étonnant désert minéral dans lequel vivent pourtant les fameux Hmong Noirs, on se demande comment ! Unique en Asie, cette région de 2 350 km^2 au relief incroyable (surnommée « le plateau de pierre ») porte le nom de parc géologique ***(Géoparc).*** Constitué d'une multitude de pics et de canyons calcaires (karstiques) plantés sur un haut plateau dans un environnement époustouflant de montagnes et de collines, ce *Géoparc* s'étend sur 4 districts régionaux (Quản Bạ, Yên Minh, Đồng Văn et Mèo Vạc).

De Mèo Vạc à Bảo Lạc : *env 70 km (env 3h de route).* Encore une très belle route (bitumée) de montagne surplombant la vallée de la ***rivière Sông Gâm.*** À Bảo Lạc, on est redescendu à 200 m d'altitude. Ville banale où il faut quand même voir le grand marché qui se tient tous les 5 jours lunaires (5, 10, 15, etc.) et rassemble des minorités locales.

LE CENTRE

• Carte p. 268-269

Voici le Trung Bộ, l'ex-empire d'Annam, l'ancien royaume cham. Situé à 650 km de Hanoi et près de 1 100 km de Saigon, il sera l'une de vos plus séduisantes étapes au Vietnam. Avec le parc national de Phong Nha, ses grottes et ses pitons recouverts de jungle, Huế, la ville impériale, Đà Nẵng, son Musée cham, et Hội An, l'une des villes les plus délicieuses du pays, où l'atmosphère du temps jadis flotte encore sur le port et dans les ruelles bordées de maisons vénérables...

LE PARC NATIONAL DE PHONG NHA-KẺ BÀNG

IND. TÉL. : 232

Étendu sur 116 700 ha à la frontière du Vietnam et du Laos, dans une région montagneuse et boisée marquée par de nombreux sommets à plus de 1 000 m (la cordillère de Trường Sơn, province de Quảng Bình), ce grand parc, classé en 2003 au Patrimoine mondial de l'Unesco, constitue le plus important espace naturel protégé du Vietnam. Comptant parmi les plus vieux reliefs karstiques d'Asie et parmi les plus vastes régions calcaires du monde, l'ensemble date de 400 millions d'années (ère paléozoïque). Montagnes et pitons rocheux couverts de forêts tropicales primaires y composent un paysage d'une grande beauté naturelle, taché de champs de maïs et d'arachides, de rizières. Le long des méandres de la rivière Sông Con ont essaimé un chapelet de paisibles hameaux, pour beaucoup peuplés de communautés chrétiennes dont les églises atteignent les dimensions de petites cathédrales. Mais le plus surprenant se trouve sous la terre. Le sous-sol du parc est creusé de dizaines de grottes et de cavernes souterraines, dont une partie est accessible au public, à pied comme par bateau.

Arriver – Quitter

– ***Accès :*** desservi par la piste Hồ Chí Minh, le parc est situé à 55 km au nord-ouest de Đồng Hới (gare ferroviaire et aéroport) et à 162 km au nord de Huế. ***Prévoir au moins une nuit sur place*** pour avoir le temps d'apprécier le site. Ne pas faire l'A/R depuis Huế dans la journée, on passe alors 9h sur la route !

➢ ***En bus local depuis Huế et Đồng Hới :*** depuis Huế, bus réguliers pour Đồng Hới (trajet : 4h30). Puis, de la gare routière Nam Lý de Đồng Hới, modeste bus local (le B4) ttes les heures, 5h30-17h. Trajet : env 1h30. Billet : 50 000 Dg.
Plus rapides, plus pratiques et plus chers, plusieurs ***bus touristiques*** relient directement Huế au village de Phong Nha en 4-5h pour 150 000-180 000 Dg. Voir notamment avec *Hưng Thành Travel,* qui assure 1 départ/j. à 16h30. Cette même compagnie (qui n'a pas très bonne réputation...) propose, depuis Phong Nha, des bus quotidiens le soir pour le Nord (Hanoi, Ninh Bình) et tôt le mat pour le sud du pays (Huế, Đà Nẵng, Hồ Chí Minh-Ville). Bureau à Huế *(49, Chu Văn An ; ☎ (234) 383-14-17 ; à Phong Nha, ☎ 367-77-79 ; ● hungthanhtravel.com.vn ●).* Autre option, toujours depuis Huế, le bus de l'agence *DMZ Travel* (départ en début d'ap-m du *DMZ Bar*).
➢ ***Par la route depuis Đồng Hới :*** 1h30 en voiture, 2h à moto.

Infos pratiques

On trouve pas mal d'infos sur le blog *● visitphongnha.com ●*
– ***Orientation :*** étendu le long de la rivière Sông Con, le gros village de ***Phong Nha*** est le centre névralgique du parc. Sa rue principale regroupe sur 500 m hôtels bon marché, restos, agences et loueurs de bécanes *(compter 100 000-150 000 Dg pour un scooter et env 40 000 Dg pour un vélo).* En poussant quelques centaines de mètres plus loin, on atteint l'embarcadère pour la grotte de Phong Nha.
– ***Avertissements :*** de septembre à novembre, il pleut beaucoup. La grotte de Phong Nha est parfois fermée en raison des inondations.
– On compte une paire de ***distributeurs*** (ATM) au village, notamment face à l'embarcadère et dans le secteur des hôtels bon marché. Mieux vaut cependant venir avec suffisamment de liquide.

Où dormir ?

De bon marché à prix moyens (jusqu'à 600 000 Dg / env 23 €)

De nombreux petits hôtels pas chers se serrent les uns contre les autres le long de l'avenue principale, à l'entrée du village. Pas franchement de cachet, mais la localisation est pratique. On peut sinon préférer loger dans un *homestay,* dont plusieurs s'égrainent le long de la rivière, par-delà l'embarcadère. C'est évidemment beaucoup plus calme, et plus isolé.

☗ |●| ***Easy Tiger Hostel :*** *dans la rue principale de* ***Phong Nha.*** *☎ 367-78-44. ● easytigerphongnha@gmail.com ● easytigerhostel.com ● Compter 180 000 Dg/pers, petit déj en sus.* Immense, voilà la principale auberge de jeunesse du secteur, empilant des dizaines de dortoirs sur 3 étages, en surplomb d'un vaste *beer garden.* Piscine à l'arrière, vaste choix de *world food* au resto-bar, billard et concerts plusieurs soirs par semaine. Bref, pas mal d'ambiance, de quoi faire des rencontres. Organise activités et excursions aux grottes. Location de vélos.

☗ |●| ***Phong Nha Coco House et Coco Riverside :*** *à* ***Phong Nha,*** *en longeant la rivière, 500 m après l'embarcadère. ☎ 365-023-363. Doubles 400 000-600 000 Dg, petit déj inclus.* À 100 m l'un de l'autre, 2 *homestays* paisibles et mignons gérés par la même famille, tous 2 posés en surplomb de la berge et conçus sur le même moule : une rangée de chambres donnant sur une

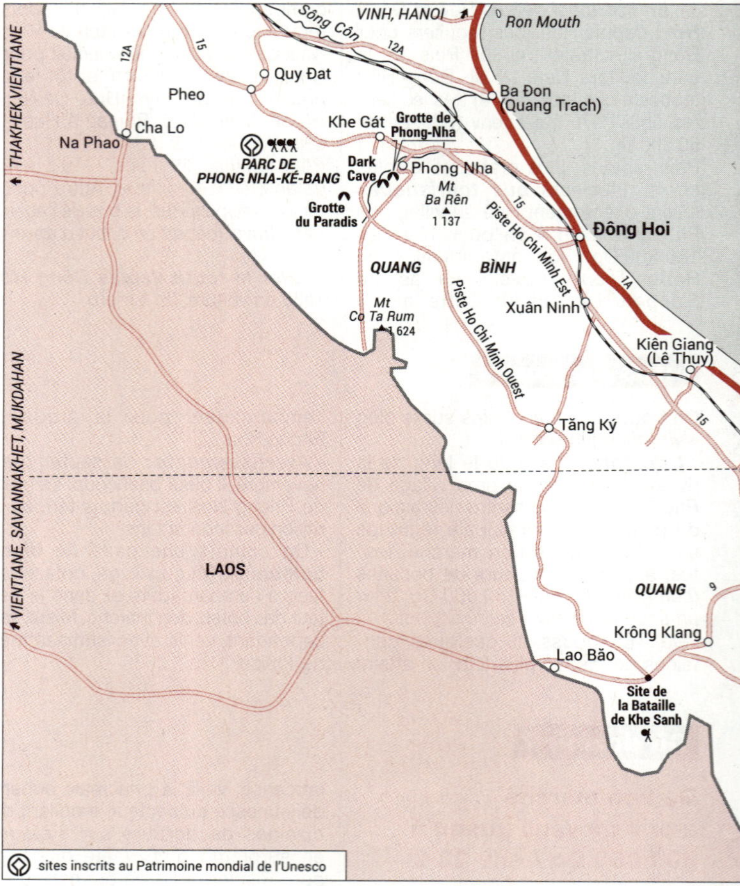

cour, et une terrasse commune dominant la rivière. Prix selon la vue et confort très correct partout (clim, salle d'eau), même si le *Riverside* est plus récent. On peut y manger.

Carambola Bungalows : *à Phong Nha, 2,5 km après l'embarcadère en longeant la berge. 09-48-09-03-72 ou 09-44-99-90-91. Doubles 500 000-550 000 Dg, petit déj inclus.* Une demi-douzaine de bungalows sur pilotis, modernes et tout confort, plantés sur la berge, dans un jardin soigneusement entretenu. Transats pour buller en regardant s'écouler la vie le long de la rivière. Calme intégral, en contrepartie d'un certain isolement (le centre est à 10 mn à vélo, 30 mn à pied). Repas possible.

Voir aussi plus bas le dortoir du ***Phong Nha Lake House Hotel & Resort.***

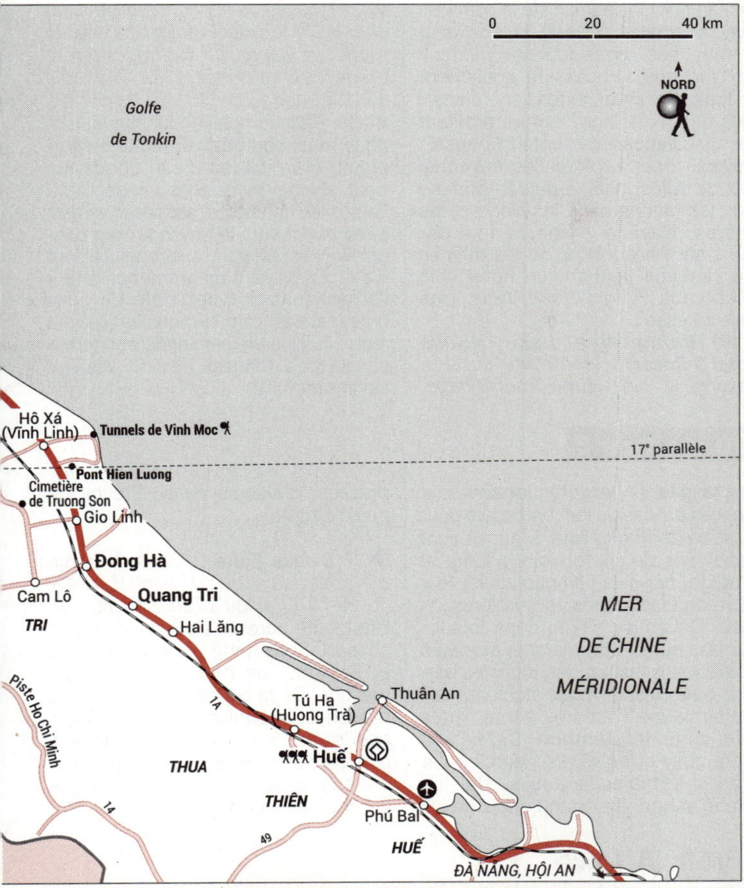

LE CENTRE DU VIETNAM

Plus chic (1 000 000-2 000 000 Dg / env 38-76 €)

Phong Nha Farmstay : *Hoá Sơn Village,* *Cự Nẫm, Bố Trạch. ☎ 367-51-35. 09-17-91-00-55. • phong-nha-cave.com • À 8 km de Phong Nha, en retrait de la route de Đồng Hới. Double env 50 US$, petit déj inclus.* Monté par une Vietnamienne du cru et son mari australien, un petit havre de paix, lové au cœur d'un hameau. Seulement une douzaine de chambres, sobres et confortables, logées dans une grosse bâtisse s'inspirant du style colonial français, encadrée de coursives tournées vers les rizières, les montagnes et le coucher de soleil. Piscine dans la cour intérieure, doublée d'une 2de dominant ce paysage enchanteur. Chaleureux salon commun (avec cheminée l'hiver !), où l'on peut prendre ses repas (cuisine mixte à prix moyens). Possibilité également de loger dans des extensions dispersées dans le village, tout en profitant des installations de l'hôtel. Et aussi : conseils pour explorer les environs, prêt de vélos, balade guidée gratuite tous les matins dans le village et les rizières. Navette plusieurs fois par jour pour Phong Nha, où les mêmes propriétaires tiennent un hôtel chic et choc, le *Victory Road Villas*. Une belle adresse !

Phong Nha Lake House Hotel & Resort : *Hồ Chí Minh East Rd, Khuong Ha Town,* ***Hưng Trạch Village.*** *☎ 367-59-99. • phongnhalakehouse.com • À 7 km de Phong Nha, sur la route de Đồng Hới (le bus s'arrête devant). Lit en dortoir 12 US$, double 55 US$, bungalow 75 US$; petit déj inclus.* Petit complexe touristique, rustique mais confortable, étagé en surplomb d'un joli lac d'eau douce (on peut s'y baigner), entouré de forêt. Toutes les chambres, sobres et vastes, se tournent vers le paysage ; les bungalows sont presque suspendus à fleur d'eau. Également un grand dortoir sur l'arrière (pas de vue), doté de bons gros matelas, clim et moustiquaire. Au resto, cuisine vietnamienne et internationale (pas donnée). Piscine. Vélos et kayaks gratuits.

Où manger ?

Une rangée de ***gargotes locales*** sont alignées à 2 pas de l'embarcadère pour la grotte de Phong Nha. D'autres sont dispersées de loin en loin le long de la berge, par-delà l'embarcadère, leur microterrasse juchée en surplomb de l'eau. On trouve sinon, dans le secteur des hôtels bon marché, plusieurs restos à destination des touristes servant une cuisine mixte occidentalo-vietnamienne. Dans le genre, on a bien aimé le ***Bamboo Café,*** son cadre cosy et boisé, ses lampions et ses confortables fauteuils. Cuisine fraîche et honnête, grand choix de jus pressés, d'alcools aussi. Prévoir un peu d'attente.

D-Arts Zone : *en bas de la rue principale, au niveau du pont. 09-41-55-25-70. Tlj jusqu'à 22h. Bon marché.* Une petite adresse pour amateurs de cochon. Sous cette paillote en palme et bambou, on ne sert que ça, ou presque. De la bonne saucisse fumée maison, et un *bún chả* comme à Hanoi, nouilles et bouillon agrémenté de porc grillé au barbecue. Également quelques options végétariennes, pour qui se serait laissé entraîner là malgré lui...

À voir. À faire

Hormis la grotte de Phong Nha, accessible en bateau à partir du village, les autres sites se rejoignent, au choix, avec une agence (se renseigner auprès de son hôtel), à scooter ou à vélo (lire à ce propos « Balades à vélo (ou à scooter) » en fin de chapitre).

Les grottes de Phong Nha et Tiên Sơn : *ouv 7h-17h (7h30-16h30 l'hiver). Achat des billets et paiement du bateau au guichet de l'embarcadère principal* (Phong Nha Kẻ Bang Tourist Center). *Entrée Phong Nha seule : 150 000 Dg/pers (230 000 Dg les 2 grottes). S'y ajoute le* ***prix du bateau*** *: 360 000 Dg/bateau (400 000 Dg pour les 2 grottes), que l'on peut partager à plusieurs (12 pers max). Mieux vaut se grouper, donc, pour faire des économies. Durée de la visite : 2h30 pour celle de Phong Nha (3h30 les 2 grottes). La grotte peut aussi se visiter en kayak (se renseigner auprès d'une agence du village).* La grotte de Phong Nha forme un dédale rocheux de presque 8 km de longueur, creusé de 14 cavités hérissées de stalactites et stalagmites. Une rivière souterraine, longue de 1 500 m, traverse ce fascinant monde de ténèbres. Pendant la guerre du Vietnam, elle servit de base secrète aux soldats de l'armée communiste du Nord-Vietnam qui

empruntaient la piste Hồ Chí Minh pour ravitailler le front. Des ponts flottants mobiles y étaient entreposés, en vue de remplacer les ponts détruits par les bombardements américains.
On rejoint la grotte en barque à moteur, soit 40 mn de navigation dans un très beau paysage de vallée fluviale, bordée de pitons calcaires couverts de bois tropicaux. Au fil de l'eau se dessine le quotidien des habitants. Les lessives dans la rivière, les cultures jusque sur les pentes abruptes des berges, les villageoises plongeant dans l'eau une perche-râteau pour récolter des algues qui viendront nourrir les animaux, les cochons, les poissons élevés dans des cages flottantes.
À l'entrée de la grotte, le batelier arrête le moteur et on y pénètre à la rame (c'est obligatoire) en passant sous une arche naturelle.
Après un bon quart d'heure à glisser silencieusement entre les parois, les passagers débarquent pour suivre un chemin encadré d'un parterre de stalagmites, sous une voûte d'orgues et de stalactites, jusqu'à revenir à l'entrée.
Possibilité ensuite de grimper 330 marches pour atteindre la ***grotte de Tiên Sơn*** où l'on peut observer des vestiges cham du IXe s. On peut se faire accompagner d'un guide local.

LES ENTRAILLES DE LA TERRE

En 2009, des spéléologues anglais et vietnamiens explorèrent pour la 1re fois la grotte Hang Sơn Đoòng dont les dimensions se révèlent gigantesques : 9 km de long, et surtout une immense salle dans laquelle pourrait voler un Boeing 747 ! Officiellement reconnue comme la grotte la plus grande du monde, elle n'est accessible qu'à de rares initiés.

Dark Cave (Hang Tối) **:** *à 20 km au sud-ouest de Phong Nha par une route goudronnée qui emprunte l'autre rive de la rivière Sông Con (lire aussi plus bas « Balades à vélo (ou à scooter) »). On peut aussi y aller en bateau depuis l'embarcadère, en visitant au passage la grotte de Phong Nha (compter 620 000 Dg le bateau, entrée des grottes en sus). Ouverture à 8h, dernier billet à 15h. Le tour démarre quand un groupe de 10 est constitué. Entrée : 450 000 Dg. Prévoir son maillot de bain.* Pour amateurs de sensations fortes. On accède à l'entrée de la grotte en tyrolienne (!) puis on y pénètre à la nage, avant de l'explorer à pied – avec bain de boue en prime – puis d'en repartir en kayak. Sportif !

Mooc Spring (Suối Moọc) **:** *2 km après la Dark Cave, en allant vers la grotte du Paradis. Entrée : 80 000 Dg.* Cette portion de rivière entrecoupée de rapides a été aménagée en espace baignade, avec passerelles suspendues. Populaire l'été auprès des familles vietnamiennes. Kayak possible. Resto.

La grotte du Paradis (Động Thiên Đường ou Paradise Cave) **:** *à 30 km au sud-ouest de Phong Nha, en poursuivant la même route que pour la Dark Cave. • paradisecave.com • Ouv 7h-16h30 (7h30-16h l'hiver). Entrée : env 250 000 Dg ; réduc. Du parking à l'entrée du site, compter 2 km de marche (sinon, navette électrique, payante), puis encore une longue grimpette jusqu'à la grotte.* Découverte en 2010, la grotte s'étend sur 31 km, mais le parcours de visite n'en couvre qu'un seul, ponctué de plates-formes d'observations et distribuant des salles d'un volume impressionnant, dans lesquelles on descend par un escalier en bois. Si les stalactites et stalagmites sont réputées être les plus remarquables du parc, dommage que leur éclairage soit un peu brutal. Soyons honnête, la grotte du Paradis n'a pas le charme un peu magique que confère à celle de Phong Nha l'exploration en bateau.

– Les adeptes de spéléologie pourront explorer d'***autres grottes*** en s'adressant à l'agence *Oxalis* *(bureau dans la rue principale de Phong Nha ; 09-19-90-01-63 ; • oxalis.com.vn •).* Excursions sur 1 à 3 jours, très chères, mais de haut niveau, avec bivouac dans la jungle ou même dans la 3e plus grande grotte au monde, celle de Hang Én ! L'agence est aussi la seule habilitée à vous faire pénétrer dans la ***grotte de Hang Sơn Đoòng,*** la plus grande du monde (lire encadré) pour la bagatelle de... 3 000 US$! Ben voyons...

👀 ***Balades à vélo (ou à scooter) :*** les environs de Phong Nha se prêtent à de délicieuses excursions à la rencontre de la vie villageoise. On peut, par exemple, au départ du village, longer la berge par-delà l'embarcadère jusqu'à la modeste barque qui fait office de bac (à 10 km), traverser la rivière, puis se laisser porter le long des allées bétonnées à travers champs et hameaux. Quelques centaines de mètres après, sur la gauche, voilà un pont suspendu, auquel succède peu après un autre, en poursuivant sur la droite. Si tout se passe bien, vous devriez ensuite déboucher à quelques kilomètres seulement de la *Dark Cave* (prendre à gauche en arrivant sur la grande route). On rejoint celle-ci bien plus vite par ce bucolique chemin de traverse que par la route principale, qui effectue un large détour par le nord pour passer sur la rive opposée de la rivière Sông Con.

HUẾ

350 000 hab. IND. TÉL. : 234

• Plan *p. 274-275* • Carte Les environs de Huế *p. 293*

Située au centre du Vietnam, à moins de 20 km de la mer (le golfe du Tonkin), la ville s'épanouit au bord de la rivière des Parfums, née dans les montagnes de la cordillère annamitique : un cadre favorisé et aéré. Attachée aux empereurs Nguyễn depuis la fin du XVIIe s, réputée pour sa vie culturelle, Huế occupe une place à part dans le paysage vietnamien. Sa citadelle inspirée de la Cité interdite de Pékin et les fastueux tombeaux royaux, disséminés dans la campagne alentour, entre rizières et collines, lui ont valu d'être inscrite au Patrimoine mondial de l'humanité par l'Unesco. On dit souvent que Saigon c'est le commerce, Hanoi la politique et l'armée, Huế les empereurs et la culture. C'est caricatural bien sûr, mais assez vrai.

UN PEU D'HISTOIRE

La ville des empereurs Nguyễn

Occupée par les Chinois du IIIe s av. J.-C. au IIIe s apr. J.-C., la région entre ensuite dans la sphère d'influence cham. Marquant la frontière nord du royaume, elle s'appelle successivement Kiusu et Kandarpapura. En 1306, la ville et ses environs passent dans le giron du royaume viet à la faveur du mariage de la princesse Huyền Trân, sœur du roi viet Trần Anh Tông, avec le roi du Champa. À la chute de celui-ci, au XVe s, Kandarpapura est rebaptisée Thuận Hoá sous le règne des seigneurs Nguyễn. La ville et les terres qui en dépendent n'acquièrent toutefois vraiment de l'importance qu'à la fin du XVIIe s, lorsqu'un seigneur Nguyễn en fait sa capitale. Nouveau changement de nom en Phú Xuân. Le pays est alors agité par une longue guerre civile qui s'achève en 1777 par la prise de pouvoir de Nguyễn Huệ.
10 ans plus tard, celui-ci chasse les Mandchous. Son successeur, le célèbre Gia Long, parvient au pouvoir avec l'aide des Français et confirme Phú Xuân dans son rôle de capitale du Vietnam. En 1805, il y entame de pharaoniques travaux. Le rétablissement de la paix après de longues années de guerre permet aux Nguyễn de mobiliser la main-d'œuvre et les ressources matérielles de toutes les régions du pays pour la construction de la capitale. Ils font venir les plus habiles artisans du Nord ; de nombreux palais de Hanoi sont même démantelés pour fournir pierres

et matériaux. La construction des principaux ouvrages est achevée en moins d'un demi-siècle. À la fin des travaux, en 1833, Phú Xuân prend définitivement le nom de Huế.

Huế, comme Hanoi avant elle, a été édifiée suivant les principes rigoureux de la géomancie : pagodes, palais, citadelles s'élèvent à des endroits précis, articulant astrologie, légendes, traditions religieuses, orientations géographiques particulièrement étudiées. La citadelle a été construite selon un axe nord-ouest/sud-est, perpendiculaire au fleuve, face à une colline sacrée (mont de l'Écran royal),

UN MANDARIN BRETON

Sous le règne de Louis XVI, près de 400 volontaires bretons débarquèrent à Huế pour soutenir l'empereur Gia Long. Parmi eux, Jean-Baptiste Chaigneau (1769-1832), originaire de Lorient. Il participa à la prise de Huế, et resta 25 ans au service du souverain francophile. Nommé grand mandarin et général de l'armée du Centre, il tomba en disgrâce et dut finir ses jours dans sa ville bretonne à cause du francophobe Minh Mạng, successeur de Gia Long.

Adresses utiles

1 Vietnam Airlines (D4)
3 Central Hospital (C4)
4 Hưng Thành Travel (zoom)
5 Thesinhtourist (zoom)
6 DMZ Travel (zoom)
7 Orphelinat (A4)
9 Huế Riders (C1)

Où dormir ?

10 Hue Backpackers Hostel – The Imperial (zoom)
11 Cảnh Tiên Guesthouse (zoom)
12 Hoàng Hương Guesthouse (zoom)
13 Huế Amazing Family Homestay (zoom)
14 Tintin Hostel (zoom)
15 Huénino Hotel et Holiday Diamond Hotel (zoom)
16 Thân Thiện Hotel (zoom)
17 Serene Shining Hotel (zoom)
18 Hồng Thiện Ruby Hotel (zoom)
19 Jade Hotel (D3-4)
20 Huế Charming Hotel (zoom)
21 Serene Palace (zoom)
22 Beaulieu Boutique Hotel (zoom)
23 Orchid Hotel (zoom)
24 Villa Huế (zoom)
25 Bình Minh Sunrise Hotel (D4)
26 Valentine Hotel (zoom)
27 Hôtel Saigon Morin (D3)
28 Hôtel Azerai La Résidence (C4)
29 Maison d'hôtes Vu Tri Viên (C2)
30 Tâm Tịnh Viên (hors plan par A4)
31 ÈMM Hotel (D4)
32 Huế Homestay Riverside (B3)
33 Freedom Hostel (zoom)
34 Tam Family Homestay (B4)

Où manger ?

21 Serene Cuisine (zoom)
40 Bistro La Carambole (zoom)
41 Lạc Thanh (C3)
42 Family Home, Nina's Café et Ganesh (D3-4)
43 Hanh (D3)
44 Hùng Vương Inn (D3-4)
45 Golden Rice (zoom)
46 Liên Hoa (D4)
47 Le Jardin de la Carambole (B3)
48 Rose 2 (zoom)
49 Hoa Nghiêm (D3)

Où déguster de bonnes pâtisseries ? Où prendre un café ou le petit déj ?

42 Family Home et Nina's Café (D3-4)
50 La Boulangerie Française – Bánh Mì Pháp (D3)
52 Bình An Đường Café (B2-3)

Où boire un verre ? Où sortir ?

61 Xuân Trang (zoom)
62 Secret Lounge (zoom)
63 Brown Eyes (zoom)
66 Bar de l'Imperial Hotel (D3)

Achats

70 Gia Huy Silk (zoom)
72 Rue Trần Hưng Đạo et grand marché Đông Ba (C3)

À voir

71 Musée de la Broderie (C3)
81 Porte du Midi (C3)
82 Palais du Trône (C3)
83 Temple du culte des empereurs Nguyễn (B3)
84 Porte de la Vertu (B3)
85 Palais de la Reine-Mère (B3)
86 Palais de la Longue Vie (B3)
87 Pavillon Tứ Phương Vô Sự (B3)
88 Pavillon de Lecture (B3)
89 Théâtre royal (C3)
90 Parc Vườn Cơ Hạ (B-C3)
91 Porte de l'Humanité (C3)

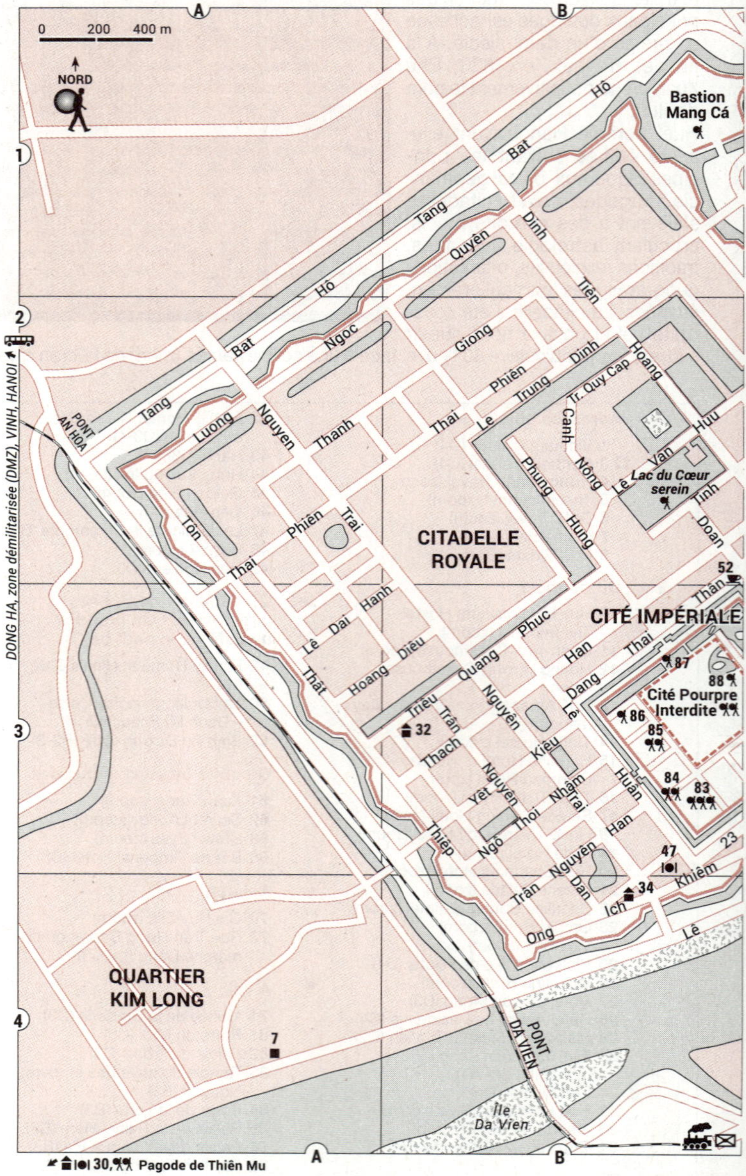

A
B
0 200 400 m
NORD
1
2
3
4
DONG HA, zone démilitarisée (DMZ), VINH, HANOI
Bastion Mang Cá
Hô
Bat
Tang
Dinh
Tiên
Quyên
Ngoc
Giong
Luong
Nguyen
Thanh
Thai
Phiên
Le
Trung
Dinh
Tr. Quy Cap
Hoang
Canh
Nông
Phung
Hung
Lê
Van
Huu
Tinh
Doan
Lac du Cœur serein
PONT AN HOA
Tôn
Thai
Phiên
Trai
CITADELLE ROYALE
CITÉ IMPÉRIALE
52
Thân
Thai
Han
Dang
Phuc
Quang
Hanh
Dai
Lê
Diêu
Hoang
Thât
Triêu
Trân
32
Thach
Nguyên
Lê
Kiêu
87
88
Cité Pourpre Interdite
86
85
84
83
Huân
Trai
Nhâm
Nguyên
Yêt
Thoi
Thiêp
Ngô
Han
Nguyên
Trân
Dan
Ich
34
47
Khiêm
23
Ong
Lê
QUARTIER KIM LONG
7
PONT DA VIEN
Île Da Vien
30,
Pagode de Thiên Mu

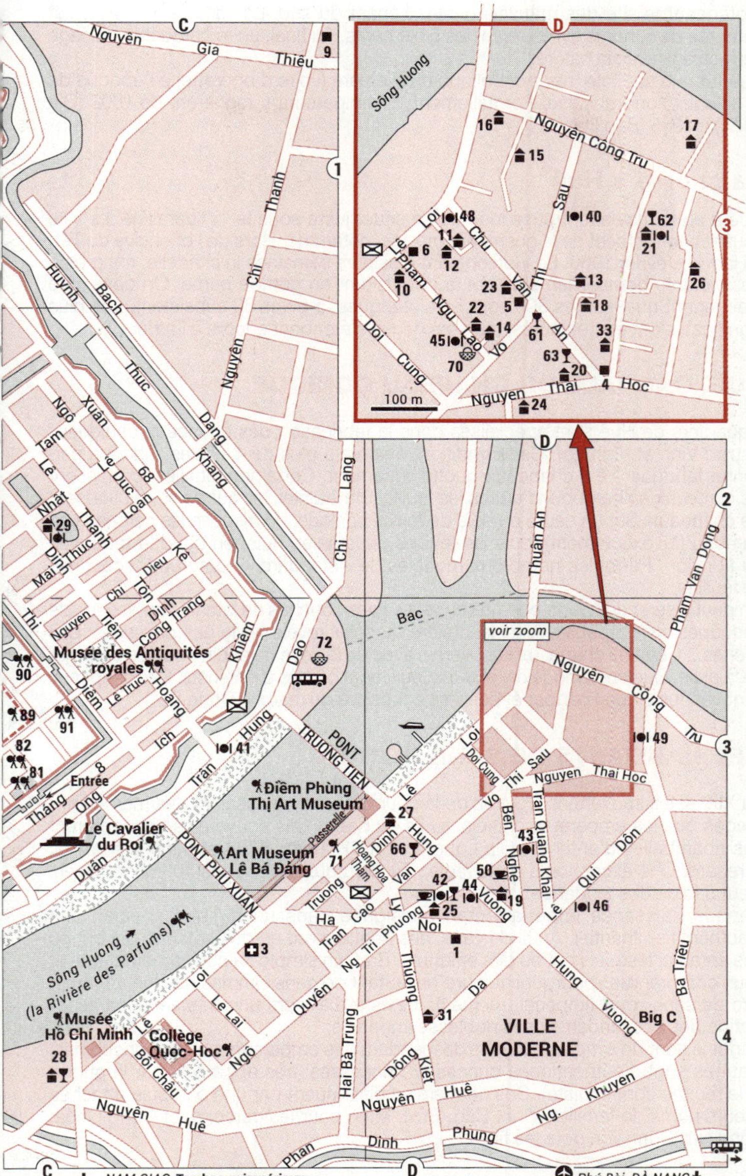

Nguyên Gia Thiêu
Sông Huong
Nguyên Công Tru
Lê Loi
Chu Văn An
Lê Phạm Ngu Lão
Doi Cung
Vo Thi Sau
Nguyen Thai Hoc
100 m
Thanh
Chi
Nguyen
Huynh Thuc Khang
Bach Dang
Ngô Xuân
Tam Lê Nhât
Lê Duc
Thanh Loan
Dinh Mai Thuc
Kê Dieu
Chi Ton
Thi Nguyen Tiên
Dinh Cong Trang
Khiêm
Musée des Antiquités royales
Diêm
Lê Truc
Hoang
Dao
Lang
Thuân An
Phan Van Dong
Bac
voir zoom
Nguyên Công Tru
Doi Cung
Vo Thi Sau
Nguyen Thai Hoc
Entrée
Thăng Ong
Ich
Trân Hung
PONT TRUONG TIEN
Điêm Phùng Thị Art Museum
Le Cavalier du Roi
Duẩn
PONT PHU XUÂN
Art Museum Lê Bá Đáng
Passerelle
Hoang Hoa Thám
Dinh
Hung
Truong
Van
Ha
Cao
Ly
Tran
Noi
Ben Nghe
Tran Quang Khai
Vuong
Lê Qui Dôn
Ng Tri Phuong
Sông Huong (la Rivière des Parfums)
Loi
Le Lai
Quyên
Thuong
Da
Hung Vuong
Ba Triêu
Big C
Musée Hô Chí Minh
Collège Quoc-Hoc
Lê
Boi Châu
Ngô
Hai Bà Trung
VILLE MODERNE
Dông Kiêt
Nguyên Huê
Nguyên Huê
Ng. Khuyen
Phan Dinh Phung
NAM GIAO, Tombeaux impériaux
Phú Bài, DÀ NANG

HUẾ

protégeant le site des mauvais génies venant du sud. La vallée elle-même est entourée de 5 monts symbolisant les 5 éléments. Au final, un remarquable mariage harmonieux avec la nature.
Huế fut une capitale très symbolique du Vietnam (voire d'opérette) à l'époque de la colonisation française. Formellement, 13 empereurs y régnèrent de 1802 (Gia Long) à 1945 (Bảo Đại).

La guerre à Huế

Huế a eu la malencontreuse idée de se situer juste sous le 17e parallèle. La ville souffrit énormément de la guerre américaine, notamment lors de l'offensive du Tết, en janvier-février 1968. Le Vietcong tint plusieurs semaines la citadelle, malgré de très violents bombardements qui la détruisirent en grande partie. On considère maintenant que, sur les 300 édifices historiques, à peine 80 subsistent. Les plus significatifs ont été restaurés, mais les ruines s'étendent encore à l'arrière.

HUẾ, CAPITALE DU CHAPEAU CONIQUE

2 quartiers de Huế sont spécialisés dans la fabrication des chapeaux coniques : Phước Vinh et Vĩnh Lợi. Cette tradition remonte à plus de 4 siècles. Chaque personne fabrique 1 à 2 chapeaux quotidiennement. Certaines familles fournissent les cerceaux en bambou, d'autres les feuilles de latanier, les autres confectionnent les chapeaux. Sur un cadre en bois de forme conique, on dispose les cerceaux en bambou (16 exactement), puis les feuilles de latanier. Puis, on coud le tout avec du fil nylon. Parmi les nombreux modèles, le « standard » comprend 3 couches de feuilles.
On peut insérer de courts poèmes entre les fines couches de latanier, ou des motifs découpés sur du papier. Ainsi la lumière du soleil révèle-t-elle des paysages, des scènes... Certains chapeaux sont vernis avec de la sève de sapin pour les protéger de la pluie. Quelques modèles, plus luxueux, sont brodés à l'intérieur. Ces chapeaux sont vendus un peu partout et dans les échoppes du marché Đông Ba.

DES HABITANTS DE SANG ROYAL

Au XIXe s, les souverains Nguyễn de la cour d'Annam jouissaient des mêmes privilèges que les empereurs chinois, « Fils du Ciel ». Ces souverains engendrèrent des ribambelles d'enfants : Gia Long en eut 31, Thiệu Trị 64 et Minh Mạng 142, le record. Une exception à cette règle : Tự Đức qui, malgré ses 103 concubines, n'eut pas de descendance.
Chaque naissance impériale était consignée dans un registre spécial, afin d'authentifier l'héritier. Au fil des ans, ces héritiers ont eu des enfants, qui ont eu des enfants, lesquels ont eu des enfants... Bref, un simple calcul mathématique et vous comprendrez pourquoi aujourd'hui autant de gens simples de Huế affirment être de sang royal (impérial, même !). Il existe d'ailleurs une très sérieuse association des descendants de la noblesse impériale.
Certains sont de simples citoyens descendant des empereurs par les concubines, d'autres sont d'authentiques princes et princesses (très appauvris par la guerre et le régime communiste). Ces derniers se distinguent par une particule attachée à leurs noms de famille : Vĩnh, Bảo, Bửu, Miên pour les garçons, et Công Chúa, Công Nữ, Công Tôn pour les filles.

CLIMAT

Mauvaise pioche, en raison de la configuration du terrain, il pleut beaucoup à Huế, et ce toute l'année, qu'il s'agisse d'une simple bruine ou de trombes diluviennes.

– Évitez la période de novembre à janvier : certaines années, il peut pleuvoir sans arrêt pendant ces 4 mois. Époque des typhons et des inondations.
– Été : très chaud.
– Meilleure époque : février et mars.

Orientation

La ville est composée de 2 zones distinctes. La ***citadelle,*** enserrée dans ses remparts, sur la rive nord de la rivière des Parfums, est un quartier résidentiel coquet et tranquille dans lequel loge l'ancienne cité impériale. La ***ville moderne,*** à l'extérieur des remparts puis sur la rive sud, est une zone bien plus animée où quelques rues, de part et d'autre de Võ Thị Sáu, concentrent la plupart des hôtels, restos et services (le « quartier routard »).

Arriver – Quitter

En train

Gare ferroviaire *(plan B4)* ***:*** *1, Bùi Thị Xuân ; sur Lê Lợi, à l'extrême ouest de la rue. ☎ 382-21-75. • vietnamtourism.com • vr.com.vn • Ouv 24h/24 (guichets, plus ou moins anglophones, 7h-21h). Également une borne pour retirer les billets achetés sur le Net.* Conseil : mieux vaut prendre les trains rapides (dont le nom commence par *SE...*), et réserver sa place au moins 2 jours avt le départ en hte saison, car Huế est en milieu de ligne. Il existe 6 catégories de confort à bord des trains.

➢ ***Pour Đà Nẵng, Nha Trang et Hồ Chí Minh-Ville :*** 6 trains/j. Le plus rapide est le *SE3* : départ vers 10h30 de Huế. Durées respectives : 2h30 (Đà Nẵng), env 12h (Nha Trang) et 19h (Hồ Chí Minh-Ville).

➢ ***Pour Ninh Bình et Hanoi :*** 5 trains/j. Le plus rapide est le *SE4* : départ vers 17h. Durées respectives : env 11h (Ninh Bình) et 13h (Hanoi). Pour Hanoi seul (ne dessert pas Ninh Bình), une assez bonne solution reste le *Livitrans Express (• livitrans.com •)* : départ vers 15h30 ; trajet env 14h. Les couchettes sont correctes mais les toilettes rudimentaires.

En bus public

3 gares routières : l'une au marché Đông Ba *(plan C3)* pour les liaisons locales, notamment vers Lăng Cô, et 2 autres assez éloignées du centre. Privilégiez les bus *Open Tour* de l'agence *Thesinhtourist,* qui viennent vous chercher à l'hôtel.

Gare routière du Sud *(Bến Xe Phía Nam ; hors plan par D4 et carte Les environs de Huế)* ***:*** *RN 1, à 1,5 km env du marché An Cựu.*

➢ Bus pour ***Hồ Chí Minh-Ville*** (1 bus/j. avec la compagnie *Phương Trang*), ***Ban Mê Thuột*** (avec la compagnie *Ngọc Thông*), ***Đà Nẵng, Nha Trang, Pleiku...*** La plupart des départs ont lieu le mat de très bonne heure. Les bus font parfois un arrêt à Lăng Cô (30 mn).

Gare routière du Nord *(Bến Xe Phía Bắc ; hors plan par A2 et carte Les environs de Huế)* ***:*** *sur l'ancienne route nº 1, à 7 km du centre, au nord. Excentrée, pas pratique.*

➢ Bus pour ***Lao Bảo*** (vers le Laos), ***Đông Hà*** (trajet : 3h), ***Khe Sanh*** (3h), ***Vinh*** (7-10h) et ***Hanoi.***

En bus et minibus *Open Tour*

De nombreux cafés, restaurants, hôtels et agences vendent les billets *Open Tour* : tarifs compétitifs et garantie que l'on vient vous chercher à votre hôtel.
– Parmi les compagnies les plus recommandables, citons ***Thesinhtourist,*** dont le bureau est situé au 38, Chu Văn An *(plan zoom,* ***5****). ☎ 384-50-22. • thesinhtourist.vn • Tlj 6h30-21h30.*
Liaisons pour :

➢ ***Đà Nẵng*** *(100 km)* ***puis Hội An*** *(135 km)* ***:*** compter 3-4h de trajet avec arrêt à Lăng Cô. Départs dans chaque sens tlj vers 8h et 13h15. Le bus emprunte le tunnel sous la montagne (6 km) et ne marque donc plus l'arrêt au col des Nuages.

➢ ***Hanoi*** *(680 km)* **:** bus-couchettes ; départ vers 17h30, arrivée le lendemain mat vers 6h30.

➢ ***Pour le Laos :*** départs quotidiens pour ***Savannakhet*** (350 km), vers 7h, arrivée vers 17h ; pour ***Vientiane,*** départ vers 8h, arrivée le lendemain vers 15h (bus *sleeping*). Le ***visa laotien*** est délivré à la frontière (Lao Bảo). Env 30 US$. Attente : 30 mn. Apportez 2 photos d'identité.

– Pour rejoindre le ***parc national de Phong Nha-Kẻ Bàng,*** voir avec la compagnie ***Hưng Thành Travel.*** *Bureau au 49, Chu Văn An (plan zoom, 4). ☎ 383-14-17. • hungthanhtravel.com.vn •* Départ tlj à 16h30, arrivée env 4h30 plus tard.

En avion

✈ ***Aéroport de Phú Bài*** *(hors plan par D4)* **:** *à env 15 km au sud de la ville. Compter env 20 mn en voiture.* Vols domestiques seulement (l'aéroport international se trouve à Đà Nẵng). ***Distributeur de billets*** et ***bureau de change*** dans le hall de livraison des bagages. ***Bus-navette*** pour le centre-ville env 50 000 Dg (comptoir pour acheter le billet juste avt la sortie) ; on arrive à l'agence *Vietnam Airlines,* rue Hanoi, ensuite, marche, taxi ou cyclo-pousse pour rejoindre votre hôtel. Attention, lorsque la navette est complète, elle part... Seule solution, alors, le ***taxi*** : pour le centre-ville, compter 250 000-300 000 Dg selon taille du véhicule.

■ ***Vietnam Airlines*** *(plan D4,* ***1****)* **:** *20, rue Hanoi. ☎ 382-32-49. • vietnamairlines.com.vn • Tlj 7h-19h.* Résas et vente des billets. Point de départ du minibus pour l'aéroport de Huế (1h40 avt le vol). Billet : 50 000 Dg.

➢ ***Pour Hanoi :*** 3-4 vols/j. avec *Vietnam Airlines* seulement.

➢ ***Pour Hồ Chí Minh-Ville :*** 3-5 vols/j. avec *Vietnam Airlines.* Tout autant avec *VietJet,* et 2-3 vols/j. avec *Jetstar.*

À moto

Certains relient Huế à Hội An (135 km) à moto. Alors rapprochez-vous d'une agence touristique sérieuse comme *Stay Travel* ou *Le Family Riders* (voir plus bas « Agences de tourisme et renseignements touristiques » dans la rubrique « Adresses utiles »). Compter 45-50 US$ de porte à porte (c'est-à-dire de votre hôtel à Huế à celui de Hội An ou vice versa). Compter 6h30 de trajet, avec pilote anglophone (déj non inclus). Extension possible (en 3 j.) par la montagne, en tangentant la frontière du Laos : compter alors 77 US$/pers (repas et hébergement inclus).

Adresses utiles

Change et distributeurs

Exception faite du quartier de la citadelle, la ville regorge de distributeurs. Pour le change, vous avez le choix entre les nombreuses banques, agences de voyages et bijouteries de la ville moderne ou du côté du marché Đông Ba.

Santé

✚ ***Central Hospital*** *(plan C4,* ***3****)* **:** *16, Lê Lợi. ☎ 382-23-25.* Complexe hospitalier comprenant une ***pharmacie*** ouverte 24h/24 et l'***hôpital international*** *(International Pavilion ; 3, Ngô Quyền ; ☎ 389-08-88).* Celui-ci regroupe des médecins anglophones. C'est vers lui que sont souvent dirigés les patients d'origine étrangère.

■ ***Médecins francophones :*** ***Dr Ngô Đình Châu,*** *45, Hùng Vương, ☎ 382-28-99, 📱 09-03-58-16-00.* ***Dr Xuân,*** *📱 09-14-48-12-36.* Ancien de la Pitié-Salpêtrière, consultations à domicile possibles.

■ ***Dentiste francophone :*** ***Dr Nguyễn Thúc Quỳnh Hoa,*** *6A,*

Lý Thường Kiệt. ☎ 382-44-09 (en anglais... relatif).

Agences de tourisme et renseignements touristiques

– ***Avertissement :*** le nom « office de tourisme » ou « *Tourist Information* » sent bon l'arnaque. Ce sont des agences de voyages privées qui cherchent d'abord à vendre leurs prestations. La réception de votre hôtel pourra donner quelques renseignements concernant les visites, mais là encore, ils feront la promo de leurs propres circuits. Ben oui.

■ ***Stay Travel :*** *📱 09-65-03-69-69. • staytravelagency.com • Bureau excentré : contactez-les par mail ou WhatsApp, ils viendront à votre rencontre.* Agence tenue par 2 frères français qui organisent divers circuits à la carte et hors des sentiers battus sur Huế, le centre et le nord du Vietnam, et jusqu'au delta du Mékong.

■ ***Le Family Riders :*** *📱 16-89-26-67-92. • lefamilyriders@gmail.com • lefamilyriders.com •* Visite de Huế, des tombeaux et des environs à moto, en compagnie d'une famille accueillante et sérieuse. Bonne organisation, accueil attentionné, prêt d'imperméables en cas de pluie...

■ ***Huế Riders*** *(plan C1,* ***9****) : 165, Nguyễn Chí Thanh. 📱 09-14-73-54-57.* Petite agence pour les routards désireux de découvrir la région au guidon d'une moto. On y parle l'anglais.

■ ***DMZ Travel*** *(plan zoom,* ***6****) : 1, Phạm Ngũ Lão (accolé à l'immense DMZ Bar). ☎ 342-68-31. • dmz.com.vn •* Agence spécialisée dans les excursions à la journée (moto, minibus) dans l'ex-zone démilitarisée (DMZ). Lire plus loin le chapitre « Excursion jusqu'à la DMZ ».

Action humanitaire

■ ***Cô Nhi Viện Phao Lồ*** *(orphelinat Sơn Ca II, à Kim Long ; plan A4,* ***7****) : quartier de Kim Long, sur la route de la pagode Thiên Mụ, au nord de la rivière des Parfums. ☎ 351-03-67. • st-paul-hue.com • Avt d'arriver au niveau du n° 42 Kim Long (ancien orphelinat Sơn Ca I), prenez le petit sentier Kiệt 3, à côté de* Nam Châu Hội Quán, *suivez ce sentier tt droit, et vous arriverez au* Trung Tâm Sơn Ca II. *Les taxis connaissent.* Les religieuses de la congrégation (francophone) des sœurs de Saint-Paul de Chartres recueillent des orphelins, handicapés mentaux et jeunes filles pauvres. Elles ont grand besoin de médicaments (liste sur leur site, rubrique « Besoins ») et de vêtements. Ne les remportez pas chez vous, laissez-les ici. Sœur Chantal parle couramment le français (mais n'est pas toujours là). Elle remercie tous nos lecteurs qui ont déjà répondu à son appel : grâce aux dons des routards, la congrégation parvient à nourrir les enfants dans le besoin. Un nouvel orphelinat a ainsi été construit grâce à la générosité publique. Une association française basée en Alsace les soutient (Poussières de Vie).

Où dormir ?

La plupart des hôtels ayant une façade étroite, certaines chambres sont sans fenêtre, et ce, quelle que soit la catégorie de l'hébergement. De quoi fulminer quand on tombe dessus, même si ce sont généralement les moins chères ! Souvenez-vous qu'il est toujours plus difficile de se faire entendre quand on a déjà payé l'intégralité de sa chambre (notamment sur Internet).

Dans le « quartier routard »

Bon marché (jusqu'à 300 000 Dg / env 11 €)

🏠 ***Hue Backpackers Hostel – The Imperial*** *(plan zoom,* ***10****) : 10, Phạm Ngũ Lão. ☎ 382-65-67. • vietnambackpackerhostels.com • Lit en dortoir 140 000 Dg, doubles*

225 000-340 000 Dg, petit déj inclus. En plein « quartier routard » et commerçant, dans l'une des rues les plus vivantes le soir, voici un vrai *hostel* pour sac à dos, dans une maison grise conviviale et bien arrangée, avec un bar grand ouvert sur la rue qui attire de nombreux jeunes routards. Bons dortoirs de 6 à 10 lits mixtes ou pour femmes, avec douche/w-c et clim. Une chambre double avec clim, sinon ils privatisent un dortoir pour vous.

Huế Amazing Family Homestay *(plan zoom,* ***13****) : 2/10, Võ Thị Sáu. 09-12-63-02-19. • hueamazing homestay@gmail.com • Lit en dortoir 100 000 Dg, double 230 000 Dg.* Pension retirée au calme dans une impasse, et pourtant à 2 pas de l'animation. Avec ses murs et sols tout blancs, l'ensemble n'a guère de charme, mais c'est propre et assez spacieux pour ne pas être les uns sur les autres. Choix entre des dortoirs de 8 lits, avec sanitaires et matelas plutôt durs, ou des doubles privées nickel, avec douche et w-c là encore, mais des lits plus confortables. La patronne est sympa et serviable.

Tintin Hostel *(plan zoom,* ***14****) : 21/3, Phạm Ngũ Lão. ☎ 382-05-13. Lit en dortoir 4-5 US$, doubles 11-13 US$, petit déj inclus.* En plein cœur du « quartier routard », une AJ petit budget, de bon rapport, et plutôt pimpante. Les dortoirs sont assez exigus, mais on y cohabite à 4 au maximum (casiers et salle de bains hors de la chambre). Viennent s'y ajouter quelques chambres privées avec minifrigo, clim, et même un petit balcon pour les plus chères. Kitchenette à dispo pour faire son (ch'tit) frichti, le petit déj étant offert à tous.

Freedom Hostel *(plan zoom,* ***33****) : 48/42, Nguyễn Công Trứ. 09-05-55-53-17. • freedomhostelhue4842@ gmail.com • Nuit en dortoir (6-10 lits) 70 000-90 000 Dg, petit déj inclus.* À ce prix-là, les matelas ne sont pas bien épais, mais la tenue de cet étroit *hostel* retiré dans une ruelle plutôt tranquille est irréprochable. Quant à l'accueil de l'équipe de jeunes femmes gérant le lieu, il est des plus convivial. Tous les soirs, cours de langue vietnamienne puis *family diner*, un repas pris en commun avec les hôtes qui le souhaitent, sur une grande natte posée à même le sol du hall d'entrée. Sympa.

Hoàng Hương Guesthouse *(plan zoom,* ***12****) : 46/2, Lê Lợi. ☎ 382-85-09. Doubles 7-12 US$.* Adresse très bon marché et accueil francophone. Optez de préférence pour les chambres les plus chères (avec clim en supplément), donnant sur le balcon à l'étage. Location de vélos et de scooters.

Prix moyens (300 000-600 000 Dg / env 11-23 €)

À partir de cette catégorie, le petit déjeuner (généralement léger) est inclus.

Huếnino Hotel *(plan zoom,* ***15****) : 14, Nguyễn Công Trứ. ☎ 625-21-71. • hue ninohotel.com • Au fond de l'impasse (fléché). Doubles 17-23 US$.* Un petit hôtel design tenu par un ancien menuisier passionné d'art, le jovial M. Thắng. Les chambres (avec douche/w-c, clim, existant en 2 tailles) ont été décorées par lui. Les meubles, tables, chaises, lampes ont été faits par lui aussi. Gare aux chambres les moins chères, dotées d'une fenêtre, mais aveugle. Espace commun convivial en bas, pour prendre le café et lier connaissance avec les autres voyageurs. Peintures contemporaines réalisées par des artistes venus de toute l'Asie à sa demande. Notre coup de cœur dans cette catégorie !

Cảnh Tiên Guesthouse *(plan zoom,* ***11****) : 9/66, Lê Lợi. ☎ 382-27-72. • canhtienhotel.chez-alice.fr • Au fond de la ruelle des mini-hôtels. Doubles 12-20 US$.* Net, lumineux, aéré, voilà un hôtel où rien ne sonne faux : chambres impeccables avec douche/w-c, clim et TV satellite. Nous aimons bien celles avec balcon, des triples (parfois attribuées à un simple couple). Lorsqu'il est là, le patron est toujours prêt à aider, et il parle bien le français.

Thân Thiện Hotel *(Friendly Hue Hotel ; plan zoom,* ***16****) : 10, Nguyễn Công Trứ. ☎ 383-46-66. • thanthien hotel.com.vn • Doubles 16-25 US$.* Tout proche de la rivière des Parfums et de l'animation, un hôtel d'un remarquable rapport qualité-prix, à l'accueil aussi serviable que *friendly*. Chambres très confortables, à 1 ou 2 lits, avec balcon pour certaines, clim, frigo... Les moins chères d'entre elles, pour une poignée de dollars, sont petites et donnent sur le couloir. Pour quelques dollars de plus, on a droit à un balcon et une vue sur la rue, voire sur la ville (les plus chères). Location de vélos et motos.

■ ***Serene Shining Hotel*** *(plan zoom,* ***17****) : 5/57, Nguyễn Công Trứ. ☎ 393-58-87. • sereneshininghotel.com • Doubles 18-25 US$.* Dans une impasse calme (chouette !) qui descend vers la rivière (re-chouette !), voilà de bien belles chambres claires et bien équipées. Dès le 1er prix, belle (et vraie) fenêtre. Et lorsqu'on grimpe en gamme et dans les étages, on bénéficie carrément de la vue sur la rivière. Accueil souriant pour parfaire le tableau.

■ ***Hồng Thiện Ruby Hotel*** *(plan zoom,* ***18****) : 35/12, Chu Văn An. ☎ 383-73-99. • hongthienrubyhotel.com • Au fond d'une impasse. Doubles 18-26 US$.* Outre ses chambres plaisantes, sa propreté et son confort, ce petit hôtel étiré tout en hauteur se distingue par la gentillesse de son personnel. Chambres de taille variable, avec ou sans balcon. Nombreux services : excursions, transferts, etc.

■ ***Huế Charming Hotel*** *(plan zoom,* ***20****) : 17, Nguyễn Thái Học. ☎ 438-12-55. Doubles 12-18 US$.* À la frontière entre la « ville moderne » et le « quartier routard », ce charmant hôtel aligne 3 catégories de chambres. Toutes décorées dans le même style, murs crème et mobilier chocolat, que dynamisent des cadres bigarrés. Toutes bien équipées également. Ce qui les différencie, c'est leur taille et l'exposition : les moins chères ouvrant sur une fenêtre aveugle ; les plus chères bien plus lumineuses donnant sur la rue. Accueil avenant.

■ ***Jade Hotel*** *(plan D3-4,* ***19****) : 43, Hùng Vương. ☎ 393-88-49. • jadehotelhue.com • Doubles 16-28 US$.* Dans cet hôtel intimiste, on apprécie les chambres coquettes, où un net effort de déco a été fait. Bon confort : clim, frigo, TV satellite, bureau... Salles de bains un peu exiguës ; les chambres les plus grandes ont une baignoire, les moins chères sont (devinez !) pour ainsi dire aveugles. Les flemmards préféreront dormir dans les étages peu élevés (pas d'ascenseur). On a aussi été sensibles à l'accueil : le personnel, souriant, disponible et attentionné, se décarcasse sans relâche pour ses clients.

■ ***Bình Minh Sunrise Hotel*** *(plan D4,* ***25****) : 36, Nguyễn Tri Phương. ☎ 382-55-26. • binhminhhue.com • Doubles 8-25 US$.* Hôtel central dans la ville moderne, ce qui le rend un peu bruyant. Les quelque 40 chambres, desservies par un ascenseur, ont clim, frigo, TV, bouilloire et balcon. Celles du rez-de-chaussée sont à un prix au ras des pâquerettes : mais ne pas être claustro, car elles sont petites et ouvrent sur une cour intérieure par un fenestron. Excellent accueil, souriant et disponible. Peu de charme, mais un rapport qualité-prix satisfaisant.

■ ***Valentine Hotel*** *(plan zoom,* ***26****) : 7/64, Nguyễn Công Trứ. ☎ 381-76-65. • valentinehotelhue.com • Doubles 18-20 US$.* Dans une ruelle calme, à l'écart du bruit, un hôtel sans prétention doté de chambres propres et de bon rapport qualité-prix (sanitaires, clim) étagées sur 5 niveaux (ascenseur). Accueil aux petits soins.

Chic (600 000-1 000 000 Dg / env 23-38 €)

■ ***Serene Palace*** *(plan zoom,* ***21****) : 21/42, Nguyễn Công Trứ. ☎ 394-85-85. • serenepalacehotel.com • Doubles 25-30 US$.* On n'est qu'à 2 foulées de l'animation, et pourtant ce *kiệt* (ruelle en vietnamien) rime vraiment avec « kietude ». La maison quant à elle propose de bien belles chambres qui prennent quelques đồngs de plus à chaque étage. Classique ! Le resto (salle de petit déj à ses heures) est sombre, mais le reste de l'établissement est clair, favorisant boiseries et tons chauds. Confort complet, charme tout asiatique et accueil souriant. La sérénité, quoi !

■ ***Beaulieu Boutique Hotel*** *(plan zoom,* ***22****) : 15, Phạm Ngũ Lão. ☎ 394-85-85. ● beaulieuboutiquehotel.com ● Doubles 25-32 US$.* Adresse jouant sur 2 ambiances : les amateurs de calme dans les chambres intérieures, plus petites et sans vue particulière ; les aficionados de l'animation folle au balcon des chambres de la façade sur rue, plus grandes et plus onéreuses. Déco dans l'air du temps, à base de mobilier so(m)bre, de tableaux modernes aux murs, de salles de bains revêtues de carrelage « métro » qui s'invitent dans la chambre. À ces prix-là, et pour ce niveau de confort : touché en plein cœur le « quartier routard » !

■ ***Holiday Diamond Hotel*** *(plan zoom,* ***15****) : 6/14, Nguyễn Công Trứ. ☎ 381-98-44. ● hueholidaydiamondhotel.com ● Doubles 18-31 US$.* Au fond d'une ruelle calme et pourtant à 2 pas de l'animation du « quartier routard ». Bien tenu et confortable, avec ses chambres soignées, toutes avec des fenêtres donnant sur l'extérieur, familiales pour certaines. Vue dégagée en étage pour les plus chères.

Plus chic (1 000 000-2 000 000 Dg / env 38-76 €)

■ ***Orchid Hotel*** *(plan zoom,* ***23****) : 30A, Chu Văn An. ☎ 383-11-77. ● orchidhotel.com.vn ● Doubles 39-55 US$.* Une belle adresse dans le « quartier routard », à l'écart des nuisances sonores. Literie de qualité, et une vue extra depuis les chambres du dernier étage, véritables cocons pour amoureux. De l'espace, du confort (DVD, coffre-fort, frigo, ascenseur) et du charme. Que demander de plus ? Il y a même des chambres familiales. Petit déjeuner gourmand et personnel prévenant. Loue aussi des vélos.

■ ***ÊMM Hotel*** *(plan D4,* ***31****) : 15, Lý Thường Kiệt. ☎ 382-82-55 ou 1-800-59-99-55 (résas). ● emmhotels.com ● Doubles 40-60 US$.* Petit grand hôtel ? Ou grand petit hôtel ? C'est comme on veut. Seulement 5 étages à la pointe de 2 avenues, formant un triangle autour d'une agréable piscine (très appréciable lorsque les températures s'affolent). Les chambres sont vastes et chaleureuses, avec leur parquet stratifié, leurs placards ajourés, leurs fauteuils gris. Et, tout au long de l'établissement, il y a des touches de couleur améthyste savamment distillées. Charmant !

■ ***Villa Huế*** *(plan zoom,* ***24****) : 4, Trần Quang Khải. ☎ 383-16-28. ● villahue.com ● Doubles 70-88 US$.* Cet hôtel de charme, installé dans des murs modernes, emploie les étudiants de l'école d'hôtellerie voisine. Chambres immenses et lumineuses, décorées avec brio dans un esprit traditionnel, et dotées d'une excellente literie. Certaines profitent d'un balcon, avec parfois une vue sur la cour intérieure où trône la piscine haricot. Service zélé et petit déj extra. Cours de cuisine sur demande. Un excellent rapport qualité-prix bien au calme.

Très chic (2 000 000-3 310 000 Dg / env 76-126 €)

■ ***Hôtel Saigon Morin*** *(plan D3,* ***27****) : 30, Lê Lợi. ☎ 383-18-88. ● morinhotel.com.vn ● Au bord de la rivière, au niveau du pont Trường Tiền. Doubles 100-130 US$.* Bienvenue dans l'un des plus vieux hôtels du Vietnam. Fondé en 1901, transformé en université après l'indépendance, il a retrouvé sa vocation première en 1990, puis le nom de son fondateur (dont le monogramme s'approche d'ailleurs de la « double arche » de *McDo,* amusant). Les belles chambres conservent une patine en accord avec le style colonial de l'hôtel. Elles donnent soit sur la rivière, soit sur les rues latérales ou sur les cours arrière où trônent le restaurant et la piscine. Dans les couloirs, jetez un œil à la collection de photos anciennes retraçant les heures de gloire des hôtels *Morin.* Une colonnade blanche dessert un beau jardin tropical avec piscine où l'on prend le petit déj agréablement. Beaucoup de style, et un accueil bien à la hauteur du lieu.

Très, très chic (plus de 3 310 000 Dg / 126 €)

🏠 🍸 ***Hôtel Azerai La Résidence*** *(plan C4, **28**) : 5, Lê Lợi. ☎ 383-74-75. • reservations.laresidence.hue@azerai.com • azerai.com • ♿ Au bord de la rivière des Parfums. Doubles 200-375 US$.* Hôtel comptant 2 beaux bâtiments, dont une villa de style 1930, ancienne résidence du gouverneur français de l'Annam. Propriété depuis 2019 d'un groupe singapourien, le plus élégant des hôtels de Huế a été décoré dans le style Art déco et tropical chic, avec beau plancher en teck, photos sur le thème de l'époque coloniale française, le tout avec beaucoup de goût. Les chambres les plus agréables (et plus onéreuses, pardi !) ont une terrasse qui donne sur la rivière. Pour dîner restaurant *Le Parfum.* Ajoutez à cela une belle piscine dans le jardin, le spa (payant), tennis, billard... le luxe, quoi !

Dans la citadelle

Prix moyens (300 000-600 000 Dg / env 11-23 €)

🏠 ***Tam Family Homestay*** *(plan B4, **34**) : 24, Đặng Trần Côn. 📱 09-77-60-52-59. • tamfamilyhomestay.hue@gmail.com • Doubles 13-16 US$, sans petit déj.* Joli coup de cœur pour ce *homestay* paisible et soigné, installé dans une maison moderne claire et aérée. L'accueil familial est adorable, les chambres aussi, avec leurs lits en bambou et leurs tons pastel. Toutes ont la clim et leur mini salle d'eau, une dispose d'un balcon, une autre, au dernier étage, jouit d'un large panorama sur les toits de la vieille ville. Terrasse commune sinon, pour partager la vue. Plusieurs gargotes aux alentours.

Chic (600 000-1 000 000 Dg / env 23-38 €)

🏠 🍽 ***Maison d'hôtes Vu Tri Viên*** *(plan C2, **29**) : 27/110, Nhật Lệ. ☎ 352-74-14. 📱 09-03-59-83-92. • maisonvutrivien@gmail.com • Résa à l'avance conseillée. Chambres 20-30 US$ selon taille, petit déj français (ou vietnamien sur demande) compris. Repas sur résa (la veille), accessible aux non-résidents.* Une vraie maison d'hôtes au cœur de la citadelle. Cette famille très francophile habite une grande demeure moderne d'inspiration coloniale (avec cheminée !) et propose 6 chambres (pour 2-3 personnes) bien équipées (TV, clim, frigo, salle de bains). Les 2 du dernier étage, plutôt destinées à une famille ou un groupe d'amis, se partagent une salle de bains et disposent d'un coin salon et d'une terrasse. Đức, le fils aîné, parle parfaitement le français. Dîner gratuit pour 2 nuits passées. Un très bon rapport qualité-prix-accueil et l'occasion, pas si fréquente, de vivre le quotidien d'une famille.

🏠 ***Huế Homestay Riverside*** *(plan B3, **32**) : 4, Triệu Quang Phục. 📱 09-14-04-22-91 (en français). Doubles 20-30 US$ selon vue, petit déj inclus.* Dans un quartier très serein de la citadelle, le 1er étage de cette maison de famille accueille une demi-douzaine de chambres. Le bâti est moderne mais l'ensemble a du charme et l'accueil des jeunes propriétaires est enjoué ce qu'il faut. Chacune a son petit confort : salle de bains, clim, frigo, TV. Le canal qui passe juste devant la maison est très agréable pour les chambres donnant dessus (les plus onéreuses). Pour les balades en ville, la maison prête des vélos à ceux séjournant 2 jours au moins.

Un peu en dehors de la ville

Chic (600 000-1 000 000 Dg / env 23-38 €)

🏠 🍽 ***Tâm Tịnh Viên*** *(Le Jardin du Cœur tranquille ; hors plan par A4, **30**) : **Long Hồ Hạ Village,** Hương Trà, Thừa Thiên. 📱 09-14-01-99-83. • garcia.vietnam@yahoo.com.vn • À env 6 km de la citadelle (compter 100 000 Dg en taxi). Longer la rivière et tourner à droite* *(panneau) env 1,5 km après la pagode de Thiên Mụ. Transfert possible depuis la gare. Bungalow env 50 US$ pour 2, petit déj compris. Menu local (sur résa) env 10 US$.* Gîtes de charme tenus par un Français, Jean, et sa femme Thuy (une ancienne guide parlant très bien le français) qui ont créé et gèrent un orphelinat de 500 enfants ! Dans un jardin tropical, grands bungalows, dont 2 avec chambres en mezzanine et 2 autres de plain-pied, chacun avec 2 lits doubles. Salon, frigo, lits à baldaquin, et pas moins de 2 salles de bains (l'une à l'intérieur, l'autre en plein air). On peut commander son repas (menu fixe) ou partager gratuitement celui des enfants à la cantine de l'orphelinat. Prêt de vélos. À l'arrière, un ponton d'où l'on peut embarquer directement pour la visite des tombeaux.

Où manger ?

Héritage des traditions et du raffinement impérial, la cuisine de Huế est très réputée au Vietnam, beaucoup la considérant comme la meilleure du pays. Dans la plupart des restaurants, on sert le *bún bò Huế,* une soupe à base de bouillon de bœuf et de nouilles. Délicieux !
On trouve de nombreuses adresses, locales comme occidentales, dans le « quartier routard », notamment sur Võ Thị Sáu et la section nord de Lê Lợi, très animées le soir. Peu de restos en revanche, à l'exception de quelques gargotes offrant un choix de plats très limité, dans le paisible quartier de la citadelle. Dommage.

Bon marché (moins de 100 000 Dg / env 4 €)

🍽 ***Rose 2*** *(plan zoom,* ***48****) : 2, Chu Văn An. ☎ 393-28-93. Tlj 9h-23h.* Au milieu des restos qui font concurrence d'ambiances plus chébran les unes que les autres, on vous a dégoté de simples murs blancs avec quelques toiles à vendre. L'accueil jovial se hasarde à quelques mots de français pour présenter une carte pantagruélique. Le résultat est plus que satisfaisant, à des prix raisonnables. Oubliez juste le terrain du sucré, pas tip-top. Bref, une bonne petite adresse.

🍽 ***Family Home*** *(plan D3-4,* ***42****) : 11/34, Nguyễn Tri Phương. ☎ 382-06-68. Dans l'impasse qui mène au Nina's Café. Tlj 8h-22h.* Local et convivial, ce petit resto au décor joyeux n'usurpe pas son nom : on partage en effet les lieux avec la famille, qui mange ou regarde sa série à l'eau de rose favorite dans un coin de la salle ! La carte offre toute une gamme de délicieux plats typiques de Huế. Grâce aux menus fixes et aux photos d'illustration, on peut tester un peu de tout sans se tromper. Également un bon choix de plats végétariens et de petits déj. Accueil aux petits oignons.

🍽 ***Hoa Nghiêm*** *(plan D3,* ***49****) : 30, Bà Triệu. ☎ 381-48-15. Tlj 7h-23h.* Au pied d'un immeuble qui n'a rien de végétal, loin des adresses-ruches du « quartier routard », ce resto laisse au vestiaire la protéine animale pour le plus grand plaisir des végétaliens et végétariens. Pas de quoi gaver un tigre, mais un beau choix de petits plats à déguster dans une longue salle. Un beau mur en pierre fait face à des graffitis babéliens laissés par les clients. Tables bien au large.

🍽 ***Hạnh*** *(plan D3,* ***43****) : 11-15, Phó Đức Chính. ☎ 383-35-52. Tlj 10h-21h. Menu 5 plats 120 000 Dg.* Les touristes affluent dans cette grande salle basique. Il faut dire que le menu est calibré pour permettre aux étrangers de goûter à moindres frais aux principales spécialités de Huế : *bánh bèo, bánh khoái, bánh cuốn, nem rán* et *nem lụi* n'auront plus de secrets pour vous. Un serveur explique, avec pédagogie, comment se mange chaque plat ; il vous faudra par exemple rouler à la main les *nem lụi* (brochettes de porc). On s'en met partout, mais c'est un plat intéressant. Au final, le déroulé du repas est amusant.

🍽 ***Lạc Thanh*** *(plan C3,* ***41****) : 6A, Đinh Tiên Hoàng. ☎ 352-73-48. Tlj 7h-22h.* 2 gargotes à touche-touche, une même famille, qui se chamaille la paternité de qui a été référencé en 1er dans votre guide préféré. L'adresse originelle est celle de droite (la plus petite), mais, en réalité c'est carrément *same-same* avec celle de gauche tant l'un a copié l'autre, en salle comme en cuisine. Leur credo ? Le *bánh khoái* (littéralement « gâteau de plaisir extrême »), une crêpe aux crevettes, viande, œufs et légumes – une spécialité de Huế. Les bouteilles de bière redoutent l'incroyable décapsuleur maison : on ne dévoile rien !

Prix moyens (100 000-250 000 Dg / env 4-9 €)

Nina's Café *(plan D3-4,* ***42****) : 16/34, Nguyễn Tri Phương. ☎ 383-86-36. Tlj 8h30-22h30.* Au bout d'une impasse, un mignon resto-terrasse, à l'ambiance décontractée et au cadre simple et agréable, avec ses nappes bariolées et ses brasseurs d'air qui s'agitent paresseusement. Cuisine fraîche et soignée, principalement axée sur les spécialités de Huế. Également des menus complets et de jolies douceurs.

Serene Cuisine *(plan zoom,* ***21****) : voir plus haut l'hôtel du même nom.* Oubliez la salle un peu sombre de ce lobby d'hôtel. C'est dans le registre du goût que le *Serene* se taille la part du dragon. Qu'ils soient d'inspiration occidentale ou vietnamienne, les plats sont savoureux et créatifs, comme ces brochettes de porc à la citronnelle, accompagnées d'une sauce à la cacahuète, ou la salade chaude de figues vertes au porc et crevettes... Service très prévenant.

Golden Rice *(plan zoom,* ***45****) : 40, Phạm Ngũ Lão. ☎ 362-69-38. Tlj 10h-23h.* Cet excellent resto distille une cuisine régionale préparée avec amour et savoir-faire. La carte est interminable, heureusement que les photos aident à faire son choix ! Au final, peu de risque d'être déçu, puisque tout est exquis, copieux, dans un registre parfois assez pimenté (autant le savoir). Préférer la salle à l'étage, très romantique avec ses baies vitrées et ses éclairages aussi doux que les prix et l'accueil.

Liên Hoa *(plan D4,* ***46****) : 3, Lê Quý Đôn. ☎ 381-68-84. Tlj 6h30-21h.* Grande salle traditionnelle, sous un pavillon de tuiles porté par des piliers de bois, séparé du boulevard par un jardinet. C'est un vrai temple de la cuisine végétarienne : fondue aux légumes variés *(lẩu thập cẩm),* rouleaux de printemps, pâtes... On sélectionne une variété de petits plats et on partage. Service un peu à la chaîne, sourire non compris.

Hùng Vương Inn *(plan D3-4,* ***44****) : 20, Hùng Vương. ☎ 382-10-68. Tlj 7h-22h.* La baie vitrée rend la salle lumineuse et la cuisine ouverte donne une touche de modernité. On y vient surtout pour les pizzas et la cuisine européenne bien exécutée, même si la carte propose aussi de bons plats vietnamiens. Une valeur sûre. Bon accueil, service rapide.

Ganesh *(plan D3-4,* ***42****) : 34, Nguyễn Tri Phương. ☎ 382-16-16.* Petit resto de cuisine indienne dans une salle très banale. Prix sages pour la qualité, mais service assez lent. Le *Ganesh* de Hội An est bien meilleur.

Chic (250 000-600 000 Dg / env 9-23 €)

Le Jardin de la Carambole *(plan B3,* ***47****) : 32, Đặng Trần Côn. ☎ 354-88-15. Menus 320 000 Dg (vietnamien)-460 000 Dg (occidental).* Restaurant de charme près de la cité impériale, dans une belle maison de style colonial construite par le propriétaire français, Christian, un ancien architecte. Le cachet est unique : cheminée, tableaux issus de la collection de la famille Morin, photos anciennes, balcon à l'étage, piano 3 fois par semaine (mercredi, vendredi et dimanche soir a priori). Les menus donnent un bon aperçu des spécialités de la maison, qu'elles soient locales ou européennes. Cuisine réussie et accueil chaleureux. Également quelques plats à prix moyens, pour les budgets plus serrés qui voudraient profiter du lieu. La maison compte aussi une version ***Bistro,*** en plein cœur du « quartier routard » *(plan zoom,* ***40****; 18, Võ Thị Sáu ; ☎ 381-04-91 ;*

LE CENTRE

tlj 7h-23h). Cadre et cuisine plus communs, pour un repas à prix moyens, avec un large choix de menus du cru ou mode occidentale. Terrasse.

Où déguster de bonnes pâtisseries ?
Où prendre un café ou le petit déj ?

La Boulangerie Française – Bánh Mì Pháp *(plan D3, **50**) : 46, Nguyễn Tri Phương. Tlj 7h-20h.* Café vendant les produits d'une école fondée par une association humanitaire (Aide à l'enfance du Vietnam) destinée à former les plus démunis au métier de boulanger. Pains (baguettes, campagne), viennoiseries, glaces… Aussi bien pour le petit déj que pour le goûter.

Cités plus haut, le ***Family Home*** *(plan D3-4, **42**)*, et son quasi voisin le ***Nina's Café*** (plus cher), servent aussi des formules variées pour le petit déj : pancakes, omelettes, etc.

Bình An Đường Café *(plan B2-3, **52**) : 1, Đặng Thái Thân. Tlj 11h-23h.* Jouxtant les douves de la citadelle, cette belle maison traditionnelle servait au repos et à la retraite des dames de la cité impériale. Le jardin, à l'abri des arbres et bambous, est un petit havre de paix pour siroter son café traditionnel vietnamien (bons expressos également), son thé, ou un yaourt aromatisé.

Où boire un verre ? Où sortir ?

Grosse animation le soir dans le « quartier routard », où une tripotée de bars étalent leurs terrasses sur la rue.

Xuân Trang *(plan zoom, **61**) : angle Võ Thị Sáu et Chu Văn An. Tlj 17h-minuit.* Très populaire chez les jeunes Vietnamiens, on adore le côté figure de proue de ce bar. Il domine de ses 2 niveaux de balcons « le » croisement stratégique du quartier. Boissons à des prix nettement plus démocratiques que dans certains bars des environs.

Secret Lounge *(plan zoom, **62**) : 15/42, Nguyễn Công Trứ. ☎ 655-58-88. Tlj, jusqu'à 2h.* Dans un jardin agrémenté d'un ruisseau et de rochers artificiels, adjoint d'une véranda pour les soirées frisquettes. Les consos ne sont pas données (spécialité de cocktails), mais on apprécie l'ambiance et la bonne musique, ainsi que l'accueil adorable et plein de charmantes attentions (thé et cacahuètes offerts).

Brown Eyes *(plan zoom, **63**) : 56, Chu Văn An. ☎ 382-74-94. Ouv dès 17h et « jusqu'à ce que le dernier client s'évanouisse » (!).* Un bar jeune et animé où les décibels pulsent grâce à un DJ qui s'affaire aux platines. Cocktails réussis, à préférer pendant les *happy hours.* S'anime surtout après 23h (locaux et touristes).

Bar de l'Imperial Hotel *(plan D3, **66**) : 8, Hùng Vương. ☎ 388-22-22.* L'ascension au 16e étage de cet hôtel 5 étoiles est un must ! Surtout en fin d'après-midi, quand le soleil couchant embrase toute la ville, que l'on embrasse depuis la terrasse ! Plus cher qu'ailleurs, mais vraiment exceptionnel.

Achats

La ***rue Trần Hưng Đạo*** *(plan C3, **72**)* est la plus commerçante au nord. C'est là qu'on trouve des vestes bon marché estampillées *The North Face.* Contrefaçons pour certaines, d'autres proviennent d'une usine de cette marque délocalisée à Huế. La rue longe aussi le ***grand marché Đông Ba*** joliment animé sous sa structure de béton. À l'intérieur, on peine à se faufiler entre les étals débordant de tissus, chapeaux, fruits confits, vaisselle… Également des objets de culte (encens notamment), des bijoux et des vêtements sur mesure à l'étage. À l'extérieur, fruits exotiques et épices sont disposés à même le sol, dans un tourbillon de teintes éclatantes. Huế étant la capitale du chapeau conique, on en trouve ici à un prix défiant toute concurrence. Compter 40 000-60 000 Dg pour un chapeau basique. Marchander ferme car on vous annoncera souvent le triple, parfois le quadruple. Plusieurs gargotes permettent d'avaler une soupe ou des brochettes pour moins de 20 000 Dg. Frais, grâce au débit incessant.

Nombreux ***magasins*** rive sud, dans le « quartier routard », autour des rues Lê Lợi et Phạm Ngũ Lão. Pour ce qui concerne les tailleurs traditionnels, ils ont tendance à sous-traiter, ce qui ne permet pas d'avoir un résultat constant. Une adresse fiable à retenir : ***Gia Huy Silk*** *(plan zoom, **70** ; 48-50, Phạm Ngũ Lão ; ☎ 383-17-05).* Vêtements fabriqués sur place, travail rapide et de qualité par une jeune femme qui parle le français.

À voir

Dans la citadelle royale (Hoàng Thành)

Les cyclo-pousses proposent le tour de la citadelle en 1h (mais ils n'entrent pas dans la cité impériale). Tarif à négocier autour de 120 000 Dg l'heure.

Pour s'orienter dans le temps et dans l'espace

La citadelle de Huế est le seul exemple d'une ville impériale du Vietnam existant encore aujourd'hui (Cổ Loa, Hoa Lư, Quảng Trị et Thăng Long se réduisant à de maigres vestiges). Construite de 1804 à 1833 sur l'initiative de Gia Long, le fondateur de la dynastie des Nguyễn, sur un périmètre de 10 km, elle s'inspire de l'architecture des palais impériaux chinois. Jusqu'à 80 000 habitants de la région participèrent à son édification.

La ville comprend 3 enceintes concentriques. Celle de la citadelle royale proprement dite, celle de la cité impériale, et enfin, la Cité pourpre interdite. Des Français contribuèrent à l'architecture, ce qui explique certains aspects à la Vauban.

Percés d'une dizaine de portes, les remparts de la 1re enceinte, ceux de la ***citadelle royale,*** atteignent parfois 20 m d'épaisseur, formés de remblais de terre entre 2 couches de briques. Tout autour court un canal appelé Hồ Thành Hà (le canal de Défense du rempart). Le mur d'enceinte sud est de forme convexe, car il épouse le contour de la rivière des Parfums.

Aujourd'hui, environ 55 000 personnes résident dans la citadelle royale, quartier accessible librement et à toute heure. C'est un secteur paisible, aux ruelles bordées de maisons basses et de jardins, dans lesquelles on flâne avec plaisir. Seul le noyau dur, la cité impériale incluant la Cité pourpre interdite, est devenu musée (avec horaires d'ouverture et accès payant).

La cité impériale (Đại Nội) et la Cité pourpre (Tử Cấm Thành)

*Accès seulement par la **porte du Midi** (plan C3, **81**) ; la sortie, elle, se fait par la **porte de l'Humanité** (plan C3, **91**). Visite tlj 7h-17h30 (6h30-17h30 en été). Billet : 150 000 Dg (musée des Antiquités royales inclus). Billet combiné pour la cité impériale et 2 tombeaux (valable 2 j.) : 280 000 Dg (ou 3 tombeaux pour 360 000 Dg) ; réduc 7-12 ans ; gratuit moins de 7 ans. Visites scénarisées en été (avr-sept, 19h-22h). Des guides attitrés, postés à l'entrée, proposent leurs services. Des voiturettes électriques circulent dans la cité impériale (env 100 000 Dg/pers). Compter au min 2h de visite. Buvette dans l'enceinte.*

Entourée elle aussi de douves, la ***cité impériale,*** de forme quasiment carrée (622 m x 606 m), comprenait à l'origine une cinquantaine de bâtiments, organisés par quartiers selon leurs fonctions : cérémonielle, religieuse, résidentielle... Outre la famille et les princes, les 100 concubines impériales y vivaient. Les bâtiments qui ont survécu à la grande offensive du Tết (1968) ont été en grande partie restaurés avec l'aide de l'Unesco.

☆☆ ***La porte du Midi*** *(Ngọ Môn ; plan C3,* ***81****)* **:** entrée principale de la cité impériale, elle est percée de 5 portes : la centrale, dont le toit est couvert de tuiles jaunes (couleur royale), était réservée à l'empereur et sa famille, les portes adjacentes aux mandarins et les latérales aux soldats, aux éléphants et aux chevaux. C'est une belle et solide construction. On notera l'exquise charpente du pavillon des Cinq Phénix *(Lầu Ngũ Phụng),* bâti au-dessus. La cloche et le tambour datent de 1822. Laque montrant la remise des diplômes aux lettrés, qui se déroulait ici même. C'est d'ici que les mandarins observaient les parades militaires. Devant la porte, Bảo Đại remit le pouvoir au Vietminh en août 1945.

☆ Juste après la porte du Midi, 2 grands ***bassins*** séparés par le ***pont de la Voie centrale*** et l'***esplanade des Grands Saluts,*** menant au palais du Trône (appelé aussi palais de la Suprême Harmonie). De chaque côté, 4 dragons surveillaient les mandarins. Symbole de puissance et de sagesse, le dragon fait partie des 4 animaux mystiques avec le griffon, emblème du bonheur et de la protection royale, le phénix (la vertu) et la tortue (la longévité). Ce sont ces animaux à la forte symbolique que l'on retrouve de manière récurrente.

☆☆ ***Le palais du Trône*** *(Điện Thái Hòa ; plan C3,* ***82****)* **:** construit en 1805, rénové en 1833 et en 1923. C'est là qu'a été retrouvé le trône original du roi. De tous les grands palais, c'est le seul qui ait échappé aux bombardements américains de 1968. Bien restauré, on admire le beau toit de tuiles vernissées, la charpente superbement sculptée, la grande salle aux 80 colonnes en bois décorées avec comme seul motif des dragons dans les nuages. Devant le trône, la table sur laquelle on déposait les requêtes au monarque. Dans l'arrière-salle, une maquette figure la cité impériale dans son état d'origine.
À l'arrière du palais, on voit pointer la Cité pourpre interdite. Pas de précipitation : on finira la visite par ce lieu autrefois exclusif. En attendant, direction l'ouest de la cité impériale !

☆☆☆ ***Le temple du culte des empereurs Nguyễn*** *(Thế Miếu ; plan B3,* ***83****)* **:** *à l'angle sud-ouest de la cité impériale.* Construit en 1821 par Minh Mạng en l'honneur de Gia Long, il a été très bien restauré, notamment avec l'appui passionné de Kazimierz Kwiatkowski (1944-1957), architecte polonais qui se dévoua à cet édifice jusqu'à la fin de sa vie.
La ***porte principale,*** au sud de l'enceinte, est accolée au ***pavillon de l'Éclatante Bienveillance venue d'en haut*** *(Hiền Lâm Các),* très élégant et de couleur rouge. Avec ses 3 niveaux et ses 13 m de haut, c'est l'édifice le plus élevé de la citadelle.
Au-delà de ce pavillon, de chaque côté de l'immense cour, les 9 ***urnes dynastiques.*** Fondues entre 1835 et 1837, elles sont dédiées chacune à un empereur et pèsent environ 2 t. Elles sont illustrées d'animaux, fleurs, paysages, armes, etc. De chaque côté, dans un abri en bois rouge à l'air de cabine téléphonique anglaise, 2 ***griffons de bronze.***

LA CITADELLE DU TRISTE TẾT

L'offensive du Tết de 1968 opposa les troupes communistes vietcong aux forces du Sud-Vietnam et aux Américains. Cette bataille fut terrible, et de nombreux bâtiments historiques de la citadelle furent complètement détruits : sur 67 édifices importants, 42 furent anéantis par les bombes. Résultat : succès militaire pour les armées du Sud, mais victoire psychologique pour le Nord !

À l'intérieur du ***temple*** proprement dit, 10 très beaux autels célèbrent chaque empereur de la dynastie des Nguyễn, comme dans une sorte de panthéon royal. Au milieu, celui de Gia Long. Derrière, on trouve les tables d'offrande et, au fond, sur des autels, leurs tablettes funéraires. Au temps de la colonisation, seuls 7 d'entre eux pouvaient être honorés : les autres avaient été jugés trop antifrançais ! À l'arrière, passé une 2de enceinte, le temple, ***Hưng Tổ Miếu,*** plus petit et joliment restauré, était dédié aux parents de l'empereur Gia Long. Bel ensemble de boiseries et de mobilier aux couleurs impériales.

👣👣 ***La porte de la Vertu*** *(Cửa Chương Đức ; plan B3,* ***84****)* **:** *à l'ouest de l'enceinte.* Elle était réservée aux femmes, symbolisées par des phénix. Notez les décors polychromes très ouvragés qui couvrent totalement l'édifice, ainsi que les faîtières plus chargées encore qu'un collier de la reine d'Angleterre. Splendide !

👣👣 ***Le palais de la Reine-Mère*** *(Cung Diên Thọ ; plan B3,* ***85****)* **:** l'ensemble comprenait à l'origine une dizaine de bâtiments, certains d'entre eux reliés par des galeries en bois. Une partie a été restaurée. Dans la cour, à gauche, l'édifice *Tịnh Minh* servit de résidence à l'empereur Bảo Đại dans les années 1950. Au centre, le palais Diên Thọ (1804), le plus imposant, était habité par la reine mère ; il a été remeublé comme à l'époque de Bảo Đại. À droite, le *pavillon Tả Trà* (récemment rénové) servait de salle d'attente aux visiteurs. Il est adossé à un bassin veillé par un charmant pavillon *(Trường Du).*

👣👣 ***Le palais de la Longue Vie*** *(Cung Trường Sanh ; plan B3,* ***86****)* **:** *juste au nord.* Murs jaune argile, tuiles vertes et volets rouge foncé, il fut bâti en 1822 et destiné à la grand-mère de l'empereur en 1886. Endommagé par la guerre, en 1968, puis par un typhon, en 1985, il a été restauré en 2011, et on ne va pas s'en plaindre car l'édifice ne manque pas de charme. Encadré de douves et d'un bassin en croissant de lune que sautent de mignons petits ponts, agrémenté d'amoncellements de rochers, il forme le seul exemple de ***jardin royal*** persistant à Huế.

👣 ***Le pavillon Tứ Phương Vô Sự*** *(plan B3,* ***87****)* **:** signifie littéralement le « palais des quatre directions sans problèmes » ! Près de la porte de la Paix (tout au nord), ce pavillon, reconstruit en 2010 pour le 1 000e anniversaire de Hanoi, offre une architecture élégante, identique à l'original.

La Cité pourpre interdite
(Điện Cần Chánh ; plan B-C3)

👣👣 En plein cœur de la cité impériale, juste au nord du palais du Trône, c'est la désolation : il ne reste que des ruines éparses de la 3e enceinte, un espace mesurant 330 m x 324 m, auquel seuls l'empereur, les femmes et les eunuques pouvaient accéder. Des nombreux bâtiments détruits lors de l'offensive du Têt de 1968, seuls demeurent, à l'est, 2 ***maisons mandarinales*** où se trouvaient bureaux administratifs et salles des banquets royaux. Encadrant cet immense terrain vague et herbu, des ***galeries*** ont été reconstruites. Y sont exposées des photos d'époque.

BẢO ĐẠI, EMPEREUR DÉCHU

Le dernier empereur d'Annam (dynastie Nguyễn), Bảo Đại, avait été intronisé en 1925 dans le palais impérial de Huế. Il aimait le golf, les bateaux, le jeu et la flambe. Il vécut si longtemps en France que son peuple ne le reconnaissait plus. Il abdiqua en 1945, puis revint au Vietnam en 1949, laissant sa famille à Cannes. Un simulacre de procès le condamna à mort. Il mourut, ruiné, dans un 2-pièces, à Paris, en 1997. Il est enterré au cimetière de Passy.

Le pavillon de Lecture *(Thái Bình ; plan B3,* ***88****) : au nord-est de la Cité pourpre interdite.* Édifié par Thiệu Trị (1841-1847), le pavillon est précédé d'un jardin et d'un bassin, considéré comme un paravent contre les mauvais esprits. Conservé en assez bon état, il a été restauré et abrite une boutique.

Le théâtre royal *(plan C3,* ***89****) : juste au sud du pavillon de Lecture. 2 représentations/j., à 10h et 15h. Durée : 40 mn. Compter 200 000 Dg.* Bâti en 1826, on y donne toujours des spectacles de danse et des opéras royaux : danse des licornes, danse des éventails et des lampes de lotus.

Le parc *(Vườn Cơ Hạ ; plan C3,* ***90****) :* en ressortant de la Cité pourpre en direction de l'est (et de la sortie de la cité impériale), faire un tour dans ce joli jardin où jouaient les jeunes princes. Il compte de nombreuses essences d'arbres, bassins, ainsi qu'une belle collection de bonsaïs, le tout agrémenté d'un café et de petits pavillons pour se poser à l'ombre.

La porte de l'Humanité *(Cửa Hiển Nhơn ; plan C3,* ***91****) :* au sud-est de la cité, elle était jadis réservée aux mandarins (les fonctionnaires impériaux). Cette porte est tout aussi travaillée que celle de la Vertu, décrite plus haut. Elle marque la fin de la visite de la cité impériale. Après être sorti, ne pas rater la visite du *musée des Antiquités royales* décrit plus bas.

Ailleurs dans la citadelle royale

Le musée des Antiquités royales *(plan C3) : 3, Lê Trực. ☎ 352-44-29. Entrée incluse dans le billet de la citadelle impériale (voir plus haut).* Vaut déjà la peine pour l'architecture du ***palais Long An,*** ancienne résidence royale construite au XIXe s et considérée comme le plus beau palais de la ville. On y découvre une précieuse collection d'objets datant de la dynastie des Nguyễn (1802-1945) : orfèvrerie, sceaux en ivoire, trône, bel ensemble de porcelaines, mobilier incrusté de nacre, boîtes en noix d'arec et de bétel, armes ornementales, chaise à porteurs, lit royal (dans un amusant style Louis XV à la sauce dragons & Co)...

Le Cavalier du Roi *(Kỳ Đài ; plan C3) : ne se visite pas.* Imposant bastion construit par Gia Long en 1809 sur le terre-plein gardant l'entrée de la cité royale, côté fleuve. Le drapeau vietcong y fut hissé lors de l'offensive du Tết en 1968 (l'image fit le tour du monde grâce à la télé américaine). Il y flotte toujours. Après avoir franchi chacune des portes de part et d'autre du bastion s'alignent 2 groupes de 4 et 5 grands canons de bronze. Appelés « canons génies », ils pèsent 10 t chacun et symbolisent les 5 éléments (eau, bois, métal, feu et terre) et les 4 saisons. Devant, une grande esplanade en partie gazonnée où se déroulaient, jadis, les parades militaires.

Ceux qui ont beaucoup de temps devant eux poursuivront leur balade plus au nord, jusqu'au ***lac du Cœur serein*** *(plan B2)* et au ***bastion Mang Cá*** *(plan B1).*

Dans la ville moderne

Sur la rive droite (ou sud), le long de l'avenue Lê Lợi, quelques vestiges de la présence coloniale française : jolies villas, dont certaines restaurées. C'est le cas du *Art Museum Lê Bá Đảng* (voir ci-après). On peut voir aussi la maison de l'ex-résident supérieur de l'Annam, aujourd'hui l'un des édifices de l'hôtel chic *La Résidence,* et l'hôtel *Saigon Morin* (*plan D3,* ***27*** ; voir « Où dormir ? »). À 200 m au sud-ouest du pont Phú Xuân, au 10, Lê Lợi, le ***collège Quốc Học*** *(plan C4).* Ce fut l'une des 1res écoles françaises du pays (1896). Hồ Chí Minh (en 1908), le général Giáp, héros de Điện Biên Phủ, et l'ancien président du régime du Sud, Ngô Đình Diệm, y étudièrent.

Art Museum Lê Bá Đảng *(plan C3-4) : 15, Lê Lợi. ☎ 383-74-11. • lebadang.org • Tlj 7h30-11h30, 13h30-17h30. Entrée : 30 000 Dg ; réduc.* Dans ce bâtiment de style colonial bordant la rivière des Parfums est présentée l'œuvre de Lê Bá Đảng, artiste français d'origine vietnamienne, né à Quảng Trị en 1921 et décédé en 2015. Installé en France à partir de 1939, il a exposé dans le monde entier. Papiers gaufrés ou découpés, toiles immenses, superbes encres évoquant la guerre d'Indochine, suspensions, tapisseries, étonnantes sculptures en bois... L'univers particulier de Lê Bá Đảng, à la rencontre de l'Orient et de l'Occident, explore tous les mondes et les modes, ou presque. Ses toiles sont facilement identifiables au monogramme rouge représentant 3 personnages – lui, sa femme et son fils. Expos temporaires d'artistes contemporains également.

Le musée de la Broderie *(Bảo Tàng Nghệ Thuật Thêu XQ ; plan C3, **71**) : Lê Lợi (angle Phạm Hồng Thái). Tlj 8h-21h30. GRATUIT.* Grande galerie qui expose des tableaux de broderies de soie. Paysages, estampes, motifs floraux, animaux... c'est toujours très coloré, et d'une précision diabolique. Même si on n'adhère pas toujours au style, il faut reconnaître que le travail est à couper le souffle. On peut aussi observer des brodeuses à l'œuvre.

Điềm Phùng Thị Art Museum *(plan C-D3) : 17, Lê Lợi (en face de l'hôtel Saigon Morin). Tlj 8h-11h30, 14h-17h30. Entrée : 30 000 Dg ; réduc.* Cette maison coloniale abrite les sculptures de Điềm Phùng Thị (1920-2002), une des plus grandes artistes vietnamiennes du XXe s. Née à Huế, elle a grandi dans une famille de mandarins cultivés. Son père fut l'architecte de l'empereur Khải Định. En 1946-1948, elle rejoint le maquis, puis s'installe à Paris et exerce le métier de dentiste. Lassée de façonner les dents de ses patients, Phùng Thị se lance corps et âme dans sa passion de toujours : la sculpture.

Le musée Hồ Chí Minh *(plan C4) : 7, Lê Lợi. ☎ 382-21-52. Tlj 7h-11h, 13h30-16h. Entrée : 10 000 Dg.* Ce grand bâtiment en béton renferme de très nombreuses photos concernant la vie de l'oncle Hồ et les guerres contre les Français et les Américains. Exposition exaltant le patriotisme, pour une belle cure de propagande.

À voir. À faire à Huế et dans les environs

Les environs de Huế se visitent facilement en solo ou en groupe, à vélo, en taxi ou via un tour organisé. Entre agences, simples revendeurs, excursions à prix négociés par les hôtels, l'offre est pléthorique. Comparez !

La rivière des Parfums *(Sông Hương) :* elle tire son nom des nombreuses herbes médicinales (et parfumées) qui poussaient naguère sur ses rives. En ville, ses berges ont été aménagées en promenade arborée, notamment entre les ponts Trường Tiền et Phú Xuân *(plan C3)* où se déploie, côté ville nouvelle, une ***passerelle*** à fleur d'eau, prisée des jeunes mariés pour leurs photos. Reste que les odeurs sont moins envoûtantes aujourd'hui que par le passé... Mieux vaut donc s'éloigner de la ville pour trouver un peu de paix et de charme. On pourra ainsi observer des villages de sampans avec leurs petits autels et les offrandes sur le toit, à l'intention des génies de l'eau. En s'éloignant de Huế, on croise des embarcations lourdement chargées de sable. C'est l'une des activités les plus importantes du fleuve. Un homme robuste plonge dans l'eau avec un seau en métal accroché au bout d'une longue perche en bambou. La perche est reliée à une corde rattachée à une roue, laquelle est actionnée par la force humaine,

un système rustique et simple qui permet d'alléger la tâche des plongeurs au moment de remonter le seau chargé de sable.
– ***Les ponts :*** 5 ponts franchissent la rivière des Parfums ; l'ancien pont Clemenceau (*Trường Tiền* aujourd'hui), construit en 1909 et à l'architecture Eiffel ; le « pont des Américains » *(Phú Xuân),* celui des voitures, construit en 1968 ; puis le vénérable pont ferroviaire Eiffel *(Dã Viên)* ; plus loin, le pont *Bạch Hổ* (pont du Tigre Blanc) situé sur la route de Huế à la pagode de la Dame céleste. En amont, vers le sud, un grand pont moderne (*Dã Viên* aussi), inauguré en 2012, passe près du tombeau de Minh Mạng et permet de contourner la ville.

➢ ***Promenades en bateau :*** voici sans doute le moyen le plus agréable d'aller voir les tombeaux. Les agences et les hôtels proposent cette excursion à la journée. On peut également louer des bateaux directement à l'embarcadère *(plan D3).* Dans tous les cas, demandez bien le détail du programme et faites-le respecter. Évitez les tours rapides qui ne vont pas au-delà de la pagode de Thiên Mụ (autour de 10 US$ par personne, dans des groupes conséquents allant jusqu'à 40 passagers) : dommage, on ne voit pas grand-chose.
Pour une belle balade, choisir plutôt une excursion à la journée (compter 6h en tout ; jusqu'à 45 US$ pour une balade à 2 personnes) dans des bateaux plus petits (1 à 15 personnes). Le parcours classique marque des arrêts à la pagode Thiên Mụ, au temple Hòn Chén, au tombeau de Minh Mạng et à celui de Khải Định. Voir plus loin (« Les tombeaux impériaux ») pour les détails. Le retour se fait souvent en bus (voire à vélo) en marquant l'arrêt pour visiter d'autres tombeaux. Le prix dépend du nombre de participants et du programme de visite.
Signalons un désagrément fréquent : les bateliers qui insistent pour vendre des souvenirs à bord du bateau. Le grand déballage de colifichets fait alors passer la balade au 2d plan et cela met à rude épreuve la patience des touristes. Encore une fois, soyez clair sur les conditions de voyage avant le départ.

👁👁 ***La pagode de Thiên Mụ*** *(hors plan par A4)* **:** *à env 4 km au sud-ouest de la ville, au bord de la rivière des Parfums. On s'y rend à vélo, en taxi ou en bateau. GRATUIT. La luminosité est superbe en fin d'ap-m, vers 16h. Parking à vélos payant à l'entrée de la pagode.*
Fondée en 1601, la ***pagode de la Dame céleste,*** la plus connue de Huế, se signale depuis le fleuve par une haute tour octogonale de 7 étages évoquant les 7 réincarnations de Bouddha. Celle-ci a été ajoutée en 1844, lorsque le site fut remodelé. Dans les oculi figurent les divers symboles du bonheur (fleur de lotus, svastika, etc.). À droite, sur une énorme tortue en pierre (symbole de longévité), stèle racontant l'histoire de la pagode. Joli travail de sculpture. À gauche, grosse cloche de 1710 dont la portée était au moins de 10 km.
– Long ***portique*** marquant l'entrée. 3 portes symbolisent les bouddhas du passé, du présent et du futur. Elles sont flanquées par les inévitables génies du Bien et du Mal. Dans l'avant-cour, derrière, plusieurs généraux représentés de chaque côté. Leur visage évoquerait le caractère humain (rouge : la colère ; noir : la méchanceté ; jaune : la sagesse ; blanc : le flegme).
– ***Temple*** somme toute assez modeste, à la décoration plutôt sobre. On y voit un bouddha rigolard en bronze doré et, dans le sanctuaire, la classique statuaire : au milieu, le Sakyamuni, bouddha qui symbolise le présent. Gros grelot en forme de carpe, symbolisant l'éveil permanent de l'esprit des bonzes (car la carpe ne dort jamais).
– Dans le ***jardin,*** nombreuses essences et fleurs. Très joli jardin de bonsaïs. Sur le côté gauche de la pagode, une étrange relique : une Austin bleue ayant appartenu à Thích Quảng Đức qui, en 1963, s'immola par le feu en plein Saigon pour protester contre le pouvoir dictatorial de Diệm. En 1975, après la défaite du Sud, certains moines bouddhistes furent envoyés dans des camps de rééducation et leurs biens furent confisqués. 12 bonzes de Huế se suicidèrent à la manière de leur prédécesseur, en signe de contestation. Aujourd'hui, une cinquantaine de moines vivent encore sur place.

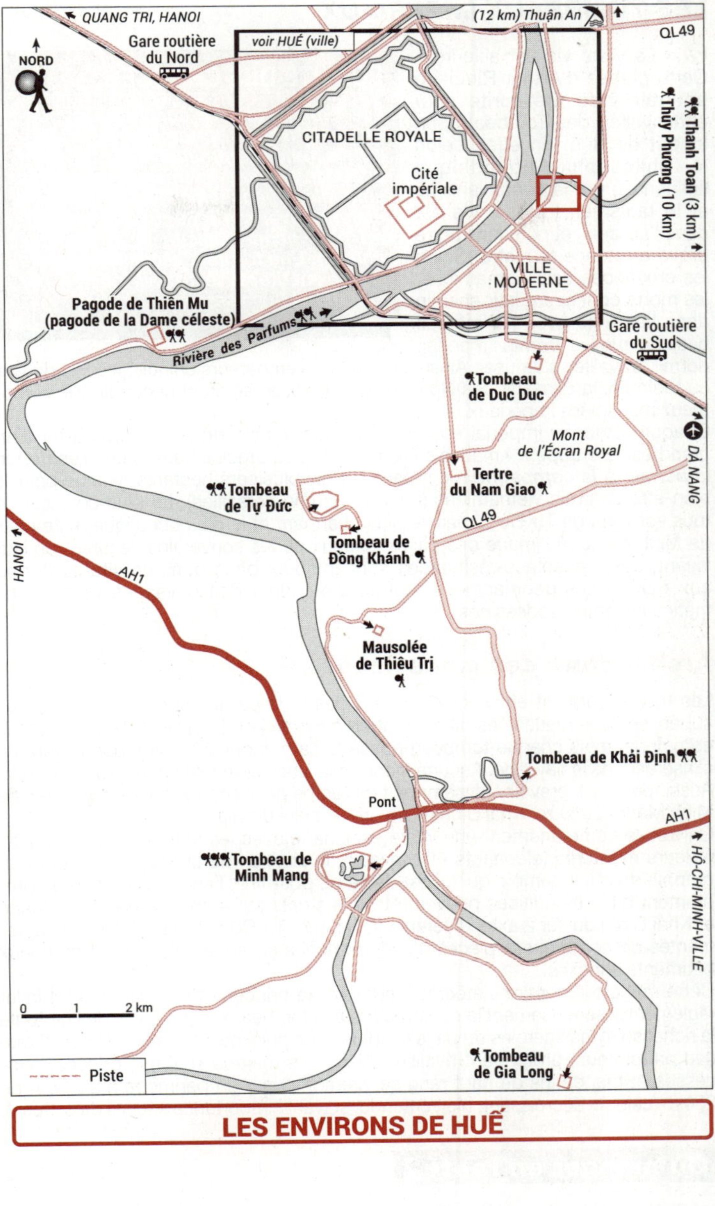

LES ENVIRONS DE HUẾ

LES TOMBEAUX IMPÉRIAUX

« La vraie vie est ailleurs. » Cette phrase d'Arthur Rimbaud pourrait avoir été écrite pour cette vallée des Tombeaux, en amont de Huế. En effet, selon la philosophie bouddhique (influencée par le confucianisme et le taoïsme), la vraie vie est dans l'au-delà, et non dans notre brève existence terrestre. Selon les croyances des Vietnamiens, les morts continuent leur chemin dans l'éternité avec les mêmes besoins que les vivants : manger, dormir, travailler, s'amuser. Ainsi, à l'instar des empereurs chinois, les Fils du Ciel du Vietnam (la dynastie des Nguyễn en particulier) se firent construire de somptueux mausolées impériaux.

ÉGALITÉ DES CHANCES

Les candidats aux concours mandarinaux, auxquels le temple de la Littérature rend hommage, ne pouvaient accéder au titre de mandarin qu'à la suite d'examens difficiles. Ces derniers étaient ouverts à tous, du plus pauvre au plus riche. Chacun avait ainsi sa chance. Une forme d'ascension sociale par le mérite et le travail, et non par l'argent et la naissance.

Chaque tombeau impérial en tant que tel n'occupe qu'une petite partie d'un grand espace appelé « mausolée ». Il s'agit, plus précisément, d'une ***résidence impériale à la campagne,*** comptant parfois plusieurs hectares, voulue pour le bien-être des rois vietnamiens (un peu comme Versailles). Le plus colossal de tous est celui de Tự Đức, mais le plus charmant et le plus bucolique reste celui de Minh Mạng. À l'image des palais luxueux où les souverains vécurent de leur vivant, ces mausolées-résidences sont toujours bâtis dans un site conforme aux études des géomanciens. Autour s'étendent des paysages verdoyants, méticuleusement redessinés.

Architecture des mausolées

Les travaux étaient entrepris du vivant des rois, ce qui leur permettait de les superviser. Les mausolées présentent en général 4 ou 5 éléments architecturaux communs, mais chaque tombeau possède sa personnalité, sa façon propre de s'insérer dans le paysage. Aucune monotonie, aucune répétition, bien au contraire. Aussi, pensez à prévoir suffisamment de temps pour au moins visiter les sites de Minh Mạng, Tự Đức, Khải Định et, en prime, celui de Gia Long.
On trouve communément une vaste esplanade avec les statues des mandarins et leurs montures (éléphants et chevaux), le pavillon de la Stèle narrant la biographie du roi, le temple qui lui est dédié et, pour finir, l'enclos du tombeau proprement dit. Ces édifices peuvent être construits sur le même axe (Minh Mạng et Khải Định) ou sur 2 axes différents (Gia Long, Tự Đức, Thiệu Trị). Ils sont agrémentés de nombreuses pièces d'eau, de riches essences d'arbres et de beaux bâtiments annexes.
Cette mégalo funéraire s'étendit à nombre de princes et mandarins, et il fallut réglementer sérieusement la construction des tombeaux, sous peine de voir toute la richesse et les énergies du pays dilapidées (et puis, qu'est-ce que c'étaient que ces prétentieux, prétendant rivaliser avec leurs maîtres ?). Ainsi, princes, princesses et mandarins de haut rang se virent imposer un périmètre maximum de 250 m (celui-ci décroissant, bien entendu, suivant l'importance sociale de chacun).

Où manger en route ?

Nhà Hàng Sơn Hải : *135, Minh Mạng, Thủy Bằng (à 6 km au sud de Huế, sur la route menant au mausolée de Thiệu Trị, à gauche, juste après l'embranchement). 09-43-86-58-15. Tlj 7h-21h. Bon marché.* On va brûler quelques bâtons d'encens pour remercier Bouddha d'avoir placé ce petit restaurant au cœur de la zone des tombeaux impériaux ! On brûlera quelques bâtons supplémentaires pour le gentil accueil. Et on finira le paquet pour la bonne petite cuisine vietnamienne pur jus, parfumée, généreusement servie et copieusement pimentée (autant le savoir).

Visite des mausolées (et des tombeaux)

Tlj 7h-17h l'hiver et 6h30-17h30 l'été. Billet pour chaque tombeau : 100 000 Dg. Compter une bonne journée pour voir le min. Conseil vestimentaire : sans être formellement interdits, les shorts, minijupes et débardeurs sont plutôt inconvenants sur les sites des tombeaux.

– ***Avec une agence :*** toutes les agences et les hôtels de Huế proposent des forfaits à la journée. Cette formule, la plus répandue, inclut le bateau, le retour en bus (ou à vélo), le guide, le déjeuner et souvent aussi la visite d'une fabrique de chapeaux coniques. Les prix démarrent à environ 10 US$ par personne avec la visite de 3 tombeaux (billets d'entrée en supplément, tarif non négligeable !). Certains forfaits incluent les billets d'entrée : compter alors dans les 25-30 US$ par personne pour 3 tombeaux (environ 35-40 US$ pour 5 tombeaux). En général, les bateaux quittent Huế à 8h, où l'on revient vers 16h30.

DES TRÉSORS CACHÉS

Enterrés avec leur trésor, les empereurs ont eu la sage précaution de garder secret l'emplacement précis de leurs sépultures. Les (nombreux) pilleurs de tombes en furent pour leurs frais !

– ***En individuel :*** plusieurs solutions. Si vous avez les moyens mais peu de temps, optez pour le ***taxi,*** voire une ***voiture de location avec chauffeur*** auprès d'une agence. Pour 30-35 US$, vous devriez pouvoir vous faire conduire aux tombeaux de Minh Mạng, Tự Đức, Khải Định et retour. Le véhicule attend au pied de chaque site, sans supplément. Si vous avez un bon sens de l'orientation et l'habitude des routes au Vietnam, partez à ***moto de location*** (bien lire nos avertissements sur la location de moto dans la rubrique « Vietnam utile » en début de guide) ou encore mieux ***à vélo*** (privilégiez un VTT à 7 US$/j. doté de vitesses, plus pratique dans les montées que les vélos de ville à 30 000 Dg/j. qui n'en sont pas équipés). Tự Đức se trouve facilement, Khải Định et Minh Mạng un peu moins (peu de panneaux). Dernière option, le ***bateau*** (voir descriptif et tarifs plus haut).

– ***Conseil :*** éviter les forfaits comprenant la visite de 7 tombeaux plus la cité impériale, en 1 journée, c'est pure folie !

Le tertre du Nam Giao : *à 2 km de la ville. GRATUIT.* Comme les empereurs chinois, les souverains vietnamiens venaient discuter avec leur père céleste. Après avoir passé une nuit dans le palais de l'Abstinence, ils venaient prier le ciel et lui faire une offrande en sacrifiant un buffle. Cette esplanade « du Sacrifice au Ciel et à la Terre » a été aménagée en 1802 par Gia Long. Elle est composée de 3 terrasses : 2 de forme carrée représentant la Terre, et une de forme arrondie symbolisant le Ciel.

Le tombeau de Tự Đức *(palais de la Modestie)* **:** *à 2 km du débarcadère de la rivière des Parfums (1h de navigation) et à 7 km au sud-ouest de Huế. On y accède aisément par la route ; prendre l'av. Điện Biên Phủ puis Ngô Cát. Entrée : 100 000 Dg.*

– ***Historique :*** Tự Đức eut le plus long règne (de 1848 à 1883), à une époque charnière, puisqu'il connut les étapes cruciales de la colonisation française (prises de Tourane et de Saigon en 1859, et de Hanoi en 1873 et 1883). Son règne fut sanglant puisqu'il n'hésita pas à renverser son frère, puis à le faire trucider avec toute sa famille en 1848. Les chrétiens, accusés d'avoir participé à la révolte, furent cruellement persécutés.

En 3 ans (1864-1867), des sommes faramineuses furent englouties dans la construction du tombeau (au moins 3 000 personnes y œuvraient). Les conditions de travail sur le chantier provoquèrent de violentes révoltes de la part des officiers, des soldats et des ouvriers, et elles furent durement réprimées. En 1866 eut lieu la révolte des « pilonniers », appelée ainsi car les pilons qu'utilisaient les manœuvres pour malaxer les enduits avec la chaux se muèrent en armes. Ses instigateurs étaient des lettrés de Huế, fondateurs du « Cercle des amoureux de l'alcool et de la poésie » (s'ils avaient vécu ici, Baudelaire et Verlaine les auraient probablement soutenus...). Tự Đức était peut-être frustré de ne pas avoir d'enfants. Malgré plus de 100 épouses et concubines, il n'avait pas l'ombre du quart du tiers d'un héritier. Victime, semble-t-il, des oreillons, maladie qui le laissa stérile, eh oui ! En tout cas, de son vivant, Tự Đức put jouir pleinement de l'édification de son tombeau.

– ***Architecture :*** ce tombeau est construit sur 2 axes. Sur le 1er, le parc, le palais, les temples et les édifices de loisirs ; sur l'autre, le tombeau proprement dit. Le *parc* est parsemé de belles essences : frangipanier, jaquier, longanier, litchi, etc., autour d'un lac artificiel couvert de nénuphars.

– Depuis la *porte d'entrée,* on longe le *lac Lưu Khiêm* pour accéder, à gauche, à un escalier imposant qui mène au ***palais de la Modestie*** *(Hòa Khiêm Cung).* Le 1er bâtiment, qui servait de bureau à Tự Đức, fut transformé en temple après sa mort. À l'arrière, une petite cour est flanquée, à droite, du *théâtre impérial* tout en bois. C'est le plus ancien du Vietnam. Les concubines y donnaient des spectacles à l'intention de l'empereur. Au fond, les appartements royaux sont devenus temple consacré à la reine mère après sa mort. Dommage pour l'impératrice si sa belle-mère lui cassait les pieds...

DOUTEUSE ÉTERNITÉ

D'abord nommé palais de l'Éternité, il semble que le palais de la Modestie ait pris son nom suite à de violentes critiques de la part des intellectuels de la Cour. Ces quelques vers d'un poète en disent long sur le peu de considération que l'empereur Tự Đức inspirait à ses contemporains : « Ses murs sont construits d'os de soldats... ses fossés sont remplis du sang du peuple. »

– En redescendant du palais de la Modestie, vue superbe sur le lac *Lưu Khiêm,* son îlot artificiel et le joli ***pavillon de pêche et des banquets*** *(Xung Khiêm),* sur pilotis. Très belle charpente en bois sculpté. Tự Đức adorait y déclamer des poèmes de sa composition. Il en aurait écrit 1 600, mais peu sont passés à la postérité.

– En descendant les marches du palais de la Modestie, prendre à gauche pour arriver au ***tombeau*** lui-même. Il comprend les 4 éléments architecturaux classiques sur le modèle des nécropoles des empereurs Ming. 3 escaliers permettent d'accéder à la 1re esplanade : celui du milieu pour l'empereur, les 2 autres pour les mandarins civils et militaires. Traditionnelle cour d'honneur avec 2 rangées de statues de mandarins et leurs montures, chevaux et éléphants. Les statues sont petites. Le roi, dit-on, n'était pas très grand (1,45 m) et n'aurait pas supporté des statues qui accentuent son handicap !

Au-dessus, un pavillon protège la ***stèle de la Modestie*** *(Nhà Bia)* en marbre vantant les mérites du souverain (4 935 idéogrammes chinois gravés sur les 2 faces). Elle pèse 20 t et a été tirée par des éléphants sur une distance de 500 km ! C'est l'empereur en personne qui aurait écrit le texte. Il a donné là une sorte d'autobiographie critique où il confesse ses fautes et avoue les difficultés qu'il a connues pendant son règne (révoltes intérieures, pressions extérieures, pénétration de l'armée française, santé fragile).

Enfin, on accède à l'arche en terre cuite vernissée et aux portes de bronze protégeant le tombeau proprement dit. Paravent traditionnel pour que les mauvais esprits s'y cognent. Au milieu, le symbole du bonheur. Le tombeau se révèle d'une étonnante sobriété, eu égard tout le reste. Devant, un autel ciselé. En fait, les restes du souverain ne seraient pas en dessous, mais dans les environs, sous la pinède. Tự Đức s'est fait enterrer par un groupe de sourds-muets venus des montagnes reculées de l'Annam, puis, une fois la besogne funèbre accomplie, ceux-ci furent renvoyés dans leur lointain village avec interdiction de revenir à Huế. À moins que ces braves fossoyeurs ne fussent tués pour qu'ils n'en révèlent pas l'emplacement (mais qui liquida les soldats qui les liquidèrent ?).

À environ 2 km du mausolée de Tự Đức, dans un beau paysage, la ***pagode de Từ Hiếu*** était naguère dédiée aux eunuques impériaux. L'intérieur est aussi joli que celui de la pagode de la Dame céleste.

Le tombeau de Đồng Khánh : *situé à 800 m après le tombeau de Tự Đức. Entrée : 40 000 Dg.* Đồng Khánh (1885-1889) était le neveu et le fils adoptif de Tự Đức. Couronné empereur le 20 septembre 1885, à l'âge de 23 ans, il fut un souverain contesté. Sous son règne, les lettrés se révoltèrent, et le territoire du Vietnam fut grignoté par les Français, au mépris du traité de protectorat de juin 1884. Đồng Khánh n'arriva pas à se défendre convenablement face aux menées expansionnistes françaises, et mourut du paludisme à 27 ans.
Son tombeau est le dernier de type classique édifié à Huế. Construit en 1889, juste après le couronnement de son successeur (Thành Thái), il n'a été achevé que sous Khải Định, c'est-à-dire entre 1916 et 1925.

Le mausolée de Thiệu Trị : *à env 7 km de Huế. Entrée : 40 000 Dg.* L'empereur Thiệu Trị (1841-1847) était le fils aîné de Minh Mạng et le père de Tự Đức. Il eut 64 enfants, ce qui est raisonnable au regard du nombre de ses concubines. Sous son règne, le Vietnam atteignit sa plus grande extension, car le Cambodge lui céda la Cochinchine en 1846.

Le tombeau de Khải Định *(père officiel de Bảo Đại)* ***:*** *à 2,5 km du débarcadère de la rivière des Parfums et à 12 km de Huế. Entrée : 100 000 Dg.* Très différent des tombeaux précédents, le tombeau de Khải Định est le dernier à avoir été construit. Il rompt avec le style des autres. Ici, nul parc paysager, mais une construction par paliers sur une colline. Le béton fut largement utilisé. Pétri de culture européenne, l'avant-dernier empereur mélangea allègrement les influences artistiques. Ce qui a donné, dans son genre, un chef-d'œuvre de l'art kitsch.
Le tombeau fut édifié de 1920 à 1931 ; Khải Định ne le vit donc pas achevé, puisqu'il mourut en 1925, à l'âge de 40 ans. Mégalo, à l'image du tombeau lui-même, il augmenta de 30 % les impôts de son pays pour financer la construction ! Inutile de dire que le peuple ne le portait pas dans son cœur. Véritable marionnette entre les mains des Français, il se distinguait, en outre, par son sens de la frime et de l'ostentation : bagues à chaque doigt et tenues vestimentaires extravagantes.
– *Cour d'honneur (1er niveau) :* s'y dressent les traditionnelles statues de mandarins, les chevaux, les éléphants et une rangée de guerriers en prime. Le *pavillon de la Stèle,* de forme octogonale, est des plus original avec ses colonnes torses où s'enroulent des dragons et des bas-reliefs semés de chauves-souris... Les ardoises du toit viennent d'Angers. Le texte de la stèle aurait été écrit par Bảo Đại (fils de Khải Định). Dominant l'ensemble, 2 obélisques grandiloquents. Noter le dragon de l'escalier. Il semble « parler » devant une boule de jade. Métaphore aisée : le jade est précieux, la parole l'est également.
– *Sur la dernière terrasse,* à 127 marches de la base, le *tombeau* du monarque et son temple, adossés à la colline. Vu le côté kitsch et exubérant de la façade, on pourrait croire que l'architecte connaissait le Facteur Cheval. Piliers de style baroque, pilastres cannelés néoclassiques, sculpture du fronton foisonnante, clochettes pour chasser les mauvais esprits. À droite, sous la fenêtre, les objets familiers du roi sont représentés dans un cartouche : brûle-parfum, miroir, plume, théière, etc. De la terrasse se révèle un paysage qui semble quasiment créé par un géomancien. Les collines dessinent un dragon à gauche et, à droite, un tigre aplati semble boire dans une mare. Très harmonieux.

– *L'intérieur :* extraordinaire décor, étalage sublime de richesse polychrome. Décor de mosaïque en relief à base de morceaux d'assiettes et de bols, de tessons de bouteilles, etc. On raconte que les artistes cassèrent des pièces de grande valeur.
– *La salle du tombeau :* là, c'est du délire ! Festival de mosaïques. Statue en bronze grandeur nature de l'empereur coulée à Marseille et offerte par la France (bien avant le trône de Bokassa, donc !). Derrière, le soleil couchant qui symboliserait la disparition du souverain. Baldaquin en béton... de 1 t. Sur le pourtour, couronnes mortuaires en métal, hommage des autorités françaises. Finalement, le seul tombeau pour lequel on a la certitude que le corps est bel et bien à l'intérieur !
– *Dans la salle latérale :* objets personnels de l'empereur, dont des pièces de porcelaine de Limoges, une pendule d'inspiration Premier Empire (français) offerte par le gouverneur général français, une urne de la manufacture de Sèvres...

*** ***Le tombeau de Minh Mạng :*** *situé rive ouest, à une dizaine de km au sud-ouest de Huế, au confluent de la rivière avec d'autres petits affluents. On peut y accéder par la rivière des Parfums, après la visite de la pagode de Thiên Mụ. Entrée : 100 000 Dg.* Minh Mạng, 4e fils de Gia Long et 2e roi de la dynastie Nguyễn, régna de 1820 à 1840. Il dessina lui-même les plans de son tombeau, mais mourut avant le début des travaux (1840-1843). C'est ainsi le seul tombeau à avoir été édifié après la mort d'un souverain. N'ayant eu (façon de parler) qu'une trentaine de femmes, 300 concubines (dit-on) et 142 enfants, peut-être Minh Mạng se trouva-t-il prématurément usé ? Construit sur un même axe de 700 m de long, l'ensemble des constructions occupe 28 ha délimités par une ellipse de 1 750 m. Le tout entouré de douces collines. C'est un modèle d'harmonie avec la nature ; d'immenses pièces d'eau creusées par l'homme l'environnent superbement.
– *Le portique d'entrée à 3 portes :* sur l'esplanade, selon un modèle commun à tous les tombeaux, statues des mandarins civils et militaires, éléphant et cheval. Au milieu, le pavillon de la Stèle. Rampes de dragons le long de l'escalier. Le texte gravé en chinois sur marbre noir fut composé par Thiệu Trị. Ensuite, 3 niveaux pour atteindre l'édifice suivant. À propos, noter la grande hauteur des marches (qu'on retrouve en maints édifices impériaux), pour que les visiteurs aient le temps de réfléchir à ce qu'ils allaient dire au roi !
– *La porte de la Vertu éclairée :* superbe, en bois peint de rouge et de jaune. Elle donne accès à la 2e esplanade d'honneur. Elle est surmontée d'un balcon pour que le roi puisse admirer le paysage. À droite, le temple du culte des mandarins civils, à gauche celui des mandarins militaires.
– *Le temple du Culte du roi (temple de la Grâce immense ; Sùng Ân) :* sur le toit, frise de peintures émaillées d'origine. Charpente en laque rouge superbement restaurée, avec piliers peints de dragons couverts d'or. Derrière le temple, petite cour (de part et d'autre, le logement des eunuques et des concubines) précédant une remarquable perspective dans l'encadrement de la porte. 3 ponts franchissent le *lac de la Pure Clarté.* Au milieu, le Trung Đạo (réservé à l'empereur) et, de part et d'autre, ceux réservés aux mandarins.
– *Le pavillon de la Lumière (Minh Lâu) :* par 2 étroites terrasses, accès au pavillon de détente de l'empereur. De là, dans la brise fraîche, il aurait pu également jouir de la beauté du paysage ou méditer sur le dur métier d'empereur (s'il l'avait construit avant sa mort, bien sûr !). Les 2 grands obélisques derrière le pavillon symbolisent la puissance du monarque. Il devait l'être sacrément !
– *Le pont de l'Intelligence :* franchissant le « lac de la Nouvelle Lune », il sépare le monde des vivants de celui des morts. À l'entrée, un portique de bronze. Tout au fond, derrière l'enceinte circulaire sacrée, le tombeau, qui se trouve sur une sorte de butte verdoyante (inaccessible aux visiteurs).

* ***Le tombeau de Gia Long :*** *à 15 km au sud de Huế. On y accède plutôt par la route, car le bateau ne prend pas moins de 4h (aller simple !). GRATUIT.* Voici la nécropole la plus lointaine (à 15 km de Huế), la plus vaste et aussi la moins visitée. Bien que le site ait beaucoup souffert de la guerre américaine (c'était une cachette

LE CENTRE

des combattants vietcong), le cadre est resté sauvage à souhait. Beaucoup de collines, de pinèdes et d'étangs s'étendent aux alentours sur près de 3 000 ha. Situé sur une hauteur appelée la montagne Blanche *(Bạch Sơn)*, le mausolée de Gia Long fut construit en 6 ans, de 1814 à 1820.

Né à Huế en 1759, Gia Long est considéré comme le fondateur de la dynastie des Nguyễn.

Son tombeau offre une disposition différente du tombeau de Minh Mạng. Ici, le pavillon de la Stèle et celui du Culte (pas plus grand que celui de Thiệu Trị) sont situés sur un axe transversal. Après avoir gravi 6 petites terrasses, on arrive devant les 2 portes de bronze du mausolée. Là se trouvent les tombeaux de Gia Long et de sa 1re épouse. Sa 2e épouse est enterrée sur une autre colline, parmi les buissons et les pins. Sa mère est enterrée un peu plus loin encore, sur une autre colline.

VIVE LA MONOGAMIE !

Les souverains vietnamiens avaient des privilèges énormes. Parmi ceux-ci, le droit d'avoir autant de concubines qu'ils le souhaitaient. Le record est détenu par Minh Mạng, qui en eut 300 ! L'empereur Gia Long eut seulement 50 concubines et 31 enfants. Heureux, certes, mais sans cesse préoccupé par ses ribambelles de femmes. Il déclara un jour : « Il est plus facile de gouverner ce pays que de gouverner mon harem. »

DANS LA CAMPAGNE DANS LES ENVIRONS DE HUẾ
(dans un rayon de 15 km)

Le pont couvert de Thanh Toàn : *à 8 km à l'est de Huế. Prendre la rue Tố Hữu (hors plan par D4, 2 x 2 voies) sur 3 km, jusqu'à la route de contournement (QL49) que l'on prend à droite. À 500 m, au niveau de l'immense panneau publicitaire « HUONG THUY », prendre la petite route à gauche, qui traverse les grandes rizières. 800 m plus loin prendre à gauche à la fourche (petit panneau « Thanh Toàn »).* On arrive à ce hameau dont la principale curiosité, outre un petit bout de marché typique chaque matin, est ce pont couvert ancien. Très beau et très rare (construit en 1779), il enjambe une petite rivière. Un lieu bucolique à souhait. À côté, ***musée agricole des Traditions populaires*** *(tlj 7h30-17h30 ; entrée : 20 000 Dg)* abritant des objets et des instruments quotidiens de la vie des riziculteurs (casiers à poisson, noria, charrues, paniers, épouvantails à oiseaux, moulins à farine...).

Le cimetière historique des Français de Huế : *à* ***Thụy Phương,*** *à 15 km env au sud-ouest de Huế sur la route qui mène à Đà Nẵng. Infos à l'hôtel* Saigon Morin, *qui fournit un plan d'accès.* Transféré en 2006 au pied de la cordillère annamitique, le cimetière historique de Huế a été restauré grâce à l'Association des amis du Vieux Huế, qui a rendu les épitaphes lisibles. Parmi les 343 tombes de civils et de militaires (depuis le XIXe s jusqu'en 1954), on trouve celle de Wladimir Morin, fondateur de l'hôtel Morin.

La plage de Thuận An : *à une quinzaine de km au nord de Huế, dans l'estuaire de la rivière des Parfums.* Très belle plage, propre et calme, bordée de gargotes avec des abris antisoleil. Vu l'éloignement et la faible desserte en transports, autant prévoir d'y dormir. C'est ici que, en août 1883, le contre-amiral Courbet fit débarquer le corps expéditionnaire français. À la suite de cette attaque, l'empereur d'Annam signa à Huế le traité de protectorat.

Beach Bar Huế Hotel et Villa Louise : *sur la plage de Thuận An. ☎ (0234) 398-47-57 (langue vietnamienne). 09-17-67-36-56 (anglais ou français). À 25 mn à moto-taxi (env 100 000 Dg) du centre de Huế. Également une navette de minibus (220 000 Dg/pers). Lit en dortoir 9-12 US$, doubles 25-36 US$. À la* Villa Louise, *doubles 95-170 US$.*

Ensemble exceptionnel sur une très belle plage aménagée, et dans de beaux jardins réalisés par un grand hôtelier-restaurateur bourguignon. D'un côté, le *Beach Bar Huế* abrite un excellent restaurant sous paillotte (avec service sur la plage), des maisonnettes avec des dortoirs ou des chambres privatives, et 3 piscines. Plus loin, un hôtel 4 étoiles, la *Villa Louise* avec de belles chambres, de grandes villas avec mur en pisé (pour 4 personnes).

EXCURSION JUSQU'À L'ANCIENNE ZONE DÉMILITARISÉE (LA DMZ)

Définie par les accords de Genève de 1954 qui mirent fin à la guerre d'Indochine, la zone démilitarisée (DMZ) s'étendait sur 5 km de part et d'autre du ***17e parallèle,*** qui marquait la frontière entre le Nord-Vietnam communiste et le Sud-Vietnam proaméricain, à une centaine de kilomètres au nord de Huế. Ligne de démarcation entre 2 États qui allaient se livrer une guerre terrible jusqu'en 1975, la DMZ fut une zone de tension éminemment stratégique, copieusement bombardée et minée par l'armée américaine.

Hôtels et agences de Huế en proposent aujourd'hui des visites guidées en minibus sur 1 journée *(compter env 450 000 Dg/pers).* Les départs se font vers 6h, le retour à Huế entre 16h et 18h. L'excursion couvre à peu près 360 km, avec arrêts principaux aux tunnels de Vĩnh Mốc et au site de la bataille de Khe Sanh (lire plus loin), les 2 sites les plus intéressants du circuit. Ceux qui voudraient visiter la zone par leurs propres moyens, à moto par exemple, peuvent envisager de passer une nuit en route. À Đông Hà, notamment, qui compte plusieurs petits hôtels très sommaires et pas chers.

■ ***Agence DMZ Travel :*** *1, Phạm Ngũ Lão.* ☎ *382-68-31.* • *dmz.com.vn* • Spécialisée dans les *DMZ Tour,* cette agence sérieuse et dynamique est située dans le centre de Huế, à côté du *DMZ Bar.*

➢ Sur la route n° 1, on peut visiter le ***musée de Quảng Trị,*** qui célèbre le siège et la bataille de 1972 au cours de laquelle la citadelle et la ville furent entièrement détruites, sauf une école toujours debout. On passe par la ville de Đông Hà qui a peu d'intérêt (longue route bruyante), puis par le ***vieux pont-passerelle Hiền Lương,*** bâti par les Français, seul pont, jusqu'à la réunification, à franchir la rivière *Bến Hải,* qui marquait la frontière entre nord et sud de 1954 à 1975. De part et d'autre de la rivière, de gigantesques haut-parleurs hurlaient en continu leur propagande vers la rive d'en face. On en voit les reliques devant le petit musée attenant au pont côté nord. Y sont exposées des photos des accords de Genève et de la vie quotidienne et des combats dans la zone durant la guerre contre les Américains. Également des mines et munitions retrouvées dans les champs alentour, cause de nombreuses mutilations jusqu'à aujourd'hui. *Entrée : 50 000 Dg.* La route pour les tunnels de Vĩnh Mốc, distants d'une douzaine de kilomètres, se prend après la rivière sur la droite. Il faut y aller avec un guide vietnamien (pas d'indications).

À CHACUN SA COULEUR

L'étroit pont franchissant la rivière qui matérialisait la frontière entre les 2 Vietnam était divisé en 2 parties rigoureusement égales (89 m), l'une sous l'autorité du Nord, l'autre sous celle du Sud. Pour se différencier du Nord, le régime du Sud faisait régulièrement repeindre sa section de pont en une nouvelle couleur. Le Nord s'empressait alors de la reproduire sur son côté, pour symboliser l'unité du pays et sa réunification prochaine.

Les tunnels de Vĩnh Mốc (Địa đạo Vĩnh Mốc) **:** *tlj, jusqu'à 17h. Entrée : 50 000 Dg. Penser à prendre une lampe de poche (ou celle de son smartphone).*
À 41 km au nord de Đông Hà, perché sur une petite falaise rocheuse en surplomb de la mer de l'Est (malheureux, n'allez pas la nommer mer de Chine devant un Vietnamien !), le village de Vĩnh Mốc est situé exactement sur le fameux 17e parallèle, côté nord. Il joua un rôle essentiel pendant la guerre. Les combattants et les soldats du Nord-Vietnam y entreposaient des armes, des munitions et du ravitaillement destinés aux soldats infiltrés sur l'île de Cồn Cỏ, à une trentaine de kilomètres au large des côtes. Ils les transportaient à la rame et de nuit jusqu'à ce lieu stratégique, d'où elles étaient ensuite acheminées vers les maquisards vietcong, au sud.
À partir de 1965, après avoir évacué les enfants et les vieillards, les habitants de Vĩnh Mốc creusèrent à la main, dans la terre et la roche, un réseau souterrain, soit plusieurs kilomètres de galeries réparties sur 3 niveaux, par 12, 15 et 23 m de profondeur. Pour assurer l'aération et l'acheminement des armes, le réseau comptait une douzaine d'entrées, moitié côté colline, moitié côté plage. ***360 villageois y vécurent 6 ans durant dans de terribles conditions.***
On visite ces galeries accompagné d'un guide et muni d'une lampe électrique. Les plus grands et les moins sportifs en ressortiront avec quelques courbatures, mais rien de comparable avec les galeries de Củ Chi, dans les environs de Hồ Chí Minh-Ville, où l'on se sent vite oppressé. Sur le site, un modeste musée expose également des photos d'époque et un plan en coupe des tunnels.
On y voit des cavités creusées dans la roche servant de campement aux familles, des abris cuisine, des abris infirmerie, des trous servant à entreposer la nourriture et l'eau. Les hommes ne sortaient de cette gigantesque taupinière souterraine (où même les taupes se perdraient) que quelques heures par jour pour vaquer au travail des champs... Il y eut même une quinzaine de naissances.
Ayant découvert le réseau mais ne pouvant y envoyer des troupes (Vĩnh Mốc était situé dans l'État du Nord-Vietnam, dont l'indépendance était garantie par les accords de Genève), l'armée américaine se lança dans une campagne de bombardements sans répit de la région, jusqu'aux accords de Paris en 1972 qui mirent un terme aux bombardements aériens au Vietnam. Le site des tunnels est d'ailleurs constellé de cratères d'obus.

➢ Sur la route n° 9, très bombardée aussi pendant la guerre du Vietnam (contre les Américains), on découvre le *pont Dakrong,* la *piste Hồ Chí Minh,* un village habité par une minorité (les Bru), et surtout le site de la bataille de Khe Sanh.

Le site de la bataille de Khe Sanh : *à env 70 km à l'ouest de Đông Hà et à 140 km de Huế. Suivre la route n° 9 (bitumée, en bon état) en direction de Lao Bảo (frontière avec le Laos) puis, au centre du village de Khe Sanh, prendre un chemin de terre rouge (mal indiqué) sur la droite.* Des grandes batailles décisives de la guerre du Vietnam, 3 se distinguent : Khe Sanh en 1968, Quảng Trị en 1972, Ban Mê Thuột en 1975. Certains historiens ont comparé l'enfer de Khe Sanh à celui de Điện Biên Phủ (1954) ou de Verdun (1916).
De la base américaine de Khe Sanh, il ne reste rien ou presque. Tout a été démonté, détruit, vendu ou recyclé. Même la piste d'atterrissage de l'aéroport de Tà Cơn (où 300 avions bombardiers décollaient quotidiennement) a disparu sous les caféiers d'une grande plantation. Le paysage montagneux, amphithéâtre de collines boisées, n'a en revanche pas changé : c'est derrière ces monts que se cachaient les soldats nord-vietnamiens.
Comptant en moyenne 10 000 *marines* stationnés là, Khe Sanh était l'un des maillons de la ***ligne McNamara,*** un ensemble défensif fait de pièges, de barbelés et de mines supposés empêcher la pénétration nord-vietnamienne au sud du 17e parallèle. Sauf que les Nord-Vietnamiens contournèrent cette ligne (une stratégie qui rappelle celle de la ligne Maginot...).
La bataille de Khe Sanh dura 77 jours, de janvier à avril 1968. 1 semaine avant l'offensive du Tết (qui fut une victoire psychologique pour le Nord mais une défaite

sur le terrain), les Nord-Vietnamiens lancèrent l'assaut sur la base. Sans aviation, presque sans chars, seulement grâce à la stratégie et la pugnacité de leurs combattants, ils affrontèrent les soldats américains. Les bombardements et les combats au sol furent acharnés. Un « enfer » selon le journaliste Michael Herr, le correspondant américain qui a le mieux « couvert » la bataille, dont il raconte l'horreur dans son livre *Putain de mort*. L'armée américaine lamina les troupes vietnamiennes à l'aide des bombardiers B52, avant de finir par se retirer du site, laissant derrière elle des centaines de morts (des milliers côté vietnamien). Au final, la bataille ne fut ni une défaite ni une victoire pour les États-Unis.
Aujourd'hui, difficile d'imaginer dans un si beau paysage le vacarme de la guerre ! Restent quelques carcasses de bombes rouillées, et 2 hélicoptères (un Chinook, le plus gros, et un Huey, le plus petit), exposés comme des trophées dans le jardin autour du *musée* *(tlj 6h-18h ; entrée : 25 000 Dg)*. Photos, documents, témoignages, objets relatifs à la bataille, avec des explications en vietnamien et en anglais.

LA ROUTE DE HUẾ À ĐÀ NẴNG

Environ 108 km d'une belle route. Pour admirer le paysage, emprunter la vieille route nationale qui suit la côte jusqu'à Lăng Cô. Là, les plus pressés emprunteront le tunnel, ce que font tous les bus. Les autres, sous réserve d'être véhiculés, continuent la route sinueuse qui grimpe à l'assaut de la montagne, en offrant de remarquables points de vue sur l'immense baie de Đà Nẵng entrecoupée de promontoires, via le célèbre *col des Nuages* (Hải Vân en vietnamien). À environ 25 km au nord de Đà Nẵng, ce bien nommé site naturel marque une sorte de frontière climatique entre le Nord et le Sud. Il surplombe la mer de près de 500 m, que l'on aperçoit lorsque les nuages partent en vacances. Quelques vestiges de fortins chinois, français et américains.

LĂNG CÔ

En venant du nord, depuis Huế, on marque volontiers ici une halte, voire une gentille petite étape au village de pêcheurs de Lăng Cô, étalé dans une plaine littorale bordée par une longue plage de sable fin (malheureusement pas toujours impeccable). Sa petite église apparaît au milieu des cocotiers tandis que les grands carrelets se mirent dans l'eau d'une très belle lagune, sur fond de montagnes embrumées. Noter les traditionnelles petites barques rondes (barques-paniers). Les amateurs de fruits de mer adoreront : la lagune est un haut lieu de la conchyliculture. Et les amatrices de parures apprécieront de savoir qu'on y cultive des huîtres perlières : les perles sont moins chères mais de moins bonne réputation que celles du sud du Vietnam. Localement, on vous parlera avec malice « d'huîtres Michelin », car des pneus immergés servent d'ancrage aux coquillages...
➢ ***Pour s'y rendre :*** en voiture par la route AH1 (85 km depuis Huế et 50 km depuis Đà Nẵng). En bus, accès possible par les bus reliant Huế à Đà Nẵng (se reporter aux rubriques « Arriver – Quitter » de ces villes). En train, gare de Lăng Cô située à 2-3 km au sud du village proprement dit (là où nous indiquons quelques adresses) ; les trains *TN1* ou *SE22* (depuis Đà Nẵng) et *TN2* ou *SE21* (depuis Huế) y marquent l'arrêt.

Où dormir ? Où manger ?

Les hôtels bon marché de ce village sont réputés pour des arrêts au stand de chauffeurs routiers... le temps d'une rencontre. On n'insistera pas pour vous y envoyer ! Les autres hébergements sont plutôt destinés à une clientèle de touristes vietnamiens.

Lăng Cô Beach Resort : *463, Lạc Long Quân (côté plage).* ☎ *387-35-55.*

• langcobeachresort.com.vn • Doubles 40-105 US$ selon taille et emplacement. Ne pas confondre avec le *Lăng Cô Resort,* qui est moins bien. Dans un immense parc planté d'essences variées, 2 catégories de bâtiments : des pavillons avec chambres jumelles, ou de longues constructions de plain-pied dans lesquelles s'alignent des chambres plus vastes, précédées d'une terrasse commune. Dans les 2 cas, mobilier d'inspiration coloniale. Les plus chères sont séparées de la mer par une simple rangée de tamaris. Côté plage, justement, c'est transats et parasol. Et si les vagues vous rebutent, l'établissement possède une immense piscine.

2 autres hôtels à prix moyens, sans fard mais suffisamment propres pour une petite étape. Le ***Ngọc Hằng Hotel*** *(364, Lạc Long Quân ; 09-05-73-19-07 ; doubles 300 000-550 000 Dg selon taille et saison)* et le ***Mai Nga Hotel*** *(630, Lạc Long Quân ; ☎ 387-44-32 ; • maingahotel.com • ; doubles 450 000-550 000 Dg selon vue et saison).*

Bé Thân : *Nguyễn Văn (côté lagune, la petite route parallèle à la AH1). 09-05-00-79-90. Plats 90 000-150 000 Dg (poisson) et 500 000-600 000 Dg le kg de crustacés. Carte en anglais.* Du frais, que du frais, qui sort des viviers disposés à l'entrée. Le bâtiment ayant planté ses pilotis dans les eaux de la lagune, on a même l'impression que les crevettes vous filent sous les pieds avant de passer à la casserole... Huîtres et palourdes sont souvent consommées grillées par les Vietnamiens, mais on peut aussi les commander crues, avec du citron, voire une feuille de moutarde pour changer.

ĐÀ NẴNG

env 1 100 000 hab. IND. TÉL. : 236

• Carte La région de Đà Nẵng et Hội An *p. 305* • Plan *p. 307*

Située dans une plaine littorale au pied des montagnes, au fond d'une baie protégée des vents, Đà Nẵng est une grande ville moderne (à la façon vietnamienne) en plein boom économique, qui cherche à se faire une place au soleil de la croissance. Elle a d'ailleurs été choisie en 2017 pour accueillir le sommet de l'APEC (l'organisme de libre échange Asie-Pacifique). Côté culture, elle peut s'enorgueillir de 2 musées remarquables. Pourtant, les mètres cubes de béton déversés peinent à rendre l'atmosphère plaisante. Si le centre-ville reste implanté à l'ouest de la rivière, on l'enjambe en empruntant d'originaux ponts modernes pour se rapprocher de la mer et des plages hérissées de *resorts* (Mỹ Khê Beach notamment) en passant par un quartier en pleine mutation verticale.

UN PEU D'HISTOIRE

Après les Espagnols au XVIIe s, les Français remarquent cette baie bien abritée, étape salutaire pour les marins sur la route maritime de la Chine. En 1787, le roi de Cochinchine, Nguyễn Ánh, demande de l'aide à la France pour se défendre contre d'éventuels envahisseurs. Il signe à Versailles un 1er traité d'alliance avec le gouvernement de Louis XVI. La France promet d'envoyer 4 frégates et un corps expéditionnaire de 1 200 hommes, en échange de quoi Nguyễn Ánh cède la ville, alors ***connue sous le nom de Tourane,*** à la France.
Les relations entre les 2 pays s'enveniment sous le roi vietnamien Tự Đức, descendant de Nguyễn Ánh, qui n'apprécie pas de voir les Français sur son sol, et persécute méchamment les chrétiens. Pour contraindre celui-ci à commercer, et

pour le punir des persécutions, l'empereur Napoléon III envoie en août 1858 une force navale franco-espagnole pour prendre Tourane, qui devient une ***concession française en 1888.***
Jusqu'à l'aube du XXe s, Tourane n'est qu'une toute petite ville avec quelques milliers d'habitants, le grand port régional de l'époque étant Hội An, à 30 km au sud. Mais le déclin de ce dernier, provoqué par l'ensablement de la rivière de Hội An, profite à Tourane. La cité se développe, devient même un centre commercial d'importance. Ce n'est toutefois qu'après la partition de 1954 que la ville, rebaptisée Đà Nẵng, commence l'expansion de ses activités portuaires. En 1965, les 1ers bataillons de marines américains y débarquent. Đà Nẵng joue bientôt un important ***rôle stratégique et militaire,*** en devenant une gigantesque base aérienne, d'où décollent les avions chargés de pilonner la piste Hồ Chí Minh.
« Aucune ville à travers toute l'Indochine, même pas Saigon, n'a été autant marquée par la guerre », a écrit Olivier Todd dans *La Chute de Saigon.* ***Đà Nẵng n'a pas été détruite*** comme Quảng Trị ou Bến Tre. Peu de bombes sont tombées sur elle. Sa chute dans les derniers jours de mars 1975, prélude de celle de Saigon, 1 mois plus tard (le 30 avril 1975), est pourtant restée dans les mémoires. « L'évacuation de Đà Nẵng dépasse tout ce qu'on a décrit, photographié, télévisé jusque-là comme scènes atroces. »

AMBIANCE TOURISTIQUE

Aujourd'hui, la ville pousse et pousse encore, avec l'ambition de devenir le Las Vegas vietnamien. Côté plage, les promoteurs s'en donnent à cœur joie pour séduire un tourisme essentiellement asiatique, friand de paillettes, strass et casinos clinquants. Ils ont largement bétonné le littoral jusqu'à ***China Beach,*** à 20 km au sud de la ville. Ourlée de dunes plantées de pins et de filaos, elle était pourtant jadis le lieu de « *destressing* » favori des *GI's.* On appelait ça le *R & R (Rest and Recreation),* soit « repos et détente ». C'est ici que débarqua le cinéaste Oliver Stone quand il combattit au Vietnam, et la 1re compétition de surf du pays s'y est déroulée en 1992.
À 25 km au nord de la ville, sur la colline Bà Nà, on a même bâti un « ***French village*** », façon parc d'attractions en carton-pâte. Pas très « tourisme durable ». Tout cela fait que le routard est ici un peu dérouté. Après avoir visité le remarquable Musée cham et le musée de Đà Nẵng, beaucoup choisissent de filer à Huế ou Hội An, 2 véritables perles, elles !

Arriver – Quitter

En bus et minibus *Open Tour*

Réservez de préférence la veille ou l'avant-veille, auprès de votre hôtel ou d'une des agences *Open Tour* de la ville. Normalement, on vient vous prendre à votre hôtel à une heure fixée à l'avance (ce qui est un véritable atout par rapport aux bus publics, vu l'éloignement de la gare routière du centre-ville).

■ ***Thesinhtourist*** *(plan B2,* ***1****)* ***:*** *154, Bạch Đằng.* ☎ *384-32-59.* • *thesinhtourist.vn* •

➢ ***Pour Hội An*** *(30 km)* ***:*** 2 bus/j. Durée : 1h30.
➢ ***Pour Huế*** *(100 km)* ***:*** 2 bus/j. Durée : 3h.

■ ***Barri Ann Travel :*** ☎ *386-11-21.* • *barrianntravel.com* •
➢ Assure 1 navette/h, 5h-23h, entre l'aéroport international de Đà Nẵng et ***Hội An*** (9, Phan Châu Trinh ; *plan Hội An C2*), via la plage de Cửa Đại. 2 minibus/j. (début de mat et début d'ap-m) relient Hội An à Đà Nẵng (Musée cham ; *plan Đà Nẵng B3*), puis ***Huế*** (120, Lê Lợi ; *plan zoom Huế D3*). À Huế, le chauffeur peut vous laisser à proximité de votre hôtel s'il se trouve sur sa route.

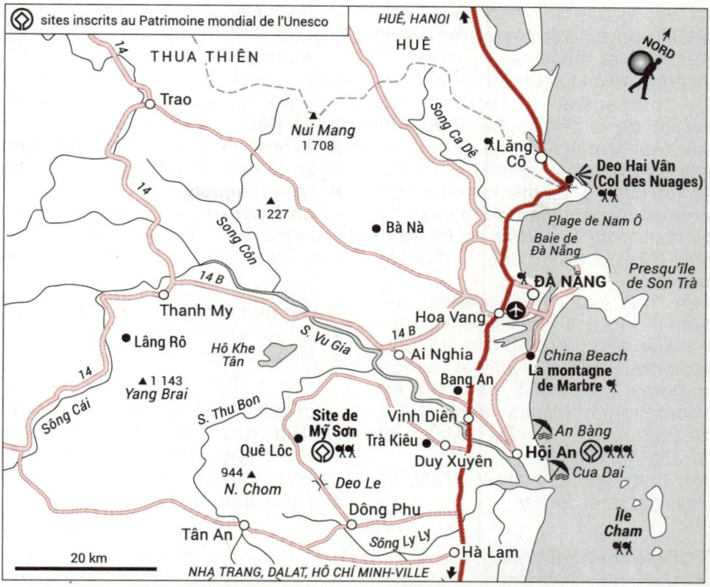

LA RÉGION DE ĐÀ NẴNG ET HỘI AN

En bus public

Gare routière *(hors plan par A2)* **:** *29, Điện Biên Phủ. À env 7 km du centre, sur la route de Huế ; s'y rendre en taxi.*

➢ Bus pour Huế (101 km), Tam Kỳ (69 km), Trà My, Nha Trang, Pleiku, Ban Mê Thuột, Dalat, Hồ Chí Minh-Ville et Hanoi.

➢ ***Pour Hội An :*** prendre le ***bus urbain nº 1*** (ttes les 20 mn, 5h30-18h env). Distance : 30 km ; env 45 mn de trajet. Le bus passe près de la gare ferroviaire (rue Ông Ích Khiêm ; *plan A2*) puis dans le centre-ville de Đà Nẵng (rue Hùng Vương ; *plan A-B2*). Arrêt final à la gare routière de Hội An, située à 15 mn à pied du centre.

En taxi

Le trajet entre Đà Nẵng et Hội An coûte env 25 US$. Moyennant une petite rallonge, c'est l'occasion de marquer l'arrêt à la montagne de Marbre.

En train

Gare ferroviaire *(plan A2)* **:** *202, Hải Phòng.* • *vr.com.vn* • *Guichets ouv 4h-17h.* Les trains impairs vont vers le sud, les pairs vers le nord. Les trains identifiés par *TN (TN1, TN3...)* sont moins chers mais nettement plus lents.

➢ ***Pour Huế et Hanoi :*** 6 trains/j. Le plus rapide, le *SE4,* quitte Đà Nẵng vers 14h15. Durée : 2h30 pour Huế et 15h min pour Hanoi.

➢ ***Pour Nha Trang et Hồ Chí Minh-Ville :*** 6 trains/j., via Nha Trang. Le plus rapide, le *SE3,* quitte Đà Nẵng vers 11h25. Durée : 9-10h pour Nha Trang et min 17h pour la capitale. Aucun trajet ne se fait entièrement de jour ou de nuit.

En avion

Aéroport international *(hors plan par A3)* **:** *à 2 km du centre de Đà Nẵng et à 38 km de Hội An.*

● *danangairportonline.com* ● À l'arrivée, kiosques d'infos avec plan gratuit de la ville et brochures, guichets de change et distributeurs de billets.

– Avantageuses ***navettes pour Hội An*** de la compagnie *Barri Ann* (voir plus haut la rubrique « En bus » ; résa à l'avance impérative !). Compter 110 000 Dg. La même compagnie propose des ***minibus*** au même prix, sur résa, ***pour le centre de Đà Nẵng*** (*plan B2,* au niveau de l'office de tourisme).

– En ***taxi,*** ce n'est guère plus cher (surtout à plusieurs). Comptez env 120 000-150 000 Dg pour rejoindre le centre-ville et la gare routière ; 20-25 US$ pour Hội An. 2 compagnies fiables : *Airport Taxi* (☎ 382-55-55) et *Taxi Mai Linh* (☎ 356-56-56).

Vols domestiques avec *Vietnam Airlines, VietJet* et *Jetstar.*

➢ ***Pour Hanoi :*** env 17 vols/j. Durée : 1h10.

➢ ***Pour Hồ Chí Minh-Ville :*** 25 vols/j. Durée : 1h10.

➢ Également env 1 vol/j. pour Ban Mê Thuột, Dalat, Nha Trang et Pleiku.

➢ Et aussi des vols directs pour ***Siem Reap*** (Cambodge), ***Bangkok, Hong Kong*** et ***Singapour.***

– ***Bon à savoir :*** il existe depuis 2018 une ligne directe Doha (Qatar)-Da Nang avec *Qatar Airways,* à raison de 4 vols/sem.

■ ***Vietnam Airlines*** *(hors plan par A2,* ***4****)* **:** *27, Điện Biên Phủ.* ☎ *382-11-30.* ● *vietnamairlines.com.vn* ● *Tlj 7h30-11h30, 13h30-17h30.*

– Possibilité pour les étrangers d'obtenir leur visa vietnamien à l'arrivée dans cet aéroport (à condition d'avoir obtenu un visa en ligne avant de partir et d'avoir avec soi l'attestation).

LE CENTRE

Adresses utiles

🛈 ***Đà Nẵng Visitor Centre*** *(plan B2)* **:** *108, Bạch Đằng.* ☎ *355-01-11.* ● *danangfantasticity.com* ● *Tlj 7h-22h.* Quelques brochures, plans de ville et infos à glaner. Certains employés parlent l'anglais. Autre bureau à l'aéroport, hall des arrivées.

■ ***Vietcombank*** *(plan B2,* ***2****)* **:** *140, Lê Lợi. Lun-ven 7h30-11h, 13h-16h30.* Change et distributeur *(Visa, MasterCard...).*

■ ***HSBC*** *(plan B2,* ***3****)* **:** *Trần Phú, au coin avec Phan Đình Phùng. Lun-ven 8h-17h.* Distributeur de billets (*Visa* et *MasterCard*) et service de change.

✚ ***Hôpital Hoàn Mỹ*** *(plan A3)* **:** *161, Nguyễn Văn Linh.* ☎ *365-06-76.*

Où dormir ?

Bon marché (jusqu'à 300 000 Dg / env 11 €)

☗ ***Hachi Hostel*** *(plan B2,* ***10****)* **:** *100/2, Nguyễn Thị Minh Khai.* ☎ *382-99-59.* ● *hachihostel.com* ● *Lit en dortoir (4-8 pers) 125 000-135 000 Dg, petit déj inclus.* Petite AJ privée cachée dans une mini-impasse. L'endroit est convivial sans être bruyant et il a le mérite d'être bien tenu. Certes, la déco approche du zéro absolu, mais les équipements sont pratiques : grands casiers sous les lits, salon TV, frigo à dispo. On bénéficie en outre des bons conseils délivrés par le staff et de plusieurs services utiles : location de véhicules, excursions, résa de billets.

☗ ***Meraki Hostel*** *(plan A-B2,* ***11****)* **:** *115, Lê Lai.* ☎ *382-99-59* (Hachi Hostel). *Lit en dortoir (8 pers) 138 000 Dg, doubles avec sdb 415 000-460 000 Dg (selon étage), sans petit déj.* Extension du *Hachi Hostel* (situé à 300 m). Bois au sol, vastes parties communes : salon avec guitare et piano, grande cuisine, espace canapé. Les doubles sont spacieuses, les dortoirs plus étriqués avec salle de bains sur le palier. Propose des services multiples.

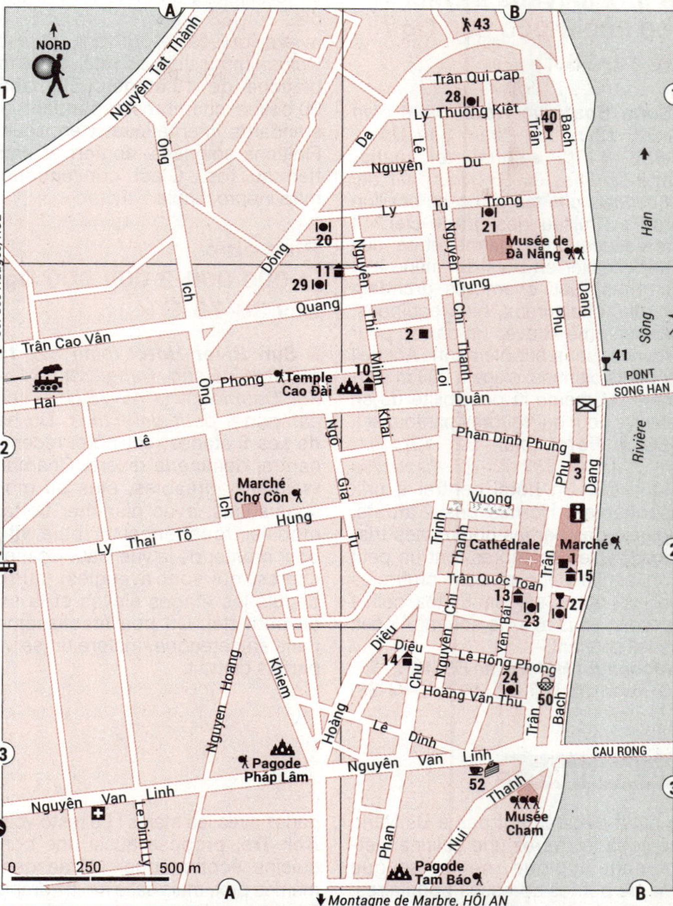

ĐÀ NẴNG

Adresses utiles

- Đà Nẵng Visitor Centre (B2)
- 1 Thesinhtourist (B2)
- 2 Vietcombank (B2)
- 3 HSBC (B2)
- 4 Vietnam Airlines (hors plan par A2)

Où dormir ?

- 10 Hashi Hostel (B2)
- 11 Meraki Hostel (A-B2)
- 12 Sofia Boutique Hotel (hors plan par B2)
- 13 Đại Á Hotel (B2)
- 14 Moonlight Hotel (B3)
- 15 Sun River Hotel (B2)

Où manger ?

- 20 Việt Nam (A1)
- 21 Happy Heart Café (B1)
- 22 Kỳ Em (hors plan par B2)
- 23 Kimdy et Kimdo (B2)
- 24 4P's (B3)
- 27 Waterfront (B2)
- 28 Le Rendez-Vous (B1)
- 29 Le Bambino (A2)
- 30 Ẩm Thực Trần (hors plan par B2)

Où boire un café et déguster une pâtisserie ? Où acheter du chocolat ?

- 50 Pheva Chocolate Concept Store (B3)
- 51 Ka Cộng (hors plan par B2)
- 52 BonPas (B3)

Où boire un verre ? Où sortir ?

- 27 Waterfront (B2)
- 40 Luna Pub (B1)
- 41 Memory Lounge (B2)
- 43 New Phương Đông Discotheque (B1)

De prix moyens à chic (300 000-1 000 000 Dg / env 11-38 €)

☗ ***Sofia Boutique Hotel*** *(hors plan par B2,* ***12****)* ***:*** *I-11, Phạm Văn Đồng. ☎ 382-06-06. • sofiahoteldanang.com • Doubles 30-35 US$, petit déj inclus.* Mais que fait ce cossu pavillon perdu au milieu des gratte-ciel ? Il offre beaucoup de charme, et ce, dès le bel escalier en bois qui mène aux chambres. Des chambres grandes, aux tons chaleureux, bien équipées, nickel-chrome et avec un balcon pour certaines (sans supplément). Accueil aux petits oignons, plage à 200 m seulement, et même la possibilité de se restaurer pour qui voudrait pantoufler !

☗ ***Đại Á Hotel*** *(plan B2,* ***13****)* ***:*** *51, Yên Bái. ☎ 382-75-32. Doubles 22-33 US$.* Un hôtel central à prix raisonnables. Hormis ces 2 atouts, et passé des parties communes tristounettes, les chambres font un petit effort sur la déco et sont pratiques pour un court séjour. Évitez celles sur rue si vous avez le sommeil léger. Accueil souriant.

☗ ***Moonlight Hotel*** *(plan B3,* ***14****)* ***:*** *136-140, Phan Châu Trinh. ☎ 366-44-88. • moonlighthoteldn.com.vn • Doubles 30 US$ à l'arrière, 45 US$ côté rivière (qui est à 300 m !), petit déj inclus.* Impossible de rater cette tour blanche de 19 étages. Elle abrite 90 belles chambres répondant aux standards internationaux en vigueur. Finitions soignées, confort et entretien au top. C'est conventionnel, mais irréprochable.

Plus chic (1 000 000-2 000 000 Dg / env 38-76 €)

☗ ***Sun River Hotel*** *(plan B2,* ***15****)* ***:*** *132-136, Bạch Đằng. ☎ 384-91-88. Doubles env 45-75 US$ selon catégorie, petit déj inclus.* Du haut de ses 8 étages, cet hôtel récent et central domine la rivière. Chambres vraiment agréables, plus ou moins spacieuses, avec plancher flottant, mobilier fonctionnel et baie vitrée pour profiter de la vue (sauf les moins chères, qui sont aveugles), surtout depuis les étages élevés et la salle de petit déj. Un bon établissement dans sa catégorie, malgré un service parfois distrait.

Où manger ?

Ce n'est décidément pas à Đà Nẵng que vous trouverez une cuisine vietnamienne typique, ne fût-ce que dans de petites adresses populaires. Pour le plus grand plaisir des touristes des autres pays asiatiques, les restos sont japonais, coréens, chinois, mais surtout chérots et souvent kitsch.

Bon marché (moins de 100 000 Dg / env 4 €)

|●| ***Việt Nam*** *(plan A1,* ***20****)* ***:*** *53-55, Lý Tự Trọng. ☎ 382-38-45. Tlj.* Une super gargote de quartier pour se restaurer à bas prix. Toujours du monde et peu de touristes. Demandez la traduction en anglais du menu, et sinon, parlez avec les mains ! Le resto voisin, ***Bến Tre,*** propose aussi une bonne cuisine économique. Même genre, mêmes prix, mais salle moins grande : 7 tables seulement, où l'on s'entasse avidement. On y mange vraiment local de chez local (poisson-chat, grenouilles...).

|●| ***Ẩm Thực Trần*** *(hors plan par B2,* ***30****)* ***:*** *2, Phạm Văn Đồng (angle avec Hoàng Bích Sơn). ☎ 352-52-66. Tlj 7h30-22h.* Ce restaurant vert pomme aux allures de fast-food fait partie d'une petite chaîne locale bien connue des autochtones. On goûte ici la spécialité de la ville : du porc à la vapeur que l'on roule soi-même dans une feuille de riz avec des herbes fraîches. Une sorte de rouleau de printemps revisité, aux ingrédients très frais.

I●I ***Happy Heart Café*** *(plan B1,* ***21****) : 9, Lý Tự Trọng. ☎ 388-83-84. Tlj sauf dim 7h-21h.* Un lieu fort plaisant où l'on s'attarde volontiers à toute heure du jour. Dans ce beau cadre moderne tout en blancheur, on grignote des en-cas peu chers et servis avec le sourire par de jeunes sourds-muets : sandwichs, soupes, salades, jus et smoothies... Plats simples et frais, vietnamiens ou occidentalisants.

I●I ***Kimdy*** *(plan B2,* ***23****) : 182, Trần Phú. ☎ 381-60-99. Tlj, jusqu'à 21h30.* Dans une salle d'une redoutable simplicité, cette famille d'origine chinoise mitonne une cuisine sino-vietnamienne (on s'en serait douté !) à avaler sur des tables en inox façon cantoche. Service rapide, plats copieux et le tour est joué, à petit prix. Pour un repas plus élaboré (et plus cher), chinois toujours (canard laqué, assortiment de vapeurs, etc.), pousser la porte du voisin, ***Kimdo.***

I●I ***Kỳ Em*** *(hors plan par B2,* ***22****) : 188, Hồ Nghinh. ☎ 393-73-68. À 3 km du centre-ville.* L'une de ces adresses populaires et vraiment typiques, réputée pour la fraîcheur de ses fruits de mer, qui passent directement du pêcheur à l'assiette. Montrez du doigt les crevettes, calamars, homards (vendus au poids) de votre choix directement dans les bassines-viviers. Plus modestement (côté prix), quelques plats pour les carnivores et des *noodles* aux crevettes, fameuses. Quant à l'addition, elle ne part pas à la dérive, loin de là !

Prix moyens (100 000-250 000 Dg / env 4-9 €)

I●I ***4P's*** *(plan B3,* ***24****) : 8, Hoàng Văn Thụ. ☎ 362-20-500. Tlj 10h-22h.* On aime ce *4P's* à Saigon, à Hanoi, alors on se dit : « et à Đà Nẵng ? » Ici aussi la cuisine fusion décoiffe. Comme ces pâtes à la « carbonara camembert et algues », ou ces pizzas « porc et gingembre » ou « poulet tandoori-curry » (demandez-la « moite-moite », vous profiterez de 2 saveurs). Pour accompagner, un excellent choix de vins au verre ou de bières. Et mon tout dans une agréable salle moderne, soit sur un comptoir qui entoure la cuisine ouverte, soit sur des tables plus classiques. Service enlevé et pro. Chapeau !

Chic (250 000-600 000 Dg / env 9-23 €)

I●I ***Waterfront*** *(plan B2,* ***27****) : 150-152, Bạch Đằng. ☎ 384-33-73. Tlj 9h-23h.* Pour dîner du côté de la rivière, dans un cadre classe et romantique, une seule adresse : le *Waterfront* ! Plancher sombre, décor et éclairages chaleureux, belle terrasse (non-fumeurs) à l'étage surplombant la rivière. Dans l'assiette, une cuisine de qualité ouverte sur le monde : poulet au curry, steak australien, gambas grillées... Pour changer de la cuisine vietnamienne sans se tromper. La carte des vins est bien fournie, avec un bon choix au verre. Service hyper pro, sans oublier d'être sympa.

I●I ***Le Rendez-Vous*** *(plan B1,* ***28****) : 20, Lý Thường Kiệt. ☎ 655-75-05. Tlj 11h-15h, 18h-22h.* Un chaleureux couple français tient ce bistrot au décor réussi, dans un bel esprit cosy et contemporain. Au menu, une cuisine hexagonale goûteuse : outre les plats du jour, la carte aligne les spécialités bien tournées, comme cet onglet de bœuf dont la tendreté remporte tous les suffrages, du magret, des brochettes et d'autres classiques de type blanquette ou bourguignon. Pour l'apéro, plateaux de fromage et de charcuterie à arroser d'une belle sélection de vins.

I●I ***Le Bambino*** *(plan A2,* ***29****) : 122/11, Quang Trung. ☎ 389-63-86. Ts les soirs, sauf dim.* Installés depuis longtemps à Đà Nẵng, Jean-Paul et sa femme Vinh ont redessiné, au fond d'une ruelle, un carré de Provence chaleureux. La salle colorée, aux murs semés d'olives et aux plafonds à moulures, se fait intime le soir venu pour un dîner qui fleure bon le terroir français. Les carnivores apprécient la viande goûteuse (importée), à arroser de l'une des bouteilles alignées sur les étagères. Belle piscine pour faire trempette.

Où boire un café et déguster une pâtisserie ? Où acheter du chocolat ?

Ka Cộng *(hors plan par B2, **51**) : 79, Hà Bổng. 09-31-93-73-83. Tlj 6h-22h30.* Pour les camarades qui auraient raté la 1re leçon de vietnamien, *Ka Cộng* signifie « café communiste ». C'est donc dans la reconstitution d'un repaire de partisans nord-vietnamiens, casques vietcong et vieilleries de l'époque à l'appui, que l'on teste la spécialité locale : le café froid au lait de coco (sans mauvais jeu de mots !). Agréable dans ce quartier proche de la plage.

BonPas *(plan B3, **52**) : 35-41, Nguyễn Văn Linh. ☎ 363-67-77. Tlj 6h-22h.* Il faut voir le nez des gamins contre les vitrines de viennoiseries et autres gourmandises sucrées de ce café-pâtisserie ! Une grande salle très lumineuse avec mezzanine permet de déguster sa « prise » sur place, accompagnée d'un bel assortiment de cafés, thés glacés, jus et autres smoothies.

Pheva Chocolate Concept Store *(plan B3, **50**) : 239, Trần Phú. ☎ 356-60-30. • phevaworld.com • Tlj 8h-19h.* Cette famille de Vietnamiens de France a décidé de revenir au pays pour y monter un commerce de chocolats fins. Ils maîtrisent le métier de chocolatier avec passion et savoir-faire. Le cacao provient uniquement de la région de Bến Tre dans le delta du Vietnam. Les produits finis, élaborés sur place, sont très variés : au gingembre, à la cannelle, à la noix de coco, au sésame... Chics coffrets-cadeaux de 80 000 à 300 000 Dg.

Où boire un verre ? Où sortir ?

L'avenue Bạch Đằng, le long de la rivière, aligne un nombre croissant de bars à l'occidentale. C'est ici que l'animation nocturne se concentre, entre néons fluo et musique tapageuse.

Luna Pub *(plan B1, **40**) : 9A, Trần Phú. Tlj, de 11h jusque tard.* Cet ancien entrepôt (un hangar de brique grand ouvert sur la rue) doit adorer sa reconversion : c'est devenu l'un des lieux les plus animés de la ville ! Atmosphère amicale et détendue, excellente musique, intéressante carte des vins, bières importées, *shooters* au mètre et cocktails au litre : tous les ingrédients d'une soirée relax et bien arrosée sont réunis ! Sert aussi à manger (pizzas, pâtes) puisqu'il faut bien éponger, à un moment donné. Incontournable.

Memory Lounge *(plan B2, **41**) : 7, Bạch Đằng. Tlj 7h-23h.* Amarré au quai, ce resto-bar au décor branché profite du panorama sur la rivière pour gonfler un peu le prix du godet. Jus frais et smoothies, cocktails et apéros à siroter en mirant les flots.

Waterfront *(plan B2, **27**) : 150-152, Bạch Đằng. Tlj 9h-23h.* L'antichambre du resto du même nom (voir « Où manger ? »), située au rez-de-chaussée. Parmi une clientèle à la fois détendue et bien mise, on se laisse aisément convaincre par un vin du Nouveau Monde, un vieux whisky ou un cocktail. Dommage que la bruyante avenue bordant la rivière la ramène un peu beaucoup dans les conversations !

New Phương Đông Discotheque *(plan B1, **43**) : 20, Đống Đa. Ouv à partir de 20h.* La plus grande boîte de nuit de Đà Nẵng (et du Vietnam, disent certains) brasse une large clientèle de Vietnamiens, d'expats et de touristes.

À voir. À faire

Le Musée cham *(plan B3) : Bạch Đằng et Trưng Nữ Vương. Tlj 7h-17h. Entrée : 60 000 Dg. Plaquettes dans chaque salle, en anglais et en français ; bornes numériques en anglais.*

Bâti de 1915 à 1919 par l'école française d'Extrême-Orient, ce musée abrite la plus belle collection au monde d'art cham. Provenant des 4 coins de l'ancien empire, elle regroupe majoritairement des sculptures en grès datant du Ve au XVe s, date du déclin du Champa. L'art du Champa assimile l'héritage culturel indien du Grand Véhicule et puise son inspiration dans le bouddhisme et l'hindouisme. Les Cham, probablement venus d'Indonésie, se sont implantés sur les côtes du centre et du sud du Vietnam dès le Ier millénaire avant notre ère. Ce sont les échanges commerciaux qui leur ont d'abord permis de s'implanter dans des ports, ouvrant ainsi des routes commerciales avec la Chine et l'Inde. 10 périodes importantes jalonnent ce millénaire d'existence : de Mỹ Sơn à Bình Định et Tháp Mâm. Plus de 300 pièces sont exposées (d'autres sont au musée Guimet, à Paris) :

– *Salle Trà Kiệu :* les plus belles pièces archaïques, provenant de Trà Kiệu, la « citadelle du lion », 1re capitale du Champa, et de Quảng Nam (VIIe-VIIIe s), y sont regroupées. Au centre : un piédestal du Xe s autour duquel est représenté le Ramayana, l'une des 2 épopées fondatrices de l'hindouisme. Vous noterez aussi un très beau Vishnou et un relief de Shiva entamant la Tandava, la danse de l'apocalypse.

– *Salle Mỹ Sơn :* des vestiges de la vallée de Mỹ Sơn, où s'est développée la culture cham aux VIIe-VIIIe s. C'est là qu'est apparue la tour sanctuaire en brique, ornée de sculptures et de bas-reliefs en grès. Frises des musiciens et des danseurs, belle statue de Ganesh debout, sur une plate-forme carrée.

– *Salle Đông Dương :* bel ensemble statuaire provenant du site bouddhique Đông Dương, quasiment rasé pendant la guerre. Parmi les pièces maîtresses, notons la magnifique statue en bronze (fin IXe s) représentant Tara, symbole de fertilité.

– Dans les *salles du fond,* des objets épars forment une collection hétéroclite.

– *Dans le bâtiment qui suit :* à l'étage, des vêtements, objets rituels, instruments de musique, ustensiles de pêche des Cham de Ninh Thuận. Au rez-de-chaussée, en commençant par la droite, une petite section dédiée aux vestiges provenant du nord du royaume cham (Quảng Bình, Quảng Trị, Thừa Thiên). Viennent ensuite les salles dédiées au sud (Đà Nẵng et Phong Lệ) : voir ce Shiva dansant en grès, parfaitement conservé. Également Ganesh et un intéressant bas-relief de danse royale surmonté d'une statue de Durga. Sur la fin du parcours, belles figures fantasmagoriques (Makara, dragons, Garuda...).

Le musée de Đà Nẵng *(Bảo tàng Đà Nẵng ; plan B1) : 24, Trần Phú. Derrière le gratte-ciel en forme de suppositoire géant. Tlj sauf lun 7h30-11h30, 13h30-16h30. Entrée : 20 000 Dg. Explications en anglais.*

Très enrichissant, ce musée expose sur 3 étages l'histoire de la ville.

– *Au rez-de-chaussée :* petite section archéologique (urnes funéraires, céramiques), puis évocation du mode de vie ancestral des pêcheurs et de l'importance de l'activité portuaire au travers de fascinantes photos et cartes anciennes.

– *1er étage :* consacré à la guerre. Après une rapide évocation de la bataille de 1858 (lire plus haut « Un peu d'histoire »), l'expo se concentre sur l'intervention américaine et ses conséquences désastreuses. Des images choc assorties de chiffres effrayants : 73 millions de litres d'agent orange, 176 000 t de napalm, 7,7 millions de tonnes de bombes et de mines antipersonnel... Le tout entrecoupé de citations et d'affiches antiguerre émanant de pacifistes du monde entier. Un puissant plaidoyer pour la paix !

LES FRANÇAIS ? DES PORTUGAIS !

Aux XVIe et XVIIe s, les habitants de l'Annam et de la Cochinchine s'étaient simplifié la vie. Comme les 1ers Européens débarqués ici étaient des marins portugais, en route pour Macao et le Japon, ils nommaient « Portugais » tous les étrangers venus sur leur territoire. Les Français comme les autres !

LE CENTRE

– 2e *étage :* met à l'honneur les minorités ethniques de la région. On découvre les us et coutumes, l'habitat et les savoir-faire des Katu, Sedang, Gie Trieng, Kor... Beaux cercueils et masques katu, notamment.

Les marchés : celui de ***Chợ Hàn*** *(plan B2)*, sur Bạch Đằng, est assez intéressant avec le fleuve en toile de fond. Autre grand marché, celui de ***Chợ Cồn*** *(plan A2)*, à l'intersection de Hùng Vương et Ông Ích Khiêm. Bâtiment en béton et ses dépendances.

➢ ***Balade sur les quais :*** une promenade longe la rivière Sông Hàn, le long de l'avenue Bạch Đằng. De ce côté, quelques restes d'édifices et villas datant de la colonisation française et nombreux cafés à l'occidentale. Sur l'autre rive subsistent tant bien que mal quelques bateaux de pêcheurs, perdus entre les tours de béton et les panneaux publicitaires. Notez les ponts qui, la nuit, prennent toutes les couleurs de l'arc-en-ciel : le pont du dragon *(Cầu Rồng)* crache même le feu en été (vers 21h-22h) !

Le temple Cao Đài *(plan A-B2)* **:** *63, Hải Phòng. En face de l'hôpital.* Architecture traditionnelle de la secte. Ce temple, construit en 1956, est le plus important du pays après celui de Tây Ninh : la ville compte environ 20 000 adeptes du caodaïsme. À l'intérieur, on retrouve l'œil, la pièce du corps la plus précieuse. Panneaux en haut avec représentation, de gauche à droite, de l'islam, du confucianisme, du christianisme, du bouddhisme et d'un prêtre caodaïste.

La ***pagode Pháp Lâm*** *(plan A3 ; 574, Ông Ích Khiêm ; tlj 5h30-11h30, 13h-21h)*, bâtie dans les années 1930, a été récemment agrandie. C'est la plus vaste de la ville, où sont célébrées toutes les grandes cérémonies. À l'entrée, grand Bouddha rieur et bedonnant. Les amateurs continueront le périple par la ***pagode Tam Bảo*** *(plan B3 ; 323, Phan Châu Trinh)*, avec son stûpa à 5 niveaux. Enfin, pour changer, allez voir la mini-***cathédrale*** *(plan B2)* sur Trần Phú. Toute rose, elle date de 1923.

La plage de Mỹ Khê *(hors plan par B2)* **:** *à env 6 km à l'est du centre-ville.* Longue et jolie plage, propre, avec de belles vagues (surf pratiqué en hiver) et possibilité de farniente sur le sable (transats à louer). Dans ce quartier, les grands hôtels poussent comme des champignons. Restos à proximité.

LA MONTAGNE DE MARBRE (NGŨ HÀNH SƠN)

• Carte La région de Đà Nẵng et Hội An *p. 305*

À environ 10 km au sud-est de Đà Nẵng, sur la route de Hội An. La montagne de Marbre (Ngũ Hành Sơn) est un ensemble de 5 collines calcaires qui surplombent la plaine. Les Vietnamiens en extraient un très beau marbre qui contribua, en partie, à la construction du mausolée de Hồ Chí Minh (à Hanoi).
Des 5 monts portant les noms des éléments primordiaux, seul le mont de l'Eau se visite. Il est devenu sanctuaire en 1826, sous le règne de l'empereur Minh Mạng. Du sommet, joli panorama sur Đà Nẵng, les montagnes et la plage. Assis sur le Vọng Giang Đài (trône royal), on jouit d'un moment délicieux. On embrasse du regard tous les monts et la rivière Hàn.

➢ ***Pour s'y rendre :*** les bus no 1 qui relient Đà Nẵng à Hội An (lire plus haut « Arriver – Quitter » à Đà Nẵng) marquent l'arrêt au carrefour, à env 1,5 km du

site ; finir à pied ou à moto-taxi. En taxi, comptez dans les 25 US$ A/R (avec le temps d'attente sur place). Sinon, les agences organisent l'excursion depuis Hội An. On peut aussi y aller à vélo depuis celle-ci, par la route du bord de mer (env 20 km).
– ***Accès :*** *site ouv tlj 7h-17h30. Entrée : 40 000 Dg.* On monte d'un côté, on redescend de l'autre. Moyennant 15 000 Dg supplémentaires (aller simple), un ascenseur permet d'éviter une partie de la grimpette. Plan (15 000 Dg) non obligatoire mais pratique. Compter 1h30-2h pour faire le tour du site.
– ***Conseils :*** y aller en fin d'après-midi, après les grosses chaleurs. Et aussi parce que, dans la journée, le paysage, écrasé par le soleil, flotte souvent dans des brumes laiteuses. Une lampe de poche peut se révéler utile pour explorer certaines des grottes ; on peut en louer sur place.
– ***Souvenirs :*** boutiques et échoppes vendent la production de marbre local. Un bon millier de villageois en vit. Attention, toutes les statuettes ne sont pas sculptées, mais pour beaucoup obtenues par moulage et habilement imitées. Pour les plus grosses pièces – lions, bouddhas, jésus et autres statues à l'antique –, prévoyez le camion 38 t !

La pagode Tâm Thái : *en haut de l'escalier.* Érigée en 1825 sur le sommet Tượng Thái. Les fresques du fronton représentent la naissance et l'Illumination de Bouddha, puis le moment où il quitte le palais. 2 génies encadrent le portique. Jolie, mais il y a mieux.

La grotte de Hoa Nghiêm : *à gauche, derrière le temple.* Une statue du « Bouddha femme » ou déesse de la Miséricorde, très courante au Vietnam, connue sous le nom de Quan Âm Thị Kính, se serre dans un repli rocheux. Sculptée dans la masse. Puis continuer sur la gauche, dans la pénombre. Attention aux marches !

La grotte de Huyền Không : cette immense cavité naturelle, éclairée par de petits puits de lumière et enfumée par l'encens, baigne dans une atmosphère assez irréelle. On y trouve un bouddha assis en position de méditation, une statue de Quan Thế Âm et plusieurs autels bouddhique, confucianiste et brahmanique. À droite, petit temple consacré aux génies ; les amoureux viennent s'y recueillir, ainsi que les couples stériles. La grotte servit d'hôpital au Vietcong en 1968. Un de leurs héros y mourut (il avait abattu 19 avions américains, voir la plaque à droite).

Fin de l'itinéraire sur l'autre versant. Ceux qui ont le temps se perdront dans le dédale d'escaliers et de passages creusés à même la roche. Après la ***porte du Paradis,*** on découvre la tour Xá Lợi, construite entre 1997 et 2001 avec un stûpa de 7 étages et une pagode à gauche, joliment ornée de tuiles vernissées, de dragons bleus et verts et de phénix. Un chemin mène à la ***grotte Tàng Chơn.*** La statue de Bouddha est une copie du modèle original, exposé au musée Guimet à Paris. Pour accéder à la ***grotte Chamba,*** prévoir une lampe électrique. À 500 m, route pour la plage de Non Nước.

HỘI AN

120 000 hab. IND. TÉL. : 235

• Plan *p. 316-317* • Carte La région de Đà Nẵng et Hội An *p. 305*

Située à 35 km au sud de Đà Nẵng et à 135 km de Huế, Hội An (province de Quảng Nam) est probablement la plus charmante ville du Vietnam.

LE CENTRE

Sa splendide architecture en bois lui a valu d'être classée au Patrimoine mondial par l'Unesco. Si elle a miraculeusement survécu aux destructions de la guerre américaine, c'est grâce à l'ensablement de sa rivière, qui empêcha les navires de guerre de s'y aventurer.
Jusqu'en 1995, Hội An n'était qu'un gros bourg fluvial oublié, aux maisons et aux temples décrépis. Avec le vent de renouveau qui souffle sur le pays, ce joyau a redoré sa beauté cachée.
On y admire désormais près de 800 édifices de caractère, parmi lesquels de magnifiques demeures bourgeoises restaurées avec goût et meublées à l'ancienne, dont plusieurs sont ouvertes à la visite. La ville se découvre à pied, au gré d'un centre historique interdit aux voitures. Attirés par ces atouts, les voyageurs affluent en masse toute l'année : plus de 3 millions de visiteurs s'y sont pressés en 2017, dont la moitié d'étrangers ! C'est le soir venu, lorsque les eaux de la rivière reflètent la douce lumière des lampions, que la ville revêt ses plus beaux atours...

UN PEU D'HISTOIRE

Déjà, au Xe s, des documents attestent que la ville était une escale importante. Au XVe s, ***elle s'appelait Fai Fo*** et assurait le débouché maritime de Simhapura (Trà Kiều), alors capitale du royaume cham. Le port, relié à la mer par la rivière Thu Bồn, reçut des bateaux du monde entier (Portugal, France, Angleterre, Japon, Chine, Inde, Hollande) venus acheter les épices, le thé, la porcelaine, etc. En raison des conditions climatiques (moussons, tempêtes), les bateaux et les négociants étaient souvent contraints de rester ici quelque temps. Ils se faisaient construire des demeures et des entrepôts. C'est à Hội An que débarquèrent les 1ers marins et missionnaires portugais, puis les jésuites.

Parmi eux, ***Alexandre de Rhodes.*** Arrivé à Hội An en 1625, il y séjourna 3 ans, apprit le vietnamien avec une rapidité déconcertante et commença (on ne sait pas s'il l'acheva ici) son travail de latinisation de la langue vietnamienne. Il inventa l'alphabet vietnamien, le *quốc ngữ* (avec ses nombreux accents), à partir des lettres de l'alphabet romain.
Lorsqu'en Chine la dynastie Ming fut renversée par les Mandchous au XVIIe s, de nombreux mandarins, nobles et commerçants chinois (fidèles aux Ming) vinrent se réfugier à Hội An et y firent souche, aux côtés d'un important contingent d'émigrants japonais. Un ***superbe art sino-nippon*** naquit alors, donnant à la ville un style syncrétique unique.
À la fin du XVIIIe s, la guerre civile entre les Trịnh et les Nguyễn endommagea la cité. Trop éloigné de la mer, le port s'ensabla et le trafic se détourna vers Đà Nẵng – principal port du centre du Vietnam dès le milieu du XIXe s.

HỘI AN JAPONAISE

Hội An est un port, donc un lieu de migration. À la fin du XVIe s, environ 1 000 migrants japonais s'y installèrent, vivant séparés des Chinois. L'empereur du Japon, voyant le catholicisme se répandre au Vietnam, donna l'ordre à ses sujets émigrés de rentrer vers l'archipel nippon. Résultat : en 1836, il ne restait plus que 5 à 6 familles japonaises à Hội An.

Quand y aller ?

Meilleur moment pour s'y rendre : janvier-février, en raison du climat plus clément. Pour se rassurer, on se rappellera que la température la plus basse jamais enregistrée ici était de... 13 °C. En été, il y fait très, très chaud.

Arriver – Quitter

En bus

■ ***Thesinhtourist*** *(plan B1,* ***1****)* ***:*** *587, Hai Bà Trưng. ☎ 386-39-48. • thesinh tourist.vn •*
■ ***Barri Ann Travel :*** *☎ 386-11-21. • barrianntravel.com •*
➢ ***Pour Huế*** *(120 km)* ***:*** 2 bus/j. avec *Thesinhtourist,* vers 8h30 et 13h45. Également 2 minibus avec *Barri Ann Travel.* Durée : env 4h.
➢ ***Pour Nha Trang*** *(530 km)* ***:*** de Hội An, avec *Thesinhtourist,* bus de nuit ; départ à 18h15, arrivée à Nha Trang vers 7h le lendemain.
➢ ***Pour Đà Nẵng*** *(35 km)* ***:*** 2 bus/j. (d'hôtel à hôtel) avec *Thesinhtourist.* Autre option, peu chère mais moins pratique, le ***bus local,*** qui part ttes les 20 mn d'une gare routière située à 3 km du centre *(hors plan par B1).*

En taxi

➢ ***De Đà Nẵng :*** le trajet pour aller de Đà Nẵng à Hội An coûte 20-25 US$. Seul avantage, combiner le trajet avec une visite de la montagne de Marbre.

En avion

➢ ***Depuis l'aéroport de Đà Nẵng :*** *situé à env 40 km.* Pour s'y rendre, taxi (20-25 US$) ou navettes de *Barri Ann Travel* (coordonnées ci-contre). Départs ttes les heures, 4h-22h. Compter 110 000 Dg/pers. Dessert la plage de Cửa Đại au passage.

Se déplacer dans Hội An

À pied

La ville est petite et se parcourt très facilement à pied. En outre, le centre historique, classé par l'Unesco, est interdit aux voitures. Tous les jours de 8h30 à 11h, puis de 15h à 21h30, même les scooters y sont indésirables : 3 rues parallèles sont ainsi réservées aux piétons, quel bonheur !

À vélo ou moto

En ville, préférer le vélo, la moto étant idéale pour découvrir la campagne environnante ou se rendre à la plage, rejoindre la montagne de Marbre ou le site cham de Mỹ Sơn. On en trouve partout à louer : hôtels, pensions, restos et magasins. Compter 30 000 Dg/j. pour un vélo et 150 000 Dg/j. pour une moto.
➢ ***De la vieille ville à la plage de An Bàng :*** 5 km au nord. 10 mn à moto-taxi, 20 mn à bicyclette.

LE CENTRE

Adresses utiles

Informations touristiques

ℹ ***Office de tourisme*** *(plan B2)* ***:*** *47, Phan Châu Trinh. ☎ 391-69-61. • quangnamtourism.com.vn • hoian worldheritage.org.vn • Tlj 7h30-18h.* Pas franchement utile, sauf pour acheter des billets d'excursions en bateau ou en bus *Open Tour* (comme dans n'importe quelle agence !).

Argent

Distributeurs et possibilités de change un peu partout dans la vieille ville. Attention, banques fermées le week-end.

■ ***Banques*** *(plan B1)* ***:*** ***Asia Commercial Bank*** *au 68, Trần Hưng Đạo, et* ***Agribank*** *à l'angle de Trần Hưng Đạo et Lê Lợi.* Change, distributeurs et service *Western Union.*

Plongée sous-marine

■ ***Cham Island Diving Centre*** *(plan B2,* ***3****)* ***:*** *88, Nguyễn Thái Học. ☎ 391-07-82. 📱 09-18-25-55-21 (Lodovico). • vietnamscubadiving.com • Ouv*

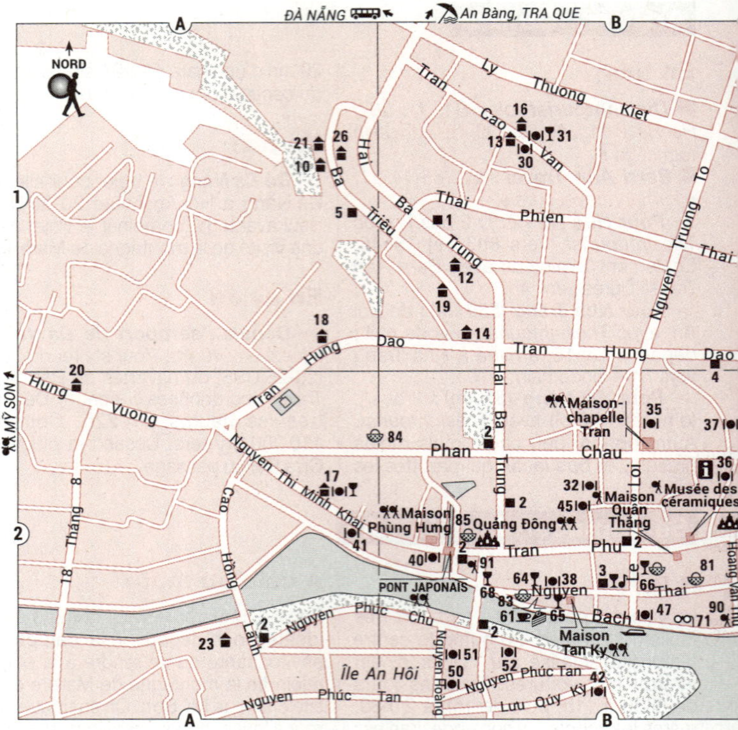

Adresses utiles

- Office de tourisme (B2)
- 1 Thesinhtourist (B1)
- 2 Points de vente de billets touristiques (A2 et B2)
- 3 Cham Island Diving Centre (B2)
- 4 Blue Coral Diving (B1)
- 5 Palmarosa Spa (A1)

Où dormir ?

- 10 Tribee Ede et Tribee Cham (A1)
- 11 Tribee Bana (C2)
- 12 Tribee Kinh et Tribee Cotu (B1)
- 13 Hôtel Hoạ My II (B1)
- 14 Hôtel Thanh Vân (B1)
- 15 Orchids Homestay (D2)
- 16 The Dream City Hotel (B1)
- 17 La Tonnelle (A2)
- 18 T&T Villa (A1)
- 19 Thùy Dương 3 et Vĩnh Hưng Library Hotel (B1)
- 20 Nhi Nhi Hotel (A2)
- 21 Thiên Thanh Boutique Hotel (A1)
- 22 Hà An Hotel (C2)
- 23 Little Hội An Boutique Hotel & Spa (A2)
- 24 Lavini Boutique Hotel (hors plan par C-D1)
- 25 Herbal Tea Homestay, Lộc Phát Hội An Homestay, Trúc Huy Villa, Rock Villa, Aurora Riverside, Ancient House Resort & Spa, Hội An Chic et Victoria Hội An Beach Resort (hors plan par D1)
- 26 Backhome Hotel (A1)

Où manger ?

- 30 Minh Hiền (B1)
- 31 Café 43 (B1)
- 32 Quán Chay Đạm (B2)
- 33 Nocturnal Artist (C-D2)
- 34 Quán Ăn 19 (C2)
- 35 Streets (B2)
- 36 Vườn Xưa (B2)
- 37 Bale Well (B2)
- 38 Morning Glory (B2)

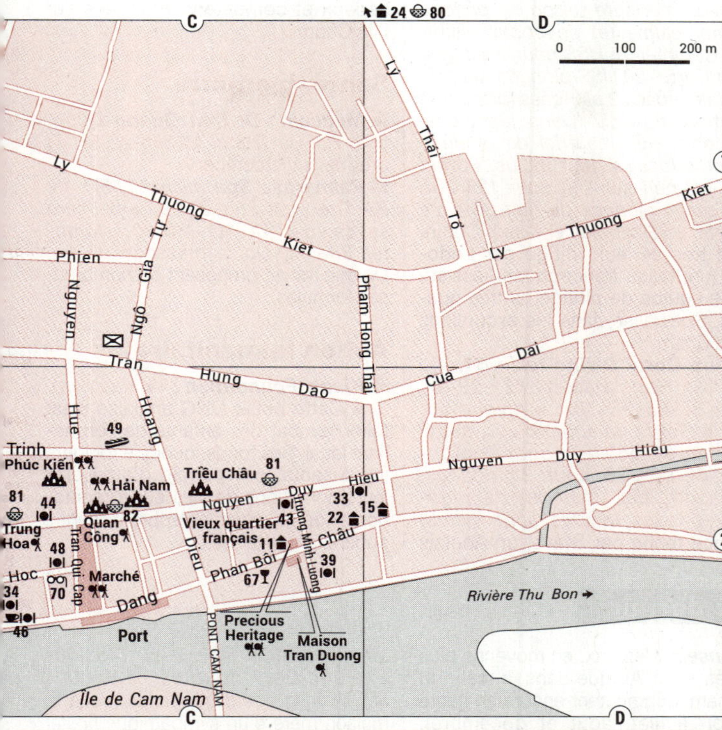

HỘI AN

39 Đào Tiên River (C2)
40 Citronella (B2)
41 Mai Fish (A2)
42 Châu Mỹ (B2)
43 Ong Bee Lounge (C2)
44 Bazar Café (C2)
45 Secret Garden (B2)
46 Blue Dragon (C2)
47 Banana Leaf (B2)
48 Cô Mai (C2)
49 Bánh Mì Phượng (C2)
50 Belleville (B2)
51 Vy's Market (B2)
52 Nostalife (B2)

Où prendre le petit déj ? Où boire un bon café ?

46 Café des Amis (C2)
61 Cargo Club (B2)

Où boire un verre ?

3 Dive Bar-restaurant (B2)
64 Tam-Tam Café (B2)
65 Mango Rooms (B2)
66 Before N Now (B2)
67 Brother's Café (C2)
68 GAM (B2)

Achats

66 Ava'Na (B2)
80 Magasin Vân (hors plan par D1)
81 Yaly (C2 et B2)
82 Thân Thiện Friendly Shop (C2)
83 Reaching Out – Hoà Nhập (B2)
84 Centre des métiers traditionnels Thắng Lợi (A-B2)
85 Trầm Agarwood Fine Arts Handicraft Workshop (B2)

À voir

70 Concert de musique folklorique (C2)
71 Spectacle de théâtre et de danse (B2)
90 Musée du Folklore (B2)
91 Musée de la Culture Sa Huỳnh (B2)

avr-sept, meilleure saison car période de mer calme (et de bonne visibilité). Compter 75 US$ pour 1 plongée découverte, 20 US$/plongée supplémentaire ; pack 2 plongées (plongeurs certifiés) 85 US$. Dans les 2 cas, transport, déj, matériel de plongée et taxes locales sont inclus. Forfait de 2 j./1 nuit sur l'île pour 125 US$ (tt inclus) ; plongée de nuit possible pour 50 US$ supplémentaires. Centre PADI très sérieux, dirigé par Lodovico (un Italien francophone), assisté d'une équipe de plongeurs très qualifiés. Spécialisé dans les excursions à l'île Cham.

■ ***Blue Coral Diving*** *(plan B1, **4**) : 33, Trần Hưng Đạo. ☎ 627-92-97. 📱 09-35-85-75-78. ● divehoian.com ● Tarifs raisonnables : selon niveau, 58-66 US$ pour 1 plongée, 82-90 US$ pour 2 plongées. Transport, déj, matériel de plongée et taxes locales sont inclus.* Agence tenue par Steve, un Anglais sérieux et compétent. Plongées sur l'île Cham.

Santé, bien-être

■ ***Médecin :*** ***Dr Trần Quang Dũng,*** *503, Hai Bà Trưng. ☎ 386-22-57. Tt près de la* Vietcombank.

■ ***Palmarosa Spa*** *(plan A1, **5**) : 48, Bà Triệu. ☎ 393-39-99. ● palmarosaspa.vn ● Tlj 10h-21h30. Compter 380 000 Dg le massage de 1h.* Un spa raffiné proposant de nombreuses formules.

Action humanitaire

■ ***Kianh Foundation :*** *● kianh.org.uk ●* Cette petite ONG anglaise s'est faite l'avocat des enfants de l'orphelinat local. Ses fonds, quoique toujours insuffisants, ont permis d'améliorer leurs conditions de vie, leur alimentation et de favoriser les apprentissages auparavant délaissés.

Où dormir ?

– ***Conseils :*** les prix, en moyenne plus élevés à Hội An que dans le reste du Vietnam, augmentent encore en haute saison (juillet, août et décembre). Durant la fête du Tết, ils la perdent un peu (la tête), prenant jusqu'à 50, 60, 70 % de plus ! À mesure qu'on s'éloigne du centre historique, les prix baissent et la taille des chambres augmente. Les *resorts* de luxe s'alignent plutôt le long des plages. Dans cette catégorie, les meilleurs tarifs se débusquent sur Internet.

Bon marché (jusqu'à 300 000 Dg / env 11 €)

Hélas, très peu d'*hostels* (AJ privées) pour petits budgets. Mais on trouve de plus en plus de *homestays* (chambres chez l'habitant), notamment autour de la rue Hai Bà Trưng et sur l'îlot d'An Hội, ou plus loin dans la campagne, en direction de la plage de Cửa Đại.

⌂ ***Tribee Ede*** *(plan A1, **10**) : 30, Bà Triệu. ☎ 393-04-44 ou 391-03-13. Lit en dortoir (4-6 pers) 145 000-170 000 Dg, doubles 420 000-500 000 Dg ; petit déj inclus.* Voilà la maison mère d'un sympathique *hostel* éclaté sur 4 bâtisses disséminées dans la même rue tranquille, à un jet de pierre du centre-ville : le *Tribee Ede* donc, et son quasi-voisin le ***Cham*** (au n° 58), en haut de la rue ; et le ***Tribee Cotu*** (au n° 109) et son voisin le ***Kinh*** (au n° 103) en bas *(plan B1, **12**),* ce dernier donnant aussi sur Hai Bà Trưng, plus bruyante. Même confort, simple et correct, partout : des dortoirs de 4-6 lits individuels (pas de lits superposés) avec clim et salle d'eau intégrée, et des chambres privées acceptables, avec balcon pour les plus chères. Le *Ede* est en revanche le seul à profiter d'une jolie piscine haricot, dans un jardin à l'arrière donnant sur la campagne, mais les hôtes des autres adresses peuvent aussi en profiter. Accueil relax et « pêchu » partout. Un bon plan pour se mêler aux *backpackers* du monde entier. Décidément tentaculaire, la même enseigne tient encore une 5e adresse, le ***Tribee Bana,*** dans une maison coloniale décatie au n° 30 de Phan Bội Châu *(plan C2, **11**).*

Backhome Hotel *(plan A1, **26**) : 39-41, Bà Triệu. ☎ 386-88-38. 09-32-52-25-11. • backhomehoian@gmail.com • Nuit en dortoir (6 lits) 7 US$, double 20 US$; petit déj inclus.* Un *hostel* moderne et fringant, avec un vaste et lumineux café-resto ouvert sur la rue au rez-de-chaussée, au-dessus duquel s'empilent des dortoirs fonctionnels (lampe et prise individuelles, sanitaires séparés impeccables). Également des chambres privées, certaines avec balcon. Accueil du genre impersonnel, mais rien à redire côté équipement.

Prix moyens (300 000-600 000 Dg / env 11-23 €)

Comme pour la catégorie précédente, peu de choix dans cette fourchette de prix à Hội An. Voir aussi plus haut les chambres privées des *hostels*.

Hôtel Hoạ My II *(plan B1, **13**) : 44, Trần Cao Vân. 09-05-51-85-69. • hoamyhotelhoian.com.vn • Ne pas confondre avec l'hôtel* Hoạ My I, *moins bien placé. Doubles 18-24 US$.* Voici un bon hôtel à prix sages. Chambres impeccables avec douche/w-c, clim. Piscine intérieure et nombreux services : excursions, laverie, transfert à l'aéroport... Accueil jovial.

Chic (600 000-1 000 000 Dg / env 23-38 €)

Orchids Homestay *(plan D2, **15**) : 2C-D, Phan Bội Châu. 09-85-74-47-55. • orchidshomestay.com • Doubles 22-35 US$, sans petit déj.* Seulement 5 chambres dans cette maison particulière retirée au calme, et pourtant à seulement 5 mn à pied du centre-ville. Les chambres sont coquettes, confortables (clim, frigo, téléphone, TV satellite), avec ou sans balcon selon le prix, et méticuleusement tenues par une hôtesse accueillante. Prêt de vélos, location de scooters et résa de billets ou d'excursions. Vraiment une bonne adresse.

The Dream City Hotel *(plan B1, **16**) : 39, Trần Cao Vân. ☎ 391-67-57. • hoiandreamcityhotel.com • Doubles 20-35 US$, petit déj en sus.* À 10 mn à pied du centre historique, dans une rue calme, ce petit bâtiment tout blanc, tout neuf est immanquable. L'intérieur joue sur une ambiance épurée que rehaussent quelques murs de couleurs vives. Agréables balcons sur l'avant, orientés vers la ruelle relativement calme. Belles, grandes et modernes salles de bains, les chambres allant (selon la catégorie) de « spacieuse » à « vaste », certaines carrément dotées d'un petit coin salon. Point commun à toutes, le style design. Petite piscine ovale pour rafraîchir les journées parfois torrides.

La Tonnelle *(plan A2, **17**) : 44, Nguyễn Thị Minh Khai. ☎ 386-44-32. • latonnellehoian.com • Doubles 35-50 US$, petit déj inclus.* Calme garanti dans cette rue piétonne qui mène au pont Japonais et à la vieille ville, sans en avoir les nuisances. Une adresse presque confidentielle, comptant seulement 3 chambres (dont 1 suite) à l'étage de la maison. Un cachet incontestable et un personnel souriant font de cette adresse un excellent camp de base. Beau plancher, clim, déco soignée, literie confortable et, fait exceptionnel, pas de TV ! Mais une belle bibliothèque. On prend l'apéro sous la tonnelle, avec un verre de vin français. Servent aussi une sympathique cuisine vietnamienne.

Hôtel Thanh Vân *(plan B1, **14**) : 78, Trần Hưng Đạo. ☎ 391-69-16. • thanhvanhotel.com • Doubles 650 000-700 000 Dg. CB refusées.* Non loin du centre historique (5 mn à pied), voici un établissement correct, bien qu'un peu bruyant. On peut déplorer le manque de luminosité dans certaines chambres, mais la piscine intérieure et le confort de rigueur (douche ou baignoire, clim, frigo, coffre-fort) sont une honnête compensation.

Plus chic (1 000 000-2 000 000 Dg / env 38-76 €)

T&T Villa *(plan A1, **18**) : 100, Trần Hưng Đạo. ☎ 366-69-59. • tntvillahoian.com • Doubles 40-50 US$ selon taille et saison, petit déj inclus.* Le joli bâtiment néocolonial de l'accueil fait écran et assure une jolie discrétion à une 2de construction où se nichent les chambres. Les portes-fenêtres des moins chères donnent de plain-pied sur la piscine. Les chambres de l'étage, de catégorie supérieure et plus vastes, étant, elles, dotées d'un balcon. Surprise ! La baignoire partage la chambre avec le lit, tandis que la salle de bains, fermée, est équipée d'une douche. Un accueil aux petits oignons complète les ondes positives de cette belle adresse.

Thùy Dương 3 *(plan B1, **19**) : 92-94, Bà Triệu. ☎ 391-65-65. • thuyduonghotel-hoian.com • Doubles 35-45 US$ selon vue, petit déj inclus.* Ce dernier d'une série d'hôtels propose de belles et vastes chambres parquetées de bois sombre. Les moins chères regardent un mur décoré, ou la rue relativement peu passante. Les autres surveillent la piscine enserrée dans un patio. Seules les immenses suites donnent sur le parc. Confort total de A(ccueil souriant) à Z(énitude appréciable) !

Vĩnh Hưng Library Hotel *(plan B1, **19**) : 96, Bà Triệu. ☎ 391-62-77. • vinhhunglibraryhotel.com • Doubles 32-45 US$.* Un beau salon-bibliothèque donne son nom à cet hôtel raffiné et joliment décoré. Confort au diapason : bonne literie, frigo, clim, baignoire ou douche, ainsi qu'un balcon dans les plus chères. Attention, les moins chères n'ont pas de fenêtre. Piscine sur le toit et bout de terrasse dans la rue. Accueil impeccable.

Nhi Nhi Hotel *(plan A2, **20**) : 60, Hùng Vương. ☎ 391-67-18. • nhinhihotel.com.vn • À l'ouest de la ville, à 10 mn à pied du centre historique. Doubles 30-45 US$, petit déj inclus.* Un peu excentré mais de bon rapport qualité-prix. Les chambres, avec balcon pour les plus onéreuses, sont agréables et d'une belle propreté. Elles se répartissent autour d'une cour centrale avec petite piscine, dont l'agrément nous a semblé plutôt visuel. Également des familiales. Gentil accueil en anglais. Location de vélos et scooters.

Thiên Thanh Boutique Hotel *(plan A1, **21**) : 16, Bà Triệu. ☎ 391-65-45. • hoianthienthanhhotel.com • Doubles 40-55 US$ selon orientation, petit déj inclus.* Voici un hôtel de charme confortable, dans un style tropical chic de bon aloi, avec plancher et mobilier en bois sombre. Les chambres standard sont charmantes, mais sont dotées de fenêtres sur l'intérieur. Les *deluxe* sont ouvertes sur l'extérieur, et possèdent même un balcon dès le 1er étage à l'arrière ou 2e étage côté rue (plus bruyantes, donc). Piscine.

Très chic (2 000 000-3 310 000 Dg / env 76-126 €)

Hà An Hotel *(plan C2, **22**) : 6-8, Phan Bội Châu. ☎ 386-31-26. • haanhotel.com • Doubles 60-115 US$.* Un îlot de calme à 5 mn du centre. Précédée d'un jardin tropical, cette vieille demeure de charme très bien aménagée abrite des chambres impeccables, décorées avec goût. Literie douillette, coffre-fort, CD et lecteur DVD. Les petites terrasses privatives donnent sur le jardin. Excellent petit déj-buffet servi au *Memory Café* attenant. Billard, prêt de vélos. Il ne manque qu'une piscine ! Excellent rapport qualité-prix-charme.

Sur l'îlot An Hội, de l'autre côté de la rivière

Little Hội An Boutique Hotel & Spa *(plan A2, **23**) : 2, Thoại Ngọc Hầu. ☎ 386-99-99. • littlehoiangroup.com • Doubles 60-85 US$, petit déj inclus.* Un hôtel de charme situé tout près de la vieille ville, sur l'îlot accessible par le pont. Une trentaine de chambres à la déco chaleureuse et raffinée : tableaux aux murs, salles de bains immenses, balcon donnant sur la rivière et le centre historique ou sur le jardin pour les plus chères, qui sont aussi les plus spacieuses. Petit déj copieux et varié. Piscine et spa. Un havre de tranquillité où le client est vraiment chouchouté.

À l'extérieur du centre, en allant vers les plages

Une alternative intéressante à l'hôtellerie de centre-ville pour qui préfère l'espace et le calme plutôt qu'une situation hyper centrale. Sur fond de campagne encore plutôt typique (rizières, jardins potagers, bouquets d'arbres...), de nombreux hébergements essaiment autour des routes d'accès aux plages de An Bàng et de Cửa Đại (voir plus loin « Dans les environs de Hội An »).

Prix moyens (300 000-600 000 Dg / env 11-23 €)

Herbal Tea Homestay *(hors plan par D1, **25**) : 19, Tống Văn Sương, Cẩm Thanh. ☎ 393-68-99. • herbalteahomestay.com • Doubles 10-15 US$.* Le centre n'est pas si éloigné (2,5 km), et pourtant, qu'il est loin l'esprit mercantile qui y règne, au regard des prix au ras des rizières et de l'accueil assez exceptionnel de Bình et de sa famille. Ils se plieront en 4 pour vous, et même en 8 s'ils le peuvent ! Leurs chambres, simples mais impeccables, occupent 2 maisons plantées dans un agréable jardin. Un carbet équipé de tables et de chaises permet d'y débuter tranquillou la journée autour du petit déj... Votre hôte est une mine de bons conseils pour occuper le reste du temps dans le coin.

Chic (600 000-1 000 000 Dg / env 23-38 €)

Lavini Boutique Hotel *(hors plan par C-D1, **24**) : 63, Lý Thái Tổ. ☎ 392-49-28. • lavinihoianvilla.com • Planté dans les rizières, en retrait de la rue. Doubles 22-35 US$.* 2 bâtisses modernes composent cet ensemble à la fois confortable et cosy. Sourire dès l'accueil. Les chambres sont confortables et bercées d'un orientalisme moderne ce qu'il faut. Lits douillets parfois surmontés de baldaquins-moustiquaires, set de thé-café, TV, clim... l'équipement est au rendez-vous. Et puis, le jardin privatif des suites (chanceux !) est vraiment agréable. On y « baigne » dans l'environnement préservé de rizières où soufflent les buffles. Il y a aussi un bassin, agréable pour se rafraîchir, mais peu pratique pour un long farniente. C'est luxe, calme et volupté au programme.

Lộc Phát Hội An Homestay *(hors plan par D1, **25**) : 420, Cửa Đại, Cẩm Châu. ☎ 396-21-11. 📱 09-35-12-08-20. • locphat-hoianhomestay.com • À 5 mn de la ville à vélo, sur la route de Cửa Đại. Doubles 20-35 US$, petit déj inclus.* Il s'agit plus d'un petit hôtel que d'un *homestay.* Autour d'une cour ouverte avec bassin, 12 chambres tenues au cordeau par Mme Linh, maîtresse de maison aussi serviable qu'enjouée. Belles salles de bains et grande baie vitrée ouvrant sur la verdure et la terrasse. Au 1er étage, chacun profite d'un agréable balcon. Rien ne manque, ni la clim ni les vélos à louer.

Trúc Huy Villa *(hors plan par D1, **25**) : 362, Cửa Đại, Cẩm Châu. ☎ 366-66-65. • truc-huy-villa.hoi-an-hotels.com • À mi-chemin entre le centre-ville et la plage. Doubles 32-42 US$, petit déj inclus.* Une plaisante adresse familiale où l'on bénéficie d'un accueil chaleureux et dévoué. Les chambres, disposées autour d'une piscine à l'eau limpide, sont spacieuses et immaculées, tout confort, avec des salles de bains rutilantes et une literie de qualité. Balcon pour les plus chères. Vélos prêtés gracieusement ; sinon, le centre-ville est accessible à pied en 15 mn.

Plus chic (1 000 000-2 000 000 Dg / env 38-76 €)

Rock Villa *(hors plan par D1, **25**) : Unit 3, Thạnh Tây, Cẩm Châu. ☎ 392-47-97. • rockvillahoian.vn • Accès par le 171, Cửa Đại. Doubles 35-45 US$, petit déj inclus.* Cette maison, noyée dans un écrin de verdure entre champs et rivière, est très populaire auprès des touristes amoureux de nature et de tranquillité. Prestations sérieuses de bout en bout : chambres douillettes et très propres, dotées du confort moderne, accueil dans un bon anglais. On prend le petit déj sur un îlot central entouré de bassins, flanqué d'une belle piscine, et donnant à l'arrière sur une rizière. Plein de belles promenades à vélo à faire dans les alentours.

Aurora Riverside *(hors plan par D1, **25**) : 242, Cửa Đại. ☎ 392-41-11. • aurorahoian.com • Doubles*

40-60 US$. Hôtel de charme au confort indiscutable. Chambres très vastes et bien équipées, joliment décorées dans le style local. On a beaucoup aimé la vue sur les rizières. Piscine, salle de gym, massage, spa... On reste assez isolé, mais une navette (ou le vélo gracieusement prêté) évite d'être tributaire des taxis. Restos à proximité.

☗ ***Ancient House Resort & Spa*** *(hors plan par D1,* ***25****)* **:** *377, Cửa Đại. ☎ 392-33-77. • ancienthouseresort.com • Situé à 2 km de Hội An et 3 km de Cửa Đại. Doubles 45-75 US$.* L'hôtel doit son nom à la maison traditionnelle située à l'arrière, où l'on fabrique encore des vermicelles de riz selon une méthode ancestrale ! La cinquantaine de chambres, réparties dans un jardin fleuri, forme un ensemble charmant et bucolique. Elles occupent de petits pavillons couverts de tuiles rouges, reliés par des passerelles. L'intérieur ne s'encombre pas d'une déco surchargée : mobilier sobre, tons clairs, ambiance chic mais pas guindée. Jolie petite piscine, spa, prêt de vélos et resto sur place.

Très chic (2 000 000-3 310 000 Dg et au-delà / env 76-126 €)

☗ ***Hội An Chic*** *(hors plan par D1,* ***25****)* **:** *Nguyễn Trãi. ☎ 392-67-99. • hoianchic.com • À 2 km du centre, entre la ville et la plage de Cửa Đại (accès au niveau du 290, Cửa Đại). Doubles 70-100 US$, petit déj inclus.* En retrait de la route, entouré de rizières, ce petit hôtel a tout d'un grand : les 17 chambres sont magnifiques et modernes dans leur agencement. Mobilier design, salles de bains bluffantes, lumières savamment étudiées, balancelles en terrasse. Bref, un environnement de rêve et une piscine à débordement bien agréable sans être immense. Resto sur place et activités gratuites si l'on veut cocooner. Sinon, une jeep fait la navette avec le centre-ville.

☗ ***Victoria Hội An Beach Resort*** *(hors plan par D1,* ***25****)* **:** *Cửa Đại Beach. ☎ 392-70-40. • victoriahotels.asia • Arrivé à la plage, prendre à droite sur 1 km env. Doubles 180-255 € (300 € la* junior suite*) ; prix négociables selon saison et disponibilités.* Un ensemble superbe, conçu avec des bungalows au bord de la mer d'un côté, au bord de la rivière de l'autre. À ce niveau, on ne parle plus de confort ; ce qui fait la différence, c'est la multitude de détails raffinés qui, réunis, forment le luxe. Chambres magnifiques avec balcon ou terrasse donnant sur la rivière, le jardin ou la mer. Salles de bains spacieuses, avec w-c séparé. Allongé dans l'un des hamacs disséminés dans le parc enchanteur avec ponts, bassins, pelouses verdoyantes, on n'a plus qu'à profiter sans arrière-pensée de cette parenthèse enchantée. Pour une occasion spéciale, la *junior suite* est une pure folie : patio intérieur (avec douche), jacuzzi dans la salle de bains et volumes immenses, les pieds dans l'eau. Bref, un paradis balnéaire avec spa et resto-bar sur place. Minibus gratuit pour Hội An.

Où manger ?

La cuisine de Hội An est souvent décrite comme la plus fine du Vietnam. Parmi les spécialités traditionnelles, le *cao lầu* est un plat de nouilles épaisses cuites avec des pousses de soja, des herbes, des morceaux de porc, des petites croquettes, le tout servi dans un bol. Les nouilles sont fabriquées à partir de la pâte de riz macérée dans l'eau dite « de cendre », une eau bouillie 3 fois pour laquelle on utilise le bois des arbres de l'île Cham (au large de Hội An). Autres spécialités : la *rose blanche* (*white rose dumpling* sur les menus en anglais), un nom poétique pour des raviolis à base de farine de riz fourrés à la poudre de crevette ; le *mì quảng,* une délicieuse et nourrissante soupe de nouilles ; et les *hoành thánh* (souvent écrit à la chinoise, *wonton*), raviolis de blé fourrés d'un hachis de crevettes et frits à la poêle.

Dans les rues anciennes

Bon marché (moins de 100 000 Dg / env 4 €)

Bánh Mì Phượng *(plan C2, **49**) : 2B, Phan Châu Trinh. Tlj 6h30-21h30.* L'échoppe est minuscule mais très populaire en ville. Faut dire que les ingrédients en vitrine annoncent une variété de sandwichs traditionnels on ne peut plus frais. Pas mal pour un casse-croûte payé 3 fois rien, à dévorer en flânant ou sur l'une des rares tables à l'arrière.

|●| ***Quán Chay Đạm*** *(plan B2, **32**) : 20/71, Phan Châu Trinh. 09-34-97-20-55. Tlj 7h-21h.* Une sorte d'ovni à Hội An, qui devient *bobocoup* touristique ! Cette cantine familiale s'est réfugiée sans tambour ni trompette dans une ruelle sans lampions ni boutiques. Des Vietnamiens viennent y manger une cuisine végétarienne, sans colorants ni additifs. Une grosse vingtaine d'assortiments de légumes, escalopes végétales, tofu, pour composer une assiette copieuse. À consommer dans une salle vraiment minimaliste, pour un prix qui semble avoir oublié un zéro !

|●| ***Minh Hiền*** *(plan B1, **30**) : 50, Trần Cao Vân. 09-03-58-01-68. Tlj 9h-22h.* Dans une salle aux étagères envahies de livres, voici un délicieux resto végétarien déclinant le tofu et l'aubergine à toutes les sauces, ainsi que les classiques de Hội An : *wonton* frits ou en soupe, *bánh xèo,* raviolis rose blanche... La cuisine a beau rester simple et à prix modérés, les saveurs d'épices et d'herbes ressortent à merveille et font de ce lieu très convivial une table incontournable dans le quartier.

|●| ***Nocturnal Artist*** *(plan C-D2, **33**) : 281, Nguyễn Duy Hiệu. ☎ 424-06-97. Tlj 10h-22h.* Terrasse grande comme un abribus (2 tables et basta !), salle et carte longues comme un jour sans riz, prix vraiment sages, en marge de l'ultra centre parfois oppressant, on aime bien cette petite adresse sans prétention. Elle est sereine, on y mange bien et copieusement au gré d'un gentil service. Les œuvres accrochées sur les murs jaunes sont celles du propriétaire-artiste, Lam. Il expose à une portée de pinceau ses toiles et T-shirts peints. Plutôt chers mais uniques et très originaux *(galerie au 1, Phạm Hồng Thái ; tlj 9h30-22h30).*

|●| ***Café 43*** *(plan B1, **31**) : 43, Trần Cao Vân. ☎ 386-25-87.* Dans le quartier des mini-hôtels, une adresse où les jeunes *backpackers* venus des 4 coins du globe se pressent pour descendre une *fresh beer* à prix plancher et dévorer un copieux repas très bon marché. Cuisine locale correcte (il vaut mieux, ils prodiguent des cours de cuisine !), mais c'est surtout l'ambiance *friendly* et la bonne humeur qu'on recherche ici. Il n'y a qu'à voir les mots enthousiastes et photos d'identité de voyageurs déposés sous le verre des tables !

|●| ***Quán Ăn 19*** *(plan C2, **34**) : 19, Hoàng Văn Thụ. ☎ 391-04-09.* Petit et modeste, ce restaurant sert une cuisine locale très correcte, à arroser d'une bière pression à prix plancher... Bons pancakes à la banane pour conclure.

Prix moyens (100 000-250 000 Dg / env 4-9 €)

|●| ***Streets*** *(plan B2, **35**) : 17, Lê Lợi. ☎ 391-19-48. Tlj, jusqu'à 21h30.* Ce resto émanant d'une ONG emploie des jeunes défavorisés issus de la rue et les forme aux métiers de la restauration. Non seulement c'est une bonne action, mais la table s'avère excellente ! Carte restreinte aux spécialités de Hội An : roses blanches, *mì quảng, cao lầu* savoureux... Tant la cuisine que le cadre (beau mobilier, murs rehaussés de tableaux) sont parfaits. Le tout à des prix franchement raisonnables au vu de la qualité. Et les petites recrues n'ont pas à rougir de leur service, plus pro que dans pas mal de restos huppés !

|●| ***Vườn Xưa*** *(plan B2, **36**) : dans une ruelle au niveau du 76, Trần Phú (bien fléché).* La simplicité du cadre et de l'accueil étonne, dans cette ville où l'afflux touristique fausse un peu la donne. Sur de petites tables en bambou, on se régale de plats traditionnels : *wonton, bánh xèo...* servis dans une atmosphère bon enfant. Rien de bien excessif, sauf le crabe qui fait grimper la note.

Morning Glory (plan B2, **38**) : *106, Nguyễn Thái Học. ☎ 224-15-55. Tlj 10h-15h, 18h-23h. Résa conseillée le soir.* Au cœur de la ville, une vieille maison coloniale, décor rétro. Préparée en partie à vue, la cuisine, généreuse, délicate et parfumée, pioche dans le meilleur de la gastronomie locale, recettes familiales comme *street food,* avec une explication détaillée pour chaque plat. Canard au coco, aubergines au porc haché... la carte est variée, les produits frais et délicieux. De quoi expliquer un succès certain, et un service qui n'arrive pas toujours à suivre. Qu'importe, on se régale ! Bonne carte des vins.

Blue Dragon (plan C2, **46**) : *46, Bạch Đằng. ☎ 391-07-42.* Adresse abordable sur cette portion de quai qui ne l'est guère. Peut-être doit-on cela à la proximité du marché, ou à l'investissement des proprios en faveur de la fondation *Blue Dragon* pour les enfants ? Cuisine simple mais goûteuse et copieuse à la fois, dans un cadre ordinaire.

Banana Leaf (plan B2, **47**) : *88, Bạch Đằng. ☎ 386-13-46. Tlj 8h-21h30. Menu env 200 000 Dg.* L'une de ces adresses qui n'aurait pas attiré notre attention si elle n'avait pas été située face à la rivière, sa salle aérée à l'étage dominant la berge. Un avantage indépendant de la cuisine, qui ne fait pas d'étincelles. Menu varié regroupant plats traditionnels de Hội An, classiques vietnamiens, pâtes maison et sandwichs bon marché. Éviter le steak australien qui fait meugler le portefeuille !

Đào Tiên River (plan C2, **39**) : *Số 21, 19/4, Phan Bội Châu. ☎ 391-49-96. Tlj 8h-22h.* C'est dans le cadre élégant d'une terrasse-jardin en bord de rivière que l'on prend ses repas, à la belle étoile. Bonne cuisine vietnamienne et de l'Asie du Sud-Est. Les bénéfices sont reversés à une ONG australienne œuvrant en faveur des enfants en difficulté. Les serveuses, issues de milieux défavorisés, suivent formations de cuisine et cours d'anglais.

Citronella (plan B2, **40**) : *5, Nguyễn Thị Minh Khai. ☎ 224-14-91. Tlj.* Non, ce n'est pas un resto italien, ni un entrepôt rempli de citrons. C'est une vieille et charmante maison près du pont Japonais, qui communique avec le quai de la rivière. Coin salon près du bar (fauteuils confortables), piliers calligraphiés, lanternes et lampions. Cuisine vietnamienne et plus largement asiatique à prix encore corrects. Bien aussi pour boire un verre en terrasse quand il fait beau.

Mai Fish (plan A2, **41**) : *45, Nguyễn Thị Minh Khai. ☎ 392-55-45.* Après le succès du *Mango Rooms* (voir plus loin « Où boire un verre ? »), les propriétaires ont remis le couvert ici. Une adresse romantique, à la lisière de l'agitation frénétique du centre. Depuis l'immense terrasse au calme, le regard reste aimanté par la rivière ! Le soir, atmosphère sereine à la douce lumière des lampions avec, en principe, de la musique en live. Côté popote, cuisine savoureuse, à l'exemple de cette fondue aux fruits de mer *(lẩu hải sản)* délicieusement parfumée (le plus cher de la carte). En résumé, un bel aperçu de la gastronomie locale. Service très attentionné.

Ong Bee Lounge (plan C2, **43**) : *313, Nguyễn Duy Hiếu. ☎ 392-97-96.* Cette petite maison basse aux murs jaunes mérite notre attention. Parmi ses qualités : un bon accueil, une cuisine locale bien préparée, une salle joliment arrangée et des prix sages.

Bale Well (plan B2, **37**) : *45/51, Trần Hưng Đạo. ☎ 386-44-43. Au niveau du 38, Phan Châu Trinh, prendre la ruelle à gauche ; c'est indiqué. Tlj 10h-22h. Menu 120 000 Dg.* Pas de chichis dans cette gargote bien connue des touristes, installée dans une grande cour en retrait de l'agitation. Le menu est imposé d'office et les plats se succèdent sur la table en inox, sans discuter : brochettes de porc grillé, crêpes *bánh xèo,* nems, pancakes aux crevettes, etc. Copieux, mais pas forcément très fin.

Chic (250 000-600 000 Dg / env 9-23 €)

Secret Garden (plan B2, **45**) : *The Alley, 60, Lê Lợi. ☎ 391-11-12. Indiqué par un panneau depuis Lê Lợi.*

Tlj 7h30-23h. Charmant resto niché dans son jardin discret, où l'on prend ses repas au bord d'un bassin et d'un kiosque. Prix raisonnables le midi, plus élevés le soir, pour une cuisine parfumée et raffinée que l'on savoure dans une ambiance « romantique » à souhait, accompagné par la guitare ou le piano (groupe tous les soirs).

Bazar Café (plan C2, **44**) **:** *36, Trần Phú. ☎ 391-12-29. Menus 170 000-500 000 Dg.* Linh, Thanh (une *Việt Kiều* francophone) et Federico (archéologue), 3 amis, se sont associés pour ouvrir ce beau resto installé dans une charmante maison 2 fois centenaire. L'autel des ancêtres se dresse dans le grand jardin, si agréable en soirée. À l'intérieur, de beaux tableaux aux murs, même quand il n'y a pas d'expo. Ici, l'esprit de la maison est à l'image de la cuisine : saine, fraîche, sincère. On y sert des plats fins et locaux, mais aussi de la cuisine française. À accompagner de cocktails, narguilés et d'un *espresso* bon comme en Italie.

Cô Mai (plan C2, **48**) **:** *2, Nguyễn Thái Học. ☎ 392-81-88. Tlj 11h-22h. Plats 166 000-282 000 Dg.* Vieille demeure de 200 ans, restaurée avec délicatesse et aménagée dans le style ancien : belle charpente, cloisons et colonnes en bois de jacquier, mobilier de caractère. Au Vietnam depuis plus de 30 ans, le chef Didier Corlou y a installé son dernier restaurant. Pas de cuisine fusion mais de la cuisine traditionnelle vietnamienne fine et soignée, utilisant les produits locaux et 40 sortes d'épices différentes. Beaucoup de plats à base de légumes et de produits de la mer, et vieux puits d'eau douce dans la courette.

Au sud, sur l'îlot An Hội

Bon marché (moins de 100 000 Dg / env 4 €)

Nostalife (Hoài Hương ; plan B2, **52**) **:** *33/1, Nguyễn Phúc Chu. Tlj 12h-21h30.* Calé dans une cour en retrait du quai, entre de vieux murs rongés par la végétation tropicale, un resto convivial aux airs de paillote. Panneaux de bois mal dégrossis, guirlande de lampions, le cadre est sympa, le service aussi. Au menu, les spécialités du Hội An populaire, facturées à prix plancher et mitonnées au ras du sol, dans le coin cuisine retranché derrière un paravent. Quelques options plus élaborées aussi, et un peu plus chères, forcément.

Châu Mỹ (plan B2, **42**) **:** *Nguyễn Phúc Chu. 📱 09-35-64-81-17. Tlj 10h-21h.* Cuisine des familles pour ce microresto basique et pas cher, posé au bout du quai, à proximité d'une bordée de gargotes encore plus *roots*. On profite de la vue (de biais) sur l'animation du port, sans avoir à supporter le flux touristique. Plats typiquement d'ici, dont des raviolis rose blanche en entrée, à compléter, par exemple, par des nouilles au crabe ou d'autres classiques.

Prix moyens (100 000-250 000 Dg / env 4-9 €)

Belleville (plan B2, **50**) **:** *13, Nguyễn Hoàng. ☎ 392-50-00. Tlj 10h-22h. Menu au déj 165 000 Dg.* Au rez-de-chaussée d'une maison récente, une terrasse ombragée invite au farniente. Tout comme l'agréable salle où se déguste la cuisine locale un rien fusion que propose le *Belleville*. Normal, madame est vietnamienne, monsieur français. Ceux qui baroudent depuis longtemps et qui aspirent à des spécialités hexagonales trouveront même ici des assiettes de charcuterie. L'adresse est également très agréable pour boire un verre (belle carte de cocktails), voire écouter de la zizique (musique live tous les soirs à 17h). On aime bien !

Vy's Market (plan B2, **51**) **:** *3, Nguyễn Hoàng. ☎ 392-69-27. Tlj 8h-14h, 17h30-22h30.* Dispersés sous un vaste hall, une série de stands passent en revue la gastronomie vietnamienne, des grands classiques (*phở*, rouleaux de printemps) aux spécialités les plus étonnantes, comme ces salades de vers à soie et ces termites grillés dans la section consacrée aux mets dits *weird* (« bizarres »). Une adresse originale pour tous les goûts, mais pas pour toutes les bourses si l'on cède à la tentation de goûter à tout.

Où prendre le petit déj ? Où boire un bon café ?

La plupart des restos cités plus haut ouvrent dès le matin et servent le petit déj.

Cargo Club *(plan B2,* ***61****)* **:** *107-109, Nguyễn Thái Học.* ☎ *391-12-27. Tlj 8h-23h.* Une belle maison d'époque coloniale rénovée sur des notes tropicales chics, en plein cœur historique. Le rez-de-chaussée abrite la 1re pâtisserie française à Hội An, tenue par Trịnh Diễm Vy, une Vietnamienne anglophone. Gâteaux, cakes, croissants, tartes, ainsi qu'un bon expresso, bien corsé, comme le prix. Côté restauration, c'est moins folichon.

Café des Amis *(plan C2,* ***46****)* **:** *52, Bạch Đằng.* ☎ *386-16-16. Tlj 8h-22h.* On vient chez Kim comme chez un ami. Un de ces « amis de Georges » qui essaiment dans le monde francophone : vous aurez d'ailleurs droit à quelques bons standards de Brassens pendant que vous siroterez un excellent café vietnamien dont le prix n'a pas dû bouger depuis 20 ans !

Où boire un verre ?

Soyez prévenu, Hội An est tranquille et couche-tôt. Le quartier historique étant classé, tout ferme à minuit au plus tard, exception faite du *Why Not Bar,* au bout de Phan Bội Châu *(plan D2),* un bouge à éviter (vols, agressions).

Dive Bar-restaurant *(plan B2,* ***3****)* **:** *88, Nguyễn Thái Học.* ☎ *391-07-82. Tlj, jusqu'à minuit.* Cette maison coloniale de style abrite à la fois un club de plongée et un resto-bar composé de 3 salles avec 2 patios intérieurs. Beau décor coloré, coin lounge garni de coussins, mezzanine, billard dans le patio. À la nuit tombée, ça s'anime sacrément : concert assuré tous les soirs (rock, folk, soul, salsa...) dans une ambiance fêtarde et arrosée, entretenue par une équipe internationale dynamique et chaleureuse. Bière pression, vin au verre et cocktails bien dosés ; des tournées de *shots* sont même offertes au cours de la soirée ! Pour éviter de plonger trop profond, carte de tapas et autres plats (pâtes, lasagnes, quiches, etc.).

Tam-Tam Café *(plan B2,* ***64****)* **:** *110, Nguyễn Thái Học ou 121, Trần Phú.* ☎ *386-22-12. Tlj 8h-minuit.* Cette maison coloniale a été le 1er café ouvert à Hội An par un Occidental (un Français). Décoration tropicale aérée, ornée de beaux lampions et une multitude d'espaces et d'ambiances : jardin, terrasse, balcon tranquille, salle de billard... Le cadre est réussi, le petit déj aussi, mais on est moins convaincus par la cuisine.

Mango Rooms *(plan B2,* ***65****)* **:** *111, Nguyễn Thái Học.* ☎ *391-08-39. Tlj 10h-23h.* Ouvert par un *Việt Kiều* qui a pas mal bourlingué, dans une maison ancienne du centre historique. Le lieu offre un joli cadre coloré pour boire un verre (pas donné) face à la rivière. 2de adresse de l'autre côté de la rivière : **Mango Mango** *(45, Nguyễn Phúc Chu ; à droite après le pont).*

Before N Now *(plan B2,* ***66****)* **:** *51, Lê Lợi.* ☎ *391-05-99. Tlj 9h-23h.* « Nostalgique mais contemporain, l'Orient rencontre l'Occident », tel est son slogan. Fait aussi resto, mais on le recommande comme bar. Décor branché, musique de bon goût, fauteuils confortables avançant sur la terrasse, bref, une bonne adresse pour une pause sucrée (pâtisseries) comme pour l'apéro.

Brother's Café *(plan C2,* ***67****)* **:** *27-29, Phan Bội Châu.* ☎ *391-41-50. Tlj 10h-23h.* Une vaste maison d'époque coloniale française, au bord de la rivière, avec un luxuriant jardin qu'on ne soupçonne pas depuis la rue. Fontaines, ponts, cascades... Tout a été restauré et conservé dans le style tropical ancien. Plutôt que d'y manger, on conseille d'y boire un verre en fin d'après-midi. Un moment délicieusement romantique, malgré des prix qui battent des records. On paie vraiment le cadre, superbe, il faut l'avouer.

GAM *(plan B2,* ***68****)* **:** *130, Nguyễn Thái Học.* ☎ *393-84-68. Tlj 9h-minuit.* Lieu chic et raffiné pour siroter à petites gorgées un bon verre de vin ou un cocktail en admirant la vue sur la ville depuis la salle de l'étage (balcon très prisé !).

Chérot, forcément, et personnel un peu guindé. Au rayon tout ce qui brille, la maison expose aussi une collection de bijoux et pierres précieuses.

Achats, magasins

Hội An est réputée pour la confection de vêtements en soie (ou autre) sur mesure, dans des délais rapides et à des prix très intéressants. La plupart des tailleurs sous-traitent le travail (la qualité peut s'en ressentir). Voici quelques adresses recommandables.

Magasin Vân *(hors plan par D1,* ***80****) : 139, Lý Thái Tổ. ☎ 386-41-93. 📱 09-05-19-94-39. • vanhoian2008@gmail.com • Tlj. CB acceptées. Réduc de 10 % sur présentation de ce guide.* Boutique de couture (soie, coton, cachemire) et de vêtements sur mesure tenue par Vân, une aimable Vietnamienne francophone (c'est une personne scrupuleuse, encourageons-la). Elle est accueillante, patiente, souriante, elle travaille bien et ses prix sont sages.

Yaly *(plan C2,* ***81****) : 47, Nguyễn Thái Học. ☎ 391-04-74. Autres boutiques au 47, Trần Phú (plan C2,* ***81****) et au 358, Nguyễn Duy Hiếu (plan B2,* ***81****).* Cette enseigne haut de gamme, dont les magasins essaiment dans le centre, pratique des prix plus élevés que les autres, mais la qualité est constante. Normal, ils ont leurs propres tailleurs et proposent un grand choix de tissus.

Thân Thiện Friendly Shop *(plan C2,* ***82****) : 18, Trần Phú. 📱 09-35-21-13-82. • friendlyshophoian.com •* Le paradis de la chaussure propose un choix incomparable de modèles et de couleurs pour réaliser sur mesure mocassins, bottes, escarpins, ballerines, galoches et tatanes en tout genre. Accueil en anglais, qualité et service impeccables. Livraison en 24h à votre hôtel.

Ava'Na *(plan B2,* ***66****) : 57, Lê Lợi. ☎ 391-16-11. • hoiandesign.com • Tlj 8h-22h.* Cette boutique, tenue par une styliste belge, vend de superbes créations vestimentaires, chaussures et accessoires de mode faits à la main par des femmes issues de minorités des montagnes. Très belle qualité et motifs modernes originaux.

Reaching Out – Hoà Nhập *(plan B2,* ***83****) : 103, Nguyễn Thái Học. ☎ 391-01-66. • reachingoutvietnam.com • Tlj 8h30-21h30.* Boutique d'objets d'artisanat fabriqués par des handicapés, physiques ou mentaux. On peut les voir au travail dans l'atelier à l'arrière du magasin, qui donne sur Bạch Đằng. Prix fixes non négociables. Un petit achat, pour une bonne action. Cela s'appelle du tourisme éthique.

Centre des métiers traditionnels Thắng Lợi *(plan A-B2,* ***84****) : 92, Phan Châu Trinh. Tlj 8h-21h30.* Un personnel souvent francophone y explique les étapes de l'élevage du ver à soie, la fabrication du tissu et la réalisation de tableaux en soie brodée. Présentation d'autres artisanats aussi : tissage de nattes, sculpture sur bois... Un favori des groupes, qui propose un très grand choix pour faire ses emplettes. Une très bonne adresse !

Trầm Agarwood Fine Arts Handicraft Workshop *(plan B2,* ***85****) : 186, Trần Phú. ☎ 391-18-66. Tlj 8h-21h.* Dans une vieille et belle maison, c'est à la fois un centre d'exposition et de vente de bois d'agar, protégé par la loi. Troncs sculptés, évidés à la main. Sans oublier les produits dérivés : parfums, savons, encens, objets et bijoux design, etc. Explications en français.

À voir

Si la balade le long des berges et dans les ruelles anciennes est délicieuse, mieux vaut se lever tôt pour en profiter avant que la foule ne grossisse trop. En fin de journée, des cars déversent par dizaines leur flot de visiteurs, venus goûter au charme des quais illuminés de lampions.

■ ***Points de vente de billets touristiques*** *(plan A2 et B2,* ***2****)* ***:*** *les points de vente sont répartis dans le centre historique, et positionnés sur notre plan (mais sujets à changements). Le principal bureau se trouve au 30, Trần Phú. Tlj 7h-21h.* Le *pass* (une carte à coupons) vaut 120 000 Dg et permet de visiter 5 sites parmi les 22 que compte la ville, sans limite de validité.
– ***Attention :*** les horaires des différentes maisons et musées sont susceptibles de changer ; se renseigner sur place.
– ***Visites guidées :*** plusieurs agences proposent des tours guidés thématiques, à pied, à vélo, axés sur le patrimoine historique, la gastronomie ou la découverte des villages de paysans ou de pêcheurs... Voir notamment *Heaven & Earth Tours* (dans la rubrique « À faire »), qui organise d'intéressants circuits à vélo dans la campagne alentour.

➢ D'abord, balade, le nez en l'air, le long de ***Trần Phú, Nguyễn Thái Học*** et ***Bạch Đằng,*** les 3 rues parallèles à la rivière, où se regroupent les plus belles maisons anciennes. L'architecture de Hội An est unique au Vietnam, avec ses maisons basses aux façades ocre jaune, aux toits recourbés et aux balcons en bois, édifiées sur 2 niveaux, tout en longueur. Sur l'une des étroites façades, l'échoppe, sur l'autre, l'entrée de l'entrepôt. Au milieu, le logement, donnant sur une petite cour intérieure. Au rez-de-chaussée, le salon-salle à manger, la cuisine. Au 1er étage, les chambres, s'ouvrant en général sur une véranda. Souvent, au-dessus de la porte, 2 yeux pour surveiller et éloigner les mauvais esprits. Malheureusement, le cachet de ces vieilles demeures est désormais masqué par d'innombrables boutiques de souvenirs.

Le pont Japonais *(plan B2)* ***:*** *au bout de Trần Phú. Passage gratuit.* ***Attention :*** *seul l'accès à la pagode (sans grand intérêt) au centre du pont coûte 1 coupon. Toutefois, certains agents zélés réclament abusivement un coupon aux touristes qui veulent tt simplement traverser le pont. Refusez avec fermeté !*
Ce charmant pont couvert en dos d'âne de près de 20 m de long remonte à 1593. Son histoire est peu banale. La légende locale le dit indestructible, car il a échappé à l'incendie qui détruisit le quartier japonais (Cẩm Phố) à l'ouest après une épidémie de peste. Dans les années 1980, des Japonais ont retrouvé, grâce à une ancienne carte, la trace d'une plaque votive destinée à protéger le pont. Située à plus de 200 m de celui-ci, sur Phan Châu Trinh, elle avait disparu des mémoires, engloutie par un banian gigantesque qui avait poussé dessus. Le tronc est maintenant évidé en forme d'autel. Nul doute pour les habitants de Hội An que si l'on enlevait la plaque, le pont s'écroulerait aussitôt.
Sur le pont se dresse un pagodon dédié aux 2 personnages de légende Đại Đế et Trấn Vũ. À chaque extrémité, un couple de singes et des chiens (la construction aurait commencé l'année du singe pour se terminer celle du chien).

La maison Tấn Ký *(plan B2)* ***:*** *101, Nguyễn Thái Học. Tlj 8h-12h, 13h30-17h30.*
1er site à avoir été classé Monument historique (en 1985), avec le pont Japonais et Phúc Kiến. L'architecture de cette demeure du début du XIXe s révèle un harmonieux syncrétisme des arts vietnamiens, chinois et japonais. Les Chinois donnèrent l'atrium avec véranda intérieure, où se trouve le puits, les Japonais le toit à 4 pans, les Vietnamiens le reste. Dans la pièce principale, on utilisa des bois précieux (acajou et jaquier) pour les poutres sculptées. Toute la charpente fut assemblée uniquement avec des chevilles. Les 3 solives superposées symbolisent le ciel, la terre et l'humanité.
Noter aussi les consoles sculptées, mi-carpe mi-dragon. La maison est soutenue par 32 colonnes en bois de fer (très résistant), partiellement protégées des termites et de l'humidité par des bases en marbre. Nombreux objets d'art anciens de la famille qui réside ici depuis des générations. Admirer en particulier ce panneau en incrustation de nacre (des poèmes), dont les lettres sont... des oiseaux en vol. Ravissant !

Dans la pièce arrière, une marque sur le mur indique le niveau atteint par les eaux en novembre 2007, à près de... 2 m du sol !

La maison Phùng Hưng *(plan B2)* **:** *4, Nguyễn Thị Minh Khai. Tlj 8h-18h.*
Cette maison classée Monument historique fut construite vers 1780 et depuis 8 générations est restée dans la même famille, qui l'habite toujours. Elle repose sur un formidable ensemble de 80 piliers en bois de fer sur base de marbre. Cette demeure révèle de nettes influences sino-japonaises. Au 1er étage, une trappe permettait de hisser la marchandise en cas d'inondation (elle sert encore pour le mobilier). Cette maison, la plus haute de la ville, a servi de refuge lors du déluge de 1964, mais, en 1999 et en 2009, il y eut 1,60 m d'eau au rez-de-chaussée !
À l'étage, notez l'autel des génies protecteurs en bois sculpté suspendu au plafond, tel un petit lit clos breton ! Sur une table, un bol avec des dés qui servaient à calculer le jour favorable pour le départ des bateaux. En face, petit atelier destiné à la broderie sur soie et sur coton.

HỘI AN INONDÉE

Lors des inondations, fréquentes à Hội An, le mobilier des maisons traditionnelles est démonté et hissé à l'étage (quand il y en a un) par une trappe. C'était déjà le cas, jadis, pour les marchandises. Pendant quelques jours, les habitants se déplacent en barque. À la décrue, la vie reprend son cours, comme si de rien n'était !

La maison-chapelle Trần *(plan B2)* **:** *21, Lê Lợi. Tlj 8h-12h, 14h-17h.*
Cette maison de culte se distingue des autres « temples » de Hội An par sa taille plus intime, son charme et la gentillesse de ses occupants. Une jolie clôture mêlant les styles chinois et japonais entoure un jardin tropical au fond duquel se trouve la maison-chapelle des Trần, bicentenaire discrète et patinée par le temps. La partie de devant, avec sa galerie de colonnettes sculptées, abrite une chapelle confucianiste décorée de meubles et d'objets anciens : elle est dédiée aux ancêtres du clan. Elle se visite. Pas l'arrière, qui est habité par la famille.
Construite en 1802 par Trần Tú Nhạc, un brillant mandarin civil au service de l'empereur Gia Long, cette maison-chapelle a tout d'un petit musée vivant, rempli de souvenirs de voyages, d'objets rituels, d'antiquités, religieuses ou non. La pièce principale a servi en 1997 au tournage de certaines scènes du film *Sud lointain.* Pour y accéder depuis l'antichambre, il faut baisser le regard pour ne pas se prendre les pieds dans une grosse planche en bois : une ruse destinée à assurer que l'on se prosterne devant l'autel des ancêtres. Sur celui-ci, remarquez les longues boîtes en bois de teck ou d'ébène. Chacune contient une relique d'un ancêtre décédé. Les caractères chinois gravés à l'extérieur racontent sa biographie. Les motifs ornementaux, eux, varient en fonction du sexe et du statut du défunt. Désormais, les photos remplacent les boîtes... Plus pratique !
La visite se termine à l'arrière de la maison dans la boutique familiale pleine d'objets à vendre. *Business is business !*

La maison Quân Thắng *(plan B2)* **:** *77, Trần Phú.* Édifiée par un capitaine chinois au début du XIXe s, cette vieille demeure est remarquable pour les panneaux en bois sculpté de sa pièce de réception – surtout ceux situés du côté de l'atrium. Même les solives sont très ornementées.

Le temple Phúc Kiến *(plan C2)* **:** *46, Trần Phú. Tlj 7h-17h.* 5 congrégations chinoises, formées en fonction des origines régionales de leurs 1ers membres, subsistent à Hội An. Chacune possède son propre temple *(assembly hall).* Celui-ci, construit en 1757, regroupe les familles venues du Fukien (Fujian), une province du sud-est de la Chine. De chaque côté de l'entrée, 2 griffons protègent les lieux ; ils sont appelés au Vietnam « dragons-lions », car l'un d'entre eux possède une petite corne sur la tête. Le temple, dédié à Thiên Hậu, la déesse de la Mer, est splendide avec son atrium envahi de spirales d'encens se consumant doucement.

Le sanctuaire est gardé par 2 génies aux aguets (sous verre). L'un tend l'oreille et l'autre scrute l'horizon pour prévenir la Dame céleste d'un éventuel péril. Dans une vitrine, au fond, représentation de la déesse. Sur le côté, à droite, salles des tablettes funéraires (notamment les 1ers constructeurs), avec un bas-relief polychrome figurant les 4 saisons. Dans la cour du fond, dragon en mosaïque et 2d temple, au très beau décor de frises dorées ajourées. À droite de l'autel, les 12 sages-femmes. Au milieu, 6 mandarins, les ancêtres du village, symboles de la force et de l'honnêteté. À gauche, la représentation de la Fortune.

DES ANCÊTRES CHINOIS

Les immigrés chinois sont arrivés au fil des siècles par la mer. À Hội An, ils se sont mélangés avec la population vietnamienne au point que l'on ne les distingue plus aujourd'hui des autres Vietnamiens.

Le temple de Quan Công (plan C2) **:** *13, Nguyễn Huệ. Face au marché.* Ce joli temple très coloré, construit en 1653, est dédié au mandarin Quan Công, général réputé en son temps pour sa droiture, son courage, sa grandeur d'âme, sa piété et sa probité (mazette !). On y accède par de très belles portes rouges peintes de dragons. Derrière, un joli atrium avec bassin et rocaille plantée de bonsaïs gardé, aux angles du toit, par 2 carpes en mosaïque de céramiques, symboles de bonheur. Notez, derrière l'autel, protégée par une vitre, l'impressionnante statue du héros (du XVIIe s) entouré de son garde du corps et de son fils adoptif. L'empereur Minh Mạng offrit 200 lingots d'or pour sa restauration. Tambour tendu de peau de buffle.

Le temple Triều Châu (plan C2) **:** *362, Nguyễn Duy Hiếu.* Ce lieu de culte datant du XVIIIe s regroupe les familles originaires de Chaozhou, une ville de l'extrême est de la province de Canton en Chine. Ses frises en bois sculpté peint sont impressionnantes : têtes de dragons, fleurs, scènes de vie quotidienne... Au-devant de l'autel, une frise sculptée en bois doré symbolise 2 jonques représentées par 2 divinités chevauchant 2 dragons, le tout sur une mer agitée : une manière de rappeler que le lieu est consacré principalement à Phúc Ba, général de son état et grand pourfendeur des eaux agitées. Lui rendre hommage assurait, croyait-on jadis, une traversée calme et sans danger. Les grandes céramiques disposées de part et d'autre de l'autel illustrent le même thème.

Le temple Trung Hoa (plan C2) **:** *64, Trần Phú. GRATUIT.* Fondé en 1741, c'est l'un des plus anciens de la ville. Il abrite une école chinoise. On y révère Thiên Hậu, mais aussi Confucius, le leader nationaliste Sun Yat-Sen et les soldats morts dans la résistance contre l'occupation japonaise lors de la Seconde Guerre mondiale.

Le temple Quảng Đông (plan B2) **:** *176, Trần Phú. Tlj 7h-18h.* Édifié vers 1885 et fréquenté par des familles d'ascendance cantonaise, il est consacré à Quan Công et à Thiên Hậu, la Dame céleste, déesse chinoise de la Mer. Voir aussi le ***temple Hải Nam*** au no 10 de Trần Phú *(plan C2)* : même style, mais moins décoré. Ses membres sont originaires de la grande île chinoise de Hainan, la plus proche du Vietnam.

Le marché (Chợ Hội An ; plan C2) **:** *entre Bạch Đằng et Trần Phú. Y aller de préférence le mat.* Aussi modeste qu'incontournable, avec sa foule d'étals à l'organisation immuable. Poissons et fruits de mer côté rivière, puis des paniers regorgeant de fruits entreposés à même le sol et enfin, sous la halle décatie, les comptoirs des bouchers puis ceux des épiciers, des quincaillers. Une plongée dans le Hội An populaire et bourdonnant, comme indifférent au développement touristique. Quelques pas plus à l'est, presqu'à l'angle de Hoàng Diệu, on atteint le marché aux vêtements.

Precious Heritage – Art Gallery Museum *(plan C2) : 26, Phan Bội Châu. • rehahnphotographer.com • Tlj 8h-21h. GRATUIT (inutile de présenter le pass). Explications en français.* Photographe français installé à Hội An, Réhahn a rencontré au cours de ses pérégrinations des représentants de la plupart des 54 ethnies que compte le Vietnam, et récolté 52 de leurs costumes traditionnels. De ce travail, il a ouvert une galerie-musée, associant à chaque costume un de ses clichés, le tout exposé dans une ancienne maison coloniale.

Le musée du Folklore *(plan B2,* ***90****) : 62, Bạch Đằng, à l'angle avec Hoàng Văn Thụ. Tlj 8h-20h. Explications en anglais.* Le moins inintéressant des 3 musées de Hội An. Dans une vieille et belle maison traditionnelle, collection de métiers à tisser, costumes, outils agricoles, instruments de musique, éléments de charpente et autres objets illustrant la vie des pêcheurs et la médecine traditionnelle.

Le musée du Commerce des céramiques *(plan B2) : 80, Trần Phú. Près du temple Phúc Kiến. Tlj 7h-21h30.* Collection modeste de céramiques chinoises, vietnamiennes et japonaises. Une vieille carte, sur les murs, retrace les anciennes routes maritimes qui ont amené des céramiques vietnamiennes du Japon jusqu'en Europe via le cap de Bonne-Espérance.

Le musée de la Culture Sa Huỳnh *(plan B2,* ***91****) : 149, Trần Phú. Tlj 7h-21h.* Dans l'ancienne poste d'époque coloniale. Y sont présentés les résultats des fouilles archéologiques réalisées sur différents sites appartenant à la culture Sa Huỳnh, qui a précédé les Cham.

Le vieux quartier français *(plan C2) :* empruntez la rue Phan Bội Châu (anciennement rue Courbet). C'est ici le cœur de l'ancien quartier français, où subsistent des maisons coloniales bordées d'arcades et prolongées par des vérandas à l'étage.

La maison Trần Dương *(plan C2) : 25, Phan Bội Châu.* M. Dương parle le français et l'anglais, et il se fera un plaisir de vous montrer sa maison de 1887, où sa famille habite depuis 4 générations. Il connaît très bien l'histoire de son quartier et adore raconter ce passé aux voyageurs qui viennent le voir. Au rez-de-chaussée, notez le vieux buffet de style français Henri II incrusté de nacre et un très grand lit familial en ébène en forme de table (2 m x 3 m). À l'étage, la toiture repose sur une charpente aux très longues poutres.

Balade sur les quais : si le gros trafic portuaire a disparu, il y a toujours de l'animation sur la rivière Thu Bồn. Longues barques et bateaux de pêche avec un œil peint sur la coque pour éloigner les mauvais esprits et autres dangers. Si la partie ouest du quai Bạch Đằng est désormais surtout dévolue au tourisme (boutiques, cafés, restos), dès que l'on s'approche du marché, une animation bien réelle reprend le dessus. Venez vous y balader à l'aube, à travers la marée des chapeaux coniques.

Le marché de nuit : *sur Nguyễn Hoàng, îlot An Hội, ts les soirs.* Une succession de stands qui vendent tous la même chose, à savoir des lanternes multicolores et des babioles fabriquées en série.

Spectacles folkloriques

Concert de musique folklorique *(plan C2,* ***70****) : à l'atelier artisanal, 9, Nguyễn Thái Học. Tlj à 10h15 et 15h15. Durée : 20 mn. Accès : 1 coupon.* Démonstration de danse et d'instruments traditionnels, dans une maison ancienne. Beaucoup de monde en saison, mieux vaut venir en avance pour avoir une place assise.

Spectacle de théâtre et de danse *(plan B2,* ***71****) : 66, Bạch Đằng. ☎ 359-51-95. Tlj à 10h15, 15h15 et 16h15. Accès : 1 coupon.* Musique et danse de la province de Quảng Nam ou musique traditionnelle cham.

À faire

Balade en barque à moteur *(plan B2)* **:** sur le quai Bạch Đằng, des bateliers vous proposeront des balades sur la rivière en contournant l'île de Cẩm Nam. *Compter 200 000 Dg pour un groupe de 5 pers. Durée : 1h.*

Balades à vélo : *on trouve facilement à louer des bicyclettes en ville (compter env 20 000 Dg/j.). Pour les balades accompagnées, contacter* **Heaven & Earth Tours,** *61, Ngô Quyền (hors plan par B2). ☎ 386-43-62. • vietnam-bicycle.fr • Compter 400 000-550 000 Dg la ½ journée, sans ou avec déj.* Plébiscitée par les routards de tous pays, cette agence dirigée par Pascal et son épouse organise des balades à bicyclette à Hội An et dans les environs. Excursions d'une demi-journée, de 1 journée ou plus, avec guide-accompagnateur vietnamien parlant l'anglais ou le français. Ils pratiquent le tourisme équitable et soutiennent des hameaux isolés et des familles pauvres. Bon accueil et tarifs raisonnables.

Hội An Photo Tour : *09-05-67-18-98. • hoianphototour.com • Tour 45 €.* Fin connaisseur de Hội An et de ses environs, Étienne Bossot combine cours de photo et excursions dans des villages peu touristiques. Plusieurs tours pour s'initier à la photo ou se perfectionner en s'éloignant des chemins tout tracés.

Cours de cuisine

Une mode nouvelle s'est emparée des restaurants de Hội An : les cours de cuisine vietnamienne. Les séances, qui durent de 2-3h à 5-6h, débutent par un tour au marché et finissent par une séance de dégustation. Côté tarifs, ça oscille entre 10 et 35 €. Ne mégotez pas trop, les économies se répercutent sur les produits et la qualité des cours. Parmi les entreprises sérieuses, mentionnons, en plus des restos cités plus haut qui ont souvent monté leurs propres cours, le ***Red Bridge Cooking Tours*** *(Thôn 4, Cẩm Thanh ; ☎ 393-32-22 ; • visithoian.com/redbridge/cookingschool.html •),* situé à 3 km à l'est du centre-ville.
On pourra aussi se rendre à ***Trà Quế,*** le jardin potager de Hội An, situé à 4 km du centre en direction de la plage de An Bàng (lire plus loin « Dans les environs de Hội An »). Vous pourrez y exercer vos talents de futur chef auprès de ***Kumquat & Cooking Class*** *(☎ 395-01-23 ; • kumquathoian.com •),* entre autres.

Fête et festival

– ***Festival des Pêcheurs :*** *chaque année le 16e j. du 2e mois lunaire (mars-avr) sur la plage de Cửa Đại.* Cette manifestation haute en couleur rassemble de nombreux bateaux de pêche soigneusement décorés pour la circonstance. Compétitions nautiques variées, dont des courses de bateaux ronds en osier (la manifestation la plus insolite du festival). Pour mieux apprécier la fête, le public peut louer des canots à moteur et assister de près à ce flamboyant cortège maritime.
– ***Nuit en cité ancienne ou « fête de la Vieille Ville » :*** *du 14e au 16e j. de chaque mois lunaire.* La ville de Hội An éteint ses vilains néons et seules les jolies lanternes à la chinoise sont autorisées à éclairer demeures et trottoirs. Tous les véhicules y sont interdits, même les vélos. Entre les rues Nhị Trưng et Trần Quý Cáp, les habitants préparent et mangent les spécialités culinaires ancestrales de leur ville : le fameux *cao lầu,* les délicieux *bánh bao* et le *ha cao.*

DANS LES ENVIRONS DE HỘI AN

Le village de Trà Quế : *à env 4 km au nord de Hội An, sur la route de An Bàng. Accès à vélo ou à scooter.* Isolé sur un îlot au milieu des rizières, voici le potager de Hội An, un paisible village de maraîchers au centre duquel s'alignent au cordeau les parcelles de légumes et d'herbes aromatiques, dans une sorte de jardin communautaire méticuleusement entretenu. Tout est cultivé à la main, et pas une herbe folle n'ose pointer son nez. Noter aussi l'artisanale technique d'irrigation, une palanche que l'on porte sur les épaules, avec à chaque extrémité un arrosoir. Physique ! Naturellement, une poignée de *cooking schools* a élu domicile ici. Quelques *homestays* commencent aussi à essaimer, pour un séjour à l'écart de la foule. Par exemple, la *Tra Que Riverside Homestay,* grosse maison familiale moderne, esseulée au bord de l'eau. Chambre immense et tout confort, avec balcon pour profiter de la vue. *09-05-17-48-44. • traqueriverside@gmail.com • Double env 500 000 Dg.*

LES PLAGES

La plage de ***An Bàng,*** à 5 km au nord de Hội An, est sans conteste la plus belle de la région. En un mot (ou presque), elle est superbe, propre et couverte de sable fin. Elle s'organise autour d'une poignée d'hébergements et de petits restaurants. Une cocoteraie, oasis de bonheur au regard des moches *resorts* qui gâchent le paysage côtier de ce bout de Vietnam.
Quant à la plage de ***Cửa Đại,*** 3 km plus à l'est, bordée par de luxueux *resorts* elle est désormais quasi inexistante du fait de l'érosion due, entre autres, aux typhons. Guère de place pour étendre sa serviette, et de plus la baignade y est dangereuse du fait des courants !

Comment y aller ?

➢ Accès à An Bàng à ***vélo*** ou en ***taxi*** (env 100 000 Dg).
➢ En saison, ***navettes*** de bus en boucle ttes les 20 mn, tlj 8h-20h. Gratuites ces dernières années (susceptible de changer, toutefois), elles parcourent au nord du centre-ville les rues Trần Hưng Đạo, puis Hai Bà Trưng avant de rejoindre la plage An Bàng, puis celle de Cửa Đại par le bord de mer... Ensuite, retour vers le centre-ville.

Où dormir ? Où manger à An Bàng ?

Voir également, plus haut, la rubrique « Où dormir ? À l'extérieur du centre, en allant vers les plages ». Les hébergements qui y sont répertoriés se situent entre Hội An et les plages... pratique, non ?

Under the Coconut Tree : *Nguyễn Phan Vinh. ☎ 651-66-66. • underthecoconuttreehoian.com • Lit en dortoir 7-9 US$, doubles et bungalows 25-35 US$; petit déj inclus.* Sorte d'oasis paumée dans un dédale de ruelles, très au calme et... sous les cocotiers, *of course !* Une bordée de hamacs donne le ton de ce lieu, fréquenté par des routards de toutes origines. Les dortoirs occupent une longère : une vingtaine de lits en tout, répartis dans 3 espaces séparés par des cloisons. Des bungalows en nattes traditionnelles accueillent les chambres (il y en a pour tous : couples, familles...). Le bruit des vagues peuplera vos rêves, puisque la plage n'est qu'à quelques dizaines de mètres. Une gentille petite adresse.

Red Flower Cottages : *Nguyễn Phan Vinh, An Bang Beach. 09-44-45-67. • red-flower-cottages-homestay.hoi-an-hotels.com • Doubles 35-45 US$, petit déj inclus. 2 nuits min en saison.* Vous cherchiez un petit coin de paradis ? Il n'y a qu'une dizaine d'élus qui puissent partager, chaque jour, ce jardin tropical et les 5 cottages qui s'y blottissent. Chacun bénéficie d'un coin terrasse équipé d'un tatami perché. Les chambres elles-mêmes sont vastes et pleines de charme avec leurs murs en tadelakt anthracite. On passe les équipements (coffre, TV, minifrigo, clim... kitchenette pour les plus chères), mais on ne vous passe ni l'accueil pur sucre, ni la proximité de la plage (200 m à pied... on entend le ressac). La qualité du lieu justifie pleinement le prix !

La Plage : *Lạc Long Quân ; sur la droite quand on regarde la mer, tt au bout. 012-23-79-43-92. Tlj 8h-22h30. Plats de bon marché à prix moyens.* Les pieds des tables de ce resto-paillote sont bien plantés dans le sable de la plage, sous les cocotiers. Et la carte regarde le large : poissons, crustacés et fruits de mer au catalogue.

French Bakery : *Nguyễn Phan Vinh. 012-88-68-96-43. Tlj 8h-22h.* Dans l'unique rue de ce village où le temps semble s'être suspendu et qui résiste aux promoteurs, cette case en bambou propose avec le sourire des spécialités de Hội An (*wonton* et *cao lầu*). Également quelques sandwichs et croissants qui inspirent le nom... abusivement prometteur.

L'ÎLE CHAM (PARC NATUREL)

Déclaré zone protégée, le parc naturel des îles Cham est un archipel de 7 îles et îlots situé à une quinzaine de kilomètres au large de Hội An. L'île principale (8 km sur 1,5 km) est dominée par une montagne de 517 m couverte d'une végétation tropicale, et irriguée par de nombreux ruisseaux et chutes d'eau (durant la saison des pluies). C'est la seule qui soit habitée, avec 2 villages sur la côte sud, *Bãi Làng* et *Bãi Hương,* regroupant respectivement 2 000 et 400 habitants. Tout le monde, ou presque, y est pêcheur. Le nord reste zone militaire. C'est là que tous les jours, une noria de bateaux débarque ses touristes en visite à la journée, dans une organisation plutôt aléatoire.

– ***Bon à savoir :*** les plages y sont belles mais parfois sales.

UN PEU D'HISTOIRE

Les 1ers habitants furent les Cham, venus d'Indonésie. Ils s'installèrent ici avant de coloniser la région du Quảng Nam entre le IVe et le XIVe s. Les îles constituaient alors un des plus grands ports du royaume cham. À partir du XVIIe s, elles jouèrent un rôle stratégique, servant d'abri et de zone de libre-échange aux bateaux de passage et autres jonques naviguant en mer de Chine. Portugais, Japonais, Chinois, Malais, Espagnols, Français, Anglais ont tous croisé un jour dans les îles pour y commercer.
Des archéologues américains ont découvert en 1997, sur la côte est de l'île, une jonque chinoise du XVIIe s dormant depuis 400 ans par 65 m de fond. Quelques-uns des objets retrouvés sont exposés au musée du Commerce des céramiques, à Hội An.

Arriver – Quitter

➢ ***Bateaux locaux :*** départ du ferry vers 7h30 depuis l'embarcadère situé au sud de l'îlot An Hội, par une ruelle jouxtant le *Silk Marina Resort (hors plan par B2).* Le billet s'achète à bord : 150 000 Dg l'aller simple et 2h30 de trajet. Sinon, les *speed boats* qui partent entre 8h30 et 9h30 du *Tourist Pier,* à la pointe de Cửa Đại, permettent de gagner du temps. Ils ne coûtent guère plus cher, si ce n'est qu'il faut ajouter le prix du taxi pour se rendre au quai (env

150 000 Dg la course). Billet en vente dans les agences : 200 000-250 000 Dg l'aller simple et 30 mn de trajet. Pour le retour, le ferry quitte Bãi Làng vers 12h, et rentre à Hội An vers 14h. Mieux vaut passer au moins 1 ou 2 nuits sur place, car un A/R dans la même journée n'a que peu d'intérêt.

➢ ***Bateaux d'agences :*** de Hội An ou Cửa Đại. La meilleure solution quand on est pressé. Prévoir au moins 500 000 Dg l'A/R. En revanche, ne vous faites pas d'illusions sur le *snorkelling* proposé par les agences : on ne voit quasiment aucun poisson.

Où dormir ? Où manger ?

Une excursion à la journée est insuffisante pour profiter des charmes de l'île. Seule solution : passer au moins une nuit sur place ! Il existe de petites ***pensions*** et quelques ***gargotes*** au village de Bãi Làng. Les agences logent en général leurs clients sous des tentes sur la plage de Bãi Chồng. Les clients du *Cham Island Diving Centre* qui achètent le forfait de 2 jours obtiennent une réduction au ***Hammock Homestay*** *(☎ 09-76-60-57-50 ; compter 370 000 Dg pour 2)* sur la plage de Bãi Làng : 7 chambres climatisées avec salle de bains. Repas préparés par les villageois à prix raisonnables. Rien que du poisson frais ! Une bonne manière d'injecter un peu d'argent dans l'économie locale.

Trang Vũ Homestay Cù Lao Chàm : *au nord de l'île, sur la route de la plage de Bãi Làng. ☎ 16-77-66-31-10. • trangvuhomestay.com • Sortir du débarcadère et marcher env 10 mn vers la gauche jusqu'au croisement pour la plage de Bãi Làng ; continuer tt droit, la guesthouse est 50 m plus loin. Doubles ou quadruples 11-14 US$.* Simple et pas cher, mais situé dans la partie la moins charmante du village.

À voir. À faire

Bãi Làng et Bãi Hương : ces 2 villages de pêcheurs (distants de 4 km) vivent essentiellement de la mer et du tourisme saisonnier. Une route les relie, mais la plupart des locaux utilisent leur bateau comme moyen de transport quotidien. Le trajet terrestre prend entre 1h et 1h30 au départ de Bãi Chồng. On peut revenir en bateau.

Plongée : l'île Cham fait partie des rares sites au large des côtes vietnamiennes qui offrent un peu de diversité aux plongeurs. Coraux (mais certains sont morts...), pinacles, tunnels, plongées dérivantes, tout ou presque est possible. Le *reef de Hòn Tai* est une petite baie au sud de « l'île de l'Ouest ». Bien protégé, le corail y pousse jusqu'à 15 m de fond. Faune très riche : poissons-perroquets, clowns, demoiselles, anges, rascasses, *sweetlips,* fusiliers. Autre spot, le *reef du Dragon,* à 15 mn de bateau de Hòn Tai, sans doute un des plus beaux sites de plongée de la côte.

■ ***Cham Island Diving Centre*** *(plan Hội An, B2,* ***3****) : se reporter à la rubrique « Adresses utiles » à Hội An.*

Les plages : sur la côte ouest de l'île, protégées de la houle par les hautes montagnes de granit, on trouve 7 plages de sable blanc bordées de cocotiers. 5 d'entre elles sont sauvages, dont la fameuse plage de *Bãi Chồng.* Pour aller de Bãi Làng à Bãi Chồng, marche par la route côtière ou bateau de pêcheurs pour environ 50 000 Dg. À la saison chaude, les singes descendent jusqu'à quelques mètres de la plage pour y dévorer les durians et ananas sauvages de la côte.

LE SITE CHAM DE MỸ SƠN

• Plan *p. 337*

Situé à environ 50 km à l'ouest de Hội An et au sud-ouest de Đà Nẵng. Fouillé par l'archéologue français Parmentier à la fin du XIXe s et au début du XXe s, c'est le site archéologique le plus important du royaume du Champa et de la civilisation cham. Il s'agit d'un lieu sacré créé par l'empereur Bhadravarman, à la fin du IVe s, qui devint un centre religieux et politique au fil des siècles, puis la capitale du royaume du Champa (culture influencée par la religion hindouiste d'abord, puis bouddhiste). Aujourd'hui, à peine une dizaine de tours restent debout, mais le site (un plateau entouré de collines à la végétation touffue) a gardé toute sa poésie. Ce que l'on peut admirer ne représente qu'un dixième de la cité des origines, Mỹ Sơn ayant été bombardé par les Américains durant la guerre.

UN PEU D'HISTOIRE

Le royaume du Champa dura du IIe au XVe s et s'étendit de Huế au Cap Saint-Jacques. En bordure des pays sous tutelle chinoise, au sud du 18e parallèle, cohabitaient divers groupes malayo-polynésiens (en plusieurs entités ou régions autonomes), grands navigateurs venus probablement d'Indonésie. Le 1er roi connu fut *Sri Mara,* au IIe s. Face à la menace chinoise, plusieurs de ces régions s'unifièrent pour résister. C'étaient des peuples de marins, de pêcheurs et de pirates. Au IVe s apparut le terme « Champa » pour désigner cette longue région échappant à l'hégémonie chinoise. Son véritable unificateur fut le roi *Bhadravarman Ier* en l'an 400.
Au Ve s, la capitale cham s'installa à Simhapura (Trà Kiều), au sud-ouest de Đà Nẵng. Au VIIIe s, elle déménagea à *Po Nagar* (Nha Trang), pour revenir un siècle après à Indrapura (l'actuelle Đông Dương), à une soixantaine de kilomètres de Đà Nẵng. Durant 200 ans, cette nouvelle capitale brilla d'un grand éclat (construction d'un grand monastère). Depuis le VIIIe s, d'ailleurs, après avoir embrassé l'hindouisme, le Champa était devenu bouddhiste. Au XIe s, la capitale fut définitivement transférée à Vijaya, au sud (près de Qui Nhơn).
Du IVe au XIIIe s se développa en même temps la *splendeur de Mỹ Sơn,* le principal centre religieux cham. Pendant toute cette période, le royaume cham eut peu de chose à craindre de la part du royaume viet au nord, lui-même préoccupé de se défendre contre l'expansionnisme chinois. Face aux attaques du royaume khmer d'Angkor, le Champa résista également bien (à part une courte occupation au début du XIIIe s). L'âge d'or du Champa se situa au XIe s. Le pays était riche (or et minerais) et se couvrit de temples et de sanctuaires.

Vaincre les Mongols

En 1282, l'empereur Kubilai Khan envoie au Champa Soegetu, général mongol, pour conquérir ce riche royaume au sud de la Chine. Le roi cham, Indravarman XI, ne pouvant livrer de bataille frontale contre son adversaire, se réfugie dans les montagnes. De là, il mène alors une guerre d'usure qui se terminera en 1285 par la défaite des Mongols. Soegetu fut mis à mort. Pour éviter les représailles chinoises, le roi cham envoya une ambassade à Kubilai qui répondit par l'envoi d'une mission en 1288 à laquelle participait... Marco Polo. L'illustre marchand vénitien, devenu ambassadeur de Kubilai, évoque son passage au Champa dans son *Livre des merveilles (Le Devisement du monde).*

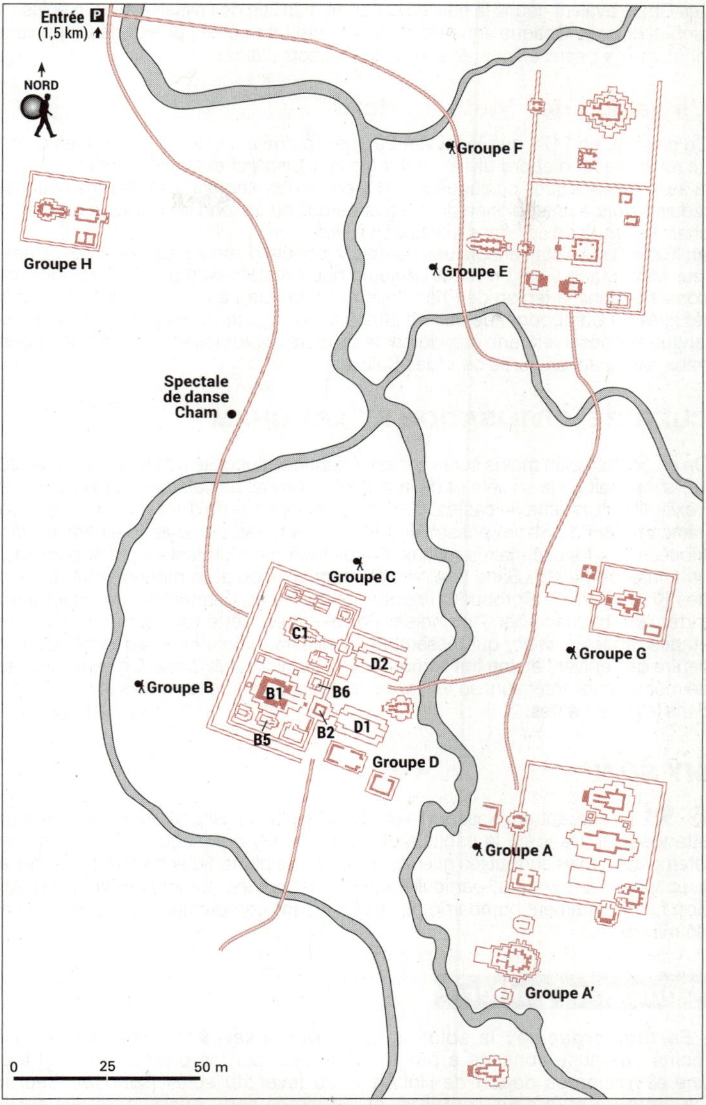

LE SITE CHAM DE MỸ SƠN

Les Cham avaient gagné la paix en échange d'un lien de vassalité avec le puissant empire chinois. Chaque année le roi payait son tribut à l'empereur de Chine : une vingtaine de beaux éléphants et quantité de bois d'aloès.

L'invasion des Viets du Nord

Ce n'est qu'en 1471 que le roi viet Lê Thái Tổ arriva à vaincre les troupes cham. Le royaume fut d'abord divisé en 4 régions. Il disparut définitivement au XVIe s, à la suite des attaques conjuguées des Viets et des Khmers. Le royaume cham se réduisit alors à une poignée de villages perdus au fin fond du pays. Le dernier roi cham mourut en 1697 dans une prison à Huế.

Au XIXe s, il subsistait encore une petite principauté cham vassalisée, mais l'empereur Minh Mạng y mit un terme. Aujourd'hui, il reste moins de 20 000 Cham, circonscrits dans la région de Phan Thiết et Phan Rang au sud. La plupart se sont réfugiés au Cambodge, de culture plus proche. À noter qu'ils parlent encore leur langue et conservent une grande partie de leurs coutumes et mode de vie ancestraux (évoquant en partie ceux des Balinais).

CULTURE, CIVILISATION ET ART CHAM

On en connaît bien moins sur la société cham que sur celle des Viets. Matriarcale, elle s'inspirait de la société et de la *culture indienne.* Le *calendrier* était hindou et il existait un système de castes. C'était une monarchie de droit absolu, aussi le roi (réincarnation de Shiva) possédait-il toutes les terres du pays. Elles étaient distribuées aux fonctionnaires royaux. Le roi vivait dans un faste inouï et possédait un immense harem. Sans atteindre la magnificence et le monumental de celui des Khmers, ni de Borobudur (Indonésie) ou Pagan (Birmanie), l'*art cham* a été fortement influencé par l'art indien. Par exemple, cette tour carrée à plusieurs étages, appelée *kalan,* qui ressemble au *sikhara* indien. Le *kalan* symbolisait le centre de l'univers et son toit le mont Méru, domicile des dieux. On ne trouve pas de monuments antérieurs au VIIIe s, car ils étaient construits en bois et disparurent dans les tourmentes.

MỸ SƠN

Le site, autrefois assez difficile d'accès, fut choisi pour éviter les possibles attaques sur Trà Kiệu, la capitale du Champa. Il y eut jusqu'à 78 édifices. Les intempéries, mais surtout les guerres ont détruit la plupart d'entre eux. La dernière, avec les Américains, fut particulièrement destructrice. Sanctuaire vietcong, Mỹ Sơn fut énormément bombardé par les B52 (sans compter les dégâts causés par les mines).

Comment y aller ?

– ***En tour organisé :*** la solution la moins onéreuse consiste à prendre une excursion au départ de Hội An. De nombreux hôtels routards et agences *Open Tour* la proposent autour de 8-10 US$. Les bus/minibus partent en général le mat 5h-7h30 et rentrent à Hội An vers 11h ou 13h. Compter env 1h de trajet. Faites-vous bien préciser le temps d'attente sur place.

– ***Bon à savoir :*** ne vous laissez pas abuser par les promesses d'un tour au lever du soleil *(sunrise).* Seul le trajet le sera, quand on arrive sur le site, il fait déjà plein jour. Quant à l'option bus-bateau, elle est plus lente et ne permet pas de jouir pleinement du site.

– ***Autre option :*** en taxi ou voiture avec chauffeur. Compter env 600 000 Dg et 1h de trajet.

Où manger ? Où boire un verre ?

|●| **Ganesa :** *avt l'entrée du site, là où se garent les bus de l'Open Tour.* ☎ *373-40-58. Tlj 8h-16h.* La salle de resto n'est pas folichonne, mais quelques tables sont installées dans la boutique en plein air, en contrebas. Plats vietnamiens abordables et burgers.

|●| 🍸 À l'intérieur du site, 2 ***gargotes*** servent boissons fraîches et restauration bon marché (sandwichs, nouilles et riz frits...). L'une se trouve à droite après l'entrée, l'autre à l'arrivée des navettes.

Visite du site

– ***Informations :*** ☎ *373-13-09.* • *mysonsanctuary.com.vn* •
– ***Horaires :*** *tlj 5h30 (6h en hiver)-17h.* Le meilleur moment est le lever du soleil : température moins pesante et encore peu de visiteurs. De 10h à 15h c'est la cohue.
– ***Entrée :*** *150 000 Dg ; gratuit moins de 12 ans.* Le billet inclut la navette (petite voiture) qui grimpe jusqu'au site (2 km).
– ***Guides :*** les tours organisés prévoient des guides compétents. Si vous y allez par vos propres moyens, des guides sur place peuvent faire la visite en anglais voire en français. Bureau en haut de la colline, à l'arrivée des navettes. Ne pas oublier de laisser un pourboire.
– ***Spectacle de danse cham :*** *tlj sauf lun à 9h30, 10h30 et 14h30, en haut du site. Durée : 15 mn.*
– ***Musée :*** *juste après les caisses.* Un bien grand mot pour ces 2 salles où sont présentées l'histoire et l'architecture cham à travers de multiples panneaux – traduits en anglais, mais fastidieux à lire ! Quelques stèles, bas-reliefs et colonnes viennent (vaguement) égayer la présentation.

Le groupe C

C'est par le groupe C que vous aborderez le site.
– Face à vous, le ***kalan C1,*** édifice dressé sur une base rectangulaire avec une unique porte orientée à l'est, face au soleil levant. Sur les 3 autres côtés, fausses portes et fausses corniches. Sculptures sur brique. Le *kalan,* dédié à Shiva, représente l'univers. Il possède un toit dit *scaphoïde* (en forme de barque). De part et d'autre, les tours portiques marquent les limites entre le monde matériel et le monde spirituel.
– ***Entre C1 et B1*** *(sur la droite)* **:** de part et d'autre du mur qui sépare le groupe C du groupe B, morceaux de colonnes et de chapiteaux. Sur les colonnes, des motifs hindo-musulmans ont été sculptés, mais les fûts évoquent plutôt des colonnes ioniennes ! Au pied de ces colonnes, on peut remarquer des pétales de fleurs qui sont des motifs bouddhiques du XIe s.

> **MARCO POLO À MỸ SƠN**
>
> *Marco Polo, en voyage dans la région en 1288 (sans le* Routard, *c'était courageux !), nota « qu'aucune jeune fille du royaume n'avait l'autorisation de se marier avant que le roi ne l'ait vue ».*

Le groupe B

Considéré comme le centre du site. On y retrouve d'importantes influences indiennes et indonésiennes. Plan semblable à celui du groupe C, dont il est séparé par un petit mur.

– Le ***kalan B1,*** qui date de 1074, est le sanctuaire principal, dédié au dieu-roi Bhadresvara. Ne cherchez pas un haut édifice, il n'en reste que les bases, avec un sanctuaire à ciel ouvert où l'on peut voir un lingam sur un *yoni* carré. Pour vous en approcher, grimpez les quelques marches et passez derrière la colonne renversée. Lors des fêtes, le lingam était recouvert d'un chapeau en or sur lequel on versait de l'eau. Le liquide se déversait dans une fente tournée vers le nord (direction du dieu Kuvera, divinité de la Prospérité), avant d'être recueilli et bu, car il possédait, disait-on, des propriétés curatives. Selon une autre hypothèse, le lingam représenterait le mont du Temple (ou Dent du Chat) avec ses 2 sources qui se réunissent en un seul ruisseau (la fente), celui que l'on traverse pour accéder au site. Les murs de clôture possèdent des niches qui abritaient des lampes.

– Le superbe ***B5*** est le mieux conservé des monuments de Mỹ Sơn. Il s'agit d'un sanctuaire réservé au roi où l'on déposait les objets de culte et les livres sacrés. La partie haute, reconnaissable à son toit « scaphoïde », rappelle la forme d'une coque de bateau. Dans la partie du bas, les statues de divinités aux mains jointes avaient naguère la tête couverte d'or. Sur les côtés, il y a 2 petites fenêtres aux épaisses colonnes et, au-dessus, un beau bas-relief en grès montrant 2 éléphants se faisant face.

Le groupe D

Groupe un peu disparate et endommagé, situé entre les groupes B et C et la rivière.

– ***D1,*** dans l'axe de *B2* et *B1,* est le *mandapa* (salle de méditation) du groupe B. Un long édifice, avec entrée à l'est, où sont exposés quelques beaux éléments d'ornementation du Xᵉ s. À l'intérieur, superbe bas-relief de Shiva dansant. Toutes les statues sont décapitées pour annuler le cycle des réincarnations.

– ***Entre les groupes D1 et D2*** s'étend la cour des stèles avec quelques statues, stèles et tables d'offrandes.

– Dans le monument ***D2*** (situé dans l'axe de C1) se trouve un 2ᵈ petit musée (entrepôt) avec des sculptures. On peut y admirer le Siva Mua : une statue qui représente le dieu Shiva avec 8 bras en train de danser. Le long des murs de ce petit musée, de nombreux blocs représentent des « soldats volants » et des éléphants-lions.

Le groupe G

Entre les groupes D et A. Vaut surtout pour les bas-reliefs à l'effigie de dragons grimaçants (une représentation de Shiva), qui ornent la base du temple principal, et les beaux lions sculptés sur les pierres angulaires.

Le groupe A

De l'autre côté de la rivière.

A1 était autrefois une tour de 24 m de haut, bombardée par les avions américains en 1969. Dans ces ruines pathétiques ne demeure que le *yoni,* c'est-à-dire un bassin carré en pierre (symbole du sexe féminin). Le lingam (symbole du sexe masculin) a disparu. À l'intérieur, on a récupéré les 4 scènes sculptées de l'époque Ramayana, actuellement exposées au Musée cham de Đà Nẵng. Autour de *A1,* il y avait (avant la guerre) 12 petits monuments, tous en ruine aujourd'hui.

Les groupes E-F

Les groupes les plus anciens, dont le temple principal aurait été érigé au VIIIᵉ s. Les bombes américaines l'ont atomisé au point qu'il a dû être reconstruit presque en entier. Du décor original, il reste un beau piédestal et un tympan sculpté, désormais abrités au musée. Noter aussi les statues bien préservées d'un zébu et d'une déesse.

LES HAUTS PLATEAUX DU CENTRE

• Carte *p. 343*

Entre Đà Nẵng, Dalat et la côte orientale du Vietnam s'étend la plus vaste portion de territoire du sud du pays : les Hauts Plateaux du Centre. Les frontières du Cambodge et du Laos marquent la limite occidentale de cette zone enclavée, montagneuse dans le Nord, plus fertile dans le Sud. Victime hier de la guerre, aujourd'hui de la déforestation, la végétation se fait plus clairsemée, alternance de brousse et d'étendues agricoles : plantations d'hévéas au nord, vers Kon Tum, de caféiers et poivriers partout ailleurs, mêlées aux cultures vivrières. Grâce à l'altitude (entre 500 et 800 m en moyenne), le climat reste tempéré, avec un air vif et sec toujours supportable. En hiver (de novembre à février), le vent peut même souffler fort et rafraîchir singulièrement l'atmosphère.

La particularité des Hauts Plateaux est aussi d'abriter une myriade de minorités ethniques, dont les plus importantes sont les Bahnar, les Giarai et les Sedang dans le Nord, vers Kon Tum et Pleiku, les Édé dans la région de Buôn Ma Thuột et les Mnong dans les environs du lac Lak. Totalisant aujourd'hui près de 2 millions d'habitants, la zone n'en comptait que quelques dizaines de milliers dans les années 1920. Les besoins de l'Administration et des plantations coloniales d'abord, les guerres ensuite, ont généré d'importants flux de population, les Kinh (ou Viet) étant désormais largement majoritaires. Ils vivent dans les villes, les « Montagnards » (minorités ethniques) dans les campagnes.

Figurant parmi les dernières du pays à avoir ouvert ses portes aux étrangers, la région compte très peu d'infrastructures touristiques, sauf à Dalat (traitée à part, en fin de chapitre). Si les routes sont bonnes, notamment l'axe vertébral que constitue la route n° 14, les distances sont importantes et les trajets en bus longs et usants.

Sur place, faire appel aux services d'une agence est quasi indispensable : accéder aux sites naturels et aux villages des minorités exige un moyen de locomotion, et même un guide local pour ses derniers. Il faut le savoir pour ne pas avoir de mauvaise surprise. Si l'on peut rejoindre Buôn Ma Thuột en avion, la solution la moins onéreuse et la plus lente consiste à faire la boucle suivante en bus : Nha Trang, Buôn Ma Thuột, Kon Tum, puis redescente vers Qui Nhơn sur la côte. L'idéal : louer une moto ou une voiture, et compter 3 ou 4 jours pour avoir le temps de musarder.

LES MINORITÉS ETHNIQUES DES HAUTS PLATEAUX

Les Hauts Plateaux du Centre abritent une galaxie d'ethnies aux origines, langues et traditions très diverses, dont l'implantation locale peut être récente comme très ancienne. Un trait culturel semble en revanche les rassembler presque toutes : la plupart sont des ***sociétés matriarcales.*** La femme choisit son mari, qui ira vivre dans la famille de celle-ci. Leurs enfants porteront le nom de leur mère. Chez les Édé, seules les femmes avaient le privilège de fumer la pipe !

Les minorités ethniques se caractérisent aussi par l'***architecture de leurs maisons traditionnelles.*** Dans chaque ***village bahnar*** s'élève une fascinante maison commune *(rong),* lieu de réunion des habitants identifiable à son étonnante toiture en forme de sabot grimpant haut vers le ciel. Quant aux maisons familiales, elles étaient traditionnellement faites de torchis et juchées sur pilotis. Si l'on trouve encore quelques exemples de cet habitat typique, on leur préfère désormais de classiques maisons en brique et toit de tôle.

Il en est de même chez les ***Édé,*** dont bien peu habitent encore la traditionnelle ***maison longue sur pilotis,*** avec toit de chaume et murs de bambous tressés. Sa longueur indiquait jadis combien de générations y vivaient, la famille devant agrandir la maison à chaque nouveau mariage. Il suffisait alors de compter les fenêtres pour connaître le nombre de foyers : une par couple ! On vivait séparés les uns des autres par de simples rideaux. Aujourd'hui, les jeunes mariés préfèrent bâtir leur propre demeure à l'écart. On peut les comprendre...

Chez les ***Giarai,*** ce sont les ***tombeaux traditionnels*** qui retiennent l'attention, temples familiaux en forme de maisons, agrémentées de statues parfois étonnantes. Quelle que soit l'ethnie, au quotidien, plus personne ou presque ne porte le costume traditionnel.

SÉRÉNADE

Jadis, on reconnaissait une jeune femme célibataire édé à sa fenêtre, laissée ouverte. Son prétendant se postait en dessous pour la séduire par quelques notes de musique. Elle pouvait alors l'inviter à entrer... ou le chasser en lui jetant de l'eau ou des cailloux, non mais ! Une fois mariée, elle fermait la fenêtre.

KON TUM

155 000 hab. (env 500 000 pour la province) IND. TÉL. : 260

Peu de voyageurs poussent jusqu'à cette grosse bourgade provinciale, capitale de la province du même nom, située à 530 m d'altitude et à 291 km au sud de Đà Nẵng (5h30 de route). Si la ville ne présente pas d'attrait particulier, autour vivent plusieurs minorités ethniques, notamment les Bahnar (*kon* signifie *village* en bahnar), les Sedang et les Giarai, dont on pourra, accompagné d'un guide local, découvrir certains villages. C'est aussi dans cette région montagneuse que l'on trouve la plus petite minorité du Vietnam, les Romam (moins de 200 personnes).

La température moyenne annuelle oscille autour de 22 °C. Même en avril, mois où l'on étouffe à Saigon, à Kon Tum on se croirait dans une station d'altitude, tant l'air reste agréable. La saison des pluies dure de mai à octobre, la saison sèche de novembre à avril.

UN PEU D'HISTOIRE

Ce sont les « ***Mọi*** » (sauvages), comme ils étaient appelés à l'époque coloniale par les Français, qui attirèrent les 1ers missionnaires catholiques, débarquant dès 1851 dans ce cœur des ténèbres, perdu au milieu de nulle part. Leur mission : évangéliser. Parmi eux, un dénommé père Dourisboure, qui créa des écoles et composa des livres classiques franco-bahnars. Les religieux firent venir les colons, et l'armée au besoin. Mission : coloniser. Les colons firent venir les Annamites. Mission : vietnamiser au maximum cette région rebelle, aux mœurs obscures. Les ***missionnaires catholiques*** jouèrent donc ici un rôle plus important que nulle part ailleurs au Vietnam. Leur prosélytisme fut semble-t-il efficace, puisqu'une majorité d'habitants de Kon Tum sont aujourd'hui catholiques...

Au printemps 1972, le Nord-Vietnam tenta un assaut sur la région de Kon Tum, finalement repoussé par les Américains au prix, notamment, de bombardements massifs. La bataille, terrible, est racontée en détail dans *L'Innocence perdue,* de Neil Sheehan (voir « Livres de route » dans « Vietnam utile » en début de guide).

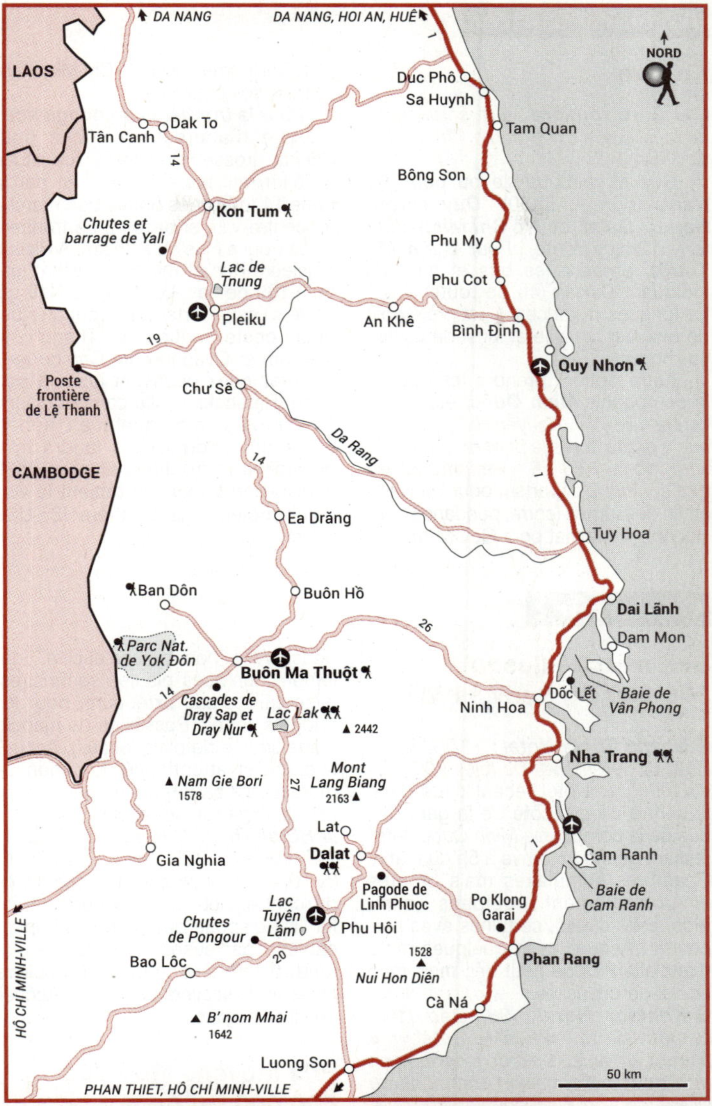

LES HAUTS PLATEAUX DU CENTRE

Arriver – Quitter

En bus

Gare routière : *à la sortie nord de la ville, km 4,5 Nguyễn Chí Thanh. ☎ 386-22-05.*

➢ Bus et minibus de ou pour ***Đà Nẵng*** (durée : 5h30), ***Quy Nhơn, Hanoi, Dalat*** et ***Hồ Chí Minh-Ville*** (env 12h de route). *Pour* ***Buôn Ma Thuột,*** prendre les bus et minibus indiquant *Daklak* (4h de route). Pour les longues distances, il est préférable de réserver la veille et ainsi de vérifier vos horaires.

➢ Autre option, prendre les bus de la compagnie ***Minh Quốc,*** établie au centre-ville *(647, Nguyễn Huệ, la 2e avenue à droite après le pont en venant du sud ; ☎ 385-58-55 ; • minhquockontum.com •).* 2 départs/j. pour Đà Nẵng en fin de journée (correspondance pour Hội An), 4/j. le mat pour Quy Nhơn, 4/j. en fin de journée pour Hồ Chí Minh-Ville et 1/j. le soir pour Huế.

➢ ***Pour la frontière cambodgienne :*** prendre d'abord un minibus pour ***Pleiku,*** grosse ville sans grâce située à 50 km au sud de Kon Tum par la route 14 (quelques hôtels bon marché au centre-ville si besoin). La frontière ne se trouve plus qu'à 75 km. À Pleiku, plusieurs bus et minibus partent jusqu'à 13h de l'av. Lê Duẩn (la N19 qui va vers l'est). Certains ne vont que jusqu'au poste-frontière (Le Thanh côté Vietnam et Oyadao côté Cambodge). Préférez ceux poussant jusqu'à Ban Lung (Ratanakiri), ville cambodgienne 70 km plus loin (quelques hébergements), sinon il vous faudra faire du stop à la frontière. Durée : 4h30 (Pleiku-Ban Lung). On obtient le visa cambodgien à la frontière (35 US$ + 1 photo).

LE CENTRE

Où dormir ?

Bon marché (jusqu'à 300 000 Dg / env 11 €)

Hoàng Thịnh Hotel : *117, Nguyễn Huệ. ☎ 395-89-58. Doubles 200 000-250 000 Dg.* Hôtel récent situé dans le centre-ville, à côté de la gare des bus de la compagnie *Minh Quốc.* Intéressant quand on arrive à 5h du matin. Chambres sommaires mais propres et correctement équipées (clim, frigo, salle d'eau), certaines avec balconnet. Accueil avec quelques mots d'anglais. Pas de petit déj, mais café au rez-de-chaussée.

Konklor Hotel : *38, Bắc Cạn. ☎ 386-15-55. • konklorhotel.vn • À env 3 km au sud-est de Kon Tum, en face de la belle maison commune du village de Kon Klor. Doubles 200 000-350 000 Dg, petit déj en sus.* Un hôtel très agréable et bien tenu, composé de plusieurs bungalows en bois blanc disposés au cœur de 2 généreux jardins tropicaux. Chambres impeccables, claires et spacieuses, plus ou moins récentes selon le prix, toutes avec douche/w-c, bonne literie et clim. Également quelques piaules sommaires, avec salle d'eau extérieure, pour les budgets serrés. Possibilité de manger (carte limitée de plats locaux). Accueil avenant et attentionné. Location de motos, utile car on est un peu loin du centre. Organise des excursions.

Hôtel Thịnh Vượng : *17, Nguyễn Trãi. ☎ 391-47-29. Doubles 250 000-350 000 Dg.* Situé dans une rue calme du centre, cet établissement format familial dispose de chambres impeccables, spacieuses et hautes de plafond, distribuées le long de couloirs aérés et d'escaliers extérieurs. Accueil gentil en anglais.

Prix moyens (300 000-600 000 Dg / env 11-23 €)

Hnam Chang Ngeh : *16A, Nguyễn Trãi. ☎ 08-68-98-10-31. • poussieresdevie.org • Double env 400 000 Dg, petit déj inclus.* Monté par l'ONG Poussières de Vie, cet établissement installé dans une rue tranquille du centre forme aux métiers du tourisme des jeunes issus de familles défavorisées des minorités ethniques. Loger ici, c'est donc faire coup double, puisque tout en apportant son obole au projet on profite du charme des lieux, du jardinet ombragé de généreux bougainvillées, des chambres intimes, mignonnes et confortables agencées avec goût, jouant avec le bois et la pierre, les rondeurs et le clair-obscur. Resto de poche ouvert aux hôtes extérieurs, servant quelques plats simples vietnamiens ou occidentaux. Et des cocktails pour se mettre en appétit ! Excellent accueil enfin. Organise aussi des excursions dans les environs.

Où manger ? Où boire un verre ?

Pas grand-chose de remarquable à se mettre sous la dent à Kon Tum. Le centre-ville compte surtout des gargotes à riz. Quelques grands restos à thème aussi (barbecue, fruits de mer, etc.) sur l'avenue Đào Duy Từ qui prolonge Nguyễn Huệ vers l'est. On peut sinon se rabattre sur le resto de l'hôtel ***Hnam Chang Ngeh,*** cité plus haut.

Restaurant Nghĩa : *12, Lê Lợi (au centre-ville). Très bon marché.* Boui-boui végétarien qui sert soupes et riz avec divers accompagnements. Bon, simple et pas cher du tout.

Eva Café : *5, Phan Chu Trinh (ne pas confondre avec le Adam – Eva, au nº 80 de la même rue).* ☎ *386-29-44. À 1 km à l'est du centre-ville par Đào Duy Từ. Tlj 6h30-22h.* Drôle de café alternatif que cette cabane en bois faite de bric et de broc, nichée dans un paisible jardin tropical décoré de sculptures. Bien pour boire un verre, jus frais comme bière. Rien à manger a priori (on pourra peut-être vous bricoler un frichti), mais plusieurs petits restos jalonnent la rue.

Le soir, quelques terrasses de cafés-bars s'animent sur Bạch Đằng, la rue qui surplombe la rivière.

LE CENTRE

À voir

La cathédrale de Kon Tum, ou « Wooden Church » : *sur Nguyễn Huệ, en allant vers l'est.* Construite en 1913, la cathédrale de Kon Tum ne manque pas de caractère, avec son élégante architecture en bois de fer percée de larges vitraux colorés. Elle abrite une statue du 1er missionnaire à s'être aventuré ici, saint Cuenot, martyr de la répression antichrétienne menée par l'empereur Tự Đức. La messe y est donnée en 3 langues : vietnamien, bahnar et giarai. À l'arrière, un orphelinat, géré par des sœurs (certaines parlent le français), recueille des enfants issus des minorités.

En revenant vers le centre-ville, coup d'œil à l'***église Tân Hương,*** au nº 540 de Nguyễn Huệ, son décor pastel et sa façade ornée d'un saint Georges terrassant le dragon.

On peut conclure le pèlerinage par l'ancien ***séminaire*** *(Toà Giám Mục),* au 193, Trần Hưng Đạo (dans le centre-ville, mais plus au nord). Édifié en bois en 1933, il affiche des faux airs de chalet alpin. Son parc est ouvert aux promeneurs le dimanche *(8h-11h30, 14h30-17h).* On y verra le buste de l'ecclésiastique fondateur des lieux, Martial Jannin Phước. Enfin, pour une touche d'œcuménisme, coup d'œil, à la sortie nord de la ville, à la ***pagode*** dominée par un énorme bouddha assis.

DANS LES ENVIRONS DE KON TUM

En complément des villages bahnar décrits ci-après, on peut aller à la rencontre de nombreuses autres communautés, dispersées dans les environs proches de la ville : chez les Sedang, au nord, qui cultivent le café ; dans les villages giarai, au sud, pour découvrir leurs cimetières traditionnels, etc. Pour organiser une excursion, se renseigner auprès des hôtels ***Hnam Chang Ngeh*** et ***Konklor*** (lire plus haut).

L'HOMME QUI VOULUT ÊTRE ROI

David de Mayrena était un aventurier qui se fit nommer roi en 1888, par 42 villages Moï, isolés et éloignés de l'autorité française. Ce fut le royaume de Sedang. Déconsidéré par le gouverneur général, il voulut se mettre sous la protection de l'empereur d'Allemagne. Accusé de trahison, il dut fuir sur l'île de Tioman (Malaisie) où il mourut en 1890. Cette histoire extravagante a inspiré André Malraux qui lui consacra une bonne partie des Antimémoires. *Il voulait même en faire un film.*

👁👁 ***Le village bahnar de Kon Kotu :*** *à env 6 km au sud-est de la ville, par Trần Hưng Đạo puis Bắc Cạn. S'y rendre avec un guide local.* À ***Kon Klor*** (belle maison commune – *rong* – sur la berge), on traverse un pont suspendu, avant d'emprunter à gauche une petite route qui longe à distance la rivière, filant à travers les champs de maïs, de manioc et les coulées vertes que forment les étroites rizières descendant en cascades des collines. Enfoui dans la végétation, le village de ***Kon Kotu*** compte lui aussi une superbe *rong,* à l'emblématique toit en forme de sabot. On y accède par une échelle taillée dans un tronc d'arbre. En face, l'église communale. Entre les 2, une habitation traditionnelle en torchis et le terrain de volley, au sol en terre battue, sur lequel sont pratiqués, autour des périodes de récolte notamment, des sacrifices de buffles. Dans le village, quelques tisserandes manient d'antiques métiers artisanaux. Sur le chemin du retour, crochet possible par le village de ***Kon Jari,*** qui compte aussi une belle *rong.*

➢ ***Pleiku :*** on peut faire l'impasse sur cette grosse ville bruyante, coulée dans le béton à 50 km au sud de Kon Tum par la route 14. Si vous devez toutefois y marquer l'arrêt, en chemin pour le Cambodge notamment (lire plus haut « Arriver – Quitter »), vous trouverez quelques hôtels (plutôt miteux) et gargotes au centre-ville. Profitez-en pour saluer la *statue en cuivre de l'oncle Hồ,* réputée comme la plus haute du pays, plantée sur l'esplanade du pauvret *musée des Minorités ethniques du Gia Lai* (*Bảo Tàng Tỉnh Gia Lai,* sur Trần Hưng Đạo), et pour contempler le panorama sur le *lac Tnung,* qui occupe un immense cratère encadré de pins à la périphérie nord de la ville.

BUÔN MA THUỘT

env 500 000 hab. IND. TÉL. : 262

• Plan *p. 349*

FAUX AMI

Le caféier donne un fruit que l'on appelle... cerise ! D'ailleurs, il est rouge. En la décortiquant, chaque cerise se compose de 2 grains de café.

Enclavée à 530 m d'altitude au sud de la région des Hauts Plateaux, à 230 km de Kon Tum dans un plat paysage de terres rouges mais fertiles, Buôn Ma Thuột est la capitale vrombissante de la province du Đắc Lắc, grosse région productrice de café. Pour les voyageurs, elle constitue une étape incontournable pour organiser ses excursions à la découverte des beautés naturelles

et des villages traditionnels des pays édé (ou rhadé) et mnong, dans le secteur de Bandon et Yok Don ou autour du lac Lak.
La ville elle-même, si elle ne présente guère d'intérêt en dehors de son musée des Minorités ethniques, n'est pas désagréable pour autant, avec son quadrillage de rues affairées aux trottoirs plantés d'arbres. La meilleure époque pour venir ici est la saison sèche, entre novembre et avril.

UN PEU D'HISTOIRE

La ville et la région étaient jadis renommées pour l'abondance du gros gibier : tigres, cervidés, singes, ours. L'empereur Bảo Đại, dernier de la dynastie des Nguyễn (mort en exil à Paris en 1997), possédait une résidence (une de plus !) au bord du lac Lak, à 50 km au sud de Buôn Ma Thuột. Il venait y chasser et parcourir les forêts à dos d'éléphant. Certains villageois prétendent depuis qu'un éléphant blanc erre dans la campagne, quelque part entre le Vietnam et le Cambodge, et qu'il serait le dernier éléphant de Bảo Đại. Les éléphants blancs sont extrêmement rares. Pour Les Vietnamiens, tout comme les Laotiens, l'apparition d'un tel animal est un très heureux présage, annonçant une période de renouveau, de bonheur et de prospérité pour le pays.
Durant la guerre, Buôn Ma Thuột fut une ville stratégique où l'armée américaine possédait une ***grande base militaire.*** Le 10 mars 1975, la ville tomba aux mains de l'armée communiste du Nord, au terme de combats acharnés. La ***chute de Buôn Ma Thuột*** provoqua une véritable débâcle des forces du Sud-Vietnam. Ce fut la dernière grande bataille avant la chute de Saigon, le 30 avril de la même année.

Arriver – Quitter

En bus

Gare routière *(hors plan par B1)* ***:*** *à env 6 km au nord du centre-ville sur route n° 14, juste avt l'intersection avec la route n° 26 pour Nha Trang.*
➢ ***Nha Trang*** *(184 km)* ***:*** 10 bus/j., 5h-10h30. Durée : env 4h30.
➢ ***Dalat*** *(210 km)* ***:*** 7 bus/j. Durée : env 5-6h, par une mauvaise route en lacet. Attention, la plupart des bus ne partent pas de la gare routière, mais des bureaux de la compagnie *Phúc Hải.*
➢ ***Kon Tum*** *(230 km)* ***:*** 6 bus/j., 5h30-13h30 et le dernier vers 17h, avec la compagnie *Phương Huy.* Durée : 4h. Le bus passe par ***Pleiku*** (180 km en 3h30). Ces 2 villes sont également desservies par de nombreux minibus, à prendre au bord de la route n° 14.
➢ ***Hồ Chí Minh-Ville*** *(334 km)* ***:*** 15 bus/j. Durée : 7h min. On passe par la – bonne – route n° 14.

En avion

✈ ***Aéroport :*** *à 10 km à l'est de la ville, sur la route n° 27 en direction de Dalat.*
➢ ***De/pour Hồ Chí Minh-Ville :*** 3 vols/j. avec *Vietnam Airlines, VietJet Air* et *Jetstar Pacific.* Env 1h de trajet.
➢ ***De/pour Hanoi :*** 2-3 vols/j. avec *Vietnam Airlines, VietJet Air* et *Bamboo.* Durée : env 1h.
➢ Également des vols pour ***Haiphong*** et ***Vinh*** avec *VietJet Air* et *Bamboo.*

Adresses utiles

■ ***Dakviet Travel*** *(plan A2,* ***1****)* ***:*** *32, Nỏ Trang Long.* ☎ *383-93-98.* • *dakviettravel.com* • *À partir de 55-80 US$/j. par pers selon mode de transport (voiture, moto ou bus local).* Agence sérieuse qui organise des excursions de 1 à 4 jours dans toute la région : découverte des villages des minorités, des dresseurs d'éléphants de Buôn Đôn, du lac Lak, des cascades et des plantations de café, trek dans le parc national de Yok Don, etc. Guide francophone possible.

■ ***Daklak Tourist*** *(plan A2,* ***2****) : 3, Phan Chu Trinh (dans le hall de l'hôtel* Saigon Ban Me*). ☎ 385-22-46. • daklaktourist.com.vn • Tlj 7h-17h.* Tours classiques dans la région : visites guidées dans les villages mnong autour du lac Lak, avec promenades à dos d'éléphant et balades en pirogue.

Où dormir ?

Bon marché (jusqu'à 300 000 Dg / env 11 €)

Ngọc Mai Guesthouse *(plan A1-2,* ***12****) : 9, Nguyễn Bính. ☎ 385-34-06. Doubles 200 000-250 000 Dg. Pas de petit déj.* Dans une ruelle tranquille proche du marché, un hôtel modeste tenu par un monsieur affable parlant un excellent français, de bon conseil pour explorer la ville et ses environs. Chambres très simples et pas franchement insonorisées mais méticuleusement tenues, toutes avec salle d'eau, clim et ventilo. Elles donnent sur la rue ou sur un puits intérieur. Location de motos.

Hôtel Thiên Nga *(plan A2,* ***10****) : K4, Lý Thường Kiệt. ☎ 398-07-77. • thiennga hotelbmt@gmail.com • Doubles 250 000-280 000 Dg. Pas de petit déj.* Excellent rapport qualité-prix pour cet hôtel central et moderne qui semble s'être équipé chez une fameuse enseigne suédoise. Pas de caractère particulier donc, mais un ensemble aussi fonctionnel qu'impeccable, avec clim, ventilo et salle d'eau pour chaque chambre. Préférer celles donnant sur la ruelle piétonne à l'arrière.

Thanh Bình Motel *(plan A2,* ***11****) : 24, Lý Thường Kiệt. ☎ 385-38-12. Doubles 150 000-200 000 Dg. Pas de petit déj.* Dans cette portion de rue qui aligne les hôtels bas de gamme, celui-ci présente l'avantage, outre ses prix ras du plancher, d'un accueil sympa en anglais et de loger dans ses murs une petite agence avec laquelle organiser ses excursions alentour *(Highland Travel ; ☎ 385-45-25).* Pour le reste, les chambres n'ont pas vraiment bonne mine, les matelas refilant mal au dos rien qu'à les voir, mais les draps sont propres et les salles d'eau aussi.

Prix moyens (300 000-600 000 Dg / env 11-23 €)

Bạch Mã Hotel *(White Horse ; plan A1,* ***13****) : 7-13, Nguyễn Đức Cảnh. ☎ 381-56-56 ou 381-57-57. • bachmahotel.com.vn • Doubles 420 000-600 000 Dg, petit déj-buffet inclus.* Dans une rue à la fois calme et centrale, un établissement de petit luxe à des tarifs très compétitifs. Hall grande classe (ou grand kitsch, question de goût), avec force colonnes, marbre et boiseries lustrées. Les chambres sont plus banales, mais confortables et honorablement tenues, certaines avec balcon, d'autres avec bain à bulles. Agréable terrasse-jardin sur le toit. Salle de gym, spa.

Où manger ?

Bon marché (moins de 100 000 Dg / env 4 €)

Nem Việt *(plan A2,* ***26****) : 16, Lý Thường Kiệt.* Nems à toutes les sauces et rouleaux de printemps à composer soi-même, dans une grande salle au rez-de-chaussée ou plus calme en mezzanine. Très populaire.

Quán Bò né Bốn Triệu *(plan A2,* ***20****) : 33, Hai Bà Trưng. ☎ 343-67-72.* Modeste resto populaire et animé. La cuisine, fraîche et bonne, tient bien la route.

Papparoti *(plan A2,* ***25****) : 4, Quang Trung.* Au coin de la rue, un bout de comptoir où l'on ne sert qu'une seule et unique spécialité, une brioche toute chaude fourrée de fromage sucré.

LE CENTRE

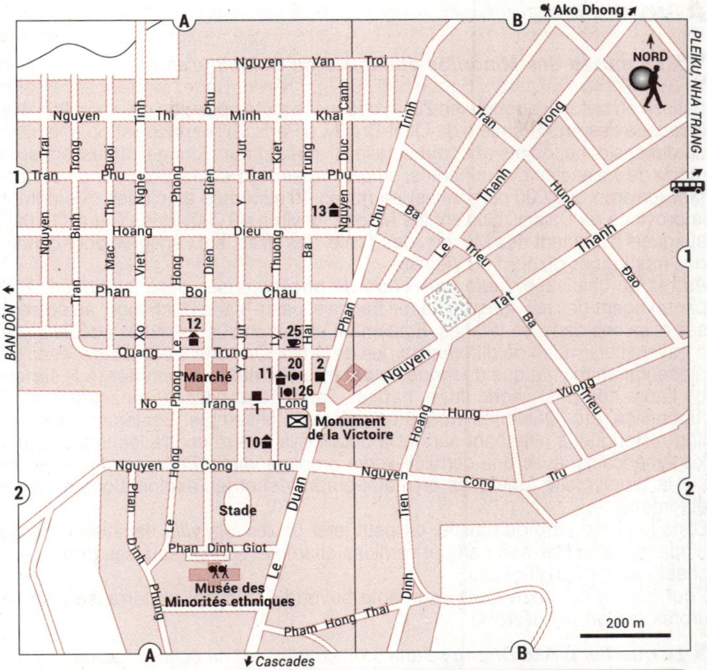

BUÔN MA THUỘT

■ **Adresses utiles**

1 Dakviet Travel (A2)
2 Daklak Tourist (A2)

Où dormir ?

10 Hôtel Thiên Nga (A2)
11 Thanh Bình Motel (A2)
12 Ngọc Mai Guesthouse (A1-2)
13 Bạch Mã Hotel (A1)

Où manger ?

20 Quán Bò né Bốn Triệu (A2)
25 Papparoti (A2)
26 Nem Việt (A2)

Où dormir ? Où manger autour du lac Lak ?

Lak Tented Camp : *au bord du lac, à 60 km au sud de Buôn Ma Thuột (lire plus loin « Dans les environs... ». ☎ 625-55-52. • laktentedcamp.com • Compter env 80-100 US$ pour 2 en « tente » et 2 fois plus en bungalow en dur, petit déj inclus.* C'est seulement par bateau que l'on atteint cet ensemble de tentes safari version luxe, isolé sur une presqu'île dominant le lac. Dispersées dans la végétation, chacune se tourne vers le panorama (balcon) et profite, sous sa toile, d'un excellent confort : électricité et salle d'eau, literie douillette, pour une nuit enveloppée du bruissement de la nature. Le charme se prolonge au resto (prix raisonnables), élégant chalet de bois posé au bord de l'eau au bout d'un jardin de bananiers, sa terrasse plantée sur pilotis. Prêt de kayaks et de VTT pour arpenter les sentiers bordant les rizières (le 1er village est à 5 km). Organise aussi des excursions autour du lac (guide francophone possible). Un petit bout du monde pour Robinsons chics.

À voir

✪✪ ***Le musée des Minorités ethniques du Daklak*** *(plan A2)* **:** *12, Lê Duẩn. ☎ 381-67-31. Tlj 7h-16h. Entrée : 30 000 Dg ; réduc. Cartes en français.* Énorme bâtisse en béton inaugurée en 2011, ce musée a été conçu en collaboration avec le musée des Arts Premiers du Quai-Branly, à Paris. Si l'espace est pour le moins surdimensionné, objets et commentaires livrent un témoignage intéressant sur le mode de vie ancien des minorités, en particulier des Édé, le groupe le plus important (environ 300 000 personnes) parmi les 40 minorités ethniques que compte la province de Daklak. Suivent les Mnong (environ 40 000) et les Giarai (16 000), auxquels s'ajoutent des Mường, des Thaïs, des Dzao, etc., émigrés pour certains des montagnes du nord du Vietnam.

Au rez-de-chaussée, ***belle collection de photos*** prises dans les années 1950 par un agent des services sanitaires français, Jean-Marie Duchange, au cours de ses missions dans les villages. Également une expo sur les rituels édé, analysés à travers l'utilisation de différents types de jarres. On continue à l'étage, avec une présentation thématique du ***mode de vie traditionnel*** des minorités (édé surtout, on l'aura compris) : agriculture, habitat, vannerie et tissage, musique (gongs), funérailles, etc. Quelques vidéos complètent l'ensemble. Également une section historique, s'attachant surtout à détailler la guerre contre les Français puis les Américains, avec une certaine verve propagandiste. Enfin, modeste section sur la biodiversité (quelques animaux empaillés) et les exploitations agricoles et forestières.

Dans le grand parc du musée, on peut jeter un œil à la ***villa*** décatie du dernier empereur, Bảo Đại, son parquet verni, sa chambre, son bureau, ses trophées de chasse et photos officielles.

Pour conclure, pause dans l'agréable buvette déployant sa terrasse sous les arbres, la ***Cantin cafeteria.***

✪ ***Le quartier d'Ako Dhong :*** *à env 3 km au nord-est du centre. Pas de bus.* Cet ancien village édé, désormais absorbé par la ville, s'est enrichi grâce aux plantations de café, après le départ des colons français. Sur une rue, les habitants ont conservé leurs anciennes maisons longues sur pilotis mais n'y vivent plus, ayant préféré bâtir juste derrière de bien plus vastes et cossues villas modernes, enfouies dans de généreux jardins. Un contraste étonnant ! Certains ont converti leur demeure traditionnelle en boutique ou café.

DANS LES ENVIRONS DE BUÔN MA THUỘT

Certains des sites des environs sont accessibles en bus urbain, à prendre sur Nguyễn Tất Thành, près du monument de la Victoire *(plan A2)*, ou sur Lê Hồng Phong, près du marché *(plan A2)*. On peut aussi louer une moto, ou passer par une agence (lire plus haut ; indispensable pour la visite des villages de minorités ethniques).

✪✪ ***Le lac Lak :*** *à 60 km env au sud de Buôn Ma Thuột. Accès par une route goudronnée (la RN 27), praticable à moto et en voiture. Compter au moins 1h de route. En bus, prendre le n° 12 (billet : 25 000 Dg).* De loin le plus beau site naturel de la province. Il s'agit d'un lac de 3 km sur 2, bordé de rizières et de plantations de café, entouré au loin de belles collines partiellement boisées, au cœur d'une région volcanique faite de basalte et de terre rouge. Sur ses rives sont dispersés un chapelet de villages mnong, qui vivent de l'élevage, de la riziculture

> **PLUTÔT 2 FOIS QU'UNE**
>
> *Lak est un terme mnong signifiant... lac. Le lac Lak est donc le lac Lac ! Eh non, il n'y a pas de faute de frappe !*

et de la pêche (on tend de longs filets dans les eaux, avant d'y rabattre les poissons en frappant la surface avec de longs bâtons). Leurs maisons traditionnelles sur pilotis rappellent celles des Édé, même si la plupart des habitations d'aujourd'hui sont désormais bâties en brique. Certains villages comptent encore des éléphants domestiques, notamment le plus visité, ***Jun,*** situé au bord de la grande route. Pour loger dans le secteur, voir plus haut le *Lak Tented Camp.*

Les cascades de Dray Sap et Dray Nur : *à env 30 km au sud de la ville. Desservi par le bus nº 13. Entrée : 40 000 Dg pour Dray Sap et 30 000 Dg pour Dray Nur.* Dégringolant une large barre rocheuse sur quelques dizaines de mètres de haut, les cascades (*dray* en édé) de la brume (*sap*) et du porc-épic (*nur*) sont issues de 2 bras d'une même rivière, qui reforme son lit en aval. Distantes de 500 m l'une de l'autre, elles sont reliées par un sentier ponctué de ponts suspendus. L'été (saison des pluies), l'eau forme sur chacune un large rideau. Évidemment moins spectaculaire en saison sèche, même si le tableau vaut le coup d'œil. Baignade interdite. Buvette.

Le village de dresseurs d'éléphants de Buô Đôn : *à env 50 km au nord-ouest de Buôn Ma Thuột. ☎ 385-49-03. Bus nº 15 jusqu'au district de Buôn Đôn, mais mieux vaut organiser l'excursion avec une agence, à coupler éventuellement avec un trek dans le parc national de Yok Đon (lire plus bas).* Niché dans la forêt en retrait d'une rivière, ce petit village de dresseurs d'éléphants s'est converti en modeste attraction touristique. Jadis, les habitants utilisaient les pachydermes pour les travaux des champs. Désormais remplacés par le motoculteur, ils baladent sur leur dos les touristes. À voir aussi, dans le village, une interminable maison longue édé, dans laquelle sont exposés tambours et costumes traditionnels noirs à plastron rouge, et les tombes en béton de 2 éléphants tués par des braconniers.
Également des balades en barque, un parcours dans les arbres au gré de passerelles suspendues, des jeux pour les gosses. Bref, une visite qui plaira surtout aux enfants, d'autant qu'on peut loger sur place dans de jolis ***bungalows*** tout confort (clim, salle d'eau) en bois verni *(compter 450 000 Dg pour 2, petit déj inclus).* Agréable ***resto*** sous une paillote, où goûter la spécialité locale, le riz cuit dans un tronc de bambou, à accompagner d'un verre de citronnade au miel.
– ***Bon à savoir :*** certaines ONG dénoncent l'exploitation touristique des éléphants utilisés pour des balades.

Le parc national de Yok Đôn : *à 45 km au nord-ouest de Buôn Ma Thuột, vers Buôn Đôn. Entrée : 60 000 Dg.* Couvrant 115 000 ha de forêt tropicale sèche, le parc abrite 300 espèces d'oiseaux, de nombreux reptiles, des cerfs, des éléphants domestiqués. On y trouverait même des tigres. On peut combiner trek, canotage en barque à moteur, pêche, voire passer une demi-journée ou plus à prendre soin des éléphants (nourrissage, bain dans la rivière, etc.). Chaque activité est évidemment payante. Si on peut prendre un guide sur place, il est plus simple d'organiser l'excursion avec une agence de Buôn Ma Thuột *(à partir de 65-85 US$/j. par pers).* Bivouac possible.

DALAT (ĐÀ LẠT)

190 000 hab. IND. TÉL. : 263

• Plan *p. 353*

De la côte, une route de montagne de 140 km, tout en lacet, mène à Dalat, nichée à 1 500 m d'altitude dans un cirque de collines et de bois de sapins. Ce paysage si différent du reste du Vietnam est parsemé d'une kyrielle de villas

et de chalets de style français. Station climatique la plus réputée du pays, Dalat est une ville d'altitude (province de Lâm Đồng) où il est agréable de passer quelques jours pour fuir les chaleurs de la plaine. Des lacs artificiels, des jardins fleuris, des champs de légumes, des vergers, des serres où l'on cultive des fleurs se doublent d'un patrimoine historique pas inintéressant et de belles balades à faire dans le coin. Certains y décèlent une ressemblance avec une ville thermale de France. Barbotan-les-Thermes en Indochine ? Bagnoles-de-l'Orne tropical ?

C'est bel et bien une ville conçue sur le principe de « ville-paysage ». Les urbanistes français y avaient pensé à l'époque coloniale pour soulager les colons de Cochinchine de la chaleur tropicale de Saigon. Et puis, il y a l'eau, ou plutôt les eaux qui dévalent du sommet des monts et forment des rivières, se transforment en chutes et en cascades, en lacs naturels ou artificiels. Ici, la nature est dans la ville, et la ville est à la campagne.

UN PEU D'HISTOIRE

C'est en explorant pour la 1re fois en 1893 cette région inconnue des Européens qu'***Alexandre Yersin*** (le fameux inventeur du sérum contre la peste ; voir aussi le texte qui lui est consacré à Nha Trang) découvre le plateau du Lang Biang et le site de Dalat, alors habité par la tribu des M'Lat. À l'origine, il y avait une source *(dak)* et des habitants, les Lat : le nom *Dalat* signifie d'ailleurs « la source des Lat ». Émerveillé par la beauté des lieux et la fraîcheur du climat, le Dr Yersin rédige un rapport où il suggère au gouvernement français d'installer une station d'altitude au sein de ces montagnes sans moustiques. Aussitôt convaincu par l'idée de Yersin, Paul Doumer, gouverneur général de l'Indochine, envoie en 1897 une 1re équipe pour dresser les plans d'une ville résidentielle qui permettrait aux colons de la Cochinchine de ***venir se reposer de la chaleur suffocante des plaines tropicales.*** La ville naît dans l'insouciance de la Belle Époque ! On creuse des lacs artificiels, on disperse dans les pinèdes des chalets et des villas, des écoles, des églises, des couvents. Le but de l'architecte étant d'en faire une cité-jardin intégrée dans le paysage, en respectant les sites et en préservant l'espace.

Dans les années 1920-1930, Dalat est surnommé le « ***Petit Paris*** ». Des légumes et des espèces fruitières sont importés de France. Le Dr Yersin y fait ouvrir un ***4e Institut Pasteur*** en 1936. De luxueux hôtels, des palais, un casino, un golf sortent de terre : Dalat devient l'une des stations d'altitude les plus chics d'Extrême-Orient. ***L'empereur Bảo Đại y possède une magnifique résidence,*** non loin du pavillon de chasse de Théodore Roosevelt. Après la défaite française de Điện Biên Phủ en 1954 et les accords de Genève coupant le Vietnam en 2, les Français quittent Dalat, tandis qu'affluent les catholiques du Nord fuyant le communisme. Pendant la guerre du Vietnam, la ville, enclavée dans ses montagnes, est préservée et elle tombe presque sans combat en 1975. Elle est restée quasi intacte ! Après 20 ans de marasme (1975-1995), Dalat connaît à présent un renouveau économique, à la faveur du socialisme de marché. Elle tire une grande partie de sa prospérité de son sol fertile et de son climat tempéré.

UN CLIMAT TEMPÉRÉ

Si l'on en croit sa devise latine – *Qui dat aliis laetitiam aliis temperiem* –, Dalat est une ville « qui donne aux uns la joie, aux autres la fraîcheur ». Grâce à l'altitude, la température est toujours supportable et la pression atmosphérique modérée. Le ciel est souvent très bleu, d'une luminosité quasi montagnarde, et l'air est vif et pur. Les cervelles ramollies par la chaleur du delta du Mékong sont réanimées en arrivant à Dalat. On y a l'impression de débarquer dans une petite station des Alpes où, de manière amusante, les citadins portent des doudounes, des chandails, des moufles et des bonnets dès la tombée de la nuit.

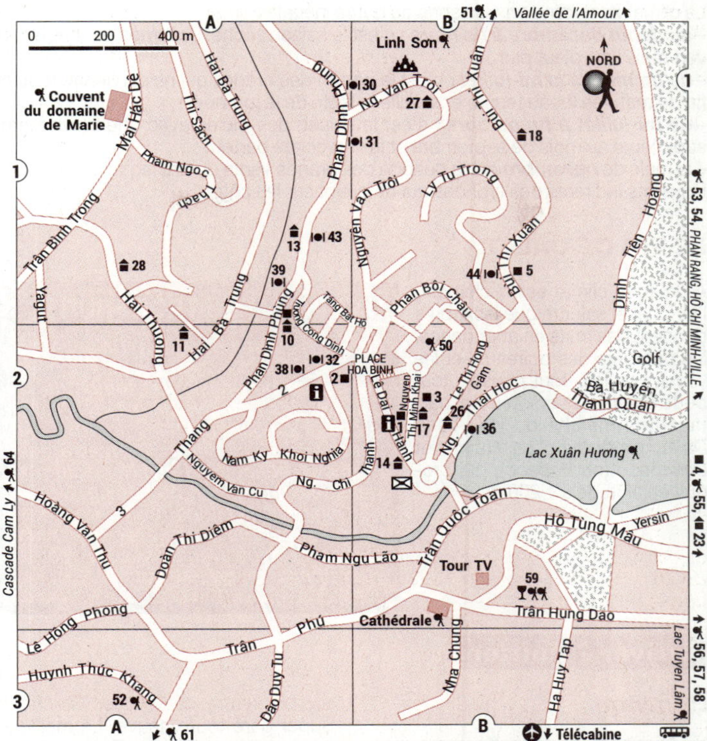

DALAT

Adresses utiles

- Dalat Travel Centre (A2)
- 1 Dalat Travel Service – Agence de tourisme (B2)
- 2 VietinBank (A2)
- 3 Sacombank (B2)
- 4 Vietnam Airlines (hors plan par B2)
- 5 Thesinhtourist (B1)
- 10 Groovy Gecko Tours (A1-2)

Où dormir ?

- 10 Hôtels Peace Guesthouse 1 et 2 et Phương Thanh ou Chu's House (A1-2)
- 11 Pretty Backpackers House (A1-2)
- 13 Dreams Hotel (A1)
- 14 TTC Hotel Premium Ngọc Lan (B2)
- 17 TTC Hotel Premium Dalat (B2)
- 18 Kim Cương Hostel (B1)
- 23 The Circle Hostel (hors plan par B2)
- 26 Blue Water Hotel (B2)
- 27 Route 66 Hostel (B1)
- 28 Dalat 24h Guesthouse (A1)

Où manger ?

- 30 Trống Đồng (A-B1)
- 31 Thiết 168 (A-B1)
- 32 Restaurant de famille, Maison Long Hoa (A2)
- 36 Blue Water Restaurant (B2)
- 39 Dã Quỳ (A1)
- 43 Nhật Ly (A1)
- 44 V Café (B1)

Où manger des viennoiseries ?

- 38 Hoan Hỷ Bakery Hotel (A2)

Où boire un verre ? Où sortir ?

- 59 Dalat Palace (B2)

À voir. À faire

- 50 Marché central (B2)
- 51 Centre historique de la Broderie (hors plan par B1)
- 52 Maison Hằng Nga ou Crazy House (A3)
- 53 Jardin des Fleurs (hors plan par B2)
- 54 Ancien lycée Yersin (hors plan par B2)
- 55 Gare de Dalat (hors plan par B2)
- 56 Musée du Lâm Đồng (hors plan par B2-3)
- 57 Résidence du gouverneur général (hors plan par B2-3)
- 58 Dinh I – King Palace (hors plan par B2-3)
- 59 Dalat Palace (B2)
- 61 Palais d'été de Bảo Đại (hors plan par A3)
- 64 Ancien couvent des Oiseaux (hors plan par A2)

Le climat se décline en 4 saisons de durée inégale :
– ***de début décembre à fin mars :*** c'est la saison sèche. Le temps peut être couvert mais il ne pleut pas ;
– ***de fin mars à la mi-juillet :*** c'est la saison des orages qui ne surviennent qu'en fin de matinée (beau temps ensoleillé le reste de la journée) ;
– ***de mi-juillet à fin octobre :*** c'est la saison des pluies avec une pluviométrie supérieure au mois de septembre et le vert éclate partout ;
– le mois de ***novembre*** est la période des grands vents durant laquelle Dalat subit les effets indirects des typhons qui déferlent sur les côtes.

LE VIN DE DALAT

À Dalat, le climat est si clément, l'air si vif et salubre que les arbres donnent des fruits en abondance, les potagers des poireaux, et les vaches du lait. Tout pousse, tout peut éclore. 2 sociétés se partagent le marché du vin : *Vang Dalat,* production en plaine, et *Dalatbeco* (ou *Dabeco*), qui produit en altitude à 1 200 m.

UN VIN UN PEU TROP FRUITÉ

La vigne peut pousser à Dalat, mais la terre n'est pas assez calcaire pour donner un bon raisin. Du temps de la colonie, des Français ont essayé, sans succès. Aujourd'hui, les raisins ne poussent plus à Dalat. On utilise des raisins provenant de Phan Rang (littoral vietnamien) ou sinon de France. Le vin de Dalat fait avec les raisins de Phan Rang est parfois coupé avec des fruits rouges de type framboises ou mûres pour donner un peu de goût.

Arriver – Quitter

En avion

✈ ***Aéroport de Liên Khương*** *(hors plan par B3)* **:** *à 30 km au sud de la ville, sur la route de Hồ Chí Minh-Ville.* Navette de bus organisée 1-2 fois/j. par *Vietnam Airlines* (voir « Adresses utiles ») 3h avt votre vol. Départ devant le *Ngọc Phát Hotel,* au 10, rue Hồ Tùng Mậu. Compter 80 000 Dg/pers et 50 mn de trajet. Pour plus d'infos : ☎ *350-43-33 ou* 📱 *09-13-74-74-30.* Sinon, prendre un taxi (env 250 000 Dg avec compteur).

➢ ***De/pour Hồ Chí Minh-Ville :*** 3 vols/j. directs. Durée : 50 mn.

➢ ***De/pour Hanoi :*** 1 vol/j. Durée : 1h50.

➢ ***De/pour Đà Nẵng :*** 1 vol/j. Durée : 50 mn.

En bus et minibus

🚌 ***Gare routière de Dalat*** *(Bến xe liên Tỉnh Dalat ; hors plan par B3)* **:** *01, Tô Hiến Thành, Phường 3, à 2 km au sud du centre-ville. Accès 6h-minuit.* Super gare toute neuve. La meilleure compagnie est *Phương Trang-Futa Bus Lines (☎ 358-58-58 ; ● futabus.vn ●).* Bus en très bon état, peints en rouge. Couchette pour les parcours de nuit. On peut réserver par tél, et ils passent vous prendre à votre hôtel. Sinon, se rendre à leur bureau situé au 11A/2, Lê Quý Đôn, Phường 5. On peut y acheter les billets. C'est de là que partent les bus de cette compagnie.

➢ ***De/pour Nha Trang :*** 8 bus/j. avec *Phương Trang-Futa Bus Lines,* 8h-17h. Trajet : 4h (nouvelle route, 150 km). Billet : env 125 000 Dg.

➢ ***De/pour Hội An :*** pas de bus direct, il faut passer par Nha Trang. Départ à 13h. Billet : env 330 000 Dg *(sleeping bus).*

➢ ***De/pour Đà Nẵng, via Quảng Ngãi :*** 2 départs/j., dans l'ap-m. Billet : env 265 000 Dg *(sleeping bus).*

➢ ***De/pour Huế, via Quy Nhơn, Quảng Ngãi et Đà Nẵng :*** avec *Phương Trang-Futa Bus Lines,* 1 bus/j., à 13h. Durée : 16h pour Huế. Billet : env 330 000 Dg. Pour Quảng Ngãi, Quy Nhơn et Đà Nẵng, même compagnie mais autre route, avec 3 bus/j. Durée : 10h pour Quy Nhơn, 15h pour Đà Nẵng.

Minibus d'agence privée

➢ Il existe une petite agence privée qui a son siège dans le centre-ville de Dalat, au 109, Phan Bội Châu. Propose des minibus directs pour Mũi Né. Infos, horaires et prix sur leur site. Possibilité de réserver en ligne. ☎ *941-46-55-48.* • *dalatbusstation.com* • De Dalat pour Mũi Né, 2 bus/j. à 8h et 13h. Durée : 4h pour env 154 km. Billet : 100 000 Dg. Les bus partent de leur bureau mais pas de la gare routière public de Dalat. Possibilité sur résa que le bus prenne le passager à son hôtel (option). Ce sont des minibus d'une vingtaine de places avec clim.

➢ ***De/pour Hồ Chí Minh-Ville :*** départs très fréquents (ttes les 30 mn en moyenne), 6h-minuit, avec *Phương Trang-Futa Bus Lines.* Trajet : env 5h30. Billet : 190 000 Dg. En bus de nuit : 210 000 Dg (couchette).

➢ ***De/pour Hanoi :*** 3 départs/j., dans l'ap-m. Billet : env 650 000 Dg.

Open Tickets

➢ Pour à peine quelques euros supplémentaires, *Thesinhtourist (plan B1,* **5***)* propose également des voyages en bus pour Mũi Né-Phan Thiết, Hồ Chí Minh-Ville et Nha Trang (système d'*Open Tickets*). C'est une bonne solution aussi.

Mini-espace, véhicule privé

➢ Pour les plus fortunés, les plus pressés ou un petit groupe : *Cúc Tùng Limousine (28, Bùi Thị Xuân, Phường 2 ; 📱 09-18-47-82-58).* Pour Nha Trang, Hội An, Đà Nẵng, Buôn Ma Thuột. Billet : 280 000-380 000 Dg. Il s'agit d'un service « de porte à porte » de minibus Limousine (ils ne partent pas de la gare routière).

LE CENTRE

Se déplacer dans Dalat et autour

À scooter, à moto ou à vélo

Pour 1 journée à moto avec chauffeur, compter 20 US$ dans la ville ou 28 US$ à l'extérieur. Bien se faire préciser si le carburant de départ est inclus ou non. Résas auprès de nombreux hôtels et des agences de voyages. En règle générale, une moto louée à 7h est rendue vers 19h, sinon, négocier avant de partir.

– La compagnie *Easy Rider (67, Trương Công Định ; • vietnameasyriders.vn •)* emploie des dizaines de conducteurs de motos anglophones : ce sont des accompagnateurs au service des touristes, mais pas de vrais guides. Il faut le savoir car vous serez votre propre guide.

– *Excursions (francophones) à moto ou en voiture :* avec René Duong *(📱 09-07-83-62-99 ; • reneguide48@yahoo.com.vn •)* et son frère Duong Ngoc An *(📱 09-05-16-38-10 ; • ngocanguide@yahoo.com •).* Ces 2 guides exercent depuis une vingtaine d'années sur la région des Hauts Plateaux et sur les villes de la côte.

Adresses utiles

Informations touristiques

ℹ ***Dalat Travel Service – Agence de tourisme*** *(plan B2,* **1***) : 1, Nguyễn Thị Minh Khai. ☎ 382-25-20. 📱 09-44-70-22-33. • dalattourist.com.vn • En face de TTC Hotel Premium Dalat. Tlj 7h30-18h.* Peu de choses en dehors de quelques renseignements à la demande et leurs propositions de tours.

ℹ ***Dalat Travel Centre*** *(plan A2) : 7, Đường 3 Tháng 2, à l'angle de Nam Kỳ Khởi Nghĩa. ☎ 382-21-25. 📱 09-78-48-38. • dalattravelcenter.com • Tlj 7h-21h.* Propose des circuits et des trekkings. Peu de doc.

Change

■ ***VietinBank*** *(plan A2,* ***2****)* **:** *46-48, Nguyễn Chí Thanh, à côté de la pl. Hòa Bình. ☎ 382-24-95 ou 96. Lun-ven 7h-11h, 13h-17h.* Change les devises. Distributeur pour cartes *Visa* et *MasterCard*. Représente aussi *Western Union*.

■ ***Sacombank*** *(plan B2,* ***3****)* **:** *pl. Hòa Bình. ☎ 354-90-45.* Change les devises. Distributeur pour cartes *Visa* et *MasterCard*.

Transports

■ ***Vietnam Airlines*** *(hors plan par B2,* ***4****)* **:** *2, Hồ Tùng Mậu. ☎ 383-34-99 ou 384-18-41. • vietnamairlines.com • Lun-sam 7h30-11h30, 13h-16h ; dim 8h30-11h, 13h-16h.* Résas et achat des billets se font à ce bureau ou dans les agences de touristes partenaires au centre-ville.

■ ***Compagnie de bus Phương Trang*** *(plan A2)* **:** *11 A/2, Lê Quý Đôn, angle des rues Hải Tượng et 3 Tháng 2.* On y vend les billets de bus. Compagnie fiable.

Taxis : ***Dalat Taxis,*** *☎ 366-68-88 ;* ***Thắng Lợi Taxis,*** *☎ 380-08-30 ;* ***Mai Linh,*** *☎ 38-38-38-38 (les plus nombreux).*

Agences de voyages

■ ***Groovy Gecko Tours*** *(plan A1-2,* ***10****)* **:** *65, Trương Công Định, à côté de l'hôtel* Peace House 1. *☎ 383-65-21. 📱 09-85-05-12-78. • groovygeckotours.net • Tlj 7h-21h.* Toutes sortes de circuits et de treks, ainsi que des locations de VTT. Bon accueil en anglais, et bonnes prestations.

■ ***Thesinhtourist*** *(plan B1,* ***5****)* **:** *22, Bùi Thị Xuân. ☎ 382-26-63. • thesinhtourist.vn • Bureau situé à droite de l'entrée du* Trung Cang Hotel. *Un peu excentré, mais c'est là que les bus de l'*Open Tickets *déposent les routards.* Vente d'*Open Tickets* et excursions organisées à bon prix. Quelques hôtels très bon marché dans le secteur.

■ ***Highland Holiday Tours :*** *47, Trương Công Định. ☎ 351-10-47. 📱 09-82-26-61-23. • highlandholidaytours.com.vn •* Une bonne agence. Demander M. Thịnh, anglophone, qui pourra à son tour appeler M. Khôi, francophone, pour être votre guide. Location de VTT et de vélomoteurs.

Écotourisme et développement durable

■ ***Domaine Morère :*** *35/14, Phan Đình Phùng. 📱 09-78-54-66-59. • pierremorere@hotmail.fr • domainemorere.com •* Adepte du développement durable, Pierre Morère a repris le flambeau de son grand-père en travaillant aux côtés des groupes ethniques du village de Dasar, sur la plantation de café familiale située à 18 km à l'est de Dalat, proche du parc national de Bidoup Núi Bà. En coopération avec ces ethnies, il produit sur place du miel, du café, du thé, du chocolat, autant de produits naturels et bio. Le café Bourbon pointu Morère fut primé au concours mondial de café à Paris en 2016 et 2017. L'histoire de la famille perdure depuis plus de 120 ans, et valorise ce grand cru. On peut aussi contacter Pierre pour des randonnées dans le parc qu'il connaît bien. 2 excursions proposées en demi-journée : plantation café ou les amoureux du miel *(compter env 19 US$/pers ; min 2 pers pour une excursion).* Possibilité de dégustation en ville, à son showroom, à l'adresse ci-dessus, en lui téléphonant pour un rendez-vous.

Où dormir ?

Bon marché (jusqu'à 300 000 Dg / env 11 €)

Pretty Backpackers House *(plan A1-2,* ***11****)* **:** *3/14, Hai Bà Trưng. 📱 09-18-95-50-99. Lit en dortoir 6 US$.* Petite auberge de jeunesse dans une maison bien tenue. Accueil très chaleureux et anglophone de la maîtresse de maison. Dortoirs spacieux et bien équipés. Toilettes communes. Agréable

LE CENTRE

terrasse fleurie et ombragée sur le toit. À la demande, la propriétaire cuisine et les repas se prennent autour d'une grande table communautaire.

Hôtels Peace Guesthouse 1 et 2 *(ex-Hoà Bình ; plan A1-2,* ***10****) : 64 et 67, Trương Công Định. ☎ 382-27-87 ou 382-29-82. • peacedalat@gmail.com •* 2 adresses (même direction) presque l'une en face de l'autre, à 50 m de distance. Chambres bon marché avec parfois un balcon. Le ***Peace Guesthouse 2*** (au nº 67) est plus petit et plus agréable (demander une chambre au dernier étage, plus spacieuse).

Route 66 Hostel *(plan B1,* ***27****) : 83/5B, Nguyễn Văn Trỗi. ☎ 392-33-79. 📱 06-33-97-03-79. • dalathostellamdong.com •* Installée dans un petit passage au calme, cette auberge de jeunesse offre des dortoirs et des chambres doubles modernes et agréables. Très bon rapport qualité-prix. Accueil chaleureux par Linh. Table d'hôtes le soir.

Phương Thanh ou Chu's House *(plan A1-2,* ***10****) : 65, Trương Công Định. ☎ 382-50-97. • chuhouse.com • Juste à gauche du Peace Guesthouse 2. Doubles 12-17 US$.* Cette maison avec 2 réceptions a été refaite à neuf. Intérieur plaisant et bien tenu, avec ses parquets et ses fenêtres en forme de hublots. 2 chambres avec balcon sur la rue. Bon accueil en anglais. Quelques défauts : l'insonorisation peu efficace et les 2 chambres en sous-sol à éviter car manque de lumière.

Dalat 24h Guesthouse *(plan A1,* ***28****) : 56/17, Hải Thượng. ☎ 352-75-67. 📱 09-44-52-75-67. • dalat24hguesthouse.com • Lit en dortoir 4 US$, double 12 US$; petit déj inclus.* Un peu excentré, au coin d'une rue, un petit hôtel moderne de 3 étages abritant une dizaine de chambres, propres, claires et aérées. Abrite aussi un dortoir mixte (matelas doubles). Le propriétaire parle l'anglais. Une valeur sûre.

Prix moyens (300 000-600 000 Dg / env 11-23 €)

Dreams Hotel *(plan A1,* ***13****) : 140 et 141, Phan Đình Phùng. ☎ 383-37-48. • dreamshoteldalat.vn • Double env 600 000 Dg.* 2 mini-hôtels dans la même rue. Tout est bien, à commencer par l'accueil charmant de Mme Dung, francophone, qui est le plus souvent au 141. Décoration plus soignée que la moyenne, qui plaît aux Européens. Chambres impeccables (douche/w-c) avec plancher et double vitrage. Jacuzzi et sauna au dernier étage, gratuit entre 16h et 19h. Petit déj copieux compris, avec pain, beurre, *Vache qui rit,* confiture et fruits de saison. Même type de prestations pour les 2 hôtels.

Kim Cương Hostel *(plan B1,* ***18****) : 191, Bùi Thị Xuân. 📱 09-33-14-41-54. Lit en dortoir 5 US$, double 17 US$; petit déj inclus.* Un peu à l'écart du centre, cet hôtel économique à taille humaine contient 15 chambres et des dortoirs mixtes avec 6 lits superposés. Confortables, très propres, agréables à l'œil, elles ont toutes des toilettes privatives, la clim et une vue (petit balcon) sur la ville. Très belle vue aussi du salon, où l'on peut se relaxer dans des canapés. Accueil anglophone et dynamique. Le patron a fait un effort pour décorer l'*hostel* dans un style coloré plus moderne que traditionnel. Notre meilleure adresse dans cette catégorie. Propose des excursions en voiture, à moto et à dos d'éléphant.

Plus chic (1 000 000-2 000 000 Dg / env 38-76 €)

TTC Hotel Premium Dalat *(plan B2,* ***17****) : 4, Nguyễn Thị Minh Khai. ☎ 382-60-42. • dalat.ttchotels.com • Doubles 55-80 US$.* En plein centre-ville, à côté du marché, un hôtel moderne et fréquenté par les groupes. Chambres de bon confort à la déco classique. Tous les services de sa catégorie avec un petit déj-buffet. Resto, dancing-karaoké et salon de massage.

Blue Water Hotel *(plan B2,* ***26****) : 5, Nguyễn Thái Học. ☎ 383-38-88. • reservation@bluewaterdalat.com.vn • Doubles 40-90 US$.* En surplomb du lac, un hôtel sur le modèle d'un cottage anglais, en plus moderne. Déco originale avec escalier et boiseries de couleur sombre. Chambres confortables avec bois, carreaux à l'ancienne. Les *deluxe* disposent d'une grande baie vitrée avec vue sur le lac. Bref, tout le confort pour une adresse de charme ! Resto de cuisine mixte asiatique et européenne.

TTC Hotel Premium Ngọc Lan *(plan B2,* ***14****) : 42, Nguyễn Chí Thanh. ☎ 383-88-38. • ngoclan.ttchotels.com • Doubles 60-100 US$.* Tout beau, tout nouveau, un hôtel bien tenu, très bien situé, au cœur de Dalat. Belles et grandes chambres confortables. Décoration soignée et assez design.

À l'extérieur du centre

The Circle Hostel *(hors plan par B2,* ***23****) : 233, Đặng Thái Thân, Phường 3. 09-46-97-69-79. • thecirclevn.com • Double 250 000 Dg, triple 330 000 Dg.* Relativement excentrée, voilà une auberge de jeunesse originale et très tendance. Sur un petit terrain plat planté d'herbe, face à une verte vallée, des jeunes Vietnamiens astucieux et créatifs ont installé des couchages (2 ou 3 personnes) dans de gros tubes de béton coloré. Intérieur tout rond, chaleureux et en bois, fermé par une grande vitre. Vue agréable le matin sur la campagne. Ambiance jeune, écolo et saine.

Où manger ?

La région de Dalat regorge de fruits et de légumes. Au resto, goûtez aux pommes (*bom,* en vietnamien, vient du mot français), aux kakis séchés (très sucrés et délicieux), aux prunes (plantées dans la région de Trại Hầm), aux fraises. On trouve d'excellentes confitures de fraise, un peu trop sucrées, hélas. Les avocats, curieusement, se prennent comme dessert avec du sucre ou bien avec du sel et du poivre. Les artichauts sont consommés comme légume ou en infusion (racines, tiges, feuilles séchées). Enfin, pour les amateurs de raisin fermenté, la région de Dalat produit le vin le plus connu du pays. Goûtez-le, il se laisse boire volontiers.

Bon marché (moins de 100 000 Dg / env 4 €)

Le soir, allez dans les ***stands de nourriture,*** installés sur les marches de l'escalier, face à l'hôtel *TTC Hotel Premium Dalat,* non loin du marché. Également quelques ***petits restos populaires*** dans la rue Tăng Bạt Hổ, derrière la place Hoà Bình.

Prix moyens (100 000-250 000 Dg / env 4-9 €)

Thiết 168 *(plan A-B1,* ***31****) : 168, Phan Đình Phùng. ☎ 352-11-39. À l'entrée du passage pour rejoindre Sleep in Dalat.* 2 petites salles ouvertes sur la rue. Restaurant populaire où se mélangent locaux et touristes. Pizzas, pâtes, plats locaux à petits prix.

Trống Đồng *(plan A-B1,* ***30****) : 220, Phan Đình Phùng. ☎ 382-18-89.* Salle élégante avec accueil chaleureux des filles du patron. Cuisine raffinée. Spécialité de pâte de crevette cuite et servie sur un morceau de canne à sucre ; les plats d'anguilles sont divins. Belle carte des vins de Dalat. On y parle l'anglais.

Nhật Ly *(plan A1,* ***43****) : 88, Phan Đình Phùng. ☎ 382-16-51. Service jusqu'à 22h.* Adresse populaire servant une cuisine traditionnelle succulente. On y a goûté les meilleures crevettes au tamarin du Sud-Vietnam. Spécialités végétariennes. Prendre les plats en petites portions, déjà servis copieusement. Petite salle à l'arrière, plus calme.

Restaurant de famille, Maison Long Hoa *(plan A2,* ***32****) : 6, Đường 3 Tháng 2. ☎ 382-29-34. Service 11h30-14h, 17h-21h.* Un resto en plein centre-ville qui concocte de très bons plats vietnamiens ou d'inspiration française. Bœuf au citron, poulet *Long Hoa,* marmite de poisson, crème caramel et yaourt maison.

V Café *(plan B1,* ***44****) : 1/1, Bùi Thị Xuân. ☎ 352-02-15. Tlj 8h-22h.* Un lieu convivial où se retrouvent les voyageurs pour un petit déj à l'occidentale composé de toasts, de céréales, d'œufs et de jus de fruits. Cuisine fusion asiatique qui mêle les styles. Soupes, salades et pizzas. Bons desserts.

Dã Quỳ (plan A1, **39**) : *119, Phan Đình Phùng. ☎ 351-05-73. 09-03-14-90-55. Tlj, jusqu'à 23h.* Dans cette catégorie de prix, un des meilleurs restos de Dalat. À l'enseigne du « Tournesol Sauvage », une coquette petite salle, cuisine rutilante où l'on confectionne des plats franco-vietnamiens. Soupes de légumes bien fraîches, crevettes au sucre de canne, fondue asiatique (pour 2 personnes) à la viande ou aux fruits de mer. Service prévenant.

Blue Water Restaurant (plan B2, **36**) : *2, Nguyễn Thái Học. ☎ 353-16-68. Tlj, jusqu'à 23h.* Un resto avec de grandes baies vitrées, au bord du lac. Agréable terrasse, ensoleillée le jour et illuminée le soir, quand on a le regard tourné vers les étoiles. Cuisine asiatique comme il faut, sans prétention. Service pas très souriant. On vient uniquement pour être au bord du lac.

Où manger des viennoiseries ?

Hoan Hỷ Bakery-Hotel (plan A2, **38**) : *14, Ba Tháng Hai. ☎ 382-99-54. À la réception de l'hôtel voisin* Hoan Hỷ, *à la façade néoclassique française ! Tlj 7h-22h. Petits déj continental, américain ou vietnamien 2-3 US$.* Adresse réputée, rendez-vous incontournable des gourmands qui se retrouvent devant l'appétissante vitrine. En plus des traditionnelles viennoiseries, croissant, etc., laissez-vous tenter par les tartelettes à la noix de coco ou par les gros gâteaux à la banane, aux fruits ou encore au chocolat. À emporter aussi.

Où boire un verre ? Où prendre un goûter ?

Dalat Palace (plan B2, **59**) : *2, Trần Phú. ☎ 382-54-44. Tlj jusqu'à 22h env.* Dans l'hôtel *Dalat Palace,* voici le bar le plus chic de Dalat. Escalier majestueux pour monter du lac jusqu'à ce palace de style et d'ambiance coloniale. Au salon de thé (intérieur) ou en terrasse, possibilité de prendre un thé en goûtant aux pâtisseries (et chocolateries). Y aller plutôt après 17h et en soirée.

Où acheter du vin ?

Caveau de dégustation de la cave coopérative Dalatbeco : *9, Dã Chiến, district 11, par le bd Trần Hưng Đạo puis Hùng Vương, à 5 km à l'est de Dalat, non loin de la prison (!). ☎ 383-18-78. Tlj 9h-16h.* Modernisée et mise aux normes internationales, cette cave pilote peut se visiter à la demande (mais seulement pour les groupes). Elle emploie environ 70 personnes. Le caveau de dégustation dans le jardin, près de l'usine, ouvert à tous, est le 1er de ce genre au Vietnam. Vins importés mis en bouteilles sur place, mais aussi quelques vins 100 % vietnamiens, fermentés ou mélangés avec des fruits.

Magasins de vente dans le centre-ville : ***Vang Dalat,*** *3, Nam Kỳ Khởi Nghĩa, en face de* Dalat Travel Centre *et à côté de la* Vietcombank. Un marchand de vins et d'alcools. ***L'Angfarm,*** *18, Hoàng Văn Thụ, le long des escaliers qui mènent au marché.* • *langfarm.com* • *Tlj 7h30-22h30.* Un grand magasin de vente d'épicerie fine et de vins. Il s'agit d'une chaîne de qualité ayant des boutiques dans plusieurs villes du Vietnam.

À voir. À faire

Les brochures touristiques vantent en priorité les nombreuses cascades et chutes d'eau qui parsèment les collines autour de Dalat. Ces « attractions naturelles » attirent en masse les visiteurs vietnamiens, venus là en vacances ou en voyage de noces. À vrai dire, ces sites (Cam Ly, vallée d'Amour, lac des Soupirs, chutes de Datanla et de Prenn) sont intéressants si l'on s'éloigne des boutiques et des attractions bas de gamme. On peut y faire néanmoins de belles balades à pied dans les pinèdes qui bordent les rives.

Du centre de Dalat vers le nord

Très belle balade à faire à pied ou à bicyclette, sans se presser.

Le marché central *(plan B2,* ***50****) : au cœur de la ville, au nord de la rue Nguyễn Thị Minh Khai. Tlj 6h-18h.* Il s'agit d'une assez laide bâtisse en béton gris, sur 3 niveaux, construite en 1962 à l'emplacement de l'ancien marché incendié dans les années 1950. Ne le négligez pas, car l'intérieur donne un très bel aperçu de la variété de légumes, de fruits et de fleurs que les Vietnamiens cultivent dans la région de Dalat. Choix incroyable (climat oblige) et grande propreté. Amoncellement de fruits séchés, bouteilles d'alcool contenant des serpents et des scorpions (excellent pour se donner un coup de fouet, paraît-il !)... Au 1er étage, nombreux stands de vêtements.

Le lac Xuân Hương *(plan B2) :* on ne voit que lui en arrivant à Dalat par les collines. Ce lac artificiel de 45 ha fut creusé en 1919 à l'initiative d'un dénommé Cunhac, 1er résident français dans la station climatique. Il a vaguement la forme d'un long haricot. La ville « bourgeoise » s'est développée au fil des années sur les pentes vallonnées, au nord et au sud du lac.

LE CENTRE

Au nord de la ville

La pagode Linh Sơn *(Phật Giáo ; plan B1) : au sommet d'une colline à 1 km au nord du centre. Suivre la rue Phan Đình Phùng, puis tourner à droite 800 m plus loin, au carrefour avec la station-service ; la pagode se trouve face au 117A/B, Nguyễn Văn Trỗi. Visite de la salle du « culte » le w-e seulement, 7h-18h.* C'est la pagode la plus ancienne de Dalat, construite entre 1936 et 1940 par Võ Đình Dung, l'homme le plus riche de la ville à cette époque. Directeur d'une entreprise de bâtiment, il possédait 70 maisons à louer à Dalat. Aujourd'hui, une trentaine de bonzes y vivent.

Le couvent du domaine de Marie *(Nhà Thờ Lãnh Địa Đức Bà ; plan A1) : au sommet d'une colline au nord-ouest de la ville, au 6, Mai Hắc Đế. Tlj 7h30-11h30, 14h-17h.* Le couvent du domaine de Marie, construit entre 1940 et 1942, est une grosse bâtisse rose rénovée, aux toits couverts de tuiles rouges. Un vestige de l'époque coloniale qui n'a rien de formidable mis à part sa charpente en bois. Joli jardin où sont cultivés les « sabots de fée », une orchidée native de la région. C'est ici que repose la femme de l'amiral Decoux, la bienfaitrice du couvent, derrière l'église du domaine de Marie.

PLUS PRÈS DU CIEL

Avant la réunification du Vietnam en 1975 et la victoire des communistes (officiellement athées), on dénombrait à Dalat 29 monastères, abbayes et couvents appartenant à divers ordres catholiques ! Les religieux sont partis avant la fin de la guerre, ou bien ils ont été expulsés. Les frères de La Salle, par exemple, se sont installés en Thaïlande, où ils dirigeaient déjà des écoles.

Le centre historique de la Broderie *(XQ Sử Quán, Dalat Historical Village ; hors plan par B1,* ***51****) : 80, Mai Anh Đào. ☎ 355-23-48. • xqvietnam.com • À 5 km env du centre-ville. Tlj 8h-12h, 13h-17h (20h30 sam). Entrée : 100 000 Dg. Visite guidée payante en anglais.* Voici un superbe centre artisanal et culturel entièrement consacré à la broderie. Cadre superbe. On se promène avec une guide dans le décor raffiné d'un petit village créé de toutes pièces, avec des jardins fleuris et verdoyants, de ravissants bâtiments traditionnels, genre pagodes. Une douce musique vous accompagne, l'atmosphère est paisible. Sous vos yeux, des dizaines de brodeuses accomplissent, dans une concentration silencieuse qui impose le respect, un véritable travail de minutie.

– ***Bon à savoir :*** pour ceux qui ne veulent pas payer l'entrée, accès libre au grand showroom (sur plusieurs niveaux) qui offre un bel aperçu de tout ce que l'on peut tirer de la soie, de la broderie. Mise en valeur et éclairage splendide.

À l'est de la ville

Le jardin des Fleurs *(Vườn Hoa Thành Phố ; hors plan par B2,* ***53****) : Trần Quốc Toản, appelé aussi Jardin horticole. Situé à 2,5 km env du centre-ville, au bout du lac Xuân Hương. Pour y aller, suivre la rue Bà Huyện Thanh Quan qui longe la rive nord du lac. Tlj 7h30-18h. Entrée : 40 000 Dg.* D'accord, il y a beaucoup de fleurs, mais on a la vague impression de déambuler dans les rayons de *Jardiland*. Bref, on s'attendait à un peu plus de poésie et à un peu moins de béton, notamment pour les animaux ! Les admirateurs d'orchidées y trouveront peut-être leur bonheur malgré l'absence de diversité. Voir les « griffes de dragon », ces curieuses fleurs en grappes de couleur bleu turquoise, les roses jaunes appelées encore « Joséphine », les roses tendres connues sous le nom de « Grace de Monaco », ou les roses « B.B. », surnommées ainsi parce qu'elles ont la couleur du rouge à lèvres de Brigitte Bardot. Décidément, les Dalatois sont des gens très romantiques ! Jolie collection de bonsaïs.

– ***Bon à savoir :*** la ville de Dalat est environnée de collines où s'étend une multitude de serres éclairées la nuit. Y poussent (entre autres) des variétés de fleurs exportées vers le Japon. C'est ça la mondialisation !

L'ancien lycée Yersin *(Cao Đẳng Sư Phạm ; hors plan par B2,* ***54****) : au bout de la rue Yersin, à env 500 m sur la gauche en venant du lac. On le repère d'assez loin grâce à sa haute tourelle coiffée d'ardoises émergeant des arbres d'une colline, au sud du lac Xuân Hương. Ne se visite pas.* Il abrite aujourd'hui l'École normale supérieure. Construit en 1935, en l'honneur du découvreur de Dalat (Yersin) et entièrement rénové en partie avec des fonds français, il a vraiment l'allure d'une bâtisse française, du sud de la France. À ne pas confondre avec son petit frère, le petit lycée Yersin, autre vestige français, beaucoup moins impressionnant. À Hanoi, le nouveau et moderne lycée français s'appelle lycée Yersin.

La gare de Dalat *(Ga Đà Lạt ; hors plan par B2,* ***55****) : pour y aller, de la rive sud du lac, prendre la rue Yersin puis la rue Nguyễn Trãi sur env 500 m, et tourner à droite. Entrée : 5 000 Dg.* S'il y a un monument de style français de l'époque coloniale à ne pas rater à Dalat, c'est bel et bien cette gare ferroviaire. C'est la plus ancienne du Vietnam. On dirait une maquette de trains miniature qui aurait grandi sur un simple coup de baguette magique ! Certains disent que c'est la copie de la gare de Deauville. Même quasiment vide et désaffectée, elle mérite une photo. Avec ses 3 pignons et ses vitraux d'origine, ses énormes fauteuils en cuir, elle est si merveilleusement rétro qu'on s'attend à y voir surgir à tout moment notre cher M. Hulot (pas Nicolas), pipe au bec et l'air ahuri !

La ligne fut créée en 1928, la gare elle-même fut construite de 1932 à 1935 et les 1ers trains arrivèrent à Dalat à cette époque-là, empruntant la ligne Tháp

Chàm-Dalat (84 km) ouverte par les Français. En raison des attaques incessantes du Vietcong, celle-ci fut fermée en 1970.
Dans la gare, la locomotive Diesel est un cadeau des Russes, alors que la loco à vapeur fut rachetée aux Japonais au début du XXe s qui eux-mêmes l'avaient achetée aux Chinois. On peut dire qu'elle a voyagé !
➢ Un ***petit train*** effectue un circuit de 17 km aller-retour jusqu'au village de Trại Mát, dans les environs de Dalat. *En principe, départs tlj, 7h35-16h05, mais le train ne part que s'il y a un min de 25 pers. Compter env 130 000 Dg/pers pour 1h30 de balade, et visite de la pagode Linh Phước à l'arrivée (infos : ☎ 383-44-09).*

STYLES DE PROVINCE

Les villas de Dalat reprennent (de loin) le style architectural de 4 régions françaises : la Normandie avec les pans de bois apparents, la Bretagne avec les grosses pierres saillantes et les ardoises, la Savoie et ses chalets en bois avec balcons, et enfin le Pays basque reconnaissable à ses 2 pans de toiture asymétriques, et quelques pignons à colombages. Selon le style de la villa, on peut déceler l'origine géographique du Français qui fit construire la maison.

Les villas et les chalets d'époque coloniale : les plus imposantes villas se trouvent noyées dans les pinèdes de la rue Trần Hưng Đạo, sur une ligne de crête dominant la rive sud du lac. Il y en a qui sont à l'abandon mais il en reste de très mignonnes, parfois insolites, dans les rues Quang Trung et Nguyễn Du, après la gare, sur la route du lac des Soupirs. Ne se visite plus, on ne fait que passer ; les Russes, nombreux à Dalat, semblent avoir fait main basse sur le quartier.

Le musée du Lâm Đồng *(Bảo Tàng Lâm Đồng ; hors plan par B2-3,* ***56****) : 4, Hùng Vương, à 2,5 km du centre-ville, en contrebas du Dinh I et face au Vietsovpetro Hotel. ☎ 381-26-24. • baotanglamdong.com.vn • Pour y aller : bus urbain n° 3 ou moto-taxi. Mar-sam 7h30-16h30. Entrée : 15 000 Dg (est incluse la visite de la maison de l'impératrice Nam Phương).* C'est le musée de la province. À ne pas négliger, car il est plutôt intéressant, et expose des panneaux en anglais. On n'y passe pas plus de 30 mn. La plupart des vestiges proviennent de 5 temples découverts à l'ouest de Dalat dans les années 1980-1990 (et les fouilles continuent). Sans que l'on ait de vraies certitudes, certaines pièces remonteraient aux royaumes cham et Óc Eo, jusqu'à la préhistoire.

La résidence du gouverneur général *(hôtel Dinh II ; hors plan par B2-3,* ***57****) : à 2 km à l'est du centre de Dalat. ☎ 382-20-92.* Quoi qu'il en soit, pour l'instant, sans intérêt architectural majeur selon nous. Pour les acharnés : au carrefour de la rue Trần Hưng Đạo et de la rue Khởi Nghĩa Bắc Sơn, une route qui monte à cette grande demeure très massive, achevée en 1937, qui servit de palais d'été au gouverneur général Jean Decoux jusqu'à la fin de la Seconde Guerre mondiale, puis à Ngô Đình Nhu, frère du président Diệm, et plus tard encore au vice-président Nguyễn Cao Kỳ.

Dinh I – King Palace *(hors plan par B2-3,* ***58****) : 1, Trần Quang Diệu. ☎ 358-05-58. Dans une rue donnant sur Hùng Vương ; très excentré, à la sortie de la ville, sur la route de Nha Trang ; continuer après le musée du Lâm Đồng. Tlj 7h-16h. Entrée : 30 000 Dg.*
Le palais comprend 16 pièces vides de tout meuble intéressant, ou alors affreusement kitsch. Néanmoins, l'édifice a un certain charme avec son style d'inspiration française, ses murs jaunes, ses volets verts, et le parc de 18 ha n'est pas désagréable. Construit entre 1929 et 1933 par un industriel français, Clément Bourgery. Bảo Đại le récupéra et en fit une résidence de travail en 1949 après que la France se fut résignée à accorder une forme d'indépendance. Après les accords de Genève en 1954, Bảo Đại partit en exil en France et Ngô Đình Diệm devint 1er ministre.

Le président Ngô Đình Diệm organisait des réunions secrètes dans la luxueuse villa Dinh I (qui fut celle de Bảo Đại). Menacé, sans cesse sur le qui-vive, il fit même construire un tunnel relié à un héliport juste derrière le palais, pour s'enfuir en cas de besoin. Ce sont encore les militaires qui détiennent la clé du tunnel. On ne voit que les portes d'accès à mi-escalier et dans l'ex-chambre de Bảo Đại, à l'étage.

Au sud de la ville

Dalat Palace *(plan B2,* ***59****)* **:** *2 et 12, Trần Phú. ☎ 38-25-44. • dalatpalacehotel.com •* Perché sur une petite colline au-dessus du lac Xuân Hương, c'est le plus grand palace d'époque coloniale de Dalat. Construit en 1905 dans le style « balnéaire-colonial » propre à cette période, rénové et agrandi en 1922, il est aujourd'hui magnifiquement entretenu grâce à Larry Hillblom, le milliardaire américain fondateur de la société *DHL.* Le gouvernement français avait alors l'intention de faire de Dalat la capitale de la Fédération indochinoise, d'où probablement la dimension de ce palais. Le 1er réseau clandestin du Parti communiste vietnamien fondé en 1930 est né dans les cuisines de cet hôtel de grand luxe.
Le général Giáp a séjourné dans la suite nº 101 en 1946. Cuisiniers et serveurs constituèrent là le 1er noyau de la révolte anticoloniale. Plusieurs grandes conférences de l'histoire s'y sont déroulées, avant et après 1975. C'est presque un monument historique !
Après rénovation, il a retrouvé sa vocation de palace et abrite maintenant un hôtel 5 étoiles *(doubles 200-228 US$).* On se croirait dans un *Relais & Châteaux,* grâce au décor élégant des salons (tableaux de l'école de Caillebotte), au caractère des chambres (possibilité de faire un feu dans la cheminée en hiver). N'oubliez pas le café ouvert à tous, clients de l'hôtel et visiteurs de l'extérieur.

La cathédrale *(Nhà Thờ Lớn ; plan B2)* **:** *à gauche après le* Dalat Palace, *sur la rue Trần Phú. Tlj normalement, mais fermé 11h15-14h.* Devant cette grande église rose, on a presque la même impression qu'à Hồ Chí Minh-Ville devant la cathédrale Notre-Dame : c'est le style religieux des sous-préfectures françaises qui a été exporté jusqu'ici ! Édifiée entre 1931 et 1942, donc très récente, elle a remplacé une église de 1917 devenue aujourd'hui le presbytère, puis celle de 1922 devenue l'école Quang Trung. À l'intérieur, les vitraux en mosaïque viennent de France. On peut même y voir la marque de fabrique de l'artisan d'art français : « Grenoble, verrerie Balmet, 1940 ». Les Dalatois l'ont surnommée « l'église du coq », à cause de son coq en bronze juché au sommet du clocher. Un des 5 prêtres y officiant parle bien le français.

Le palais d'été de Bảo Đại *(Dinh III ; hors plan par A3,* ***61****)* **:** *on y monte par la rue Trần Phú, puis par la rue Lê Hồng Phong, en suivant celle-ci jusqu'au bout. Tlj 7h-17h. Entrée : 20 000 Dg. Protège-chaussures obligatoires à l'entrée. Explications en anglais.* C'est l'ancienne ***résidence d'été du dernier empereur du Vietnam*** (Bảo Đại régna de 1926 à 1945) qui se trouve au sommet d'une colline plantée de pins. Parmi les différents palais (ou *Dinh*) à visiter à Dalat, celui-ci est le plus intéressant, car cette grande demeure Art déco n'a pas changé d'un pouce depuis les années 1930.
Construite de 1933 à 1938, sur les plans d'architectes français et vietnamiens dans le ***style moderniste lancé par Gropius et Le Corbusier,*** elle abrite dans ses 26 pièces une foule de souvenirs et d'objets ayant appartenu à la famille impériale : le bureau de Bảo Đại avec 2 de ses sceaux, son buste, ses livres français (il lisait en cachette des OSS 117 en faisant semblant de bosser !), 2 téléphones d'époque (le sien et celui de Nguyễn Văn Thiệu), les portraits en noir et

LE CENTRE

blanc (signés Harcourt) de Bảo Đại, de sa femme et de son fils, le sauna des années 1930, ou encore la grande table de réunion avec, sur la cheminée, une carte du pays gravée dans le verre (faite à Paris).
À l'étage se trouvent les chambres de son fils Bảo Long, tout en jaune, la couleur impériale, de la princesse Phương Mai, et de la reine Nam Phương, épouse de l'empereur, décédée en 1963 au village de Chabrignac (Dordogne). Belle vue sur les jardins à la française. Enfin, au rez-de-chaussée, on peut admirer les ***trônes sculptés*** de l'empereur et de son épouse, les habits de réception et les bijoux.

La Maison Hằng Nga *(ou « Maison Folle » ou « Crazy House » ; plan A3,* ***52****)* **:** *3, Huỳnh Thúc Kháng. ☎ 382-20-70. Depuis la rue Trần Phú, prendre Lê Hồng Phong sur la gauche puis la 1re rue sur la droite. Tlj 8h30-19h (22h sur résa). Entrée : 50 000 Dg.*
L'hôtel (eh oui, on peut aussi y dormir !) le plus insolite et le plus délirant du Vietnam. Un endroit fantastique, dans le vrai sens du terme. Sur la route qui monte à travers les collines au palais de Bảo Đại, impossible de rater la maison *Hằng Nga,* sur la droite.

VIETNAM INSOLITE

La propriétaire de la pension Hằng Nga, Mme Đặng Việt Nga, est la fille de Trường Chinh, bras droit de Hồ Chí Minh et ancien président de la République du Vietnam. Le père était un réaliste, la fille est une surréaliste ! Architecte inspirée par ses rêves, par la forêt et ses légendes merveilleuses plus que par le dogme politique, cette femme attachante et originale se fait appeler « Reine de la Nuit » ou « Femme de la Lune ».

À l'entrée, une immense girafe en béton regarde des arbres (en béton aussi) abritant des chambres aux formes tarabiscotées, ornées de sculptures de bêtes et de miroirs. Un pavillon abrite la chambre du tigre avec des rideaux roses. À côté, c'est le « chalet du bonheur », pour couple en lune de miel. D'autres pavillons cachent un ours, 2 abeilles avec leur pot de miel, un kangourou... Le jardin est parsemé de sculptures naïves, de formes végétales, de champignons gigantesques, une toile d'araignée, etc. Une buvette avec vue panoramique au sommet d'un « arbre-maison »...
Le style du lieu évoque les bicoques des Schtroumpfs, les délires du Facteur Cheval, et les audaces de Gaudí. Incroyable demeure que l'on découvre comme un musée d'architecture surréaliste en plein air ! Pas un seul angle droit (ou presque pas), ici, tout n'est que formes arrondies et ondulantes, comme les feuilles des arbres. Longtemps, on a ignoré Đặng Việt Nga, cette architecte géniale qui a toujours 50 ans d'avance sur son pays. Aujourd'hui, la visite de ce chef-d'œuvre est programmée dans les tours de l'office de tourisme. Voilà ce qu'on appelle la reconnaissance !
– ***Bon à savoir :*** la maison abrite aussi un hôtel. Les 8 chambres, appelées « Kangourou », « Ours », « Tigre »... se louent à la nuit *(doubles 1 000 000-2 000 000 Dg).* Attention, elles sont très originales et très bruyantes. On ne conseille pas d'y dormir.

Les villas coloniales : dans la rue Lê Hồng Phong qui mène à l'Institut Pasteur et au palais de Bảo Đại (Dinh III), plusieurs villas entourées de jardins fleuris, dont certaines reconverties en villas-hôtels. Voir aussi plus haut le paragraphe « Les villas et les chalets d'époque coloniale ».

L'ancien couvent des Oiseaux *(hors plan par A2,* ***64****)* **:** *sur la butte au-dessus de l'intersection des rues Hoàng Văn Thụ et Huyền Trân Công Chúa.* Dans la série « la nostalgie n'est plus ce qu'elle était », on ne peut trouver mieux ! C'était le pensionnat français le plus chic de Dalat, sinon du Vietnam ! Abrite aujourd'hui l'école de formation des profs et des instituteurs des minorités ethniques.

DANS LES ENVIRONS DE DALAT

La pagode Linh Phước (hors plan par B2) **:** *120, Tự Phước, à 8 km à l'est de Dalat ; suivre la route de la gare de Trại Mát (QL20). ☎ 917-72-12-80. Tlj. GRATUIT.* C'est de loin la plus belle pagode de Dalat, et la plus originale. Inaugurée en 1952, elle est en grande partie couverte de morceaux de céramiques et de pièces de verre, précédée à l'extérieur un grand dragon sculpté long de 49 m. C'est le thème du dragon qui a inspiré la décoration de cette pagode (piliers, toiture, autels, tourelles). La grande salle intérieure est soutenue par 2 rangées de colonnes richement ornées. La tour principale abrite la plus lourde cloche du Vietnam (8,5 t). Voir aussi les nombreuses sculptures sur bois de style tarabiscoté.

***Le mont Lang Biang** (ou « mont de la Dame ») **:** montée en jeep 360 000 Dg. Entrée du site : 30 000 Dg. On peut partager la jeep avec d'autres passagers (2-6 places). Attention : on ne peut plus y monter à scooter comme par le passé.* Cette grosse et belle montagne est le point culminant (2 163 m) de la province de Lâm Đồng et la montagne sacrée des minorités ethniques.

➢ On y arrive facilement au départ du village de Lát en suivant une route goudronnée (environ 7 km). On y va à pied ou en jeep. La montée en jeep dure 20 mn. En fait, la route ne va pas jusqu'au sommet mais s'arrête à une sorte de plate-forme excentrée à 1 900 m. Belle vue par beau temps, on peut voir la mer de l'Est au loin.

➢ ***Y monter à pied :*** cette randonnée est possible mais s'adresse à de bons marcheurs car la pente est raide, surtout les derniers 600 m. L'accès au début du sentier se fait en bas de la montagne, en prenant une route sur la droite avant la barrière d'entrée du site.

– ***Bon à savoir :*** l'office de tourisme organise des randonnées. *Compter 15-25 € env selon nombre de pers (avec visite du village lát) pour une balade de 6h, mais le guide n'est plus obligatoire.*

***Les chutes et le lac d'Ankroët :** à 18 km au nord-ouest de Dalat. Il n'est pas nécessaire d'avoir une autorisation ni un guide officiel.* Pour atteindre ce site, compter 30 à 40 mn à moto-taxi (route goudronnée). On traverse de beaux paysages de collines ondulantes couvertes de sapins, des petits vallons avec des jardins maraîchers et des serres pleines de légumes ou de fleurs. Les chutes se trouvent dans un chaos rocheux granitique creusé par des bassins naturels d'eau douce. Mais attention, de plus en plus en saison sèche, il arrive qu'il n'y ait pas d'eau (elle est utilisée pour l'approvisionnement de Dalat)... Renseignez-vous avant de prendre la route.

LA CÔTE DE ĐÀ NẴNG À HỒ CHÍ MINH-VILLE

Près de 1 000 km (précisément 966 km) séparent Đà Nẵng et Hồ Chí Minh-Ville (Saigon). Une étroite bande de terre entre la mer, la cordillère et les Hauts Plateaux. Que voir au long de ce bel axe côtier, ancienne route Mandarine (devenue route nationale n° 1) qui relie depuis des siècles le nord et le sud du pays ? Le site de Nhà Trưng Bày (Mỹ Lai), le port et les

plages de Quy Nhơn et, plus au sud, les tours cham aux alentours de Phan Rang et la baie de Nha Trang, les *resorts* (grands hôtels) sous les cocotiers en bordure d'océan à Phan Thiết et Mũi Né. Un beau morceau de la carte du Vietnam !

QUẢNG NGÃI

125 000 hab. IND. TÉL. : 255

À 131 km au sud de Đà Nẵng, Quảng Ngãi, capitale de la province éponyme, présente un intérêt plus mémoriel que touristique : elle est la porte d'accès au site de Mỹ Lai (à 12 km) où des soldats américains commirent le plus horrible massacre de civils de la guerre du Vietnam. On marquera à Quảng Ngãi une étape plus qu'un séjour.

UN PEU D'HISTOIRE... BIEN TRISTE

La campagne et les rizières autour de Quảng Ngãi ont longtemps porté les stigmates du conflit (mines, défoliants, bombes non explosées, misère accrue...). Les Américains y avaient créé des « zones blanches » de *free killing,* littéralement des zones de « tuerie libre », où les soldats pouvaient tirer sans distinction sur tout ce qui bougeait...

PETIT BRIQUET, GRAND FEU

Lors de la guerre du Vietnam, un « Zippo Raid » était le nom d'une opération militaire consistant à détruire par le feu un village supposé être aux mains des Vietcong. Les soldats américains utilisaient leurs briquets Zippo pour allumer le brasier...

Le village de Bình Sơn (à 24 km au nord de Quảng Ngãi), à la limite de 2 provinces, le Quảng Ngãi et le Quảng Nam, fut le théâtre de combats acharnés lors de l'opération Starlight qui visait à pacifier définitivement la région. Les soldats américains opéraient à partir de leur base voisine de Chu Lai (dont il ne reste aujourd'hui que des bâtiments en béton en ruine entourés de terrains vagues).

LE CENTRE

Arriver – Quitter

En bus

Gare routière publique *(Bến Xe Quảng Ngãi)* **:** *2, Trần Khánh Dư (route nº 1). ☎ 382-21-44. À 2,5 km au sud-est du centre.*

➢ Nombreuses compagnies desservant ***Đà Nẵng, Dalat, Hanoi*** et ***Hồ Chí Minh-Ville.***

Gare routière de la compagnie Chín Nghĩa *(Bến Xe khách Chín Nghĩa)* **:** *125, Đinh Tiên Hoàng. 📱 016-28-82-77-68. À 1,5 km à l'est du centre (1 km au nord de la gare publique).*

➢ ***Pour Hanoi :*** 2 bus/j. Durée : 16h.

➢ ***Pour Hồ Chí Minh-Ville :*** 1 bus/h, 13h-19h. Durée : 15h.

En train

Gare ferroviaire : *à 3 km à l'ouest du centre-ville, en suivant la rue Hùng Vương. Prendre une moto-taxi. Pour les horaires : ● vr.com.vn ●*

➢ ***Pour Hồ Chí Minh-Ville*** *(via Nha Trang)* **:** 6 trains/j. Vers le nord, le plus rapide, le *SE3,* quitte Quảng Ngãi à 15h35. Durée : env 7h pour Nha Trang et 15h pour la capitale.

➢ ***Pour Hanoi*** *(via Đà Nẵng et Huế)* **:** 6 trains/j. Le plus rapide, le *SE4,* quitte Quảng Ngãi à 11h27. Durée : env 3h pour Đà Nẵng, 5h pour Huế et 18h pour Hanoi.

➢ ***Pour Đà Nẵng et Huế :*** en plus des

trains allant à Hanoi, le train *SE21* arrive à Quảng Ngãi à 12h55. De Quảng Ngãi pour Đà Nẵng, le *SE22* part à 3h40. Durée : env 4h.

Où dormir ? Où manger ?

Hôtel Lê Lợi : *17, Lê Lợi. ☎ 372-86-79. 09-37-58-21-03. Doubles 200 000-270 000 Dg. Pas de petit déj.* Chambres bien tenues, sans charme aucun, certaines donnant sur le couloir. On n'y passerait pas ses vacances, mais c'est bien placé : à 2 km de la gare routière et 1 km au sud du marché et de l'animation.

Central Hotel : *1, Lê Lợi (angle avec Quang Trung). ☎ 382-99-99. Double env 30 US$.* Hôtel grand chic, mais qu'on ne s'attende pas au *Ritz*. Passé la moquette moutonneuse des longs couloirs, les chambres sont plutôt propres, grandes et bien équipées. Les salles de bains, clean elles aussi, ont bien dû connaître la chute du mur de Berlin. Petit déj et dîner à prendre au resto « panoramique » du 7ᵉ étage qui ne vous enverra pas au 7ᵉ ciel.

Peu de solutions pour briser le jeûne à Quảng Ngãi. Les meilleures opportunités se trouvent autour du croisement entre les rues Trần Hưng Đạo et Phan Đình Phùng. Très original et vraiment pas cher, le **Sasin** *(angle Phan Đình Phùng et Trần Hưng Đạo ; 09-09-88-58-59 ; plat env 40 000 Dg)* propose des *mì cay*, une spécialité de nouilles servies dans des caquelons de fonte. C'est aussi savoureux que pimenté. Beaucoup de jeunes couples.

Un peu plus familial et très populaire, le **Nhung 2** *(136, Phan Đình Phùng ; ☎ 381-53-62)* se signale par d'immenses bacs à soupe à l'entrée d'une grande salle crûment éclairée par des néons. Propose aussi des nouilles et du riz. Copieux à défaut d'être d'un grand raffinement. On trouve également pas mal de cafés dans le coin, pour un petit jus, voire une gourmandise sucrée, comme **The Koffie** *(114, Trần Hưng Đạo ; 09-14-82-37-24)* qui se distingue par une salle fermée largement vitrée et un rien design, sur fond de vitraux aux murs.

DANS LES ENVIRONS DE QUẢNG NGÃI

Khu Chứng Tích Sơn Mỹ *(musée du Massacre de Sơn Mỹ ;* ***site de Mỹ Lai) :*** *pour rejoindre le site, à 12 km au nord de Quảng Ngãi, pas de bus public ; prendre une moto-taxi. Tlj 7h-16h30. Entrée : 20 000 Dg. Des excursions sont organisées au départ de Hội An ; compter env 10 US$ et 2h de trajet.*
Le 16 mars 1968 à l'aube, 3 compagnies d'infanterie de l'armée américaine attaquèrent le village de Mỹ Lai et ses 4 hameaux, fief vietcong au cœur d'une zone de *free killing* (tirs à volonté). Des hélicoptères déposèrent les soldats de la compagnie Charlie dans les rizières. Une des sections, dirigée par le lieutenant William Calley, s'avança vers le hameau de Xóm Láng, en mitraillant les villageois affolés qui s'enfuyaient. Les soldats jetèrent des grenades dans les maisons, mirent le feu aux huttes et aux cases, tirant sur tout ce qui bougeait : hommes, femmes, vieillards, enfants, bétail. Des femmes furent violées et exécutées, un vieillard fut jeté dans un puits, une famille entière liquidée sous les rafales des M16 dans un ruisseau, etc. La liste des atrocités commises à Mỹ Lai par les soldats américains est trop longue pour être donnée ici en détail. Aucun combattant vietcong ne se trouvait dans le village ce jour-là. Cette opération fut donc rien moins qu'une boucherie aveugle : le massacre de 504 civils innocents durant 3h.
Il n'y eut aucune victime américaine, si ce n'est le soldat Herbert Carter qui eut le courage de se tirer une balle dans le pied pour ne pas participer au massacre. Un seul qui a refusé de commettre de telles atrocités : quelle indignité collective !

Bien que les soldats aient reçu l'ordre de taire cette tuerie, certains finirent par parler. La presse découvrit l'horreur, et l'opinion américaine reçut avec Mỹ Lai le plus gros choc psychologique de la guerre du Vietnam (quelques semaines à peine après l'offensive du Tết). Seul Calley fut traduit en cour martiale et reconnu coupable du meurtre de 22 civils non armés. Condamné à la prison à vie, il passa 3 ans seulement assigné à résidence et fut libéré en 1974 (quel cynisme !). Quelles furent les vraies raisons du massacre ? Ce fut une opération de représailles destinée à « donner une bonne leçon » aux paysans accusés d'héberger, de nourrir et de collaborer avec les combattants vietcong. En outre, on sait que Calley, petit officier, cherchait par tous les moyens à faire du zèle pour avoir une promotion...

SURVIVRE AU MASSACRE

504 Vietnamiens furent tués à Mỹ Lai en mars 1968. Seuls quelques survivants témoignèrent du massacre, à l'exemple de la jeune Võ Thị Liên. Cette femme fut longtemps la guide officielle du site et du musée de Sơn Mỹ. Elle a survécu physiquement certes, mais comment a-t-elle fait pour tenir mentalement ?

– ***Le musée :*** construit à l'emplacement même du hameau martyr de Xóm Láng. Dès l'entrée, une immense stèle recense les noms des 504 civils tués, plaçant tout de suite les visiteurs dans l'atmosphère d'horreur du massacre. La visite, effectuée dans le sens des aiguilles d'une montre, décompose l'horrible journée : le village avant, les préparatifs de l'« opération », l'arrivée des soldats sur le site, puis les 1res victimes. Une matinée de guerre presque habituelle. Soudain, tout dérape : les maisons brûlent, les cadavres s'accumulent, les photos se font glaçantes. Certaines pourront choquer les âmes sensibles et les enfants.

Quelques objets personnels, exposés en contrepoint, accentuent leur statut de victimes innocentes. La fin du parcours évoque l'importance de l'intervention du pilote d'hélicoptère Hugh Thompson, qui permit de mettre fin au massacre, puis les protestations internationales et le procès qui s'ensuivirent. Incroyable, ce nombre d'images, se dit-on : le photographe Ronald Haeberle, embarqué avec la troupe, a « mitraillé » avec son appareil 3h durant, restituant l'horreur dans ses moindres détails.

UNE MYSTÉRIEUSE MALADIE

Elle a été recensée à Quảng Ngãi par les services de la santé. En 2011, au moins 23 personnes en sont mortes. Cette maladie se manifeste par des ulcères sur les mains et les pieds qui ressemblent à de graves brûlures et qui raidissent les membres du malade. Conséquence lointaine et sournoise du napalm et de l'agent orange ?

– À l'extérieur se dresse un ***grand mémorial.*** Juste à côté, des vestiges de maisons détruites et des stèles portant le nom de leurs occupants, des familles entières assassinées. Certains survivants (de plus en plus rares, vu leur âge) accompagnent parfois les visiteurs en racontant leur histoire. Plus d'un demi-siècle plus tard, l'horreur et la désespérance se lisent encore dans leurs yeux.

QUY NHƠN

280 000 hab. IND. TÉL. : 256

• Plan *p. 371*

Cette capitale de la province de Bình Định est située à 677 km au nord de Hồ Chí Minh-Ville et à 303 km au sud de Đà Nẵng. La ville se trouve à une

dizaine de kilomètres de la route n° 1. Elle s'étale au fond d'une baie, sur une pointe de sable qui ferme le goulet d'une rade intérieure, dominée par un amphithéâtre de montagnes.
De belles avenues et une promenade ont été aménagées le long de la plage, côté sud, face à laquelle se dressent les immenses carrelets des pêcheurs. Sur le sable, un peu partout, des bateaux-paniers, tout ronds. Difficile de tomber en extase devant cette grosse cité, mais elle est bien située et sa baie est plutôt jolie. On se concentrera donc sur cet atout-là, et on améliorera sa technique du pâté (impérial) de sable !

UN PEU D'HISTOIRE

À l'origine, se trouvait ici le port cham de Çri Vini, relié à Vijaya, la capitale du royaume du Champa, située 26 km plus au nord. Tous les envahisseurs qui s'attaquèrent à Vijaya au fil de l'histoire commencèrent par harceler son port : les flottes mongoles (au XIIIe s), khmères et annamites (dynastie des Nguyễn) prirent d'assaut ce site stratégique.
Avant l'établissement du protectorat français sur l'Annam au XIXe s, la ville avait déjà connu les 1ers missionnaires français, comme Alexandre de Rhodes, qui débarqua à Quy Nhơn avant de pénétrer à l'intérieur du pays. Dans les années 1920, c'était le siège de l'évêché de la Cochinchine orientale et le port était encore fréquenté par des jonques chinoises venues de Singapour et de l'île de Hai Nan. Pendant la guerre du Vietnam, les Américains avaient une base importante à la sortie de la ville. Toute la région fut durement bombardée et arrosée de napalm. Des foules de campagnards vinrent alors se réfugier à Quy Nhơn.

Arriver – Quitter

En bus

Gare routière *(hors plan par A1) : rue Tây Sơn, à 2 km au nord-ouest du centre-ville (direction Nha Trang).* On vous conseille les bus express, plus rapides et plus confortables. Départs nombreux selon destination. Acheter son billet la veille. On recommande la compagnie *Mai Linh Express.* Sinon, utiliser les minibus locaux qui parcourent régulièrement la NA 1, entre Đà Nẵng et Quy Nhơn.
➢ ***Pour Quảng Ngãi :*** 174 km. Durée : env 4h.
➢ ***Pour Đà Nẵng :*** 303 km. Une vingtaine de bus 7h-15h. Durée : 5-6h.
➢ ***Pour Nha Trang :*** 238 km. Une quinzaine de bus 7h-14h. Durée : 5h.
➢ ***Pour Hồ Chí Minh-Ville :*** 677 km. Au moins 6 bus/j., surtout en fin d'ap-m. Durée : env 12h.
➢ ***Pour Pleiku*** *(Hauts Plateaux) :* 186 km. Bus ttes les 45 mn, 5h45-13h30. Durée : env 3h.

En train

Gare ferroviaire *(plan A1) : Lê Hồng Phong, à Quy Nhơn. ☎ 382-20-36. Ouv 7h-18h30.* Infos et achat de billets. Mais les trains ne viennent plus jusque-là : il faut aller à la ***gare ferroviaire de Diệu Trì,*** à 10 km à l'ouest de Quy Nhơn, pour prendre l'express de la Réunification qui dessert toutes les villes côtières jusqu'à Hanoi au nord, et jusqu'à Hồ Chí Minh-Ville au sud.

Adresses utiles

■ ***Vietcombank*** *(plan A1, **1**) : 152, Lê Lợi (à l'angle de Trần Hưng Đạo). Lun-ven 7h-11h, 13h30-16h30 ; sam 8h-11h.* Change les dollars. Distributeurs.

■ ***Vietnam Airlines*** *(plan A1, **2**) : 274, Trần Hưng Đạo. ☎ 382-53-13. • vietnamairlines.com • Tlj 7h-11h, 13h-17h.*

Où dormir ?

Prix moyens (300 000-600 000 Dg / env 11-23 €)

🏠 |●| ***Ngọc Linh Hotel*** *(hors plan par A2,* ***12****) : 6, Trần Văn Ơn. ☎ 354-66-99. Compter env 20 US$ avec balcon vue sur mer.* Beau petit hôtel récent et bien situé, dans une petite rue calme à 50 m de la plage. Chambres simples et propres. Accueil chaleureux. Restaurant en terrasse. Location de motos.

🏠 ***Hải Hà Hotel*** *(plan B2,* ***13****) : 5, Trần Bình Trọng. ☎ 389-12-95. • rubyhaiha@gmail.com • Double 250 000 Dg.* Bien placé, à 200 m de la plage municipale. Plus de 1re jeunesse mais encore très acceptable et propre. Préférer les chambres des étages, car elles sont plus claires, avec clim et TV. Café et malheureusement karaoké bruyant jusqu'à 23h30.

Chic (600 000-1 000 000 Dg / env 23-38 €)

🏠 ***Bình Dương Hotel*** *(hors plan par A2,* ***16****) : 493, An Dương Vương. ☎ 384-62-67. • binhduonghotel.com.vn • À 2 km du centre-ville, sur la route longeant la grande plage. Doubles 490 000-550 000 Dg, petit déj inclus.* Tout est grand dans cet hôtel : les halls immenses comme les chambres, qui mesurent de 30 à 80 m² ! Cela explique peut-être le côté un peu froid des lieux, mais le confort est correct et les prix restent très abordables pour dormir proche de la plage.

De plus chic à très chic (1 000 000-3 310 000 Dg / env 38-126 €)

Des hôtels au standard international construits en bord de plage proposent des chambres à des prix intéressants (de 30 à 55 €) pour un confort 4 étoiles. Profitez-en ! D'autant plus que c'est là où la plage est la plus agréable ; baignade encadrée, avec des vagues acceptables.

🏠 ***Saigon-Quy Nhơn Hotel*** *(plan B2,* ***18****) : 24, Nguyễn Huệ. ☎ 382-99-22. • saigonquynhonhotel.com.vn • Doubles 72-100 US$ (bonnes ristournes sur Internet), petit déj-buffet et taxes inclus.* Un hôtel 4 étoiles avec piscine, au style imposant, au lobby un peu tape-à-l'œil, mais ça s'arrange dans les étages et les chambres sont très confortables. La plage est juste de l'autre côté de la route. Les chambres les moins chères sont abordables. Si vous n'avez pas la chance d'y loger, allez boire un verre au dernier étage, on y jouit d'une très belle vue sur la ville et ses environs.

🏠 |●| ***Seagull Hotel*** *(hors plan par A2,* ***15****) : 489, An Dương Vương. ☎ 384-63-77. • seagullhotel.com.vn • Sur la plage. Doubles 55-85 €, petit déj et taxes inclus.* L'un des 2 hôtels au standard international les moins chers de la station. Excellent niveau de confort, une piscine extérieure couverte, et un bon resto qui propose une carte copieuse, tant côté spécialités vietnamiennes que pour les plats occidentaux. Bon service (mais attention, 15 % de taxes s'ajoutent aux prix de la carte !). La vue sur la mer donne l'impression d'avoir embarqué.

🏠 ***Royal Hotel*** *(hors plan par A2,* ***17****) : 1, Hàn Mạc Tử. ☎ 374-71-00. • royalquynhon.com • Doubles 45-85 US$, petit déj et taxes inclus.* À la pointe sud de la plage, à la fin d'An Dương Vương, l'hôtel le plus chic de la ville, aux chambres immenses, parquetées et soignées. Les plus chères regardent la mer. Original, l'établissement a aménagé des promenades sur la côte qui devient rocheuse à cet endroit ainsi qu'une piscine intégrée au paysage. Pour se divertir, outre la plage : tennis, jacuzzi, sauna, massage, restos, etc. Café-resto très agréable surplombant la plage.

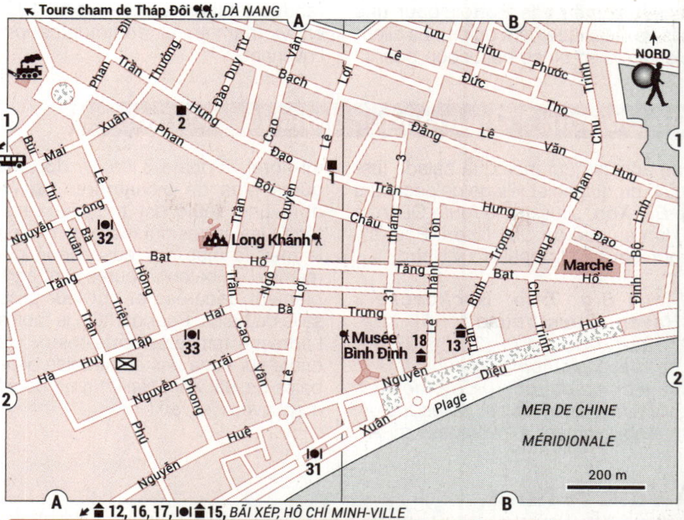

QUY NHƠN

Adresses utiles
- 1 Vietcombank (A1)
- 2 Vietnam Airlines (A1)

Où dormir ?
- 12 Ngọc Linh Hotel (hors plan par A2)
- 13 Hải Hà Hotel (B2)
- 15 Seagull Hotel (hors plan par A2)
- 16 Bình Dương Hotel (hors plan par A2)
- 17 Royal Hotel (hors plan par A2)
- 18 Saigon-Quy Nhơn Hotel (B2)

Où manger ?
- 31 Gargotes de rue (A2)
- 32 Quê Hương 2 (A1)
- 33 Oishi Quán (A2)

LE CENTRE

Où manger ?

Outre quelques gargotes pas toujours ISO 9000 (évitez les crudités) et les restaurants des hôtels habitués pour beaucoup aux groupes (celui du *Seagull Hotel* est très correct, voir plus haut dans « Où dormir ? »), pas grand-chose de folichon à se mettre sous la dent à Quy Nhơn.

De bon marché à prix moyens (moins de 250 000 Dg / env 9 €)

Gargotes de rue *(plan A2, **31**) : sur Ngọc Hân Công Chúa, entre Nguyễn Huệ et le littoral.* Ambiance très *roots* pour des plats de rue, soupes, riz frit. Le Vietnam nature, quoi !

Quê Hương 2 *(plan A1, **32**) : 185, Lê Hồng Phong. ☎ 382-93-95. Tlj 9h-22h30.* La salle avec balcon sur la rue est plus lumineuse que celle de l'arrière, certes climatisée. Au programme, des petits prix et des spécialités locales : sanglier, intestins de porc farcis, pigeon grillé, anguille, grenouilles et autres soupes à la tête de serpent. Sans faire la langue de vipère... service pas vraiment glamour.

Oishi Quán *(plan A2, **33**) : 105D, Hai Bà Trưng. 📱 09-35-35-00-55. Tlj 10h-22h.* Quelques tables dans une salle sans effets de style, et d'autres posées à même le trottoir pour une cuisine classiquement du cru. La clientèle locale en pince beaucoup pour la fondue (chinoise, elle). Carte 100 % en vietnamien et communication à l'avenant.

Où dormir ? Où manger dans les environs ?

Une adresse qui mérite la balade jusqu'au croquignolet village de pêcheurs de ***Bãi Xép,*** situé sur la route QL1A, à 10 km au sud de Quy Nhơn. Pour s'y rendre, bus *T11* depuis Quy Nhơn.

Big Tree Backpackers – Haven Guesthouse : ***Bãi Xép.*** *☎ 384-00-00. 09-32-56-07-49. • bgtreebaixep.com • havenvietnam.com • Lit en dortoir 10 US$, doubles 35-50 US$, petit déj et taxes inclus.* Un établissement à 2 visages : mi-AJ, mi-hôtel. À peine 8 lits en dortoir et guère plus de 5 chambres privées, dont une seule est tournée vers la terre : les autres ont les yeux rivés sur la mer, la plus onéreuse bénéficiant même d'un balcon. Toutes sont agréablement décorées et ont leur propre salle de bains. Pour parfaire le tableau, l'adresse fait aussi café-resto, plein cadre sur l'une des admirables petites baies de Bãi Xép. *Haven* rime décidément avec *Heaven* !

À voir. À faire

La plage *(hors plan par A2)* **:** un peu de farniente sur la partie nord où se situent les beaux hôtels avec une zone réservée aux baignades, car les vagues sont moins importantes.

La pagode de Long Khánh *(plan A1)* **:** *141, Trần Cao Vân.* Pagode fondée au début du XVIIIe s par un marchand chinois, mais reconstruite en 1946, donc pas de charme particulier. Grande statue de Bouddha dominant un bassin aux nénuphars. Une tour de 7 étages, très ornementée, a été récemment érigée à côté. Ses escaliers sont bordés de dragons évoquant des serpents de mer.

Le musée Bình Định *(plan B2)* **:** *26, Nguyễn Huệ. Tlj 7h-11h30, 13h30-17h. Entrée : 5 000 Dg.* Les amateurs d'art cham se consoleront ici de l'austérité des tours de Tháp Đôi. Le musée comporte 3 salles : une consacrée à l'épopée vietcong dans la région (à droite) ; une autre, un peu fouillis, à l'histoire et aux traditions régionales (à gauche) ; une 3e, la plus intéressante (au centre), présente une très belle collection lapidaire d'art cham des XIIe-XIIIe s. Un véritable panthéon de dieux (Shiva en méditation, inquiétant Dvarapala, Brama en majesté...) et d'animaux fantasmagoriques (garudas, lions rieurs, taureau Nandin...). Notre favorite, la superbe déesse Mahishasura, au nom bercé d'orientalisme.

Les tours cham de Tháp Đôi *(hors plan par A1)* **:** *884, Trần Hưng Đạo, à la sortie de la ville, en direction de la route no 1. Y aller avec le bus* T4 *ou* T6. *Tlj 7h-17h. Entrée : 8 000 Dg.* Ces 2 tours du XIe s témoignent d'une influence khmère visible, notamment dans la forme pyramidale des parties hautes. Dédiées à Shiva, elles étaient ornées de représentations de Garuda, l'oiseau mythologique sur lequel se déplace Vishnou. On peut encore voir quelques éléments décoratifs en grès.

Voir aussi les ***tours cham de Bánh It*** : *à 20 km au nord de Quy Nhơn par la route no 1. Tlj 7h-17h. Entrée : 7 000 Dg.* Situées sur une colline qui offre un superbe panorama, elles comptent parmi les plus belles du Vietnam. 4 tours bien conservées (la plus grande a été très bien restaurée), construites fin XIe-début XIIe s. Est-ce dû à l'empilement des couches de briques ? *Bánh It* signifie littéralement « gâteau de riz ».

ĐẠI LÃNH

IND. TÉL. : 258

Un village de pêcheurs, des maisons couvertes de tuiles, une marée de bateaux bleus dans la baie, et une immense plage en arc de cercle bordée par un bois de filaos et de cocotiers : voilà Đại Lãnh. Un des beaux sites que compte ce morceau du littoral entre Nha Trang (83 km) et Quy Nhơn (130 km au nord), entre mer et montagne, entre rizières et pisciculture.
Le village se situe au pied d'une chaîne de montagnes qui s'achève par un grand promontoire jadis nommé cap Varella par les Français (désormais cap Ba). Au-delà, la route franchit l'épine dorsale au gré de multiples virages, offrant une vue magnifique sur les falaises et la mer.
La partie la plus belle de la plage se trouve au sud, le long de la route nº 1. Rien à faire de particulier à Đại Lãnh, sinon se baigner, faire une pause au soleil, ramasser quelques coquillages et observer les trous de crabes dans le sable.

➢ ***Pour s'y rendre :*** des ***minibus privés*** depuis Nha Trang (compter 110 000 Dg) vous déposent à l'entrée du village, 100 m avant le *Đại Lãnh Beach Hotel.* Sinon, ***bus public*** de Nha Trang à Vạn Giã (25 000 Dg), puis un 2d bus jusqu'à Đại Lãnh (11 000 Dg).
– *Attention :* certains bus longue distance vous laissent en bordure de l'autoroute d'où il faut ensuite rejoindre le bourg (sportif en pleine nuit !).

Où dormir ?

Đại Lãnh Beach Hotel : *QL1A, à 50 m de la gare routière et 1 km au sud de la gare ferroviaire. ☎ 384-21-17. • dailanh.com.vn • Bungalow 400 000 Dg, doubles 450 000-650 000 Dg selon taille.* Au pied de la colline, au bord de la plage, on loge dans un petit bâtiment en brique sous les arbres, ou bien dans des cabanes en bois multicolore en rangs d'oignons, fixées sur le sable. Chambres propres avec frigo, TV, douche/w-c et clim. Fait aussi resto. Une bonne adresse pour se baigner, ou même aller à la pêche (demander à la réception).

LE CENTRE

DANS LES ENVIRONS DE ĐẠI LÃNH

Port Dayot et la péninsule de Hòn Gốm : juste au sud de Đại Lãnh commence la longue péninsule de Hòn Gốm, une ancienne île montagneuse reliée au continent par un long cordon littoral aux dunes renflées. Elle s'étire sur 30 km jusqu'à une baie aux eaux turquoise entourée de collines sauvages où poussent orchidées, roseaux et dracaenas. Sable à perte de vue et plages désertes. Bref, un site naturel intact, d'une beauté rare. On peut y accéder par une route large et goudronnée, qui part de la nationale 1. Si l'on n'est pas motorisé, on peut se faire déposer au

LA PASSION POUR LES POISSONS

C'est à Port Dayot que le commandant Cousteau a reçu de plein fouet sa vocation pour l'univers de la mer. En 1933, alors qu'il faisait des relevés scientifiques pour la marine nationale, il fut stupéfait par la connaissance de la vie sous-marine des gens du pays. Un jour, un Vietnamien plongea sous ses yeux pendant 2 mn et, une fois remonté à la surface, il expliqua à Cousteau pourquoi il avait choisi ce moment précis : « Je connais l'heure de la sieste des poissons », déclara-t-il.

carrefour par le bus et attendre le passage des taxis collectifs. Il y en a quelques-uns, irréguliers, toujours surchargés, qui se rendent à ***Đầm Môn,*** l'ancien Port Dayot (à 18 km). Longtemps sans eau ni électricité, c'est aujourd'hui un petit port de pêche très actif. Son millier d'habitants vit aussi de l'aquaculture et de la construction navale traditionnelle. Quelques gargotes pour manger, mais pas de *guesthouse.*

La pêche aux gros migrateurs

Thons, marlins et espadons peuplent les fonds marins au large de la péninsule de Hòn Gốm. Les pêcheurs locaux les attrapent dans de grands filets en colimaçon, avec une partie centrale rétrécie. L'animal capturé ne peut presque plus bouger. Cette vieille technique doit beaucoup à la tradition de pêche des Cham, anciens habitants de la région et grands connaisseurs des choses de la mer (et experts en piraterie !).

Où séjourner sur une île et faire de la plongée sous-marine ?

🏠 ***Bungalows de l'île de la Baleine*** *(Hòn Ông)* ***:*** *sur l'**île de la Baleine.** ☎ (58) 384-05-01. 📱 09-35-46-62-45. • whale-island.com • Bureau à Nha Trang, au 2, Mê Linh : 📱 935-46-62-45. Ouv tte l'année. Le transfert se fait en 1h30 de minibus et 20 mn de bateau. Pour 2 pers, 31-95 US$ selon saison et type d'hébergement, petit déj et transfert A/R inclus. Déj ou dîner en sus 14,50 US$/repas.* Conçu et organisé par un couple franco-vietnamien, ce petit village d'une trentaine de paillotes est l'endroit idéal pour séjourner hors des sentiers battus et pratiquer des sports marins, dans un environnement de bout du monde : *snorkelling* dans la réserve marine du *resort,* planche à voile, catamaran, kayak de mer. Le *resort* organise (sur résa) des excursions à la journée sur les nombreux récifs de corail de l'archipel. Le club ***Rainbow Divers*** *(basé à Nha Trang ; ☎ 352-43-51 ; • divevietnam.com • ; compter env 66 US$ pour 2 plongées dans la journée)* ouvre son club sur l'île de février à octobre, avec un moniteur diplômé francophone (PADI) et du matériel professionnel.

DỐC LẾT

IND. TÉL. : 258

À 45 km au nord de Nha Trang, dans un environnement presque villageois, ce tronçon du littoral est encore préservé et naturel. Lorsque la mer prend une couleur brune à Nha Trang, la plage de Hòn Chồng (Dốc Lết) bénéficie d'une mer toujours bleue. Les officiers et soldats du corps expéditionnaire coréen venaient d'ailleurs s'y relaxer (pas fous !). Elle a conservé un charme indéniable, avec son large tapis de sable blanc festonné de cocotiers et de filaos. L'endroit idéal pour s'oublier quelques jours, loin de l'animation superficielle de Nha Trang.

➢ ***Pour s'y rendre depuis Nha Trang :*** bus nº 3 depuis la rue Nguyễn Thiện Thuật. Compter 25 000 Dg et 1h de trajet. Départs réguliers 6h30-17h30. L'accès principal de la plage se fait par une sorte de parc gouvernemental. Entrée payante.

Où dormir ?

Prix moyens (300 000-600 000 Dg / env 11-23 €)

Quyết Thắng Hotel & Beach : *Hà Huy Tập (un peu en retrait de la plage). ☎ 367-22-69. 09-43-70-72-17. • quyetthangdoclet.com • Doubles 400 000-600 000 Dg.* Hôtel balnéaire bien situé, avec des chambres simples mais confortables (toutes avec clim), à la déco standard. Elles sont claires et lumineuses, et la literie est bonne. Fait aussi resto (sinon, quelques gargotes à proximité).

Chic (600 000-1 000 000 Dg / env 23-38 €)

Paradise Beach Resort : *Đông Hải (sur la plage). 09-38-28-49-48. • paradiseresort.vn • Assure le transfert en véhicule depuis le hameau de Dốc Lết (2 km). Doubles 60-80 US$ selon saison, en pens complète.* Quelques bungalows dispersés dans un jardin tropical au bord du littoral et qui abritent des chambres simples, agréables et bien arrangées. Certaines donnent directement sur la plage. Étant donné l'isolement de l'hôtel, la pension complète s'impose et on finit tous autour d'une grande table commune. Activités : massage, bateau, billard. Dure, la vie !

NHA TRANG

500 000 hab. IND. TÉL. : 258

• Plan centre *p. 377* • Plan zoom *p. 379*

Capitale de la province de Khánh Hoà, Nha Trang a subjugué plus d'un voyageur : d'un côté, une longue plage de sable fin et une myriade d'îles au large ; de l'autre, des petites montagnes. Entre les 2, l'ancienne bourgade est devenue une grosse ville active qui ne cesse de s'étendre en largeur et en hauteur, au détriment de toute harmonie architecturale. Avouons-le, même si Nha Trang est implantée directement sur le littoral et qu'elle n'est pas foncièrement désagréable, le charme opère difficilement. La fièvre immobilière y bat son plein et les chantiers n'en finissent jamais. Le long de Trần Phú, des tours de 20 ou 30 étages sont sorties de terre. Côté fréquentation, c'est un peu « bienvenue à Moscou-sur-Mer ». On plaisante à peine. Sur les enseignes des boutiques et aux menus des restos, l'alphabet cyrillique rappelle que le gros du contingent touristique vient de Russie. Un tourisme de classe moyenne, plutôt familial.

UN MICROCLIMAT PRIVILÉGIÉ

Protégée par un chapelet d'îles d'un côté et des montagnes de l'autre, Nha Trang est abritée du vent et des typhons, contrairement au reste du littoral du centre du Vietnam. Ici, il fait beau 9 mois sur 12. De janvier à la fin du mois d'octobre, c'est le soleil, le ciel bleu, la chaleur supportable du bord de mer. Quand Saigon vit à l'heure de la mousson, entre juin et septembre, ici le temps sec persiste.

Il pleut en octobre et novembre, mais pas toute la journée. Et en décembre, il fait un peu moins chaud que le reste de l'année.

LE DOCTEUR YERSIN, ALIAS « MONSIEUR NĂM »

Nha Trang fut la ville de cœur d'Alexandre John Émile Yersin (1863-1943). Il y vécut et y mourut à l'âge de 80 ans, après avoir passé la moitié de sa vie en Asie. De tous les Français ayant habité au Vietnam, Yersin est celui qui y a laissé la meilleure image, au point d'être considéré comme un bienfaiteur et un humaniste par les Vietnamiens.

LE MÉDECIN DES PAUVRES

Le Dr Yersin disait : « Je ne pourrais pas faire de la médecine un métier, c'est-à-dire que je ne pourrais jamais demander à un malade de me payer pour des soins. Ce serait un peu lui dire la bourse ou la vie. » Voilà pourquoi il vivait grâce à ses plantations d'hévéas dont le caoutchouc était revendu à Michelin.

Né le 22 septembre 1863 à Lavaux, dans le canton de Vaud, en Suisse, Yersin passe son enfance sur les rives du lac Léman. Étudiant en médecine à Paris, il travaille avec Louis Pasteur dans son laboratoire de la rue d'Ulm. Naturalisé français à 26 ans (1889), il fait cette même année une rencontre qui va changer sa vie : celle des colonies, présentées à l'Exposition universelle – celle-là même qui voit l'inauguration de la tour Eiffel. Attiré par les voyages et les pays lointains, il quitte le monde clos des labos et s'engage comme médecin de bord dans les Messageries maritimes. Pendant 2 ans, il sillonne la mer de l'Est entre Saigon, Manille, Haiphong et Nha Trang.

Coup de foudre pour Nha Trang où il débarque le 29 juillet 1891 et entreprend d'explorer cette contrée inconnue et les hauts plateaux de la barrière annamitique. Envoyé par le gouvernement français en 1894 à Hong Kong (dévastée par la peste bubonique), Yersin y découvre le bacille responsable de cette épidémie. Une première mondiale, et un tournant dans sa vie !

UN ASSISTANT AU POIL

Le bacille de la peste fut identifié par Yersin le 25 août 1894... Après cette découverte, les travaux d'un autre pasteurien, Paul-Louis Simond, révélèrent le rôle de la puce du rat dans la transmission de la peste. Les bubons de la peste (ganglions malades) étaient produits par des piqûres de puce de chat. Yersin, informé de cela, apprit à son chat comment attraper, sans les tuer, les rats porteurs de ces puces contagieuses. Le félin remplit son rôle sans faillir et avec le goût du travail bien fait.

L'explorateur redevient médecin et s'installe à Nha Trang, où il fonde une antenne de l'Institut Pasteur en 1895. Calmette présidera à la création de l'Institut Pasteur de Saigon l'année suivante. Célibataire à l'allure ascétique, ce génie protéiforme fut surnommé « Ông Năm » par les Vietnamiens, ce qui signifie « Monsieur Cinq ». 5 comme les 5 galons que Yersin portait comme médecin colonel.

Il a introduit au Vietnam l'arbre à caoutchouc (ou hévéa) en 1897 et l'arbre à quinquina en 1917. Sur la stèle érigée près de son tombeau à Suối Dầu (se reporter à la rubrique « À voir »), on a gravé la liste de ses titres et de ses décorations. Yersin est « vénéré du peuple vietnamien ».

Arriver – Quitter

En bus

🚌 ***Gare routière du Sud*** *(Bến Xe Liên Tỉnh ; hors plan centre par A2) : malgré son nom, elle se situe à env 6 km à l'ouest du centre.* ☎ *389-41-92. Pour s'y rendre depuis le centre, bus urbains nos 1, 2 et 7.* Plusieurs compagnies, dont *Mai Linh,* la plus connue. Bus modernes équipés de clim, places assises ou sièges-couchettes.

NHA TRANG – Centre

■ Adresses utiles

- **3** Agribank (B3)
- **4** TMMC (hors plan par A3)
- **5** Hôpital provincial (B2)

Où manger ?

- **40** Làng Ngon (A3)
- **43** Lạc Cảnh (B1)

Où boire un verre ? Où sortir ?

- **40** Hoa Đồng Nội Coffee (A3)

■ Galerie de photos

- **70** Long Thanh Gallery (A2)

Plongée sous-marine

- **80** Angel Dive (B3)

➢ ***Pour Dalat :*** ttes les heures, 7h-16h. Durée : 3h pour 135 km.
➢ ***Pour Buôn Ma Thuột :*** bus ttes les heures. Durée : 4h30.
➢ ***Pour Huế :*** bus en soirée. Durée : 15h.
➢ ***Pour Đà Nẵng :*** 4 bus en fin d'ap-m. Durée : 12h.
➢ ***Pour Hồ Chí Minh-Ville :*** nombreux bus 6h30-23h. Durée : 10h.

Gare routière du Nord *(Bến Xe Phía Bắc ; hors plan centre par B1)* ***:*** *à env 6,5 km au nord du centre. ☎ 383-87-88. Pour s'y rendre depuis le centre, bus urbain nº 3.*
➢ ***Pour Quy Nhơn :*** dès 4h30 du mat. Ttes les 30 mn 7h-12h ; moins fréquent avt et après. Durée : 5h.
➢ ***Pour Huế :*** 2 bus en soirée. Durée : 15h.
➢ ***Pour Đà Nẵng :*** 3 bus en soirée. Durée : 12h.
➢ ***Pour Hồ Chí Minh-Ville :*** env 1 bus ttes les 2h. Durée : 10h.

En bus ou minibus d'agence *(Open Tour)*

Plus pratiques que les bus classiques. Billets à acheter dans les hôtels du « quartier routard » et les agences de voyages, comme *Thesinhtourist, Futa Bus* et *Hanh.* Départ et arrivée du bus devant l'agence, ce qui évite le long déplacement jusqu'à la gare routière.

■ ***Thesinhtourist*** *(zoom A1-2,* ***1****)* ***:*** *130, Hùng Vương. ☎ 352-29-82. • thesinhtourist.vn • Tlj 6h-22h.* Billets *Open Tour,* billets de train, visites de la ville et excursions (voir plus loin « À faire. Promenades en bateau sur les îles »). Location de voitures et minibus.
➢ ***Pour Dalat :*** 2 bus/j., à 7h30 et 13h30. Durée : 4h (140 km).
➢ ***Pour Hội An :*** 1 bus/j., vers 19h. Durée : 11h (530 km). Correspondance pour Đà Nẵng, Huế et Hanoi.
➢ ***Pour Hồ Chí Minh-Ville :*** 2 départs/j., à 7h15 et 20h. Durée : 10-12h (447 km).

En train

Gare ferroviaire *(plan centre A2)* ***:*** *à 1,5 km du front de mer, face au nº 26 de la rue Thái Nguyên. ☎ 382-78-62. • vr.com.vn •* Les places doivent être réservées au moins 1 jour avt le départ. On peut aussi réserver ses billets via les agences de voyages, moyennant une petite commission.
➢ ***Pour Hồ Chí Minh-Ville :*** env 10 trains/j. Durée : 7-9h. Le plus rapide, le *SE3,* est aussi le plus pratique : départ à 22h10, arrivée à 5h25.
➢ ***Pour Đà Nẵng, Huế et Hanoi :*** 5-6 trains/j. Parmi les rapides, 1 seul part à une heure pratique : le *SE6* (vers 16h30) ; arrivée à Đà Nẵng vers 3h, à Huế vers 5h40 et à Hanoi vers 20h. Le *SE4* est le plus rapide (24h de trajet), mais part très tôt le mat (5h).

En avion

✈ ***Aéroport*** *(hors plan centre par B3)* ***:*** *à* ***Cam Ranh,*** *à 35 km au sud, soit env 40 mn de route de Nha Trang. ☎ 382-21-35.* Sur place, petit bureau d'info. Navettes pour Nha Trang (70 000 Dg) : en ville, elles parcourent le front de mer (Trần Phú) puis remontent Trần Hưng Đạo jusqu'au 10 de la rue Yersin (terminus) ; dans l'autre sens, elles descendent Nguyễn Thiện Thuật puis le front de mer (Trần Phú). Pratique, elles marquent l'arrêt à n'importe quel arrêt de bus urbain. En taxi : compter env 380 000 Dg.
■ ***Vietnam Airlines*** *(zoom A2,* ***2****)* ***:*** *91, Nguyễn Thiện Thuật. ☎ 352-67-68. • vietnamairlines.com.vn • Tlj 7h30-11h, 13h30-16h45.*
➢ ***Pour Hồ Chí Minh-Ville :*** 4 vols directs/j. avec *Vietnam Airlines* et 2 vols avec *VietJet Air.* Durée : env 1h.
➢ ***Pour Đà Nẵng :*** 2 vols/j. Durée : 1h15.
➢ ***Pour Hanoi :*** 2 vols directs/j. (1 le mat et 1 dans l'ap-m). Durée : 1h40.

Adresses utiles

Développement urbain oblige, les numéros des rues croissent, croissent... Pour éviter les bis, ter et autres A, B, la numérotation des rues

LE CENTRE

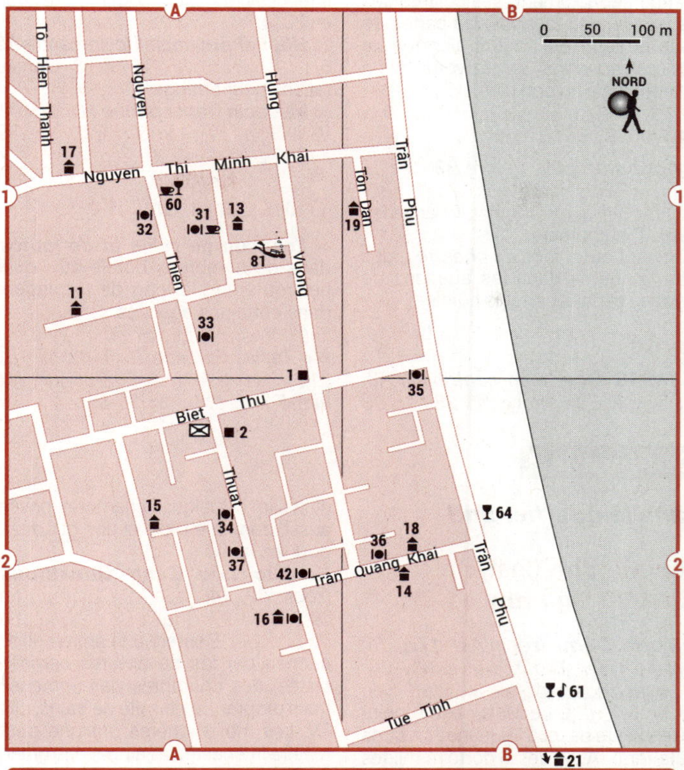

NHA TRANG – Zoom

■ Adresses utiles

- **1** Thesinhtourist (A1-2)
- **2** Vietnam Airlines (A2)

Où dormir ?

- **11** Tabalo Hostel (A1)
- **13** Hôtel Hiền Lương (A1)
- **14** Phúc Lộc Cảnh Guesthouse (B2)
- **15** Carpe DM Hotel (A2)
- **16** Hà Vân Hotel (A2)
- **17** Mojzo Dorm (A1)
- **18** Azura Hotel (B2)
- **19** Sea Light Hotel (B1)
- **21** Evason Ana Mandara (hors zoom par B2)

Où manger ?

- **16** Yến's Restaurant (A2)
- **31** Nôm Nôm (A1)
- **32** Lanterns (A1)
- **33** Cơm Ngon Lành (A1)
- **34** Ganesh (A2)
- **35** Galangal (B1-2)
- **36** Olivia (B2)
- **37** Da Fernando (A2)
- **42** Bistro Con Gà Pháp (A2)

Où boire un verre ? Où sortir ?

- **60** Cộng Café (A1)
- **61** Louisiane Brewhouse (B2)
- **64** Sailing Club (B2)

Plongée sous-marine

- **81** Mark Scott's Diving (A1)

change fréquemment. Les chiffres des plaques sur les façades, les cartes de visite ou le GPS risquent alors de ne pas correspondre. Gardez votre calme et fiez-vous à un bon plan.

Banque, change

■ ***Agribank*** *(plan centre B3, **3**) : 2, Hùng Vương. Lun-ven 7h-11h30, 13h30-16h30 ; et sam mat.* Change les euros. Distributeurs.

– On peut aussi faire du ***change*** à des taux honnêtes dans les agences de voyages et dans certains hôtels.

Santé

✚ ***TMMC*** *(hors plan centre par A3, **4**) : 57-59, Cao Thắng. ☎ 388-75-99 (urgences).* Le plus moderne, inauguré en 2014.

✚ ***Hôpital provincial*** *(plan centre B2, **5**) : 19, Yersin. ☎ 381-04-38.* Consultations pour étrangers.

■ ***Médecin francophone : Dr Trần Võ Vinh Sơn,*** *39, Trần Quý Cáp. ☎ 382-44-14. 📱 09-13-46-16-26.*

Transports en ville

■ ***Location de vélos et de motos :*** dans de nombreux hôtels du « quartier routard », le long de la plage et dans certaines agences. *Compter env 150 000 Dg la moto à la journée.*

🚗 ***Taxis : Emasco Taxis,*** *☎ 351-51-51 ;* ***Airport Taxi,*** *☎ 352-85-28 ;* ***Mai Linh Taxis,*** *☎ 38-38-38-38.*

Où dormir ?

Dans le quartier sud

Bon marché (jusqu'à 300 000 Dg / env 11 €)

🏠 ***Mojzo Dorm*** *(zoom A1, **17**) : 76, Nguyễn Thiện Thuật. 📱 09-88-87-90-69. • mojzodorm@gmail.com • Lit en dortoir 6-7 US$.* Le *Mojzo* est le point de rencontre de tous les jeunes routards de la terre. Avec ses 6 dortoirs mixtes climatisés de 3 lits superposés et sanitaires en commun, il a tout de l'*hostel* classique. La différence, c'est la qualité de l'accueil et la prévenance du staff, le petit déj-buffet pris sur la terrasse, et les repas à tout petits prix, partagés avec les potes qu'on se fait rapidement ici. Un excellent rapport qualité-prix.

🏠 ***Tabalo Hostel*** *(zoom A1, **11**) : 34/2/7, Nguyễn Thiện Thuật. ☎ 352-52-95. • tabalohostel.com • Lit en dortoir 6-7 US$ sans petit déj, doubles 20-24 US$ avec petit déj. Hostel* où l'on est accueilli avec le sourire dans un anglais impeccable. Très propre et doté d'installations modernes : sanitaires communs rutilants, ascenseur, serrures à carte magnétique. On loge dans des dortoirs de 2 ou 4 lits aussi spacieux qu'une cabine de train-couchette, lits superposés à la clé, mais avec des matelas de qualité, des casiers privés et la clim ! Quelques chambres privées aussi, dont une triple et une quadruple pour les familles.

🏠 ***Phúc Lộc Cảnh Guesthouse*** *(zoom B2, **14**) : 13, Trần Quang Khải. ☎ 352-28-97. Doubles 9-12 US$; pas de petit déj.* Derrière une entrée étroite cachée par les devantures commerciales, des chambres pas immenses mais propres, avec salle de bains, clim, TV. Les moins chères ont une petite fenêtre intérieure, les autres une grande fenêtre sur rue (bruyante). L'accueil est serviable et on n'a pas trouvé moins cher dans le quartier.

Prix moyens (300 000-600 000 Dg / env 11-23 €)

🏠 ***Carpe DM Hotel*** *(zoom A2, **15**) : 120/62, Nguyễn Thiện Thuật. ☎ 352-78-68. • carpedmhotel.com • Doubles 21-24 US$.* Quelle surprise agréable que ce sympathique hôtel situé au bout d'une impasse au cœur d'un quartier central et animé (à 5 mn de la plage) ! Impeccablement tenu par un couple accueillant. Danny parle le français (il est souvent absent) et l'anglais, sa femme le vietnamien, le personnel se débrouille aussi. Chambres spacieuses (familiales pour certaines), bien meublées et aux grands lits confortables.

Toutes ont un petit balcon donnant sur la rue. On préfère celles du dernier étage (ascenseur) car plus claires, plus calmes. Étonnant rapport qualité-prix ! Notre coup de cœur à Nha Trang.

Hôtel Hiền Lương (zoom A1, **13**) : *19/25, Nguyễn Thị Minh Khai. ☎ 352-25-59. • vancamh2002@yahoo.com • Double 16 US$; pas de petit déj.* Situé au calme dans une ruelle, voilà un petit établissement bien tenu pour budgets serrés. Le mobilier a vécu, mais les chambres sont pourvues de l'essentiel (ventilo ou clim, douche, frigo), et celles avec balcon sont très bien pour le prix. Attention certaines n'ont pas de fenêtre.

Hà Vân Hotel (zoom A2, **16**) : *73/6, Trần Quang Khải. 016-73-43-47-61. • havanhotel.com • Pas de réception, s'adresser au resto Yến's, au rdc. Doubles 18-22 US$.* Petit hôtel très central, à 300 m de la mer, chambres bien tenues, de bon confort (ascenseur), décorées avec soin, certaines avec un balcon (côté rue mais assez calmes). Pour les familles, les plus chères peuvent loger jusqu'à 5 personnes. Bon restaurant en bas, le *Yến's* (voir la rubrique « Où manger ? ») et bar-lounge branché installé sur le toit.

De chic à plus chic (600 000-2 000 000 Dg / env 23-76 €)

Sea Light Hotel (zoom B1, **19**) : *14, Tôn Đản. ☎ 352-49-09. • sealighthotel.com.vn • Doubles 22-35 US$; petit déj en sus.* La proximité de la plage, le calme de la ruelle et le confort indiscutable des chambres, sobrement meublées, sont des atouts majeurs. Tables de nuit, bureau, couette, spots, belle salle de bains : voilà qui confirme la qualité des prestations. On ne voit la mer que depuis les étages élevés (ascenseur).

Azura Hotel (zoom B2, **18**) : *4/3, Trần Quang Khải. ☎ 05-83-52-37-32. • azurahotel.vn • Doubles 25-46 US$. Pas de petit déj.* En léger retrait du boulevard, cet hôtel étire sa douzaine de niveaux coincé entre 2 de ses confrères. Les chambres, pas immenses, sont équipées comme il faut pour ce type d'adresse : minibar, coffre, sèche-cheveux, set thé-café... Mobilier en bois sombre, salles de bains modernes et totalement vitrées, ce qui agrandit l'espace visuel de la chambre. Les catégories de prix sont liées à l'ouverture vers l'extérieur : les *standard* aveugles, les *superior* donnant à l'arrière, les *deluxe* ouvertes côté avenue. On bénéficie même parfois d'un petit balcon (sans trop voir la mer, toutefois). Accueil avenant.

Beaucoup plus chic (plus de 3 310 000 Dg / env 126 €)

Evason Ana Mandara (hors zoom par B2, **21**) : *au sud du bd Trần Phú (côté mer). ☎ 352-22-22. • sixsenses.com/evason-anamandara • Doubles dès 250 US$ (taxes 25 % en plus) ; petit déj 22 US$.* L'un des hôtels les plus chics de la ville, sur la plage et proche de l'animation du centre. Il est l'un des rares hôtels de Nha Trang à aller chercher son charme dans l'horizontalité plus que dans la course à la verticalité. Des villas de plain-pied, dans un joli parc, offrent des chambres décorées avec des matériaux précieux, tel le bois de taluma. Chacune possède une terrasse avec vue sur la mer (les plus chères) ou sur le jardin, et une salle de bains luxueuse. Piscines, courts de tennis, sauna et plage privée en prime. Les prix nous ont quand même paru exagérés. 2 restaurants, dont un propose des spécialités plus orientées vers l'Orient que l'autre.

Où manger ?

Dans le quartier sud

Touristique par excellence, le quartier n'est pas le plus indiqué pour manger vietnamien... La plupart des restos ont été fondés par des Européens de diverses nationalités, qui concoctent une cuisine de leur pays.

Bon marché (moins de 100 000 Dg / env 4 €)

Nôm Nôm *(zoom A1, **31**) : 17/6, Nguyễn Thị Minh Khai. 012-92-91-46-06.* Ça commence (bien) par une ruelle hors des flots touristiques. Ça continue (bien) par un petit patio verdoyant qui aligne quelques tables. Ça finit (bien) dans une salle sereine, décorée avec goût et un soupçon de romantisme. Musique de fond cool (parfois en live), service souriant, et des plats tout feu tout flamme d'ici et d'ailleurs. *Pad thai* au curry vert, pizza au pistou d'avocat, c'est assez créatif, bien présenté et copieux. Il y a même de bonnes pâtisseries. Parfait donc pour y prendre le petit déj ou boire un coup en journée. Ce n'est pas tous les jours Noël, mais on vous fait cadeau de ce coup de cœur à Nha Trang !

Prix moyens (100 000-250 000 Dg / env 4-9 €)

Olivia *(zoom B2, **36**) : 14B, Trần Quang Khải. ☎ 352-27-52. Tlj 10h-22h.* Malgré le nom et la carte de plats transalpins, c'est une équipe 100 % vietnamienne qui s'affaire en cuisine et en salle. Ils ne sont certes pas les seuls sur le créneau des pizzas (bonnes et inventives), des pâtes et des risottos (réussis), mais ils ont aussi à leur palmarès de bons plats locaux et une agréable terrasse. En soirée, les lampions enchantent le lieu. Accueil charmant et excellent service.

Lanterns *(zoom A1, **32**) : 30A, Nguyễn Thiện Thuật (à l'étage). ☎ 247-16-74. Tlj 7h-23h.* La cuisine, savoureuse et à prix très modérés, justifie le succès du *Lanterns* et explique sans doute l'alignement des tables, qui laisse peu d'intimité. Le cadre chaleureux compense amplement cet aspect : c'est si agréable de dîner à ciel ouvert en terrasse. Bœuf, poulet, poissons, fruits de mer, les plats sont bons et bien mijotés. Quelques spécialités délicieuses donnent envie d'y retourner comme le *hot pot* (fondue de viande ou de fruits de mer), le *sizzling BBQ* ou le curry de crevettes. Le resto mène une action humanitaire et sociale auprès des plus démunis, ce qui le rend encore plus attachant.

Ganesh *(zoom A2, **34**) : 82, Nguyễn Thiện Thuật. ☎ 352-67-76. Tlj 11h-22h.* Voilà une cuisine indienne à la solide réputation, par Vishnu ! Et aux saveurs aussi fines que légères, par Shiva ! 2 salles aux couleurs vives où déguster un délicieux tandoori ou des crevettes à la mangue. Et pour quelques đồngs de plus, on a droit à de vrais *thalis,* comme là-bas !

Yến's Restaurant *(zoom A2, **16**) : au Hà Vân Hotel, 73/3, Trần Quang Khải. Tlj 7h-23h.* Cuisine locale fraîche et saine dans ce resto tenu par Yến, une charmante Vietnamienne, et son époux Nicolas, du Québec. Plats délicieux, copieux et raffinés : salade de papaye au bœuf, nouilles aux crevettes, rouleaux de printemps. Excellent rapport qualité-prix.

Làng Ngon *(plan centre A3, **40**) : 75A, Nguyễn Thị Minh Khai (en retrait de l'avenue par une allée à gauche du Convention Centre). ☎ 351-12-82. Tlj 8h-22h.* Attenant au *Hoa Đồng Nội Coffee* (voir plus loin « Où boire un verre ? »), un lieu bercé de zénitude, dans une sorte de miniparc flanqué d'un grand bassin. De longues tablées sous les arbres accueillent des bordées de Vietnamiens qui connaissent le bon plan. Le service gère parfaitement les tsunamis de familles en goguette. De vrais aiguilleurs du ciel, eu égard à la carte pléthorique qui explore le Vietnam du nord *(bún chả Hanoi)* au sud (soupe de *hoành thánh* aux fruits de mer), en passant par Huế *(bún bò Huế).*

Da Fernando *(zoom A2, **37**) : 96, Nguyễn Thiện Thuật. ☎ 352-80-34.* Dans une salle pimpante ornée de photos d'Italie, on déguste des pizzas à la pâte fine et croustillante, comme il se doit, ou bien de délicieux gnocchis, lasagnes et pâtes qui sauront ravir les fans de cuisine italienne. Le patron, Fernando, très attentif vis-à-vis de ses clients, surveille le moindre détail de son œil d'aigle.

Galangal *(zoom B1-2, **35**) : 10, Biệt Thự. ☎ 352-26-67. Tlj 11h-22h.* Dans une sorte d'atrium aux tons terre et brique, flanqué de 2 cuisines ouvertes. Propose des plats de *street food* dont on observe la préparation avant de les déguster. Bon, ça revient tout de même plus cher que dans la rue ! Sinon, carte interminable de viandes et fruits de mer, savoureux *hot pot,* et même des sandwichs à emporter. Inutile de choisir des plats chers, ils ne valent guère la dépense car ce resto n'a aucune prétention gastronomique. Service sympa mais un peu lent.

Cơm Ngon Lành (*zoom A1,* **33**) **:** *55/2, Nguyễn Thiện Thuật.* ☎ *352-48-90. Tlj 9h-23h.* Cuisine vietnamienne simple, goûteuse et pas chère. Outre les classiques habituels, on déniche à la carte encornets farcis, cassolettes de poisson, soupes de fruits de mer, escargots... Cadre composé de 2 salles ventilées, ni très propres ni très calmes.

Chic (250 000-600 000 Dg / env 9-23 €)

Bistro Con Gà Pháp (*zoom A2,* **42**) **:** *34, Trần Quang Khải.* ☎ *352-72-01.* Pour ceux qui auraient eu leur dose de cuisine locale, un ravissant bistrot qui offre des vagabondages du côté de la France, mais aussi des spécialités vietnamiennes à des prix plus abordables. Salle climatisée, sur fond de chansons françaises.

Dans le quartier nord

Prix moyens (100 000-250 000 Dg / env 4-9 €)

Lạc Cảnh (*plan centre B1,* **43**) **:** *44, Nguyễn Bỉnh Khiêm.* ☎ *352-13-91.* Dans un quartier populaire, ce resto est réputé pour servir les meilleures grillades de la ville, style barbecue rustique sur table. La viande marinée est extra. Ambiance locale et prix raisonnables. Toujours beaucoup de monde. On en ressort repu et parfumé comme une saucisse fumée...

Où boire un verre ? Où sortir ?

Dans le quartier sud et autour

Cộng Café (*zoom A1,* **60**) **:** *97, Nguyễn Thiện Thuật. Tlj 7h-23h30.* On passerait des dizaines de fois devant sans voir ce café parfaitement camouflé dans son environnement urbain. Il a pris le maquis dans son habit d'époque : celle où l'oncle Hồ menait sa révolution. Étoile rouge, fresques révolutionnaires sur des murs vert-de-gris, serveuses en uniforme kaki : on sirote son petit jus dans ce décor vintage en fredonnant « La nostalgie camarade »...

Hoa Đồng Nội Coffee (*plan centre A-B3,* **40**) **:** *Hẻm 75A, Nguyễn Thị Minh Khai (en retrait de l'avenue par une allée à gauche du Convention Centre). Tlj 7h-22h.* C'est sous les arbres, sur un ensemble de terrasses qui entourent un bassin à la japonaise, qu'on boit un p'tit noir ou un jus de fruits. Une halte verdoyante au cœur de la ville, mais à l'écart des klaxons et de l'agitation.

Sur la plage

Louisiane Brewhouse (*zoom B2,* **61**) **:** *29, Trần Phú.* ☎ *352-19-48. Tlj 8h-1h. Concert lun-sam dès 19h.* Un bar-resto qui doit son énorme succès à ses délicieuses bières, son honnête cuisine, ses bons concerts nocturnes, sa piscine et ses transats à louer sur la plage. La bière maison, blonde, rousse, blanche ou brune, est brassée sous vos yeux (avec du houblon néo-zélandais et du malt australien) dans de grosses cuves en cuivre et un enchevêtrement de tuyaux qui participent du décor.

Sailing Club (*zoom B2,* **64**) **:** *72, Trần Phú.* ☎ *352-46-28. Tlj, jusqu'à 2h ou 3h du mat.* Un bar très classe ouvert sur la plage avec terrasse, sièges en rotin, paillotes et chaises longues sur le sable. Sympa pour une escale diurne. Le soir, la techno s'empare des lieux et les belles-de-nuit font leur apparition. Évidemment pas donné.

Galerie de photos

■ ***Long Thanh Gallery*** *(plan centre A2,* ***70****) : 126, Hoàng Văn Thụ. ☎ 382-48-75. • longthanhart.com • Lun-sam 8h-17h30. Photos 150 000-380 000 Dg selon format.* C'est à l'écart du centre touristique que le photographe Long Thanh expose ses magnifiques photos. Des images saisies sur le vif, tantôt graves, parfois légères, toujours poétiques. Des instantanés de la vie vietnamienne pris autour de Nha Trang, la ville natale de Long Thanh, qui développe lui-même ses photos, exclusivement en noir et blanc.

À voir. À faire

Les tours cham de Po Nagar *(plan centre B1) : à 2 km au nord du centre-ville, juste après le pont de Xóm Bông. Tlj 6h-18h. Entrée : 22 000 Dg.*
Les ruines des temples de Po Nagar (la Dame de la Cité) composent l'un des plus beaux témoignages architecturaux de la civilisation cham. Le site, perché sur une butte granitique, offre de surcroît une vue superbe sur la côte et le petit port de pêche établi à l'embouchure de la rivière Cái.
7 à 8 tours furent élevées sur ce perchoir sacré face à la mer, entre le VIIe et le XIIe s de notre ère, mais le site faisait déjà l'objet d'un culte hindou depuis le IIe s. Seules 4 tours demeurent debout, servant de sanctuaires à des foules de bouddhistes, qui ont réoccupé ces temples naguère voués à une autre religion. Beaucoup de Vietnamiens fervents viennent ici alors que la religion cham n'est pas vraiment leur rituel. Pendant la dernière guerre, l'armée sud-vietnamienne bombarda le pont voisin, mais ne réussit pas à le détruire. Beaucoup pensèrent alors que les dieux cham avaient protégé le pont.
L'emblème de Po Nagar est une danseuse aux seins nus entourée de 2 flûtistes, image du caractère négatif de Shiva, dieu de la Destruction et de la Dissolution.
– ***Au niveau inférieur,*** on passe d'abord les ruines du *mandapa,* une grande salle de méditation, aux 10 grosses colonnes et 12 petites. En principe, seul le roi y avait accès. Notez l'escalier particulièrement raide pour grimper à l'aire des tours, où l'on peut ensuite se rendre.
– ***La tour C*** *(ou tour Sud-Est)* **:** toute petite, c'est la 1re qui se présente face à vous, en haut de l'escalier d'accès. On y trouve un lingam (symbole phallique) reposant sur un *yoni* (symbole féminin) à base carrée, symboles hindouistes à travers lesquels les fidèles vénéraient à la fois Shiva et son épouse Shakti.
– ***La tour B*** *(ou tour Sud)* **:** élevée au XIIe s, elle a été construite avec des matériaux récupérés sur le temple primitif du VIIe s. À l'intérieur, on voit également un lingam, que les bouddhistes semblent avoir là aussi intégré à leur culte.
– ***La tour A*** *(ou tour Nord-Est)* **:** haute de 23 m, c'est la tour la plus imposante. Bâtie en 817, elle est un exemple parfait de l'architecture cham, caractérisée par sa forme pyramidale à 4 côtés. C'est le seul sanctuaire dédié à une femme : il règne encore une ferveur assez incroyable dans cet intérieur sombre et enfumé par les bâtons d'encens qui abrite la statue de la déesse Uma, dotée de 10 bras.
– ***La tour D*** *(ou tour Nord-Ouest)* **:** elle abrite un lingam (encore !) et un *yoni.* La restauration lui a donné un aspect très lisse. À l'extérieur, du côté du musée, ne ratez pas le superbe bas-relief d'une femme chevauchant un éléphant.
– Un ***minimusée*** (showroom) dans le fond de l'esplanade présente l'art cham au travers de quelques photos des années 1930, époque où les archéologues de l'école française d'Extrême-Orient cherchaient à percer l'énigme de ce peuple.

Le musée Yersin *(plan centre B2) : 20, Trần Phú, dans l'enceinte de l'Institut Pasteur. ☎ 382-95-40. Lun-ven (sauf j. fériés) 8h-11h, 14h-17h. Entrée : 20 000 Dg.* Conçu et organisé grâce à la collaboration de l'Institut Pasteur parisien, ce petit musée bien documenté vaut le détour. Il est intéressant de découvrir ce grand homme que Patrick Deville a fait sortir de l'oubli en France grâce à son roman *Peste et Choléra* (prix Fémina 2012). La disposition du musée évoque la maison qu'occupa Yersin dans un petit village de pêcheurs proche, et met en lumière la vie aventureuse et passionnante du scientifique, qui découvrit le bacille de la peste. Dans une pièce centrale sont rassemblés les meubles du savant et sa bibliothèque.

LE VIETNAM RECONNAISSANT

Après la réunification complète du Vietnam (1975), les noms des rues ont été « vietnamisés ». Tout ce qui rappelait le colonialisme a été supprimé, sauf les noms de 4 étrangers respectés : Pasteur (il vainquit la rage), Calmette (inventeur du BCG contre la tuberculose), Yersin (médecin, découvreur du sérum contre la peste) et Alexandre de Rhodes (inventeur de la langue écrite vietnamienne). Aux héros, la Patrie reconnaissante !

À travers des panneaux en français, on découvre l'existence de Yersin : son enfance en Suisse, ses études à Marbourg puis à Paris, ses explorations, la découverte de la peste et du bacille, son installation à Nha Trang en 1891 et la fondation des Instituts Pasteur en Indochine. Intéressante série de lettres, notamment celles écrites à sa mère, assez émouvantes. Un petit film en version française dévoile ses mois d'aventures parmi les tribus moïes. Si la conservatrice du musée est présente, elle parle le français et se fera un plaisir de répondre à vos questions.

Ceux qui veulent aller jusqu'au bout de ce pèlerinage « Yersin » iront voir l'ex-*Grand Hôtel,* au 44, Trần Phú, qui fut l'austère résidence de Yersin. Au milieu des jardins trônait un petit observatoire pour l'astronomie. On peut aussi pousser jusqu'à son tombeau, à une vingtaine de kilomètres de Nha Trang (voir plus bas).

– ***Bon à savoir :*** si vous y allez en taxi, demandez à être déposé à l'Institut Pasteur car le musée Yersin ne dit rien aux chauffeurs.

L'Institut Pasteur *(plan centre B2) : 8, Trần Phú.* Cette grande bâtisse d'époque coloniale fut construite en 1895 par Alexandre Yersin (1863-1943), disciple de Pasteur.

La pagode de Long Sơn *(plan centre A2) : située à la sortie de Nha Trang, sur la route de Saigon, à l'ouest de la ville. En bus nos 1, 2, 6 ou 7. Tlj 7h-17h. GRATUIT.* Érigée à la fin du XIXe s, dédiée au Bouddha Gautama (Sakyamuni), c'est l'une des plus vieilles pagodes de Nha Trang. La pagode s'adosse à une colline surmontée d'un énorme ***bouddha blanc assis*** *(plan centre A2)* en position du lotus, et dominant toute la ville (vue décevante). En y grimpant, on croise un superbe bouddha couché en marbre de 18 m de long. Il dort sur le bras droit pour avoir de beaux rêves. Cérémonie bouddhique tous les soirs de 19h à 20h.

De cette pagode, on peut gagner à pied (10 mn par un sentier à flanc de coteau) une autre ***pagode,*** plus petite, nommée ***Hải Đức*** *(plan centre A2),* la plus ancienne de Nha Trang.

La cathédrale de Nha Trang *(plan centre B2) : au-dessus du carrefour des rues Nguyễn Trãi et Thái Nguyên. Ouv 8h-11h30, 14h-16h.* Bâtie par les Français vers les années 1930 dans un style néogothique, avec des blocs de ciment, elle n'a pas grand intérêt. Sur le mur de la rampe d'accès, des urnes funéraires portent les noms des défunts. Plus haut sur l'esplanade, il y a une série de statues blanches, dont celle de J.-M. Vianney, le fameux curé d'Ars.

– **Tháp Bà Hot Spring Centre** *(plan centre A1)* : *Cell 25 Ngọc Sơn-Ngọc Hiệp. ☎ 383-53-45. • tambunthapba.vn • Ce centre assez moderne se trouve après les tours cham ; prendre la 1re route-chemin à gauche (panneau) sur 2,5 km. Navette (payante) sur résa. Tlj 7h-19h30. À partir de 200 000 Dg pour un bain de boue collectif et 700 000 Dg pour un bain privatif à 2. Loc de serviette possible, mais pensez au maillot !* Pourquoi pas un petit bain de boue ? Vous avez le choix entre la boue chaude ou froide, seul, à 2 ou collectif (le moins cher). On commence par un bain de boue collectif (15 mn) avant le bain d'eau minérale à 42 °C (30 mn), pour terminer par la piscine chauffée, en accès illimité. Également un bassin d'eau froide et un autre pour les enfants. Différentes formules de massages dans des bains de vapeur. Exubérante végétation, rochers et cascades, petits ponts, environnement fleuri. Resto très correct.

Les plages

La plage de Nha Trang : longue de 6 km, bordée de cocotiers, cette grande et belle plage de sable compte parmi les sites balnéaires les plus réputés du Vietnam. Nettoyée tous les matins, elle n'est pourtant pas toujours très propre. Chaises longues à louer pour quelques dollars.

Les plages au nord de la ville *(hors plan centre par B1)* : au nord du promontoire rocheux de Hòn Chồng, à 4 ou 5 km au nord de la ville, s'étend une succession de plages moyennement entretenues qu'il faut découvrir en fin d'après-midi (16h), sous les chaudes couleurs du soleil déclinant. Asseyez-vous à l'une des terrasses improvisées sur le trottoir pour déguster de minuscules crêpes chaudes. Bonne nouvelle : même par temps de pluie, la mer reste limpide. Grâce aux courants, pas de boue ici comme à Nha Trang.

DANS LES ENVIRONS DE NHA TRANG

Le tombeau du docteur Yersin *(hors plan centre par A2)* : *situé à 20 km au sud de Nha Trang, en direction de Hồ Chí Minh-Ville, au village de Suối Dầu. Sur la droite de la RN 1, après la brasserie* San Miguel et Lipovitan, *compter exactement 5,7 km.* Le tombeau se trouve en pleine campagne, au sommet d'une petite colline isolée, fermée par une grille. De la route, il est indiqué par un panneau écrit en français (c'est rarissime au bord d'une route vietnamienne, prenez la photo !). Le gardien habite dans une petite maison au début du chemin ; il a les clés, mais ne vous les laissera pas comme ça, il vous accompagnera.
Endroit simple et beau. Avec le temps, Yersin est devenu un génie tutélaire, un bienfaiteur vénéré, une sorte de saint laïc. Le terrain appartient toujours à l'Institut Pasteur (sans doute le seul organisme étranger à ne pas avoir été chassé du Vietnam après la prise du pouvoir par les communistes en 1975 !). Il est classé « zone historique protégée ».
Yersin avait demandé à être enterré au milieu de cette campagne qu'il avait aimée, tentant de la développer par d'autres moyens que le colonialisme borné.

Le mont Hòn Bà : *env 2 km avt le tombeau de Yersin, en venant de Nha Trang, tourner à droite au niveau d'un panneau bleu indiquant « Du Lịch Suối Tiên tourist point ». Traverser une rivière, ignorer le panneau (sauf si l'on veut voir une cascade) et continuer tt droit sur une route de terre pdt 2 km env, jusqu'à la route goudronnée. Si l'on a un doute, demander « Hòn Bà », les gens connaissent. Accès : 30 000 Dg.* Cette montagne, qui culmine à 1 574 m, a été classée réserve naturelle. Alexandre Yersin y avait installé son laboratoire de recherche biologique (autour de la quinine) et une station météorologique. Arrivé au sommet, on peut encore voir les restes de plusieurs bâtiments de cette époque ainsi qu'un petit musée et un jardin médicinal. Longtemps inaccessible, le mont Hòn Bà l'est maintenant grâce à une très belle route d'environ 35 km qui serpente à travers les forêts en suivant une rivière. Elle se prend depuis la nationale 1, à 18 km au sud de Nha Trang, et dévoile un beau paysage qui s'étend de la baie de Cam Ranh jusqu'au nord de Nha Trang.

Plongée sous-marine

Des dizaines d'agences et de cafés de Nha Trang proposent des activités en mer pour ceux qui ont du temps et de l'argent : plongée, ski nautique, jet-ski, *banana boat* et autres sports typiques des stations balnéaires.
La meilleure période pour la plongée va de janvier à juin (eau très claire), pendant la saison sèche. Les tarifs, parmi les plus bas au monde, se tiennent d'un opérateur à l'autre. Mais ne vous attendez pas à des merveilles. Si vous avez déjà plongé en mer Rouge ou aux Andaman, ici, en comparaison, c'est le désert... Trop de boue en suspension dans l'eau à cause des grands travaux et des crues.

■ ***Angel Dive*** *(plan centre B3,* ***80****) : 10, Nguyễn Thiện Thuật. ☎ 352-24-61. 📱 09-83-34-03-22 (Frédéric, en français). • fredloreau.wixsite.com/angeldivevietnam* • Un centre de plongée 5 étoiles sérieux (SSI) dirigé par un plongeur français. Bateau de 16 m pour des groupes de 15 maximum. Frédéric et son équipe forment et encadrent les plongeurs débutants jusqu'au monitorat. Également des sorties *snorkelling.* Propose aussi 8 chambres bon marché.
■ ***Mark Scott's Diving*** *(zoom A1,* ***81****) : 92/3, Hùng Vương. 📱 12-29-03-77-95. • divingvietnam.com* • Agence très pro et recommandable, tenue par un sympathique Texan.

Promenades en bateau sur les îles

Près de 90 îles parsèment les flots bleus au large de Nha Trang. Elles sont habitées par des pêcheurs et, pour certaines, par des chasseurs de nids d'hirondelles. Les plus proches du continent peuvent se visiter, comme l'île de Miễu *(Hòn Miễu)* ou l'île des Bambous *(Hòn Tre).* D'autres îles peuvent faire l'objet d'une balade en bateau, à condition d'avoir 1 ou 2 jours devant soi : l'île de Tằm *(Hòn Tằm),* l'île de Yến *(Hòn Yến),* l'île de Mun (pour le *snorkelling*) et l'île *Một* (en principe, on n'y accoste pas). Cette promenade en mer peut être d'autant plus intéressante que les fonds sous-marins sont jolis.
➢ ***Pour y aller :*** excursions proposées dans les hôtels et dans les agences en ville, dont *Thesinhtourist* (*zoom A1-2,* ***1*** ; voir « Arriver – Quitter »). Départ tous les jours, sauf mauvais temps. En général, le transfert aller-retour pour l'hôtel est inclus. Départ vers 8h30-9h, retour vers 16h-16h30.
– ***Avertissement :*** attention, la balade sur les îles décrites ci-après peut décevoir en raison de l'ambiance parfois trop « colonie de vacances » et du manque de temps (chronométré) sur chaque île...

L'île de Miễu (Hòn Miễu) **:** *la plus proche de Nha Trang. Env 15 mn de bateau ou bus n° 4 pour le port de Cầu Đá. L'accès n'est pas payant. Seul l'accès à l'aquarium l'est (160 000 Dg). On peut s'y rendre directement par des navettes touristiques (prix conséquents).* Avant 1975, il y avait des lépreux sur le site. Aujourd'hui, un énorme bateau-aquarium en ciment y fait un peu tache ! Il renferme un vivier avec des tortues, des raies, et quelques petits requins (dont le requin-léopard). Plus loin, un sentier conduit en 15 à 20 mn à une plage au sud où l'on peut lézarder sous des parasols. Ne rêvez pas à l'île paradisiaque et déserte, car désormais les restos, cafés et boutiques de souvenirs se sont implantés sur l'île.

Au sud-ouest de l'île, au fond d'une baie paisible, se cache un village de pêcheurs – accessible par la mer ou à pied. Point de chute de pas mal de tours, il n'en a pas perdu pour autant son authenticité.

L'île des Bambous (Hòn Tre) **:** *face à la grande plage de Nha Trang.* On la repère depuis la plage de Nha Trang grâce aux lettres hollywoodiennes *Vinpearl* qui surgissent de la végétation. Les pylônes aux silhouettes de minitours Eiffel du téléphérique qui la relient au continent surgissent, eux, des flots ! Cette grosse île montagneuse avait été surnommée l'île aux Bambous par les Américains, qui y avaient installé une base pendant la guerre. Ici, les pêcheurs travaillent de nuit à l'aide de lamparos destinés à attirer seiches, raies et thons. Au nord s'étend la plage de Bãi Trũ.

– Le ***Vinpearl Resort,*** un immense complexe bénéficiant de la plus grande piscine d'Asie du Sud-Est, attire d'abord les familles. On s'y rend en bateau ou par un téléphérique franchissant les 3 km de mer depuis le continent. Bienvenue dans le monde du divertissement (à) gogo ! À juste titre, les écologistes crient au scandale, mais ne boudons pas notre plaisir. Magnifique aquarium, plage impeccable et chambres au diapason. L'ambiance fête foraine continue au *Vinpearl Land,* un parc d'attractions avec manèges et tout le tintouin *(tlj 8h-21h ; entrée : 800 000 Dg/ pers, réduc).*

L'île de Mun (Hòn Mun) **:** *au fond de la baie, après l'île de Một. Accès : 22 000 Dg. Accès à la plage : 50 000 Dg en supplément.* L'une des rares permettant de pratiquer le *snorkelling,* voire la plongée. Massifs coralliens superbes et peu abîmés. Presque tous les poissons de l'aquarium sont au rendez-vous. Une aire a été délimitée pour protéger les nageurs. Prendre un tour qui prévoit au moins 1h d'arrêt.

L'île de Yến (Hòn Yến) **:** *la plus lointaine de ttes les îles, à 17 km de Nha Trang. Compter 3-4h de bateau.* Connue aussi comme l'île aux salanganes (des martinets d'Asie), elle est interdite au public et il faut une autorisation de la police et de la douane pour y accéder. Cela dit, les bateaux s'y rendent sans débarquer. Inaccessible entre octobre et mars : c'est la période durant laquelle les oiseaux nichent et, de plus, il y a trop de vent.

Cette île est réputée pour les ***salanganes*** et les nids qu'ils confectionnent avec leur bave. Une fois desséchée, celle-ci durcit et le nid de forme semi-ovale mesure au final entre 5 et 10 cm de diamètre. Les chasseurs logent une partie de l'année dans des cabanes agrippées aux falaises. À l'aide de cordes, ils se hissent dans les anfractuosités de la paroi pour y récolter les nids, vendus ensuite à prix d'or aux restaurants, car il s'agit d'un mets luxueux particulièrement apprécié des gourmets !

ON EN BAVE DÉJÀ !

1 kg de bave de salangane (martinet) transformée en nid peut coûter jusqu'à 2 700 € ! Ces nids sont recherchés pour la cuisine. On peut les consommer en soupe, mais aussi, et surtout, comme médicament dans la médecine traditionnelle chinoise. On dit aussi que c'est un puissant aphrodisiaque. À la soupe !

L'île aux Singes : *située bien plus loin, elle fait l'objet d'une excursion spécifique de 1 journée. On peut se rendre sur l'île à partir d'un petit village de pêcheurs sur la route de Ninh Hoà (17 km au nord de Nha Trang). Panneau indiquant « Monkey Island » à l'entrée du village. La balade dure 3h, on peut après la visite se baigner (douches sur place). Env 25 US$ via une agence.* Les Russes y ont installé un laboratoire et une ferme de recherche où les singes servaient de cobayes dans les années 1980. À leur départ, l'Institut Pasteur a pris le relais. Aujourd'hui, cette ferme d'élevage située sur l'arrière de l'île continue à fonctionner. Plusieurs milliers de singes vivent ici en liberté, divisés en bandes, certains dans la forêt, d'autres sur les plages. Certains de leurs os sont utilisés dans la pharmacopée chinoise.

PHAN RANG

94 000 hab. IND. TÉL. : 259

À 145 km au nord-est de Phan Thiết et à 105 km au sud de Nha Trang, la ville de Phan Rang (province de Ninh Thuận) est un carrefour routier par où l'on passe obligatoirement en allant de Saigon ou de Dalat à Nha Trang.

Si la ville ne présente pas un très gros intérêt, hormis les tours cham de Po Klong Garai et la plage de Ninh Chữ, c'est l'occasion de rencontrer une population d'origine cham, très présente dans les villages des alentours.

À 4 km en direction de la mer, une magnifique baie étale sur 8 km son sable blanc. Pour l'instant, seulement 6 complexes hôteliers sont dispersés sur cette belle plage. Au nord de Ninh Chữ-Bình Sơn, un petit village de pêcheurs en bord de mer avec des restaurants de poissons et de fruits de mer.

LES CHAM, MINORITÉ ETHNIQUE

La province, aride et surchauffée, compte de nombreux hameaux encore habités par des Cham, derniers descendants du royaume du Champa naguère très puissant. À l'origine d'ailleurs, le bassin côtier faisait partie du Pays padarang que les chroniqueurs chinois appelaient la « principauté de Pin-T'ong-Long ». Celle-ci relevait du royaume du Champa, mais elle jouissait d'une relative autonomie, car elle avait même une ambassade auprès de l'empereur de Chine. Après plusieurs violentes révoltes contre les souverains du Champa, le Padarang fut pillé par les marins malais du royaume de Sumatra, puis envahi par les armées khmères, avant d'être annexé par les rois d'Annam qui en firent un protectorat en 1692 à la mort de Pothot, le dernier roi indépendant du Padarang.

Dans les années 1930, on dénombrait encore plus de 11 000 Cham dans la région. Musulmans, ils pratiquaient encore leur religion dans les sanctuaires de Po Klong Garai et de Po Ro Me. Aujourd'hui, il n'y a aucun chiffre, aucune statistique fiable sur le nombre exact de Cham.

Où dormir ?

Les hôtels les plus confortables se trouvent le long de la plage, à laquelle on accède depuis le centre-ville. Au départ d'un rond-point entre la gare routière et le marché, en suivant une très large route (2 x 3 voies) qu'il est difficile de ne pas remarquer.

Prix moyens (300 000-600 000 Dg / env 11-23 €)

Phan Rang Hotel : *Khu Phố 5, Thanh Sơn. 09-76-00-60-71. Double env 13 US$.* Dans un quartier calme. Petit hôtel moderne à la façade blanche, abritant des chambres sans luxe mais confortables (clim). La mer est à 3 km seulement. Accueil affable en anglais.

Hôtel Minh Quang : *rue du 16/4, Group 4, quartier My Hai. 09-37-13-81-89. • hotelminhquang.com-phanrang.website • Double env 20 US$.* À 300 m de la plage, petit immeuble de 5 étages avec d'agréables chambres toutes de bon confort (toilettes privatives, bonne literie, clim).

Elles donnent sur une rue calme, et sont lumineuses. En demander une au dernier étage (les plus claires). Café au rez-de-chaussée.

Ninh Chữ Hotel 2 : *272, Yên Ninh. ☎ 387-47-89. • ninhchuhotel.vn • Double 16 US$.* Ne pas confondre avec le *Ninh Chữ 1*, moins bien. À 100 m de la plage, petit hôtel récent de style néoclassique, à taille humaine, avec seulement 2 étages donnant sur une cour-parking calme. Accueil attentionné et jovial. Des coursives extérieures desservent les belles chambres assez grandes (salle de bains privative et clim).

Plus chic (1 000 000-2 000 000 Dg / env 38-76 €)

Resort Con Gà Vàng : *Yên Ninh St, au nord de la plage, à 800 m avt le village de pêcheurs. ☎ 387-48-99. • congavangresort.com • Chambres 60-75 US$, petit déj inclus.* Des bungalows spacieux dispersés dans un luxuriant jardin tropical planté de palmiers, avec une belle piscine centrale. Accès direct à la plage par l'hôtel comme son restaurant en terrasse. Transats et parasols. Un prix raisonnable pour le confort.

DANS LES ENVIRONS DE PHAN RANG

Les tours cham de Po Klong Garai : *à 5 km de Phan Rang ; 500 m sur la droite de la RN 20 en direction de Dalat. Les bus ne s'y arrêtent pas. De Phan Rang, le mieux est de louer une moto avec chauffeur. Tlj 7h-17h. Entrée : 15 000 Dg. Une nouvelle structure d'accueil en forme de longue galerie abrite des échoppes d'artisanat.* Au sommet d'une colline plantée de majestueux cactus, le site constitue un très beau vestige de la civilisation cham. 3 tours en brique rappelant la forme d'un épi de maïs (comme à Angkor) ont été érigées à la fin du XIIIe-début XIVe s sous le règne du roi cham Poklongaran, sur le mont du Bétel (Chok'Hala).

MŨI NÉ (STATION BALNÉAIRE)

IND. TÉL. : 252

• Plan *p. 392-393*

À 200 km à l'est de Hồ Chí Minh-Ville et à 15 km à l'est de Phan Thiết (capitale de la province de Bình Thuận), la plage de Mũi Né est l'un des sites balnéaires les plus attractifs du sud du Vietnam. Une longue plage de sable fin se déroule sur des kilomètres, des eaux claires (mais pas bleu turquoise comme aux Caraïbes) étincellent sous le soleil, des cocoteraies étendues le long du littoral servent d'écrin de verdure à des dizaines d'hôtels et *resorts* à taille humaine, alignés entre la mer et l'unique route commerçante (Nguyễn Đình Chiểu).

L'endroit séduit pour son ambiance détendue, ses tarifs avantageux et son microclimat ensoleillé. Pas de hauts immeubles prétentieux ni d'affreux

INSTIT DE GAUCHE

C'est à Phan Thiết qu'un jeune homme nommé Nguyễn Tất Thành, qui allait prendre le sobriquet de Ba, fut instituteur en 1911. Il ne portait pas encore son nom de combat : Hồ Chí Minh (« celui qui éclaire »). Il resta quelques mois à l'école Dục Thanh avant d'embarquer pour la France et de commencer un long exil de 30 ans.

gratte-ciel en béton, ce qui a sauvé le caractère tranquille et horizontal de Mũi Né. Les touristes européens y viennent depuis longtemps, mais c'est désormais la clientèle russe qui est majoritaire.
– ***Haute saison :*** de mi-octobre à mi-mai. Beaucoup de monde et notamment des touristes russes.
– ***Basse saison :*** de mi-mai à mi-octobre. Période creuse durant laquelle la station vit au ralenti. Conséquence : les prix baissent.

Arriver – Quitter

En bus public

Une fois le billet acheté, la plupart des bus au départ de Mũi Né passent prendre leurs passagers à leurs hôtels. À l'arrivée, ils déposent aussi les voyageurs devant les hôtels.
➢ ***De/pour Hồ Chí Minh-Ville :*** on recommande la compagnie *Phương Trang-Futa Bus Lines* *(plan D1 ; 121, Tôn Đức Thắng, Phường Phú Thủy ; ☎ 363-66-36 ou 393-99-19).* De grands bus confortables assurent la liaison régulière entre Saigon et Phan Thiết : 14 bus/j., 0h30-23h. Dans le sens Phan Thiết-Saigon, mêmes fréquences avec en plus 2 bus de nuit. Durée : 4h30-5h (selon circulation). Départs et arrivées plage de Mũi Né.
➢ ***De/pour Phan Rang :*** bus ttes les 15 mn 4h-11h.

Bus *Open Ticket*

Ces 2 agences privées sont connues pour leur système de transport à bas prix. Bus en très bon état, service professionnel.
➢ ***De/pour Hồ Chí Minh-Ville :*** 8h30-1h30. Durée : 5h.
➢ ***De/pour Nha Trang :*** 4 bus/j. Durée : 4h30.
➢ ***De/pour Dalat :*** 7h-13h. Durée : 4h.
➢ ***De/pour Cần Thơ :*** 8h-15h. Durée : 5h.

■ ***Thesinhtourist*** *(plan C1,* ***1****) : 144, Nguyễn Đình Chiểu. ☎ 384-75-42.* • *thesinhtourist.vn* •
➢ 2 bus/j. pour ***Dalat*** (durée 4h, 160 km), 2 bus/j. pour ***Nha Trang*** (durée 4h30), 3 bus/j. pour ***Hồ Chí Minh-Ville*** (durée 5h, siège ou couchette).

■ ***Hạnh Café*** *(plan B1,* ***2****) : 117, Nguyễn Đình Chiểu. ☎ 384-73-47. 📱 09-05-39-53-68. À côté de la Gió Biển Guesthouse.* Un café-agence de voyages.
➢ Bus réguliers pour ***Hồ Chí Minh-Ville*** (6 bus/j., durée 5h) et pour ***Nha Trang*** (2 départs/j., durée 4h30). Fait aussi du change.

Comment circuler ?

– Il est très facile de ***louer un vélo ou une moto*** le long de la plage, il suffit de s'adresser à son hôtel ou aux loueurs privés qui jalonnent la rue principale. *Pour un vélo, compter env 60 000 Dg/j. et pour une moto, env 210 000 Dg/j.*

Adresses et infos utiles

■ ***Saigon Bank*** *(plan B2,* ***3****) : 44, Nguyễn Đình Chiểu. ☎ 374-34-44. Lun-ven 7h30-12h, 14h-16h15.* Devises, chèques de voyage et ATM acceptant *Visa* et *MasterCard.*
■ ***Distributeurs automatiques*** *(plan B-C1) : nombreux, répartis à intervalles réguliers tt au long de l'av. Nguyễn Đình Chiểu.*

■ ✚ ***Pharmacie et Vita Clinic :*** *139B, Nguyễn Đình Chiểu. ☎ 374-16-68. 📱 09-43-63-14-18. Tlj 8h-22h.* Petit dispensaire tenu par le Dr Nguyễn Thị Cẩm Tú. D'autres pharmacies le long de l'avenue.
@ Tous les hôtels ont le wifi et des ordinateurs à la réception.

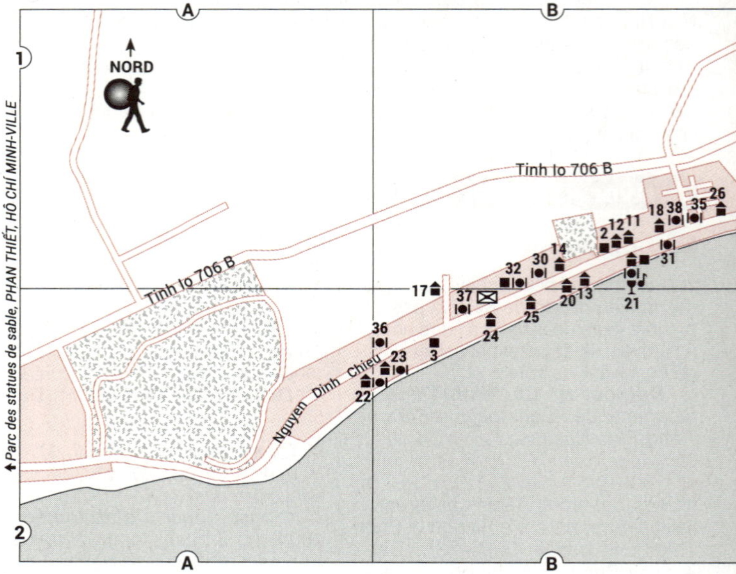

Adresses utiles

- 1 Thesinhtourist (C1)
- 2 Hạnh Café (B1)
- 3 Saigon Bank (B2)
- 21 Jibes Beach Club (B1)

Où dormir ?

- 10 Hoàng Nga Guesthouse (D1)
- 11 Backpackers Village (B1)
- 12 Gió Biển Guesthouse (B1)
- 13 Xuân Uyên Bungalows (B1-2)
- 14 Surfers Guesthouse (B1)
- 15 Hải Yến Family Resort (C1)
- 16 Hoàng Kim Golden Hotel et Dynasty Resort (C1)
- 17 Mũi Né Hills (B1-2)
- 18 Thúy Thúy Resort (B1)
- 19 Làng Cá Voi (D1)
- 20 Full Moon Beach (B1-2)
- 21 Joe's Café & Garden Resort (B1)
- 22 Unique Mũi Né Resort (A-B2)
- 23 Mia Resort (B2)

Où dormir ?

Les hôtels et les *resorts,* du plus économique au plus luxueux, sont disséminés sur une quinzaine de kilomètres le long de la route principale (rue Nguyễn Đình Chiểu) qui conduit au village de pêcheurs de Mũi Né.
La plupart des hôtels pratiquent des tarifs haute et basse saison. Nous vous indiquons les prix haute saison, c'est-à-dire, grosso modo, d'octobre à mars, avec des variantes selon les hôtels. Les prix évoluent aussi en fonction de la fréquentation du moment.

De bon marché à prix moyens (moins de 600 000 Dg / env 23 €)

Tiên Trúc *(plan B1,* ***26****) : 143, Nguyễn Đình Chiểu. ☎ 384-74-08. 📱 09-84-88-05-45. Lit en dortoir 5 US$, double 12 US$.* Bien situé au centre de la station, à 100 m de la plage, et pourtant au calme car cette structure familiale donne sur une grande cour. 7 chambres sobres mais avec clim,

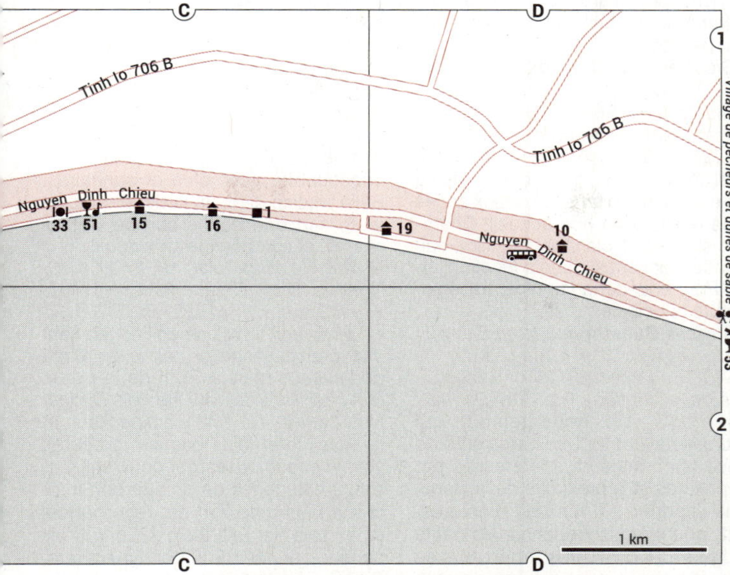

LES PLAGES DE MŨI NÉ ET PHAN THIẾT

24 Sunsea Resort (B2)
25 Coco Beach (B2)
26 Tiên Trúc (B1)

Où manger ?

21 Jibe's Beach Club (B1)
23 Sandals (B2)
30 King of Sandwich and Mexican Food (B1)
31 Lâm Tòng (B1)
32 Tropical Minigolf (B1)
33 Restos « Bờ Kè » (C1)

35 Backstage Bar & Grill (B1)
36 Ganesh (A-B2)
37 Rừng Forest (B2)
38 Modjo (B1)

Où boire un verre ?
Où sortir ? Où danser ?

21 Jibe's Beach Club et Joe's Café (B1)
51 Dragon Beach (C1)
53 La Source Kiteboarding & Lodge (hors plan par D2)

cuisine, frigo, TV (avec TV5MONDE). Location de motos et massages.

Hoàng Nga Guesthouse *(plan D1,* ***10****) : 49, Huỳnh Thúc Kháng. ☎ 655-36-69. • hoangngaguesthouse.com • Excentré, vers l'est de la plage. Lit en dortoir 5 US$, double 30 US$.* Cette ravissante *guesthouse* fait figure de havre de paix, grâce au paisible jardin tropical qui l'entoure. Le rapport qualité-prix est excellent. Dortoirs mixtes ou pas (de 8 à 20 lits) et chambres doubles privées, certes sobrement meublées mais équipées de sanitaires, frigo et ventilo. Beaucoup d'espace et d'ombre, de quoi décompresser dans un hamac. On appréciera l'ambiance chaleureuse entre routards, entretenue par une équipe dynamique, anglophone, et sur laquelle on peut compter en cas de pépin. Resto bon marché et agence de voyages sur place.

Backpackers Village *(plan B1,* ***11****) : 137, Nguyễn Đình Chiểu. ☎ 374-10-47. • vietnambackpackerhostels.com • Lit en dortoir env 3-9 US$, doubles 12-25 US$.* Le patron australien a eu la bonne idée de réunir dans le même lieu une auberge de jeunesse économique (dortoirs de 4 à 12 lits) et des chambres doubles privées (climatisées et avec salle de bains) tenues avec soin. Toutes donnent sur une grande cour intérieure renfermant une belle piscine, flanquée d'un bar-resto.

Gió Biển Guesthouse (plan B1, **12**) : *117B, Nguyễn Đình Chiểu. ☎ 384-76-36. 09-06-67-52-35. • giobien guesthouse@yahoo.com.vn • Double 16 US$. CB refusées.* Un modeste hôtel sans charme, qui a tout de même le mérite d'être bien situé, à prix sages et de réserver un bon accueil. Chambres simples et bien tenues (clim, eau chaude) donnant sur une cour et un jardin. Pour accéder à la plage, traverser la route principale.

Surfers Guesthouse (plan B1, **14**) : *103B, Nguyễn Đình Chiểu. 09-18-05-78-16. Face au Coco Beach, à côté de la boutique* Rip Curl. *Doubles 22-24 US$.* Un hébergement qui s'adresse avant tout aux amateurs de glisse (surf, kitesurf...) intéressés par les prix bas et la proximité de la plage. Mais l'endroit, s'il n'a rien d'éblouissant, pourra aussi dépanner les petits budgets : 14 chambres propres, avec salle de bains, clim et minibar, alignées de part et d'autre d'un étroit jardinet. Cours de surf.

Xuân Uyên Bungalows (plan B1-2, **13**) : *78, Nguyễn Đình Chiểu (km 13,3). ☎ 384-74-76. Doubles 8-16 US$.* Petit hôtel routard à prix riquiqui, se composant de 6 modestes chambres entassées sur un petit terrain débouchant sur une petite plage privée. En dernier lieu seulement, car pas toujours propre et l'accueil est très désinvolte.

Chic (600 000-1 000 000 Dg / env 23-38 €)

Hải Yến Family Resort (plan C1, **15**) : *132, Nguyễn Đình Chiểu. ☎ 384-78-90. • haiyenresort.com • Doubles 28-40 US$.* Une bonne affaire que ces chambres lumineuses, propres et d'un confort suffisant (clim, douche chaude), réparties le long d'un étroit jardin, dans des bâtiments modernes de style balnéaire. Celles avec balcon surplombant la mer sont plus chères, mais elles valent leur prix. Piscine. Fait aussi resto, en face, de l'autre côté de la route. Accès très limité à la plage.

Hoàng Kim Golden Hotel (plan C1, **16**) : *140, Nguyễn Đình Chiểu. ☎ 384-76-89. 09-18-47-58-92. • hoang kim-golden.com • À côté du* Dynasty Hotel. *Doubles 20-35 US$, bungalows 30-45 US$.* Situé en bord de plage, un hôtel à taille humaine proposant des chambres d'un rapport qualité-prix impeccable, avec clim et sanitaires. Belle piscine dans un jardin soigné. Le resto sert une bonne cuisine vietnamienne et européenne (prix doux).

Mũi Né Hills (plan B1-2, **17**) : *69, Nguyễn Đình Chiểu. ☎ 374-17-07. • muinehills.com • Doubles 35-90 US$ selon confort.* Sur une colline, en haut d'un petit passage, au calme, en retrait de l'avenue mais à 5 mn de la plage. *Mui Ne Hills Villa, Mui Ne Hills Budget Hotel* et *Mui Ne Hills Backpackers,* et le *Bliss Hotel* (plus bas sur la pente), voilà 4 *guesthouses* qui couvrent plusieurs catégories de prix de bon marché à plus chic. On est reçu parfois en anglais par Erik (belge), Long (vietnamien) et leur équipe dynamique. Dortoirs impeccables (4-10 lits) avec clim et chambres privatives au *Backpackers* comme au *Budget.* Chambres plus chics au *Bliss Hotel* (avec clim, TV et frigo). Jolie piscine avec vue imprenable sur la station. Sert aussi une cuisine vietnamienne à prix doux.

Plus chic (1 000 000-2 000 000 Dg / env 38-76 €)

Thúy Thúy Resort (plan B1, **18**) : *123, Nguyễn Đình Chiểu. ☎ 384-73-57. 09-18-16-06-37. • thuythuyre sort.com • En face de chez* Joe's Café & Garden Cottages *et du bar* Jibe's. *Doubles 60-100 US$.* En retrait de la route principale, qu'il faut traverser pour aller à la plage (100 m seulement), une petite structure de charme tenue par Thúy, une Vietnamienne francophone mariée avec Patrick, un Français qui a longtemps travaillé à Panamá dans le commerce maritime. Excellente adresse, avec ses 10 bungalows calmes et de bon confort, très propres et démontrant un effort notable sur la déco. Petite piscine au creux d'un beau jardin planté de hamacs. Pas de resto.

Làng Cá Voi (*Village des Baleines ; plan D1,* **19**) **:** *Hoà Bình St, Khu Phố 2, Hàm Tiến (ruelle qui part au niveau du nº 224, Nguyễn Đình Chiểu), à côté du marché Hàm Tiến. 09-45-15-98-54 ou 09-18-83-98-04. Bungalow env 100 US$/nuit selon saison.* Un hébergement charmant et paisible à 2 pas de la mer. Un bungalow avec une agréable véranda donnant sur la piscine en forme de baleine, au centre d'un jardin verdoyant. On est accueilli par le jovial Jean Prat, dit Jeannot, ancien marin et aventurier, marié à une gentille Vietnamienne. Il a navigué sur toutes les mers du monde (avec Jean-Louis Étienne dans les mers glacées, avec Peter Blake en Amazonie...). Sportif, il peut vous renseigner sur le kitesurf et les activités nautiques de la station.

Full Moon Beach (*plan B1-2,* **20**) **:** *84, Nguyễn Đình Chiểu. ☎ 384-70-08. • fullmoonbeach.com.vn • Doubles 70-75 US$, familiales 95-190 US$ selon taille.* Charmant hôtel tenu par un couple franco-vietnamien qui compte parmi les pionniers de la station. Pascal Lefebvre se rencontre habituellement au *Jibe's,* son bar-club situé à quelques encablures. Chambres en dur ou bungalows très bien équipés et arrangés avec goût. Confort assuré : douche/w-c, ventilo, clim. Nos chambres préférées : la nº 1 (la plus glamour avec terrasse), la nº 20 (vraiment face à la plage) et la nº 23. Piscine dans le jardin tropical à la végétation luxuriante. Bar-resto en bord de plage.

Joe's Cafe & Garden Resort (*plan B1,* **21**) **:** *86, Nguyễn Đình Chiểu. ☎ 384-71-77. Doubles 40-90 US$ selon catégorie.* Au cœur de l'animation, c'est plutôt une adresse pour ceux qui veulent socialiser en journée et faire la fête le soir. Chambres en dur et bungalows (avec ou sans terrasse privative) répartis entre la route et la plage ; éviter le côté route. Au centre, un resto-bar très animé dont les jeunes routards apprécient l'ambiance musicale.

Dynasty Resort (*plan C1,* **16**) **:** *140A, Nguyễn Đình Chiểu, Hàm Tiến. ☎ 384-78-16. 09-17-27-22-01. • dynastyresorts.com • Doubles 50-70 US$. Suites plus chères.* Un hôtel calme et confortable se composant d'une série de grands pavillons de style chinois (le propriétaire est chinois), donnant sur un beau jardin intérieur avec piscine, avec accès direct à la plage. Confort et entretien satisfaisants.

Très chic (2 000 000-3 310 000 Dg / env 76-126 €)

Unique Mũi Né Resort (*plan A-B2,* **22**) **:** *20B, Nguyễn Đình Chiểu, Hàm Tiến. ☎ 374-16-17. • uniquevn.com • Doubles à partir de 80 US$, petit déj inclus. Tarifs plus avantageux avec une résa en direct.* Ce complexe de 5 étages borde une des parties les plus belles de cette immense plage. Son intérieur épuré et contemporain met en valeur ses chambres lumineuses et confortables. Au restaurant, au bord de la belle piscine « Infinity pool », vaste choix de spécialités locales et internationales, y compris mexicaines et italiennes. Autres avantages : spa, salle de sport, cours de yoga, école de kiteboarding avec professeurs certifiés, service de prise en charge pour les enfants. Sur le toit, magnifique vue depuis le bar-terrasse *Unique Sky Bar* où sont servis des cocktails, des tapas. Et pour couronner le tout, un accueil francophone, aimable et très attentif.

Sunsea Resort (*plan B2,* **24**) **:** *50, Nguyễn Đình Chiểu, à côté du Swiss Village. ☎ 384-77-00. • sunsearesort-muine.com • Doubles 120-225 US$. Parfois 2 nuits min sont demandées.* Il ne s'agit pas d'un énorme hôtel anonyme mais d'une structure avenante. Les bungalows, d'un confort et d'un entretien irréprochables, sont sans cesse améliorés. On adore les cottages, sortes de huttes rondes disséminées dans un grand jardin. Les plus belles et vastes donnent côté plage (82 m², grand confort, salle de bains extérieure...). On a moins aimé les chambres en dur alignées le long de la piscine (les moins chères, mais pas données tout de même). Pour se baigner, au choix, la plage ou les 2 piscines de l'hôtel. Fait aussi restaurant :

pas de buffet (sauf au petit déj), mais service à la table. Cuisine vietnamienne et européenne.

Coco Beach *(plan B2,* ***25****) : 58, Nguyễn Đình Chiểu. ☎ 384-71-11 ou 12. • cocobeach.net • Congés : fin mai-fin juin. Chambres et bungalows 115-145 US$ selon confort et saison.* Bel ensemble de charme, à taille humaine, tenu avec soin et attention par un directeur français. Une trentaine de superbes bungalows en bois, sur pilotis, répartis dans un grand jardin et bien intégrés dans le paysage. Confortable (bains, clim, minibar, moustiquaire, coffre...), avec un certain caractère dans la déco. Resto sur place (le *Champa,* un menu par jour, à prix un peu chic), beach bar et pub pour le soir (le *Dany's*). Piscine de poche (mais il y a la mer !), jacuzzi, massages, salle de lecture et jeux pour enfants. Cela dit, les tarifs nous semblent assez surestimés.

Encore plus chic (plus de 200 US$)

Mia Resort *(plan B2,* ***23****) : 24, Nguyễn Đình Chiểu. ☎ 384-74-40 ou 42. • miamuine.com • Doubles 200-300 US$ selon confort et saison, petit déj inclus.* L'un des plus beaux resorts de Mũi Né. Au bord de la plage, l'ensemble reste à taille humaine, c'est là son charme. Chambres luxueuses et bungalows éminemment confortables, décorés dans un style hybride asiatico-contemporain et nichés dans un précieux écrin de verdure. Service de qualité. Spa et activités sportives (kitesurf, voile...). Le restaurant *Sandals,* très glamour dans son style, sert une savoureuse cuisine (voir plus bas la rubrique « Où manger ? »). On peut aussi y boire un verre au bar, en contemplant la mer. Transport assuré pour Saigon-Dalat-Nha Trang (payant).

LE CENTRE

Où manger ?

La plupart des hôtels possèdent un resto digne de ce nom ou proposent une petite carte pour dépanner leurs clients, mais quelques bonnes adresses s'égrènent tout au long de la route côtière.

Bon marché (moins de 100 000 Dg / env 4 €)

King of Sandwich and Mexican Food *(plan B1,* ***30****) : 103B, Nguyễn Đình Chiểu. 12-36-09-67-11. Tlj 7h-minuit.* Baguettes, sandwichs, hamburgers, paninis, pizzas, tacos... Un incontournable de Mũi Né car on y élabore les meilleurs sandwichs à prix doux de la station. Aimable accueil en anglais.

Lâm Tòng *(plan B1,* ***31****) : 92, Nguyễn Đình Chiểu. ☎ 384-75-98. 09-03-86-65-63. Sur la plage.* Petit resto familial sans prétention et à prix doux. On y sert des plats de la mer variés et de qualité sur une terrasse avancée sur le sable où sont plantées quelques paillotes. Bon et pas cher.

Prix moyens (100 000-250 000 Dg / env 4-9 €)

Les restos « Bờ Kè » *(plan C1,* ***33****) : 191, Nguyễn Đình Chiểu.* Il s'agit d'un alignement de gargotes installées sur une esplanade en bordure de mer. Toutes sont spécialisées dans les plats de la mer : crustacés, poissons variés, coquillages, autant de produits fraîchement pêchés. Chaque resto a son propre vivier dans lequel vous ferez votre choix. Veillez à ce que le poisson ou le crustacé sélectionné soit bien celui qu'on vous sert : certains *bờ kè* peu scrupuleux profitent du passage en cuisine pour substituer la bête par une moins fraîche (les plus honnêtes biseautent la queue du poisson avec des ciseaux pour éviter tout malentendu). Les prix restent sages si l'on s'en tient à un plat unique, mais grimpent rapidement si l'on veut faire bombance. Attention, souvent pas de w-c sur place et hygiène toute relative, autant être prévenu ! Le plus fréquenté par les touristes et expats, et le meilleur, est le *Bibo* de l'autre côté de la rue, face au *Dragon Beach.*

Backstage Bar & Grill *(plan B1, **35**) : 139D, Nguyễn Đình Chiểu. 09-77-61-01-51 ou 12-08-55-27-96. Tlj, jusque tard.* Nouveau venu à Mũi Né, un accueillant Lorrain a ouvert ce resto-bar au décor chaleureux, ouvert sur le carrefour. Un lieu idéal pour observer la ville. Spécialités de grillades et burgers : bœuf, veau, poisson, autruche, crocodile... Les viandes sont très tendres et bien sélectionnées, cuites à la demande. Également quelques plats locaux, ainsi qu'un stand de crêpes sucrées.

Modjo *(plan B1, **38**) : 139C, Nguyễn Đình Chiểu. 09-18-18-90-14.* Encore un nouveau venu à Mũi Né, tenu par un couple franco-suisse. On y trouve des spécialités du terroir : fondue, raclette, tartiflette... On se les arrache (100 g ou à volonté). Et, bien sûr, des spécialités vietnamiennes à la carte. Belle terrasse donnant sur la rue, design noir et blanc, avec canapés pour dîner dans une ambiance décontractée.

Tropical Minigolf *(plan B1, **32**) : 97, Nguyễn Đình Chiểu. 623-74-11-84.* En retrait de la route principale, au fond d'un superbe jardin ombragé qui abrite un minigolf (18 trous ; pour un joueur, environ 5 US$, avec une bière ou un cocktail). Salle très agréable ouverte sur les arbres. On y cuisine divers plats comme le *Tahitian raw fish* (au citron et à la noix de coco) ou le poulet sauté au vin blanc et aux crevettes. La spécialité de la maison est un plat combiné (viandes diverses, morceaux de poisson, crevettes...) où tout est cuit sur des pierres chaudes (la pierrade, appelée ici *hot stone*). Et aussi : fondue bourguignonne. Les Russes n'y viennent que pour ça.

Ganesh *(plan A-B2, **36**) : 57, Nguyễn Đình Chiểu. ☎ 374-13-30. Tlj 11h-14h30 17h30-minuit.* Petit resto indien ouvert sur la rue. Remarquable rapport qualité-prix. On y sert une savoureuse et classique cuisine de l'Inde avec tous les plats possibles, plus ou moins épicés (demander au serveur avant la commande). *Tandoori naan,* poulet au curry, agneau *(lamb tikka massala), biryani...* Mieux vaut s'installer en bas qu'à l'étage (service plus lent).

Jibe's Beach Club *(plan B1, **21**) : 90, Nguyễn Đình Chiểu. ☎ 384-74-05. • jibesbeachclub.com • Tlj 7h-minuit.* Tenu par Pascal, un Français, c'est d'abord un bar décontracté, mais il fait aussi resto, centre de sports nautiques (kitesurf, planche à voile...) et *surf shop.* Cuisine européenne : sandwichs, *pasta,* pizzas, hamburgers, salades... et steaks (viande d'Australie). Vin en carafe ou au verre. Un des grands rendez-vous des sportifs de la station.

Rừng Forest *(plan B2, **37**) : 65A, Nguyễn Đình Chiểu. ☎ 399-87-49. Tlj 11h-23h.* Grande terrasse qui précède une vaste salle de brique et de bois faussement anciens, décorée d'outils agricoles. Ambiance assez touristique. On y concocte une cuisine vietnamienne correcte. Musique et danses le soir.

Chic (250 000-600 000 Dg / env 9-23 €)

Sandals *(resto de l'hôtel Mia Resort ; plan B2, **23**) : 24, Nguyễn Đình Chiểu. ☎ 384-74-40. Tlj 7h-22h30. Repas env 16-30 US$.* Dans un cadre élégant au bord de la piscine. Cet excellent restaurant décoré avec goût propose une cuisine vietnamienne raffinée et des plats européens. La carte mêle produits de la mer et de la terre, dans un subtil esprit créatif. *Bánh xèo,* sashimi de thon, polenta de saumon, salade au fromage de chèvre, poisson aux herbes aromatiques. Succulents desserts maison. Carte de vins importés. Service à la hauteur du lieu. Y aller plutôt le soir pour un dîner romantique.

Où boire un verre ? Où sortir ? Où danser ?

La Source Kiteboarding & Lodge *(hors plan par D2, **53**) : 148, Huỳnh Thúc Kháng. 09-33-19-26-75. Un peu avt le village de pêcheurs et les dunes.* Une nouvelle adresse de charme. En surplomb de l'immense plage, une superbe terrasse pour boire un verre en admirant le coucher du soleil. Très beau spectacle que celui de la baie avec ses barques illuminées. Champion de kiteboarding, bourlingueur à travers le monde, le propriétaire francophone propose aussi une dizaine de chambres confortables. Restaurant avec chanteur après 17h, piscine, accès direct à la mer.

Jibe's Beach Club *(plan B1,* ***21****) : 90, Nguyễn Đình Chiểu.* Voir plus haut dans « Où manger ? ».

Joe's Café *(plan B1,* ***21****) : 86, Nguyễn Đình Chiểu. ☎ 384-71-77. 09-37-09-59-71. Tlj 7h-2h.* C'est le bar de la *guesthouse* de Joe, ouvert sur la rue et toujours très animé en soirée. Bien pour prendre un cocktail en écoutant de la musique live (concert gratuit chaque soir). Une adresse dans le vent !

Dragon Beach *(plan C1,* ***51****) : 120/1, Nguyễn Đình Chiểu. 09-03-04-25-66. Tlj 11h-3h.* Happy hours *20h-22h (2 pour 1 sur une sélection de cocktails) et* Ladies Night *lun, mer et ven.* Le n° 1 des nuits de Mũi Né. Une boîte à l'ambiance fiévreuse le soir venu. Les DJs se démènent autour de la piscine pour faire se trémousser la clientèle de touristes (beaucoup de Russes) et de locaux. Nombreuses soirées à thème. Vue splendide sur la mer depuis le pool bar.

À voir. À faire à Mũi Né et dans les environs

La plage de Mũi Né : elle s'étire au total sur 22 km à l'est de la ville de Phan Thiết. C'est une plage de sable blanc bordée de cocotiers et d'une multitude d'hôtels. Hélas, pas d'accès direct au public : il faut traverser des *resorts* de luxe, restaurants et boutiques avant de rallier la plage. Bien que de plus en plus grignotée par l'érosion, elle offre encore de belles possibilités de baignade dans une mer qui oscille autour de 25 °C à l'année (attention quand même, courant assez fort, voire très fort). Les bonnes conditions de vent (pas de vent de terre mais seulement des vents sécurisants parallèles à la côte) ont permis l'implantation de clubs de windsurf et kitesurf. On peut s'y initier avec un encadrement professionnel.

Les dunes de Mũi Né *(hors plan par D2) : continuer sur la route principale jusqu'au village de pêcheurs de Mũi Né, à l'est de la station ; de là, c'est indiqué. À env 2 km du village.* C'est un ensemble de superbes dunes de sable rouge tirant sur l'orangé, qui permettent de faire de jolies balades à pied. Venir si possible au coucher du soleil, c'est bien plus beau. Des gamins vous proposeront de glisser sur les dunes sur des plaques de plastique bricolés. Descendre, ça va, mais remonter à chaque fois est vite épuisant.

Le parc des statues de sable *(Công Viên Tượng Cát ; hors plan par A2) :* *National Training Sport Centre, branch n° 2, Nguyễn Thông St,* ***Phan Thiết****. ☎ 987-77-54-46. • vietsandart.com • Tlj 7h30-18h. Entrée : 100 000 Dg.* Le 1er parc de statues de sable du Vietnam a ouvert en 2017. Situé à 2 km de la station balnéaire de Mũi Né, sur la droite de la route en allant vers Phan Thiết, ce parc réunit sur 2 ha (en plein air) une vingtaine d'œuvres en sable ocre, réalisées par 14 artistes étrangers. Ces sculptures représentent souvent des contes populaires vietnamiens. Elles s'inspirent aussi de l'architecture vietnamienne ou de personnages nationaux célèbres. C'est du *sand art* ou « art du sable ».

Activités sportives et nautiques

Surf : Mũi Né est un spot intéressant pour le surf. Pour louer du matériel ou prendre des cours, s'adresser notamment au *Jibe's Beach Club* (voir ci-après) ou à la boutique *Ripcurl*, près de la *Surfers Guesthouse (103B, Nguyễn Đình Chiểu ; 09-06-83-40-23 ; tlj 9h30-22h).* Vente de vêtements de sport.

– ***Planche à voile et kitesurf :*** on conseille le ***Jibe's Beach Club*** *(plan B1,* ***21*** *; 90, Nguyễn Đình Chiểu ; ☎ 384-70-08 ; • windsurf-vietnam.com • ; tlj 7h-minuit ;*

pour une leçon de surf, matériel compris, compter 55 US$/h ; env 60 US$/h pour le kitesurf ; loc de surfboard env 10 US$/h et kayak env 7 US$/h). C'est à la fois un magasin de sport bien approvisionné, un bar-resto et un centre sportif. On y parle le français et l'anglais. Son fondateur est Pascal Lefebvre, le 1er expatrié qui implanta et développa ces sports nautiques à Mũi Né dans les années 1990. D'octobre à avril, le vent favorable parallèle à la terre permet de faire du kitesurf en toute sécurité. Reste que les prix sont assez élevés, comme souvent dans les sports nautiques. Une école un peu moins chère : ***Kiteboarding Amanda,*** devant l'hôtel *Amanda Resort (48, Nguyễn Đình Chiểu ; ☎ 12-67-57-70-38 ; ● kitevietnam.com ● ; loue du matériel de surf, kitesurf et paddleboard ; cours de kite, 90 US$ les 2h).*

➢ ***Sorties en mer :*** à bord de catamarans *Topcat K3.* Infos au *Jibe's Beach Club.*

Attractions

– ***Minigolf*** *(plan B1,* ***32****)* **:** *97, Nguyễn Đình Chiểu, face au* Saigon Mũi Né Resort. *Tlj 10h-23h.* Ouvert en 2009, il s'agit du 1er minigolf du Vietnam. Cadre plaisant et calme, à la végétation abondante, avec ponts, cascades et petite rivière. Attenant au jardin, le *Tropical Minigolf,* un restaurant bar-lounge pour le soir (voir plus haut la rubrique « Où manger ? »).

LE SUD

L'arrivée en avion à Saigon est une image qui vaut 10 000 mots. On survole un quadrillage miroitant sous la lumière, où les rizières s'étendent à l'infini dans une campagne basse et humide. Voici le Sud profond, tropical, luxuriant, une région placée, dans sa géographie comme dans son histoire, sous le signe de l'eau. Au cœur de cette platitude verte surgit, tel l'œil d'un dragon, la ville de Saigon, officiellement rebaptisée Hồ Chí Minh-Ville, la capitale économique du pays. Une cité faussement nonchalante – en réalité active, trépidante, rebelle, commerçante, vénale et désinvolte. Elle est à l'image du Sud.
Sur le plan historique, les 1ers conquérants et aventuriers européens commencèrent ici leur quête effrénée (et sanglante) de colonies. Puis la colonisation s'étendit vers le nord, froid, austère, martial, presque spartiate. Au moment de la décolonisation, le Sud, coupé du Nord après les accords de Genève (1954), forma une république indépendante. L'Amérique y installa sa machine de guerre. Le conflit fut long et horrible, un désastre qui se lit encore parfois dans ces rizières trouées de cratères de bombes. Même si, ici, la nature luxuriante a repris ses droits. Les esprits sudistes ont suivi le mouvement. Résultat : le décollage économique du Vietnam s'est amorcé ici, bien avant qu'il n'atteigne le reste du pays.
Des plages de Vũng Tàu aux ports du delta du Mékong, voici bel et bien ce « Sud lointain », symbole de fertilité et de richesse (une richesse relative, bien sûr...).

HỒ CHÍ MINH-VILLE (SAIGON)

env 8 400 000 hab. IND. TÉL. : 28

• Plan d'ensemble (plan I) *p. 402-403* • Centre (plan II) *p. 405*
• « Quartier routard » (plan III) *p. 406-407*

La 1re bouffée d'air chaud n'est peut-être pas la meilleure. Emportée par le vacarme pétaradant de la rue (il y aurait plus de 8 millions de scooters !), la ville ne se livre pas facilement. Il faut l'apprivoiser, flâner à pied dans ses interminables avenues, la découvrir sans se presser. Et alors, Hồ Chí Minh-Ville, que tout le monde ici continue à appeler Saigon (son nom d'avant 1975), capitale économique du Vietnam, révélera sa véritable personnalité, celle d'une cité boulimique, frénétique, mercantile, entreprenante et frondeuse, méridionale et tropicale.
Posée dans la boucle d'une rivière nonchalante, au cœur d'une plaine basse et humide qui se dilue au loin, vers le delta du Mékong, Saigon n'a rien d'une ville-musée comme Hanoi. Vue d'en haut, on dirait qu'elle est née de l'eau et du riz, et qu'elle pourrait y replonger à chaque excès de la mousson. Plus folle et indisciplinée que Hanoi, elle a connu 95 ans d'influence française, supporté les Américains, résisté à la bureaucratie du Nord.

À présent, sortie d'un long sommeil économique, elle mord la vie à pleines dents, comme pour rattraper le temps perdu : chaque année semble compter pour 5 ici, vu la vitesse à laquelle la ville se développe. Malgré les excès et les débordements, sa joie de vivre, son énergie, son génial esprit d'entreprise, étouffés par des années de léthargie, s'épanouissent au grand jour et gagnent le reste du pays.

UN PEU D'HISTOIRE

Avant de devenir une cité, on trouvait ici un ***petit port cambodgien*** nommé Prey Nokor (« forêt de la capitale ») où parvenaient jonques et sampans du royaume khmer, lequel englobait à l'époque le delta du Mékong et l'actuel site de Saigon. À la fin du XVIIe s, devant la menace chinoise au nord (Tonkin), des Annamites s'installèrent progressivement dans cette basse Cochinchine très fertile. À l'instigation de la dynastie des Nguyễn, ils occupèrent officiellement la région de Biên Hoà (dans les environs de Saigon) en 1658 puis s'emparèrent en 1674 du port de Saigon. Prey Nokor devint alors Saigon, nom qui signifie « le bois de kapokier » en raison des kapokiers qui poussaient aux alentours.
Pour la protéger des rebelles Tây Sơn, la cité fut fortifiée en 1773. L'empereur Gia Long y accueillit en juillet 1789 (en pleine Révolution, mais personne n'était encore au courant) une 1re mission militaire française destinée à défendre les forces annamites. En 1791, sur les plans d'officiers français, Saigon fut corsetée dans une citadelle de forme octogonale (dont il ne reste rien).
Au début du XIXe s, Saigon fut promue capitale de Cochinchine, un statut qu'elle conserva jusqu'à la conquête par les Français, en 1859.

La capitale de la Cochinchine

Pour faire pièce à l'empire des Indes anglophone et contrecarrer l'éternelle rivale britannique sur la route de la Chine, la France cherchait à se tailler un vaste empire à l'est du Siam. Objectif : atteindre la Chine tant convoitée en la prenant par le sud. La porte d'accès de cette ambition s'appelait Saigon. Mais la raison officielle de la ***conquête française*** fut d'ordre religieux. Pour protester contre les

Adresses utiles

- 8 Consulat de Chine (F2)
- 9 Consulat du Cambodge (F2)
- 14 Centre médical international (F2)
- 30 Compagnie de bus Phương Trang (D4)
- 31 Compagnie de bus Mai Linh Express (D4)
- 36 Librairie française Nam Phong (F3)

Où dormir ?

- 51 Sigoong Hostel (F4)
- 57 Jan Hostel (E4)
- 63 Ms Yang's Homestay 2 (E3)
- 85 Miss Lợi Rooming House, Xuân Thu Guesthouse et Guesthouse California (E-F4)
- 96 Mary Ngọc Trâm's (E2)
- 97 Chambres de l'association FFSC (E2)
- 98 Villa du Docteur Ngọc Hoa (D2)
- 99 LeBlanc Saigon (E3)
- 100 Ma Maison Boutique Hotel (C2)
- 103 Thiên Hải Hotel (F3)

Où manger ?

- 57 Bún Cậu Ba et 5KU Station (E4)
- 138 Hum Vegetarian Lounge (E3)
- 152 Đông Phô' (E3)
- 154 Cục Gạch Quán (E2)
- 155 Cơm Niêu Sài Gòn – CNSG (E3)
- 156 CNSG (E2)
- 158 Maria Saigon (E3)
- 159 TIB (F2)

Où boire une bière (de microbrasserie) ?

- 185 Hoa Viên Brauhaus (F2)

Où écouter du jazz, du rock ou de la musique latino ?

- 192 Yoko (E3)

Achats

- 209 Tây Sơn (E2)
- 214 Pharmacopée traditionnelle chinoise (B5)

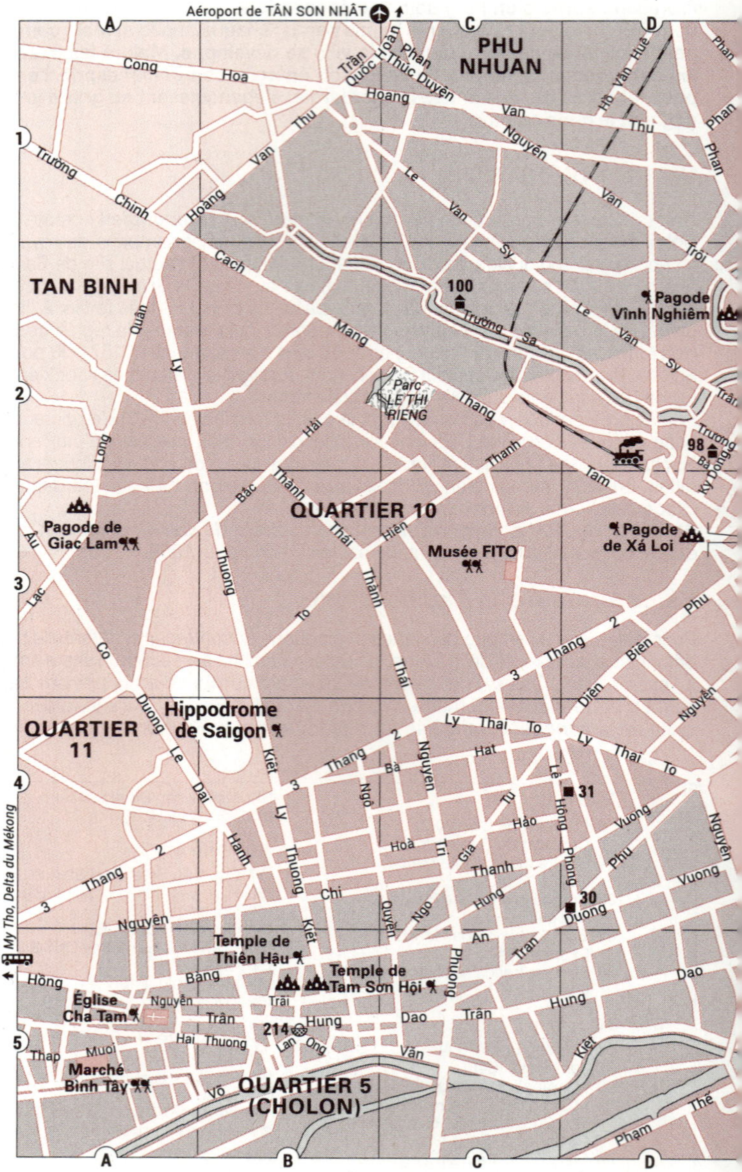
Aéroport de TÂN SON NHÂT
A
B
C
D
1
2
3
4
5
PHU NHUAN
TAN BINH
QUARTIER 10
QUARTIER 11
QUARTIER 5 (CHOLON)
Cong Hoa
Hoang Van Thu
Trần Quốc Hoản
Phan Thúc Duyện
Nguyên Van Troi
Hồ Văn Huê
Phan
Truong Chinh
Hoang Van Thu
Le Van Sy
Cach Mang Thang Tam
Truong Sa
Truong Sa
Le Van Sy
100
Pagode Vĩnh Nghiêm
98
Truong Sa
Bà Huyện Thanh
Kỳ Đồng
Parc LE THI RIENG
Quân
Ly Thuong Kiêt
Long
Hải
Bắc
Thành
Thái
Hiên
Thành
Thái
Thanh
Pagode de Giac Lam
Pagode de Xá Loi
Musée FITO
Âu Cơ
Lạc Long Quân
To
3 Thang 2
Phu Điện Biên
Nguyên
Hippodrome de Saigon
Duong Le Dai Hanh
Ly Thai To
Ly Thai To
Bà Hat
Ngô
Nguyen Tri Phuong
Lê Hông Phong
31
30
Tu Giang
Hảo
Vuong
Phu
Hoà
Thanh
Hung
Nguyen
Vuong
3 Thang 2
Ly Thuong Kiêt
Chi
Nguyên
Quyền
Ngo
An Duong Vuong
Tran Hung Dao
Dao
My Tho, Delta du Mékong
Hồng Bang
Temple de Thiên Hậu
Temple de Tam Sơn Hội
Phuong
Église Cha Tam
Nguyễn Trãi
Trân Hung Dao
Trân Hung
214
Hai Thuong Lan Ong
Văn Kiệt
Thap Muoi
Marché Bình Tây
Võ
Phạm Thế

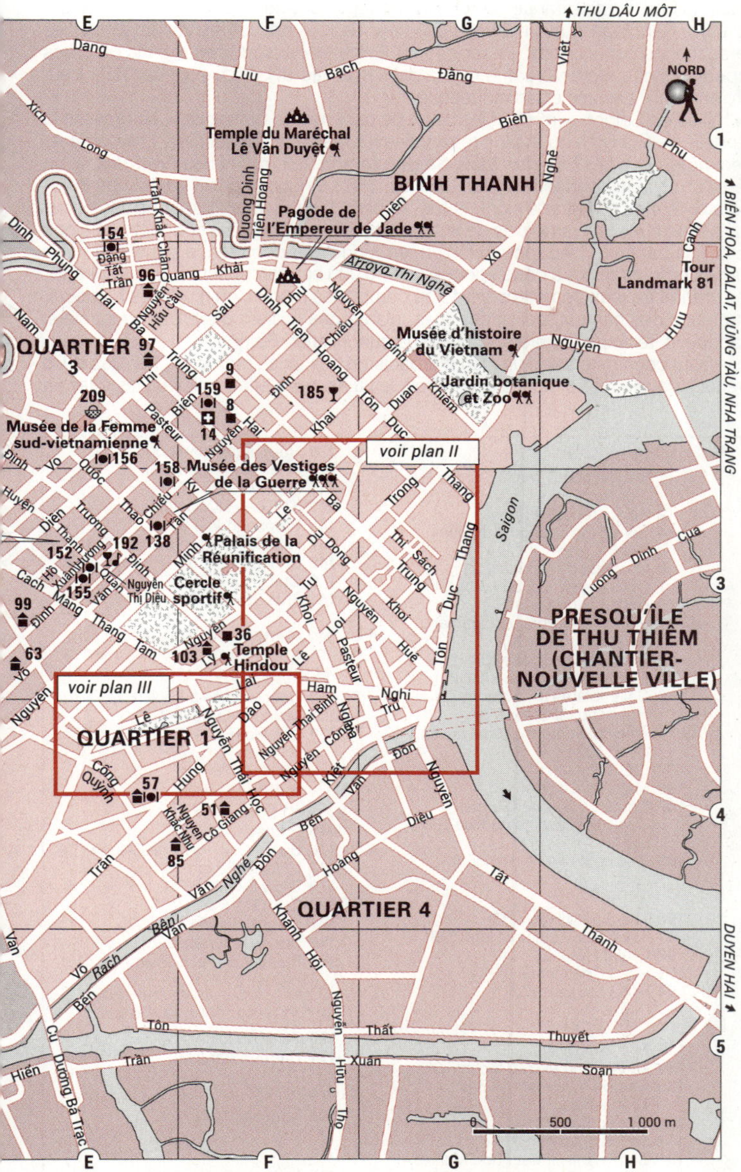

HỒ CHÍ MINH-VILLE – Plan d'ensemble (plan I)

persécutions de missionnaires catholiques commises sous le règne de l'empereur Tự Đức, Napoléon III avait envoyé à la cour de Huế des lettres véhémentes. Les persécutions continuèrent. Le ton monta. Et ce fut l'assaut. Les marins du corps expéditionnaire remontèrent la rivière de Saigon au début de l'année 1859. Leur pire ennemi ? La vase et les moustiques.

Au milieu de Saigon, « misérable village de cabanes de bambous », se dressait la citadelle de Gia Định où étaient retranchés les résistants annamites. Les combats firent rage. Mais ***le 17 février 1859, Saigon tomba aux mains des Français,*** équipés d'armes plus perfectionnées. Le 5 juin 1862, la Cochinchine devint une ***colonie*** aux termes d'un traité signé entre l'Annam, la France et l'Espagne (les Espagnols furent très vite remerciés de leur participation militaire à la conquête) ; Saigon devint sa capitale. L'épopée coloniale en Indochine commença dans cette ville qui ne comptait guère à cette époque que 10 000 habitants, dont 577 Européens.

Les grands travaux commencèrent : on combla les marais, on nivela les hauteurs, on creusa des canaux, perça des rues, planta des milliers d'arbres. Tamariniers, manguiers, tecks, badamiers, eucalyptus quadrillèrent Saigon.

La ville fut construite selon un plan d'urbanisme très strict, rectiligne : les rues et les avenues devaient se croiser à angle droit, les masures s'effacer devant les villas en

Adresses utiles

- **1** Saigontourist Travel Service (F3)
- **2** Saigontourist (F3)
- **4** Bureau de change Eximbank (G3)
- **6** Consulat de France (F3)
- **7** Consulat du Canada (F3)
- **10** Consulat du Laos (F3)
- **11** Saigon Waterbus et catamaran pour Vũng Tàu (G3)
- **12** Consulat de Suisse (G4)
- **15** Family Medical Practice (F3)
- **16** Columbia Asia – Saigon International Clinic (F3)
- **17** Westcoast International Dental Clinic (G3)
- **37** IDECAF (G3)
- **39** Magasin Circle K (G3)
- **147** Cours de cuisine (Saigon Cooking Class, resto Hoa Túc ; G3)
- **182** Piscine de l'hôtel Rex (F3)

Où dormir ?

- **90** The Spring Hotel (F3)
- **91** Asian Ruby Luxury Hotel (G3)
- **92** Grand Hôtel (G3)
- **93** Hôtel Continental (F3)
- **94** Hôtel Majestic (G3)

Où manger ?

- **123** Phở 2000 (F4)
- **126** Thanh Bình et Bếp Mẹ ỉn (F3)
- **130** Gargotes du marché Bến Thành (F3)
- **132** Hương Lài (F3)
- **133** Secret Garden (F3)
- **134** Ben Thanh Street Food Market et Pizza 4P's (antenne de Bến Thành ; F3)
- **135** Chị Hoa (G3)
- **136** Pizza 4P's (G3)
- **137** Le Jardin (G3)
- **138** Hum Vegetarian Lounge (G3)
- **139** Nhà Hàng Ngon (F3)
- **141** Au Parc (F3)
- **142** 3T Quán Nướng (F3)
- **145** Propaganda (F3)
- **147** Hoa Túc et The Refinery (G3)
- **148** SH Garden (F3)
- **149** Quán Bụi (G3)
- **151** 5KU Station (G3)

Où manger du bon pain français, de bonnes pâtisseries et du bon chocolat ?

- **165** Une Journée à Paris (F3)
- **166** Maison Marou (F4)
- **177** L'Usine (F3)

Où boire un verre ? Où boire une bière (de microbrasserie) ?

- **145** Propaganda (F3)
- **176** Social Club – Above Saigon (F3)
- **177** L'Usine (F3 et F-G3)
- **179** Glow Sky Bar (F3)
- **180** Qui (G3)
- **181** Saigon Saigon Bar (G3)
- **182** Bar de la terrasse du Rex (F3)
- **186** Pasteur Street Brewing Co. (F3)

Où écouter du jazz, du rock ou de la musique latino ?

- **190** Saxn'Art Club (F3)
- **191** Carmen Bar (G3)

Où danser ?

- **195** Apocalypse Now (G3)

Achats

- **205** Mekong Quilts (F3)
- **206** Maquettes de bateaux (G3)
- **207** Galerie Tara & Kys (G3)
- **210** Saigon Kitsch (F3)
- **213** Annam Gourmet (G3)

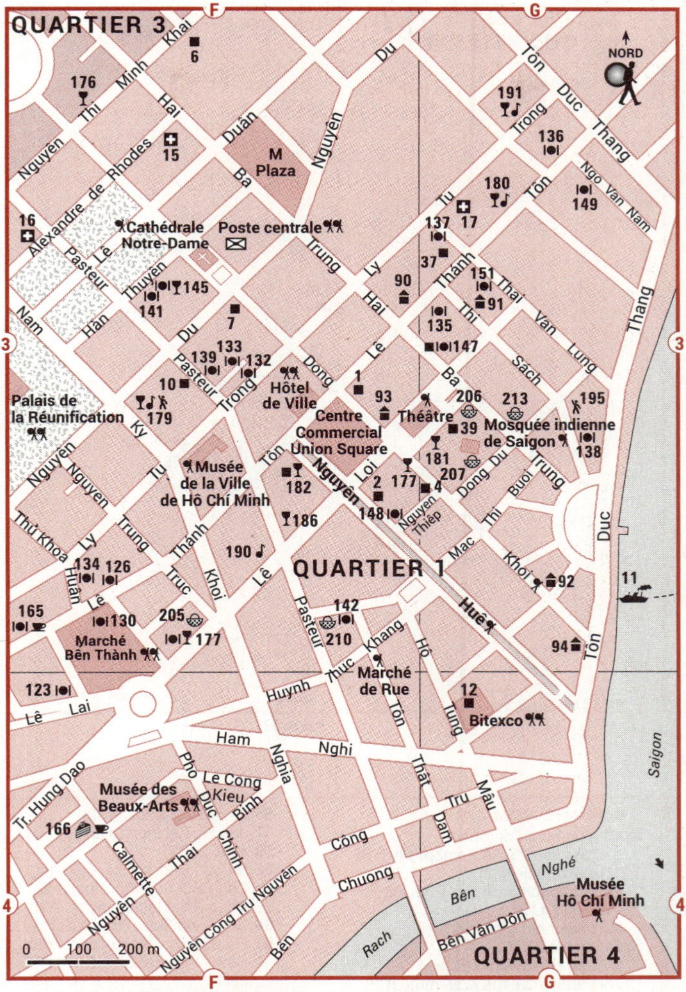

HỒ CHÍ MINH-VILLE – Centre (plan II)

dur avec balcons à claire-voie. La IIIe République s'exportait sous les tropiques ! Et Saigon, très vite, se parisianisa au point d'être surnommée « le Petit Paris de l'Extrême-Orient ». Des monuments imposants sortirent de terre : le palais du gouverneur de la Cochinchine aux blanches colonnes et aux plafonds moulurés, la poste centrale charpentée de fer par Gustave Eiffel, la cathédrale (1880), le théâtre municipal (1900), l'hôtel de ville (1908). Et une ribambelle de villas coloniales, toujours debout aujourd'hui. Dès 1914, le décor était campé, comme s'il devait durer des siècles...

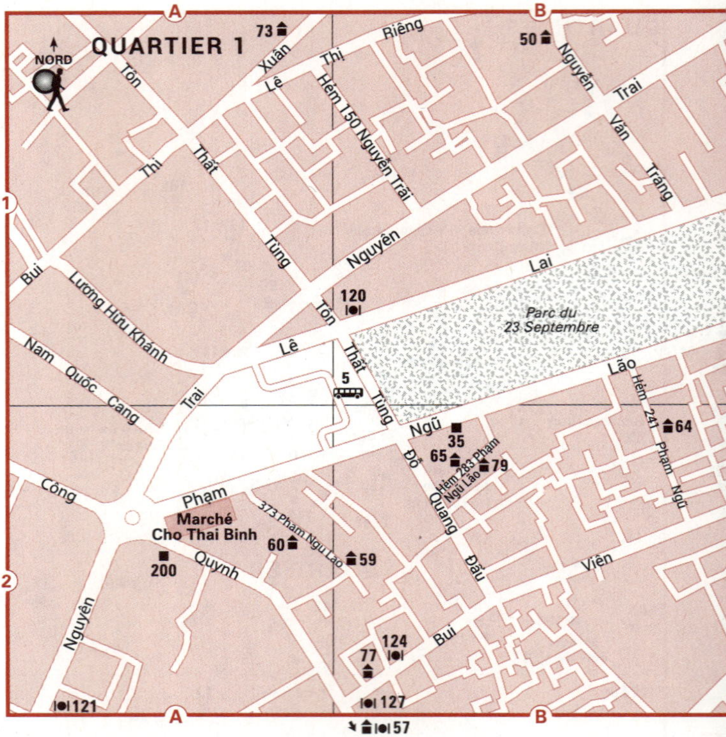

Adresses utiles

- 5 Bus pour l'aéroport (parc du 23-Septembre ; A-B1)
- 13 Pharmacie (C2)
- 28 Compagnie de bus Phương Trang (C1)
- 32 Thesinhtourist (C1)
- 34 Agence YTC (C1)
- 35 Lạc Hồng Tours (B2)
- 173 Vietnam Vespa Adventure (C2)

Où dormir ?

- 50 Onetel (B1)
- 52 Vintage Hostel (C2)
- 53 Bed Station Hostel (C2)
- 54 Galaxy Hotel & Capsule (C1)
- 55 Linh Guesthouse (C2)
- 57 Jan Hostel (hors plan par B2)
- 59 Khôi 2 (B2)
- 60 Saigon Backpackers Hostel, Long Hostel, Khôi Hostel et Phan Anh Backpackers (A2)
- 64 Diệp Anh Guesthouse (B2)
- 65 Giang Sơn Guesthouse, Hôtel Bích Duyên et Blue River Hotel (B2)
- 67 Yen's Hotel (C1)
- 68 Guesthouse Luân Vũ et Giang Sơn 3 Hotel (C2)
- 71 Tripwriter Hotel & Bistro (C1-2)
- 72 Beautiful Saigon 3 Hotel et Beautiful Saigon Boutique Hotel (C2)

Le Petit Paris de l'Extrême-Orient

Avant l'ouverture des lignes aériennes entre Paris et Saigon, il ne fallait pas moins de 28 jours aux paquebots des Messageries maritimes pour relier Marseille à Saigon. Une aventure lointaine ! La ville fascinait alors les voyageurs, captivait les romanciers, et envoûta ceux qui y élurent domicile. « Saigon d'exil et de

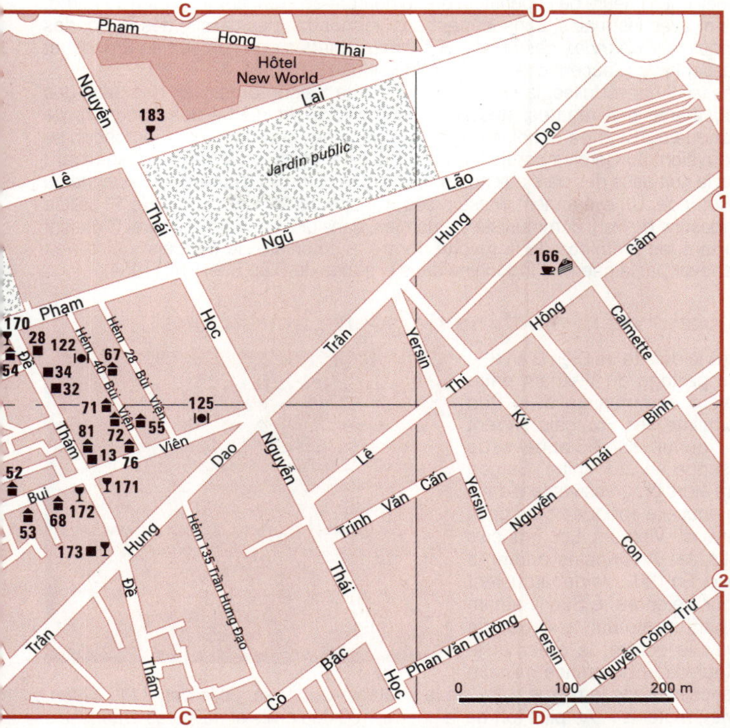

HỒ CHÍ MINH-VILLE – Quartier routard (plan III)

73 Town House 50 et 23 (A1)
76 Pink Tulip Hotel (C2)
77 Hồng Hân (B2)
79 Ngọc Minh Hotel (B2)
81 C-Central Hôtel Đề Thám (C2)

Où manger ?

57 Bún Cậu Ba et 5KU Station (hors plan par B2)
120 Ichiba Sushi (B1)
121 Phở Hùng (A2)
122 Chi's Café (C1)
124 Five Oysters (B2)
125 Coriander (C2)
127 Royal Saigon (B2)

Où déguster de bonnes pâtisseries et du bon chocolat ?

166 Maison Marou (D1)

Où boire un verre ?

170 Allez Boo (C1)
171 Crazy Buffalo (C2)
172 Go 2 (C2)
173 Café Zoom (C2)
183 Chill Sky Bar (C1)

Massages

200 Association des aveugles de Hồ Chí Minh-Ville (A2)

langueur », disait ***Pierre Loti.*** Les plus enthousiastes voyaient en elle « une magnifique courtisane », « la perle de l'Extrême-Orient ». L'écrivain-voyageur britannique ***Somerset Maugham*** y passa en 1923 : « Saigon ressemble tout à fait à une petite ville du sud de la France... c'est une petite cité gaie et plaisante. » Observateur fin et caustique du monde colonial, il dépeignit les mœurs françaises sous les tropiques, si différentes des coutumes anglaises : « Devant les hôtels, des terrasses

accueillent à l'heure de l'apéritif un grand nombre de Français. Ils portent la barbe, parlent avec les mains, consomment des vermouths, des cassis, des *Byrrh,* des quinquinas *Dubonnet,* ces boissons sucrées et fades que l'on sert en France, et jacassent avec l'accent chantant du Midi... »
Dans les Années folles, la colonie française de Saigon organisait des bals, des expositions, des régates, des courses cyclistes, et même des concours de pétanque au Club de la boule gauloise ! Les riches planteurs de caoutchouc se retrouvaient au Cercle sportif, l'endroit chic de Saigon. On s'amusait jusque tard dans la nuit dans des bars aux noms évocateurs comme *La Taverne Alsacienne* ou *La Rotonde.* Un événement passa presque inaperçu : la fondation de la 1re cellule clandestine du Parti communiste vietnamien, dans une courette obscure. C'étaient pourtant les prémices de la révolte contre le colonialisme français, qui devait s'achever par la guerre d'Indochine dans le fracas de Điện Biên Phủ (1954).

Le cœur de la machine de guerre américaine

Après la défaite de Điện Biên Phủ et le partage du Vietnam entre le Nord communiste et le Sud capitaliste, les Français tirèrent les rideaux sur 95 années de présence en Indochine. Saigon entra alors progressivement dans une nouvelle époque : celle de la guerre du Vietnam. Les Français partis, les Américains prirent la relève. En 1962, ils débarquèrent « pour défendre le Sud-Vietnam du péril communiste ». Saigon devint le centre, le cœur et le moteur de la puissance militaire américaine dans la région. Une seule stratégie s'imposa, celle des 3 M : « *Men, money, material* ». Au plus fort de la guerre, 100 000 civils et militaires américains vivaient dans cette ville déjà surpeuplée. Les bars, nommés *A-Go-Go, Chicago, Las Vegas, Bunnys,* proliférèrent. Rien qu'à Saigon, 56 000 prostituées étaient officiellement recensées. La corruption se fit endémique. La ***chute de Saigon*** (« libération de Saigon » officiellement), le ***30 avril 1975,*** marqua la fin de la guerre du Vietnam, le départ des Américains et la victoire du Nord communiste. Le monde entier assista à l'évacuation des derniers *marines* à bord d'hélicoptères juchés sur le toit de l'ambassade américaine de Saigon. Tout un monde refluait, un autre s'installait.

UN GRADÉ BIEN ALLUMÉ

Le général américain Westmoreland se demanda un jour, à la terrasse de l'hôtel Caravelle à Saigon, si l'usage de la bombe atomique ne serait pas une bonne solution pour en finir avec la guerre du Vietnam. Il envisagea un temps aussi de lâcher des tonnes de piranhas dans les rivières, les lacs, les étangs et les points d'eau occupés par les Vietcong... Aucune de ces 2 options ne fut retenue.

Curieusement, la ville tomba rapidement et facilement, presque sans bombardements, et les forces du Nord n'eurent qu'à la récupérer, quasiment intacte. Le 2 juillet 1976, Saigon changea officiellement de nom et devint Hồ Chí Minh-Ville, hommage posthume rendu au père de la nation vietnamienne réunifiée.

Saigon, l'œil du dragon vietnamien

La victoire du Nord communiste consacrée, il n'y eut ***pas de bain de sang*** comme celui perpétré à Phnom Penh (Cambodge) par les Khmers rouges. Mais la plupart des fonctionnaires de l'ancienne administration et des officiers de l'armée sudiste furent envoyés illico presto en ***camps de rééducation,*** le « goulag vietnamien », d'où beaucoup ne revinrent jamais. L'ancienne capitale vaincue entra dans la pénombre du collectivisme le plus dur et dut se soumettre aux règles inflexibles du socialisme bureaucratique venu du Nord.
Les bars à filles et les discothèques furent fermés, les commerces, les maisons, les immeubles privés furent réquisitionnés. Les rues de Saigon se vidèrent. Ne

restèrent que les cyclo-pousses et les vélos. Les Nordistes victorieux habillèrent l'ancienne capitale du Sud avec les habits austères de la révolution. On passa subitement de la minijupe au pantalon noir et aux sandales en caoutchouc. Gym pour tous à 6h devant l'hôtel *Rex* au rythme des haut-parleurs crachant à n'en plus finir des slogans de propagande ! « Saigon la pute a été battue par Hanoi la prude », soupiraient les derniers Européens à partir. Les nouveaux maîtres de la ville mirent un espion derrière chaque porte. Saigon « libérée » se réveilla soudain privée de liberté ! Des centaines de milliers de Saigonnais s'enfuirent alors par voie maritime, entassés dans des rafiots de fortune. ***Environ 1,5 million de boat people en tout, la plupart originaires du Sud-Vietnam, quittèrent ainsi le pays, clandestinement.***

Coupée du monde extérieur une dizaine d'années durant (1975-1985), la ville entama son réveil en 1987, lorsque le gouvernement lança la politique de *Đổi mới,* « changer pour faire du neuf ». Des mesures de libéralisation donnèrent à son économie chancelante quelques bouffées d'air frais. Le carcan bureaucratique desserré, Saigon pouvait enfin sortir d'un marasme et d'une léthargie contraires à sa nature.

Depuis septembre 1991, Saigon prend vraiment son essor, et tout change à la vitesse grand V. En quelques années à peine, un nouveau quartier (quartier 7) est sorti de terre avec un vaste ensemble de logements et de nombreuses écoles internationales. Hồ Chí Minh-Ville rattrape le temps perdu, dans une sorte de frénésie de consommation et d'engouement pour tout ce qui vient de l'étranger. Hommes d'affaires, touristes et Vietnamiens d'outre-mer (les *Việt Kiều*) débarquent par vagues. Saigon, fermée au monde extérieur depuis belle lurette, le voit soudain venir à elle. Cette cité cosmopolite, bouillonnante et boulimique, était au moins l'égale de Bangkok avant la guerre du Vietnam. La guerre et la parenthèse communiste l'ont fait reculer de 40 ans.

On comprend pourquoi les Saigonnais, fiers, joyeux, entreprenants, bons vivants, frondeurs et flambeurs, n'ont qu'un seul rêve aujourd'hui, pour eux et pour leurs enfants : rattraper l'énorme retard. Chaque année compte son lot de nouveaux gratte-ciel dans le quartier des affaires, la 1re ligne de métro avance à grand renfort de travaux effectués de jour comme de nuit. Le temps de travail ? Les droits sociaux ? Ils n'ont pas cours ici, le pays est toujours communiste... Le peuple a donc le pouvoir. Quelle blague !

À l'horizon 2025, c'est carrément un nouveau quartier qui devrait jaillir des rizières de la presqu'île de Thủ Thiêm, sur la rive gauche de la rivière de Saigon. Il concrétisera un rêve issu des années 1970 de construire un ***Saigon II.***

Arrivée à l'aéroport

✈ ***Aéroport de Tân Sơn Nhất*** *(hors plan I par C1)* **:** *à 7 km au nord du centre.* On passe aisément du terminal international au terminal domestique (300 m à pied). Un nouvel aéroport (qui sera le plus grand du pays) est en projet à Long Thành, à 40 km au nord-est de la capitale.

ℹ ***Visitors Information :*** *petit comptoir dans le hall des arrivées de chacun des terminaux. Tlj 8h-23h.* Intérêt moyen, mais personnel disponible et souriant. Peut vous réserver une chambre d'hôtel.

■ ***Change et distributeurs de billets*** *(ATM)* **:** *dans le hall des arrivées.* La plupart des devises sont acceptées, à des taux honnêtes. Attention, les retraits aux distributeurs sont plafonnés et soumis à commission.

■ ***Achat d'une carte SIM locale :*** plusieurs kiosques dans le terminal et à l'extérieur. Compter env 10 US$ pour un crédit d'appel local et la 4G en illimité pour 15 j. à 1 mois. L'opération est faite en 5 mn. Acheter une carte SIM en ville revient à peine moins cher (à partir de 7 US$).

Pour gagner le centre-ville

➢ ***En bus public :*** 2 lignes de bus relient l'aéroport au centre-ville,

LE SUD

desservant les quartiers où se situe la majorité des hébergements. Pour choisir celui qui s'arrête au plus près de votre lieu de chute, consulter le site très bien fait ● *busmap.vn* ● Départ des bus devant chacun des 2 terminaux. Vente des tickets à bord.

– Le ***bus nº 109*** met env 45 mn pour rejoindre la gare routière du parc du 23-Septembre (Công Viên 23/9 ; *plan III, A-B1,* ***5***), à proximité du « quartier routard ». Il marque d'autres arrêts avant, notamment au marché Bến Thành. Départs ttes les 15-20 mn 5h30-2h. Billet : 20 000 Dg.

– Le ***bus nº 152*** est moins direct. Il passe au marché Bến Thành puis longe le « quartier routard » avant de filer plus au sud-ouest. Départs ttes les 30 mn env, 6h-19h. Billet : env 5 000 Dg.

– Il existe également un bus pour la ***gare routière de Miền Tây*** (gare routière de l'Ouest ; *hors plan I par A4*), le nº 119. Départs ttes les 30 mn 4h-21h. Et un autre pour la gare routière de ***Vũng Tàu*** *(Cap Saint-Jacques)*, l'*Avigo.* Départs ttes les 1h30 env, 4h-23h. Billet : 160 000 Dg.

➢ ***Taxis :*** on peut acheter un coupon au bureau des taxis près de la sortie (prix fixes) ; compter env 200 000 Dg pour le centre-ville. Trajet en 30 mn env (45 mn aux heures de pointe). On trouve aussi pléthore de taxis à compteur en sortant de l'aéroport.

Topographie de la ville

L'agglomération (faubourgs inclus) loge ses 9 millions d'habitants (mais sans doute, en réalité, 1 à 2 millions de plus) dans 12 *quận* (ça vient du français « quartier ») numérotés de 1 à 12. Le quartier 1 (notre *plan II*) forme le noyau du centre-ville, bordé à l'est par la rivière de Saigon (qui n'est ni le Mékong ni un bras du Mékong, qu'on se le dise !). L'essentiel du Saigon qui intéresse les touristes est concentré dans ce périmètre aux avenues rectilignes se coupant à angle droit : grands hôtels, restaurants, principaux monuments et musées.

Accolé à cet hypercentre, à l'ouest du marché Bến Thành, le « quartier routard » (notre *plan III*), également inclus dans le quartier 1, concentre la plupart des petits hôtels, groupés sur quelques rues aux abords du parc du 23-Septembre et de l'avenue Phạm Ngũ Lão. Excentré au sud-ouest s'étend le quartier chinois de Cholon (quartier 5 ; *plan I, A-B5*).

– ***Certaines adresses sont libellées ainsi :*** 130/6, Đồng Khởi. Cela veut dire que l'adresse en question est la 6e maison d'une ruelle qui commence au niveau du 130, rue Đồng Khởi. Et ainsi de suite...

– ***Dans les rues partant des quais :*** les 1ers numéros commencent normalement à la rivière, et vont ensuite en croissant.

– ***Đường*** signifie « rue », ***đại lộ*** « boulevard » ou « avenue », ***rạch*** « canal », et ***cầu*** « pont ».

Se déplacer dans Hồ Chí Minh-Ville

À pied

La ville est plate, les rues sont clairement indiquées par des panneaux. Muni d'un bon plan (ou d'une bonne appli), on s'y oriente facilement. Les piétons sont rares, les scooters rois. Face aux déferlantes d'engins pétaradant, traverser la rue relève presque d'un art martial, alliance de flegme et de détermination...

En bus

Horaires et trajets des bus publics sur le site ● *busmap.vn* ●

– ***Bus urbains :*** le réseau public quadrille la ville de façon très pratique. Il fonctionne en moyenne 5h-20h30. Un billet coûte seulement 5 000 Dg (achat à bord). On peut aussi acheter un carnet à la gare des bus urbains de Bến

Thành *(plan II, F4)*. Attention, certains arrêts ne sont pas bien matérialisés.
- ***Bus nº 1 :*** pour aller du marché Bến Thành au marché Bình Tây (à Cholon, le quartier chinois à l'ouest de la ville).
- ***Bus nºs 3 et 4 :*** pour relier le « quartier routard » *(plan III)* au quartier 3 *(plan I)* en traversant tout le quartier 1 par la rue Hai Bà Trưng (bus nº 3) ou la rue Pasteur (bus nº 4).
- ***Bus nº 5 :*** parcourt toute l'avenue Nguyễn Thị Minh Khai (délimitant les quartiers 1 et 3), puis rejoint Cholon, le quartier chinois.
- ***City Tour*** *(plan III, C1)* **:** départ au 23/9, Phạm Ngũ Lão. Achat du billet sur place ou en ligne via le site • *hopon-hopoff.vn* • Départs ttes les 30 mn, 8h-17h30. Prix : 330 000 Dg, audioguide inclus. Ce bus touristique fonctionnant sur le principe « *hop-on, hop-off* » permet de faire un tour de la ville (1h), en marquant l'arrêt pour visiter une dizaine de sites (on prend le bus suivant qui vous amène plus loin et ainsi de suite).

À scooter ou à moto-taxi

S'il est possible de louer une moto en ville (permis international en principe obligatoire en cas de contrôle), conduire un 2-roues à Saigon demande une maîtrise du trafic local – on ne peut plus chaotique –, que vous avez peu de chances de posséder... Préférez donc recourir aux innombrables ***motos-taxis*** qui sont, sans conteste, le moyen le plus pratique et rapide de se déplacer dans cette agglomération embouteillée.

On peut commander sa moto-taxi via une appli sur smartphone, la plus répandue étant *Grab* (on peut aussi essayer son concurrent, *Goviet*). La moto déboule dans les minutes qui suivent. Le tarif de la course est fixé à l'avance par l'appli (on entre son point de destination lors de la commande), mais on règle en liquide au conducteur (on ne paie pas en ligne). Mieux vaut donc avoir acheté une carte SIM locale, pour ne pas faire exploser son forfait. Détail important, un téléphone ne peut commander qu'une moto à la fois. Si vous êtes 2, il vous faudra utiliser un smartphone chacun. Compter à partir de 10 000 Dg pour une course en centre-ville. Le port du casque est obligatoire, les conducteurs vous en fourniront un.

En taxi

Économiques et pratiques pour changer de quartier, même s'ils subissent davantage les bouchons que les motos. Les taxis disposent de compteur, mais n'affichent pas tous les mêmes tarifs (un monospace revient plus cher qu'une petite citadine). Prise en charge à partir de 5 000 Dg pour les 300 premiers mètres, puis jusqu'à 20 000 Dg/km. On peut héler un taxi dans la rue (ils sont nombreux) ou utiliser la même appli que pour les motos-taxis. Voici 4 compagnies sérieuses :

- ***Mai Linh Taxi :*** ☎ *38-38-38-38.*
- ***Vina Taxi :*** ☎ *38-11-11-11.*
- ***Vinasun Taxi :*** ☎ *38-27-27-27.*
- ***Futa Taxi :*** ☎ *38-18-18-18.*

En bateau

Saigon Waterbus : *station principale à l'embarcadère de Bạch Đằng (plan II, G3,* ***11****), 10B, Tôn Đức Thắng, 100 m au nord de l'embarcadère pour Vũng Tàu.* ☎ *1-900-63-68-30.* • *saigonwaterbus.com* • *Circule ttes les heures env, 8h30-19h. Navettes supplémentaires le w-e. Billet : 15 000 Dg.*
Grimées en taxis new-yorkais, les vedettes remontent la rivière vers le nord-ouest, du centre-ville jusqu'au quartier de Linh Đông, env 7 km plus loin, en marquant 2 arrêts en route. L'occasion de mesurer l'explosion urbaine de Saigon, les tours toujours plus hautes, le béton à profusion.

Le métro de Hồ Chí Minh-Ville

Le grand chantier du métro de Hồ Chí Minh-Ville est en cours depuis 2014. Réalisés par les sociétés *Sumitomo* (Japon) et *Cienco 6* (Vietnam), les travaux de la 1re ligne (14 stations) doivent durer jusqu'en 2020, au moins. Elle reliera Bến Thành (quartier 1, centre-ville) et Suối Tiên (quartier 9) à 18 km au nord-est. Les 2 premiers tronçons au départ du centre-ville seront souterrains, les autres sections aériennes. Le réseau devrait, à terme, totaliser 5 ou 6 lignes.

Balades guidées

■ ***Vietnam Vespa Adventures*** *(plan III, C2,* ***173****) : au* ***Café Zoom,*** *169A, Đề Thám, à Phạm Ngũ Lão (« quartier routard »), quartier 1. 📱 07-72-99-35-85. • vespaadventures.com • Résa conseillée. Compter 75-96 US$/pers pour une balade de 4h30.* Originaire de Hawaii, Steve Mueller dirige ce petit café-agence qui propose des virées en Vespa (des modèles anciens restaurés et en bon état). Tours en individuel ou en petits groupes, de jour ou de nuit. Une manière originale, bien qu'onéreuse, de découvrir la ville.

■ ***Balades de nuit en jeep avec Jeep Tour Saigon :*** *71, Cộ Giang, quartier 1. ☎ 839-43-46-06. 📱 09-66-66-64-16. • jeeptoursaigon.com • Tlj à partir de 18h ou 20h30. Résas sur le site. Compter 54-76 US$/pers, tt compris.* Petite agence organisant des promenades dans le centre de la ville, avec arrêt pour dîner au restaurant et boire un verre dans un bar.

■ ***Balades en bateau sur la rivière avec Saigon Boat Tours :*** *cầu Sài Gòn, Phường 25, quận Bình Thạnh. 📱 09-09-84-48-13. • saigonboatcompany.com •* Découverte de la ville depuis la rivière de Saigon à bord de petites vedettes métalliques (couvertes en cas de pluie). Au choix : *Breakfast Cruise* (départ à 8h, durée 2h, à partir de 39 US$), *Sunset Cruise* (départ à 16h, durée 2h, 35 US$) ou croisière de nuit avec dîner.

Adresses et infos utiles

Informations touristiques

Comme ailleurs au Vietnam, il n'existe pas à Hồ Chí Minh-Ville d'office de tourisme fournissant des infos détaillées et impartiales sur la ville et ses environs, ou sur le reste du pays. Tous les bureaux affichant *Tourist Office* sont des agences privées destinées à vendre des services.

■ ***Saigontourist Travel Service*** *(plan II, F3,* ***1****) : 45, Lê Thánh Tôn, quartier 1. ☎ 38-27-92-79. • saigontourist.net • etravelvietnam.com • Tlj 8h-18h30 (même pdt le Tết).* Le siège de *Saigontourist,* agence semi-gouvernementale. Elle gère une centaine d'hôtels (3 à 5 étoiles), organise des visites guidées et excursions pour groupes d'une demi-journée à 3 jours à Saigon et dans le delta du Mékong, vend des billets d'avion *(Vietnam Airlines),* se charge de prolonger les visas et vend de nombreuses prestations (location de voitures à bons prix, guides et interprètes...). Il s'agit d'une véritable agence de voyages, et non d'un office de tourisme dont la vocation est de renseigner gratuitement. Service de change. Autre agence de *Saigontourist* au 102, Nguyễn Huệ *(plan II, F3,* ***2*** *; ☎ 38-22-60-33 ; tlj 8h-20h30).*

– Les nombreuses agences des ***rues Đề Thám*** et ***Phạm Ngũ Lão,*** dans le « quartier routard » *(plan III),* peuvent aussi vous renseigner sur ce qu'il y a à voir et à faire à Saigon et dans les environs. Voir plus loin « Agences de voyages, guides ».

■ ***Prolongation de visas :*** *se rendre au* ***Vietnam Immigration Department,*** *161, Nguyễn Du, Ben Thanh Ward, district 1. ☎ 838-24-40-75. Hotline : 909-34-35-25. • immigration.org.vn • Tlj sauf w-e, 8h-11h, 13h30-16h. Compter 60-155 $ pour une prolongation de 1 mois (entrée simple) et 180-310 $ pour 3 mois (entrée simple).*

Postes et télécommunications

✉ ***Poste centrale de Saigon*** *(Bưu điện Sài Gòn ; plan II, F3)* ***:*** *2, Công Xã Paris (pl. de la Commune-de-Paris). Tlj 7h (8h dim)-19h (18h w-e).* On adore la poste centrale ! Même si vous n'avez rien à y faire, passez donc admirer ce superbe vestige de l'époque coloniale française (voir commentaire et descriptif du monument dans la rubrique « À voir »). Pour les timbres, direction le guichet nº 1.

Achat de cartes SIM (pour téléphones portables)

Si vous souhaitez acheter une carte SIM locale, autant le faire dès l'arrivée à l'aéroport (lire plus haut). Sinon, toutes les petites agences d'excursion du « quartier routard » et autour du marché Bến Thành en vendent. Compter à partir de 7 US$ pour un crédit d'appel local et la 4G en illimité pendant 15 jours à 1 mois. L'opération prend 5 mn. Pas besoin de présenter son passeport.

Argent, change

– On trouve des bureaux de change *(tlj, 8h-22h env)* dans le « quartier routard » et dans le centre, notamment autour du marché Bến Thành, pratiques et rapides pour changer ses euros, francs suisses ou dollars canadiens en liquide (aucune commission et taux comparables). On peut souvent changer dans les hôtels mais le taux y est parfois désavantageux. Bien se renseigner avant.

■ ***Bureau de change Eximbank*** *(plan II, G3,* ***4****) : 135, Đồng Khởi, quartier 1. ☎ 38-23-13-16. Tlj 7h-20h.* Central, avec un bon taux. Toutes devises acceptées.

Consulats, représentations diplomatiques

– ***Rappel :*** Hanoi étant la capitale, c'est là que sont toutes les ambassades. À Saigon, on ne trouve que des consulats qui peuvent émettre des visas ou venir en aide à leurs ressortissants en cas de problème grave (vol de passeport, mais pas de votre argent).

■ ***Consulat de France*** *(plan II, F3,* ***6****) : 27, Nguyễn Thị Minh Khai, quartier 1. ☎ 35-20-68-00. 📱 09-03-72-19-78 (urgences). • ho-chi-minh-ville.consulfrance.org • Sur rdv seulement (sauf service comptable ouv lun-ven 8h-12h, 13h30-17h).* Dans l'ancienne ambassade de France au Sud-Vietnam, plusieurs bâtiments d'époque coloniale cachés derrière de hauts murs.

■ ***Consulat de Suisse*** *(plan II, G4,* ***12****) : 2, Hải Triều, Bitexco Financial Tower, 37e étage. ☎ 62-99-12-00. • hcm.visa@eda.admin.ch • Lun-ven 9h-12h.*

■ ***Consulat de Belgique*** *(hors plan I par H5) : 79/8, Hoàng Văn Thái, Phú Mã Dương Building (rdc). ☎ 54-14-11-96. • consubel@diplobel.vn • Lun-mar et jeu-ven 9h-11h30 (ou sur rdv).*

■ ***Consulat du Canada*** *(plan II, F3,* ***7****) : 235, Đồng Khởi, Metropolitan Tower (9e étage), quartier 1. ☎ 38-27-98-99. • hochi@international.gc.ca • Lun-jeu 8h30-10h30, 13h30-15h30 ; ven 8h30-9h30.*

■ ***Consulat de Chine*** *(plan I, F2,* ***8****) : 175, Hai Bà Trưng, quartier 3. ☎ 38-29-24-59 (serveur vocal). • hcmc.chineseconsulate.org • Lun-ven 8h30-11h30. Pour télécharger le formulaire de demande de visa : • travelchinaguide.com/embassy/pdf/visa-application.pdf •* Attention, les visas chinois se paient en dollars. Ils n'acceptent ni les euros ni les đồngs.

■ ***Consulat du Cambodge*** *(plan I, F2,* ***9****) : 41, Phùng Khắc Khoan, quartier 1. ☎ 38-29-27-51. • camcg.hcm@mfa.gov.kh • Lun-ven 7h30-11h30, 14h-17h.* Le visa s'obtenant très facilement sur Internet *(• evisa.gov.kh •)*, aux postes-frontières ou en arrivant à l'aéroport de Phnom Penh, inutile de vous compliquer la vie en venant ici. Le E-visa (36 US$ payables en ligne ; 3 jours de délai) est valable pour ceux qui atterrissent à Phnom Penh ou Siem Reap, ou arrivent par voie terrestre à Bavet (Svay Rieng) depuis le Vietnam. Pour les personnes nées au Cambodge, le visa K est permanent et gratuit.

■ ***Consulat du Laos*** *(plan II, F3,* ***10****) : 93, rue Pasteur, quartier 1. ☎ 38-29-76-67. • cglaohcm@gmail.com • Lun-ven 8h30-11h30, 13h-16h.* Un grand bâtiment impressionnant, avec 2 éléphants dans la cour ! Le visa, valable 1 mois, s'obtient en 3 jours. Fournir 2 photos et 35 US$ en liquide. On peut aussi l'obtenir (un peu moins cher) aux postes-frontières.

Urgences

Nombre de centres hospitaliers et cliniques, à Saigon, sont dotés d'équipements modernes et répondant aux normes internationales, avec des médecins français ou étrangers. La plupart des problèmes peuvent y être traités mais certaines interventions peuvent nécessiter un transfert vers Bangkok ou Singapour. Être bien assuré car ces établissements sont coûteux. Pour obtenir les coordonnées de spécialistes, le « livret d'accueil » en ligne du consulat de France est très utile.

■ ***Urgences médicales :*** ☎ *115.*
■ ***Pompiers :*** ☎ *114.*
■ ***Police :*** *459, Trần Hưng Đạo.* ☎ *113.* Pour les déclarations de vol ou pour les cas d'agression.
■ ***Pharmacie*** *(plan III, C2,* ***13****) : à l'angle de Đề Thám et Bùi Viện, dans le « quartier routard ». Tlj 7h30-21h30.*
✚ **Hôpital franco-vietnamien** *(FV Hospital) : 6, Nguyễn Lương Bằng, quartier Tân Phú, quartier 7.* ☎ *54-11-33-33 ou 35-00 (urgences).* • *fvhospital.com* • Hôpital ultramoderne, répondant aux normes internationales et comptant une équipe permanente de praticiens internationaux, dont des Français et Belges. Une trentaine de départements.
✚ ***Centre Médical International*** *(plan I, F2,* ***14****) : 30, Phan Ngọc Thạch, quartier 1.* ☎ *38-27-23-66 ou 67.* • *cmi-vietnam.com* • *Sur rdv lun-ven 8h30-19h, sam 8h-18h.* Médecine générale et spécialisée, assurée par des médecins français.
✚ ***Family Medical Practice*** *(plan II, F3,* ***15****) : 34, Lê Duẩn, Diamond Plaza, quartier 1.* ☎ *38-22-78-48 ou 37-44-90-00 (urgences).* • *vietnammedicalpractice.com* • *Lun-ven 8h30-19h, sam 8h30-16h30. Urgences 24h/24.* Importante clinique privée avec des praticiens internationaux et vietnamiens formés à l'étranger pour une médecine de haut niveau.
✚ ***Columbia Asia – Saigon International Clinic*** *(plan II, F3,* ***16****) : 8, rue Alexandre-de-Rhodes, quartier 1.* ☎ *38-23-88-88.* • *columbiaasia.com* • *Consultations 8h-21h. Consultations env 40 US$ pour un médecin vietnamien et 62 US$ pour un médecin expatrié.*
✚ ***Westcoast International Dental Clinic*** *(plan II, G3,* ***17****) : 17-21, Lý Tự Trọng, quartier 1.* ☎ *38-25-69-99.* • *westcoastinternational.com* • *Lun-ven 8h30-20h, sam 9h-17h.* Dentistes étrangers et notamment français.
■ ***Dentiste francophone :*** *235, Lê Văn Sỹ, quartier 3.* ☎ *38-25-09-39.* 📱 *09-03-87-60-30.* Le docteur Anne Nguyễn est diplômée de l'université de Reims. 1re consultation gratuite et soins à prix raisonnables.

Compagnies aériennes

■ ***Vietnam Airlines :*** ☎ *1-900-11-00.* • *vietnamairlines.com* • Dans le « quartier routard », des représentants de *Vietnam Airlines* vendent les billets d'avion, en principe aux mêmes tarifs que la compagnie nationale.
■ ***Air France-KLM :*** ☎ *38-29-09-81 ou 82.* • *airfrance.com.vn* •
■ ***Jetstar :*** ☎ *38-25-81-01.* • *jetstar.com* •
■ ***VietJet Air :*** ☎ *1-900-18-86 (call center).* • *vietjetair.com* •

Bus interurbains

Se reporter pour plus de détails à la rubrique « Quitter Hồ Chí Minh-Ville » en fin de chapitre.

Agences de voyages, guides

Elles pullulent, notamment dans le « quartier routard » (le long de Phạm Ngũ Lão, Đề Thám et Bùi Viện), et proposent de tout : *Open Bus Tickets,* billets de train et d'avion (généralement moyennant une commission), location de voitures avec chauffeur, tours de ville, excursions dans les environs de Saigon et le delta du Mékong, etc. N'hésitez pas à comparer de près les prestations (généralement détaillées dans leur documentation).
– ***Location de voitures :*** aucun intérêt de louer une voiture pour circuler dans Saigon ; en revanche, c'est une formule intéressante à plusieurs dès lors que l'on sort de la ville 1 ou 2 jours pour visiter Tây Ninh, les tunnels de Củ Chi, Mỹ Tho et Vĩnh Long dans le delta du Mékong.

Agences

■ ***Saigontourist Travel Service*** *(plan II, F3,* ***1****) : 45, Lê Thánh Tôn.* On cite cette grosse agence plus haut dans la sous-rubrique « Informations touristiques ».
■ ***Thesinhtourist*** *(plan III, C1,* ***32****) : 246-248, Đề Thám.* ☎ *38-38-95-93.*

● *thesinhtourist.vn* ● *Tlj 6h30-22h30.* Cette grosse agence de voyages présente dans toutes les villes touristiques du pays vend des tickets *Open Bus* (elle possède sa propre compagnie de bus) pour Mũi Né, Dalat, Nha Trang, Hội An, Huế et Hanoi. Propose aussi de rejoindre Phnom Penh (Cambodge) en bateau depuis Châu Đốc dans le delta du Mékong (voir « Quitter Hồ Chí Minh-Ville »). Excursions (avec guides francophones possibles) à Tây Ninh et à Củ Chi, ainsi que des circuits de 2 à 5 jours dans le delta du Mékong ou de 2 à 3 jours à Mũi Né. Les tarifs comprennent les transports en bus climatisés, le guide et les nuits en chambre double avec le petit déj (et parfois les repas). *Thesinhtourist* pratique des prix parmi les plus bas, mais c'est souvent un peu l'usine car les groupes sont de grande taille et le timing très serré !

■ ***Innoviet :*** *📱 967-93-16-70.* ● *innoviet.com* ● *Résas en ligne ou par tél uniquement.* Petite agence très aimable et sérieuse, qui pratique le tourisme responsable dans le respect de l'environnement et des populations. Elle organise des excursions pour couples ou petits groupes dans le delta du Mékong et au Cambodge, avec rencontre et nuits chez l'habitant, cours de cuisine et balades à bicyclette. Prix plus élevés que ceux pratiqués par *Thesinhtourist,* mais la qualité est supérieure. On les recommande.

■ ***Agence YTC*** *(plan III, C1,* ***34****) : 268, Đề Thám.* *☎ 39-20-21-12.* ● *ytc268.com* ● Une vieille agence fondée et dirigée par la sympathique et dynamique Mme Kim, qui parle un très bon français. Si elle n'est pas à l'accueil, vous pouvez la demander. Organise des excursions autour de Saigon (tunnels de Củ Chi...) et de 1 à 4 jours dans le delta du Mékong, ainsi que dans le sud, le centre et le nord du Vietnam. Prix vraiment raisonnables.

■ ***Lạc Hồng Tours*** *(plan III, B2,* ***35****) : 305, Phạm Ngũ Lão.* *📱 09-08-55-98-66.* ● *lachongtours.com* ● *Tlj 6h30-22h.* Organise des tours guidés de la ville *(8h-16h),* la visite des tunnels de Củ Chi et du temple de Cao Đài, ainsi que des circuits dans le delta du Mékong. Prestations sérieuses, personnel aimable et tarifs très sages.

■ ***Annam Tours*** *(Robert Trần) : D3.601, Imperia An Phú, quartier 2.* *☎ 62-87-18-58.* *📱 09-06-36-19-58.* ● *robert.annamtours@gmail.com* ● Petite agence dirigée par Robert Trần, Vietnamien de France installé à Saigon. Il propose aux individuels et aux petits groupes des visites de la ville avec guide francophone, des excursions dans le delta du Mékong, ainsi que des voyages sur mesure dans le nord et le sud du Vietnam (avec jonques privées pour la baie d'Hạ Long), et même une découverte historico-culturelle du pays en lien avec la présence française. Très bon accueil, service sérieux et prix sages.

■ ***Vietnam Bike Tours :*** *126, Đinh Bộ Lĩnh, district de Binh Thanh.* *☎ 855-07-59-99.* ● *info@vietnambiketours.com* ● *vietnambiketours.com* ● Fondée par Ngô Trọng Huy, cette sérieuse agence organise des excursions guidées à VTT dans le delta du Mékong et dans le reste du pays, ainsi qu'au Cambodge, en Thaïlande et au Myanmar. C'est à la carte : pour des individuels ou des petits groupes, durée de 1 à 15 jours (à la demande).

Interprète, traducteur, accompagnateur

■ ***Alain Tuấn*** *(Trần Anh Tuấn) :* *☎ 38-25-13-23.* *📱 09-08-18-49-82.* ● *alaintuan@hcm.fpt.vn* ● Alain Tuấn parle et écrit couramment le français et l'anglais. Après avoir longtemps travaillé pour une société commerciale française, il exerce aujourd'hui comme interprète-traducteur. Il peut assister des hommes d'affaires ou des personnes de passage cherchant une aide pratique pour toutes sortes de démarches (adoption, recherche de parenté...). Disponible, débrouillard et connaissant Saigon comme sa poche, il propose ses services à la journée, ou plus.

Francophonie, culture, loisirs

■ ***Librairie française Nam Phong*** *(plan I, F3,* ***36****) : 88, Trương Định, quartier 1.* *☎ 39-14-78-58.* ● *namphongsaigon.com* ● *Lun-sam 9h-12h30,*

14h-18h30. C'est l'une des 3 librairies exclusivement françaises d'Asie. Tenue par Colette et Jacqueline. Bien fournie : on y trouve des romans, des livres d'histoire, des magazines. Beau rayon sur le Vietnam. Également des souvenirs et des livres d'occase au poids. Les prix sont les mêmes qu'en France.

■ ***IDECAF*** *(Institut d'échanges culturels avec la France ; plan II, G3,* ***37****)* **:** *31, Thái Văn Lung, quartier 1. ☎ 38-29-54-51. • idecaf.gov.vn • Tlj sauf dim 7h30-21h. Médiathèque mar-jeu 13h30-18h, ven-sam 9h30-17h.* Le centre actif de la francophonie au Vietnam. Cours de français pour les Vietnamiens. Très riche médiathèque francophone avec romans, B.D., CD, DVD, périodiques... à consulter sur place ou à emprunter pour les adhérents. Projection de films vietnamiens et français en v.o. Concerts, expositions, théâtre, conférences et spectacles. Et un agréable café-resto dans le jardin, à l'angle du bâtiment, qui sert des plats français (voir plus loin « Où manger ? »).

■ ***Cours de cuisine*** *(Saigon Cooking Class)* **:** *au 1er étage du resto Hoa Túc (plan II, G3,* ***147****), 74/7, Hai Bà Trưng, quartier 1. ☎ 38-25-84-85. • saigon cookingclass.com • Tlj sauf lun.* Un cours de cuisine vietnamienne orchestré (en anglais) par le chef cuisinier Khang, avec en option un passage au marché de Bến Thành pour acheter les ingrédients. La session dure 3-4h, et coûte environ 40 US$ par personne.

■ ***Piscines :*** au rayon chic et choc, on aime bien celle postée au 5e étage de l'***hôtel Rex,*** ses 2 bassins flanqués d'un bar baignant dans une ambiance relax au cœur de la ville *(plan II, F3,* ***182*** *; accessible à ts 6h-22h ; entrée : 350 000 Dg).* D'autres piscines de grands hôtels *(Grand Hotel, Majestic, Caravelle...)* sont aussi accessibles aux non-résidents. En dehors de ces options coûteuses, il y a la piscine ***Văn Thánh*** *(excentrée au 48/10, Điện Biên Phủ ; entrée : 50 000-60 000 Dg),* populaire et très fréquentée par les familles saigonnaises les week-ends, tout comme celle du ***Cercle sportif,*** dans un grand parc sans charme, derrière celui du palais de la Réunification *(entrée : 16 000 Dg)* ; se reporter aussi à la rubrique « À voir ».

Ouvert 24h/24

■ ***Magasins Circle K :*** *nombreux magasins en ville, dont un derrière le théâtre municipal (plan II, G3,* ***39****).* Cette chaîne ouverte 24h/24 vend les produits, alimentaires ou non, les plus courants. Pratique, elle incarne la nouvelle génération de magasins généralistes au Vietnam.

Action humanitaire

■ ***Maison Chance*** *(Nhà May Mắn)* **:** *Centre Envol, 19A, Đường Số 1, KP 9, Bình Hưng Hoà, quartier de Bình Thanh. ☎ 38-75-51-71. • maison-chance.org •* L'association, fondée en 1993 par une artiste peintre suisse âgée de 20 ans, œuvre en faveur des personnes handicapées, des orphelins, des enfants des rues et des personnes défavorisées de tous âges. Concrètement, elle héberge, éduque, soigne, propose des formations professionnelles et offre un travail aux personnes handicapées. *Maison Chance* possède, dans l'un de ses centres du quartier de Bình Thanh, 7 chambres d'hôtes pour les visiteurs de passage, adaptées aux personnes à mobilité réduite *(300 000 Dg pour 2, petit déj compris).* Également une boutique qui vend les produits confectionnés par les bénéficiaires.

Sorties, spectacles

– ***A O Show :*** *au théâtre municipal. ☎ 45-18-11-88. Billets en vente chez Saigon Tourist ou sur Internet : • luneproduction.com • Représentation à 18h ; durée 1h. Billets : 700 000-1 600 000 Dg. Éviter les places situées aux extrémités du parterre (parmi les moins chères, évidemment), on ne voit pas une partie de la scène.* Créé par Tuấn Lê, qui a collaboré avec le Cirque du Soleil, rejoint depuis par Nguyễn Lân Maurice, qui débuta au Cirque Plume, ce spectacle s'est choisi pour écrin l'élégant théâtre néoclassique de la ville. Une troupe de 20 artistes, musiciens, danseurs, acrobates, y raconte en 4 tableaux la vie traditionnelle des campagnes et sa confrontation avec le monde des villes, à travers danses, musiques, chants, acrobaties, qui empruntent autant à la tradition qu'aux cultures urbaines, le tout doublé d'effets visuels surprenants. Un spectacle complet, entre danse et théâtre, à la fois drôle et poétique, subtil et énergique.

Où dormir ?

Dans le quartier Phạm Ngũ Lão ou « quartier routard »

Le « quartier routard », comme on le surnomme, compte des pensions et petits hôtels en pagaille, d'innombrables restos racolant le touriste et des agences de voyages à foison.
L'animation se concentre entre 2 rues parallèles, Phạm Ngũ Lão et Bùi Viện, reliées par la rue Đề Thám et tout un lacis de ruelles, plus calmes que les axes principaux. Elles ne portent pas de noms : les adresses sont indiquées à partir du numéro de la rue principale (voir nos infos à ce propos dans « Topographie de la ville » plus haut).
– ***Conseil :*** de mai à septembre, c'est la basse saison, le ***marchandage*** (valable toute l'année, surtout si vous restez plusieurs jours) y est alors plus facile.

Bon marché (jusqu'à 300 000 Dg / env 11 €)

Les ***rooms for rent*** (chambres à louer), au confort basique mais très bon marché, essaiment dans les ruelles maillant le quartier. En particulier dans celles partant à la hauteur du 217, Đề Thám. Rares sont les propriétaires qui parlent l'anglais, mais on se déchausse à l'entrée et l'on partage, en partie du moins, le quotidien modeste de la famille et de la ruelle. Une vraie immersion dans le Saigon populaire.
Pour ce qui est des petits ***hostels*** privés, on en trouve notamment toute une série dans la ruelle tranquille démarrant au n° 373 de Phạm Ngũ Lão *(plan III, A2)*.
– Les adresses ci-après sont classées en « Bon marché » pour leurs lits en dortoirs. Les chambres privées grimpent en général en catégorie « Prix moyens ».

☗ ***Saigon Backpackers Hostel*** *(plan III, A2,* ***60****)* **:** *373/20, Phạm Ngũ Lão. ☎ 38-37-02-30. • sgbackpackershostel@gmail.com • Lit en dortoir 6-8 US$, doubles dès 20 US$, petit déj inclus.* Dans la ruelle des *hostels,* un petit établissement fringant et moderne, constellé de dessins rigolos. Dortoirs (4-8 lits) climatisés et quelques chambres bien équipés et bien tenus. Espace commun avec billard et TV, pour se détendre ou rencontrer d'autres bourlingueurs au long cours. Petite cuisine à dispo.

☗ ***Long Hostel*** *(plan III, A2,* ***60****)* **:** *373/10, Phạm Ngũ Lão. ☎ 38-36-01-84. Lit en dortoir 6-9 US$, double env 18 US$, petit déj inclus.* Une adresse très accueillante, avec dortoirs (4-6 lits) agréables et très soignés, ainsi que quelques chambres sans fioritures mais bien tenues. En face, le ***Khôi Hostel,*** tenu par la même gentille famille, propose des prestations similaires aux mêmes tarifs.

☗ ***Jan Hostel*** *(plan I, E4 et hors plan III par B2,* ***57****)* **:** *102/7/6, Cống Quỳnh. 📱 09-37-52-86-89. • ngoctrinhdangle@gmail.com • Au fond de la ruelle à gauche puis à droite (fléchage timide). Lit en dortoir (4 pers) 8 US$.* En lisière du « quartier routard », dans un petit immeuble récent, tout en hauteur, un dortoir occupe chaque étage (avec salle de bains pour chacun). Beaucoup de clarté, parfois même une belle vue sur la ville. C'est Mlle Trinh qui est aux manettes de cette adresse nickel et calme.

☗ ***Phan Anh Backpackers Hostel*** *(plan III, A2,* ***60****)* **:** *373/6, Phạm Ngũ Lão. ☎ 39-20-92-35. • phananhbackpackershostel.com • Lit en dortoir 130 000 Dg, doubles 550 000-600 000 Dg, petit déj inclus.* À mi-chemin entre l'*hostel* et l'hôtel, car on y trouve à la fois des dortoirs mixtes ou non (6 lits, avec clim) et des chambres privées claires et de bon confort, le tout impeccable. Parfait pour le routard pas trop fortuné mais exigeant quand même, bref, un bon rapport qualité-prix !

Sigoong Hostel *(plan I, F4, **51**) : 92, Đề Thám. ☎ 66-81-86-92. Lit en dortoir (4-10 pers) 8-12 US$, petit déj compris.* Ce ne sont pas les AJ sympa qui manquent dans le secteur. À choisir, celle-ci entre clairement dans le top 5, notamment pour l'ambiance et la déco réussie en 3B : bois, brique et béton ! Bar animé en soirée, et espace commun sur le *rooftop.* Un vrai lieu de vie communautaire.

Onetel *(plan III, B1, **50**) : 35, Nguyễn Văn Tráng. 📱 901-46-83-27. • onetevietnam@gmail.com • Lit en dortoir (6-12 pers) 8 US$, petit déj inclus. Demander un lit en dortoir, sinon on vous donnera une chambre à 120 € la nuit.* Murs blanc immaculé, clim, mobilier en bois clair, bureaux intégrés dans les têtes de lits, épaisses literies et oreillers moelleux, clairement, on mise ici sur une « zénitude » et une fonctionnalité absolues. Les espaces communs suivent le mouvement, offrant kitchenette, petit café au rez-de-chaussée et terrasse cosy sur le toit. Accueil à la fois posé et pro. Un lieu calme et inédit au cœur de cette trépidante Saigon.

Vintage Hostel *(plan III, C2, **52**) : 80, Bùi Viện. ☎ 38-37-26-77. • vintagehostel.asia • Lit en dortoir 8,50-12 US$, double env 25 US$, sans petit déj.* Le *coffee shop* à l'entrée et le personnel jeune et souriant donnent le ton de cette petite AJ bon enfant. Seulement 2 chambres privées, à réserver longtemps à l'avance. Mais celles-ci n'ont rien à remontrer aux dortoirs (de 8 lits, mixtes ou non), nickel et fonctionnels, avec *lockers* intégrés dans les lits, clim et rideaux de séparation bien épais. Sanitaires impeccables.

Bed Station Hostel *(plan III, C2, **53**) : 35/6, Bùi Viện. ☎ 38-36-01-24. • bedstationhostel.hcm@gmail.com • Lit en dortoir 5-8 US$, doubles 12-15 US$.* Nichée dans une impasse, une petite auberge coquette, façon maison de poupée, moderne et colorée. Tout est hyper clean, jusqu'au grand escalier blanc central qui s'élève vers les dortoirs. Accueil adorable.

Galaxy Hotel & Capsule *(plan III, C1, **54**) : 269/19, Đề Thám. ☎ 38-38-69-95. Lit en dortoir 10-12 US$, doubles 16-27 US$.* Encore l'une de ces AJ nouvelle génération, de qualité irréprochable. Outre la propreté sans faille et la salle des petits déj bien arrangée, on y apprécie l'accueil serviable, jeune et anglophone, les sanitaires rutilants, le mix entre chambres (certaines sans fenêtre) et lits en dortoir format « capsule », plutôt confinés avec leurs épais barreaux des lits. Pour le reste, un bon point de chute pas cher. Organisent des tours.

– Voir aussi plus bas, dans la rubrique « Chic », les ***Town House 50*** et ***23*** qui disposent de dortoirs impeccables *(env 10 US$/nuit).*

Prix moyens (300 000-600 000 Dg / env 11-23 €)

Dans cette catégorie, on peut notamment aller fouiner dans la ruelle démarrant au n° 283 de Phạm Ngũ Lão *(plan III, B2),* investie par une myriade de mini-hôtels. Voir aussi les chambres privées des *hostels* cités plus haut.

Diệp Anh Guesthouse *(plan III, B2, **64**) : 241/31, Phạm Ngũ Lão. ☎ 38-36-79-20. • guesthouse.diepanh@gmail.com • dieptheanh@hcm.vnn.vn • Doubles 22-24 US$.* Un petit hôtel familial sans prétention, mais ne pas se fier aux apparences. L'accueil est chaleureux, les chambres vastes, très bien tenues et de bon standing. Celle perchée au 6e étage (pas d'ascenseur), sur l'arrière, profite à la fois du calme et d'une vue panoramique sur le centre-ville. Pas de petit déj mais café gratuit à la réception. Une bonne adresse.

Giang Son Guesthouse *(plan III, B2, **65**) : 283/14, Phạm Ngũ Lão. ☎ 38-37-75-47. • giangsonhotel.com • Double env 400 000 Dg, petit déj compris.* Mini-hôtel tenu par Mme Bùi, une dame née en Nouvelle-Calédonie qui parle le français. Chambres étroites mais soignées, avec clim et frigo, fenêtre ou non selon le tarif. Un bon rapport qualité-prix. Possède 2 annexes proches : les ***Giang Son 2*** et ***3*** (simple à retenir !), nickel aussi et dans les mêmes prix (voir plus bas).

Khôi 2 *(plan III, B2, **59**) : 373/49, Phạm Ngũ Lão (accès aussi par Cống Quỳnh, à hauteur du n° 160). ☎ 38-38-61-05. 📱 908-50-56-86. Doubles*

LE SUD

22-25 US$, petit déj inclus. Niché au fond d'une ruelle, un havre de paix (bienvenu dans ce quartier survolté !) que ce petit hôtel coloré ! Il s'agit de l'annexe, version petit hôtel de charme, du tout proche *Khôi Hostel.* Une dizaine de chambres coquettes et très soignées, avec équipement complet. Agréable espace pour le petit déj. Terrasse pour les fumeurs.

Giang Sơn 3 Hotel *(plan III, C2,* ***68****) : 35/4, Bùi Viện. ☎ 38-36-81-17. • giangson3@hotmail.com • Doubles 20-25 US$, petit déj inclus.* Ce petit hôtel sympa de 13 chambres a été repris en mains par la propriétaire de la *Giang Sơn Guesthouse.* Chambres très propres, avec clim, TV et frigo. Certaines sont aveugles : privilégier celles donnant sur la ruelle, plus lumineuses. Petite salle agréable avec chaises en rotin pour prendre le petit déj. On y traîne volontiers, c'est assez rare pour être signalé.

Hôtel Bích Duyên *(plan III, B2,* ***65****) : 283/4, Phạm Ngũ Lão. ☎ 38-37-45-88. • bichduyenhotel.net • Doubles 18-28 US$, petit déj inclus.* Une quinzaine de chambres impeccables et plutôt bien arrangées, avec tout le confort. Les moins chères sont toutefois petites et sans fenêtre. Agréable salle de petit déj. Accueil anglophone et dynamique. Une adresse là encore très appréciée des voyageurs au budget limité.

Linh Guesthouse *(plan III, C2,* ***55****) : 40/10, Bùi Viện. ☎ 38-36-96-41. • hotelinh@hotmail.com • Doubles 12-14 US$, sans petit déj.* On enlève ses chaussures avant d'entrer, comme dans toutes les pensions. Les chambres, quoique petites pour certaines, sont très propres, agréables, climatisées et équipées d'une TV et d'un frigo. Pas de fenêtre pour les moins chères. Accueil rude et commercial en anglais.

Chic (600 000-1 000 000 Dg / env 23-38 €)

Tripwriter Hotel & Bistro *(plan III, C1-2,* ***71****) : 185/28, Phạm Ngũ Lão. ☎ 38-36-19-15. • tripwriter.vnhotel.site • Doubles 28-38 US$, petit déj inclus.* Halte, coup de cœur ! Coincé entre 2 échoppes, cet hôtel de charme étroit, tout en hauteur, est repérable à son enseigne en lettres scriptes et à l'adorable café-terrasse qui précède la réception. À l'intérieur, tout est à l'avenant, et le bon goût règne en maître : béton ciré, faux parquets, carreaux de ciment. Chambres d'excellent confort, claires, même celles dont la fenêtre donne sur le patio intérieur. Attention, certaines souffrent malheureusement d'humidité, demander à voir. Lieu calme et accueil parfait.

Town House 50 *(plan III, A1,* ***73****) : 50E, Bùi Thị Xuân. ☎ 39-25-02-10. • townhousesaigon.com • Lit en dortoir env 11 US$, doubles 35-37 US$, petit déj inclus.* Dans une maison retirée au fond d'une impasse, à 5 mn des rues les plus animées du « quartier routard ». Cette *guesthouse* à la déco bien léchée propose à la fois des chambres doubles confortables et des dortoirs de 10 lits, fusionnant ainsi les services d'un hôtel et d'un *hostel* pour routards. Grande salle commune pour croquer un morceau ou socialiser. Accueil souriant et serviable dans un bon anglais. Annexe, la ***Town House 23,*** située au 23, Đặng Thị Nhu, au style et aux prix identiques.

Guesthouse Luân Vũ *(plan III, C2,* ***68****) : 35/2, Bùi Viện. ☎ 38-37-71-85. • luanvugh@gmail.com • Doubles 23-27 US$, petit déj inclus.* La réception, avec ses gros canapés moelleux, fait de l'œil aux passants dans la ruelle. Cette *guesthouse* pimpante est un choix sûr, avec des chambres tapissées et nickel, bien équipées (clim, frigo, TV satellite, bouilloire...), le tout réparti sur 5 étages. Accueil à la fois pro et amical. Que dire de plus ?

Pink Tulip Hotel *(plan III, C2,* ***76****) : 40/11, Bùi Viện. ☎ 38-37-35-67. • pinktuliphotel.com • Doubles 25-40 US$ selon taille, petit déj inclus.* La réception, garnie de fauteuils colorés, donne le ton. Voici un hôtel à la déco soignée, à la situation ultracentrale, offrant un petit confort appréciable (baignoire et balcon dans les plus chères). Évitez les chambres les plus basiques, sombres et sans fenêtre. Les accueillants patrons donnent volontiers des conseils de visite.

Hồng Hân *(plan III, B2,* ***77****) : 238, Bùi Viện. ☎ 38-36-19-27.*

• honghanhotelhcm.com • Doubles 26-32 US$, petit déj inclus. Étroitement coincé entre 2 immeubles, cet hôtel au cœur de l'animation empile sur 4 étages des chambres impeccables et de bon confort, toutes avec fenêtre. Le petit déj se prend sur la jolie terrassette du 1er étage. Peu de chambres, donc réservation conseillée. Mention spéciale au personnel très serviable, qui se plie en 4 pour satisfaire ses hôtes.

Blue River Hotel *(plan III, B2,* ***65****) : 283/2B-2C, Phạm Ngũ Lão. ☎ 38-37-64-83. • blueriverhotel.com • Lit en dortoir 8-10 US$; doubles 26-35 US$ avec petit déj.* Hôtel central proposant des chambres modernes et tout confort, pas bien grandes ni lumineuses, mais au calme et tenues avec soin. Gentil accueil en anglais. Transfert depuis l'aéroport offert pour 3 nuits réservées. Si c'est complet, il existe une annexe juste en face.

Ngọc Minh Hotel *(plan III, B2,* ***79****) : 283/11-13, Phạm Ngũ Lão. ☎ 38-36-52-15. • ngocminhhotel283@gmail.com • Doubles 24-33 US$, petit déj compris.* Un hôtel moderne, soigné et confortable bien qu'un peu vieillissant, avec ascenseur. Déco identique d'une chambre à l'autre, seule la taille et la vue (certaines sans fenêtre) varient. Le plus : la superbe terrasse sur le toit, où se prend le petit déj. Accueil très pro. On recommande.

Yen's Hotel *(plan III, C1,* ***67****) : 185/34, Phạm Ngũ Lão. ☎ 38-37-21-15. • yenshotel@yahoo.com • Doubles 15 US$ avec w-c communs, sinon 25-40 US$, avec petit déj.* Hôtel abritant une dizaine de chambres claires, pimpantes et carrelées, bien équipées, avec TV câblée et sanitaires impeccables. Les petites bourses choisiront plutôt celles aux 5e et 6e étages, plus simples mais moins chères. Petit déj pris dans un espace à la déco joliment sobre ouvert sur la rue.

Plus chic (1 000 000-2 000 000 Dg / env 38-76 €)

C-Central Hôtel Đề Thám *(plan III, C2,* ***81****) : 216, Đề Thám. ☎ 38-38-56-65. • ccentralhotels.com • Entrée par le resto ; réception au 1er étage. Doubles 55-75 US$, petit déj inclus.* Ce bel hôtel de charme propose des chambres modernes qui ont du style et allient judicieusement confort et design. Très claires (grandes fenêtres pour les plus chères en particulier, qui sont aussi les plus grandes), elles bénéficient d'un équipement pléthorique, d'un excellent accueil, d'un resto-bistrot chic de bonne réputation, d'un spa et d'une situation idéale. En résumé, un remarquable compromis prix-standing dans ce quartier.

Beautiful Saigon 3 Hotel *(plan III, C2,* ***72****) : 40/27, Bùi Viện. ☎ 39-20-48-74. • beautifulsaigonhotel.com • Doubles 42-60 US$, petit déj inclus.* Situé dans une ruelle assez tranquille du quartier, il abrite des chambres impeccables et élégamment meublées, avec sanitaires rutilants, corbeille de fruits, et même un ordinateur ! Bon petit déj aussi, pris dans une agréable salle donnant sur la rue. Personnel affable et accueillant. Juste à côté, le ***Beautiful Saigon Boutique Hotel,*** aux mêmes tarifs, dispose de chambres tout aussi élégantes réparties dans 2 bâtiments séparés par une longue piscine rectangulaire. 2 très bons hôtels dans cette catégorie.

Un peu au sud du « quartier routard »

Prix moyens (300 000-600 000 Dg / env 11-23 €)

Miss Lợi Rooming House *(plan I, E-F4,* ***85****) : 178/20, Cô Giang. ☎ 38-36-79-73. • miss-loi-guest-house.ho-chi-minh-city-hotels.com • Dans une ruelle reliant la rue Cô Giang à la rue Cô Bắc, à 500 m à peine du « quartier routard ». Doubles 15-18 US$ sans ou avec balcon, petit déj compris.* Bonne surprise, on découvre ici une petite pension de famille accueillante. Agréable pièce commune avec un escalier central et un bassin. Chambres propres, quoique dotées d'un équipement un peu vieillissant pour certaines. Si *Miss Lợi* affiche complet, vous pouvez toujours sonner en face, à la ***Xuân Thu Guesthouse*** *(178/17A, Cô Giang ; ☎ 38-36-93-35 ; doubles 12-17 US$)*, qui propose 5 chambres au 2e étage d'une maison cossue.

🏠 *Guesthouse California* *(plan I, E-F4, **85**) : 171A, Cô Bắc. ☎ 38-37-88-85. • guesthousecaliforniasaigon@yahoo.com • Accès par la rue Cô Bắc, parallèle à l'av. Trần Hưng Đạo. Doubles 13-18 US$, petit déj compris.* Déjà, la façade, avec ses balcons, donne envie de pousser la porte ! Tenu par un couple américano-vietnamien jovial et serviable, l'endroit compte une dizaine de chambres personnalisées, coquettes et parfaitement tenues. Petit bar à la réception et, pour le petit déj, on n'a qu'à se servir dans la cuisine, à l'anglo-saxonne, comme la clientèle. Excellent rapport qualité-prix-charme-accueil !

Dans le centre (quartier 1)

Pas vraiment d'adresses bon marché ni même à prix moyens dans le centre-ville, où les hôtels les moins chers affichent 2 étoiles... et les plus chers 5. À vrai dire, hormis les adresses « légendaires » pour ceux qui en ont les moyens (rubrique « Très chic »), on ne recommande pas spécialement de crécher dans le quartier.

De chic à plus chic (600 000-2 000 000 Dg / env 23-76 €)

🏠 *The Spring Hotel* *(plan II, F3, **90**) : 44-46, Lê Thánh Tôn. ☎ 38-29-73-62. • springhotelvietnam.com • Doubles 45-60 US$ selon catégorie, petit déj compris.* La réception en jette avec ses colonnes de marbre et son escalier à révolution, camarade ! Les chambres bien tenues ne déçoivent pas avec leur mobilier en bois et peintures sur les murs. Bon accueil discret. Une très bonne adresse dans cette catégorie.

🏠 *Asian Ruby Luxury Hotel* *(plan II, G3, **91**) : 26, Thi Sách. ☎ 38-27-28-38. • asianrubyhotel.com • Doubles 60-100 US$, petit déj inclus mais pas les taxes.* Pour faire le lien entre cette catégorie et la suivante, l'*Asian Ruby* est bien indiqué, avec 80 chambres spacieuses et tout confort, à la déco classique, élégante. Vaste hall d'entrée, on est déjà dans un établissement d'un certain standing ! Excellent service.

De très chic à encore plus chic (plus de 2 000 000 Dg / env 76 €)

Les prix mentionnés dans cette catégorie sont les tarifs officiels, mais on peut souvent en obtenir de plus bas sur Internet, comme sur *• asiarooms.com •* Les réductions peuvent atteindre 50 %, voire plus !

🏠 *Grand Hôtel* *(plan II, G3, **92**) : 8, Đồng Khởi. ☎ 39-15-55-55. • hotelgrandsaigon.com • Doubles 120-200 US$, buffet pantagruélique du petit déj compris.* Élégant édifice des années 1930, reconnaissable à son dôme. Un très bel hôtel de luxe, possédant une aile ancienne pleine de caractère et une délicieuse piscine lovée dans un patio. Cette partie abrite des chambres au look un peu plus ancien que celles de l'aile moderne, mais toutes sont cossues et très soignées, bref, à la hauteur de leur coût ! Vue scintillante sur la ville depuis le resto-bar du *rooftop*.

🏠 *Hôtel Continental* *(plan II, F3, **93**) : 132-134, Đồng Khởi. ☎ 38-29-92-01. • continentalsaigon.com • Doubles 120-190 US$, petit déj inclus.* Dans les années 1930, le *Continental* était l'un des hôtels les plus chics d'Asie. Son ancien propriétaire, Philippe Franchini, en a raconté l'histoire dans un beau livre : *Continental Saigon.* André Malraux y descendit. Il en parle dans ses *Antimémoires.* Graham Greene y situe plusieurs scènes de son roman *Un Américain bien tranquille.* Le grand reporter Lucien Bodard y avait aussi ses habitudes, parmi les ribambelles de journalistes et correspondants de guerre qui s'y retrouvaient en soirée pour échanger les dernières infos venues du front. Chambres meublées à l'ancienne, avec moquette épaisse et hauts plafonds moulurés. C'est calme et feutré, avec une vue agréable. Sauna et salle de massage au 1er étage.

Hôtel Majestic *(plan II, G3, **94**) : 1, Đồng Khởi. ☎ 38-29-55-17. • majesticsaigon.com.vn • Doubles 130-210 US$, petit déj inclus.* Le 2e plus vieux palace d'époque coloniale (1925) avec le *Continental.* Admirablement situé le long du quai et de la rivière, cet hôtel, presque mythique, grand témoin du passé de Saigon (on ne compte plus les célébrités qui ont séjourné ici) a été remarquablement réhabilité et modernisé. C'est aujourd'hui un 5-étoiles. Très belles chambres tout confort avec parquet, marbre et boiseries dans un mélange de styles Art nouveau et Art déco d'un goût excellent. Souci du moindre détail. Chambres avec terrasse et vue imprenable sur la rivière. Cerise sur le gâteau : une belle petite piscine au 1er étage.

Au nord et à l'ouest du centre-ville et dans le quartier 3

Prolongement du centre-ville, le quartier 3, plutôt aisé, résidentiel et animé (nombreux restos pour toutes les bourses), est percé de larges artères aérées – et encombrées par le trafic. Elles sont bordées d'élégantes demeures coloniales rénovées comme décaties, et de petits immeubles modernes affirmant pour certains un design bien d'aujourd'hui. On y trouve des hôtels de toutes catégories, pour qui préférerait une atmosphère moins exclusivement touristique que dans le « quartier routard », sans pour autant trop s'éloigner du centre.

De bon marché à prix moyens (jusqu'à 600 000 Dg / env 23 €)

Mary Ngọc Trâm's *(plan I, E2, **96**) : 79/6, Nguyễn Hữu Cầu. ☎ 38-23-19-72. 📱 09-08-19-99-03. • marytram@hcm.fpt.vn • Dans le quartier du marché Tân Định. Doubles env 12-14 US$.* Une pension dans une ruelle très tranquille. Les 7 chambres sont un peu vieillissantes mais très propres, et Mary, qui parle le français, reçoit fort bien. Petit déj avec pain frais et bonne confiture. Si son petit hôtel est complet, Mary possède une annexe dans la rue Nam Kỳ Khởi Nghĩa (quartier 3) avec 6 chambres, dans une impasse tranquille (s'adresser d'abord à la maison principale).

Villa du Docteur Ngọc Hoa *(plan I, D2, **98**) : 20/5, Kỳ Đồng, quartier 3. ☎ 39-31-71-75. 📱 09-13-80-45-58. • dothingochoa@yahoo.com • Dans le quartier populaire derrière la gare. Attention, aucune pancarte n'indique la pens. Double 17 US$; petit déj 2 US$/pers.* Voilà plus de 40 ans que Mme Ngọc Hoa, aujourd'hui bien secondée par son fils, reçoit dans sa maison. Vous y trouverez autour d'un patio 4 chambres bien calmes, spacieuses et climatisées, avec douche, w-c et frigo. Oh ! pas le summum du confort, mais l'endroit est familial et l'accueil plus que sympathique. La clientèle d'habitués, constituée en grande partie de familles adoptantes et de personnels du Centre de maladies tropicales, apprécie la quiétude de la maison et la présence rassurante de Mme Ngọc Hoa.

Chic (600 000-1 000 000 Dg / env 23-38 €)

Chambres de l'association FFSC *(plan I, E2, **97**) : 140/4, Võ Thị Sáu, district 3. ☎ 38-29-69-51. • ffscvn.org • Double 25 US$, petit déj compris.* En 1994, Mère Teresa vint de Calcutta soutenir cette association vietnamienne qui s'occupe d'enfants défavorisés, soit 1 000 jeunes de tous les âges répartis dans plusieurs centres en ville. Ici, on est reçu par la très aimable sœur Thao, dominicaine, qui parle un peu l'anglais. On peut dormir dans l'une des 5 chambres d'hôtes arrangées dans un bâtiment au fond de l'impasse. Ensemble impeccable et simple, avec douche/w-c et clim. En plus d'y être bien loti, vous ferez une bonne action puisque les revenus de la maison d'hôtes financent les programmes de l'association. Sur place, vente des produits textiles fabriqués par des femmes défavorisées.

Ms Yang's Homestay 2 *(plan I, E3,* ***63****) : 376/3, Võ Văn Tần. 07-03-40-73-48. • msyanghomestay2.business.site • Doubles 690 000-750 000 Dg, petit déj inclus.* Dans un renfoncement plutôt calme en retrait d'une avenue, au cœur d'un sympathique quartier populaire distant de la frénésie du centre-ville, voilà une grosse maison familiale tenue par une équipe de femmes. L'accueil est simple et convivial, le confort honnête (chambres avec fenêtre, et grand balcon pour les plus chères), et on profite du patio commun fleuri (sans omettre de caresser le chien !). De quoi poser son sac quelques jours.

LeBlanc Saigon *(plan I, E3,* ***99****) : 414, Nguyễn Đình Chiểu, quartier 3. 09-16-29-00-20. • leblancsaigon.com • Doubles 750 000-900 000 Dg, petit déj compris.* Dans une impasse, à 50 m de l'agitation du boulevard, voilà un mini-hôtel tout mignon, réparti sur 2 petits immeubles qui se font face (attention, 4 étages bien raides sans ascenseur). Chambres nickel de chaque côté, dans des tons clairs évidemment, bien équipées (clim, douche pluie), même si les salles d'eau des moins chères s'avèrent un peu étroites.

Thiên Hải Hotel *(plan I, F3,* ***103****) : 220, Lý Tự Trọng. ☎ 39-15-92-22. • thienhaihotel.com.vn • Doubles 620 000-820 000 Dg, petit déj inclus.* Petit établissement du genre impersonnel, mais central et sans fausse note. Les 3 catégories de chambres (sans ou avec fenêtre) ne s'embarrassent pas de détails mais se révèlent spacieuses, claires (bon éclairage pour celles qui sont aveugles), bien équipées et parfaitement entretenues. Terrasse sur le toit.

De très chic à encore plus chic (plus de 2 000 000 Dg / env 76 €)

Ma Maison Boutique Hotel *(plan I, C2,* ***100****) : 656/52, Cách Mạng Tháng Tám. ☎ 38-46-02-63. 09-03-05-88-88. • mamaison.vn • Doubles 60-110 US$ selon catégorie, petit déj inclus.* Derrière cette magnifique façade jaune-orange se cache un hôtel de charme aux allures de maison d'hôtes, tenu par la très accueillante Natasha Long. Datant de 1938 mais rénovée depuis, la demeure possède le style cosy et bienheureux des maisons de la campagne française. À l'image des chambres d'ailleurs, très coquettes et cossues, avec des peintures et un mobilier de goût. Petit déj à volonté (choix entre le vietnamien, l'anglais ou le « *healthy* »). Une adresse pas pour toutes les bourses, mais unique à Saigon !

Où manger ?

Dans le quartier Phạm Ngũ Lão ou « quartier routard », et alentour

Le long des rues Đề Thám et, surtout, Bùi Viện *(plan III, B-C1-2)*, grosse concentration de restos pas chers, fréquentés surtout par les touristes. Outre des spécialités vietnamiennes, ils servent des plats occidentaux tels que pâtes, pizzas, steaks, etc. Ce n'est pas nécessairement ici que vous goûterez au meilleur de la cuisine du pays mais les prix sont bas et l'ambiance animée.

Bon marché (jusqu'à 100 000 Dg / env 4 €)

Bún Cậu Ba *(plan I, E4 et hors plan III par B2,* ***57****) : 102/28, Cống Quỳnh (dans une ruelle adjacente à l'avenue). 09-06-12-44-00. Tlj 8h-22h.* C'est dans une modeste échoppe que Trung propose un excellent *bún thang*. Une soupe originaire de Hanoi, comme lui, composée de nouilles de riz, boulettes de porc, champignons, légumes et pâte de crevette, servie avec de la menthe fraîche. Peu de choix (5 plats à la carte), mais c'est hyper frais et gentiment servi, en famille, avec quelques mots d'anglais.

Phở Hùng *(plan III, A2,* ***121****) : 241-243, Nguyễn Trãi. 09-37-53-27-09. Tlj 7h-22h.* Salle en longueur donnant sur la rue, avec de grandes tables et des tabourets. Comme son nom l'indique, la spécialité, ce sont les soupes de nouilles, au bœuf ou au poulet uniquement. N'hésitez pas, c'est bon, pas cher, roboratif et authentique (pas ou peu de touristes) ! Service en vietnamien.

Royal Saigon *(plan III, B2,* ***127****) : 201, Bùi Viện. 09-62-92-17-73. Tlj 10h30-23h.* Modeste et paisible, ce resto ouvert sur la rue (clim à l'étage) propose une sélection de petits plats d'un peu tout le pays. Une cuisine gentiment parfumée, sans accroc ni grandes prétentions. Sert aussi le petit déj et des formules très bon marché le midi.

Chi's Café *(plan III, C1,* ***122****) : 185/30, Phạm Ngũ Lão. 09-03-64-34-46. Tlj 7h-23h.* Petit, calme et propre, avec un brin de déco soignée, voilà une adresse à l'écart des rues bruyantes et des terrasses noires de monde. Cuisine simple et pas chère : salades, soupes, pâtes, nems, sandwichs, burgers, *baked potatoes,* pizzas... Comment ne pas trouver son bonheur dans une carte aussi fourre-tout qui, de plus, tient la route ?

LE SUD

De bon marché à prix moyens (moins de 250 000 Dg / env 9 €)

Five Oysters *(plan III, B2,* ***124****) : 234, Bùi Viện. 09-03-01-21-23. Tlj 9h-23h.* Délicieux restaurant axé sur la cuisine de la mer : huîtres crues ou gratinées (vendues à la pièce), bons plats de crevettes, calamars farcis, poissons savamment apprêtés... mais aussi grenouilles et escargots. Le tout à des prix franchement sages ! On s'installe dans une jolie salle conviviale et ouverte sur la rue, ou bien à la terrasse située à l'étage. Service super gentil et efficace.

Coriander *(plan III, C2,* ***125****) : 16, Bùi Viện. ☎ 88-37-13-11. Tlj 11h-23h.* Pour les amateurs de cuisine thaïe : *pad thai, tôm kha gai,* salades piquantes, curries de canard et autres mets délicats de ce genre. Quelques tables en bois dans une petite salle soignée.

Ichiba Sushi *(plan III, B1,* ***120****) : 204, Lê Lai. ☎ 62-70-86-86. Tlj 10h-23h.* Ce petit japonais fusion rencontre un succès mêlant les employés de bureau vietnamiens à quelques Occidentaux venus du « quartier routard », situé à un jet de baguettes. Ils rappliquent tous ici prendre le maki, le sushi, le sashimi, grands classiques. Mais aussi pour découvrir quelques bizarreriz : bébé poulpe au sésame, encornets farcis aux œufs de poisson volant, huîtres panées. *O tempura, o mores !*

Pour un barbecue joyeux et populaire, direction l'antenne, au 102, Cống Quỳnh du **5KU Station** *(hors plan III par B2 et plan I, E4,* ***57****)*, dont la maison mère au centre-ville est décrite plus bas.

Dans le centre-ville (quartier 1)

Bon marché (moins de 100 000 Dg / env 4 €)

Gargotes du marché Bến Thành *(plan II, F3,* ***130****) : à l'extérieur du marché Bến Thành.* Prenant le relais des modestes comptoirs carrelés actifs en journée à l'intérieur du marché, une poignée de restos en plein air s'installent le soir devant les 2 entrées principales, à l'ouest et à l'est du bâtiment. Les plats y sont généralement bons et frais, à défaut d'être vraiment moins chers qu'ailleurs. On y vient surtout pour l'ambiance et pour sentir de près la vie saigonnaise. Dans le même coin et dans le même esprit, en un peu moins popu mais tout aussi sympa, on peut aller traîner sur le **Ben Thanh Street Food Market,** sur Thủ Khoa Huân *(plan II, F3,* ***134****)*. Une vaste halle sous laquelle s'entassent une myriade de stands préparant en continu grillades, nouilles, petits plats de cuisine du monde, jus fraîchement pressés (et pourquoi pas sévèrement arrangés...), etc. On fait son marché avant d'aller dévorer le tout sur des tablées communes, au coude à coude avec autant de voyageurs que de locaux.

🍴 ***Phở 2000*** *(plan II, F4,* ***123****)* **:** *1-3, Phan Chu Trinh. ☎ 38-22-27-88. Tlj 6h30-21h30.* Face au marché Bến Thành (mais il y en a plusieurs autres en ville), à l'étage d'un café, c'est une sorte de cafétéria qui connaît un réel succès depuis que le président Bill Clinton et sa famille y dégustèrent une soupe le 19 novembre 2000. Un événement local et national ! Cadre propre et climatisé. Bonnes soupes à prix doux, mais aussi des plats de *bún* (vermicelles de riz), de *com* (riz) et mets végétariens. Très fréquenté au déjeuner.

🍴 ***Thanh Bình*** *(plan II, F3,* ***126****)* **:** *140, Lê Thánh Tôn. ☎ 38-23-24-12. Ouv 7h-23h.* Derrière le marché Bến Thành, une petite cantine populaire doublée d'une épicerie, très prisée des gens du quartier aux heures de repas. Et c'est vrai que l'on y mange bien, de délicieux plats de crabe, rouleaux de printemps, nouilles, soupes ou encore des escargots farcis à la viande. Patron sympa, qui connaît quelques mots d'anglais.

Prix moyens (100 000-250 000 Dg / env 4-9 €)

🍴 ***Hum Vegetarian Lounge*** *(plan II, G3,* ***138****)* **:** *2, Thi Sách. ☎ 38-23-89-20. Tlj 10h-22h.* Ce resto-lounge à l'ambiance raffinée a misé sur la zénitude du décor (bois et brique) et de la musique pour offrir à ses clients un écrin paisible à l'écart du bruit de la ville. On y déguste une cuisine végétarienne savoureuse, inventive, présentée et servie avec brio, qui devrait même séduire les plus durs à cuire des viandards. Une excellente adresse, qui a aussi essaimé à côté du musée des Vestiges de la guerre, au 32, Võ Văn Tần *(plan I, E3,* ***138****)*, au rez-de-chaussée d'une maison coloniale bordée d'un délicieux patio-jardin. *☎ 38-22-16-82. Mêmes horaires.*

🍴 ***Pizza 4P's*** *(plan II, G3,* ***136****)* **:** *8/15, Lê Thánh Tôn. 📱 12-05-90-44-44. Au fond d'une impasse, à gauche. Tlj 7h-23h. Résa indispensable.* Une pizzeria originale et unique, ou presque, puisque forte de son succès l'adresse a essaimé à côté du marché Bến Thành *(plan II, F3,* ***134****)* et même ailleurs à Saigon et dans le pays. Le chef est japonais. Résultat : la margherita côtoie les pizzas au sashimi, aux 4 fleurs ou au poulet teriyaki, pour ne citer que celles-là. Également des salades et des pâtes (au crabe notamment). Tout est frais (ils font leur pâte, et même leur propre mozzarella), délicieux et joliment présenté, dans une belle salle où trône un gros four blanc à l'italienne.

🍴 ***Hương Lài*** *(plan II, F3,* ***132****)* **:** *38, Lý Tự Trọng. ☎ 38-22-68-14. Tlj 11h-15h, 18h-22h. Résa indispensable.* Établi à l'étage d'une maison ancienne refaite à neuf, l'établissement fait aussi œuvre charitable : ses employés sont tous d'anciens enfants des rues, orphelins ou issus de familles pauvres, dont certains suivent une formation scolaire en parallèle. Une initiative à encourager, d'autant que l'on y concocte une bonne cuisine traditionnelle maison à prix modérés, d'une grande fraîcheur. Service attentif.

🍴 ⛱ ***Secret Garden*** *(plan II, F3,* ***133****)* **:** *158 bis, Pasteur. 📱 09-09-90-46-21. Au fond d'une impasse, au 5e et dernier étage d'un immeuble résidentiel. Tlj 9h-22h.* Secret, ce resto bohème posé sur le toit d'un immeuble l'est de moins en moins ! Il s'agit d'une terrasse verdoyante, havre de paix au cœur de la ville, où l'on déguste une cuisine typique et parfumée à prix doux. On peut aussi y venir pour une pause goûter ou un apéro décontracté. Un lieu plein de charme.

🍴 ***Bếp Mẹ ỉn*** *(plan II, F3,* ***126****)* **:** *136/9-10, Lê Thánh Tôn. ☎ 38-24-46-66. Tlj 10h30-22h30.* Calé au fond d'une impasse, ce bistrot coloré bien dans son époque a su garder l'esprit gargote, avec ses tables basses communes qui débordent sur la rue et son *tuk-tuk* (*xe lam,* pour parler vernaculaire) garé dans un coin en guise de bar. Un cadre joyeux, pour remettre au goût du jour la cuisine familiale locale, simple et fraîche, comme la mitonnait môman. On avoue ne pas avoir eu de mère vietnamienne, mais après être passé par là, on aurait bien aimé. Ça change positivement du jambon-purée !

🍴 ⛱ ***5KU Station*** *(plan II, G3,* ***151****)* **:** *29, Thái Văn Lung. 📱 09-07-77-54-85. Tlj 16h-4h.* Un barbecue de rue, version XL. Une sorte de hangar désaffecté ouvert aux 4 vents, ses dernières briques encore debout tartinées de graffitis. Sur les tables bricolées en palette, des braseros incandescents. Tout y passe : bœuf, porc, pattes de poulet, poulpe, grenouilles ou estomacs de poisson. Des légumes aussi, comme ces *okras* (gombo) marinés dans une sauce relevée. Pour arroser, de la bière bien sûr, et du hip-hop pour se dégourdir les oreilles. Ça n'empêche pas les familles de venir s'y taper un bon gueuleton. Le spot est populaire, certains soirs on y fait la queue. Si on est nombreux, mieux vaut réserver ! Autre adresse au 102, Cống Quỳnh, en lisière du « quartier routard » (*hors plan III par B2 et plan I, E4,* ***57*** *; 09-07-77-54-87*).

Chị Hoa (*plan II, G3,* ***135***) **:** *31A, Lê Thánh Tôn. ☎ 38-27-31-55. Tlj 7h30-22h.* Chez *Chị Hoa,* un vent de modernité souffle sur la tradition culinaire vietnamienne. Les recettes ancestrales, revues au goût du jour, sont élaborées dans une cuisine semi-ouverte, avec des ingrédients frais et naturels, et servies dans de la jolie vaisselle et un cadre bistrotier contemporain. Les plats du moment sont signalés sur ardoise, tandis que les incontournables soupes, salades, *hot pot* et plats de riz ou de nouilles agrémentés à toutes les sauces sont déclinés sur la carte. Une cuisine fine et un service enlevé très appréciés par la clientèle branchée au déjeuner. Belle carte de petits déj et de jus de fruits qui en fait une bonne halte à tout moment de la journée.

Le Jardin (*plan II, G3,* ***137***) **:** *31, Thái Văn Lung. ☎ 38-25-84-65. Tlj sauf dim 11h-14h, 18h-21h. Résa conseillée le soir, sous peine de faire chou blanc.* Sis dans l'agréable jardin intérieur de l'IDECAF, ce resto français fait le plein tous les soirs pour sa bonne cuisine traditionnelle à prix plutôt sages. Oh ! pas de grandes recettes, mais des produits frais, d'excellentes viandes (filet de bœuf, bavette, tournedos...) cuites comme il faut à la demande, et des entrées bien présentées, genre avocat-crevettes, potages, salades variées, et même des rillettes.

Quán Bụi (*plan II, G3,* ***149***) **:** *17A, Ngô Văn Năm. ☎ 38-29-15-15. Tlj 8h-23h. Résa préférable le soir.* On vient autant pour le cadre que pour la carte qui célèbre la cuisine vietnamienne dans toute sa richesse. Plats à base de poulet, porc, salades fraîches, *hot pots,* riz et nouilles sautés, soupes et spécialités végétariennes, le tout réalisé avec des produits frais, sans artifice ni additifs, par un jeune chef talentueux, Thanh Cường, vainqueur du Masterchef Vietnam 2015. Plusieurs salles dans un style indochinois, avec affiches anciennes, murs colorés et beaux carreaux de ciment. Mais le *rooftop,* noyé dans la verdure, a définitivement un truc en plus.

Nhà Hàng Ngon (*plan II, F3,* ***139***) **:** *160, Pasteur. ☎ 38-27-71-31. Tlj 8h-22h. Résa conseillée.* Dans une superbe maison coloniale précédée d'un jardin (malheureusement bruyant du fait de l'avenue), une enfilade de pièces, patios et fontaines autour desquels sont disposés des stands où l'on prépare des spécialités des 4 coins du pays et de tout l'Extrême-Orient. On fait le tour, on reluque, on salive avant de prendre place à l'intérieur ou sous les parasols. La formule plaît : toujours beaucoup de monde !

Au Parc (*plan II, F3,* ***141***) **:** *23, Hàn Thuyên. ☎ 38-29-27-72. Tlj 7h-23h.* Du caractère et de l'ambiance dans cette salle profonde aux murs de brique, vieux carrelage au sol et poutrelles métalliques au plafond, le tout sur plusieurs niveaux. La cuisine, d'inspiration occidentale et méditerranéenne, est soignée et copieuse : salades et sandwichs variés, beaux plats de poisson et de viande dont les prix mettent le pied dans la rubrique « Chic ». Bons desserts et beau choix de jus, smoothies et *shakes* à base de yaourt maison.

3T Quán Nướng (*plan II, F3,* ***142***) **:** *29-31, Tôn Thất Thiệp. 09-08-35-75-30. Au-dessus du Temple Club. Tlj 17h-23h.* Un bon resto pour les amateurs de grillades ! Au dernier étage d'une maison, sur une grande terrasse (avec un toit rétractable pour les soirs pluvieux), on prend place à des tables équipées de plaque chauffante où l'on cuit les excellents produits de la carte : viandes, poissons et fruits de mer... on ne peut plus frais puisque les crevettes arrivent à table encore vivantes ! Beaucoup de monde mais service diligent.

Chic (250 000-600 000 Dg / env 9-23 €)

Propaganda *(plan II, F3,* ***145****) : 21, Hàn Thuyên. ☎ 38-22-90-48. Tlj 7h30-23h. Formule et menu déj 210 000-240 000 Dg ; le soir (4 services, 3 verres de vin), 480 000-550 000 Dg.* Bel emblème de la relève gastronomique vietnamienne que ce bistrot nouvelle génération aux murs recouverts de fresques colorées imitant les dessins de propagande des années 1950-1960. À la carte, les classiques vietnamiens réinterprétés en mode « fusion » se nourrissent d'ingrédients locaux respectueux des saisons. Les becs sucrés seront à la fête avec une carte de desserts d'un bon niveau. Terrasse.

Hoa Túc *(plan II, G3,* ***147****) : 74/7, Hai Bà Trưng. ☎ 38-25-16-76. Tlj midi et soir, jusque très tard. Formule et menu déj en sem 170 000-190 000 Dg.* On quitte le vacarme de la rue pour se réfugier au calme au fond de cette grande cour intérieure, qui accueillait jadis une raffinerie d'opium. Le *Hoa Túc* (qui signifie « pavot ») y a planté sa graine de resto gastronomique dans une vieille maison d'époque coloniale. Admirez le décor et la belle enseigne en bois Art nouveau. On y sert une cuisine vietnamienne moderne et savoureuse, à prix encore raisonnables pour la qualité. Bon accueil et service diligent. Terrasse agréable en plein air avec joli mobilier en fer forgé et fauteuils confortables. Une belle adresse. Propose aussi des cours de cuisine (voir « Adresses et infos utiles »).

The Refinery *(plan II, G3,* ***147****) : 74/7, Hai Bà Trưng. ☎ 38-23-05-09. Dans la même cour intérieure que le resto* Hoa Túc. *Tlj midi et soir, jusqu'à 22h30. Résa préférable.* L'ancienne manufacture d'opium a été transformée en un resto de pur style bistrotier parisien, avec du mobilier ancien : bar et tabourets hauts en bois, sol carrelé, grands miroirs. Que ce soit en journée ou à la lueur des bougies le soir, en salle ou en terrasse, on y savoure, dans un cadre élégant, bien au calme, une cuisine européenne à dominante méditerranéenne élaborée avec soin. *The Refinery* ne mérite que des compliments. Bon choix de vins au verre à prix sages. En *happy hours,* la carte du bar est à - 20 % : un bon plan pour l'apéro. Brunch très couru les week-ends.

SH Garden *(plan II, F3,* ***148****) : 98, Nguyễn Huệ. ☎ 38-21-10-01. Tlj 11h-22h30.* En face de l'hôtel *Rex,* au 4e et dernier étage d'un immeuble offrant une vue plongeante sur le grand carrefour des avenues Lê Lợi et Nguyễn Huệ. Une situation de choix donc, mais aussi, et surtout, une carte très riche permettant de goûter à des plats vietnamiens que l'on trouve peu ailleurs : fleurs de potiron à l'ail, soupe de maquereau, poissons-ananas frits au tamarin, poitrine de chèvre grillée au tofu fermenté... le tout vraiment très bon, à déguster autour de tables basses. Les portions n'étant pas énormes, il faut toutefois en prendre 2 ou 3 pour être rassasié. Service très courtois.

Plus au nord du centre-ville (partie nord du quartier 1 et quartier 3)

Prix moyens (100 000-250 000 Dg / env 4-9 €)

Đông Phô' *(plan I, E3,* ***152****) : 57, Hồ Xuân Hương, quartier 3. ☎ 39-30-76-65. Ouv 8h-21h30.* Cette maison coloniale rénovée esprit design constitue un écrin de choix pour une halte culinaire recherchée. Entouré de tableaux colorés réalisés par le patron, on goûte la richesse et le raffinement de la cuisine de Huế. Excellents assortiments de bouchées vapeur et *cuốn* (rouleaux de printemps), *bún bò* parfumé, fondantes noix de Saint-Jacques sautées aux vermicelles, grand choix de salades (papaye, liseron d'eau...) aux présentations soignées. La richesse de la carte aurait bien mérité un 2e repas ! Service prévenant, attirant une clientèle vietnamienne huppée et des expats en déjeuner d'affaires. Prix au plus juste compte tenu de la qualité. En dessert, glaces artisanales aux fruits du pays, et d'excellents macarons côté pâtisserie. Petite terrasse.

|●| ***Cục Gạch Quán*** *(plan I, E2,* ***154****) : 10, Đặng Tất, au nord du quartier 1. ☎ 38-48-01-44. Résa conseillée.* Encore un coup de cœur ! Dans une rue calme et verdoyante, cette ancienne maison abrite un restaurant de charme à prix sages. Petit patio romantique, salles et recoins dispersés dans les étages, décoration recherchée et soignée (il y a même une table à baldaquin !), le tout sans luxe ostentatoire. Cuisine vietnamienne exquise. D'ailleurs, la maison a reçu la visite d'Angelina Jolie, c'est dire !

|●| ***Cơm Niêu Sài Gòn – CNSG*** *(plan I, E3,* ***155****) : 59, Hồ Xuân Hương, quartier 3. ☎ 39-30-28-88. Tlj 10h-22h.* Dans un quartier résidentiel qui n'a pas perdu son caractère populaire. Le resto, au cadre sino-vietnamien, avec loupiotes aux murs, est d'ailleurs lui aussi très populaire auprès des familles (plutôt bourgeoises) du coin. Carte variée, mais on vient surtout pour le *cơm niêu đập,* un plat agrémenté de riz cuit dans un pot en terre cuite fermé. Pour le déguster, il faut rompre le pot, ce qui donne lieu à un spectacle tout à fait insolite. Service rapide. D'autres adresses de la même enseigne en ville.

|●| ⛱ ***CNSG*** *(Cơm Niêu Sài Gòn ; plan I, E2,* ***156****) : 27, Tú Xương, quartier 3. 📱 09-01-30-18-08. Ouv midi et soir, jusqu'à 22h.* Même enseigne que le précédent, dans un cadre cette fois oriental et un peu chic, prolongé d'une immense terrasse abritée ambiance relax. Ici encore, du choix et une clientèle vietnamienne, rassemblée autour de *hot pots* fumants ou de gros poissons frits. Authentique.

|●| ⛱ Pour une rafraîchissante pause végétarienne après la boucherie du *musée des Vestiges de la guerre,* direction le ***Hum Vegetarian Lounge*** voisin, au 32, Võ Văn Tần *(plan I, E3,* ***138****),* décrit plus haut dans la section « centre-ville ».

De prix moyens à chic (jusqu'à 600 000 Dg / env 23 €)

|●| ***Maria Saigon*** *(plan I, E3,* ***158****) : 172C, Nguyễn Đình Chiểu, quartier 3. ☎ 39-30-23-79. Tlj midi et soir, jusqu'à 23h30.* Un vaste resto sur plusieurs étages, avec chacun son ambiance et sa déco (petite majoration aux 2e et 3e, car le cadre est un peu plus chic !). La spécialité, les produits de la mer (dont certains conservés vivants dans des viviers) : crevettes à la bière, crabe au piment, escargots de mer sauce *saté,* seiche, langouste, coquillages, huîtres, et même poisson-pierre en saison. Sans oublier les bons *hot pots* (de fruits de mer). Prix au poids pour de nombreux plats, ça chiffre vite. On peut aussi manger en terrasse face à l'orchestre (un peu kitsch) qui joue tous les soirs.

|●| ***TIB*** *(plan I, F2,* ***159****) : 187, Hai Bà Trưng, quartier 3. ☎ 38-29-72-42. Ouv 11h-14h, 17h-minuit.* Au fond d'une impasse bordée de bambous, une maison coloniale, petit havre de calme et de fraîcheur au cœur de la tumultueuse Saigon. Cadre cossu et climatisé, tout en bois lustré, avec de belles tables nappées de blanc et une qualité de service raccord. Cuisine vietnamienne traditionnelle de qualité. George W. Bush est venu y tremper ses baguettes.

Où manger du bon pain français, de bonnes pâtisseries et du bon chocolat ?

|●| ☕ ***Une Journée à Paris*** *(plan II, F3,* ***165****) : 234, Lê Thánh Tôn. ☎ 38-27-77-23. Lun-sam 7h-19h, dim 7h30-14h30.* Une vraie boulangerie-pâtisserie française tenue par le disert Fabrice. Tout est fabriqué sur place, le pain (13 variétés), les sandwichs (faits à la demande, délicieux), les succulentes pâtisseries et viennoiseries. Très bon accueil. Parfait pour le petit déj mais aussi pour le midi, car ils font également des petits plats (salades, omelette

« comme en France », brochette de poulet fermier...), ou pour un bon goûter.

Maison Marou *(plan II, F4 et plan III, D1,* ***166****) : 167-169, Calmette. ☎ 73-00-50-10. Tlj 9h-22h.* Le Vietnam étant gros producteur de café et de chocolat, il fallait bien un lieu où les déguster sous toutes les formes : gourmandise, boisson et pâtisseries de haute volée, d'inspiration française. À la baguette, Samuel Maruta et Vincent Mourou (*Marou* étant la contraction du nom de ces 2 Français), qui produisent également de fameuses tablettes de chocolat noir au packaging coloré (vendues aussi chez *Annam Gourmet,* voir plus loin la rubrique « Achats »). Pas donné, mais tellement bon...

Voir aussi plus bas dans « Où boire un verre ? » les glaces, bons gâteaux et smoothies du concept-bar ***L'Usine*** *(plan II, F3,* ***177****).*

Où boire un verre ?

Saigon est une ville trépidante, qui vibre bien après la tombée de la nuit. Bars à bières déversant une musique pop-rock tonitruante, cafés-lounges vaguement branchouilles, *sports bars* à l'américaine, bars de nuit (dansants ou non, avec ou sans hôtesses), *rooftops* et boîtes de nuit branchées chics... Il y en a pour tous les styles et tous les budgets !

Dans le « quartier routard »

La rue la plus animée le soir est sans conteste Bùi Viện *(plan III, B-C2),* qui grouille de touristes dès le crépuscule. Voici une courte sélection de lieux de sortie.

Allez Boo *(plan III, C1,* ***170****) : 195, Phạm Ngũ Lão. ☎ 62-91-54-24. Ouv 24h/24.* Incontournable du quartier, pour prendre un verre ou un cocktail dans un décor tropical de bambous et de loupiotes de couleur. Musique rock anglo-saxonne, billard. Un bon choix aussi pour le petit déj.

Crazy Buffalo *(plan III, C2,* ***171****) : 212, Đề Thám. ☎ 38-36-99-46. Ouv 24h/24.* L'un des repaires du quartier, stratégiquement planté au carrefour des rues Đề Thám et Bùi Viện. Café-resto au rez-de-chaussée et disco-bar (à partir de 19h) à l'étage.

Go 2 *(plan III, C2,* ***172****) : 187, Đề Thám. ☎ 38-36-95-75. Ouv 24h/24.* Encore un abreuvoir incontournable du quartier. Fauteuils et tables en rotin coloré s'étalent face à l'animation de la rue. Une autre salle à l'étage, avec DJ à partir de 19h. Bien pour descendre une bière ou un cocktail, rencontrer d'autres voyageurs ou faire un billard.

Café Zoom *(Vietnam Vespa Adventures ; plan III, C2,* ***173****) : 169A, Đề Thám. ☎ 36-01-85-22. Tlj 7h-22h.* Petit bar d'angle drainant une foule de voyageurs anglo-saxons. Initiative originale du patron Steve Mueller : il propose des balades à Vespa dans Saigon, de jour et même de nuit. C'est un collectionneur et un passionné de Vespa. Voir aussi « Balades guidées » dans la rubrique « Se déplacer dans Hồ Chí Minh-Ville ».

Dans le centre

L'Usine *(plan II, F3,* ***177****) : 70, Lê Lợi, quartier 1. ☎ 35-21-07-03. Tlj 7h30-22h30. L'Usine,* c'est d'abord un concept store dédié aux fringues et objets déco de créateurs. Par un escalier métallique au fond, on accède ensuite au bar, à l'étage, au style loft new-yorkais avec tabourets hauts et suspensions en métal, longues tablées en bois et sol en béton ciré. L'ardoise suggère vins du mois au verre et bières (des créations de la *Pasteur Street Brewing Co.*), mais la sélection gourmande de gâteaux (hmm, la *lemon tart* !), les glaces et les onctueux smoothies en font aussi une halte idéale au goûter. Également des salades et plats légers. Possèdent aussi un bistrot, au 151/5, Đồng Khởi *(plan II, F-G3,* ***177*** *; ☎ 66-74-95-65).* Même esprit, la boutique en moins, pour un menu plus fourni de cuisine néo-américaine.

Propaganda *(plan II, F3,* ***145****) : 21, Hàn Thuyên. ☎ 38-22-90-48. Tlj 7h30-23h. Lire aussi plus haut « Où manger ? ».* Le *Propaganda* est un lieu idéal pour une pause réparatrice, à « l'ombre » de son immense fresque rétro. Carte riche de cocktails, de vins piochés sur tous les continents et, bonne nouvelle, servis au verre. Également des jus de fruits frais à accompagner de douceurs sucrées ou de petites choses à grignoter pour l'apéro. Service jeune très dynamique. Grande terrasse sous des arcades, côté avenue (vroum vroum !).

Qui (plan II, G3, **180**) **:** *22, Lê Thánh Tôn, au rdc de l'immeuble Lancaster. ☎ 38-28-88-28. Tlj 17h30-2h.* Un de ces bars branchés, absolument pas *roots,* mais qui montrent le visage festif de Saigon *by night.* Au plus fort de la soirée, il faut jouer des coudes pour avancer jusqu'au bar tenu par des mixologues aguerris et passer commande de l'un de ces cocktails qui font la réputation du lieu. Bonne musique, bonne ambiance. Parfait pour prendre un dernier verre.

Bars panoramiques (rooftop)

Chill Sky Bar (plan III, C1, **183**) **:** *aux 26e et 27e étages de l'AB Tower, 76A, Lê Lai. 938-82-28-38. Tlj 17h30-2h ; danse et musique à partir de 22h. Bière min 170 000 Dg.* De tous les bars sur les toits d'immeuble (ici c'est carrément une tour), celui-ci est exceptionnel pour son style design et glamour, et surtout pour la vue nocturne sur la ville (la tour Bitexco illuminée, la rivière de Saigon...). Déco sophistiquée, avec du verre, du métal, du plastique et du plexiglas multicolore. Ne venez pas en T-shirt et en tongs, ce n'est pas le genre de la maison. Prix très élevés, bien sûr, à moins de venir en *happy hour* (avant 21h).

Glow Sky Bar (plan II, F3, **179**) **:** *93, Nguyễn Du (9e étage), quartier 1. Entrée juste avt la banque Keb Hana. Tlj jusqu'à 1h.* Dans la famille *rooftop,* le *Glow* compte parmi les plus sélects. La vue sur la ville, *by night,* y est époustouflante. Mais le spectacle se trouve tout autant autour du bar central, où l'on observe une jeunesse strass et paillettes décomplexée. C'est « show » certains soirs ! Beaucoup d'expats aussi. Excellents cocktails (très chers), et bonne programmation musicale, tendance électro, par un DJ qui chauffe l'ambiance.

Social Club – Above Saigon (plan II, F3, **176**) **:** *76-78, Nguyễn Thị Minh Khai, au 23e étage du très chic Hôtel des Arts. ☎ 39-89-88-88. Tlj 9h (17h30 pour le resto)-1h (2h le w-e).* Vertigineux ! Perché en retrait du centre-ville, suspendu au-dessus du vide, ce *rooftop* s'enivre d'une vue exceptionnelle sur Saigon, de la tour Landmark 81 à la Bitexco, scintillantes d'orgueil à la nuit tombée. Ambiance plus que branchée, musique qui pulse, cocktails et décolletés plongeants. Pour reprendre son souffle, resto vitré au niveau en dessous, rétro et cossu.

Saigon Saigon Bar (plan II, G3, **181**) **:** *19, Lam Sơn. ☎ 38-23-49-99. Tlj 11h-2h.* Perché au 9e étage de l'hôtel *Caravelle,* derrière d'immenses baies vitrées, c'est un endroit couru pour sa vue sur Saigon *by night.* Mais on peut y venir aussi le jour, d'autant que la terrasse bénéficie d'une brise bien rafraîchissante. Le soir, Saigonnais friqués et touristes s'y mêlent sur fond de musique live.

Le bar de la terrasse du Rex (plan II, F3, **182**) **:** *141, Nguyễn Huệ. ☎ 38-22-83-80. Ouv 24h/24.* Postée au 5e étage seulement, la terrasse de l'hôtel *Rex* domine le centre-ville colonial. Si le bar n'est pas très élevé, les prix, eux, le sont.

Où boire une bière (de microbrasserie) ?

Hoa Viên Brauhaus (plan I, F2, **185**) **:** *18 bis/28, Nguyễn Thị Minh Khai, quartier 1. ☎ 38-29-05-85. Tt au fond d'une allée. Tlj 9h-23h.* Le propriétaire est un ancien diplomate vietnamien qui a vécu à Prague. Là-bas, il a découvert la bière tchèque. De retour à Saigon, il a monté cet établissement qui rappelle furieusement les brasseries d'Europe centrale, avec ses grosses cuves en cuivre rutilantes pour la fabrication de 2 bières : une ambrée et une brune au petit goût de caramel (pas mauvais), servies en pinte ou dans des verres de 1 l. Fait aussi resto : mélange de plats vietnamiens et européens à tous les prix.

Pasteur Street Brewing Co. (plan II, F3, **186**) **:** *144, Pasteur.*

LE SUD

☎ 38-23-95-62. Dans une impasse, accès via un porche. Tlj 11h-23h. Tout petit estaminet fondé par de jeunes Américains, cette microbrasserie produit des mousses de caractère, piochant dans les saveurs locales (épices, herbes, fruits) pour accoucher d'arômes exotiques et surprenants. Quelques grignotages pour accompagner. Cadre d'une étonnante sobriété, dans une minisalle tout en longueur qui se retrouve vite bondée en soirée. Microterrasse sur le toit (pas de vue). Prix un peu élevés.

Où écouter du jazz, du rock ou de la musique latino ?

♩ ***Saxn'Art Club*** *(plan II, F3, **190**) : 28, Lê Lợi, quartier 1. ☎ 38-22-84-72. Programmation sur Facebook. Tlj 17h-minuit. Musique à partir de 21h. Entrée : env 130 000 Dg.* Une adresse que les amoureux de jazz ne manqueront pas ! Non pas pour le cadre propret et bien léché, mais bien pour Trần Mạnh Tuấn, un saxophoniste, un vrai pro qui se produit avec son groupe presque tous les soirs. Même si le répertoire musical est un peu (trop) conventionnel, on se laisse séduire, sans lutter, par son talent. Ses impros donneront des frissons aux plus réfractaires au jazz ! Toute petite scène.

🍸 ♩ ***Yoko*** *(plan I, E3, **192**) : 22A, Nguyễn Thị Diệu, quartier 3. ☎ 39-33-05-77. Ouv 9h-23h30. Concerts tlj sauf lun à partir de 21h30. Entrée libre.* Ici, on s'entasse certains soirs (plutôt le week-end) pour reprendre en chœur (et en anglais SVP) des standards du rock. Yoko ? C'est Yoko Ono, bien sûr, épouse d'un certain John, dont le portrait orne l'un des murs de la salle... En fin de semaine, il peut y avoir jusqu'à 2 ou 3 chanteurs ou groupes par soir.

🍸 ♩ ***Carmen Bar*** *(plan II, G3, **191**) : 8, Lý Tự Trọng, quartier 1. ☎ 38-29-76-99. Tlj 18h-minuit. Entrée libre.* Dans une étonnante maison biscornue, cadre rustique avec mezzanine, murs de pierre, vieux plafond en rondins et tonneaux en guise de tables. Il y règne une chaude ambiance musicale, assurée quotidiennement par un groupe vietnamien qui reprend les vieux classiques, et même des chansons flamenco et latino ! Mérite une halte, même si le prix des consos est un peu élevé.

Où danser ?

Pour des raisons liées au portefeuille mais aussi au tempérament, les Saigonnais sortent plus que leurs lointains cousins de Hanoi. On trouve donc pas mal de boîtes, la plupart déversant une musique assourdissante sous un déluge d'effets et faisceaux lumineux. Une règle de base à ne pas oublier si vous ne voulez pas vous voir refuser l'entrée : ni débardeur ni sandales.

🕺 ***Apocalypse Now*** *(plan II, G3, **195**) : 2D, Thi Sách, quartier 1. ☎ 38-24-14-63. Ouv 20h30-3h30. Entrée libre, sauf ven à partir de 23h.* Architecture coloniale repeinte en rouge et vert sombre. LA discothèque de référence de HCM, à l'ambiance tamisée... plutôt douce en début de soirée mais qui s'anime vite ! Plusieurs bars et écrans TV, et une agréable cour intérieure avec bambous et loupiotes pour reprendre son souffle. Tout type de musique y anime les jeunes Vietnamiens friqués et quelques filles parties à la pêche à l'expat.

Massages

Le massage est une culture au Vietnam et l'on ne compte pas les centres de massages traditionnels en ville, du petit salon de rue au spa de grand hôtel ! Impossible de les citer donc. Inutile de réserver, il est rare de ne pas trouver de disponibilité, même au dernier moment. Avant le grand saut, vérifiez la propreté, les équipements, consultez la carte des soins. Puis fiez-vous à votre flair.

■ ***Association des aveugles de Hồ Chí Minh-Ville*** *(plan III, A2, **200**) : 185, Cống Quỳnh, en face du marché Chợ Thái Bình. ☎ 38-39-66-97. Tlj 9h-20h. Compter 70 000 Dg pour 1h dans une salle ventilée, ou 80 000 Dg avec la clim.* Institut regroupant des malvoyants formés au massage traditionnel. C'est bien connu, l'absence du sens de la vue permet souvent de développer celui du toucher. Garçons et filles séparés. Le massage dure environ 1h et il est complet. Précisons toutefois que le lieu n'est pas cosy et la promiscuité (lits séparés par de fins rideaux, éclairages néons et discussions entre les masseurs) parfois envahissante. Quant aux massages, ils sont de qualité inégale. Mais au moins, vous ferez une bonne action !

Achats, magasins, souvenirs

Commerce équitable

Mekong Quilts *(plan II, F3, **205**) : 68, Lê Lợi, quartier 1. ☎ 22-10-31-10. • mekong-plus.com • Au 1er étage. Tlj 9h-19h.* Un magasin géré par une ONG pratiquant le commerce équitable et le développement communautaire au Vietnam et au Cambodge. Plusieurs centaines de femmes participent au projet. Une partie des bénéfices sont reversés aux communautés (bourses scolaires, programmes sanitaires et d'éducation). Artisanat de qualité : couvre-lits, coussins, accessoires et objets décoratifs.

Maquettes de bateaux

Derrière le théâtre municipal, entre l'hôtel *Caravelle* et la ***rue Hai Bà Trưng*** *(plan II, G3, **206**)*, plusieurs boutiques vendent de jolies ***maquettes de bateaux*** en bois tropical faites à la main, de tailles variables : jonques chinoises, caravelles portugaises, 3 et 4-mâts de la grande époque, grands paquebots, etc. Moyennant un supplément, livraison possible dans le monde entier, en avion ou par bateau (plus long mais bien moins cher) : bien se faire préciser les frais de douane !

Peintures, gravures, croquis

Galerie Tara & Kys *(plan II, G3, **207**) : 48, Đông Du, quartier 1. ☎ 62-91-30-28. • tarakys.vn • Tlj 9h-22h.* L'une des galeries les plus intéressantes de Saigon, car à la fois inscrite dans la tradition bouddhique et faisant preuve d'une grande liberté de style. Un mélange de culture ancestrale et de créativité. Tara et Kys sont 2 peintres d'origine française qui connaissent bien le Vietnam. Ils réalisent et vendent des tableaux, des dessins et des gravures exécutés avec passion dans un style coloré et original, qui méritent le coup d'œil.

Laques

Tây Sơn *(plan I, E2, **209**) : 198, Võ Thị Sáu, quartier 3. ☎ 39-32-57-08. Tlj 8h-17h.* Vaste boutique de laques qui propose une petite visite guidée gratuite de l'atelier de fabrication, commentée en français à la demande. Très intéressant de voir combien d'étapes et de patience il faut à ces artisans pour poncer, enduire, peindre ou recouvrir de coquilles d'œufs de cane tous ces objets (bracelets, pots, vases, meubles, boîtes, plats, etc.) et tableaux finissant dans les bagages des touristes ! Les prix ne sont pas donnés, mais le travail est de qualité.

Antiquités

On en trouve un peu partout, mais la ***rue Lê Công Kiều*** *(plan II, F4)*, dans le quartier 1, est la rue des antiquaires de Saigon. Elle se situe à la hauteur de la place du marché Bến Thành, entre les rues Phó Đức Chính et Nguyễn Thái Bình. Nombreux magasins alignés. Attention : les vraies antiquités sont systématiquement confisquées à la douane au moment de sortir du pays.

Stylisme, mode, vêtements et accessoires

Saigon Kitsch *(plan II, F3, **210**) : 43, Tôn Thất Thiệp, quartier 1. ☎ 38-21-80-19. À côté du* Temple Club *et du*

LE SUD

glacier Fanny. *Tlj 8h-21h.* Voici une étonnante boutique fondée par la talentueuse styliste Audrey Tran. Tous les objets (sacs, sous-bocks, carnets, affiches, bracelets, tasses, badges...) sont des créations (et non pas des objets de brocante ou de récup) inspirées de la propagande communiste vietnamienne, à la fois pratiques et insolites. Une adresse unique pour rapporter un petit cadeau au beau-père qui défilait avec la CGT !

Soie

Rue Đồng Khởi *(plan II, F-G3-4),* soie de qualité et de toutes les couleurs, tableaux brodés, nappes, chemises, débardeurs, vêtements sur mesure, etc.

Pharmacopée

Pharmacopée traditionnelle chinoise *(plan I, B5, **214**) : Thuận Lợi, 108, Hải Thượng Lãn Ông, quartier 5.* En plein cœur de Cholon, une boutique parmi d'autres (c'est le quartier !) vendant des plantes médicinales, lézards desséchés, serpents et scorpions marinés dans de l'alcool de riz... Pour comparer, la *pharmacie Đại Khánh,* à gauche du nº 108, propose des médicaments chinois moins traditionnels mais tout de même fort différents de notre pharmacopée à nous.

Vins, épicerie fine

Annam Gourmet *(plan II, G3, **213**) : 18, Hai Bà Trưng, quartier 1. ☎ 38-22-93-32. Tlj 7h-21h.* Immeuble luxueux abritant une grande épicerie fine : thés, chocolats, alcools, vins, fromages, sauces, biscuits, confitures et autres produits bien de chez nous... à prix largement supérieurs. Autrement dit, le royaume des expats. Agréable petit café au 1er étage.

À voir

LE CŒUR DE LA VILLE (quartier 1)

Alternant hôtels et boutiques de luxe, élégants édifices coloniaux soigneusement restaurés et tours de verre scintillant à la nuit tombée, le cœur historique de la ville arbore le visage conquérant du Saigon du XXIe s.
3 axes principaux structurent le quartier. Vitrine de Saigon durant la période coloniale, l'avenue *Đồng Khởi* (ex-rue Catinat) relie la rivière à la cathédrale. Parallèle, mais plus large, l'avenue *Nguyễn Huệ* commence aussi sur les quais, un pâté de maisons à l'ouest, et se termine à l'hôtel de ville. Le boulevard *Lê Lợi,* enfin, relie le théâtre municipal au marché Bến Thành.
Les ***rues*** ont été rebaptisées de noms vietnamiens lors de l'indépendance du Sud-Vietnam en 1956, puis avec la prise de la ville par les communistes en avril 1975. Seules 4 portent encore des noms français : les rues Pasteur, Calmette, Yersin et Alexandre-de-Rhodes, en hommage à ces 4 personnages, un chimiste, 2 médecins bactériologistes et un linguiste, hautement respectés pour ce qu'ils ont apporté au pays (voir aussi la rubrique « Personnages » au chapitre « Hommes, culture, environnement » en fin de guide).

L'avenue Nguyễn Huệ *(plan II, F-G3) :* les « Champs-Élysées » de Saigon ! Longue de 750 m et large de 70 m, elle occupe le lit d'un ancien canal comblé au début du XXe s pour devenir le boulevard Charner à l'époque coloniale. Sa partie haute, de l'hôtel de ville au croisement avec le boulevard Lê Lợi, a été réaménagée et la partie centrale totalement rendue piétonne : une rareté au Vietnam ! Plus au sud, les immeubles modernes (hôtels, bureaux, centre commercial *Union Square*) symbolisent la fièvre économique. C'est l'avenue la plus convoitée par les investisseurs étrangers.
Noter l'***hôtel Rex,*** un célèbre 4-étoiles situé au carrefour des avenues Nguyễn Huệ et Lê Lợi. Pendant la guerre, c'était le Q.G. des officiers américains célibataires... Aujourd'hui, on peut venir profiter de la terrasse en plein air, au 5e étage (voir « Où boire un verre ? »).

N'hésitez pas enfin à vous engouffrer dans la cage d'escalier du ***n° 42,*** immeuble sans grâce qui a retrouvé des couleurs depuis qu'un essaim de bistrots de poche, cafés tendance et concept stores prisés de la jeunesse branchée a envahi ses 8 étages. Une douzaine d'enseignes se serrent à touche-touche à chaque niveau. Rigolo !

L'hôtel de ville *(Comité populaire ; plan II, F3)* **:** *ne se visite pas.* Le monument ferme la perspective de l'avenue Nguyễn Huệ au nord. Joliment « meringué » dans un style néo-Renaissance, il fut construit entre 1900 et 1908 et décoré par un dénommé Ruffier, qui le chargea de mascarons et de colonnettes corinthiennes. Aujourd'hui siège du Comité populaire de la ville, il reste l'un des plus beaux représentants de l'époque coloniale à Saigon. Magnifié la nuit, lorsqu'il est illuminé.

Le théâtre municipal *(plan II, F-G3)* **:** *sur la pl. Lam Sơn, au croisement de la rue Đồng Khởi et du bd Lê Lợi. ☎ 38-29-99-76.* Non loin de l'hôtel de ville, il fut inauguré en 1900, en pleine « Belle Époque », comme le prouve son architecture qui évoque vaguement le Petit Palais parisien. Il servit de théâtre jusqu'en 1955 puis abrita l'Assemblée nationale jusqu'en 1975. Il a retrouvé aujourd'hui sa vocation initiale.

La cathédrale Notre-Dame *(Nhà thờ Đức Bà ; plan II, F3)* **:** *à l'extrémité de la rue Đồng Khởi, sur Công Xã Paris (pl. de la Commune-de-Paris). Lun-ven 8h-11h, 15h-16h ; w-e 5h-11h, 15h-17h30. Messes lun-sam à 5h30 et 17h30, dim à 5h30, 6h45, 8h, 9h30 (en anglais), 16h, 17h15 et 18h30.*

*– **Attention :** en rénovation lors de notre dernier passage, la cathédrale n'était accessible qu'aux heures de messe. L'achèvement des travaux était en principe prévu pour fin 2019.*

Monument emblématique de Saigon, la cathédrale a peu à voir avec Notre-Dame de Paris dont elle est censée s'inspirer ! Bâtie entre 1877 et 1880 dans un style néoroman (très, très néo), elle est coiffée de 2 clochers carrés et de flèches de 40 m de haut. Elle était jadis un repère visuel, mais se perd désormais dans l'horizon des tours et hauts immeubles modernes.

Derrière sa façade en pierre et en brique rouge se cache un intérieur très sobre, pour ne pas dire pauvret. Le seul intérêt de la visite, ce sont les chapelles latérales aux vitraux et aux saints « made in France ». Dans le bas-côté gauche après l'entrée (4e chapelle), on découvre ainsi 2 petits vitraux dédiés à sainte Anne, patronne de la Bretagne (nombreux étaient les Bretons dans la marine et aux missions étrangères), et saint Yves, avocat des pauvres. Eux ne font guère recette auprès des Saigonnais, mais les saints voisins et la Vierge croulent littéralement sous les ex-voto en marbre ou en plastique bleu, rédigés d'abord en français (« Merci ») puis en vietnamien (« *Cám ơn Đức Mẹ* »). Bien prêter attention aux chants liturgiques qui sont un métissage culturel et spirituel entre la tradition judéo-chrétienne et la musique répétitive bouddhique. Beau et curieux.

Si le cœur vous en dit, vous pouvez assister à la messe (en vietnamien, français ou anglais). Beaucoup de ferveur chez les fidèles.

La poste centrale *(Bưu điện Sài Gòn ; plan II, F3)* **:** *2, Công Xã Paris (pl. de la Commune-de-Paris). Tlj 7h (8h dim)-19h (18h w-e).* L'une des perles de l'architecture coloniale française à Saigon. On dirait une gare ferroviaire ! Construite de 1886 à 1891, elle est supportée par une immense charpente métallique, œuvre de Gustave Eiffel. Les couleurs pastel des murs, les carrelages, les ventilateurs qui brassent l'air au-dessus des guichets confèrent au lieu un charme délicieusement rétro. Impossible de rater le grand tableau de l'oncle Hồ dans le fond du bâtiment et, dans l'entrée, juste à droite, un grand plan de Saigon et de ses environs datant de 1892. Sur le mur opposé, un 2e plan de 1936 indique les lignes télégraphiques du Sud-Vietnam et du Cambodge. En dessous de ces représentations, d'anciennes cabines téléphoniques en boiseries. Sur la façade extérieure, dans des médaillons, figurent les grands hommes de la nation – française, bien évidemment...

La rue Đồng Khởi *(plan II, F-G3)* **:** reliant la cathédrale Notre-Dame à la rivière, elle constitue l'une des artères vitales de la ville. Rectiligne et ombragée, elle est bordée de quelques immeubles modernes construits à la fin des années 1990.

À l'époque coloniale, cette voie s'appelait la rue Catinat, nom du navire amiral de la flotte française qui accosta là au XIXe s. Elle était déjà l'artère chic, bordée de belles boutiques, d'hôtels et de cafés avec terrasse comme *La Rotonde* et *La Taverne Alsacienne* (à l'emplacement de l'hôtel *Majestic*). Pour se faire une idée plus précise de l'atmosphère de l'époque, (re)lire dans l'introduction sur Saigon le paragraphe intitulé « Le Petit Paris de l'Extrême-Orient ».

Après la partition du pays, elle devint en 1954 la rue Tự Do, « rue de la Liberté ». Puis ce fut la guerre du Vietnam et la présence américaine qui s'incarna dans une suite de bars à filles aux noms évocateurs : *California, Mimi's Bar, Uncle Sam, Play Boy...* Les rumeurs et les potins, les vraies et les fausses nouvelles y circulaient. « Radio Catinat » était souvent la source d'informations officieuses la plus efficace de toute la ville. Après la chute de Saigon en avril 1975, on la rebaptisa Đường Đồng Khởi, c'est-à-dire la « rue du Soulèvement général ».

LA CHARCUTERIE OU L'INDOCHINE ?

À 17 ans, Alain Delon, diplômé d'un CAP de boucher-charcutier, devança l'appel et partit en Indochine comme matelot 1re classe. Affecté à la compagnie des fusiliers marins, il gardait l'arsenal de Saigon. En 1954, dans un cinéma de la rue Catinat (aujourd'hui Đồng Khởi), il découvrit Touchez pas au grisbi *avec Jean Gabin dans le rôle principal. Le jeune Alain participa aux patrouilles sur le fleuve Mékong face à un ennemi invisible. Il « emprunta » une jeep pour aller faire la fête. On l'arrêta. Il fêta ses 20 ans seul dans un cachot d'une prison militaire de Saigon. Déjà rebelle !*

Aujourd'hui, l'artère est bordée de magasins de luxe. On y trouve toujours quelques vestiges bien conservés du « temps des Français » : l'***hôtel Majestic*** *(Cửu Long),* au no 1, le ***théâtre municipal,*** l'***hôtel Caravelle*** *(Độc Lập)* et l'***hôtel Continental,*** 3 vénérables bâtiments rassemblés autour du carrefour formé par la rue Đồng Khởi et le boulevard Lê Lợi, et évoqués plus haut dans la rubrique « Où dormir ? ».

LE SUD

La mosquée indienne de Saigon *(plan II, G3)* **:** *66, Đông Du. Tlj 4h30-21h30. Shorts, T-shirts et jupes courtes interdits.* Curieuse apparition en terre bouddhique que cette mosquée vert clair aux 4 élégants minarets pointés à l'ombre des tours voisines des hôtels *Sheraton* et *Caravelle* ! Construite en 1935, en pleine époque coloniale, par et pour les Indiens musulmans, cette mosquée est un îlot de calme dans l'agitation urbaine. Peu de choses à découvrir dans l'enceinte, hormis un bassin destiné aux ablutions et la salle de prière très dépouillée. Il reste aujourd'hui quelques milliers de musulmans dans le pays, beaucoup ayant fui lors de la chute de Saigon en avril 1975.

La tour Bitexco *(plan II, G4)* **:** *36, Hồ Tùng Mậu. • bitexcofinancialtower.com • Skydeck tlj 9h30-21h30. Billet : 200 000 Dg ; enfant et senior 130 000 Dg. En allongeant 50 000 Dg de plus, possibilité de visiter le « musée Heineken », dédié à la bière du même nom (on avoue avoir fait l'impasse).*

Dressée au bas de l'avenue Nguyễn Huệ, la tour Bitexco, inaugurée en 2010, est, avec ses 68 étages grimpant sur 262 m, l'un des plus hautes du pays. On peut monter au *Skydeck,* situé au 49e étage, pour contempler l'impressionnant panorama à 360° sur la ville. Mais vu les tarifs stratosphériques, on peut aussi préférer boire un coup au ***bar Eon 51*** *(tlj 11h-23h),* au 51e étage donc, qui n'exige pas de droit d'entrée, mais qu'on y prenne une conso. La vue est certes moins dégagée, mais pour jusqu'à moitié moins cher que le *Skydeck,* on se sera en plus sifflé un

verre... Accès au bar par l'entrée principale de la tour (celle des bureaux, pas celle du *Skydeck*), puis prendre l'escalator jusqu'au 1er étage. Également un resto, qu'on ne vous recommande pas.
Toujours plus haut, la tour **Landmark 81,** sortie de terre en 2018 au nord du centre-ville (208, Nguyễn Hữu Cảnh ; *plan I, H1-2*), serait même, avec ses 461 m, la plus haute d'Asie du Sud-Est... jusqu'à ce qu'on la détrône ! Courant 2019, son *Skydeck,* perché entre les 79e et 81e étages, devait s'ouvrir au public. Se renseigner. En attendant, la tour abrite seulement un centre commercial de luxe.

Le marché de la rue Tôn Thất Đạm *(plan II, F3-4)* **:** *entre les rues Huỳnh Thúc Kháng et Hàm Nghi.* Beaucoup de biens de consommation courante ou de 1re nécessité, et quelques stands pour se nourrir à bon marché... Rue Huỳnh Thúc Kháng, magasins d'électroménager et hi-fi importés, le plus souvent illégalement...

À L'OUEST DU CENTRE-VILLE

Le palais de la Réunification *(Hội Trường Thống Nhất ; plan II, F3)* **:** *entrée des visiteurs au 135, Nam Kỳ Khởi Nghĩa. ☎ 38-22-36-52. Tlj 7h30-11h, 13h-16h. Entrée : 40 000 Dg (65 000 Dg avec l'expo temporaire). Brochure en français payante. Audioguide : 75 000 Dg. Visite guidée : 300 000 Dg (pour 1-20 pers).*
Ce jeune monument historique est vraiment entré dans l'histoire le 30 avril 1975, à 10h45, lorsque les chars d'assaut 843 et 390 de la 203e brigade de l'armée nord-vietnamienne (communiste) défoncèrent les lourdes grilles de fer forgé du parc : ***image mondialement connue qui marquait la chute de Saigon,*** la fin du Sud-Vietnam et le terme de 30 années de guerre impitoyable. Un petit soldat vert escalada alors la façade du palais présidentiel (c'était son nom à l'époque), arracha le drapeau sud-vietnamien et le remplaça par le drapeau bleu et rouge du GRP (Gouvernement révolutionnaire provisoire).
À l'intérieur du palais, dans une ***salle du 1er étage,*** le général Minh, surnommé « Big Minh », attendait les soldats nord-vietnamiens, entouré de son cabinet improvisé. Nommé chef de l'État du Sud-Vietnam moins de 48h auparavant, décidé à assumer ses pouvoirs jusqu'à la dernière seconde, il accueillit le colonel Bùi Tín, l'officier communiste chargé de recevoir sa capitulation, par cette phrase : « J'attends depuis ce matin pour vous remettre le pouvoir ! » « Il n'en est pas question, répliqua le colonel, votre pouvoir s'est écroulé. Vous ne pouvez donner ce que vous n'avez pas. » Saigon prise et le Vietnam réunifié en un seul État, les communistes rebaptisèrent le bâtiment « palais de la Réunification » et le classèrent « vestige historique et culturel national », avant d'en faire un musée en 1990. Cela explique son parfait état de conservation. ***Tout semble s'être figé en 1975 :*** contreplaqué, lino, les matières chics de l'époque tapissent encore les pièces, relativement dépouillées.
Le palais de la Réunification fut construit entre 1962 et 1966, d'après les plans (pour la façade seulement) de l'architecte vietnamien Ngô Viết Thụ, Grand Prix de Rome en 1955. Il s'est d'abord appelé le palais de l'Indépendance puis le palais présidentiel. Les présidents Diệm et Thiệu y demeurèrent. Il occupe l'emplacement de l'ancienne résidence du gouverneur général de l'Indochine, belle et grande bâtisse coloniale de 1868 qui fut bombardée en février 1962 lors d'une tentative de coup d'État.
À l'intérieur, on visite de grands salons et des salles de réception.
– *Au 1er étage (en fait le rez-de-chaussée) :* salles de réception et du Conseil des ministres, salle de conférences (encore utilisées de temps à autre).
– *Au 2e étage :* le ***bureau du président Thiệu,*** la salle des cartes (montrant les combats au sud du pays), des salons de réception et, le plus luxueux du palais, le salon des ambassadeurs, avec un grand tableau mural en laque (composé de 40 panneaux) illustrant la victoire sur les Ming. On voit aussi la salle à manger et les 2 chambres à coucher du président, autour d'un patio où sont exposés les cadeaux qui lui furent offerts, notamment des pieds d'éléphant.
– *Au 3e étage :* la ***salle de banquet*** de l'épouse du président Thiệu, une salle de cinéma avec de grosses portes capitonnées et la salle de jeux, avec son bar en

forme de tonneau et son sofa rond en skaï tout ce qu'il y a de plus kitsch. Voir aussi, à cet étage, la plate-forme d'envol pour hélicoptères.

– *Au 4e étage :* la ***salle de danse,*** avec un piano à queue et des vitres de 1,2 cm d'épaisseur (et un petit bar pour se désaltérer !). Belle vue sur le parc du palais et les tours de la ville. De là, on redescend jusqu'au sous-sol du palais, appelé le « bunker », avec d'autres pièces tapissées de cartes (pour suivre et contrôler les opérations militaires) et des salles équipées de matériel de transmission radio. Enfin, on remonte en passant par les cuisines, avant de voir la Mercedes blanche de Thiệu, considérée comme faisant partie du butin de l'armée de Libération...

Le musée de la Ville de Hồ Chí Minh *(Bảo Tàng Thành Phố Hồ Chí Minh ; plan II, F3)* **:** *65, Lý Tự Trọng (à l'angle de la rue Nam Kỳ Khởi Nghĩa). ☎ 38-29-97-41. • hcmc-museum.edu.vn • Tlj 7h30-18h. Entrée : 30 000 Dg. Attention, à ne pas confondre avec le musée Hồ Chí Minh (le politicien ; voir plus loin) !*

Le musée occupe l'***une des plus belles bâtisses d'époque coloniale,*** dotée d'une grande façade gris clair à colonnes, avec un fronton néogrec. Étrange destinée que celle de ce monument construit par les Français en 1886 pour être le palais du gouverneur de la Cochinchine. Le président Diệm l'occupa provisoirement en 1962-1963 car le palais de l'Indépendance avait été endommagé, en février 1962, par une tentative de coup d'État. Devenu le musée de la Révolution (en 1978), il a été rebaptisé musée de Hồ Chí Minh-Ville. C'est un lieu de prédilection des candidats au mariage qui se font prendre en photo devant la traction Citroën ou sur l'escalier monumental. Explications en anglais.

– ***Au rez-de-chaussée :*** à gauche en entrant, section sur Hồ Chí Minh-Ville, présentée comme le centre économique, administratif, financier, technologique et culturel du pays. Où l'on apprend que la ville a changé 10 fois de nom ! Section sur l'activité portuaire, et amusantes photos d'époque des marchés de la ville. En face, grande salle consacrée aux villages artisanaux (textiles, orfèvrerie, etc.) de la région de Saigon. Puis, plus loin, une partie dédiée au mariage traditionnel, avec un autel de temple, des offrandes et de beaux costumes utilisés pour le grand jour. Dans le couloir, vénérable barque du XIIIe s.

– ***Au 1er étage :*** la salle à droite du grand escalier est consacrée à la 1re période révolutionnaire (1930-1954) ; la résistance vietnamienne aux Français, le mouvement démocratique de 1936 à 1939, tracts, journaux, témoignages, les insurrections paysannes des années 1940... Vitrines sur la 1re guerre (1945-1954) à Saigon et sur une base viet dans la forêt. La salle de gauche, en face, évoque la guerre contre les Américains ; maquette des tunnels de Củ Chi, armes, la vie quotidienne dans les maquis, la lutte politique... jusqu'à cette grande fresque de l'Indépendance. Enfin, dans les espaces tout autour, instruments de musique, statuettes en céramique, outils agricoles, techniques des laqueurs, antiques charrettes à roues pleines, des pièces anciennes et même un four *Hoàng Cầm* reconstitué, destiné à dissimuler la fumée des fourneaux pour ne pas être repéré.

– ***Au sous-sol :*** une porte blindée donne sur un réseau de tunnels souterrains et de bunkers, dont on peut voir une petite section. En 1963, Diệm et son frère Nhu s'y cachèrent pendant près de 7h pour échapper au coup d'État organisé par la CIA.

Le marché Bến Thành *(plan II, F3-4)* **:** *tlj 7h-18h : après, le marché de nuit s'installe tt autour.* Le plus vieux, le plus grand, le plus animé des marchés couverts de Saigon. Le bâtiment actuel date de 1914. Il est coiffé d'un toit charpenté et l'entrée principale se distingue grâce à son beffroi. À l'intérieur, on trouve de tout, même si le lieu vire un peu (trop) touristique : viande, poisson, légumes, épices, fruits secs, fleurs, vêtements, tissus, quincaillerie... et des bibelots souvenir. Ceux qui n'aiment pas marchander mettront le cap sur les allées du fond, côté est : prix fixes. Également de nombreux petits comptoirs où l'on peut manger et boire pour 3 fois rien, dans une ambiance populaire.

Le musée des Beaux-Arts *(Bão Tàng Mỹ Thuật ; plan II, F4) : 97A, Phó Đức Chính, quartier 1. ☎ 38-23-30-84. • vnfam.vn • Tlj 8h30-17h. Entrée : 40 000 Dg.*
Installé dans 3 belles demeures coloniales contiguës, le musée expose sculptures et peintures d'artistes vietnamiens, et différents objets traditionnels.

L'ART À PART ENTIÈRE

La notion d'art n'existait pas comme telle au Vietnam avant le début du XXe s, peinture et sculpture n'ayant que des fonctions décoratives dans les temples bouddhiques et les palais. Il fallut attendre la création d'une école des Beaux-Arts, en 1925, pour que les artistes vietnamiens, considérés jusqu'alors comme des artisans, accèdent enfin au statut d'« artiste » et signent leurs œuvres.

– La ***1re demeure*** est dédiée aux arts modernes : peinture, dessin et sculpture. Importantes collections de qualité inégale, présentées malheureusement sans fil conducteur ni explications. On y observe des œuvres correspondant aux 3 grandes périodes qui caractérisent la peinture vietnamienne : celles de l'école des Beaux-Arts d'Indochine (de l'époque coloniale à l'ouverture aux techniques asiatiques), avec des œuvres répondant d'abord aux canons de l'école occidentale, d'autres par la suite aux représentations très asiatiques. La période des guerres enfin, qui marque véritablement la naissance de la peinture vietnamienne. Vous n'échapperez pas au thème de la lutte révolutionnaire ! Mais sous des formes tellement diverses que ça reste quand même intéressant : toiles, dessins, eaux-fortes, gravures sur bois, aquarelles, encres de Chine, affiches diverses, tantôt réalistes, tantôt lyriques, dont certaines révèlent de vrais talents et de jolis coups de crayon ! Viennent ensuite les œuvres contemporaines, celles de l'abstraction et de l'ouverture à l'international avec pas mal de grands formats.
– La ***2e demeure*** accueille essentiellement des expos temporaires et à nouveau des peintures (salles du bas).
– La ***3e demeure*** abrite des collections remarquables de sculptures en pierre du royaume Champa (VIIe-XVIIe s) et œuvres primitives des Hauts Plateaux, ainsi que des sculptures bouddhiques et hindouistes du delta du Mékong, l'art Óc Eo (Ier-VIe s) et post-Óc Eo (VIIe-XIIe s). On peut voir des céramiques vietnamiennes datant du XIVe au XXe s (issues de l'ancienne Saigon et des écoles Lái Thiêu et Biên Hoà), statues vouées aux cultes populaires, statues khmères du Sud-Vietnam.
Petit café charmant, le ***Fine Arts Café,*** dans la cour intérieure. Idéal pour s'offrir un pot en fin de visite.

Le temple hindou de Mariammam *(plan I, F3) : 45, Trương Định. Tlj 7h30-12h, 13h30-20h.* C'est le seul temple hindou de Saigon encore ouvert au culte. Autrefois assez florissante, la communauté indienne fut saignée à blanc par la guerre et la révolution. Il n'en reste qu'une petite centaine de membres, pour la plupart d'origine tamoule. Beaucoup de fidèles la fréquentent, mais pas hindous pour 3 sous... En fait, les Vietnamiens semblent avoir adopté ce lieu. Le quartier hindou à proprement parler se situait dans la rue Tôn Thất Thiệp (entre l'avenue Nguyễn Huệ et la rue Pasteur). Là se trouvent encore les anciennes maisons des banquiers *Chettys* et un petit temple (fermé) de style tamoul.

Le Cercle des Travailleurs *(Cung Văn Hoá Lao Động ; plan I, E-F3) : entrée au milieu de la rue Huyền Trân Công Chúa. ☎ 39-30-93-85.*
L'un des lieux symboliques du vieux Saigon colonial, l'ancien Cercle sportif, aujourd'hui Cercle des Travailleurs, est situé dans un grand parc ombragé derrière le palais de la Réunification. Rien de très intéressant à y voir, outre le fait qu'il soit devenu un parc de loisirs à la vietnamienne.
À l'époque coloniale, le Cercle sportif était le rendez-vous chic et branché de la ville, où se retrouvaient les membres sportifs de la communauté française et la bonne bourgeoisie de Saigon. À l'époque des Américains, on voyait souvent l'ambassadeur Cabot Lodge barboter dans la piscine, et McNamara, secrétaire d'État à la Défense, jouer au tennis avec les dirigeants vietnamiens.

AU NORD-OUEST DU CENTRE-VILLE (quartier 3)

Le musée des Vestiges de la guerre (plan I, E-F3) : *28, Võ Văn Tần (à l'intersection avec la rue Lê Quí Đôn), quartier 3. ☎ 39-30-55-87. • warremnants museum.com • Tlj 7h30-18h. Entrée : 40 000 Dg ; réduc.*
C'est le musée le plus visité de Saigon... et celui qui vous fera le plus détester la guerre. Initialement nommé « musée des Crimes de guerre américains », on changea son nom pour ne pas heurter les touristes américains, attendus en masse depuis la levée de l'embargo par Bill Clinton en mars 1994. La dialectique est toutefois restée la même : d'un côté les méchants Américains, vus comme les agresseurs illégitimes et de grands criminels, et de l'autre les gentils combattants communistes, seuls représentants légitimes et dignes défenseurs du peuple vietnamien.
On peut reprocher au musée une vision quelque peu manichéenne du conflit, faisant soigneusement l'impasse sur les exactions commises dans le camp communiste, pour ne rien dire de celles du régime totalitaire mis en place après 1975. Chacun se fera son opinion... pour arriver, peut-être, à la conclusion que dans les guerres, il n'y a parfois plus ni bons ni méchants mais une masse indistincte de combattants rendus fous (furieux) par l'horreur des affrontements. Pendant que leurs dirigeants continuent de... jouer au tennis !

Dans le jardin autour du musée
La visite commence ***dans la cour,*** en plein air : quincaillerie mortifère utilisée pendant la guerre, hélicoptère Bell UH-1 Huey (immortalisé dans le film *Apocalypse Now* de Francis Ford Coppola), un hélicoptère Chinook (les plus gros), un tank M48 de 48 t, des avions de combat, dont le F5A Jet Fighter, des pièces d'artillerie de 175 mm, un bulldozer D7 de 40 t qui servait à raser maisons et jardins, un lance-flammes, ainsi que plusieurs types de bombes (américaines toujours), dont l'effroyable « blu-82 seismic bomb », qui détruisait tout dans un rayon de 100 m et causait de sérieux dégâts dans un rayon 15 fois supérieur.

QUAND L'AMÉRIQUE S'ACHARNE...

On le sait peu, mais les Américains se sont plus impliqués au Vietnam que contre l'Allemagne et le Japon réunis pendant la Seconde Guerre mondiale : ils y ont largué près de 3 fois plus de bombes (14 300 000 t contre 5 000 000 t entre 1942 et 1945) et dépensé près du double de ce que leur a coûté le dernier conflit mondial ! En revanche, ils y ont laissé environ 7 fois moins d'hommes...

Dans la cour latérale (salle 6), expo sur le système carcéral du régime sudiste (vu par les « nordistes »), dont la reconstitution des fameuses « cages à tigres » du bagne de Poulo Condor et de la prison de Phú Quốc, ainsi que les tortures, les exécutions... et même une guillotine, souvenir des horreurs françaises.

À l'intérieur du musée
– ***Rez-de-chaussée :*** expo de la propagande antiguerre de par le monde, affiches de soutien au peuple vietnamien, manifestations de masse, photos variées de la résistance américaine elle-même à la guerre. On y voit John Kerry en visite en 1993.
– ***1er étage :*** consacré aux images les plus horribles de la guerre. L'utilisation de l'agent Orange, ce défoliant qui provoqua tant de malformations chez les enfants. Les preuves matérielles des conséquences du déversement du napalm et des défoliants se révèlent d'un réalisme atroce (enfants difformes dans le formol). Âmes sensibles, rebroussez chemin ! Parmi les autres images les plus difficiles à soutenir : le massacre de Mỹ Lai par les soldats américains (504 civils tués le 16 mars 1968), des

soldats devant des cadavres décapités de Vietnamiens qu'ils viennent d'abattre, des suppliciés attachés par les pieds à un char qui les traîne sur la route jusqu'à la mort, les visages atrocement mutilés des victimes de bombes au phosphore, de bombes « goyave », de bombes « à fléchettes »... et le largage depuis un hélicoptère en plein vol d'un prisonnier vietnamien (sans parachute, évidemment...).
Et bien sûr, le cliché que tout le monde a vu : « la fille au napalm » (Phan Thi Kim Phúc, 9 ans), brûlée au corps à la suite d'un largage de bombes et courant affolée devant des soldats américains... Dur.
– Le ***2e étage*** est dédié à l'***exposition Requiem,*** qui rend hommage aux ***photographes de guerre*** ayant couvert le conflit et dont un certain nombre y laissèrent la vie, comme Robert Capa, Gilles Caron, Sean Flynn (fils d'Errol Flynn) et bien d'autres (un panneau en dresse la liste). Témoin, ce magnifique gros plan d'un Leica transpercé par une balle. Une sélection de leurs photos est exposée, dont certaines, très fortes, ont fait le tour du monde. Les photos des reporters vietnamiens ne sont pas oubliées non plus, la seule différence, c'est que leurs noms n'ont pas eu la chance d'être médiatisés. Ces clichés ont d'autant plus leur place dans ce musée que le travail des photojournalistes et reporters contribua grandement à rendre cette guerre impopulaire aux yeux de l'Amérique et du monde. Enfin, une dernière salle se consacre à l'historique de la guerre au Vietnam à partir de 1945, plans et données chiffrées à l'appui.

★ ***Le musée de la Femme sud-vietnamienne*** *(plan I, E2)* **:** *202, Võ Thị Sáu. ☎ 39-32-03-22. ● baotangphunu.com ● Tlj sauf ven 7h30-11h30, 13h30-17h. GRATUIT.*
– *Au 1er étage :* une petite mais riche section ethnographique bien présentée. Artisanat traditionnel, notamment une expo de robes de mariage de différentes régions et époques, avec en contrepoint de vénérables photos en noir et blanc ou sépia. De même, beaux costumes paysans de fête, bijoux, boîtes à poudre, métiers à tisser. Sections dédiées au travail de la teinture, à la fabrication des tapis en fibres végétales et au culte de la mère.
– Les *2e et 3e étages* traitent de la place des femmes vietnamiennes dans la lutte pour la libération nationale. Nombreux portraits et biographies d'héroïnes, de combattantes emprisonnées, décédées en prison ou assassinées.

★★ ***La pagode de l'Empereur de Jade*** *(Chùa Ngọc Hoàng ; plan I, F2)* **:** *73, Mai Thị Lựu (la rue qui part à gauche au niveau du no 20 de Điện Biên Phủ) ; quartier de Đa Cao (nord-est du quartier 1). Tlj 7h-18h.* Également connue sous le nom de *Phước Hải,* et comme pagode des Tortues, elle fut construite en 1909 par une congrégation de Chinois originaires de Canton. Enveloppée dans les fumées d'encens, elle exhale une atmosphère aussi fervente qu'étrange, ne serait-ce qu'en raison de l'aspect grand-guignolesque des statues. Son originalité réside dans le mélange très syncrétique de divinités taoïstes et bouddhiques. Dans le grand autel, au fond de la salle principale, l'empereur de Jade, le taoïste Ngọc Hoàng, est drapé de parures luxuriantes.

★ ***La pagode Vĩnh Nghiêm*** *(plan I, D-E2)* **:** *339, Nam Kỳ Khởi Nghĩa, quartier 3. À 2 km au nord-ouest du centre-ville, à gauche de la rue en allant en direction de l'aéroport. Tlj 7h-11h, 14h-17h (7h-22h les 1er, 14, 15 et 30 des mois lunaires).* La plus grande pagode de Saigon, mais aussi la plus récente. Construite entre 1964 et 1973 par l'Association bouddhique nippo-vietnamienne, elle se distingue par sa haute tour de 7 étages (30 m de haut) dont chacun abrite une statue de Bouddha. Faute d'être une belle pagode, elle est un lieu populaire, animé par une grande ferveur (surtout au moment de la fête du Tết). Noter le nombre impressionnant d'urnes funéraires portant la photo, l'identité, les dates de naissance et de mort du défunt. Derrière le sanctuaire, la tour de 3 étages est un ossuaire contenant 10 000 autres urnes funéraires.

★ ***La pagode de Xá Lợi*** *(plan I, E3)* **:** *89, Bà Huyện Thanh Quan, quartier 3. Près de la rue Điện Biên Phủ. Tlj 7h-11h, 14h-17h puis 18h-19h.* Pourvue d'une tour de 7 étages en béton, présentant un intérieur très dépouillé dominé par une grande statue de Bouddha en position du lotus, cette pagode construite en 1956 n'a d'intéressant que son rôle dans l'histoire récente de la ville. Au début des années 1960, la pagode de Xá Lợi fut un foyer d'opposition à la politique du président Diệm et à la guerre du Vietnam. Plusieurs bonzes s'y immolèrent par le feu pour protester contre ses mesures antibouddhistes. 2 mois après l'immolation du bonze Thích Quảng Đức (voir encadré), la pagode fut mise à sac par des hommes armés menés par Nhu, le frère de Diệm. Près de 400 moines et sœurs furent arrêtés. Certains furent même défenestrés du haut de la tour. On a du mal à imaginer aujourd'hui autant de violence dans un lieu aussi paisible.

L'IMAGE QUI CHOQUA LE MONDE

Le plus célèbre des suicides par le feu fut celui du bonze Thích Quảng Đức en juin 1963. Un homme lui déversa sur le corps le contenu d'un bidon d'essence, y mit le feu, et le bonze brûla telle une torche vivante en pleine rue. La scène se passa tout près de la pagode de Xá Lợi et fit le tour du monde. Cet acte incroyable fut imité par Jan Palach, en 1969, à Prague, pour protester contre l'invasion des chars soviétiques.

Quelques monuments d'époque coloniale

L'ancien lycée Marie-Curie *(plan I, E2)* **:** *rue Nam Kỳ Khởi Nghĩa, entre les rues Điện Biên Phủ et Ngô Thời Nhiệm.* Établi en 1918 par l'administration française, construit dans le style colonial de l'époque, ce lycée mixte vietnamien a conservé son nom de l'époque coloniale.

À l'angle de la rue Nguyễn Thị Minh Khai et de la rue Nam Kỳ Khởi Nghĩa *(plan I, F3)*, non loin du jardin du palais de la Réunification, le ***lycée Lê Quý Đôn*** s'appela d'abord lycée Chasseloup-Laubat (1882), puis lycée Jean-Jacques-Rousseau. Marguerite Duras, l'auteure de *L'Amant*, y fut élève.

L'une des plus belles maisons coloniales (et l'une des plus vieilles) de Saigon reste la ***villa de l'Évêché*** *(Toà Tổng Giám Mục ; plan I, E3)* au 180, Nguyễn Đình Chiểu, à l'angle de Trần Quốc Thảo.

LE SUD

AU NORD DU CENTRE-VILLE

Le Jardin botanique et le zoo *(plan I, G2)* **:** *entrée au bout du bd Lê Duẩn. ☎ 38-29-14-25. Tlj 7h-18h30. Entrée : 50 000 Dg ; réduc enfants.* On vient surtout pour prendre une bouffée de verdure, dans ce vaste et luxuriant parc créé en 1864, hérissé d'arbres gigantesques et abondamment fleuri. Quant aux animaux, s'ils sont nombreux (fauves, éléphants, girafes, etc.), mieux vaut ne pas être trop regardant sur leurs conditions de vie. Reste que, vu la taille réduite de leurs enclos, on les aperçoit facilement...

Le musée d'Histoire du Vietnam *(plan I, G2)* **:** *2, Nguyễn Bỉnh Khiêm. ☎ 38-29-81-46 ou 02-68. À côté du zoo et du Jardin botanique. Tlj 8h-11h30, 13h30-17h. Entrée : 30 000 Dg.* Un musée qui ne date pas de la dernière pluie mais qui pourra

UN COMMERCE STUPÉFIANT !

Au XIXe s, le commerce de l'opium était géré par les Chinois. Constatant les sommes considérables qui en découlaient, les Français récupérèrent cette manne en créant, en 1881, la Régie indochinoise de l'opium avec une manufacture à Saigon. L'opium finançait jusqu'à 25 % du budget de l'Indochine !

intéresser les amateurs d'histoire et de culture, malgré le déficit d'explications et de commentaires. Construit en 1929, il s'est d'abord appelé musée Blanchard-de-La-Brosse (jusqu'en 1956). Il comporte aujourd'hui 2 parties.
– La *1re partie* ***(salles 1 à 7 et 9 à 12)*** est consacrée à l'histoire du pays, des 1ers vestiges humains (environ 500 000 ans) jusqu'à la dynastie Nguyễn (1945), en passant par la domination chinoise et les principales autres dynasties (plusieurs dioramas de batailles). Voir en particulier la salle 6, qui rassemble la plus importante collection d'objets de la culture Champa (IIe-XVIIe s) au monde, avec de nombreuses sculptures, statues et fragments d'architecture en pierre. La salle 7, elle, est dédiée à la culture de Óc Eo.
– La *2de partie* ***(salle 8 et salles 13 à 17)*** se veut plus axée sur la culture du Sud-Est asiatique et rassemble des statues du Bouddha de plusieurs pays d'Asie, des bronzes des XVIIIe et XIXe s, des sculptures en grès du Cambodge, ainsi qu'une momie vietnamienne du XIXe s. Dans la dernière salle, petit panorama des différents groupes ethniques du Vietnam.
Après (ou pendant) la visite du musée, on peut assister à un ***spectacle de marionnettes sur l'eau*** *(Water Puppet Show ; accès entre les salles 11 et 12 ; en principe séances à 9h, 10h, 11h, 14h, 15h et 16h ; durée : 25 mn ; billet : 50 000 Dg).* À ne pas manquer. Spectacle étonnant et merveilleux. Une authentique tradition vietnamienne où les marionnettes en bois peint jaillissent d'un bassin au milieu duquel se trouve un petit pavillon cachant les marionnettistes. Parmi les nombreuses scènes jouées, remarquer celles de la danse du dragon et de la pêche des poissons.

Le temple du Maréchal Lê Văn Duyệt *(plan I, F1)* **:** *dans le quartier de Bình Thạnh, à 3 km env au nord-est du centre ; portes d'accès au 1 bis, Phan Đăng Lưu (porte principale) et au 2, Vũ Tùng. Tlj 6h-16h30.* Général et vice-roi de la Cochinchine, Lê Văn Duyệt (1763-1831) était eunuque, ami des Français et un des fidèles de l'empereur Gia Long. Il lutta contre les Tây Sơn en rébellion, favorisant ainsi l'unité du pays. Quand la dynastie des Nguyễn vint au pouvoir en 1802, il fut nommé maréchal par Gia Long. Mais lorsque Minh Mạng, le successeur de Gia Long, ordonna la persécution des missionnaires et des catholiques, le maréchal refusa d'appliquer l'édit impérial en Cochinchine, ce qui provoqua sa disgrâce. Jusqu'en 1975, Lê Văn Duyệt était considéré comme un héros national, en particulier dans le sud du Vietnam. Il est en revanche conspué par les autorités communistes en raison du rôle actif qu'il joua dans l'expansion française en Indochine.

AU SUD DU CENTRE-VILLE

Le musée Hồ Chí Minh *(appelé aussi musée Nhà Rồng ; plan II, G4)* **:** *1, Nguyễn Tất Thành, quartier 4. ☎ 38-25-57-40. Juste après le pont enjambant la rivière Bến Nghé, sur la gauche au bord de la rivière de Saigon, en venant du centre-ville. Attention, à ne pas confondre avec le musée de la Ville (voir plus haut) ! Tlj sauf lun 7h30-11h30, 13h30-17h. Entrée : 25 000 Dg.* Vu que tout est en vietnamien (un ami vietnamien ou un guide peuvent aider à comprendre), le musée a un intérêt très relatif. Les passionnés de la vie de l'oncle Hồ profiteront néanmoins des nombreuses images et photos. Au début du XXe s, ce bâtiment colonial était le siège des *Messageries maritimes.* Le 5 juin 1911, Hồ Chí Minh,

HỒ CHÍ MINH PAPA

Hồ Chí Minh tomba secrètement amoureux de Đỗ Thị Lạc, une jeune Vietnamienne avec qui il vécut 12 ans. En 1956, le couple eut un enfant mais, officiellement, cette paternité n'a jamais existé. Bien peu de Vietnamiens en ont d'ailleurs connaissance. Et comme les histoires d'amour finissent mal en général, Đỗ Thị Lạc fut tuée en 1957 dans un accident de voiture, qui aurait été provoqué par un agent du Parti. Car pour le Parti, il était sacrilège que leur dirigeant suprême puisse avoir un autre amour que la révolution !

âgé de 21 ans, embarqua comme cuisinier à bord du paquebot *Amiral-de-Latouche-Tréville.* Un planisphère montre la quarantaine de villes différentes où il est passé de 1911 à 1941, de New York à Londres, de Paris à Moscou, de Canton à Hong Kong. Il vécut quelques années en France et ne revint au Vietnam qu'après 30 ans d'exil. C'est l'incroyable destin du père de la nation vietnamienne qui est évoqué dans les 5 salles, à l'étage. Mais pas un mot sur ses femmes cachées qui jouèrent pourtant un grand rôle dans sa vie, notamment la belle Đỗ Thị Lạc (voir encadré).
Sous l'arcade est, côté rivière, on peut jeter un œil à un rickshaw et à un fiacre du début du XXe s (reconstitués à l'ancienne) offerts en 1991 par la société ayant produit le film *L'Amant,* tourné par Jean-Jacques Annaud.

QUARTIERS 10 ET 11, À L'OUEST

Le musée de la Médecine traditionnelle vietnamienne *(FITO ; plan I, C3)* **:** *41, Hoàng Dư Khương, quartier 10. ☎ 38-62-78-12. • fitomuseum.com.vn • Tlj 8h30-17h. Entrée : 120 000 Dg.* Voici le 1er musée de ce genre au Vietnam. Cher, excentré, mais à découvrir car très intéressant ! Dans une belle demeure de style traditionnel (mais récente), à la décoration soignée et raffinée. Sur 5 étages, près d'une vingtaine de salles abritent des reconstitutions d'intérieurs et des collections d'objets et d'instruments, tous liés à la médecine traditionnelle vietnamienne, vieille de plus de 3 000 ans. Mortiers, jarres en céramique, bassines, armoires à pharmacie, fioles, théières, manuscrits vieux de plusieurs siècles, pots avec toutes sortes de produits médicinaux... Une des pièces les plus rares étant ce grand panneau de 12 pages contenant les images commentées de près de 2 000 plantes médicinales répertoriées au Vietnam. On peut aussi voir un film (disponible en français) sur cette médecine qui entretient des liens étroits avec la médecine chinoise. Pour terminer, dégustation de thé au lingzhi, un champignon vietnamien recommandé en cas de faible immunité, d'hypotension ou de diabète.

La pagode de Giác Lâm *(plan I, A3)* **:** *565, Lạc Long Quân, dans le quartier de Tân Bình, à 6-7 km à l'ouest du centre-ville et à 3 km au nord de Cholon. Plus facile d'y aller en (moto-)taxi qu'en bus. Tlj 6h-12h, 14h-21h.* Nichée au milieu des arbres, c'est l'une des plus vieilles pagodes de Saigon. On passe d'abord une porte triomphale aux tuiles vernissées, avant de découvrir sur la droite un magnifique cimetière bouddhique aux tombeaux de styles très variés et abondamment sculptés. Quelques vendeurs de moineaux que les fidèles, suivant la tradition, libèrent ensuite. Avant d'entrer dans la pagode, il faut enlever ses chaussures et admirer la décoration du toit, mosaïque ciselée et ondulante de porcelaine bleu et blanc. Construite vers 1745 et formée de plusieurs parties accolées, elle a subi une influence chinoise évidente : les fondateurs eux-mêmes, venus de Chine, étaient les membres d'une secte du nom de Lâm Tế. Cela explique la profusion de caractères chinois et l'omniprésence de la couleur rouge. L'intérieur, lui, s'organise autour de 3 autels centraux (dont un consacré à Hồ Chí Minh).

CHOLON *(CHỢ LỚN ; plan I, B-C4-5)*

Cholon (on prononce « Tieu-leune ») : le ventre et la marmite de Saigon ! Un demi-million de Vietnamiens d'origine chinoise, appelés Hoa, habitent cet immense et fascinant quartier à part, sorte de Chinatown effervescent qui s'est greffé sur la ville dans sa partie ouest. Son nom signifie « grand marché ». Un faubourg, marginal à l'origine, devenu le cœur de l'activité commerciale, la « capitale du riz » de l'époque coloniale, mais aussi le quartier des plaisirs nocturnes où colons, marchands, baroudeurs et soldats venaient s'encanailler.

On y trouvait autrefois ces lieux de perdition qui ont largement contribué à l'image languissante, vénale et voluptueuse de Saigon : fumeries d'opium, maisons closes, tripots en tout genre, commerces louches et enfumés, autant d'endroits contrôlés par les Chinois, surveillés par la police et recherchés par les romanciers. En 1948, une romancière de passage y voit « tout un monde entassé, comprimé, grouillant et puant. Travailleur, actif, sobre et économe, le Chinois prospère dans n'importe quelle condition ».

Tout ce que l'on ne trouve pas ailleurs en ville, on le trouve à Cholon, quartier où ***le commerce est roi.*** Des ribambelles de boutiques et d'échoppes bordent les boulevards bondés de monde. Les façades et les murs portent encore parfois des idéogrammes en chinois, mais les énormes enseignes lumineuses en chinois qui submergeaient Cholon avant 1975 ne sont plus là. Pour mieux « vietnamiser » le quartier, le gouvernement a fait le ménage après la chute de Saigon (avril 1975), poussant des milliers et des milliers de commerçants à s'enfuir à l'étranger (beaucoup de boat people). Aujourd'hui : un ***monde laborieux,*** infatigable, toujours en mouvement, puissamment organisé autour de la loi des familles, des clans et de l'argent.

– ***Bon à savoir :*** le quartier présente peu d'intérêt le soir (grand marché fermé, environs immédiats sombres et déserts).

L'EMPEREUR, LES CHINOIS ET LES CORSES

À l'époque coloniale, le plus grand dancing de Saigon s'appelait Le Grand Monde, *un immense tripot de Cholon, salle de jeux et bordel. Il était tenu par des Chinois de Macao qui versaient une redevance officielle au gouvernement de Cochinchine, et une cotisation aux maquisards du Vietminh, par sécurité... L'empereur Bảo Đại, grand joueur compulsif, fut aussi associé à cette affaire juteuse. Après 1951, la secte des Bình-Xuyên reprit la concession du* Grand Monde *et partagea les bénéfices avec le clan des Corses de Saigon. Une saga digne des* Tontons flingueurs.

Un peu d'histoire

C'est à partir de 1778 que Cholon prit son essor, sous la poussée des commerçants chinois venus s'y installer. Un siècle plus tard, une nouvelle colonie de Chinois chassés de Mỹ Tho et de Biên Hòa par l'invasion Tây Sơn s'y installe à son tour. Très vite, le « grand marché » devient le centre nerveux du commerce de Saigon et de toute la Cochinchine.

Les Chinois s'organisent en 5 « congrégations régionales » et se partagent alors le gâteau du commerce et de l'économie. Les Chinois ***cantonais,*** les plus nombreux, accaparent le commerce de détail, l'épicerie et le prêt à intérêts. Ceux du ***Fujian*** (face à l'île de Taiwan) monopolisent l'import-export, le transport et le conditionnement du riz, lequel arrive à Cholon par les canaux du delta du Mékong. Le négoce du thé et du poisson est contrôlé par les ***Teochiews*** (Chinois originaires de la côte autour de Shantou dans la province du Guandong). Ensuite viennent les ***Hakkas*** (du Hunan et du Jiangxi) qui possèdent les fabriques de cuir et les ateliers de tissage. Enfin, les ***Hainanais*** (île de Hainan) tirent profit des magasins d'alimentation et des restos.

Cette division ethnico-économique de Cholon se retrouve dans les pagodes et les temples, souvent financés par les uns et par les autres. Cela dit, les clivages, très marqués autrefois, ont tendance à s'estomper avec le brassage de population.

Le quartier compte aussi quelques églises catholiques. De nombreux chrétiens fuirent la Chine maoïste en 1949 et trouvèrent refuge à Cholon dans les années 1950, notamment après l'indépendance du Sud-Vietnam (1956).

L'église Cha Tam (plan I, A5) : 25, rue Học Lạc, quartier 5. Au cœur de Cholon, tt au bout du bd Trần Hưng Đạo. Tlj 5h30-21h. Messes en vietnamien et en chinois tlj (horaires précisés au bureau d'accueil situé dans la cour intérieure et ouv tlj 7h-12h, 14h-18h). Étrange apparition que cette église aux murs jaune clair et blanc, datant du début du XXe s. C'est « l'église du prêtre Tam », dédiée à François-Xavier Tam Assou (1855-1934), d'origine chinoise, qui fut vicaire apostolique de Saigon. D'aucuns l'appellent aussi église Saint-François-Xavier (« Nhà thờ Phanxicô Xaviê » en vietnamien). On peut voir sa statue au sommet du clocher et sa pierre tombale dans le porche d'entrée à gauche. L'intérieur est plus petit et plus chaleureux que celui de la cathédrale de Saigon. Un autel chinois, des meubles, des gongs : la simplicité. Dans la nef, du côté droit, dans la 2e rangée, un banc porte une petite plaque au nom du président Diệm commémorant son assassinat.

TUÉ POUR UNE GIFLE ?

Le président du Sud-Vietnam, Ngô Đình Diệm, ultracatholique, et son frère Nhu se cachèrent dans l'église Cha Tam le 2 novembre 1963, fuyant un coup d'État fomenté par des militaires rebelles soutenus par la CIA. Diệm accepta de se rendre au nouveau pouvoir, et l'on envoya un char le chercher dans sa cachette de Cholon. Avant d'atteindre le centre de Saigon, il fut abattu par un officier qui n'avait pas prémédité son geste, dit-on. Il aurait tué Diệm pour se venger d'une humiliante gifle que venait de lui donner le président...

Le marché Bình Tây (plan I, A5) : 57, Tháp Mười, quartier 6. Au début du bd Hậu Giang, à 5 mn à pied de l'église Cha Tam et de la fin du bd Trần Hưng Đạo. Tlj 7h-19h. Pdt les travaux de rénovation, le marché se tient dans les rues adjacentes. Le grand marché de Cholon, un lieu grouillant, populaire, chargé d'odeurs (parfois fortes) et de couleurs. On y trouve de tout. On peut aussi y manger sur le pouce dans l'une des nombreuses gargotes qu'abrite cette immense halle couverte. Ce marché fut offert aux Chinois du quartier par un commerçant, Đạm, qui, ayant fait fortune, décida de récompenser la communauté. Conçu par un architecte français, Bình Tây a conservé son style avec ses toits en forme de fleur de lotus, son beffroi et ses horloges. Il vaut vraiment la visite car il est moins touristique que celui de Bến Thành, plus coloré et plus authentique.

BMC

Ce bordel militaire de campagne (BMC) situé à Cholon était le plus célèbre d'Indochine. Directement contrôlé par l'armée française, il permettait de surveiller l'hygiène des prostituées et la sécurité des soldats. Les BMC ont été créés par Pétain pendant la guerre de 1914-1918.

Le temple de Thiên Hậu (temple de la Dame Céleste ; plan I, B5) : 710, Nguyễn Trãi, près de l'intersection avec la rue Triệu Quang Phục. Tlj 6h-17h30. L'un des temples les plus fréquentés et visités de Cholon. Il est dédié à Thiên Hậu, la déesse protectrice des navigateurs. Fondé en 1835 par des Chinois originaires de Canton, il serait le plus grand sanctuaire chinois du sud du Vietnam. Très animé à l'occasion de la fête du Tết.

Le temple de Tam Sơn Hội (plan I, B5) : 118, Triệu Quang Phục, à la hauteur du 370, Trần Hưng Đạo. Tlj 7h-17h. Tout proche du temple de Thiên Hậu, mais plus simple d'apparence. On y retrouve Bà Mẹ Sanh, la déesse de la Fécondité. Édifiée par les Chinois de la congrégation du Foukien au XIXe s, cette « pagode des Trois Sommets » fut reconstituée à Paris en 1900, pour l'Exposition universelle.

La rue Hải Thượng Lãn Ông *(rue des plantes médicinales)* ***:*** *parallèle au bd Trần Hưng Đạo, entre celui-ci et l'arroyo Kinh Tàu Hủ (limite sud du quartier 5).* Dans cette rue, les boutiques vendent des produits de la pharmacopée traditionnelle : plantes, champignons et lézards desséchés, etc. Plus loin, des bocaux contenant des serpents marinant dans de l'alcool (le vin de serpent, croit-on ici, est un puissant aphrodisiaque).

Le tombeau de Pétrus Ký : *520, Trần Hưng Đạo, à l'angle de la rue Trần Bình Trọng.* Pétrus qui ? J. B. Pétrus Trương Vĩnh Ký (1836-1898) fut le plus grand érudit vietnamien du XIXᵉ s. Professeur de langues orientales, il parlait 17 langues, dont le chinois, le français, l'anglais, l'allemand et l'italien, sans oublier plusieurs dialectes asiatiques. Catholique, francophile, il a soutenu ardemment la présence française en Cochinchine et en Annam, ce qui lui a valu d'être voué aux gémonies par le gouvernement communiste.

QUITTER HỒ CHÍ MINH-VILLE

En bus

Pour les bus publics, Saigon compte ***2 grandes gares routières,*** pas très pratiques d'accès : l'une, à env 7 km au nord du centre-ville, desservant le centre et le nord du Vietnam, l'autre, à 10 km à l'ouest du centre-ville, pour le delta du Mékong (voir les détails plus bas). S'y rendre prend beaucoup de temps, à cause du trafic.
Pour plus de commodité, sur les destinations touristiques, les compagnies *Phương Trang (Futa)* ou *Mai Linh Express* présentent l'avantage d'avoir leurs bureaux en ville (voir les détails ci-après) d'où le transfert des passagers est assuré vers l'une des 2 grandes gares routières.
– ***Bon à savoir :*** pour Dalat, Nha Trang, Hội An, Huế et Hanoi, il existe des bus quotidiens affrétés par des agences privées du « quartier routard », dont le départ se fait de ces mêmes agences. Un peu plus cher que les compagnies régulières mais très pratique, d'autant qu'on peut utiliser ces bus avec un *Open Ticket,* qui permet de faire le voyage par étapes en s'arrêtant dans une ville et en reprenant le bus un autre jour pour poursuivre le trajet...

■ ***Phương Trang*** *(Futa Bus Lines)* ***:*** *bureau (vente de billets) au 272, Đề Thám (« quartier routard » ; plan III, C1,* ***28****) pour les villes à l'est et au nord de Saigon ; et au 231, Lê Hồng Phong (quartier 10 ; plan I, D4,* ***30****) pour le delta du Mékong. ☎ 38-38-68-52 ou 1-900-60-67. • futabus.vn •* L'une des meilleures compagnies. On achète les billets dans l'un des bureaux (on le rappelle, différents selon les destinations !), d'où le transfert est assuré vers l'une des 2 gares routières de la ville. Liaisons avec :
➢ ***Vĩnh Long :*** 1-2 bus/j. Durée : 3h.
➢ ***Cần Thơ :*** 2 bus/h. Durée : 2h30-4h.
➢ ***Sa Đéc :*** 5 bus/j. (7h30-19h30). Durée : 3h.
➢ ***Châu Đốc :*** 1 bus/h (5h-1h du mat). Durée : 6h15.
➢ ***Vũng Tàu :*** 1-2 bus/h (6h-19h). Durée : 3h.
➢ ***Dalat :*** 1 bus/h (5h-2h du mat). Durée : 8h.
➢ ***Mũi Né :*** 15 bus/j. (6h30-23h30). Durée : 6h.
➢ ***Nha Trang :*** 7 bus/j. (8h-22h30). Durée : 12h.
➢ ***Đà Nẵng :*** 5 bus/j. (10h30-18h30). Durée : 23h.
➢ ***Huế :*** 1 bus/j. Durée : 25h.

■ ***Mai Linh Express*** *(plan I, D4,* ***31****)* ***:*** *349, Lê Hồng Phong, quartier 2. ☎ 39-39-39-39. • mailinhexpress.vn • Ouv 24h/24.* C'est ici qu'il faut venir pour acheter les billets et prendre une navette (gratuite) vers l'une des 2 gares routières. Liaisons avec :
➢ ***Cà Mau :*** 3 bus/j. Durée : 8h30.
➢ ***Buôn Ma Thuột :*** 3 bus/j., le soir. Durée : 8h.
➢ ***Hanoi :*** 2 bus/j. Durée : 45h.

Gare routière de Miền Tây *(Western Bus Station ; Bến Xe Miền*

LE SUD

Tây ; hors plan I par A4) **:** *395, Kinh Dương Vương, à 10 km à l'ouest du centre-ville. ☎ 38-75-29-53. Pour y aller, bus n° 2 depuis le marché Bến Thành, ou prendre un taxi.* Bus et minibus (certains s'arrêtant partout) pour tout le delta du Mékong.

➢ Nombreux départs (au moins 1/h) pour ***Tiền Giang-Bến Tre*** (env 2h), ***Vĩnh Long*** (136 km ; env 3h), ***Cần Thơ*** (169 km ; env 4h), ***Bạc Liêu*** (env 6h30), ***Sóc Trăng*** (231 km ; env 5h30), ***Rạch Giá*** (284 km ; env 6h) et ***Cà Mau*** (355 km ; env 8h30).

Gare routière de Miền Đông *(Eastern Bus Station ; Bến Xe Miền Đông ; hors plan I par H1)* **:** *292, Đinh Bộ Lĩnh, quartier 26, quartier de Bình Thạnh, à env 7 km au nord du centre-ville. ☎ 38-99-16-07. Pour y aller, bus n° 26 depuis le marché Bến Thành, ou taxi.* Les bus au départ de cette gare desservent les villes situées à l'est et au nord de Saigon, le centre, la côte, les Hauts Plateaux, ainsi que le nord du pays (Hanoi).

➢ Départs fréquents (au moins 1/h) pour ***Vũng Tàu*** (120 km ; env 2h30), ***Phan Thiết*** (196 km ; 4h30-5h), ***Dalat*** (300 km ; env 8h), ***Buôn Ma Thuột*** (350 km ; env 9h), ***Nha Trang*** (446 km ; env 11h) et ***Pleiku*** (543 km ; env 10h), entre autres.

En bus *Open Ticket*

Option un peu plus chère que les bus réguliers mais très pratique pour les routards souhaitant se rendre dans les villes les plus touristiques au nord de Saigon. Il s'agit de bus affrétés par certaines agences privées se situant surtout dans le « quartier routard », qui vont jusqu'à Huế ou Hanoi (avec changement à Nha Trang). Le départ se fait de ces mêmes agences. Autre avantage : on peut s'arrêter en cours de route (à Dalat, Mũi Né, Nha Trang...) et reprendre le voyage quand on le souhaite, avec un autre bus. Presque toutes les agences du « quartier routard » vendent ces billets mais une poignée seulement, comme *Thesinhtourist* (citée en début de chapitre dans la rubrique « Adresses et infos utiles »), possèdent leurs propres bus.

En train

Le réseau ferroviaire ne dessert que les villes de la côte, du centre et du nord du Vietnam, mais ***pas le delta du Mékong.*** Même si vous ne quittez pas Saigon en train, arrangez-vous pour le prendre au moins une fois au Vietnam : expérience inoubliable !

– ***Bon à savoir :*** on peut réserver et acheter son billet de train à différents endroits et de différentes manières ; à la gare (bien sûr), sur Internet (voir plus bas), par tél (*☎ 38-43-65-28* ; peu pratique si vous ne parlez pas le vietnamien), ou encore dans n'importe quelle agence du « quartier routard ». Celles-ci prennent toutefois une commission, et il y a des frais de livraison du billet.

– *• vietnamrailway.com •* (site en anglais). *☎ 969-606-606 (hotline) :* horaires, tarifs, et billets en ligne (paiement par carte).

Gare ferroviaire de Saigon *(Ga Sài Gòn ; plan I, D2)* **:** *1, Nguyễn Thông, quartier 3. ☎ 38-43-65-28 ou 39-31-89-52 (infos). • gasaigon.com.vn • À env 2,5 km au nord-ouest du marché Bến Thành.*

Conseils

– ***Bien vérifier les horaires,*** en particulier l'heure d'arrivée. En effet, trouver une chambre d'hôtel à 4h du mat n'est pas chose aisée ! Par ailleurs, les gares ferroviaires étant généralement excentrées, prévoir le temps nécessaire pour s'y rendre.

– ***Acheter son billet au moins 1 jour à l'avance*** pour les destinations proches, 3 jours minimum pour le trajet Saigon-Hanoi. Attention cependant à la période précédant et suivant les fêtes du Tết : il faut acheter ses billets au moins 1 mois à l'avance. À la gare, les billets doivent être payés en argent liquide. Enfin, on peut encore se faire rembourser le billet jusqu'à 4h avant le départ en ne perdant que 10 % de sa valeur. Après, on perd le billet.

Types de train et horaires

Les trains les plus rapides, récents et confortables portent un numéro précédé des lettres *SE.* À moins d'avoir un tout petit budget, privilégiez-les :

vous gagnerez en confort et en rapidité. Les trains circulant dans le sens sud-nord portent un chiffre pair *(SE2, SE4, SE6),* les trains nord-sud portent un chiffre impair *(SE1, SE3, SE5).* Les trains vietnamiens comptant parmi les plus lents au monde, une couchette n'a rien de superflu ! Le trajet le plus court entre Saigon et Hanoi (1 726 km) dure en effet 31h ! Mieux vaut choisir une couchette « rembourrée », même si elle est un peu plus chère. Cela vous permettra de récupérer, car le voyage est certes passionnant mais épuisant. La formule la moins chère sur cette ligne consiste à voyager assis sur un siège dur (en bois) et à dormir sur une couchette dure (toujours en bois). Le voyage à la dure porte bien son nom ! Tous les express s'arrêtent à Nha Trang, Đà Nẵng et Huế.

➢ ***Pour Nha Trang :*** 6 trains/j. Parmi les plus rapides, le train de nuit *SE2* part vers 22h et arrive vers 5h à Nha Trang. Autre bonne option si vous préférez faire le trajet de jour, le *SE6,* qui part vers 9h et arrive un peu après 16h30, ou le *SE8,* qui part à 6h et arrive vers 13h20.

➢ ***Pour Đà Nẵng et Huế :*** env 5 trains/j. Même ligne que pour Nha Trang et Hanoi. Le tronçon Đà Nẵng-Huế (à peine une centaine de kilomètres) est ***un de nos coups de cœur ferroviaires*** au Vietnam. Si vous prenez le train de jour, vous aurez tout loisir d'admirer la mer et les montagnes en chemin. À cet égard, privilégiez le *SE4* (départ de Saigon à 19h45) ou le *SE2* (départ à 22h). Durée du voyage : pour Đà Nẵng, 15h30 avec le *SE4* et 17h avec le *SE2* ; pour Huế, 18h avec le *SE2* et 19h30 avec le *SE4.*

➢ ***Pour Hanoi :*** 4 trains/j. Le plus rapide est le *SE2* qui part vers 22h et arrive le surlendemain à l'aube (vers 5h), soit plus de 31h de voyage. Les autres sont plus lents, jusqu'à 34h de trajet.

➢ ***Pour Phan Thiết :*** la compagnie des chemins de fer de Saigon a inauguré en 2017 la ligne Saigon-Phan Thiết. Ces trains haut de gamme partent à 6h40 et arrivent au terminus de Phan Thiết à 10h24, avec des escales à Dĩ An (province de Bình Dương), Biên Hoà et Bình Thuận. Tarifs : 20-30 US$.

En avion

La compagnie nationale, *Vietnam Airlines,* assure des liaisons entre Saigon et la plupart des villes importantes du pays, à des prix raisonnables (d'autant qu'elle propose parfois des promos). À noter, la présence sur le marché de concurrents à bas prix : *Jetstar, VietJet Air* et *Bamboo.* On peut bien sûr réserver directement en ligne.

■ ***Vietnam Airlines :*** ☎ *1-900-11-00.* • *vietnamairlines.com* •

■ ***VietJet Air :*** ☎ *1-900-18-86* (call center). • *vietjetair.com* • Compagnie aérienne à bas coût qui dessert Hanoi, Haiphong, Huế, Đà Nẵng, Nha Trang, l'île de Phú Quốc, Buôn Ma Thuột et même Bangkok.

■ ***Jetstar :*** ☎ *38-25-81-01.* • *jetstar.com* •

■ ***Bamboo :*** ☎ *1-900-11-66.* • *bambooairways.com* •

➢ Ttes compagnies confondues, vols quotidiens pour ***Buôn Ma Thuột*** (5/j.), ***Dalat*** (5/j.), ***Nha Trang*** (7/j.), ***Đà Nẵng*** (20/j.), ***Hanoi*** (30/j.), ***Huế*** (7/j.), ***Pleiku*** (3/j.), l'***île de Phú Quốc*** (12/j.) et ***Bangkok*** (12/j.), entre autres.

En bateau

Pour Vũng Tàu en catamaran

Quitte à se rendre à Vũng Tàu (Cap Saint-Jacques), pourquoi ne pas prendre un peu l'air (et la mer...) à bord d'un catamaran ? Départs de l'embarcadère de Bạch Đằng, au 10B, Tôn Đức Thắng, au centre-ville *(plan II, G3, **11**),* avec la ***compagnie Greenlines DP Express*** *(📱 09-88-00-95-79 ou 09-01-44-98-88 ; • greenlines-dp.com •).* Lun-sam, 4 départs/j., 8h-14h. Dim, 6 bateaux, 8h-16h. Billet aller : 200 000 Dg (280 000 Dg le w-e). Durée : 1h40.

Pour aller au Cambodge

Le plus courant est d'y aller en bus, mais on peut combiner le bus et le bateau, en faisant par exemple une excursion dans le delta du Mékong au départ de Saigon. Sinon, c'est en

avion... ou en voiture, si vous disposez de votre propre véhicule.
– ***Bon à savoir :*** le visa s'obtient au poste-frontière (compter 30 US$).

En bus seul

Plusieurs compagnies de bus sur Phạm Ngũ Lão (dans le « quartier routard » ; *plan III*) proposent des départs quotidiens pour Phnom Penh, de 6h ou 7h jusqu'à 15h env. Billet : 10 US$. Durée : env 6h. Départ du bureau des compagnies elles-mêmes. Retours de Phnom Penh aux mêmes heures. Pour ceux qui veulent continuer jusqu'à Siem Reap, changement à Phnom Penh et re-6h de route (arrivée à 18-19h donc, si vous partez de Saigon avec le 1er bus ; compter 10 US$ de plus).

En bus et en bateau

C'est possible en prenant le bus jusqu'à Châu Đốc, et là un bateau rapide jusqu'à Phnom Penh (départ à 7h30 de Châu Đốc, arrivée à Phnom Penh à 12h30 ; traversée : env 550 000 Dg). Sinon, les agences du « quartier routard » proposent des circuits de 2 ou 3 jours dans le delta du Mékong, avec transfert vers Phnom Penh depuis Châu Đốc le dernier jour, généralement en bateau rapide. Voir dans « Adresses utiles » les agences que nous recommandons.

En avion

Une autre option, plus pratique et rapide que le bus mais 20 fois plus cher que celui-ci. Billet : 23-88 US$ selon horaires, jours et sièges. 6 vols/j. relient Hồ Chí Minh-Ville à Phnom Penh et à Siem Reap. Avec *Vietnam Airlines* (voir plus haut) et *Cambodia Angkor Air* (*● cambodiaangkorair.com ●*).
Le visa peut s'obtenir en arrivant à l'aéroport de Phnom Penh (compter 30 mn-1h d'attente et 30 US$, pas de photo requise).

LES TUNNELS DE CỦ CHI (ĐỊA ĐẠO CỦ CHI)

Immense réseau d'étroites galeries souterraines creusées à la main par les Vietcong pour se réfugier et se défendre contre la « machine de guerre » américaine, les tunnels de Củ Chi, longtemps fermés au public, constituent aujourd'hui l'un des grands sites historiques de la guerre du Vietnam. D'abord pour comprendre la ténacité et l'ingéniosité des maquisards vietnamiens qui surent résister avec 3 fois rien à l'une des armées les plus puissantes du monde. Ensuite, pour découvrir les conditions atrocement difficiles dans lesquelles ils vécurent.
Voici sans doute, avec le secteur de la zone démilitarisée (DMZ) près de Quảng Trị (17e parallèle), la région du Vietnam qui a le plus souffert sous les bombes, les défoliants, le napalm. On l'appelle encore le « Triangle de fer » en raison des bombardements intensifs, mais aussi à cause de la détermination farouche de ses combattants antiaméricains. Le plus étonnant ici, c'est que les tunnels ont tenu bon jusqu'à la fin de la guerre, remplissant leur mission d'encadrement de toute une population de paysans et de riziculteurs gagnés à la guérilla populaire.
Les tunnels, que l'on visite à l'aide d'une lampe torche et sous la conduite d'un guide vietnamien, ont été agrandis pour recevoir les touristes. Mais, sachez-le, l'endroit reste éprouvant pour ceux qui souffrent de claustrophobie. On sort de ce dédale tout courbatu. Imaginez-vous y passer plusieurs jours enfermé, sous la mitraille... Củ Chi, l'endroit où se révèle le génie guerrier d'un peuple capable de vaincre un éléphant avec l'énergie d'une fourmi...

UN PEU D'HISTOIRE

Les 1ers tunnels de Củ Chi furent creusés dès les années 1940 par des ***maquisards du Vietminh,*** en lutte contre les Français, afin de cacher leurs munitions,

de se cacher eux-mêmes en cas d'attaque et pour se déplacer d'un hameau à l'autre. Củ Chi fut choisi pour au moins 2 raisons : d'abord à cause de la proximité de Saigon, qui était une cible importante sur le plan stratégique ; ensuite à cause de la topographie du site, encadré à l'est et à l'ouest par une grande boucle de la rivière de Saigon. Sa terre dure et rouge, si elle était difficile à creuser, garantissait un réseau souterrain capable de résister au temps et aux assauts extérieurs. En outre, le niveau de l'eau de la rivière était trop bas pour inonder les galeries. Dès 1945, le 1er réseau était opérationnel, servant même de Q.G. au maquis « D » du Vietminh.
Abandonnés après le départ des Français, le réseau fut réinvesti par les combattants vietcong qui le réparèrent et le consolidèrent, tout en l'étendant considérablement. Il passa de 17 à 200 km ! Un travail de fourmis réalisé dans l'ombre par des villageois, encadrés secrètement par des officiers communistes infiltrés au sud du Vietnam.
La piste Hồ Chí Minh, qui traversait le pays du nord au sud et par laquelle arrivaient armes et munitions, aboutissait non loin de Củ Chi. Au début des années 1960, la zone était devenue un ***vrai fief vietcong,*** d'où de nombreuses attaques furent menées contre Saigon et les intérêts du régime du Sud.
À partir de 1965, l'état-major américain jugea nécessaire de « ***pacifier*** » le « ***Triangle de fer*** ». Plusieurs bases furent construites : à Củ Chi d'abord, où la base reposait sur des tunnels ennemis (sans que les Américains le sachent !), à Tây Ninh, à Bến Cát, Dầu Tiếng, Phước Vinh, Phú Lợi et Hậu Nghĩa.
De là décollaient les avions chargés de déverser des tonnes de défoliants, d'essence, de napalm, sur les rizières et les plantations de Củ Chi afin de transformer le secteur en un désert impossible à vivre. C'est ce que les Américains appelaient la ***stratégie « Search and Destroy » (Chercher et Détruire).*** Une fois la végétation brûlée, ils semaient une herbe diabolique, surnommée « l'herbe américaine », qui séchait très vite et brûlait tout sur son passage, s'enflammant sitôt qu'une bombe tombait au sol. Pour déloger les maquisards vietcong cachés dans leurs galeries souterraines, des bergers allemands furent lâchés dans les tunnels. Mais leur odorat fut trompé par le poivre (et parfois par l'odeur des uniformes et du savon subtilisés aux Yankees), et beaucoup sautèrent sur des objets minés. Alors, les Américains envoyèrent des soldats, qui ne purent progresser dans les boyaux en raison de leur gabarit. On utilisa aussi des engagés mexicains, plus petits et... moins américains, mais en vain. Les soldats vietnamiens de l'armée du Sud-Vietnam prirent le relais. Plus petits et plus minces, ils pouvaient se glisser dans les étroits tunnels mais se retrouvèrent souvent empalés sur des ***tiges de bambous empoisonnées,*** dissimulées sous des trappes invisibles...
On envoya alors les ***bombardiers B52,*** véritables forteresses volantes pouvant contenir 120 bombes ; 3 bombardiers au minimum participaient à un raid. Quand le bombardement d'un objectif était décidé, on comptait près de 10 raids par jour. Apocalyptique ! Il y eut aussi de attaques terrestres, menées par des chars.
À la différence des combattants vietminh, les maquisards vietcong se servirent des tunnels non seulement pour s'échapper, mais aussi pour accéder à des tranchées d'où ils pouvaient se battre.

Arriver – Quitter

Le site est situé à une soixantaine de km au nord de Hồ Chí Minh-Ville, par la route nationale 22. Comptez 1h30 en voiture mais 2h si vous partez aux heures de bureau. On passe par le village de Củ Chi (à 35 km), sur la route de Tây Ninh, où l'on bifurque à droite.

Le plus simple est de se rendre sur place avec une agence. Beaucoup d'***agences du « quartier routard » organisent des visites de Củ Chi et de Tây Ninh dans la même journée,*** avec retour le soir à Hồ Chí Minh-Ville. C'est un bon plan qui vous permet

de rentabiliser le trajet. Compter env 16-20 US$/pers, entrée du site incluse ; 12-15 US$ pour les tunnels seuls, sur une demi-journée.
On peut aussi rejoindre les tunnels en ***bus public,*** mais c'est très long. Prendre le nº 13 depuis le parc du 23-Septembre *(plan Hồ Chí Minh-Ville III, A-B1)* jusqu'à Củ Chi, puis le nº 79 *pour Bến Được*, ou le nº 63 pour Bến Đình (lire ci-après).

Conseils de visite

– Il y a 2 sites à visiter dans le secteur : celui de *Bến Đình* et celui de *Bến Được,* distants de quelques kilomètres. Inutile de visiter les 2, d'autant qu'ils sont tous 2 payants (90 000 Dg à Bến Được et 110 000 Dg à Bến Đình). Dans les 2 cas, la visite alterne partie dans les tunnels et partie en extérieur. Nous décrivons plus bas le site de Bến Được, qui présente l'avantage de proposer des tunnels reconstitués et élargis, donc plus faciles pour nos gabarits d'Occidentaux, mais aussi pour les claustrophobes ! Le site de Bến Đình est plus authentique mais moins aménagé et les tunnels sont donc plus étroits. Ceux qui aiment jouer à la guerre pourront, en principe, s'y essayer au tir. À vous de voir.
– Plus d'infos sur ● *diadaocuchi.com.vn* ●

À voir

Le site de Bến Được : *☎ 37-94-88-20. Tlj 7h-17h (mêmes horaires à Bến Đình). Entrée : 90 000 Dg. Essayer d'y être dès l'ouverture, vers 7-8h, afin d'éviter la grosse chaleur et les cars de touristes qui débarquent vers 10h. Compter 1h-1h30 de visite. Resto-buvette sur place (idem à Bến Đình).*
Le tour commence par un petit ***film*** de 15 mn (version française possible), avant d'entamer la ***visite guidée*** des tunnels (en anglais, rarement en français). Il y a plusieurs niveaux souterrains, plongeant jusqu'à 7 m de profondeur : le niveau 1 est le plus proche de la surface, c'est celui que l'on visite le plus. Le niveau 2 est un peu plus profond, mais aussi plus sombre et plus étroit. Les claustros l'éviteront sans doute ! Attention : il fait très chaud dans ces étroits boyaux, et on attrape vite des crampes aux jambes à force de marcher recroquevillé les uns derrière les autres.
Ce vaste labyrinthe souterrain commence à 3 m sous le niveau de la terre, cela pour éviter que le tunnel ne s'effondre. Il devait pouvoir supporter le passage d'un char de 50 t ou la chute d'une bombe de 100 kg. On y accède par des entrées dissimulées sous les feuillages, mais il existe de nombreuses trappes invisibles au regard. Un tunnel moyen mesure de 60 à 70 cm de large sur 80 à 90 cm de haut. C'est un boyau obscur et angoissant qui débouche sur une sorte de ***ville clandestine*** comportant toutes les installations nécessaires à la survie et à la guérilla vietcong : salles de réunion, hôpitaux souterrains, chambres où dormaient les commandants, cuisines où le menu quotidien était composé de manioc et de riz enveloppé dans une feuille de bananier. Extrêmement ingénieux, les Vietnamiens avaient creusé des trous d'aération ainsi

> **LE TRIANGLE DE FER**
>
> *Durant la guerre du Vietnam, la zone de Củ Chi, surnommée le « Triangle de fer », pouvait recevoir jusqu'à 3 600 bombes en 24h ! Dans ce déluge de feu, les Vietcong perdirent environ 10 000 hommes (on peut voir un grand cimetière vietnamien au bord de la route avant d'arriver au site). Le réseau des galeries souterraines ne fut pourtant jamais détruit et servit pendant toute la guerre.*

que des puits d'eau potable (on en voit un). Notez le système d'évacuation de la fumée destiné à leurrer les Américains. Il y avait aussi, mais on ne les visite pas, des armureries et des entrepôts de munitions. Certaines branches de tunnel mènent à la rivière de Saigon, permettant aux maquisards de s'enfuir au cas où les « rats de Củ Chi » chargés de les débusquer auraient franchi les nombreux ***pièges*** disposés dans la pénombre du réseau. Comme, par exemple, ces trappes d'angle cachant des trous profonds hérissés de bambous taillés comme des flèches et dont les extrémités étaient enduites de poison... L'homme qui tombait dedans était souvent mortellement blessé. On découvre les différents systèmes de trappes en toute fin de visite, ainsi que quelques armes d'époque. On voit aussi des cratères de bombes de B52 (il y en a plein d'autres dans les rizières aux alentours, qui servent aujourd'hui de mares en saison des pluies...). La visite se termine dans une cuisine d'époque reconstituée, où l'on fait la queue aux heures de pointe, pour une dégustation de thé, de manioc et de carrés de riz...
On peut aussi se rendre au mémorial des combattants vietnamiens (44 000 noms inscrits), à droite après la sortie. La boutique et le minizoo, triste à pleurer, ne sont quant à eux pas de très bon goût.

TÂY NINH

IND. TÉL. : 276

À 96 km au nord-ouest de Hồ Chí Minh-Ville, par la route n° 22, la ville de Tây Ninh est en quelque sorte le saint-siège de la religion cao đài, un culte inventé par un fonctionnaire cochinchinois dans les années 1920, comme tentative de synthèse entre les grandes philosophies religieuses d'Occident et d'Extrême-Orient.
Cet extraordinaire assemblage de spiritualités et de doctrines si différentes est parfaitement illustré par la cathédrale-temple, située à 4 km à l'est de la ville. Devant ce sommet de l'art kitsch, on ne sait s'il s'agit d'une pagode qui veut ressembler à une église, ou bien d'une église qui se prend pour une pagode. Là « le Christ et Bouddha contemplent du plafond de la cathédrale une fantasia orientale à la Walt Disney, dragons et serpents en technicolor », écrit Graham Greene dans *Un Américain bien tranquille* (il était si fasciné par cette secte syncrétique qu'il avait songé un moment à se convertir !). Voilà l'un des endroits les plus baroques et les plus insolites du Vietnam.

UN PEU D'HISTOIRE

Le mot *cao đài* signifie littéralement « palais suprême » et désigne Dieu. Le caodaïsme est né du choc idéologique de la rencontre entre l'Occident et l'Orient, en pleine période coloniale, dans le contexte de crise morale, spirituelle et économique des années 1920. Son fondateur, ***Ngô Văn Chiêu,*** n'était ni un bonze, ni un prêtre, mais un petit fonctionnaire de l'administration de Cochinchine, profondément mystique. Né en 1878 dans une famille modeste du sud du Vietnam, il obtint une bourse, fit des études et devint fonctionnaire de l'île de Phú Quốc en 1919.
Ngô était bouddhiste et pratiquait le culte des ancêtres, comme tous les Vietnamiens. En dehors de son travail, il avait un hobby auquel il s'adonnait avec ferveur : le spiritisme. En compagnie d'un groupe de fonctionnaires, il faisait tourner les tables, essayant d'entrer en communication avec les esprits. Un jour de 1921, il entra en communication avec un esprit nommé Cao Đài, qui lui apparut sous la forme d'un œil humain grand ouvert : l'Œil

de Dieu. Après cette révélation, Ngô, qui avait 43 ans, reçut une autre illumination, le 24 décembre 1925, pendant la nuit de Noël. Cette fois, l'esprit fut plus péremptoire et lui ordonna de créer une nouvelle religion en son nom. Ce qu'il fit sans attendre.
Le 7 octobre 1926, le caodaïsme fut déclaré officiellement à Saigon. Les 1res missions de prosélytes furent si efficaces qu'au bout de 2 mois la nouvelle religion comptait plus de 2 000 adeptes. En 1927, son siège est installé à Tây Ninh.
La nouvelle religion eut une importance considérable sur le plan spirituel, mais aussi politique, et même militaire. Grâce à son organisation, sa discipline stricte et sa richesse, ***le cao đài parvint à former une armée privée de 25 000 hommes,*** au service des Japonais durant la Seconde Guerre mondiale. Bref, des collabos purs et durs ! Cette secte « militaro-religieuse » roula ensuite pour les Français, contre le Vietminh, avant de se ranger du côté de l'armée du Sud-Vietnam et des Américains pendant la guerre du Vietnam. Stratégie fatale ! Après la chute de Saigon en 1975 et l'arrivée des communistes au pouvoir, la secte fut « frappée à la tête » et « coupée à la racine » : ses terres et près de 400 temples et lieux de culte furent confisqués, 4 responsables furent exécutés en 1979.

Le Facteur Cheval des religions

Le caodaïsme semble né d'une exigence morale : unir toutes les philosophies ancestrales de l'Orient et de l'Occident pour créer une sorte de religion universelle, sans distinction de races ou de continents. ***Son principe de base, c'est qu'il n'existe qu'un seul Dieu, Être Suprême et Créateur de l'univers, commun à toutes les religions et croyances de la planète.*** « Si tous les hommes sur terre avaient conscience de cela, le monde aurait vécu dans la paix, dans la justice et dans l'amour. »
C'est un syncrétisme qui pioche dans toutes les religions ou presque : bouddhisme, confucianisme, taoïsme, christianisme et islam. Ainsi les croyants vénèrent-ils le Bouddha Sakyamuni, Confucius, Lao-tseu, Jésus-Christ et Mahomet. Sans oublier l'héritage spirituel propre au Vietnam, c'est-à-dire le culte des esprits, des saints et des génies. Les caodaïstes vénèrent également des personnages illustres avec lesquels les médiums de la nouvelle religion sont entrés en communication au cours de séances spirites. On trouve ainsi Victor Hugo, Jeanne d'Arc, Descartes, Pasteur, et même Shakespeare et Lénine (ce qui n'a pas empêché la secte de s'armer contre les communistes du Nord).
L'histoire de l'humanité se divise en 3 grandes périodes marquées, selon les adeptes, par 3 révélations divines. La 1re révélation fut celle de Dieu à Lao-tseu. La 2e révélation s'est faite plus tard à travers les grands messagers, Bouddha, Moïse, Jésus-Christ, Mahomet. Mais les caodaïstes considèrent que leurs messages ont été détournés de leur idéal de départ par la faute des humains. La religion cao đài se présente comme une « troisième alliance entre Dieu et l'homme ». Il s'agit pour eux de l'unique et dernière révélation qui, si tout va bien (mais tout ne va pas si bien que ça), ne devrait pas être dévoyée puisque le message divin passe directement de Dieu aux disciples par le biais de la communication avec les esprits.
Les ***médiums*** de la secte ont la charge de recevoir les messages des esprits en utilisant des stylos ou des pinceaux de calligraphie chinoise.
Le ***clergé caodaïste*** est organisé sur le modèle de l'Église catholique. Au sommet de la hiérarchie, un pape donne les directives, organise, contrôle, assure la continuité du mouvement. Les dignitaires portent des tuniques de couleurs différentes : le rouge pour les dignitaires de la branche confucianiste, le bleu pour le taoïsme et le jaune pour le bouddhisme.
Les caodaïstes ont ***2 grandes fêtes religieuses*** : la fête de Dieu le Père (Cao Đài) le 9 janvier, et de la Mère (la « Dame » bouddhique) le 15 août (té, le même jour que

la bonne mère !). Mais Noël, Pâques, et l'anniversaire de la naissance de Bouddha sont aussi fêtés en grande pompe, preuve encore une fois du syncrétisme entre l'Orient et l'Occident.

Le caodaïsme aujourd'hui

Il y aurait aujourd'hui moins de 2 millions d'adeptes (chiffre difficile à vérifier), essentiellement dans le delta du Mékong, dans le sud du Vietnam, mais aussi dans le centre. À Tây Ninh, une vingtaine de dignitaires de la secte continuent d'habiter autour du temple principal, dans une sorte de vaste monastère (100 ha) entouré de murs et abritant de nombreux bâtiments (maisons, cellules), des jardins dans lesquels gambadent des singes, ainsi que des vestiges d'ateliers agricoles et industriels (scierie, briqueterie). Une rizière de 15 ha, toujours exploitée par les fidèles (laïcs), à l'extérieur de l'enceinte, assure le ravitaillement en riz de la communauté. Par ailleurs, désormais considérablement appauvri, le cao đài survit grâce aux dons et à l'argent des pratiquants.

Arriver – Quitter

– ***En préambule :*** à cause de la densité du trafic, il faut compter env 2h30 de route pour parcourir la centaine de km qui séparent Tây Ninh de Hồ Chí Minh-Ville. Or, si le site est intéressant, il y a tout de même relativement peu à voir, en dehors de la cathédrale et de la courte cérémonie décrite plus bas. ***On vous conseille donc, pour rentabiliser le trajet, de coupler l'excursion avec une visite des tunnels de Củ Chi*** le mat (lire plus haut), ceux-ci étant situés entre Saigon et Tây Ninh. Toutes les agences du « quartier routard » proposent cette option, pour env 16-20 US$/pers. On peut aussi louer une voiture privée avec chauffeur.

– On peut préférer s'y rendre en ***transports en commun,*** mais prévoir alors plusieurs changements et au moins 4h de trajet. Prendre le bus n° 13 depuis le parc du 23-Septembre *(plan Hồ Chí Minh-Ville III, A-B1)* jusqu'à Củ Chi, puis le bus n° 701 jusqu'à Tây Ninh, et enfin un taxi ou une moto-taxi jusqu'au temple. Autre option, le bus n° 4 depuis Phạm Ngũ Lão ou Pasteur jusqu'à la gare terrestre d'An Sương, puis minibus jusqu'à Tây Ninh, et enfin taxi ou moto-taxi.

– Sachez qu'il n'existe ***aucune option pour manger*** dans le complexe religieux ni à proximité immédiate. En général, les agences prévoient un arrêt repas sur le chemin du retour. Sinon, emporter de quoi grignoter.

À voir

La cathédrale-temple *(ou Sainte-Mère Cao Đài)* : *sur la route de Saigon, à 4 km du centre de Tây Ninh. GRATUIT. Tenue discrète requise. Enlever ses chaussures à l'entrée. Les photos du temple sont autorisées sans flash, mais pas celles des fidèles (du moins sans permission de leur part). Toilettes derrière la cathédrale, derrière le bâtiment en U.* Planté au centre d'une immense esplanade, voici l'un des édifices religieux les plus extravagants d'Asie du Sud-Est. Une merveille de l'art kitsch construite entre 1933 et 1955, fruit d'un métissage religieux unique entre l'art chrétien d'Europe et l'art bouddhique d'Extrême-Orient. L'ensemble mesure près de 107 m de long et relève à la fois de l'église (par sa forme et sa façade) et de la pagode (la décoration intérieure).

– ***Le porche d'entrée :*** orienté à l'ouest (vers Jérusalem), comme dans les églises chrétiennes. Sur le mur, une fresque peinte représente les « trois missionnaires divins envoyés comme guides spirituels de l'humanité pour réaliser la troisième Alliance ». ***Victor Hugo, en tenue d'académicien,*** écrit avec une plume la devise « Dieu et Humanité » et « Amour et Justice », accompagné du révolutionnaire et homme d'État chinois

Sun Yat-sen qui tient un encrier. À leurs côtés se tient un 3e « saint » du cao đài, le poète vietnamien Nguyễn Bỉnh Khiêm (1492-1587).

– ***L'intérieur :*** les « vitraux » portent tous le symbole du cao đài, un ***triangle enfermant l'œil divin.*** La nef s'étend sur 9 sections, symbolisant les 9 étapes pour accéder au paradis. Elle est soutenue par des colonnes autour desquelles se lovent des dragons en spirale. Sous la coupole de l'autel, une énorme sphère bleue portant l'œil divin symbolise l'idéal de la religion universelle. 8 personnages sont sculptés au-dessus de la coupole : Bouddha, Confucius, Lao-tseu, Jésus-Christ, ainsi que Lý Thái Bạch, Khương Tử Nha, la déesse Quan Âm et le génie Quan Công. À l'opposé, adossées au mur d'entrée, au pied du balcon, 3 statues sont enlacées par 2 boas. L'une d'elles représente Phạm Công Tắc, disciple du fondateur Ngô Văn Chiêu, et qui devint plus tard le 2e pape du caodaïsme. Il contribua largement à la militarisation de la secte et à son alliance avec les Japonais pendant la Seconde Guerre mondiale. Curieusement, sa statue donne l'impression d'un personnage ayant vécu il y a 1 000 ans. C'était hier ou presque...

RAMASSE-MIETTES

Du bouddhisme, le caodaïsme a retenu les grands principes moraux : ne pas tuer, ne pas voler, ne pas commettre d'impureté, ne pas mentir, ne pas boire d'alcool. La règle fondamentale est celle de l'homme bon et juste. À celle-ci, il ajoute l'impératif chrétien de l'amour du prochain et la charité. Du taoïsme, il a gardé le détachement du monde, et du confucianisme le culte des ancêtres, le respect de la famille et la communion entre les vivants et les morts.

– ***Cérémonies et rites :*** le temple célèbre 4 offices quotidiens à 6h, 12h, 18h et minuit. La cérémonie dure environ 35 mn, selon un rituel immuable.

Les femmes entrent par la gauche, les hommes par la droite. Des musiciens et un chœur de femmes, installés dans la tribune au-dessus du porche d'entrée, accompagnent les prières des fidèles. Au milieu du temple, tournés vers le maître-autel, se tiennent des dignitaires en rouge, bleu et jaune à côté de femmes (âgées) vêtues de blanc. Ensuite, la masse des fidèles, en blanc, alignés au cordeau sous le regard sévère de disciples affublés d'un brassard, chargés de faire respecter une stricte discipline. Les visiteurs sont admis à assister aux messes depuis le balcon surplombant la grande nef. Il n'y a aucun discours, aucun sermon. Les prières, très proches du bouddhisme, sont des invocations qui commencent par « *Nam Mô...* » Elles rendent hommage à Cao Đài, à Lý Thái Bạch, le 1er prophète, aux représentants des 3 religions orientales (bouddhisme, confucianisme et taoïsme), ainsi qu'aux esprits, aux saints et aux génies.

VŨNG TÀU (CAP SAINT-JACQUES)

190 000 hab. IND. TÉL. : 254

• La péninsule (plan I) *p. 457* • Le centre-ville (plan II) *p. 459*

À 128 km au sud-est de Hồ Chí Minh-Ville, à l'extrémité sud d'une péninsule qui s'avance comme une pince de crabe dans la mer de l'Est, Vũng Tàu, que les Français appelaient Cap Saint-Jacques, est la station balnéaire la plus fréquentée du sud du pays. C'est un peu le « Deauville » des Saigonnais en raison de son accès facile depuis la grande ville du Sud, un morceau de

littoral synonyme de mer et de soleil, de vacances et de farniente, où ils oublient le temps d'un dimanche la fournaise et le bruit de Saigon. Les plages sont aujourd'hui redevenues propres.
– ***Bon à savoir :*** éviter d'y aller en fin de semaine, le week-end et pendant les fêtes.

UN PEU D'HISTOIRE

Au XVe s, ce sont les marins portugais qui découvrent cet ancrage idéal sur la route de la Chine et de Macao et le baptisent Cap Saint-Jacques, du nom de leur saint patron. Vu de la mer, le site a toujours été un bon repère pour les bateaux, à cause de ses 2 hauts promontoires rocheux. À la fin du XIXe s, les Français, las de la chaleur moite de Saigon, en font une station balnéaire chic, le Deauville tropical de la *French Riviera* cochinchinoise. Hôtels et villas coloniales commencent alors à sortir de terre, pour le repos des colons et des soldats, des administrateurs et des voyageurs. Un poste de douane y est établi pour contrôler les allées et venues des bateaux sur la rivière de Saigon toute proche. Son point de repère est à présent, sur la colline, l'imposante statue du Christ bénissant la mer de l'Est.

Arriver – Quitter

En bus local ou en minibus

Gare routière *(plan I) : à Vũng Tàu, 192, Nam Kỳ Khởi Nghiã, à 1,5 km du centre-ville. ☎ 352-53-93. Ouv 5h-19h.* On recommande la compagnie *Phương Trang-Futa Bus Lines (☎ (064) 352-53-54 ; • futaexpress.vn •).*

➢ ***De/pour Hồ Chí Minh-Ville :*** bus réguliers avec *Phương Trang-Futa Bus Lines.* Billet : 95 000 Dg. Ttes les heures, 4h-19h. Durée : env 2h15. Départ de Hồ Chí Minh-Ville, dans le « quartier routard », au 272, Đề Thám *(plan Hồ Chí Minh-Ville III, C1, **28**).* Ttes les heures pour Vũng Tàu, 5h30-18h30. Également 1 bus direct depuis l'aéroport international.

En catamaran

La meilleure solution, la plus simple (pas la moins chère), car on descend ou remonte la rivière de Saigon, avant de traverser un bras de mer. La desserte est assurée par la compagnie *Greenlines DP Express (📱 09-88-00-95-79 ou 09-01-44-98-88 ; • greenlines-dp.com •).* Durée de la traversée : 1h40. Billet aller : 200 000 Dg (280 000 Dg le w-e).

➢ ***De Hồ Chí Minh-Ville :*** achat des billets directement à l'embarcadère, 10B, Tôn Đức Thắng *(plan Hồ Chí Minh-Ville II, G3, **11**).* Lun-sam, 4 départs/j., 8h-14h. Dim, 6 bateaux, 8h-16h. Les bateaux arrivent à Vũng Tàu à l'***embarcadère Hồ Mây Ferry Wharf,*** 1, Trần Phú, qui se situe à 2 km au nord de la plage de Bãi Trước, au nord-ouest de la ville *(hors plan I),* au pied de la télécabine Vung Tau Cable.

➢ ***Pour Hồ Chí Minh-Ville :*** lun-sam, 4 bateaux/j., 10h-16h. Dim, 5 bateaux. L'achat de billets s'effectue à l'embarcadère *(plan I)* au *Booking Office Phòng Vé Trung Tâm (📱 09-86-90-89-07).*

Adresses utiles

■ On peut trouver sur le site *• bariavungtautourism.com.vn •* des informations touristiques sur Vũng Tàu et la région.

■ ***Vietcombank*** *(plan II, B1-2, **2**) : 27, Trần Hưng Đạo. ☎ 385-23-09. Lun-ven 7h-11h30, 13h30-16h.* Change toutes les devises aux taux un peu plus faibles. Représente aussi *MoneyGram* pour les transferts urgents d'argent. Sinon, nombreux points ATM dans la ville.

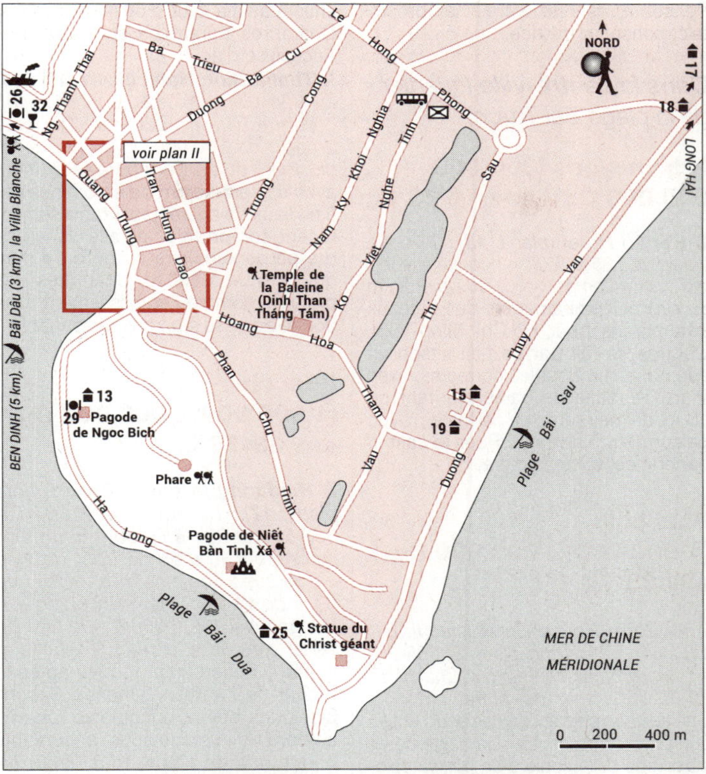

LA PÉNINSULE DE VŨNG TÀU (plan I)

Où dormir ?

- **13** Hải Âu Hotel
- **15** Thanh Bình Hotel
- **17** Haiduong Intourco Resort (hors plan)
- **18** Cap Saint-Jacques Hotel
- **19** Quốc Cường II
- **25** Lan Rừng Resort & Spa

Où manger ?

- **26** Gánh Hảo (hors plan)
- **29** Taj Grill Indian

Où boire un verre ?

- **32** Bars

Taxis : *diverses compagnies sillonnent la ville.* ***Mailinh,*** *☎ 356-56-56 ;* ***Vinasun Taxi,*** *☎ 37-27-27-27 ;* ***Futa Taxi,*** *☎ 38-38-38-38.* Les motos-taxis sont 2 à 3 fois moins chères.

Où dormir ?

– ***Conseil :*** attention aux fins de semaine et aux périodes de vacances où de nombreux hôtels et pensions affichent complet et des prix surévalués.

Pensez à réserver votre chambre en téléphonant à l'avance.

Dans le centre-ville (quartier de la plage Bãi Trước)

Prix moyens (300 000-600 000 Dg / env 11-23 €)

Hải Âu Hotel *(plan I, **13**) : 124, Hạ Long. ☎ 385-62-78. • hotelhaiauvungtau.com • Compter 400 000 Dg.* À 2 km au sud de l'embarcadère des bateaux catamarans pour Hồ Chí Minh-Ville. L'entrée se fait par un hall kitsch un peu défraîchi. Doubles correctes, avec frigo, TV, salle de bains méritant un coup de peinture, et certaines avec balcon, sur 5 niveaux. Pour le calme, préférer celles sur l'arrière.

Plus chic (1 000 000-2 000 000 Dg / env 38-76 €)

Petro House Hotel *(plan II, B1, **11**) : 63, Trần Hưng Đạo. ☎ 385-20-14. • petrohousehotel.vn • Chambres 70-82 US$, petit déj-buffet compris.* Une adresse chic et l'un des seuls hôtels confortables du centre-ville digne de ce nom. Très belle copie d'un édifice colonial, tout blanc, avec colonnes et balcons. Chambres sobres et élégantes, qui sont en fait des studios. Piscine, gymnase. Resto ***Samba Café*** qui propose une cuisine internationale et malaisienne. Casino, salle de jeux *Monte-Carlo.*

LE SUD

Près de la plage Bãi Sau (la plage de derrière ou Back Beach)

Prix moyens (300 000-600 000 Dg / env 11-23 €)

Quốc Cường II *(plan I, **19**) : 15-17, Phó Đức Chính. ☎ 385-70-24. 📱 09-35-11-18-88. • quoccuonghotel.com • Doubles 350 000-450 000 Dg. Dans une petite rue perpendiculaire au niveau du 145, Thùy Vân.* Un hôtel refait entièrement à neuf, à 50 m de la plage. Chambres agréables sur 5 niveaux. Accueil cordial.

Thanh Bình Hotel *(plan I, **15**) : 18, La Văn Cầu. ☎ 352-79-88. • thanhbinhhotelvungtau.com • Doubles à partir de 500 000 Dg, si l'on reste plusieurs nuits.* Se repère facilement avec son entrée arrondie dominée par 6 niveaux de chambres. Établissement récent confortable, installé dans une rue perpendiculaire au bord de mer, qui se situe à 100 m. Chambres très propres, comme l'établissement. Une bonne adresse à un prix raisonnable.

Plus chic (1 000 000-2 000 000 Dg / env 38-76 €)

Haiduong Intourco Resort *(hors plan I, **17**) : 1, Thùy Vân. ☎ 357-75-56, 57 ou 58. • haiduongintourcoresort.com.vn • Sur le front de mer, à quelques centaines de mètres au nord de l'hôtel* Cap Saint-Jacques. *Bungalows 1 400 000-2 400 000 Dg selon sem ou w-e (+ 15 %), taille et confort.* Entièrement rénové après le rachat de l'ancien *Bimexco Resort.* Quelques beaux bungalows répartis au bord de la plage sous un agréable boqueteau de filaos, tous avec terrasse et jardinet. Les bungalows familiaux (pour 4 personnes), sur la gauche, sont plus intéressants. En bois peint, ils sont assez agréables et comportent 2 chambres chacun, avec douche et w-c, ventilo ou clim. Belle piscine. Une bonne adresse pour fainéanter au calme, face à la mer. Également des chambres en motel, un peu plus tristounettes. Accueil prévenant.

Cap Saint-Jacques Hotel *(plan I, **18**) : 169, Thùy Vân. ☎ 385-95-19 ou 357-58-59. • cap-saint-jacques.hotels-in-vung-tau.com • Doubles 55-100 US$; réduc possible en sem.* Grosse construction récente près de la plage. Pas un cachet inoubliable, mais chambres au luxe moderne et confortable. Pour le même prix, autant choisir une chambre avec vue sur la mer. Bon accueil. Piscine,

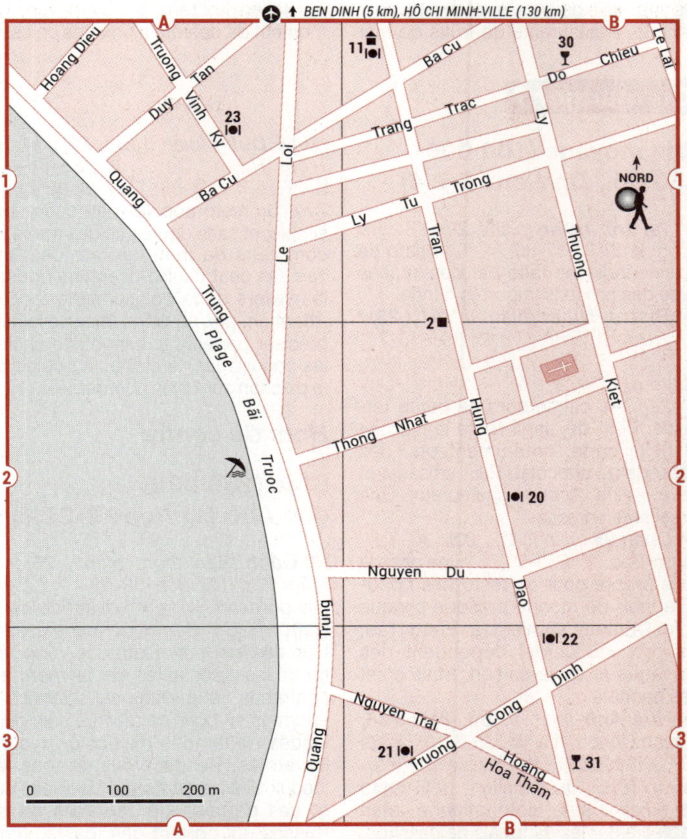

VŨNG TÀU – Centre-ville (plan II)

■ **Adresse utile**

2 Vietcombank (B1-2)

Où dormir ?

11 Petro House Hotel (B1)

Où manger ?

11 Samba Café (B1)
20 Quán 95 (B2)
21 Huệ Anh (B3)
22 Lê Dung (B3)
23 Bistro Nine (A1)

Où boire un verre ?

30 Bà Già (B1)
31 Lan Rừng (B3)

court de tennis, salle de sport, massage et spa, supérette, resto, ATM et discothèque.

Lan Rừng Resort & SPA *(plan I,* ***25****)* **:** *03-06, Hạ Long.* ☎ *353-07-13.* • *lanrung.com.vn* • *Doubles 95-160 US$, petit déj-buffet inclus ; réduc de 15 % en sem.* Un très bel établissement avec tout le confort, accès direct à la plage privée mais rocheuse, piscine, salle de gym, espace jeux pour enfants. Restaurants de fruits de mer ou italien en terrasse avec vue. Un moment de détente à prix très chics.

Où manger ?

Prix moyens (100 000-250 000 Dg / env 4-9 €)

Taj Grill Indian (plan I, **29**) : *124, Hạ Long. 09-74-87-80-74. Tlj.* Resto de cuisine indienne faite par des Indiens avec des produits importés d'Inde.

Bistro Nine (plan II, A1, **23**) : *9, Trương Vĩnh Ký. ☎ 351-15-71. 09-33-37-29-10. Au centre-ville, petite rue derrière le* Rex Hotel. *Ouv 6h-22h.* Au calme sur une petite terrasse. Petit déj servi toute la journée et belle carte, notamment pour les desserts au chocolat. Pain artisanal et cave à vins. Accueil chaleureux. Une excellente adresse.

Quán 95 (plan II, B2, **20**) : *36, Trần Hưng Đạo. ☎ 359-55-95.* Une grande salle propre pour un resto très populaire, noir de monde presque chaque soir. Comme souvent à Vũng Tàu, les prix (au poids) dépendent des arrivages et de la saison. Mais c'est très honnête.

Huệ Anh (plan II, B3, **21**) : *15A, Trương Công Định. ☎ 385-37-22. Plats 130 000-190 000 Dg. En face du* Petrosetco Hotel. Un excellent petit resto de cuisine sino-vietnamienne, bien apprécié par les Japonais de passage. Savoureuse cuisine de la mer, crabes, poissons, anguilles... Notre préféré dans cette catégorie, et très central. Il n'indique pas les prix des boissons !

Lê Dung (plan II, B3, **22**) : *14-16, Trần Hưng Đạo. ☎ 385-65-91. 09-16-40-88-88. Ouv jusqu'à env 23h.* Un resto populaire au cadre tout simple, et sans doute l'un des meilleurs comptoirs de fruits de mer de Vũng Tàu. On peut choisir directement dans les viviers de la poissonnerie à côté. Attention, prix au poids (bien se le faire préciser par écrit !). Langouste chère ; les coquillages, le crabe, le poulpe ou le poisson sont plus abordables.

Hors du centre

Chic (250 000-600 000 Dg / env 9-22 €)

Gánh Hảo (hors plan I, **26**) : *3, Trần Phú. ☎ 355-09-09. À 2,5 km env du centre-ville, en direction de la plage de Bãi Dâu. Ouv jusqu'à 22h.* L'un des meilleurs restos de Vũng Tàu (pour les spécialités de la mer), en contrebas de la route, sur 4 terrasses énormes en bord de mer. Le soir, guirlandes de lampes multicolores dans les arbres. Rendez-vous de tous les locaux avec enfants qui babillent dur et des groupes de Japonais ou de Russes qui portent des toasts, verre de vodka à la main (énormes tablées de 50). Ambiance romantique non assurée. Malgré ce brouhaha, la cuisine est exquise !

Où boire un verre ?

Bà Già (plan II, B1, **30**) : *3, Đồ Chiểu, dans le prolongement de Trưng Trắc. Ouv parfois le mat et plus sûrement 15h-22h.* Pas de nom très lisible en enseigne, juste la spécialité du lieu en vietnamien : *sinh tố.* Pour votre plaisir et votre santé, allez goûter un de ces délicieux jus *(giải khát sinh tố rau má).*

Lan Rừng (plan II, B3, **31**) : *2, Trần Hưng Đạo. ☎ 353-07-13. Ouv jusqu'à 22h.* Ne pas rater non plus cet endroit qui ressemble à s'y méprendre à une maison de Schtroumpfs avec ses tonnelles en forme de champignon de bande dessinée ! Dans cette immense salle, ou en terrasse on peut y boire un verre (bonne bière pression allemande) ou y manger.

Le long de Trần Phú, en contrebas de la route qui mène à la plage de Bãi Dâu (sur le côté gauche), plusieurs ***bars*** *(plan I, **32**)* se dissimulent discrètement sous une végétation assez dense.

À voir

La Villa Blanche *(Bạch Dinh ; hors plan I)* : *du centre-ville et de la plage Bãi Trước, prendre la rue Quang Trung vers le nord puis son prolongement, la rue Trần Phú ; c'est à env 800 m ; l'entrée se trouve au n° 6, face au resto* Hòn Rù Rì. *Tlj 7h-17h. Entrée : 15 000 Dg.* Située sur une colline (300 m de grimpette) plantée de frangipaniers et de bougainvillées, face à la mer, c'est la plus belle demeure de Cap Saint-Jacques. Cette grande maison a été construite de 1898 à 1916, dans le style des demeures bourgeoises de la Riviera française, avec des bustes et des mosaïques romaines sur la façade. C'est ici que le gouverneur général de l'Indochine, Paul Doumer, venait passer ses vacances d'été. Il baptisa cette somptueuse villa du nom de sa fille, Blanche. Au début du XXe s, l'empereur Thành Thái y fut assigné à résidence avant d'être condamné aux travaux forcés et déporté sur l'île de La Réunion. Plus tard, l'empereur Bảo Đại y séjourna, ainsi que le président Nguyễn Văn Thiệu qui venait y oublier la guerre.
L'intérieur abrite une collection de porcelaines chinoises, de poteries et de bronzes découverts au fond de la mer dans l'épave d'un navire naufragé au XVIIe s au large de l'île de Côn Đảo. Au 1er étage, rien d'extraordinaire : une enfilade de chambres au mobilier ancien (d'époque coloniale). On vient surtout pour s'imprégner de l'atmosphère toute particulière et bénéficier d'une vue superbe sur la mer.

Vungtau Cable *(Bạch Dinh ; hors plan I)* : *3, Trần Phú ; face à la Villa Blanche, en direction de la plage de Bãi Dâu. Lun-ven 8h-22h, w-e 7h30-23h. Billet A/R et accès au site : 400 000 Dg.* Des télécabines vous mènent à 210 m sur une colline qui surplombe la ville et vous permettent d'accéder à un parc écologique : balades, aires de détente, cafés et vue panoramique sur la baie. Les Vietnamiens en raffolent ! Vu le prix d'accès, on peut s'en dispenser.

La pagode de Niết Bàn Tịnh Xá *(plan I)* : *située sur le versant ouest de la Petite Montagne (núi Nhỏ), à gauche de la route de la (petite) corniche, à env 1 km du centre-ville ; entrée au 66/7, Hạ Long. Tlj 6h30-20h. Donation bienvenue.* Construite en 1971, cette pagode jaune abrite un énorme bouddha couché de 12 m de long (les 12 degrés de la sagesse). En montant les escaliers (sur la droite du bouddha), on accède à une terrasse. Remarquer la cloche de 5 t et la barque en forme de dragon. Y venir en fin d'après-midi, la lumière est plus belle.

Le phare *(Hải Đăng ; plan I)* : juché depuis 1910 au sommet de la Petite Montagne *(núi Nhỏ)*, cet éperon rocheux qui culmine à 197 m marque la pointe sud de Cap Saint-Jacques. Pour y aller, prendre le chemin qui débute 100 m à gauche après le resto *Plein Sud* (152, Hạ Long) et 200 m avant l'embarcadère. 3 km de grimpette ; compter 2 bonnes heures aller-retour. Très agréable balade à faire à pied en compagnie de nombreux Vietnamiens en plein jogging. De là-haut, la vue est superbe. D'un seul coup d'œil, on comprend toute l'organisation de la ville. Le long du chemin, juste avant d'arriver au sommet, quelques bars avec hamacs pour faire une pause bien agréable.

La statue du Christ géant *(Tượng Chúa Kito ; plan I)* : *entrée juste en face du parking de la pointe du Cap Saint-Jacques. Tlj 7h30-17h. GRATUIT.* Cette immense statue, haute de 30 m et large de 18 m, perchée à l'extrémité de la pointe sud de Cap Saint-Jacques, rappelle le Christ de Rio. On la voit de partout. Érigée en 1974, un an avant l'arrivée des communistes au pouvoir, elle n'a pas été détruite. Il faut gravir pas moins de 735 marches pour accéder au pied du Christ ! Le chemin est bordé d'angelots souriants. De 7h30 à 11h30 et de 13h30 à 17h, possibilité de visiter l'intérieur jusqu'à l'épaule de Jésus (un privilège !) grâce à un escalier spécialement aménagé. Petit bar pour se désaltérer au sommet.

Le temple de la Baleine *(Đình Thần Tháng Tám ; plan I)* ***:*** *77A, Hoàng Hoa Thám. GRATUIT.* Ce temple bâti en 1911 est dédié au culte de la baleine. Dans le pavillon de droite, au décor rougeoyant typiquement asiatique et un peu caché au fond, des squelettes de baleines échouées sur les plages sont conservés dans de grandes châsses. Chaque année, une fête de la Baleine se déroule ici le 16e jour du 8e mois lunaire. Ce culte très ancien se pratique aussi à Đồng Hới (dans la région de Quảng Bình) et sur l'île de Hòn Miếu au large de Nha Trang, où se dresse un pagodon dédié au « Poisson-Seigneur », comme on l'appelle au Vietnam.

Les plages

La plage Bãi Sau *(plage de derrière ou Back Beach ; plan I)* ***:*** *elle est située, comme son nom l'indique, derrière la Petite Montagne (núi Nhỏ), à 1,8 km au nord-est de la ville. Compter 20-25 mn de marche en partant du terminal des minibus. Du centre, prendre une moto-taxi.* Soyons francs, cette plage, qui s'étire sur 8 km, n'est pas la plus belle ! La partie nord (au niveau de l'hôtel *Haiduong Intourco Resort*) est plus accueillante grâce à l'ombre bienfaisante des filaos. Cette partie a été ravagée par le typhon de décembre 2006, ce qui a permis aux *resorts* de s'installer directement sur la plage. À noter qu'il y a des vagues, et certains jours, de gros rouleaux, ce qui rend la mer assez boueuse. Nous attirons aussi votre attention sur la dangerosité de celle-ci. Les grosses vagues ayant tendance à creuser des « fosses » (invisibles), il est parfois difficile de revenir au bord. Il y a déjà eu des ***accidents mortels,*** alors faites attention !

LE DELTA DU MÉKONG

• Carte *p. 465*

Le grenier à riz du Vietnam ! À l'extrémité sud du pays, entre l'agglomération de Hồ Chí Minh-Ville, la frontière du Cambodge, la mer de l'Est et le golfe du Siam, s'étend une immense et basse plaine, extrêmement fertile, traversée par les 9 bras d'un fleuve éclaté en morceaux (« Cửu Long » en vietnamien, ce qui signifie « 9 dragons »), qui jette ses flots limoneux et boueux dans l'eau turquoise d'une mer tropicale. À peine sorti du Cambodge voisin, le Mékong devient paresseux : il traîne, prend son temps, se disperse dans la luxuriance des tropiques. Victime de sa nonchalance, il éclate en décrivant une gigantesque patte-d'oie, sorte de triangle humide et vert où l'eau et la terre sont intimement imbriquées.
Le sol le plus fertile du Vietnam n'est qu'un grand terrain formé par les alluvions et les sédiments déposés par le fleuve. C'est un monde mi-terrien, mi-aquatique, quadrillé par une multitude de canaux et d'arroyos verdoyants, de rizières et de jardins fruitiers, d'îles et de villages qui vivent au rythme des pulsations du fleuve et de la mer. Les marées pénètrent 2 fois par jour dans le delta (sauf en octobre avec les grandes marées décalées d'équinoxe), apportant des ribambelles de poissons, comme ce *cá chình,* sorte de congre redoutable qui naît au large et grandit dans le fleuve.
Malheureusement, cette fertilité est menacée par les incursions d'eau salée dans la nappe phréatique (trop de puits !) et le manque d'alluvions et de crues, dû aux barrages en amont.
Dans ce delta naturellement riche et prospère, l'eau et le riz sont l'alpha et l'oméga de l'économie locale. Mieux : avec 3 récoltes de riz annuelles, le pays exporte son riz ; on dit même qu'il serait le 1er (ou 2e) exportateur mondial avec l'Inde ou la Thaïlande... Vrai ou faux, cela fait la fierté des habitants du delta,

sans parler de cette croyance qui consiste à dire que, sans lui, le nord du pays ne pourrait manger à sa faim !
Les rizières décrivent un damier miroitant à l'infini. Les paysans du delta ont été façonnés par les eaux. Rien ne se passe sans le fleuve. Ils lui doivent beaucoup. Les travaux agricoles, la pêche, les transports, les traditions, les plaisirs : la moindre chose dépend du Mékong. Ici, on ne marche pas, on vogue. Pour aller chez un parent, au marché, à la pagode, chez le docteur, au comité populaire, partout, on glisse sur l'eau, c'est plus facile et plus rapide que par la terre.
Le fleuve gouverne la vie des hommes, de la naissance à la mort. Ainsi, même les mariages, les noces, les cortèges funèbres utilisent les innombrables canaux du delta. Bref, un monde envoûtant, particulièrement pendant la saison des pluies, où l'eau du ciel rejoint l'eau du fleuve, entre début mai et fin septembre.

LE DELTA : UN GARDE-MANGER

Les 9 provinces qui composent le delta du Mékong représentent 12 % de la surface totale du Vietnam, mais assurent presque la totalité de la production rizicole du pays !

UN PEU D'HISTOIRE

Jusqu'au XVIIe s, le delta était peuplé en grande partie de Khmers. C'était une ***province reculée de l'empire d'Angkor,*** du moins de ce qu'il en restait à l'époque. Aujourd'hui, la majorité des quelque 300 000 Cambodgiens qui y vivent encore s'appellent les *Khmers Krom* (Khmers de l'aval), mais avant tout ils sont vietnamiens. Au XVIIIe s arrivèrent les Annamites, chassés du nord par les incursions chinoises. À la recherche d'espace vital et de richesses (le riz et la vie sont là), ils se répandirent dans cette partie méridionale de la Cochinchine qu'ils commencèrent à développer, asséchant les zones marécageuses, creusant de multiples canaux, créant et irriguant de nouvelles rizières. À l'époque coloniale, la France, solidement implantée dans le delta, dut affronter la rébellion nationaliste du Sud.
Les maquisards du Vietminh se fixèrent d'abord ***dans la fameuse plaine des Joncs*** où se cachaient les cerveaux de la guérilla, comme Trần Văn Giầu, acteur principal de la révolte antifrançaise en Cochinchine. Puis, pendant la guerre du Vietnam (contre les Américains), le delta devint un ***foyer actif des maquisards vietcong,*** qui inventèrent une tactique adaptée à l'environnement et au relief : la guerre des rizières. Les hommes vivaient cachés derrière les haies de bambous et les digues, enfouis dans des mares d'eau.

LES KHMERS DU DELTA

Ils sont près de ***300 000 citoyens vietnamiens d'origine khmère*** à vivre dans la seule région de Cửu Long. Contrairement aux Vietnamiens pure souche ou aux Chinois qui habitent les bourgs et les berges des arroyos, les Cambodgiens préfèrent les hameaux isolés et boisés. Leurs maisons sont souvent des cases juchées sur pilotis. Leur présence ici rappelle qu'autrefois, avant l'invasion des Annamites (l'ancien nom des Vietnamiens) en 1683, le delta du Mékong faisait partie du vaste Empire khmer dont la cité d'Angkor était la capitale. On dénombre plus de 450 pagodes khmères dans la région. Les plus remarquables sont celles de ***Chùa Doi,*** à Sóc Trăng (voir « Dans les environs de Cần Thơ ») et ***Vat Angkor Icha Borei.***
– La plus grande période de liesse populaire reste le ***Nouvel An khmer*** (du 13 au 15 avril d'après le calendrier solaire).

LE MÉKONG, DERNIER MONSTRE SACRÉ

Des neiges du Tibet oriental, où il prend sa source, à la mer de Chine, où il vient se jeter, le Mékong parcourt près de 4 200 km et irrigue 6 pays (la Chine, la Birmanie, la Thaïlande, le Laos, le Cambodge et le Vietnam). Il est le ***10e plus***

LE SUD

long fleuve du monde et le 3e plus long d'Asie, derrière les 2 grands cours d'eau chinois, le Yangzi Jiang (fleuve Bleu, 5 500 km) et le Huang He (fleuve Jaune, 4 800 km). Mais il est le 2e d'Asie par la force de son débit : 15 000 m^3 par seconde en période de basses eaux, 60 000 m^3 pendant la mousson.
Tour à tour brutal et majestueux, hostile et bienfaisant, le grand fleuve reste une artère vitale pour l'ex-Indochine, où des millions d'hommes voient en lui la ***féconde « Mère des Eaux ».*** En traversant l'extrême sud de l'ancienne Cochinchine, il assure sa subsistance à l'une des régions les plus peuplées du Vietnam, et même à la région du delta du fleuve Rouge (au nord du pays).
Voici l'***un des fleuves les plus vivants d'Asie*** **:** contrairement à nos fleuves modernes désertés, le Mékong transporte sur ses eaux des foules de bateliers et de pêcheurs, vendeurs de fruits et de légumes, barques aux rames croisées manœuvrées par des femmes coiffées du chapeau conique...

UN FLEUVE MENACÉ DANS UN DELTA FRAGILE

Le fleuve vit depuis toujours au rythme de ses crues. Le niveau des eaux commence à monter dès le début de la saison des pluies, mais le Mékong sort vraiment de son lit en octobre. C'est la crue. Il inonde les berges, envahit les jardins et les rizières. Il se produit alors un ***phénomène très étrange :*** le courant du fleuve change de direction et inverse son cours habituel, car le trop-plein d'eau refuse de se déverser dans la mer, refluant alors en amont dans le sens contraire du courant. Ce « ***renversement des eaux*** » est spectaculaire à observer (surtout sur le Tonlé Sap, au Cambodge). Il se produit chaque année à la même époque, au plus fort de la crue, causant parfois d'impressionnantes inondations.
Un monstre sacré en péril ? Le Mékong est aujourd'hui de plus en plus menacé par la ***pollution*** de ses eaux ainsi que par les ***dérèglements de son hydrographie,*** causés par la construction en amont de barrages hydroélectriques (notamment en Chine du Sud).
Autre source d'inquiétude : l'invasion de l'eau de mer et du sel dans l'eau douce. Ce phénomène de ***« salinisation » des nappes phréatiques*** frappe durement le delta du Mékong et affecte la riziculture. Les régions les plus touchées sont les provinces maritimes de Trà Vinh, Bạc Liêu, Sóc Trăng et Cà Mau. À Bạc Liêu, les habitants ne peuvent boire l'eau du robinet à moins que celle-ci n'ait été désalinisée par des machines très sophistiquées.

Quand et comment y aller ?

– ***Meilleure période :*** la saison sèche commence après la mousson et dure d'octobre ou novembre à début mai. Mars et avril sont les 2 mois les plus chauds. Le ciel est dégagé, mais les couleurs du fleuve et des rizières n'éclatent pas autant qu'à la saison des pluies. C'est une des raisons pour préférer cette dernière. Cela dit, on navigue plus difficilement en période des pluies, particulièrement au plus fort de la crue du fleuve, en septembre. Il faut le savoir.

En bus

Le moyen le moins cher au départ de Hồ Chí Minh-Ville (se reporter aux différentes rubriques des villes, à Mỹ Tho, Cần Thơ, Châu Đốc, Vĩnh Long, Sadec, Rạch Giá, Hà Tiên...). Il faut prévoir un périple d'au moins 5 j., sinon c'est la course...

En voiture ou en excursion

Une bonne solution quand on voyage à plusieurs. La plupart des agences du « quartier routard » de Hồ Chí Minh-Ville louent des voitures avec chauffeur ou organisent des excursions tout compris dans les principales villes du delta. Tarifs intéressants en se regroupant. Durée : 1-5 j., à la carte, et même plus.

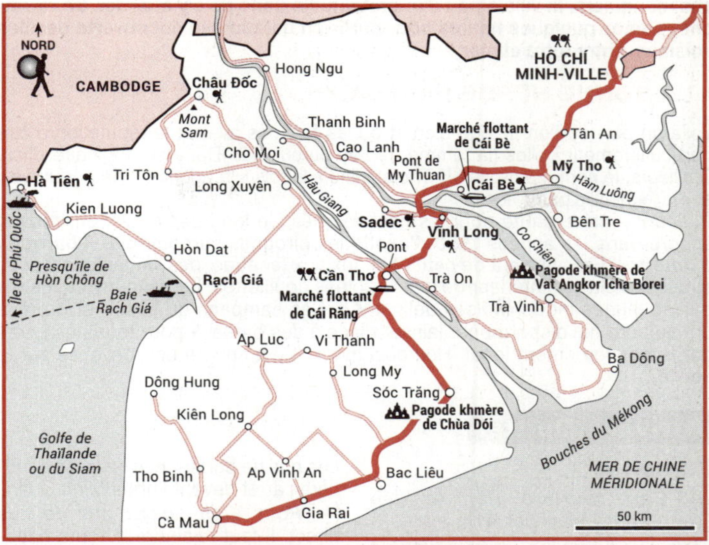

LE DELTA DU MÉKONG

Croisières sur le Mékong

■ ***Agence TransMékong :*** *144, Hai Bà Trưng, à Cần Thơ.* ☎ *382-95-40.* • *transmekong.com* • Agence vietnamienne francophone basée à Cần Thơ qui organise des excursions régulières (ou à la carte) sur le fleuve, d'un ou plusieurs jours, au départ de Cần Thơ ou de Sadec (ou d'ailleurs), en passant par Châu Đốc, Cái Bè, Trà Vinh. Bateaux en bois robustes et sûrs, propulsés par de puissants moteurs, petites cabines climatisées, service soigné et repas servis à bord. Bien sûr, cela a un coût, mais c'est une très belle façon de découvrir le delta du Mékong. Lire aussi plus loin la rubrique « À voir. À faire », à Cần Thơ.

MỸ THO

170 000 hab. IND. TÉL. : 273

• Plan *p. 467*

De toutes les villes du delta du Mékong, Mỹ Tho (province de Tiền Giang) est la plus proche de Hồ Chí Minh-Ville. Avec l'ouverture en 2011 de la nouvelle voie express Cao Tốc (4-voies, péage), le trajet de 65 km ne demande pas plus de 1h30. C'est pour cette raison que beaucoup de voyageurs (des groupes essentiellement) n'y passent qu'une demi-journée, faisant l'aller-retour le même jour.
Capitale de la province de Tiền Giang, située sur la rive nord d'un des 9 bras du Mékong, Mỹ Tho reste une étape fluviale où transitent les cargos en route pour le Cambodge. Si la campagne environnante constitue l'un des plus luxuriants jardins du Vietnam, avec ses aréquiers, ses cocotiers, ses bananiers,

ses manguiers, la ville a peu d'intérêt. Inutile donc de s'y attarder. En revanche, prenez quelques heures pour partir en bateau à la découverte des îles voisines, entre terre et mer.

« LA BONNE HERBE PARFUMÉE »

Voilà un port où l'on mange bien et où les femmes avaient la réputation d'être particulièrement belles (la femme de l'empereur Bảo Đại était originaire d'ici). D'ailleurs, le nom même de Mỹ Tho signifie à la fois « la bonne herbe parfumée » et « la jeune fille parfumée ».
Anecdote intéressante pour les nostalgiques : le long des quais, on trouvait encore dans les années 1950 d'exotiques pirogues surnommées « ***barques d'amour*** ». Elles avaient de petits rideaux aux fenêtres, des lumières tamisées et des matelas à l'intérieur de leurs cabines douillettes. Le visiteur y était servi par de jeunes Indochinoises délicates... Ces sampans du plaisir et du rêve ont aujourd'hui disparu pour laisser place à des bateaux pour touristes gérés par le gouvernement local. Heureusement, il y a encore une belle vie sur le fleuve...

Arriver – Quitter

En bus

Gare routière *(Bến Xe Tiền Giang ; hors plan par A1)* **:** *située à 2 km du centre-ville, en remontant la rue Ấp Bắc direction Hồ Chí Minh-Ville (RN 1).* ☎ *385-61-32 ou 385-54-04.*

➢ ***Pour Hồ Chí Minh-Ville*** *(gare de Miền Tây)* **:** des bus publics assurent la liaison quotidienne, ttes les 30 mn, 6h-18h30. Durée : 1h30. Billet : 30 000 Dg.

➢ ***Pour Cái Bè*** **:** 1 bus/j. Durée : 1h. Les bus ne partent pas de la gare routière ; arrêt devant l'hôtel *Minh Quan.*

➢ ***Pour Vĩnh Long*** **:** pas de bus direct. Il faut rejoindre la route nationale, au lieu-dit Trung Lương (2 km du centre). Il s'agit d'un simple arrêt de bus au niveau de la boutique-bar du nº 63A. Les bus s'arrêtent là et embarquent des passagers pour Vĩnh Long.

➢ ***Pour Cần Thơ*** **:** 1 bus/j., à 5h. Billet : 60 000 Dg.

➢ ***Pour Vũng Tàu*** **:** 1 bus/j., à 4h30. Billet : 94 000 Dg.

Adresses utiles

Mytho Tourist Boat Station *(Sảnh Đón Khách Greeting Hall ; plan A2)* **:** *8, 30 Tháng 4 (rue du 30-Avril). Tlj 8h-16h.* Ce grand bâtiment abrite plusieurs bureaux d'agences touristiques privées qui proposent des balades en bateau dans la région. On recommande *Tiền Giang Eco Tourist (📱 09-69-64-29-96 ; • tiengiangtourist.com •)* et ses guides francophones, et particulièrement Mme Ngô Lê Kim Thoa qui parle 5 langues, dont très bien le français.

■ ***VietinBank*** *(plan A1,* ***1****)* **:** *15B, Nam Kỳ Khởi Nghĩa.* ☎ *387-30-26. Lun-ven 7h15-16h30.* Distributeur d'argent acceptant les cartes *Visa* et *MasterCard.* Représente également *Western Union* pour les transferts urgents d'argent.

Où dormir ?

Bon marché (jusqu'à 300 000 Dg / env 11 €)

Minh Tài Hotel *(plan B1,* ***11****)* **:** *1, Nguyễn Huệ.* ☎ *397-48-58. 📱 09-37-70-27-09. • minhtai-hotel@yahoo.com •* Notre meilleure adresse dans cette gamme de prix. Très central, à l'angle de la rue Lý Công Uẩn, non loin du marché. Petit hôtel très bien tenu, avec des chambres (clim, douche/w-c) impeccables et sobres, de plus en plus claires à mesure que l'on monte dans les étages. Bon accueil. Location de vélomoteurs. Il y a un ATM (distributeur d'argent) à 100 m de l'hôtel.

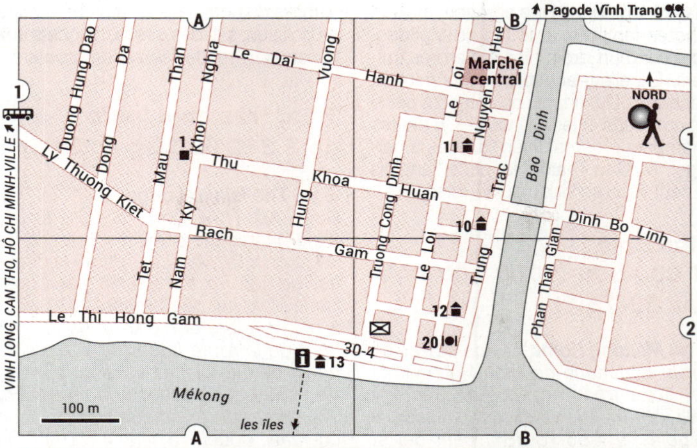

MỸ THO

■ **Adresses utiles**
- Mytho Tourist Boat Station (A2)
- 1 VietinBank (A1)

Où dormir ?
- 10 Sông Tiền Hotel (B1)
- 11 Minh Tài Hotel (B1)
- 12 Sông Tiền Annex (B2)
- 13 Hôtel Chương Dương (A2)

Où manger ?
- 20 Bánh Xèo 46 (B2)

Prix moyens (300 000-600 000 Dg / env 11-23 €)

Sông Tiền Hotel *(plan B1,* ***10****) : 101, Trưng Trắc.* ☎ *387-20-09.* *09-69-64-29-93.* • *tiengiangtourist.com* • Un bon rapport qualité-prix, au bord de la rivière Bảo Định, dans un grand bâtiment restauré. Les meilleures chambres sont au 5e étage (plus claires, plus calmes). Restaurant-bar en terrasse au 1er, avec vue sur le fleuve.

Sông Tiền Annex *(plan B2,* ***12****) : 33, Trưng Trắc, à l'angle de la rue Thiên Hổ Dương.* • *tiengiangtourist.com* • Situé à 100 m de l'hôtel principal (où se trouve la réception), au cœur de la ville, comme le précédent, non loin du marché aux poissons, voilà un hôtel propre, avec des chambres bien tenues et confortables. Bon rapport qualité-prix comme le *Sông Tiền Hotel*.

Hôtel Chương Dương *(plan A2,* ***13****) : 10, Đường 30/4.* ☎ *387-08-75 ou 388-23-52.* • *chuongduonghotel@gmail.com* • *Au bord du fleuve, à gauche de l'office de tourisme.* C'est l'hôtel chic de Mỹ Tho, une grosse construction de style colonial, avec un bon confort. Toutes les chambres donnent sur l'eau. Elles sont plus ou moins grandes, selon le tarif, avec balcon (sauf celles au rez-de-chaussée), douche chaude, clim. Les plus chères sont en fait des suites. Un peu envahi par les groupes. Accueil pro.

Où dormir dans les environs ?

Prix moyens (300 000-600 000 Dg / env 11-23 €)

Maison de Hai Đen : *254, Ấp Thới Hoà,* ***Xã Thới Sơn*** *(île de la Licorne).* ☎ *389-53-99.* *09-13-61-57-59.* • *hai_den@yahoo.com* • *Résa conseillée. Env 20 US$/pers, dîner, petit déj et excursions non compris.* C'est toujours et encore un de nos coups de cœur ! C'est ici qu'il faut loger. Une agréable maison d'hôtes familiale, à 400 m du Mékong, au cœur d'un jardin planté d'arbres fruitiers. Excellent accueil. Environnement tranquille et luxuriant : on entend à peine les crapauds et les grenouilles. 6 petites chambres propres, avec toilettes à partager. M. Cao Thanh Hai parle l'anglais et peut vous servir de guide-interprète.

Plus chic (1 000 000-2 000 000 Dg / env 38-76 €)

🏠 |●| ***Mekong Home :*** *village de* ***Phước Long,*** *commune de Ninh Hải, district de Giồng Trôm, province de Bến Tre.* 📱 *987-29-97-18.* ● *mekonghome.com* ● *Doubles env 56-73 US$, petit déj et repas inclus.* À 27 km au sud de Mỹ Tho, ce *homestay* posé au bord d'un bras du Mékong est le « secret le mieux gardé » du delta. On est accueilli par l'avenante Anh qui parle l'anglais. Elle y vit avec sa famille, des gens adorables. Cette maison d'hôtes à la campagne comprend 4 bungalows de 2 chambres chacun. Celles-ci sont confortables (avec clim et moustiquaire), décorées dans un style sobre et contemporain et garnies d'un mobilier en bois de cocotier. Vue sur le jardin tropical et calme. La cuisine est savoureuse et n'utilise que des produits naturels du potager et du marché : soupe de poisson, salades, nems, beignets aux bananes... Prêt de vélos et de scooters.

Très, très chic (plus de 3 310 000 Dg / 126 €)

🏠 |●| ***The Island Lodge :*** *390, Ấp Thới Bình,* ***Xã Thới Sơn.*** ☎ *651-90-00.* ● *theislandlodge.com.vn* ● *Sur l'île de la Licorne. De Mỹ Tho prendre la direction de Bến Tre, traverser le grand pont sur le Mékong, puis prendre la 1re route à droite, c'est env 6 km plus loin au bout de la route bitumée, à la pointe ouest de l'île. Garez-vous au parking de l'hôtel, téléphonez à la réception, une voiturette électrique viendra vous chercher. Doubles à partir 4 750 000 Dg (env 204 US$).* Au bord du fleuve, dans un environnement verdoyant et paisible, ce très beau *lodge* à taille humaine (12 chambres) est tenu par un chaleureux couple de Français (Michel et Françoise), avec un aimable personnel vietnamien. Chambres impeccables, confortables (belles salles de bains) et décorées avec beaucoup de goût. Elles donnent sur le jardin, la grande piscine ou le fleuve. Spa, jacuzzi, sauna, 3 salles de massage, espace santé... Bar, restaurant sur place, cuisine savoureuse.

LE SUD

Où manger ?

Goûter au poisson pêché dans le Mékong, et aux crevettes, délicieuses. Ne pas oublier de se régaler de fruits, très abondants dans la région !

Bon marché (moins de 100 000 Dg / env 4 €)

|●| Les ***échoppes*** autour du marché *(plan B1),* le soir. Le *hủ tiếu* (une soupe de nouilles de riz avec des fruits de mer et du porc) est l'un des plats préférés des habitants de la région, mais il se consomme surtout dans les gargotes au petit déj.

|●| ***Bánh Xèo 46*** *(plan B2,* ***20****) :* *11, Trưng Trắc.* Un resto tout simple, dans une petite salle tout en longueur qui donne sur une rue qui longe le fleuve. Petite carte traduite en anglais. Sert surtout des *bánh xèo* (crêpes vietnamiennes), des *bún* (vermicelles) et des *chả giò* (pâtés impériaux), à déguster seulement avec des baguettes. La préparation est faite devant vous.

À voir. À faire

Peu de choses à voir dans Mỹ Tho, en dehors des marchés de fruits, légumes, et poissons. En revanche, les îles situées sur le Mékong méritent une petite visite

en bateau bien qu'elles ne valent pas celles de Vĩnh Long. Il y en a 4, qui portent les noms des ***4 animaux sacrés du bouddhisme*** : le Dragon, le Phénix, la Tortue et la Licorne.
On vous indique les temps de trajet depuis Mỹ Tho, mais il vaut mieux mettre au point un circuit entre les îles. Puisque vous commencez peut-être vos balades sur le Mékong par Mỹ Tho, une 1re petite info poétique : sachez que les bateaux du delta ont 2 yeux peints sur la proue. Pourquoi ? Pour voir dans les eaux sombres du fleuve et naviguer en toute sécurité, selon la tradition...

LES ANIMAUX SYMBOLIQUES

Le bouddhisme vietnamien compte 4 animaux sacrés, vénérés comme des symboles. Chacun représente une vertu morale, ou une idée bienfaisante pour l'homme. La tortue symbolise la longévité, la licorne la prospérité. Le phénix, lui, est l'oiseau mythique qui renaît de ses cendres et ne meurt jamais, il symbolise la paix et la beauté. Le dragon est le symbole de la noblesse et de l'intelligence, un emblème royal, la marque de la puissance. La licorne est un symbole de faste et de pureté.

➢ ***Excursions vers les îles :*** il y a 3 types d'excursions. Les excursions courtes durent 2h. On visite l'île de la Licorne *(env 600 000 Dg pour 1-3 pers).* D'autres balades durent 3h avec visite de 2 îles : la Licorne + le Phénix *(env 700 000 Dg pour 1-3 pers).* Il existe aussi des excursions plus longues avec dégustation de fruits et balade en petite barque (4h et plus). Les tarifs sont dégressifs au-delà de 3 personnes. Infos auprès des agences.

L'île du Dragon *(Cồn Tân Long)* **:** *la plus proche de Mỹ Tho, juste en face, sur la rive opposée du fleuve. La traversée ne dure que 5 mn et se fait en ferry local ; tarif : 10 000 Dg.* Avec un peu plus de 3 000 âmes (principalement des pêcheurs), c'est l'île la plus urbanisée.

L'île de la Tortue *(Cồn Qui)* **:** *située à 30 mn de bateau de Mỹ Tho.* C'est la plus petite des îles. Attention, pendant la mousson, il est très difficile de s'y promener. Elle est riche en vergers, mais aussi en cocotiers, dont on récupère le bois et la fibre pour toutes sortes d'usages (maisons, artisanat...). Y faire une halte pour le charmant resto-salon de thé *Quê Dừa* (prix un peu élevés), auquel on accède par une élégante passerelle au-dessus de la mangrove. Joli cadre de verger, tables et chaises en bambou. On peut y écouter de la musique traditionnelle.

L'île de la Licorne *(Cồn Lân)* **:** *l'île principale, appelée aussi île de Thới Sơn. Env 30 mn en bateau pour y aller ou par la route en passant par le grand pont Rạch Miễu (5 km de Mỹ Tho). Droit d'accès à l'île en véhicule par le pont : 20 000 Dg. Sur place, marche à pied, moto ou vélo.* C'est un grand jardin tropical, très joli, d'une superficie de 11 km², avec une population d'environ 300 familles, soit 6 000 âmes. Vers 1950, personne n'habitait ici ! L'île était truffée de crocos, de singes (il en reste quelques-uns), de serpents, et même de... tigres ! Sachez aussi que l'île est quelque peu en péril, car rongée par le Mékong. Elle a perdu 1 km² de superficie depuis les années 1970. Son économie repose essentiellement sur la pisciculture et la culture des arbres fruitiers (longaniers, sapotiers...).
Certaines maisons anciennes sont construites en bois de cocotier et la toiture avec du palmier d'eau. L'intérieur est en général modeste, mais l'autel des ancêtres qui, d'après la coutume, doit être placé au centre de la salle de séjour, est toujours là.
Belles balades à faire dans les vergers et les arroyos, où vous aurez peut-être la chance d'apercevoir un magnifique martin-pêcheur en action. Aux saisons des fruits, l'île devient soudainement grouillante d'animation, car de nombreux commerçants viennent acheter ananas, mangues, bananes, papayes, pommes de lait (fruit à la chair mauve et translucide d'où s'écoule un lait blanc et sucré), etc.

🕵 ***L'île du Phénix*** *(Cồn Phượng) : à 20-30 mn de bateau de Mỹ Tho. Entrée du sanctuaire : env 20 000 Dg.* Pour ceux qui s'intéressent un peu à l'histoire de cette région, cette île, moins luxuriante que les autres (peu de vergers), était naguère le siège de la Nouvelle Église bouddhique-catholique de Đạo (Tịnh Độ Cư Sĩ en vietnamien), une curieuse secte fondée par Nguyễn Thành Nam, dit le « moine aux noix de coco » (Ông Đạo Dừa), qui prétendait s'être nourri exclusivement de ce fruit pendant 3 années. Mélangeant les dogmes chrétiens et bouddhiques, les adeptes vêtus de robes brunes priaient ensemble dans un grand sanctuaire en plein air, sorte de petit Disneyland asiatique de forme octogonale. Pendant la guerre du Vietnam, cet endroit formait un véritable îlot de paix où quelques correspondants de guerre (dont le photographe Tim Page) venaient se réfugier entre 2 batailles. Entouré de colonnes sculptées de dragons, surmonté d'un immense globe de métal, le sanctuaire avait quelque chose d'irréel et de fantastique, avec les flots du Mékong déboulant à ses pieds. Arrêté et emprisonné par les communistes après la chute de Saigon en 1975, le moine a disparu, et sa secte n'existe plus.
Restent quelques vestiges du sanctuaire aujourd'hui à l'abandon, comme la grande carte du Vietnam en relief sous le « trône », ou la minifusée *Apollo* ! Cela fait vraiment kitsch, pour ne pas dire vraiment cheap, il vaut mieux le savoir avant de venir. De plus, la visite du temple est payante. On vous montrera sans doute la grande jarre commémorative en mosaïque sur laquelle une inscription indique que le moine fit ses études en France, à Lyon, Caen et Rouen. Officieusement, on vous racontera aussi qu'il était un excellent danseur et, paraît-il, un grand séducteur...

🕵 ***Les ateliers de sucreries*** *(candy factories)* **:** votre « capitaine de vaisseau » vous proposera sûrement de visiter l'un de ces ateliers artisanaux sur les berges des îles, au milieu de la végétation. Cela peut être intéressant. Visite et dégustation sont gratuites. Bien sûr, difficile de repartir sans un petit souvenir sucré...

🕵🕵 ***La pagode Vĩnh Tràng*** *(hors plan par B1) : située à env 1 km du centre de Mỹ Tho, au 60A, Nguyễn Trung Trực. On peut y aller à pied ou bien prendre une moto-taxi. Suivre la rue Nguyễn Trãi enjambant un bras du fleuve et, sur Anh Giác, prendre la 1re rue goudronnée à gauche (rue Nguyễn Trung Trực) sur 200 m ; la pagode se trouve au bout d'un chemin sur la droite de la route. Tlj 7h-19h.* Il s'agit de la plus grande pagode du sud du Vietnam. Ce qui frappe ici, c'est l'architecture extérieure, mélange de styles khmer, chinois et français. Le résultat est assez tarabiscoté. Une dizaine de bonzes y vivent en permanence. Construite en 1848, considérée comme l'école de bouddhisme de la province, c'est une pagode dite « du Grand Véhicule ». Ici, les moines portent 3 sortes de tuniques. La 1re, jaune safrané, pour les grandes cérémonies ; la 2e, grise, pour sortir de la pagode ; et la 3e, brune, pour leurs activités quotidiennes.

CÁI BÈ

IND. TÉL. : 273

• Plan La région de Cái Bè et de Vĩnh Long *p. 473*

À 23 km de Vĩnh Long par la route (40 mn environ par bateau), et 60 km de Cần Thơ. Cái Bè est une petite bourgade authentique, populaire et active, étendue sur les rives luxuriantes du Mékong, à la confluence d'un bras

du fleuve (Sông Tiên) et d'une petite rivière. Ce secteur géographique du delta du Mékong est beaucoup plus authentique, plus verdoyant que la région de Mỹ Tho, en raison de la densité (et de la variété) de la végétation tropicale, des vergers luxuriants et du nombre de canaux et ruisseaux qui donnent à la région son aspect « amphibie » et unique. Cái Bè est un excellent point de départ pour faire des balades en barque motorisée, mais aussi pour explorer la région à bord de plus gros bateaux de croisière fluviale.

Arriver – Quitter

Cái Bè est à 6 km de la route nationale (RN 1) qui relie Hồ Chí Minh-Ville à Cần Thơ. Très nombreux bus quotidiens. Arrêt au bord de la nationale. Pour se rendre ensuite au village, liaisons par moto-taxi uniquement. Compter env 40 000-50 000 Dg.

➢ ***De/pour l'île de An Bình :*** avec le ferry local. Départs ttes les 45 mn, 5h30-17h30. Tarif : 10 000 Dg. Buvette juste devant. Arrivée sur l'île de Bình Hoà Phước, à 4 km, d'où l'on prend, là encore, une moto-taxi pour An Bình.

Adresses utiles

ℹ ***Cái Bè Tourist*** *(Chi Nhánh Du Lịch Cái Bè ; plan La région de Cái Bè et de Vĩnh Long)* **:** *situé juste devant l'embarcadère.* ☎ *382-44-90.* ● *caibetourist.com* ● *Tlj 7h30-16h.* Accueil et guides francophones. Cette agence privée propose des promenades en bateau de durée variable, à travers les bras du Mékong *(compter 500 000-1 250 000 Dg pour 2 selon programme choisi).* Cher, mais bien rodé.

■ ***Sacombank*** *(plan La région de Cái Bè et de Vĩnh Long,* ***1****)* **:** *à l'entrée du bourg. Tlj sauf sam ap-m et dim 7h30-17h.* Change et distributeur ATM.

Où dormir ? Où manger ?

On ne dort pas dans le bourg de Cái Bè (aucun intérêt) mais dans la campagne aux environs, au bord des canaux, sur les rives du Mékong, sous la végétation luxuriante des jardins fruitiers et des vergers tropicaux. Plusieurs vieilles maisons coloniales de style franco-vietnamien proposent des chambres d'hôtes simples et agréables en pleine nature. On peut aussi y manger. Plus chic, l'éco-hôtel *Mekon Lodge* constitue une belle étape de charme.

Bon marché (jusqu'à 300 000 Dg / env 11 €)

⌂ ***Maison Võ Văn Võ*** *(plan La région de Cái Bè et de Vĩnh Long,* ***6****)* **:** *411, Tô 21, Khu 1B.* ☎ *392-41-41.* 📱 *09-18-30-91-56.* ● *vovanvomekong@yahoo.com* ● *Chambre 600 000 Dg pour 2 pers en ½ pens (avec un repas et le petit déj).* Maison ancienne (1931) juste avant la maison de Ba Kiệt, avec 4 petites chambres et un dortoir de 8 lits. Restaurant en terrasse, très agréable pour un prix modeste. Loue des vélos.

Plus chic (1 000 000-2 000 000 Dg / env 38-76 €)

⌂ |●| ***Maison de Monsieur Ba Đức*** *(Ba Đức Homestay ; plan La région de Cái Bè et de Vĩnh Long,* ***5****)* **:** *155, Ấp An Lợi, dans la commune de* ***Đông Hoà Hiệp,*** *au bord d'un arroyo nommé Rạch Bà Nhì.* ☎ *382-30-46.* 📱 *09-17-85-10-04.* ● *baducmekong.com* ● *À 15 mn de bateau à l'ouest de Cái Bè. Double env 50 US$, triple 65 US$, petit déj et repas inclus.*

Nichée dans un grand jardin paisible et verdoyant, au bord de la rivière, cette vieille maison de style colonial français (1938) est une pension familiale et rustique réputée. 16 chambres en tout, réparties entre la maison principale et l'annexe à l'arrière. Toutes sont simples, très bien tenues, avec un confort suffisant (douche/w-c, clim, frigo) et donnent sur le jardin et la cour intérieure ombragée où sont servis les repas. Goûteuse et copieuse cuisine vietnamienne préparée par la famille. D'ailleurs, on peut se contenter d'y manger en prenant soin de réserver. Excellent accueil de M. Phan Văn Đức, le propriétaire (on l'appelle Ba Đức) et de sa fille, Kiều. La promenade dans le jardin fruitier (durians, ramboutans, longaniers...) est un bonheur.

Maison de Ba Kiệt *(Trần Tuấn Kiệt ; plan La région de Cái Bè et de Vĩnh Long,* ***6****) : 22, Ấp Phú Hoà, village de* ***Đông Hoà Hiệp,*** *sur l'arroyo Rạch Bà Họp. ☎ 382-44-98. 📱 09-13-68-46-17. • anhkiet.chinh@yahoo.com • Situé à env 15 mn en bateau du débarcadère de Cái Bè. Double env 80 US$, petit déj et dîner compris.* Ba Kiệt, du nom de son ancien propriétaire. Cette vieille maison de style colonial propose aujourd'hui 4 très belles chambres doubles lambrissées en bois blond, avec ventilo, de bon confort. Attention, des groupes débarquent le matin vers 9h pour visiter la maison (c'est parfois la cohue). Bon accueil. On y parle l'anglais et le français.

Eco-resort Mekong Lodge *(plan La région de Cái Bè et de Vĩnh Long,* ***7****) : An Hoà, village de* ***Đông Hoà Hiệp,*** *à Cái Bè. ☎ 38-11-48-63. 📱 09-18-53-10-38. • mekonglodge.com • Doubles 50-70 US$ selon saison, petit déj inclus. Et aussi des triples et des familiales. Repas 18-25 US$.* À 2 km au sud du marché de Cái Bè. On y accède en bateau (10-15 mn depuis l'embarcadère de Cái Bè), ou à scooter par un petit chemin, et cette façon d'y arriver fait partie du charme et du dépaysement de cet endroit exceptionnel. Il s'agit du 1er éco-hôtel du delta du Mékong. Implanté au bord de la rivière Tiền (un bras du Mékong), niché dans la végétation luxuriante, dans un site superbe et paisible, l'hôtel abrite une quarantaine de chambres de caractère, réparties dans de coquets pavillons. Décoration soignée (bois, bambou, baignoire en forme de bateau) et confort optimal. Savoureuse cuisine vietnamienne et occidentale au restaurant, et cours de cuisine quotidiens. La direction francophone (demandez M. Tuyên) pratique le tourisme responsable et respectueux de l'environnement. Le personnel, jeune et attentionné, vient des villages voisins. Possibilité de faire des excursions à bicyclette ou en bateau dans les alentours et dans le delta du Mékong. Belle piscine.

À voir

La principale attraction de Cái Bè est la ***visite du marché flottant*** et des ***maisons d'époque coloniale.*** Pour se rendre au marché, 3 compagnies officielles se partagent le gâteau : *Cái Bè Tourist* (voir plus haut « Adresses utiles »), *Cái Bè Princess,* basée juste à côté de *Cái Bè Tourist,* près de l'embarcadère, et enfin l'agence *Cửu Long,* installée à Vĩnh Long.
Différents programmes sont proposés suivant les prestataires, mais la visite du marché flottant de Cái Bè (assez rapide) inclut toujours une visite des fabriques artisanales de galettes de riz, de bonbons et de « pop-corn » vietnamien. Certains proposent aussi un arrêt dans une ruche. Des extensions sont ensuite possibles pour visiter les maisons coloniales (décrites plus loin), avec déjeuner ou non dans l'une d'entre elles (repas non inclus), et/ou une balade complémentaire en petit sampan traditionnel dans les arroyos de l'île de Tân Phong, puis une visite de pépinière *(nursery garden).* Prévoir dans ce cas au moins 5h.

Le marché flottant de Cái Bè *(plan La région de Cái Bè et de Vĩnh Long) : à 10 mn en bateau de la ville ou à 1h15 de Vĩnh Long (à env 10 km).* C'est un « marché de gros »

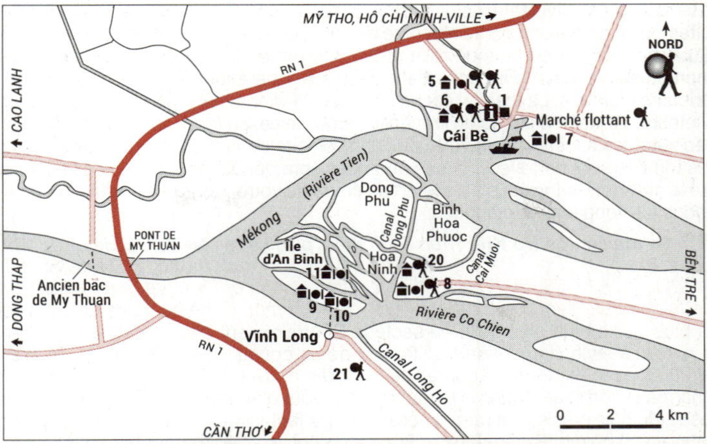

LA RÉGION DE CÁI BÈ ET DE VĨNH LONG

Adresses utiles

- Cái Bè Tourist
- **1** Sacombank

Où dormir ? Où manger ?

- **5** Maison de Monsieur Ba Đức
- **6** Maison Võ Văn Võ et maison de Ba Kiệt
- **7** Eco-resort Mekong Lodge
- **8** Bảy Thời Homestay
- **9** Homestay Nam Thanh
- **10** Homestay Ngọc Phương
- **11** Ba Lình Homestay

À voir

- **5** Maison de Monsieur Ba Đức
- **6** Maison de Ba Kiệt
- **8** Jardin des Bonsaïs
- **20** Island Farm
- **21** Temple de la Littérature

de produits agricoles, composé de commerçants venus de tout le delta. En fait, aucun n'est originaire du coin ! Ces commerçants passent en effet leur temps à remonter le Mékong pour s'approvisionner et reviennent à Cái Bè pour vendre leurs produits. Sur chaque bateau, vous apercevrez une longue perche avec, au bout, un fruit ou un légume qui sert d'enseigne. On y voit vivre les familles dans la partie habitation, à l'arrière du bateau, souvent dotée d'antenne parabolique !

Les maisons d'époque coloniale

On y accède en barque motorisée (en groupe ou en individuel) au fil des canaux. On peut aussi les découvrir à vélo, le long des sentiers bitumés qui longent les canaux. Dans ces demeures de charme et de caractère, chargées de souvenirs et d'antiquités, enfouies dans les vergers tropicaux et les arbres fruitiers, le temps semble s'être arrêté. C'est un grand bonheur que de les visiter et d'y séjourner.

***La maison de Monsieur Ba Đức** (Ba Đức Homestay ; plan La région de Cái Bè et de Vĩnh Long, **5**) **:** à 15 mn de bateau à l'ouest de Cái Bè, dans le village de **Đông Hoà Hiệp,** au bord d'un arroyo nommé Rạch Bà Nhì. ☎ 382-30-46. 09-17-85-10-04 (miss Kiều) ou 09-03-07-56-06 (M. Tiến). • baducmekong.com •* C'est une vraie maison d'hôtes (voir plus haut). Construite en 1938 par le mandarin du village, dans le style vietnamien traditionnel, elle fut restaurée à l'époque coloniale et combine aujourd'hui étonnamment ces 2 styles architecturaux (boiseries des murs remplacées par du ciment, élargissement de la porte principale, frise...).

La maison est divisée en plusieurs parties : une véranda sur colonnes à chapiteaux, un salon, une partie réservée au culte, et une à l'habitation.
Superbe mobilier en bois de rose et loupe d'orme, commodes magnifiquement incrustées de nacre. Elle appartient depuis 6 générations à une famille de propriétaires terriens. La maison cacha des soldats vietnamiens pendant la guerre du Vietnam. Le jardin n'est qu'un immense verger, avec, au fond, un petit cimetière où reposent les ancêtres. À la veille de l'anniversaire de la mort de l'un des défunts, les tombes sont nettoyées, et des offrandes sont déposées sur l'autel à l'intérieur de la maison. Un thé vous sera offert au cours de votre visite. On y cultive pamplemousses, longanes et mangues.

La maison de Ba Kiệt *(Trần Tuấn Kiệt ; plan La région de Cái Bè et de Vĩnh Long,* ***6****) : 22, Ấp Phú Hoà,* ***Xã Đông Hoà Hiệp,*** *sur l'arroyo Rạch Bà Hợp. ☎ 382-44-98. 09-13-68-46-17. • anhkiet.chinh@yahoo.com • On gagne également cette demeure par bateau depuis Cái Bè (env 15 mn).* Cette demeure de 1838 est la plus vieille et la plus belle du secteur. Contrairement à la précédente, celle-ci a gardé le style vietnamien traditionnel de sa construction. Restaurée en 1924 et 2003 (avec l'aide du Japon et de la Corée du Sud), elle a conservé tout son charme et son style. Notez le magnifique mobilier d'époque, les 150 piliers en bois peint (du bois précieux et rare) ornés d'oiseaux fantastiques. Admirez aussi ce long mur avec ses motifs végétaux et floraux en bois ciselé. Tout au fond, l'autel des ancêtres. Sur le meuble du milieu, scène où des mandarins viennent solliciter le conseiller du roi. Fait également maison d'hôtes (voir plus haut).

VĨNH LONG

150 000 hab. IND. TÉL. : 270

• Plan *p. 475* • Plan La région de Cái Bè et de Vĩnh Long *p. 473*

C'est le pays des fruits, des mandarines, des oranges, des ramboutans, et surtout des pamplemousses, une terre basse rendue riche par les alluvions, une terre baignée, irriguée, maternée par la « Mère des Eaux », le Mékong. Le fleuve nourricier offre l'image d'une vie aquatique grouillante : des kyrielles de barques de pêcheurs, des pirogues aux rames en forme de X à l'arrière, des péniches chargées de riz, de poissons ou de fruits. Chaque année vers septembre-octobre, le Mékong sort de son lit et inonde les berges et les rizières de Vĩnh Long, grosse bourgade de 150 000 habitants (dont plusieurs centaines de puissantes familles de commerçants).
En fait, le principal intérêt de Vĩnh Long réside dans la vie de ce fleuve hors du commun et la possibilité de découvrir la région en se déplaçant en barque le long des innombrables *rạch* (arroyos) et *mương* (petits arroyos artificiels). La ville en elle-même ne présente pas d'intérêt, mais ses environs constituent une belle étape sur la route de Châu Đốc, de Cần Thơ et de Hà Tiên.
D'ailleurs, plutôt que de séjourner à Vĩnh Long, si vous voulez connaître la vie dans le delta, on vous conseille de dormir sur l'île d'An Bình ou dans les environs de Cái Bè.

Arriver – Quitter

En bus et minibus

2 gares routières, une dans le centre, pour Cần Thơ et Sadec, l'autre à 3,5 km du centre-ville, pour les autres destinations.

Gare routière du centre-ville *(plan B1,* ***1****) : 1, 3 Tháng 2.*
➢ ***Pour Cần Thơ :*** bus ttes les 15-30 mn, 5h-17h. Durée : 1h30 env.
➢ ***Pour Sadec :*** bus ttes les 30 mn, à partir de 5h du mat. Durée : 1h.

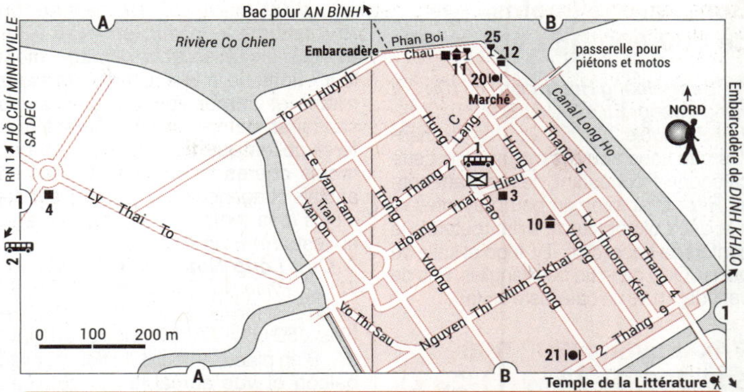

VĨNH LONG

■ **Adresses utiles**

1 Gare routière du centre-ville (B1)
2 Gare routière de Vĩnh Long (hors plan par A1)
3 et 4 Vietcombank (B1)
11 Cửu Long Tourist (B1)

Où dormir ?

10 Phụng Hoàng Hotel (B1)
11 Cửu Long Hotel (B1)
12 Cửu Long Hotel Tourist (B1)

Où manger ?

20 Nem Nướng 12 (B1)
21 Quán Tài Có (B1)

Où boire un verre ?

25 Café Hoa Nắng (B1)

Gare routière de Vĩnh Long *(Bến Xe Vĩnh Long ; hors plan par A1,* ***2****) : sur Nguyễn Huệ (route de Cần Thơ), à 3,5 km du centre-ville, 1E, Đinh Tiên Hoàng. ☎ (0270) 382-52-35.*
➢ ***Pour Hồ Chí Minh-Ville :*** départs fréquents (au moins 1 bus/h). Avec la compagnie *Phương Trang-Futa Bus Lines (☎ (0270) 387-97-77),* ttes les heures, 1h30-20h30. Compter 3h-3h30 de route.
➢ ***Pour Trà Vinh :*** minibus ttes les heures, 7h-14h. Durée : 2h.
➢ ***Pour Châu Đốc :*** en principe, 1 bus direct/j., vers 6h30. Sinon, prendre un bus pour Cần Thơ et changer.

Adresses utiles

■ ***Cửu Long Tourist*** *(plan B1,* ***11****) : 1, 1 Tháng 5. ☎ 382-36-16 ou 11. ● cuulongtourist.com ● En face de l'hôtel du même nom. Tlj 7h-20h.* Organise des excursions sur l'île d'An Bình *(compter env 45 US$ pour 2 en bateau avec guide).*
■ ***Vietcombank*** *(plan B1,* ***3****) : 1D-1E, Hoàng Hiệu. Lun-ven 7h30-11h, 13h-17h.* Change les devises en euros (pas en dollars). Distributeur ATM. Autre agence au 143, Lý Thái Tổ (sur le grand rond-point ; *plan A1,* ***4***).
■ ***Distributeurs automatiques*** *(ATM) : à gauche du bâtiment de l'hôtel* Cửu Long, *devant le port, et partout en ville.*

Où dormir ?

On vous conseille de dormir dans un *homestay* de l'île d'An Bình, en face, plus authentique et plus proche de la nature.

LE SUD

Bon marché (moins de 300 000 Dg / env 11 €)

Phụng Hoàng Hotel (plan B1, **10**) : *2R, Hùng Vương. ☎ 382-21-56. 09-39-44-44-69. Double 220 000 Dg.* Peu de chances que vous trouviez mieux dans cette catégorie. Pour autant, ne pas s'attendre au *Ritz* : chambres un peu bruyantes et à la déco plutôt kitsch, avec toutefois le confort de base (clim, TV, frigo et salle de bains). On y parle un peu l'anglais. Pas de petit déj, mais un café juste en face.

Prix moyens (300 000-600 000 Dg / env 11-23 €)

Cửu Long Hotel (plan B1, **11**) : *1, 1 Tháng 5. ☎ 382-31-88 ou 382-36-56. 09-06-77-10-19. • cuulongtourist.com • Doubles 420 000-670 000 Dg, avec petit déj.* Le « meilleur » hôtel de la ville. Chambres assez nettes et confortables, même si les sanitaires datent un peu. Autant préférer celles qui donnent sur le parc : moins chères et calmes. Accueil en anglais et agence de voyages. Petit déj inclus (pas terrible) à prendre en face, au resto *Phương Thủy.*

Cửu Long Hotel Tourist (plan B1, **12**) : *2, Phan Bội Châu 1. ☎ 382-31-88 ou 382-36-56. 09-06-77-10-19. Doubles 450 000-870 000 Dg, avec petit déj.* Bien placé, au bord du fleuve, avec balcon et vue agréable. Le nouveau petit frère du précédent consiste en un hôtel 3 étoiles encore plus luxueux. À ne pas rater.

Où manger ?

Bon marché (moins de 100 000 Dg / env 4 €)

Nem Nướng 12 (plan B1, **20**) : *12, 1 Tháng 5. Tlj 8h-19h30.* Petit resto populaire bon marché, simple et très correct. Les *nem nướng* sont délicieux. Sinon, plats de nouilles au porc frais, légers et copieux. Parfait le midi !

Prix moyens (100 000-250 000 Dg / env 4-9 €)

Quán Tài Có (plan B1, **21**) : *40, 2 Tháng 9, à l'angle avec la rue Hưng Đạo Vương. ☎ 382-48-45. Tlj 7h-minuit.* Sans doute le restaurant le plus populaire et le plus réputé de Vĩnh Long. Dans une grande salle ouverte en angle sur la rue, dans une agitation et un brouhaha dignes d'un hall de gare en heure de pointe, familles et groupes d'amis viennent savourer l'unique spécialité maison : le *hot pot.* Poissons et fruits de mer extra-frais, légumes variés, champignons, nouilles... Tous ces ingrédients entrent dans la composition du *hot pot,* un bouillon délicieusement relevé et parfumé. On n'y parle pas un mot d'anglais. Une expérience dépaysante !

Où boire un verre ?

Café Hoa Nắng (plan B1, **25**) : *juste à gauche de l'hôtel Cửu Long. 07-03-82-67-47.* Un petit café au bord du fleuve avec des petites tables pour rêvasser au crépuscule en sirotant une bonne boisson fraîche. Un peu bruyant à cause de la circulation. Karaoké ou concerts de musique vietnamienne à plein tube tous les soirs. En face, côté fleuve, plusieurs petits cafés, avec terrasses.

À voir. À faire

Le principal attrait de Vĩnh Long, c'est l'île d'An Bình située juste en face et les balades en bateau à faire autour. Voir plus bas pour plus d'informations.

Le temple de la Littérature *(Văn Thánh Miếu ; plan La région de Cái Bè et de Vĩnh Long,* ***21****) : à 2 km du centre de Vĩnh Long. Descendre la rue 30 Tháng 4, franchir le pont puis toujours tt droit (le temple se trouve sur le côté droit de la route). Le plus simple est d'y aller à moto-taxi. Ouv, en principe, 5h-11h, 13h-19h. GRATUIT.* Le seul et unique temple de la Littérature (dédié aux hommes de lettres) du sud du Vietnam (il y en a d'autres à Huế et à Hanoi). Il est dédié à un mandarin vietnamien, Phan Thanh Giản (1796-1867), qui négocia pour l'empereur Tự Đức la cession à la France des provinces du Sud-Vietnam. Personnage autrefois honni car pour beaucoup il était considéré comme le « vendeur » de son pays à l'étranger, il aurait été réhabilité dans les années 2000 par les historiens vietnamiens, qui le voient désormais plutôt comme un bienfaiteur car il aurait évité au pays une guerre sanglante. Il a fini par se donner la mort.

L'ÎLE D'AN BÌNH

Probablement l'***un des plus beaux secteurs du delta du Mékong,*** celui qui résume bien la physionomie et la vie de ce milieu à travers ses îlots plantés d'arbres fruitiers et ses innombrables arroyos ombragés formant un labyrinthe aquatique et mystérieux.

Enserrée par 2 bras du Mékong, l'île d'An Bình se trouve juste en face de Vĩnh Long *(plan La région de Cái Bè et de Vĩnh Long).* Son nom signifie « la paix » et, croyez-nous, on la trouve vraiment par ici.

Elle regroupe 4 secteurs, dont celui d'An Bình (qui a donné son nom à l'île) pour une population de 50 000 habitants (quand même). Il s'agit en fait d'un bouquet de petites îles reliées entre elles par de modestes ponts et parcourues par un lacis de chemins de terre étroits qui s'enfoncent délicieusement dans une végétation luxuriante. Attention, les conditions de circulation sur l'île sont très difficiles pendant la mousson.

VOYAGE DE NOCES

Quand une femme vietnamienne se marie dans le delta du Mékong, on dit qu'elle traverse le fleuve, qu'elle change de rive (Sang Sông). Le marié endimanché va alors chercher sa future épouse en bateau pour la ramener dans son village où ils seront suivis par un cortège de barques parées de guirlandes.

La vie est partout à la fois par ici, sur l'eau et sur terre. La région vit de la pêche, du transport de marchandises et de ses vergers, aussi charmants que le jardin d'Éden. Il faut dire que la ***grande fertilité de la terre*** se prête bien à la culture des arbres fruitiers, et comme 1 ha de verger rapporte autant que 5 ha de riz, pourquoi se fatiguer à entretenir des rizières...

Chaque jour, 2 marées, haute et basse, créent un différentiel de 1,50 m sur le niveau de l'eau.

➢ ***Pour y aller :*** très simple, il y a un **bac** *(plan B1)* qui fonctionne en permanence. Traversée en 5 mn. Tarif : 1 000 Dg. On peut aussi faire la traversée depuis l'***embarcadère de Đình Khao*** (tarif : 1 000 Dg), à 3 km à l'est de Vĩnh Long. Pour rejoindre certaines adresses citées plus haut, c'est ce bac-là qu'il faut prendre. Enfin, de Cái Bè, des ferries assurent la liaison jusqu'à An Bình.

– ***Bon à savoir :*** si vous logez sur l'île d'An Bình, arrangez-vous avec le *homestay* pour qu'on vienne vous chercher (à moto-taxi) au débarcadère (la plupart le font sans supplément). Sinon, pas de problème pour trouver des motos-taxis qui vous emmèneront où vous souhaitez aller.

Où dormir ? Où manger ?

Les *homestays* sont des chambres chez l'habitant. Ces hébergements, bien que simples et modestes, se situent généralement dans la catégorie « Prix moyens ».

LE SUD

Les prix incluent le repas du soir, en plus du petit déj. De plus, on peut généralement venir vous chercher (sans supplément) à l'embarcadère du ferry. Facile, et pas très cher donc, au bout du compte.

Homestay Nam Thanh *(plan La région de Cái Bè et de Vĩnh Long,* ***9****) : 172/9, Bình Lương. ☎ (0270) 385-88-83. 09-18-71-79-86. • namthanhhomestayvn@gmail.com • À env 500 m de l'arrivée du ferry, par un chemin qui part sur la gauche. Compter env 260 000-300 000 Dg/pers, petit déj, dîner et vélos inclus.* Un « séjour chez l'habitant » communautaire : 13 chambres, dont 5 dans la maison principale, dans des espaces séparés les uns des autres par de simples rideaux, et un dortoir pour les lits individuels. Peu d'intimité donc, mais c'est agréable et bien tenu. Sanitaires en grand nombre. Ensemble calme, reposant et très accueillant, très fréquenté par les routards, où l'on parle de surcroît un peu l'anglais, le tout dans un vaste jardin avec hamacs. Petit resto où sont servis de bons repas et de copieux petits déj. Organise aussi des excursions en bateau *(durée 6-12h ; billet : 100 000 Dg/pers).*

Homestay Ngọc Phương *(plan La région de Cái Bè et de Vĩnh Long,* ***10****) : 118C/10, Bình Lương. ☎ (0270) 395-08-57. 09-69-36-76-36. • homestay.ngocphuong@yahoo.com.vn • Doubles 350 000-450 000 Dg avec ventilo ou clim. Compter 250 000 Dg/pers en ½ pens avec prêt de vélo.* Ce petit *homestay* est presque un hôtel : les chambres sont relativement simples, mais toutes lambrissées, fermées et desservies par une galerie qui court le long d'un arroyo. D'autres chambres dans des petits bungalows séparés les uns des autres par un réseau de canaux étroits et de ponts. Les bungalows sont plus intimes que les simples chambres. Accueil charmant de la propriétaire, qui parle un peu l'anglais. 100 m plus loin, la même famille tient le ***Ngọc Sáng,*** plus simple et sans dîner *(compter 150 000 Dg/pers avec prêt de vélo).*

Bảy Thời Homestay *(plan La région de Cái Bè et de Vĩnh Long,* ***8****) : 263, Bình Thuận II Hamlet, secteur de Hoà Ninh. ☎ (0270) 385-90-19. 09-07-88-69-97. • homestaybaythoi@yahoo.com.vn • Prendre le ferry à l'embarcadère de Đình Khao, situé à 3 km à l'est de Vĩnh Long ; on peut venir vous chercher à l'arrivée. Sinon, le bus pour Bến Tre depuis Hồ Chí Minh-Ville s'arrête devant. Env 330 000 Dg/pers, petit déj, dîner et balade à bicyclette inclus.* Une bonne adresse, discrète, verdoyante et très accueillante. Dans la maison principale, une chambre de 3 lits et un dortoir de 5 lits ; dans l'annexe, 7 chambres avec salle de bains privée, moustiquaire et ventilo. Excellents repas, pris dans des espaces ouverts sous paillotes et bordés de hamacs. On y parle un peu l'anglais. Bien pour déconnecter !

Ba Lình Homestay *(plan La région de Cái Bè et de Vĩnh Long,* ***11****) : 95, An Thành. ☎ (0270) 385-86-83. 09-39-13-81-42. • balinhhomestay@gmail.com • À 3 km du débarcadère. Compter 350 000 Dg/pers sans sdb, 400 000 Dg/pers avec sdb, petit déj et dîner compris.* Un *homestay* classique là encore, tenu par Vinh, un Vietnamien anglophone. 5 chambres impeccables dans un bâtiment récent, et 5 autres dans une bâtisse plus ancienne avec des espaces pour coucher manquant d'intimité mais bien tenus aussi, séparés par des cloisons en bois. On est parfois réveillé au chant du coq, c'est le charme de la campagne. Cuisine locale savoureuse que vous pourrez, si le cœur vous en dit, aider à préparer.

À voir

Island Farm *(pépinière de Tám Hổ ; plan La région de Cái Bè et de Vĩnh Long,* ***20****) : dans le secteur de Hoà Ninh. 09-13-96-05-43. • tringhiep@gmail.com • island.vn • Accès par l'embarcadère de Đình Khao, à 3 km à l'est de Vĩnh Long. À peine 8 mn de traversée, puis il reste 1,5 km à faire. Visite gratuite ; compter 20 500 Dg pour une dégustation de fruits à la fin.* Une pépinière d'arbres fruitiers et d'arbustes en pots, en bordure d'un bras sauvage du Mékong, créée par M. Tám Hổ, et reprise aujourd'hui par son fils Nghiệp. Plus de la moitié de sa production est constituée de durians, ce fruit à l'odeur spéciale mais d'un goût inimitable. Et aussi : mangues, pamplemousses, longanes, caramboles, goyaves, mandarines, noix de coco « exotiques », tamarin, fruits du dragon... L'essentiel est exporté dans toute l'Asie. Balade très agréable au cœur du verger. Également quelques bonsaïs sculptés et des arbres produisant du « bois de fer », une variété d'acacias cultivée pour ses fleurs. Enfin, on peut y loger, dans des chambres très simples mais pas chères *(160 000 Dg pour 2 pers, petit déj et dîner en plus),* avec moustiquaire, ventilo et salle d'eau (douche froide). Possibilité de repas également, sur commande, et prêt de vélos.

Le jardin des Bonsaïs *(Bảy Thời Homestay ; Vườn Cây Hoa Kiểng ; plan La région de Cái Bè et de Vĩnh Long,* ***8****)* **:** *en face du Bảy Thời Homestay (voir plus haut dans « Où dormir ? Où manger ? »). ☎ 385-90-19. 12-27-17-19-80.* Bon, on n'y vient pas vraiment exprès, mais si vous logez au *Bảy Thời Homestay,* vous irez bien jeter un œil à ce jardin de bonsaïs, mais aussi de superbes bougainvillées roses. Sous la véranda, des hamacs pour profiter de la sérénité des lieux. Dans la maison, vous remarquerez la vitrine pleine de stylos, médailles, pièces de monnaie, oiseaux en porcelaine, briquets, bref, un bric-à-brac surréaliste de cadeaux offerts par les routards du monde entier. Vous savez ce qu'il vous reste à faire en partant !

En route pour le marché flottant de Cái Bè, ne manquez pas de voir la très belle ***église coloniale d'An Bình,*** construite par les Français en 1937. Dans le secteur de Bình Hoà Phước, on peut également admirer des petites ***maisons coloniales.***

SADEC (SA ĐÉC)

63 000 hab. IND. TÉL. : 277

LE SUD

« Le jardin de la Cochinchine », c'est ainsi que l'on avait surnommé, à l'époque coloniale, la région de Sadec, réputée depuis toujours pour la qualité de ses terres et la beauté de ses filles. Ici poussent des aréquiers et des cocotiers, et toutes sortes de fleurs exotiques. C'est dans ce trou perdu du delta du Mékong que la petite Marguerite Duras a passé son adolescence. Sa mère, Mme Donnadieu, y dirigeait l'école des filles. Un jeune Chinois de très bonne famille, fils de mandarin, y vivait aussi. Il deviendra le héros de *L'Amant,* le best-seller adapté à l'écran par Jean-Jacques Annaud.
La maison de la petite Marguerite et de sa mère a depuis été détruite, seule celle de son amant se visite aujourd'hui au bord du fleuve. Ceux qui ont aimé le livre et le film auront un certain plaisir à découvrir Sadec. Pour les autres, l'intérêt sera moindre, ce d'autant que la petite ville tranquille est devenue un bourg actif sans grand intérêt.

Arriver – Quitter

En bus

Gare routière *(Bến Xe Sadec)* **:** *149/8, Khóm Hòa Khánh, à l'entrée de la ville, sur la gauche de la route.*
➢ ***De/pour Hồ Chí Minh-Ville :*** avec la compagnie *Phương Trang-Futa Bus Lines (bureau devant la gare routière ; ☎ 377-49-95).* Départs ttes les heures, 6h-23h30. Compter 98 000 Dg.
➢ ***De/pour Vĩnh Long :*** départs ttes les 30 mn. Compter 75 000 Dg.

Où dormir ?

Prix moyens (300 000-600 000 Dg / env 11-23 €)

Hôtel Thảo Ngân : *4-6, An Dương Vương, Trung Tâm Thương Mại. ☎ 377-42-55. Double 300 000 Dg.* Petit hôtel central et bien tenu, sur le côté droit du marché de Sadec. Chambres impeccables (douche/w-c, clim), sobrement décorées et belles salles de bains. Tenu par une famille aimable. Bicyclettes à disposition *(30 000 Dg).*

Chic (600 000-1 000 000 Dg / env 23-38 €)

Maison de Huỳnh Thủy Lê : *face au fleuve, sur le quai Nguyễn Huệ, au nº 255 (panneaux rouges « Doi 3-Doi 6 »). • nhaco_hthuyle@yahoo.com.vn • Compter 550 000 Dg la nuit seule, 650 000 Dg avec petit déj, et 1 000 000 Dg en ½ pens. Quelle que soit l'option choisie, la visite de la maison est incluse dans le prix.* On dort dans l'une des 2 chambres au confort monacal, équipées de ventilo et de moustiquaire. Douche et w-c attenants. Elles pourraient être mieux équipées à ce prix-là, malgré tout l'expérience est inédite : la maison ferme au public à 17h, le personnel part (seul le gardien reste), le dîner est livré en soirée avec possibilité de visionner le film *L'Amant*. Tout un programme ! L'une des chambres est celle où dormaient naguère « l'Amant » et son frère.

À voir

La pagode Kiến An Cung ou Chùa Ông Quách *(ancienne maison du mandarin Quách)* **:** *à ne pas confondre avec la maison du mandarin Huỳnh Thuận (le palais Bleu). En plein centre de Sadec, elle fait l'angle avec la rue Trần Hưng Đạo et la rue Phan Bội Châu, au bord du canal. GRATUIT.* Construite de 1924 à 1927, cette remarquable demeure a successivement servi de prison (après 1975) puis de temple, avant d'être rendue par l'État à la famille de son fondateur qui y habite aujourd'hui. Remarquez les pignons sculptés de la toiture, et la corniche de verre, très originale, cachant une foule de petites sculptures chinoises. L'intérieur est bien restauré. Notez les fresques murales qui content la vie de M. Quách, illustre général sous la dynastie Tang ; certaines sont mieux conservées que d'autres, on dirait des gravures.

Il y a une ***grande porte ronde*** (forme de lune) entre une pièce et la cuisine, le style de porte typique de la Chine ancienne dont la particularité était de ne pas avoir de fermeture, ni en bois ni en tissu. On les empruntait librement comme des passages. Derrière un petit autel, au fond de la salle à manger, on peut voir des photos de Huỳnh Thủy Lê, dit « l'Amant », ainsi que de son épouse et de ses parents.

L'école primaire Trưng Vương : *au croisement des rues Hùng Vương et Hồ Xuân Hương, non loin de l'hôtel Sadec et en face d'une école en béton.* C'était l'école des filles que dirigeait la mère de Marguerite Duras, Mme Donnadieu, dans les années 1930. Maison d'époque coloniale datant de 1902, de couleur jaune avec des volets bleus vieillis. Sans grand cachet à vrai dire. Pour les mordus de Duras seulement.

En revanche, déception pour ceux qui rechercheraient le lieu où Marguerite Duras et sa mère vécurent. Elles habitaient dans une autre maison, quelque part sur le quai Nguyễn Huệ, parallèle à la rue Trần Hưng Đạo, mais la demeure a été détruite.

La maison de Huỳnh Thủy Lê : *située face au fleuve, sur le quai Nguyễn Huệ, au nº 255A. • huynhthuyle@dongthaptourist.com • dongthaptourist.com • Tlj 7h30-17h. Entrée : 30 000 Dg. Visite guidée obligatoire. Possibilité d'y dîner et dormir (voir plus haut « Où dormir ? »).*

L'AMANT DE MARGUERITE

Le véritable amant de Marguerite Duras s'appelait Huỳnh Thủy Lê. Il était issu d'une riche famille sino-vietnamienne de Sadec. Il connut cette liaison passionnée avec Marguerite à l'âge de 23 ans, alors que celle-ci en avait à peine 16. Sous la pression des parents de son amoureux, ils se séparèrent. Elle rentra en France et devint écrivain. Lui épousa une Vietnamienne. Peu avant sa mort, en 1972, l'amant avoua n'avoir aimé qu'une seule femme dans sa vie : Marguerite Duras. Elle écrivit son best-seller, L'Amant*, 12 ans plus tard.*

LE SUD

Construite en 1895, elle s'appelait naguère la maison du mandarin Huỳnh Thuận. Les amateurs de littérature la connaissent mieux sous le nom de maison Bleue (ou palais Bleu) évoquée par Marguerite Duras dans son roman *L'Amant*. Elle n'est plus bleue, sauf un mur de côté dans la cour intérieure. Elle n'a plus de jardin, non plus. Là vécut le héros de *L'Amant,* Huỳnh Thủy Lê, le Chinois dont le père était un très riche mandarin de Sadec.
Elle possède de belles balustrades et un intérieur magnifiquement décoré et sculpté. Le carrelage au sol vient de Villeneuve-de-Berg en Ardèche, et le bois du Cambodge. Le cinéaste Jean-Jacques Annaud avait repéré cette magnifique demeure pour y tourner des scènes du film, mais comme elle était occupée par la police, il choisit un autre palais, qu'il fit repeindre en bleu. À l'intérieur, on peut voir une collection de photos sur la vie de l'amant, de ses 5 enfants, et de Marguerite Duras.

CHÂU ĐỐC

90 000 hab. IND. TÉL. : 296

• Plan *p. 483*

À l'extrême nord du delta du Mékong, à 116 km de Cần Thơ, nous voici aux confins du Vietnam et du Cambodge (province d'An Giang). Étendue le long du Bassac, un confluent du Mékong venu de Phnom Penh, la ville de Châu Đốc vit au rythme de ce confluent qui se jette dans le grand fleuve à une quarantaine de kilomètres au sud.
Son site naturel, ses rues animées et commerçantes la rendent agréable aux voyageurs de passage. Y prévoir donc 1 nuit au moins, voire 2, pour avoir le temps de découvrir ses environs, et notamment le mont Sam *(núi Sam),* sorte de montagne sacrée où les pèlerins affluent pour rendre hommage à la reine du pays, une statue en grès richement vêtue. Son culte a des origines hindoues et khmères, et rappelle que le delta dépendait autrefois de l'Empire khmer.
La région autour de Châu Đốc est encore habitée par des familles cambodgiennes ainsi que par des Cham musulmans.

Arriver – Quitter

Par la route

➢ ***De/pour Hồ Chí Minh-Ville :*** départs ttes les heures de la gare routière de Miền Tây. 6h de bus min. En voiture : 7-8h, en comptant les arrêts. Env 285 km de route.
➢ ***De/pour Cần Thơ:*** 117 km, soit 4h de bus ou 3h de voiture. Route étroite, mais pas trop mauvaise.

En bus

Gare routière de Châu Đốc *(hors plan par B2)* **:** *à 2 km du centre, à la sortie sud-est de la ville, en direction de Long Xuyên.* On recommande la compagnie *Phương Trang-Futa Bus Lines* (☎ *356-58-88 ;* • *futabuslines.com.vn* •), équipée de grands bus modernes et confortables.

➢ ***De/pour Cần Thơ*** *(116 km)* **:** 11 bus/j., 4h45-18h. Durée : 3h30.
➢ ***De/pour Hồ Chí Minh-Ville*** *(241 km)* **:** 32 bus/j., 0h15-22h15. Billet : 150 000 Dg. Durée : 6h15-7h.
➢ ***De/pour Rạch Giá, Mỹ Tho et Hà Tiên :*** prendre des minibus express, à la gare routière, direct ou avec changement.

En bateau

➢ ***Pour Phnom Penh*** (Cambodge) **:** avec **Hàng Châu Speed Boat** *(plan A1,* ***1*** *;* ☎ *356-27-71 ;* • *hangchautourist@gmail.com* • *hangchautourist.com.vn* •*).* Infos et achat des billets au *Cồn Tiên Floating Restaurant,* Trần Hưng Đạo, avt le marché. Ou ***Mekong Explore*** *(hors plan par B2,* ***2*** *;* 📱 *09-07-54-16-41 ;* • *dangdungmekong@gmail.com* •*).*

Infos et achat des billets à côté du *Victoria Hotel,* 443, Lê Lợi. *Mekong Explore* propose aussi des balades sur le fleuve, 2h avt le départ de 8h30 pour Phom Penh. Il y a 2 embarcadères, un pour chaque compagnie. Compter 27 US$/pers pour un aller simple en vedette rapide Châu Đốc-Phnom Penh. Départ vers 7h30, arrivée à Phnom Penh vers 12h30. Le visa cambodgien (34 US$) s'obtient directement à la frontière (les formalités durent 1h).

Adresses utiles

✉ ***Poste centrale*** *(Bưu Điện ; plan B1) : 02, Lê Lợi, à l'angle de Nguyễn Văn Thoại. Tlj sauf dim 7h-18h.*

■ ***Distributeurs*** *(ATM) :* ***Agribank,*** *5, Quang Trung (plan B2,* ***4****) et à la* ***Vietcombank,*** *21, Phan Đình Phùng (plan B2,* ***5****).*

■ ***Librairie francophone*** *(plan A2,* ***3****) : 14, Nguyễn Hữu Cảnh, au coin de Phan Văn Vàng. ☎ 386-78-17. 📱 09-13-77-79-78. • longnguyen49@yahoo.com •* Une petite boutique qui vend des bouquins un peu poussiéreux, et la surprise... Mme Ngọc Anh, qui parle très bien le français. Elle peut vous donner toutes les infos pratiques sur la ville, sans oublier son mari, M. Long, qui est un excellent guide anglophone.

Où dormir ?

Bon marché (jusqu'à 300 000 Dg / env 11 €)

🏠 ***Mini-hôtel Thuận Phước*** *(plan A2,* ***13****) : 73, Nguyễn Hữu Cảnh. ☎ 386-64-35. 📱 09-03-33-08-09.* Petit hôtel central, qui donne sur une grande place, face à la pagode Bồ Đề. Chambres assez grandes, sommaires mais quand même équipées (clim). Moyennement propres, elles ouvrent sur la rue ou sur l'arrière. Sols carrelés, salles de bains impeccables. Accueil jovial. Motos à louer.

Prix moyens (300 000-600 000 Dg / env 11-23 €)

🏠 ***Trung Nguyên Hotel*** *(plan A1,* ***10****) : 86, Bạch Đằng. ☎ 356-15-61. • trunghotel@yahoo.com • Doubles 400 000-500 000 Dg selon confort et étage, petit déj inclus.* Situé au centre, près du marché, ce petit immeuble en béton abrite des chambres très propres (avec clim, douche/w-c, eau chaude). Nos préférées sont au dernier étage, avec vue (sur la place du marché) et plus de calme. Accueil anglophone, chaleureux et serviable. Propose des balades en bateau, des excursions, notamment au mont Sam, et location de vélos et de motos.

🏠 ***Hôtel Đồng Bào*** *(plan A2,* ***15****) : 21, Phan Văn Vàng. ☎ 356-97-89. 📱 09-79-57-67-57. • dongbaohotel@gmail.com • Doubles 500 000-700 000 Dg.* Hôtel récent d'une quinzaine de chambres impeccables, avec clim, frigo, balcon. On a une préférence pour les chambres n°s 301 et 401. Réception en anglais, bon accueil.

Chic (600 000-1 000 000 Dg / env 23-38 €)

🏠 ***Murray Guesthouse*** *(hors plan par B2,* ***11****) : 11-15, Trương Định. 📱 09-08-36-13-44. • themurrayguesthouse.com • Doubles 32-37 US$.* Coup de cœur ! Un peu à l'écart du centre, petit hôtel à la façade avenante, tenu par un Vietnamien dynamique (Murray) ayant voyagé, d'où les souvenirs qui égaient la déco. Grandes chambres impeccables et bien équipées (clim, très bonne literie). Terrasse agréable sur le toit. Bon petit déj. Infos sur les bus et les croisières sur le Mékong pour le Cambodge, d'ailleurs l'embarcadère est proche. Prêt de vélos.

Très, très chic (plus de 3 310 000 Dg / env 120 €)

🏠 🍽 ⛱ ***Hôtel Victoria*** *(plan B2,* ***14****) : 32, Lê Lợi. ☎ 386-50-10. • resa.chaudoc@victoriahotels.asia •*

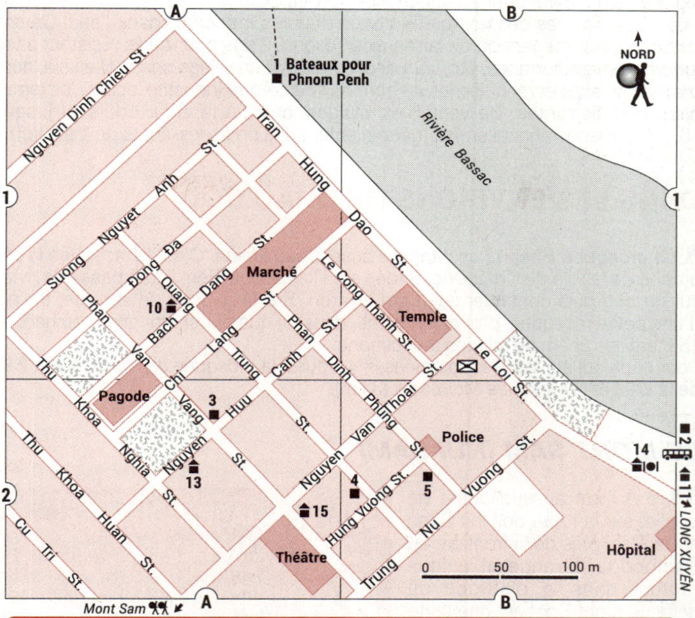

CHÂU ĐỐC

Adresses utiles	5 ATM Vietcombank (B2)
1 Bateaux pour Phnom Penh, billetterie (Hàng Châu Speed Boat ; A1)	**Où dormir ?**
2 Bateaux pour Phnom Penh (Mekong Explore ; hors plan par B2)	10 Trung Nguyên Hotel (A1)
3 Librairie francophone (A2)	11 Murray Guesthouse (hors plan par B2)
4 ATM Agribank (B2)	13 Mini-hôtel Thuận Phước (A2)
	14 Hôtel Victoria (B2)
	15 Hôtel Đồng Bào (A2)

victoriahotels.asia • Sur la droite en entrant dans Châu Đốc par la RN 10 (en venant de Long Xuyên), juste avt le grand parc du 30 Tháng 4 (du 30-Avril). Ancienne bâtisse coloniale d'époque française, restaurée avec soin, qui fait partie d'une chaîne d'hôtels de caractère (et de charme). Remarquablement situé, il abrite des chambres luxueuses et décorées avec un très bon goût (mobilier colonial raffiné, sol en bois sombre). TV câblée. Les plus chères ont vue sur le fleuve. Très bien équipé : bar très agréable en terrasse, resto gastronomique *Le Bassac* avec vue sur le fleuve, piscine, garderie et jeux enfants. Organise des balades en bateau sur le Mékong.

À faire

Balade en bateau : une balade de 2h environ qui permet de découvrir la vie et les activités sur le Mékong. Infos et billets au bureau de *Hàng Châu Speed Boat* (voir adresse plus haut dans la rubrique « Arriver – Quitter »). Compter 6-7 US$ par personne. On peut voir les villages sur pilotis, le marché flottant des fruits et légumes où les vendeurs accrochent le produit proposé au bout d'une perche. Notez sur les rives ces nombreux troncs d'arbres immergés dans l'eau. Ce sont surtout des fromagers qu'on laisse ainsi jusqu'à 2 ans pour qu'ils résistent à tout (pourrissement, termites, etc.). On découvre aussi un village cham. Bien sûr, nombreuses scieries et menuiseries au bord de l'eau. Autre industrie locale : les fermes piscicoles flottantes. De véritables villages, chaque ferme produisant jusqu'à 60 000 poissons annuellement (généralement des poissons-chats de 1 à 2 kg).

DANS LES ENVIRONS DE CHÂU ĐỐC

La mosquée Ehsan : on l'appelle aussi *Chùa Ehsan.* C'est la mosquée la plus proche de la ville de Châu Đốc. Située sur l'île de Cồn Tiên, il faut passer la rivière sur un bac puis continuer sur 1 km environ. Sur la gauche de la route, il s'agit d'une petite mosquée, propre et fraîche, dans un quartier campagnard où habitent 150 familles cham de religion musulmane.
Pour ceux qui aiment les mosquées, il y a aussi la *mosquée Jamiul Azhar* (à 2 km de la ville) et la *mosquée Moubarak* (3 km).

LE MONT SAM (NÚI SAM)

À 7 km au sud-ouest de la ville, sur la route de Nhà Bàng et Hà Tiên, près de la frontière du Cambodge. Étrange et unique rupture dans la platitude du delta, le mont Sam est une sorte de « montagne sacrée » pour les Vietnamiens, qui y viennent régulièrement en pèlerinage. Situé dans la plaine, on y accède à moto-carriole (appelons-les ainsi) ou en voiture (route asphaltée). Plusieurs temples et pagodes ont été construits au pied du mont, mais ses versants sont constellés de petits oratoires creusés dans des rochers. Un gros village s'est développé au pied du mont. On trouve des pensions pas chères qui sont la plupart du temps occupées par les pèlerins. Du sommet, la vue sur le delta du Mékong est remarquable.

SAM LE CRABE, NON PAS L'ONCLE AMÉRICAIN

Une précision sur le nom du mont : Sam n'a rien à voir avec l'Oncle Sam qui a arrosé copieusement la région de ses bombes pendant la guerre. Il s'agit du nom vietnamien d'une sorte de crabe extravagant portant une carapace dont la forme rappelle les contours de la montagne.

– Droit d'accès au village de Thánh Miễu : 20 000 Dg.
– On peut en faire l'ascension à pied par un sentier qui part du mausolée de Thoại Ngọc Hầu. Autre accès par le chemin Lên Dinh Núi, à côté de la pagode Nhà Bia Liệt Sĩ. À moto-taxi *(xe ôm),* compter 20 000 Dg pour monter (durée 15 mn), et autant pour redescendre depuis le sommet. Chemin bitumé avec des nids-de-poule.
– Du centre-ville de Châu Đốc à moto-taxi, 140 000 Dg l'aller-retour.
On peut prolonger la balade vers le parc protégé de Trà Sư, un site agréable offrant des paysages de mangroves et une réserve ornithologique. Accessible à moto-taxi ; compter 30 mn du mont Sam, puis barque (75 000 Dg par personne).
– ***Bon à savoir :*** le grand pèlerinage se déroule le 22e jour du 4e mois lunaire. Comme à Lourdes, le temple est alors envahi par des hordes de pèlerins.

La pagode de Tây An : *au pied du mont Sam, près de la poste, à l'intersection de la route venant de Châu Đốc et de la route circulaire.*
C'est le sanctuaire le plus original, grâce à son style mélangeant des formes hindouistes et bouddhiques. 2 éléphants gardent l'entrée de la pagode ; celui de droite est blanc et possède 6 défenses en ivoire. Explication : la mère du Bouddha

fit un songe, un éléphant à 6 défenses en ivoire lui apparut, après quoi elle mit au monde Siddhârta, le futur Bouddha. Construite en 1847, cette pagode abrite 200 statues et divinités bouddhiques, et des tombes de bonzes très colorées (à l'extérieur).
Grandes cérémonies le 15e jour des 1er et 10e mois lunaires, ainsi que le 12e jour du 8e mois lunaire (amis routards, ne soyez plus dans la lune, mais apprenez à les compter, c'est utile dans ce pays !).

Le temple de la Reine du Pays : *les Vietnamiens l'appellent « Miếu Bà Chúa Xứ ».* Situé au pied du mont Sam, juste sur la droite de la route en venant de Châu Đốc, à environ 200 m après la pagode de Tây An, voici un très curieux temple, enfumé, surchargé, envahi par des foules de pèlerins et de dévots venus là pour faire des offrandes à la Reine du Pays, une statue en pierre peinte couverte de tissus chamarrés. Atmosphère chargée d'une ferveur religieuse. On dit qu'elle grandirait chaque année de quelques millimètres (on n'a pas vérifié, car il est strictement interdit d'y toucher !).
Selon une légende, à l'origine, cette statue se trouvait au sommet du mont Sam où des hindouistes venus du Cambodge l'auraient abandonnée dans leur fuite précipitée. Découverte, elle fut ensuite portée par 12 filles, toutes vierges (mais sûrement très musclées !), jusqu'au pied de la montagne. Comme elle était trop lourde, les jeunes filles l'abandonnèrent à l'endroit même où se dresse aujourd'hui le temple qui lui est dédié.

CẦN THƠ

270 000 hab. (district 1 200 000 hab.) IND. TÉL. : 292

• Plan d'ensemble *p. 487* • Plan zoom *p. 489*

Au cœur du delta du Mékong, à 169 km de Hồ Chí Minh-Ville, Cần Thơ est la ville principale et le centre politique, économique et universitaire le plus important du delta. C'est la 4e ville du Vietnam. Étalée au bord de l'un des 9 grands bras du fleuve, Cần Thơ vit des activités fluviales et commerciales, ainsi que de la riziculture. Elle possède le plus grand pont à haubans d'Asie du Sud-Est (inauguré en 2010), qui lui a permis d'accélérer son développement économique, et un aéroport qui la relie facilement au reste du pays.
Encore relativement peu encombrée par la circulation malgré son développement rapide, quadrillée par des avenues et des rues larges et aérées, elle reste une étape agréable. Une 2e Hồ Chí Minh-Ville en voie de développement en somme, à taille humaine, plus facile pour le voyageur.
Cần Thơ est une bonne base pour découvrir la riche et prospère campagne aux alentours, les rizières et les vergers, des villages paisibles voulant encore vivre au rythme de marchés flottants (en perte de vitesse, hélas !) et un réseau incroyable de voies d'eau remontant jusqu'aux endroits les plus reculés.

Arriver – Quitter

En avion

Aéroport international de Cần Thơ : *à 9 km au nord-ouest de la ville. Une route directe et large conduit au centre-ville en 15-20 mn.* Ce nouvel aéroport n'a en fait d'international que le nom, et ne dessert pour l'instant que Hanoi et l'île de Phú Quốc.

➢ ***De/pour Hanoi :*** 3 vols/j. avec *VietJet Air.* Durée : 2h10.
➢ ***De/pour Đà Nẵng :*** 1 ou 2 vols directs/j., avec *Vietnam Airlines.* Durée : 1h30.
➢ ***De/pour l'île de Phú Quốc :*** normalement 1 vol/j., mat ou soir. Bien vérifier, car ces vols sont parfois annulés et bien souvent avec escale. Pas pratique.

En bus et minibus

Gare routière – Bến Xe Trung Tâm TP Cần Thơ *(hors plan d'ensemble par A3)* **:** *Hưng Thạnh, Cái Răng, à env 4 km au sud du centre-ville, après avoir passé le pont Quang Trung.* *09-86-54-33-21.* C'est désormais l'unique grande gare des arrivées et des départs. Quelques comptoirs d'info (on y parle peu, voire pas du tout l'anglais) et de vente de billets.
➢ ***De/pour Hồ Chí Minh-Ville :*** bus et minibus réguliers, avec la compagnie *Phương Trang-Futa Bus Lines (☎ 376-97-68),* entre autres. Ttes les 30 mn env, 0h30-22h30. Trajet : 3h-3h30. Billet : 130 000 Dg. À Hồ Chí Minh-Ville, arrivée à la gare routière de Miền Tây (ouest de la ville). De cette gare routière, navette gratuite pour le centre-ville ou bien taxi.
➢ ***De/pour Rạch Giá :*** minibus ttes les 2h. Trajet : env 3h30. Billet : 110 000 Dg.
➢ ***De/pour Châu Đốc :*** départs ttes les 2h en journée. Trajet : env 3h30. Billet : 100 000 Dg.
➢ ***De/pour Cà Mau :*** 1 bus/h, avec la compagnie *Phương Trang-Futa Bus Lines.* Compter 4h de trajet. Billet : 90 000 Dg.
➢ ***De/pour Cái Bè :*** pas de bus jusqu'à Cái Bè même, mais les bus pour Hồ Chí Minh-Ville peuvent vous déposer à l'embranchement de la route qui conduit à Cái Bè, d'où l'on peut facilement prendre une moto pour les 3 km restants. De même, les bus passent par Vĩnh Long et peuvent vous y arrêter.

LE SUD

Adresses utiles

✉ ***Poste*** *(zoom B1)* **:** *2, Hoà Bình. Tlj 6h30-20h.* Service *Western Union* (transferts urgents d'argent liquide) et bureau *DHL* pour les envois de colis.
■ ***Vietcombank*** *(zoom A2,* ***3****)* **:** *7, Hoà Bình. ☎ 389-26-53. Lun-ven 7h-12h, 13h-17h.* Change les devises et les chèques de voyage. Distributeur *Visa* et *MasterCard.*
■ ***VietinBank*** *(zoom B2,* ***4****)* **:** *à l'angle des rues Phan Đình Phùng et Ngô Quyền.* Change les devises et les chèques de voyage. Distributeur *Visa* et *MasterCard.*
■ ***TransMékong*** *(zoom B2,* ***2****)* **:** *144, Hai Bà Trưng. ☎ 382-95-40. 09-03-03-31-48. • transmekong.com • mekong-delta.com • Lun-ven 8h-12h, 13h30-17h30 ; w-e 8h-12h. Résa préférable ; 20 % de réduc sur les résas moins de 48h avt le départ pour les croisières en Bassac.* Installé au Vietnam depuis 1992, Benoît Perdu, le propriétaire du *Nam Bộ Boutique Hotel* (voir « Où dormir ? »), tient cette agence sérieuse. Il propose diverses balades et croisières sur le Mékong (lire plus bas la rubrique « À voir. À faire »). Les clients de cette agence et de l'hôtel *Nam Bộ* peuvent profiter d'une navette (privée et payante) entre le quartier 1 d'Hồ Chí Minh-Ville et Cần Thơ ou Cái Bè, jusqu'au point d'embarquement des bateaux.

Où dormir ?

Bon marché (jusqu'à 300 000 Dg / env 11 €)

Hiền Guesthouse II *(zoom B3,* ***12****)* **:** *106/3, Phan Đình Phùng. ☎ 381-27-18. 09-45-40-65-55. • nhakhachhien@yahoo.com • Doubles 10-12 US$.* 7 chambres avec salle de bains, clim et balcon donnant sur les toits. Elles sont propres et agréables. Pour les petits budgets, la ***Hiền Guesthouse I,*** juste derrière

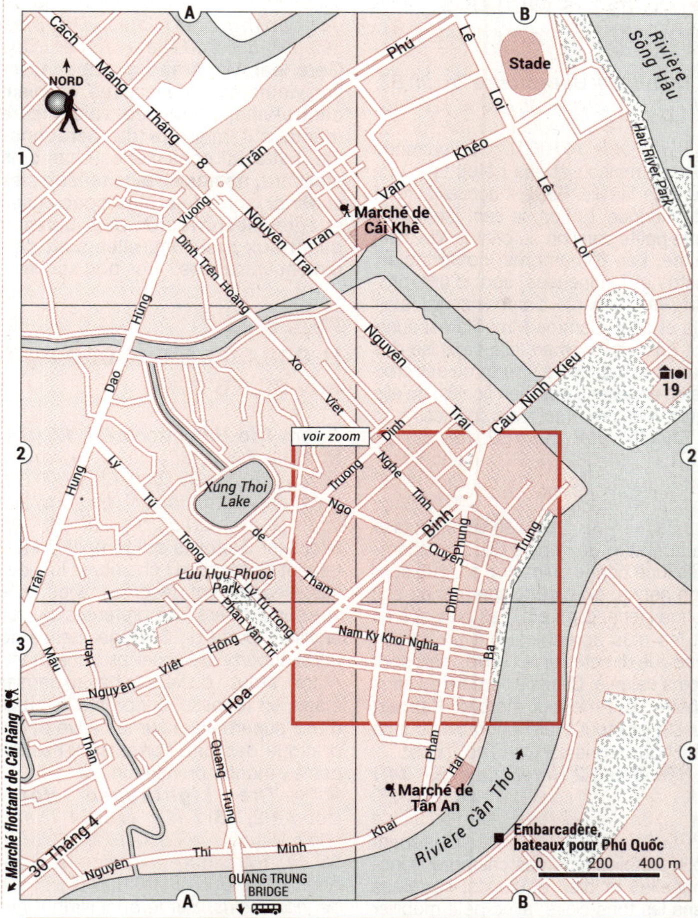

CẦN THƠ – Plan d'ensemble

Où dormir ?	Où manger ?
19 Victoria Cần Thơ Resort (B2)	19 Restaurant Spices (B2)

celui-ci *(doubles 7-10 US$)*. Le propriétaire de ces 2 hôtels est un prof de sciences naturelles qui vous accueillera dans un très bon anglais, du moins s'il est là.

Xuân Mai 3 Hotel *(zoom B2,* ***11****) : 60, Nguyễn An Ninh. ☎ 381-05-68. Double 250 000 Dg ; pas de petit déj.* Hôtel situé sur une large artère du centre. Une trentaine de chambres colorées et équipées comme il se doit, dont certaines avec balcon. Celles qui donnent sur l'arrière sont évidemment plus calmes. En dépannage si les adresses précédentes sont complètes.

Prix moyens (300 000-600 000 Dg / env 11-23 €)

Thanh Hà Guesthouse *(zoom B3,* ***10****) : 118/14, Phan Đình Phùng. 09-18-18-35-22. • mshaguesthouse@gmail.com • Double 340 000 Dg.* La patronne gère sa maison et ses hôtes telle une mère de famille. Elle est accueillante et attentionnée. Et l'on se sent bien dans cette petite pension du centre-ville, bien calme. Les 6 chambres, confortables, vastes et lumineuses, sont d'une propreté irréprochable. L'ambiance est familiale et cool. Comme Mme Hà est aussi une *business woman,* elle organise des tours à vélo dans les rizières ou des croisières en bateau très bien ficelés, qu'elle saura vous présenter avec conviction.

Tây Hồ Hotel *(zoom B2,* ***15****) : 42, Hai Bà Trưng. ☎ 382-33-92. • tayhohotel@canthotourist.com.vn • canthotourist.com.vn • Doubles 350 000-400 000 Dg ; pas de petit déj.* Très bien situé, en face de la statue de l'oncle Hồ. Les chambres (une bonne quinzaine en tout) sont bien nettes, avec carrelage mat au sol, bonne literie, clim, etc. Les plus chères (et les plus agréables) ont un balcon avec vue directe sur le fleuve, mais sont moins calmes. Celles à l'arrière ou sans fenêtre sont meilleur marché. Rapport qualité-prix tout à fait honorable pour ce petit hôtel repris par *Can Tho Tourist.*

Hậu Giang 2 Hotel *(zoom B3,* ***14****) : 6-8, Hải Thượng Lãn Ông. ☎ 382-48-36. • haugiang2hotel@gmail.com • Double 420 000 Dg, avec petit déj.* Ce récent hôtel 2 étoiles loue des chambres fonctionnelles et bien équipées, carrelées dans les tons clairs, avec petit mobilier en bois et sanitaires rutilants ! Les plus chères avec vue et balcon. Accueil tout en douceur. Petit déj servi dans une agréable salle au 6ᵉ étage, avec vue sur la ville. Les scooters se garent directement dans le hall de l'hôtel. Un point de chute très convenable en centre-ville.

Chic (600 000-1 000 000 Dg / env 23-38 €)

Saigon Cần Thơ Hotel *(zoom B2,* ***16****) : 55, Phan Đình Phùng. ☎ 382-58-31 ou 382-23-18. • saigoncantho.com.vn • Doubles 600 000-800 000 Dg, avec petit déj.* Géré par un grand groupe hôtelier vietnamien, bien situé en plein centre-ville, c'est une valeur sûre même s'il manque de personnalité. Évitez si possible les chambres standard, petites et sans fenêtre ; les *superior* sont déjà plus spacieuses et agréables, avec un petit bureau ; quant aux *premium,* elles sont carrément immenses ! Très bon accueil.

Plus chic (1 000 000-2 000 000 Dg / env 38-76 €)

Kim Thơ Hotel *(zoom B1,* ***17****) : 1A, Ngô Gia Tự. ☎ 381-75-17. • kimtho.com • Doubles 990 000-1 500 000 Dg, petit déj-buffet inclus. Promos sur Internet en fonction des saisons.* Un excellent 3-étoiles qui remplit parfaitement sa fonction : chambres luxueuses, élégamment décorées, avec belle vue sur la rivière (nos préférées) ou sur la ville à partir du 3ᵉ étage. Salles de bains superbes. Accueil pro, charmant. Autre « atout » du lieu : le bar au dernier étage, en terrasse, qui profite lui aussi d'une superbe vue sur le fleuve et qui pratique des prix corrects. N'hésitez pas à y monter prendre un pot !

The Lighthouse Hotel *(zoom B2,* ***13****) : 120, Hai Bà Trưng, angle avec la rue Võ Văn Tần. ☎ 382-95-40. • mekong-delta.com • Doubles 1 200 000-2 500 000 Dg, petit déj non inclus.* Sur le quai Ninh Kiều, inauguré en 2019, cet hôtel a été construit à partir d'un bâtiment colonial historique. Abrite 7 appartements confortables (clim, kitchenette) avec vue sur la rivière, un café-restaurant *(tlj 6h-23h),* une boulangerie-snack *(La Baguette).*

Très chic (2 000 000-3 310 000 Dg / env 76-126 €)

Nam Bộ Boutique Hotel *(zoom B2,* ***18****) : 1, Ngô Quyền.*

LE SUD

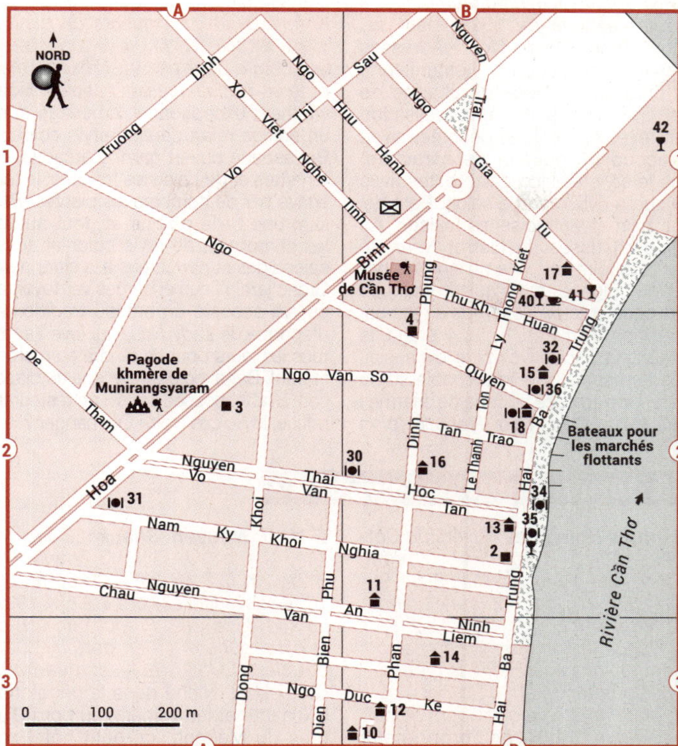

CẦN THƠ – Zoom

Adresses utiles

- **2** TransMékong (B2)
- **3** Vietcombank (A2)
- **4** VietinBank (B2)

Où dormir ?

- **10** Thanh Hà Guesthouse (B3)
- **11** Xuân Mai 3 Hotel (B2)
- **12** Hiền Guesthouse I et II (B3)
- **13** The Lighthouse Hotel (B2)
- **14** Hậu Giang 2 Hotel (B3)
- **15** Tây Hồ Hotel (B2)
- **16** Saigon Cần Thơ Hotel (B2)
- **17** Kim Thơ Hotel (B1)
- **18** Nam Bộ Boutique Hotel (B2)

Où manger ?

- **18** Restaurants Nam Bộ et L'Escale (B2)
- **30** Cơm 16 (B2)
- **31** Nem Nướng Thanh Vân (A2)
- **32** Mékong 1965 (B2)
- **34** Vieux marché (B2)
- **35** Café Sao Hôm (B2)
- **36** Restaurant Phương Nam (B2)

Où boire un verre ?

- **35** Café Sao Hôm (B2)
- **40** Café English (B1)
- **41** Hoa Cau Coffee (B1)
- **42** Sky Bar (B1)

☎ 381-91-39. • nambocantho.com • Doubles à partir de 100 €, petit déj inclus. Benoît Perdu (voir « Adresses utiles ») et son épouse vietnamienne ont créé ce bel hôtel de charme de Cần Thơ avec, à la clé, la réalisation d'un rêve. 7 chambres décorées avec beaucoup de goût et de caractère, dans le style ethnico-chic, toutes avec vue sur la rivière par le salon. Petit déj avec pain et viennoiseries maison. Au rez-de-chaussée, le bistrot *Nam Bộ* (voir plus loin) sert une cuisine vietnamienne soignée, mais aussi quelques plats occidentaux. De temps en temps, exposition d'artistes. Et au 4e étage, le restaurant *L'Escale* (voir plus loin aussi), avec terrasse et vue imprenable sur la rivière. Une adresse bourrée de charme !

Victoria Cần Thơ Resort *(plan d'ensemble B2, **19**) : quartier de Cái Khế, excentré, en dehors du centre-ville. ☎ 381-01-11. • victoriahotels.asia.com • Doubles 120-170 US$, mais promos fréquentes sur Internet.* Hôtel vraiment exceptionnel, aménagé dans un édifice refait dans le style colonial. Bel espace ouvert garni d'arcades, de tomettes et de boiseries foncées, le tout égayé par de nombreuses plantes. Plus loin, une belle piscine et, tout autour, les chambres, de style colonial aussi, splendides et parfumées à la citronnelle. Grand jardin fleuri et berges verdoyantes où est accosté un bateau traditionnel d'époque, le *Lady Hau,* qui lève l'ancre tous les jours pour se rendre au marché flottant. Bar avec billard et spa au diapason. L'hôtel possède aussi un restaurant raffiné, le *Spices* (voir « Où manger ? »).

Où dormir dans les environs ?

LE SUD

Hưng's Homestay *(Riverside Cottage) : 163-KV, Thạnh Huề, Thường Thạnh, **Cái Răng**. 09-03-84-98-81 ou 82. • hunghomestay@yahoo.com.vn • À 9 km de Cần Thơ, vers Cái Răng. Téléphonez avt au patron, il viendra vous chercher à la gare routière. Compter 300 000 Dg/pers, petit déj, dîner, tour à vélo et cours de cuisine inclus !* M. Hưng, propriétaire chaleureux et anglophone, loue une vingtaine de bungalows couverts de feuilles de palme, au bord d'un cours d'eau ou dans un jardin reposant, à l'arrière de la maison (plus calme, car éloigné des bateaux à moteur qui croisent dès le matin). C'est sommaire mais propre, avec douche, moustiquaire et ventilo. Et, surtout, ça repose de la ville. Organise des tours.

Nguyen Shack *: Cầu Ông Tim, Thạnh Mỹ, Thường Thạnh, **Cái Răng**. ☎ 628-86-88. 09-66-55-00-16. • nguyenshack.com • À env 18 km au sud de la ville. Prendre un taxi de la gare routière. Lit en dortoir 6 US$, double 24 US$, triple et quadruple 50-67 US$.* Niché dans la végétation luxuriante et les vergers, au bord d'un bras du Mékong, ce petit hôtel aux bungalows en bambou sur pilotis est un îlot de calme et de dépaysement. De la terrasse ouverte du resto-bar où sont servis repas et bons petits déj, le regard englobe cette campagne paisible et verdoyante. Bungalows bien équipés avec moustiquaire, ventilo (pas de clim), salle de bains privative (ouverte sur l'extérieur) et terrasse. Côté cours d'eau, les dortoirs, basiques mais nickel.

Où manger ?

Bon marché (moins de 100 000 Dg / env 4 €)

– Des éventaires alimentaires et quelques gargotes au ***vieux marché*** *(zoom B2, **34**).*

Nem Nướng Thanh Vân *(zoom A2, **31**) : 17, Hoà Bình (angle avec Nam Kỳ Khởi Nghĩa). ☎ 382-72-55.* Tous les classiques vietnamiens. Bon et vraiment pas cher.

Mékong 1965 *(zoom B2, **32**) : 38, Hai Bà Trưng. ☎ 382-16-46. Sur le quai, face à la statue de l'oncle Hồ. Tlj 15h-22h.* Petite salle simple mais proprette ouverte sur la rue, et prolongée d'une terrasse. Cuisine vietnamienne sans prétention et, surtout, une carte de plats occidentaux (pizzas, crêpes) corrects, qui ravissent les touristes, nombreux. Prix fort doux.

Cơm 16 *(zoom B2, **30**)* : *52, Nguyễn Thái Học. Ouv jusqu'à 22h.* Cantine incontournable de Cần Thơ, très fréquentée le midi. Cadre simple et service limité mais grande variété de plats locaux à des prix très contenus. On y parle si peu l'anglais que patience et ouverture d'esprit seront de mise.

Prix moyens (100 000-250 000 Dg / env 4-9 €)

Café Sao Hôm *(zoom B2, **35**)* : *Nhà Lồng Chợ Cổ, Bến Ninh Kiều. ☎ 381-56-16. Tlj 6h-22h (en principe).* En terrasse devant l'ancien marché (1915) de Cần Thơ, ouvert sur le fleuve (mais couvert), un joli et agréable bar-resto où l'on peut petit-déjeuner (excellentes viennoiseries de la boulangerie du *Nam Bộ Boutique Hotel*), déjeuner, dîner ou simplement boire un verre. Plusieurs menus, dont un « Saveurs du Mékong » qui permet de goûter à 7 plats différents. Cuisine vietnamienne simple et soignée. Plus agréable au déjeuner pour la vue, et clientèle de groupes certains soirs. Bon service.

Restaurant Nam Bộ *(zoom B2, **18**)* : *1, Ngô Quyền (angle avec Hai Bà Trưng). ☎ 381-91-37. Ouv 6h30-22h.* Situé au rez-de-chaussée du *Nam Bộ Boutique Hotel* (voir plus haut), dans une agréable salle bistrot carrelée, avec nappes à carreaux brun et blanc et ventilos au plafond. Cuisine soignée. Spécialités vietnamiennes et occidentales servies par une équipe pro de jeunes serveurs. Si vous ne savez que prendre, essayez le menu « serpent », bien bon et copieux.

Restaurant Phương Nam *(zoom B2, **36**)* : *48, Hai Bà Trưng. ☎ 381-20-77. Tlj 10h-22h.* Un peu plus discret que certains mais c'est une très bonne adresse pour la qualité de la cuisine. Carte affichant aussi bien des croque-monsieur et spaghettis carbonara que du poisson-chat sauce caramel, du serpent au curry ou au satay. Prix sages et cadre plaisant ouvert sur la rue.

Chic (250 000-600 000 Dg / env 9-23 €)

Restaurant L'Escale *(zoom B2, **18**)* : *1, Ngô Quyền. ☎ 381-91-37 ou 39. Tlj 6h-23h.* L'autre resto de l'hôtel *Nam Bộ* (cité plus haut), au 4e (et dernier) étage celui-là. Cadre agréable et lumière tamisée, en salle ou en terrasse, avec petite musique d'ambiance, pour une bonne cuisine française (steak aux 3 poivres, lapin aux olives...). Quelques plats vietnamiens aussi. Bien pour un dîner romantique, mais aussi pour boire un verre en soirée (belle vue sur le fleuve et ses rives illuminées).

Restaurant Spices *(plan d'ensemble B2, **19**)* : *dans le Victoria Cần Thơ Resort (voir « Où dormir ? »). ☎ 381-01-11.* Dans le cadre magnifique de l'hôtel *Victoria*, le chef propose une carte gastronomique vietnamienne ou occidentale qui enchantera les plus exigeants (si vous êtes 2, n'hésitez pas à prendre le poisson en forme d'oreille d'éléphant, particulièrement bien présenté). Également des plats du jour à prix démocratiques. Tables en terrasse ou agréable salle climatisée. Le service est à la hauteur, grande classe.

LE SUD

Où boire un verre ?

Café Sao Hôm *(zoom B2, **35**)* : *Nhà Lồng Chợ Cổ, Bến Ninh Kiều. ☎ 381-56-16. Tlj, jusqu'à 22-23h.* Dans le vieux marché (1915) de Cần Thơ, ce resto très bien situé au bord de la rivière est également une bonne adresse pour simplement boire un jus de fruits ou une bière en soirée. Excellentes crêpes et gourmandises aussi, pour la pause sucrée.

Hoa Cau Coffee *(zoom B1, **41**)* : *4, Hai Bà Trưng. Tlj, jusqu'à 23h.* Terrasse surélevée sous les palmiers, donnant sur la rue et, plus loin, la rivière. Également un coin lounge. Agréable pour boire un verre confortablement installé dans des canapés. Grand choix de cafés, jus, *shakes,* smoothies, thés, chocolats, glaces, bières et cocktails à prix tout à fait démocratiques.

Café English *(zoom B1,* ***40****)* ***:*** *13-15, Trần Quốc Toản. Tlj 8h-23h.* Dans une petite rue perpendiculaire au fleuve, en plein centre, un café au décor sobre pseudo-industriel, tenu par un... Anglais ! Longue carte de boissons : jus, cafés et chocolats variés. Bons petits déj et beau choix de cocktails. Cuisine occidentale. Bien entendu, le repère des voyageurs en quête de rencontres et d'échanges sur les bons tuyaux et balades à faire dans la région.

Sky Bar *(zoom B1,* ***42****)* ***:*** *2, Hai Bà Trưng. 939-78-61-23. Tlj jusqu'à 22h (parfois plus).* Au 13e étage de l'hôtel *Ninh Kiều,* un bar en terrasse avec une belle vue sur le Mékong et la ville.

À voir. À faire

Le marché de Tân An *(ou marché central ; plan d'ensemble B3)* ***:*** *71, Hai Bà Trưng.* Très animé et grouillant, il déborde même sur les rues adjacentes... depuis que le vieux marché *(zoom B2,* ***34****)* n'abrite plus que des stands de vêtements recyclés. Voici le Vietnam authentique, avec sa foule de vendeurs et, surtout, de vendeuses coiffées de chapeaux coniques.

Le marché de Cái Khế *(plan d'ensemble A-B1)* ***:*** *situé dans le quartier de Cái Khế, à env 2 km au nord-ouest du quartier touristique.* L'autre marché alimentaire (principalement) de Cần Thơ. Un peu plus net et aéré que le précédent, il rassemble aussi tous les produits provenant des marchés flottants, ainsi qu'une grande variété de fruits de mer, tortues, serpents... Également des produits de la vie de tous les jours, tissus, vêtements, etc.

POISSON MORTEL

Comme le fugu au Japon, le cá nóc vietnamien est un poisson mortel. Son aspect boursouflé et affreux ne présage d'ailleurs rien de bon. De fait, il cache une substance empoisonnée qui peut tuer celui qui le mange. Il s'agit de la bile de l'animal, qu'il faut enlever avec délicatesse. Des victimes ont été signalées en 2012 sur la côte centrale du Vietnam.

La pagode khmère de Munirangsyaram *(zoom A2)* ***:*** *36, Hoà Bình.* Repérable de loin à son superbe toit, typiquement khmer. C'est surtout son aspect extérieur polychrome, mélange de rouge, d'ocre et de jaune, qui retient l'attention. Construite en 1964, elle sert de centre spirituel à la communauté khmère de Cần Thơ, soit environ 2 000 personnes. Salles des prières au rez-de-chaussée et à l'étage. Une petite vingtaine de bonzes vivent ici et peuvent vous faire voir un peu les lieux. Ils invitent parfois aussi leurs hôtes à boire une tasse de thé en leur compagnie.

Le musée de Cần Thơ *(Bảo Tàng Cần Thơ ; zoom B1)* ***:*** *1, Hoà Bình (angle avec Trần Quốc Toản). ☎ 381-80-75. Mar-jeu 8h-11h, 14h-17h ; w-e et j. fériés 8h-11h, 18h30-21h. GRATUIT.* Dédié à la culture et l'histoire de Cần Thơ et ses environs, mais intérêt un peu limité, notamment à cause du manque d'explications en anglais. Restent les collections sur 2 étages. Au rez-de-chaussée, section sur la flore et la faune, ainsi que sur l'activité agricole et commerciale du delta du Mékong. Un peu d'histoire et de culture aussi, avec différents objets de la culture Óc Eo (statuettes de Vishnou taillées dans la pierre), une pagode et la reconstitution d'un orchestre *Tài Tử.*

Balades en bateau à moteur sur le Mékong et visite des marchés flottants : le départ se fait de l'embarcadère Ninh Kiều, en centre-ville, près du vieux marché couvert. Il existe plusieurs façons de faire ces balades : par

l'intermédiaire d'une ***agence locale*** (voir plus haut la rubrique « Adresses utiles ») qui organise l'excursion en bateau privé (durée en moyenne 3h) à des prix variables selon le nombre de passagers et le programme (plus intéressant si vous êtes un petit groupe que si vous êtes 2). On peut aussi s'adresser directement aux ***bateliers,*** sur les quais entre la statue de l'oncle Hồ et le vieux marché où sont amarrées les barques. Compter 1h30 de balade. Le prix, négociable, tourne autour des 400 000 Dg pour 2 personnes. Bien moins cher qu'avec les agences, mais dans ce cas, généralement, pas d'explications en anglais ni de collation sur le bateau. Enfin, la plupart des ***hôtels et guesthouses*** organisent également des tours. De manière générale, la promenade inclut la visite des marchés flottants, d'un jardin fruitier, d'une fabrique de vermicelles *Hủ Tiếu* ou d'une petite usine de décorticage de riz. Le départ se fait souvent très tôt le matin.
Pour le descriptif des marchés flottants, voir plus bas les marchés de *Cái Răng* et *Phong Điện,* dans les environs de Cần Thơ.

Croisière sur le Mékong à bord de Bassac _et des_ 9 Dragons *:* *infos auprès de* ***TransMékong,*** *• transmekong.com • Compter env 200-234 €/pers en pens complète (moins cher à partir de 3 pers ; 50 % de réduc pour les moins de 12 ans et 20 % de réduc si résa moins de 48h avt le départ en* Bassac *et le jour même en* 9 Dragons*), visites comprises. Résa conseillée et même quasi impérative !* Les *Bassac* sont des bateaux dans le style des embarcations fluviales qui servaient autrefois au transport du riz. Tout en bois, et rénovés par Benoît Perdu, le propriétaire, ces petits bateaux de croisière naviguent entre Cần Thơ et Cái Bè (une nuit à bord) ; la croisière peut se faire dans les 2 sens. Sur ce vieux bateau, vous êtes convié, bien sûr, à une croisière de charme et de luxe, en petit comité : 6 cabines (de 2 personnes) maximum sur le *Bassac I,* 10 cabines sur le *Bassac II,* et 12 cabines sur le *Bassac III* ; petites cabines doubles avec clim, w-c, lavabo et douche. Cuisine fraîche préparée sur le bateau. Au programme : regarder les berges des arroyos (ruisseaux temporaires) filer paisiblement, farniente sur le pont, visite de marchés flottants, repas à la bougie, etc.
Les *9 Dragons* offrent des croisières de jour à bord de grands sampans confortables : petit déjeuner vers un marché flottant ou une pagode khmère perdue dans la campagne, balades à vélo, toute une journée au vert...

LE SUD

DANS LES ENVIRONS DE CẦN THƠ

– ***Bon à savoir :*** même si de plus en plus de producteurs choisissent de partir vendre leur production par voie terrestre, que le nombre de bateaux tend à diminuer, la visite des marchés flottants reste la 1re attraction de Cần Thơ et surtout l'occasion d'une agréable balade sur l'eau.

Le marché flottant de Cái Răng *(hors plan d'ensemble par A3)* **:** *à 4 km en aval de Cần Thơ.* Une balade agréable et facile à réaliser, à faire tôt le matin (vers 7h), lorsque l'activité bat son plein. C'est le plus grand marché flottant de grossistes du delta du Mékong, et même du Vietnam. On y croise, dans une animation bon enfant, une myriade de bateaux chargés de pastèques, melons, carottes, patates douces, oignons, etc. Notez les longues perches auxquelles sont accrochés le(s) fruit(s) ou légume(s) servant d'enseigne. On n'y est pas seul, les bateaux de touristes se suivent à la queue leu leu, mais le spectacle est étonnant... et photogénique.

Le marché flottant de Phong Điện : *à env 18 km en aval de Cần Thơ. Seulement le mat.* Plus typique et nettement moins grand que le marché de Cái Răng, ce petit marché local fréquenté par les habitants offre surtout la possibilité d'observer l'un des derniers vrais marchés flottants de la région. Les bateaux y sont d'ailleurs plus petits. Mais il est beaucoup plus loin de Cần Thơ. Si cela vous tente, le mieux est d'y aller en taxi au départ de Cần Thơ (compter bien 200 000 Dg), d'autant que la remontée de la rivière depuis Cần Thơ est longue et inintéressante. Une fois sur place (mieux vaut y être tôt comme pour l'autre marché), prendre une barque pour une balade sur le marché flottant et dans les vergers, car le charme de la promenade réside aussi dans le réseau des petits canaux qui traversent la région.

Nhà Cổ Bình Thủy ou la maison des Orchidées de M. Dương Minh Hiển : *26/1, Bùi Hữu Nghĩa, zone de* ***Bình Thủy,*** *à 7 km au nord du centre. Y aller en taxi. Visites tlj 8h-12h, 14h-18h. Entrée : 15 000 Dg.* On est accueilli pour la visite par la fille (très âgée) de M. Bình Thủy, qui parle un excellent français. Cette maison bien conservée, typique du delta du Mékong, a servi de décor pendant 1 semaine pour le tournage du film *L'Amant* de Jean-Jacques Annaud (dont on peut voir, sur l'un des murs, l'affiche dédicacée). Y fut ainsi tournée la scène où l'on voit l'acteur principal (l'amant de Marguerite Duras) se recueillir devant un homme fumant une pipe d'opium sur un lit. Il s'agit d'une grande maison bourgeoise précédée d'un escalier et séparée de la rue par un jardin, construite en 1870 par le grand-père de l'actuel propriétaire, qui souhaitait vouer un culte à ses ancêtres, comme le montre l'espèce d'autel au milieu de la pièce principale. Pour cela, il fit appel aux meilleurs artisans de la région, qui sculptèrent les colonnes de bois, les meubles et les fauteuils. Noter les lampes, le carrelage, le lavabo ouvragé venus de France et une tapisserie au mur ornée de cerfs et de biches. À gauche, devant la maison, un petit jardin d'orchidées.

La pagode khmère de Chùa Dơi : *Văn Ngọc Chính, Phường 3, à* ***Sóc Trăng.*** *À 65 km au sud de Cần Thơ et à 3,3 km au sud du centre de Sóc Trăng (depuis le bord du Mékong). Prendre la direction de la gare routière (Bến Xe Sóc Trăng) par la rue Trần Hưng Đạo. Tourner à gauche sur la rue Lê Duẩn et continuer par la rue Lê Hồng Phong. Moins de 800 m plus loin, il y a un embranchement à droite, c'est la rue Văn Ngọc Chính qui mène à la pagode, à 800 m plus loin. Accès libre mais il convient de laisser une obole aux moines.*

En khmer, on l'appelle « Mahatup ». Voici l'une des plus belles pagodes de la région. Construite il y a environ 400 ans, la pagode principale (à gauche) est bien révélatrice de l'art bouddhique khmer. Les jours de fête, elle se remplit des 200 familles cambodgiennes habitant les hameaux aux alentours. Un véritable îlot de calme et de sérénité. Les gens du coin l'appellent plus couramment la pagode des Chauves-souris en raison des nombreuses chauves-souris qui y vivent, suspendues aux branches d'un groupe d'arbres situé derrière le petit sanctuaire que l'on trouve à droite, en entrant dans l'enceinte.

– La ***fête des Eaux*** *(bonn om touk)* se déroule chaque année en novembre. Une trentaine de pirogues se rassemblent sur un bras du fleuve, à Sóc Trăng, pour une compétition étalée sur 2 jours. Chaque pagode amène sa pirogue. Celle de la pagode Chùa Dơi, très longue, marquée d'une chauve-souris à la proue, est transportée par une centaine de jeunes. On compte une cinquantaine de rameurs dans chaque embarcation (jamais de bonzes, mais des fidèles).

LES PORCS MEURENT AUSSI

Les porcs à 5 doigts (au lieu de 4) constituent une anomalie génétique qui porte malheur au Vietnam. Les gens les abandonnent à leur triste sort, mais les moines de Sóc Trăng les accueillent et les élèvent avec bienveillance. À leur mort, ces maudits cochons ont droit à une sépulture peinte dans l'enceinte du monastère. Tolérance bouddhique pour tous !

RẠCH GIÁ

IND. TÉL. : 297

À 127 km à l'ouest de Cần Thơ, abrité dans le creux d'une baie, au fond du golfe du Siam, Rạch Giá (province de Kiên Giang) est un des principaux ports de pêche sur la pointe ouest du delta du Mékong. On n'y séjourne pas car il n'y a rien de particulier à y faire, mais on y passe pour prendre le bateau pour l'île de Phú Quốc.

Arriver – Quitter

En bus

Gare routière – Bến Xe Rạch Giá : *260A, Nguyễn Bỉnh Khiêm. ☎ 386-22-74. Au nord de Rạch Giá, près du nouveau marché. Du centre-ville, suivre la rue Trần Phú, puis tourner à droite rue Lê Lợi ; c'est 200 m plus loin sur la gauche.*

➢ ***De/pour Hà Tiên :*** bus réguliers avec *Mai Linh*. Trajet : env 2h30.

➢ ***De/pour Cần Thơ :*** 12 bus/j., 4h-18h, avec la compagnie *Phương Trang-Futa Bus Line*. Billet : 110 000 Dg. Trajet : env 3h15.

➢ ***De/pour Hồ Chí Minh-Ville :*** 12 bus/j., 6h-1h. On recommande la compagnie *Phương Trang-Futa Bus Line (☎ (077) 369-16-91 ou (08) 38-30-93-09)*. Une trentaine de bus confortables, 4h15-19h10. Billet : 150 000 Dg. De Hồ Chí Minh-Ville, les bus express au départ de la gare routière de Miền Tây mettent env 7h pour faire la route, via Cần Thơ ou Long Xuyên.

En bateau pour l'île de Phú Quốc

Embarcadère : *sur le port de Rạch Giá, à 100 m du temple Nguyễn Trung Trực.* 3 compagnies de vedettes rapides. Mieux vaut acheter son billet la veille, surtout en hte saison.

■ ***Ngọc Thanh Express :*** *☎ 369-18-88. • ngocthanhexpress.com •* 2 bateaux/j. de Rạch Giá, à 8h10 et 12h45. Billet : 280 000 Dg ; réduc.

■ ***Superdong*** *(Fast Ferry)* ***:*** *☎ 395-59-33. • superdong.com.vn •* 4 bateaux/j. de Rạch Giá, 7h-13h10. Durée : 2h45. Arrivée au port de Bãi Vòng (Phú Quốc).

■ ***Phú Quốc Vip Catamaran :*** *☎ 385-25-75.* Pour les horaires et les tarifs en anglais, voir *• hatienphuquoc.com.vn •* 4 départs/j., 7h20-13h45. Billet : 340 000 Dg. Durée : 1h15 (45 km). Ce sont des catamarans très rapides et modernes. Arrivée au débarcadère de Bãi Vòng (côte est de l'île).

Adresse et info utiles

■ ***Vietcombank :*** *1, Huỳnh Mẫn Đạt. ☎ 386-34-27 ou 386-31-78.*

– ***Marché :*** *au nord de la ville, près de la gare routière.*

Où dormir ?

Nombreux petits hôtels économiques en face du marché, et aux abords du terminal de bus.

Prix moyens (300 000-600 000 Dg / env 11-23 €)

Hoàng Gia 2 Hotel *(Royal Hotel)* ***:*** *G31-32, Lê Thánh Tôn. ☎ 392-09-80. 📱 09-32-99-81-54. • hoanggiahotels.com.vn •* Près du marché, au nord du centre-ville, près de la gare routière (un avantage), cet hôtel est très bien tenu. Chambres sans prétention mais propres et bien équipées (douche/w-c, ventilo, clim). Vue sur la rue et sur ce quartier populaire et vivant. Un très bon rapport qualité-prix.

Hôtel Kim Cô 1 : *141, Nguyễn Hưng Sơn. ☎ 395-79-57 ou 395-99-99.*

LE SUD

09-18-47-82-03. • kimcohotel.com • Double 350 000 Dg. Hôtel récent avec un intérieur coloré et des chambres très agréables, belles salles de bains, clim, TV câblée.

Où manger ?

Dans la rue Nguyễn Du, perpendiculaire à la place centrale, quelques villageoises vendent leurs poulets et 2 gentilles **gargotes** spécialisées dans les fruits de mer se font pratiquement face. On y mange très bien pour pas cher du tout.

À voir

Le temple de Nguyễn Trung Trực : *18, Nguyễn Công Trứ, dans le même quartier que la pagode Phật Lớn. Ouv 6h-18h.* S'il y a un temple à visiter, c'est celui-là, les autres ne valent pas le déplacement... Près du parc municipal, ce temple est dédié au génie tutélaire de la ville, le héros Nguyễn Trung Trực (1838-1868), qui fut le chef de la résistance vietnamienne contre les Français à partir de 1860. Parmi ses actions commando, il parvint à incendier le navire de guerre *L'Espérance.* Pour le capturer, les Français usèrent de méthodes dignes du terrorisme contemporain : ils prirent en otage sa mère et des civils, menaçant de les fusiller si le rebelle ne se rendait pas. Il se rendit et fut exécuté le 27 octobre 1868 (il n'avait que 30 ans) sur la place du marché de Rạch Giá. À l'intérieur du temple, il y a un portrait du héros sur l'autel et son tombeau gardé par 2 phénix sculptés se trouve dans le jardin entourant le temple. Visite intéressante pour comprendre comment des figures historiques récentes peuvent être sanctifiées et faire l'objet d'un culte. Le 28 août lunaire a lieu une grande cérémonie célébrant le héros. Elle attire une foule immense.

La pharmacie traditionnelle : *à côté du temple.* Consultation de médecine traditionnelle et pharmacie abritant des plantes médicinales apportées par les Vietnamiens en cadeau.

À côté du temple, amarré au quai de la rivière, le bateau ***L'Espérance*** a été reconstitué par le gouvernement local pour rappeler l'invasion française et la lutte anticoloniale.

HÀ TIÊN

100 000 hab. IND. TÉL. : 297

• Plan *p. 497*

À 103 km à l'ouest de Rạch Giá, à l'extrémité ouest du delta du Mékong, dans un recoin du golfe du Siam, voici Hà Tiên. Au débouché du canal Vĩnh Tế (il relie Hà Tiên à Châu Đốc), entouré de 2 collines (Pháo Đài et Tô Châu), ce port de pêche a 3 spécialités : le poisson, le poivre noir et les objets fabriqués avec les écailles des tortues marines (on aime moins...).
La frontière cambodgienne n'est qu'à 8 km et elle est ouverte aux touristes qui peuvent ainsi rejoindre la station balnéaire de Kep par la route. Aux alentours, on peut découvrir les beaux paysages du delta : rizières miroitantes de lumière sous le soleil de la mousson, rochers calcaires plongés dans la mer, plages de sable fin, grottes cachant de petits temples.

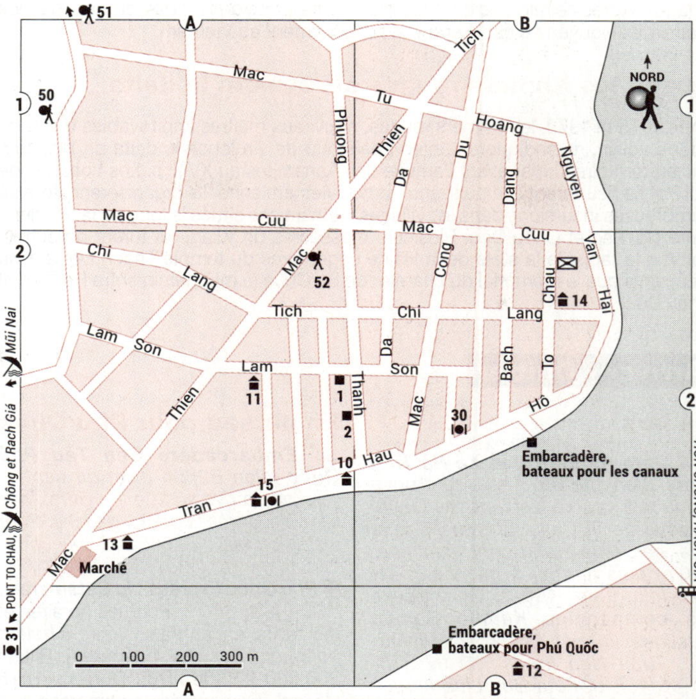

HÀ TIÊN

Adresses utiles

- **1** Agribank (A2)
- **2** Vietcombank (A-B2)

Où dormir ?

- **10** Hoa Mai Hotel (A2)
- **11** Hải Vân Hotel (A2)
- **12** Hà Châu Hotel (B3)
- **13** Dủ Hưng 1 (A2)
- **14** Hải Yến Hotel (B2)
- **15** Dủ Hưng 2 Hotel (A2)

Où manger ?

- **30** Restaurant Xuân Thanh (B2)
- **31** Hương Biển (hors plan par A3)

À voir

- **50** Tombeaux de la famille Mạc (A1)
- **51** Temple de Thạch Động (hors plan par A1)
- **52** Pagode de Tam Bảo (A2)

UN PEU D'HISTOIRE

À l'origine, c'était un territoire khmer, ce qui n'a rien d'étonnant quand on regarde une carte. Débarqué vers 1713, un aventurier chinois originaire de Canton, un dénommé Mạc Cửu, s'empare du secteur pour en faire son fief. Les Khmers spoliés demandent l'aide des Siamois et reprennent la ville en 1715. Mais Mạc Cửu, appuyé par les seigneurs de la dynastie Nguyễn, parvient à reprendre son bien. À sa mort en 1736, son fils Mạc Thiên Tử lui succède. De cette date jusqu'à la fin du XVIIIe s, ce ne sont qu'invasions (les Khmers, les Siamois, les Tây Sơn) et pillages. Après ce micmac chez les Mạc, toute la région finit par tomber entre les mains des Nguyễn : c'est là son vrai rattachement au Vietnam.

Quand les Khmers rouges effrayaient le delta

Entre 1975 et 1979, les Khmers rouges, nouveaux maîtres impitoyables du Cambodge voisin, revendiquèrent avec beaucoup de virulence le delta du Mékong, ancien territoire khmer avant l'arrivée des Annamites au XVIIIe s. Les hommes de Pol Pot se heurtèrent à la puissante armée vietnamienne. Ils organisèrent alors de nombreuses incursions dans les villages vietnamiens situés le long de la frontière, entre Hà Tiên et Châu Đốc. Plusieurs massacres de villageois furent perpétrés, comme le rappelle la stèle de la Haine érigée près du temple Thạch Động à Hà Tiên, ainsi que le mémorial du charnier de Ba Chúc (à mi-chemin entre Hà Tiên et Châu Đốc).

Arriver – Quitter

En bus

Gare routière Bến Xe Hà Tiên *(hors plan par B3)* **:** *elle se trouve sur la rive sud de la rivière, au QL80, quartier de Tô Châu. En venant de la ville, passer le grand pont, continuer 700 m puis tourner à gauche, c'est plus loin, à env 400 m.* On y trouve les compagnies *Kumho Samco Buslines (infos : ☎ 02-973-95-96-96), Tuấn Nga (infos : ☎ 02-973-95-45-45),* et *Futa Bus Line (infos : ☎ 02-973-66-88-66).*

➢ ***De/pour Rạch Giá :*** avec *Trang Ngọc* ou *Futa Bus,* 1 bus ttes les heures, 4h10-19h30. La route est en bon état. Trajet : 2h.

➢ ***De/pour Cần Thơ:*** avec *Kumho Samco,* 4 bus/j., 4h45-22h20. Trajet : 5h.

➢ ***De/pour Châu Đốc :*** avec *Kumho Samco,* 3 bus/j., 10h-14h. Trajet : 4h.

➢ ***De/pour Hồ Chí Minh-Ville :*** avec *Tuấn Nga* et *Futa Bus,* 15 bus/j. 8h30-22h30. Trajet : 7-8h (340 km). De Hồ Chí Minh-Ville, les bus locaux partent de la gare routière de Miền Tây, à l'ouest de la ville.

En bateau pour Phú Quốc

Embarcadère Bến Tàu Phú Quốc *(plan B2)* **:** *à 3 km du centre-ville, sur la rive sud de la rivière, face à la ville, après le pont à gauche. Pour y aller en taxi : 40 000 Dg. Ouv 6h30-16h. Infos : ☎ (0297) 385-05-51.*

■ ***Phú Quốc Express Vip Catamaran :*** *09-01-86-88-78.* Pour les horaires et les tarifs en anglais, voir • *hatienphuquoc.com.vn* • 4 départs/j. Billet : 200 000-250 000 Dg. Durée : 1h15 (45 km). Ce sont des catamarans très rapides et modernes. Arrivée au débarcadère de Bãi Vòng (côte est de l'île).

Pour le Cambodge

– Le **poste-frontière de Xà Xía** (côté Vietnam) se trouve à 6 km au nord de Hà Tiên. Côté cambodgien, le **poste-frontière de Prek Chak** est ouv tlj 7h-18h. Le visa cambodgien coûte 34 US$, et s'obtient sur place. Prévoir au moins 1 photo d'identité. L'attente peut être longue. Du poste-frontière à la ville de Kep, 47 km. De Kep, bus pour Sihanoukville (152 km) et pour Phnom Penh (166 km).

– On peut aller de Hà Tiên au poste-frontière en taxi.

Adresses utiles

■ ***Agribank*** *(plan A2,* **1***)* **:** *32, Phương Thành. ☎ 385-20-55.* Change les dollars. Distributeur acceptant les cartes *Visa* et *MasterCard.*

■ ***Vietcombank*** *(plan A-B2,* **2***)* **:** *4, Phương Thành.* Distributeur acceptant la carte *MasterCard.*

LE SUD

Où dormir ?

Bon marché (jusqu'à 300 000 Dg / env 11 €)

🏠 ***Hoa Mai Hotel*** *(plan A2,* ***10****) : 3, Đường Trần Hậu. ☎ 385-08-49. 📱 09-83-61-23-12. • hotelhoamai99@gmail.com • Doubles 200 000-250 000 Dg.* Bien situé, dans un quartier central, en retrait de la rivière. 15 chambres de bon confort (clim ou ventilo, douche/w-c, eau chaude). Un bon rapport qualité-prix. On peut y acheter les billets de bateau pour Phú Quốc. Accueil peu aimable.

🏠 ***Hải Vân Hotel*** *(plan A2,* ***11****) : 55, Lam Sởn. ☎ 385-28-72. 📱 09-13-99-39-48. • khachsanhaivan.com • Doubles 180 000-300 000 Dg.* Immeuble en verre fumé abritant un petit hôtel propre et fonctionnel, de 4 étages, situé à l'écart de l'agitation. Les chambres sans caractère sont spacieuses, et les mieux équipées ont douche chaude, TV, téléphone, clim et ventilo. Certaines avec terrasse. En demander une donnant sur l'arrière du bâtiment. Accueille les groupes.

🏠 ***Hà Châu Hotel*** *(plan B3,* ***12****) : Trần Công Hãn. 📱 09-48-60-91-48.* Excentré, dans un quartier populaire de la rive gauche de la rivière, mais le plus proche de l'embarcadère des bateaux et des bus. Modeste hôtel de 23 chambres, refaites et bien arrangées. Elles ont soit un ventilo (les moins chères), soit la clim. La nº 23 est la plus jolie.

Prix moyens (300 000-600 000 Dg / env 11-23 €)

🏠 🍽 ***Dủ Hưng 2 Hotel*** *(plan A2,* ***15****) : 83, Trần Hầu. ☎ 395-05-55. 📱 09-39-97-79-95 (Mrs Nhung). Doubles à partir de 250 000 Dg.* Il s'agit d'un petit hôtel très bien situé, avec des chambres bien équipées (douche/w-c, clim). Fait aussi resto : cuisine vietnamienne locale, avec des plats de la mer. Accueil professionnel et dynamique en anglais, c'est un vrai plus. Son petit frère, plus ancien, un peu moins cher, l'hôtel ***Dủ Hưng I*** *(plan A2,* ***13****)* est situé au 27A, Trần Hầu. Mêmes coordonnées pour la réservation.

🏠 ***Hải Yến Hotel*** *(plan B2,* ***14****) : 15, Đường Tô Châu et Chi Lăng. ☎ 385-15-80. 📱 012-22-11-11-00. • kshaiyen.com • À 50 m des berges de la rivière, en retrait de la rue principale.* Dans un coin calme, un hôtel sobre et bien aménagé, abritant des chambres spacieuses avec carrelage, frigo, TV, ventilo, douche et w-c, sur 5 étages. Décoration classique vietnamienne. Grands lits. La nº 504 est la plus intéressante, avec une vue sur l'arrière.

LE SUD

Où manger ?

Bon marché (moins de 100 000 Dg / env 4 €)

🍽 ***Restaurant Xuân Thanh*** *(plan B2,* ***30****) : à l'angle des rues Trần Hậu et Thâm Tương Sanh. ☎ 385-21-97. Tlj 6h-21h. Plats à tarif unique, env 35 000 Dg.* Notre préféré dans cette catégorie. Grande salle en angle, propre, agréable, et largement ouverte sur l'extérieur. On mange sur de grandes tables en alu. Carte assez courte, comme ça pas trop d'hésitation pour choisir. Soupes en tout genre, seiche frite à l'ananas, crevettes et poissons à toutes les sauces.

🍽 ***Hương Biển*** *(hors plan par A3,* ***31****) : 169, Mạc Thiện Tích. ☎ 385-20-72. Tlj 10h-21h.* Proche du grand pont, et un peu loin du centre (compter 10 mn à pied depuis l'hôtel *Hoa Mai*). Il s'agit d'un restaurant ouvert sur la rue, qui sert une bonne cuisine locale, à base de produits de la mer essentiellement.

À voir

🚶 ***Les tombeaux de la famille Mạc*** *(Đền Thờ Họ Mạc ; plan A1,* ***50****) : 34, Núi Bình San, Đường Lên Lăng. Un peu à l'écart de la ville.*

Sur les rives de l'étang Ao Sen se dresse la colline de Núi Lăng, la « colline des Tombes ». Entrer dans l'enceinte (accès gratuit). Par un escalier à flanc de colline à droite on atteint un espace où sont éparpillés plusieurs tombeaux. Là sont enterrés une dizaine de membres de la famille Mạc. Il s'agissait ni plus ni moins de la plus puissante famille féodale de la région. Évidemment, ils n'ont pas choisi l'endroit le plus moche !
La plus grande des tombes est celle de Mạc Cửu, le patriarche (en haut de la colline). Elle est située sur une esplanade semi-circulaire au sommet de l'escalier. C'est l'empereur Gia Long qui ordonna la construction de son tombeau en 1809. Le temple et la sépulture furent alors gardés par 53 serviteurs, un geste généreux en mémoire des bons et loyaux services rendus par Mạc Cửu au trône impérial à l'époque où les Mạc du Sud étaient vassaux des Nguyễn du Centre. Les dragons et les phénix qui ornent les tombeaux sont des bêtes sacrées parmi les 4 animaux légendaires vénérés dans la tradition vietnamienne.

À voir aussi : la ***pagode de Tam Bảo*** *(plan A2, **52** ; au carrefour des rues Phương Thành, Mạc Thiện Tích et Chi Lăng, dans la partie ouest de la ville ; GRATUIT).*

DANS LES ENVIRONS DE HÀ TIÊN

Le temple de Thạch Động *(hors plan par A1, **51**) : à 3,5 km du centre-ville, sur la route des plages de Mũi Nai. Tlj 6h-17h. Entrée : 5 000 Dg.* Au bord de la route, à gauche de l'entrée du site, une stèle de la Haine commémore le massacre atroce de 130 civils vietnamiens perpétré par les Khmers rouges de Pol Pot le 14 mars 1978 (en représailles, l'armée vietnamienne envahit le Cambodge et les chassa du pouvoir le 7 janvier 1979...). On gagne à pied (5 mn) la grotte creusée dans la roche calcaire d'un piton rocheux. Le temple est logé dans une sorte de pavillon couvert de tuiles. Vue superbe et étendue sur la plaine côtière.

L'ÎLE DE PHÚ QUỐC

IND. TÉL. : 297

• Carte de l'île *p. 503* • Plan Dương Đông *p. 505*

Voilà une belle île tropicale qui dessine une vague forme de triangle à l'extrémité sud du Vietnam. Sur les eaux claires du golfe du Siam, au large des côtes du Cambodge (environ 45 km à l'ouest) et du Vietnam, Phú Quốc est habitée par un peu plus de 100 000 habitants. Longue de 50 km du nord au sud et large de 25 km, c'est la plus grande île du Vietnam. Mais on en fait vite le tour en 2 journées au guidon d'une moto, la meilleure façon de l'explorer.
La façade ouest séduit par la beauté des plages, abritées, bordées de cocotiers et de palmiers. Une vision de carte postale qui s'étire jusqu'à l'extrême sud-est. Cette côte abrite la capitale de l'île, *Dương Đông.* La façade est, qui lorgne du côté des côtes vietnamiennes, accueille les 2 ports de l'île, *Đá Chồng* et *Bãi Vòng.* Plus exposée aux vents, longée par une piste en cours d'asphaltage, donc encore peu fréquentée, elle est ponctuée de jolies plages désertes et reste représentative de ce qu'était l'île avant le boom touristique des dernières années. Enfin, la forêt primaire et les collines boisées de l'intérieur au nord-ouest forment un poumon de verdure au sein d'un parc national protégé (propriété de l'armée), traversé par une belle route bitumée.

Outre la beauté de ses plages, l'île est connue pour sa production de poivre noir, l'un des meilleurs au monde, de *nước mắm* et de perles de culture. On y mange aussi d'excellents poissons et fruits de mer.
Dotée d'un aéroport international, l'île gagnée par le progrès connaît une expansion galopante, notamment avec la construction de nouveaux hôtels de plus en plus imposants en bord de mer. Le gigantesque complexe *Vinpearl Resort,* sorti de terre en 2015, au nord-ouest de l'île, sur une portion de côte où il n'y avait auparavant rien que du sable et des cocotiers à l'infini, en est l'exemple le plus criant. La politique gouvernementale, bien décidée à tirer le meilleur parti financier de l'île (il faut dire qu'elle est stratégiquement bien située), l'a placée au centre du développement économique et touristique du pays à l'horizon 2020. Résultat : l'asphaltage progressif des pistes en terre rouge se généralise, la ville principale, Dương Đông, continue de s'étendre en zone côtière et vers l'intérieur des terres, et les projets de constructions se multiplient en attendant que se posent les questions essentielles de développement durable, de gestion des déchets et de l'eau potable, entre autres. Quant aux prix, ils grimpent, et la vie est globalement plus chère que dans le reste du pays.
Néanmoins, l'île de Phú Quốc n'a pas encore vendu son âme au diable du béton, loin s'en faut ! Seulement 35 % du territoire sont occupés, et le parc national est le garant de zones non constructibles. Avec ses nombreux atouts – longues plages encore sauvages, eaux mirifiques, climat doux et stable –, elle reste un vrai paradis tropical.

BON À SAVOIR

– ***Exemption de visa :*** certains touristes étrangers qui souhaitent visiter Phú Quốc bénéficient d'une exemption de visa de 15 jours, comme dans le reste du pays. Cette politique est appliquée pour les arrivées directes sur l'île de Phú Quốc par bateau, mais également pour les arrivées transitées d'un autre aéroport vietnamien, en attendant la réouverture de lignes aériennes internationales. Bien se renseigner.
– ***Climat* :** la meilleure période se situe de début novembre à début mai ; le temps est sec, la mer est calme et les prix (forcément) au beau fixe ! C'est aussi la meilleure époque pour faire de la plongée sous-marine. Entre juillet et septembre, il fait très chaud, il pleut quelques heures tous les jours (moustiques).
Évitez d'y aller entre le 15 septembre et fin octobre, c'est la saison la plus pluvieuse : les pistes sont impraticables, et certains hôtels ferment.

UN PEU D'HISTOIRE

L'un des 1ers étrangers à y poser les pieds est le missionnaire français Pigneau de Behaine. Il y installe son camp de base de 1760 à 1780. Puis arrivent les colons français. En 1869, l'île est prise et occupée par la France qui la place sous la tutelle du gouverneur de la Cochinchine. Phú Quốc sert de bagne pendant la période coloniale. Pendant la guerre américaine, elle abrite la célèbre prison de Cây Dừa (Coconut Tree). Des milliers de Vietcong y furent emprisonnés. Très proche du Cambodge qui prétend toujours aujourd'hui (malgré le dégel diplomatique entre les 2 pays) que Phú Quốc lui appartient.

ERREUR FATALE DE POL POT

En mai 1975, les Khmers rouges de Pol Pot décidèrent d'envahir l'île de Phú Quốc, affirmant que celle-ci appartenait au Cambodge et non au Vietnam. L'armée vietnamienne intervint et les chassa de l'île, mais ce fut le début de la guerre entre les 2 pays. Elle dura jusqu'en janvier 1979, date de l'invasion du Cambodge par l'armée vietnamienne et de la fin du génocide cambodgien.

Arriver – Quitter

En bateau

➢ ***Liaisons entre Rạch Giá et Phú Quốc (Bãi Vòng) :***

■ **Superdong** *(Fast Ferry) : 10, Đường 30/4, dans la ville de Dương Đông (Phú Quốc).* ☎ *398-01-11.* • *superdong.com.vn* • La meilleure compagnie. De Rạch Giá, 2-4 bateaux/j. selon saison, à 7h, 8h10, 10h40 et 13h10. Arrivée au port de Bãi Vòng (côte est de Phú Quốc). Retour de Bãi Vòng (Phú Quốc), même fréquence. Durée : 2h30. Billet aller : env 330 000 Dg.

■ ***Ngọc Thanh Express :*** ☎ *(077) 379-99-79.* 📱 *09-18-85-30-88.* • *ngoc thanhexpress.com* • De Rạch Giá, 2 bateaux/j., à 8h10 et 12h45. Billet : 280 000 Dg.

– Vedettes rapides *Phú Quốc Express* : 1 voyage/j. Billet aller : 340 000 Dg. Durée : 2h10.

➢ ***Liaisons entre Hà Tiên et Phú Quốc (Bãi Vòng) :***

■ La compagnie ***Phu Quoc Express Vip Catamaran*** possède des catamarans très rapides qui mettent 1h15 (45 km). 4 départs/j., 6h-14h. Billet : 200 000-250 000 Dg. • *hatienphu quoc.com.vn* •

Arrivée à Phú Quốc

⛴ ***Embarcadère de Bãi Vòng :*** *sur la côte est, à 5 km au sud de l'embarcadère de Hàm Ninh.* Nombreux taxis, motos-taxis et *mini-boats* pour la côte ouest, à chaque arrivée de bateau. Également un service de bus vers le centre-ville, à réserver dans le bateau (env 100 000 Dg). Pour revenir du centre-ville vers l'embarcadère, voir plus bas « Se déplacer dans l'île ».

En avion

✈ ***Aéroport de Phú Quốc :*** situé à 7 km au sud de Dương Đông, c'est un bâtiment moderne et bien équipé. Il accueille les vols intérieurs *(Vietnam Airlines, VietJet Air, Jetstar Pacific)* et envisage d'accueillir (date non fixée) des vols internationaux (Bangkok 2-3 fois/sem, Singapour, Phnom Penh et Siem Reap au Cambodge...). • *phu quocairport.com* •

– ***Bon à savoir :*** avec *VietJet Air,* pas de service en cabine et pas plus de 7 kg de bagages en cabine.

– Pour se rendre de l'aéroport à ***Long Beach*** (la zone hôtelière sur la côte ouest), la société *Jetstar Pacific* (guichet dans l'aéroport) assure la liaison par navette. 4 arrêts, dont le dernier en centre-ville, au carrefour du marché de nuit. Tarif : env 50 000 Dg/pers. À partir de 3 pers, et si l'hôtel est un peu excentré, il est plus intéressant de prendre un taxi (avec compteur, env 100 000-180 000 Dg la course selon circulation). Également *Phú Quốc Taxi* (14 000 Dg/km). Enfin, certains grands hôtels envoient des minibus pour accueillir leurs clients à l'aéroport. Il y a un péage sur la route : 10 000 Dg.

➢ ***De/pour Hồ Chí Minh-Ville :*** avec *Vietnam Airlines,* 5-6 vols/j. Compter 50 mn de vol. Env 25-70 € le billet aller selon heure et date du vol.

➢ ***De/pour Cần Thơ :*** 1 vol/j. avec *Vietnam Airlines.* Durée : env 45 mn. Env 58-75 € le billet aller. Il arrive que le vol soit annulé si le nombre de passagers est insuffisant.

Se déplacer dans l'île

– ***Taxis et scooters de location :*** les taxis pullulent dans l'île et les loueurs de scooters également (compter 150 000 Dg/j.). Certains hôtels proposent même d'organiser la location. Casque fourni, obligatoire, la police y veille ! En théorie, il faut être muni d'un permis de conduire international (quasi jamais demandé) et, en théorie toujours, les touristes n'ont pas le droit de conduire de scooter. Cela dit, tout le monde le fait ! Les contrôles sont peu fréquents, et encore moins à l'extérieur de Dương Đông.

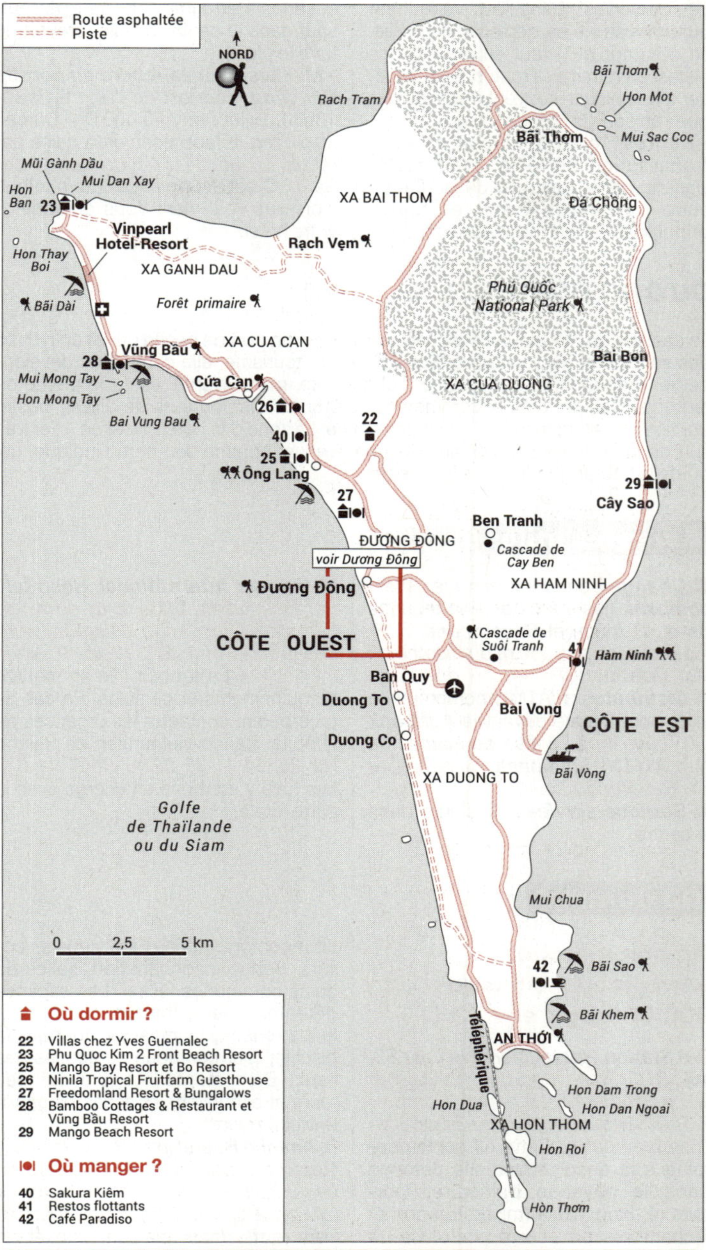

L'ÎLE DE PHÚ QUỐC

Le scooter est le meilleur, voire l'unique, moyen de se déplacer dans l'île, ce d'autant qu'il faut emprunter des pistes, en retrait des routes, pour accéder à des plages souvent désertes dès que l'on sort de Dương Đông.

– ***Routes :*** elles sont bonnes et la signalisation correcte, mais rester vigilant, car le trafic est dense (beaucoup de camions) sur les routes principales. On trouve des stations essence *Petrolimex* un peu partout, sauf dans le centre de l'île (prévoir de faire le plein).

– ***Minibus pour se rendre au port de Bãi Vòng*** *(côte est de l'île)* **:** tlj 7h30-18h30. Billet : env 40 000 Dg. Durée : 20-30 mn. Il faut réserver la veille par tél *(📱 16-56-54-77-64 ; demander Bào).* C'est le principe du minibus « pick-up » : il vient vous chercher à votre hôtel.

DƯƠNG ĐÔNG *(IND. TÉL. : 297)*

La capitale de l'île, sur la côte ouest, est encore un port de pêche qui vit au rythme des saisons et des poissons. Sous l'effet du tourisme, elle connaît un développement rapide. Pas spécialement charmante, mais vivante, elle a le mérite de regrouper les principaux commerces : banques, distributeurs de billets, poste, boutiques... et un marché de nuit très animé. La zone des hôtels se situe à l'entrée sud de la ville, sur *Long Beach,* longue avenue, comme son nom l'indique, qui borde le littoral sur plusieurs kilomètres.

Adresses utiles

■ ***Change :*** dans les banques ***Vietcombank*** (juste à côté de la fabrique de *nước mắm*) et ***Sacombank*** *(52B, rue du Tháng 4, à 250 m du marché de nuit, face au nº 37).*

■ ***Distributeurs*** *(ATM)* **:** nombreux en ville, dont 2 juste devant la ***Agribank*** *(30 Tháng 4),* à l'entrée du marché de nuit. ***ATM Vietcombank*** : *au niveau du 51, Trần Hưng Đạo.*

■ ***Stations-service :*** plusieurs dans le centre.

✚ ***Vinmec International Hospital :*** *Bãi Dài, Gành Dầu ; à la porte du complexe Vinpearl, à 24 km au nord de Dương Đông. ☎ 398-55-88. • vinmec.com •* Le top sur l'île en matière d'équipements et de soins. En cas de gros pépin, contacter les urgences de l'hôpital franco-vietnamien de Saigon *(☎ (28) 54-11-35-00 ou 62-91-11-67).* Les frais y sont pris en charge avec la carte Vitale.

Où dormir ?

De bon marché à prix moyens (jusqu'à 600 000 Dg / env 23 €)

🏠 ***9 Station Hostel*** *(hors plan par B3,* ***10****)* **:** *91/3, Trần Hưng Đạo. ☎ 658-89-99. • 9stationhostel.com • Compter 7-11 US$/pers en dortoir, 35 US$ en chambre double.* Cette AJ contemporaine à la déco industrielle détonne dans le paysage balnéaire. Dortoirs (4, 8 ou 12 lits) mixtes ou non et 7 chambres privées répondent à un design épuré, tout en boiseries, et ultra-confort : rideaux individuels, *lockers,* bonne insonorisation, salles de bains communes nickel. Les espaces détente et jeux (billard, baby-foot), le bar-snack, la musique lounge, la piscine, tout contribue au succès des lieux. Bien mérité ! Organisent des tours et excursions et accès plage via le *Moon Resort.*

🏠 ***Antinho Hostel*** *(plan B4,* ***11****)* **:** *118/1, Trần Hưng Đạo. 📱 09-49-04-28-29 ou 09-19-33-62-77. • antinhohostel.com • Lit en dortoir 5-7 US$, double 15 US$.* Très *roots,* mais plaisant, nickel, et surtout idéalement placé, à quelques

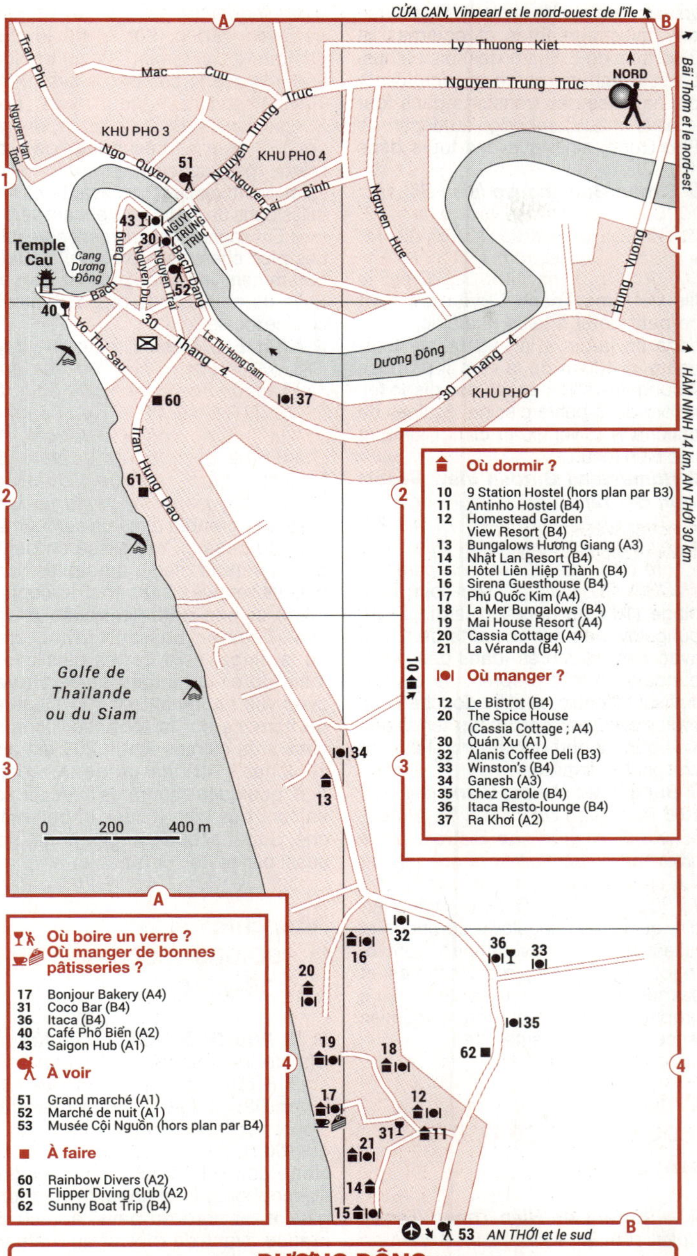

DƯƠNG ĐÔNG

LE SUD

volées de tongs de la plage. Chambres privatives agréables et colorées et 2 dortoirs de 8 lits (mixtes) bien tenus. C'est aussi une petite agence locale qui organise des transferts dans tout le pays et au Cambodge au départ de Phú Quốc, ainsi que des tours dans l'île.

Sirena Guesthouse *(plan B4,* ***16****) : 100C/3, Trần Hưng Đạo, quartier 7. ☎ 399-22-56. 09-13-38-02-44. • sirenaphuquoc.com • Double env 500 000 Dg, sans petit déj.* C'est le fils de Mme Thanh Duyên qui tient ce petit hôtel à taille humaine, niché dans un jardin à la végétation luxuriante, à 400 m de la mer. Il propose 9 bungalows impeccables, disposés autour de la petite piscine, équipés de douche/w-c, ventilo et clim. Calme et très bien tenu.

Homestead Garden View Resort *(plan B4,* ***12****) : 118/2, Trần Hưng Đạo. ☎ 399-13-33. 09-18-21-46-24. À env 2,5 km au sud de la ville, juste à côté du* Bistrot. *Doubles à partir de 15 US$. CB refusées.* Non loin de la plage (100 m), dans un jardin fleuri, bungalows en dur couverts de tuiles, avec des chambres (dans des petits bungalows) très propres, de confort suffisant (ventilo ou clim, douche/w-c), prolongées par de petites terrasses. Très bon rapport qualité-prix. Tenu par une gentille famille.

Bungalows Hương Giang *(plan A3,* ***13****) : Trần Hưng Đạo, KP 7. ☎ 384-81-66. À 200 m après* Le Bistrot, *sur la droite du chemin de terre qui conduit à* Mai House Resort. *Bungalows env 15-30 US$ pour 2.* Dans un grand jardin, quelques bungalows en brique et tuiles, de confort sommaire (ventilo, frigo, douche/w-c) mais propres et calmes. Notre préféré est le n° 7. Le propriétaire est un paysan vietnamien lancé dans le tourisme.

Chic (600 000-1 000 000 Dg / env 23-38 €)

Hôtel Liên Hiệp Thành *(Family Hotel ; plan B4,* ***15****) : 118/12, Trần Hưng Đạo. ☎ 384-75-83. 09-13-75-80-34. • lienhiepthanhresort.com • À 1,5 km de Dương Đông. Sur le même chemin que* La Veranda *(200 m) et* Nhật Lan. *Ne pas le confondre avec* Hiệp Thạnh Resort *(autre secteur, plus cher). Bungalows 22-66 US$ selon saison, confort et vue.* Les bungalows de brique rose, spacieux et confortables (clim, ventilo), sont ravissants et installés dans un jardin descendant vers la mer. Environnement vraiment agréable. Les plus chers sont près de la plage, notamment le n° 5. Excellent accueil. Salle de resto sur la plage ; honnête cuisine locale.

Nhật Lan Resort *(plan B4,* ***14****) : 118, Trần Hưng Đạo, l'un des derniers au fond de la ruelle. ☎ 384-76-63. 09-18-46-41-27. • nhanghinhatlan@yahoo.com • Au bout du chemin de terre, après* La Veranda Resort ; *bien indiqué. Compter 35-50 US$, petit déj compris.* Une adresse agréable dans ce secteur. Le long du chemin, qui glisse en pente douce vers la plage, agréables bungalows rénovés avec tout le confort (clim) et une petite terrasse privative. Ceux en bas du terrain, près de la plage, sont certes plus chers mais dotés de larges baies vitrées avec vue imprenable sur la plage et de hamacs sur la terrasse. Ils sont aussi très calmes. Le n° 209 est aux 1res loges ! Au-dessus de la réception, quelques chambres avec micro-balcon, très bien tenues et bon marché. Super accueil, anglophone. Fait aussi bar-resto sur le sable.

Plus chic (1 000 000-2 000 000 Dg / env 38-76 €)

Phú Quốc Kim *(Chez Kim et Christophe ; plan A4,* ***17****) : 118/2/1/1 Trần Hưng Đạo, KP 7. ☎ 399-68-29. 09-42-11-05-55. • phuquockimbungalows.com • Bungalows 40-100 US$ selon confort et saison.* Notre coup de cœur ! Vietnamienne francophone, la charmante Kim, originaire du nord du pays, a vécu en France avant de revenir au Vietnam avec son mari Christophe, pâtissier

LE SUD

de métier. Parmi les plus anciens installés dans le « village », idéalement placés, ils louent une vingtaine de bungalows en brique au bord de la plage, et 2 plus récents en front de mer. Confort identique dans tous et entretien nickel ; seul l'emplacement justifie la différence de prix. Louent également 3 chambres basiques, idéales pour les budgets serrés. Au resto (fermé le soir), plats vietnamiens et européens. Et surtout un petit déj d'anthologie avec viennoiseries maison (voir aussi plus bas la *Bonjour Bakery*).

La Mer Bungalows *(plan B4, **18**) : 118, Trần Hưng Đạo. ☎ 399-22-18. 09-79-75-84-17. • lamerphuquoc.com • Situé à 400 m de la plage, accessible à pied par un chemin. Doubles env 52-58 US$ selon confort.* Le patron, vietnamien et francophile, n'est pas toujours présent, mais l'aimable réceptionniste anglophone accueille les hôtes. L'établissement ne se trouve pas au bord de la plage mais dans un joli jardin tropical luxuriant, avec petite piscine. Plusieurs bungalows en brique (pour 2 ou 4 personnes) élégants et tout confort. Les plus chers ont une salle de bains en plein air, c'est charmant... Fait aussi restaurant. Un petit cocon à l'atmosphère confidentielle.

Très chic (2 000 000-3 310 000 Dg / env 76-126 €)

Mai House Resort *(plan A4, **19**) : 112/7/8, Trần Hưng Đạo. ☎ 384-70-03. 09-18-12-37-96. • maihousephuquoc.com • À env 3 km au sud de Dương Đông. Au bout du chemin qui dessert les petits hôtels, après* La Mer Bungalows. *Doubles 100-110 US$ (mer ou jardin), petit déj-buffet inclus.* Un joli petit complexe de bungalows bien équipés (moustiquaire, douche/w-c, ventilo, certains avec clim) répartis dans un grand jardin (2 ha) ombragé, au bord de la mer. Les plus chers ont la vue sur la plage, les moins chers donnent côté jardin. Accès direct à la plage. Tenu par un couple français (Gérard Bezardin et Tuyết Mai), l'hôtel offre beaucoup d'espace et la possibilité de prendre ses repas sur place (café-resto). Sur la plage, piscine et bar-restaurant.

Très, très chic (plus de 3 310 000 Dg / env 126 €)

Cassia Cottage B & B on the Beach *(plan A4, **20**) : Bà Kèo Beach, Khu Phố 7, 43, Trần Hưng Đạo. ☎ 384-83-95. • cassiacottage.com • Dans l'allée du* Hiệp Thạnh Resort, *continuer jusqu'au bout (panneau). Doubles 106-250 US$ selon confort et saison.* L'une de nos adresses préférées dans la catégorie hôtel de charme en bord de mer. De fait, les cottages nichés dans la végétation tropicale ont du style et du caractère. Quant aux chambres, elles sont d'un confort irréprochable. Le jardin luxuriant n'est pas régulier (on dirait un jardin anglais sous les tropiques), la piscine est magnifique, et le restaurant, *The Spice House* (voir plus bas la rubrique « Où manger ? »), face à l'océan, est considéré comme l'un des incontournables de l'île. Cuisine vietnamienne et européenne finement élaborée et parfumée. C'est autant un plaisir de loger ici que d'y venir boire un verre ou dîner sous la véranda (observez les superbes carrelages) ou les cocotiers. Le patron est un Français exportateur d'épices.

La Véranda *(Hôtel Grand Mercure ; plan B4, **21**) : Trần Hưng Đạo, ward 7. ☎ 398-29-88. • laverandaresorts.com • Doubles à partir de 220 US$; prix variables selon saison.* L'un des plus chics de tous les hôtels de l'île, et si bien situé ! Caché au bout d'un étroit chemin de terre, il présente une architecture néocoloniale bien intégrée dans le paysage du littoral. Pas d'énormes bâtiments, mais des pavillons à taille humaine nichés dans la végétation tropicale, en bordure de plage. Chic et cher, bien sûr, mais idéal pour une lune de miel. Tous les services à disposition.

Où louer une villa ?

Villas chez Yves Guernalec *(plan L'île de Phú Quốc, **22**) : à 6 km au nord de Dương Đông, et à 3 km de la plage d'Ông Lang. 09-72-94-95-17. • yvesglen@yahoo.com • Pour une villa de 6 pers, compter 500-800 €/sem selon saison. Petit kit de poivres et d'épices offert à nos lecteurs sur présentation de ce guide.* Ancien sommelier-restaurateur, ancien marin, le Breton Yves Guernalec a jeté l'ancre à Phú Quốc où il vit toute l'année avec sa femme vietnamienne et leurs 2 enfants. Il loue 2 très belles villas avec piscine privative, confortables et bien aménagées (cuisine), sur un terrain au pied d'une colline, en pleine campagne. Beaucoup d'espace. Il conduit ses hôtes à la plage la plus proche et renseigne sur les balades à faire dans l'île.

Où manger ?

Bon marché (moins de 100 000 Dg / env 4 €)

Quán Xu *(plan A1, **30**) : dans le marché de nuit, un peu avt* Saigon Hub. De toutes les cantines qui se succèdent à touche-touche le long de la rue principale, c'est l'une des plus recommandables pour la fraîcheur indiscutable de ses produits. On choisit son poisson ou ses fruits de mer à l'étalage, on pèse et l'on file s'attabler en attendant d'être servi dans un joyeux brouhaha. Portions généreuses et service rapide. Si celui-ci est plein, voir un peu plus loin, sous la halle, le resto **Quán An,** une bonne alternative.

Ra Khơi *(plan A2, **37**) : 131 bis, 30 Tháng 4. Tlj 10h-minuit.* Ouverte sur la rue, couverte d'un toit de tôle et éclairée de néons, la longue salle est prise d'assaut le midi comme le soir. La carte longue comme le bras décline les classiques locaux, servis sans rondeurs ni politesses, mais au moins, ça pulse ! Légumes et poissons frais, et assiettes particulièrement généreuses.

Alanis Coffee Deli *(plan B3-4, **32**) : 98, Trần Hưng Đạo. 09-33-55-17-69. Sur la droite de la route principale, quasi en face du* An Bình Resort & Hotel. *Tlj 8h-22h.* Les couleurs blanc et vert pomme de la façade sont à l'image de l'esprit du lieu : jeunesse, fraîcheur et ambiance un peu branchée. C'est tout petit, mais idéal pour croquer un en-cas (sandwichs, burgers, salades, pancakes...), boire un bon café (frappuccino, café italien...) ou un smoothie bien frais, et déguster une bonne glace. Bon accueil d'Alain Nguyễn.

Prix moyens (100 000-250 000 Dg / env 4-9 €)

Winston's *(plan B4, **33**) : 121/1, Trần Hưng Đạo, KP 7. ☎ 390-10-93. Dans une petite rue, à droite de la pagode Pháp Quang. Tlj 12h30-22h30.* Vous raffolez de la cuisine vietnamienne et de ses parfums, mais l'idée d'un bon burger juteux vous fait saliver ? Bingo, *Winston* a tout bon : bœuf (australien) tendre, sauces et *bún* maison, accompagnements généreux et frites elles aussi *home made.* Du *Basic Training,* façon p'tit joueur, au redoutable *Terminator,* la carte décline plus d'une dizaine de burgers, tous copieux. Néanmoins, impossible de zapper la tarte au citron *(lime tart)* maison, diaboliquement crémeuse ! Accueil cool, très sympa.

Ganesh *(plan A-B3, **34**) : 97, Trần Hưng Đạo. ☎ 399-49-17. 09-14-15-96-27. Tlj.* Ce resto indien mérite des éloges, car on y mijote une savoureuse cuisine indienne, élaborée par un chef népali et ses commis vietnamiens. Tous les classiques de l'Inde se trouvent à la carte : spécialités au curry, *biryanis,* tandooris, et aussi des *thalis* (plats végétariens ou non). Pain indien *(roti)* et vin au verre et, bien sûr, l'excellent *lassi* (yaourt liquide) à la fin du repas.

Le Bistrot *(plan B4, **12**) : 118/2, Trần Hưng Đạo. 12-56-03-03-99. Tlj.* Dans le jardin du *Homestead Garden View Resort,* un resto animé et très apprécié des touristes pour sa carte de plats français et vietnamiens, ainsi que pour ses pizzas cuites au four à bois. Celles-ci sont servies en petit, moyen ou grand format. Le service est vite débordé, les pizzas inégales. Mais le cadre, tout en terrasses, pas désagréable, le service francophone et l'ambiance plutôt festive fédèrent et compensent !

🍴 ***Chez Carole*** *(plan B4,* ***35****)* ***:*** *125, Trần Hưng Đạo, Khu Phố 7. ☎ 384-88-84. À env 4 km au sud de Dương Đông, côté gauche de la route principale.* Vaste et agréable terrasse ombragée où l'on a plaisir à dîner le soir en écoutant de la musique live. Cuisine vietnamienne traditionnelle et plats internationaux (spaghettis, pizzas, salades...) de bon rapport qualité-prix. Pour le *hot pot* (fondue vietnamienne), bien demander avant de commander pour combien de personnes il est servi !

Chic (250 000-600 000 Dg / env 9-23 €)

🍴 ***The Spice House*** *(restaurant du Cassia Cottage ; plan A4,* ***20****)* ***:*** *Bà Kèo Beach, Khu Phố 7, 43, Trần Hưng Đạo. ☎ 384-83-95. Résa préférable le soir (surtout pour les non-résidents). Plats 160 000-355 000 Dg.* Il s'agit du restaurant de l'hôtel *Cassia* (nom qui signifie « cannelle » en latin). Au bord de la plage, décor colonial raffiné : mobilier en teck, larges ventilateurs, superbes carrelages en carreaux de ciment, et la mer en fond de toile. La spécialité de la maison, ce sont les épices, que le patron (M. Burnett) cultive, conditionne et exporte en Asie et dans le reste du monde. Elles parfument subtilement une cuisine vietnamienne de saison, fine et créative. Produits de la mer d'une fraîcheur indiscutable, ingrédients naturels et saisonniers, légumes frais... soigneusement présentés. Le contenu de l'assiette joue dans la cour des grands ! Une belle expérience culinaire dans un superbe environnement tropical.

🍴 ***Itaca Resto-lounge*** *(plan B4,* ***36****)* ***:*** *119, Trần Hưng Đạo. 📱 907-97-91-44. Un peu à l'écart de l'animation, sur la gauche de la route en allant vers le sud. Tlj sauf dim, seulement le soir, 18h-22h30. Tapas 140 000-195 000 Dg, plats 170 000-320 000 Dg.* 3 copains catalans ont ouvert ce bar-resto-lounge à la déco contemporaine et soignée. Le chef, Mateu Batista, également catalan et passionné par la cuisine, décline les saveurs de la Méditerranée alliées aux épices de l'Asie. Résultat, on savoure ici une cuisine fusion pas donnée mais goûteuse et de qualité. Une belle adresse pour le soir, pour dîner ou simplement pour boire un cocktail dans le jardin subtilement éclairé et bercé par la musique.

LE SUD

Où boire un verre ?
Où manger de bonnes pâtisseries ?

☕ 🥐 ***Bonjour Bakery*** *(plan A4,* ***17****)* ***:*** *118/2/1/1, Trần Hưng Đạo, KP 7. En face de l'hôtel* Phú Quốc Kim. *Tlj 7h15-19h.* À l'origine, Christophe confectionnait les pains et viennoiseries servis dans son hôtel. Il a maintenant pignon sur rue et dispose de quelques tables pour apprécier sur place ses merveilles sucrées : viennoiseries comme chez nous et tartes aux fruits délicieuses (ah, celle au citron !). Ici, assure-t-on, tout est fait maison avec des produits de qualité, quitte à les importer, comme le beurre. La qualité des fruits locaux, gorgés de sucre, et le tour de main du pâtissier font le reste. Jus, smoothies et glaces maison. Super pour un petit déj de fête ou la pause 4-heures.

🍸 ***Café Phố Biển*** *(plan A1-2,* ***40****)* ***:*** *sur le port, juste avt la petite jetée qui mène au phare, sur la gauche. Café à l'étage.* Ce n'est pas pour le cadre que l'on vient, ni pour la carte des boissons, franchement basique, mais pour la vue extra sur le phare, en surplomb du port et de son animation. Choisissez une table près du balcon, en fin de journée, pour assister au coucher du soleil aux 1res loges !

🍸 ***Coco Bar*** *(plan B4,* ***31****)* ***:*** *118/2, Trần Hưng Đạo. Sur le chemin qui mène* *à l'hôtel* La Véranda, *quasi en face du resto* Le Bistrot. Bien que rempli de petits hôtels, le secteur est relativement calme en soirée. Toujours un peu de monde en revanche chez *Coco Bar* pour siroter l'un de ces délicieux cocktails à base de rhum, dont seul Raphaël, le patron, a le secret.

Saigon Hub *(plan A1, **43**) : Bạch Đằng St. 09-47-69-48-69.* Idéalement situé au croisement de la rue principale du marché de nuit et de la halle couverte, le *Saigon Hub* fait office de point de ralliement. Tenu par un Français très impliqué, qui n'hésite pas à faire le tour des tables et échanger 3 mots avec les clients, l'affaire tourne rond ! Bonne cuisine occidentale, poissons frais et pâtes maison, mais addition élevée. À vrai dire, surtout sympa à l'heure de l'apéro. Excellent accueil.

Voir aussi plus haut **Itaca** *(plan B4, **36**)*, dans la rubrique « Où manger ? ».

À voir. À faire

Dương Đông est une bonne base pour rayonner alentour. Louez une moto et partez à l'aventure sur les pistes en terre (bien roulantes) pour vivre les dernières années du Phú Quốc sauvage, pêcheur et rural.

Le grand marché *(plan A1, **51**) : au centre-ville. Après le pont en direction de la plage d'Ông Lang, 1re rue à gauche.* Quartier vivant et populaire, autour de la rue Ngô Quyền, en bord de rivière. Fruits, légumes, nombreuses gargotes pour avaler une copieuse soupe pas chère. Le **marché de nuit** *(Dinh Cậu Night Market ; plan A1, **52**)* se trouve avant le pont, sur la droite, sur la rue Bạch Đằng, le long de la rivière. Très animé à partir de 18h30. Immenses étals de tout ce que l'océan a de comestible. Nombreux restos qui servent des produits frais (voir plus haut la rubrique « Où manger ? »), mais attention, pas toujours bon marché. Vous lorgnez les bestiaux dans les aquariums ou sur les étals, puis pointez du doigt votre choix, on pèse la bête, et hop c'est parti ! Également des boutiques touristiques de fringues et bibelots.

RIEN QUE DU BON !

L'île de Phú Quốc est réputée pour produire le meilleur nước mắm *du Vietnam, mais aussi le meilleur poivre. La qualité des eaux, le type de climat, la terre fertile et le savoir-faire des îliens, tous ces facteurs favorisent la naissance de bons produits naturels et savoureux.*

Le musée Cội Nguồn *(Cội Nguồn Bảo tàng ; hors plan par B4, **53**) : 149, Trần Hưng Đạo. ☎ 398-02-06. Sur la gauche de la route. Tlj 7h-17h. Entrée : 20 000 Dg.* Ce musée privé (créé par un Vietnamien passionné) présente sur 8 étages l'histoire de Phú Quốc. La partie la plus intéressante est cette épave de bateau chinois du XVIIIe s dans laquelle on a trouvé des céramiques, de la vaisselle et des amphores thaïlandaises. Voir aussi les documents sur la prison de Phú Quốc pendant la guerre du Vietnam (cages au tigre, et conteneurs où étaient enfermés les prisonniers). Louent des chambres correctes, dans l'hôtel attenant.

Plongée sous-marine

■ **Rainbow Divers** *(plan A2, **60**) : 11, Trần Hưng Đạo. 16-69-93-69-20 (Nico, francophone) ou 09-13-40-81-46 (Johnny, anglophone). • nico@divevietnam.com • divevietnam.com • Prix à partir de 85 US$/pers.* Implanté depuis longtemps dans plusieurs sites balnéaires du Vietnam (Nha Trang, Côn Đảo, l'île de la Baleine...), cet organisme possède une très bonne réputation. Personnel compétent, moniteurs agréés PADI, matériel sûr et en bon état. Initiation pour les débutants ou forfaits pour les plongeurs confirmés. Les sorties en mer se font à la journée ou sur plusieurs jours, les prix sont donc variables.

LE SUD

■ ***Flipper Diving Club*** *(plan A2, **61**) : 60, Trần Hưng Đạo. ☎ 399-49-24. 📱 09-39-40-28-72. • flipperdiving.com •* Sérieux et on y parle l'anglais et le français. Le club est dirigé par Willy, un Vietnamien francophone qui a vécu à La Rochelle.

Balades en mer

■ ***Sunny Boat Trip*** *(plan B4, **62**) : 143, Trần Hưng Đạo. 📱 09-69-68-79-28. • sunnyphuquoc@yahoo.com • phuquocsunny.com • Bureau situé au bord de la rue principale, en face du* Saigon Phú Quốc Resort. *Sorties en mer à partir de 17 US$/pers en groupe.* Compagnie sérieuse et recommandable. Sorties *snorkelling* et pêche, balade en mer au sud ou vers le nord de l'île. Ils viennent vous chercher à votre hôtel.

BALADE DANS LE NORD-OUEST DE L'ÎLE

À cette occasion, louez une moto ou prenez une moto-taxi pour la journée. La route du Nord-Ouest est entièrement bitumée sur 2 voies, de Dương Đông à Mũi Gành Dầu (pointe nord-ouest), elle est aussi très fréquentée en semaine. Prudence, donc.

Immense ***plage d'Ông Lang*** (à une dizaine de kilomètres au nord de Dương Đông), plus sauvage que Long Beach. L'une des plus belles de l'île, bordée d'arbres penchés et quelques portions rocheuses, au sable blanc étincelant qui descend en pente douce vers des eaux cristallines. Au fil des ans, de nouveaux et luxueux hôtels ont été construits en bord de mer, mais de longues portions demeurent totalement sauvages.
➢ *1er accès :* suivre le panneau *Hôtel Chieng Si* (hôtel 5 étoiles). On arrive sur une très jolie plage avec buvette au déjeuner. Très fréquentée par les locaux les fins de semaine.
➢ *2d accès :* prendre à gauche (en venant de Dương Đông) la route indiquant les hôtels *Mango Bay* et *Bo Resort.* Le long de cette petite route, pas mal de restos sympa ont poussé ces dernières années, créant un peu d'animation dans une zone autrefois déserte. La route se scinde ensuite ; de part et d'autre, elle mène vers la plage.

Traversée de ***Cửa Cạn,*** vieux village de pêcheurs. Tout au long de la route, riches champs de poivriers. En janvier-février, le poivre noir est mis à sécher au bord de la route.

Arrêt détente au hameau de ***Vũng Bầu.*** Superbe plage où l'on trouve plusieurs hôtels les pieds dans l'eau.

➢ Entre Vũng Bầu et la pointe de Gành Dầu, la route longe le récent ***complexe hôtelier Vinpearl Resort,*** étendu sur près de 300 ha en bord de mer. Cet immense ensemble est composé d'un hôtel de 300 chambres, de villas, d'un parc d'attractions (style Disneyland) et d'un golf de 27 trous. Un très grand casino (le *Corona*) a ouvert en 2018.

Suivre la route côtière vers le ***cap de Mũi Gành Dầu.*** On longe les ***plages de Vũng Bầu*** et ***Bãi Dài*** (elle est propre). Une piste de sable (plus pour longtemps !) longe le littoral encore totalement vierge par endroits. Fin de la balade au ***cap de Gành Dầu,*** bonne piste en terre battue, mais fort peu de pancartes routières. Juste en face, une grande île cambodgienne.

Du ***cap de Gành Dầu,*** il est possible de rejoindre ***Bãi Thơm,*** au nord-est, par une piste en terre rouge en bon état (17 km), qui traverse l'épaisse forêt primaire, avant de rejoindre la route bitumée de Dương Đông. Si vous le pouvez, faites une incursion dans le petit ***village de pêcheurs de Rạch Vẹm,*** hors du temps. Très belle plage encore sauvage, accessible par un chemin de terre au départ du village.

Où dormir ?
Où manger sur la côte nord-ouest de l'île ?

À Ông Lang Beach

🏠 🍽 ***Mango Bay Resort*** (plan L'île de Phú Quốc, **25**) **:** plage d'Ông Lang, à 6 km env, sur la route de Cửa Cạn. ☎ 398-16-93. 📱 09-69-68-18-20. • mangobayphuquoc.com • Compter 20 mn à moto et 30 mn en voiture. Doubles env 140-255 US$ selon saison et confort, petit déj continental compris. Villas à partir de 215 US$ selon saison. Au pied d'une colline couverte d'une dense végétation tropicale, sur un terrain de 10 ha en bord de mer... Les propriétaires sont anglais et australiens. L'ensemble abrite une série de beaux bungalows dont certains construits en argile, suivant une astucieuse technique antithermique locale. Résultat, sans clim (mais avec ventilo), il y fait toujours frais. Décor intérieur raffiné et moustiquaire. Eau chaude à énergie solaire. Les chambres les plus économiques sont toujours très soigneusement décorées. Les 5 villas sont pour les groupes ou les familles. 2 restos en terrasse et un « bistrot » de plage 300 m plus loin. Cuisine réussie et très soignée (plats vietnamiens et français). Cours de yoga gratuits. Organise des transferts de/pour l'aéroport, des navettes pour Dương Đông et loue des scooters.

🏠 🍽 ***Bo Resort*** (plan L'île de Phú Quốc, **25**) **:** plage d'Ông Lang, à 6 km env, sur la route de Cửa Cạn, près du Mango Bay Resort. ☎ 370-24-46. • boresort-phuquoc.com • Bungalows 55-120 US$ pour 1 ou 2 pers selon confort et saison, petit déj en plus. La route grimpe fort jusqu'à l'entrée du *resort* ; on redescend ensuite à pied par un sentier dans un bois tropical vers la réception et la plage, qui forme un croissant de sable de 3 km de long... L'environnement est enchanteur. Voici un petit hôtel de plage tenu par un jovial couple de retraités franco-vietnamien (Régis et Marie). Leurs 19 bungalows (en bois et en pierre), avec vue sur la mer ou le jardin, sont répartis sur un site naturel remarquable, au milieu d'une végétation luxuriante. Pas de TV, pas de téléphone, pas de clim, mais un ventilo, un confort suffisant et un certain charme dans la déco. Points forts : la situation du resto sur la plage et la qualité de la cuisine.

🏠 🍽 ***Ninila Tropical Fruitfarm Guesthouse*** (plan L'île de Phú Quốc, **26**) **:** plage d'Ông Lang, Xã Cửa Dương. ☎ 657-66-77. 📱 09-38-14-57-03. • ninilaphuquoc.wixsite.com • À env 7 km au nord de Dương Đông, peu après le Mango Bay. Doubles 25-35 US$, plus un grand bungalow 4 pers 50 US$. Ensemble de petits cabanons aux toitures en feuilles séchées et montés sur pilotis, à quelques minutes de la plage. Les chambres s'ouvrent sur des petites terrasses privatives, dans le jardin laissé au naturel, et quelques-uns donnent directement sur la piscine, comme le restaurant. Très jolies salles de bains en pierre, déco soignée, musique lounge à l'accueil, cuisine à base de produits naturels, et service attentionné : autant d'atouts pour cette bonne adresse d'un excellent rapport qualité-prix-calme. Location de vélos et de motos.

🏠 🍽 ***Freedomland Resort & Bungalows*** (plan L'île de Phú Quốc, **27**) **:** entre Dương Đông et Ông Lang. 📱 09-44-68-70-71. • freedomland-phuquoc-resort.com • Taxi de l'aéroport env 150 000 Dg. Bungalows env 30-75 US$ selon confort et taille. Peter (ancien photographe de mode) et Rita (sa femme portugaise) ont construit ce petit éco-hôtel dans la nature tropicale et ils le gèrent selon des règles environnementales strictes (détritus récupérés, eau filtrée, recyclage des matériaux...). De taille et de confort différents, les bungalows intégrés dans le paysage sont construits avec des matériaux locaux (bois, bambou). Douche tiède, ventilo, confort suffisant. Repas servis sur place et préparés avec des produits naturels (ne sont pas inclus dans le prix des chambres). Ici, on préfère les hôtes cool car c'est un lieu pour « socialiser » dans l'esprit écologique et non un banal hôtel standard. La plage est à environ 10-15 mn de marche.

🍽 ***Sakura Kiêm*** (plan L'île de Phú Quốc, **40**) **:** Ông Lang. 📱 07-76-29-48-56 ou

LE SUD

12-28-18-34-84. Juste à l'embranchement, en direction du Bo Resort. *Tlj 9h-22h.* Cette cantine de bord de route, gérée de main de maître par sa propriétaire (une sacrée personnalité !), fait le bonheur des gens du coin pour sa cuisine bien fraîche. Sur la carte, tous les grands classiques vietnamiens, avec une prédilection, on s'en doute, pour les poissons. Service rapide, cuisine délicieuse et généreuse, tarifs bon marché, enfin. On y revient forcément !

À Vũng Bầu

Vũng Bầu Resort *(plan L'île de Phú Quốc, **28**) : Cửa Cạn. 09-18-72-99-97. • vungbauresort.net • Doubles 30-70 US$ selon confort, vue et saison.* Au bout d'une piste de terre de 2 km, ce petit *écolodge* donne directement sur une belle plage de sable, propre et ombragée. Un emplacement formidable, calme et de bon rapport qualité-prix, avec 2 catégories de bungalows. Les plus simples sont couverts de chaume, les autres en brique avec toit de tuiles. Douche/w-c, ventilo ou clim. Vue sur le jardin ou sur la mer. Les repas se prennent sous une paillote. Plongée possible (beaux coraux), et quelques singes dans les arbres environnants.

Bamboo Cottages & Restaurant *(plan L'île de Phú Quốc, **28**) : Vũng Bầu, Cửa Cạn. ☎ 281-03-45. • bamboophuquoc.com • À côté du* Mai Phương Beach Resort. *Congés : juil-sept, pdt la saison des pluies. Bungalows 115-140 US$ en hte saison (déc-fév), petit déj inclus. Réduc 15-20 % pour les séjours de plus de 3 nuits.* Hai, le patron, est un dynamique Vietnamo-Américain. Une quinzaine de ravissants bungalows très bien équipés, dans un bel environnement naturel, et au bord d'une très belle plage de sable ombragée par des cocotiers. Au resto, cuisine savoureuse et de qualité, bon service. Possibilité de balades en bateau, plongée sous-marine, location de motos, cours de yoga, leçons de tai-chi... On coule des jours heureux ici. Une très bonne adresse.

À Gành Dầu

Phú Quốc Kim 2 Beach Front Resort *(plan L'île de Phú Quốc, **23**) : Chuồng Vích, Gành Dầu. 09-81-18-19-18. • phuquockim2gmail.com • Doubles 100-125 US$.* À l'extrême pointe nord-ouest de l'île, dans un repli de la côte, face à la mer, voici un petit hôtel agréable et bien situé. Il se compose de 21 chambres réparties en 4 bâtiments et de bungalows. Bon confort partout : literie de qualité, clim, frigo, et vue sur le jardin et la plage (propre) ourlée de palmiers. Fait aussi resto. Location de scooters.

LE SUD

À faire dans le nord-ouest de l'île

➢ **Balades en bateau et plongée sous-marine :** l'hôtel-resto *Mai Phương* organise des parties de pêche à bord d'un bateau rapide et des plongées *snorkelling* (observation des poissons avec masque et tuba) à ***Móng Tay,*** un îlot de corail à 3 km en mer. Minimum 4 personnes (ou négocier). *Compter 350 000-400 000 Dg.* Possibilité de tour sur 2 îles, en y ajoutant celle de ***Đồi Mồi*** (belle plage de sable jaune). Plus cher bien sûr. Dans le prix, masque, tuba, palmes et matériel de pêche sont inclus.

BALADE DANS LE NORD-EST ET L'EST DE L'ÎLE

La partie nord-est de l'île est couverte en grande partie par l'épaisse forêt primaire du ***parc national de Phú Quốc,*** classée réserve de biosphère par l'Unesco en 2006. Propriété de l'armée, et donc interdite d'accès, elle héberge une faune et une flore inestimables, de fait, protégées.
La route de Dương Đông vers ***Bãi Thơm*** la traverse. Peu avant Bãi Thơm, on peut emprunter une route sur la gauche au niveau du mirador, qui mène au village de pêcheurs de ***Rạch Tràm.*** Petit café à l'entrée du village, où l'on recommande de

laisser sa bécane. Atmosphère paisible entre forêt, mangrove et plage. Juste en face, à quelques brasses, une île cambodgienne.

L'ancienne piste qui longe le littoral de Bãi Thơm à ***Hàm Ninh*** est désormais entièrement bitumée et l'on peut rejoindre facilement le Sud sans passer par Dương Đông. Un gain de temps inouï, et surtout l'occasion de découvrir un littoral superbe, venteux, avec de longues langues de sable blanc ourlées d'arbres tropicaux et parsemées de gros rochers noirs. Pour un peu, on se croirait aux Seychelles !

En rentrant vers Dương Đông, si vous avez du temps, balade à la ***cascade de Suối Tranh.*** Attention, durant la saison sèche (de novembre à juin), elle ne coule guère. Prendre en direction de Hàm Ninh.

Où dormir ? Où manger sur la côte est de l'île ?

À Hàm Ninh

Mango Beach Resort *(plan L'île de Phú Quốc,* ***29****)* **:** *Tổ 3, hameau de Cây Sao, Xã Hàm Ninh.* ☎ *629-95-55 (central de résas).* • *mangobeachphuquoc.com* • *Chambres 90-105 US$.* Une situation idyllique entre mer et montagne, sur la côte est. Sur un terrain en pente s'accrochent une dizaine de bungalows sur pilotis offrant une vue imprenable sur la mer (avec accès direct). Les chambres sobres et lambrissées sont d'excellent confort, impeccables et calmes. Ce qui peut être un atout pour certains (les amoureux y roucoulent en paix) sera sans doute un point faible pour d'autres car, de fait, l'hôtel est relativement isolé. Cela dit, bon resto sur place, sur la plage.

Fishing Village *(plan L'île de Phú Quốc,* ***41****)* **:** le long de l'ancienne digue du village de Hàm Ninh, dégustations de poissons, fruits de mer et crabes, sur les bateaux amarrés. Tous proposent les mêmes produits de la pêche, d'une fraîcheur garantie, à des prix justes. Très populaire et ambiance festive (musique à fond la caisse) au milieu des familles vietnamiennes. Sur le port, le ***restaurant Song Lê*** bénéficie d'une bonne réputation.

LE SUD

VERS LA POINTE SUD DE L'ÎLE

À une trentaine de kilomètres au sud de Dương Đông, ***An Thới*** ne sert plus de port de débarquement, mais sa vie portuaire (pêche locale) continue. Pas de raison d'y dormir. Le plus pratique et le moins cher, pour s'y rendre, c'est la mototaxi. Compter 80 000 Dg et environ 30 mn. La route est entièrement bitumée et débouche sur le pharaonique *Mariott Hotel,* à l'architecture « mégalomaniaque », ouvert en 2017. Les 2 plages les plus connues sont celles de Bãi Khem et Bãi Sao.
➢ ***Balade en bateau*** dans les îles en face de An Thới. Beaux paysages et spots de plongée. Pour les découvrir, voir à Dương Đông nos adresses « Plongées » et « Balades en mer ».

Le téléphérique pour l'île de Hòn Thơm : • *honthom.sunworld.vn* • *Départ depuis la station située à 4 km au nord-ouest du bourg de An Thới. Tlj 8h-17h30. Durée : 15 mn. Billet A/R : 150 000 Dg ; réduc.* En cas de mauvais temps, il ne fonctionne pas. Considéré comme le plus long du monde au-dessus de la mer (7,8 km), il relie depuis 2017 le bourg de An Thới et l'île de Hòn Thơm. Cet impressionnant téléphérique a été construit par la société vietnamienne *Sun Group,* qui a aménagé une partie de l'île en parc de loisirs *(Hòn Thơm Nature Park).* Le voyage au-dessus des bateaux et de la mer a quelque chose d'exceptionnel pour la vue. Sur l'île de Hòn Thơm on est conduit en voiturette électrique (buggy) jusqu'à la plage (sable blanc) où l'on peut se baigner et pratiquer plusieurs activités balnéaires : kayak de mer, jet-ski nautique, plongée sous-marine, parachute ascensionnel...

– ***Bon à savoir :*** en fait c'est le trajet en téléphérique qui vaut la peine, plus que le séjour dans le parc balnéaire. Une fois sur l'île, on ne peut pas sortir du périmètre du parc, c'est-à-dire de l'enceinte privée appartenant à *Sun World.* Personne ne parle l'anglais. Les infrastructures n'étaient pas encore finies au printemps 2019.

La plage de ***Bãi Khem,*** la plus proche d'An Thới (environ 3 km), déroule son sable blanc au fond d'une baie ravissante. Elle a été « privatisée » par le *Mariott Hotel.* La plage de ***Bãi Sao,*** ouverte au public, est bordée par une petite forêt de cocotiers. Plus intime aussi, c'est notre préférée ! Allez vous poser tout au bout, sur la gauche vers le *Café Paradiso,* plus calme.

Café Paradiso *(plan L'île de Phú Quốc,* ***42****) : à l'extrémité nord de la plage.* Il porte bien son nom celui-là ! Littéralement les pieds dans le sable, avec des tables en terrasse abritées de parasols, il propose une carte d'en-cas vietnamiens et occidentaux de très bonne qualité. Jus et cocktails. Service parfait. Juste devant, une rangée de transats pour buller en toute quiétude.

Coconut Prison **:** *sur la route de An Thới à Hàm Ninh, à 3 km au nord du port d'An Thới. Bien indiqué sur la droite de la route.* Infâme prison originellement construite par les Français et « reprise » par les Sud-Vietnamiens. Ces derniers l'avaient transformée en un immense camp de hangars en tôle ondulée (des fours... volontairement !), avec des containers *made in USA* comme cachots. Jusqu'à 40 000 prisonniers y ont été enfermés. Petit musée. En face, un grand monument honore tous ceux qui y sont restés.

HOMMES, CULTURE, ENVIRONNEMENT

BOISSONS

L'eau

Ne buvez que de l'eau minérale ou purifiée (décapsulée devant vous, bien sûr). ***L'eau du robinet,*** dans les villes, ***n'est pas potable,*** et il est formellement déconseillé de boire celle des campagnes. Il existe un moyen de ***purifier l'eau suspecte*** grâce à un procédé individuel et économique, une paille d'ultrafiltration de poche à 0,01 micron. En fait c'est un petit tube que l'on fixe sur un robinet. Il est capable de retenir tous les parasites, virus et bactéries avec une capacité de 2 000 l d'eau purifiée ! Voir notre rubrique « Santé » dans « Vietnam utile » en début de guide.
Dans les magasins on trouve plusieurs marques d'eau minérale et purifiée en bouteilles plastique. Celles qui ont reçu l'aide technique de sociétés françaises (*La Vie, Lasska, Vital,* les moins chères) et les eaux purifiées provenant de brevets techniques de sociétés américaines ou autres *(A et B, La Ville, La Villa, La Vigie)* sont toutes irréprochables.
Attention aux eaux minérales qui portent presque le même nom que leurs copines et dont la qualité n'est pas toujours assurée (*La Viei, La Vi, La Vu* par exemple). Les eaux vietnamiennes, en bouteilles de verre, sont saines également, mais ont parfois un goût bizarre. Dans les hôtels, l'eau des Thermos est en principe bouillie. Il faut prévoir un petit budget car votre consommation sera assez élevée. Une bouteille (1,5 l) d'eau minérale coûte entre 7 000 et 10 000 Dg si on l'achète dans la rue.

Le thé

La boisson nationale. Souvent gratuit dans les restos ou à un prix dérisoire. ***Le plus répandu est un thé vert*** servi dans de petites coupelles de porcelaine. Le même thé est réutilisé pour de nombreuses infusions : à la fin, il devient méchamment âcre ! D'un autre côté, lorsqu'il est bien préparé, il peut être succulent (le thé à l'artichaut est un régal !). Le thé en sachets *(Lipton),* qui vaut ce qu'il vaut, est de plus en plus répandu.

La bière

Très populaire et bon marché au Vietnam. Vous trouverez dans tout le pays des cafés servant de la *bia hơi,* bière brassée localement ou servie selon un processus de pression artisanale. Légère, bonne et économique, encore plus que les bières en bouteille.
Côté marques, la *Saigon,* la *Tiger,* la *333* (Ba-ba-ba), la *Larue,* ou la *Bivina* sont les plus connues ; la *San Miguel* a fait récemment une percée. Mais on trouve aussi d'excellentes marques locales, comme la *Hanoi* dans le Nord, la *Cần Thơ* (dans la ville du même nom), la *Sông Hàn* à Đà Nẵng ou la *Huda* à Huế (*Huda* vient de « Huế » et « Danemark »). Ces dernières sont souvent moins chères.
Dans le Sud, on trouve la célèbre *BGI (Brasseries et Glacières d'Indochine),* avalée par la marque australienne *Foster.* Fabriquée dans plusieurs endroits, notamment

à Mỹ Tho (delta du Mékong), reconnaissable à son tigre jaune sur fond rouge, elle est bonne (et même très bonne !). Elle possède l'avantage (ou l'inconvénient ?), par rapport aux concurrentes, de pouvoir être servie en modèle grand format, ce qui est plus économique mais pousse à boire un peu plus !

– ***Bon à savoir :*** il paraît que les moustiques ne sont pas amateurs de buveurs de bière (question de transpiration). À bon entendeur...

UN COCKTAIL EXPLOSIF

La recette du B52 fut inventée sur une base militaire de Californie, pour aider les soldats américains à bombarder le Vietnam... Il est composé de 3 couches bien distinctes de liqueur de café, de Bailey's et de Grand Marnier. Pratiquement oublié aux États-Unis (ils en ont honte !), on le sert aujourd'hui dans les bars au Vietnam. Pas de mémoire ou pas de rancune ?

Le café

On le sait peu, mais le Vietnam est le 2e producteur mondial de café (variété robusta, plus forte que l'arabica), après le Brésil et devant la Colombie. Le café sert surtout à l'exportation (soit 10 % des exportations mondiales de café). C'est toutefois une boisson populaire au Vietnam, sous forme de café filtre : on vous sert une tasse surmontée d'un petit filtre empli d'eau bouillante... reste à laisser passer sans être pressé ! On qualifiera le nectar résultant de « café d'homme », tant il est concentré (il a un goût presque caramélisé) ; mélangé avec du lait, il passe mieux. Sinon, comme dans beaucoup de pays, un nombre croissant de restos, cafés et bars à l'occidentale servent toutes sortes de cafés, dont bien sûr l'*espresso* et le *cappuccino.*

La région de Buôn Ma Thuột (Hauts Plateaux) est le berceau du café au Vietnam. La production y est la plus importante du pays.

CAFÉ A L'ŒUF

Le Hanoi Egg Coffee a été inventé à Hanoi du temps où le pays connaissait des pénuries de lait et de crème. Il s'agit d'un mélange de blanc d'œuf fouetté que l'on met dans la tasse de café. Cela donne une sorte de cappuccino à la vietnamienne.

CINÉMA

Il existe une production cinématographique au Vietnam depuis les années 1920, même si celle-ci reste peu connue en Occident. Le cinéma vietnamien est aujourd'hui en plein essor. Stimulés par le développement du pays, disposant de plus de facilités matérielles et financières qu'autrefois, les réalisateurs vietnamiens font preuve de talent et d'imagination. Les genres sont très variés : films de guerre, mélodrames romantiques, policiers, films d'action, comédies, fables rurales et poétiques...

Réalisateurs vietnamiens

Parmi les réalisateurs « historiques » citons ***Đặng Nhật Minh.*** Né à Huế en 1938, il a appris le cinéma auprès du réalisateur soviétique Abrahimov, et fut le 1er secrétaire de l'association du cinéma vietnamien. De 1981 à 2009, ses documentaires et ses films de fiction ont fait de lui le réalisateur vietnamien le plus connu. Il a signé de nombreux films dont *Hanoi, l'hiver de l'année 46* (1997) et *Ne brûlez pas* (2009). Son film *Quand viendra le 10e mois* (1984) a été classé par la chaîne CNN comme l'un des 18 meilleurs films asiatiques de tous les temps. En 2010, Hollywood lui a rendu un hommage.

D'autres réalisateurs importants : ***Lê Hoàng*** (né en 1956) dont le film *Bar Girls* (« Les Entraîneuses », 2002) a connu un immense succès au Vietnam. ***Phan Đăng Di*** (né en 1976) a réalisé *Bi, n'aie pas peur !* (2010), et *Mekong Stories* (2016), celui-ci a été découvert au Festival de Berlin. Il est le cofondateur de *Autumn Meeting,* un événement cinématographique qui se tient chaque année au Vietnam. Le réalisateur ***Ngô Quang Hải*** (né en 1967) s'est fait remarquer avec *Histoire de Pao,* qui retrace l'histoire d'une jeune fille de l'ethnie Hmong partie à la recherche de sa vraie mère biologique. Avec ce film, c'était la 1re fois qu'un Vietnamien du Vietnam participait aux Oscars (en 2007) pour le prix du meilleur film étranger. ***Hữu Mười*** a signé un beau film de guerre avec *L'Odeur de l'herbe brûlée* (2012).
Parmi les plus jeunes réalisateurs de la nouvelle génération, citons ***« Kawaii » Nguyễn Tuấn Anh*** (né en 1993), fondateur des studios Alien Media à Hồ Chí Minh-Ville, et ***Võ Thanh Hoà*** (né en 1989) qui a signé *Switched* (2018), sans oublier ***Lê Thanh Son*** *(Jailbait),* ***Nguyễn Quang Dũng*** *(Go Go Sisters)* et ***Huỳnh Tuấn Anh*** *(Loto).*
Installé aux États-Unis, ***Tony Bùi*** a signé *Trois saisons* (1999), drame poétique nommé aux Oscars en 2000. ***Khoa Lê*** est un Vietnamien du Québec. Dans *Bà nôi,* il raconte son voyage au Vietnam où il retrouve sa grand-mère vietnamienne.

Films américains

« Un film peut transformer une défaite en victoire. On réussit dans le domaine de l'imaginaire ce qu'on n'a pu obtenir dans la réalité », a écrit le reporter américain Stanley Karnow. La guerre a inspiré de nombreux cinéastes américains depuis les années 1960.
– ***Un Américain bien tranquille*** *(États-Unis, 1957 et 2003)* ***:*** *The Quiet American,* de Joseph Mankiewicz, avec Claude Dauphin et Michael Redgrave, fut la 1re adaptation cinématographique du fameux roman de Graham Greene (qui vécut au Vietnam dans les années 1950). En 2003, une 2e adaptation (en couleur) du roman de Greene a été portée à l'écran par le réalisateur Phillip Noyce, avec Michael Caine et Brendan Fraser. Un film remarquable, tourné dans les paysages du nord du Vietnam.
– ***Voyage au bout de l'enfer*** *(États-Unis, 1978)* ***:*** *The Deer Hunter,* de Michael Cimino, avec Robert De Niro et Meryl Streep. La 1re moitié du film montre la vie insouciante et insipide dans un trou perdu de Pennsylvanie. 3 jeunes Américains s'y ennuient et partent se battre au Vietnam, où ils découvrent l'horreur de la guerre et son cortège d'atrocités.
– ***Apocalypse Now*** *(États-Unis, 1979)* ***:*** le film culte de la guerre du Vietnam. Le scénario de Francis Ford Coppola s'inspire en grande partie du chef-d'œuvre de Joseph Conrad, *Au cœur des ténèbres.* C'est l'histoire d'une quête et d'une enquête pour retrouver dans le fin fond de la jungle un colonel américain (Marlon Brando), déclassé et à moitié fou, qui a déserté l'armée pour se faire introniser chef d'une tribu de sauvages. Le film a été tourné aux Philippines.
– ***Platoon*** *(États-Unis, 1986)* ***:*** le 1er film de la trilogie d'Oliver Stone sur le Vietnam. L'histoire terrible d'un jeune Américain volontaire pour la guerre, qui va très vite être confronté à la démoralisation et à l'usure du conflit. Il a complété sa trilogie avec ***Né un 4 juillet*** (1990) et ***Entre Ciel et Terre*** (1994).
– ***Full Metal Jacket*** *(États-Unis, 1987)* ***:*** la plupart des vétérans américains voient dans ce film de Stanley Kubrick (qui réalisa *Orange mécanique*) l'œuvre la plus vraie sur leur guerre. Et la plus réaliste. La meilleure partie du film est sans conteste la bataille de Huế (offensive du Tết, 1968) d'où les *GI's* parvinrent à « déloger les Vietcong après des combats acharnés ».
– ***Good Morning Vietnam*** *(États-Unis, 1987)* ***:*** une des seules comédies sur la guerre du Vietnam, réalisée par Barry Levinson, avec, dans le rôle principal, l'excellent Robin Williams. L'histoire d'Adrian Cronauer, animateur vedette de la radio des Forces armées de Saigon en 1965 qui, par son humour caustique, son rire insolent, sa façon de ne rien respecter, redonna du moral aux troupes mais irrita profondément la hiérarchie militaire américaine.

Films français

Les cinéastes français se sont intéressés plus tôt, et c'est logique, à la guerre d'Indochine (1946-1954) ainsi qu'à l'époque coloniale, exception faite de Trần Anh Hùng.
– ***L'Odeur de la papaye verte*** *(France, 1993)* **:** de Trần Anh Hùng, réalisateur français d'origine vietnamienne (né en 1962). Ce film est l'histoire d'un fils de bonne famille dans les années 1930, qui tombe amoureux fou de sa servante. Caméra d'or à Cannes en 1993, césar de la meilleure 1re œuvre en 1994, il fut nommé aux Oscars d'Hollywood. Trần Anh Hùng a tourné aussi ***Cyclo*** (1995), un polar récompensé à la Mostra de Venise (interdit au Vietnam), puis ***À la Verticale de l'été*** (2000). Ses autres films ne sont pas inspirés du Vietnam mais de romans français ou japonais.
– ***Indochine*** *(France, 1992)* **:** un film de Régis Wargnier, avec Catherine Deneuve dans le rôle principal. Moins érotique que *L'Amant,* plus romantique que *Điện Biên Phủ,* cette fresque romanesque et grand public raconte la splendeur et la misère du système colonial français en Indochine, à travers l'histoire d'une femme (Catherine Deneuve), propriétaire d'une plantation d'hévéas, et celle d'une petite Vietnamienne qu'elle a adoptée. Ce film a donné envie à tous les Français de voir le Vietnam de plus près, grâce à la splendeur des scènes tournées sur place.
– ***L'Amant*** *(France, 1992)* **:** produit par Claude Berri et tourné par Jean-Jacques Annaud, ce film est l'adaptation d'un roman à succès de Marguerite Duras. Il raconte l'histoire d'une passion amoureuse entre une jeune lycéenne née en Cochinchine et un riche Chinois dans le Saigon colonial des années 1920.
– ***Điện Biên Phủ*** *(France, 1992)* **:** le 1er grand récit cinématographique de la bataille sanglante de Điện Biên Phủ (1954) qui marqua la fin de l'ère coloniale et donna l'indépendance au Nord-Vietnam. Pierre Schoendoerffer, le réalisateur, participa lui-même à cette célèbre bataille qu'il suivit en tant que reporter. D'où le ton autobiographique de l'histoire. Il a réalisé aussi la ***317e section,*** la ***Section Anderson*** et ***Le Crabe tambour,*** 3 superbes films de référence.

CUISINE

La cuisine vietnamienne a beaucoup de qualités : elle est fine et légère, diététique, vraiment pas chère et très variée (près de 500 plats). Bien qu'elle s'en inspire parfois, elle se distingue de la cuisine chinoise par le fait qu'elle utilise moins de sauces, mais plus d'herbes et de légumes naturels. Et puis, la carte d'un resto vietnamien restera toujours plus simple à lire que celle d'un resto chinois...

LA CUISINE MÈNE À TOUT

En 1917, Nguyen, un jeune Vietnamien, s'installa à Paris comme développeur de photos. Puis il apprit la pâtisserie au célèbre hôtel Ritz*, sous l'autorité du grand Escoffier. Il revint au* Ritz *en 1946, mais comme invité d'honneur, sous le nom de Hồ Chí Minh (« le porteur de lumière »).*

Un ingrédient de base sépare foncièrement les cuisines vietnamienne et chinoise : c'est le ***nước mắm,*** sauce brunâtre obtenue par la fermentation de poissons salés. Voilà un condiment national qui fait l'unanimité, du nord au sud ! Comme dans tous les pays du monde, les variantes régionales existent : la cuisine du Sud a une saveur plus sucrée que celle du Nord, parce qu'on y met souvent du lait de coco à la cuisson. La cuisine du Centre (Huế, Đà Nẵng...) se singularise par son goût relevé et par l'abondance des produits de la mer.
– ***Conseil*** **:** le glutamate de sodium est souvent employé afin de mieux faire ressortir les saveurs. Or, ce produit est déconseillé aux personnes cardiaques ou souffrant d'hypertension. Lors de votre commande, demandez vos plats « *không mỳ chính* », c'est-à-dire sans addition du fameux produit. De plus en plus de restos indiquent sur leur carte les plats sans glutamate.

– ***Baguettes :*** au Vietnam, que l'on soit recroquevillé sur ses talons sur un trottoir ou confortablement installé devant une table chic, on mange toujours avec des baguettes. Elles sont si « bouddhiquement » pacifiques, ces baguettes, qui ne savent ni piquer, ni transpercer, ni découper ! Le bouddhisme vietnamien commence dans l'assiette. Mais il faut quand même de la dextérité pour réussir à tenir une boulette toute ronde entre 2 baguettes ! C'est tout un art... En cas d'échecs répétés, nous proposons un raccourci occidental un brin féroce : piquez dedans ! Pour manger un bol de riz, les Vietnamiens le rapprochent de leurs lèvres et enfournent à coups de baguettes le contenu du bol dans leur bouche. N'en soyez pas choqué, c'est la méthode la plus efficace. Les Européens préfèrent laisser leur bol sur la table et porter le riz à bout de baguettes jusqu'à leur bouche, ce qui, avec un peu d'entraînement, est tout à fait jouable.

Riz

En vietnamien, « prendre son repas » se dit *ăn cơm.* Si l'on traduit littéralement, cela signifie « manger du riz ». L'expression est bien révélatrice de l'importance du riz dans la vie quotidienne. Selon un vieux proverbe, « Pour faire la guerre, il faut du riz ; pour faire la paix, il faut du riz aussi » !
Il existe ***3 sortes de riz*** : le ***riz normal*** avec des grains ronds et blancs, le ***riz gluant*** qui présente des grains opaques (il sert à confectionner des gâteaux et des offrandes), et enfin le ***riz parfumé*** reconnaissable à ses longs grains. On trouve bien du riz complet, non décortiqué, sur les marchés, mais les Vietnamiens ne le mangent pas et il n'est jamais utilisé dans la cuisine.
Généralement, les restos vous servent un bol de riz blanc en accompagnement des plats (viande, poisson...) ; à vous de faire votre mélange dans l'assiette. Sinon, il existe des plats à base de riz, comme le *cơm tay cầm* : c'est du riz aux champignons mélangé avec de fines lamelles de poulet et du porc au gingembre.

Soupes

– ***Phở:*** cette soupe de nouilles, originaire du Nord, s'est répandue dans tout le pays jusqu'à devenir un vrai symbole national. On la sert dans un grand bol. Il s'agit d'un bouillon obtenu en faisant bouillir des os, du gingembre et du *nước mắm* (évidemment !). On y ajoute des lamelles de bœuf ou de poulet, de la coriandre, de l'anis, des épices, et parfois des clous de girofle. C'est un mélange de liquide et de solide, à la fois léger et copieux, que les Vietnamiens consomment à n'importe quelle heure de la journée. Il existe même des marchands de soupe ambulants. La soupe a ses variantes régionales, ce qui la rend encore plus savoureuse en voyage !
Dans le Nord, le *phở* est toujours servi avec des nouilles blanches (vermicelles à base de riz). La soupe du Centre, à base de bœuf et de nouilles, s'appelle le ***bún bò Huế*** (très épicé). Dans le Sud, la soupe traditionnelle est le *hủ tiếu,* vermicelles de riz avec du porc.
– ***Miến lươn :*** soupe aux anguilles avec des vermicelles transparents faits avec de la farine de riz mélangée à du manioc en poudre. Il y a d'autres *miến* : le *miến gà* (au poulet), le *miến cua* (au crabe), etc.
– ***Bún thang :*** soupe de vermicelles avec des morceaux de poulet, d'omelette et de crevettes. C'est une soupe originaire du nord du pays.
– ***Lẩu :*** c'est ce que l'on appelle communément le « pot-au-feu vietnamien » ou encore la « fondue chinoise », *tả pín lù.* Il s'agit en fait d'un bouillon composé de légumes, d'herbes, de feuilles potagères et de fruits de mer. On plonge soi-même dans le bouillon les différentes viandes déjà découpées en petits morceaux : bœuf, crevette, calamar... Le *lẩu* est un plat très sain et très convivial puisqu'on le partage à plusieurs, comme en France la fondue bourguignonne.
– ***Mì :*** c'est une soupe contenant des nouilles jaunes à base de farine de blé (elles se rapprochent des nouilles italiennes).

Plats traditionnels

– ***Nem :*** qui ne connaît ce petit rouleau, appelé aussi pâté impérial (ou *chả giò* dans le sud du pays) ? Une des spécialités emblématiques du Vietnam. C'est une crêpe de riz enroulée en cylindre, contenant de petits vermicelles transparents, du crabe, des morceaux de porc, des bouts d'oignon, ainsi que des champignons de mer *(mộc nhĩ)*. Les nems sont frits dans de l'huile puis servis chauds et craquants. Délicieux.

– ***Bánh cuốn :*** appelé aussi « ravioli vietnamien ». Il est fait à partir d'une pâte de riz cuite à la vapeur, farcie de porc haché et de morceaux de champignon noir. On le sert avec du *nước mắm* coupé d'eau, additionné de vinaigre, de sucre, d'ail ou de piment.

– ***Bò bẩy món :*** bœuf exquis aux 7 manières, soit 7 plats de viande de bœuf que l'on sert dans certains restos spécialisés (c'est souvent marqué « *Bò 7 món* » sur leur carte de visite ou en façade). Une des façons de cuire le bœuf consiste à tremper la viande dans un récipient contenant de l'huile bouillante (sorte de fondue) ou d'en faire griller des morceaux découpés sur une plaque posée près de vous sur la table.

– ***Chả cá :*** une des plus fameuses spécialités du Nord. Il s'agit d'un filet de poisson frit et non grillé, servi avec des vermicelles de riz, du safran et de l'aneth, des cacahuètes grillées, le tout parfumé de quelques gouttes de *cà cuống* (essence très volatile provenant du corps d'un insecte, le bélostome). Ce plat exceptionnel coûte plus cher que les plats quotidiens.

– ***Ốc nhồi :*** délicieuse farce à base d'escargots, enveloppée dans une feuille de gingembre, et cuite à la vapeur dans une coquille (d'escargot, bien sûr). Plat très fin et parfumé.

– ***Chạo tôm :*** bâtons de canne à sucre enrobés d'une pâte de crevette, que l'on sert toujours grillés.

– ***Canh chua :*** soupe de poisson et de légumes à la saveur aigre-douce en raison des tamarins (fruits du tamarinier) que l'on y met pour la cuisson. Voilà un plat typique du bord de mer. Il s'accommode de diverses façons. Le *canh chua cá lóc* est le plus demandé.

– ***Chó :*** la viande de chien, et les saucisses dérivées de cette chair, surtout dans le Tonkin. C'est un peu gras et le goût peut être assez fort.

– ***Trứng vịt lộn :*** l'œuf de cane couvé dont le petit craque sous la dent. On le mange en entier, comme les ortolans.

Pâtisseries vietnamiennes et confiseries

Vos papilles doivent se mettre en éveil à la lecture des mots *bánh* (gâteau) et *mứt* (fruits confits), que certains restos inscrivent sur leurs cartes.

– ***Bánh chưng :*** les Vietnamiens ne mangent ce gâteau salé qu'à l'occasion de la fête du Tết (Nouvel An vietnamien). Il est aussi exceptionnel ici que le foie gras en France. On trouve le *bánh chưng* dans toutes les vitrines et sur toutes les tables durant cette semaine de fête intense. Il s'agit d'un gâteau de riz gluant enveloppé dans des feuilles de cocotier ou de bananier (ce qui lui donne sa couleur verte). De forme carrée, il contient des graines de soja et des morceaux de poitrine de porc salés et poivrés. Dans le Sud, il est cylindrique *(bánh tét)*.

– ***Bánh bao :*** pâtisserie d'origine chinoise que les Vietnamiens dégustent au petit déj ou au goûter. C'est une brioche cuite à la vapeur, farcie de viande de porc, d'oignons, de champignons parfumés. On y trouve un morceau d'œuf dur et une fine tranche de *lạp xưởng,* sorte de saucisse chinoise.

– ***Bánh dẻo :*** on le confectionne et on le consomme uniquement à l'occasion de la fête de la Mi-automne (voir « Fêtes et jours fériés » dans « Vietnam utile », en début de guide). Gâteau à base de farine de riz gluant, fourré de fruits confits, de graines de sésame, de graisse. Très sucré, il s'accompagne à merveille d'une tasse de thé au jasmin.

– ***Mứt :*** fruits confits servis à l'occasion de la fête du Tết, mais on en trouve quand même le reste de l'année. Les *mứt* les plus courants sont les *mứt dừa* (à la noix de coco) et les *mứt khoai* (à la patate douce). Les plus fins sont les *mứt sen* (aux graines de lotus), les *mứt quất* (au kumquat) et les *mứt mãng cầu* (au corossol).

Desserts

Il y a rarement d'entremets sucrés dans les restos. ***Le dessert vietnamien est plutôt composé de fruits frais*** que de pâtisseries. Les plus courants sont l'ananas, la banane, l'orange, la papaye (très rafraîchissante) et le pamplemousse. Les fruits exotiques sont plus rares et donc plus chers : la mangue *(xoài),* le mangoustan *(măng cụt),* le ramboutan *(chôm chôm)* et le longane *(nhãn).* Le jaquier *(mít)* et surtout le durian *(sầu riêng)* dégagent un arôme spécial (repoussant dans le cas du durian), mais les amateurs de fromages très forts peuvent toujours risquer le coup. Il existe aussi des desserts cuisinés comme le *chè.* Les restos habitués aux touristes vous proposeront des yaourts au miel et des crêpes à la banane, rarement plus.
– ***Chè :*** c'est un dessert sucré, que l'on sert chaud ou froid avec de la glace pilée. Le *chè* est confectionné à partir d'ingrédients très variés : haricots blancs ou maïs, ou même patates douces. Le tout est arrosé de lait de noix de coco.

Souvenirs de la France

La France a laissé au Vietnam quelques souvenirs gastronomiques (peu, en fait, pour 95 ans de présence).
– ***Le pain*** *(bánh mì)* ***:*** déformation phonétique de « pain de mie », le *bánh mì* est un sandwich hérité de l'époque coloniale. Il n'est pas fait avec du pain de mie mais avec de la baguette craquante, mêlant les saveurs vietnamiennes et le pain français. Beaucoup plus riche et nourrissant qu'un simple jambon-beurre. À l'intérieur, on trouve de la viande grillée de porc (de bœuf ou de poulet) mélangée à des carottes râpées, des tranches de concombre. Pour accentuer le goût, on y ajoute des brins de coriandre, un peu de soja ou de sauce Maggi, parfois du tofu.
Certains contiennent un morceau de piment rouge émincé. C'est bon, goûteux, économique, une authentique nourriture rapide de rue. On trouve aussi des pâtisseries et viennoiseries à la française ; avec le tourisme, elles ont tendance à être proposées dans les grandes villes.
– Du ***jambon,*** du ***pâté,*** et de l'***eau minérale*** évoquant Vittel.
– De tous les fromages qui ont circulé naguère au Vietnam, un seul, ***La Vache qui rit,*** a laissé sa marque dans les esprits. Pourquoi un tel succès ? C'est l'un des rares fromages qui se conserve même sans être au frigo. Une imitation est apparue depuis, la *Nouvelle vache* !
– Enfin, autre saveur française ayant fait souche : les ***yaourts.*** On en trouve partout, dans les épiceries et les supermarchés, dans les gargotes... Les Vietnamiens ont conservé le nom français (d'origine turque ou balkanique à vrai dire...) et le servent glacé dans un petit pot en verre. Miam !
– ***Les glaces :*** les Vietnamiens sont devenus de grands amateurs de glaces. Elles sont délicieuses. C'est aussi un reste de l'époque française.

CURIEUX, NON ?

– Au Vietnam, ***manger*** se dit « *ăn cơm* ». Si l'on traduit littéralement, cela signifie « manger du riz », le riz étant le plat quotidien de base des Vietnamiens.
– Quand vous avez fini de manger votre bol de riz, ***ne jamais planter les baguettes verticalement*** dans votre plat, car cela rappelle les bâtons d'encens mortuaires.

– À Hanoi, de nombreux éventaires de rue proposent des ***galettes de vers frits*** *(chả rươi),* délices des soirées hivernales ! Ces petits vers vivent dans le sable et sont ramassés dans les champs après octobre. On les mange avec du porc, des œufs, de l'aneth frais et un zeste d'agrumes, le tout cuit dans une grande poêle pleine d'huile.
– ***Les Vietnamiens évitent de faire des compliments sur un enfant.*** On ne dit pas qu'il est beau ou en bonne santé devant ses parents. Cela pour éviter d'attirer le mauvais sort. On doit dire le contraire de ce que l'on pense. Autrefois, les parents évitaient de donner aux enfants un joli prénom trop valorisant.
– Superstition : le ***jour du Nouvel An*** vietnamien (le *Tết*), les Vietnamiens ne jettent pas leurs poubelles ni ne balaient leur maison. Ils attendent le lendemain. Si vous êtes riche ou si vous avez une bonne situation, vous serez le bienvenu le 1er jour de l'an nouveau. Cela apportera chance et prospérité à la famille que vous visitez.
– Pourquoi ***la naissance d'une fille est plutôt mal vue*** au Vietnam ? En se mariant, la fille quitte ses parents pour s'occuper de ses beaux-parents. Le fils aîné (un garçon donc) a le devoir de veiller sur ses parents de leur vivant et quand ils sont vieux. Cette préférence des garçons sur les filles est aussi issue du passé : pour l'agriculture et la guerre, il fallait des garçons.

UN COMMERCE TIRÉ PAR LES CHEVEUX !

Le Vietnam est l'un des 1ers producteurs de cheveux (réputés les plus épais au monde). Ils sont envoyés en Chine pour y être transformés en perruques. Ces tignasses ont d'autant plus de valeur que le cheveu est long. On ne vous dit pas la valeur de toutes ces chevelures féminines qui atteignent souvent plus de 1 m.

– Le ***culte des ancêtres*** est la base de la pratique religieuse. Pour prier, les Vietnamiens peuvent aller à la pagode ou rester chez eux. Chaque maison possède son coin ou sa pièce dédiée aux âmes des défunts de la famille. Les descendants s'inclinent devant cet autel des ancêtres sur lequel sont disposées des photos des aïeux à côté de l'image de Bouddha.
– L'***œil peint*** que l'on observe à l'avant des bateaux du centre et du sud du Vietnam est un œil de baleine *(Cá Voi).* Un puissant génie protecteur pour les marins, qui ne partiraient pour rien au monde à la pêche sans prononcer un rituel : « Que monsieur Baleine nous protège. » De nombreux villages de pêcheurs comptent d'ailleurs un traditionnel ***temple du dieu Baleine*** où l'on préserve les reliques du dernier cétacé échoué à proximité. Ce dieu Baleine *(Cá Ông)* rapporte l'âme des marins perdus en mer.
– ***Le rouge est une couleur porte-bonheur*** depuis toujours. Les étudiants, à la veille des examens, mangent des haricots rouges et jamais de bananes. Haricot se dit *đậu* en vietnamien, le même mot signifie aussi « réussir ». La banane symbolise l'échec.
– ***Le chiffre 888 est considéré comme bénéfique.*** On le retrouve dans les numéros de téléphone et sur les plaques

LE CHANT DU CYGNE DE LA BALEINE

La baleine fait l'objet d'un culte funéraire très spécifique sur les côtes du centre et du sud du Vietnam. Lorsqu'un de ces mammifères marins s'échoue sur une plage, son découvreur en devient « père » et prend le deuil. Des faire-part de décès sont émis. Jadis, le roi envoyait un représentant et délivrait un diplôme à l'animal, dont les cérémonies d'inhumation très complexes courent sur plusieurs mois (3 ans à certains endroits). Sur l'île de Tam Hải (entre Hội An et Quảng Ngãi), un cimetière dédié compte plus de 500 tombes et existerait depuis 500 ans. Cétacé... incroyable !

d'immatriculation. En vieux vietnamien, le chiffre 8 se dit *bát,* qui ressemble à *phát,* qui signifie « prospérité ». Les Vietnamiens ***n'aiment pas le chiffre 4,*** qui se dit *bốn* aujourd'hui, et se disait *tử* autrefois, ce qui signifie « mort ». Donc, le 4ᵉ étage des maisons et des hôtels n'est pas le plus recherché.

– Pour retrouver les restes des ***soldats vietnamiens disparus*** à la guerre, l'armée propose les services d'une ***femme médium.*** Elle a le grade de capitaine. Réputée pour ses dons de télépathie et ses pouvoirs supranaturels, elle a ainsi permis à plusieurs familles de retrouver les traces de leurs proches morts au combat.

DROITS DE L'HOMME

Dirigé depuis 2016 par Nguyễn Phú Trọng à sa tête, le Parti communiste vietnamien (PCV, parti unique) fait plus que jamais régner une discipline de fer sur le plan politique, tout en affichant une ouverture de façade sur le plan économique. En janvier 2019, l'entrée en vigueur d'une loi sur la cyber-sécurité contraint ainsi les sites et les plates-formes web à retirer tout commentaire représentant une « menace à la sécurité nationale » et à stocker les données personnelles des internautes. Les autorités ont en outre accru leur répression à l'encontre de tous ceux qui contestent le régime, les poursuivant pour des concepts flous, tels que l'« affaiblissement de l'unité nationale ». Depuis trois ans, une véritable chasse aux sorcières a également été lancée, sous couvert de lutte anti-corruption. Des dizaines de dirigeants d'entreprises d'État, pour beaucoup responsables politiques, ont été arrêtés et poursuivis pour détournement de fonds. Selon les ONG, 130 personnes sont actuellement emprisonnées au Vietnam pour raison politique, dont 40 arrêtées lors de la seule année 2018.

Toutes les organisations religieuses sont plus que jamais sous contrôle. Les ethnies montagnardes chrétiennes, dans le centre du pays, doivent ainsi faire face à de nombreuses intimidations et à des conversions forcées. Toujours semi-clandestine depuis son interdiction en 1981 pour son refus d'adhérer à l'Église bouddhiste du Vietnam (organisme d'État), l'Église unifiée du Vietnam (Ebuv) continue cependant de défier le régime au pouvoir.

La liberté de manifestation est toujours niée, obligeant les organisateurs à agir dans l'illégalité, ce qui les exposent à un retour de bâton. La question s'est cependant posée au sommet de l'État en 2018, lorsque des manifestations nationalistes anti-chinoises ont été organisées illégalement. Le président vietnamien (un titre honorifique, mais qui compte au Vietnam) Tran Dai Quang, pourtant peu connu pour ses positions libérales, s'est alors prononcé pour des manifestations libres. Mort quelques mois plus tard d'une « rare maladie virale », Tran Dai Quang a été remplacé par la vice-présidente, Dang Thi Ngoc Thinh.

Seule évolution « positive », l'union entre personnes de même sexe a été dépénalisée, même si le mariage homosexuel demeure interdit.

■ ***Fédération internationale des Droits de l'homme (FIDH) :*** *17, passage de la Main-d'Or, 75011 Paris.* ☎ *01-43-55-25-18.* • *fidh.org* • Ⓜ *Ledru-Rollin.*

■ ***Amnesty International*** *(section française)* ***:*** *76, bd de la Villette, 75940 Paris Cedex 19.* ☎ *01-53-38-65-65.* • *amnesty.fr* • Ⓜ *Belleville ou Colonel-Fabien.*

■ ***Action pour la Démocratie au Vietnam – Comité Vietnam pour la défense des Droits de l'homme :*** *BP 60063, 94472 Boissy-Saint-Léger.* ☎ *01-45-98-30-85.* • *vchr@queme.net* • *queme.org* •

N'oublions pas qu'en France aussi les organisations de défense des Droits de l'homme continuent de se battre contre les discriminations, le racisme et en faveur de l'intégration des plus démunis.

ÉCONOMIE

L'éveil du dragon

– ***PNB :*** le secteur agricole représente environ 16 % du PNB, l'industrie 33 %, et les services 51 %.
– ***Taux de croissance annuelle :*** environ 7 % en 2018.
– ***Taux d'inflation :*** 3,5 % en 2017.
– ***Taux de chômage :*** environ 2 % en 2018 (estimation, l'emploi informel étant monnaie courante au Vietnam).
– ***Taux d'alphabétisation :*** environ 94 %.
– ***PIB/habitant :*** environ 2 350 US$ en 2017 (38 500 US$ en France).
– ***Principaux clients :*** dans l'ordre d'importance, États-Unis, Chine, Japon (1er investisseur), Corée du Sud... La France arrive bien après.
– ***Principaux fournisseurs :*** Chine, Corée du Sud, Japon, Thaïlande.
– ***Principaux produits exportés :*** téléphones mobiles (2e exportateur mondial après la Chine), pétrole, textiles et vêtements, produits de la pêche et de la mer. L'exportation des produits agricoles compte beaucoup. Le Vietnam est le 2e exportateur de riz et de café (de type robusta) au monde.
– ***Principaux produits importés :*** machines, produits de haute technologie, équipements industriels, produits pétroliers, acier, textiles.

Du collectivisme vers l'économie de marché

Les réformes entamées dans les années 1990 ont amené le pays, jusqu'alors soumis aux règles du collectivisme, sur les rails de l'économie de marché : réhabilitation de la libre entreprise, diminution du secteur public (tant au niveau du nombre des entreprises que des effectifs), encouragement des investissements étrangers directs ou partiels, en particulier sous forme de *joint ventures* (coentreprises, très répandues dans le pays). Dans le même temps, le gouvernement et le Parti communiste vietnamien gardent un contrôle absolu sur les acteurs économiques. Bref, ce modèle ressemble à s'y méprendre au « socialisme de marché » prôné par les Chinois. Politiquement, le Vietnam est un régime socialiste, mais économiquement il est aussi capitaliste, comme Singapour, la Thaïlande ou la Corée du Sud. Malgré les vieux réflexes d'une bureaucratie qui ne veut pas perdre ses prérogatives, plus de la moitié de la production industrielle et 8 emplois sur 10 sont désormais générés par le secteur privé.
Voie intermédiaire et pragmatique, ce ***capitalisme d'État*** a généré un développement à vitesse grand V sur fond de frénésie économique. Un chiffre résume l'incroyable expansion économique du pays. Entre 2004 et 2009, le Vietnam a été le 1er pays du monde pour le nombre et la vitesse de création de sociétés industrielles et d'entreprises commerciales !
En parallèle, le taux de pauvreté s'est effondré : selon la Banque mondiale, moins de 9 % de la population survivait avec moins de 3,50 US$ par jour en 2016, contre plus de 80 % au début des années 1990. Corollaire, la classe moyenne ne cesse de s'étendre (environ 15 % de la population aujourd'hui).
Revers de la médaille, la ***corruption*** est devenue endémique. Dans le classement par indice de corruption (du plus faible au plus élevé) établi en 2018 par l'ONG Transparency International, le Vietnam pointe à la 117e place sur 180.

Un pays encore agricole

Malgré les bouleversements économiques de ces dernières décennies, ***le Vietnam reste un pays rural,*** même si la part de l'agriculture dans l'économie nationale a fortement baissé. 40 % de la population active vit aujourd'hui de l'agriculture, contre 80 % au milieu des années 1990. La production agricole contribue à environ 16 % du PIB, contre près de la moitié à l'époque.

Le Vietnam est le ***5e producteur mondial de riz*** (environ 28 millions de tonnes par an) derrière la Chine, l'Inde, l'Indonésie et le Bangladesh. Les 2 foyers principaux de production se trouvent dans le delta du fleuve Rouge au nord, et dans le delta du Mékong au sud. Le pays est autosuffisant à 75 % sur le plan alimentaire. Les autres denrées agricoles produites par le pays sont le ***café*** (2e producteur mondial après le Brésil), le ***thé*** (5e producteur mondial après la Chine et le Sri Lanka), les ***fruits,*** la ***canne à sucre*** (petite production). À cela s'ajoutent la pêche, le bois (l'industrie agroforestière), le latex (caoutchouc). Parmi les produits agricoles importés de l'étranger : la viande (Australie), les laitages.

Économie informelle

Cette économie souterraine est née du marasme économique engendré par le collectivisme des années 1970-1980. Ce sont ces minuscules affaires familiales, les commerces ambulants sur les trottoirs, au seuil des maisons : boutiques de vêtements, ateliers mécaniques, petites cuisines en plein air, vendeurs de fleurs, cigarettes, biscuits, tabac... Cette économie difficile à comptabiliser s'adapte au marché. Elle fournirait presque le tiers du PIB.

LA TONTINE

Système ancestral de prêt qui permet l'entraide entre les personnes d'une famille ou d'un groupe. Chaque mois, on cotise à un pot commun. Ensuite, on distribue à chacun des membres, généralement par tirage au sort, jusqu'à ce que chacun ait bénéficié d'un prêt. Ce procédé favorise le développement de l'économie locale, notamment du petit commerce, sans passer par la rigidité des banques. Le système est toutefois fragile, car il peut s'effondrer avec la défection d'un seul membre.

ENVIRONNEMENT (ÉCOTOURISME)

En raison de sa position géographique en Asie du Sud-Est, de son climat (régime de moussons) et de son relief, le Vietnam possède un environnement naturel exceptionnel. Le delta du Mékong mis à part (c'est l'un des plus vastes deltas de la Terre), les richesses naturelles ont la particularité d'être concentrées sur une petite partie seulement (un quart environ) du territoire, composé de ***forêts tropicales*** humides et de ***montagnes.*** Malgré les affres de l'histoire et les dégâts provoqués par la guerre (défoliants, napalm, bombardements), le pays semble renaître de ses cendres tel un phénix. D'anciens cratères de bombes servent aujourd'hui d'abreuvoirs aux buffles ou de mares à canards. Ironie de l'histoire ! La vie reprend ses droits, et la nature aussi.

Voilà donc, aux dires des savants, un des ***hauts lieux de la biodiversité de la planète.*** Les forêts luxuriantes abritent une faune et une flore étonnantes : 270 espèces de mammifères, 850 d'oiseaux et quelque 12 000 plantes. Cette selve vietnamienne renferme encore quelques mystérieuses créatures. Entre 1990 et 2005, 5 mammifères inconnus ont été découverts par les chercheurs, comme le *sao la,* sorte de gros bovidé, trouvé en 1992 dans le nord du pays. En 2002, on a identifié un conifère jamais répertorié – le *cyprès doré du Vietnam* –, et les experts estiment que les jungles regorgent encore d'espèces inconnues.

PLANTE MAGIQUE

L'aloès est un cactus qui, infecté par un champignon, produit une résine pour se défendre. Le jardin d'Éden en serait rempli, et son parfum est si subtil que Nicodème en aurait utilisé pour embaumer le corps de Jésus à sa mort. Bon, autre époque, on en trouve chez Sephora.

Mais, à l'inverse, le Vietnam concentre aussi un grand nombre d'espèces menacées d'extinction. Symbole vénéré par les bouddhistes, signe de longévité, source de croyances et de superstitions, la ***tortue*** du Vietnam (il y en a 23 espèces) figure parmi les reptiles dont la survie est en danger. Parmi les 20 espèces de primates vietnamiens, 2 singes très rares seraient en voie d'extinction : le ***douc à pattes grises*** et le ***semnopithèque de Cát Bà,*** considéré comme le singe le plus rare du pays. Les ***éléphants*** ne seraient plus qu'une centaine dans les forêts tropicales, les ***rhinocéros*** ont disparu, le dernier est mort en 2010 ! Quant au ***tigre d'Asie,*** lui aussi serait en train de disparaître. Les raisons de ce phénomène inquiétant sont les mêmes ici qu'ailleurs : la déforestation, l'extension des cultures sur brûlis, la chasse illégale, le trafic sans scrupule, le braconnage, mais aussi – et surtout – le poids des traditions.

– ***Adresse très utile :*** *Crime Case Officer, Wildlife Crime Unit, Education for Nature-Vietnam (ENV), Block 17T5, 17th floor, room 1701, Hoàng Đạo Thúy St, Hanoi. Hotline : ☎ 1-800-15-22. ☎ 62-81-54-24. • env@envietnam.org • envietnam.org* • Si vous assistez à une scène de trafic d'animaux protégés ou de braconnage, n'hésitez pas à déposer plainte auprès de l'organisme vietnamien chargé de lutter contre le braconnage. Sur le site (en anglais), on peut remplir un formulaire de plainte.

COUP DE CORNE SUR LE RHINO

Les croyances douteuses de certains Vietnamiens tuent les rhinocéros d'Afrique. La mode dans les élites vietnamiennes est à la consommation de corne de rhinocéros en poudre, censée être aphrodisiaque, capable de réduire les effets de soirées trop arrosées, ou guérir... du cancer. Visiblement, elle ne guérit pas de la stupidité ! Le Viagra sauvera-t-il le rhino ?

Menaces sur les ours

L'ours vietnamien est très recherché pour sa bile utilisée dans la médecine traditionnelle. Au Vietnam comme en Chine, elle sert à confectionner des remèdes contre les troubles de la vue et les maladies du foie. L'extraction de la bile d'ours se fait dans des conditions ***horriblement cruelles*** pour l'ours. Ce plantigrade est également recherché pour ses pattes. Bien que l'élevage des ours soit interdit au Vietnam, le gouvernement a longtemps fermé les yeux sur cette pratique. Depuis 2005, à la suite d'un accord signé entre la Société mondiale pour la protection des animaux (WSPA), basée à Londres, et l'État vietnamien, la vente de bile d'ours est en théorie interdite, mais les élevages sont autorisés à garder les ours qu'ils possèdent déjà.

Singes, grenouilles, tortues et orchidées convoités

On recherche aussi les os des singes, qui servent à la médecine locale, les orchidées sauvages qui sont récoltées clandestinement puis vendues à prix d'or sur les marchés. Il est fréquent de trouver de la grenouille et de la tortue (et même du chien !) sur les cartes des restos. Outre sa chair, la carapace de la tortue, achetée très cher par les Chinois, est supposée avoir des vertus anticancéreuses.

Les secteurs naturels protégés

Pour protéger la vie sauvage et l'environnement, une ***douzaine de parcs nationaux*** et une soixantaine de réserves naturelles ont été créés depuis les années 1980. Tous sont aujourd'hui ouverts à l'écotourisme. Ce n'est pas une panacée contre les atteintes à l'environnement, mais c'est quand même un bon début. Voici notre sélection :

Au nord

– ***Le parc national de Ba Bể*** *(province de Bắc Cạn)* **:** à 230 km au nord-est de Hanoi. Créé en 1997, il offre des paysages de « Jura tonkinois », avec des forêts et des villages ethniques nichés dans un environnement protégé, sur les rives du plus grand lac d'eau douce du Vietnam. Voir le chapitre « Le lac Ba Bể ».
– ***Le parc national de Tam Đảo*** *(province de Vĩnh Phúc)* **:** à 74 km au nord-ouest de Hanoi. Créé en 1997, étendu sur 36 900 ha autour de la ville d'altitude (1 000 m) de Tam Đảo.
– ***Le parc national de Ba Vì*** **:** à 60 km à l'ouest de Hanoi, dans une petite chaîne de montagnettes. La meilleure période pour le visiter va d'avril à octobre.
– ***Le parc national de Cát Bà*** *(baie d'Hạ Long)* **:** à 1h de bateau rapide de Haiphong, il s'agit d'un archipel d'îlots calcaires éparpillés autour de l'île principale de Cát Bà, la plus grande de la baie d'Hạ Long. Fait partie du réseau « L'Homme et la Biosphère » patronné par l'Unesco.
– ***Le parc national de Cúc Phương*** *(province de Ninh Bình)* **:** au sud-ouest de Hanoi, à une quarantaine de kilomètres à l'ouest de Ninh Bình (voir ce chapitre). Considéré comme l'un des 7 secteurs naturels du Vietnam à la biodiversité la plus riche. Paysages de forêts, de falaises calcaires à la végétation luxuriante et de cavernes.

Au centre

– ***Le parc national de Phong Nha-Kẻ Bàng*** *(province de Thừa Thiên-Huế)* **:** avec ses 116 700 ha, voici le plus grand des espaces naturels protégés du Vietnam, inscrit au Patrimoine mondial de l'humanité par l'Unesco. À une cinquantaine de kilomètres au nord-ouest de la ville de Đồng Hội, au cœur de la cordillère de Trường Sơn, il abrite une dizaine d'espèces de primates dans un paysage de collines et de pitons karstiques, de forêt tropicale (en cours de reboisement), de rivières souterraines et de grottes, dont celle de Hang Sơn Đoòng, considérée comme la plus grande grotte au monde.
– ***Le parc national de Bạch Mã*** *(province de Thừa Thiên)* **:** à une cinquantaine de kilomètres au sud de Huế. Sur le flanc oriental de la cordillère de Trường Sơn, ce parc abrite une belle forêt tropicale et les imposantes *chutes d'eau de Đỗ Quyên* (300 m de hauteur).
– ***Le parc national de Yok Đôn*** *(province de Daklak)* **:** à 40 km de Buôn Ma Thuột, dans une région de hauts plateaux frontalière avec le Cambodge, il est réputé pour ses éleveurs-dompteurs d'éléphants (en fait, d'anciens chasseurs devenus éleveurs), localisés dans le village de Bản Đôn. Région connue aussi pour ses bois rares comme le palissandre.

Au sud

– ***La mangrove de Cần Giờ*** **:** située dans le district de Cần Giờ, à 50 km au sud-est de Hồ Chí Minh-Ville. Reconnue par l'Unesco comme 1re réserve de biosphère du Vietnam. Abrite 72 espèces végétales de mangroves, 137 espèces de poissons et des animaux rares comme la civette et le varan *(Varanus salvator)*.
– ***Le parc national de Cát Tiên*** *(province de Đồng Nai)* **:** à près de 150 km au nord-est de Hồ Chí Minh-Ville. Une forêt tropicale humide et protégée qui donne naissance, pendant la saison des pluies, à quelque 3 000 à 5 000 ha de marécages.
– ***Le parc national de Phú Quốc*** *(province de Kiên Giang)* **:** à 45 km au sud de Hà Tiên, à 15 km des côtes du Cambodge, l'île de Phú Quốc est la plus grande des îles du Vietnam (585 km^2). Le parc constitue un espace protégé de 14 400 ha. Voir le chapitre « Phú Quốc ».
– ***Le parc national de Tràm Chim*** *(province de Đồng Tháp)* **:** à environ 80 km au nord de Vĩnh Long, dans le delta du Mékong. Petit sanctuaire où vivent 231 espèces d'oiseaux.

L'agent Orange

Plus de 40 ans après la fin de la guerre du Vietnam, ses méfaits continuent à faire des victimes. Aujourd'hui encore, de nombreux Vietnamiens subissent les séquelles d'une « sale guerre » dont on peut évaluer l'ampleur. Entre 2 et 4 millions de personnes auraient été touchés par l'agent Orange entre 1961 et 1971. Ce produit chimique, déversé pendant une décennie par millions de litres (80 millions environ), est un ***terrible défoliant contenant de la dioxine qui brûle la végétation.*** Il a été utilisé comme une arme à large échelle par l'armée américaine, pour dévaster les forêts et les cultures, afin de priver les troupes nord-vietnamiennes de leurs sources de nourriture et ouvrir de larges zones militaires à découvert.
Ce ***poison destructeur*** a eu des conséquences irréparables sur la nature et sur les habitants. Il a touché les villageois et les combattants présents sur le terrain au moment de l'épandage. Plus tard ont surgi des cancers du poumon et de la prostate, des maladies de peau, des attaques du système nerveux. Pire, ***l'agent Orange attaque aussi les gènes humains.*** Le fléau peut alors se transmettre aux descendants d'une manière insidieuse, même si les parents se portent apparemment bien. Les bébés naissent avec des anomalies nombreuses, des déformations physiques, de graves handicaps mentaux.
Plusieurs familles de victimes ont porté plainte, non contre l'armée américaine, qui ne peut être poursuivie, mais contre les industriels (dont Monsanto et Dow Chemical) qui ont vendu ces défoliants. Le verdict est tombé le 13 mars 2005 : la plainte a été rejetée et la procédure est aujourd'hui en appel. Soulignons qu'en 1984, d'autres vétérans du Vietnam, également victimes de l'agent Orange, avaient – eux – obtenu réparation devant la justice américaine.

GÉOGRAPHIE

On dit que le Vietnam a la ***forme d'un dragon...*** Il fait également penser à un S, avec 2 grandes plaines au nord et au sud et un isthme au centre. Mais les Vietnamiens le décrivent souvent comme une tige de bambou (une palanche) portant un panier de riz à chaque extrémité. Image assez réaliste lorsque l'on sait que les 2 grandes zones cultivées parsemées de rizières sont le delta du fleuve Rouge (15 000 km^2), au nord, et le delta du Mékong (60 000 km^2), au sud. De l'extrémité nord à l'extrémité sud, il y a environ 1 600 km à vol d'oiseau.
Le Vietnam est couvert pour les ***trois quarts de montagnes et de collines,*** avec comme point culminant le Fansipan (3 143 m), situé au nord-ouest du pays.
Les côtes sont longues de 3 260 km et l'on compte, côté terre, pas moins de 1 650 km de frontières avec le Laos, 1 150 km avec la Chine et 950 km avec le Cambodge. Frontières en partie « naturelles », puisque ce sont principalement les monts Trường Sơn qui séparent le Vietnam du Laos et du Cambodge.
Suivant les anciennes divisions administratives françaises de l'époque coloniale (Tonkin, Annam et Cochinchine), les Vietnamiens distinguent 3 grandes zones géographiques : le Bắc Bộ (Nord), le Trung Bộ (Centre) et le Nam Bộ (Sud).
Comme bien souvent, c'est la géographie qui a déterminé la répartition des différentes populations. Ainsi, on trouve l'ethnie majoritaire (les Viets) dans les rizières, tandis que les nombreuses ethnies minoritaires sont essentiellement réparties dans les reliefs montagneux du Nord, du Nord-Ouest et du Centre (voir plus loin « Population »).
– ***Les îles :*** situées à proximité du littoral, elles sont fréquemment à l'origine de ***tensions plus ou moins graves avec la République populaire de Chine*** et les autres pays voisins. Ainsi le Vietnam revendique-t-il l'archipel des Thổ Chu, les Paracels (à 300 km au sud-est de Đà Nẵng) et les Spratley (à 475 km de Nha Trang), que tout le monde connaît de nom... mais qu'on a généralement bien du mal à situer !

Les ambitions territoriales et les manœuvres militaires de Pékin en mer de Chine méridionale (« mer de l'Est » pour les Vietnamiens) froissent de plus en plus les autorités de Hanoi. Les archipels des Spratley et des Paracels, notamment, sont au cœur d'affrontements diplomatiques qui risquent à tout moment de dégénérer.

HISTOIRE

L'Indochine semble avoir remisé sous le continent le trop-plein des peuples. Ceux dont l'histoire s'est défaussée, parce que d'autres, plus populeux, plus brillants, explosaient lentement au nord et à l'ouest. Sait-on que, au Néolithique, les ancêtres des Papous et des aborigènes australiens peuplaient l'Indochine ? Qui les en chassa ? Des peuples plus « mongolisés » venus de la Chine du Sud (ou de l'Inde, on ne sait pas), avec des haches et de longues pirogues. Les chercheurs les ont baptisés « Indonésiens ». Des centaines de millions d'Indonésiens et de Malais sont leurs descendants. Même l'Indochine porte leur marque.

Au VIe ou au Ve s avant notre ère – l'époque de Confucius et de Lao-tseu –, une civilisation de pêcheurs, marins et agriculteurs, pose ses marques. De la Birmanie jusqu'à l'île de Flores (au-delà de Bali), ces « Indonésiens » logés sur pilotis cultivent le riz et le millet, et pratiquent avec brio l'art du bronze appris des Chinois.

Pendant ce temps, les Viets batifolent en Chine. Bon nombre de légendes offrent d'ailleurs un luxe de détails à ce propos... Comment les Vietnamiens ont-ils imaginé leurs origines ? Aussi anciennes qu'Abraham. Un vaste empire-matrice, avec 2 grands peuples. Les Han (Chinois) au nord, les Viets au sud. Des cousins... ***Viet serait la vietnamisation du chinois « yué », « lointain, marginal »...*** C'est ainsi que les Han nommaient les divers « barbares » qui se partageaient leurs frontières. Il y avait les Yué du Nord, ceux de l'Ouest. ***Les Viets étaient les Yué du Sud.*** Ils habitaient les 5 Montagnes, région légendaire où régnèrent 3 empereurs (l'un découvrit le feu, l'autre la divination, le dernier la riziculture), sorte de Prométhée couronnés. Mais voilà qu'un jour les Han arrachent aux Viets les 5 Montagnes. C'est l'exil vers le sud.

La réalité serait différente de la légende ! À l'ère des Royaumes combattants (Ve s av. J.-C.), les tribus viets forment au-delà du Yang Tsé Kiang (Yangzi) un ***grand État yué,*** de Shanghai à Canton. Ils s'entendent bien avec les « Indonésiens » de Đông Sấn qui, au Tonkin, tiennent le delta du fleuve Rouge. Mais l'État viet succombe au Zhou, le royaume chinois du Si Chuan. Et, à son tour, en 221 av. J.-C., le Zhou se voit avalé par le grand unificateur de la Chine, Qin Shi Huangdi. Les Viets n'ont plus qu'à rejoindre leurs copains du Tonkin... Hélas, c'est un exode pour rien ! Boulimique, l'ogre Qin avale Chine du Sud et Tonkin.

À la mort du Qin, le préfet chinois en poste va fonder pour son compte un ***1er État viet, le Nam Việt*** : le Sud des Viets. Le pays va connaître d'autres noms... Mais il est amusant de se rappeler qu'en 1802 l'empereur d'Annam sollicitera auprès des autorités de Pékin qu'il soit rebaptisé Nam Việt. Les Chinois se méfièrent, car le 1er Nam Việt incluait les provinces du Guangxi et du Guangdong... On chinoisa : il suffisait d'inverser les mots : le *Việt Nam* était né. Au fond, tant mieux, car le 1er *Nam Việt* n'avait guère duré ! En 111 av. J.-C., l'empereur Wudi l'annexe. Du coup, il restera province chinoise jusqu'au Xe s. La Chine mettra 10 siècles pour digérer les Viets !

Mais les Yué tiennent à leur indépendance. La Chine est bien loin. On se révolte : en l'an 39, une insurrection générale conduite par 2 femmes de poigne, les sœurs Trưng, nécessite l'intervention d'un grand général chinois. 590, 600, 602... Le nationalisme viet s'insurge, se débat. Pour le reprendre en main, la dynastie chinoise des Tang doit implanter des colons... De surcroît, elle conquiert le sud du Tonkin et le rebaptise ***An Nam*** : ***le Sud pacifié.*** Euphémisme bien colonial pour suggérer que la région, avant leur arrivée, était une pétaudière.

L'apport de la civilisation chinoise pendant 10 siècles

La Chine a introduit l'araire en métal, l'élevage du porc, le tissage de la soie, l'endiguement du fleuve Rouge... Quant à la culture, des caractères idéographiques aux traditions littéraires et à l'administration, tout ou presque a été importé de Chine. Cousins des Han, les Viets révéraient déjà l'Empereur du Ciel, les ancêtres et les animaux fabuleux (dragon, phénix...) ; la géomancie leur indiquait la juste place de chaque chose. Comme eux, ils s'inspiraient des préceptes de ***Confucius*** (une morale de bienveillance et d'ordre dictant à chacun sa place dans la société) et des aphorismes de ***Lao-tseu.***
Les tribus du Delta apprécièrent d'autant plus cette civilisation qu'elles l'avaient déjà côtoyée de près. Il est dit que les membres de ces tribus se lancèrent avec passion dans l'étude du chinois. La peinture, quant à elle (lavis sur toile de soie), suivra aussi l'évolution des styles en Chine : personnages, puis animaux, plantes et paysages – de préférence embrumés. Dès les Han, les lettrés vietnamiens bénéficièrent du statut de leurs homologues célestes : certains brillèrent à la cour impériale.
À l'inverse, il y eut des fonctionnaires chinois pour pratiquer une administration bienveillante calquée sur celle de la Chine avec des concours triennaux pour choisir les fonctionnaires (mandarins).

Le Sud hindou : le grignotage des vers à soie

En matière de civilisation, le Sud avait ses propres marques. Dès le IIe s, des « Indonésiens » basanés y ont bâti un puissant royaume, empiétant sur le territoire de l'actuel Cambodge. En chinois, le Fou-Nan. Le ***port fluvial de Oc Eo,*** dans le district de Kiến Hoà, commerce avec la Perse – et même la Méditerranée, puisqu'on y a retrouvé des monnaies romaines. Au VIe s, Shri Mara dilate le Fou-Nan jusqu'au Siam, au Laos et à la Malaisie. Gloire éphémère... Quelques années plus tard, d'autres royaumes hindous le dépècent. L'un d'eux, le ***Champa,*** occupe la région de Đà Nẵng. Ces Cham sont des Indonésiens. Autant dire de grands marins, et quand le commerce décline, de fieffés pirates, bien en place sur la route des moussons. Leurs 2 royaumes – celui du cocotier et celui de l'aréquier – vont se réunir vite : ce ne sont pas les ennemis communs qui manquent !
À l'ouest, les Khmers. Au nord, les Chinois et les Viets. Au sud, les pirates « noirs, maigres et méchants » de l'Indonésie. Mais les Cham sont des costauds. Assez forts pour brûler Angkor en plein apogée de l'Empire khmer ! Assez évolués pour entretenir d'immenses monastères, sculptés d'apsaras gracieuses aux membres déliés...
Grignotant des terres basses propres à la riziculture, les Viets ont pour slogan le Nam Tiến, la « ***Marche vers le Sud*** ». En 1471, la nation cham n'existe plus. ***En 4 siècles, les Vietnamiens annexeront les provinces cambodgiennes du Mékong.***
Les Viets se battent sur tous les fronts, contre les Chinois et les Cham surtout. En Chine, la dynastie Tang s'effondre. Un Viet, Ngô Quyền, va enfin libérer le pays. Vers 938, à l'issue d'une longue guerre, il écrase les jonques impériales sur le fleuve Bạch Đằng et se proclame à son tour empereur... Un empereur du cru plutôt qu'un Chinois, c'est bien. Mais les Viets découvrent la liberté. Ngô Quyền mort, le pays s'atomise en « 12 principautés féodales qui se déchirent ».
1re dynastie : celle des Ngô (939-967). Puis, en 967, celle des Đinh (967-980), avec Đinh Bộ Lĩnh qui parvient à s'imposer. Il reconnaît la suzeraineté chinoise, et paie tribut pour avoir la paix. Lê Hoàn lui succède et fonde la dynastie des Lê antérieurs (980-1009). C'est un champion, celui-là. Le temps de battre les Chinois, il écrase les Khmers, puis se tourne contre les Cham, tue leur roi, pille sa capitale et annexe tout le Champa au nord du col des Nuages. Née sous de tels auspices, sa dynastie cimentera durablement l'unité nationale. Avec une nouvelle religion : le bouddhisme, qui se superpose au confucianisme et au taoïsme.

Le modèle chinois : le savoir et la poésie au pouvoir

1009 : Lý Công Uẩn devient calife à la place du calife. Les Lý brilleront pendant 2 siècles, jusqu'en 1225. Beau bilan : transfert de la capitale à Hanoi ; le bouddhisme religion d'État ; construction de monastères et de fastueux palais ; relais postaux ; renforcement des digues, etc. Un État est né. C'est peu dire qu'il copie la Chine. Ainsi, on ne naît pas mandarin, en Annam, on le devient, tout comme là-bas... en passant des examens. Il s'agit d'aiguiller les plus capables vers les fonctions les plus hautes, selon le précepte édicté par le Chinois Chang Yu : « Le souverain qui met la main sur une personne qualifiée connaît la prospérité. »
À la base, des écoles publiques, tenues par de vieux lettrés. Tous les 3 ans, un concours (financé par les villages de la province) sélectionne les étudiants. Les lauréats sont admis à concourir au chef-lieu. La grosse tête qui a surmonté ces épreuves est faite mandarin du 9e degré... Épreuves : composer un poème, une rédaction en prose rythmée, commenter un texte classique, disserter de philosophie politique... Imagine-t-on nos énarques recrutés sur leur aptitude... aux rimes ? C'était ainsi en Chine et au Vietnam. Et ça fonctionnait...

La dynastie des Trần (1225-1400)

La montée du Vietnam se poursuit avec la dynastie suivante : les Trần. En 1279, les Mongols ont conquis la Chine (ils n'iront pas plus loin : leur expédition contre le Japon a été un échec, et ils vont se casser le nez sur Java). Conduits par Kubilai Khan, petit-fils de Gengis Khan, ils veulent le Champa. Peu rassurés, les Vietnamiens leur refusent le passage. Mieux : les Mongols reçoivent une raclée mémorable des mains de ***Trần Hưng Đạo.*** Rien de tel qu'un succès pour mieux négocier. Prudent, l'Annam reconnaît à nouveau la suzeraineté chinoise. Ces péripéties l'ont-elles réconcilié avec le Champa ? Pendant 2 siècles, les frères ennemis alternent victoires et défaites. Et la dynastie Trần disparaît dans la tourmente.

La 1re partition : la dynastie des Lê postérieurs (1428-1528)

Après être venu à bout d'une nouvelle occupation chinoise, ***Lê Lợi*** monte sur le trône en 1428 sous le nom de Lê Thái Tổ. Son royaume s'appellera le *Đại Việt* : le Grand Viet. Tout un programme. Ce Napoléon à la sauce indochinoise promulgue un code civil, réorganise le pays, transforme ses troupes en paysans-soldats. Mieux : il fonde un collège pour ouvrir aux enfants pauvres les portes de l'Administration. Il meurt en 1434. Son fils ***Lê Thái Tôn*** lui succède et reste sur le trône de 1434 à 1442. ***Lê Thánh Tôn*** le remplace, ce grand roi régnant vers 1466-1497. Son règne se consolide aux dépens du Champa. Ses paysans-soldats guerroient avec l'espoir de cultiver le terrain conquis. La formule réussit si bien qu'en 1471 tout le Champa se voit annexé. La dynastie, qui comprendra 10 empereurs, ne goûtera guère ses victoires. En 1527, le dernier Lê est renversé. Parmi les dignitaires, la curée commence.

Trouble, partition et révolte (1528-1792)

S'ensuit une période de troubles, jusqu'au retour, fin XVIe s, d'une nouvelle dynastie Lê, en réalité bien faible. Sous son autorité factice s'affrontent 2 siècles durant 2 seigneurs de guerre et leurs descendants, les Trịnh au Tonkin, les Nguyễn en Annam, consacrant ainsi la 1re partition du Vietnam.
En 1776, une terrible jacquerie éclate : celle des Tây Sơn (montagnards de l'Ouest), sur le modèle de celles qui ensanglantèrent longtemps la Chine. Au bout de 26 ans de guerre, et après 1 000 retournements, le prince Nguyễn Ánh se fait proclamer empereur de tout le Vietnam à Huế. ***Il fonde la dynastie Nguyễn en 1792.***

Les « Longs-Nez » (les Blancs) montrent les dents

En 1516, les Portugais avaient déjà touché la côte de Đà Nẵng. Ils laissèrent un nom qui fit fortune : ***Cauchichina, autrement dit Cochinchine,*** transcription erronée de *Giao Chỉ,* le terme chinois pour désigner l'ensemble du Vietnam (le « chine » final visait à éviter la confusion avec Cochin comptoir commercial du sud de l'Inde...). Bien plus tard, les Français s'en serviront pour baptiser le Sud. Le commerce des âmes prospérait, lui aussi. Au Tonkin, en effet, les ***missionnaires chrétiens*** chassés du Japon firent un tabac. Ce qui était moyennement du goût des empereurs. La nouvelle doctrine avait pour elle de contrebalancer l'influence chinoise, mais concurrençait dangereusement le confucianisme d'État. Un jésuite, ***Alexandre de Rhodes,*** ne s'était-il pas mêlé de propager une écriture, le *quốc ngữ,* qui transcrivait le vietnamien en caractères latins ?

Drôle de personnage, celui-là... Descendant de juifs convertis d'Avignon, Alexandre de Rhodes avait choisi la Compagnie de Jésus pour faire une sainte carrière tout en arpentant le monde. Il partit prêcher à Goa, Malacca, Macao... On l'appelle en renfort au Vietnam. Quelques mois plus tard, il prêche en vietnamien. Puis c'est le débarquement à Hanoi. Il devient le chouchou du roi et convertit quelques hauts personnages. Fin 1627, le nombre des baptisés aurait été de 3 500. Chassé par ses ennemis, il s'enfuit, revient 10 ans plus tard et convertit à tour de bras.

La dynastie des Nguyễn (1792-1955)

Ce n'est pas à Alexandre de Rhodes que le 1er empereur Nguyễn doit son trône. C'est à ***Pigneau de Béhaine,*** un évêque de choc. Pressé de conquérir le pouvoir, Nguyễn Ánh sollicite l'aide de la France. Il envoie son fils avec Pigneau pour plaider sa cause à Versailles. Louis XVI ne fait rien : nous sommes en 1787, le trésor est à sec ! Qu'à cela ne tienne : Mgr Pigneau monte l'expédition lui-même. Il trouve des financements, engage des déserteurs, fait instruire et équiper les troupes vietnamiennes à l'occidentale.

Nguyễn Ánh, devenu l'***empereur Gia Long*** en 1802, n'est pas un ingrat : il tolère le christianisme. Reste que les missionnaires étaient aussi les indicateurs de l'armée française. Le plus sûr est de murer le pays dans un splendide isolement. ***Minh Mạng,*** son fils, agit de même en 1820. Pharaon suprême d'une administration crispée sur son confucianisme, il persécute les chrétiens. En France, on s'indigne. Le moment est propice pour chahuter le règne suivant, celui de Thiệu Trị (1841-1847). La dynastie Nguyễn s'éteindra en 1955 quand l'empereur Bảo Đại sera déposé par le président Diệm (voir plus loin).

Les conquistadors de la République

Des prêtres français avaient trempé dans un complot chrétien visant à établir un monarque acquis à leur cause. Certains sont jetés en prison. Puis, par crainte des complications, ils sont libérés et éloignés. Cette libération n'était pas connue de l'amiral français qui, vengeur, vient pointer ses canons sur Đà Nẵng. Bilan : 3 navires vietnamiens coulés et des morts par centaines. Le monarque suivant, ***Tự Đức*** (1848-1883), comprend que les Français n'attendent qu'un prétexte pour voler au secours des bons pères... en volant le pays. Les persécutions antichrétiennes le leur fournissent. Napoléon III hésite. Mais les Anglais, qui avaient pris pied en Birmanie, lorgnent vers la Chine. Il faut à la France un marchepied sur le Continent jaune afin de contrecarrer ces « satanés British ». Et puis on ne peut rien refuser à l'église. Il dépêche une expédition. En 1858, la flotte prend Đà Nẵng. Saigon tombe. Débâcle vietnamienne. En 1862, Tự Đức paie : 3 provinces de Cochinchine (qui deviendra colonie en 1867) et la liberté de culte...

Le Vietnam, pourtant, n'intéresse les Français qu'en tant que porte de la Chine. On envoie ***Francis Garnier*** remonter le Mékong. Déception : seul le fleuve Rouge, au nord, peut porter des vapeurs jusqu'en Chine du Sud. Il faut donc prendre le

Tonkin. Garnier se rend alors à Huế, la capitale impériale. Sa visite est contée dans le *Manuel* : « Dès les premières entrevues, les mandarins cherchent à tromper Garnier. Impatienté par leur mauvaise foi, il donne l'ordre de l'assaut. En 35 mn, la citadelle est prise et nos 212 soldats font 2 000 prisonniers ! » Hélas, ce glorieux hold-up est brisé net par les ***Pavillons Noirs*** – des rebelles chinois Tai-Ping qui rançonnaient la région.
Garnier est tué le 21 décembre 1873, le cœur arraché. Conscient de sa propre précarité, Tự Đức traite avec la France. Il lâche le Sud pour faire avaliser son pouvoir sur le Nord.
Dès 1879, le gouverneur de Cochinchine réclame pourtant l'annexion du Tonkin : « le fruit est mûr ». Rivière connaît le même sort que Garnier, « le grand colonisateur ». ***Jules Ferry*** (surnommé le Tonkinois) ordonne une expédition punitive à Huế et la conquête du delta du fleuve Rouge. ***Pierre Loti,*** commandant de marine, y prend part sous une double casquette : commandant de vaisseau et reporter du *Figaro.* Ce qu'il voit et décrit – une petite armée d'un autre siècle massacrée par surprise – lui donne la nausée. « On tuait presque gaiement... »
Vaincu, l'empereur Hiệp Hoà place son ***pays sous protectorat français le 6 juin 1884.*** Laisser la France installer ses troupes, imposer ses administrateurs, contrôler le commerce et la politique étrangère... Le Vietnam disparaît des cartes au profit de 3 provinces – Annam, Tonkin, Cochinchine. Reste à convaincre la Chine, protectrice traditionnelle de la cour de Huế. Une escadre part canonner Fuzhou et Taiwan. Il y a des remous. La Chine se désiste ; malgré cela, le cabinet Jules Ferry tombe après la prise de Huế en mars 1885. On tonnait en France contre « le guêpier du Tonkin ».

L'ALSACE EN ÉCHANGE DE LA COCHINCHINE

Après la guerre franco-prussienne et la défaite de Sedan, en octobre 1870, l'impératrice Eugénie contacta secrètement le chancelier Bismarck et Guillaume Ier. Son objectif était de demander à l'Allemagne de renoncer à l'annexion de l'Alsace en échange de la Cochinchine. Si les Allemands avaient accepté cette offre, l'Alsace serait restée française, et l'Indochine serait devenue une colonie allemande...

L'instauration du régime colonial

Le ***traité du 4 juin 1885*** avec la Chine reconnaît officiellement l'appartenance de l'Indochine à la France, et son retrait tant politique que militaire met fin à son tutorat. Sur place, la résistance perdure. Les troupes françaises doivent prendre les villages fortifiés un à un : ***Joffre*** met 2 mois à emporter Ba Đình ! Il fallait frapper la tête. En juillet 1884, le nouveau gouverneur, le ***général Courcy,*** veut présenter ses lettres de créance à ***Hàm Nghi, empereur d'Annam*** (8e souverain de la dynastie des Nguyễn). Celui-ci refuse de le recevoir et envoie ses hommes massacrer les 1 300 soldats de l'escorte du gouverneur en bivouac près du palais de Huế. La manœuvre échoue, mais les Français, ivres de rage, encerclent le palais royal, massacrent les défenseurs, brûlent la bibliothèque impériale et pillent tous les objets précieux.
L'empereur s'enfuit avec sa cour et une partie de l'armée vers le nord-ouest, près du Laos. Les révoltes se multiplient. Le « Cần Vương », l'aide au roi, devient le cri de ralliement des mandarins et des paysans. Ces révoltes au nom de la défense de l'État impérial contre les « Barbares occidentaux » ne prennent réellement fin que vers 1897, après les redditions des maquis des régions du Nord, dont certains étaient conduits par le célèbre ***Đề Thám.*** Fait prisonnier en 1888, après 3 années de résistance antifrançaise, l'empereur ***Hàm Nghi*** est déporté en Algérie, où il se

marie avec une Française, dont il aura 3 enfants. Il meurt le 14 janvier 1944 à la villa Gia Long, dans la banlieue d'Alger et est enterré au cimetière de Thonac, près de Sarlat (Dordogne).

Le règne des colons français

Un nouvel empereur, ***Đồng Khánh,*** bien docile et réformiste, est nommé à la place de son frère cadet. En 1887, les Français réunissent la Cochinchine, le Tonkin, l'Annam et le Cambodge dans le même sac d'une Union indochinoise. Le Laos viendra 6 ans plus tard... Une hydre, donc, à ceci près qu'elle n'a qu'une tête : le gouverneur général. Depuis Hanoi, il dirige tout. Méfiants envers les « indigènes », les gouverneurs successifs réservent les postes de l'Administration à leurs compatriotes français, ainsi qu'aux catholiques vietnamiens « plus aptes à s'occidentaliser ». En revanche, les villages sont laissés aux pouvoirs traditionnels.
La frustration est grande pour ces élites, qui se trouvent dans l'obligation d'apprendre le français, et qui voient leur concours trisannuel pour la désignation des mandarins sensiblement modifié. Beaucoup restent donc sur la touche. La frustration touche également les campagnards, abandonnés à la discrétion des tyranneaux locaux. Dans le même temps, les colons français – planteurs, petits commerçants... – se constituent en groupes de pression. Tout de même, les « grands idéaux français » suscitent un vrai système d'éducation qui, malgré ses tares (genre « nos ancêtres les Gaulois ») et à défaut d'alphabétiser le Vietnam (en 1920, seul 1 Vietnamien sur 10 pouvait lire un journal !), forme des élites aptes non seulement à gérer, mais aussi à libérer le pays.
Ainsi, Giáp, le vainqueur de Điện Biên Phủ, fut étudiant à Hanoi. Hồ Chí Minh habita Paris. Le système impérial, imprégné de confucianisme, de bouddhisme et de la connaissance des idéogrammes chinois, fait faillite. Si les Français réussissent à dominer tout un pays qui leur est étranger, on doit percer le secret de leur force. C'est la raison pour laquelle de nombreux fils de mandarins, y compris le fils (officiel) de l'empereur Khải Định, Bảo Đại, se lancent dans l'aventure de l'occidentalisation.

L'administration française et ses réalisations

Jusque-là, le Vietnam avait été un gouffre pour le budget français. ***Paul Doumer, gouverneur de 1896 à 1902,*** l'organise pour mieux le rentabiliser. Il crée le gouvernement général de l'Union indochinoise. C'est ainsi qu'aux matières classiques des concours anciens, on ajoute, afin d'obtenir des cadres compétents, la langue française bien sûr, la science administrative, et le cadastre. En 60 ans, lui et ses successeurs septuplent la production de riz (l'Indochine devient 3e exportateur mondial), bâtissent 2 500 km de voies ferrées, 17 500 km de routes en pierre, lancent une monnaie nouvelle, la piastre indochinoise, alignée sur le franc, et un dieu nouveau, l'opium, raffiné sur place par les colonisateurs eux-mêmes... *Michelin* avait ses plantations d'hévéas, une société exploitait les mines de charbon...
La population double en un quart de siècle. D'un bourg de paillotes surgit une ville française proprette où les magasins et les cafés sont bâtis devant des canaux bordés d'arbres. ***En 1900, Hanoi connaît déjà l'électricité.***
À Saigon aussi, les Français assèchent les marais, percent des canaux et dessinent de larges avenues plantées de tamariniers. Hôtel de ville néobaroque, théâtres, Jardin des plantes, et des avenues qui sentent bon la Canebière... Siège de la Banque d'Indochine, 8e port français, ***Saigon « la blanche » se veut le Paris de l'Extrême-Orient.*** La « locomotive » de l'Union indochinoise, l'eldorado de tous les rêveurs, attirés par les mirages de l'argent facile et l'assurance d'un reclassement social (le plus paumé des Français vaut plus que n'importe quel indigène), sur fond de carte postale exotique. Assaillis par la moiteur pestilentielle

et le fameux « ennui colonial », ils prendront vite les yeux mouillés de l'opium, le teint jaune de la malaria ou les cernes du spéculateur. Ces vertiges en appellent d'autres.

« Jaune dehors, blanc dedans »

Curieusement, les nationalistes acceptent bon gré mal gré cette présence, car bien qu'abhorrant l'État colonial, ils s'enflamment à la lecture des encyclopédistes. Pour eux, il y a 2 France. C'est pourquoi ils rêvent non seulement de chasser les étrangers, mais également de supprimer la royauté comme les révolutionnaires français en 1789.

Les Vietnamiens n'ont pas désarmé. À peine écrasé, un nouveau maquis renaît déjà pour empoisonner la vie des Français. Fait majeur en 1904, la victoire du Japon sur la Russie écorne l'invincibilité occidentale et donne de l'espoir aux anti-Français. Les « Jaunes » pouvaient donc vaincre les Blancs. Après la Première Guerre mondiale, la vague indépendantiste en Inde et la révolution russe encouragent les nationalistes. Pris en tenaille entre l'intransigeance française et l'immobilisme de la Cour, les réformistes sont éliminés et les empereurs successifs exilés (à La Réunion) pour différentes raisons. « Jaune à l'extérieur, blanc à l'intérieur », le dernier ***empereur Bảo Đại*** a le regard trop tourné vers Paris, ses belles femmes et ses belles voitures pour inquiéter les ultras de l'indépendance par les armes. La voie est libre pour les révolutionnaires. La saga de Nguyễn Tất Thành – c'est-à-dire Hồ Chí Minh – peut commencer.

La longue marche de l'oncle Hồ

Né dans le Nghệ An (Annam du Nord), originaire de l'élite déclassée (son père, mandarin brillant, avait été révoqué), Nguyễn Tất Thành, le futur ***Hồ Chí Minh,*** étudie au collège. Il assiste aux sursauts de l'intelligentsia nationaliste, partagée entre « terroristes » et réformistes. Il s'engage comme *boy* sur le vapeur *Latouche-Tréville* et, après 40 jours de mer, pose le pied à Marseille. Pour envoyer quelque argent à son père, mais surtout pour s'instruire, Hồ Chí Minh travaille en parcourant le monde. Il apprend la mécanique à Londres, découvre les syndicats à New York, constate en Afrique l'universalité de la domination coloniale. En 1919, il rejoint à Paris le petit groupe des Patriotes annamites, basé au 6, villa des Gobelins dans le 13e arrondissement, et signe, sous le nom de Nguyễn Ái Quốc (Nguyễn le Patriote), un manifeste pour l'instauration de la démocratie en Annam.

En 1920, il défend l'indépendance et le léninisme au congrès de Tours. « J'aimais et je respectais Lénine, écrira-t-il, parce qu'il était un grand patriote qui avait libéré ses compatriotes. » En attendant son heure, Nguyễn Ái Quốc vit de peu en retouchant des photographies. La Sûreté l'a à l'œil : n'est-il pas rédacteur en chef du *Paria,* la tribune du prolétariat colonial ?

Puis c'est le voyage en Russie. ***Le Komintern le forme à la clandestinité et à la direction de la révolution.*** De 1925 à 1927, il s'immerge dans la révolution chinoise tout en élaborant un noyau de groupe communiste vietnamien. Il sort un journal qui prêche communisme et nationalisme : un millier de militants. Le 3 février 1930, à Hong Kong, Nguyễn Ái Quốc fonde le Parti communiste indochinois (PCI) – il ne sera nommé Parti communiste vietnamien que plus tard. En Indochine, le Vietnam s'agite. La garnison de Yên Bái s'insurge contre les Français et le paie de son sang. La vie du paysan est si dure que les révoltes se multiplient. Les coloniaux y voient la main du PCI dirigé par Nguyễn Ái Quốc. L'histoire confirmera la chose. Dans ces années, partout, les grèves éclatent – durement réprimées. L'année suivante, la famine provoque une formidable révolte. Bilan : 3 000 morts. Le parti communiste indochinois se retrouve décimé. Et Nguyễn Ái Quốc (Hồ Chí Minh) est mis en réserve, à Moscou.

En ***septembre 1940,*** 3 mois après la débâcle en France, ***les Japonais attaquent Lạng Sơn.*** Plutôt que de déboulonner la France qui vient de signer l'armistice avec l'Allemagne, ils se contentent d'occuper les ports et de s'associer à l'exploitation coloniale avec les représentants du régime de Vichy (l'amiral Decoux). Après ce coup, évidemment, les Vietnamiens ne croient plus à l'invincibilité française. Les communistes peuvent lancer une révolte générale en Cochinchine.

Retour au pays de Hồ Chí Minh (clandestin) après 22 ans d'exil

En 1941, l'agitateur clandestin prend pour nom ***Hồ Chí Minh*** (« l'oncle à la volonté éclairée » ou « celui qui éclaire »). Il gagne l'extrême nord-est du Tonkin en passant par la Chine (Yunnan), traverse à pied les montagnes et pose sa valise en osier à ***Pác Bó,*** au nord-ouest de Cao Bằng, dans une grotte et une hutte cachée sous les arbres. Il déballe sa machine à écrire et repense son projet. Du 10 au 19 mai 1941, Hồ Chí Minh y organise une réunion des cadres du PCI. Au cours de celle-ci est décidée la création d'une organisation paramilitaire : *Việt Nam Độc Lập Đồng Minh Hội,* ***« Ligue pour l'indépendance du Vietnam », plus connue sous le nom de Vietminh.*** L'organisation possède une stratégie, un excellent état-major (autour de Hồ le stratège, on trouve déjà les futurs cadres communistes, ***Võ Nguyên Giáp, Phạm Văn Đồng...***) et un programme : la lutte anticolonialiste (contre les Japonais autant que contre les Français). Le Vietminh étend ensuite son territoire dans le nord-est du Tonkin. En 1943, il contrôle un grand quadrilatère entre Cao Bằng, Bắc Kạn et Tây Nguyên. Cette dernière ville finit par devenir la base secrète de l'organisation. Hồ Chí Minh obtient même la caution des Américains... En 1944, ils arment le Vietminh ! Au nom de l'humanisme rooseveltien, les États-Unis combattent maintenant le vieil ordre colonialiste, histoire de s'imposer comme les patrons de nations nouvelles.
C'est que le Vietminh a camouflé son communisme pour mieux fédérer sous sa bannière les nationalistes les plus divers. Gouverneur général de l'Indochine entre juin 1940 et mars 1945, l'***amiral Decoux*** se trouve dans une situation délicate. De Gaulle en Europe, avec son gouvernement provisoire, vient de déclarer la guerre au Japon, le gouvernement de Vichy n'envoie plus d'ordre. Plus question alors, pour le gouverneur, d'administrer la colonie comme un quelconque département français. Il agit comme le souverain d'un État indépendant. Il pousse « ses » nationalistes (en l'occurrence des mandarins acquis à la coopération franco-vietnamienne) pour faire obstacle aux occupants japonais et aux communistes vietnamiens. Pour les Japonais, le gouverneur Decoux est dangereux car il ferme relativement les yeux sur les parachutages d'armes aux maquis nouvellement créés par les gaullistes aidés par les Anglais et les Américains.

9 mars 1945, le coup de force des Japonais

Le théâtre des opérations de la guerre mondiale se déplace vers l'Asie. Le 9 mars 1945, sans ultimatum, les forces impériales japonaises demandent l'accord du gouverneur Decoux pour placer l'Indochine sous l'autorité unique de l'armée japonaise. Decoux refuse. Les Japonais l'emprisonnent à Lộc Ninh (Cochinchine) jusqu'à la capitulation du Japon en septembre 1945. ***À Lạng Sơn,*** le même 9 mars 1945, des officiers français invités à dîner par l'état-major japonais sont décapités au sabre. Dans les jours qui suivent, 460 soldats français prisonniers sont ***sauvagement massacrés*** par l'armée nippone. Dans l'ensemble de l'Indochine, le même jour, près de 3 000 soldats et officiers français sont tués par les Japonais.

La majorité des fonctionnaires civils français sont internés, et la population française est assignée à résidence. L'état-major japonais place les troupes françaises sous son commandement. ***Les Japonais désignent l'empereur Bảo Đại*** comme souverain d'un Vietnam indépendant, et se réservent le rôle de protecteur en remplacement des Français. L'indépendance est proclamée dès le 11 mars. ***Fin mars 1945, la présence administrative et militaire de la France a disparu.*** En réaction, le Vietminh, avec l'aide des services secrets américains, se développe dans tout le Nord ; pendant ce temps, Bảo Đại va à la chasse comme d'habitude avec sa nouvelle conquête, la femme de l'ambassadeur du Japon !

Hồ Chí Minh, Giáp et ***Phạm Văn Đồng*** mettent en place des comités révolutionnaires dans les campagnes, liquident des notables et grands propriétaires et redistribuent les terres. Le 23 août, ***Bảo Đại abdique à Huế*** et redevient le simple citoyen Vĩnh Thụy.

Le 2 septembre 1945, après la capitulation japonaise, Hồ Chí Minh proclame, à Hanoi, l'indépendance du Vietnam et la création de la République démocratique du Vietnam (RDV). Avec ces paroles prémonitoires à l'intention des Français : « S'il faut se battre, nous nous battrons... Vous me tueriez dix hommes, quand je vous en tuerais un. Mais même à ce compte-là, vous ne pourriez pas tenir, et c'est moi qui l'emporterais. » Lors de cette proclamation d'indépendance, des officiers de l'OSS (ancêtre de la CIA), sur ordre de Roosevelt, accompagnent Hồ Chí Minh de Pác Bó à Hanoi. Ils se tiennent même derrière le leader communiste sur l'estrade où il clame son discours et au 1er rang lors des manifestations antifrançaises.

SACRÉ GIÁP !

Le chef de l'armée de Libération commença sa carrière par diriger 34 soldats. Il ne fit aucune étude militaire mais gagna contre des généraux français et américains. Après la réunification, il critiquait les nouvelles orientations politiques. Il fut alors nommé chef du... planning familial. Il refusa d'être enterré dans le cimetière des élites communistes.

Virtuellement, tout le territoire du Vietnam est sous contrôle du Vietminh. La France n'a plus aucune influence. Tout aurait donc pu se terminer là... si le gouvernement français avait eu la sagesse d'accorder l'indépendance au Vietnam.

1945 : cocorico, les revoilà !

Concernant l'Indochine, les 3 Grands (États-Unis, URSS et Grande-Bretagne) décident de faire occuper le nord du pays par les troupes chinoises de Tchang Kaï-Chek et le Sud par les troupes anglaises. ***Roosevelt et Staline sont contre le rétablissement de la souveraineté française en Indochine.*** En revanche, la Grande-Bretagne n'y est pas hostile (pensant bien sûr à ses propres intérêts, la Malaisie par exemple). Bientôt 200 000 soldats chinois s'installent, tandis que la Grande-Bretagne veut faciliter le retour du corps expéditionnaire français.

En août 1945, l'***amiral Thierry d'Argenlieu*** est nommé haut-commissaire de France en Indochine. Le 20 septembre à Saigon, les Anglais interdisent les journaux vietnamiens, instituent un couvre-feu et libèrent les Français emprisonnés par les Japonais. Ces mesures rencontrent une forte résistance populaire.

En octobre 1945, ***Leclerc débarque avec les 1res troupes.*** Peu préparé à l'affrontement armé, le Vietminh est contraint de quitter les grandes villes. Fin 1945, 28 000 soldats français sont en Indochine. En février, un accord est signé avec la Chine pour le départ de son armée. En mars 1946, des troupes françaises partent remplacer progressivement l'armée chinoise au nord. Pour Hồ Chí Minh, très lucide, il est impossible de lutter contre les Chinois et les Français tout à la fois, et il est nécessaire de gagner du temps. Il faut donc tout faire pour favoriser le départ des Chinois. Ça fera, au bout du compte, un ennemi de moins, et il sera toujours temps de combattre les Français de front, quand il sera évident que les troupes de Tchang Kaï-Chek, en lutte elles-mêmes contre Mao Zedong, ne reviendront plus. Avec la reconquête du Tonkin, la 2e phase de la réimplantation française est en bonne voie. Le 6 mars 1946, ***Hồ Chí Minh*** et ***Sainteny,*** représentant du gouvernement français, signent un important accord. La France reconnaît la République démocratique du Vietnam (RDV), son parlement, son armée, etc., dans le cadre de l'Union française. La réunification du Nord, du Centre et du Sud sera soumise à ***référendum.*** L'accord ouvrira la porte à des négociations sur le futur statut de l'Indochine et la préservation des intérêts de la France. En attendant, bien sûr, les affrontements armés devraient cesser. Environ 15 000 soldats français entrent à Hanoi et les 200 000 Chinois quittent le pays.

Malheureusement, ce sera une occasion de perdue ! La France ne tient pas parole, la répression contre les militants du Vietminh s'accentue, et Thierry d'Argenlieu manœuvre pour séparer le Sud du reste du pays. Toutes ces longues négociations ne servent en fait qu'à renforcer l'implantation de l'armée française et de l'administration coloniale.

Le 6 juillet 1946, d'ultimes négociations s'ouvrent à Fontainebleau. Les positions sont bloquées. Hồ Chí Minh refuse le démembrement du Vietnam. Le 18 août, le « socialiste » Marius Moutet déclare : « La Cochinchine est une colonie française. » Sur place, tensions et affrontements armés sont de plus en plus nombreux. La France renforce considérablement son contingent. Il est clair que le lobby militaro-colonial, le moine-soldat Thierry d'Argenlieu en tête, ne souhaite qu'en découdre. ***Georges Bidault,*** président du Conseil, et « l'élite politique française » n'ont que mépris pour Hồ Chí Minh. ***Une grande occasion de mettre en place une décolonisation en douceur semble définitivement perdue !***

LE PACTE AVEC LE DIABLE

En 1944, de nombreux Waffen SS, prisonniers de guerre, voulurent se faire oublier en s'engageant dans la Légion étrangère. Plus de 6 500 d'entre eux partirent pour la guerre d'Indochine dès 1946, sous l'uniforme français. Ils continuaient le combat exigé par Hitler : combattre les communistes.

La fin d'une époque : la guerre d'Indochine

Le 19 novembre 1946, un incident, comme tant d'autres, a lieu dans le ***port de Haiphong.*** Nul ne saura jamais si l'incident avait pour origine l'arrestation de contrebandiers ou si les Vietnamiens s'opposèrent au contrôle douanier français, de plus en plus pesant. Mais c'est l'étincelle qui met le feu à la plaine. 2 patrouilles se tirent dessus. Le prétexte semble suffisant pour mater définitivement ces autochtones si peu dociles. L'amiral Thierry d'Argenlieu donne l'ordre de bombarder les quartiers populaires de Haiphong. Tous les témoignages concordent pour avancer le chiffre d'***au moins 6 000 morts.*** Avec les bombardements de Sétif (15 000 morts environ) en 1945 et les massacres à Madagascar (80 000 morts) en 1947, le colonialisme français ne faisait pas, à l'époque, dans la dentelle !

Malgré cela, Hồ Chí Minh et le Vietminh continuent jusqu'au bout à chercher une solution pacifique. Un ultime télégramme à Léon Blum, nouveau président du Conseil, reste sans réponse. On apprendra plus tard que de nombreux télégrammes étaient restés bloqués plusieurs semaines et que d'autres n'étaient jamais partis, le lobby colonial ayant des complicités dans la poste indochinoise !

Le 19 décembre 1946, plusieurs attentats et attaques-surprises se produisent à Hanoi et à Huế contre les positions françaises. ***Le Vietminh déclenche officiellement la guerre d'indépendance*** et Hồ Chí Minh déclare : « Que tous se lèvent pour s'opposer au colonialisme, défendre la patrie. »

Les 1res années de guerre : 1945-1950

Impossible de relater ici en détail toutes les péripéties de la guerre d'Indochine durant les 1res années. Disons que, de 1946 à 1950, il s'agit surtout pour le Vietminh de consolider son pouvoir politique et de construire une force militaire. Le rapport de force international ne lui est guère favorable au début.

ISRAËL EN INDOCHINE ?

En 1946, l'oncle Hồ avait proposé à David Ben Gourion un morceau de territoire du Vietnam libéré (dans le centre du pays) pour que la diaspora juive en exil puisse y trouver refuge. La proposition ne se concrétisa pas.

La victoire de la révolution chinoise en 1949, en revanche, est déterminante, en permettant au Vietminh de trouver de solides bases arrière. En France, le parti communiste est en porte-à-faux par rapport aux questions indochinoise et malgache, du fait de sa participation au gouvernement. Ce n'est que lorsqu'il démissionne en mai 1947 qu'il commence à donner de la voix contre la « ***sale guerre*** ». Mais, entre-temps, la France cherche dans le secret une voie médiane entre l'indépendance et la souveraineté dans le cadre de l'Union française. Après des recherches (Bảo Đại est considéré comme trop ambigu), de Gaulle choisit comme candidat l'ancien empereur Duy Tân, détrôné en 1916 et assigné à résidence à La Réunion. Un accident d'avion met fin à ses jours et aux espoirs que les Français plaçaient en lui. Faute de mieux, on se retourne vers le dernier empereur qui vient juste d'abdiquer et qui, malgré son désintérêt pour la chose publique, est toujours officiellement conseiller suprême de l'oncle Hồ sous le nom de Vĩnh Thụy. ***En juin 1948, la France accorde à Bảo Đại l'indépendance du Vietnam,*** qu'il accepte sans grand enthousiasme car il doit quitter sa villégiature de Hong Kong, et surtout les salles de jeu et ses nombreuses maîtresses. Il est trop tard.
En 1950, l'engagement américain dans le conflit coréen rapproche les États-Unis du problème indochinois. Ces derniers commencent à financer l'effort de guerre français.

Les victoires décisives du Vietminh

Après la période de consolidation de son pouvoir politique, le Vietminh va se lancer dans de grandes batailles. Le rapport de force a évolué. C'est la guerre froide et il peut compter sur le soutien des pays communistes : l'URSS pour les armes, la Chine comme base arrière et comme conseiller militaire. En février 1950, les États-Unis et la Grande-Bretagne reconnaissent le régime de Bảo Đại. ***En septembre et octobre 1950, le Vietminh attaque.***
C'est la ***campagne des Frontières*** et « Cao Bằng », la 1re grande défaite française. La route coloniale nº 4 y gagne le surnom de « route sanglante ». L'évacuation de Cao Bằng et des postes sur la frontière chinoise tourne au désastre. D'embuscade en embuscade, le corps expéditionnaire français, aidé par certaines minorités du Nord, perd 3 000 hommes et se retrouve avec des milliers de blessés et de prisonniers (5 000). Cela provoque dans tout le Tonkin une panique incroyable : ***Lạng Sơn, Lào Cai, Hòa Bình sont abandonnés.*** Pour redresser la situation militaire, le gouvernement français nomme le ***général de Lattre de Tassigny chef du corps expéditionnaire.*** Celui-ci, fort de 200 000 hommes (troupes de métier, dont 35 % seulement viennent de métropole), renforce la défense du delta et, dans les mois qui suivent, la situation s'améliore un peu. Décès de de Lattre en janvier 1952 et nomination du général Salan. Toute l'année, de nombreuses régions thaïes, du Tonkin et du Laos, passent sous contrôle du Vietminh et du Pathet Lao, son cousin laotien.
En 1953, les Américains couvrent déjà 60 % des dépenses de guerre.
En mai 1953, le ***général Navarre*** est nommé commandant en chef en Indochine (le 7e depuis 1945 !). Cela contribue néanmoins à redynamiser la stratégie

française. Le corps expéditionnaire atteint alors 250 000 hommes, auxquels il faut ajouter les 300 000 de l'armée nationale vietnamienne (appelée « fantoche » par le Vietminh).

Pour arrêter toute offensive en direction du haut Laos, Navarre fait occuper, en novembre 1953, la cuvette de ***Điện Biên Phủ,*** puis décide d'y installer un camp fortifié pour amener Giáp à une confrontation globale. La suite, on la connaît (voir au chapitre « Điện Biên Phủ »). L'état-major et les politiques français sous-estiment les capacités militaires du Vietminh. Surtout, ils sont incapables de comprendre que tout un peuple est derrière lui. « Faire descendre les Viets dans la cuvette ! » déclare le colonel de Castries, et dans *Caravelle,* le journal du corps expéditionnaire, on peut même lire : « Le commandant vietminh doit déplacer ses unités et les ravitailler sur des distances énormes à travers des régions difficiles, pauvres et mal pourvues de voies de communication... une campagne engagée dans ces conditions ne peut que tourner en notre faveur. »

LE CLOU DES RAVISSEURS

Pendant la guerre d'Indochine, des bandes organisées, liées aux Vietminh, pratiquaient des enlèvements de personnes, au sein de familles riches. Les auteurs du rapt se faisaient connaître en envoyant un clou à la famille. Cela signifiait : une rançon en échange de la libération du kidnappé. En cas de refus de la famille, les ravisseurs plantaient un clou dans l'oreille de la victime...

Le 26 avril 1954, ouverture de la conférence de Genève sur l'Indochine. Giáp a bien sûr compris tout l'intérêt d'une défaite française à Điện Biên Phủ. Après 57 jours de siège survient la chute du camp retranché français. Stupeur en France, démoralisation totale du corps expéditionnaire. Le gouvernement va-t-en-guerre Laniel-Bidault est de plus en plus isolé. Incroyable, malgré cela, jusqu'au bout, il dénie toute représentativité au Vietminh et manœuvre pour que celui-ci ne soit pas invité à la conférence de Genève !

La conférence de Genève du 8 mai 1954 et la décolonisation du Vietnam

Pourtant, le 8 mai, la conférence s'ouvre et Phạm Văn Đồng, au nom du gouvernement de la République démocratique du Vietnam (RDV), peut y développer les positions de la résistance vietnamienne. Obtus dans son aveuglement, pendant 3 semaines Bidault refuse encore de le rencontrer ! Et puis tout se précipite, le gouvernement Laniel est renversé et ***Pierre Mendès France, depuis longtemps en faveur de la paix*** et de négociations directes, devient président du Conseil. Il se donne 1 mois pour réussir. À Genève, il rencontre le Vietminh, à Berne, le Chinois Zhou Enlai (élément indispensable dans le jeu diplomatique). L'objectif de Mendès France se résume en 3 points : acceptation d'une formule de partage provisoire ; accord avec les États-Unis et la Grande-Bretagne pour l'établissement d'un régime communiste au-dessus d'une ligne à fixer ; enfin, déterminer un délai pour des élections et la réunification du pays à terme.

La 2e partition : 1954-1975

Le 21 juillet 1954, les accords de Genève sont signés. Le Laos, le Cambodge et le Vietnam deviennent indépendants. ***Le Vietnam est divisé en 2 pays distincts séparés par le 17e parallèle.*** Ce qui, aux yeux de l'histoire, peut paraître paradoxal : pourquoi si haut ? Alors que de vastes zones avaient été « libérées » dans le Centre-Vietnam et que les négociateurs vietminh étaient en position de force (et réclamaient la partition au moins au 13e parallèle), pourquoi le 17e, situé à une centaine de kilomètres au nord de Huế ?

C'est que la Chine ne voyait pas d'un très bon œil une victoire vietnamienne trop éclatante. Eh oui, l'antagonisme sino-vietnamien existait toujours... malgré la solidarité entre pays frères du communisme. D'autres raisons poussaient la Chine aux concessions : éviter l'affrontement direct avec les États-Unis, encore particulièrement agressifs. *Last but not least,* empêcher le Vietnam d'être totalement indépendant, car un Vietnam faible continuerait au contraire à dépendre de la Chine (la guerre de 1979 semble justifier a posteriori cette position). Les accords de Genève signés, une sorte de trêve s'établit entre les Français et les Vietminh de la RDV. La paix définitive ? Non, on en est loin, même si les canons se sont tus. Le règlement du conflit semble repoussé à plus tard. Car ni du côté nationaliste-communiste ni de l'autre côté on entend se contenter de cette partition du pays en 2 États distincts, séparés par une ligne abstraite, le 17e parallèle.

Voilà donc la carte du Vietnam chamboulée. Tout le territoire situé au nord de cette ligne, qui comprend près de 20 millions d'habitants, devient la zone officielle de la ***République démocratique du Vietnam*** (RDV), qui installe son Parti-État. À sa tête, le ***président Hồ Chí Minh,*** avec ***Phạm Văn Đồng,*** 1er ministre, et ***Giáp,*** le vainqueur de Điện Biên Phủ, ministre de la Défense et vice-président. Le nouveau pouvoir communiste lance alors une grande réforme agraire et met en place son système, générant très vite son cortège d'horreurs staliniennes : dénonciations, purges, emprisonnements arbitraires (50 000 à 100 000 personnes). Les Français évacuent Hanoi en octobre 1954, et quittent définitivement le nord du Vietnam en mai 1955, après presque un siècle de présence coloniale.

Au sud du 17e parallèle s'installe la République du Vietnam, gouvernée par Ngô Đình Diệm, un catholique austère furieusement anticommuniste. Au lieu de tenir des élections conformément aux accords de Genève, il organise un référendum en 1955, avec le soutien des Américains, qui ont pris la place laissée vacante par les Français. Ceux-ci apprennent aux Sud-Vietnamiens comment truquer un scrutin. Les bulletins favorables à Diệm sont rouges, couleur de la chance, tandis que ceux de l'empereur Bảo Đại sont verts, couleur qui porte la poisse. Grâce à cette supercherie, ainsi qu'à diverses fraudes et manœuvres violentes, Diệm l'emporte, avec soi-disant 98,2 % des voix ! Il fait déposer Bảo Đại le 26 octobre 1955. Le dernier empereur d'Annam est déjà parti en France où il réside depuis 1954. La dynastie des Nguyễn cesse de régner, laissant la place à un autocrate puritain, méfiant à l'égard de tous.

QUESTION DE POINT DE VUE

En fonction du camp depuis lequel elle est écrite, l'Histoire ne retient pas le même nom pour désigner un conflit. Pour les Vietnamiens, il n'y a pas eu une « guerre d'Indochine » à laquelle a succédé une « guerre du Vietnam », mais bien une « guerre française » puis une « guerre américaine ».

Pendant ses 8 années de règne, Diệm fait de son gouvernement une affaire de famille, n'écoutant que les conseils de son frère, Nhu, et de sa belle-sœur, la célèbre Mme Nhu. Celle-ci finit par avoir une telle influence sur Diệm qu'elle tire en coulisse les ficelles du régime.

Catholique fanatique, sectaire et intolérant, Diệm néglige les bouddhistes, opprime les bonzes, pourchasse tous ses opposants. Pour protester contre les excès de Diệm, plusieurs bonzes se suicident sur la place publique. L'image la plus folle du début des années 1960 au Sud-Vietnam, c'est ce vieux bonze de Huế en flammes sur une place de Saigon. Un geste désespéré qui ne calme pas Diệm ; Mme Nhu, avec cynisme, parlera d'un... « gigantesque barbecue ».

Mais il ne peut venir à bout de ses pires ennemis, les ***héritiers du Vietminh*** et combattants communistes du Sud-Vietnam. Infiltrés dans le delta du Mékong et dans Saigon, ils continuent le combat, multipliant les attentats terroristes et les embuscades. Le 20 décembre 1960, le Front national de libération (FNL, rebaptisé ***Vietcong*** par le régime du Sud), formé clandestinement dès 1958, prend son existence officielle. Il est entièrement noyauté par les communistes du Vietminh. Son objectif : chasser les Américains (les 1ers « conseillers » ont débarqué dès mai 1959), créer un gouvernement provisoire du Sud (GRP), et réunifier le pays. Les 1ers hélicoptères américains arrivent 1 an plus tard, le 11 novembre 1961, avec 400 hommes. Ça y est, ***les États-Unis ont mis le doigt dans l'engrenage de la guerre.***

Dès octobre 1962, les hélicos américains affrontent les Vietcong. Ça ne promet rien de bon. Pendant ce temps, les Américains n'arrivent pas à contrôler Diệm. Avec le feu vert de Washington, ***Henry Cabot Lodge,*** ambassadeur à Saigon, organise un coup d'État contre Diệm et son assassinat, perpétré par des officiers putschistes le 2 novembre 1963. Ironie du sort, 3 semaines plus tard, Kennedy est lui aussi assassiné à Dallas...

« EMBEDDED »

Pendant la guerre du Vietnam, avant d'embarquer dans les hélicoptères en direction des combats, les reporters de guerre devaient signer une feuille déchargeant les États-Unis de toute responsabilité, en cas de mort. Il y avait une question subsidiaire : « À qui devra être remis le cadavre ? »

2 dirigeants importants disparaissent. Tout va changer après leur mort. Déjà, 16 300 hommes de troupe américaine mènent la lutte dans les rizières. Tout est prêt pour lancer la guerre totale.

La guerre du Vietnam : un très mauvais film

« Nous avons cru résoudre un conflit par la force militaire [...]. C'est comme envoyer un lion dans la jungle pour arrêter une épidémie. »
Robert Kennedy (9 février 1968)

J.F. Kennedy est remplacé par Lyndon B. Johnson, un Texan têtu, doté d'une vision assez grossière du monde. Pour lui, rien de pire qu'un retrait américain du Vietnam. Au contraire, il veut la guerre, seule façon de garder son crédit auprès de l'opinion et de son électorat.

De plus, il est hanté par le spectre de la guerre de Corée. Le Vietnam, au fond, Johnson s'en moque éperdument. Ce n'est pour lui qu'un « sacré petit pays de merde » comme il l'a dit. ***Sa crainte : l'avancée du communisme en Asie.*** Le schéma est simpliste : si le Vietnam tombe aux mains des communistes, la Thaïlande tombera à son tour, puis Singapour, puis les Philippines, etc., selon la « théorie des dominos ». Puis les « rouges » gagneront l'Amérique en traversant le Pacifique !

Les ***1ers soldats américains*** débarquent en mars 1965 sur les plages de Đà Nẵng (voir ce chapitre). Puis, très vite, la machine de guerre américaine se met en place. La stratégie se résume aux 3 M : « ***Men, Money and***

UNE APRÈS-GUERRE TERRIBLE

58 000 soldats américains moururent au combat (moyenne d'âge : 23 ans). On sait moins que pratiquement 2 fois plus se suicidèrent après leur retour au pays. Dans les années 1980, environ 25 % des SDF aux États-Unis étaient des vétérans du Vietnam. Il fallut attendre 1982 pour ériger à Washington un monument aux morts du Vietnam. En France, rares sont les monuments en souvenir des soldats morts lors de la guerre d'Indochine. Le plus connu est celui de Fréjus, où sont cités près de 35 000 noms de victimes de ce conflit et qui contient un ossuaire de 3 000 soldats non identifiés tués en Indochine. Il existe d'autres mémoriaux comme à Lauzach dans les Pyrénées-Orientales et à Agen (depuis juillet 2012).

Material ». Des hommes, l'Amérique en enverra près de 3 millions au total sur toute la durée de la guerre. Début 1966, on compte déjà 184 300 militaires américains sur le sol vietnamien. L'année suivante, ils sont plus du double. Et d'une année sur l'autre, ce chiffre augmente. En 1969, année record, plus d'un demi-million d'hommes (543 000) sert dans les différentes armes comme dans les services techniques et administratifs. Derrière eux, le poids colossal de l'industrie des États-Unis.

Mais les Américains ne sont pas les seuls. Les voilà rejoints par 100 000 soldats venus de Nouvelle-Zélande, d'Australie, des Philippines, de Thaïlande, de Corée, et même d'Indonésie.

Un nouveau type de guerre voit le jour au Vietnam : la ***guerre « moderne », médiatique, scientifique, informatique.*** Du jamais-vu. Jean Lacouture en a bien parlé : « Exception faite de l'arme nucléaire, tout a été utilisé au Vietnam. Depuis la guerre française, l'art de tuer – l'art "classique" – s'est mué en science de tuer. Toute l'ingéniosité de milliers de chercheurs et de savants a trouvé là un champ d'expérience à sa mesure. Nous connaissions la guerre conventionnelle, la guerre aérienne, la guerre psychologique, et le Vietnam nous a montré un autre type de guerre : scientifique, électronique et industrialisée. Le vocabulaire lui-même s'en mêlait. On raisonnait en "mégamorts", on ne disait plus "tuer" *(kill)* mais *overkill* (sur-tuer). L'électronique dirigeait la guerre. À Đà Nẵng, à Saigon, des ordinateurs calculaient la dose de bombes ou de produits chimiques à déverser sur le 17e parallèle et la zone de la piste Hồ Chí Minh. C'était le *rolling thunder* (le tonnerre de bombes), qui s'avérera être un échec cuisant. À cela, il faut ajouter le concept innovant de zone de libre tuerie *(free killing zone)* inventée par le Pentagone pour éradiquer les implantations vietcong dans les campagnes. »

Les Américains ont beau déployer la plus forte armée du monde, ils se heurtent à un ***ennemi impalpable, invisible, introuvable.*** Washington s'attendait à « une bonne guerre frontale », genre Verdun en plus meurtrier. Non, rien de tout ça : ce n'est qu'une bizarre guérilla qui se déroule dans les rizières, derrière les haies de bambous, dans des jungles tropicales étouffantes. « Quiconque fait 5 m à travers les herbes géantes mérite une décoration », écrit un soldat déprimé à sa mère. L'ennemi est paysan le jour, vietcong la nuit. Si l'on demande à un *GI* ce qui est le plus dur pour lui, il répond : « Ne pas savoir où ils sont ! » Ils ? C'est cet ennemi communiste, surnommé « Charlie », sous-équipé mais animé d'une volonté farouche, et encadré par les hommes du Nord-Vietnam.

LES JOURNALISTES, MESSAGERS DE LA PAIX

À l'époque de la guerre du Vietnam, la presse était totalement libre. Des reporters diffusèrent des photos terribles. Les reportages relataient l'inefficacité et les abus de l'armée américaine. L'inutilité des combats provoqua des manifestations monstres qui conduisirent à la paix. Pour tous les autres conflits, les journalistes furent dès lors encadrés (embedded) *par l'armée.*

Étrange guerre du Vietnam, où s'affrontent aussi 2 cultures étrangères l'une à l'autre : d'un côté, les enfants du *Coca Cola* et du rock'n'roll sortis fraîchement des campus des années 1960 ; de l'autre, des hommes sans âge, maigres, ascétiques, disciplinés, tenaces, endurcis par des années de clandestinité, se nourrissant de riz et de manioc, chaussés de sandales découpées dans des pneus.

Des pauvres en armes. S'inspirant des enseignements de Mao, les stratèges du Nord vont étendre la guérilla populaire à l'ensemble du pays : « Derrière chaque paysan il y a un combattant, derrière chaque combattant il y a un paysan » (pour le nourrir). Ce qui contribue à user les soldats américains et à leur saper le moral. Tristes tropiques !

Après avoir arrosé de bombes le Nord-Vietnam lors d'une 1re série de bombardements aériens, Johnson obtient du Congrès l'autorisation de prendre « toutes les mesures militaires pour la protection des États-Unis ». Le pilonnage continue. ***La guerre du Vietnam est aussi celle des B52, véritables forteresses volantes*** capables d'anéantir n'importe quelle cible sous un déluge de bombes.
Début 1968, Johnson croit que la guerre est bientôt gagnée : « Le Vietcong est à bout », répète-t-il souvent. L'offensive du Tết va tout remettre en question...

L'offensive du Tết : l'Amérique dans un bourbier

Alors qu'une trêve générale est décrétée pour la fête du Tết (le Nouvel An vietnamien), le ***30 janvier 1968,*** des troupes vietcong, soutenues par des unités régulières nord-vietnamiennes, attaquent le même jour 37 villes importantes du Sud et des dizaines de villes secondaires. Huế, Dalat, Kon Tum, Cần Thơ, Quảng Trị sont prises. À Saigon, l'ambassade des États-Unis, réputée imprenable, est envahie par un commando de 19 combattants qui parviennent à la tenir pendant 6h ! Au bout de 10 jours de combats acharnés (1 000 soldats américains tués, 2 000 Sud-Vietnamiens et 32 000 Nord-Vietnamiens), l'offensive est écrasée. Mais ***il faudra 1 mois aux Américains pour reprendre Huế.***

EFFET PERVERS

En 1944, pour le débarquement en Normandie, l'armée américaine était raciste. Les Noirs n'étaient pas mélangés aux Blancs. Étant à l'arrière du front, chargés de tâches subalternes, peu de Noirs furent tués sur les côtes normandes. Il en fut tout autrement pendant la guerre du Vietnam. L'interdiction de la ségrégation raciale ayant été inscrite dans la loi (Civil Rights) *en 1964, les Noirs étaient en 1re ligne.*

Sur le plan militaire, l'offensive du Tết est un échec pour les communistes. Mais c'est une ***victoire politique et psychologique.*** Stupeur côté américain. Johnson interrompt les bombardements au nord le 30 mars et, dès le mois de mai, les 1ers pourparlers de paix se déroulent à Paris. Finie la guerre ? Non, l'arrivée de ***Nixon*** à la Maison Blanche va relancer de plus belle le conflit. Dès 1969, avec l'accord de Kissinger, les B52 commencent à bombarder le Cambodge, petit pays pacifique et neutre qui s'était tenu jusque-là à l'écart de la guerre. Pourquoi ? Parce qu'il faut anéantir les sanctuaires vietcong implantés dans les provinces du sud-est du pays, où passe la ***piste Hồ-Chí-Minh,*** cordon ombilical entre le nord et le sud du Vietnam par lequel circulent armes et ravitaillement. Hồ Chí Minh meurt le 2 septembre 1969.
En février 1972, Nixon se rend en Chine. Fureur à Hanoi ! Les Nord-Vietnamiens lancent en avril une grande offensive dans le Sud. Riposte immédiate des États-Unis qui reprennent leurs bombardements sur le Nord-Vietnam après une pause de 3 ans et demi. Environ 4 000 communes sont bombardées, 3 000 écoles, 15 universités, 491 églises et 350 pagodes détruites.
Du 18 au 29 décembre 1972, l'US Air Force bombarde Hanoi en ciblant les objectifs stratégiques et militaires : 15 000 t de bombes tombent sur la capitale de la République démocratique du Vietnam. La plus violente attaque aérienne de toute la guerre. Kissinger peut ainsi négocier en position de force avec Lê Đức Thọ à Paris en

UNE DIPLOMATIE QUI MET LES FORMES...

En 1969 débutèrent des pourparlers entre les Américains et Sud-Vietnamiens d'une part, les Nord-Vietnamiens et le Front national de libération d'autre part. Les 1res semaines d'âpres discussions portèrent sur un sujet crucial... la forme de la table des négociations. Ronde ? en demi-lune ? carrée ? Et sur place, on continuait à s'entretuer.

janvier 1973. Cessez-le-feu, fin des bombardements américains au nord. À Saigon, Nguyễn Văn Thiệu, le président de la République, reste en place mais se voit contraint d'accepter le ***GRP*** (Gouvernement révolutionnaire provisoire, procommuniste) comme « homologue » de son propre gouvernement.
Éclaboussé par le scandale du Watergate, ***Nixon démissionne.*** Le 15 août 1973, le Congrès américain interdit toute participation militaire américaine en Indochine. Le gros des troupes américaines quitte progressivement le Vietnam. Mais Washington continue de soutenir à la fois financièrement et en matériel l'armée du Sud-Vietnam. 1974 sera l'année de l'avant-dernier acte d'une tragédie qui n'a que trop duré. La situation va vers le pourrissement au sud, où l'armée est désormais trop faible pour résister à la poussée de l'armée du Nord.

La chute de Saigon et la victoire des communistes

Début 1975, Hanoi engage l'offensive finale permettant le contrôle des Hauts Plateaux. La stratégie imaginée par le ***général Văn Tiến Dũng*** s'appelle « Fleur de Lotus » (en tout guerrier vietnamien sommeille un lettré...), un nom poétique pour une ruse militaire de génie, destinée à encercler l'ennemi et à frapper violemment, par surprise, son centre névralgique. Le déferlement des soldats communistes provoque une panique générale : la déroute des sudistes tourne à la débâcle.
Le 30 avril 1975, les chars de l'armée régulière du Nord entrent dans Saigon sans rencontrer de grosses difficultés. La bataille de Saigon, peu meurtrière, ne dégénère pas en bain de sang, contrairement à la prise de Phnom Penh par les Khmers rouges le 17 avril. Un char frappé de l'étoile révolutionnaire défonce la grille d'entrée du palais présidentiel de Saigon (pour plus de détails, se reporter à ce monument dans la rubrique « À voir » à Hồ Chí Minh-Ville). Le gouvernement du Sud se rend. Les derniers soldats américains quittent la ville du toit de l'ambassade des États-Unis où une navette d'hélicoptères les évacue vers des porte-avions ancrés au large des côtes.

QUELLE CONNERIE, LA GUERRE !

Un soldat américain se retrouve face à un soldat vietcong. Le Vietnamien le fixe longuement et ne fait pas feu. L'Américain tire. Sur le cadavre, il trouve 2 photos, celle du mort et celle d'un enfant, sans doute sa fille. Les années passent. Le vétéran, rongé par le remords, publie une lettre dans la presse américaine : « Pardonnez-moi pour avoir pris votre vie. J'ai réagi comme on me l'avait appris à l'entraînement... » Un jour, le vétéran reçoit un fax d'une certaine Lan. C'est la fille du soldat tué. Le vétéran prend l'avion pour le Vietnam et se prosterne à genoux devant Lan, s'excusant d'avoir tiré sur son père.

La guerre du Vietnam est officiellement finie. ***Saigon devient Thành Phố Hồ Chí Minh,*** Hồ Chí Minh-Ville en français, en hommage au père de la révolution vietnamienne. Le 2 juillet 1976, l'Assemblée nationale, élue en avril, proclame la ***création de la République socialiste du Vietnam.*** En 1976, il n'y a plus qu'un seul Vietnam, réunifié, communiste du nord au sud. La mainmise du vainqueur nordiste sur le vaincu sudiste est immédiate, brutale, systématique. Par dizaines de milliers, les fonctionnaires du régime Thiệu se retrouvent condamnés et déportés en « camps de rééducation », le « goulag vietnamien », où les pertes humaines seront énormes.

Le bilan désastreux de la guerre

Aucun pays au monde au cours du XXe s n'a connu une telle guerre destructrice, un tel déluge de feu et de bombes, un aussi impitoyable carnage humain.

Comment peut-on être anéanti sans jamais être complètement mort ? Voilà un pays qui est parvenu à renaître de ses cendres, à la manière du phénix, cet oiseau légendaire si important dans la mythologie vietnamienne.

Les bombes

Près de 13 à 15 millions de tonnes de bombes et d'explosifs divers ont été larguées par des bombardiers américains sur le Vietnam (Nord et Sud) de 1962 à 1975. Pas moins de ***3 à 4 fois le tonnage lâché pendant la Seconde Guerre mondiale.*** Autrement dit, ce petit pays a reçu sur la tête l'équivalent de 450 bombes atomiques d'Hiroshima ! Selon les experts vietnamiens, en 2017, pas moins de 800 000 t de munitions non explosées seraient encore dissimulées sous 18,8 % du territoire national. Avec l'aide d'ONG spécialisées, le travail de déminage se fait sur le terrain, en particulier autour du 17e parallèle, zone la plus bombardée.

Les produits chimiques, défoliants, napalm...

Selon les experts vietnamiens, les Américains auraient « arrosé », non seulement le Vietnam, mais aussi le Cambodge et le Laos, en y déversant 72 millions de litres de produits chimiques. Près de la moitié de ce lugubre épandage serait le tristement célèbre agent Orange, un liquide à base de dioxine (Seveso, ça vous dit quelque chose ?), la substance la plus toxique au monde. Au Vietnam, entre 1961 et 1971, près de 60 000 m^3 de défoliants auraient été déversés. Près de 3 000 des 20 000 villages vietnamiens auraient été aspergés, affectant entre 2 et 4 millions de personnes. Sur l'ensemble du Sud-Vietnam, 16 % des terres auraient été ravagées, tuant les hommes, les animaux (les Américains attaquèrent au napalm des troupeaux d'éléphants convoités par les Vietcong...), détruisant les plantes et les arbres (20 000 km^2 de forêts ont disparu), provoquant encore aujourd'hui de nombreux cancers et des malformations génétiques chez les nouveau-nés.
Les provinces les plus touchées sont celles qui entourent Saigon : Tây Ninh et Sông Bé (entre la ville et la frontière du Cambodge), et la zone du 17e parallèle : la DMZ et Đồng Nai, à l'est. Dans chacune de ces 3 provinces, 50 % des terres ont été victimes des produits chimiques.

Les pertes humaines

– ***Les Vietnamiens :*** environ ***4 millions de civils,*** soit 5 % de la population du Vietnam, ***ont été tués ou blessés*** pendant la guerre, dont 1 435 000 personnes au sud. Le Sud-Vietnam a perdu un peu plus de 223 000 soldats. Du côté des Nord-Vietnamiens et des forces vietcong, les chiffres restent approximatifs, mais on peut estimer le nombre de combattants morts à 440 000 et celui des blessés à peu près au double. Au total donc : les pertes militaires vietnamiennes s'élèveraient à 663 000 morts. Autrement dit, le Vietnam aurait sacrifié au cours de cette guerre 10 fois plus de vies que l'Amérique.
– ***Les Américains :*** selon les sources américaines officielles, ***58 183 Américains seraient morts ou portés disparus*** au Vietnam. Ajoutez à cela les 313 613 blessés, et vous comprendrez pourquoi la guerre du Vietnam reste gravée dans les esprits des Américains (autant que la guerre de Sécession). On compte environ 2 200 soldats portés disparus *(« MIA : Missing in action »).*
– ***Les Français :*** la guerre d'Indochine fut plus meurtrière pour eux que ne le fut la guerre du Vietnam pour les Américains. Environ 92 000 Français sont morts ou ont été portés disparus, 114 000 furent blessés.

Le coût financier

– ***Guerre d'Indochine*** *(1946-1954)* ***:*** 93 milliards de francs (1975), dont 73 milliards à la charge du budget de la France, le reste à la charge du gouvernement américain.

– ***Guerre du Vietnam*** *(1954-1975)* **:** plus de 150 milliards de dollars courants en dépenses directes, le double si l'on inclut toutes les dépenses indirectes liées à la machine de guerre américaine. Tout ce gâchis pour rien !

Un pays « libéré » mais mené à la baguette !

Après la victoire inattendue et précipitée des troupes nord-vietnamiennes en avril 1975 et le départ, tout aussi précipité, des derniers Américains, les nouveaux maîtres du pays ont une curieuse réaction : ils ferment les portes de leur pays pour « digérer » en toute tranquillité ce gros morceau avalé par Hanoi. Très vite, ***le Nord triomphant impose sa règle de fer au Sud.*** Une douche froide pour les sudistes, habitués à une certaine liberté. Il faudra attendre juillet 1976 pour que la réunification officielle soit proclamée. Mais déjà Saigon la rebelle vit sous la tutelle des maîtres nordistes, découvrant la dureté du socialisme bureaucratique le plus rigide.

OÙ EST PASSÉ LE TRÉSOR ?

Après la chute de Saigon, le 30 avril 1975, les tonnes de lingots d'or enfermés dans les coffres-forts de la banque de la République du Sud-Vietnam disparurent. L'officier Bùi Tín (qui est entré en dissidence) reçut la capitulation des mains du gros Minh qui était chargé du trésor. Le butin a pris la route du Nord, on ne sait pas ce qu'il est advenu de cette montagne d'or...

L'administration est dissoute. Les anciens fonctionnaires du gouvernement Thiệu s'enfuient à l'étranger, ou se rendent à la police. On les arrête, on les condamne sans jugement, on les enferme dans des « camps de rééducation », terme flatteur pour désigner de sinistres camps concentrationnaires où les détenus vivent dans des conditions inhumaines. L'horreur stalinienne dans toute sa splendeur !
« Purger, purger, purger », tel est le mot d'ordre. Toutes les couches de la société passent à la trappe : intellectuels, écrivains, artistes, bonzes, prêtres, médecins, professions libérales, commerçants, dirigeants d'entreprises, syndicalistes, l'élite du Sud prendra le chemin du « ***goulag vietnamien*** ». Des milliers et des milliers d'hommes y mourront de maladie, de faim, des mauvais traitements qui leur seront infligés. La répression politique touche aussi les familles de ces détenus. Les enfants, victimes de la discrimination, seront interdits d'école, privés d'université, voire de travail, parce qu'un de leurs parents ou grands-parents avait eu des relations étroites avec les Français ou les Américains.
Pour beaucoup, le Vietnam devient un pays impossible à vivre, refermé sur lui-même, appauvri et privé de liberté. Plutôt fuir que rester, c'est le choix des ***boat people.*** À partir de 1978, le gouvernement commence à saisir les biens et les maisons des particuliers. C'est la goutte d'eau qui fait déborder le vase. Les Vietnamiens s'enfuient en masse, par la mer, à bord de rafiots pourris, à destination de Hong Kong, des côtes thaïlandaises ou malaises, des Philippines. Près de 2 millions de personnes vont ainsi prendre la route de l'exil. Une tragédie ! Beaucoup périssent en mer, victimes du mauvais temps ou, plus souvent, des pirates de la mer de l'Est (appelée auparavant mer de Chine). Entre 1979 et 1982, et même jusqu'en 1988, le Vietnam va perdre une partie de sa matière grise, des gens de bonne volonté qui étaient prêts à « reconstruire » le pays. Réfugiés en France (250 000), au Canada (120 000), en Australie (110 000), mais surtout aux États-Unis (1,3 million), ils forment aujourd'hui une sorte de diaspora vietnamienne, forte et solidaire. ***Pour la 1re fois dans son histoire, le peuple vietnamien est dispersé dans le monde, hors de son sol natal.*** Un exil quasiment forcé, pour des raisons politiques au départ, économiques par la suite. Après plus d'un quart de siècle, ils reviennent de plus en plus nombreux au pays, en simples visiteurs ou pour investir. Mais ils éveillent toujours quelque méfiance chez les communistes au pouvoir. Il est clair que le rapprochement, certes amorcé, sera lent.

À partir de 1978 et après la signature entre Hanoi et Moscou d'un traité d'assistance mutuelle de 25 ans, le petit Vietnam s'abrite sous l'aile de l'URSS, son nouvel allié, au grand dam des Chinois, qui hurlent à la « trahison ». Pendant ce temps-là, au Cambodge, les Khmers rouges au pouvoir, soutenus par la Chine, perpétuent le 3e génocide du XXe s : plus de 1,5 million de Cambodgiens massacrés, un auto-ethnocide perpétré derrière des frontières hermétiquement closes...

L'invasion du Cambodge en 1979

Obsédé par l'idée de récupérer un jour le territoire du delta du Mékong qui appartenait à l'Empire khmer avant le XVIIIe s, Pol Pot organise des massacres de civils vietnamiens à la frontière des 2 pays. Pour Hanoi, c'est un *casus belli.* L'armée vietnamienne entre au Cambodge en décembre 1978, prend Phnom Penh, et renverse en janvier 1979 le gouvernement sanguinaire des Khmers rouges. La boucherie cambodgienne cesse. Quand les soldats vietnamiens entrent dans la prison de Tuol Sleng, ils découvrent un 2d Auschwitz sous les palmiers : des suppliciés en sang agonisent encore sur les tables de torture de leurs bourreaux... un spectacle atroce.

Le gouvernement chinois, furieux, réagit aussitôt à l'invasion du Cambodge et décide de donner « une bonne leçon » au Vietnam. C'est la guerre. Le ***17 février 1979, l'armée chinoise attaque*** en envahissant plusieurs provinces frontalières au nord du Vietnam. Une guerre éclair, rapide, foudroyante, meurtrière : 20 000 morts côté chinois en 17 jours de combat ! Une guerre secrète, loin des caméras du monde occidental. La ville de Lạng Sơn est rasée. Ironie de l'histoire, les Vietnamiens se battent avec une telle détermination que les Chinois doivent cesser les combats et se retirer.

Humiliation suprême pour les Chinois : au lieu de donner une leçon, ils en reçoivent une belle de la part de leur ennemi séculaire. Entre 1980 et 1989, ni guerre ni paix, les 2 pays se regardent en chiens de faïence, des actes de violence, des escarmouches ont lieu à la frontière sino-vietnamienne fermée. Celle-ci n'a été rouverte qu'en novembre 1991 avec la visite du 1er ministre vietnamien Đỗ Mười à Pékin, et celle de Li Peng, son homologue chinois, à Hanoi en 1992.

Un pays vainqueur et fier mais pauvre et sclérosé

En septembre 1989, le Vietnam évacue ses troupes du Cambodge, après 10 ans d'occupation. Une si longue mainmise du Vietnam sur son petit voisin a plusieurs raisons. L'intervention militaire de janvier 1979 avait comme prétexte de mettre un terme au bain de sang perpétré par les Khmers rouges. Mais Hanoi voulait avant tout se débarrasser de la Chine, soutien no 1 de Pol Pot à Phnom Penh. L'idée de se retrouver ainsi encerclé au sud comme au nord de son territoire par cette Chine hostile et tentaculaire ne pouvait qu'effrayer encore plus les Vietnamiens.

Enfin, 3e raison à l'invasion du Cambodge : le vieux rêve de Hồ Chí Minh de créer une sorte de fédération des 3 pays communistes de l'ex-Indochine sous la tutelle du Vietnam. Dans les faits, beaucoup de Cambodgiens ont pris la présence des Vietnamiens sur leur sol comme une conquête coloniale tout en reconnaissant qu'ils furent des « libérateurs » en 1979. Des libérateurs devenus des occupants, en somme...

Le Cambodge évacué, ***le Vietnam se retrouve en paix, pour la 1re fois de son histoire depuis la Seconde Guerre mondiale.*** En 1991, les choses commencent à bouger, après 16 ans de paralysie politique, de marasme économique, de neurasthénie morale et intellectuelle. Les ondes de choc de la glasnost et de la perestroïka de Gorbatchev atteignent les côtes vietnamiennes, gagnent les esprits des anciens combattants au pouvoir. Les résultats de la nouvelle politique de *Đổi mới* (littéralement « changer pour faire du neuf »), adoptée par le Parti communiste vietnamien, sont immédiats sur la santé du malade. Un signe plus révélateur que n'importe quelle statistique : les Vietnamiens ont un désir moins fort de s'enfuir à l'étranger que pendant les années 1980. Les boat people n'errent plus sur la mer de l'Est. Les demandeurs d'asile auprès des pays occidentaux existent encore, mais on les compte en dizaines seulement, et non plus en dizaines de milliers comme auparavant !

La *Đổi mới* : changer pour créer du nouveau

L'ouverture des frontières aux touristes et aux hommes d'affaires étrangers, l'accélération des réformes économiques, la création d'un code des investissements et la réhabilitation du profit commercial et personnel ont redonné une certaine confiance aux Vietnamiens. Signe des temps : jusqu'en 1988, il était officiellement interdit de s'adresser à un étranger dans la rue, sauf aux personnes originaires des pays de l'Est et du bloc communiste (comme si c'était écrit sur leur visage...).
Désormais, il y a une certaine liberté de parole et de comportement, même si la « Toile » (Internet) fait l'objet d'une grande vigilance (une telle surveillance n'arriverait d'ailleurs jamais dans nos pays démocratiques... n'est-ce pas ?) et que l'information reste très contrôlée. Les gens se parlent de plus en plus, sans crainte des descentes de police. Voilà la vraie nouveauté. Les esprits se libèrent un peu, tout comme les langues. Hanoi, qui voulait remodeler Saigon à son image, prend aujourd'hui des leçons d'ouverture auprès de l'ancienne capitale du Sud vaincue en 1975. Hồ Chí Minh-Ville s'échappe en douceur du carcan nordiste. Et Hanoi se rapproche en dynamisme de sa rivale.
Depuis 1992, le Vietnam a enfin commencé sa reconstruction.

Ouverture et échanges internationaux

L'***embargo américain*** en vigueur depuis 1975 empêchait toutes relations commerciales entre les États-Unis et le Vietnam. Il a été ***levé en février 1994 par Bill Clinton,*** pour permettre aux sociétés américaines de s'implanter sur un marché déjà bien pris par les Chinois de Hong Kong, les Taïwanais (Chinois encore) et les Français (3es investisseurs en 1994). Le clou de ces relations bilatérales renouées, c'est bien sûr le 16 novembre 2000, lorsque ***Bill Clinton entame une tournée symbolique et triomphale de 3 jours.*** C'est le 1er voyage d'un président américain depuis la fin du conflit. À l'ordre du jour (entre autres) les *MIA (« Missing in action »)* et les relations économiques. Bien entendu, il est accompagné d'une trentaine de chefs d'entreprise. L'économie et les marchés à conquérir restent des idées maîtresses pour les Occidentaux en visite dans le coin.
Forte de ce « parrainage » et des investissements étrangers globalement en hausse, l'économie vietnamienne décolle peu à peu, atteignant un taux de croissance de 8,2 % en 1994. De nombreux efforts sont entrepris pour rattraper le retard sur les petits dragons asiatiques, récompensés en 1995 par l'entrée du pays au sein de l'ASEAN (l'Association des nations de l'Asie du Sud-Est) et, en 2007, par l'intégration au sein de l'Organisation mondiale du commerce (OMC).

La bataille au sein du Parti

Le Vietnam reste dans une phase de transition délicate. Sur le plan politique, le gouvernement oscille entre conservatisme et renouveau. Le 15 avril 1998 à Hanoi, on s'immole encore par le feu pour protester contre le régime. L'Église évangélique du Vietnam, protestante, est enfin reconnue officiellement en 2001, mais d'autres églises protestantes ne le sont pas.
Sur le plan des libertés et du pluralisme, le bilan est donc pour le moins mitigé. Sur le plan économique, c'est l'essoufflement. Les investissements étrangers diminuent. Avec Cuba, la Chine, le Laos et la Corée du Nord, le Vietnam est officiellement l'un des derniers pays dits « socialistes ». Dans la réalité, le régime politique ressemble

à un « capitalisme d'État », plus contrôlé que la Chine. Dans la Constitution, il est toujours précisé : « ***Le peuple est le maître collectif, le Parti dirige, l'Etat gère.*** » Si l'État compte à sa tête un président élu par l'Assemblée nationale, elle-même élue au suffrage universel pour 5 ans et se réunissant 2 fois par an, le Parti reste le maillon central du pouvoir. Depuis octobre 2018, et c'est une nouveauté, ***son secrétaire général, Nguyễn Phú Trọng, cumule le poste de secrétaire du Parti avec celui de président du pays.*** Pas vraiment ce qu'on pourrait appeler un signe d'ouverture...

Vers quel modèle de société ?

Même si le Vietnam est l'un des derniers pays dits « socialistes », la politique communiste, à proprement parler, est beaucoup plus souple que dans d'autres pays. Ici, le centralisme démocratique à la soviétique n'existe plus. Chaque région est plus ou moins autonome. Les nombreuses minorités et les phénomènes ethniques ont favorisé, depuis toujours, l'existence de petits chefs locaux qui ont l'appui du gouvernement. D'autre part, au rigorisme soviétique s'oppose la flexibilité vietnamienne, qu'il s'agisse des lois, du code de la route ou même des horaires de train, tout change très vite.

Repères historiques

Pour ceux qui n'ont pas le temps de lire la rubrique « Histoire » en entier...
– ***111 av. J.-C. à 937 apr. J.-C. :*** domination chinoise.

Dynasties nationales (937-1858)

– ***1009-1225 :*** sous les Lý, victoires de Song et de Yuan contre la Chine.
– ***1225-1400 :*** sous les Trần, nouvelles victoires contre la Chine et renforcement du bouddhisme.
– ***1428-1776 :*** sous les Lê postérieurs, victoire contre les Ming de Chine ; partage du pays entre les Nguyễn au sud et les Trịnh au nord. Nombreuses révoltes paysannes.
– ***1776-1792 :*** sous les Tây Sơn, réunification du territoire et refoulement des Qing mongols.
– ***1792-1945 :*** dynastie des Nguyễn établie par Gia Long.

Colonisations françaises (1858-1945)

– ***1858 :*** les Français débarquent à Đà Nẵng.
– ***1867 :*** la Cochinchine devient colonie française.
– ***1883 :*** l'Annam et le Tonkin (centre et nord) sont sous protectorat.
– ***1945 :*** le 2 septembre, indépendance proclamée par Hồ Chí Minh à Hanoi.
– ***1954 :*** le 7 mai, défaite française de Điện Biên Phủ. Le 21 juillet, accords de Genève reconnaissant l'indépendance du pays avec une démarcation militaire au 17e parallèle. La République démocratique (RDV) au nord est reconnue, et au sud s'installe la République du Vietnam. Des élections générales sont prévues.

Interventions américaines (1956-1976)

– ***1956 :*** Diệm président de la République du Sud refuse les élections, les Américains débarquent.
– ***1968 :*** offensive du Tết et point culminant de l'intervention américaine. Ouverture de la conférence de Paris.
– ***1969 :*** le 2 septembre, mort de Hồ Chí Minh à Hanoi, à l'âge de 79 ans.
– ***1973 :*** signature des accords de Paris, lent retrait des troupes américaines.
– ***1975 :*** offensive vietcong du printemps ; prise de Saigon par les Bộ Đội.
– ***1976 :*** réunification officielle du pays sous le nom de République socialiste du Vietnam. Début de l'ère communiste.

Ouverture du pays (à partir de 1986)

– ***1986 :*** mise en place d'une politique de rénovation, la *Đổi mới.*
– ***1994 :*** levée de l'embargo américain par Bill Clinton.
– ***1995 :*** intégration au sein de l'ASEAN (Association des nations du Sud-Est asiatique).
– ***1998-1999 :*** le gouvernement décide de libérer des milliers de prisonniers politiques et religieux dans le cadre d'un programme d'ouverture et de libéralisation progressives.
– ***2000 :*** voyage de Bill Clinton au Vietnam. C'est le 1er voyage d'un président américain depuis la fin du conflit.
– ***Fin 2003-début 2004 :*** épidémie de SRAS (maladie pulmonaire mortelle) en Chine et au Vietnam. Le Vietnam parvient très rapidement à en arrêter la propagation et reçoit les félicitations de l'OMS (Organisation mondiale de la santé). À la fin 2003, une autre épidémie, la grippe aviaire (qui contamine les poules et les volailles), frappe l'Asie du Sud-Est et le Vietnam, mais elle est rapidement endiguée.
– ***2010 :*** anniversaire en octobre du Millénaire de Hanoi. Durcissement du régime dans le domaine des Droits de l'homme. Plusieurs militants et blogueurs pacifiques en faveur de la liberté et de la démocratie dénoncent la corruption et l'injustice, mais ils sont arrêtés et emprisonnés.
– ***2012 :*** arrestations sur les Hauts Plateaux de contestataires accusés de séparatisme.
– ***2014 :*** en mars, ouverture du 1er *McDo* du Vietnam à Hồ Chí Minh-Ville. Le succès est immédiat...
– ***2015-2017 :*** en novembre 2015, visite officielle à Hanoi du président chinois Xi Jinping avec promesse de régler « à l'amiable et pacifiquement » la querelle des eaux territoriales en mer de l'Est. En novembre 2017, sommet de l'APEC (Asian-Pacific Economic Cooperation) les 10 et 11 novembre à Đà Nẵng. Ni Hanoi, la capitale, ni Hồ Chí Minh-Ville, la capitale économique, n'ont été choisies pour cette réunion.
– ***2019 :*** en février, le Vietnam accueille le 2e sommet entre les présidents américain Donald Trump et nord-coréen Kim Jong-un, qui se termine par un échec. Peut-être un peu trop d'égo de part et d'autre ?

CONFLIT MARITIME SINO-VIETNAMIEN

Si les conflits frontaliers terrestres avec les Chinois ont cessé grâce à un accord, ce n'est pas le cas avec les îles Paracels et Spratley de la mer de Chine méridionale (appelée mer de l'Est par le Vietnam). De graves affrontements s'y déroulent depuis 1984 jusqu'à aujourd'hui. La Chine les considère comme partie intégrante du pays, bien qu'elle ait signé les conventions internationales reconnaissant ces îles comme vietnamiennes. L'emplacement stratégique des 2 archipels et le fait qu'ils recèlent d'énormes réserves de pétrole et de gaz naturel expliquent tout !

MÉDIAS

Le système médiatique vietnamien est en plein boom, avec pléthore de publications de toutes sortes. Mais cet indéniable développement quantitatif cache une misère qualitative : en effet, ***il n'existe aucun journal indépendant dans le pays.*** La presse écrite, la télévision et les radios sont toutes contrôlées par les autorités de Hanoi, c'est-à-dire le ministère de l'Information et des Communications, et le ministère de l'Intérieur.
Une certaine concurrence demeure entre les principales rédactions, du fait que les quotidiens en vietnamien restent placés sous l'autorité de leurs institutions de

tutelle : le Département central de la propagande et de l'éducation (DCPE) du Parti communiste, le ministère de l'Information et de la Communication (MIC), l'armée, l'agence de presse officielle ou les municipalités. Les journalistes – notamment la jeune génération, de mieux en mieux formée – tentent autant que possible de se démarquer des directives éditoriales du parti unique, mais la censure veille.

Médias en langue étrangère

– En français : le Vietnam est ***l'un des rares pays d'Asie où paraissent des publications francophones,*** *Le Courrier du Vietnam* et *Saigon Eco.* À l'instar de tous les médias du pays, ces journaux évitent soigneusement de critiquer le pouvoir en place.
– En anglais : à Hanoi, *Vietnam News,* un journal d'informations générales au format tabloïd. Il est l'homologue du *Courrier du Vietnam* en anglais. À Hồ Chí Minh-Ville, *News Trove* et *Saigon Times Weekly.* Principaux magazines en anglais : *Vietnam Investment Review* et *The Economist.*
– La télévision vietnamienne (VTV) diffuse des journaux en français et en anglais tous les jours. La *Voix du Vietnam* est une radio nationale qui diffuse des émissions en français, à destination des étrangers résidant au Vietnam. On peut la capter sur la bande FM, sur 105.5 MHz. Le Vietnam diffuse les émissions de télévision étrangères avec un délai de 30 mn, pour donner aux censeurs le temps de couper tout contenu politiquement sensible.

Votre TV en français : TV5MONDE, la 1re chaîne culturelle francophone mondiale

Avec ses 11 chaînes et ses 14 langues de sous-titrage, TV5MONDE s'adresse à 360 millions de foyers dans plus de 198 pays du monde par câble, satellite et sur IPTV. Vous y retrouverez de l'information, du cinéma, du divertissement, du sport, des documentaires...
Grâce aux services pratiques de son site voyage ● *voyage.tv5monde.com* ● vous pouvez préparer votre séjour et, une fois sur place, rester connecté avec les applications et le site ● *tv5monde.com* ● Demandez à votre hôtel le canal de diffusion de TV5MONDE et contactez ● *tv5monde.com/contact* ● pour toutes remarques.

Internet

La ***presse privée étant interdite,*** nombreux sont ceux qui essaient de se faire entendre en ouvrant des blogs et en y diffusant des informations. Mais tout contenu qui irait contre la ligne du Parti communiste est bloqué, et les auteurs des blogs font l'objet de harcèlement et d'arrestations.
Le Vietnam est la ***2e prison au monde pour les blogueurs et cyberdissidents,*** après la Chine. Près d'une trentaine de blogueurs et cyberdissidents sont actuellement emprisonnés dans le pays, certains sans avoir été jugés, pour avoir apporté des informations alternatives ou critiques à l'encontre du pouvoir. Ils enquêtent sur la corruption, les problèmes environnementaux, les perspectives politiques du pays, les relations avec la Chine, etc. Depuis l'***arrivée d'une ligne dure et conservatrice*** à la tête du Parti communiste en 2016, les autorités du pays ont énormément durci la répression à l'égard des blogueurs et citoyens-journalistes, lesquels peuvent être condamnés à des peines allant jusqu'à 20 ans de prison, comme on l'a vu en août 2018.
Face à la ***mobilisation citoyenne en ligne,*** le pouvoir a par ailleurs affiné ses outils de répression. L'armée se targue par exemple de l'existence de la Force 47, une unité composée de 10 000 cybersoldats chargés de défendre le Parti et d'attaquer les blogueurs qui porteraient des voix dissidentes sur Internet. Début 2019 est entrée en vigueur une ***nouvelle loi sur la cybercriminalité*** qui entend obliger

les plates-formes à stocker les données des utilisateurs sur le sol vietnamien pour les remettre aux autorités si elles l'exigent.

Radio

Les radios, qui couvrent 95 % du territoire, sont très écoutées. Contrôlées par le cabinet du 1er ministre et le Comité central du Parti communiste, les 5 stations de *La Voix du Vietnam (VOV1, VOV2, VOV3, VOV4, VOV5)* sont relayées par une soixantaine de stations locales et diffusent sur toutes les gammes d'ondes un total de 122h de programmes par jour. *Radio France Internationale* et les autres stations internationales ne peuvent malheureusement être captées qu'en ondes moyennes ou courtes. Le gouvernement a toujours refusé de leur accorder des licences FM.

Télévision

Le pays compte 9 chaînes de télévision nationales, régionales et internationales, regroupées sous l'égide de la *Télévision du Vietnam (VTV)* : *VTV1,* chaîne généraliste essentiellement axée sur l'information politique, *VTV2,* chaîne éducative et scientifique, et *VTV3,* chaîne de divertissement à vocation commerciale. Elles dépendent directement du cabinet du 1er ministre et du Comité central du Parti communiste. Le journal national de *VTV1* est diffusé à 19h. À 23h, la chaîne diffuse un bulletin d'informations en français.
2 groupes de radiotélévisions locales, l'un à Hanoi et l'autre à Hồ Chí Minh-Ville, sont dirigés par le Comité populaire local du Parti. Parmi les principaux opérateurs, on trouve notamment *VTVcab,* détenu à 100 % par *VTV* et offrant plus de 200 chaînes dans tout le pays, et *Vietnam Cable TV (HTVC)* codétenu par *VTV* et *Saigon Tourist Corporation* (détenu par l'État).

Journaux

La presse nationale est dominée par 5 « organes militants » : le *Nhân Dân* (« Le Peuple »), quotidien du Parti communiste vietnamien ; le *Quân Đội Nhân Dân* (« L'Armée populaire ») ; le *Sài Gòn Giải Phóng* (« Le Saigon libéré ») ; le *Hà Nội Mới* (« Le Hanoi nouveau ») ; *Tin Tức* (« Les Nouvelles »). Les journaux locaux dépendent en général de l'instance provinciale du Parti. La presse spécialisée, la plus dynamique au Vietnam aujourd'hui, est moins liée au pouvoir politique que les journaux d'informations générales. Ainsi, le groupe de presse suisse Ringier a financé le lancement de *Thời Báo Kinh Tế Việt Nam* (« La Revue économique du Vietnam ») dont le supplément en anglais a pour but d'informer les investisseurs étrangers.
La presse pour enfants et adolescents est très importante, la moitié de la population ayant moins de 20 ans. On peut citer *Thanh Niên* et *Tuổi Trẻ,* les 2 fleurons de la presse quotidienne pour la jeunesse, qui comptent des sites internet très fréquentés.
Les ***plus gros tirages de la presse vietnamienne*** sont des journaux de faits divers, qui dépendent des organes policiers, notamment *Công An.*

Liberté de la presse

Le Vietnam n'a pas de bureau de censure préalable, mais ***la presse est étroitement contrôlée*** par le ministère de l'Information et de la Communication (MIC) et les cellules du Parti communiste au niveau national et local.
Les dirigeants des journaux comme *Nhân Dân* ou *Voix du Vietnam* ont un pouvoir « moral » et « politique » comparable à celui d'un ministre. Toutefois, le contenu éditorial qu'ils offrent est soumis à l'approbation des autorités supérieures. Chaque semaine, les rédacteurs en chef des agences de presse, directement sous la coupe des organes centraux, se réunissent avec des représentants du

Département central de la propagande et de l'éducation (DCPE) à Hanoi, pour écouter les recommandations du président du département central du DCPE.
Au cours de ces réunions, les éditeurs se voient instruits des informations qui devraient être rendues publiques et celles qui ne le devraient pas. Ceux qui n'ont pas suivi les instructions à la lettre sont soumis à des mesures disciplinaires pouvant entraîner leur licenciement ou même des poursuites en justice. À ce titre, l'***emprisonnement de voix critiques*** est justifié par l'invocation du code pénal et sa phraséologie d'un autre temps – notamment les articles 88 (qui punit d'emprisonnement toute « propagande anti-étatique »), 79 (contre les « activités visant à renverser le gouvernement ») et 258 (qui punit celles et ceux qui « abusent de leurs libertés démocratiques »).
Début 2019, on soupçonne des agents vietnamiens d'être allés jusqu'à kidnapper un journaliste en exil réfugié à Bangkok, avec la complicité des autorités thaïlandaises.

■ ***Reporters sans frontières :*** *CS 90247, 75083 Paris Cedex 02.* | ☎ *01-44-83-84-84.* ● *rsf.org* ●

PATRIMOINE CULTUREL

Architecture

L'architecture vietnamienne fut portée sur les fonts baptismaux par plusieurs parrains qui l'influencèrent : Chinois au nord, Indiens et Khmers au sud. C'est d'abord dans le tracé des villes, les palais, temples, tombeaux impériaux et maisons communales qu'on découvre l'architecture vietnamienne traditionnelle. Villes, tombeaux, palais étaient dessinés suivant des critères astrologiques et géographiques très précis. Pour déterminer le site, ***on appliquait ici la « géomancie »,*** science prenant en compte la configuration des astres au moment de la recherche du site, et aussi, parfois, des histoires de *yin* et de *yang* (comment le Dragon bleu et le Tigre blanc s'équilibraient aussi à ce moment-là). Résultat : une fusion, une harmonie avec la nature tout à fait exceptionnelle, s'alliant au charme du site et au mystère de tous ces calculs et paramètres...
Des villes comme Hanoi et Huế, les grands tombeaux impériaux, les temples de Hoa Lư, etc. répondirent à cette architecture. La rencontre avec le bouddhisme permit à l'architecture vietnamienne de s'enrichir et de se détacher de l'influence chinoise.
Du point de vue technique, ce qui primait, c'était le toit. Aussi les architectes portaient-ils tous leurs efforts sur les piliers et la charpente, fixée avec des chevilles (sans clous) et sculptée abondamment, contrairement à la charpente chinoise qui était avant tout laquée. Plus tard, c'est dans l'édification des maisons communales *(đình),* dédiées aux génies tutélaires des villages, que s'exprima pleinement l'art vietnamien, surtout du XVIIe au XIXe s.
Quant aux ***pagodes*** *(chùa),* elles suivent souvent le même plan : 3 salles en parallèle reliées au milieu par un couloir ou de petits ponts. La 1re sert de vestibule ou de narthex, avec 2 immenses génies (le bon et le méchant ou le bonheur et le malheur, ainsi que d'autres petits génies protecteurs). Au milieu, les brûle-parfums, les plateaux d'offrandes, les énormes grelots de prière en forme de carpe.
L'***architecture rurale*** fait appel aux matériaux naturels : bois, bambou, palme, chaume de riz. Elle exprime 2 influences : sur pilotis, c'est proche du style thaï ; de plain-pied, on est plus proche du style chinois. Là aussi, la charpente est l'élément le plus important de la construction. Pour plus de robustesse et de durabilité, le chaume de riz et les feuilles de palme sont de plus en plus remplacés par les tuiles dites « bordelaises » ou la tôle, le bois ou le bambou tressé par la brique. Quant à l'architecture moderne, elle se distingue par le

style colonial français aux réminiscences néoclassiques haussmanniennes, Art déco ou style villas de Cabourg. Elle fut relayée à l'indépendance par l'***architecture soviétique néostalinienne,*** le monumental bétonné et grandiloquent, dont l'un des plus beaux fleurons est la mairie de Hanoi. Désormais, le style en vogue est résolument moderne : verre et acier ont pris le pouvoir. Bref, comme l'a dit un intellectuel vietnamien, ***la civilisation du Vietnam, c'est 1 000 ans de civilisation chinoise, 900 ans de civilisation vietnamienne et 100 ans de civilisation française.***

PERSONNAGES

– ***Hồ Chí Minh*** *(1890-1969)* **:** son nom signifie « celui qui éclaire », mais le père de l'indépendance du Vietnam a eu de nombreux surnoms et pseudonymes au cours de son existence... Au Vietnam, il est appelé « Oncle Hồ ». Il est né le 19 mai 1890 à Kim Liên près de Vinh, centre du Vietnam, et Nguyễn Sinh Cung est son vrai nom. Après des études à Huế, il est instituteur à Phan Thiết. Le 5 juin 1911, âgé de 21 ans, il embarque à bord du paquebot *Amiral-de-Latouche-Tréville,* engagé comme cuisinier. Étudiant à Londres (1914-1919) d'abord, il se fait appeler Nguyễn Ái Quốc (« Nguyễn le Patriote »), travaille en France en 1921, exerçant divers métiers : jardinier au Havre, retoucheur photographe, cuisinier, balayeur... Éternel nomade, il aurait vécu dans une quarantaine de villes différentes de 1911 à 1941, de New York à Londres, de Paris à Moscou, de Canton à Hong Kong. À New York, il aurait même été pigiste pour le *New York Times.* Membre de la SFIO socialiste, il aurait été initié au communisme par Marcel Cachin, le directeur du journal *L'Humanité.* On dit aussi que Hồ Chí Minh aurait été admis dans la franc-maçonnerie. À partir de mai 1923, Nguyễn Ái Quốc est formé à Moscou par le Komintern, pour aller en Chine porter la révolution rouge. À Canton en 1926, il épouse une Chinoise catholique, puis s'enfuit en 1927, retourne plusieurs fois en Russie. Avec l'aide de Mao, il fonde le Parti communiste indochinois (1930), puis la Ligue pour l'indépendance du Vietnam, combattant à la fois l'occupation japonaise de son pays pendant la Seconde Guerre mondiale et la présence coloniale française. Près de 30 ans après l'avoir quitté, il revient clandestinement au Vietnam à pied, par les montagnes du Yunnan où il se cache pour préparer la lutte. En 1942, il prend le nom de guerre de Hồ Chí Minh (« celui qui éclaire »), mais il est arrêté par les nationalistes chinois et passe 1 an en prison en Chine.

En 1945, Hồ Chí Minh proclame l'indépendance du Vietnam (République démocratique du Vietnam) et tente de négocier avec la France (accords Hồ-Sainteny). Après l'échec de ces pourparlers, il prend les armes et organise l'armée clandestine (le Vietminh), assisté de Giáp, et entre en guerre avec la France coloniale. Longue et sanglante, la guerre d'Indochine se termine par la défaite de la France à la bataille de Điện Biên Phủ le 7 mai 1954. Le Nord indépendant et communiste continue la lutte pour l'unification complète du pays : c'est la terrible guerre du Vietnam menée par le Nord contre la République du Sud-Vietnam. Hồ Chí Minh n'aura pas le temps de goûter à la victoire finale du 30 avril 1975 car il meurt le 2 septembre 1969 en plein conflit. Il souhaitait que son corps repose dans des urnes au sommet de 3 collines symbolisant les 3 régions de son pays, mais son vœu n'a pas été respecté. Son corps a été embaumé et conservé dans un mausolée de style soviétique au cœur de Hanoi.

– ***Le général Võ Nguyên Giáp*** *(1911-2013)* **:** général le plus célèbre de l'histoire du Vietnam au XXe s, Võ Nguyên Giáp admirait Bonaparte. N'est-il pas considéré aujourd'hui comme le « Napoléon » vietnamien ? Né à An Xá dans la province de Quảng Bình, fils de mandarin pauvre et nationaliste, il commence curieusement sa carrière comme professeur d'histoire. Très jeune, ce francophone admiratif de la Révolution française se bat contre la présence coloniale française. Marxiste convaincu, Giáp rejoint le Parti communiste vietnamien (clandestin). Sa 1re épouse meurt en prison en 1941, à la suite de tortures. C'est le déclic. Traqué par la police en 1939, il fuit en Chine, où il retrouve Hồ Chí Minh pour fonder le mouvement du Vietminh puis en 1944 l'Armée populaire vietnamienne (APV). Il apprend l'art de la guerre sur le terrain, ne fréquente aucune école militaire, autodidacte de génie et stratège hors pair, il finit par vaincre l'armée française à Điện Biên Phủ en 1954. Le Vietnam est ensuite divisé en 2 régimes : le Nord indépendant et communiste et le Sud capitaliste proaméricain. Pendant la guerre du Vietnam, Giáp est ministre de la Défense du Nord-Vietnam et dirige toutes les opérations militaires. En 1980, il démissionne, et en 1982 il est exclu du bureau politique du Parti communiste vietnamien officiellement pour des raisons d'âge et de santé, mais en réalité pour son esprit critique vis-à-vis de la ligne dure du Parti... Il meurt à l'âge de 102 ans. Ses obsèques seront celles d'un héros national.

– ***Les sœurs Hai Bà Trưng :*** beaucoup de Vietnamiens les considèrent comme des modèles de combattantes ! Nées au nord du Vietnam dans une famille de militaires, il y a près de 2 000 ans, Trưng Trắc et Trưng Nhị furent formées aux arts martiaux et initiées à l'art de la guerre. Vers l'an 39 apr. J.-C. les 2 sœurs créent une armée composée essentiellement de femmes. Objectif : repousser l'envahisseur chinois ! Plutôt que de se rendre, les 2 sœurs préférèrent se donner la mort en se jetant dans la rivière Hát en l'an 43...

– ***L'empereur Bảo Đại*** *(1913-1997)* ***:*** il est le 13e et dernier empereur de la dynastie des Nguyễn, qui régna sur le Vietnam pendant près de 2 siècles. Fils de l'empereur Khải Định, le prince Nguyễn Phúc Vĩnh Thụy passe son enfance au palais impérial de Huế où il fut désigné comme prince héritier de la Couronne à 9 ans. Après des études en France (Sciences-Po), il règne de 1932 à 1940, tandis que l'administration coloniale française contrôle le pays. Il épouse Nam Phương, une belle catholique vietnamienne, mais multiplie les aventures féminines. Pendant la Seconde Guerre mondiale, Bảo Đại se réfugie dans la chasse et le jeu, tandis que l'Indochine est aux mains des Japonais. Le 25 août 1945, il abdique mais devient conseiller du gouvernement rebelle dirigé par Hồ Chí Minh. Devenu le citoyen Vĩnh Thụy, il vit pauvrement et se cache des Français. Après 1954, l'ex-empereur s'installe en France où il restera jusqu'à sa mort.

Entrepreneurs, industriels

– ***Đoàn Nguyên Đức*** *(né en 1962)* ***:*** ce serait l'homme le plus riche du Vietnam en 2018. Président du conseil d'administration du groupe *HAGL (Hoàng Anh Gia Lai),* il a commencé par fabriquer des tables et des chaises pour les écoles. Grâce au bois et à la menuiserie, il a fondé un groupe industriel coté en Bourse, et implanté aujourd'hui dans de nombreux secteurs : construction, immobilier, tourisme, et même football. Il est le 1er Vietnamien à posséder son avion privé et achète des stars du ballon rond... une de ses passions.

– ***Đặng Thị Hoàng Yến*** *(née en 1959)* ***:*** femme d'affaires vietnamienne à la tête d'un groupe d'investissement prospère. Elle est classée au 5e rang du top 100 des Vietnamiens les plus riches. Elle reste une des femmes les plus influentes du pays dans le domaine économique.

Créateurs, inventeurs, scientifiques, artistes

– ***Trần Anh Hùng*** *(né en 1962)* ***:*** réalisateur français d'origine vietnamienne né à Đà Nẵng au début de la guerre du Vietnam. À l'âge de 13 ans, il débarque en France comme réfugié politique, étudie le cinéma à l'École Louis-Lumière, puis réalise *L'Odeur de la papaye verte,* son 1er film long métrage récompensé à Cannes en 1993. Son 2e film *Cyclo* remporte un Lion d'or à Venise en 1995 et *À la verticale de l'été* connaît un beau succès. Son style poétique et onirique a conquis un large public.

– ***Trịnh Xuân Thuận*** *(né en 1948)* ***:*** astrophysicien vietnamien d'expression française. Né à Hanoi, il a étudié à l'Université Princeton aux États-Unis et y obtint son doctorat d'astrophysique. Spécialiste des galaxies lointaines, grâce au télescope Hubble il a découvert en 2004 la plus jeune galaxie connue à ce jour. Son nom : I Zwicky 18... Trịnh Xuân Thuận est l'auteur d'une dizaine de livres en français, tous des best-sellers, dont *La Mélodie secrète* et *Le Cosmos et le Lotus,* ainsi que le *Dictionnaire amoureux du ciel et des étoiles.*

– ***Quasar Khanh*** *(1934-2016)* **:** de son vrai nom Nguyễn Mạnh Khánh, né à Hanoi dans une famille bourgeoise, il est d'abord étudiant à Paris à l'École des Ponts-et-Chaussées, et à sa sortie il se lance dans l'invention, la mode et le design. Génial et excentrique créateur des années 1960, Quasar Khanh faisait la une des magazines avec son ami Paco Rabane... On l'a un peu oublié mais il a inventé le mobilier gonflable, les poufs « satellites », la voiture transparente Cube Car (ancêtre de la Papamobile), et même la « bambouclette », un vélo en bambou... Il a été le mari de la styliste Emmanuelle Khanh, celle-ci porte encore son nom vietnamien...

Français liés au Vietnam

– ***Alexandre de Rhodes*** *(1591-1660)* **:** d'origine portugaise et « avignonnaise » (les États du pape), il est surtout connu comme « l'inventeur » de la langue vietnamienne actuelle (le *quốc ngữ*), une langue asiatique qui s'écrit avec les caractères de l'alphabet latin. Son œuvre est à l'origine de la création de la société des Missions étrangères. L'adoption de l'écriture romanisée par les Vietnamiens a permis à ceux-ci de se démarquer de l'empreinte très forte de la Chine et favorisé leur nationalisme au fil de l'histoire.

– ***Alexandre Yersin*** *(1863-1943)* **:** Suisse d'origine, il est le découvreur du bacille de la peste. Humaniste et altruiste, il soigne gratuitement les plus pauvres, aide les personnes âgées. Aujourd'hui, les Vietnamiens reconnaissants le considèrent comme un « Bouddha vivant » et certaines rues portent son nom. Yersin est à l'origine des Instituts Pasteur à travers le monde (voir aussi détails sur sa vie dans le chapitre « Nha Trang »).

– ***Paul Doumer*** *(1857-1932)* **:** grande figure politique, très controversée, de la IIIe République et gouverneur de l'Indochine de 1897 à 1902. Issu d'une famille modeste du Quercy (il est né à Aurillac), son ascension sociale est fulgurante. Jules Méline le nomme gouverneur général de l'Indochine. Grand bâtisseur de la colonie, il construit le réseau des chemins de fer (et notamment l'incroyable chemin de fer du Yunnan), inaugure le port de Haiphong, fait de Hanoi une ville moderne (elle est la 1re d'Asie à recevoir l'électricité). Pour beaucoup, il a saigné l'Indochine en l'écrasant d'impôts, en pratiquant la politique du « vase clos » : la France ne paie pas un sou, l'Indo doit se débrouiller seule...

– ***Le général Navarre*** *(1898-1983)* **:** nommé général en 1945, Navarre commande le corps expéditionnaire français en Extrême-Orient où il se retrouve, en 1953, au poste de commandant en chef des Forces françaises en Indochine. C'est lui qui décida d'installer un camp retranché dans la plaine de Điện Biên Phủ pour endiguer l'avancée du Vietminh vers le Laos.

– ***Geneviève de Galard*** **:** née le 13 avril 1925 à Paris dans une famille de très vieille noblesse du sud-ouest de la France. Infirmière dans l'armée française, convoyeuse de l'air, elle fut la seule femme présente dans le camp retranché lors de la bataille de Điện Biên Phủ (mars-mai 1954), épisode auquel elle doit son surnom d'« ange de Điện Biên Phủ ». Elle est invitée par le Congrès des États-Unis, et le président Eisenhower la décore de la médaille de la Liberté, une des plus hautes distinctions américaines.

– ***Jean Lartéguy*** *(1920-2011)* **:** écrivain et journaliste, Jean Lartéguy fut correspondant de guerre pour *Paris Match* et débarqua dans l'Indochine en guerre. Ses livres *Le Mal jaune* (1962), *Hanoi ou la ville étrangère, Saigon ou les âmes errantes, Un million de dollars le Viet* (1965), *Le Mal d'Indochine* (1994)... ont fait de Lartéguy un des grands témoins de ces années de feu.

– ***Lucien Bodard*** *(1914-1998)* **:** on le surnommait « Lulu » et il était né à Chongqing au Sichuan (Chine), où son père était diplomate. Dès 1948, Pierre Lazareff, patron du journal *France-Soir,* l'envoie couvrir les conflits qui secouent l'empire colonial. Le voilà journaliste en pleine guerre d'Indochine dont il tire 5 récits remarquables (*L'Enlisement, L'Illusion, L'Humiliation, L'Aventure, L'Épuisement,* 1963-1967).

– ***Pierre Schoendoerffer*** *(1928-2012)* **:** romancier, réalisateur et scénariste. Après 1945, il s'engage comme volontaire en Indochine pour remplacer un cameraman mort sur le terrain. Nommé caporal-chef, Schoendoerffer filme la guerre d'Indochine de 1952 à la bataille de Điện Biên Phủ (1954) où il a été parachuté. Démobilisé, il reste au Vietnam jusqu'en janvier 1955. De retour en France, il publie en 1964 *La 317e Section,* qui est adaptée au cinéma. En 1967, son film documentaire *La Section Anderson* obtient un oscar à Hollywood et de nombreuses récompenses internationales. En 1992, il tourne au Vietnam le film *Điện Biên Phủ* qui raconte son histoire personnelle dans la grande bataille de 1954...

POPULATION

95,5 millions d'habitants (2017). Au rythme galopant du taux de natalité actuel (en moyenne 1 million de nouveau-nés par an), ils seront presque 100 millions en l'an 2020 ! Ça fait beaucoup de bouches à nourrir ! Près du tiers de la population a moins de 20 ans. Ça promet pour l'avenir... Environ 65 % des Vietnamiens vivent en zone rurale, le reste en zone urbaine. Sur le plan ethnique, environ 86 % de la population totale est d'origine vietnamienne (les Viets ou Kinh), 2 % d'origine chinoise, le reste étant composé par 53 ethnies différentes. On peut les classer en 6 grands groupes.

DIVORCE À LA VIETNAMIENNE

Le Vietnam est l'un des pays du monde où les couples mariés divorcent le moins. Pourquoi ? Parce que, pour les femmes vietnamiennes, un divorce est un réel échec. Elles perdent la face, bien plus durement que les hommes. Beaucoup de maris mènent sans scrupule des doubles vies, entretenant leur maîtresse... sans jamais toucher aux liens du mariage. C'est hypocrite, mais cela reste, pour beaucoup d'épouses trompées, préférable au divorce...

Les minorités ethniques

Les minorités ethniques sont disséminées dans tout le Vietnam, en particulier dans les régions montagneuses. Au nord, les « montagnards » incluent les Hmong, Dzao, Dzai, Mường..., tandis que les Thaïs et Tay vivent dans les vallées.

Au centre, ce sont les « montagnards » des Hauts Plateaux, les plus importants en nombre étant les Bahnar, les Giarai et les Sedang autour de Pleiku et de Kon Tum, les Mnong et les Édé autour de Buôn Ma Thuột (pour plus de détails, se reporter au chapitre « Les Hauts Plateaux du Centre »).

Au sud, dans le delta du Mékong (ancien Kampuchea Krom), vivent environ 700 000 à 800 000 Khmers, qui maintiennent leur langue et leurs coutumes.

La grande famille de langue thaïe

Vivant dans les fonds de vallées depuis le début de notre ère, ces groupes sont descendus de Chine au Vietnam où ils forment une communauté importante : Nùng et Tầy Thổ au nord-est de l'ancien Tonkin, Thaïs Blancs et Thaïs Noirs au nord-ouest (plus de 1 million).

Les Hmong ou Miao ou Meo

Installés dans les montagnes à la frontière de la Chine et du Laos, loin des Viets, ce sont des minorités émigrées récemment (ils ne sont là que depuis la fin du XIXe s). Environ 1,2 million, ils sont répartis en 7 groupes distincts : les ***Hmong Fleurs*** (ou

Fleuris), les ***Hmong Noirs,*** les ***Hmong Blancs,*** les ***Hmong Rouges*** et les ***Hmong Verts,*** à cela s'ajoutent les ***Hmong Bariolés*** *(Hmong Xùa),* et les ***Hmong Na Méo.*** Cette dernière famille forme une curieuse bande dont on ne sait pas trop d'où elle vient. Ils vivent non pas avec les autres Hmong en haute montagne, mais près des Thái et Mường. On voit les Hmong très nombreux dans les marchés des villages ou le long des routes.
Chez les Hmong Fleurs, les femmes portent des vêtements colorés particulièrement beaux. Les Noirs préfèrent l'indigo. La réalisation d'un costume hmong peut demander 6 mois. Pour les Hmong Fleurs, le fond du vêtement est en coton sombre, ce qui fait éclater les couleurs rouges des écharpes, des bandeaux ou des parures portés par les femmes. Les Hmong Rouges n'ont pas de turban entourant leur abondante chevelure.

Les Dzao (dans le même groupe que les Hmong)

Les Dzao, ou Dao ou Yao ou Man, d'implantation plus ancienne, peuplent également les montagnes du nord du pays où ils seraient près de 500 000. Il existe des Dzao Noirs et des Dzao Rouges.
Pour plus de détails, se reporter au chapitre consacré aux minorités ethniques dans le Grand Nord-Ouest.

Les Tibéto-Birmans

Quelques petits groupes ethniques venus du « toit du monde », via la Birmanie, se sont installés dans les montagnes perdues du nord et du nord-ouest du pays. On trouve les Hà Nhì, les Phù Lá, les La Hủ, les Lô Lô, les Cống et les Si La (à peine 500 personnes !).

Les Cham

Derniers survivants du grand royaume cham (du IIe au XVe s de notre ère), les Cham sont aujourd'hui près de 600 000, concentrés sur la côte entre Nha Trang et Phan Thiết ainsi que dans la province d'An Giang du delta du Mékong (voir le chapitre « Châu Đốc »). Ils parlent une langue d'origine malayo-polynésienne (famille austronésienne) et pratiquent une religion musulmane (sunnite) encore teintée d'hindouisme. Voir aussi « Religions et croyances ».

POURBOIRES, OFFRANDES ET MARCHANDAGE

Pourboires et offrandes

– Il est d'usage de donner un ***pourboire aux guides.*** Ceux-ci sont très mal payés, et ce qu'ils obtiennent des touristes multiplie plusieurs fois leur paie initiale.
Pour le guide, compter environ 5 € par jour et par personne, soit environ 125 000 Dg (un peu plus si vous êtes content). Si vous voyagez dans un groupe important de touristes, alors 4 € par jour par personne. Pour le ***chauffeur,*** comptez ***2 à 3 € par jour et par personne.***
Ce qui est étrange, c'est que parfois le pourboire semble, pour guides et chauffeurs, aller de soi, comme un dû, indépendamment de la qualité de la prestation rendue ! À vous de juger. Petit pourboire également pour les bagagistes des hôtels.
– En principe, ***pas de pourboire dans les cafés et dans les restos.*** En laisser un est affaire d'appréciation personnelle, si vous êtes satisfait du service, bien sûr !
– Dans les temples et les pagodes, là il ne s'agit pas de pourboire, mais de contribution au culte, à l'entretien des lieux, etc. Il est de très bon ton de laisser quelques đồngs dans l'urne.

Marchandage

Marchandage fréquent dans les boutiques de souvenirs, où il faut prendre son temps, discuter, diviser les prix souvent par 2 (parfois plus) afin de trouver un compromis.
Pour les objets courants, c'est évident qu'il existe un prix pour Vietnamiens et un prix pour touristes, multiplié parfois jusqu'à 5 : mieux vaut marchander en đồng. Il est conseillé d'aller s'enquérir des prix pratiqués dans les grands magasins d'État pour les objets désirés, de façon à pouvoir se faire une idée et être en mesure de négocier les prix à la baisse dans des limites raisonnables. Le mieux, bien entendu, se révélera de faire ses achats avec un Vietnamien à qui l'on proposera le vrai prix.
– ***Un petit conseil :*** lorsque vous achetez les services ou les prestations de quelqu'un, ne payez qu'une partie d'avance. C'est un bon moyen de pression si le programme n'est pas respecté. Pour les circuits, ***n'hésitez pas à vous faire préciser le programme exact*** par écrit avec toutes les prestations détaillées (encore trop de plaintes d'arnaques), en particulier dans les villes et quartiers touristiques (Hội An, Hanoi, Hồ Chí Minh-Ville, baie d'Hạ Long...).

RELIGIONS ET CROYANCES

Les Vietnamiens vivent depuis des siècles dans un univers moral et religieux façonné par des croyances et des ***valeurs issues du culte des ancêtres, du bouddhisme, du confucianisme, du taoïsme,*** sans oublier le christianisme (catholicisme et protestantisme) ainsi que l'islam (très minoritaire). Le culte des ancêtres leur a inculqué l'obligation de bien se comporter et de rester fidèles aux valeurs transmises par leurs ascendants. Le bouddhisme leur a donné les vertus essentielles : patience, détachement, tolérance, non-violence, concentration, jugement et pensée « juste », compassion.
Du confucianisme, ils ont conservé l'idéal de l'homme bon qui se perfectionne sans cesse dans le respect de l'ordre social dans lequel il vit. Leur vision du cosmos et du bien et du mal relève plutôt du taoïsme et de sa doctrine du *yin* et du *yang.* Quant au christianisme, il suscita un choc culturel et théologique sans précédent en prônant l'égalité entre les hommes et l'amour du prochain pour le salut de l'homme...
Cette rencontre inattendue de religions distinctes et souvent complémentaires ne pouvait pas en rester là : des mélanges insolites (les sectes hoà hảo, le caodaïsme) naquirent de cette confrontation entre spiritualités occidentale et extrême-orientale. Même le nationalisme vietnamien, dans sa ferveur ascétique (voir Hồ Chí Minh, que Jean Lacouture comparait à « un saint François d'Assise lisant Marx... »), dans sa façon de banaliser la mort, dans son élan d'émancipation, avait aussi quelque chose de religieux.
L'idée que ***tout grand stratège doit aussi être un grand lettré*** est bel et bien une des plus vieilles recommandations de Confucius. Voilà un pays qui n'a jamais été le creuset des religions, mais qui a su recevoir, adapter, digérer, intégrer ce qu'il y a de meilleur dans les grandes philosophies religieuses orientales.

Le culte des ancêtres

Le culte des ancêtres constitue ***la plus vieille pratique religieuse du Vietnam,*** antérieure au bouddhisme et au confucianisme. Nombreux sont les Vietnamiens qui s'en contentent, car pour honorer leurs ancêtres, pas besoin d'aller à la pagode, ni de sortir de chez soi. Il suffit de rester à la maison et de prier ses ascendants devant un autel qui leur est destiné. Tous les Vietnamiens pratiquent ce culte domestique depuis l'aube des temps. Même les militants (athées) les plus durs du Parti communiste vietnamien se prosternent, un jour ou l'autre, devant ce meuble tout simple sur lequel ont été disposés des photos, des fruits, des fleurs et quelques bâtonnets d'encens. En mémoire des ancêtres ! Car les Vietnamiens considèrent que les âmes de leurs parents survivent après leur mort et qu'elles protègent leurs descendants.

Pour l'homme de la rizière comme pour le jeune branché de Saigon, ***les âmes des ancêtres sont les protectrices de la lignée*** : c'est à elles que l'on s'adresse en premier pour demander, par exemple, la guérison d'un enfant malade, le succès dans les affaires, la réussite aux examens. Les Vietnamiens ont l'habitude de prier et d'honorer leurs ancêtres, notamment à l'occasion de l'anniversaire de leur mort. Selon la tradition, les garçons sont chargés de perpétuer le culte, mais la règle s'est adoucie et, en cas de descendance uniquement féminine, les filles sont quand même autorisées à continuer la coutume.

Si un homme meurt sans descendance, si l'encens ne brûle plus sur l'autel, les âmes des disparus sont condamnées à une errance éternelle, faute d'être honorées aux dates anniversaires : pour une famille, c'est la plus terrible des malédictions !

Dans chaque maison vietnamienne, l'***autel des ancêtres*** occupe une place importante. Dans toutes les familles, il est le cœur du foyer, pouvant dans certains cas atteindre la dimension d'une pièce. On a l'impression alors d'entrer dans une sorte de chapelle... endroit dédié aux esprits, à la mémoire, à la dévotion et à la cohésion familiale. C'est un centre de ralliement, le symbole de la solidarité des générations. C'est devant l'autel des ancêtres que les grandes décisions se prennent, et que les enfants se marient (sans la présence d'aucun médiateur religieux ou prêtre).

Certains autels des ancêtres sont de merveilleux meubles anciens, finement décorés, d'autres ne sont qu'une simple table en bois blanc, sans prétention : c'est l'esprit qui compte. Seuls les ancêtres jusqu'à la 4ᵉ génération ont leurs noms inscrits sur les tablettes de bois précieux ou leurs photos encadrées posées près d'un chandelier. Au-delà de la 4ᵉ génération, les âmes des disparus sont censées s'être réincarnées.

Lorsqu'un Vietnamien décède, les membres de sa famille se ceignent la tête d'un bandeau blanc, couleur du deuil dans ce pays. Puis le corps du défunt est brûlé (c'est la crémation) et ses cendres réunies dans une urne funéraire que l'on dépose à la pagode. Cette pratique est relativement récente, du fait de la rareté de la terre. 2 cérémonies importantes se déroulent, l'une au bout de 49 jours, l'autre 100 jours après. Les gens de la campagne, les paysans, les riziculteurs ont d'autres traditions funéraires. Les morts étaient enterrés sur leurs terres, au milieu de leurs rizières, ou même dans leur jardin, dans des tombeaux d'autant plus somptueux qu'on était riche, toujours orientés selon les canons de la géomancie. Désormais, le cimetière est obligatoire.

Le bouddhisme vietnamien

Le bouddhisme est de loin ***la 1re religion du Vietnam.*** Cela fait plus de 1 800 ans que la philosophie bouddhique gouverne de l'intérieur les cœurs et les cerveaux, guide les faits et gestes de tout un peuple. Ses origines remontent au IIᵉ s de notre ère, époque où il fut introduit au Vietnam, dit-on, par un bonze chinois du nom de Meou-Po (Mâu Bác). Mais il a fallu attendre près de 1 000 ans pour qu'il atteigne son apogée, sous le règne des Lý, du Xᵉ au XIIIᵉ s. Au XIᵉ s, le pays se couvrit de pagodes, sous l'impulsion du roi Lý Thái Tổ qui en fit construire 95 et restaurer toutes les statues du Bouddha.

En 1414, le Vietnam tomba sous la coupe des Chinois (les Ming) qui favorisèrent le confucianisme au détriment du bouddhisme. Les gouverneurs chinois firent détruire de nombreuses pagodes et confisquer tous les livres bouddhiques. Du XVIIᵉ au XIXᵉ s, le bouddhisme vietnamien entra dans une phase de décadence. Sa renaissance date de 1920, en pleine époque coloniale, où il se présenta comme une réponse à la déliquescence morale et spirituelle de l'Indochine.

Persécutés, pourchassés, menacés sous le gouvernement du catholique Ngô Đình Diệm, au début des années 1960, les bouddhistes du sud du Vietnam ont joué un

rôle essentiel dans la contestation de la guerre américaine, allant jusqu'à s'immoler par le feu sur la place publique en signe de protestation.
Après la victoire communiste de 1975, beaucoup de bonzes ont été arrêtés et déportés dans des camps de « rééducation » malgré leur pacifisme et leur hostilité au gouvernement de l'époque.

On ne meurt que 2 fois

Les bouddhistes Vietnamiens enterrent souvent 2 fois leurs morts. Une 1re fois d'une manière traditionnelle dans un cercueil, si le défunt est inhumé et non brûlé. 5 ans plus tard, on exhume ses ossements entre minuit et le lever du jour (en saison sèche). Les membres de la famille placent ensuite les restes dans un plus petit cercueil qui constitue la sépulture définitive.

Les grands principes du bouddhisme

Après avoir reçu l'Illumination, le Bouddha Sakyamuni (il vécut en Inde 5 siècles avant notre ère) prononça le fameux sermon de Bénarès où il énonça les ***Quatre Nobles Vérités qui conduisent à la délivrance.*** À savoir : la souffrance est universelle, nul être vivant n'y échappe. L'origine de cette souffrance réside dans les désirs (désir d'exister, de plaire, de posséder...) et dans la recherche jamais satisfaite des plaisirs terrestres. Pour se libérer de cette douleur, pour un bouddhiste croyant, il faut maîtriser son désir et ses passions, se détacher du monde.
Le moyen de se libérer de la douleur est de suivre quelques règles morales de base qui forment la ***Voie aux Huit Branches (ou Noble Sentier octuple).*** En appliquant ces règles de vie, il est possible d'atteindre le nirvana, en restant sur le chemin du « juste » : vue juste, volonté juste, langage juste, action juste, existence juste, pratique juste, pensée juste et méditation juste.
À ces préceptes, le bouddhisme vietnamien ajoute son catéchisme moral particulier qui tient dans ***6 principes*** : avoir la foi, garder un jugement droit et éviter tout mensonge, être franc envers les autres et envers soi-même, que toute action ait une fin honnête, exercer une profession « religieuse », observer les prescriptions de la loi.
Au quotidien, un bouddhiste doit suivre les 5 préceptes fondamentaux : ne tuer aucun être vivant, ne pas voler, ne pas commettre l'adultère, ne pas mentir, ne pas boire de boissons enivrantes. Au-delà, si l'on veut être plus religieux encore, il faut s'entraîner. Ainsi, celui qui veut arriver à l'Illumination (cela concerne plutôt les moines et les mystiques plus que les croyants ordinaires) doit appliquer une sorte de Décalogue, qui est si difficile à mettre en pratique qu'il ne concerne qu'une minorité.

Le bouddhisme venu du Nord

On l'appelle le bouddhisme Mahayana ou le Grand Véhicule. « Véhiculé » au Vietnam par des moines et des pèlerins chinois, venus de Chine (donc du Nord) à partir du IIe s de notre ère, ce bouddhisme-là est arrivé au Vietnam en passant par le Népal, le Tibet, la Chine. C'est la même école qui s'est répandue aussi en Mongolie, en Corée et au Japon. Le bouddhisme du Nord s'est altéré au cours de sa lente migration et a vu se multiplier les bouddhas et les bodhisattvas, divinités secondaires.
Les pratiquants ne s'isolent que rarement dans des monastères, car la perfection bouddhique doit leur servir pour améliorer les conditions de vie des gens autour d'eux. Les pagodes bouddhiques du Grand Véhicule se reconnaissent notamment à la statue blanche de *Quan Thế Âm Bồ Tát,* la déesse de la Miséricorde (que certains appellent le Bouddha femme), qui siège souvent à l'entrée du sanctuaire.

Le bouddhisme venu du Sud

Plus connu comme le bouddhisme Hînayâna ou Theravada, dit aussi bouddhisme du « Petit Véhicule ». Il a été importé au Vietnam par des pèlerins de retour des Indes, le pays natal de Bouddha, via Ceylan, le Siam, la Birmanie, le Cambodge.

Il est pratiqué essentiellement (et c'est logique) dans le delta du Mékong, dans la communauté d'origine khmère. Considérée comme plus pure, plus proche des origines, plus conforme aux principes de base de la religion bouddhique, ***cette « école du Sud » aurait gardé la rigueur de l'enseignement de Bouddha*** : pitié, moralité, patience, contemplation, connaissance, détachement. Mais il ne touche qu'une minorité de pratiquants (400 000 environ).

Les bouddhistes vietnamiens

Ils pratiquent leur religion dans des pagodes *(chùa),* sanctuaires souvent occupés et entretenus par des bonzes en robe safran. On ne voit jamais de bonzes dans les temples *(đền),* oratoires dédiés à des génies tutélaires ou à des héros sanctifiés (sans aucune présence bouddhique). Quelques moines s'exercent encore au kung-fu, art martial défensif venu de Chine qu'ils pratiquent pour mieux maîtriser leur corps.

Le confucianisme

Difficile de parler de religion transcendante avec le confucianisme qui ne se réfère à aucun dieu mais instaure une ***philosophie morale basée sur le respect de la hiérarchie familiale et sociale,*** la bonté naturelle de l'homme et sa capacité à se perfectionner. Inventé par Confucius (551-479 av. J.-C.), ministre chinois de la Justice en exil, le confucianisme ne se préoccupe pas des origines du monde ni des fins dernières de l'homme, mais il édicte un code moral basé sur 5 vertus : l'humanisme, l'équité, l'urbanité, l'intelligence et l'honnêteté.
Selon Confucius, l'homme naît bon, sa nature le porte à faire le bien. Or, la plupart des hommes se révèlent mauvais par la suite. À quoi tient cette dépravation ? À la négligence de leurs facultés intellectuelles, qui subissent l'influence du milieu extérieur et s'atrophient dans la routine. On peut s'en sortir en se perfectionnant soi-même. Pour cela, il y a 4 prescriptions à suivre : s'intéresser à toute chose qui existe, pénétrer le secret des choses, avoir des idées nettes, maintenir la pureté du cœur. En définitive, ceux qui pratiquent le bien en sont toujours récompensés. « Ne faites pas à autrui ce que vous ne voulez pas qu'on vous fasse à vous-même. » ***Pour Confucius, il est absurde de prier les dieux du ciel :*** aucune prière n'est en mesure d'infléchir la volonté divine.
C'est dans le domaine social que le confucianisme a laissé son empreinte la plus forte dans l'histoire du Vietnam. Pendant près d'un millénaire, du début de l'ère chrétienne jusqu'à 939 apr. J.-C., il a labouré les consciences d'un pays sous domination chinoise, instaurant un système de règles efficaces mais rigides entre père et fils, mari et femme, sujet et souverain. De ce côté-là, le confucianisme est plutôt très conservateur : pour que l'ordre règne dans le monde, il faut d'abord que les familles soient ordonnées, puis les États. En revanche, il instaura le système très démocratique des concours littéraires qui permettait à n'importe qui de devenir mandarin par sa seule culture, son intelligence et ses mérites. Personne n'était prisonnier de sa naissance. ***On ne naissait pas mandarin, il fallait le devenir.***
Dans le domaine politique, le confucianisme a laissé des traces profondes, y compris chez les communistes vietnamiens. Pour Confucius, le peuple pris dans son ensemble incarne le Ciel, donc, ce que le peuple veut, le Ciel le veut. Les dirigeants ont donc pour devoir d'aimer ce que le peuple aime et de haïr ce qu'il hait. Mencius (372-269 av. J.-C.), disciple de Confucius, a bien résumé cette idée dans un adage célèbre : « *Dân vi quí, Xã Tắc thứ chi, Quân vi khinh* », « Le peuple d'abord, l'État vient après, le roi est négligeable ».

Lao-tseu, le Tao et la religion taoïste

Avant d'être une religion, le taoïsme est d'abord une très belle ***leçon de sagesse orientale*** (et pourquoi pas universelle ?) élaborée par un Chinois nommé Lao-tseu, qui vécut au VIe s avant l'ère chrétienne. On ne sait presque rien de lui, mais on prétend qu'il aurait été annaliste à la cour des Zhou. Selon la légende, le vieux maître, découragé par la décadence des mœurs politiques et sociales de son pays (la Chine), serait parti vers les terres de l'Ouest, seul, et à dos de buffle. Arrivé à la limite occidentale de l'empire (à proximité de Sian), il fut interpellé par le gardien de la passe qui le supplia de transmettre son enseignement. Avant d'aller convertir les barbares, Lao-tseu accepta de dicter alors ses maximes.

Ainsi naquit le ***Tao Te King*** (Dao De Jing) ou ***Livre de la Voie et de la Vertu.*** Cet ouvrage de 5 000 caractères constitue l'un des plus petits livres de Sagesse qui soient par sa taille, mais l'un des plus grands par la qualité de ses pensées et réflexions ! C'est la bible du taoïsme. « Le Tao est vide ; si l'on en fait usage, il paraît inépuisable. » L'idée centrale de ce manuel de conduite personnelle et politique repose sur l'harmonie entre l'homme et l'ordre universel.

Le monde est régi par 2 principes complémentaires : le *yin* et le *yang.* Le *yin* représente le côté nourricier, féminin, réceptif, la lourdeur, le froid, l'obscurité. Les symboles du *yin* sont la lune, l'eau, les nuages, le tigre, la tortue, la couleur noire, le nord, le plomb et les chiffres pairs. Le *yang,* lui, incarne au contraire le principe masculin, la mise en mouvement, la création, la lumière et la chaleur. Ses symboles sont le soleil, le feu, le dragon, la couleur rouge, le sud, le mercure et les chiffres impairs. L'harmonie entre *yin* et *yang* donne le Tao, qui est un rééquilibrage perpétuel.

Un peu galvaudé de nos jours par une consommation immodérée de symboles exotiques, le couple *yin-yang* cache une autre vérité bien plus importante : les valeurs humaines du Tao. Malgré son ancienneté, celui-ci se révèle d'une étonnante modernité. Dans la philosophie de Lao-tseu, des valeurs méprisées par les hommes de son temps ont été réhabilitées : il recommande l'affection contre l'indifférence, l'économie contre la dépense, l'humilité contre l'arrogance, la vacuité contre la plénitude, la pauvreté contre la richesse, la banalité contre l'exceptionnel, la petitesse contre la grandeur, la souplesse contre la rigidité, la simplicité contre la grandiloquence. On dirait parfois du christianisme primitif. Certaines maximes ont dû inspirer le pessimisme lucide de Cioran.

Lao-tseu fait l'éloge de la souplesse, de la modération, du détachement, et même de l'inutilité. Il prône le « non-agir » comme un moyen de connaissance. Ce « non-agir » ne signifie pas oisiveté ou paresse (ce que crurent beaucoup de hippies des années 1970 inspirés par le Tao) mais modération et détachement dans l'avidité à posséder. « Le Sage accomplit de grandes choses et ne s'y attache point. Il ne veut pas laisser voir sa sagesse. » Dans le *Tao Te King,* on ne trouve rien qui puisse servir de base à une pratique religieuse ou à un culte populaire.

Ce n'est que vers la fin du IIe s qu'apparut la religion taoïste avec son culte particulier, ses pratiques ésotériques et magiques, ses superstitions, ses obligations, ses rituels, ses temples, ses prêtres. Au VIIIe s apr. J.-C., le texte de Lao-tseu fut élevé au rang de texte canonique au même titre que les *Entretiens* de Confucius. La poésie des origines devenue un catéchisme pour tous : ce n'était pas visiblement le souhait du vieux sage.

Au Vietnam, il n'existe pas vraiment de temples taoïstes, mais des cultes populaires en sont issus comme le culte des *Chu Vi* (ou esprits des Trois Mondes). Le culte de l'Empereur de Jade *(Ngọc Hoàng),* intégré aux pratiques bouddhiques, vient du taoïsme. Le culte, typiquement vietnamien, du général Trần Hưng Đạo, le vainqueur des Mongols, découle également de cette tradition religieuse. À la différence du confucianisme qui rejette la superstition et la sorcellerie, le taoïsme a introduit au Vietnam des pratiques magiques que certains sorciers perpétuent encore aujourd'hui, considérant qu'elles leur permettent de déceler les secrets de l'Univers... Encore un détournement religieux de plus, car rien de moins magique que la pensée même de Lao-tseu, qui trouve une explication humaine à tout.

– ***Conseil aux routards :*** ne lisez pas le *Tao Te King* avant de partir car Lao-tseu est le pire sédentaire qui soit. Il déconseille vivement les voyages. « Sans sortir de ma maison, je connais l'univers ; sans regarder par ma fenêtre, je découvre les voies du ciel. Plus on s'éloigne et moins on apprend. » Triste programme pour ceux que l'Inconnu dévore...

Le christianisme

Les catholiques forment la 2e communauté religieuse, le Vietnam étant le ***2e pays catholique d'Asie*** (avec 7 à 8 % de la population) après les Philippines. Le christianisme a été introduit récemment. Ce n'est qu'au XVIe s que les 1ers missionnaires portugais commencèrent à évangéliser le pays. Contrairement au Japon et à la Chine, ici leurs efforts furent très vite couronnés de succès. Le 1er Vietnamien fut converti en 1580 à Bồng Thượng (province de Thanh Hoá, dans le Nord), il s'agissait du fils d'un grand mandarin de la cour du roi Lê Anh Tông.
Au XVIIe s débarquèrent les jésuites, qui organisèrent de façon méthodique l'évangélisation du Vietnam. En 1650, la mission de Cochinchine comptait 50 000 convertis dans le Centre (Quảng Ngãi, Qui Nhơn, Quảng Nam). Une figure exceptionnelle se détache par son éclat et son action : le ***père Alexandre de Rhodes,*** qui inventa l'alphabet vietnamien, le *quốc ngữ,* avec les lettres de l'alphabet latin (voir « Langue » dans « Vietnam utile », en début de guide).
Mais le christianisme, religion des étrangers, inquiéta et dérouta l'élite mandarinale dont tout le prestige résidait dans la connaissance du chinois et de la doctrine confucianiste. Les concubines des empereurs, menacées par le principe catholique de monogamie, s'insurgèrent, allant jusqu'à influencer leurs souverains pour que les chrétiens soient chassés du Vietnam. Aux XVIIIe et XIXe s, ***les missionnaires et les prêtres furent tantôt tolérés, tantôt persécutés.*** Comme à l'époque des 1ers chrétiens dans l'Empire romain, les martyrs se comptent ici par centaines. L'histoire se répète.
Ces persécutions donnèrent aux Français un prétexte pour intervenir et coloniser le pays. Après quoi, à partir du milieu du XIXe s, l'Église se développa, ouvrant de nombreuses écoles, des couvents, des hôpitaux, des œuvres charitables. Après 1954, la plupart des 800 000 Nord-Vietnamiens qui se réfugièrent dans le Sud étaient catholiques.
Depuis 1975, les catholiques vivent en liberté surveillée. Le culte est autorisé. Mais les messes et les ordinations sont soumises à l'autorisation du gouvernement. Plusieurs prêtres vietnamiens ont choisi la clandestinité, plutôt que de se soumettre au diktat du Parti. Les plus réfractaires au régime sont mis en prison. Depuis l'ouverture du pays et sa relative libéralisation politique (après 1994), l'avenir semble moins sombre pour les catholiques vietnamiens. Pour l'ardeur, ces chrétiens du bout du monde en remontreraient à l'Espagne : ici, la récitation du rosaire peut durer plusieurs heures.
– Suite à de nombreuses rencontres entre le Vatican et le gouvernement vietnamien, la situation s'améliore. Un institut catholique a ouvert ses portes en 2016 à Hồ Chí Minh-Ville.

L'islam

Le Vietnam compte une toute ***petite communauté musulmane,*** concentrée à Hồ Chí Minh-Ville et dans le delta du Mékong, autour de Châu Đốc. Appelés « *chàm* », comme au Cambodge voisin, ***ils pratiquent une religion allégée*** de ses contraintes habituelles : ils ne prient que le vendredi, observent le jeûne du ramadan seulement 3 jours au lieu de 1 mois, et surtout, ô les bienheureux, ils peuvent boire de l'alcool ! On découvre quelques jolies mosquées : la mosquée indienne de Hồ Chí Minh-Ville (voir ce chapitre) et la mosquée Jamiul Azhar près de Châu Đốc.

Implanté dès le VIIe s par les commerçants arabes et les marins malais, l'islam ne s'est jamais développé au Vietnam. C'est presque le seul exemple au monde d'un pays où le message du Prophète se soit enraciné sans convertir les foules, sans se propager.

SAVOIR-VIVRE ET COUTUMES

Rappelons ici quelques coutumes et usages pour éviter les situations désagréables de malentendus.

– ***On ne s'énerve pas,*** on ne hausse pas la voix, on n'invective pas, même en cas de grave désaccord (surtout en public). Ça ne se fait pas ! Pour plus d'efficacité, surtout avec des fonctionnaires bornés ou des bureaucrates, montrez-vous diplomate sans exclure une certaine fermeté.

– Ne pas entrer dans une maison ou un appartement sans y avoir été invité. Là aussi, ***on se déchausse*** la plupart du temps.

– ***Carte de visite :*** offrir sa carte de visite est fondamental pour entamer un dialogue avec une relation ou un client. On la donne (et la reçoit) à 2 mains.

– Même si vous avez raison, n'écrasez pas lourdement l'adversaire. Il faut ***toujours laisser une petite porte de sortie.*** Il est psychologiquement désastreux que l'autre perde la face. On n'engueule jamais un Vietnamien en public, il peut répliquer violemment, dans certains cas, les plus nerveux pouvant répondre par un coup de poing ou un coup de couteau.

NE PAS PERDRE LA FACE

Un Vietnamien redoute la confrontation, le conflit avec son prochain. Il évitera très souvent de dire « non », bien trop violent et brutal. Comprendre un Vietnamien, c'est d'abord observer son comportement et ses gestes qui en disent beaucoup. Au lieu de répondre par la négative, il grimacera ou simulera un rictus en disant : « C'est difficile... »

– ***Tenue vestimentaire :*** mêmes conseils que pour la majorité des autres pays (à part Saint-Trop' et Coney Island). Pas de nudisme sur les plages. En ville, éviter les shorts trop moulants (les shorts tout court, d'ailleurs) et les torses nus. Tenue correcte dans les temples et pagodes (jambes et épaules couvertes, et parfois il faut se déchausser avant d'entrer).

– ***Les cadeaux :*** quand un Vietnamien vous invite, apportez toujours un cadeau. Il n'ouvrira pas le paquet devant vous (pour ne pas montrer sa déception éventuelle !). Laissez l'étiquette du prix (il a bien une valeur même s'il est bon qu'elle ne soit pas trop élevée ; il serait gêné). Laissez la facture pour qu'il puisse l'échanger. Évitez les fleurs (funérailles), les montres (sa vie est comptée), les couteaux (danger) et le savon (saleté). On ne se trompe guère en offrant un produit européen (vin, parfum...).

– ***Le sexisme vietnamien :*** c'est un fléau national. Un dicton affirme : « Dix femmes ne valent pas un homme. » La pression sur les femmes est très forte. Une Vietnamienne non mariée après 40 ans a peu de chances de trouver un homme, car elle est considérée comme vieille. Si, en plus, elle est mère célibataire, elle n'a plus aucun crédit auprès des hommes.

– ***À l'étranger, l'étranger c'est nous.*** Donc, en cas de choc des

PRÊTER L'OREILLE À L'ÉROTISME

L'une des pièces du pudique érotisme vietnamien est le curetage d'oreille. Avec des outils dignes d'engins de torture, les barbiers vietnamiens ont la réputation de pratiquer parfaitement cet art. Ainsi titillées, les multiples terminaisons nerveuses situées dans l'oreille s'apparentent à un point G. On prend son pied en tendant l'oreille !

cultures, c'est plutôt à nous de nous faire discret. Quand on laisse préjugés et clichés à la frontière et que l'on possède un peu d'humour distancié, bien des choses deviennent plus faciles. Ayez les capacités de relativiser, même si c'est dur.

SITES INSCRITS AU PATRIMOINE MONDIAL DE L'UNESCO

Organisation des Nations Unies pour l'éducation, la science et la culture — En coopération avec le Centre du patrimoine mondial

Pour figurer sur la liste du Patrimoine mondial, les sites doivent avoir une valeur universelle exceptionnelle et satisfaire à au moins un des 10 critères de sélection. La protection, la gestion, l'authenticité et l'intégrité des biens sont également des considérations importantes.

Le patrimoine est l'héritage du passé dont nous profitons aujourd'hui et que nous transmettons aux générations à venir. Nos patrimoines culturel et naturel sont 2 sources irremplaçables de vie et d'inspiration. Ces sites appartiennent à tous les peuples du monde, sans tenir compte du territoire sur lequel ils sont situés. Pour plus d'informations : ● *whc.unesco.org* ●

Au Vietnam, les sites inscrits sur la liste du Patrimoine mondial de l'Unesco sont les suivants : la ***citadelle de Thăng Long*** à Hanoi, la ***baie d'Hạ Long,*** la cité impériale et les tombeaux de ***Huế,*** la vieille ville de ***Hội An,*** le sanctuaire de ***Mỹ Sơn*** et le parc national de ***Phong Nha-Kẻ Bàng.***

– ***Bon à savoir :*** l'Unesco a classé 2 secteurs géographiques pour la beauté de leurs paysages. Ce sont les Géoparcs de ***Hà Giang*** et de ***Cao Bằng.***

les ROUTARDS sur la FRANCE 2020-2021

(dates de parution sur • *routard.com* •)

Découpage de la FRANCE par le ROUTARD

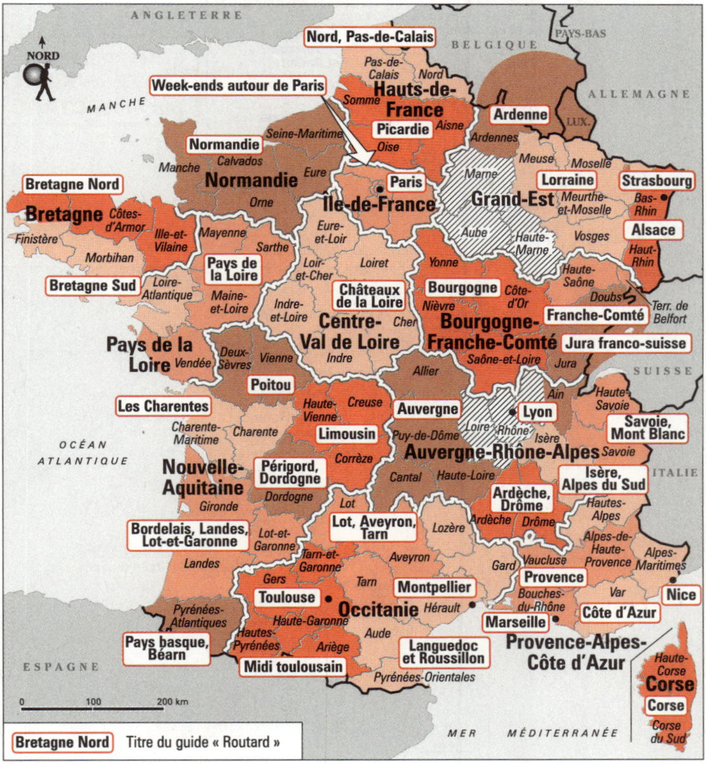

Autres guides sur la France

- Hébergements insolites en France
- Nos meilleurs campings en France
- Nos meilleures chambres d'hôtes en France

Autres guides sur Paris

- Paris
- Paris balades
- Paris exotique
- Restos et bistrots de Paris
- Le Routard des amoureux à Paris
- Week-ends autour de Paris

Le Routard à vélo

- EuroVelo6
- La Bourgogne du Sud à vélo
- La Loire à Vélo
- La Vélodyssée (Roscoff-Hendaye)
- Le Canal des 2 mers à vélo
- Paris Île-de-France à vélo
- ViaRhôna

les ROUTARDS sur l'ÉTRANGER 2020-2021

(dates de parution sur • **routard.com** •)

Découpage de l'ESPAGNE par le ROUTARD

Découpage de l'ITALIE par le ROUTARD

Autres pays européens

- Allemagne
- Angleterre, Pays de Galles
- Autriche
- Belgique
- Bulgarie
- Crète
- Croatie
- Danemark, Suède
- Écosse
- Finlande
- Grèce continentale
- Hongrie
- Îles grecques et Athènes
- Irlande
- Islande
- Madère
- Malte
- Norvège
- Pays baltes : Tallinn, Riga, Vilnius
- Pologne
- Portugal
- République tchèque, Slovaquie
- Roumanie
- Suisse

Villes européennes

- Amsterdam
- Berlin
- Bruxelles
- Budapest
- Copenhague
- Dublin
- Lisbonne
- Londres
- Moscou
- Naples
- Porto
- Prague
- Saint-Pétersbourg
- Stockholm
- Vienne

les ROUTARDS sur l'ÉTRANGER 2020-2021

(dates de parution sur • *routard.com* •)

Découpage des ÉTATS-UNIS par le ROUTARD

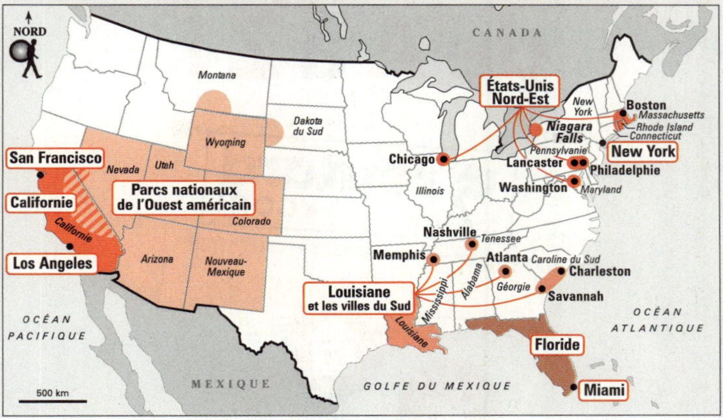

Autres pays d'Amérique

- Argentine
- Brésil
- Canada Ouest
- Chili et île de Pâques
- Colombie
- Costa Rica
- Équateur et les îles Galápagos
- Guatemala, Belize
- Mexique
- Montréal
- Pérou, Bolivie
- Québec et Ontario

Asie et Océanie

- Australie côte est + Red Centre
- Bali, Lombok
- Bangkok
- Birmanie (Myanmar)
- Cambodge, Laos
- Chine
- Hong Kong, Macao, Canton
- Inde du Nord
- Inde du Sud
- Israël et Palestine
- Istanbul
- Jordanie
- Malaisie, Singapour
- Népal
- Shanghai
- Sri Lanka (Ceylan)
- Thaïlande
- Tokyo, Kyoto et environs
- Turquie
- Vietnam

Afrique

- Afrique du Sud
- Égypte
- Kenya, Tanzanie et Zanzibar
- Maroc
- Marrakech
- Sénégal
- Tunisie

Îles Caraïbes et océan Indien

- Cuba
- Guadeloupe, Saint-Martin, Saint-Barth
- Île Maurice, Rodrigues
- Madagascar
- Martinique
- République dominicaine (Saint-Domingue)
- Réunion

Guides de conversation

- Allemand
- Anglais
- Arabe du Maghreb
- Arabe du Proche-Orient
- Chinois
- Croate
- Espagnol
- Grec
- Italien
- Japonais
- Portugais
- Russe
- G'palémo (conversation par l'image)

Livres-photos/Livres-cadeaux

- Voyages
- Voyages : États-Unis (octobre 2019)
- Voyages : France (octobre 2019)
- Voyages : Italie
- Road Trips (40 itinéraires sur les plus belles routes du monde)
- Nos 120 coins secrets en Europe
- Les 50 voyages à faire dans sa vie
- 1 200 coups de cœur dans le monde
- 1 200 coups de cœur en France
- Nos 52 week-ends dans les plus belles villes d'Europe
- Nos 52 week-ends coups de cœur en France
- Cahier de vacances du Routard

Visa
Guide
Médocs
Passeport
Assurance
AVI

Nous tenons à remercier tout particulièrement Loup-Maëlle Besançon, Thierry Bessou, Gérard Bouchu, François Chauvin, Grégory Dalex, Fabrice Doumergue, Cédric Fischer, Carole Fouque, Nicolas George, Michelle Georget, David Giason, Claude Hervé-Bazin, Emmanuel Juste, Dimitri Lefèvre, Fabrice de Lestang, Romain Meynier, Éric Milet, Pierre Mitrano, Jean-Sébastien Petitdemange, Thomas Rivallain et Jean Tiffon pour leur collaboration régulière.

Brice Andlauer
Jean-Jacques Bordier-Chêne
Agnès Debiage
Coralie Delvigne
Jérôme Denoix
Tovi et Ahmet Diler
Clélie Dudon
Sophie Duval
Alain Fisch
Bérénice Glanger
Adrien et Clément Gloaguen
Sébastien Jauffret
Alexia Kaffès
Augustin Langlade
Jacques Lemoine
Aline Morand
Louis Nagot
Caroline Ollion
Martine Partrat
Odile Paugam et Didier Jehanno
Céline Ruaux
Prakit Saiporn
Nejma Tahri Hassani
Alice Tonasso
Caroline Vallano

Direction : Nathalie Bloch-Pujo
Direction éditoriale : Élise Ernest
Édition : Matthieu Devaux, Olga Krokhina, Gia-Quy Tran, Julie Dupré, Emmanuelle Michon, Pauline Janssens, Amélie Ramond, Margaux Lefebvre, Lisa Pujol, Aurore Grandière et Astrid Richard
Ont également collaboré : Estelle Gaudin, Clémence Toublanc, Hélène Nguyen et Élisabeth Thebaud
Cartographie : Frédéric Clémençon et Aurélie Huot
Contrôle de gestion : Jérôme Boulingre et Yannis Villeneuve
Secrétariat : Catherine Maîtrepierre
Fabrication : Nathalie Lautout et Audrey Detournay
Relations presse : COM'PROD, Fred Papet. ☎ 01-70-69-04-69.
• *info@comprod.fr* •, Martine Levens (Belgique) et Maureen Browne (Suisse)
Direction marketing : Adrien de Bizemont, Élodie Darty et Charlotte Brou
Informatique éditoriale : Lionel Barth
Couverture : Clément Gloaguen et Seenk
Maquette intérieure : le-bureau-des-affaires-graphiques.com, Thibault Reumaux et npeg.fr
Direction partenariats : Jérôme Denoix
Contact Partenariats et régie publicitaire : Florence Brunel-Jars
• *fbrunel@hachette-livre.fr* •

INDEX GÉNÉRAL

LISTE DES CARTES ET PLANS

INDEX GÉNÉRAL

IMPORTANT : DERNIÈRE MINUTE

Sauf rare exception, le *Routard* bénéficie d'une parution annuelle à date fixe. Entre deux dates, des événements fortuits (formalités, taux de change, catastrophes naturelles, conditions d'accès aux sites, fermetures inopinées, etc.) peuvent intervenir et modifier vos projets de voyage. Pour éviter les déconvenues, nous vous recommandons de consulter la rubrique « Guide » par pays de notre site ● ***routard.com*** ● et plus particulièrement les dernières ***Actus voyageurs.***

…arque importante aux hôteliers et restaurateurs

…s enquêteurs du *Routard* travaillent dans le plus strict anonymat. Aucune réduction, …ucun avantage quelconque, aucune rétribution n'est jamais demandé en contre-partie. Face aux aigrefins, la loi autorise les hôteliers et restaurateurs à porter plainte.

Avis aux lecteurs

Le Routard, ce n'est pas comme le bon vin, il vieillit mal. On ne veut pas pousser à la consommation, mais évitez de partir avec une édition ancienne. Les modifications sont souvent importantes.
Les réductions accordées à nos lecteurs ne sont jamais demandées par nos rédacteurs afin de préserver leur indépendance. Les hôteliers et restaurateurs sont sollicités par une société de mailing, totalement indépendante de la rédaction, qui reste donc libre de ses choix. De même pour les autocollants et plaques émaillées.

Avec routard.com, choisissez, organisez, réservez et partagez vos voyages !

✓ Rejoignez la plus grande communauté francophone de voyageurs : **plusieurs millions d'internautes.**

✓ Échangez avec les routarnautes : forums, photos, avis d'hôtels.

✓ Retrouvez aussi toutes les informations actualisées pour choisir et préparer vos voyages : plus de 300 guides destinations, une centaine de dossiers pratiques et un magazine en ligne pour découvrir tous les secrets de votre destination.

✓ Enfin, comparez les offres pour organiser et réserver votre voyage au meilleur prix.

Les Routards *parlent aux* Routards

Faites-nous part de vos expériences, de vos découvertes, de vos tuyaux et de vos coups de cœur. Aidez-nous à remettre l'ouvrage à jour. Indiquez-nous les renseignements périmés. Faites profiter les autres de vos adresses nouvelles, combines géniales... On adresse un exemplaire gratuit de la prochaine édition à ceux qui nous envoient les meilleurs courriers, pour la qualité et la pertinence des informations.
Quelques conseils cependant :
– Envoyez-nous votre courrier le plus tôt possible afin que l'on puisse insérer vos tuyaux sur la prochaine édition.
– N'oubliez pas de préciser l'ouvrage que vous désirez recevoir, ainsi que votre adresse postale.
– Vérifiez que vos remarques concernent l'édition en cours et notez les pages du guide concernées par vos observations.
– Quand vous indiquez des hôtels ou des restaurants, pensez à signaler leur adresse précise et, pour les grandes villes, les moyens de transport pour y aller. Si vous le pouvez, joignez la carte de visite de l'hôtel ou du resto décrit.
En tout état de cause, merci pour vos nombreux mails.

122, rue du Moulin-des-Prés, 75013 Paris

• *guide@routard.com* • *routard.com* •

Routard Assurance *2020*

Enrichie au fil des années par les retours des lecteurs, *Routard Assurance* est devenue une assurance voyage référence des globes-trotters. Tout est inclus : frais médicaux, assistance rapatriement, bagages, responsabilité civile... Avant votre départ, appelez *AVI* pour un conseil personnalisé. Besoin d'un médecin, d'un avis médical, d'une prise en charge dans un hôpital ? Téléchargez l'appli mobile *AVI international* pour garder le contact avec *AVI Assistance* et disposez de l'un des meilleurs réseaux médicaux à travers le monde. *AVI Assistance* est disponible 24h/24 pour une réponse en temps réel. De simples frais de santé en voyage ? Envoyez les factures à votre retour, *AVI* vous rembourse sous une semaine. *40, rue Washington, 75008 Paris. ☎ 01-44-63-51-00. • avi-international.com • Ⓜ George-V.*

Édité par Hachette Livre (58, rue Jean-Bleuzen, CS 70007, 92178 Vanves Cedex, France)
Photocomposé par Jouve (rue de Monbary, 45140 Ormes, France)
Imprimé par Lego SPA Plant Lavis (via Galileo Galilei, 11, 38015 Lavis, Italie)
Achevé d'imprimer le 23 août 2019
Collection n° 13 - Édition n° 01
54/4217/1
I.S.B.N. 978-2-01-706808-2
Dépôt légal : août 2019

PAPIER À BASE DE FIBRES CERTIFIÉES